中国铁路重大桥梁工程建设丛书

KEY TECHNOLOGY FOR THE CONSTRUCTION
OF PINGTAN STRAIT HIGHWAY AND RAILWAY BRIDGE

平潭海峡公铁大桥建造关键技术
（第一册）

刘自明　张红心　高宗余　王东辉　段雪炜　等　编著

人民交通出版社股份有限公司
北　京

内 容 提 要

本书为"中国铁路重大桥梁工程建设丛书"的子系列——"平潭海峡公铁大桥建造关键技术"之一。本系列结合我国第一座复杂海域跨海公铁两用大桥的建设工程实践,基于应对风浪流及地质条件极端复杂的暴风潮海峡环境开展的科研攻关与技术创新成果,全面深入地阐述了复杂海域桥梁集群的建造技术体系。本系列共分三册:第一册和第二册主要介绍松下岸到大练岛(11.15km)的三座通航孔跨海斜拉桥及非通航孔箱梁桥的建造关键技术;第三册主要介绍大练岛到平潭岛(5.17km)的通航孔混凝土连续刚构桥及非通航孔混凝土箱梁桥的建造关键技术。

本书为第一分册。内容包括:第1篇绪论;第2篇设计及科研;第3篇施工组织;第4篇大型临时设施的设计与施工;第5篇航道桥施工。

本书可供从事桥梁工程勘察设计、施工、监理、建设管理的工程技术人员学习参考,尤其对于跨海桥梁建造的工程技术人员具有重要指导与启发的作用,亦可供桥梁工程及相关领域的高等院校师生参考。

图书在版编目(CIP)数据

平潭海峡公铁大桥建造关键技术. 第一册 / 刘自明等编著. — 北京:人民交通出版社股份有限公司,2020.12
ISBN 978-7-114-16972-4

Ⅰ. ①平⋯ Ⅱ. ①刘⋯ Ⅲ. ①跨海大桥—铁路公路两用桥—桥梁工程—福建 Ⅳ. ①U448.12

中国版本图书馆 CIP 数据核字(2020)第 244288 号

审图号:GS(2020)7019 号

中国铁路重大桥梁工程建设丛书
Pingtan Haixia Gongtie Daqiao Jianzao Guanjian Jishu

书 名:	平潭海峡公铁大桥建造关键技术(第一册)
著 作 者:	刘自明 张红心 高宗余 王东辉 段雪炜 等
责任编辑:	王 霞 张 晓
责任校对:	赵媛媛 宋佳时
责任印制:	刘高彤
出版发行:	人民交通出版社股份有限公司
地 址:	(100011)北京市朝阳区安定门外外馆斜街3号
网 址:	http://www.ccpcl.com.cn
销售电话:	(010)59757973
总 经 销:	人民交通出版社股份有限公司发行部
经 销:	各地新华书店
印 刷:	北京印匠彩色印刷有限公司
开 本:	889×1194 1/16
印 张:	65.75
字 数:	1855 千
版 次:	2020年12月 第1版
印 次:	2020年12月 第1次印刷
书 号:	ISBN 978-7-114-16972-4
定 价:	488.00 元

(有印刷、装订质量问题的图书由本公司负责调换)

KEY TECHNOLOGY FOR
THE CONSTRUCTION
OF PINGTAN STRAIT HIGHWAY AND RAILWAY BRIDGE

重大工程
时间轴

KEY TECHNOLOGY FOR THE CONSTRUCTION
OF PINGTAN STRAIT HIGHWAY AND RAILWAY BRIDGE

2014年 01月02日

全桥首根栈桥钢管桩插打

2014年 07月13日

全桥第一根海上钻孔桩灌注混凝土

2014年 08月24日

松下岸栈桥连通

全桥首个重达1370 t导管架平台整体吊装安装

2015年 05月01日

首根主塔4.9m超大直径钻孔桩N04-2号桩基混凝土灌注

2015年 08月01日

全桥首孔铁路箱梁浇筑

2015年 11月30日

KEY TECHNOLOGY FOR THE CONSTRUCTION
OF PINGTAN STRAIT HIGHWAY AND RAILWAY BRIDGE

2016年 06月03日 首个主塔墩防撞箱围堰吊装对接（S04号主塔）

2016年 07月06日 首座钢桁梁墩承台混凝土浇筑

2016年 09月09日 第一片公路混凝土梁浇筑完成

重大工程时间轴 ▼

2017年 03月12日

N03号主塔首节浇筑

2017年 08月20日

首孔深水区非通航孔桥简支钢桁梁整孔架设

2017年 11月05日

航道桥最后一根桩正在灌注混凝土

2018年 01月22日

全桥首个3000t级钢桁梁大节段架设

2018年 04月25日

首个主塔封顶（鼓屿门水道桥 Z04 号塔）

2018年 08月15日

全桥首根斜拉索安装

2018年
12月16日

大小练岛水道桥钢桁梁合龙

2019年
03月04日

元洪航道桥钢桁梁最大双悬臂对称架设

KEY TECHNOLOGY FOR
THE CONSTRUCTION
OF PINGTAN STRAIT HIGHWAY AND RAILWAY BRIDGE

2019年
05月 12日

深水非通航孔桥简支钢桁梁架设完成

2019年
06月 15日

元洪航道桥边跨合龙

重大工程
时间轴

2019年
08月 07日

全桥最后一片混凝土箱梁浇筑

2019年
09月 25日

鼓屿门水道桥合龙（全桥合龙贯通）

2020年
04月 26日

全桥沥青全部摊铺完成

平潭海峡公铁大桥
建造关键技术

KEY TECHNOLOGY FOR
THE CONSTRUCTION
OF PINGTAN STRAIT HIGHWAY AND RAILWAY BRIDGE

Editorial board
编委会

主 任 委 员：刘自明　张红心

副主任委员：高宗余　王东辉　段雪炜

编　　　委：(按姓氏笔画排序)

马晓东	王如川	王　凯	王　波	王寅峰	邓永锋
艾碧霖	左少华	龙行军	叶绍其	卯利君	皮军云
朱建华	刘永酃	刘传志	刘宏达	刘　科	刘　洋
刘　锐	刘鹏飞	安浩兵	孙英杰	孙国光	杨党国
杨碧波	李正飞	李龙安	李宗琼	李晓松	李越生
李　源	李　鑫	肖世波	吴汉湘	吴肖波	吴　宏
吴侃发	妥　鹏	沈大才	张立超	张志选	张　亮
张爱花	陈洪军	陈　翔	罗连华	周应华	郑　权
郑宏元	郑家军	孟世存	赵进文	赵　炜	赵家仁
赵鸥鹏	胡吉星	胡　伟	胡国海	姚　华	袁　灿
聂和军	贾恩实	顿　琳	钱玉山	徐文启	徐　伟
徐启利	徐科英	涂满明	黄德利	梅新咏	龚金才
康　晋	彭江华	韩晓强	程细平	谢兰博	廖　远
潘胜平	潘　博	魏兴华			

Preface

新中国成立 70 多年来,尤其是党的十八大以来,中国铁路发展取得了举世瞩目的伟大成就,建成了世界上最现代化的铁路网和最发达的高铁网,截至 2020 年 8 月,我国高速铁路运营里程达 3.6 万公里,居世界第一位;复兴号奔驰在中国广袤的大地上;初步构建了智能铁路技术体系、数据体系和标准体系。与此同时,铁路桥梁工程领域的科技工作者和建设者们坚持创新引领,攻坚克难,在祖国的崇山峻岭、悬崖沟壑、雪域高原、江湖海洋中腾飞和跨越,建设起一个个标志性工程。铁路桥梁总数量已经超过 3 万座,通车总里程超过 1.6 万公里,建造技术取得了丰硕成果。

中国桥梁经历了学习与追赶、跟踪与提高两个发展阶段,正处于全面创新与突破时期。在已建成通车的世界排名前 10 位斜拉桥中,我国占 7 席;世界排名前 10 位悬索桥中,我国占 6 席。中国桥梁实现了量和质的飞跃,完成了从"跟跑者"到"并行者"直至"引领者"的转变。中国高铁桥梁已经形成了设计、施工、制造、运维等成套技术,其中,制运架一体化的预制箱梁建造技术、大跨度斜拉桥和悬索桥成套建造技术、深海桥梁成套建造技术等走到了世界前列。同时我国在高速铁路桥梁的设计理论、结构形式、施工工法、大型装备制造等方面已经取得了系统性的创新成果,突破了一系列关键技术,形成了具有我国自主知识产权的高铁桥梁建设技术体系。

平潭海峡公铁大桥是福平铁路的关键性和控制性工程,是世界最长、我国第一座跨海峡公铁两用大桥。大桥跨越福建东部沿海的海坛海峡,全长约 16.34 公里,2013 年 11 月开工建设,2020 年底建成通车。平潭海峡公铁大桥是世界上首次在风浪涌及地质条件极端复杂的暴风潮海峡环境建桥,是我国复杂海域桥梁建造的开创性工程,标志着我国公铁两用桥梁由内陆江河迈向海洋,是中国桥梁的又一座标志性工程。

大桥建设者积极开展科技创新,在新材料、新结构、新工艺、新设备等方面取得重大突破。

序言

海峡环境桥梁深水基础建造技术创新。首创直径4.9m的超大海上桥梁钻孔灌注桩,是迄今为止世界桥梁桩径最大的工程桩;研发了复杂海域桥梁基础超大直径钻孔桩施工关键技术,在强波流力、深水和裸岩海域快速建成了目前国内施工体量最大的海上桥梁导管架施工平台;为解决主塔墩承台围堰施工难题,研发了永临结合的强浪涌海域大型防撞箱围堰施工技术。

钢桁梁整体全焊制造及海上整体架设成套技术创新。首次实现了斜拉桥钢桁梁两节间整节段全焊制造,采用两节间整节段悬臂架设和边跨、辅助跨整孔吊装架设方案,钢桁梁斜拉桥中跨合龙采用多节段连续匹配法实现整节段钢桁梁合龙等技术,为世界首创,有效提高了海上施工工效;首次实现了80/88m简支钢桁梁主梁采用全工厂化整孔全焊制造、起重船整孔架设,解决了复杂海域大型双层结合简支钢桁梁快速安装难题。

复杂海域施工结构抗风浪安全关键技术。第一次在复杂海域系统性开展风、浪、流等监测预报,极大推动了我国海上桥梁建造科技进步和发展。

常遇大风环境下高塔建造技术。为确保主塔在大风环境下的施工安全及14级台风作用下主塔施工结构安全,创造性地设计了全封闭抗风液压爬模。

海洋工程施工装备研发。为适应海洋环境施工要求,研发了KTY5000新型液压动力头旋转钻机、3600t大型起重船、1100t架梁吊机、海上造桥机、双孔连做节段拼装造桥机等多种新型海洋施工装备,推动了海洋工程施工装备发展。

《平潭海峡公铁大桥建造关键技术》全面总结了平潭海峡公铁大桥建造中设计、施工、制造、科研等方面的技术成果,是大桥建设者智慧的集中体现。平潭海峡公铁大桥的建成,积累了宝贵的建造经验,为今后甬舟、琼州海峡通道建设打下坚实的基础,为今后建造更长、更深的海峡大桥提供重要的借鉴。

未来,桥梁科技工作者和建设者应继续践行"交通强国、铁路先行"的历史使命,推动我国桥梁工程领域科技再创新与高质量发展,在桥梁的结构、桥梁新材料的研究和工程应用、桥梁施工装备与施工工艺的创新融合、桥梁的精细化设计和施工、桥梁耐久性的设计和保障、既有桥梁的安全性评估,以及在桥梁建设中贯彻绿色环保理念等方面发挥聪明才智,取得更多成果,推动桥梁技术不断进步,再创辉煌。

卢春房

2020年12月

CONTENTS

目录

Part One 第1篇 绪论　　1

第1章　引言　　3
第2章　国内外跨海大桥发展状况　　5
　2.1　国内外跨海大桥发展状况　　5
　2.2　方兴未艾的中国跨海大桥建设　　12
第3章　平潭海峡公铁大桥建设挑战及创新　　19
　3.1　项目简介　　19
　3.2　工程特点与挑战　　22
　3.3　关键技术及创新　　27
本篇参考文献　　30

Part Two 第2篇 设计及科研　　33

第1章　建设条件　　35
　1.1　区域地理环境　　35
　1.2　工程海域水文　　38
　1.3　工程地质条件　　42
第2章　总体设计　　51
　2.1　坐标、高程、里程系统　　52
　2.2　平面布置　　52
　2.3　横断面布置　　54
　2.4　纵断面布置　　55
　2.5　桥跨及桥型方案选择　　56

2.6　通航孔桥桥跨及桥型方案选择…………………………………………… 57
　　2.7　非通航孔引桥桥跨选择………………………………………………… 58
第3章　通航孔斜拉桥设计…………………………………………………………… 63
　　3.1　元洪航道桥结构设计…………………………………………………… 63
　　3.2　鼓屿门水道桥结构设计………………………………………………… 76
　　3.3　大小练岛水道桥结构设计……………………………………………… 80
第4章　非通航孔桥及岛上路基设计………………………………………………… 87
　　4.1　深水高墩区引桥结构设计……………………………………………… 87
　　4.2　浅水及陆地高墩区非通航孔桥结构设计……………………………… 95
　　4.3　陆地低墩区引桥结构设计……………………………………………… 100
　　4.4　小练岛挖方区段结构设计……………………………………………… 102
第5章　航道桥基础设计专题研究…………………………………………………… 107
　　5.1　概述……………………………………………………………………… 107
　　5.2　承台基础方案研究……………………………………………………… 114
第6章　航道桥防撞设施研究………………………………………………………… 155
　　6.1　斜拉桥承台防撞设施研究……………………………………………… 155
　　6.2　航道桥防撞设施设计…………………………………………………… 162
第7章　风屏障设计研究……………………………………………………………… 171
　　7.1　概述……………………………………………………………………… 171
　　7.2　风屏障防风效果研究…………………………………………………… 176
　　7.3　斜拉桥桥塔区域风环境数值模拟……………………………………… 193
　　7.4　最优风屏障方案主桥动力性能验证…………………………………… 198
　　7.5　桥面风致行车准则……………………………………………………… 203
　　7.6　风屏障设计……………………………………………………………… 207
第8章　耐久性研究及实施…………………………………………………………… 215
　　8.1　概述……………………………………………………………………… 215
　　8.2　海洋环境下混凝土结构的耐久性研究及实施………………………… 216
　　8.3　海洋环境下钢结构的耐久性研究及实施……………………………… 260
第9章　海洋工程装备研发…………………………………………………………… 289
　　9.1　概述……………………………………………………………………… 289
　　9.2　液压动力头钻机………………………………………………………… 293
　　9.3　D1100塔式起重机……………………………………………………… 299
　　9.4　1100t架梁吊机研发…………………………………………………… 305
　　9.5　3600t大型起重船……………………………………………………… 313
本篇参考文献………………………………………………………………………… 323

Part Three 第3篇 施工组织

第1章 全桥总体施工组织与管理 ································ 329
1.1 施工组织机构及任务划分 ································ 329
1.2 场地布置及大型临时工程 ································ 330
1.3 总体施工安排和主要阶段工期 ···························· 333
1.4 控制和重难点工程施工方案 ······························ 334
1.5 机械设备配置 ·· 341

第2章 施工工序作业条件 ······································ 345
2.1 概况 ·· 345
2.2 施工条件分析 ·· 346
2.3 各工序施工作业条件 ···································· 359
2.4 施工保证措施 ·· 359
2.5 应急救援预案 ·· 373

第3章 复杂海域工程控制网布设与测量技术 ······················ 375
3.1 总体规划 ·· 375
3.2 工程控制网布设 ·· 376
3.3 平潭海峡公铁大桥CORS系统 ····························· 381
3.4 斜拉桥施工测量 ·· 388
3.5 关键技术及创新点总结 ·································· 420

第4章 工程试验及研究 ·· 423
4.1 工程材料及试验所依据的规范和标准 ······················ 423
4.2 试验室的设置及检测项目 ································ 424
4.3 混凝土配合比设计的主控项目钢筋工程 ···················· 425
4.4 钢筋的质量控制 ·· 429
4.5 支座灌浆材料 ·· 430
4.6 孔道压浆材料 ·· 430
4.7 钢梁的摩擦板抗滑移系数试验 ···························· 430
4.8 高强度螺栓及施拧控制试验 ······························ 431

第5章 施工用电 ·· 435
5.1 施工用电整体方案介绍 ·································· 435
5.2 施工用电主要负荷 ······································ 437
5.3 变压器规格布置 ·· 439
5.4 配电平台布置及结构 ···································· 441

5.5　海底电缆敷设 ………………………………………………………………… 441
　　5.6　施工设备介绍 ………………………………………………………………… 446
　　5.7　供电主材选用 ………………………………………………………………… 447
　　5.8　低压电器元件、类型、规格的选择 …………………………………………… 447
　　5.9　质量管理措施 ………………………………………………………………… 448
第6章　安全、环水保及职业健康管理 ……………………………………………………… 451
　　6.1　施工安全风险分析 …………………………………………………………… 451
　　6.2　施工安全管理措施 …………………………………………………………… 455
　　6.3　海洋工程环水保管理 ………………………………………………………… 463
　　6.4　安全、环水保及职业健康管理小结 ………………………………………… 465
本篇参考文献 …………………………………………………………………………………… 467

Part Four　第4篇　大型临时设施设计与施工　469

第1章　概述 …………………………………………………………………………………… 471
第2章　复杂海域长栈桥设计与施工 ………………………………………………………… 473
　　2.1　栈桥概况 ……………………………………………………………………… 473
　　2.2　栈桥技术研究 ………………………………………………………………… 479
　　2.3　栈桥结构设计 ………………………………………………………………… 485
　　2.4　栈桥施工工艺 ………………………………………………………………… 491
　　2.5　浅水区栈桥施工 ……………………………………………………………… 493
　　2.6　深水区栈桥施工 ……………………………………………………………… 500
　　2.7　施工质量控制 ………………………………………………………………… 501
　　2.8　栈桥拆除 ……………………………………………………………………… 505
第3章　复杂海域钻孔平台设计与施工 ……………………………………………………… 507
　　3.1　地质水文条件 ………………………………………………………………… 507
　　3.2　施工平台方案研究 …………………………………………………………… 509
　　3.3　施工平台设计 ………………………………………………………………… 535
　　3.4　施工平台施工 ………………………………………………………………… 543
　　3.5　导管架辅助建立施工平台的主要特点及创新点 …………………………… 573
第4章　施工设施抗风措施研究及实施 ……………………………………………………… 575
　　4.1　概述 …………………………………………………………………………… 575
　　4.2　大型设施设备抗风技术 ……………………………………………………… 576
　　4.3　抗风管理技术 ………………………………………………………………… 591
　　4.4　小结 …………………………………………………………………………… 591

本篇参考文献 ··· 592

Part Five 第5篇 航道桥施工
595

第1章	概述 ··· 597
第2章	海上超大直径钻孔桩施工 ··· 601
2.1	工程概况 ··· 601
2.2	试桩施工 ··· 603
2.3	钢护筒施工 ·· 614
2.4	钻孔施工 ··· 629
2.5	钢筋笼施工 ·· 636
2.6	高性能水下混凝土灌注 ·· 643
2.7	钻孔灌注桩质量控制 ··· 648
2.8	钻孔桩施工过程出现问题及改进措施 ································ 648
2.9	二次成孔工艺 ··· 654
2.10	钻孔桩施工过程事故处理案例 ··· 659
第3章	海上大型围堰及承台施工 ··· 667
3.1	施工方案研究 ··· 667
3.2	围堰施工 ··· 696
3.3	承台施工 ··· 735
第4章	主塔施工 ·· 761
4.1	施工方案概述 ··· 761
4.2	主塔施工关键设备 ·· 776
4.3	主塔施工 ··· 780
4.4	技术创新 ··· 828
第5章	钢桁梁架设 ··· 831
5.1	工程概况 ··· 831
5.2	钢桁梁架设方案比选 ··· 836
5.3	作业条件研究 ··· 840
5.4	主要施工机具 ··· 843
5.5	钢桁梁落梁调整和缓冲减震技术 ······································ 855
5.6	墩旁托架施工 ··· 860
5.7	墩顶布置 ··· 897
5.8	钢桁梁运输及定位 ·· 902
5.9	钢桁梁架设 ·· 911

- 5.10 整节段钢桁梁拼装对接 ··· 955
- 5.11 钢桁梁大悬臂抗风技术 ··· 962
- 5.12 环口焊接及嵌补段施工 ··· 965
- 5.13 支座、阻尼器安装 ··· 973
- 5.14 钢桁梁架设监控测量 ··· 976
- 5.15 主要关键技术与创新点 ··· 979
- 5.16 展望 ··· 980

第6章 高强度螺栓施工 ··· 983
- 6.1 概述 ··· 983
- 6.2 高强度螺栓的验收与储存管理 ···································· 988
- 6.3 高强度螺栓工艺性试验 ··· 990
- 6.4 高强度螺栓施工 ·· 992
- 6.5 高强度螺栓施拧质量检查 ·· 997
- 6.6 小结及展望 ·· 999

第7章 斜拉索施工 ·· 1003
- 7.1 斜拉索结构设计 ·· 1003
- 7.2 斜拉索制造 ·· 1004
- 7.3 斜拉索安装 ·· 1011

本篇参考文献 ··· 1025

平潭海峡公铁大桥
建造关键技术
KEY TECHNOLOGY FOR
THE CONSTRUCTION
OF PINGTAN STRAIT HIGHWAY AND RAILWAY BRIDGE

Part One

第1篇

绪论

松下岸　人屿岛　元洪航道桥　鼓屿门水道桥　长屿岛

平潭海峡公铁大桥
建造关键技术

01

第1章
引言

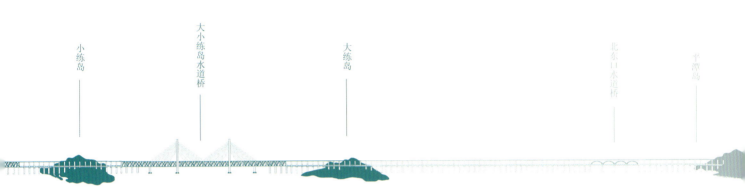

我国既是陆地大国,也是海洋大国,拥有广泛的海洋战略利益。自古以来,海洋便是各国经贸文化交流的天然纽带。秦汉以降,发端于我国东南沿海的海上丝绸之路,在2000多年的历史长河中,一直是沟通东西方经济文化交流的重要桥梁。

福建省作为海峡西岸经济区的核心主体,是国务院最新批准的三大自贸区之一,是21世纪"海上丝绸之路"的"桥头堡"。平潭作为海西经济区发展的最前沿,是自由贸易试验区建设的重要组成部分。为了加快推动海西经济区、福建平潭综合试验区的建设,新建福州至平潭铁路(以下简称"福平铁路")。

新建福平铁路北接合福高速铁路和向莆铁路,是合福高速铁路向平潭岛的延伸,是未来京台高速铁路的咽喉。福平铁路是全国铁路网规划中重要的一条高等级线路,全长88.43km,设计速度200km/h,从福州站引出至东山,跨闽江、乌龙江后至长乐,经松下以公铁合建桥梁跨越海坛海峡北口至平潭岛。

福平铁路平潭海峡公铁大桥,是福平铁路全线的控制工程。作为我国第一座跨海公铁两用大桥,是首座建造于风浪涌及地质条件极端复杂的暴风潮海峡环境的桥梁,是我国复杂海域桥梁施工的开创性工程,标志着我国铁路桥梁由内河向海洋迈进。从我国铁路桥梁发展历程来看,该桥是继武汉长江大桥、南京长江大桥、九江长江大桥、芜湖长江大桥、大胜关长江大桥之后,中国铁路桥梁的又一标志性工程。

20世纪90年代以来,我国陆续建成了东海大桥、杭州湾跨海大桥、胶州湾大桥以及港珠澳大桥等多座公路跨海桥梁,但均建于江河入海口或海湾等海况条件较好的海域。而平潭海峡公铁大桥是目前世界上跨海距离最长的公铁大桥,其整体规模大,结构类型和使用功能多,属于超大型跨海桥梁集群工程,无论是工程体量还是建造难度,在世界范围内也是屈指可数的,是名副其实的超级工程。

平潭海峡公铁大桥建设历经7年,克服了大风、强涌浪、深水、重度海洋腐蚀和复杂地质条件等恶劣的自然环境,突破了台湾海峡暴风潮海域"建桥禁区"的诸多限制,创新了复杂海域桥梁结构设计、施工工艺、工程装备和运营安全保障技术,实现了中国铁路跨海桥梁从无到有的巨大飞跃,构建了中国复杂海域桥梁集群建造关键技术体系。

松下岸 | 人屿岛 | 元洪航道桥 | 鼓屿门水道桥 | 长屿岛

平潭海峡公铁大桥
建造关键技术

01

第 2 章
国内外跨海大桥发展状况

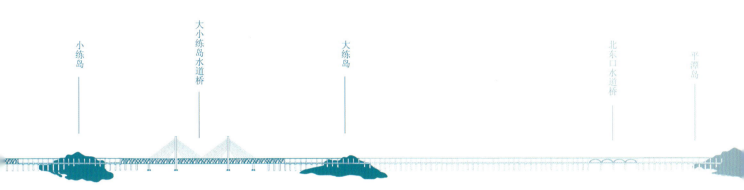

2.1 国外跨海大桥发展状况

2.1.1 世界跨海大桥技术发展历程

关于跨海桥梁起源,至少可追溯至公元前 500 年黑海海峡上的一座浮桥,这是有史料记载的最早的跨海桥梁。19 世纪上半叶,为跨越梅奈海峡,连接安格尔西岛和威尔士内陆,英国于 1826 年和 1850 年先后建成了梅奈悬索桥(Menai Suspension Bridge)和全长 460m 的布列坦尼亚(Britannia Bridge)管箱铁路桥(世界上第一座铁路梁桥)❶,世界跨海桥梁建设开始萌芽。

20 世纪 30 年代,以美国、丹麦等为代表的欧美国家在基本完成本土交通基础建设后率先开始了现代跨海桥梁建设的尝试,正式拉开了现代跨海桥梁建设的序幕。该时期修建的跨海桥梁除 1936 年建成的奥克兰海湾大桥(跨海段总长达 8.1km)外,其余均为跨海距离不太长的大跨悬索桥、拱桥或连续钢桁梁桥,如 1932 年建成的悉尼港桥是一座主跨 503m 的公铁两用钢桁拱桥,主跨一跨跨过悉尼港口海域,为当时世界最大跨度拱桥;1935 年建成的丹麦小带海峡一桥,一座主桥总长仅 835m 的公铁平层连续钢桁梁桥,跨海距离不足 1km;1937 年建成的旧金山金门大桥,全长 2780m,跨海段主桥为 343.9m + 1280.2m + 343.9m = 1968m 的钢桁梁悬索桥,跨海段总长亦不足 2km。

受二次世界大战影响,20 世纪 40 至 50 年代,世界跨海桥梁建设发展基本处于停滞状态。

20 世纪 60 至 80 年代,随着全球经济复苏和不断发展,跨海桥梁建设出现了复兴的趋势,并逐步进入快速发展阶段,日本是这一时期跨海桥梁建设的典型代表。日本于 20 世纪 70 年代便开始了宏伟的跨海工程计划,于 1973 年建成主跨 720m 的关门大桥,迅速拉开了大规模跨海桥梁建设的序幕,于 1988

---

❶这两座桥分别由托马斯·特尔福德(Thomas Telford)和罗伯特·斯蒂芬森(Robert Stephenson)设计。

年完成本四联络线中线（儿岛—坂出）濑户内海大桥桥梁群建设，该桥全长12.3km。除日本外，美洲、欧洲一些国家也较大范围地开展了跨海桥梁建设，1962年委内瑞拉建成了世界第一座公路预应力混凝土斜拉桥——马拉开波湖桥；1964年美国建成连接纽约布鲁克林与斯塔顿岛的韦拉扎诺海峡大桥，全长2039.11m，主跨1298.45m；1970年丹麦建成小带海峡二桥，为主跨600m、总长1700m的公路悬索桥；1973年土耳其建成了伊斯坦布尔桥（博斯普鲁斯海峡一桥），1988年又建成了博斯普鲁斯海峡二桥；1986建成的巴林—沙特法赫德国王大桥，全长25km，是当时世界上最长的跨海大桥，并保持该纪录达十多年之久，直至2005年被我国的东海大桥超越，东海大桥最先采用运架一体中心起吊船架梁，并首先采用设置格式基础，采用大型预制构件及大型起重船施工，开启了大型跨海长桥工厂化、大型化、装配化的施工模式。这一阶段，跨海桥梁由跨海距离较短的单一大跨度结构桥梁，朝着跨海距离更长的集群式的跨海长桥方向发展。

20世纪90年代，随着经济全球化的不断发展、计算机等新技术的大规模应用，世界跨海桥梁建设迎来黄金时期，这一时期，日本和丹麦两个岛国，一东一西，遥相呼应，成为跨海桥梁建设的东西双壁，共同将世界跨海桥梁建设推向高潮。丹麦从70年代建成小带海峡二桥后，1998年建成了大带海峡大桥，东桥为公路桥，全长6.79km，主桥为535m+1624m+535m的悬索桥，西桥长6.6km，为公铁双箱分离梁桥；1997年加拿大建成总长12.9km的联邦大桥；1998年葡萄牙建成了全长18km的伽马桥；2000年丹麦和瑞典共同建设了厄勒海峡大桥，该桥全长7.845km，主桥为141m+160m+490m+160m+140m的公铁两用斜拉桥。

2.1.2 世界典型跨海桥梁

在世界跨海桥梁壮阔的发展历程中，跨海桥梁建造技术不断进步，建设规模不断趋于宏大，使用功能不断丰富和多样化，此间，涌现了一大批具有代表意义的经典跨海工程，典型的有美国奥克兰海湾大桥、日本濑户内海大桥、丹麦大带海峡桥、丹麦—瑞典厄勒海峡大桥以及俄罗斯新近建成的刻赤海峡大桥等。

1）美国奥克兰海湾大桥

奥克兰海湾大桥于1933年7月9日正式开工建设，1936年11月12日建成通车。全桥为桥隧组合体，由西桥、耶尔巴埃娜岛上1.6km隧道和东桥三大部分组成，连同引桥全长13.2km，海上部分长8.1km，是当时世界上规模第一的跨海长桥。

其东、西桥均采用上下两层布置，共12个车道。东桥由主跨427m的通航孔悬臂钢桁架梁桥和引桥构成，桥跨布置为356.01m+（154.84m+426.72m+156.06m）+5×155.14m+1244.04m+326.90m=3440.27m，如图1-2-1-1所示。东桥后因地震损坏，进行了多次加固、改造和修复，并于2013年在旧桥旁重新建成新桥，原旧桥则进行拆除，改建后的新桥标志孔为30m+180m+385m+80m=675m的单塔自锚抗震悬索钢桥（图1-2-1-2），建成时为世界最大跨度的单塔自锚抗震悬索钢桥，中国参与了其钢箱梁制造。

图1-2-1-1 奥克兰海湾大桥东桥（旧）

图1-2-1-2 奥克兰海湾大桥东桥（重建）

西桥由两座三跨悬索桥构成(图 1-2-1-3),桥跨布置为 263.04m + (356.92m + 704.09m + 353.57m) + 51.82m + (353.57m + 704.09m + 353.57m) = 3140.67m,两座悬索桥中跨均为 704.09m,通过中间共用锚碇连接。该锚碇实际上可称为一座巨大的人工岛,是一个长 60m(轴向)、宽 28m(横桥向)、水面以下 65.8m、水面以上 84.3m 的巨大结构,水下部分为一个由 55 根直径 4.5m 钢管构成的多钟形沉箱,施工水深达 32m,无论从水深还是规模看,都是当时世界第一的基础工程。

图 1-2-1-3　奥克兰海湾大桥西桥

奥克兰海湾大桥是第一座真正意义上的跨海长桥,其西桥经典的美式悬索桥,在世界桥梁史上名噪一时,成为后来日本本四联络桥的蓝本。

2)日本儿岛—坂出濑户内海大桥

1988 年开通的儿岛—坂出濑户内海大桥(图 1-2-1-4),连接日本本岛和四国,全长 12.3km,跨海距离 9.6km,上层为高速公路,下层为铁路,横跨柜石岛、岩黑岛、羽左岛、与岛、三子岛,由飞架海上的 6 座航道桥和经由陆地部分的 4 座高架桥组成,整个工程花费近 10 年时间,耗资达 1.13 万亿日元。6 座航道桥分别为下津井濑户大桥、柜石岛桥、岩黑岛桥、与岛桥、北备赞濑户大桥、南备赞濑户大桥。

a)　　　　　　　　　　　　　　　　　　　　　　b)

图 1-2-1-4　日本濑户内海大桥

下津井濑户大桥跨越下津井海峡,连接柜石岛和本州岛上的鹫羽山,为单跨公铁两用钢桁梁悬索桥,全长 1447m,其中主跨 940m,桥面宽 30m,上层为四车道公路,下层为铁路;通航净空 31m,主缆直径 930mm,采用空中纺线法架设,由 24288 根直径 5.37mm 的钢丝组成。

柜石岛桥 1982 年 11 月 8 日动工,1988 年 4 月 10 日竣工。连接北侧柜石岛和南侧岩黑岛,为铁路公路两用斜拉桥。全长 790m,主跨 420m。3 号墩岩面倾斜,水深近 20m,采用 46m × 29m × 30.5m 钢壳设置沉井与 16 根直径 4m 的灌注桩组合的复合基础。

岩黑岛濑户大桥为连接岩黑岛和羽佐岛的斜拉桥,1981 年 10 月 13 日动工,1988 年 4 月 10 日竣工,桥长185m+420m+185m=790m,大桥主塔两侧的斜拉索,如同身姿优美的白鹤展翅一般,在濑户内海中梳理羽毛。

与岛桥为公铁两用桁梁桥,全长877m,1983年12月15日动工,1988年4月10日竣工,其主跨245m刷新了连续桁梁桥的跨径纪录。

南、北备赞濑户大桥位于日本本四联络线儿岛—坂出线靠南段四国一侧,是以美国旧金山奥克兰海湾西桥为蓝本的、前后相连的两座公铁两用悬索桥。北备赞濑户大桥1979年1月16日开工,1988年4月10日竣工。南备赞濑户大桥1979年1月27日开工,1988年4月10日竣工。南备赞濑户大桥主跨为1100m,是当时世界上最大跨度的公铁两用桥;北备赞濑户大桥主跨为990m。南、北两桥相隔49m,中间用一个兼作桥台的共用锚碇墩来连接。南、北两桥桥塔均为有交叉斜撑的桁架式钢桥塔;桥宽35m,上层为公路桥,下层为铁路桥。大桥采用直接设置自浮式沉井基础。

3)丹麦大带海峡大桥

大带海峡大桥(即大贝尔特海峡桥)于1988年开建,1998年建成通车,历时约10年,整个工程耗资巨大,以1988年价格计算,其实际耗资337亿丹麦克朗,约合48亿美元,是欧洲当时预算最高的桥梁工程。大桥全长17.5km,跨海距离约为日本本四备赞濑户线路9.4km的1.86倍、美国旧金山奥克兰海湾桥8.1km的2.1倍,横跨丹麦第一大岛西兰岛和第二大岛菲英岛之间的大带海峡,以海峡中间长约4.6km的斯普罗岛为界,分为东西两段。

西桥(图1-2-1-5)全长6611.4m,连接菲英岛和海峡中间的斯普罗岛,穿越非国际航线的内海,故为最高通航净高仅18m的低高程桥梁。西桥采用双向六车道公路和双线铁路平层合建,公、铁基础共用,采用填砂沉箱设置基础,上部分离,采用并列的变截面预应力混凝土连续箱梁,每9~10跨一联,共计6联,自西向东桥跨布置为(81.75m+9×110.4m+81.75m)+(81.75m+8×110.4m+81.75m)+(81.75m+9×110.4m+81.75m)+(81.75m+8×110.4m+81.75m)+(81.75m+8×110.4m+81.75m)+(81.75m+9×110.4m+81.75m)=6611.4m。与大多数修建在有防护的海湾水域内的其他跨海桥梁不同,大带海峡西桥需跨越空旷的海峡,为减小施工对气候的依赖性,确保工期进展的连续性,其基础、墩身及预应力混凝土箱梁均采用大型预制构件整体拼装法施工,共计324个混凝土预制构件单元,以荷兰特制的额定吊重达6700t的"天鹅号"自航运架一体船运输、吊装完成。

a)　　　　　　　　　　　　　　　　　b)

图1-2-1-5　大带海峡大桥西桥

东桥(图1-2-1-6)为单层公路桥梁(东段铁路采用海底隧道),全长6.79km,连接海峡中间的斯普罗岛和东岸的西兰岛,需跨越波罗的海和北海之间的国际黄金水道,对通航能力要求较高,并要求最大限度减小对海峡复杂海流交换的阻塞影响。因此,其主桥采用大跨度钢箱梁悬索桥,桥跨布置为62m+535m+1624m+535m+62m=2818m,为当时世界第二大跨度桥梁,主桥两侧引桥长度分别为1553m和2518m,采用连续钢箱梁结构,除连接桥台的端跨为140m外,其余跨单孔跨度为193m。

大带海峡大桥是采用大体积预制构件及机械化拼装的典型桥梁,它改变了以后修建的数座桥梁的设计及施工方案。工程中采用了特殊的设置基础、特大跨悬索桥及特殊运架一体起重船,使人耳目一新。

图 1-2-1-6　大带海峡大桥东桥

4）丹麦—瑞典厄勒海峡大桥

1995 年,正当大带海峡大桥紧锣密鼓施工时,在丹麦和瑞典之间的厄勒海峡南口,另一项雄伟的跨海通道工程——厄勒海峡跨海工程也悄然开始了。厄勒海峡跨海工程(图 1-2-1-7)是连接丹麦首都哥本哈根和瑞典南部马尔默两个中心区的国际固定通道,自西向东由长 430m 的丹麦岸人工岛、长 4050m 的公铁两用沉管隧道、长 4055m 的中心人工岛以及长 7845m 的跨海桥梁组成,总长 16.38km,是一座集桥、岛、隧于一体的大型综合跨海工程。

图 1-2-1-7　厄勒海峡跨海工程全貌

厄勒海峡大桥为东段长达 7845m 的跨海桥梁工程,其上层为带应急车道的双向四车道高速公路,下层为双线铁路,满足 200km/h 客运列车和重载货运列车通行。大桥包括 3 部分,由东、西引桥和高架主桥构成。主桥采用 141m + 160m + 490m + 160m + 141m = 1092m 双塔双索面板桁组合斜拉桥,公路采用混凝土结合桥面,铁路采用钢箱桥面,采用 H 形钢筋混凝土桥塔,斜拉索按竖琴式布置。引桥为双层钢—混结合连续桁梁桥,从经济性和美学角度考虑,单孔跨径为 140m 和 120m。西引桥全长 3014m,包括 18 孔 140m 和 4 孔 120m;东引桥全长 3739m,包括 24 孔 140m 和 3 孔 120m。全桥采用混凝土预制沉箱基础[图 1-2-1-8a)]。

厄勒海峡大桥施工最显著的特点是高度的预制装配化,最大限度地减少了现场施工可能带来的工期延长和费用增加的风险,而且可以减低施工对环境的干扰。

在大带海峡大桥西桥施工中使用过的"天鹅号"起重船,经过改造后,其最大起重量达到8700t,起重高度也增加了30m。"天鹅号"起重船在厄勒海峡大桥大型构件的起吊、运输和安装中,发挥了极其重要的作用[图1-2-1-8b)]。

a)　　　　　　　　　　　　　　　　　　b)

图1-2-1-8　厄勒海峡大桥桁梁大节段架设和沉箱基础预制

5)俄罗斯刻赤(Kerch)海峡大桥

刻赤海峡是连接黑海和亚速海的水道以及唯一航道,同时把俄罗斯属克里米亚半岛上的刻赤半岛和大陆上的塔曼半岛分开。海峡宽4.5~11km,最大水深18m。沿岸最大城市为刻赤,在缺乏桥梁的时候两岸的交通是由汽车渡轮接驳俄罗斯的卡夫卡兹港和克里米亚共和国的克雷姆港。1944年建有铁路桥梁横跨海峡但于次年被浮冰撞毁桥墩,2010年俄罗斯与乌克兰签定兴建新桥的同意书。2014年克里米亚脱乌入俄后,为改善其与俄罗斯本土交通连接问题,刻赤海峡大桥建设方案进入酝酿实施阶段,2015年5月刻赤海峡大桥开始动工兴建。

刻赤海峡大桥(图1-2-1-9),也叫克里米亚大桥,起自塔曼半岛,连接已有的5km大堤和图兹拉岛,然后跨越刻赤海峡进入克里米亚的Ak-Burun海角,连接克里米亚的刻赤半岛与克拉斯诺达尔的塔曼半岛,跨海桥梁部分长约7.5km。

图1-2-1-9　建设中的刻赤海峡大桥

整座大桥由两个平行结构组成,即四车道公路和双线铁路,其基础至梁部均相互独立,公路设计速度为120km/h,铁路客车设计速度为120km/h、货车为80km/h。这座俄罗斯最大的桥梁,公路桥已于

2018年5月通车,铁路桥已于2019年9月试运行。

该桥按照40000辆/日交通量和47对列车设计,包括两座平行布置的跨长227m的下承式单跨系杆钢拱桥,桥下通航高度为35m,其余为单跨55～64m的非通航孔连续钢板梁桥。大桥采用钢管摩擦桩基础,公路、铁路桥均采用双柱式桥墩。通航孔钢拱桥采用整孔浮运架设安装,非通航孔连续钢板梁桥采用顶推施工。

表1-2-1-1列出了国外已建成的主要跨海桥梁。

国外主要跨海桥梁一览表　　　　表1-2-1-1

国家及地区	桥梁名称	建成时间	总长(km)	桥型	桥跨布置	交通类型
丹麦	小带海峡一桥	1935年	0.825	悬臂钢桁梁桥	主桥总长825m,最大跨220m,钢筋混凝土沉井基础(平浮运输、墩位竖立、四周钻孔)	公铁两用桥(单层)
	小带海峡二桥	1970年	1.7	—	主桥为240m+600m+240m钢箱梁悬索桥,引桥为单跨31m的预应力混凝土梁桥	公路桥
	大带海峡东桥	1998年	6.79	—	全长$L = 7 \times 193m + 62m + 535m + 1624m + 535m + 62m + 12 \times 193m + 140 = 6625m$,主桥为公路钢箱梁悬索桥	公路桥
	大带海峡西桥	1994年建成,铁路桥1997年通车,公路桥1998年通车	6.6	双箱分离预应力混凝土连续梁桥	$(81.75m + 9 \times 110.4m + 81.75m) + (81.75m + 8 \times 110.4m + 81.75m) + (81.75m + 9 \times 110.4m + 81.75m) + (81.75m + 8 \times 110.4m + 81.75m) + 2 \times (81.75m + 9 \times 110.4m + 81.75m) = 6721.8m$	公铁两用桥(单层)
丹麦—瑞典	厄勒海峡大桥	2000年	7.8	引桥为连续双层结合钢桁梁桥,主桥为双塔双索面双层结合钢桁斜拉桥	西引桥$4 \times 120m + 18 \times 140m$,主桥141m+160m+490m+160m+141m,东引桥$24 \times 140m + 3 \times 120m$	公铁两用桥
瑞典	瑞典柯斯顿桥	1997年	1.6	连续梁悬索桥	主桥为310m+1210m+280m连续梁悬索桥。桥面有效宽17.8m,箱梁宽22m、高4m,可以通行4车道。钢筋混凝土桥塔高180m	公路桥
葡萄牙	里斯本峡湾独索悬索桥	1966年	2.278	斜拉悬索混合桥	一端引桥长98.64m,主桥为483.42m+1012.88m+483.42m,另一端引桥长99.64m	公路桥
土耳其	伊斯坦布尔桥	1973年	1.56	悬索桥	主桥为231m+1074m+255m	公路桥
	博斯普鲁斯海峡二桥	1988年	1.51	悬索桥	主跨1090m	公路桥
	亚武兹·苏丹·斯莱姆大桥	2013年	2.164	斜拉—悬吊组合桥	主跨1408m,塔高322m	公铁两用桥
	伊兹密特海湾大桥	2016年	2.682	悬索桥	主跨度1550m,桥跨布置为566m+1550m+566m	公路桥
日本	明石海峡大桥	1998年	3.911	悬索桥	全长3911m,主桥墩跨度960m+1991m+960m。两座主桥墩海拔297m,基础直径80m,水中部分高60m	公路桥
	江岛大桥	1995年	1.446	连续刚构桥	主桥跨度组合为55m+150m+250m+150m+55m	公路桥
	大岛大桥	1988年	0.84	悬索桥	主桥为140m+560m+140m悬索桥	公路桥

续上表

国家及地区	桥梁名称	建成时间	总长（km）	桥型	桥跨布置	交通类型
日本	来岛大桥	1998年	4.105	悬索桥	三跨连续钢箱梁悬索桥，主跨分别为50m + 140m + 600m + 170m、250m + 1020m + 250m、260m + 1020m + 280m	公路桥
	下津井濑户大桥	1988年	1.447	悬索桥	主跨940m	公铁两用桥
	柜石岛桥	1988年	0.79	斜拉桥	主跨420m	公铁两用桥
	岩黑岛桥	1988年	0.79	斜拉桥	185m + 420m + 185m	公铁两用桥
	与岛桥	1988年	0.87	连续桁梁桥	—	公铁两用桥
	南、北备赞大桥	1988年	3.3337	两联三孔悬索桥	48.2m + 274m + 990m + 274m + 49m + 274m + 1100m + 274m + 50.5m	公铁两用桥
	多多罗大桥	1999年	1.48	斜拉桥	270m + 890m + 320m	公路桥
	大鸣门桥	1985年	1.629	悬索桥	330m + 876m + 330m	公铁两用桥
	生口桥	1991年	0.79	斜拉桥	150m + 490m + 150m	公路桥
	东京湾横断道路桥梁	1997年	4.384	多孔连续桥	3孔连续330m，10孔连续1630m，11孔连续910m，10孔连续800m，9孔连续714.4m	公路桥
	关门海峡大桥	1973年	1.068	悬索桥	178m + 712m + 178m	—
加拿大	联邦大桥	1997年	12.9	连续T梁桥	14m×93m + 165m + 43×250m + 165m + 6×93m	公路桥
美国	韦拉札诺桥	1964年	2.039	悬索桥	主跨370.33m + 1298.45m + 370.33m	公路桥
	奥克兰西桥	1936年	3.14	悬索桥	—	公路桥
	旧金山金门桥	1937年	2.737	悬索桥	主跨1280m	公路桥
俄罗斯	俄罗斯岛大桥	2008年	3.15	斜拉桥	60m + 72m + 3×84m + 1104m + 3×84m + 72m + 60m	公路桥
	刻赤海峡大桥	2018年（公路），2019年（铁路）	7.5（跨海）	系杆钢拱桥连续钢板梁桥	通航孔：227m；非通航孔：单跨55~64m	公铁两用桥
委内瑞拉	马拉开波桥	1962年	8.678	密索斜拉桥	主孔5×235m，26×85m + 2×65.8m + 79×46.6m + 5×235m + 20×36.5m + 22.6m	公路桥
巴西	巴西里约—尼泰罗伊桥	1974年	0.848	连续箱梁桥	共计跨度5孔，跨度布置为（40）74m + 200m + 300m + 200 + 74（40）m	公路桥
澳大利亚	悉尼港桥	1932年	1.149	双铰桁架拱桥	桥拱的跨度为503m	公铁两用桥

2.2 方兴未艾的中国跨海大桥建设

众所周知，我国拥有约960万 km² 的陆地国土面积，是世界陆地面积第三大的国家，但与此同时，我国还是一个名副其实的海洋大国，拥有约470万 km² 的海洋国土面积和超过3.2万 km 的漫长海岸线（超过1.8万 km 的大陆海岸线和1.4万 km 岛屿岸线），广袤的海域上7600多个岛屿星罗棋布。改革开放以来，东部沿海地区逐步成为引领我国经济快速发展的强劲引擎，修建跨海大桥建立海岸间的陆路交通,逐步成为经济发展的迫切需要。

20世纪80年代,我国开始了跨海桥梁工程的研究。20世纪90年代,我国在一些海面宽度较窄的海湾或岸岛间海域进行了跨海桥梁建设的初步尝试,陆续修建了厦门大桥、汕头海湾大桥、珠海淇澳大桥、厦门海沧大桥等跨海桥梁,但其跨海段长度均较小、整体规模有限,且海域离岸较近,水深较浅,风浪较小,施工环境较好,除通航要求和耐久性要求外,桥梁设计与施工基本与跨越江河的桥梁无异。

21世纪以来,随着我国综合国力的快速提升和桥梁建造技术的不断发展,我国跨海桥梁工程进入快速发展阶段,朝着跨海距离更长、整体规模更大的跨海长桥发展,先后建成了多座大规模的跨海桥梁工程,见表1-2-2-2,其中典型代表的有东海大桥、杭州湾跨海大桥和新近通车的港珠澳大桥等。

1)东海大桥

东海大桥(图1-2-2-1)位于杭州湾口北部,连接上海南汇芦潮港和洋山深水港区,全长32.5km,其中新海堤至大乌龟岛之间跨海段长约25.3km。

图1-2-2-1　东海大桥

桥址海域全年平均7级以上大风天数为65.8d,8级以上大风天数为30d,9级以上大风天数为3d,100年重现期10m高处风速为42.16m/s;根据1960—1995年气象资料统计,7级以上热带风暴平均每年3.6次,8级以上热带风暴平均每年2.4次,12级以上热带风暴过程有6次;海域水面开阔,海图水深一般仅为7.0~8.0m,最大潮差5.14m,百年一遇波高$H_{1\%}$达6m,最大流速2m/s。

大桥采用设计行车速度80km/h的双向六车道加紧急停车带的高速公路标准,标准桥宽31.5m,设计基准期为100年,按地震烈度7度进行抗震设防,设计基本风速42m/s。陆上段采用30m跨等高预应力混凝土连续箱梁桥,左右分幅布置;跨海段深水区非通航孔桥采用60m和70m两种跨径的等高预应力混凝土连续箱梁桥,箱梁采用工厂整孔预制、整孔吊装架设施工;跨海段近岸或近岛浅水区采用50m跨等高预应力混凝土连续箱梁,采用移动支架或顶推施工;主通航孔采用主跨420m双塔大索面叠合梁斜拉桥,三个辅通航孔分别采用主跨120m、140m、160m变截面预应力混凝土连续梁桥。

大桥于2002年开工建设,2005年建成通车,建成时是我国当时最长、也是第一座真正意义上的跨海大桥。

2)杭州湾跨海大桥

杭州湾跨海大桥(图1-2-2-2)位于钱塘江入海的河口海湾,北起嘉兴海盐郑家埭,跨越宽阔的杭州湾海域后止于宁波市慈溪水路湾,全长36km。

图1-2-2-2 杭州湾跨海大桥

桥区海域全年平均风速为2.8~3.5m/s,累年10min平均最大风速为17.7~22.6m/s,极大风速为31.9~32.2m/s,全年8级以上大风平均天数最多为16.3d,影响台风平均为2.56个/年;另据资料显示,1949—2000年间,桥位周围6个县市共出现了39次龙卷风,最大等级为F3级;桥区海域属浅海半日潮海区,1951—1999年历年统计最大潮差为8.93m,设计最大潮差为9.38m,实测最大波高3.5m,100年一遇波高$H_{1\%}$达5.98m,最大实测最大流速5.16m/s。

该桥按双向六车道高速公路设计,设计行车速度100km/h,桥面宽33m。全线包括北引线、北引桥、北航道桥、中引桥、南航道桥、海中平台、南引桥和南引线等。其中北航道桥为跨度70m+160m+448m+160m+70m钢箱双塔斜拉桥;南航道桥为跨度100m+160m+318m独塔钢箱斜拉桥;海上引桥为跨度70m的预应力混凝土连续箱梁,采用整孔预制、起重船整孔吊装施工;南岸滩涂为跨度50m的预应力混凝土连续箱梁,采用移动模架现浇施工;两岸陆地和北岸滩涂引桥为跨度30~80m的预应力混凝土连续箱梁,采用挂篮悬臂施工或满布膺架现浇施工。

大桥于2003年开工建设,2008年建成通车,建成时是当时世界最长跨海大桥,标志着我国大型公路跨海上桥梁建造技术趋于成熟。

3)港珠澳大桥

港珠澳大桥(图1-2-2-3)跨越珠江入海口伶仃洋海域,连接珠海、香港和澳门三地,为桥、岛、隧相结合的综合跨海工程,全长约50km,海中桥隧工程自大屿山散石湾至珠海/澳门口岸人工岛全长35.6km,三地总投资超过1000亿元人民币。

三地共建跨海主体工程全长29.6km,东自粤港分界线,西止于珠海/澳门口岸人工岛,其中22.9km为跨海桥梁工程,包括青州航道桥、江海直达船航道桥、九州航道桥、深水区(水深大于5m)非通航孔桥及浅水区(水深小于5m)非通航孔桥。青州航道桥采用流线型扁平钢箱梁双塔空间双索面斜拉桥,桥跨布置为110m+236m+458m+236m+110m=1150m;江海直达船航道桥采用中央平行单索面三塔钢箱梁斜拉桥,桥跨布置为110m+129m+258m+258m+129m+110m=994m;九州航道桥采用中央平行单索面双塔钢—混组合箱梁斜拉桥,桥跨布置为85m+127.5m+268m+127.5m+85m=693m;深水区非通航孔桥除跨越崖-13-1气田管线桥采用110m+150m+110m=370m变截面钢箱连续梁桥外,其余均采用单跨110m等截面钢箱连续梁桥,4~6孔一联;浅水区非通航孔桥除珠海口岸连接桥采用3×65+40=235m预应力混凝土连续箱梁桥外,其余均采用85m钢—混组合连续箱梁桥,5~6孔一联。全桥基础采用大直径钢管复合群桩,通航孔桥采用现浇承台,非通航孔桥采用预制承台,全桥桥墩主要采用预制墩身。

a)

b)

图 1-2-2-3　港珠澳大桥跨海桥梁工程

大桥处于南亚热带海洋性季风气候区,桥位区热带气旋影响十分频繁,桥区重现期 120 年 10m 高 10min 平均风速,水深介于 5～10m,局部最深点可达 17m,桥区海域为不规则半日潮海区,潮差不大,平均潮差仅 1.24m,实测垂线平均流速 1～2 节,总体上本海区流速不大,桥位处覆盖层较厚,最大可达 89.3m。

大桥按行车速度 100km/h 的双向六车道高速公路设计,设计使用寿命 120 年,可抵御 8 级地震、16 级台风、30 万 t 船舶撞击以及珠江口 300 年一遇的洪潮。同时,整座大桥施工,自下而上均采用了"工厂化、标准化、大型化和装配化"的施工模式(图 1-2-2-4～图 1-2-2-7),当属我国公路跨海桥梁的巅峰之作。

图 1-2-2-4　港珠澳大桥墩身安装

图 1-2-2-5　港珠澳大桥钢塔整体安装

图 1-2-2-6　港珠澳大桥钢梁整孔架设

图 1-2-2-7　港珠澳大桥沉管施工

表1-2-2-1列出了我国已建成的主要跨海桥梁。

我国主要跨海桥梁一览表　　　　　　　表1-2-2-1

序号	桥梁名称	建成时间	总长（km）	桥型	桥跨布置	交通类型
1	友谊大桥	1994年	3.9	斜拉桥	—	—
2	海沧大桥	1999年	5.927	三跨连续全漂浮钢箱梁悬索桥	主桥3140m，主跨648m	公路桥
3	莲花大桥	1999年	1.667	刚构桥	—	公路桥
4	响礁门大桥	2003年	0.951	连续箱梁桥	主桥为80m+150m+80m的大跨径预应力混凝土连续箱梁	公路桥
5	东海大桥	2005年	32.5	斜拉桥	73m+132m+420m+132m+73m五跨连续的双塔中央索面斜拉桥	公路桥
6	澳门西湾大桥	2005年	2.2	斜拉桥	主跨为180m	公路桥
7	深圳湾公路大桥	2006年	5.545	悬索桥	主跨为210m和180m独塔钢梁斜拉桥	公路桥
8	湛江海湾大桥	2006年	3.981	斜拉桥	斜拉桥主跨为480m，钢混凝土混合箱梁结构，斜拉桥边跨跨度为120m+60m	公路桥
9	桃夭门大桥	2006年	0.888	斜拉桥	48m+48m+50m+580m+50m+48m+48m	公路桥
10	岑港大桥	2006年	0.793	连续T梁桥	50m+50m+50m=150m，为先简支后连续的预应力混凝土T梁桥。引桥采用30m和25m的T梁和空心板结构，且均为先简支后连续结构	公路桥
11	杭州湾跨海大桥	2007年	36	斜拉桥	全长36km，海上段长度达32km	公路桥
12	西堠门大桥	2009年	5.452	连续钢箱梁全漂浮体系悬索桥	主跨1650m	公路桥
13	金塘大桥	2009年	26.54	斜拉桥	主跨620m	公路桥
14	青岛胶州湾大桥	2011年	36.48	斜拉桥	—	公路桥
15	丁字湾跨海大桥	2012年	3.291	斜拉桥	主桥跨径为376m，总跨度约3291.6m	公路桥
16	港珠澳大桥	2018年	55	斜拉桥	青州航道桥110m+236m+458m+236m+110m，江海直达船航道桥110m+129m+258m+258m+129+110m；九洲航道桥85m+127.5m+268m+127.5m+85m	公路桥
17	香港青马大桥	1997年	2.2	悬索式吊桥	主跨为1377m，桥跨布置为333m+1377m+300m	公轨两用桥
18	香港汲水门	1977年	1.323	斜拉桥	主桥分孔为80m+430m+80m，主梁宽35.3m，高7.89m	公轨两用桥
19	香港汀九大桥	1998年	1.875	斜拉桥	主跨448m+475m，两边跨各为127m	公路桥
20	香港昂船洲	2008年	1.596	斜拉桥	大桥主跨长1018m，连引道全长1596m	公路桥

纵观我国跨海桥梁的发展里程和已建成的多座跨海桥梁工程，其主要具有以下几方面特点：

(1)我国跨海桥梁工程建设相对国外虽起步较晚，但发展相当迅速，目前正处于跨海桥梁建设的高潮时期。

(2)我国跨海桥梁工程建设虽已取得了较大规模的发展，但仍以跨越海湾或江河入海口等海况较好海域的跨海桥梁为主，且均为公路跨海桥梁，仍有较大发展空间。

(3)我国对大型跨海桥梁工程的建设需求依然强烈,跨渤海海峡、台湾海峡、琼州海峡等多座大型跨海通道工程均在酝酿之中,发展前景广阔。跨海桥梁形式也将由单建公路跨海桥梁的一枝独秀逐步向公路、铁路或公铁合建跨海桥梁齐头并进、百花齐放的方向发展,由跨越近海海湾或江河入海口海域朝着水深更深、风浪流影响更为显著、地质条件更为复杂的海峡、外海等复杂海域发展。

松下岸　　　　　　　　　　　　　　　　　　　人屿岛　　元洪航道桥　　　鼓屿门水道桥　　长屿岛

平潭海峡公铁大桥
建造关键技术

01

第3章 平潭海峡公铁大桥建设挑战及创新

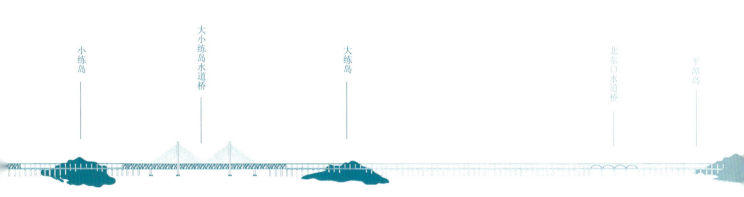

从20世纪80年代的研究起步，经90年代的初步实践，再到21世纪前10年的快速发展，我国在公路跨海桥梁设计与施工方面积累了宝贵的经验，但尚无铁路跨海桥梁建设先例。同时，已建成的众多跨海桥梁均位于近岸海湾或江河入海口等海况较好海域，对于在恶劣海峡环境进行长大公铁两用跨海桥梁建设，国内尚无有效前例可循。

平潭海峡公铁大桥是继东海大桥、杭州湾跨海大桥、港珠澳大桥之后我国又一具有里程碑意义的跨海桥梁工程，是我国首座、世界最长的公铁两用跨海大桥。大桥工程规模大、科技含量高、结构类型新，为超大型跨海桥梁集群工程，所处的台湾海峡更是世界著名三大风暴海域之一，建设条件十分恶劣，素有"建桥禁区"之称。无论是建造难度还是工程体量，平潭海峡公铁大桥都堪称超级大桥，是我国复杂海域跨海桥梁施工的开创性工程，其建设极具挑战。

3.1 项目简介

大桥位于福建省东北部沿海，横跨海坛海峡北口，连接福建省内陆与我国第五大、福建省最大的岛屿——平潭岛，是新建福州至平潭铁路、长乐至平潭高速公路的关键性控制工程，是未来京台高铁和京台高速公路的重要组成部分，大桥地理位置如图1-3-1-1所示。全桥起于福建省福州市长乐区松下镇，经人屿岛、长屿岛、小练岛、大练岛，依次跨越元洪航道、鼓屿门水道、大小练岛水道、北东口水道，在苏澳镇上平潭岛，长16.34km，总体平面布置如图1-3-1-2所示。

本着安全、适用、经济、美观、合理的原则统筹考虑，平潭海峡公铁大桥采取公路在上层、铁路在下层的公铁合建方式，如图1-3-1-3所示，上层为设计速度100km/h的双向六车道高速公路，桥面总宽35.5m；下层为设计速度200km/h的双线I级铁路，客货共线，线间距4.4m，总宽12.2m。全桥共有四座航道桥，其中元洪航道桥、鼓屿门水道桥和大小练岛水道桥均为钢桁混合梁斜拉桥，主跨分别为532m、

364m 和 336m,分别满足 5 万 t 级航道单孔双向通航、5000t 级航道单孔双向通航、5 万 t 级航道单孔单向通航,北东口水道桥为 2×168m 双主跨连续刚构桥,满足 500t 级航道双孔双向通航。大桥主要技术标准和通航标准分别见表 1-3-1-1、表 1-3-1-2。

图 1-3-1-1 平潭海峡公铁大桥地理位置 　　图 1-3-1-2 平潭海峡公铁大桥总体平面布置

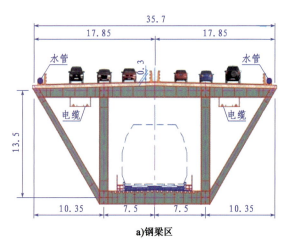　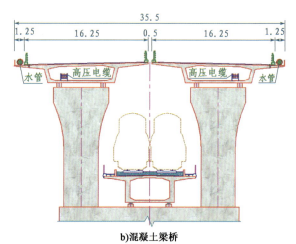

a) 钢梁区　　　　　　　　　　　　　　b) 混凝土梁桥

图 1-3-1-3 桥梁横断面布置示意图(尺寸单位:m)

平潭海峡公铁大桥主要技术标准　　　　　　　　　　　　　　表 1-3-1-1

铁　路		公　路	
铁路等级	Ⅰ级	公路等级	高速公路
正线数目	双线	车道数	双向六车道
设计行车速度	200km/h	设计速度	100km/h
最大坡度	12‰	设计荷载	公路Ⅰ级
牵引方式	电力	最大纵坡	12‰
牵引质量	3000t	设计横坡	2%

平潭海峡公铁大桥通航标准　　　　　　　　　　　　　　表 1-3-1-2

航道等级	通航孔布置	通航净空 B×H(m×m)	通航孔桥跨(m)	备　注
50000t	单孔双向	461×52.1	532	元洪航道
	单孔单向	260×52.1	336	大小练岛水道
5000t	单孔双向	246×40.91	364	鼓屿门水道
500t	双孔双向	75×19.7	2×168	北东口水道

平潭海峡公铁大桥长乐松下岸至大练岛段(铁路里程范围为DK59+415.000~DK70+564.700),全长11149.7m,占全桥长度2/3,由中铁大桥勘测设计院设计、中铁大桥局施工。该标段包括公铁合建段长度9227.1m和单建铁路长度1922.6m(含桥台),自北向南经人屿岛、长屿岛、小练岛到达大练岛,先后跨越元洪航道、鼓屿门水道、大小练岛水道三条航道,由三座通航孔斜拉桥、深水高墩区非通航孔桥、浅水及陆地高墩区非通航孔桥、陆地低墩区非通航孔桥等部分组成,桥式立面布置和概貌如图1-3-1-4、图1-3-1-5所示,桥跨组成详见表1-3-1-3。

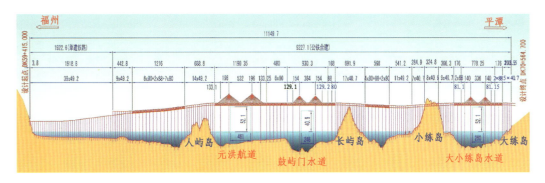

图1-3-1-4　桥式立面布置图(尺寸单位:m)

图1-3-1-5　平潭海峡公铁大桥全貌

桥跨布置一览表　　　　　　　　　表1-3-1-3

区域位置	桥跨布置	结构形式
浅水区非通航孔桥	48×49.2m	预应力混凝土箱梁 铁路:简支梁
	左幅:3×(3×49.2m) 右幅:2×(3×49.2m)	预应力混凝土箱梁 分岔段公路:连续梁
深水高墩区非通航孔桥	6×80m+2×88m+7×80m	双层钢—混结合简支钢桁梁桥
浅水及陆地高墩区非通航孔桥	14×49.2m	预应力混凝土箱梁 铁路:简支梁 公路:3孔—联
元洪航道桥	133.1m+196m+532m+196m+133.25m	钢桁混合梁斜拉桥
深水高墩区非通航孔桥	6×80m	双层钢—混结合简支钢桁梁桥

续上表

区域位置	桥跨布置	结构形式
鼓屿门水道桥	129.1m + 154m + 364m + 154m + 129.2m	钢桁混合梁斜拉桥
深水高墩区非通航孔桥	88m + 80m	双层钢—混结合简支钢桁梁
陆地低墩区非通航孔桥	17 × 40.7m	预应力混凝土箱梁 铁路:简支梁 公路:3~4孔一联
深水高墩区非通航孔桥	4 × 80m + 1 × 88m + 2 × 80m	双层钢—混结合简支钢桁梁桥
浅水高墩区非通航桥	11 × 49.2m	预应力混凝土箱梁 铁路:简支梁 公路:3~4孔一联
陆地低墩区非通航孔桥	7 × 40.7m	预应力混凝土箱梁 公路:3~4孔一联
	324.8m	铁路路基
陆地低墩区非通航孔桥	9 × 40.7m	预应力混凝土箱梁 铁路:简支梁 公路:3~4孔一联
深水高墩区非通航孔桥	2 × 88m	双层钢—混结合简支钢桁梁桥
大小练岛水道桥	81.1m + 140m + 336m + 140m + 81.15m	钢桁混合梁斜拉桥
深水高墩区非通航孔桥	2 × 88m	双层钢—混结合简支钢桁梁桥
陆地低墩区非通航孔桥	5 × 40.7m	预应力混凝土箱梁 铁路:简支梁 公路:5孔一联

3.2 工程特点与挑战

3.2.1 工程特点

1) 海峡环境建设条件恶劣

20世纪90年代以来,我国在跨海桥梁建设上虽取得了相当的成就和经验,但所建成的众多跨海大桥主要集中在海湾、江河入海口等建设条件相对较好的海域。与以往跨海桥梁建设条件不同,海峡因其独特的地理环境,气象、水文、地质等建设条件的复杂恶劣程度,远非海湾和江河入海口等海域所能相比。

平潭海峡公铁大桥所处的海坛海峡(平潭海峡),南、北口均与台湾海峡连通,分属台湾海峡,为世界三大暴风潮海域之一,具有风大、浪高、涌激、水深、流急、潮汐明显和地质复杂等特点,海况十分恶劣,素有"建桥禁区"之称。

(1)季风持续时间长,台风登陆频次高,大风天数多,风力等级强,气象环境恶劣。

气象部门统计数据显示,桥址处年平均出现9级风的天数为58d,8级风的天数为115d,7级风的天数为210d,6级风的天数为314d,年平均风速9m/s,设计基本风速44.8m/s。且台风登陆频次高,自开工以来,每年平均受6~8次强台风影响,最大风力达14级。

(2)浪高涌激,海流强劲,水深,潮差大,海况条件恶劣,如图1-3-2-1所示。

海坛海峡北口,内窄外宽,呈喇叭状,其间分布多座岛屿,将海峡分割成多条狭长水道,"狭管效应"显著,加之受台湾海峡外海浪涌影响,海况水文十分复杂、恶劣。统计数据显示,桥址海域年平均波高

1.1m，涌浪2.5m以上天数占45%，最大浪高9.69m；水深在0~45m之间，10m以上水深占比达86%，15m以上水深占比达61%；最大设计流速3.09m/s；平均高潮位为+2.39m，平均低潮位为-1.89m，平均潮差4.28m，最大潮差达7.09m。

a) 巨浪冲击岸礁

b) 巨浪冲击围堰

c) 海流强劲

d) 潮差水位变动大

图 1-3-2-1　桥区海况恶劣

（3）岛屿暗礁多，海床起伏大，倾斜裸露硬岩分布广，高强度孤石密集，地质条件复杂。

桥区岛屿暗礁分布密集，海床高低起伏不平，海床扫测数据显示单墩范围最大高差达27m，水下地形复杂，如图1-3-2-2所示。加之强劲海流常年冲刷，海床表面几无覆盖层，多为倾斜裸岩（裸岩分布范围长达7km），且多为花岗岩等硬质岩，岩石强度高（岩芯抗压强度高达210MPa），全强风化层较厚，大量直径较大的球形风化残留体（孤石）呈"串珠状"密集分布，最大直径达12m，地质条件复杂。图1-3-2-3为低潮时近岸区孤石裸露。

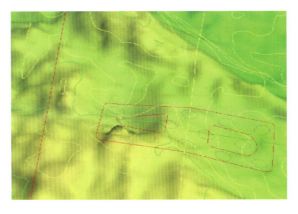

图 1-3-2-2　单墩范围海床起伏扫测影像

图 1-3-2-3　近岸区低潮裸露孤石

(4)海洋重度腐蚀环境。

桥址海域为重度盐雾腐蚀环境,根据《港口工程桩基规范》(JTJ 167-4—2012),平潭海峡公铁大桥海域钢材腐蚀速度为 0.5mm/年,经现场实测,腐蚀速度达 1mm/年,为规范速率的 2 倍,如图 1-3-2-4 所示。

a)   b)

图 1-3-2-4 海洋环境腐蚀性强

2)公铁跨海桥梁集群建设规模宏大

平潭海峡公铁大桥全长 16.34km,是世界跨海距离最长的公铁跨海大桥(图 1-3-2-5)。大桥途经 4 座岛屿、跨越 4 条航道,包括 4 座通航孔桥以及深水高墩区引桥、浅水及陆地高墩区引桥、陆地低墩区引桥,涵盖了钢桁梁斜拉桥、混凝土连续刚构桥、双层结合简支钢桁梁桥、预应力混凝土连续箱梁桥、预应力混凝土简支箱梁桥等多种桥型,是典型的跨海桥梁集群工程。全桥混凝土用量总计 294 万 m^3(其中包括临时工程混凝土 47 万 m^3),各类钢材 124.3 万 t(其中包括临时钢结构 61.3 万 t),工程体量为世界桥梁之最。平潭海峡公铁大桥与国内外典型跨海长桥工程规模对比见表 1-3-2-1。

图 1-3-2-5 平潭海峡公铁大桥建设全貌

平潭海峡公铁大桥与国内外典型跨海大桥工程规模对比   表 1-3-2-1

桥　　名	交通类型	全长(km)	钢材用量(万 t)	混凝土用量(万 m^3)
东海大桥	公路	32.5	49.4	138
杭州湾跨海大桥	公路	35.67	82	245
港珠澳大桥(主体桥梁工程)	公路	22.9	97	90.9
日本濑户大桥	公铁两用	9.369	70.5	36.46
平潭海峡公铁大桥	公铁两用	16.34	63	247

此外，大桥上下双层公铁合建的桥梁布局形式，以及多功能的使用需求，使其与单纯的公路跨海桥梁相比具有以下几个方面的特点：

(1) 公铁合建桥梁，需承受更大的荷载，加之共用桥墩和基础，故单墩断面尺寸和基础规模较以往的公路跨海桥梁更大。

(2) 公路铁路双层布置，上部结构相互穿插，桥上有桥，梁部构造更为复杂。

(3) 公路跨海桥梁一般仅在主桥及其附近设置高墩，以满足通航要求，而大范围的引桥则以低墩为主，常被形容为"长虹卧波"，而平潭海峡公铁大桥除需主桥通航净空要求，还需协调全桥铁路纵坡，故整体桥面较高（公路桥面高程54.353~75.588m），相较而言更似"海上飞虹"，其引桥普遍采用高墩设计，墩高30m以上桥墩占比达63.9%，墩高20m以上桥墩占比89.9%，高墩占比远大于"卧波"的公路跨海桥梁。

(4) 附属工程更为繁杂。平潭海峡公铁大桥一方面需满足公路、铁路行车需要，另一方面还需承担福建内陆与平潭岛电力、水管等搭载通道的功能需求，多功能的使用需求，加上健康监测、检查小车等维养设施，直接导致了大桥附属工程类繁量多。

3.2.2 建设挑战

恶劣的建设条件、宏大的建设规模及桥梁结构、功能特点使平潭海峡公铁大桥的建设较以往的跨海桥梁具有更大的挑战，施工组织、施工技术、结构耐久性、运营安全等均面临严峻考验。

1）施工组织挑战

(1) 有效作业时间短、施工工效低。

现场受大风、浪涌、潮汐等海况气象条件影响，全年有效作业时间不足120d，严重地制约了海上的正常施工作业，大幅降低了海上施工工效，增加了工期控制的不确定性。

(2) 人、材、机等施工资源组织困难。

大桥线路长、工程体量大、结构类型复杂，需多工点、多作业面同时施工，人员、物资材料、机械设备等施工资源需求量大，组织和统筹管理难度大。此外，桥区地材资源匮乏，岛上淡水严重缺乏，大部分材料需海运至临时码头中转储存，物资材料转运复杂，海上交通本就不便，加上台风、季风及大浪等恶劣海况影响，材料的运输、进场、堆码、存放、管理等诸多环节均面临巨大困难。

(3) 施工用地紧缺，混凝土结构装配化施工受限，影响整体施工工效。

为提高海上施工工效，跨海桥梁通常采用"工厂化、标准化、大型化、装配化"的施工模式，这也是现代跨海桥梁建设的趋势。然而，平潭海峡公铁大桥所处的福建地区，素有"八山一水一分田"之称，加之受环境保护限制，桥区附近施工用地紧张，难以开辟大片场地建立大型的混凝土结构预制工厂，无法进行混凝土梁和桥墩的大规模工厂化、装配化施工，进一步影响整体施工工效。

(4) 施工安全风险高。

桥址海域风、浪、流等海况恶劣，台风等极端灾害天气破坏性强，使海上栈桥、平台、围堰、高墩高塔、钢梁架设等施工面临巨大安全风险和挑战。大桥大部分为水上作业，施工需动用大量船舶，而桥区航道密集，船舶交通安全风险较大。

(5) 公铁交叉施工干扰影响大。

公铁合建导致铁路梁、公路墩、公路梁立体交叉，铁路梁移动模架施工、公路墩身施工及公路梁移动模架施工相互干扰制约，加大了施工难度。

2）主要施工技术挑战

(1) 恶劣海峡环境深水基础施工挑战

深水、强波流力、大潮差的恶劣海况，以及广硬岩、斜岩面、多孤石的复杂地质条件，致使大桥水中基础施工面临巨大挑战。

作为水中基础施工的重要辅助设施,栈桥和施工平台的建立是大桥基础施工首先遇到的难题。一方面,由于桥址海域恶劣的海况条件,栈桥和平台除需承受结构自重和施工荷载外,还需承受比传统内河、海湾或江河入海口栈桥更为巨大的波流力,加之高频的强台风侵袭,以往栈桥和平台的设计标准已不再适用,需针对桥址特殊海况重新探索栈桥和平台的设计标准。另一方面,桥区覆盖层浅薄、岩面倾斜、表层岩石强度高,栈桥和施工平台钢桩入岩困难,难以形成有效固定端,尤其是大范围的深水区,受海流及浪涌影响,直接插打钢管桩更是无法自稳,加之大风、台风影响,有效作业时间短,施工安全风险高,致使栈桥和平台施工面临巨大挑战。全桥仅栈桥施工就耗时一年半之久,其施工难度可见一斑。

与栈桥和施工平台的建立相比,更加困难的则是海上超大直径钻孔桩基础施工。为减小波流力对承台围堰施工的影响,降低围堰施工安全风险,3座通航孔斜拉桥均采用高桩承台设计,单桩水中自由长度较大,为满足强波流力条件下单桩水平承载要求,桩基首次采用 $\phi4.9m/\phi4.5m$ 和 $\phi4.4m/\phi4.0m$ 的超大直径钻孔灌注桩,桩身采用 C45 水下混凝土,以提高桩基混凝土强度和耐久性。钻孔桩发展历史表明,每一次桩径的突破,都伴随着施工装备和工艺的艰难革新。在此之前,传统钻机设备最大施工直径仅能达到 4.0m,显然无法满足 $\phi4.9m/\phi4.5m$ 超大直径钻孔桩的成孔施工要求,需重新研发配套的钻机设备。桩径加大本就带来水下混凝土灌注难度的增加,而高强度的 C45 水下混凝土,伴随强度的提高,其施工工作性能较传统强度等级低的水下混凝土更难把握,进一步加剧了灌注工艺所面临的挑战。同时,桥址恶劣的海况和复杂的地质条件,使超大直径钢护筒定位、下放、埋设施工以及钻孔施工面临极大困难,倾斜裸露硬岩和大直径高强孤石,极易使护筒插打过程中因局部失稳而变形,也加大了钻孔施工难度;巨大的波流力和台风侵袭,极易使护筒整体倾斜下沉,甚至引发已成孔塌孔;巨大的潮差变化,使护筒内泥浆液面和护筒外水位水头差控制难度增加,从而影响钻孔施工。

除此之外,恶劣的海峡环境使大桥基础施工还面临另一项不容忽视的挑战,那便是承台围堰施工。为减小波流力对承台围堰施工的影响,通航孔斜拉桥采用了高桩承台设计,即便如此,其承台围堰在施工期间仍需承受巨大的波浪力,元洪航道桥和鼓屿门水道桥主墩承台围堰施工期间所受波浪力更是超过 20000kN,这无疑使承台围堰施工面临巨大的技术挑战和安全风险。

(2)常遇大风环境高墩高塔施工技术挑战

全桥近 2/3 以上桥墩为高度大于 30m 的高墩,且通航孔斜拉桥主塔高度分别达到 200m、158m 和 152m。同深水基础施工受风、浪、流、潮及地质条件等多种复杂因素影响不同,水面以上的高墩高塔施工则主要需应对来自桥址特殊大风环境的威胁。环境影响因素虽变为单一的大风,但其所引发的施工技术挑战却毫不逊色,主要表现为四个方面:①需要解决主塔未形成整体结构之前,大风或台风等极端工况条件下,主塔结构自身的稳定及受力安全;②海洋环境大风频繁,需要研究施工机械设备及施工临时结构的抗风设计与合理可靠的抗风措施;③海洋环境恶劣,有效作业时间短,需研究改善作业人员作业环境的防护措施以及有效的快速施工技术手段;④大风环境条件下,混凝土表面水分和温度散失速度较快,极易产生裂纹(缝),且受环境影响高墩高塔养护实施困难;⑤复杂的大风环境,高墩高塔施工定位测量精度控制难度大。

(3)恶劣海峡环境全焊钢桁梁施工技术挑战

长期以来,受加工制造水平及施工装备限制,我国传统钢桁梁主要采用整体节点设计,后发展为整体桁片设计,其施工以杆件、桁片和小节段悬臂拼装为主,总体上工厂化程度较低,现场安装连接工作量大,施工工效较低。而桥址所处海峡环境,建设条件恶劣,有效作业时间极短,安装施工安全风险高,传统钢桁梁杆件、桁片或小节段拼装架设已不再适用,需采用更加大型化的钢桁梁制造和安装单元构件,通过更高程度的"工厂化、大型化、装配化"施工方法,减少现场安装连接工作量和现场吊装次数,从而提高施工工效,降低海上施工安全风险。因此,平潭海峡公铁大桥通航孔斜拉桥钢桁梁及深水区非通航孔桥简支钢桁梁均采用了全焊设计,前者为两节间整节段全焊设计,后者为整孔全焊设计。

斜拉桥钢桁梁两节间整节段全焊设计,要求以重约 1000t 的整体桁段作为焊接制造和安装单元;简支钢桁梁整孔全焊设计,则需以重约1500t的整孔桁梁为焊接制造和安装单元。钢桁梁制造和安装单元的大型化,远非施工单元几何尺寸变大了那么简单,其背后更多的是制造水平、安装工艺和施工装备等多方面的突破,个中挑战不言而喻。

此外,恶劣海峡环境钢桁梁安装施工,还需应对来自大风和台风的威胁,需采取措施解决钢桁梁整体架设安装过程中的抗风安全问题,尤其是斜拉桥钢桁梁中跨合龙前大悬臂状态的抗风安全措施。

3）耐久性的考验

结构耐久性是众多跨海桥梁均需要面对的挑战之一,平潭海峡公铁大桥当然也不例外,面对比海湾或江河入海口更为严酷的海峡腐蚀环境,其结构耐久性的考验比以往大多数跨海桥梁更为严峻。

除主体结构耐久性考验之外,由于大桥施工周期较长(从开工到主体结构贯通耗时达8年之久),面对严酷的海峡腐蚀环境,栈桥、平台等大型临时结构及大量施工机械设备也面临耐久性的考验。

4）大风环境运营安全挑战

侧向大风作用下,行驶的汽车和列车气动性能和横向稳定性将受到影响,甚至发生侧滑、侧倾、脱轨、倾覆等风致行车安全事故。随着国内外风致行车安全事故的屡见不鲜,风致行车安全问题也越发受到关注。而风致行车安全问题所带来的影响不仅仅是安全事故本身,其更深层次的影响则是因大风导致的车辆停运或行车限速,在对人们出行及交通运输带来不便的同时,造成巨大的经济损失。

相关研究表明,桥位风环境、桥面高度和桥梁结构是影响桥面行车安全性的主要因素。桥位大风发生频率越高、风速越大,行车安全性越差;桥面越高,行车安全性越差;桥梁结构越钝,桥面风速越大,越不利于安全行车。

平潭海峡公铁大桥所处海峡环境较以往跨海桥梁具有更为恶劣的大风环境,据附近陆上气象站统计数据,大于或等于8级的大风日数达120d左右,大于或等于9级的大风日数在30d左右,达到汽车运行封闭、列车运行限速风速25m/s的10级大风日数约10d。考虑到海上风速受地形削弱影响较小,以及大桥桥面距离海平面较高(公路桥面超过75m,铁路桥面超过62m),桥面处实际风力将比陆上气象站风力还要高出1~2级,则桥面达到汽车运行封闭、列车运行限速条件的时间还要更长。此外,大桥桥面为竖向分离式双层布置,侧风在流经桥梁时,气流会在上、下层桥面处发生分离,并形成各自的绕流,风洞试验表明,上下桥面绕流的相互耦合将加大混凝土箱梁区铁路桥面风速,其风致形成安全问题将更为敏感。

因此,如何保障桥面大风环境运营安全,确保其与陆地同条件通行,无疑是大桥建设必须面对的又一难题。

3.3 关键技术及创新

为应对恶劣的建设条件、宏大的建设规模等带来的诸多挑战,确保大桥安全、优质建成,在设计、施工、工程装备等多个环节展开了积极探索和研究,形成了一系列关键技术,取得了多项突破性创新成果。

3.3.1 设计技术创新

(1)$\phi 4.9m/\phi 4.5m$超大直径钻孔灌注桩设计

针对桥址特殊的气象、水文、地质条件,首创了$\phi 4.9m/\phi 4.5m$超大直径钻孔灌注桩,为迄今为止世界桥梁最大直径钻孔灌注桩。为提高桩基混凝土强度及耐久性,桩身采用C45水下混凝土。超大直径钻孔桩设计,减少了单墩钻孔桩根数,有利于缩短海上钻孔桩作业时间,促进了海上桥梁大直径桩基的发展。

(2)斜拉桥钢桁梁整节段全焊设计

针对传统整体节点、整体桁片栓焊钢桁梁工厂化程度低、现场拼接安装工作量大、施工工效低的缺点,平潭海峡公铁大桥通航孔斜拉桥首次采用两节间整体大节段全焊设计。钢桁梁采用两节间整体大节段全焊设计,提高了钢桁梁整体焊接程度,减少了高强螺栓及拼接板用量,节省材料,有利于提高钢桁梁制造工厂化程度。同时,大节段本身形成闭合稳定的结构,避免采用临时杆件进行节段加固,且单次吊重更大、安装工效更高。

(3)双层钢—混结合简支钢桁梁设计

深水区非通航孔桥首次采用了80m/88m双层钢—混结合简支钢桁梁结构,满足了大跨度公铁两用桥梁对桥跨结构整体竖向和横向刚度的要求,节约了钢材用量,作为一种新的钢桁结合梁结构,丰富了我国钢桁结合梁的结构形式。

其钢桁主梁首次采用整孔全焊设计,工厂化、标准化、大型化和装配化程度高,避免使用高强螺栓及拼接板,有效节省了材料,并减少后期运营维护工作量。

铁路桥面首次采用大间距箱形横梁—预应力混凝土槽型梁结合桥面结构,提高了铁路桥面整体刚度、动力性能和抗裂性能,改善了铁路桥面行车舒适性和耐久性。

(4)全桥抗风设计

创新了海峡桥梁安全运营保障技术。为确保在不低于10级大风环境下大桥安全运营,采用全桥公路、铁路防风技术和运营安全健康监测系统。

3.3.2 施工关键技术创新

(1)海峡环境桥梁深水基础建造技术创新

建立了复杂海域大跨度栈桥设计标准,填补了水深、流急、风大、浪高、复杂地质条件下栈桥设计标准的空白。提出了钢管桩入岩锚固深度计算方法,建立了一整套钢管桩入岩判定标准,形成了浅(无)覆盖层区插打钢管桩入岩判定标准和入岩锚固深度的技术标准。研发了小导管架结构、具有伸缩调节功能的整体桁片式联结系、大跨度大桥1号桁梁整体安装工艺工法,形成了海上长栈桥整套快速施工技术。

研发了恶劣海洋环境下桥梁基础超大直径钻孔桩施工关键技术。采用导管架辅助建立施工平台,解决了强波流力、深水和裸岩海域施工平台快速建立难题,建成了目前国内施工体量最大的海上桥梁导管架施工平台;首次实现了4.9m直径的超大海上桥梁钻孔灌注桩施工。

斜拉桥主墩基础围堰施工期间需承受超过20000kN波流力,是目前国内基础施工围堰承受波流力最大的结构。为解决主塔墩承台围堰施工难题,研发了强浪涌海域大型防撞箱围堰施工技术。

(2)常遇大风环境下高塔施工技术创新

针对桥址独特的大风环境,对风压高度变化规律、大风环境下高塔施工设备、高塔快速施工和大风环境下人员作业环境安全保障等重难点进行了研发。液压爬模采用全封闭防风设计,有效改善了施工作业环境;爬模和塔式起重机采用特殊抗风设计,满足大风施工要求;研发了大风环境下高塔施工精准测量和定位控制系统,实现了主塔高效测量和精准定位。

(3)钢桁梁整体全焊制造及海上整体架设成套技术创新

首次实现了斜拉桥钢桁梁两节间整节段全焊制造,采用两节间整节段悬臂架设和边跨、辅助跨整孔吊装架设方案,钢桁梁斜拉桥中跨合龙采用多节段连续匹配法实现整节段钢桁梁合龙等技术,为国内首创,有效提高了海上施工工效。

首次实现了80m/88m简支钢桁梁主梁采用全工厂化整孔全焊制造、现场起重船整孔架设,工厂化、装配化程度高,解决了复杂海域大型双层结合简支钢桁梁快速安装难题。研发了平行钢丝索预压主桁上弦弱化主桁与桥面系共同作用技术,利用平行钢丝索预压主桁,缩短并滞后安装公路纵梁,在有效解决主桁与桥面系共同作用的同时,保证了简支钢桁梁结构的整体性,且避免设置耗钢料较大的板桁组合钢桥面系和钢箱桥面系,有效节省了材料。研发了铁路横梁顶面复合钢板复层植焊剪力钉技术,可显著增强铁路桥面钢—混结合面的耐久性。

(4)复杂海域施工结构抗风浪安全关键技术

通过对桥址风、浪、流场监测及预报,有效指导桥址现场施工。针对施工临时结构及机械设备采取了多种防风、抗风措施,并根据现场作业条件制订施工工序,大幅提高了现场作业工效,降低现场施工安全风险。

3.3.3 海洋工程装备研发

为适应海洋环境施工要求,研发了KTY5000新型液压动力头旋转钻机、3600t大型起重船、1100t架梁吊机等多种新型海洋施工装备,有效确保了现场施工,推动了国内海洋工程装备发展。

(1)针对$\phi 4.9m$钻孔桩钻孔深度大,岩面倾斜,岩石强度高的特点,研发KTY5000型液压动力头钻机,全断面一次成孔可达5.0m,最大钻孔深度为110m(在增加标准钻杆数量的基础上最大钻进深度可达180m)。

配套研发了一种截锥形三瓣组合式滚刀钻头,利用固定的中心体形式可以组合$\phi 4.4m$、$\phi 4.9m$的钻头,在小直径(1600mm)范围内采用12in10°滚刀,大直径(1600~4900mm)范围内采用12in3°滚刀,有效地提高滚刀纯滚动概率,减少滚刀在破岩时的滑动和碾动,提高轴承的使用寿命。同时滚刀和孔底间距减小,提高孔底泥浆的流速,有利于岩渣迅速排出孔外,减少岩渣二次重复破碎的概率。

(2)针对平潭海峡大桥钢桁梁架设要求,研制了副钩吊高130m,主钩吊高110m,吊重达3600t的大型双扒杆多用途起重船,为目前国内起重量最大、起升高度最高的双臂架起重船。传统运架一体起重船,必须自身承担运输任务,大体量的起重船需长距离往返发运点和待架点之间,将大量时间耗费于运输途中,降低了其经济性。而该型双扒杆起重船,将运输任务交由运输驳船承担,可利用构件运输时间,进行其他吊装作业,可最大限度地释放起重船的吊装功能,满足现场施工多种吊装用途。起重船自带起重监测控制系统可实时监测起重船主钩吊重、起升状态,对吊装过程进行有效安全控制。

为最大限度发挥起重设备的起重能力,配套研发了柔性索+刚性撑杆可调节多功能轻型组合吊具。

(3)研制了1100t架梁起重机,为目前国内单体吊重最大的架梁吊机。在风速20m/s(8级风)条件下能够正常吊装,风速15.5m/s(7级风)可以正常整机纵移,非工作状态抗风能力达到14级(44m/s)。双钩抬吊能力达到1100t,而自重控制在仅410t以内。

(4)海上移动模架造桥机。

创新了移动模架造桥机整体吊装安装技术、抗风防台技术,造桥机双向走行、变跨径、变幅施工技术,优化施工组织、减小资源投入,实现了复杂海域现浇混凝土箱梁快速安全施工。

平潭海峡公铁大桥作为我国第一座跨海公铁大桥,也是首次在风浪流及地质条件极端复杂的暴风潮海峡环境建桥,是国内复杂海域桥梁施工的开创性工程,标志着国内铁路桥梁由内河迈向海洋,是中国铁路桥梁的新的里程碑。

本篇参考文献

[1] 唐寰澄.世界著名海峡交通工程[M].北京:中国铁道出版社,2004.
[2] 伊藤学,川田忠树,等.超长大桥梁建设的序幕 技术者的新挑战[M].刘健新,和丕壮,译.北京:人民交通出版社,2002.
[3] 上海同盛大桥建设有限公司.跨海大桥设计与施工 东海大桥[M].北京:人民交通出版社,2009.
[4] 吕忠达,等.杭州湾跨海大桥关键技术研究与实践[M].北京:人民交通出版社,2008.
[5] 王勇.杭州湾跨海大桥工程总结(上)[M].北京:人民交通出版社,2008.
[6] 孟凡超,苏权科,张鸿,等.海上装配化桥梁墩台建设关键技术[M].人民交通出版社股份有限公司,2018.
[7] 方明山.20世纪桥梁工程发展历程回顾及展望[J].桥梁建设,1999(01):3-5.
[8] 柳新华,刘良忠,侯鲜明.国内外跨海通道发展百年回顾与前瞻[J].科技导报,2006(11):78-89.
[9] 刘良忠,柳新华.国内外跨海通道的比较及启示[J].科技导报,2016,34(21):16-26.
[10] 万明坤,等.桥梁漫笔[M].北京:中国铁道出版社,2015.11.
[11] 严国敏.日本本州四国联络桥综述[J].国外桥梁,1986(02):1-17.
[12] 严国敏.日本本州四国联络桥综述(续)[J].国外桥梁,1986(03):33-45.
[13] 井上,尭之,新垣.本州・四国連絡橋 下津井瀬戸大橋アンカ-トンネルの施工(工事例・現場での苦労とくふう)[J].土木技術,1986,41.
[14] 杉田秀夫.瀬戸大橋建設における技術と情報[J].情報管理,1990,32(10):839-854.DOI:10.1241/johokanri.32.839.
[15] 大橋昭光.瀬戸大橋の計画と工事管理:第3回年次学術大会[J].研究 技術 計画,1989,4(2).DOI:10.20801/jsrpim.4.2_178.
[16] 成井信,松下贞义,山根哲雄,等.柜石岛・岩黑岛公铁两用斜拉桥的设计[J].国外桥梁,1982(01):23-55.
[17] 金井壮次.本州四国連絡橋工事用PCバージの設計と建造[J].1983,21(8):42-49.DOI:10.3151/coj1975.21.8_42.
[18] 曹同来.丹麦大贝尔特西桥的施工[J].国外公路,1998(05):3-5.
[19] 金增洪.丹麦大带东桥简介[J].国外公路,1998(03):3-5.
[20] GIMSING N J. From Bridges across Great Belt and Aresund towards a Femern Belt Bridge[J]. Iabse Symposium Report, 2009,95(1).
[21] KJELDGAARDN,FRIES C, et al. Construction of the Great Belt West Bridge[J]. Structural Engineering International, 1995,5(4):214-215.
[22] OSTENFELD, KLAUS. Design of the Great Belt East Bridge[J]. Structural Engineering International, 5(4):218-220.
[23] 张国宁.从大贝尔特海峡大桥、厄勒海峡大桥到费马恩海峡大桥的跨越[J].中外公路,2016,36(01):130-135.
[24] 左明福.厄勒海峡大桥的设计与施工[J].中国港湾建设,2001(01):9-13.
[25] 杨义东,胡定成.厄勒海峡大桥的详细设计[J].国外桥梁,1999(3):8-11.
[26] 周履.关于厄勒海峡大桥若干情况的补充[J].世界桥梁,2004(2):6-9.
[27] 严国敏.厄勒海峡大桥的招投标设计与施工[J].世界桥梁,1999(3):1-7.
[28] KRUMBACH G,HAMM S. Der Bau der Oresundbrucke-Ein 8 700 t Schwimmkran im Einsatz[J]. Bauingenieur,2000,75(5):219-226.
[29] ZEYHER A. Building a European Region (Bridge links Denmark and Sweden Across the Oresund)[J]. Roads & Bridges, 2001,(8):20-23.
[30] ANTHONY T, SCHMIDT. The Oresund Bridge Repairing a Giant[J]. Highway Engineering in Australia:Transport Infrastructure・Traffic Management・Intelligent Transport Systems,2011.

[31] HUE F, BOLAFIO J A, SERRANO G. resund Bridge. Temperature and cracking control of the deck slab concrete at early ages[J]. Automation in Construction, 2000, 9(5/6):437-445.

[32] GLUSHKOV I. High strain dynamic testing of driven piles during the construction of the bridge across the Kerch Strait[J]. MATEC Web of Conferences, 2019, 265.

[33] PULYAEV S, PULYAEV I, KOROVYAKOV V, et al. Research of hydration heat of Portland cement used in bridge construction of Kerch Strait[J]. MATEC Web of Conferences, 2018, 251.

[34] IVANOVYCH R M, VASYLOVYCH Y M, ANATOLIYOVYCH S S, et al. About Some Environmental Consequences of Kerch Strait Bridge Construction[J]. Hydrology, 2018, 6(1).

[35] 高宗余,阮怀圣,秦顺全,等.我国海洋桥梁工程技术发展现状、挑战及对策研究[J].中国工程科学,2019,21(03):1-4.

[36] 梅新咏,徐伟,段雪炜,等.平潭海峡公铁两用大桥总体设计[J/OL].铁道标准设计:1-6[2020-10-23].https://doi.org/10.13238/j.issn.1004-2954.202008180012.

[37] 刘自明.平潭海峡公铁大桥施工关键技术[J].桥梁建设,2019,49(05):1-8.

[38] 王东辉.平潭海峡公铁两用大桥航道桥基础设计与施工创新技术[J].铁道标准设计,2017,61(09):68-75.

[39] 王东辉,胡雄伟.平潭海峡公铁两用大桥深水区栈桥下部结构设计[J].铁道标准设计,2015(10).

[40] 王东辉.平潭海峡公铁两用大桥非通航孔引桥围堰设计与施工[J].桥梁建设,2016,46(03):1-5.

[41] 王东辉,张立超.平潭海峡公铁两用大桥栈桥设计[J].桥梁建设,2015,45(04):1-6.

[42] 徐启利,王东辉.平潭海峡公铁两用大桥Z03号墩导管架施工关键技术[J].桥梁建设,2016,46(04):1-5.

[43] 王东辉,胡雄伟.平潭海峡公铁两用大桥深水区栈桥下部结构设计[J].铁道标准设计,2015,59(10):76-80.

[44] 康晋,段雪炜,徐伟.平潭海峡公铁两用大桥主桥整节段全焊钢桁梁设计[J].桥梁建设,2015,45(05):1-6.

[45] 孙英杰,徐伟.平潭海峡公铁两用大桥双层结合全焊钢桁梁设计[J].桥梁建设,2016,46(01):1-5.

[46] 陈翔,梅新咏.平潭海峡公铁两用大桥主航道斜拉桥深水基础设计[J].桥梁建设,2016(3):86-91.

[47] 孙英杰,梅新咏.平潭海峡公铁两用大桥鼓屿门航道桥主墩基础设计[J].世界桥梁,2016,44(01):15-19.

Part Two

第2篇

设计及科研

松下岸

人屿岛

元洪航道桥

鼓屿门水道桥

长屿岛

平潭海峡公铁大桥
建造关键技术

02

第1章

建设条件

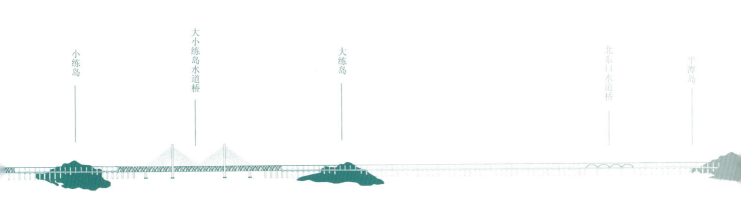

1.1 区域地理环境

1.1.1 地形地貌

桥位区地貌单元属福建省东南沿海低山丘陵～滨海平原区,地貌类型主要有低丘陵、残积台地及冲海积平原。

桥址附近海域岛屿、礁石分布众多,主要岛屿有石莲山、人屿岛、长屿岛、小练岛、大练岛等,多处基岩裸露。桥址经过的大练岛最高点卫营山海拔238.5m。多数岛屿分布有村庄、农田及水产养殖场。海域岛屿风化剥蚀强烈兼海浪冲击,环岛四周均堆积有风化崩塌碎块石。

桥址处海域宽度约16km,且呈北东向狭长状,与桥中线接近垂直相交,众岛屿将海域分割成多个狭长水道,桥中线左右侧1～2km外海域宽阔,有岛、礁分布,涨、落潮波流在桥中线处相对强劲,冲刷强烈,海底地形起伏大,海水深度范围多在10.0～45.0m。

1.1.2 气象特征

根据福建省气候中心关于《平潭上岛铁路工程跨海大桥气象环境专题研究报告》,基于工程区域周边的平潭气象站,以及苏澳、白青、屿头和松下4个自动气象站已有的气象特征资料,结合2010年9月在长屿岛新建自动气象站(海拔高度26m)一年来的观测成果进行对比分析,得出工程区域气象要素特征,见表2-1-1-1。

工程区域气象要素特征表　　　　　　表2-1-1-1

项　目		出现时间	平潭地区
气温	多年平均气温		19.3℃
	极端最高气温	1966年8月16日	37.4℃
	极端最低气温	1977年1月31日	0.9℃
	最热月平均气温	7月	28.1℃
	最冷月平均气温	2月	11.3℃
降水	平均年降水量		1299.8mm
	最多年降水量	2002年	1914.7mm
	最少年降水量	2003年	751.9mm
	最大日降水量	1974年6月22日	297.0mm
	年平均降水日数		119.7d
	年最多降水日数	1984年	143d
	最长连续降水日数	1992年2月4—20日	17d
相对湿度	年平均相对湿度		80%
	最大月平均相对湿度	6月	86%
	最小月平均相对湿度	2月	12%
雾日	年平均雾日		20.8d
	年最多雾日	1987年	39d
	年最少雾日	2000年	4d
雷暴日	多年平均	每年3~9月占93%	23.7d
	年最多雷暴日	1983年	34d
	年最少雷暴日	2003年	8d
风	年平均风速		9m/s
	桥址区域100年重现期10min平均最大风速		44.8m/s
	全年主导风向		52%（NNE和NE向）
	台风出现较多月份		8、9月
	台风年平均次数		3.8次
	台风年最多次数	1990年	8次
	台风年最少次数	1993年、2002年	0次
	超强台风平均次数		0.6次（中心风速≥51m/s）

1）大风

表2-1-1-2列出了福建省气候中心统计分析桥位处出现的极大风天数。

桥址处出现极大风的天数统计　　　　　　表2-1-1-2

项　目	屿头	长屿	苏澳	松下
≥6级大风天数	314	313	309	301
≥7级大风天数	233	238	234	193
≥8级大风天数	117	125	123	62
≥9级大风天数	27	34	35	10
≥10级大风天数	7	8	8	2

工程区域为典型的海洋性季风气候，风向季节性变化明显且稳定，年最大风频是NNE和NE，均为

26%,次大为 SW(9%);各风向的平均风速 NNE 最大,为5.4m/s,其次是 NE 为5.3m/s。不难看出主导风向明显(NNE~SW)且以 NNE 占优势地位,年静风频率占3%。沿海和小岛风速大于主岛中、南部。根据平潭海洋站 1980—2003 年历年风速风向统计资料绘制了平潭最大风速、平均风速及频率风玫瑰图(图 2-1-1-1)。平潭气象站风玫瑰图如图 2-1-1-2 所述。

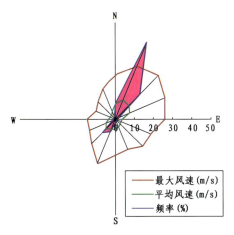

图 2-1-1-1 平潭海洋站风玫瑰图

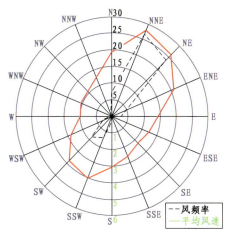

图 2-1-1-2 平潭气象站风玫瑰图

福建省气候中心采用极值 I 型的概率分布计算不同重现期 10min 平均最大风速,以平潭气象站 1971—2010 年逐年 10min 平均最大风速资料为依据,推算平潭气象站百年重现期 10min 平均最大风速为 30.88 m/s。根据工程区域附近自动气象站与平潭气象站同期观测的对比结果,对平潭不同重现期 10min 平均最大风速进行修正,得出桥址工程区域百年重现期 10min 平均最大风速为 44.8m/s。

2)灾害性天气

平潭主要灾害性天气有:热带气旋,大风,暴雨,干旱,雷暴,冰雹,雾等。

(1)热带气旋。登陆及影响区域的热带气旋年平均 3.8 次,最多年达 8 次,最少年 0 次。平潭自 5 月中旬至 11 月中旬都有可能受到台风影响,但是主要是在 6—9 月份,其高峰多出现在 8 月上旬和 9 月中旬。登陆影响区域的热带气旋占比以台风等级最大,占总数的 31.6%,强热带风暴等级居次,占总数的 24.4%,强台风等级再次,占 17.8%。平潭地处台湾海峡,濒临太平洋,每年都遭受风暴潮不同程度的危害。

(2)大风。各级大风日数主要集中在 9 月—次年 3 月,占全年的 50% 左右。年内分布以 11 月(频率 15.3%)最多,5 月(频率 3.1%)最少,大风生成的原因主要是冷空气大风,但大风的极值则多由热带气旋引起。

(3)暴雨。平潭年平均暴雨~特大暴雨日数为 4.6d,其中暴雨日数 3.32d,大暴雨日数 1.23d,特大暴雨 0.05d。暴雨多出现在 5~9 月。通常平潭主岛中部暴雨略多于沿海,西北部略多于东北部。由于平潭四面环海,易于排洪,洪灾比内地轻。一般来讲 100mm 以上大暴雨才会造成较大范围的洪涝。

(4)干旱。平潭是福建省干旱最严重的地区之一,旱灾频繁,春旱一般三年一遇,夏、秋、冬旱一般两年多出现一次。由于海岛气候夏、秋雷阵雨少,加上丘陵坡地和平原沙地保水能力差,从历史上旱情记载和气象资料统计看,确有"十年九旱"之实。在各季的干旱中,春旱主要以小到中旱为主;夏季主要是特旱为多,特旱年中以 2003 年的 58d 连续无有效降水日数为最长(6 月 19 日至 8 月 16 日);秋、冬旱则以中到大旱为主。

(5)雷暴与冰雹。平潭雷暴灾害相对为少,平均雷暴日 23.7d,多发生在春、夏季(3—9 月)。平潭为少雹区,历史上查到的只有 1918 年和 1920 年各出现过一次冰雹。1953 年至今也只观测到 4 次,都是出现在春季,秋季的冰雹未曾出现。

(6)雾。平潭属福建省内雾日数相对较少的地区,多年平均雾日数仅为 20.8d。这是由于平潭位于海岛,受海洋影响以平流雾为主。雾日最多的季节为春季(3—6 月),占全年雾日数的 69%,其中 4 月份为雾日最多的月份。

(7)寒害。寒害总的来说较轻,平均寒潮次数仅为0.6d,从历史资料看,12月至翌年3月都有可能出现寒潮,以1~2月份为最多,过程最大降温曾达14.1℃。这里的寒潮天气主要表现为降温,多属阴雨寒冷型,无冰雪现象,海面有大风。

1.2 工程海域水文

桥址所处海域位于海坛海峡北口,海峡呈近南北向狭长状,南东口与台湾海峡相连,北东口与东海相通,西南向接福清湾。海峡属于近代海相沉积型海域,海底沉积有巨厚的近代海积层,最深海底高程低于 −40m。水域总体上属水下岸坡范畴,海底高程一般为 −5.33 ~ −30.49m。海峡呈南北两头宽中间窄,赤表尾—沟屿一线以北海面开阔,宽达10km以上,两岸地形低平;赤表尾—沟屿一线以南,至可门岛—吉钩岛一线海面狭窄,宽约3km。本节内容除特别注明外,高程均采用1985国家高程基准。

1.2.1 海峡潮汐特征

通过对桥址海域附近4个潮位站(万安、苏澳、松下及康宏码头站)及桥位补充测点的实测资料进行分析,海峡海流为正规半日潮流。海峡内海流呈往复流形态,桥址轴线附近涨潮流主流向为SSE向,落潮流主流向为NNW向。涨潮历时平均为5h59min左右,落潮平均为6h26min左右,涨潮历时短于落潮历时约26min。各测站涨潮流最大流速出现在最高潮位前约3h,而落潮流最大流速则出现在最低潮位前2~3h,最小流速出现在高、低平潮时段附近。潮流测点位置图如图2-1-2-1所示。

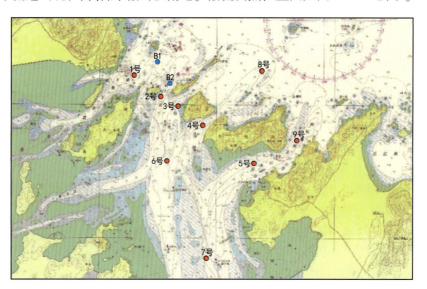

图2-1-2-1 潮流测点位置图
1号~9号-潮流测点;B_1、B_2-补充测点

在桥址附近海域的潮波为比较明显的驻波形式,实测涨、落潮的最大流速一般出现在半潮面附近时段,最小流速出现在高、低平潮附近的涨憩和落憩时段,潮波运动以驻波形式为主。各站实测流速一般由表层往下逐渐减弱,实测最大流速一般出现在表层或者近表层,最小流速一般出现在底层。

大潮流速大于小潮流速,大潮期间桥轴线实测最大涨潮垂线平均流速为210cm/s,最大落潮垂线平均流速为114cm/s;中潮期间桥轴线实测最大涨潮垂线平均流速为174cm/s,最大落潮垂线平均流速为112cm/s;小潮期间桥轴线实测最大涨潮垂线平均流速为124cm/s,最大落潮垂线平均流速为152cm/s,流速的垂线分布为表层流速大于底层流速。桥址海域的余流流速不大,余流流向均以一定的角度偏摆于该站的落潮流流向,大潮最大余流流速为20.1~38.6cm/s;小潮最大余流流速为19.7cm/s。

1.2.2 桥渡设计值

1）设计潮位

根据平潭水文站 1976—2006 年共 31 年的逐年年最高、最低潮位资料可知,桥址区平均高潮位为 +2.39m,平均低潮位为 -1.89m,平均潮差 4.28m。用耿贝尔极值 Ⅰ 型分布律方法求得各不同重现期的极端高、低潮位,根据平潭站和苏澳站的高、低潮相关分析公式计算得工程海域的各重现期水位,见表 2-1-2-1。

桥址处设计潮位　　　　　　　　　　　　　　　　　　　　表 2-1-2-1

潮 位	出现频率	平潭海洋站	桥 位 处	备 注
极端高潮位 (m)	0.33%	4.68	4.88	桥址检算高潮位
	1%	4.46	4.65	桥址设计高潮位
	2%	4.33	4.52	
	5%	4.15	4.33	
	10%	4.01	4.18	
	20%	3.86	4.02	
极端低潮位 (m)	0.33%	-3.85	-3.89	桥址检算低潮位
	1%	-3.75	-3.79	桥址设计低潮位
	2%	-3.69	-3.73	
	5%	-3.61	-3.65	
	10%	-3.55	-3.59	
	20%	-3.48	-3.52	

2）设计潮差

利用平潭海洋站 1988—2008 年共 21 年的逐年最大天文潮差资料,用耿贝尔极值 Ⅰ 型分布律方法求得各不同重现期的极端潮差,根据平潭站与苏澳站同期资料潮差相关,计算得出桥址苏澳站重现期潮差,两站计算结果见表 2-1-2-2。

桥址处各重现期潮差计算成果表　　　　　　　　　　　　表 2-1-2-2

频率 (%)	重现期 (年)	重现期潮差(m)	
		平潭	苏澳
0.3	300	7.05	7.23
1	100	6.91	7.09
2	50	6.82	7.00
5	20	6.71	6.88
10	10	6.62	6.79
20	5	6.52	6.69

3）设计潮流速

利用潮流测站实测数据,计算桥址处不同位置的设计流速值,见表 2-1-2-3。

桥址处设计流速表　　　　　　　　　　　　　　　　　　表 2-1-2-3

测 站	100 年一遇设计流速(m/s)	20 年一遇设计流速(m/s)	设计流向(°)
1 号	2.27	2.13	63 或 243
2 号	1.69	1.55	38 或 218
3 号	2.66	2.52	42 或 222
4 号	3.09	2.95	51 或 231

续上表

测 站	100年一遇设计流速(m/s)	20年一遇设计流速(m/s)	设计流向(°)
5号	2.23	2.09	70或250
B1号	2.21	—	62或238
B2号	2.20	—	49或242

1.2.3 波浪

平潭海峡公铁大桥位于海坛海峡北口，桥区西临松下港、福清湾，南向为海峡南口，东南向为平潭岛，E～NNE 向直接与外海相通，基本没有掩护，受波浪影响较大。工程区主要受 E(ENE)、NE(NNE) 向外海波浪的影响，N～W～S～ESE 向为大陆或岛屿环抱，受到小风区风浪影响，具体影响方向由桥轴线各点地理位置决定。据平潭海洋站2001—2003年的波浪观测资料进行分向分级统计结果可知，平潭海洋站的波浪常浪向为 ESE 向，频率为79%，次常浪向为 SSW、SW 向，频率为14%，其他方位极少出现。强浪向为 ESE 向，实测 $H_{1/10}$ 波高最大为4.3m，周期7.4s，年平均波高为1.1m，平均周期为5.4s。由多年历史资料统计，年最大波高多数年份在5～7m。历史上外海出现过一次超过10m的波高，最大波高为1976年8月10日出现的16.0m，周期为9.3s；其次为1969年9月27日出现的9.5m波高，周期为14.2s。

桥址区附近没有长期的实测波浪观测资料，可利用其 SE 向约30km处的平潭海洋站长系列的实测风、浪资料来推算工程区外海波要素。再根据波浪传播变形计算得桥址位置处各计算点的波要素，各计算点位置布置见图2-1-2-2，100年一遇波高 $H_{1\%}$ 计算结果见表2-1-2-4。其中桥址区平均海平面为+0.25m，长屿岛以北海域20年一遇高水位 $H_{5\%}$ 波高为6.9m，10年一遇高水位 $H_{5\%}$ 波高为6.35m；长屿岛以南海域20年一遇高水位 $H_{5\%}$ 波高为2.90m，10年一遇高水位 $H_{5\%}$ 波高为2.38m。

图2-1-2-2 波浪要素计算点位置图

桥址处各工程点设计波要素 表2-1-2-4

位置	浪向	波高 $H_{1\%}$(m)	周期 T(s)	位置	浪向	波高 $H_{1\%}$(m)	周期 T(s)	位置	浪向	波高 $H_{1\%}$(m)	周期 T(s)
BC1	E(ENE)	9.69	10.8	BC1	SE	4.41	6.9	BC1	NE	8.18	11.2
BC2	E(ENE)	8.9	10.8	BC2	SE	4.02	6.6	BC2	NE	8.05	11.2
BC3	E(ENE)	6.5	10.8	BC3	NW	2.20	4.8	BC3	NE	6.8	11.2
BC4	E(ENE)	2.9	10.8	BC4	—	—	—	BC4	SW	4.42	6.9
BC5	E(ENE)	2.86	10.8	BC5	SSE	4.02	6.6	BC5	SW	4.61	7.0
BC6	E(ENE)	3.09	10.8	BC6	SSE	3.84	6.4	BC6	SW	4.3	6.8

1.2.4 泥沙

根据2010年6月大潮、中潮及小潮期间在桥位9个测点的悬沙观测结果,大潮期间平均含沙量为0.0159kg/m³,中潮期间为0.0177kg/m³,小潮期间为0.0211kg/m³,总体规律是小潮>中潮>大潮。含沙量垂线变化较明显,表层含沙量小,底层含沙量大。

1.2.5 海床稳定性分析

工程海区属潮汐汊道型强潮海峡,其泥沙主要来源于邻区陆域,其次是海域来沙,但其量值很小。根据桥址附近海域水文泥沙调查资料,海水平均含沙量较小,海域涨落潮流动力强劲。根据历年海图,水下地形基本稳定。

将1992年与1964年的海图进行了对比,等深线的总态势基本吻合,特别是航道经过的浅段,其位置、形态、深度也都基本不变,反映了航道区域基本处于冲淤动态平衡。桥位区海底没有出现大冲大淤局面,适宜跨海大桥的建设。

1.2.6 桥址环境类别及作用等级

根据《铁路混凝土结构耐久性设计规范》(TB 10005—2010),混凝土结构所处环境类别分为碳化环境、氯盐环境、化学侵蚀环境、盐类结晶破坏环境、冻融破坏环境、磨蚀环境六类。不同类别环境作用对混凝土强度等级要求不同。

外业勘察在桥轴线附近苦屿岛、小练岛取地下井水各1组,在海域松下水道及鼓屿门水道取海水2组,分析结果见表2-1-2-5。

水质分析成果表 表2-1-2-5

分析项		海 水		地 下 水	
		松下水道	鼓屿门水道	井水(苦屿岛)	井水(小练岛)
Mg^{2+}	mg/L	119	1199.62	10.09	13.45
Cl^-		15854	16086	97	120
SO_4^{2-}		2212.11	2271.64	21.97	21.58
CO_3^{2-}		3.18	4.77	11.14	24.40
总硬度		5794.21	5875.00	138.82	79.69
pH值		7.8	7.58	7.50	6.88

依据《铁路混凝土结构耐久性设计规范》(TB 10005—2010)对环境类别的评价标准,桥址环境的作用等级划分见表2-1-2-6。

桥址环境的作用等级 表2-1-2-6

桥梁部位		碳化环境	氯盐环境	化学侵蚀环境	盐类结晶破坏环境	冻融破坏环境	磨蚀环境
箱梁、混凝土桥面板		T2	L1	—			
公路桥墩、主塔上中塔柱		T2	L1	—			
主塔下塔柱、水中铁路墩		T3	L1~L3	H2	Y3		
陆上铁路墩		T2	L1~L2	—			
承台	海上承台顶高程>-3.0m	T3	L3	H2	Y3		
	陆上、海上承台顶高程≤-3.0m	T1	L1	—			
桩		T1	L1	H2	Y3		

对于钢梁结构所处环境类别可分为腐蚀环境较轻、较严重和严重三类。由于平潭海峡公铁大桥为跨海桥梁,属严重腐蚀环境。

根据本桥址的海潮环境,按照《海港工程混凝土结构防腐蚀技术规范》(JTJ 275—2000)的规定,将混凝土结构所处部位划分为大气区、浪溅区、水位变动区及水下区四个区,具体高程见表2-1-2-7。

混凝土结构部位划分   表2-1-2-7

分区部位	大气区	浪溅区	水位变动区	水下区
分区高程	+9.38m以上	+9.38~-2.08m	-2.08~-3.76m	-3.76m以下

1.2.7 通航状况

1)航道及通航水位

平潭海峡公铁大桥从北至南依次跨越了元洪航道、鼓屿门水道、大小练岛水道和北东口水道。《通航海轮桥梁通航标准》(JTJ 311—1997)规定,跨海桥梁的设计最高通航水位应采用当地历史最高潮位或通过必要论证采用年最高潮位频率分析5%(耿贝尔Ⅰ型极值分布律)的水位,设计最低通航水位一般可采用理论最低潮面来确定。因此本工程设计最高通航水位取历史最高潮位为+4.62m,最低通航水位为-3.40m。

2)通航净空尺度

根据《福州至平潭铁路平潭海峡大桥桥梁通航安全影响论证研究报告》及交通运输部"关于福州至平潭铁路平潭大桥通航安全影响论证的审查意见",大桥各通航孔的最小通航净空尺度值见表2-1-2-8。

各通航孔最小通航净空尺度   表2-1-2-8

通航孔跨越水道名称	通航吨级(DWT)	净空宽度(m)	净空高度(m)
元洪航道	5万t级单孔双向通航	461	52.1
鼓屿门水道	5000t级单孔双向通航	246	40.9
大小练岛水道	5万t级单孔单向通航	260	52.1
北东口水道	500t级双孔单向通航	75	19.7

1.3 工程地质条件

1.3.1 地质构造

在区域构造上,桥址区处于武夷—戴云隆褶带的闽东火山断坳带内,西邻闽西北隆起带和闽西南坳陷带,东临台湾海峡沉降带。该断坳带在华力西—印支坳褶基础上,发生大规模断陷和坳陷,经历多次构造运动、火山爆发和岩浆侵入,形成巨厚的东南沿海中生代火山岩带,沿构造带形成强烈的区域变质和混合岩化作用,中生代岩浆广泛侵入。区域构造总体轴向为NNE向,同时在区内存在南岭纬向构造带,NW向构造以近等间距形式斜穿本区,这些断裂构造大多形成于燕山期,部分在喜马拉雅期仍有活动。桥区地震构造如图2-1-3-1所示。

NNE-NE向断裂主要有:滨海断裂带(F2)、长乐—诏安断裂带(F3);北西向断裂主要有:闽江断裂带(F5)、沙县—南日岛断裂带(F6)、永安—晋江断裂带(F7)、九龙江断裂带(F8)等;近东西向断裂形成地质历史较早,受多期构造运动破坏、干扰、截接,形迹多呈片段不连续分布。其中NNE-NE向规模最大,纵贯全区,尤以台湾海峡地区的NNE-NE向断裂在晚第四纪时期强烈活动,是本区域强震发震构造。

桥址区位于长乐—诏安和福建滨海两大断裂带之间,受其影响桥址基岩中断裂破碎带、节理裂隙密集带较发育。桥址断裂为长乐—诏安和福建滨海两大断裂的次级断裂,为非全新活动断裂,其力学性质及其展布规律,亦主要归属华夏构造体系。

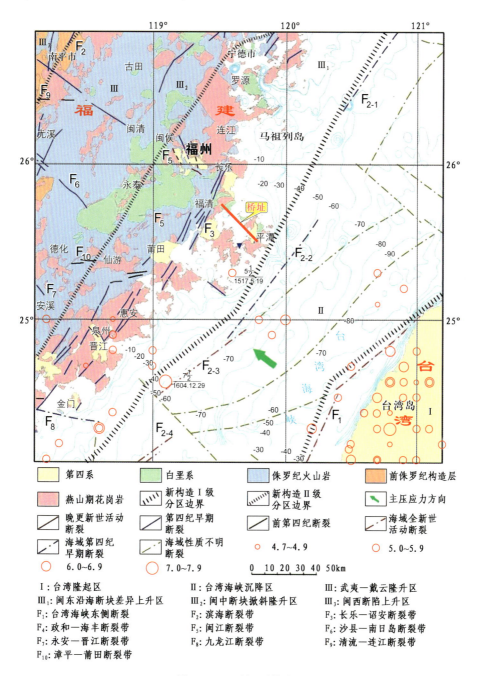

图 2-1-3-1 区域地震构造图

1)断裂破碎带

根据定测阶段的物探成果,综合钻探资料分析,桥址区主要发育3条较大规模的断裂破碎带(F_1、F_2、F_3)。

F_1、F_2断裂破碎带:形成较宽风化深槽,深槽处地震波组信号弱,弱风化面高程为-70~-95m。

F_3断裂破碎带:形成较宽风化深槽,深槽处地震波组信号弱,弱风化面高程约 −50 ~ −80m。推测走向N51°E,断裂构造在吉钓岛、屿头岛、南限、北限一带表现明显,见强烈硅化构造角砾岩。

据定测工程地质钻探验证,表明该墩台受F_2、F_3断裂破碎带影响较大。

钻探揭示,除F_1~F_3断裂破碎带外,桥址区还分布多条次生断裂破碎带,宽度一般小于4m,局部达5~8m;带内岩芯多呈构造角砾夹泥状,或沿破碎带形成风化深槽,岩质软,呈条带状分布。

2)节理、裂隙

根据海域地震反射勘探成果,结合现场地质调查、钻探资料分析,桥址区发育多条节理裂隙密集发育带,钻孔取芯表现为节理裂隙异常发育,岩体破碎成大小不等的块体,常伴生有风化槽。

桥轴线经过的岛屿岸坡基岩有较大规模出露,受构造、卸荷、风化等因素影响,岩体节理多发育。

桥址区北西倾向发育的裂隙是普遍存在的一组优势结构面,它们的结构面发育特征及力学特性对岩质岸坡的稳定性起着决定性的作用。优势结构面产状与区域性断裂F_2、F_3产状大体一致,亦表明场区节理裂隙主要受区域性断裂F_2、F_3控制。

1.3.2 场区岩土工程地质特征

通过地质调查结合钻孔揭示,桥址区地层主要有:第四系人工填筑土层(Q_4^{ml})、第四系全新统长乐组滨海相沉积(Q_4^{cm})层、第四系晚更新统龙海组滨海相沉积层(Q_3^{lm})、第四系坡积层(Q^{dl})滚落石堆积层、残积层(Q^{el})。基岩主要为白垩系石帽山群下组(K_1Sh_1)火山岩、燕山晚期(γ_5^3)侵入花岗岩,辉绿岩岩脉($\beta\mu$)。受构造作用影响,局部发育构造角砾岩、构造角砾夹泥等。

1)第四系覆盖层

勘察范围内第四系覆盖层较简单:低丘陵及海岛区基岩多裸露,海域冲海积区以淤泥质土、黏性土、砂层为主,层厚0~40m不等。钻孔揭示的第四系地层主要有:②大层,第四系全新统长乐组滨海相沉积的淤泥质土及松散~稍密状的粉~中砂为主,最厚处约25m;③大层,第四系晚更新统龙海组滨海相沉积的硬塑~软塑状黏性土、中密~密实状粉~中砂、圆砾土层,最厚处约20m;④和⑤大层,为坡残积层,层厚一般3~15m。

2)基岩

桥址区基岩主要为白垩系石帽山群组(K_1Sh_1)凝灰岩⑥层、火山角砾岩⑦层、英安岩⑧层、凝灰熔岩⑨层、流纹岩⑩层和燕山晚期(γ_5^3)花岗岩⑪层,前者主要分布于松下岸起点~SR10墩及鼓屿门水道桥南塔墩(Z04墩)~大练岛区段,后者主要分布于SR11墩~鼓屿门水道桥北塔墩(Z03墩)区段。后期侵入的辉绿岩岩脉($\beta\mu$)和构造岩在全线基岩均有分布,并在小练~大练岛之间海域分布相对集中。基岩各风化带的埋深及厚度有所变化,全~强风化层整体上厚度不大,钻孔揭示厚度多为5~20m,最厚处达50m以上;弱~微风化岩面起伏大,高程相差较大,岛屿上弱、微风化岩均有裸露,露头高程可达几米~数十米,海域弱微风化岩岩面可低至−90m以下;钻孔揭示弱风化岩厚度多为1~8m,较厚处可达15m以上。

3)各岩土层工程设计参数建议值

根据各层岩土物理力学性质,结合岩土试验、现场标准贯入试验的统计分析结果,按《铁路桥涵地基和基础设计规范》(TB 10002.5—2005)以及福建省地方标准《建筑地基基础勘察设计规范》(DBJ 13-07—2006)综合确定各岩土层的设计参数建议值,详见表2-1-3-1。

主要岩土层设计参数建议值

表 2-1-3-1

层　号	岩土名称	基本承载力 σ_0 (kPa)	钻孔桩桩周土极限摩阻力 f_i (kPa)	建议极限抗压强度 R_a (MPa)
②$_1$	淤泥质黏土	—	15	
②$_2$	淤泥质粉质黏土	—	15	
②$_3$	粉细砂	100	20	
②$_4$	中砂	300	45	
③$_1$	粉质黏土	280	55	
③$_2$	粉质黏土	280	55	
③$_3$	黏土	170	35	
③$_4$	粉细砂	150	35	
③$_5$	中砂	400	50	
③$_6$	圆砾土	600	100	
④$_1$	碎石土	450	150	
④$_2$	块石土	700	400	
⑤$_1$	粉质黏土	200	55	
⑤$_2$	砂质黏土	200	60	
⑤$_3$	中粗砂	450	80	
⑥$_1$～⑫$_1$	全风化岩	350	60	
⑩$_{2-1}$～⑪$_{2-1}$	砂砾状强风化岩	450	85	
⑥$_2$～⑨$_2$、⑫$_2$、⑩$_{2-2}$～⑪$_{2-2}$	碎块状强风化岩	600	120	
⑥$_{3-1}$～⑫$_{3-1}$	弱风化破碎岩	1200	200	
⑥$_3$	弱风化凝灰岩	1500		25
⑥$_4$	微风化凝灰岩	3000		70
⑥$_{4-1}$	微风化破碎凝灰岩	2000		50
⑦$_3$	弱风化火山角砾岩	1500		18
⑦$_4$	微风化火山角砾岩	3000		30
⑦$_{4-1}$	微风化破碎火山角砾岩	2000		25
⑧$_3$	弱风化英安岩	1500		20
⑧$_4$	微风化英安岩	3000		60
⑨$_3$	弱风化凝灰熔岩	2000		20
⑨$_4$	微风化凝灰熔岩	>3000		75
⑩$_3$	弱风化流纹岩	2000		50
⑩$_4$	微风化流纹岩	3000		80
⑫$_3$	弱风化花岗岩	2000		30

续上表

层　　号	岩土名称	基本承载力 σ_0 (kPa)	钻孔桩桩周土极限摩阻力 f_i (kPa)	建议极限抗压强度 R_a (MPa)
⑫$_4$	微风化花岗岩	>3000		80
⑫$_3$	弱风化辉绿岩	1500		15
⑫$_4$	微风化辉绿岩	3000		25
⑫$_{4-1}$	微风化破碎辉绿岩	2000		20
⑬$_1$	构造角砾岩	1000		10
⑭$_1$	构造角砾夹泥	450	80	

1.3.3　水文地质条件

1）地下水类型

根据区内不同的岩土类别及这些岩土类别中的地下水赋存条件、水理性质及水力特征,将地下水划分为松散岩类孔隙水、基岩风化带孔隙裂隙水和基岩裂隙水。松散岩类孔隙水主要含水岩组为第四系砂类土;基岩风化带孔隙裂隙水主要含水岩组为基岩残积层及全~强风化层;基岩裂隙水主要含水岩组为白垩系火山岩和燕山晚期花岗岩、侵入岩岩体的破碎带和节理裂隙密集带。

2）主要含水岩组及富水特征

第四系砂类土含水岩组:地下水主要为孔隙潜水,含水组岩性有第四系海积粉~中砂等。分布于海域地层中上部,分布不连续,属强透水层,接受海水补给,地下水赋存条件较好,水量丰富。在部分覆盖层较厚的地段,覆盖层中下部呈透镜体状分布的砂层含有孔隙承压水,水头高度接近海水面。

3）环境水侵蚀性评价

初测在桥线附近苦屿岛、小练岛取地下井水各1组,在海域松下水道及鼓屿门水道取海水2组,定测在松下岸至人屿岛段、元洪航道、鼓屿门水道、长屿岛~小练岛、小练~大练岛海域各取高潮水和低潮水1组,进行了水质分析。

依据《铁路工程地质勘察规范》(TB 10012—2007)附录F环境水对混凝土腐蚀性评价标准:海水对混凝土有硫酸盐侵蚀、镁盐侵蚀,作用等级均为H2。由于弱~微风化基岩裂隙发育且多裸露,直接与海水连通,受海水补给,海域基岩裂隙水按强透水层考虑,对混凝土有硫酸盐侵蚀、镁盐侵蚀,作用等级均为H2。剥蚀低丘陵及海岛区(苦屿岛、小练岛)的基岩风化带孔隙、裂隙水(井水)综合判定有二氧化碳侵蚀,作用等级H1。

1.3.4　地震

1）区域地震活动

工程场地位于华南沿海地震带北段内,台湾海峡西侧的滨海断裂带是区内地震活动性最强,也是发生强震的断裂构造带。其他除北西向的闽江断裂带东南段、永安—晋江断裂带东南段为晚更新世活动断裂外,大多数断裂的最新活动发生在第四纪早期及前第四纪。

区域范围内可分为华南地震区和台湾地震区。桥址所处的华南沿海地震带地震活动随时间分布是不均匀的,自1400年以来经历了两个地震活跃期。未来几十年仍处于第二活跃期的后期,仍有可能发生6级左右地震。

桥址范围的现代构造应力场的基本特征:以北东~南西向的水平主拉应力轴、北西~南东向的水平主压应力轴和近直立的中间轴为代表。在这样的构造应力场作用下,北东向断裂容易发生压扭性运动的地震,北西向断裂则容易发生张扭性运动的地震。本区新构造运动强烈,部分断层至今仍具活动性。

根据本桥《工程场区地震安全性评价报告》场地地震危险性概率分析:50年超越概率63%、10%、2%的基岩水平峰值加速度分别为58gal、150gal、285gal。100年超越概率63%、10%、3%的基岩水平峰值加速度分别为81gal、196gal、310gal。

大桥工程场地50年超越概率10%的中硬场地水平地震峰值加速度为150gal,归属0.15g分区,对应的地震基本烈度为Ⅶ度。

2)地震效应评价

(1)抗震设防类别

本桥为特大型桥梁,根据《铁路工程抗震设计规范》(GB 50111—2006),本桥抗震设防类别为A类。大桥根据场地地震安全性评价结果及测定的设计地震动参数进行抗震设计。

(2)场地类别

根据《铁路工程抗震设计规范》(GB 50011—2006)规定,对10个钻孔横波测试结果统计,确定主要场地土类型;计算场地土等效剪切波速的计算深度取基准面(地面)以下25m。

结合桥址工程地质条件,综合判定:桥址里程DK59+250~DK59+400段场地类别为Ⅰ类,里程DK59+400~DK59+700段场地类别为Ⅱ类,里程DK59+700~DK61+100段场地类别为Ⅲ类,里程DK61+100~DK64+100段场地类别为Ⅰ类(局部为Ⅱ类),里程DK64+100~DK65+450段场地类别为Ⅲ类,里程DK65+450~DK65+700段场地类别为Ⅰ类,里程DK65+700~DK68+300段场地类别为Ⅱ类,里程DK68+300~DK70+800段场地类别为Ⅰ类(局部为Ⅱ类)。

(3)场地抗震评价

桥址区大部分地段基岩裸露,基岩断裂破碎带及节理裂隙密集带发育,陆域局部地段有海蚀及陡崖,地形起伏大且形态复杂,属抗震不利地段。

1.3.5 不良地质现象

通过地质调查及对物探、钻探资料分析,桥址区存在的不良地质现象主要为球形风化、危岩与崩塌、断裂破碎带及节理裂隙密集带、地震液化,特殊性岩土为填土、风化岩、残积土与软土。

1)球形风化

球形风化是指岩体风化严重不均,而在风化带中残留有弱微风化球状体,是花岗岩地段广泛存在的不良地质现象。钻探揭示,弱微风化残留体垂直高度一般为0.7~5m,最大超过10m。通过认真区分风化球与稳定基岩体,尽量避免将桩端置于弱微风化孤石上。

施工过程中,风化残留体的存在不仅增加了施工时间和施工成本,还易出现偏孔、卡钻、断桩等事故,宜有针对性地选用机械设备、泥浆,采取合理的施工技术,以确保桩的成桩质量。

2)危岩与崩塌

崩塌现象主要集中在岸坡附近,受场区构造、卸荷、不均匀风化等作用的影响,岸坡处多分布有危岩体,规模大小不一,坡脚多散落孤石,直径一般1~3m,最大超过10m。工程地质调查发现,各岛屿岸坡均分布有危岩体,现就危岩体形态、规模、对工程影响及处治措施分述如下:

(1)人屿岛岸坡地形较缓,基岩主要为花岗岩,岩体裂隙发育,且随处可见球形风化迹象,单个孤石直径在1m以上,其周围岩体松软,在风化加剧、海水淘蚀、雨水冲刷等作用下,极易脱离母岩,产生崩塌、坠落现象。

(2)对大桥有较大影响的危岩体主要分布在岛屿南北岸斜坡上,墩台置于该区时应考虑危岩体对工程的不利影响,宜采用嵌岩桩基础,桩端应置于弱、微风化基岩一定深度以下,并对危岩予以清除,或采用浆砌片石护坡。

(3)长屿岛、大练岛北岸岸坡地形陡峻,分布有陡崖,崖高 5~15m 不等。基岩主要为凝灰岩、火山角砾岩,岩体卸荷和构造裂隙发育,其中卸荷裂隙张开度大、延伸较远,局部岩体已错落,对工程有较大不利影响。

(4)墩台宜尽量避免设在该危岩区,无法避免时应尽可能将基础深置于较完整岩体中。鉴于其可能对下方墩台有直接影响,建议对危岩体采用锚喷支护+防护网措施进行加固处理。

(5)长屿岛、小练岛南侧岸坡地形较缓,基岩裸露,有小陡坎存在,坎上裂隙亦发育,多处可见岩体发生小规模的楔体破坏或崩塌破坏现象。由于危岩体体积不大,可直接清除,对工程影响有限。

3)断裂破碎带及节理裂隙密集带

桥址位于长乐—诏安和福建滨海两大断裂带之间,桥址断裂是其次级断裂,桥址断裂均为非工程活动断裂。桥址区基岩发育有多条断裂破碎带及节理裂隙密集带。断裂破碎带内岩体多呈角砾状结构,常被后期热液充填和胶结,岩质大部分极软,是基岩中的不良地质体;节理裂隙密集带内基岩主要表现为岩体节理裂隙异常发育,岩体一般破碎成大小不等的块体,部分地段构造与风化作用叠加,使岩体强度和完整性均有较大幅度降低,形成碎块状强风化岩或弱风化破碎岩体。断裂破碎带及节理裂隙密集带常使岩体具不均一性和各向异性,应注意其对大桥基础的不利影响。

4)地震液化

桥址海域部分地段分布有饱和砂类土,在Ⅶ度地震作用下,表层砂类土为可液化土,其承载能力会有不同程度的丧失。但覆盖砂土层较薄且不连续,桥梁基础采用深基础,地震液化对桥基影响不大。

1.3.6 桥址工程地质条件评价

(1)桥址区内的基岩以侵入岩、火成岩等硬质岩为主,基岩埋藏整体较浅,岩质硬。场区内未发现大型活动性断裂带穿越,构造相对稳定,桥址区发育的断裂规模较小,为非全新活动断裂,对本大桥的修建影响较小,适宜大桥工程建设。

(2)桥址区基岩起伏较大,不同地段场地类别相差较大,整体而言,场地类别以Ⅰ或Ⅱ类为主,局部地段为Ⅲ类。

(3)桥址区不良地质现象为球形风化、断裂破碎带及节理裂隙密集带、危岩与崩塌、砂土液化,特殊性岩土为填土、软土、风化岩与残积土。局部发育的危岩体,可采取清除或加固防护等处理措施,对工程影响有限。

(4)桥址区海水与海域基岩裂隙对混凝土有硫酸盐侵蚀、镁盐侵蚀,作用等级均为 H2;海域基岩裂隙水对混凝土有硫酸盐侵蚀、镁盐侵蚀,作用等级均为 H2。陆域地下水(井水)对混凝土有二氧化碳侵蚀,作用等级 H1。

(5)桥址区弱微风化基岩是较好的基础持力层,但弱微风化基岩面起伏较大,且基岩中存在节理裂隙密集带和断裂破碎带,对基础有不利影响。一般来说,微风化破碎岩体与弱风化岩体工程性质大体相当,弱风化破碎岩体工程性质略优于强风化岩体,但远低于弱风化岩体;断裂破碎带是基岩中的不良地质体,基础设计应注意其不利影响,并采取措施予以消除。

(6)根据桥位地质条件和当地工程施工经验,建议桥梁基础采用大直径钻孔桩为主,以弱风化岩及微风化岩作为桩端持力层;对于岛屿基岩裸露处也可采用明挖扩大基础。受海浪侵蚀的岸坡地段、陡崖地段应采用嵌岩桩基础,桩端应置于弱、微风化基岩一定深度以下。

(7)桥址处基岩弱、微风化岩岩面埋藏较浅但起伏大,断裂破碎带、节理裂隙密集带发育具有随机性,其产状、位置和规模难以用某一确定规律预测,桥址区可能还存在未揭示的断裂破碎带、节理裂隙密集发育带。由于基岩起伏较大,加上构造作用和差异风化作用,作为桩端持力层的弱微风化面高程差异很大。不仅不同墩位的弱微风化岩面高程差异大,同一墩位的各桩位的弱微风化岩面的高程差异也很大。因此,设计在确定钻孔桩端埋置深度时,应根据钻孔反映的弱微风化岩面高程及其变化趋势,按不利情况设置嵌岩桩的嵌岩深度。考虑到相邻桩位的桩端埋深差异不宜太大,弱微风化岩面高程较高的桩位基桩应适当加深嵌入岩体的深度。

(8)钻孔桩施工过程中应加强地质工作,选派专业工程师通过钻进速率和取渣查验等手段来了解孔底岩性,确保各桩嵌岩深度满足设计要求,必要时可进行适量的施工补钻。

松下岸　　人屿岛　　元洪航道桥　　鼓屿门水道桥　　长屿岛

平潭海峡公铁大桥
建造关键技术

02

第 2 章
总体设计

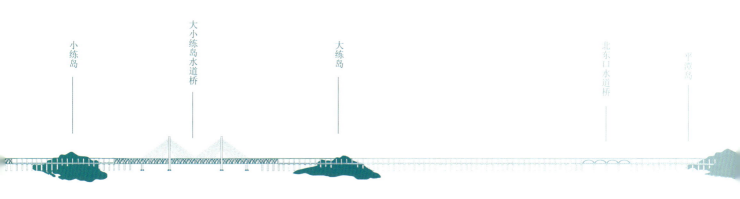

平潭海峡公铁大桥根据海峡自然条件、区域路网布局及项目功能定位，布设在海坛海峡北口，大桥起于长乐区松下镇，从松下港规划的山前作业区与牛头湾作业区之间入海，经人屿岛，跨越松下港区进港航道（即元洪航道）和鼓屿门水道，再依次通过长屿岛、小练岛、大练岛抵达平潭岛，松下岸至大练岛段全长 11.15km，由中铁大桥局集团有限公司承建，地理位置如图 2-2-0-1 所示。

图 2-2-0-1　项目地理位置图

2.1 坐标、高程、里程系统

2.1.1 坐标

平面坐标系统采用本工程独立坐标系,即 WGS84 椭球,投影面大地高 45m,中央子午线为 119°30′。

2.1.2 高程

高程系统采用 1985 年国家高程基准。

2.1.3 里程

里程标注约定:DK—福州至平潭方向铁路左线中心线、GK—公路左线中心线。铁路和公路里程增加方向均为福州至平潭方向。在公路线路中心线完全并入铁路中心线后均统一采用铁路里程,并入点对应公路中心线里程 GK61+724.337 = 铁路左线 DK61+724.337。

2.2 平面布置

2.2.1 平面设计原则

跨海大桥线形力求平直顺畅,尽量避免过多的弯折、绕行,以提升线路的服务水平,提高旅客的乘坐舒适度。

(1)设计范围内大桥跨越岛屿 4 座(人屿岛、长屿岛、小练岛和大练岛),地形起伏较大,因此平面线形应避免布设过高的桥梁和过深的路堑,力求减少征地拆迁和降低对环境的不利影响,同时节省工程投资。

(2)大桥途经松下港区,根据《通航海轮桥梁通航标准》(JTJ 311—1997)规定,桥址应远离航道弯道、滩险、汇流口、渡口、港口作业区和锚地;其距离应能保证船舶安全通航,即跨越海域的桥梁上下游均为不得小于代表船型长度的四倍。

(3)本桥位航道数量多,平面线形应尽量减少桥轴法线与水流交角,保证桥区船舶的顺利航行,减小建桥对海流及海床的影响。

(4)为减少公铁桥整个工程投资规模,合理确定公路和铁路的合建长度。

2.2.2 桥轴线平面布置

1)铁路平面设计

综合考虑上述平面设计因素后,确定了大桥轴线线形。沿里程增加方向,桥轴线在松下岸至长屿岛间基本位于直线上,在长屿岛上设平曲线使线路偏西行走;为保证大练岛具有设置公路互通的建设条件,在小练岛上设置一处偏东的平曲线,详见图 2-2-2-1。

2)铁路和公路平面分岔设计

考虑松下侧铁路平面布置以及海岸地形条件,结合《公路工程技术标准》(JTG B01—2003)中有关设计速度大于 100km/h 的高速公路的线形规定,以及选用的铁路桥跨布置现状,松下岸侧公路采用半

径 $R=1350\mathrm{m}$ 圆曲线向西侧平面弯出与铁路桥分离。其平面布置如图 2-2-2-2 所示。

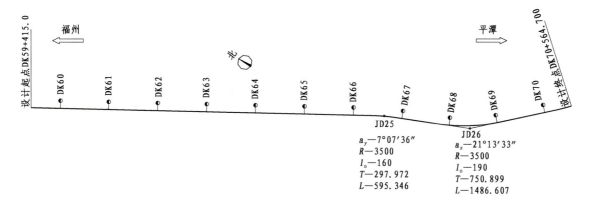

图 2-2-2-1　全桥平曲线示意图(单位:m)

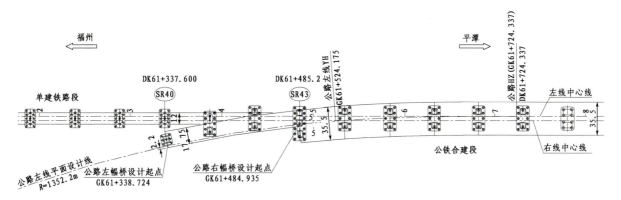

图 2-2-2-2　松下侧公铁分岔段平面示意图(单位:m)

3）铁路及公路线位平曲线要素

铁路及公路线位平曲线要素分别见表 2-2-2-1 和表 2-2-2-2。

铁路平曲线要素表(左线)　　　　　　　　　　　表 2-2-2-1

设计控制点	里程桩号	控制点坐标		偏角 α (左-或右+)(°′″)	半径 R (m)	备注
		X	Y			
设计起点	DK59+415.000	2847439.727	510457.488	—	4500	位于圆曲线
JD25	—	2841139.360	513975.800	7°07′36″	3500	$L=595.346$
JD26	—	2839459.583	514655.475	21°13′33″	3500	$L=1486.607$
设计终点	DK70+564.700	2837909.979	516127.168	—	3500	位于圆曲线

公路线路中心线平曲线要素表　　　　　　　　　表 2-2-2-2

交点桩号	里程桩号	交点坐标		半径 R (m)	备注
		X	Y		
左幅桥设计起点	GK61+338.724	2845741.913	511368.670	1350	位于圆曲线
右幅桥设计起点	GK61+484.935	2845627.392	511458.104	1350	位于圆曲线
公铁合并点(HZ)	GK61+724.337	2845422.680	511582.003	—	对应铁路里程 DK61+724.337

2.3 横断面布置

本桥采用公铁合建(双线铁路+六车道高速公路)形式跨越海坛海峡,在桥梁横断面布置时应充分注重铁路、公路的线路技术标准、车道宽度、荷载特点、建筑限界、水电搭载、运营安全、后期养护等各方面特点,本着安全、适用、经济、美观、合理的原则统筹考虑。

平潭海峡公铁大桥铁路标准为双线Ⅰ级铁路,设计速度200km/h;公路为双向六车道高速公路,设计速度100km/h。依据相关技术标准,公路桥面布置为:1.25m(水管宽度)+0.5m(防撞护栏)+3.0m(左侧路肩)+3×3.75m(行车道)+0.75m(路缘带)+2.0m(中央分隔带)+0.75m(路缘带)+3×3.75m(行车道)+3.0m(右侧路肩)+0.5m(防撞护栏)+1.25m(水管宽度),总宽35.5m。铁路桥面布置:标准段线间距均为4.4m,桥面总宽12.2m。公路和铁路的桥面布置如图2-2-3-1、图2-2-3-2所示。

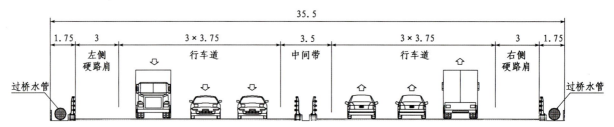

图2-2-3-1 公路桥面布置图(尺寸单位:m)

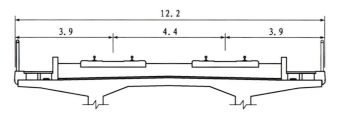

图2-2-3-2 铁路桥面布置图(尺寸单位:m)

由于公路桥面较宽,铁路桥面窄且活载重、速度快,从降低下部结构规模、控制工程投资、方便施工控制、有利运营安全、减小地震响应、增加视觉通透及美化景观造型等方面考虑,桥梁横断面推荐采用公路在上、铁路在下的公铁合建方式。通航孔主桥跨度较大,采用跨越能力强、结构刚度大的钢桁梁方案。小跨度非通航孔引桥采用等高度混凝土梁方案,上层的公路梁和下层的铁路梁组成倒"品"字形结构。标准横断面如图2-2-3-3、图2-2-3-4所示。

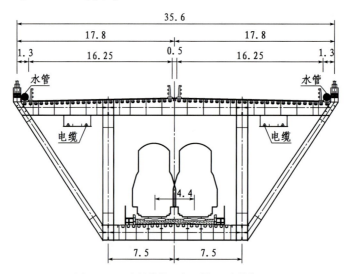

图2-2-3-3 主桥横断面布置图(尺寸单位:m)

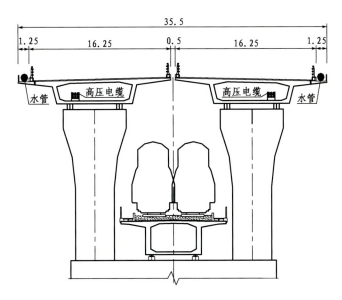

图 2-2-3-4 引桥横断面布置图(尺寸单位:m)

在公铁分岔段采用框架桥墩结构,公铁分离后公路和铁路引桥沿各自独立的线路走向布设,互不干扰。

2.4 纵断面布置

2.4.1 控制条件

平潭海峡公铁大桥工程线路纵断面设计主要受通航水位、通航净空、最大纵坡及线路设计规范等因素控制,计算桥梁控制点高程。

1)通航孔桥铁路轨面设计高程计算

通航孔桥设计控制点高程主要受最高通航水位与通航净高限制。经水文分析计算确定最高通航水位为+4.62m,由通航论证专题研究得出50000t级航道通航净空为52.1m、5000t级航道通航净空40.91m。三座航道桥主梁均采用钢桁梁,考虑通航水位、通航净空、检查车高度、铁路桥面构造要求及全线纵坡布置等,最终选取铁路轨顶设计高程为+62.801m。具体计算见表2-2-4-1。

通航孔桥铁路轨顶高程计算表   表 2-2-4-1

最高通航水位(m)	通航净空(m)	检查车高(m)	铁路横梁高度(m)	轨面至横梁顶面高度(m)	主梁最大挠度(m)	安全富余(m)	铁路轨顶最低高程(m)
+4.62	52.1	2.0	1.78	0.766+0.06+0.029	0.79	0.6	+62.745

2)公路路冠与铁路轨顶间设计高差

公路路冠高程主要受两处主梁构造控制,其一为主航道桥的钢桁梁构造,其二为公铁分岔段引桥框架墩的设计构造设置。参考已建和在建的公铁钢桁梁斜拉桥相关资料,经总体计算考虑桥梁刚度和构造需求,本桥桁高采用13.5m。由于公铁分岔段位于跨度48m梁范围,对应公路桥的梁高为3.0m。公路路冠与铁路轨顶高差计算详见表2-2-4-2。

公路路冠与铁路轨顶的高差计算表（单位：m） 表2-2-4-2

钢桁梁主航道桥		分岔段引桥	
桁高	13.5	梁高	3.0
公路路冠至上弦中心距离	1.026	公路路冠至公路梁顶高	0.26
铁路轨顶至下弦中心距离	1.738	公路盖梁高加支座组合高度	2.8
铁路限界高度	—	铁路限界高度	7.9
主桥公路路冠至铁路轨顶距离	12.788	引桥公路路冠至铁路轨顶距离	13.96

由于标准段公铁合建引桥横断面不需要设置公路盖梁，分岔段引桥范围较小，从节约工程投资角度出发，本桥公路路冠和铁路轨顶距离按主通航孔桥来控制设计，即取公路路冠高程至铁路轨顶高程距离为12.788m，分岔段需加设公路盖梁的引桥范围通过设置不同的公路和铁路纵坡来实现所需的高度差。

3）铁路纵坡

按不大于13‰控制，考虑铁路运输的实际特点，相距较近的元洪航道桥和鼓屿门水道桥范围采用同一个平坡设计，布设钢轨温度伸缩调节器位置的梁缝两端一定范围保证位于平坡上。

此外，在纵断面设计中，应减小小练岛深挖铁路路基范围，预留大练岛公路互通立交的设置条件。

2.4.2 纵断面设计

根据上述控制条件，设计范围内的铁路纵断面设计如图2-2-4-1所示。

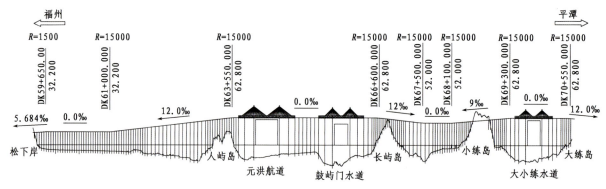

图2-2-4-1 全桥线路纵断面示意图（单位：m）

2.5 桥跨及桥型方案选择

通过对桥位区域自然环境、建设条件与大桥使用功能等综合分析，设计选用技术可靠、经济合理、施工便捷、结构安全耐久、外形美观、景观协调的桥跨布置和桥式方案。

1）桥梁区段划分

设计范围内铁路工程全长约11149.7m。根据桥位地形地势、水文特征、航道分布及结构设计和施工特点，整个工程可划分：通航孔桥、非通航孔桥和铁路路基三大部分。通航孔桥共三座，根据所跨航道名称从北至南依次为元洪航道桥、鼓屿门水道桥和大小练岛水道桥。非通航孔桥根据海水深度、地形地质、桥墩高度及施工特点分为三类，即深水（水深≥15m）高墩区、浅水（水深<15m）及陆地高墩（平均铁路墩高≥30m）区、陆地低墩（平均铁路墩高<30m）区。另外在小练岛设有一段324.8m的铁路路基，公路采用桥梁结构。

2）通航孔桥设计原则

通航孔应满足通航所要求的净宽和净高要求。

(1) 结合桥位处通航环境、总体布置、主孔跨度及结构受力，配置合理的辅助孔及边孔跨度。

(2) 方案必须满足结构所需的强度、刚度和稳定性；且抗风抗震性能也须满足相应规范要求；同时还需确保高速行车的安全性与舒适性。

(3) 桥型方案应选择结构成熟、受力合理、安全稳妥并有一定技术特点的桥型方案。

(4) 尽量选择施工便捷安全、养护维修容易、后期费用较省的桥型方案。

(5) 注重结构造型及景观设计。

3）非通航孔桥设计原则

(1) 铁路桥

①应选择跨径适当、结构合理、标准化程度高、经济美观的桥型方案。

②应满足乘坐舒适性和耐久性的要求，结构构造应便于检查、养护和维修。

③桥梁上部结构应采用刚度大的结构形式，桥梁下部结构宜采用混凝土或钢筋混凝土墩台。

(2) 公路桥

①应结合公路分建段及公铁合建段方案，选择经济合理的跨径布置方案。

②结合跨径布置方案，选择技术成熟、受力明确、养护费用低的结构方案。

③在保证工程质量的前提下，为加快建设速度，降低工程造价，减少交叉作业的干扰，尽量选择标准化较高、施工方便的桥梁方案。

④选择的结构方案应为水管、电缆搭载留有通道。

2.6 通航孔桥桥跨及桥型方案选择

2.6.1 元洪航道桥

1）主跨跨度

根据松下港区的建设现状和远期发展规划，元洪航道按单孔双向5万t级航道设计能满足港区未来的发展。按照交通运输部对通航安全影响论证的审查意见，元洪航道桥主跨采用532m。

2）桥型方案及桥跨布置

对主跨532m的公铁两用桥梁，选用技术成熟、施工便捷、结构刚度好、承载能力强的钢桁梁斜拉桥方案。

考虑桥区地质条件、结合斜拉桥受力特点及相邻引桥桥跨布置，元洪航道桥的孔跨布置采用132m+196m+532m+196m+132m。

2.6.2 鼓屿门水道桥

1）主跨跨度

经桥梁通航安全影响论证，鼓屿门水道需满足单孔双向5000t通航标准，按照交通运输部对通航安全影响论证的审查意见，鼓屿门水道桥主跨采用364m。

2）桥型方案及桥跨布置

鼓屿门水道桥选用主跨364m的钢桁斜拉桥方案。考虑桥区地质条件,结合斜拉桥受力特点及相邻引桥桥跨布置,鼓屿门水道桥的孔跨布置采用128m+154m+364m+154m+128m。

2.6.3 大小练岛水道桥

1）主跨跨度

根据桥梁通航安全影响论证专题研究成果,大小练岛水道需同时满足单孔双向5000t和单孔单向5万t通航标准,按照交通运输部对通航安全影响论证的审查意见,大小练岛水道桥主跨采用336m。

2）桥型方案及桥跨布置

大小练岛水道桥选用主跨336m的钢桁斜拉桥方案。根据总体布置、结构受力特点及相邻引桥桥跨布置,大小练岛水道桥的孔跨布置选用80m+140m+336m+140m+80m。

2.7 非通航孔引桥桥跨选择

平潭海峡公铁大桥全长11.15km,非通航孔桥长度约8.3km,占全桥长度范围约75%,因此,非通航孔桥选择合适的桥跨布置及合理的桥型方案对控制整个工程投资意义重大。

2.7.1 深水高墩区引桥

深水高墩区引桥占全桥范围的25%,其中水深变化15~30m,铁路墩高变化53~65.8m。

经初步设计比选及桥式方案论证优化,深水高墩区引桥推荐经济性较好、铁路行车条件更优、工期更有保障、施工质量更可靠的跨径80m和88m的简支钢桁结合梁桥方案。

2.7.2 浅水及陆地高墩区引桥

根据桥梁总体布置,浅水及陆地高墩区引桥水深小于15m,铁路墩高约15~65m,范围全长约3.6km。主要分布在松下岸边的单建铁路范围、人屿岛上引桥及长屿岛至小练岛间浅水范围三个区段。由于浅水及陆地高墩区桥梁分布的零散性、施工条件的复杂性,初步推荐采用了施工便捷、技术成熟、质量可靠、工期可控、经济合理的等高度预应力混凝土梁,两幅公路桥和单幅铁路桥组成倒"品"字的横断面布置。

初步设计阶段,对该区段引桥选用跨度40m、48m和56m的三种桥梁方案进行了经济比选,推荐采用经济性较好的48m跨度等高度预应力混凝土箱梁方案。

2.7.3 陆地低墩区引桥

陆地低墩区引桥主要分布在长屿岛和小练岛附近,铁路平均墩高小于30m,长度约1.3km。借鉴类似公铁桥梁引桥布置方式,横断面采用倒"品"字的结构设计。初步设计阶段,对此类桥梁分别取跨度32m、40m和48m三种桥跨进行综合对比研究,推荐采用经济性较好的40m跨度等高度预应力混凝土箱梁方案。

2.7.4 桥跨布置方案

根据总体设计布置及设计范围分工,中铁大桥勘测设计院集团有限公司(以下简称:中铁大桥院)的设计标段全长11149.7m,其中公铁合建段长度9227.1m,单建铁路长度1922.6m。经初步设计阶段桥式方案研究及桥式方案论证优化后,确定了桥梁孔跨布置方案(图2-2-7-1)。

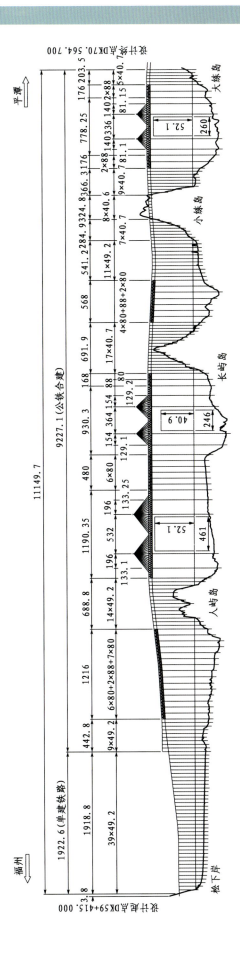

图2-2-7-1 全桥桥式概略图(尺寸单位:m)

1）通航孔桥

元洪航道桥：(132+196+532+196+132)m 斜拉桥，主孔跨径532m，满足5万t级航道单孔双向通航。

鼓屿门水道桥：(128+154+364+154+128)m 斜拉桥，主孔跨径364m，满足5000t级航道单孔双向通航。

大小练岛水道桥：(80+140+336+140+80)m 斜拉桥，主孔跨径336m，既能满足5万t级航道单孔单向通航，也能满足5000t级航道单孔双向通航。

2）非通航孔桥

深水高墩区采用跨径80m和88m两种类型简支钢桁结合梁桥，其中80m梁共26孔，88m梁共8孔，总长2784m。

浅水及陆地高墩区采用跨径49.2m预应力混凝土梁桥，全桥铁路梁共73孔，总长3591.6m。其中铁路主梁为跨度48m的预应力混凝土简支箱梁，公路主梁为跨径49.2m的预应力混凝土连续箱梁。

陆地低墩区采用跨径40.7m预应力混凝土梁桥，全桥铁路梁共38孔，总长1546.6m。其中铁路主梁为跨度40m的预应力混凝土简支箱梁，公路主梁为跨径40.7m的预应力混凝土连续箱梁。

3）铁路路基

在小练岛上设置有324.8m长的铁路路基，公路为高架桥，采用跨径40.6m的预应力混凝土连续箱梁。

平潭海峡公铁大桥
建造关键技术

KEY TECHNOLOGY FOR
THE CONSTRUCTION
OF PINGTAN STRAIT HIGHWAY AND RAILWAY BRIDGE

松下岸 | 人屿岛 | 元洪航道桥 | 鼓屿门水道桥 | 长屿岛

平潭海峡公铁大桥
建造关键技术

02

第 3 章
通航孔斜拉桥设计

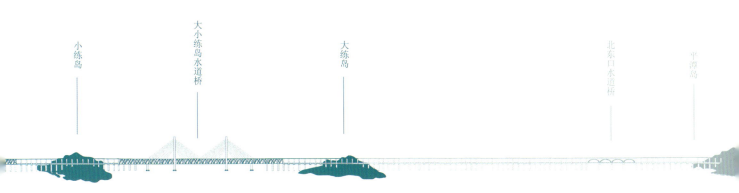

平潭海峡公铁大桥(松下—大练岛段)共包括3座通航孔桥,自福州往平潭方向,依次为元洪航道桥、鼓屿门水道桥和大小练岛水道桥,经初步设计及桥式方案论证比选,3座通航孔桥均推荐选用工程投资较省、结构刚度更大、公路铺装更优、压重量更少的钢桁混合梁斜拉桥方案。本章分别对3座斜拉桥的结构体系布置、主梁、斜拉索、主塔墩、辅助墩及边墩设计等进行介绍,其基础设计详见第5章航道桥基础专项设计研究。

3.1 元洪航道桥结构设计

3.1.1 总体布置

元洪航道桥跨布置为(132+196+532+196+132)m,全长1188m,桥式立面布置如图2-3-1-1所示。

1)结构体系选择

大跨度斜拉桥结构体系对结构静力和动力性能有较大的影响,桥塔受力很大程度上取决于塔、梁之间的连接方式。根据本桥的规模及特点,在初步设计中对主塔与主梁的纵向连接形式进行了三种方案的比选。

方案一:两个主塔与主梁之间均设纵向阻尼器。
方案二:3号主塔与主梁间设纵向固定支座,4号主塔与主梁设纵向阻尼器。
方案三:两个主塔与主梁间均采用纵向弹性索连接。纵向弹性索的纵向弹簧刚度为69530kN/m(两根长28m的139φ7平行钢丝束)。

除纵向约束外,主塔与主梁间还设有竖向和横向约束,边墩和辅助墩上只设竖向与横向约束。

计算分析表明,不同的纵向约束条件对纵向力产生的塔底顺桥向弯矩和梁端水平变位都不同。方案二及方案三的两个主塔塔根弯矩均最小,梁端位移也较小。塔底弯矩大将导致主塔截面及基础规模加大,梁端水平位移过大就会使结构受力不合理,影响使用的耐久性,同时也加大了梁端伸缩装置的设计施工难度。

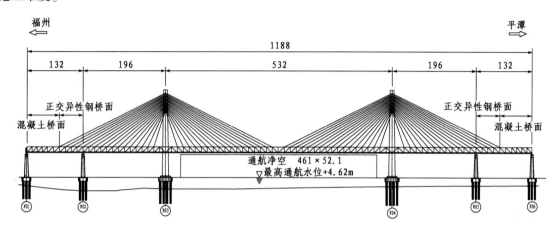

图 2-3-1-1　元洪航道桥立面布置图(尺寸单位:m)

从结构受力合理、构造简单和维护方便三个方面考虑,主桥结构体系方案采用方案二。即 3 号塔与主梁间设竖向和纵向约束,4 号塔与主梁间为竖向约束,并设纵向阻尼器。

2）辅助墩压重

依据静力计算结果,主力 + 附加力组合作用下辅助墩顶的支座出现负反力。为使桥面顺直、确保行车舒适和安全,需要采取必要的构造措施,消除辅助墩顶的负反力,避免发生支座脱空现象。常见处理负反力的措施主要有设负反力索、拉力支座和压重三种方案。

负反力索方案是在辅助墩与钢桁梁之间设置拉索,通过张拉索力来消除负反力。其工作原理是:主动张拉负反力索,使张拉力超过辅助墩可能产生的最大负反力,则梁底支座即使在最不利的工况,都承受压力,不会发生脱空;拉索的张拉力由辅助墩自重平衡。该方案实施简单,但采用负反力索和拉力支座方案均需要进行后期养护及更换,并且集中力较大,细节上处理较为烦琐,且国内铁路桥梁尚未有类似拉力支座的使用经验。而采用压重方式则可规避以上问题。

经过比较,元洪航道桥采用应用成熟的压重设计方式,即在每个辅助墩两侧各 3 个节间内,设置荷载集度为 264kN/m 的混凝土压重以克服斜拉桥的负反力。

3.1.2　主梁

1）桁架形式比选

目前钢桁梁的常用桁架形式主要有华伦桁架、三角桁架和 N 形桁架,见表 2-3-1-1。

桁架形式综合比较表　　　表 2-3-1-1

桁名	图 例	外形特点	典型桥梁
华伦桁架		线条较多、对称性好	重庆菜园坝大桥、日本岩黑岛和柜石岛桥

续上表

桁名	图 例	外形特点	典型桥梁
三角桁架		线条简洁流畅、较富动势	郑州黄河公铁两用桥斜拉桥、日本东神户斜拉桥
N形桁架		线条简洁,有韵律感;但主塔处斜杆需反方向布置	芜湖长江大桥、天兴洲长江大桥

这三种桁架形式的区别在于腹杆布置方式不同,结构性能没有太大的优劣差别,技术上都是可行的。

华伦桁架是钢桁梁结构经常采用的形式,在以往散拼式节点的桁架中应用尤其广泛。华伦桁架匀称、规则,外观视觉效果较好;在公铁两用桥中,由于华伦桁架便于设置横联及桥门架而采用较多;另外华伦桁架腹杆受力比较均衡,还有经济性好的零杆出现。缺点是在有斜杆的节点处杆件数多,斜拉索锚固细节烦琐。

三角桁架由于构件少,视觉上较为通透。一般整体节点的钢桁梁桥采用三角形桁架较多,构件少,安装进度快,腹杆受力拉压交替,缺点是不便于设置竖直平面内的横联、桥门架和斜撑。

N形桁架是斜拉桥常用的桁式,斜杆布置给人以强烈的韵律美感,长腹杆受拉,短腹杆受压,受力合理。

经综合比选,采用N形桁架。

2)主桥主梁截面形式比选

元洪航道桥主梁采用公路在上、铁路在下的钢桁梁双层桥面结构。根据公路和铁路桥面宽度特点,其常用的横断面布置主要有三种:上宽下窄的斜主桁截面;上下层主桁同宽的直主桁截面;上宽下窄加副桁的直主桁截面。

(1)上宽下窄的斜主桁截面

此类桁架截面的优点有:主桁腹杆少,布置简单;铁路桥面宽度较窄,铁路横梁跨度较小,桥面用钢量相对节省。缺点:横断面上横联杆件繁多,横联用钢量较大;主桁弦杆为平行四边形截面,构造相对复杂,加工难度相对大;斜主桁安装架设较困难;斜拉索梁上锚点构造难度较大。横断面布置如图2-3-1-2所示。

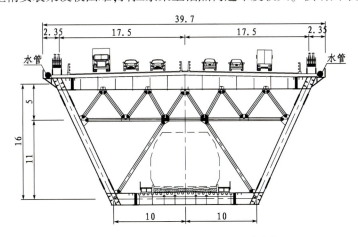

图2-3-1-2 上宽下窄的斜主桁截面图(尺寸单位:m)

(2)上下层主桁同宽的直主桁截面

此类桁架截面的优点有:主桁构造简单,传力直接,腹杆较少,架设方便,同时主梁结构抗风性能更优。缺点:横断面上横联杆件较多,横联用钢量稍大;下层铁路桥面富余宽度大,由于铁路桥面系可采用纵横梁体系使得增加的桥面系用钢量有限。横断面布置如图 2-3-1-3 所示。

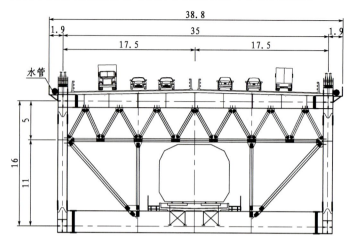

图 2-3-1-3　上下层主桁同宽的直主桁截面图(尺寸单位:m)

(3)上宽下窄加副桁的直主桁截面

此类桁架截面的优点有:铁路桥面宽度较窄,铁路横梁跨度较小,对横梁受力有利;公路桥面横梁跨度小,断面构造简洁。缺点:主桁外侧设有副桁,构造复杂,下弦主桁节点杆件较多,细节处理较难;斜拉索梁上锚点构造相对复杂。横断面布置如图 2-3-1-4 所示。

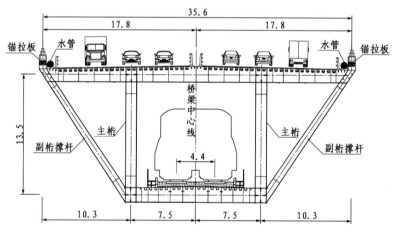

图 2-3-1-4　上宽下窄加副桁的直主桁截面图(尺寸单位:m)

(4)主梁断面方案比选及推荐

主梁三种横断面形式各有优缺点,综合比较见表 2-3-1-2。

主梁横断面方案比较表　　　　　　　　　　表 2-3-1-2

比较项目	上宽下窄的斜主桁方案	上下同宽的直主桁方案	带副桁的直主桁方案
使用性能	竖向、横向及抗扭刚度较大,满足行车要求	竖向、横向及抗扭刚度最大,行车性能好	竖横向及抗扭刚度较大,满足行车要求
结构构造	斜主桁结构,弦杆、节点及斜拉索锚固点均相对复杂。由于公路面和铁路面宽度相差太大,斜桁倾角较大,对结构受力不利	结构细节构造相对简单。但较宽的桁宽导致公路和铁路桥面系跨度较大,横联杆件较多	结构简洁,下弦节点及斜拉索锚固点构造相对复杂。副桁上弦平行四边形截面加工难度较大
制造	主桁采用平行四边形杆件,制造工艺复杂,施工精度要求高	杆件截面均为矩形,制造工艺成熟,费用相对较低	杆件截面均为矩形,制造工艺成熟
架设	斜主桁结构悬臂拼装对中困难,施工工艺复杂	技术成熟,施工工艺简单	技术成熟,拼接工作量稍大,施工工艺成熟
总用钢量	稍省	稍大	一般
综合性能	一般	较优	优

经综合比较,采用上宽下窄加副桁的直主桁断面方案。

3）桁高选择

主桥桁高受竖向刚度需求、设置横向联结系及铁路界限要求控制。钢桁梁桁高增大对提高主桥的竖向刚度有利,但桁高增加,主桥的钢梁造价会增加;同时公路桥面抬高会导致相接引桥的投资增大,给公路行车带来不利影响。通过桥梁总体计算分析对比,综合比选总体造价后,本桥采用满足构造要求的13.5m桁高进行结构设计。

4）节间长度

本桥弦杆的整体节点处焊缝密集,为减小疲劳应力,增加节段长度,减小弦杆的高度与节间长度之比,降低次应力,对结构安全很有必要。但过大的节间长度将杆件质量加大,为保证斜杆受力合理性,还需增加主桁高度。另外,选取节间长度时,还需根据主跨跨径的大小,使其与节间长度构成模数化。通过对腹杆受力、节间重力、节间数量等因素综合比较,本桥钢桁梁标准节间长度取为14m。

5）主梁斜拉索锚固

当采用钢桁梁作为斜拉桥主梁时,斜拉索与钢梁之间的锚固连接是关键的控制设计部位。索梁锚固结构是一个局部应力大、构造和传力复杂、厚板焊缝交错的区域,将斜拉索传递来的巨大索力分散到主梁截面。设计时应尽量避免出现过大的应力集中现象,否则容易出现疲劳或强度破坏。

索梁锚固形式主要有钢锚箱连接、耳板式(销铰式)连接、锚拉板连接三种形式。

(1)钢锚箱连接

斜拉索通过钢锚箱锚固在钢弦杆上,钢锚箱布置在弦杆腹板(或节点板)之间,与钢弦杆焊接。钢锚箱由锚垫板、顶底板、加劲板、补强板等组成,与弦杆腹板焊成一体。郑州黄河大桥索梁连接的钢锚箱位于弦杆内部,通过锚箱的顶底板、锚垫板与弦杆腹板之间的3条焊缝相连,索力以焊缝剪力的方式传递到钢弦杆腹板上,进而传递到弦杆上。天兴洲长江大桥索梁连接的钢锚箱位于弦杆外部,两块节点板之间,索力一部分通过锚垫板两端直接传递至节点板,另一部分通过锚箱顶底板与节点板之间的焊缝以剪力的形式传递至节点板上,最终传递至弦杆上。

钢锚箱索梁连接方式应用较为广泛,在钢箱梁及钢桁梁加劲梁均有应用。目前有天兴洲长江大桥、苏通长江公路大桥、鄂东长江大桥、郑州黄河大桥、珠江黄埔大桥等采用该连接方式。

(2)锚拉板连接

锚拉板式索梁锚固形式主要由锚拉板、锚管和锚垫板组成。斜拉桥拉索的索力,通过锚拉筒与锚拉板之间的连接焊缝,以剪力的形式传递给锚拉板,锚拉板通过其下部直接焊接在桥面板上的焊缝,进而将索力最终传递到梁体上。为方便工厂制造和现场架梁吊机走行的方便,锚拉板可分成上下两部分,下锚拉板与上弦杆件连接的采用工厂焊接,上锚拉板和锚箱在工厂焊接成为整体构件,上、下锚拉板之间采用高强度螺栓工地拼接。锚拉板连接在钢箱梁及钢桁梁加劲梁均有应用,采用这种连接方式的有福州青州闽江大桥、湛江海湾大桥、安庆铁路长江大桥等。

(3)耳板式连接

耳板式连接也称为销铰式连接,它由主梁的腹板向上伸出一块耳板,斜拉索通过铰或钢管锚固在耳板上。索力直接由耳板传给主梁的腹板,由于销轴对销孔壁的挤压,在孔壁形成了巨大的局部压力。耳板式连接在公路桥(钢箱梁)上有应用,但在铁路桥(钢桁梁)上应用较少。比较典型的工程如法国的诺曼底大桥、桃夭门大桥、南京长江二桥南汊桥。

(4)方案比选

三种斜拉索锚固形式均传力直接、构造简单,有成功应用实例。考虑锚拉板式连接构造的制造、检验及斜索安装都较为方便,技术应用成熟,且对斜桁撑杆连接构造影响较小,因此,本桥拉索梁上锚固形式采用锚拉板形式。

6）主梁结构设计

钢桁梁采用带副桁的桁架结构，主桁架中心间距 15.0m，副桁架上弦杆顶板底面中心线间距 35.7m。元洪航道桥全桥桁架基本为 N 形桁架，在主塔支点处、跨中处两个节间范围内为带竖杆的华伦桁架。桁高 13.5m，节间长 14.0m 及 12.0m，全桥共 86 个节间。主梁采用全焊整节段设计、制造及吊装，节段需要将桁架结构、桥面系结构、联结系及斜拉索锚拉板等结构在工厂焊接成整体后运输至工地进行整节段吊装。标准节段为两个节间长度，共长 29.75m，高度为 15.352m（不包括斜拉索锚拉板结构高度），宽度为 36.8m，最大吊重 1250t。元洪航道桥钢桁主梁标准横断面和主桁立面如图 2-3-1-5 所示。

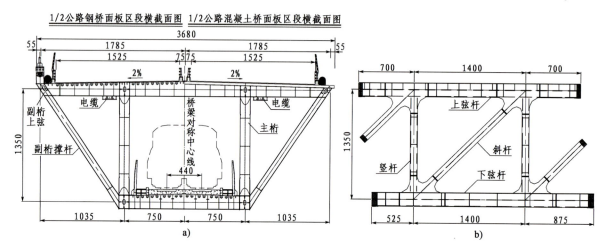

图 2-3-1-5　元洪航道桥钢桁主梁标准横断面和主桁立面图（尺寸单位：cm）

本桥上弦平面除梁端 6 个节间为钢桁混凝土结合桥面外，其他均为正交异性钢板的板桁组合结构整体桥面，下弦平面采用正交异性钢板的板桁组合结构整体桥面。桥面板与弦杆的顶板通长连接，共同承受主桁内力。钢桁梁为空间桁架结构，结构采用空间内力分析程序分别以梁单元和板单元模拟实际的板桁组合结构，计算各部件的应力状态。钢桁梁采用焊接的整体节点，节点外拼接。在工厂内将杆件和节点板、各连接件的接头板以及公路铁路桥面系和锚拉板焊成一体，整节段运到工地架设。桁架杆件最大板厚 50mm，节点板最大厚度 60mm。

公路桥面为正交异性板区段的主桁上弦杆为箱形截面，两竖板及底板上各设 1 条加劲肋，顶板上设 3 条加劲肋。上弦杆件内高 1600mm，内宽为 1200mm，板厚 16～36mm。为了适应公路沥青铺装的需要，上弦杆顶板板厚与桥面板等厚，全桥统一为 16mm。

公路桥面为混凝土板区段的主桁上弦杆为箱形截面，两竖板及底板上各设 1 条加劲肋。上弦杆件内高 1292mm，内宽为 1200mm，板厚 24～40mm。上弦杆顶板板厚全桥统一为 24mm。

主桁下弦箱杆件内高 1600mm，内宽为 1200mm，板厚 24～50mm。顶底板及竖板均设 1 条加劲肋。箱形下弦杆的顶板加宽 750mm，与 16mm 厚的桥面顶板以不等厚对接焊焊连。

腹杆有箱形和 H 形两种截面形式。箱形截面翼缘高 1250mm、1150mm、900mm，内宽 1200mm，水平板上设一条加劲肋板，厚 20～50mm。H 形腹板带肋截面，翼缘高 900mm，内宽 1200mm，水平板上设一条加劲肋板，板厚 16～36mm。

公路桥面为正交异性板区段的副桁上弦为平行四边形截面，顶板及腹板均设 1 条加劲肋，截面中心内高 1393mm，顶底板内宽 900mm，倾角 55.3232°。公路桥面为混凝土板区段的副桁上弦为平行四边形截面，腹板设 1 条加劲肋，截面中心内高 1089mm，顶底板内宽 900mm，倾角 55.3232°。

在下弦杆节点板与副桁上弦节点间设副桁拉（或撑）杆，拉（或撑）杆为 H 形截面翼板宽 700mm，板厚 28mm，腹板宽 750mm，板厚 20mm。副桁拉（或撑）杆翼板分别与副桁上弦节点板及下弦杆顶底板对齐。

元洪航道桥正交异性板区段立面图如图 2-3-1-6 所示。

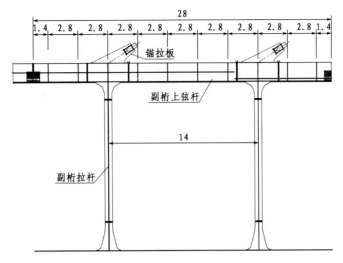

图 2-3-1-6　元洪航道桥正交异性板区段立面图(尺寸单位:m)

3.1.3　斜拉索

1) 斜拉索选型

斜拉桥采用的斜拉索可分两大类,一类是平行钢丝斜拉索,另一类是钢绞线斜拉索。两种斜拉索综合对比分析见表 2-3-1-3。

斜拉索综合比较表　　　　　　　　　　　　表 2-3-1-3

类　别	平行钢丝斜拉索	钢绞线斜拉索
方案比较	优点:①技术成熟,有较成熟的制造及施工经验。②有较好的抗疲劳性能和成熟的防腐措施。③工厂化生产成品索,质量有保证。④设计、制造及施工有现行国家标准作指导	优点:①材料强度较高,承载能力大,抗疲劳性能较好。②索体采用多层防腐,有较好的防腐性能。③锚头尺寸小,实现单根钢绞线安装、调索、张拉与更换,无须严格定尺下料,工艺简单。④牵引张拉设备小型、简单。⑤检修、换索较方便
	缺点:①大型索制索、运输、安装困难。②需要大型复杂的牵引张拉设备	缺点:①钢绞线涂层对夹片锚固有一定影响,对锚具的性能要求较高。②钢绞线索还没有行业标准和国家标准。③现场成索工序多,施工周期长
典型代表工程	①苏通大桥,主跨 1088m,2008 年建成。②杨浦大桥,主跨 602m,1993 建成。③芜湖长江大桥,主跨 312m,2000 年建成。④武汉天兴洲长江大桥,主跨 504m,2009 年建成	①法国诺曼底大桥,主跨 856m,1995 年建成。②汕头礐石大桥,主跨 518m,1999 年建成。③青州闽江大桥,主跨 605m,2001 年建成

经综合分析,两种斜拉索在工程上均有较成功的应用,在技术上均是可行的。但是鉴于斜拉索的锚具对结构安全具有重要的决定因素,特别是对铁路桥梁,其抗疲劳性能和锚固性能极为重要,冷铸锚技术相对比较成熟。同时跨海大桥对斜拉索的耐久性要求更高,工厂总成现场张拉的高强钢丝斜拉索制造精度和耐久性更能保证。因此推荐采用平行钢丝斜拉索。

2) 斜拉索设计

斜拉索采用双索面扇形布置,元洪航道桥立面上单塔一侧共 17 对索,全桥共计 136 根斜拉索。斜拉索采用 $\phi 7mm$ 高强度镀锌铝平行钢丝索,钢丝标准抗拉强度 $\sigma_b = 1860MPa$,外包双层聚乙烯(PE 或 HDPE)护套,两层 PE 护套间设置隔离层,分 $253\phi 7$、$283\phi 7$、$301\phi 7$、$337\phi 7$、$367\phi 7$、$409\phi 7$、$439\phi 7$、$475\phi 7$ 八种规格,锚具为冷铸锚。斜拉索构造装配如图 2-3-1-7 所示。

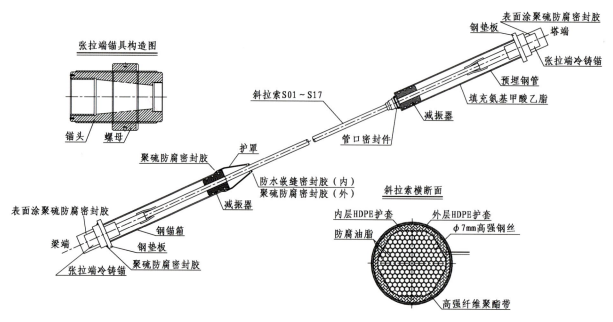

图 2-3-1-7　斜拉索构造装配示意图

斜拉索表面采取双螺纹凸线措施,以减小发生风雨振的可能。本桥斜拉索除在预埋钢管内设置减振器外,参照抗风研究结果设置体外液压减振装置,同时根据施工过程和成桥运营后拉索的振动情况,视需要采用其他抑制拉索振动的措施。

斜拉索防腐要求:①首先将预埋管内壁和索体清洁干净,达到密封条件后可进行密封施工,以保证密封可靠,达到防腐、防水效果;②使用灌注型防腐密封胶在预埋管内封底,最小厚度不低于5cm,待其固化后填充非硫化不干性防腐密封胶至减振装置下方5~10cm处,确保密封胶与索体混为一体,达到最佳防腐密封效果;③将锚头、锚板与保护罩的溢水口及结合处的缝隙使用聚硫防腐密封胶密封完好;④防水罩与PE保护罩接触的地方先采用防水嵌缝密封胶进行填缝,最后再用聚硫防腐密封胶进行表面密封,防水罩直缝直接用聚硫防腐密封胶进行密封。

3.1.4　主塔

主塔是斜拉桥主要受力构件,斜拉桥上部结构荷载通过主塔传递至基础,塔形不同,受力特点不同,对主桥刚度影响不同,塔形的选择与桥址处风速、地震、船撞等建桥条件密切相关。

从景观角度考虑,主塔是斜拉桥的标志性构件,是斜拉桥中可塑性最高的部分。通过对主塔外形和结构细节的处理,不同的造型能表达不同的景观主题与寓意,赋予大桥以文化内涵,充分体现大桥的地域文化特色。

桥梁上常用的斜拉桥塔形有单柱形、双柱形、门形、H形、梯形、A形和倒Y形等形式。从结构受力合理及景观协调性角度考虑,为保证跨海大桥三座斜拉桥塔形风格的协调统一性,选用H形桥塔。

1）主塔设计

主塔采用H形桥塔,钢筋混凝土结构,混凝土强度等级为C50,塔顶高程为+205.0m,承台顶高程+5.0m,承台以上塔高200.0m。塔柱纵向尺寸由塔顶9.0m按线性增加到塔底14.4m,上塔柱和中塔柱横桥向尺寸为6.0m,下塔柱横向尺寸为6.0~10.0m。主塔结构如图2-3-1-8所示。

上塔柱采用单箱单室截面,纵桥向壁厚1.3m,横桥向壁厚1.0m。中塔柱采用单箱单室截面,纵桥向壁厚1.3m,横桥向壁厚1.1m。下塔柱采用单箱双室空心矩形截面,纵桥向边板壁厚1.5m,纵桥向中板壁厚0.8m,横桥向壁厚1.3m。底板设基座,下塔柱与中塔柱交界处设下横梁,上塔柱与中塔柱交界处设上横梁,上塔柱斜拉索锚固区塔壁按预应力混凝土构件设计,锚固区塔壁内采用井字形布置

8-ϕ^s15.2和5-ϕ^s15.2高强度低松弛钢绞线,采用低回缩锚具系统,预应力采用单端单侧集中二次张拉,控制锚具放张回缩量不大于1mm,张拉端采用低回缩量锚具,非张拉端采用P型锚具。下塔柱底部设塔座,以均匀分散主塔传递给塔基的巨大压力。塔柱截面内外侧塔壁均设置单排直径40mm的受力主筋,主筋穿入塔座插入承台顶面以下200cm处锚固。

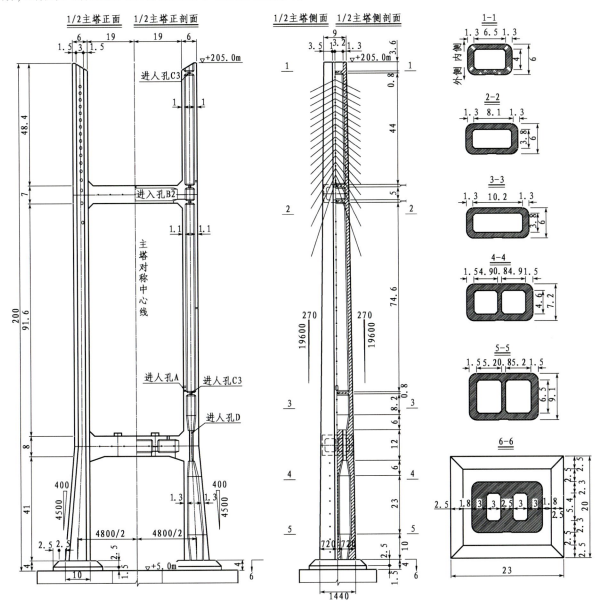

图 2-3-1-8　元洪航道桥主塔结构图(尺寸单位:m)

2）横梁设计

上、下横梁均采用预应力混凝土箱形结构。上、下横梁高分别为7.0m、8.0m,宽度分别为9.5m、12.0m。上横梁采用单箱单室截面,壁厚为100cm。下横梁采用单箱双室空心矩形截面,边腹板壁厚1.1m,中腹板厚1.0m,顶底板厚1.4m。

上横梁预应力采用19-A^{s}15.24(f_{pk}=1860MPa)低松弛钢绞线,共设72束;下横梁预应力采用19-A^{s}15.24(f_{pk}=1860MPa)低松弛钢绞线,共设138束。

为满足塔柱与横梁间的受力要求,横梁的纵向钢筋锚固于塔柱内,预应力钢束锚固于塔柱的外侧。因预应力锚具布置需切断的塔柱钢筋,封锚时应全部采用双面(或单面)焊接连接(焊接长度应满足规范要求)进行补强,封锚混凝土外观应满足塔柱设计的断面形状。

3)主塔锚固方案

斜拉索在主塔上比较常用的锚固方式有三种:钢锚箱、钢锚梁和预应力锚固。三种锚固方案综合比较见表2-3-1-4。

三种锚固方式比较表　　　　　表2-3-1-4

项目	钢锚箱	钢锚梁	预应力锚固
结构特点	拉索的水平分力主要通过锚箱来平衡,部分不平衡水平力及竖直力则通过锚箱钢板上的剪力钉传递到塔柱中	钢锚梁支承在塔壁牛腿上,拉索水平分力主要通过钢锚梁平衡,部分不平衡水平分力及竖直分力则由塔壁承担	拉索直接锚固在塔壁上,为了平衡拉索的水平分力在塔柱横截面框架内产生的拉力及弯矩,在锚固区四周塔壁内布置有井字形预应力筋
方案优点	优点:①拉索水平分力主要通过钢锚箱平衡,降低了塔壁的拉应力,改善了塔壁受力。②由于塔壁拉应力的降低,一定程度上减少了塔壁预应力的数量。③钢锚箱在工厂制造完成,加工质量易得到保证	优点:①拉索水平分力主要通过钢锚梁平衡,降低了塔壁的拉应力,改善了塔壁受力。②由于塔壁拉应力的降低,一定程度上减少了塔壁预应力的数量。③钢锚梁在工厂制造完成,加工质量易得到保证。④钢锚梁构造相对简单	优点:①结构受力明确,构造简单。②施工方便,设计与施工经验丰厚。③后期养护方便,造价相对较低
方案缺点	缺点:①钢锚箱的吊装及施工较复杂,施工难度较大。②钢锚箱完全隔断了塔壁,塔壁的整体性较差。③钢锚箱与塔壁的连接质量不易控制。④钢锚箱构造较复杂,后期养护工作量较大。⑤钢锚箱造价较高	缺点:①钢锚梁与塔壁之间传力较复杂,设计与施工不易控制。②后期换索需两侧同步。③钢锚梁后期养护工作量较大,造价相对较高	缺点:①塔壁内预应力筋较多,且长度较短,预应力损失相对较大。②索导管与预应力布置干扰较大,构造复杂,施工质量较难保证。③塔壁内布置有较多的预应力,主塔外形不宜过分复杂,因而主塔造型稍显单一

综合各种因素,上述三种方案技术上均可行。但是从国内工程实践及设计施工经验看,预应力锚固方案国内应用较为广泛,技术成熟可靠,费用较低,但在海洋环境强风条件下,高塔锚固区索导管的定位精度不易控制,高空预应力的施工质量也难以保证。因而采用构造相对简单,施工易于控制的钢锚梁锚固形式,对于活载产生的不平衡拉索水平力由钢锚梁和主塔预应力共同承担,以改善主塔受力。

3.1.5 辅助墩及边墩

辅助墩和边墩均采用钢筋混凝土门式桥墩(图2-3-1-9),墩身采用C50混凝土,顺桥向墩帽宽7m,顺桥向墩帽下缘墩顶宽度6.5m,按照1∶30的坡度放坡到承台顶,横桥向总宽24m,每柱横向宽8m,四周采用半径150cm的倒圆。

3.1.6 结构静力计算分析

1)计算模型

利用桥梁平面程序和空间软件平行开展计算,平面程序全桥离散为980个节点、1074个梁单元,68个斜索单元,78个塔单元,6个支承元。

约束体系:1号、2号、5号、6号墩处约束条件为竖向约束,纵向活动,4号塔梁交接处竖向约束,纵向设阻尼器,3号塔与主梁交接处竖向及纵向均约束。

结构计算离散图如图2-3-1-10所示。

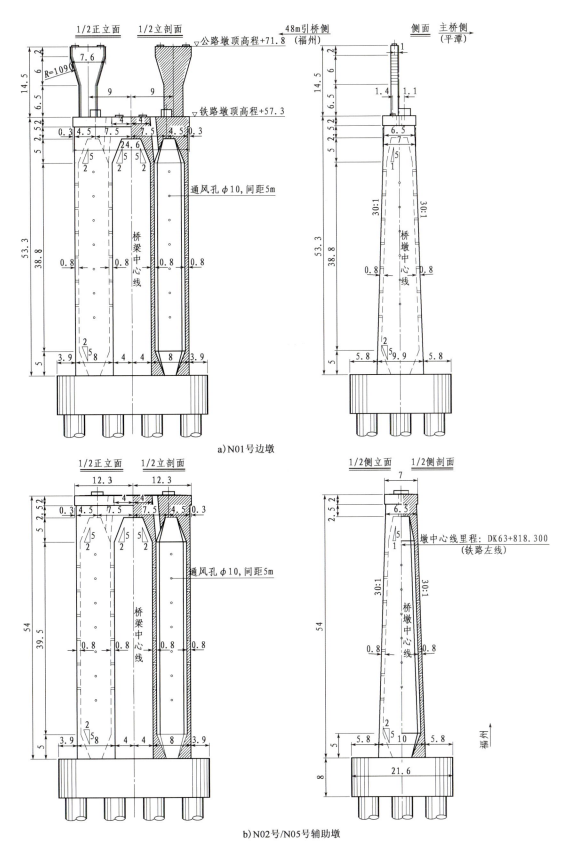

a) N01号边墩

b) N02号/N05号辅助墩

图 2-3-1-9

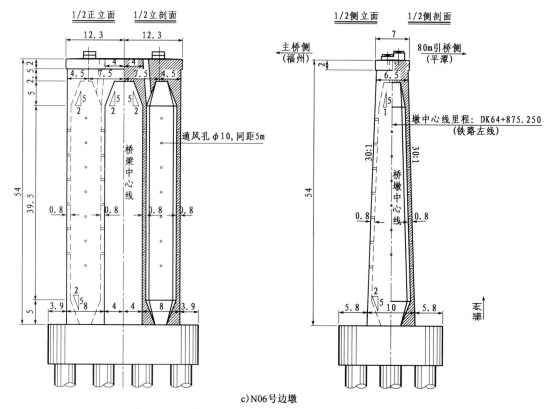

c) N06号边墩

图2-3-1-9 元洪航道桥边墩、辅助墩结构布置示意图(尺寸单位:m)

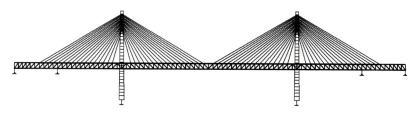

图2-3-1-10 元洪航道桥结构计算离散图

2)计算荷载

(1)一期恒载

主梁、主塔、斜拉索自重根据程序自动计算。

(2)二期恒载

公路桥面二期恒载取12.4t/m,铁路桥面二期恒载按16.3t/m考虑。

(3)活载

铁路活载按《铁路桥涵设计基本规范》(TB 10002.1—2005)取值。

公路活载按《公路桥涵设计通用规范》(JTG D60—2004)取值。

(4)风荷载

风荷载按照《公路桥梁抗风设计规范》(JTG/T D60-01—2004)计算,其中极限风力按$v_{10}=44.8$m/s计算。

(5)制动力

铁路制动力按《铁路桥涵设计基本规范》(TB 10002.1—2005)并考虑额定列车牵引吨数加载。

公路制动力按照《公路桥涵设计通用规范》(JTG D60—2004)4.3.6条加载。

(6)温度

体系温差按钢结构±20℃,混凝土结构±10℃计算。

（7）支座沉降

不均匀沉降按主墩基础 3cm、边墩及辅助墩基础 2cm 计算。

3）荷载组合

（1）组合 1：恒载 + 活载 + 基础沉降。

（2）组合 2：恒载 + 活载 + 基础沉降 + 有车风 + 升温。

（3）组合 3：恒载 + 活载 + 基础沉降 + 有车风 + 降温。

（4）组合 4：恒载 + 基础沉降 + 极限风。

4）计算结果

（1）主梁竖向及横向刚度指标见表 2-3-1-5、表 2-3-1-6。

主梁竖向刚度指标表　　　　表 2-3-1-5

部位 (跨中)	梁端转角(弧度)			挠度		
	公路 (‰)	铁路 (‰)	合计 (‰)	公路 (mm)	铁路 (mm)	挠跨比
中跨	—	—	—	−210	−580	1/721
辅助跨	—	—	—	−33	−76	1/1945
边跨	0.447 −0.081	1.286 −0.251	1.734 −0.332	−19	−41	1/2389

主梁横向刚度指标表　　　　表 2-3-1-6

部位 (跨中)	梁端横向转角(弧度)		横向位移			
	极限风 (‰)	有车风 (‰)	极限风 (mm)	挠跨比	有车风 (mm)	挠跨比
中跨	—	—	507	1/1049	228	1/2333
辅助跨	—	—	25	1/7840	11	1/17818
边跨	0.280	0.126	8	1/16500	4	1/33000

（2）主梁内力见表 2-3-1-7。

主梁内力表　　　　表 2-3-1-7

项目		最大值(kN)	最小值(kN)
上弦杆	恒载	130097	−6898
	主力	163617	−21300
	主 + 附	175544	−33177
下弦杆	恒载	83703	−70579
	主力	152162	−101597
	主 + 附	177016	−102493
斜腹杆	恒载	49362	−40777
	主力	67350	−64862
	主 + 附	68342	−66347
竖腹杆	恒载	25767	−26632
	主力	47195	−38038
	主 + 附	49838	−38636

注：轴力受压为正，表中均为全桥两桁内力合计值。

(3)支座反力见表2-3-1-8。

梁底支座反力一览表(单支座) 表2-3-1-8

墩　号	恒载(kN)	运营阶段	
		最大值(kN)	最小值(kN)
1(6)	19880	28473	17307
2(5)	16690	40513	857
3(4)(主塔横梁顶)	14248	34240	6845

(4)斜拉索内力及应力。斜拉索单索最大索力1350t,为边跨17号索。斜拉索出现最大应力幅处为辅助墩墩顶处斜拉索,最大活载应力幅为170MPa,满足规范要求。

3.2 鼓屿门水道桥结构设计

3.2.1 总体布置

鼓屿门水道桥推荐主孔跨径364m钢桁混合梁斜拉桥,桥梁总长928m,跨径组成为(128+154+364+154+128)m,桥式立面布置如图2-3-2-1所示。

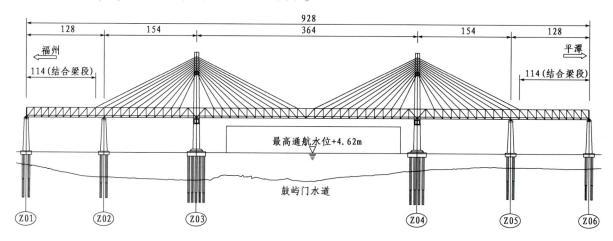

图2-3-2-1 鼓屿门水道桥立面布置图(尺寸单位:m)

根据元洪航道桥的研究成果,从结构受力合理、构造简单和维护方便考虑,主桥结构体系采用3号塔与主梁间设竖向和纵向约束,4号塔与主梁间竖向约束,并设纵向阻尼器。

除纵向约束外,主塔与主梁间还设有竖向和横向约束,边墩和辅助墩上只设竖向与横向约束。

3.2.2 主梁

鼓屿门水道桥钢桁梁共68个节间。上弦平面除梁端7个节间为钢桁混凝土结合桥面外,其他均为正交异性钢板的板桁组合结构整体桥面,下弦平面采用正交异性钢板的板桁组合结构整体桥面。除部分杆件板厚变化外,钢桁梁断面形式、主桁桁式、桁高、桁宽等构造基本与元洪航道相同。

1)主桁

主桁采用N形桁,横向桁间距为15m,桁高13.5m,节间距14m和12m,边跨为适应节间布置,6个节间长度为12m。钢梁主结构的钢材材质采用Q370qD,在边跨无拉索区结合梁的公路桥面板采用C60混凝土。

主桁上下弦杆均为箱形截面,上弦杆内高1600mm,内宽1200mm,板厚24~32mm。下弦杆内高1600mm,内宽1200mm,板厚24~40mm。腹杆采用箱形和H形截面,杆件内宽1200mm,高900mm,板厚20~32mm。根据不同的受力区段选用不同的杆件截面。

主桁梁段采用先工厂分段制造再焊接成整体梁段,标准梁段长28m。梁段内为全焊接结构,仅梁段之间的连接在工地现场通过高强螺栓连接,梁段主梁最大设计重量1060t。

主梁采用耐腐蚀抗震球形支座,主梁横断面布置图同元洪航道桥。

2) 桥面系

铁路采用正交异性钢桥面板上设置道砟桥面。正交异性钢桥面板由顶板、节点横梁、节间横隔、纵梁、纵肋组成。主桁下弦节点处设置节点横梁,节点横梁间按3.5m(边跨12m节间内为3m)间距设置节间横梁,横梁采用工字形截面,跨中梁高1.781m,节点横梁下翼缘宽0.72m,节间横梁下翼缘宽0.58m。钢桥面板顶面两侧与主桁下弦杆的上翼缘连接,在钢桥面板顶面设有防水层和耐磨层。钢桥面板厚度16mm,桥面板加劲的U肋每0.6m布置一个,U肋高0.26m,宽0.3m。在轨道下方设置小纵梁,共4道,纵梁高0.5m。

边跨无索区范围(114m)内公路桥面系采用混凝土桥面板,板厚27cm,桥面板与上弦杆、边纵梁及横梁通过剪力钉结合成整体,桥面板每个节点设置一道节点横梁,节点横梁间每2.8m(14m节间)和3m(12m节间)间距设置节间横梁,横梁采用工字形截面,横梁高度均为1.398m,节点横梁下翼缘宽0.72m,节间横梁下翼缘宽0.58m,横梁上翼缘宽0.58m。横梁两端与主桁上弦节点连接。

边跨无索区范围以外的公路桥面系采用正交异性整体钢桥面板,与主桁的上弦杆焊接成整体,桥面板每个节点设置一道节点横梁,节点横梁间每2.8m或3.0m间距设置节间横梁,横梁采用工字形截面,横梁高度均为1.798m,节点横梁下翼缘宽0.72m,节间横梁下翼缘宽0.58m,横梁两端与主桁上弦节点连接。纵肋在横梁处从其腹板中穿过,再与横梁腹板焊接并加强连接。公路钢桥面板厚度16mm,桥面板加劲的U肋每0.6m布置一个,U肋高0.28m,宽0.3m。

3) 联结系

主桁在边墩、辅助墩及主塔墩支点处设置板式桥门架。

3.2.3 斜拉索

斜拉索采用空间双索面,扇形布置,立面上单塔一侧共11对索,鼓屿门水道桥全桥共计88根斜拉索。斜拉索构造形式同元洪航道桥,分283φ7、301φ7、337φ7、367φ7、409φ7、439φ7、475φ7七种规格。

3.2.4 主塔设计

主塔采用H形桥塔,钢筋混凝土结构,塔身混凝土强度等级为C50,塔顶高程为+164.0m,承台顶高程+6.0m,承台以上塔高158.0m。塔柱顺桥向尺寸7~10.5m,上塔柱和中塔柱横桥向尺寸为5.0m,下塔柱横向尺寸为5.0~10.0m。鼓屿门水道桥主塔结构布置如图2-3-2-2所示。

上塔柱采用单箱单室截面,纵桥向壁厚1.1m,横桥向壁厚1.0m。中塔柱采用单箱单室截面,纵桥向壁厚1.2m,横桥向壁厚1.1m。下塔柱采用单箱双室空心矩形截面,纵桥向边板壁厚1.4m,纵桥向中板壁厚0.8m,横桥向壁厚1.1m。底板设基座,下塔柱与中塔柱交界处设下横梁,上塔柱与中塔柱交界处设上横梁,上塔柱斜拉索锚固区塔壁按预应力混凝土构件设计,锚固区塔壁内采用井字形布置8-φ^{s}15.2和5-φ^{s}15.2高强度低松弛钢绞线,采用低回缩锚具系统,预应力采用单端单侧集中二次张拉,控制锚具放张回缩量不大于1mm,张拉端采用低回缩量锚具、非张拉端采用P型锚具。下塔柱底部设塔座,以均匀分散主塔传递给塔基的巨大压力。塔柱截面内外侧塔壁均设置单排C40的受力主筋,主筋穿过塔座插入承台顶面以下200cm处锚固。

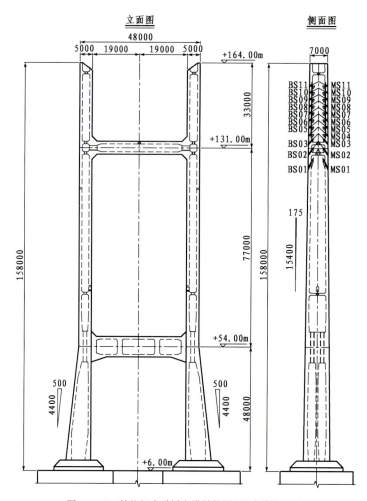

图2-3-2-2 鼓屿门水道桥主塔结构图(尺寸单位:mm)

上、下横梁均采用预应力混凝土箱形结构。上、下横梁高分别为5.0m、8.0m,宽度分别为7.0m、9.0m。上横梁采用单箱单室截面,壁厚为100cm。下横梁采用单箱双室截面,边腹板壁厚1.0m,中腹板厚1.0m,顶底板厚1.0m。

上横梁预应力采用19-A^{s}15.24(f_{pk} = 1860MPa)低松弛钢绞线,共设40束;下横梁预应力采用19-A^{s}15.24(f_{pk} = 1860MPa)低松弛钢绞线,共设98束。

为满足塔柱与横梁间的受力要求,横梁的纵向钢筋锚固于塔柱内,预应力钢束锚固于塔柱的外侧。因预应力锚具布置需切断的塔柱钢筋,封锚时应全部采用双面(或单面)焊接连接(焊接长度应满足规范要求)进行补强,封锚混凝土外观应满足塔柱设计的断面形状。

3.2.5 辅助墩及边墩

辅助墩及边墩采用钢筋混凝土门式桥墩,其相应构造与元洪航道桥基本相同,横桥向总宽24m,单柱横向宽8m。桥墩顺桥向采用1:30的放坡,墩顶顺桥向宽度6.5m。其Z05、Z06号辅助墩与元洪航道桥辅助墩结构形式相同,Z01、Z06边墩与元洪航道桥N06号边墩结构形式相同。

3.2.6 结构静力计算分析

1)计算模型

利用桥梁平面程序和空间软件并行开展计算,平面程序全桥离散为436个节点、450个梁单元,44

个斜索单元,122 个塔单元,6 个支承元。

约束体系:1、2、5、6 号墩处约束条件为竖向约束,纵向活动,4 号塔梁交接处竖向约束,纵向设阻尼器,3 号塔与主梁交接处竖向及纵向均约束。

结构计算离散图如图 2-3-2-3 所示。

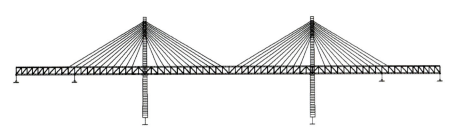

图 2-3-2-3　鼓屿门水道桥结构计算离散图

2)计算荷载及组合

计算荷载取值计算方法及荷载组合工况同元洪航道桥,详见本章第 3.1.6 节。

3)计算结果

(1)主梁刚度指标见表 2-3-2-1。

主梁刚度指标表　　　　　　　　　　　　　　　表 2-3-2-1

部位 (跨中)	梁端转角(弧度)			挠　度		
	公路 (‰)	铁路 (‰)	合计 (‰)	公路 (mm)	铁路 (mm)	挠跨比
中跨	—	—	—	−120	−310	1/910
辅助跨	—	—	—	−24	−49	1/2299
边跨	0.51 −0.05	1.41 −0.12	1.92 −0.17	−21	−43	1/2178

(2)支座反力见表 2-3-2-2。

梁底支座反力一览表(单支座)　　　　　　　　表 2-3-2-2

墩　号	恒载(kN)	运营阶段	
		最大值(kN)	最小值(kN)
1(6)	23018	31565	20912
2(5)	22575	43402	10071
3(4)(主塔横梁顶)	12765	29767	8282

(3)主梁内力见表 2-3-2-3。

主梁内力表　　　　　　　　　　　　　　　　表 2-3-2-3

项　　目		最大值(kN)	最小值(kN)
上弦杆	恒载	99011	−35823
	主力	110143	−64289
	主+附	120205	−73081
下弦杆	恒载	72772	−87355
	主力	99190	−116389
	主+附	109178	−119501

续上表

项　　目		最大值(kN)	最小值(kN)
斜腹杆	恒载	55430	-64166
	主力	72463	-82506
	主+附	72873	-83679
竖腹杆	恒载	40077	-30598
	主力	56131	-42048
	主+附	57819	-42928

注：轴力受压为正，图表中均为全桥两桁内力合计值。

（4）主塔反力见表2-3-2-4。

主塔反力表　　　　　　　　　　　　　　　表2-3-2-4

工　况		M_{max}工况				
		竖向力(kN)	横向力(kN)	纵向力(kN)	横向弯矩(kN·m)	纵向弯矩(kN·m)
恒载		631007	-34	-45	2855	-11813
主力组合1	最大值	700647	344	1545	129373	214106
	最小值	623955	-445	-3273	-119755	-589076
主力组合2	最大值	704537	575	22879	135293	1691037
	最小值	620427	-496	-21071	-140085	-1815971
附加组合3	最大值	704179	406	19346	148741	1441373
	最小值	620069	-665	-24604	-126638	-2065635
附加组合4	最大值	637591	-32	30765	3034	1994395
	最小值	623994	-36	-30968	2680	-2047620

（5）斜拉索内力及应力：斜拉索单索最大索力1378t，为边跨11号。斜拉索出现最大应力幅处为辅助墩墩顶处斜拉索，最大活载应力幅为134MPa，满足规范要求。

3.3　大小练岛水道桥结构设计

3.3.1　总体布置

大小练岛水道桥推荐主孔跨径336m连续钢桁混合梁斜拉桥，桥梁总长776m，跨径组成为(80+140+336+140+80)m，桥式立面布置如图2-3-3-1所示。

根据元洪航道桥的研究成果，从结构受力合理、构造简单和维护方便考虑，主桥结构体系采用3号塔与主梁间设竖向和纵向约束，4号塔与主梁间竖向约束，并设纵向阻尼器。除纵向约束外，主塔与主梁间还设有竖向和横向约束，边墩和辅助墩上只设竖向与横向约束。

3.3.2　主梁

主梁在有索区范围采用双层钢桥面板的桁梁截面，在边跨无索区范围采用上层结合的钢桁梁截面，具体横断面布置同元洪航道桥。

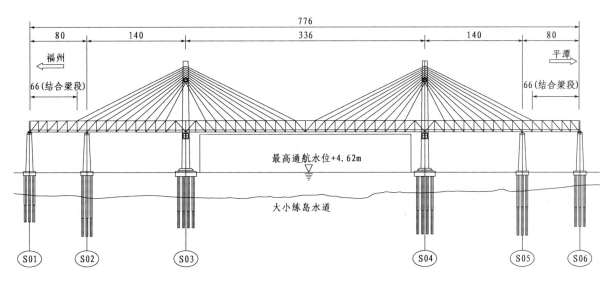

图 2-3-3-1　大小练岛水道桥立面布置图(尺寸单位:m)

3.3.3　斜拉索

斜拉索采用扇形双索面布置,立面上单塔两侧共 10 对索,大小练岛水道桥全桥共计 80 根斜拉索。斜拉索构造形式与元洪航道桥相同,分 283φ7、301φ7、337φ7、367φ7、409φ7、439φ7、475φ7 七种规格。

3.3.4　主塔

主塔采用 H 形桥塔,钢筋混凝土结构,塔身混凝土强度等级为 C50,塔顶高程为 +157.0m,承台顶高程 +5.0m,承台以上塔高 152.0m。塔柱顺桥向尺寸 7～10.5m,上塔柱和中塔柱横桥向尺寸为 5.0m,下塔柱横向尺寸为 5.0～10.0m。大小练岛水道桥主塔结构布置如图 2-3-3-2 所示。

上塔柱采用单箱单室截面,纵桥向壁厚 1.1m,横桥向壁厚 1.0m。中塔柱采用单箱单室截面,纵桥向壁厚 1.2m,横桥向壁厚 1.1m。下塔柱采用单箱双室空心矩形截面,纵桥向边壁厚 1.4m,纵桥向中板壁厚 0.8m,横桥向壁厚 1.1m。底板设基座,下塔柱与中塔柱交界处设下横梁,上塔柱与中塔柱交界处设上横梁,上塔柱斜拉索锚固区塔壁按预应力混凝土构件设计,锚固区塔壁内采用井字形布置 8-φˢ15.2 和 5-φˢ15.2 高强度低松弛钢绞线,采用低回缩锚具系统,预应力采用单端单侧集中二次张拉,控制锚具放张回缩量不大于 1mm,张拉端采用低回缩量锚具、非张拉端采用 P 型锚具。下塔柱底部设塔座,以均匀分散主塔传递给塔基的巨大压力。塔柱截面内外侧塔壁均设置单排 C40 的受力主筋,主筋穿过塔座插入承台顶面以下 200cm 锚固。

上、下横梁均采用预应力混凝土箱形结构。上、下横梁高分别为 4.85m、8.0m,宽度分别为 7.0m、9.0m。上横梁采用单箱单室截面,壁厚为 100cm。下横梁采用单箱双室截面,边腹板壁厚 1.0m,中腹板厚 1.0m,顶底板厚 1.0m。

上横梁预应力采用 19-A˚15.24(f_{pk} = 1860MPa)低松弛钢绞线,共设 40 束;下横梁预应力采用 19-A˚15.24(f_{pk} = 1860MPa)低松弛钢绞线,共设 98 束。

为满足塔柱与横梁间的受力要求,横梁的纵向钢筋锚固于塔柱内,预应力钢束锚固于塔柱的外侧。因预应力锚具布置需切断的塔柱钢筋,封锚时应全部采用双面(或单面)焊接连接(焊接长度应满足规范要求)进行补强,封锚混凝土外观应满足塔柱设计的断面形状。

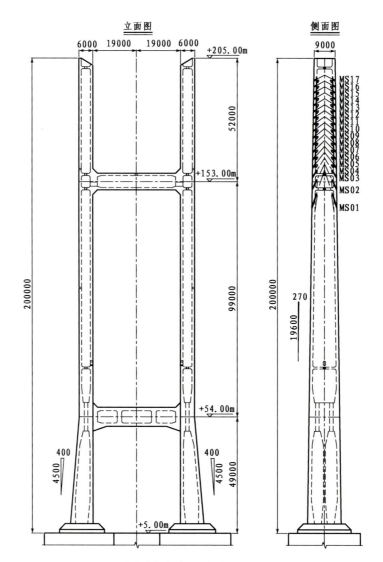

图 2-3-3-2　大小练岛水道桥主塔结构图(尺寸单位:mm)

3.3.5　辅助墩及边墩

大小练岛水道桥边墩及辅助墩均采用钢筋混凝土门式薄壁空心墩,墩身混凝土强度等级为 C50,顺桥向墩帽宽 7m,顺桥向墩帽下缘墩顶宽度 6.5m,按照 1∶30 的坡度放坡到承台顶,横桥向总宽 24m,每柱横向宽 8m,四周采用半径 150cm 的倒圆。由于边、辅助墩承台位于水面以下,为抵御船舶撞击,墩柱空腔内底部需填充 C25 素混凝土至 +5m 高程位置。大小练岛水道桥边、辅助墩墩身结构如图 2-3-3-3 所示。

3.3.6　结构静力计算分析

1)计算模型

利用桥梁平面程序和空间软件并行开展计算,平面程序全桥离散为 372 个节点、362 个梁单元、40 个斜索单元,122 个塔单元,6 个支承元。

约束体系:1、2、5、6 号墩处约束条件为竖向约束,纵向活动,4 号塔梁交接处竖向约束,纵向设阻尼器,3 号塔与主梁交接处竖向及纵向均约束。

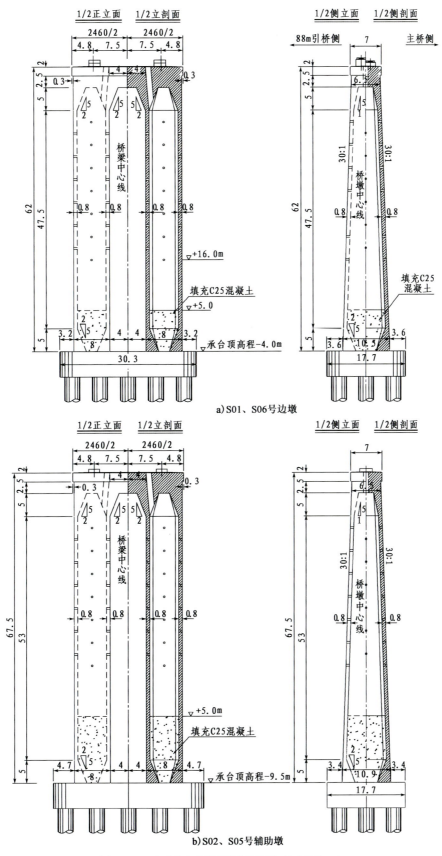

图 2-3-3-3 大小练岛水道桥墩身结构图(尺寸单位:m)

结构计算离散图如图 2-3-3-4 所示。

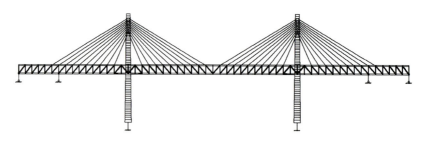

图 2-3-3-4　大小练岛水道桥结构计算离散图

2）计算荷载及荷载组合

计算荷载取值方法及荷载组合工况同元洪航道桥，详见本章第 3.1.6 节。

3）计算结果

（1）主梁刚度指标见表 2-3-3-1。

主梁刚度指标表　　　　　　　　　　　　表 2-3-3-1

部位 （跨中）	梁端转角（弧度）			挠　度		
	公路 （‰）	铁路 （‰）	合计 （‰）	公路 （mm）	铁路 （mm）	挠跨比
中跨	—	—	—	−102	−263	1/990
辅助跨	—	—	—	−18	−39	1/2667
边跨	0.268	0.707	0.976	−7	−13	1/4384
	−0.027	−0.067	−0.094			

（2）支座反力见表 2-3-3-2。

梁底支座反力一览表（单支座）　　　　　　　　　　　　表 2-3-3-2

墩　号	恒载（kN）	运营阶段	
		最大值（kN）	最小值（kN）
1(6)	15067	22595	11560
2(5)	14163	33022	2065
3(4)（主塔横梁顶）	16644	34447	11665

（3）主梁内力见表 2-3-3-3。

主梁内力表　　　　　　　　　　　　表 2-3-3-3

项　目		最大值（kN）	最小值（kN）
上弦杆	恒载	93198	941
	主力	104072	−17352
	主 + 附	114939	−23799
下弦杆	恒载	38524	−32407
	主力	76481	−48856
	主 + 附	93361	−53155
斜腹杆	恒载	32991	−35186
	主力	45590	−48515
	主 + 附	46420	−50021

续上表

项　　目		最大值(kN)	最小值(kN)
竖腹杆	恒载	21655	-14060
	主力	33127	-22275
	主+附	34651	-23150

注:轴力受压为正,图表中均为全桥两桁内力合计值。

(4)斜拉索内力及应力。斜拉索单索最大索力1376t,为边跨10号。斜拉索出现最大应力幅处为辅助墩墩顶处斜拉索,最大活载应力幅为120MPa,满足规范要求。

(5)主塔反力见表2-3-3-4。

主 塔 反 力 表　　　　表2-3-3-4

工　　况		M_{max} 工　况				
		竖向力(kN)	横向力(kN)	纵向力(kN)	横向弯矩(kN·m)	纵向弯矩(kN·m)
恒载		612041	-24	-1646	1720	-145317
主力组合1	最大值	675034	295	7726	113403	122358
	最小值	605475	-391	-5463	-104752	-276058
主力组合2	最大值	676206	547	35920	116859	1920457
	最小值	601833	-420	-11784	-126747	-627791
附加组合3	最大值	678685	335	14040	134590	473893
	最小值	604312	-632	-33664	-109015	-2074354
附加组合4	最大值	617574	-14	18556	2379	1069128
	最小值	605809	-35	-21096	1018	-1334706

平潭海峡公铁大桥
建造关键技术

02

松下岸 | 人屿岛 | 元洪航道桥 | 鼓屿门水道桥 | 七仙岛

第 4 章
非通航孔桥及岛上路基设计

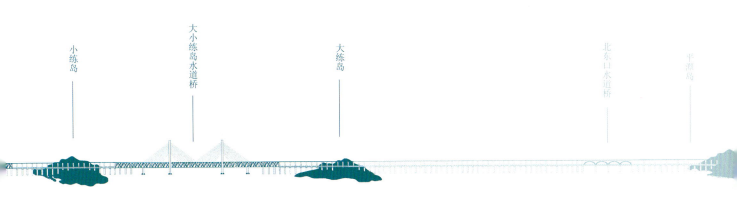

4.1 深水高墩区引桥结构设计

4.1.1 总体设计

深水高墩区非通航孔桥采用跨径 80m 和 88m 两种跨度的简支钢桁双层结合梁桥,其桥式布置如图 2-4-1-1 所示,其中 80m 梁共 26 孔,88m 梁共 8 孔,总长 2784m。全线布置于 6 个区间。区间一:桩号 SR49~SR64,桥跨布置为 6×80m+2×88m+7×80m=1216m;区间二:桩号 N06~RC01~RC05~Z01,桥跨布置为 6×80m=480m;区间三:桩号 Z06~CX01~CX02,桥跨布置为 88m+80m=168m;区间四:桩号 CX19~CX26,桥跨布置为 4×80m+88m+2×80m=568m;区间五:桩号 XD10~XD11~S01,桥跨布置为 2×88m=176m;区间六:桩号 S06~XD12~XD13,桥跨布置为 2×88m=176m。全桥 34 跨主梁有 29 跨处于平面直线上,5 跨处于 $R=3500m$ 的缓和曲线段,其主梁相应分布桩号为:Z06~CX01、CX01~CX02、CX25~CX26、S06~XD12、XD12~XD13。曲线段区间,钢桁梁通过提高曲线外侧各节点中心的高度来实现桥面超高。

4.1.2 上部结构设计

上部结构采用上弦带副桁的简支钢桁双层结合梁结构,横断面呈倒梯形,由钢桁主梁、公路混凝土桥面板和铁路槽型梁三部分组成。钢桁主梁采用整孔全焊设计,由主桁、公路纵梁、公路横梁、铁路横梁、副桁弦杆和副桁撑杆构成,钢材材质采用 Q370qD。公路桥面板和铁路槽型梁均采用 C60 混凝土。简支钢桁双层结合梁标准横断面如图 2-4-1-2 所示。

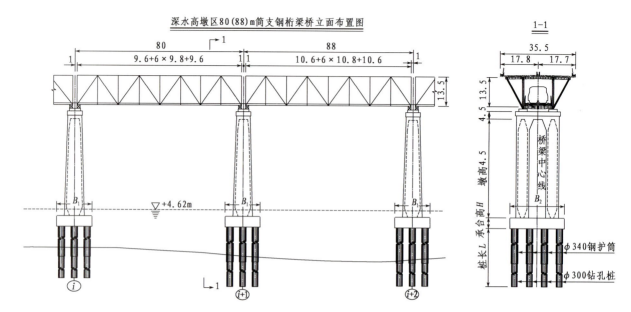

图2-4-1-1 深水高墩区非通航孔桥桥式布置图(尺寸单位:m)

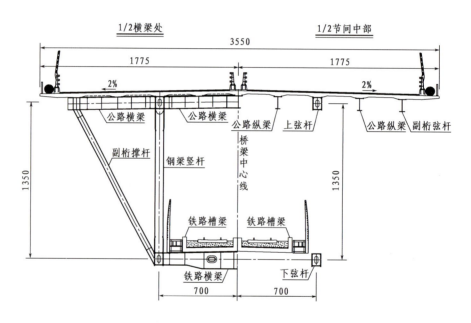

图2-4-1-2 深水高墩区双层钢混结合简支钢桁梁横断面图(尺寸单位:cm)

1)主桁设计

主桁采用华伦桁架,横向中心距(桁宽)14m,桁高13.5m,80m梁端部节间和中间节间分别长9.6m和9.8m,88m梁端部节间和中间节间分别长10.6m和10.8m。

上下弦杆均采用箱形截面。上弦杆内高1000mm,内宽720mm,杆件板厚24～36mm(88m梁为24～44mm)。杆件之间板件不等厚连接处设置1:8的坡度过渡。上弦杆顶面焊接$\phi22\times250$mm的圆柱头焊钉与混凝土桥面板结合。

下弦杆控制外高,竖板高1130mm,底板顶与顶板顶高度保持1040mm不变,杆件内宽720mm,杆件板厚28～44mm(88m梁为36～50mm)。杆件之间板件不等厚连接处设置1:8的坡度过渡,顶板坡度设置在箱内一侧,保证顶面平齐。

腹杆采用箱形截面及 H 形截面。箱形杆件用于斜杆,内宽 720mm,内高 900mm,板厚 36~48mm。H 形杆件内宽 720mm,高分为 900mm 和 660mm 两种,板厚 20~40mm(88m 梁的板厚为 20~44mm)。主桁典型杆件截面尺寸如图 2-4-1-3 所示。

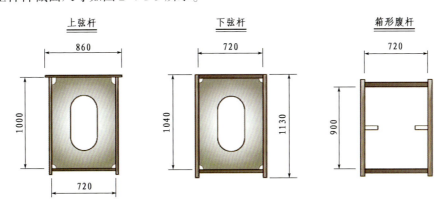

图 2-4-1-3　主桁典型杆件截面尺寸(尺寸单位:mm)

2)副桁设计

副桁由弦杆和节点处外伸的斜撑杆组成。弦杆采用工字形截面,弦杆截面高 1012mm,上翼缘板宽 720mm,下翼缘板宽 480mm,板厚 12~24mm。副桁撑杆为 H 形截面,H 形杆件内宽 470mm,高 600mm,竖板厚 28mm,水平板厚 16mm。

3)公路桥面系设计

上层公路桥面由纵横梁及混凝土桥面板形成钢混结合桥面系。公路桥面共设置 9 道横梁,横梁设 2.0% 的双向横坡。公路桥面系横梁及纵梁均采用工字形截面。横梁截面高 1072mm、1064mm 两种,上、下翼缘板宽 660mm,板厚 20~36mm。公路纵梁截面高 1060mm,上翼缘板宽 720mm,下翼缘板宽 400mm,腹板厚 12mm,上下翼缘板厚 24mm。公路纵梁上下翼缘板平面须与横梁上下翼缘板平面保持一致。公路纵横梁及主桁上弦杆、副桁弦杆顶面,焊接 φ22×250mm 的圆柱头焊钉。

公路桥面板为钢筋混凝土结构,采用 C60 混凝土。桥面板通过剪力钉与上弦杆、副桁弦杆及纵、横梁结合。标准桥面板厚 0.25m,在与钢梁结合处通过梗肋变厚至 0.35m,悬臂端桥面板厚 0.20m。

桥面板在副桁弦杆处设置剪力钉预留槽,用于布置集束式剪力钉。在横梁、纵梁和上弦杆顶面设置全桥通长的现浇缝,桥面板现浇缝部分采用 C60 无收缩混凝土。

4)铁路桥面系设计

下层铁路桥面由钢横梁及混凝土槽型梁组成。横梁为箱形截面,铁路桥面通过横梁设置双向 2% 的横坡。横梁截面内高由主桁连接处的 1008mm 变化至跨中处的 1428.8mm,截面内宽 1000mm,顶板在梁中线两侧各 5.0m 范围内采用不锈钢复合钢板,其中基板为 40mm 厚的 Q370qD 钢板,面板为厚 3.0mm 的不锈钢钢板,材质为 00Cr17Ni14Mo2(316L);其他板件均为 Q370qD 桥梁钢板,底板厚 40mm,腹板厚 28mm。

铁路桥面采用双幅槽型梁布置,槽型梁为 C60 预应力钢筋混凝土结构。横断面每线铁路布置一道槽型梁,单幅槽型梁宽 4.85m,侧墙高 1.3m,底板厚 0.3cm,侧墙厚 0.4m。铁路桥面只在节点处设置横梁,横梁采用箱形钢截面,截面高 1m,宽 1m。槽型梁在纵向上按桁梁节间长度分 8 块,在铁路横梁上设置横向现浇接缝进行结合,梁端横梁处现浇带在纵桥向宽 1.39m,中间横梁处现浇缝在纵桥向宽 0.94m。横梁上翼缘板按设置圆柱头焊钉作为剪力键,采用集束式布置。焊钉剪力键直径 19mm,高 150mm,纵向间距 100mm,横向间距 150mm,植焊于铁路横梁顶不锈钢复合钢板复层上。铁路钢混结合桥面板构造如图 2-4-1-4 所示。

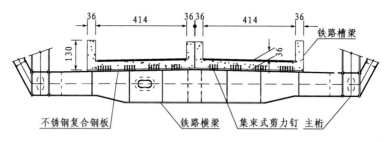

图 2-4-1-4　铁路钢混结合桥面板横断面布置图(尺寸单位:cm)

每幅铁路槽型梁纵向按预应力混凝土结构设计。如图 2-4-1-5 所示,预应力钢束分长束和短束两类,长束通长布置于整跨铁路槽型梁,短束布置于每块预制槽型梁内。预应力短束在预制槽型梁时制作好,在运输和吊装前进行张拉,确保混凝土槽型梁在运输、吊装安装过程中的结构受力;预应力长束在整跨槽型梁连接为整体而未与钢梁结合前张拉,确保混凝土槽型梁在整体第一系统作用下受力安全,满足抗裂要求。

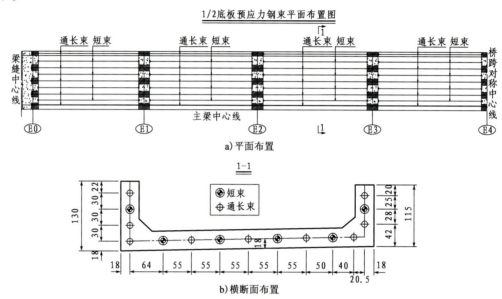

图 2-4-1-5　单幅铁路槽型梁纵向预应力布置(尺寸单位:cm)

4.1.3　下部结构

1)承台顶高度确定

深水高墩区非通航孔桥承台高度的确定主要从结构受力、经济性以及方便施工三方面考虑,根据已建公路跨海桥经验,引桥承台顶高度一般采用两种布置方式:一种为承台顶在低水位时没入水中,避免波浪力的波峰直接冲击承台,减小波浪力的作用,有利于控制桩基受力和墩顶位移,根据桥址区水文资料,承台顶高程取 -4.0m;另一种为承台封底混凝土底在低水位时不露出水面,有利于桩的耐久性,且减少施工辅助措施,并降低施工难度,根据选用的承台厚度,取承台顶高程为 +2.0m。以深水高墩区典型下部结构类型基础 A6 类为例(墩高居中,地质条件居中),进行两种不同承台顶高程方案的综合比较。两种承台高度方案的经济性对比见表 2-4-1-1。

深水高墩区基础不同承台高度的方案经济性比较表　　表 2-4-1-1

结构类型	深水高墩区 A6 类基础	
承台顶高程	+2.0m	-4.0m
桩数(根)×桩径(m)×桩长(m)	14×φ3.0×50	12×φ3.0×45

续上表

承台外形尺寸(m)	33.5×15.5	33.5×15.5
钻孔桩混凝土(m³)	5891	4505
承台混凝土(m³)	2596	2596
封底混凝土(m³)	588	821
墩身混凝土(m³)	2698	2941
普通钢筋质量(t)	1297	1191
钢护筒质量(t)	856	624
钢围堰质量(t)	259	417
墩台防腐涂装面积(m²)	1347	1242
设计总费用(万元)	4102.5	3788.3
造价比	1.083	1.000

从表2-4-1-1可以看出，将承台顶放置在-4.0m高程，虽然下部施工难度稍大，但经济性较好，且结构受力更为合理。因此深水高墩区引桥承台顶高程取在-4.0m位置。

2) 结构设计

由于海床面冲刷深度变幅和沿线地质条件差异均较大，在满足结构强度及刚度要求的前提下，对深水高墩区下部结构进行了优化设计，以达到经济合理的目的。

深水高墩区非通航孔桥被航道桥及岛屿分为6个区段，依据地形、地质条件，下部结构布置如下：

类型1：墩高48m≤H≤62m，海床面高程在-11~-19m。共9个桥墩，基础采用10φ3.0m钻孔桩，平均桩长30.0m，承台尺寸15.5m×26.5m×5.0m。

类型2：墩高45m≤H≤59m，海床面高程-9~-18m。共10个桥墩，基础采用8φ3.0m钻孔桩，平均桩长27.4m，承台尺寸14.5m×25.0m×5.0m。

类型3：墩高49m≤H≤60m，海床面高程-16~-30m。共9个桥墩，基础采用12φ3.0m钻孔桩，平均桩长43.2m，承台尺寸15.5m×33.5m×5.0m。

类型4：墩高H约60m，海床面高程-6~-12m。共2个桥墩，基础采用8φ3.0m钻孔桩，平均桩长17.1m，承台尺寸13.5m×25.0m×5.0m。

类型5：墩高57m≤H≤62m，海床面高程-10~-15m。共5个桥墩，基础采用14φ3.0m钻孔桩，平均桩长66.0m，承台尺寸为17.7m×29.9m×5.0m。

如图2-4-1-6所示，深水高墩区非通航孔桥墩身均采用横向等宽、纵向从墩顶放坡至墩底的空心门式框架结构。墩身横桥向宽度有20.0m和21.4m两种，由两个墩柱构成，单个墩柱为空心箱形结构，横向宽度6.0m，两墩柱净距8.0m。桥墩纵桥向墩顶长6.5m，外轮廓按1:30坡度放坡至墩底。空心墩身壁厚均为0.8m，墩顶设3.5m实体段，并设置1.0m×1.0m进人孔。

4.1.4 静力计算分析

1) 上部结构计算

(1) 计算模型

上部结构采用空间有限元程序Midas进行计算分析。公路桥面板和铁路桥面板采用板单元模拟，其他杆件采用梁单元模拟。有限元模型如图2-4-1-7所示。

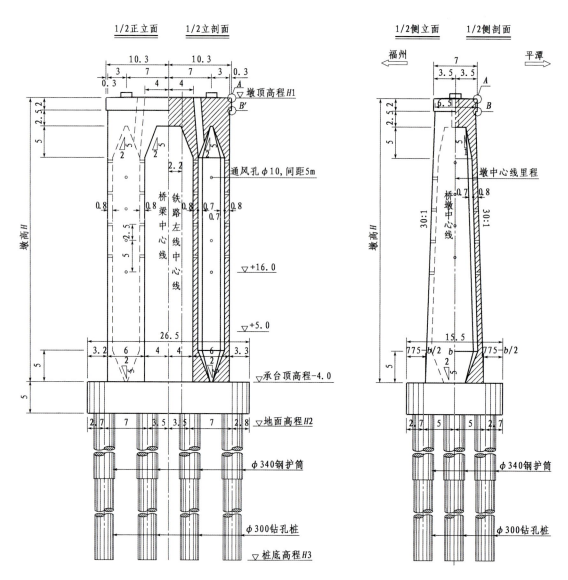

图 2-4-1-6　深水区非通航孔桥下部结构示意图(单位:m)

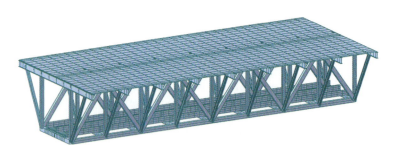

图 2-4-1-7　上部结构有限元模型图

(2)计算荷载

①一期恒载

钢梁、混凝土桥面板和道砟槽板的自重根据程序自动计算,钢结构的重度考虑乘以 1.25 的系数。

②二期恒载

桥面二期恒载按实际荷载施加;公路桥面铺装层厚 0.1m;护栏每道 7.5kN/m;搭载水管,单根水管重1.0t/m;搭载电缆,单侧1.1t/m;风屏障自重,公路桥面0.4t/m,铁路桥面0.8t/m;铁路桥面二期恒载按17.5t/m考虑。

③活载

铁路活载:按《铁路桥涵设计基本规范》(TB 10002.1—2005)取值。

公路活载:按《公路桥涵设计通用规范》(JTG D60—2004)取值。

④温度

体系温差:按±15℃计算;梯度温度:顶板升温5℃,顶板降温5℃。

⑤风荷载

横向有车风,按桥面高度风速$v_z = 25$m/s考虑,横向极限大风按$v_{10} = 44.8$m/s考虑。

(3)荷载组合

①组合1:恒载+活载。

②组合2:恒载+活载+有车风+温度。

③组合3:恒载+极限大风+温度。

(4)计算结果

①主梁刚度计算结果见表2-4-1-2。

主梁刚度指标表　　　　　　　　　表2-4-1-2

梁端转角(弧度)			挠　度		
公路 (‰)	铁路 (‰)	合计 (‰)	公路 (mm)	铁路 (mm)	挠跨比
-0.01	-0.02	-0.03	-7.5	-17.6	1/3187
+0.28	+1.07	+1.35			

②支座反力计算结果见表2-4-1-3。

梁底支座反力一览表　　　　　　　　　表2-4-1-3

恒载(kN)	组合1(kN)		组合2(kN)	
	最大值	最小值	最大值	最小值
16736	21840	16536	22403	15050

2)下部结构基础静力计算分析

SR54号墩承台采用矩形倒圆角形,平面尺寸为25.0m×14.5m(横向×纵向),承台厚5.0m。承台下设8根直径3.0m的钻孔灌注桩,平均桩长27m,桩底嵌入弱风化或微风化花岗岩,按柱桩设计。

(1)荷载组合

①组合1:恒载+活载+支座沉降+列车横向摇摆力+长钢轨力。

②组合2:恒载+活载+支座沉降+列车横向摇摆力+长钢轨力+支座摩阻力+温度力+纵向有车风力+纵向水流压力+波浪力。

③组合3:恒载+活载+支座沉降+列车横向摇摆力+长钢轨力+横向有车风力+横向水流压力+波浪力。

④组合4:恒载+支座沉降+纵向无车风力+长钢轨力+纵向流水压力+波浪力。

⑤组合5:恒载+支座沉降+横向无车风力+长钢轨力+横向流水压力+波浪力。

⑥组合6:恒载+活载(单线)+多遇地震作用(纵桥向)。

⑦组合7:恒载+活载(单线)+多遇地震作用(横桥向)。

(2)承台底面中心处荷载汇总

承台底面中心处荷载见表2-4-1-4。

承台底面中心处荷载表　　　　　表2-4-1-4

项　目		竖向力 N (kN)	水平力 H(kN)		弯矩 M(kN·m)	
			顺桥向 H_z	横桥向 H_h	顺桥向 M_z	横桥向 M_h
SR54	组合1	190495.3	2240.0	100.0	119302.4	52475.7
	组合2	191421.4	9344.2	100.0	263741.8	5570.0
	组合3	198776.4	2240.0	17660.0	119302.4	173037.3
	组合4	190495.3	2240.0	17660.0	119302.4	213679.0
	组合5	191421.4	2240.0	17660.0	128553.3	166773.3
	组合6	179857.7	13397.3	0.0	282163.2	0.0
	组合7	179857.7	2240.0	20039.2	119302.4	294923.3

3）单桩承载力检算

单桩承载力检算结果见表2-4-1-5。

单桩承载能力检算表　　　　　表2-4-1-5

项　目		桩顶反力 (kN)	桩底反力 (kN)	单桩轴向受压容许承载力 (kN)
SR54	组合1	27970	33399	90823
	组合2	33350	38779	108988
	组合3	36770	42199	108988
	组合4	34190	39619	108988
	组合5	34430	39859	108988
	组合6	36290	41719	136235
	组合7	33270	38699	136235

结论：辅助墩桩基承载力满足要求。

4）桩身正截面强度检算

桩身截面配筋采用一圈50束双根一束 $\phi40$ 钢筋，承台底以下8m处和桩底以上10m处一半截断，一半通长至桩底。桩顶配筋率为1.47%。桩身正截面强度检算见表2-4-1-6。

桩身正截面强度检算表　　　　　表2-4-1-6

项　目		桩顶控制荷载		桩顶应力(MPa)		
		N(kN)	M(kN·m)	混凝土	钢筋最大应力	钢筋最小应力
SR54	组合1	16610.0	-2742.0	2.5	9.5	19.4
	组合2	10440.0	-12640.0	5.5	-30.6	37.8
	组合3	8241.0	27980.0	13.3	-180.5	83.1
	组合4	6841.0	-18890.0	9.0	-102.8	57.5
	组合5	8574.0	31150.0	14.9	-210.6	92.3
	组合6	16610.0	-12370.0	5.5	-49.0	36.2
	组合7	10440.0	14580.0	6.3	-47.0	42.4

结论：经检算，桩基的桩身正截面强度和稳定性均满足规范要求。

4.2 浅水及陆地高墩区非通航孔桥结构设计

4.2.1 总体设计

如图 2-4-2-1 所示,浅水及陆地高墩区非通航孔桥采用跨径 49.2m 的预应力混凝土箱梁方案。下层铁路桥采用跨度 48m 简支箱梁,上层公路桥采用 4×49.2m 和 3×49.2m 两种分联方式的预应力混凝土连续箱梁。

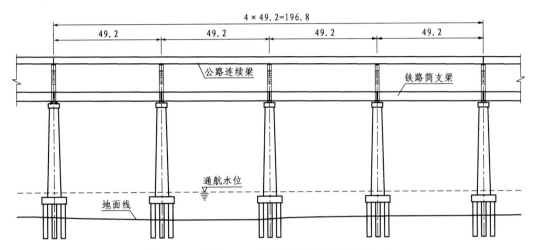

图 2-4-2-1　跨径 49.2m 箱梁立面布置图(尺寸单位:m)

4.2.2 上部结构

1) 铁路箱梁

跨度 48m 铁路箱梁采用简支混凝土箱梁结构,如图 2-4-2-2 所示,主梁采用单箱单室截面,顶板宽 12.2m,桥面设置双向 2.0% 横坡,底板宽 6.4m,梁高 4.0m。主梁两侧各悬臂 2.8m,悬臂端部厚度 25cm,悬臂根部厚度 65cm。截面顶板厚度 35cm,底板厚度 30cm,腹板厚度 60~80cm。

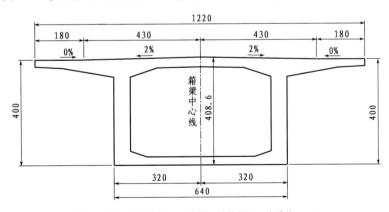

图 2-4-2-2　跨度 48m 铁路箱梁结构图(尺寸单位:cm)

2) 公路箱梁

公路主梁桥面全宽 35.5m,分幅布置,两幅间净距 0.5m。单幅主梁采用单箱单室截面,如图 2-4-2-3 所示,顶板宽 17.5m,桥面横坡 2.0%,底板宽 8.7m,梁高 3.0m。主梁两侧各悬臂 3.9m,顶板悬臂端部厚度 18cm,根部厚度 60cm。截面顶板厚度 28cm,底板厚度 30cm,腹板厚度 55~75cm。

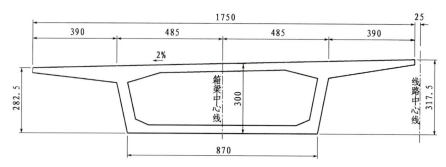

图 2-4-2-3　跨径 49.2m 公路箱梁结构图(尺寸单位:cm)

4.2.3　桥墩与基础

1)合建墩基础

(1)承台顶高程选择

浅水及陆地高墩区非通航孔桥承台高度的确定主要从结构受力、经济性以及方便施工三方面考虑,根据已建公路跨海桥经验,引桥承台顶高度一般采用如下两种布置方式:一种为承台顶在低水位时没入水中,避开波浪力的波峰直接冲击承台减小波浪力的作用,有利于控制桩基受力和墩顶位移,根据桥址区水文资料承台顶高程取 -3.0m。另一种为承台封底混凝土底在低水位时不露出水面,即保证了桩的耐久性设计,且减少施工辅助措施,并降低施工难度,根据选用的承台厚度取承台顶高程为 +2.0m。以下部结构类型最多的 E1 类基础为例,对两种不同承台顶高程基础进行综合比较(表 2-4-2-1),择优选择合适的承台顶高度。

浅水高墩区基础不同承台高度方案经济性比较表　　　表 2-4-2-1

结构类型	浅水区 E1 类基础	
承台顶高程	+2.0m	-3.0m
桩数(根)×桩径(m)×桩长(m)	12×φ2.2×21	12×φ2.2×16
承台外形尺寸(m)	27.0×14.0	27.0×14.0
钻孔桩混凝土(m³)	1071	799
承台混凝土(m³)	1512	1512
封底混凝土(m³)	388	486
墩身混凝土(m³)	2412	2640
普通钢筋质量(t)	555	543
钢护筒质量(t)	156	96
钢围堰质量(t)	180	262
墩台防腐涂装面积(m²)	1125.0	1051
设计总费用(万元)	1356.6	1380.5
造价比	1.000	1.017

从表 2-4-2-1 可以看出,在浅水区将承台顶放置在 +2.0m 高程,工程投资略省,且能有效减小下部结构的施工难度。因此浅水区引桥承台顶高程取 +2.0m。

(2)结构设计

根据海床面冲刷深度变幅及区段地质条件的差异,在满足结构强度及刚度要求的前提下,对浅水及陆地高墩区下部结构进行优化设计,以达到经济合理的目的。该区段共划分为如下 4 种类型:

类型1:铁路墩高 H 约 50m,基岩面高程在 -2~+3m。共 3 个桥墩,基础采用 12φ2.0m 钻孔桩,平均桩长 18.1m,承台尺寸 13.6m×26.6m×4.0m。

类型2:铁路墩高53m≤H≤60m,基岩面高程在-8~-24m。共13个桥墩,基础采用12φ2.2m钻孔桩,平均桩长21.2m,承台尺寸14.0m×27.0m×4.0m,如图2-4-2-4所示。

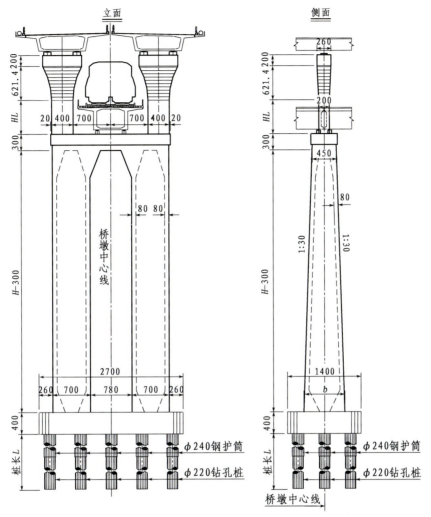

图2-4-2-4　48m引桥合建墩下部类型2结构图(尺寸单位:cm)

类型3:铁路墩高33m≤H≤45m,基岩面高程在+4~+18m。共3个桥墩,基础采用分两层变宽的扩大基础结构形式,上层尺寸12.0m×25.8m×3.0m,下层尺寸为16.0m×29.8m×2.0m。

类型4:铁路墩高23m≤H≤35m,基岩面高程在+0~+7m。共5个桥墩,基础采用12φ2.0m钻孔桩,平均桩长24.1m,承台尺寸11.6m×26.6m×4.0m。

浅水、陆地高墩区引桥铁路墩身采用横向等宽、纵向从墩顶放坡至墩底的空心门式框架结构。墩身横桥向宽度21.8m,由两个墩柱构成,单个墩柱为空心箱形结构,横向宽度7.0m,两墩柱净距7.8m。纵桥向墩顶尺寸4.5m,外轮廓按1:30坡度放坡至墩底。空心墩身壁厚均为0.8m,墩顶设3.0m实体段,并设置1.0m×1.0m进人孔。公路墩身位于铁路墩身顶部,分幅布置,采用花瓶形结构,单幅墩身横桥向宽度4.0m,纵桥向厚度2.0m,墩帽尺寸为7.3m×2.6m。

2)公铁分岔墩基础

根据平面和纵断面的总体布置,本桥将SR40~SR48设置为公路和铁路的分叉墩。由于分岔墩结构形式与合建墩相似,因此承台顶高程沿用合建墩比选结果。

SR46~SR48公路墩为花瓶形,横桥向宽度由墩底的4.0m变为墩顶的7.6m,顺桥向宽2.6m,四角为半径150cm的倒圆角。

SR45公路墩为框架墩,横梁横桥向宽度为25.8m,顺桥向宽度为3.0m,立柱平面尺寸为2.4m×

3.0m,四角倒圆角半径为50cm。

SR44公路墩为框架墩,横梁横桥向宽度为26.5m,顺桥向宽度为3.0m,立柱平面尺寸为2.4m×3.0m,四角倒圆角半径为50cm。

SR43公路墩为框架墩,横梁横桥向宽度为17.8m,顺桥向宽度3.0m,立柱平面尺寸为2.4m×3.0m,公路墩身为矩形变厚空心墩,横桥向宽度8.0m,顺桥向墩顶宽度为3.0m,壁厚0.8m,顺桥向宽度方向按坡率30∶1向墩底放坡,四角为半径150cm的倒圆角。

SR42公路墩为框架墩,横梁横桥向宽度为18.2m,顺桥向宽度为3.0m,立柱平面尺寸为2.4m×3.0m,四角倒圆角半径为50cm。

SR41公路左幅桥墩为纵向从墩顶放坡至墩底的空心柱式墩,墩柱为空心箱形结构,横向宽度8.0m,纵桥向墩顶尺寸3.0m,壁厚0.8m,顺桥向宽度方向按坡率30∶1向墩底放坡,公路墩身四角为半径50cm的倒圆角。公路左幅墩身位于共有承台顶部。

SR40公路左幅桥墩为纵向从墩顶放坡至墩底的空心柱式墩,墩柱为空心箱形结构,横向长度8.0m,纵桥向宽度3m,墩高46.91m,外轮廓按1∶30坡度放坡至墩底,公路墩身四角为半径50cm的倒圆角。公路左幅墩身位于其自有承台顶部。

SR40~SR48铁路墩身墩高为28.56~33.29m,纵向从墩顶放坡至墩底的空心门式框架结构;墩身横桥向宽度9.6~22.4m,由两个墩柱构成,单个墩柱为空心箱形结构,两墩柱净距6m。纵桥向墩顶尺寸4.5m,外轮廓按1∶30坡度放坡至墩底。空心墩身壁厚均为0.8m,墩顶设1.0m实体段,并设置1.0m×1.0m进人孔。

SR40~SR48承台横桥向宽度为11.8~37.0m,纵桥向长14.0m,厚4.0m。

SR40~SR48桩基为直径2.0m、2.2m的钻孔桩。行列式布置,共有此类钻孔灌注桩121根。

典型分岔墩结构形式如图2-4-2-5所示。

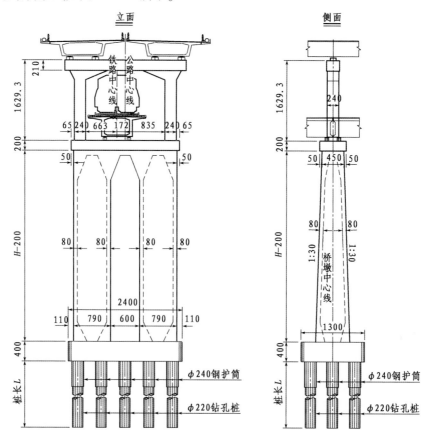

图2-4-2-5　48m引桥分岔墩典型下部结构图(尺寸单位:cm)

3）单建铁路墩基础

引桥承台高度的确定主要从结构受力、经济性以及方便施工三方面考虑,根据已建公路跨海桥经验,引桥承台顶高度一般采用两种布置方式。一种为承台顶在低水位时没入水中,避开波浪力的波峰直接冲击承台减小波浪力的作用,有利于控制桩基受力和墩顶位移,根据桥址区水文资料承台顶高程取−3.0m。另一种为承台封底混凝土底在低水位时不露出水面,即保证了桩的耐久性设计,且减少施工辅助措施,并降低施工难度,根据选用的承台厚度取承台顶高程为+2.0m。以下部结构类型最多的F2类基础为例,就两种不同承台顶高程方案进行综合比较(表2-4-2-2),择优选择合适的承台顶高度。

单建铁路区基础不同承台高度方案经济比较表　　表2-4-2-2

结构类型	F2 类桥墩基础	
承台顶高程(m)	−3.0	+2.0
桩数(根)×桩径(m)×桩长(m)	12×φ2.0×30.8	12×φ2.0×35.8
承台外形尺寸(m)	20×11.8	20×11.8
钻孔桩混凝土(m^3)	1161	1350
承台混凝土(m^3)	944	944
封底混凝土(m^3)	472	283
墩身混凝土(m^3)	634	526
钢护筒质量(t)	176	228
钢围堰质量(t)	205	139
墩台防腐涂装面积(m^2)	657.2	726.6
设计总费用(万元)	938.8	919.8
造价比	1.020	1.000

从表2-4-2-2可以看出,将承台顶放置+2.0m位置经济性稍好,且承台可以基本出水施工,对工期和施工质量都有较大保证,故推荐+2.0m的承台高程。单建铁路墩基础如图2-4-2-6所示。

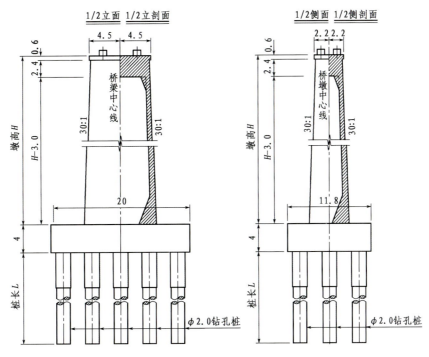

图2-4-2-6　48m引桥单建铁路墩下部类型F2结构图(尺寸单位:m)

4.3 陆地低墩区引桥结构设计

4.3.1 总体设计

如图2-4-3-1所示,陆地低墩区引桥采用跨径40.7m的预应力混凝土箱梁方案。下层铁路桥采用跨度40m简支箱梁,上层公路桥根据桥梁总体布置采用5×40.7m、4×40.7m和3×40.7m三种分联方式的预应力混凝土连续箱梁。

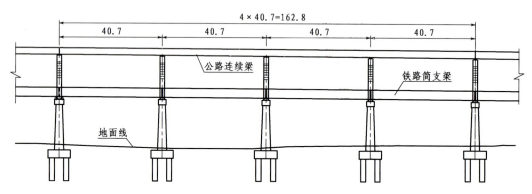

图2-4-3-1 跨径40.7m箱梁立面布置图(尺寸单位:m)

4.3.2 上部结构

1)铁路主梁

铁路采用跨度40m简支结构,如图2-4-3-2所示,主梁采用单箱单室截面,顶板宽12.2m,顶板设置双向2.0%横坡,底板宽6.4m,梁高3.5m。

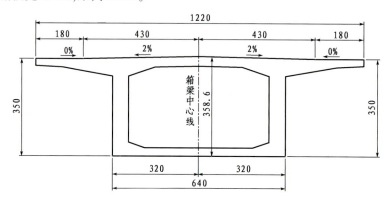

图2-4-3-2 跨度40m铁路箱梁结构图(尺寸单位:cm)

2)公路主梁

公路采用预应力混凝土等高度连续箱梁结构,如图2-4-3-3所示,主梁桥面全宽35.5m,分幅布置,两幅间净距0.5m。单幅主梁采用单箱单室截面,顶板宽17.5m,桥面横坡2.0%,底板宽8.7m,梁高2.5m。

4.3.3 桥墩与基础

根据地表覆盖层厚度及基岩深度的差异,在满足结构强度及刚度要求的前提下,对陆地低墩区下部结构进行了设计优化,将结构划分为了如下两种类型。

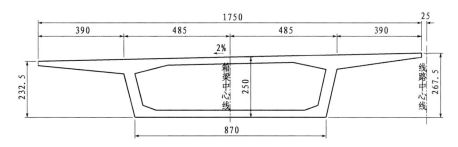

图 2-4-3-3　跨径 40.7m 公路箱梁结构图(尺寸单位:cm)

类型 1:铁路墩高 $H \leqslant 60\mathrm{m}$,基岩面高程在 $-20 \sim 38\mathrm{m}$。共 21 个桥墩,基础采用 $10\phi 2.0\mathrm{m}$ 钻孔桩,平均桩长 14.0m,承台尺寸 $11.6\mathrm{m} \times 26.6\mathrm{m} \times 4.0\mathrm{m}$,如图 2-4-3-4 所示。

类型 2:铁路墩高 $H \leqslant 50\mathrm{m}$,基岩面高程 $3 \sim 52\mathrm{m}$。共 14 个桥墩,基础采用分两层变宽的扩大基础结构形式,上层尺寸 $11.6\mathrm{m} \times 25.8\mathrm{m} \times 3.0\mathrm{m}$,下层尺寸为 $15.6\mathrm{m} \times 29.8\mathrm{m} \times 2.0\mathrm{m}$。

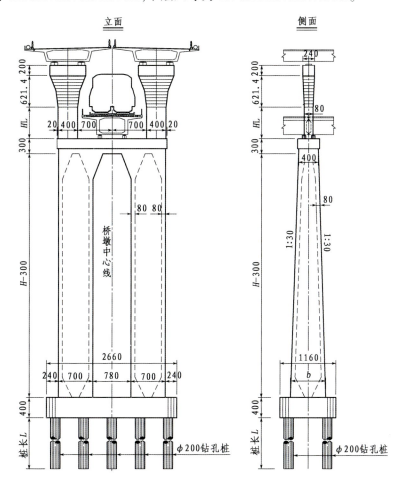

图 2-4-3-4　40m 引桥合建墩下部类型 1 结构图(尺寸单位:cm)

陆地低墩区引桥铁路墩身采用横向等宽、纵向从墩顶放坡至墩底的空心门式框架结构。墩身横桥向宽度 21.8m,由两个墩柱构成,单个墩柱为空心箱形结构,横向宽度 7.0m,两墩柱净距 7.8m。纵桥向墩顶尺寸 4.0m,外轮廓按 1:30 坡度放坡至墩底。空心墩身壁厚均为 0.8m,墩顶设 3.0m 实体段,并设置 $1.0\mathrm{m} \times 1.0\mathrm{m}$ 进人孔。公路墩身位于铁路墩身顶部,分幅布置,采用花瓶形结构,单幅墩身横桥向宽度 3.8m,纵桥向厚度 1.8m,墩帽尺寸为 $7.3\mathrm{m} \times 2.4\mathrm{m}$。

4.4 小练岛挖方区段结构设计

根据线路平纵断面设计,在小练岛上约有 324.8m 长的铁路挖方范围。依照该区段地质条件及总体布置情况,该区段有铁路明洞方案(对应公路面为路基)和铁路路基方案(对应公路为桥梁)可供选择,本节对上述两方案进行综合比选设计。

4.4.1 铁路明洞方案

1)铁路明洞

根据明洞所处地形地质条件及结构的受力特点,分Ⅳ级围岩偏压路堑式、Ⅳ级围岩单压式、Ⅴ级围岩偏压路堑式和Ⅴ级围岩单压式四种形式。明洞采用矩形横断面设计,如图 2-4-4-1 所示,考虑建筑限界要求,内轮廓尺寸宽 12.2m,净高 10.0m,壁厚 1.0m,明洞端墙按桥台计算原则设计。洞内设置有排水沟、电缆槽及相应的照明附属设置。明洞每隔 15m 左右设置一道横向贯穿的沉降缝。

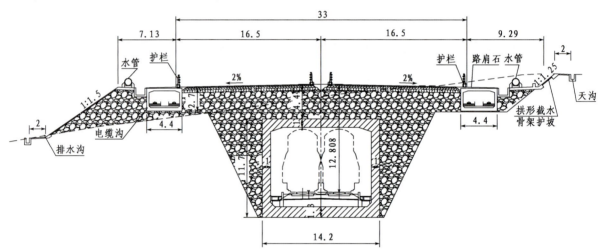

图 2-4-4-1 小练岛铁路明洞设计图(尺寸单位:m)

明洞及端墙的基础必须设置在稳固的地层上,基底的虚渣及风化层应清除干净。为了防止明洞背后积水、洞内漏水,需在明洞外侧设防水涂料,铺设防水卷材,并在边墙脚背后设置纵向坡度不小于 2‰ 的纵向 RCP-3208G 塑料排水盲沟与墙底泄水管连接,由泄水管引入洞内侧沟。

明洞即可采用从墙底开挖,也可采用墙顶开挖施工。采用墙顶开挖时边墙后直立开挖边坡施作锚网喷施工支护。临时开挖边坡应开挖台阶,并回填碎石,碎石重度应大于 19kN/m³,计算摩擦角应大于 35°。根据总体设计,明洞顶中心回填土厚度 4.41m,靠山侧设计回填土坡度 1:1.25,靠海侧设计回填土横坡采用 1:1.5。

2)公路路基

公路路基填料采用透水性较好的砂石类土,施工时应分层压实;路基压实应按《公路路基设计规范》(JTG D30—2004)的有关要求办理。路基压实度均采用重型击实标准,检验要根据不同种类填土的最大干密度和最佳含水率检查控制填土含水率,正确选择和使用压实机械。路基高度方向每隔 2.5m 设置一道阻水黏土层以有利于路基排水。

4.4.2 铁路路基方案

1)铁路路基

根据《铁路路基设计规范》(TB 10001—2005)及路基区段的地质调查状况,铁路道床厚度 0.35m,

顶面宽7.9m,基床表层厚0.6m,上表面宽12.5m。基床表层上部选用A组级配碎石或A组级配砂砾石填料,下部设置隔水层。该线路设计范围两端与桥台连接处设置10m长过渡段,过渡段基床底层1.9m内采用挖方换填。铁路路基中间区段中,天然地基主要为粉质黏土或岩体较破碎的凝灰岩,承载力均满足《铁路路基设计规范》(TB 10001—2005)关于Ⅰ级铁路基床底层的要求,可不进行加固。基床表层及各填料的上表面均设有4%的人字排水坡,路基两侧设置排水沟。铁路路基段标准横断面布置如图2-4-4-2所示。

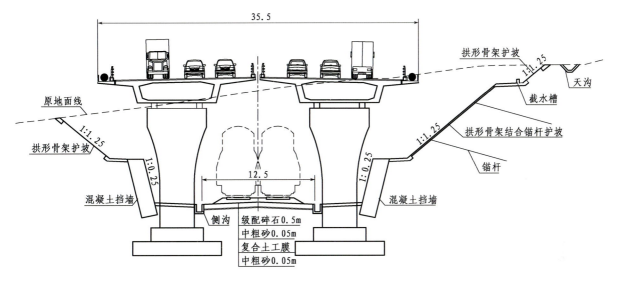

图2-4-4-2 小练岛铁路路基方案标准横断面布置图(尺寸单位:m)

深路堑区段施工采用分级开挖,分级加固防护,下部坡脚采用锚固桩进行预加固,再开挖施工。第一级边坡防护采用混凝土拱形截水骨架护坡;第二级采用结合锚杆的混凝土拱形截水骨架护坡;第三级采用混凝土挡墙作为坡脚支挡结构。混凝土截水骨架间采用植草护坡。各级护坡间设有护坡平台,一级护坡平台中设有截水沟。根据场地地形地势现状,在铁路左线侧堑顶外设置防渗天沟,天沟内边缘距堑顶2m。

2）公路桥梁

公路采用跨度40.6m预应力混凝土箱梁,分左右幅布置,梁高2.5m,墩身采用花瓶形板式墩,基础采用扩大基础。

4.4.3 方案比选

以上两种结构方案均能满足本工程的使用功能要求,结构安全可靠,施工方便可行,工期有保障。以下为两种方案的综合比较(表2-4-4-1)。

小练岛铁路挖方区段方案综合比较表　　表2-4-4-1

结构形式	铁路明洞方案	铁路路基方案
设计长度	324.8m	324.8m
结构特点	铁路明洞,公路路基	铁路路基,公路桥梁
征地面积	27200m²	17533.33m²
运营养护	铁路运营更为安全,养护稍复杂	公路运营较为安全,养护较简单
景观效果	铁路在明洞运行,景观效果稍差	结构轻巧协调,景观效果较好
电缆搭载	需将电缆外迁设置两个电缆明洞	电缆搭载简单连续

续上表

主要工程数量	挖方(m³)	92586	126184
	公路路基(m³)	21680	—
	铁路路基(m³)	3566	7550
	C50 混凝土(m³)	—	8972
	C40 混凝土(m³)	25705	7112
	C30 混凝土(m³)	5880	9363
	预应力钢筋(t)	—	454
	普通钢筋(t)	4237	3879
建安费(万元)		6058.5	5777.6

经综合比较,该区段采用经济性更好的铁路路基方案。小练岛开挖段铁路路基及公路桥梁布置如图 2-4-4-3 所示。

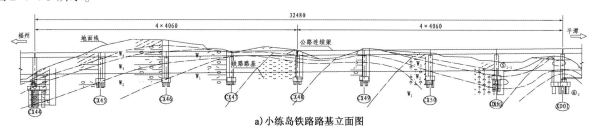

a) 小练岛铁路路基立面图

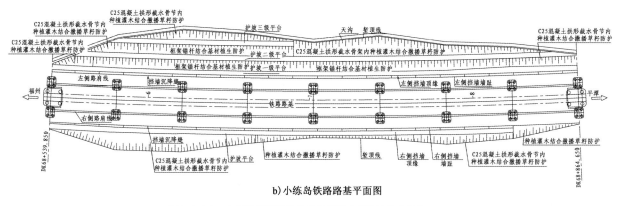

b) 小练岛铁路路基平面图

图 2-4-4-3　小练岛铁路路基及公路桥梁布置图(尺寸单位:cm)

平潭海峡公铁大桥
建造关键技术

KEY TECHNOLOGY FOR
THE CONSTRUCTION
OF PINGTAN STRAIT HIGHWAY AND RAILWAY BRIDGE

松下岸

人屿岛

元洪航道桥

鼓屿门水道桥

平潭海峡公铁大桥
建造关键技术

02

第 5 章
航道桥基础设计专题研究

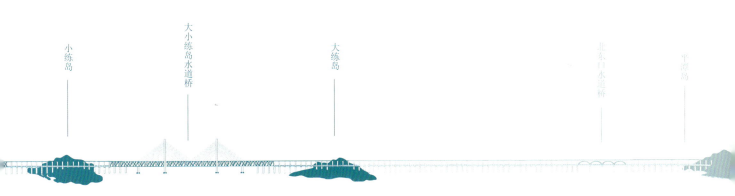

平潭海峡公铁大桥桥址地质地貌复杂,更兼风大、浪高、涌激、水深、潮差大、流急、水文气象条件恶劣。大桥基础选型对结构整体静动力特性、施工组织和技术经济性均存在影响。航道桥承台高程在施工图设计时进行了比选,低桩承台方案中,承台顶位于海面以下 11.85~20.29m 的范围(按 1% 设计极端高、低潮位考虑),大大增加了基础施工难度与风险。为降低施工风险,针对基础高桩承台、双承台方案开展了大量研究工作。同时结合海事部门施工期间不得长时间封航的意见,对航道桥承台施工方案进行充分研究,以减少基础施工期间对通航航道的影响,缩短基础施工周期,降低工程施工安全风险及工期风险,保证工程施工正常、顺利进行。

三座斜拉桥均处于航道处,为抵御船舶发生失控、走锚等碰撞风险,元洪航道桥的通航孔和两侧各两个桥孔的桥墩、鼓屿门水道桥和大小练岛水道桥的通航孔和相邻桥孔的桥墩,均按 5 万 t 级散货船进行防撞设计。船舶撞击部位在承台范围内,在船舶失控状态直接撞击桥墩的最大撞击力为 110000kN,庞大的撞击力对基础设计提出了更高的要求。

5.1 概述

5.1.1 工程概况

平潭海峡公铁大桥共包含三座通航孔桥:元洪航道桥、鼓屿门水道桥和大小练岛水道桥。

1)潮位

据平潭水文站历年潮位资料分析,工程海域平均高潮位高程 +2.39m,平均低潮位为 -1.89m,平均潮差 4.28m,设计极端高潮位为 +4.65m,设计极端低潮位为 -3.79m,最大潮差为 7.09m。

2）海流

长屿岛以北海域100年一遇设计流速为2.66m/s,10年一遇流速2.46m/s,流向为42°和222°。长屿岛至小练岛间海域100年一遇设计流速为3.09m/s,10年一遇流速2.89m/s,流向为51°和231°。小练岛至大练岛间海域100年一遇设计流速为2.23m/s,10年一遇流速2.03m/s,流向为70°和250°。

3）波浪

桥址区平均海平面为+0.25m,长屿岛以北海域100年一遇 $H_{1\%}$ 波高为9.69m,周期10.8s,浪向为E和ENE向。其中长屿岛以北海域10年一遇高水位 $H_{5\%}$ 波高为5.44m;长屿岛以南海域10年一遇高水位 $H_{5\%}$ 波高为2.58m。

4）气象

工程区域为典型的海洋性季风气候,主要灾害性天气有:热带气旋、大风、暴雨、干旱、雷暴、雾等。桥址风向季节性变化明显且稳定,桥址工程区域百年重现期十分钟平均最大风速44.8m/s。

5）地质条件

航道桥基础处覆盖层以中砂、粉细砂、碎石土、粉质黏土、淤泥质粉质黏土为主,基岩以花岗岩、凝灰岩、火山角砾岩、英安岩、辉绿岩为主。基岩各风化带的埋深及厚度有所变化,全风化~强风化整体厚度不大,根据钻孔勘探显示多为5~20m。弱~微风化岩面起伏大,高程相差较大,钻孔桩嵌入岩层的深度最小为3m(弱~微风化岩)。

(1)元洪航道桥

①N03号主塔墩、N01号边墩、N02号辅助墩

位于海域冲海积区,覆盖层大部分缺失,局部分布有薄层粉~中砂、淤泥质粉质黏土。基岩为花岗岩,全风化层厚13~30m不等,弱~微风化岩面起伏较大,埋深一般为15~30m,局部超过40m。

②N04号主塔墩

位于海域冲海积区,覆盖层厚度24~31m,主要为流塑状淤泥质粉质黏土及松散~稍密状粉~中砂层、硬塑状粉质黏土、中密状中砂。基岩主要为花岗岩,全风化带厚度为19~27m,弱风化岩厚度不大,一般厚0~3m,弱微风化岩岩面略有起伏,总体埋深-60.6~68.4m。

③N05号辅助墩、N06号边墩

位于海域冲海积区,覆盖层厚度30~40m,主要为流塑状淤泥质粉质黏土及松散~稍密状粉~中砂层、中密状粉~中砂、细圆砾土、粉质黏土及中粗砂层。基岩主要为花岗岩,强风化带厚度一般为8~20m。

(2)鼓屿门航道桥

①Z03号主塔墩

位于海域冲海积区,覆盖层大部分缺失,局部分布有薄层粉细砂。基岩为花岗岩,全风化带厚度14~27m不等,弱微风化岩面起伏较大,岩面高程一般为-51.7~-69.5m。

②Z04号主塔墩

位于海域冲海积区,覆盖层厚度11~19m,主要为流塑状淤泥质粉质黏土及松散~稍密状粉~中砂层。基岩为流纹岩,全风化带厚薄不均,弱微风化岩埋深变化较大,总体埋深-40.7~-76.3m。

③Z01号边墩、Z02号辅助墩

位于海域冲海积区,覆盖层厚度6.7~27m,主要为流塑状淤泥质粉质黏土、软塑状粉质黏土及松散~稍密状粉~中砂层、硬塑状粉质黏土、中密状粉~中砂,基岩为花岗岩,全风化带厚度6.2~29.0m,弱微风化岩面有一定起伏。

④Z05号辅助墩

位于海域冲海积区,覆盖层厚度7~10m,主要为松散~稍密状粉~中砂层、流塑状淤泥质粉质黏

土。基岩为流纹岩,全强风化带厚度9.1~16.1m,弱微风化岩岩面较浅,高程号-34.2~-43.6m。

⑤Z06号边墩

位于海域冲海积区,覆盖层厚度7~10m,主要为松散~稍密状粉~中砂层。基岩为凝灰岩,岩体风化和破碎程度差异较大,弱微风化岩岩面起伏大,高程-39.4~-92.1m。

(3)大小练岛水道桥

①S03号主塔墩

位于海域冲海积区,覆盖层基本缺失,局部分布厚0.3~5.2m的粉~中砂层、坡积碎石土层。基岩为凝灰岩、火山角砾岩、英安岩、辉绿岩。全强风化带厚1.8~13m不等,差异风化显著,弱微风化岩埋深整体较浅,岩面高程-33.05~-56.19m。

②S04号主塔墩

位于海域冲海积区,覆盖层基本缺失,局部分布厚0.7~5m的粉~中砂层、坡积碎石土层。基岩为凝灰岩、火山角砾岩、辉绿岩。全强风化带一般厚10~33.5m不等,差异风化较显著,弱微风化岩岩面起伏较大,岩面高程-31.26~-49.8m。

③S01、S06号边墩及S02、S05号辅助墩

位于海域冲海积区,覆盖层基本缺失,局部分布厚度小于10m的沉积层。基岩凝灰岩、火山角砾岩、英安岩。全强风化带一般厚5~15m,局部达20m,弱微风化岩整体埋深浅,有起伏,S01岩面高程-33.5~-52.22m,S02岩面高程-38.54~-52.58m,S05岩面高程-32.0~-45.0m,S06岩面高程-18.55~-32.71m。

5.1.2 国内外部分桥梁基础设计及施工概况

1)国内长江上桥梁基础设计及施工现状

(1)大胜关长江大桥

南京大胜关长江大桥8号墩采用高桩承台钻孔桩基础,桩径2.8m,承台为圆端形,平面尺寸34m×76m,承台顶面高程-7.0m,厚度6.0m,河床高程为-41.7m。承台施工采用双壁吊箱围堰,围堰平面尺寸为38m×80m,高度为26.5m,围堰顶高程为+9.0m,底高程为-16.5m,封底混凝土厚度4.5m。围堰施工过程中,最大水流流速为$v=2.40$m/s;施工水位+7.0m。

围堰施工采用锚碇+无导向船方案,设前后定位船。前后定位船各为1艘400t铁驳,锚碇系统主锚所受水流力为232t,锚具分别采用8t、7t、6t、1t霍尔式铁锚。锚碇系统配置为:主锚采用8个8t霍尔式铁锚;边锚为6个7t霍尔式铁锚;尾锚为4个6t霍尔式铁锚。

(2)铜陵长江大桥

铜陵长江大桥3号墩基础位于河道北侧主河槽附近,该处河床面高程为-26.59m,平均水深约37m,采用圆端形沉井基础,平面尺寸62.4m×38.4m,总高度68m,顶高程为+6.0m,底高程为-62m。下部为50m钢壳混凝土结构,上部为18m混凝土结构。钢沉井分6节制造,采用工厂整节段制造、运输至桥址后采用起重船整节段接高的施工方法。钢沉井运输到位后采用无导向船重锚精确定位系统进行定位。沉井施工过程中,最大水流流速$v=2.0$m/s,施工水位+9.5m。

3号墩锚碇定位系统采用前、后定位船方案,定位船均为2艘400t铁驳。锚碇系统主锚所受水流力为235t,锚碇系统配置为:主锚采用14个8t霍耳式铁锚;边锚每侧采用8个8t霍耳式铁锚;尾锚采用6个8t霍耳式铁锚。

2)国内海上桥梁基础设计及施工现状

(1)杭州湾跨海大桥

杭州湾跨海大桥南航道桥采用跨度为(100+160+318)m的A形独塔双索面钢箱梁斜拉桥。大桥

所处位置属浅海半日潮海区,其20年一遇设计高潮位+5.3m,设计垂线平均流速3.24m/s,设计波高3.79m(20年一遇)。其平均高潮位+2.52m,平均低潮位-2.12m。

南航道桥主墩为群桩基础,由38根直径2.8m、桩长120m的钻孔桩(桩底高程为-120.8m)组成。承台为哑铃形承台,其结构尺寸为81.4m×23.7m×6m,承台顶部高程为+5.2m(基本与20年一遇高潮位持平)。

主墩承台施工采用单壁钢吊箱围堰作为挡水结构,围堰外形尺寸为:长83.216m、宽25.516m、高8m。围堰顶高程+6.2m,底高程-1.8m,封底混凝土厚度1m。围堰布置图如图2-5-1-1所示。

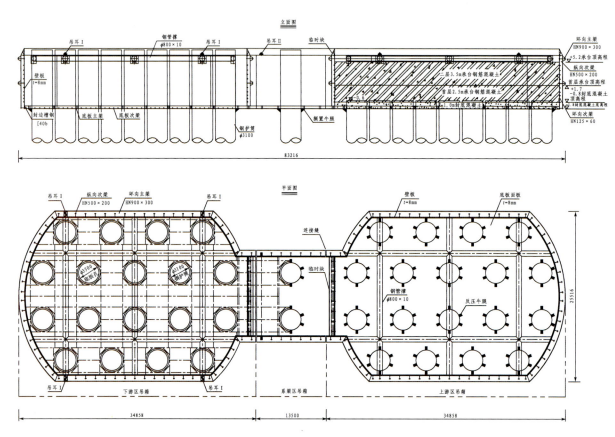

图2-5-1-1 南航道桥主墩基础围堰布置图(尺寸单位:mm,高程单位:m)

根据桥区20年一遇波浪要素计算得出,南航道桥主墩承台围堰所受波浪力约为550t,围堰波浪力最终由主体桩承受。

(2)东海大桥

东海大桥深水区非通航段70m跨桥墩基础分为高、中、低三种类型,其中墩高12m以下的低墩数量约占80%,70m梁跨低墩基础采用分离式桥墩,单幅桥圆形承台直径11.0m,基础采用8根φ1.5m开口钢管桩沿圆周均布。承台基础采用预制混凝土套箱的方法进行施工。

桥位处平均低水位-1.34m,平均高水位1.86m,平均水位0.23m;设计低水位2.48m,重现期50年一遇水位3.60m,重现期100年一遇水位3.70m。由于承台顶高程较高,因此在平均水位条件下,承台均可露出海平面以上(图2-5-1-2)。承台采用重现期100年一遇波浪要素计算得出其波浪力162t,同样条件下试验数据为171t。

图2-5-1-2 东海大桥70m梁基础

(3)瓯江北口大桥

温州瓯江北口大桥位于瓯江入海口,是沈海高速 G15W3 并行线与 G228 国道合建的双层公路桥梁。大桥采用主跨 2×800m 的三塔四跨双层桥面钢桁梁悬索桥,中塔为纵向 A 形混凝土塔,中塔基础为沉井基础。沉井总高度为 68m,下部为填充混凝土的钢壳结构,高度为 59m;上部为钢筋混凝土结构(包括井壁、承台),高度为 9m。沉井的平面尺寸为 66m×55m,共 25 个井孔,单个井孔尺寸 11.36m×9.16m,井壁、隔墙、封底混凝土、承台厚度分别为 2m、1.3m、10m、8.4m,沉井入土深度 48.8m,基础形式如图 2-5-1-3 所示。

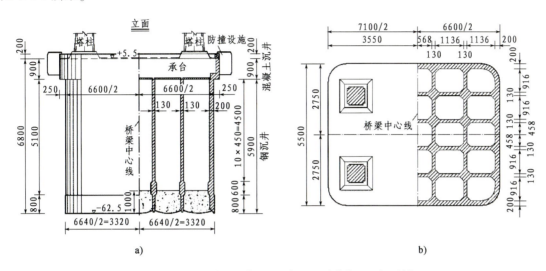

图 2-5-1-3　瓯江北口大桥沉井基础示意图(尺寸单位:cm,高程单位:m)

3)国外海上桥梁基础设计及施工现状

(1)安蒂里奥大桥

希腊的里约—安蒂里奥大桥位于距离雅典 205km 的港口城市佩特雷,它将波罗奔尼撒地区与希腊的大陆地区相连接。大桥的主桥是一座桥跨布置为(286 + 3 × 560 + 286)m 的四塔五跨连续梁斜拉桥,总长 2252m。四个主塔墩处水深约 65m,均采用钢筋混凝土沉箱基础,沉箱直接安放在采用钢管桩加固的海床上,基础模型如图 2-5-1-4 所示。

沉箱基础直径 ϕ90m,沉箱以上的圆环形下塔柱直径从 38m 减小到 26m。基础施工方案是:在干坞预制沉箱及下塔柱底节,将沉箱及下塔柱底节浮运到湿坞,接高下塔柱,浮运到墩位,继续接高下塔柱并下沉着床。

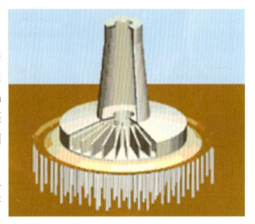

图 2-5-1-4　安蒂里奥大桥主塔基础模型

(2)明石海峡大桥

在 1970 年至 2000 年间,日本所建的众多桥梁中很大比例采用了沉箱基础,如浦户大桥、日本港大桥、神户的波特彼河大桥等。还有一部分采用了沉井基础,如广岛大桥、早漱大桥等。日本所建的世界第一大跨度的明石海峡大桥就是采用的圆形沉井基础(图 2-5-1-5),其尺寸直径达 ϕ80m,高 70m,是前所未有的庞然大物。

(3)北、南备赞濑户大桥

日本的北、南备赞濑户大桥是两座跨度为千米级的公铁两用悬索桥,其中 6 个海中基础采用直接沉井法修筑桥墩。该方法为预先平整好地基基础再直接将沉井下放。其中最大的 7A 号锚墩的沉井尺寸为 75m×59m×50m(图 2-5-1-6),桥墩处最大流速 9.27km/h,水深 50m,海底挖泥 59.9 万 m³,片石压浆混凝土 24.3 万 m³。

图 2-5-1-5 明石海峡大桥沉井基础

图 2-5-1-6 北、南备赞濑户大桥沉箱拖拽浮运施工图

5.1.3 国内外桥梁大直径钻孔桩基础概况

1) 已经建成的桥梁大直径钻孔桩基础

我国桥梁大直径钻孔桩设计、施工水平处于国际前列,武汉天兴洲大桥钻孔桩最大直径达到 3.4m,浙江省嘉绍大桥水中区引桥下部结构采用的单桩独柱结构形式,桩基础采用直径达 3.8m 的大直径钻孔灌注桩。

典型桥墩结构布置如图 2-5-1-7 所示。

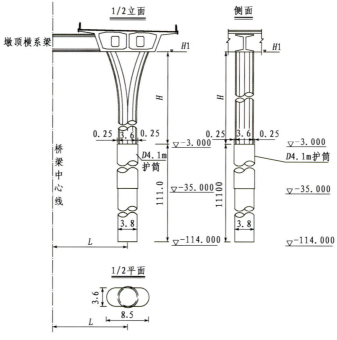

图 2-5-1-7 嘉绍大桥单桩独柱墩结构布置图(单位:m)

2) 大直径钻孔桩施工设备

国内已制造了多台 KTY4000 型动力头钻机,并在武汉天兴洲长江大桥、嘉绍跨海大桥等投入使用,效果良好。同时,目前已研制出 KTY5000 型钻机,并且已经投入制造,该钻机适用于微弱风化岩层、直径 5.0m 以内的大孔径钻孔桩施工。两种钻机性能见表 2-5-1-1 和表 2-5-1-2。

KTY5000 型动力头钻机性能　　　　　　　　　　　　　　　　　　　　　　表 2-5-1-1

主要项目		单位	参数
钻孔直径	岩层（$\sigma_c \leq 120$MPa）	m	3.6~5.0
	岩层（$\sigma_c \leq 200$MPa）	m	3.6~4.0
最大钻孔深度		m	180
排渣方式			气举反循环
动力头转速及扭矩	转速扭矩	r/min	0~5.8
		kN·m	450
	转速扭矩	r/min	5.8~11.6
		kN·m	225
动力头提升能力		kN	3000
封口盘承载力		kN	2600
钻架倾斜角度		°	0~40
钻杆（通径×长度）		mm×mm	φ335×4000
总功率		kW	110×3+15
外形尺寸		mm×mm×mm	8202×8180×13340
主机质量（不含钻具、液压站）		t	67
液压站质量		t	10
主机单件最大质量		t	20
基本钻具质量（针对本桥）		t	100

KTY4000 型动力头钻机性能　　　　　　　　　　　　　　　　　　　　　　表 2-5-1-2

主要项目		单位	参数
钻孔直径	岩层（$\sigma_c \leq 120$MPa）	m	2.0~4.0
	岩层（$\sigma_c \leq 200$MPa）	m	2.0~3.5
最大钻孔深度		m	130
排渣方式			气举反循环
动力头转速及扭矩	转速扭矩	r/min	0~6
		kN·m	300
	转速扭矩	r/min	6~15
		kN·m	120
动力头提升能力		kN	1800
封口盘承载力		kN	1500
钻架倾斜角度		°	0~40
钻杆（通径×长度）		mm×mm	φ300×3000
总功率		kW	90×3+15=285
外形尺寸		mm×mm×mm	7380×7470×8160
主机质量（不含钻具、液压站）		t	46
液压站质量		t	10
主机单件最大质量		t	11
基本钻具质量（针对本桥）		t	100

3）高强度水下混凝土研究现状

1974 年水下混凝土首先由德国研制成功（定名为"水下不分散混凝土"），并在日本、德国等国家获得了迅速的发展。1984年中国石油天然气集团公司工程技术研究院(以下简称:石油研究院)率先立项开展水下不分散混凝土的研究工作,1986年国家计划委员会确定了水下不分散混凝土研究项目作为填补国内空白的"七五"新产品,同年石油研究院成功研制了丙烯系絮凝剂UWB,并于1988年通过部级鉴定,达到了80年代中期国际先进水平,自80年代初石油研究院在国内首次成功开发出水下不分散混凝土絮凝剂以来,产品种类和质量得到不断改进和发展,水下混凝土在国内工程中应用量已超过100万m^3。

目前国内混凝土采用聚羧酸系列高效减水剂和双掺技术的应用,高性能的水下混凝土力学性能和工作性能都在不断提高,并已经在哈大铁路线普兰店海湾大桥钻孔桩中采用了C50水下混凝土,取得了成功。

通过对国内外部分桥梁基础设计及施工现状的了解与分析,可以发现,在国外海上桥梁设计中,采用沉井、沉箱等大型设置基础较为广泛,而在国内桥梁设计中,无论是内河桥梁还是海上桥梁,钻孔桩加承台的基础形式较为普遍。在内河桥梁施工中,由于基础主要受到水流力作用,现有的锚碇技术通常都能满足施工要求,因此承台高程的选取主要考虑航道通航要求和桥梁美观程度;而海上桥梁施工时,由于基础所受到的水平力(主要是波浪力)均远大于内河桥梁基础,故承台通常采用顶高程高于平均高潮位的高桩承台形式,从而减小了围堰高度,降低施工时围堰所受波浪力和水流力,缩短了围堰施工周期,使承台有条件选择气候条件较好、避开大风(台风和季风)的时段进行施工,降低施工安全风险。

5.2　承台基础方案研究

鉴于平潭海峡公铁大桥斜拉桥基础若采用常规的深水基础方案在实施过程需布置定位锚固系统,不能满足海事部门对桥区船舶航行的要求,同时海洋环境深水基础施工难度和风险较大,因此需从结构方案进行设计研究,综合考虑各项因素后确定采用高桩承台形式,并需提高施工设备和工艺水平,以保证施工期间航道通航顺畅,同时降低施工风险。由于主墩基础设计主要受船撞力组合、极限风浪流组合及结构动力组合控制,影响结构受力计算的主要因素为桩的自由长度和基础刚度,因此在方案研究时选择水深、建桥条件差的Z03号墩基础为代表进行重点分析。

船撞力大小与结构尺寸息息相关,通过计算分析,采用合适的防撞措施后Z03号墩横桥向船撞力可以控制在8500t。考虑混凝土耐久性要求、工期要求及防船撞设置的影响,将Z03号墩承台顶高程控制在+4.0～+6.0m(承台底高程统一为-4.0m),所采取的高桩承台方案可减小桥址巨大波浪力的影响,降低安全风险,但钻孔桩自由长度较大,需对钻孔桩基础的整体强度和刚度进行加强。所以承台混凝土强度等级拟设计为C50,桩基础混凝土强度等级拟设计为水下C45,并对桩基布置进行研究。

5.2.1　承台基础方案研究

借鉴国内外类似桥梁工程的设计经验,共研究了以下6种基础方案:①直径3.0m钻孔桩基础;②直径3.4m钢管复合桩基础;③直径3.0m联合桩基础;④直径3.0m桩基双承台基础;⑤直径4.2m桩基双承台方案;⑥直径4.0m钻孔桩基础;⑦直径4.5m钻孔桩基础。

1)直径3.0m钻孔桩方案

(1)结构设计

该方案采用直径3.0m钻孔桩,承台顶高程为+4.0m。根据受力计算,此方案需要56根ϕ3.0m钻孔桩,承台厚度8.0m,平面尺寸为87.0m×39.0m。其结构图如图2-5-2-1所示。

(2)桩基计算

本基础为横向船撞力控制设计。桩顶配筋为两圈各50束双根一束⌀32钢筋,截面应力计算结果为:混凝土应力σ_h=19.9 MPa(压),钢筋应力σ_g=216 MPa(拉)。

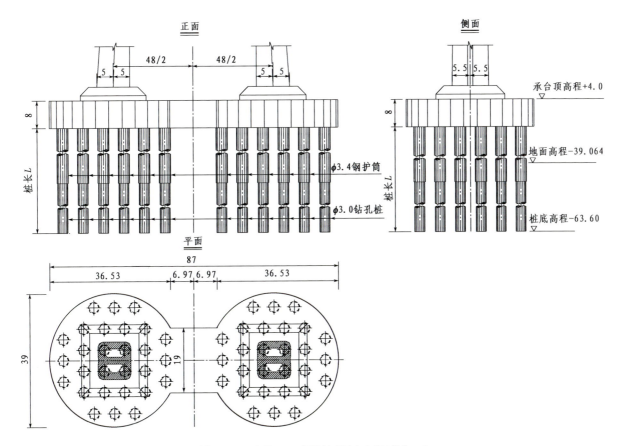

图 2-5-2-1 直径 3.0m 钻孔桩高承台方案(单位:m)

(3)施工方案

此方案承台顶高程 +4.0m,承台厚度 8m,采用钢吊箱围堰施工。围堰顶高程 +7.65m,围堰底高程 −9.00,围堰平面尺寸 92.8m×44.8m,高 16.65m,重约 3909.9t。钢围堰考虑整体吊装下放,围堰顶设置限位环与周圈钻孔桩间顶部钢护筒连成整体,围堰底板与钢护筒间抄垫密实。施工过程中围堰波流力传至钢护筒由钻孔桩承受。经计算,该方案的施工围堰最大波流力为 1995t,桩基受力能满足要求。

主要施工流程:搭设钻孔平台→插打钢护筒、施工钻孔桩→围堰工厂制造→水运至墩位→起重船整体起吊下放就位→浇筑封底混凝土→抽水施工承台。

直径 3.0m 混凝土桩方案下部结构施工围堰布置图如图 2-5-2-2 所示。

(4)方案评述

优点:

①目前已具备成熟施工经验,设计、施工均不存在技术问题。

②围堰波流力可由钻孔桩承受,不需抛设锚碇系统。

缺点:

①由于桩数多、承台尺寸大,工程投资增加多,施工周期长,工期不可控。

②由于桩数较多、单桩刚度较小,桩群受力均匀性较差。

2)直径 3.4m 钢管复合桩方案

(1)基础计算及设计

基础设计主要受船撞力控制,为减少基础规模,充分发挥施工钢护筒结构的受力功能,可适当增加钢护筒壁厚和采用一些构造措施,使钢护筒与混凝土桩共同受力组成钢管复合桩结构。复合桩方案桩径按 3.4m 设计。考虑桥区的腐蚀环境,钢护筒壁厚需 40mm(含腐蚀厚度 12mm),且钢护筒长度需深入桩身下端弯矩反弯点以下。

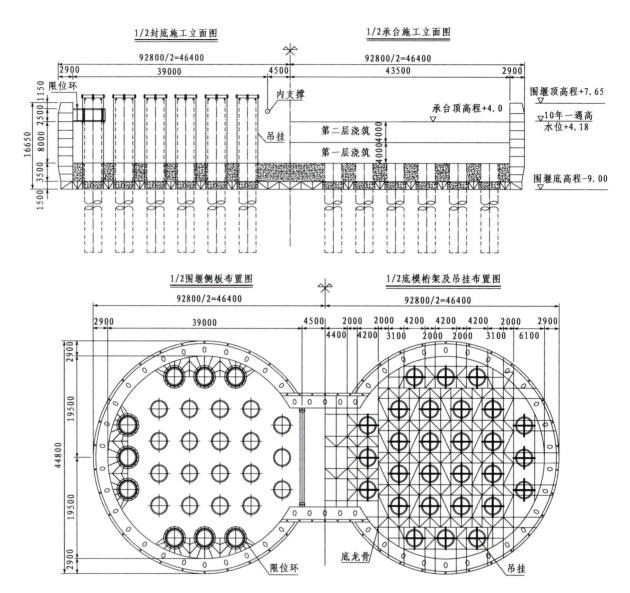

图 2-5-2-2 直径3.0m钻孔桩高承台方案围堰布置图(尺寸单位:mm,高程单位:m)

①地质资料

Z03号墩位处地层从上至下,依次为粉细砂、全风化花岗岩、强风化花岗岩、弱风化和微风化花岗岩。水文冲刷分析可知本墩位局部冲刷线高程为 -50.987m。

②桩基计算

据计算,钢护筒受力壁厚28mm,考虑100年水下区钢管腐蚀12mm,实际壁厚选用40mm。此时单桩两处弯矩最大点出现在桩顶位置和局部冲刷线下约2.3m位置,对应弯矩值分别为57792kN·m和 -45352kN·m。经检算,下端 ϕ3.0m 混凝土桩控制截面处高程为 -57.0m,此截面对应桩身弯矩30000kN·m,轴力36521kN。考虑钢护筒受力锚固需要,最终取钢护筒底高程 -60.0m,钢护筒入岩深度达20m(图2-5-2-3b)。

③基础设计

通过计算,该方案基础需40根 ϕ3.4m 复合桩,考虑复合桩的嵌固作用,承台厚度采用10.0m,承台顶高程 +6.0m,平面尺寸为 81.2m×33.2m,其结构如图2-5-2-4所示。

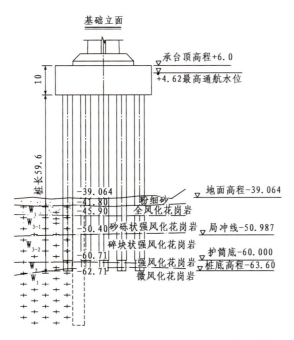

图 2-5-2-3　复合桩基础单桩弯矩分部及结构布置(高程单位:m)

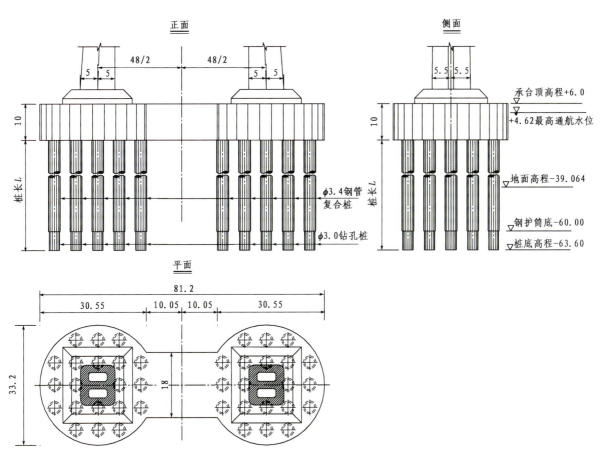

图 2-5-2-4　直径3.4m钢管复合桩高承台方案(单位:m)

(2)施工方案

此方案承台顶高程+6.0m,承台厚度10m,采用钢吊箱围堰施工。围堰顶高程+7.65m,围堰底高程-9.00,围堰平面尺寸87.0m×39.0m,高16.65m,重约3315t。钢围堰考虑整体吊装下放,围堰顶设置限位环与周圈钻孔桩顶部钢护筒连成整体,围堰底板与钢护筒间抄垫密实。施工过程中围堰波流力传至钢护筒由钻孔桩承受。经计算,该方案的施工围堰最大波流力为1872t,桩基受力能满足要求。

主要施工流程:搭设钻孔平台→插打钢护筒、施工钻孔桩→围堰工厂制造→下水浮运至墩位→起重船整体起吊下放就位→浇筑封底混凝土→抽水施工承台。

采用高桩承台方案后,直径3.4m钢管复合桩方案下部结构施工围堰布置图如图2-5-2-5所示。

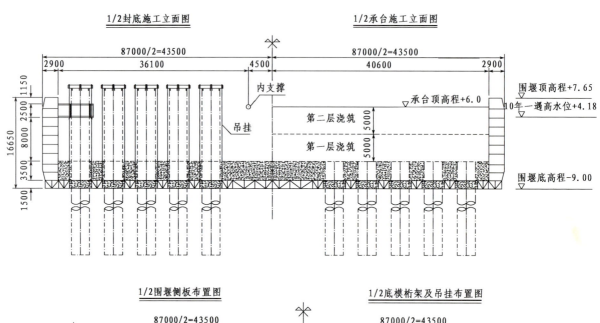

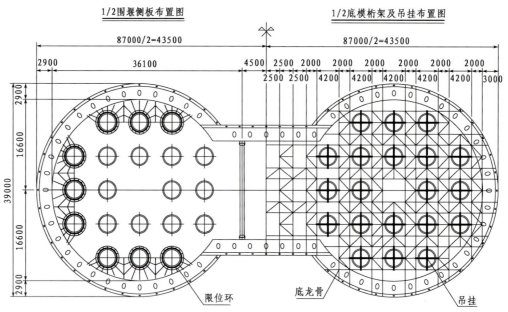

图2-5-2-5　直径3.4m钢管复合桩高承台方案围堰布置图(尺寸单位:mm,高程单位:m)

(3)港珠澳大桥复合桩的应用及桥址区钢护筒插打现状

①港珠澳大桥复合桩应用情况

港珠澳大桥全长35.6km,水中桥梁基础约22km范围采用了钢管复合桩设计。该桥桥址区覆盖层很厚,此类基础桩身弯矩控制点基本位于桩顶位置。经调查,港珠澳大桥复合桩的桩径采用了2.0m和1.8m两种,桩顶嵌入承台深度为1.6m,且承台顶均埋入海床面以下。为保证钢护筒的耐久性,钢护筒内外壁除采用了防腐涂层涂装外,还增加了牺牲阳极阴极保护防腐措施。

②桥区栈桥钢护筒插打现状

平潭海峡公铁大桥从2014年1月2日开始栈桥试桩施工至2014年4月23日截止,7级及以上大风天数占天数的60%,可施工天数合计44天,占总天数的39%。现已插打完成钢管桩625根,且采用了国内最先进的打桩船"海力801"。根据现场插打情况(表2-5-2-1),一般直径1.2m、壁厚14mm的钢管桩可插打强风化岩约1～6m深度现场。

现场钢管桩插打入岩深度统计表　　　　　　　　　　　　　表2-5-2-1

施工区域	钢管桩型号(mm)	平均锤击能量	打桩船型号	最大入岩深度(m)	最小入岩深度(m)	平均入岩深度(m)
松下岸至人屿岛	1200×14	120kJ	海力801	6.25	0.3	2.9
人屿岛至长屿岛	1200×14	295kJ	海威951	4.59	0.4	1.7
小练岛至大练岛	1000×14	295kJ	勇丰桩二	5.7	0.2	2.5

钢管桩插打过程中若遇岩层强度大或倾斜岩面,则钢管桩桩端易打卷或打成弹簧状。现场钢护筒插打情况如图2-5-2-6所示。

a)

b)

图2-5-2-6　现场钢护筒插打照片

③钢护筒插打深度计算

选取Z03号墩进行钢护筒插打深度计算,根据墩位处的地质钻孔资料,钢护筒采用直径3.4m,壁厚40mm规格。打桩锤选用S800液压打桩锤,当打击能量加至720kJ时,钢护筒应力达到197.9MPa,此时入岩深度仅为3.6m。计算结果见表2-5-2-2。

钢护筒插打计算　　　　　　　　　　　　　表2-5-2-2

主要项目	参数	主要项目	参数
打桩锤	S900	锤击数(次)	584
打击能量	720kJ	用时(min)	14
强风化岩层强度(MPa)	8	钢管应力(MPa)	197.9/－9
入土(岩)深度(m)	3.6		

(4)方案评述

优点:

①桩身刚度有较大提高,采用高桩承台方案后维持φ3.0m混凝土桩径不变的条件下桩数有减少。

②围堰波流力可由钻孔桩承受,不需抛设锚碇系统。

缺点:

①由于本桥桩基础采用柱桩设计,桩身存在两处弯矩控制截面,根据计算钢护筒须插入桩身下部弯矩反弯点以下合适的受力深度,从现场钢管桩插打现状很难实现。如采用跟进的方式将护筒插打至设计要求深度(即先钻孔后下钢护筒方案),则岩层侧壁被破坏,钢护筒与岩层间无有效约束,无法提供可靠的桩侧抗力。另外由于要求钢护筒无现场对接焊缝,使得施工缓慢,且质量难以得到保证。

②为保证桩顶受力,钢护筒须伸入承台一定长度,导致与承台钢筋连接构造复杂,影响承台受力。

③钢护筒作为永久结构,其防腐要求高、难度大,后期养护困难。

④由于钢管复合桩的用钢量多,投资费用增加大。

⑤根据港珠澳大桥试验研究成果,钢管复合桩的桩身混凝土与钢管间会形成泥皮,当混凝土发生收缩时,桩身与钢管容易分离,两者难以形成理想有效的共同受力和变形作用。

因此,当前桥梁钢管复合桩的设计理论还有待完善,需进一步研究确定。

综上所述,为使钢管复合桩基础达到本桥设计的受力需要,施工难度较大,可操控性较差,因此钢管复合桩方案不适合本桥基础。

3)直径3.0m联合桩方案

(1)结构设计

计算分析表明,本桥单根桩基础的受力主要受弯矩控制,若能缩短单桩的自由长度、提高单桩承载力,就能减小基础规模。因此构思将整个基础分为若干个联合桩群,单个联合桩群中的桩间采用一道钢格构联成整体以减小联合桩群的自由长度。经计算,钢格构顶高程设计为 -16.5m 受力比较合适,此方案基础需38根 φ3.0m 桩,承台顶高程为 +4.0m,承台厚度8.0m,平面尺寸为81.2m×33.2m,其结构图如图2-5-2-7所示。

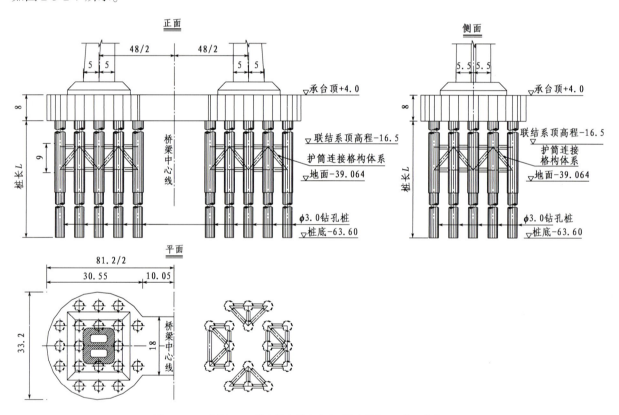

图2-5-2-7 直径3.0m联合桩高承台方案(尺寸单位:m,高程单位:m)

(2)施工方案

此方案承台顶高程 +4.0m,承台厚度8m。采用钢吊箱围堰施工,围堰顶高程 +7.65m,围堰底高程 -9.00m,围堰平面尺寸87.0m×39.0m,高16.65m,重约3252t。此方案钢围堰考虑整体吊装下放,围堰顶设置限位环与周圈钻孔桩间顶部钢护筒连成整体,围堰底板与钢护筒间抄垫密实。施工过程中围堰波流力传至钢护筒由钻孔桩承受。经计算,该方案的施工围堰最大波流力为1722t,桩基受力能满足要求。

主要施工流程:海床清基整平→搭设钻孔平台→下放护筒群→浇筑堵漏混凝土→施工钻孔桩→围堰工厂制造→下水浮运至墩位→起重船整体起吊下放就位→浇筑封底混凝土→抽水施工承台。

采用高桩承台方案后,直径3.0m混凝土联合桩方案下部结构施工围堰布置如图2-5-2-8所示。

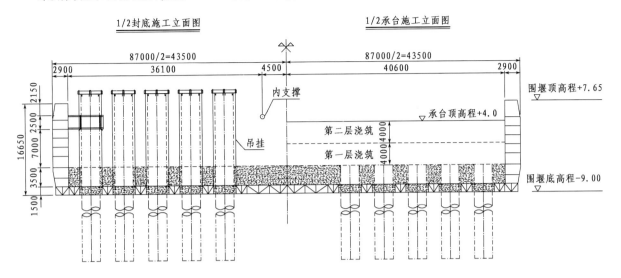

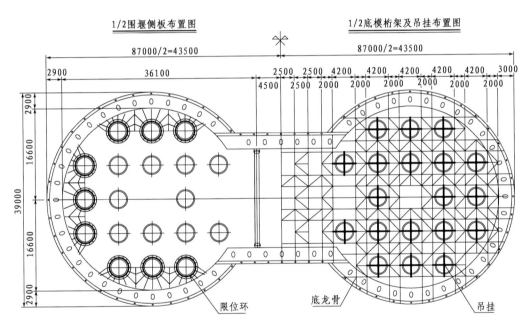

图2-5-2-8 直径3.0m联合桩高承台方案围堰布置图(尺寸单位:mm,高程单位:m)

(3)方案评述

优点:

①桩身自由长度减小,采用高桩承台方案后仍维持 $\phi 3.0m$ 桩径的条件下桩数有减少。

②护筒群由工厂加工、整体下放,桩间连接质量可靠。

③围堰波流力可由钻孔桩承受,不需抛设锚碇系统。

缺点:

①联合桩护筒下放定位前需将海床清基整平,其水下作业难度大,护筒群定位精度和垂直度均难以达到规范要求。

②单独的小护筒群组自身稳定性差,需采取措施保证抗倾覆性要求。

③护筒群下放后无法插打,需在护筒群周圈灌注堵漏混凝土,该混凝土浇筑困难,且钻孔过程中护筒底易脱空,出现塌孔、翻砂、漏浆等工程事故。对于有覆盖层的墩位基础,护筒群入土深度有限,后期无法插打跟进,塌孔风险更大,影响钻孔桩质量。

④联合桩的连接钢格构复杂,作为永久结构防腐难度大,另外还有应力腐蚀的问题难以解决。

由于直径3.0m混凝土联合桩方案在成孔及成桩工序风险较大,施工可操控性较差,因此联合桩基础方案不适合本桥基础。

4)直径3.0m桩基双承台方案

(1)结构设计

由于联合桩方案施工较难实现,因此考虑在海床面附近加设下承台方案,以减短桩的自由长度,形成双承台受力基础。根据地质资料,下承台顶高程设计为-28.0m,厚度9.0m;上承台顶高程为+4.0m,厚度8.0m,上下承台的平面尺寸为79.2m×31.2m;基础需34根ϕ3.0m桩,其结构图如图2-5-2-9所示。

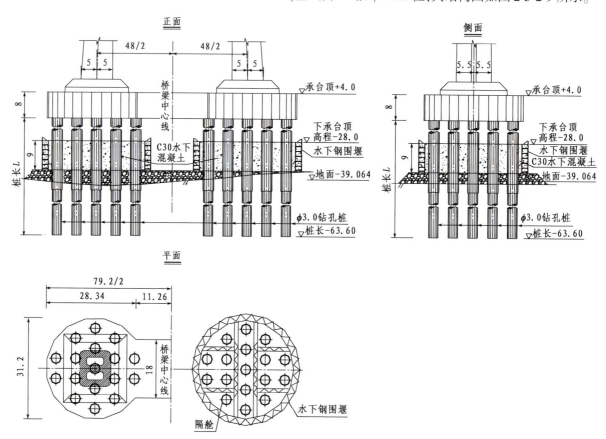

图2-5-2-9 直径3.0m钻孔桩双承台方案(尺寸单位:m,高程单位:m)

由于桥址海域冲刷严重,覆盖层、全风化岩及部分强风化岩均属冲刷范围,而下承台放置在海床表面,一旦下承台底层被冲刷,下承台将悬空,在桩台连接处拉应力较大,因此下承台的顶底面需配置受力钢筋,避免在强大弯矩作用下发生承台与桩基脱离而降低承台的刚性约束作用,以保证承台的耐久性。若采用抛石防护,防护量较大,同时还需增加后期的运营观测及防护措施。

(2)施工方案

双承台基础方案的上承台顶高程+4.0m,上承台厚度8m,采用钢吊箱围堰施工,下承台顶高程-28.0m,承台厚9.0m,采用套箱围堰施工。经计算,上承台波流力1650t,下承台波流力461t,均可由桩基承担。

主要施工流程:搭设钻孔平台→插打钢护筒、施工钻孔桩→下承台围堰工厂制造→下水浮运至墩位→起重船整体起吊下放就位→浇筑下承台混凝土→上承台围堰工厂制造→下水浮运至墩位→起重船整体起吊下放就位→浇筑上承台封底混凝土→抽水施工上承台。

采用高桩承台方案后,直径3.0m桩双承台基础的上承台施工围堰如图2-5-2-10所示。

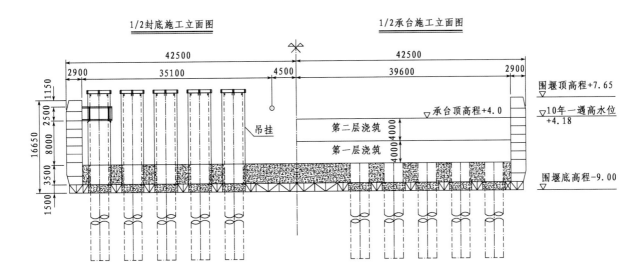

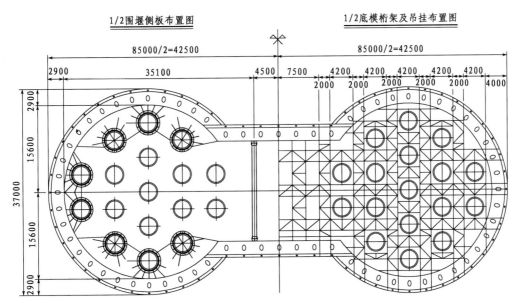

图 2-5-2-10　直径 3.0m 钻孔桩双承台方案上围堰布置图(尺寸单位:mm,高程单位:m)

(3)方案评述

优点:

①桩身自由长度减小,采用高桩承台方案后维持 ϕ3.0m 桩径的条件下桩数有减少。

②围堰波流力可由钻孔桩承受,不需抛设锚碇系统。

缺点:

①由于下承台需进行配筋设计,且下承台配筋后水封导管无法布置,因此水下混凝土无法浇筑。

②钢护筒外表面易形成锈蚀和附着海底生物,在水下承台浇筑前很难清理干净,使得水下混凝土和钢护筒之间难以形成牢靠的粘固。

③下承台水封混凝土浇筑时需采用多导管布置,易形成水下混凝土夹层,严重影响混凝土质量,承台整体性无法保证。且下承台深埋海底,不便观察,不易修复,存在工程隐患。

④下承台作为永久结构,在长期冲刷作用下,如基底海床冲刷过大,下承台有脱落的风险。若采用大范围抛石抵抗冲刷,则需定期下潜观测使用情况进行日常抛石防护,养护工作量大幅度增加。

⑤钢护筒进入下承台,易形成腐蚀源,从而影响下承台混凝土耐久性。

由于下承台混凝土施工质量难以保证,因此双承台方案不适合本桥基础。

5）直径4.2m桩基双承台方案

（1）结构设计

为增加基础刚度，设计为大直径桩基双承台方案，根据地质资料，下承台顶高程设计为-21.0m，厚度8.0m，布置为4个单元，通过上承台连接为整体；上承台顶高程为+6.0m，厚度7.0m，上下承台通过壁厚为1.25m的薄壁管柱结构连接；基础需16根ϕ4.2m桩。其结构如图2-5-2-11所示。

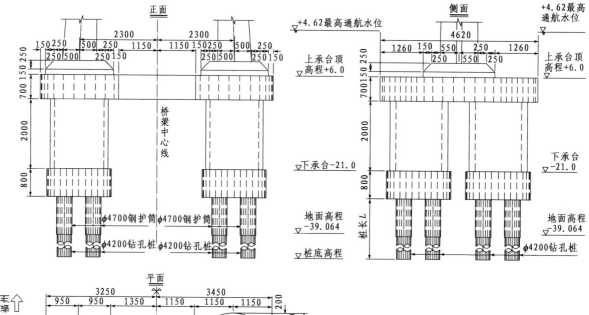

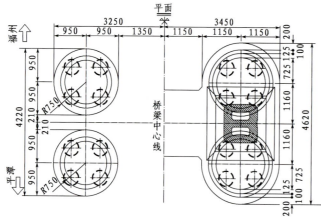

图2-5-2-11　直径3.0m钻孔桩双承台方案上围堰布置图（尺寸单位：mm，高程单位：m）

（2）施工方案

桩基、承台施工与直径3m双承台方案类似，在此不再赘述。

（3）方案评审

优点：

①桩身自由长度减小，采用高桩承台方案后桩数有减少。

②结构新颖。

缺点：

①桩基承台施工步骤复杂。

②下承台深埋海底，不便观察，不易修复，存在工程隐患。

③下承台作为永久结构，在长期冲刷作用下，如基底海床冲刷过大，下承台有脱落的风险。若采用大范围抛石抵抗冲刷，则需定期下潜观测使用情况进行日常抛石防护，养护工作量大幅度增加。

6)直径4.0m大直径桩基方案

(1)基础设计

结合前期研究,加大桩径提高桩身刚度有利于结构受力和投资控制,经调查南昌八一大桥有使用4.0m钻孔桩一次成孔的先例,因此提出了桩径4.0m的钻孔桩方案,承台顶调整至+5.0m。根据受力计算,需要26根φ4.0m桩,承台厚度9.0m,平面尺寸为84m×36m。其结构如图2-5-2-12所示。

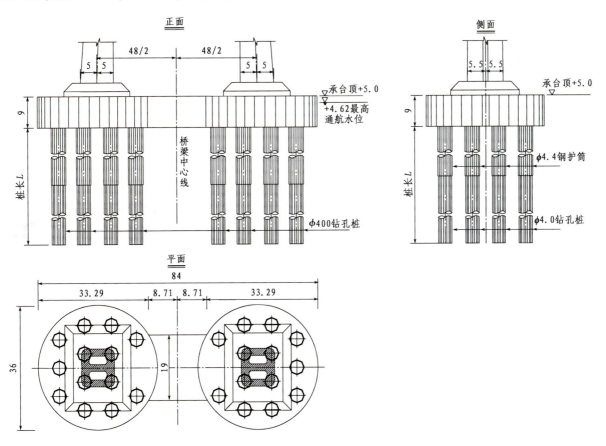

图2-5-2-12 直径4.0m钻孔桩高承台方案(尺寸单位:m,高程单位:m)

(2)计算结果

本基础为横向船撞力控制设计,桩顶配筋为两圈各68束双根一束32钢筋,截面应力计算结果为:

混凝土 $\sigma_h = 20.3$ MPa(压);钢筋 $\sigma_g = 217$ MPa(拉)。

(3)施工方案

此方案承台顶高程+5.0m,承台厚度9m。采用钢吊箱围堰施工,围堰顶高程+7.65m,围堰底高程−9.00m,围堰平面尺寸89.8m×41.8m,高16.65m,重约3375t。此方案钢围堰考虑整体吊装下放,围堰顶设置限位环与周圈钻孔桩间顶部钢护筒连成整体,围堰底板与钢护筒间抄垫密实。施工过程中围堰波流力传至钢护筒由钻孔桩承受。经计算,该方案施工围堰最大波流力为1917t,桩基受力能满足要求。

主要施工流程:搭设钻孔平台→插打钢护筒、施工钻孔桩→围堰工厂制造→下水浮运至墩位→起重船整体起吊下放就位→浇筑封底混凝土→抽水施工承台。

直径4.0m大直径桩下部结构施工围堰布置如图2-5-2-13所示。

(4)方案评述

优点:

①高桩承台方案采用4.0m桩径,桩数也有减少。

②围堰波流力可由钻孔桩承受,不需抛设锚碇系统。

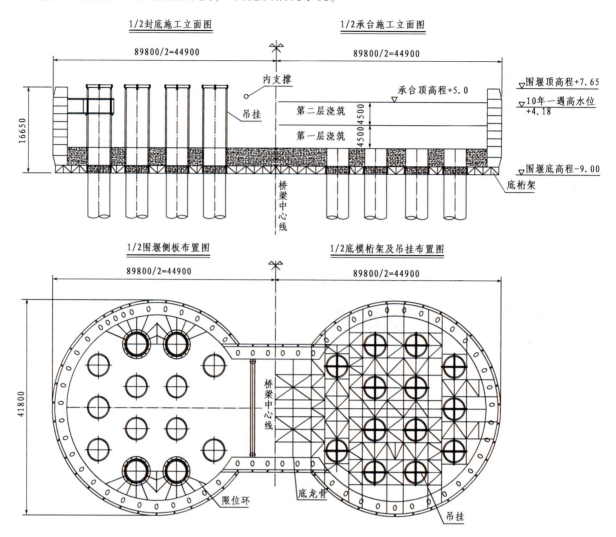

图 2-5-2-13　直径 4.0m 钻孔桩高承台方案围堰布置图(尺寸单位:mm,高程单位:m)

7)直径 4.5m 大直径桩基方案

(1)基础设计

桩径加大对 Z03 号墩基础受力和投资控制有利,经市场设备资源调查后,建议 Z03 号墩基础桩径加大至 4.5m,承台顶高程调整至 +6.0m。根据受力计算,需要 18 根 φ4.5m 桩,承台厚度 10.0m,平面尺寸为 80.4m×32.4m,其结构如图 2-5-2-14 所示。

(2)计算结果

本基础方案为横向船撞力控制设计,桩顶配筋为两圈各 77 束双根一束 ⊈32 钢筋,其截面应力计算结果为:

$\sigma_h = 20.23 \text{MPa}(压);\sigma_g = 196 \text{MPa}(拉)$。

(3)施工方案

此方案承台顶高程 +6.0m,承台厚度 10m。采用钢吊箱围堰施工,围堰顶高程 +7.65m,围堰底高程 -9.00,围堰平面尺寸 82.6m×34.6m,高 16.65m,重约 3110.6t。此方案钢围堰考虑整体吊装下放,围堰顶设置限位环与周圈钻孔桩间顶部钢护筒连成整体,围堰底板与钢护筒间抄垫密实。施工过程中围堰波流力传至钢护筒由钻孔桩承受。经计算,该方案施工围堰最大波流力为 1810t,桩基受力能满足要求。

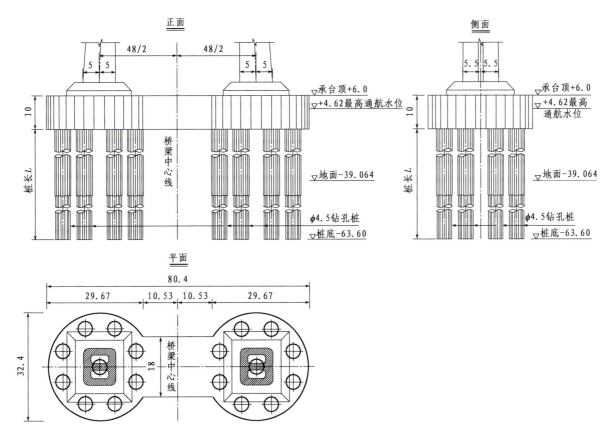

图 2-5-2-14 直径 4.5m 钻孔桩高承台方案(单位:m)

采用高桩承台方案后,直径 4.5m 大直径桩下部结构施工围堰布置如图 2-5-2-15 所示。

(4)方案评述

优点:

①4.5m 桩径,桩数减少较多且投资较优。

②围堰波流力可由钻孔桩承受,不需抛设锚碇系统。

8)大直径桩基础的成孔和成桩工艺调研

(1)目前国内外大直径钻孔桩使用现状

在收集查阅现有桥梁资料后,统计国内外部分大直径钻孔桩施工情况见表 2-5-2-3~表 2-5-2-5。

国外大直径钻孔桩施工情况　　　　表 2-5-2-3

桥　　名	桥跨结构	基础布置	钻机型号	地质情况	岩石强度	钻孔深度
日本大鸣门跨海大桥	主跨876m 悬索桥	8×φ4.4m	MD-440	页岩夹砂岩	100~200MPa	27m

国内部分大直径钻孔桩施工情况　　　　表 2-5-2-4

桥　　名	桩孔直径(m)	桩孔深度(m)	钻岩深度(m)	成孔设备/输出扭矩	成孔工艺
甬江左线特大桥	3.00	132	—	ZJD4000/300	一次成孔
天兴洲大桥	3.40	82	46	KTY4000/300	一次成孔
嘉绍桥	3.80	105	—	KTY4000/300	一次成孔

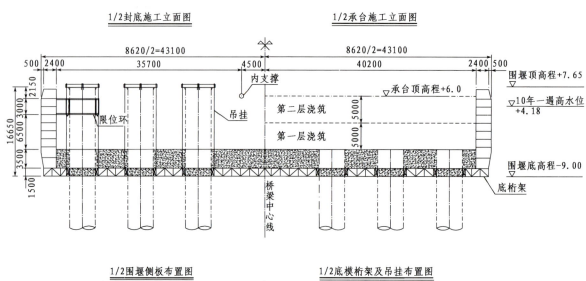

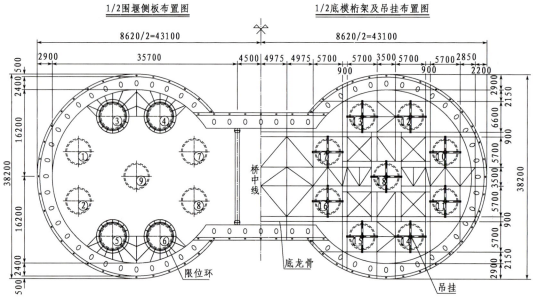

图 2-5-2-15 直径 4.5m 钻孔桩高承台方案围堰布置图(尺寸单位:mm,高程单位:m)

国内变截面大直径钻孔桩施工情况 表 2-5-2-5

项　　目	广东九江大桥	湖南湘江二桥	湖南益阳资江二桥	江西南昌八一桥
桥跨结构	2×160m 斜拉桥	5×90 连续梁	6×80m 连续梁	2×160m 斜拉桥
基础布置	18φ(3/2.5/2)m 有承台	2φ(5/3.5)m 无承台	2φ(4/3)m 无承台	4φ(4.4/4)m 有承台
钻机型号	BDM-4(日本 TRC-20)	BDM-4	BDM-4/QJ250	德国 PAB21/3000
地质情况	淤泥、粉砂、坚硬花岗岩	细砂石、红砂岩	砂砾石、玄武岩	红砂岩
岩石强度	100~140MPa	10~12MPa	30~40MPa	20~25MPa
钻孔深度	50~72m	20m	45m	24m

(2)大直径钢护筒定位插打

海洋环境具有强腐蚀性,这对此环境中的桥梁桩基耐久性及其施工工艺均提出了较高的要求。目前国内较常规的方法是对钢护筒进行防腐处理,首先钢护筒可起到保护桩基、延长其使用寿命的作用,其次,钢护筒可作为桩基成孔的护壁措施,有利于成桩。钢护筒插打和施工时保持稳定是海洋桥梁基础施工的关键技术和难点之一,如何使钢护筒在波浪及潮汐影响的海洋环境下准确定位并沉放到位,其施工难度较大。结合以往工程施工经验,针对本桥深覆盖层海域采用打桩锤直接插打方式;裸岩、倾斜岩面海域采用套筒辅助施工方式进行。

(3)大直径钢护筒着床前偏位计算

①水深20m以下护筒接触海床面前最大偏位计算结果见表2-5-2-6。

水深20m以下护筒接触海床面前最大偏位　　　　表2-5-2-6

项　目	数　值	单　位
海水重度	10.25	kN/m^3
海水流速	2.2	m/s
重力加速度	10	m/s^2
水深 h	20	m
直径	3.4	m
计算壁厚	22	mm
水流力	123.1	kN
波浪力	226	kN
合力	349.1	kN
E	2.06×10^5	MPa
I	3.33×10^{11}	mm^4
钢管长 L	26	m
钢管在海床面偏位	8.8	mm

②水深20~33m护筒接触海床面前最大偏位计算结果见表2-5-2-7。

水深20~33m护筒接触海床面前最大偏位　　　　表2-5-2-7

项　目	数　值	单　位
海水重度	10.25	kN/m^3
海水流速	2.2	m/s
重力加速度	10	m/s^2
水深 h	33	m
直径	3.4	m
计算壁厚	22	mm
水流力	203.2	kN
波浪力	257.6	kN
合力	460.8	kN
E	2.06×10^5	MPa
I	3.33×10^{11}	mm^4
钢管长 L	36	m
钢管在海床面偏位	30.9	mm

水深20~33m同时插打四根钢护筒时的平台顶面模型计算偏位小于10cm(对于整体式平台定位桩,从上到下至少均布两层联结系)。

③水深40~50m护筒接触海床面前最大偏位计算结果见表2-5-2-8。

水深40~50m护筒接触海床面前最大偏位　　表2-5-2-8

项　目	数　值	单　位
海水重度	10.25	kN/m³
海水流速	2.2	m/s
重力加速度	10	m/s²
水深 h	43	m
直径	4.4	m
计算壁厚	36	mm
水流力	350.4	kN
波浪力	500	kN
合力	850.4	kN
E	2.06×10^5	MPa
I	1.052×10^{12}	mm⁴
钢管长 L	49	m
钢管在海床面偏位	45.6	mm

(4)大直径钢护筒插打计算

①计算地质条件

图2-5-2-16、图2-5-2-17以元洪航道桥N03-1号孔地质条件进行模拟计算。

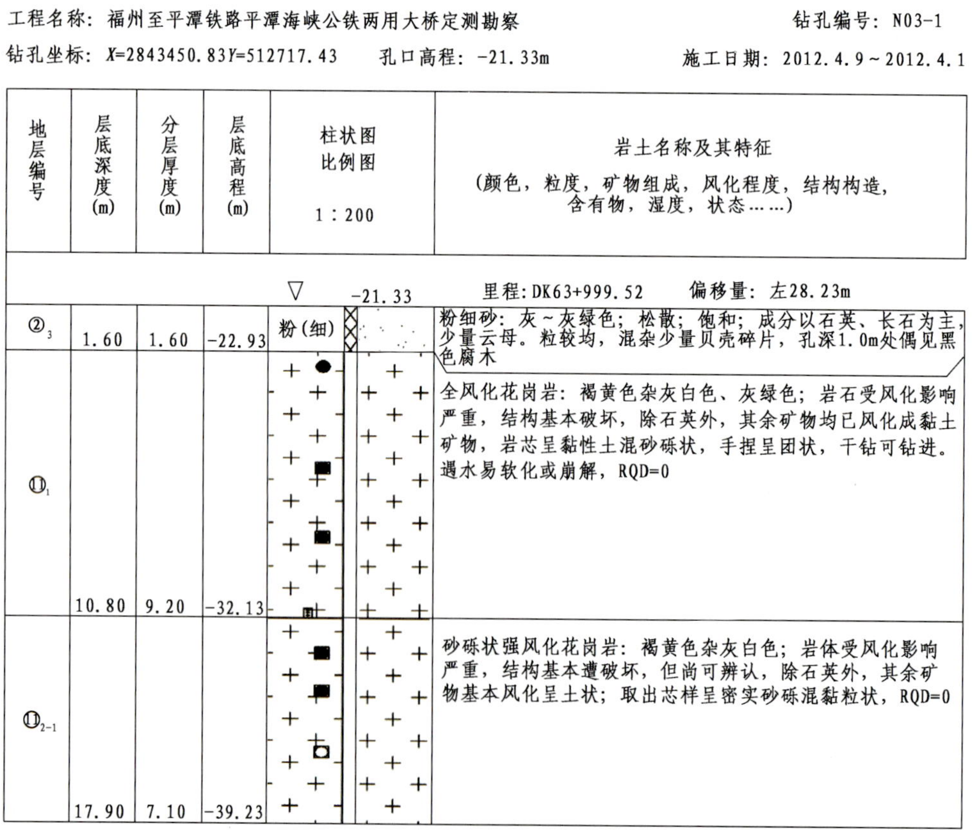

工程名称：福州至平潭铁路平潭海峡公铁两用大桥定测勘察　　　　钻孔编号：N03-1
钻孔坐标：X=2843450.83 Y=512717.43　　孔口高程：-21.33m　　施工日期：2012.4.9~2012.4.1

地层编号	层底深度(m)	分层厚度(m)	层底高程(m)	柱状图比例图 1:200	岩土名称及其特征（颜色，粒度，矿物组成，风化程度，结构构造，含有物，湿度，状态……）
			-21.33	▽	里程：DK63+999.52　偏移量：左28.23m
②₃	1.60	1.60	-22.93	粉(细)	粉细砂：灰~灰绿色；松散；饱和；成分以石英、长石为主，少量云母。粒较均，混杂少量贝壳碎片，水深1.0m处偶见黑色腐木
⑪₁	10.80	9.20	-32.13		全风化花岗岩：褐黄色杂灰白色、灰绿色；岩石受风化影响严重，结构基本破坏，除石英外，其余矿物均已风化成黏土矿物，岩芯呈黏性土混砂砾状，手捏呈团状，干钻可钻进。遇水易软化或崩解，RQD=0
⑪₂₋₁	17.90	7.10	-39.23		砂砾状强风化花岗岩：褐黄色杂灰白色；岩体受风化影响严重，结构基本遭破坏，但尚可辨认，除石英外，其余矿物基本风化呈土状；取出芯样呈密实砂砾混黏粒状，RQD=0

图2-5-2-16　计算位置地质柱状图

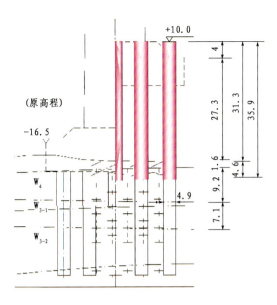

图 2-5-2-17　N03 号墩某桩拟抬高后相对位置图(单位:m)

②岩层参数信息(表 2-5-2-9)

岩层参数信息　　　　　　　　　　　　　　　　　　　　　表 2-5-2-9

入岩/土深度:3.1m;土体疲劳模型:持续钻

层 级	类 别	子 类	表面摩擦(MPa)	桩头阻力(MPa)	层厚(m)
1	砂土	松散	0.02	4.0	1.6
2	岩层	较弱	0.50	30.0	9.2
3	岩层	较强	0.02	120	7.1

③钢管桩参数拟定

计算钢管桩顶高程暂定 +10m,外径 4.9m,底部壁厚 10m 段为 36mm,上部壁厚为 32mm。桩位处水深约 27.3m(未计局部冲刷)。

④S-400 桩锤模拟计算

a. 钢管桩参数信息(表 2-5-2-10)。

钢管桩参数信息　　　　　　　　　　　　　　　　　　　　表 2-5-2-10

部 位	序 号	类 型	桩顶直径(m)	桩底直径(m)	壁厚(mm)	截面面积(m²)	周长(m)	长度(m)
桩	1	套筒打开	4.9	4.9	30	—	—	28.9
桩	2	套筒打开	4.9	4.9	36	—	—	8.0

b. 桩锤参数信息(表 2-5-2-11)。

以 S-400 来模拟 SBP370 液压打桩锤。

桩锤参数信息　　　　　　　　　　　　　　　　　　　　　表 2-5-2-11

项　目	参　数	项　目	参　数
打桩锤型号	S-400	额定功	400(kN·m)
冲击能	320kN·m	钢砧/锤头重量	88820kg

c. 试算最大入岩深度。

打桩锤型号　　　　　　　　S-400

额定功　　　　　　　　　　400(kN·m)

冲击能/功	320(kN·m)
传递能量/做功	179(kN·m)
桩头入岩/土深度	3.10(m)
锤击次数	155[锤击次数/25cm]
锤击频率	48[锤击次数/min]
锤击总数	618
总时长/工作时长	13(min)

流动静阻力

总摩擦力	33.8(MN)
轴摩擦力	23.9(MN)
桩头摩擦力	9.9(MN)

桩内最大应力

压应力	82.4(MPa)
所处位置	28.4(m)
拉应力	−17.8(MPa)
所处位置	0.9(m)

d. 小结。

以 S-400 来模拟 SBP370 液压打桩锤,可见在 N03 号墩位置,最多入土 3.1m,入全风化岩 1.5m。

⑤S800 桩锤模拟计算

a. 钢管桩参数信息(表 2-5-2-12)

钢管桩参数信息　　　　　　表 2-5-2-12

部位	序号	类型	桩顶直径(m)	桩底直径(m)	壁厚(m)	截面面积(m²)	周长(m)	长度(m)
桩	1	套筒打开	4.9	4.9	30	—	—	32.9
桩	2	套筒打开	4.9	4.9	36	—	—	10.0

b. 桩锤参数信息(表 2-5-2-13)

现以 S-900 来模拟 S800 的液压打桩锤。

桩锤参数信息　　　　　　表 2-5-2-13

打桩锤型号	S-900	额定功	900(kN·m)
冲击能	720(kN·m)	钢砧	88820(kg)

c. 试算最大入岩深度

打桩锤型号	S-900
额定功	900(kN·m)
冲击能/功	720(kN·m)
传递能量	591(kN·m)
桩头入岩/土深度	4.60(m)
锤击次数	60(锤击次数/25cm)
锤击频率	43(锤击次数/min)
锤击总数	584
总时长	14(min)

流动静阻力

| 总阻力 | 56.72(MN) |
| 轴/表面阻力 | 46.82(MN) |

桩头阻力	9.9（MN）
桩内最大应力	
压应力	147.9（MPa）
所处位置	37.8（m）
拉应力	-9.（MPa）
所处位置	0.5（m）

d. 小结

S800 连续插打计算

以 S-900 来模拟 S800 液压打桩锤，可见在 N03 墩位置，最多入土 4.6m，入全风化岩 3.0m。

⑥结论

a. 桩锤对比（表 2-5-2-14）

钢管桩参数信息 表 2-5-2-14

项目	SBP370	S800
入土深度（m）	3.1	4.6
锤击数（次）	618	584
用时（min）	13	14
钢管应力（MPa）	82.4/-17.8	147.9/-9

b. 桩锤的选择

仅从桩的打入来讲，选择 S800 的桩锤较为合适，但入土深度还是较浅，在波浪流涌等荷载作用下，大直径钢管护筒无法自身站住，要靠在平台上来解决。因此关键在于平台建立的过程。

(5) 大直径钻孔桩施工工艺

①钻孔设备配备

由于平潭海峡公铁大桥含三座大跨度斜拉桥，钻孔桩直径大（最大桩径为 $\phi 4.0m \sim 4.5m$）、数量多、工程量大。在恶劣海况及复杂地质条件下进行钻孔施工，需要有工作性能先进、能力强大的施工设备来保证成孔的质量和进度。在这三座斜拉桥主塔墩台钻孔桩施工中，宜采用 KTY5000 型和 KTY4000 型动力头旋转钻机施工，同时配置 PESF935 型和 PESF825 型中压空压机循环排渣，以及楔齿或球齿滚刀钻头钻具切削岩面成孔。钻孔施工主要设备配备见表 2-5-2-15 ~ 表 2-5-2-17。

KTY5000 型动力头钻机性能 表 2-5-2-15

主要项目		单位	参数
钻孔直径	岩层（$\sigma_c \leqslant 120MPa$）	m	3.6~5.0
	岩层（$\sigma_c \leqslant 200MPa$）	m	3.6~4.0
最大钻孔深度		m	180
排渣方式			气举反循环
动力头转速及扭矩	转速扭矩	r/min	0~5.8
		kN·m	450
	转速扭矩	r/min	5.8~11.6
		kN·m	225
动力头提升能力		kN	3000
封口盘承载力		kN	2600
钻架倾斜角度		°	0~40
钻杆（通径×长度）		mm×mm	$\phi 335 \times 4000$
总功率		kW	110×3+15

续上表

主要项目	单位	参数
外形尺寸	mm	8202×8180×13340
主机重量(不含钻具、液压站)	t	67
液压站重量	t	10
主机单件最大重量	t	20
基本钻具重量(针对本桥)	t	100

PESF系列空压机性能　　　　表2-5-2-16

设备名称	型号	排气量	最大排气压力
电动空压机	PSEF935	26.5m³/min	1.0MPa
电动空压机	PSEF825	23.3m³/min	1.2MPa

滚刀钻头　　　　表2-5-2-17

钻头形式	钻头直径	滚刀数量	钻头质量(t)
楔齿滚刀钻头	4.0m	28把	22
	4.5m	32把	30
球齿滚刀钻头	4.0m	28把	24
	4.5m	32把	32

②钻压的选择和控制

钻压大小的选择应与岩石强度密切相关,如果刀齿处的压应力小于岩石的抗压强度,则刀齿只是在岩石表面磨刮,不仅钻孔效率低,而对刀具的磨损还很严重;当钻头刀齿切入岩石,其钻压不宜太大,太大易造成刀齿损坏,加大钻机转盘扭矩,增加钻机负荷,所以应根据岩石的类型及强度大小,选择合适的钻压,保证钻孔的效率和提高刀具的使用寿命。对楔齿滚刀,可用式(2-5-2-1)计算:

$$P = K \times Q \times L \tag{2-5-2-1}$$

式中:K——重叠系数,其值为(刀具长×刀数)÷成孔半径;

Q——线压强度,一般为岩石强度的三分之一(MPa);

L——钻孔半径(m)。

注:对120MPa基岩一般选钻压力1050~1400kN。

③成孔工艺

a. 采用气举反循环排渣方式

本项目可采用海水泥浆气举反循环排渣方式成孔。空压机通过管路将压缩空气输入至钻杆中心管内,在钻杆中心管内形成气液混合物,使得钻杆内气液混合物密度较孔内钻孔泥浆液体密度低,从而使孔内与钻杆中心管内形成压力差,孔内钻孔泥浆液体从钻头底部吸渣口流入中心管内,形成水流,水流将钻头滚刀破碎的岩面钻渣一起带进中心管,随气液混合物一起通过钻杆上部的动力头排渣管道排至沉渣箱内。钻渣沉淀在沉渣箱内,泥浆通过回浆管流回孔内,详见图2-5-2-18循环排渣示意图。

b. 护筒插打要求

为保证钻孔孔壁稳固、安全,防止钻进过程中出现塌孔、翻砂事故,护筒底口应进入稳定土层中。

用KTY5000型钻机,配置4.0~4.5m直径的钻头,一次钻成4.0~4.5m直径的孔。

c. 钻进参数确定

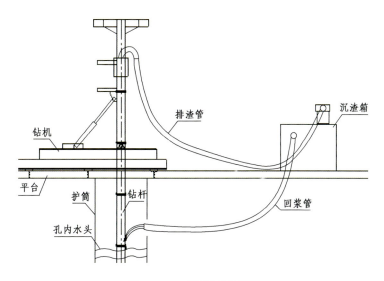

图 2-5-2-18　循环排渣示意图

为保证钻头有效破岩,每个滚刀上都要有足够的压力,不同岩层钻压选择如表 2-5-2-18 所示。

钻 进 参 数 表　　　　　　　　　　　表 2-5-2-18

地　　层	成孔直径(m)	钻压(kN)	钻速(r/min)	钻头形式
砂砾状强风化花岗岩	4.0	200～300	4～5	楔齿滚刀
	4.5	250～350	4～5	
碎块状强风化花岗岩	4.0	400～450	4～5	楔齿滚刀
	4.5	500～550	4～5	
微风化花岗岩	4.0	800～850	3～4	楔齿或球齿滚刀
	4.5	900～950	3～4	

d. 成孔垂直度控制

由于钻孔区域微风化岩面倾斜较大,为了保证钻孔垂直度,一是必须在整个钻孔过程中采用减压钻孔方法施工,其次在整个钻进过程中随时校正钻机的平整度,监控钻杆的垂直度,三是在基岩中钻进时,对于软硬不均地层采用轻压慢钻速钻进,必要时在基本钻具上加装稳定器。

e. 成孔质量检查

成孔提钻后,为了检查成孔质量,用超声波成孔检测仪,对孔形孔径进行检查,检测成孔垂直度和孔径等情况。

④水下 C50 混凝土的应用情况

经调查,中铁大桥局集团有限公司参建的哈大客专普兰店海湾特大桥桩基混凝土设计标号为水下 C50,其混凝土主要配合比参数见表 2-5-2-19。

C50 混凝土配合比　　　　　　　　　　　表 2-5-2-19

材料用量(kg/m³)							设计参数			
水泥	粉煤灰	矿粉	水	砂	碎石	外加剂	水胶比	含砂率	外加剂掺量
336	110	34	144	668	1137	4.56	0.3	37%	1%

⑤水封导管的布置

目前水下混凝土灌注采用比较多的方法是导管法和泵压法。导管法施工又分为单导管和双导管(多导管)两种形式,本项目采用单导管法施工。

通过计算得出单根直径4.5m钻孔桩的首批灌注混凝土约为35m³,采用内径为410mm、壁厚为8mm导管作用半径为7.62m。由上述计算可知,单根直径410mm导管能满足本桥直径4.5m钻孔桩的水下混凝土灌注。

⑥结论

a.钢护筒定位

根据前述计算可知,钢护筒在波流力和水流力作用下,有覆盖层区域护筒接触海床面前最大偏位能满足规范要求,可直接导向插打,无需采取其他措施;无覆盖层区域采用套筒辅助施工。

b.钢护筒插打

本桥选用S800液压打桩锤及APE600型液压打桩锤,可以满足本桥大直径钢护筒插打施工。

c.目前选择的KTY5000型动力头旋转钻机和钻具及配套设备,可以满足大直径钻孔桩施工要求。

d.根据已修建的桥梁基础实例,C45水下混凝土灌注是可行的。

9)高桩承台方案研究结论

考虑本桥的水深、浪高、风大、有效作业时间短、地质构造复杂等特殊建设条件,高桩承台选用直径3.0m钻孔桩方案会使得桩数较多,施工周期长,工期较难保证,但施工风险可控;选用ϕ4.0m和ϕ4.5m大直径桩方案,桩体自身刚度较大,桩数较少,比直径ϕ3.0m钻孔桩方案经济性好,且国内外均有大直径桩和高标号混凝土的桥梁基础实例,因此大直径桩基础方案也是可行的。

5.2.2 元洪航道桥基础布置

参考Z03号主墩承台方案研究成果,元洪航道桥主塔基础高桩承台采用ϕ4.0m的钻孔桩基础方案。根据混凝土耐久性要求及防船撞设计需求,元洪航道桥基础承台底高程选为-4.0m(确保在最低潮位条件下钻孔桩基本不露出水面);承台采用C50混凝土,桩基采用C45水下混凝土。

元洪航道桥总体布置为(132+196+532+196+132)m,全长1188m。桥式立面布置如图2-5-2-19所示。

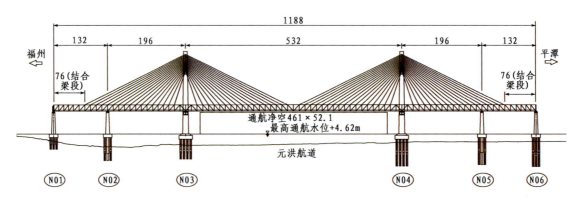

图2-5-2-19 元洪航道桥立面布置图(尺寸单位:m)

1)元洪航道桥主塔墩基础布置

(1)N03号主塔墩基础

N03号主塔墩4.0m桩基础采用24根直径4.0m钻孔桩,C45水下混凝土,平均桩长47.3m,横向桩距8.2m,纵向桩距8.2m。承台为圆端哑铃形的高桩承台,C50混凝土,承台顶高程为+5.0m,平面尺寸81.0m×33.0m,厚9.0m,如图2-5-2-20所示。

根据上述方案设计,主要结构数量汇总见表2-5-2-20。

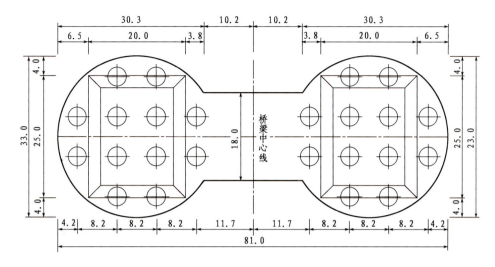

图 2-5-2-20　N03 号主塔墩 4.0m 基础平面图(尺寸单位:m)

N03 号墩基础方案主要工程数量表　　　表 2-5-2-20

项　　目		参　　数
承台顶高程(m)		+5.0
钻孔桩	桩数(根)×桩径(m)×桩长(m)	24×4.0×47.3
	混凝土(m³)	17724.6[C45]
	钢护筒(t)	3649
承台	外形尺寸(m×m)×厚度(m)	81×33×9.0
	混凝土(m³)	18104[C50]
	C25 封底混凝土(m³)	5517
	钢围堰(t)	3185

(2)N04 号主塔墩基础布置

N04 号主塔墩 4.0m 桩基础采用 22 根直径 4.0m 钻孔桩,C45 水下混凝土,平均桩长 64m,横向桩距 8.2m,纵向桩距 8.2m。承台为圆端哑铃形的高桩承台,C50 混凝土,承台顶高程为+5.0m,平面尺寸 81.0m×33.0m,厚 9.0m,如图 2-5-2-21 所示。

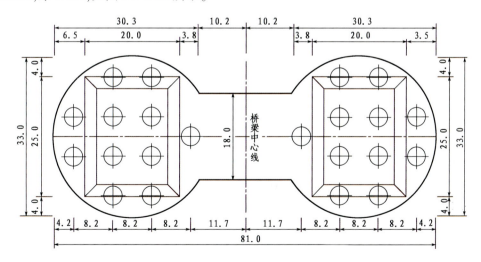

图 2-5-2-21　N04 号主塔墩 4.0m 桩基础平面图(尺寸单位:m)

根据上述方案设计,主要结构数量汇总见表 2-5-2-21。

N04 号墩基础主要工程数量表　　　表 2-5-2-21

项　目		参　数
承台顶高程(m)		+5.0
钻孔桩	桩数(根)×桩径(m)×桩长(m)	22×φ4.0×64
钻孔桩	混凝土(m³)	21282［C45］
钻孔桩	钢护筒(t)	3459
承台	外形尺寸(m×m)×厚度(m)	81×33×9.0
承台	混凝土(m³)	18104［C50］
承台	C25 封底混凝土(m³)	5623
承台	钢围堰(t)	3183.1

2）元洪航道桥辅助墩基础布置

(1) N02 号辅助墩基础

N02 号辅助墩 4.0m 桩基础采用 10 根直径 4.0m 钻孔桩，C45 水下混凝土，平均桩长 54.8m，横向桩距 8.2m，纵向桩距 7.2m；承台为倒圆角矩形承台，C50 混凝土，承台顶高程为 +4.0m，平面尺寸 31.8m× 21.6m，厚 8.0m，如图 2-5-2-22 所示。

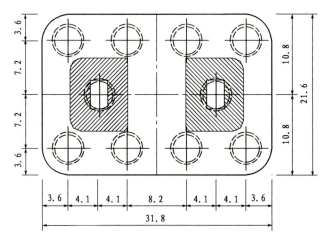

图 2-5-2-22　N02 号辅助墩 4.0m 桩基础平面图(尺寸单位：m)

根据上述方案设计，主要结构数量汇总见表 2-5-2-22。

N02 号墩基础方案主要工程数量表　　　表 2-5-2-22

项　目		参　数
承台顶高程(m)		+4.0
钻孔桩	桩数(根)×桩径(m)×桩长(m)	10×φ4.0×54.8
钻孔桩	混凝土(m³)	8496［C45］
钻孔桩	钢护筒(t)	1690
承台	外形尺寸(m×m)×厚度(m)	31.8×21.6×8.0
承台	混凝土(m³)	5406［C50］
承台	C25 封底混凝土(m³)	1605
承台	钢围堰(t)	1468.8

(2) N05 号辅助墩基础

N05 号辅助墩 4.0m 桩基础采用 10 根直径 4.0m 钻孔桩，C45 水下混凝土，平均桩长 66.7m，横向桩距 8.2m，纵向桩距 7.2m；承台为倒圆角矩形承台，C50 混凝土，承台顶高程为 +4.0m，平面尺寸 31.8m×

21.6m,厚8.0m,如图2-5-2-23所示。

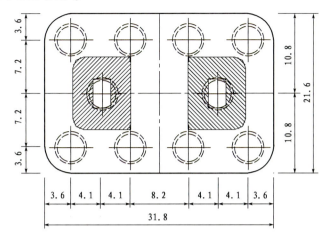

图 2-5-2-23　N05 号辅助墩 4.0m 桩基础平面图(尺寸单位:m)

根据上述方案设计,主要结构数量汇总见表2-5-2-23。

N05 号墩基础方案主要工程数量表　　　　　　表 2-5-2-23

项　　目		参　　数
承台顶高程(m)		+4.0
钻孔桩	桩数(根)×桩径(m)×桩长(m)	10×φ4.0×66.7
	混凝土(m³)	9046［C45］
	钢护筒(t)	1567
承台	外形尺寸(m×m)×厚度(m)	31.8×21.6×8.0
	混凝土(m³)	5406［C50］
	C25 封底混凝土(m³)	1605
	钢围堰(t)	1468.8

3）元洪航道桥边墩基础布置

（1）N01 号边墩基础

N01 号边墩 4.0m 桩基础采用 10 根直径 4.0m 钻孔桩,C45 水下混凝土,平均桩长 29.5m,横向桩距 8.2m,纵向桩距 7.2m;承台为倒圆角矩形承台,C50 混凝土,承台顶高程为 +4.0m,平面尺寸 31.8m×21.6m,厚8.0m,如图 2-5-2-24 所示。

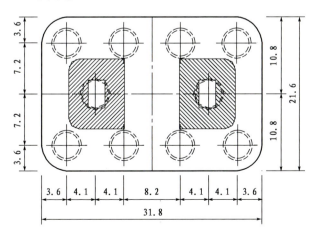

图 2-5-2-24　N01 号边墩 4.0m 桩基础平面图(尺寸单位:m)

根据上述方案设计,主要结构数量汇总见表 2-5-2-24。

N01 号墩基础方案主要工程数量表　　　　表 2-5-2-24

项　　目		参　　数
承台顶高程(m)		+4.0
钻孔桩	桩数(根)×桩径(m)×桩长(m)	10×φ4.0×29.5
	混凝土(m³)	4628.2 [C45]
	钢护筒(t)	948
承台	外形尺寸(m×m)×厚度(m)	31.8×21.6×8.0
	混凝土(m³)	5406 [C50]
	C25 封底混凝土(m³)	1604
	钢围堰(t)	1468.8

(2) N06 号边墩基础

N06 号边墩 4.0m 桩基础采用 10 根直径 4.0m 钻孔桩,C45 水下混凝土,平均桩长 70.0m,横向桩距 8.2m,纵向桩距 7.2m;承台为倒圆角矩形承台,C50 混凝土,承台顶高程为 +4.0m,平面尺寸 31.8m×21.6m,厚 8.0m,如图 2-5-2-25 所示。

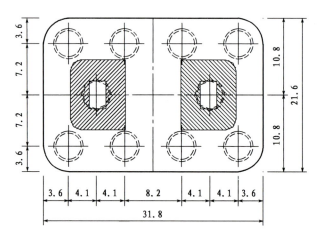

图 2-5-2-25　N06 号边墩 4.0m 桩基础平面图(尺寸单位:m)

根据上述方案设计,主要结构数量汇总见表 2-5-2-25。

N06 号墩基础方案主要工程数量表　　　　表 2-5-2-25

项　　目		参　　数
承台顶高程(m)		+4.0
钻孔桩	桩数×桩径×桩长(m)	10×4.0×70.0
	混凝土(m³)	10348 [C45]
	钢护筒(t)	1443
承台	外形尺寸(m×m)×厚度(m)	31.8×21.6×8.0
	混凝土(m³)	5406 [C50]
	C25 封底混凝土(m³)	1604
	钢围堰(t)	1468.8

5.2.3　鼓屿门水道桥基础布置

参考 Z03 号主墩高桩承台方案研究成果,鼓屿门水道桥主塔基础高桩承台采用直径 4.5m 的钻孔桩基础方案。根据混凝土耐久性要求及防船撞设计需求,鼓屿门水道桥基础承台高程选为-4.0m(确保在最低潮位条件下桩基不露出水面),承台采用C50混凝土,桩基采用C45水下混凝土。

鼓屿门水道桥跨布置为(128+154+364+154+128)m,全长928m,桥式立面布置如图2-5-2-26所示。

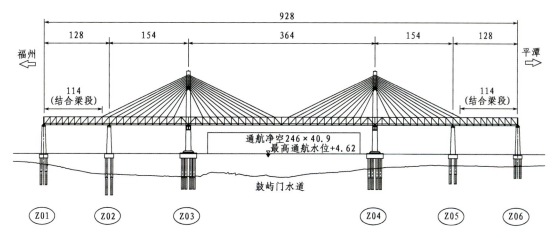

图2-5-2-26 鼓屿门水道桥立面布置图(尺寸单位:m)

1)鼓屿门水道桥主塔墩基础布置

(1)Z03号主塔墩基础

Z03号主塔墩4.5m桩基础采用18根直径4.5m钻孔桩,C45水下混凝土,平均桩长59.6m,横向桩距9.2m,纵向桩距9.2m;承台为圆端哑铃形的高桩承台,C50混凝土,承台顶高程为+6.0m,平面尺寸80.4m×32.4m,厚10m,如图2-5-2-27所示。

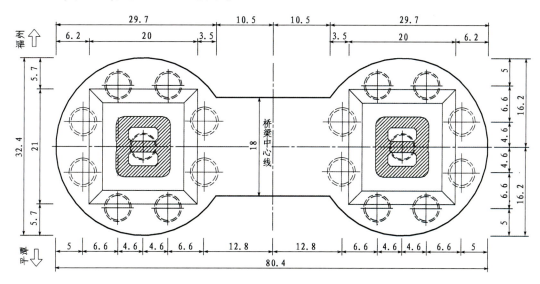

图2-5-2-27 Z03号主塔墩4.5m桩基础平面图(尺寸单位:m)

根据上述方案设计,主要结构数量汇总见表2-5-2-26。

Z03号墩基础方案主要工程数量表　　　　表2-5-2-26

项　目		4.5m桩方案
承台顶高程(m)		+6.0
钻孔桩	桩数(根)×桩径(m)×桩长(m)	18×φ4.5×59.6
	混凝土(m³)	20640.1[C45]
	钢护筒(t)	4476

续上表

项　　目		4.5m桩方案
承台	外形尺寸(m×m)×厚度(m)	80.4×32.4×10.0
	混凝土(m³)	19613.3[C50]
	C25封底混凝土(m³)	5424
	钢围堰(t)	3110.6

(2) Z04号主塔墩基础

Z04号主塔墩4.5m桩基础采用16根直径4.5m钻孔桩，C45水下混凝土，平均桩长56.4m，横向桩距9.2m，纵向桩距9.2m；承台为圆端哑铃形的高桩承台，C50混凝土，承台顶高程为+6.0m，平面尺寸80.4m×32.4m，厚10m，如图2-5-2-28所示。

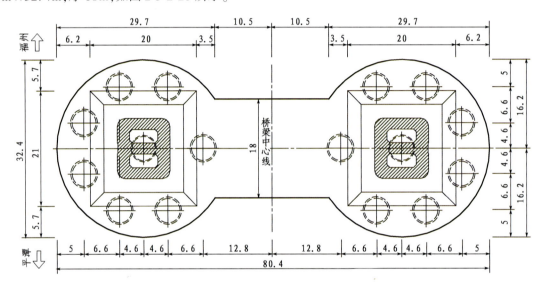

图2-5-2-28　Z04号主塔墩4.5m桩基础平面图(尺寸单位：m)

根据上述方案设计，主要结构数量汇总见表2-5-2-27。

Z04号墩基础方案主要工程数量表　　　表2-5-2-27

项　　目		4.5m桩方案
承台顶高程(m)		+6.0
钻孔桩	桩数(根)×桩径(m)×桩长(m)	16×φ4.5×56.4
	混凝土(m³)	16424[C45]
	钢护筒(t)	3735
承台	外形尺寸(m×m)×厚度(m)	80.4×32.4×10.0
	混凝土(m³)	19613[C50]
	C25封底混凝土(m³)	5556
	钢围堰(t)	3111.7

2) 鼓屿门水道桥辅助墩基础布置

(1) Z02号辅助墩基础

Z02号辅助墩4.5m桩基础采用8根直径4.5m钻孔桩，C45水下混凝土，平均桩长69.5m，横向桩距9.2m，纵向桩距10.0m；承台为倒圆角矩形承台，C50混凝土，承台顶高程为+4.0m，平面尺寸35.6m×18m，厚8m，如图2-5-2-29所示。

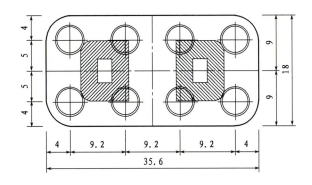

图 2-5-2-29　Z02 号辅助墩 4.5m 桩基础平面图(尺寸单位:m)

根据上述方案设计,主要结构数量汇总见表 2-5-2-28 所示。

Z02 号墩基础方案主要工程数量表　　表 2-5-2-28

项　　目		4.5m 桩方案
承台顶高程(m)		+4.0
钻孔桩	桩数(根)×桩径(m)×桩长(m)	8×φ4.5×69.5
	混凝土(m³)	10517[C45]
	钢护筒(t)	2413
承台	外形尺寸(m×m)×厚度(m)	35.6×18×8.0
	混凝土(m³)	5016.5[C50]
	C25 封底混凝土(m³)	1630
	钢围堰(t)	1420.7

(2)Z05 号辅助墩基础

Z05 号辅助墩 4.5m 桩基础采用 8 根直径 4.5m 钻孔桩,C45 水下混凝土,平均桩长 39.7m,横向桩距 9.2m,纵向桩距 10.0m;承台为倒圆角矩形承台,C50 混凝土,承台顶高程为 +4.0m,平面尺寸 35.6m× 18m,厚 8m,如图 2-5-2-30 所示。

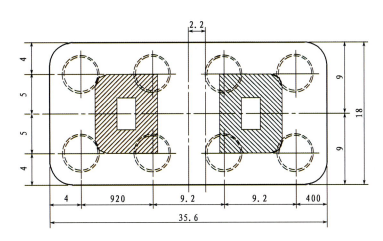

图 2-5-2-30　Z05 号辅助墩 4.5m 桩基础平面图(尺寸单位:m)

根据上述方案设计,主要结构数量汇总见表 2-5-2-29。

Z05 号墩基础方案主要工程数量表　　　　　表 2-5-2-29

项　　目		4.5m 桩方案
承台顶高程(m)		+4.0
钻孔桩	桩数(根)×桩径(m)×桩长(m)	8×φ4.5×39.7
	混凝土(m³)	6345[C45]
	钢护筒(t)	1717
承台	外形尺寸(m×m)×厚度(m)	35.6×18×8.0
	混凝土(m³)	5016.5[C50]
	C25 封底混凝土(m³)	1630
	钢围堰(t)	1420.7

3）鼓屿门水道桥边墩基础布置

（1）Z01 号边墩基础

Z01 号边墩 4.0m 桩基础采用 8 根直径 4.0m 钻孔桩，C45 水下混凝土，平均桩长 50.5m，横向桩距 8.2m，纵向桩距 10.0m；承台为倒圆角矩形承台，C50 混凝土，承台顶高程为 +3.0m，平面尺寸 31.8m× 17.2m，厚 7m，如图 2-5-2-31 所示。

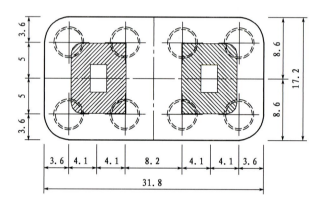

图 2-5-2-31　Z01 号边墩 4.0m 桩基础平面图(尺寸单位:m)

根据上述方案设计，主要结构数量汇总见表 2-5-2-30。

Z01 号墩基础方案主要工程数量表　　　　　表 2-5-2-30

项　　目		参　　数
承台顶高程(m)		+3.0
钻孔桩	桩数(根)×桩径(m)×桩长(m)	8×φ4.0×50.5
	混凝土(m³)	6353[C45]
	钢护筒(t)	1422
承台	外形尺寸(m×m)×厚度(m)	31.8×17.2×7.0
	混凝土(m³)	3751[C50]
	C25 封底混凝土(m³)	911
	钢围堰(t)	1310.4

（2）Z06 号边墩基础

Z06 号边墩 4.0m 桩基础采用 8 根直径 4.0m 钻孔桩，C45 水下混凝土，平均桩长 37m，横向桩距 8.2m，纵向桩距 10.0m；承台为倒圆角矩形承台，C50 混凝土，承台顶高程为 +3.0m，平面尺寸 31.8m× 17.2m，厚 7.0m，如图 2-5-2-32 所示。

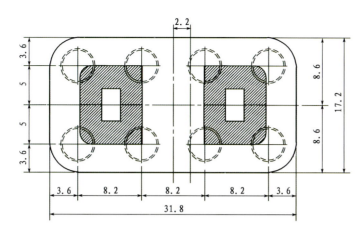

图 2-5-2-32　Z06 号边墩 4.0m 桩基础平面图(尺寸单位:m)

根据上述方案设计,主要结构数量汇总见表 2-5-2-31。

Z06 号墩基础方案主要工程数量表　　　表 2-5-2-31

项　　目		参　　数
承台顶高程(m)		+3.0
钻孔桩	桩数(根)×桩径(m)×桩长(m)	8×φ4.0×37
	混凝土(m³)	4924[C45]
	钢护筒(t)	1386
承台	外形尺寸(m×m)×厚度(m)	31.8×17.2×7.0
	混凝土(m³)	3750.8[C50]
	C25 封底混凝土(m³)	911
	钢围堰(t)	1310.4

5.2.4　大小练岛水道桥基础布置

参考 Z03 号主墩高桩承台方案研究成果,大小练岛水道桥主塔基础高桩承台采用直径 4.0m 的钻孔桩基础方案。根据混凝土耐久性要求及防船撞设计需求,大小练岛水道桥基础承台高程选为 -4.0m(确保在最低潮位条件下桩基不露出水面),承台采用 C50 混凝土,桩基采用 C45 水下混凝土。

大小练岛水道桥桥跨布置为(80+140+336+140+80)m,全长 776m,桥式立面布置如图 2-5-2-33 所示。

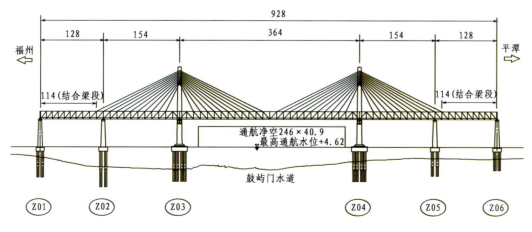

图 2-5-2-33　大小练水道桥立面布置图(尺寸单位:m)

1）大小练岛水道桥主塔墩基础布置

(1) S03号主塔墩基础

S03号主塔墩4.0m桩基础采用22根直径4.0m钻孔桩，C45水下混凝土，平均桩长46.3m。承台为圆端哑铃形的高桩承台，C50混凝土，承台顶高程为+5.0m，平面尺寸81.0m×33.0m，厚9.0m，如图2-5-2-34所示。

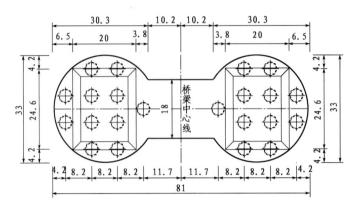

图2-5-2-34　S03号主塔墩4.0m桩基础平面图(尺寸单位:m)

根据上述方案设计，主要结构数量汇总见表2-5-2-32。

S03号墩基础方案主要工程数量表　　　表2-5-2-32

项　目		参　数
承台顶高程(m)		+5.0
钻孔桩	桩数(根)×桩径(m)×桩长(m)	22×φ4.0×46.3
	混凝土(m³)	15374[C45]
	钢护筒(t)	3719
承台	外形尺寸(m×m)×厚度(m)	81×33×9.0
	混凝土(m³)	18104[C50]
	C25封底混凝土(m³)	5623
	钢围堰(t)	2999.6

(2) S04号主塔墩基础

S04号墩4.0m桩基础方案采用20根直径4.0m钻孔桩，C45水下混凝土，平均长度48.8m。承台为圆端哑铃形的高桩承台，C50混凝土，承台顶高程为+5.0m，平面尺寸80.0m×32.0m，厚9.0m，如图2-5-2-35所示。

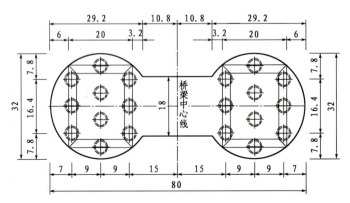

图2-5-2-35　S04号主塔墩4.0m桩基础平面图(尺寸单位:m)

根据上述方案设计,主要结构数量汇总见表 2-5-2-33。

S04 号墩基础方案主要工程数量表 表 2-5-2-33

项 目		参 数
承台顶高程(m)		+5.0
钻孔桩	桩数(根)×桩径(m)×桩长(m)	20×φ4.0×48.8
	混凝土(m³)	13117［C45］
	钢护筒(t)	3216
承台	外形尺寸(m×m)×厚度(m)	80×32×9.0
	混凝土(m³)	17357［C50］
	C25 封底混凝土(m³)	5400
	钢围堰(t)	2878.2

2)大小练岛水道桥辅助墩基础布置

(1)S02 号辅助墩基础

S02 号辅助墩 3.0m 桩基础采用 15 根直径 3.0m 钻孔桩,C40 水下混凝土,平均桩长 28.43m,横向桩距 7.0m,纵向桩距 6.1m;承台采用倒圆角矩形承台,C50 混凝土,承台顶高程为 -9.5,平面尺寸 33.5m×17.7m,厚 5.5m,如图 2-5-2-36 所示。

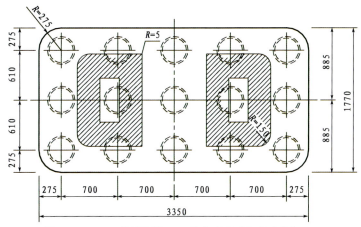

图 2-5-2-36 S02 号辅助墩 3.0m 桩基础平面图(尺寸单位:cm)

根据上述方案设计,主要结构数量汇总见表 2-5-2-34。

S02 号墩基础方案主要工程数量表 表 2-5-2-34

项 目		3.0m 桩方案
承台顶高程(m)		-9.5
钻孔桩	桩数(根)×桩径(m)×桩长(m)	15×φ3.0×46.4
	混凝土(m³)	3678［C40］
	钢护筒(t)	1530
承台	外形尺寸(m×m)×厚度(m)	33.5×17.7×5.5
	混凝土(m³)	3225.5［C50］
	C30 封底混凝土(m³)	2070
	钢围堰(t)	1860.2

(2)S05 号辅助墩基础

S05 号辅助墩 3.0m 桩基础采用 15 根直径 3.0m 钻孔桩,C40 水下混凝土,平均桩长 19.93m,横向桩距 7.0m,纵向桩距 6.1m;承台采用倒圆角矩形承台,C50 混凝土,承台顶高程为 -9.5,平面尺寸 33.5m×17.7m,厚 5.5m,如图 2-5-2-37 所示。

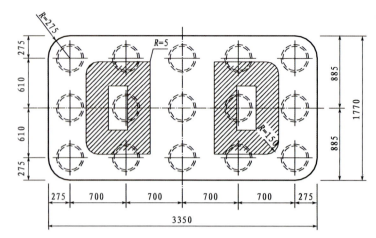

图 2-5-2-37　S05 号辅助墩 3.0m 桩基础平面图(尺寸单位:cm)

根据上述方案设计,主要结构数量汇总如表 2-5-2-35 所示。

S05 号墩基础方案主要工程数量表　　表 2-5-2-35

项　　目		3.0m 桩方案
承台顶高程(m)		-9.5
钻孔桩	桩数(根)×桩径(m)×桩长(m)	15×φ3.0×37.8
	混凝土(m³)	2475[C40]
	钢护筒(t)	975.75
承台	外形尺寸(m×m)×厚度(m)	33.5×17.7×5.5
	混凝土(m³)	3225.5[C50]
	C30 封底混凝土(m³)	2070
	钢围堰(t)	1860.2

3)大小练岛水道桥边墩基础布置

(1)S01 号边墩基础

S01 号边墩 3.0m 桩基础采用 12 根直径 3.0m 钻孔桩,C40 水下混凝土,平均桩长 37.0m,横向桩距 6.2m,纵向桩距 6.1m;承台采用倒圆角矩形承台,C50 混凝土,承台顶高程为 -4.0m,平面尺寸 30.3m×17.7m,厚 5.5m,如图 2-5-2-38 所示。

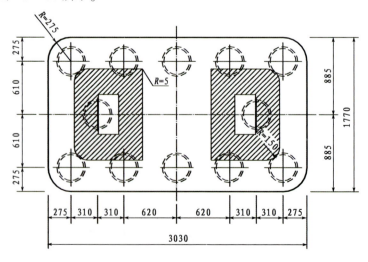

图 2-5-2-38　S01 号边墩 3.0m 桩基础平面图(尺寸单位:cm)

根据上述方案设计,主要结构数量汇总见表 2-5-2-36。

S01 号墩基础方案主要工程数量表   表 2-5-2-36

项　　目		3.0m 桩方案
承台顶高程(m)		-4.0
钻孔桩	桩数(根)×桩径(m)×桩长(m)	12×φ3.0×43.0
	混凝土(m³)	3916.7[C40]
	钢护筒(t)	1224
承台	外形尺寸(m×m)×厚度(m)	30.3×17.7×5.5
	混凝土(m³)	2914.0[C50]
	C30 封底混凝土(m³)	1489
	钢围堰(t)	935

(2)S06 号边墩基础

S06 号边墩 3.0m 桩基础采用 12 根直径 3.0m 钻孔桩,C40 水下混凝土,平均桩长 18.0m,横向桩距 6.2m,纵向桩距 6.1m;承台采用倒圆角矩形承台,C50 混凝土,承台顶高程为 -4.0m,平面尺寸 30.3m×17.7m,厚 5.5m,如图 2-5-2-39 所示。

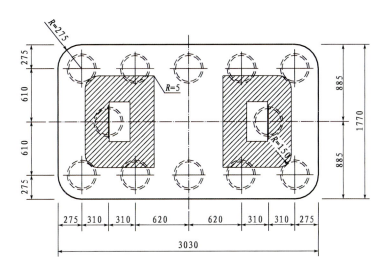

图 2-5-2-39　S06 号边墩 3.0m 桩基础平面图(尺寸单位:cm)

根据上述方案设计,主要结构数量汇总见表 2-5-2-37。

S06 号墩基础方案主要工程数量表   表 2-5-2-37

项　　目		3.0m 桩方案
承台顶高程(m)		-4.0
钻孔桩	桩数(根)×桩径(m)×桩长(m)	12×φ3.0×37.0
	混凝土(m³)	1886.89[C40]
	钢护筒(t)	780.6
承台	外形尺寸(m×m)×厚度(m)	30.3×17.7×5.5
	混凝土(m³)	2914.0[C50]
	C30 封底混凝土(m³)	1489
	钢围堰(t)	729.9

5.2.5 通航孔斜拉桥基础波流力计算

1）主塔墩承台波流力

平潭海峡公铁大桥承台波流力根据《海港水文规范》（JTS 145-2—2013）的计算理论和相关公式及"桥梁基础波流力研究和水槽试验"专题研究成果进行分析，结果见表2-5-2-38。

主墩承台结构波流力　　　　表2-5-2-38

桥梁	墩号	流速（m/s）	横桥向$H_{1\%}$波浪		顺桥向$H_{1\%}$波浪		横桥向波流力（kN）	顺桥向波流力（kN）
			波高（m）	周期（s）	波高（m）	周期（s）		
元洪航道桥	N03	2.21	9.69	10.8	4.41	6.9	39737	24660
	N04						39578	25320
鼓屿门水道桥	Z03	2.20	6.8	11.2	3.6	6.2	30293	18174
	Z04						27910	18330
大小练岛水道桥	S03	3.09	4.61	7.0	4.02	6.6	13114	19753
	S04						12330	19822

经检算，主墩承台波流力均在基础受力的可承受范围内。

2）主塔墩基础桩基波流力分析

平潭海峡公铁大桥主塔墩桩基的波流力计算结果汇总见表2-5-2-39。

主墩桩基结构的波流力　　　　表2-5-2-39

桥梁	墩号	流速（m/s）	横桥向$H_{1\%}$波浪		顺桥向$H_{1\%}$波浪		顺桥向波流力（kN）	顺桥向波流力（kN）
			波高（m）	周期（s）	波高（m）	周期（s）		
元洪航道桥	N03	2.21	9.69	10.8	4.41	6.9	29208	8251
	N04						20270	7448
鼓屿门水道桥	Z03	2.20	6.8	11.2	3.6	6.2	35688	4851
	Z04						24658	4959
大小练岛水道桥	S03	3.09	4.61	7.0	4.02	6.6	30968	6185
	S04						25338	5467

经检算主墩桩基波流力均在基础受力的可承受范围内。

3）斜拉桥基础施工围堰流力计算

平潭海峡公铁大桥主塔墩施工围堰的波流力根据《海港水文规范》（JTS 145-2—2013）相关公式进行计算，其所用基础方案的围堰的波流力计算结果见表2-5-2-40~表2-5-2-42。

元洪航道桥主墩基础施工围堰的波流力　　　　表2-5-2-40

桥梁	墩号	流速（m/s）	横桥向$H_{5\%}$波浪		顺桥向$H_{5\%}$波浪		横桥向波流力（kN）	顺桥向波流力（kN）
			波高（m）	周期（s）	波高（m）	周期（s）		
元洪航道桥	N01	2.07	4.93	9.2	1.91	5.0	15836	5106
	N02						14678	5050
	N03						21038	9470
	N04						19957	9374
	N05						15532	5050
	N06						15636	5067

鼓屿门水道桥主墩基础施工围堰的波流力　　　　　表2-5-2-41

桥梁	墩号	流速(m/s)	横桥向$H_{5\%}$波浪		顺桥向$H_{5\%}$波浪		横桥向波流力(kN)	顺桥向波流力(kN)
			波高(m)	周期(s)	波高(m)	周期(s)		
鼓屿门水道桥	Z01	2.07	4.17	9.2	2.14	5.3	10135	5687
	Z02						11727	5669
	Z03						19167	10340
	Z04						17311	9877
	Z05						12535	5669
	Z06						9721	5669

大小练岛水道桥主墩基础施工围堰的波流力　　　　　表2-5-2-42

桥梁	墩号	流速(m/s)	横桥向$H_{5\%}$波浪		顺桥向$H_{5\%}$波浪		横桥向波流力(kN)	顺桥向波流力(kN)
			波高(m)	周期(s)	波高(m)	周期(s)		
大小练岛水道桥	S01	2.89	2.58	5.8	2.22	5.4	4794	5958
	S02						5104	7362
	S03						7288	10401
	S04						7148	10218
	S05						5034	7362
	S06						4709	6031

5.2.6　承台方案结构动静力特性分析

以平潭海峡公铁大桥元洪航道桥主跨532m斜拉桥的N03号主墩为例,从结构受力的角度出发,研究大跨度公铁两用斜拉桥整体静动力性能。

1）荷载取值

(1)恒载:包括一期恒载、二期恒载、混凝土压重和索力。其中,一期恒载根据设计考虑结构合理构造系数后通过程序自动计算;公路及铁路二期恒载共289kN/m(铁路二期恒载为163kN/m,公路二期恒载为126kN/m)。混凝土压重布置在N02号及N05号辅助墩两侧各3个节间范围内,压重荷载为264kN/m。

(2)活载:铁路活载按"中—活载"图式加载,公路活载按公路一级车道荷载考虑。

(3)支座沉降:主塔墩基础2.0cm;边墩及辅助墩基础1.5cm,并考虑不同支座沉降的最不利组合。

(4)列车横向摇摆力:取100kN,以水平方向垂直于线路中心线,作用于跨中钢轨顶面。

(5)制动力:列车制动力按《铁路桥涵设计基本规范》(TB 10002.1—2005)的相关规定考虑;汽车制动力考虑单侧三个车道同时制动,为公路-Ⅰ级车道荷载标准值在加载长度上计算的总重力的10%,并不小于165kN,同向行驶三车道的制动力按单个车道的2.34倍进行折减。

(6)温度荷载考虑整体升、降温工况,其中混凝土和钢取不同升、降温值。

(7)风荷载:横向极限风V_{s10}=44.8m/s,有车风V_{10}=30m/s;主桁杆件风荷载按《铁路桥涵设计基本规范》(TB 10002.1—2005)计算;主塔及斜拉索风荷载根据《公路桥梁抗风设计规范》(JTG/T D60-01—2004)取值;计算时分为横向极限风、横向有车风、纵向极限风、纵向有车风四种工况。

2）内力情况

研究单项荷载作用时主塔塔底弯矩,见表2-5-2-43。

各单项荷载作用下主塔塔底最大弯矩　　　　表2-5-2-43

项　目		塔底最大弯矩(MN·m)
恒载		-436.3
活载	中活载	574.8
	公路活载	132.9
支座沉降		30.0
列车横向摇摆力		1.3
制动力	列车	137.4
	汽车	61.5
温度荷载	整体升温	338.4
	整体降温	363.2
风荷载	纵向极限风	589.0
	纵向有车风	268.4
	横向极限风(横桥向)	688.7
	横向有车风(横桥向)	314.2

根据计算可知,在受到单项荷载作用下,塔底最大弯矩值远小于设计承载能力,故符合要求。

3)位移变化分析

由设计方案中主梁对应的静活载位移计算结果可知:铁路活载作用下各跨竖向挠度最小值依次为-38mm、-86mm 和 -640 mm,对边跨的影响较其余跨大。对公路活载作用,各跨竖向挠度最小值分别为 -11mm、-23mm 和 -155 mm。对梁端转角,铁路活载对应 N01 号、N06 号墩梁端转角最大分别为 0.971‰、-0.971‰。对梁端位移,铁路活载作用下 N01 号墩、N06 号墩对应最大值分别为 52mm、-21mm。公路活载作用下 N01 号墩、N06 号墩梁端最大位移分别为 12mm、-5mm。

以上分析了承台设计方案中,铁路及公路活载作用下主梁的竖向挠度、梁端转角和梁端位移结果。对于附加力等荷载,整体升、降温对方案中的主梁竖向位移影响较大,而对应纵向位移影响很小。支座沉降、列车横向摇摆力和制动力单独作用下,引起的主梁对应方向的位移变化很小。各分项荷载作用下的主塔塔顶位移变化见表2-5-2-44。

各分项荷载作用下的主塔塔顶位移变化　　　　表2-5-2-44

项　目		塔顶位移(mm)
支座沉降		13.4
横向摩擦力		3.2
制动力	列车	11.8
	汽车	5.4
温度荷载	整体升温	144.8
	整体降温	-155.4
风荷载	纵向极限风	59.0
	纵向有车风	27.3
	横向极限风(横桥向)	250.9
	横向有车风(横桥向)	117.1

4)动力特性变化

主塔墩结构自振特性见表2-5-2-45。

各分项荷载作用下的主塔自振频率 表 2-5-2-45

项 目	频率（Hz）	振 型
1	0.230	主桁横弯
2	0.245	体系纵向振动
3	0.306	主塔反对称侧弯
4	0.323	主塔对称侧弯
5	0.337	主桁对称竖弯
6	0.453	主桁横弯
7	0.474	主桁横弯
8	0.545	主桁横弯
9	0.547	主桁反对称竖弯
10	0.619	主桁扭转
扭弯频率比	$f_{10}/f_5 = 1.84$	

松下岸

人屿岛

元洪航道桥

鼓屿门水道桥

平潭海峡公铁大桥
建造关键技术

02

第 6 章
航道桥防撞设施研究

6.1 斜拉桥承台防撞设施研究

6.1.1 桥墩防船撞标准

1）通航标准及防撞要求

根据交通运输部《关于福州至平潭铁路平潭海峡大桥通航安全影响论证的审查意见》（交水发〔2012〕107号），平潭海峡公铁大桥海域最高通航水位为 +4.62m，最低通航水位为 -3.40m。三座斜拉桥的通航标准及通航净空尺寸见表2-6-1-1。5万t级散货轮尺度见表2-6-1-2。

平潭海峡公铁两用大桥三座斜拉桥通航标准及净空尺度　　表2-6-1-1

项　目	通航标准	通航尺度（m×m）	桥墩防撞标准	防撞桥墩
元洪航道桥	5万t级单孔双向	461×52.1	5万t级散货船	N01～N06
鼓屿门水道桥	5000t级单孔双向	246×40.9		Z02～Z05
大小练岛水道桥	5万t级单孔单向、5000t级单孔双向	260×52.1		S02～S05

5万t级散货轮尺度表　　表2-6-1-2

总长 L(m)	型宽 B(m)	型深 H(m)	满载吃水 T(m)
223	32.3	17.9	12.8

2）撞击速度

船舶撞击力与碰撞速度密切相关，碰撞速度是根据船舶在航道内（在航道中心线上）的正常行驶速度、航道中心线至桥墩的距离,以及船舶长度等因素综合确定的。按照美国国家公路与运输协会(AASHTO)的《桥梁船舶撞击设计指南》建议确定船舶设计防撞速度的方法为:在航道范围内,船舶以正常速度行驶;在距航道三倍船长以外处,船舶以水流速度漂流,水流速度可按航道所在处的多年平均流速确定;此两者之间的区域,设计船速按直线内插确定。

平潭海峡公铁大桥船舶过桥航速(航道范围内)按 8 节(4.1m/s)控制,根据桥跨布置、航道布置及水流速度确定,各通航孔桥防撞速度见表 2-6-1-3。

平潭海峡大桥船舶防撞速度表　　　　表 2-6-1-3

通 航 孔 桥	防撞速度(m/s)		
	主墩	辅助墩	边墩
元洪航道桥	3.9	2.6	1.2
鼓屿门水道桥	3.8	3.0	—
大小练岛水道桥	4.0	3.5	—

6.1.2　国内外研究现状

20 世纪 80 年代,日本学者岩井·聪按照船舶冲撞能量吸收方法和设置场所的不同对各种防护措施分为 2 类 8 种,类一为直接结构防撞包括护舷方式、绳索方式、缓冲体方式及重力式等;类二为间接结构防撞包括桩方式、沉箱式、人工岛方式及浮体系泊缆方式等。1991 年,国际桥梁与结构工程协会(IABSE)将通常的桥梁保护结构分为五类:防护板系统、支撑桩系统、系缆桩系统、人工岛或暗礁保护以及浮动保护系统。

1983 年我国高校学者开始在杂志上介绍国外桥梁防撞的情况和经验。从 1994 年开始,我国开始进行桥梁防撞设施的研究,经多年发展,中国的桥梁工程师们在传统防撞设施的基础上,发展和创新了许多新型的防船撞装置,如防撞钢套箱、钢丝圈柔性消能防撞装置及复合材料防撞设施等。

防撞钢套箱,在主墩周围安装套箱,箱体与桥墩之间设置橡胶块,利用钢结构和橡胶进行消能。钢套箱由钢板和桁材组成,在遭受船舶撞击时,箱体材料发生变形直至破坏来消能。套箱可做成固定式和浮动式,将承台防撞钢套箱与吊箱围堰结合进行设计,不但可实现承台防撞,还能作为承台施工时的挡水和模板结构,满足施工要求,形成防撞钢吊箱。防撞钢吊箱不但能有效防撞还能节约成本。目前在国内防撞钢套箱应用广泛。

钢丝绳圈柔性防撞装置。该防撞装置包括包围着桥墩承台的等截面圈形内、外钢浮箱体和两者之间的钢丝绳圈,利用钢丝绳圈的压扁耗能,可偏转船舶撞击方向。由于采用了经过特别设计的"钢丝圈"消能装置,其消能效果非常理想,据其资料表明该钢丝绳圈柔性防撞装置对船舶撞击力消减达 60%。钢丝圈柔性防撞装置最初用于湛江海湾大桥,还成功应用到了宁波象山港大桥的防撞。

复合材料防撞设施。其外壳为树脂基纤维增强复合材料,内部填充缓冲材料、摩擦颗粒材料。其防撞机理是,船舶撞击时,复合材料外壳发生较大变形,带动其内部紧密填充的缓冲材料和摩擦颗粒材料发生变形及摩擦,从而消耗撞击能量,降低船舶撞击力。由于复合材料防撞设施具有缓冲性、弹性模量低等特点,不同钢套箱等防撞设施,也可有效保护船舶局部不受损。复合材料防撞设施具有缓冲消能好、耐腐蚀、少维护、维修更换方便、绿色环保等特点。目前复合材料防撞设施在国内内河桥梁上已有所应用。

防撞装置的研究方向正朝新材料、新结构、新工艺的方向发展,实现桥梁、船舶、防撞设施"三不坏"是其发展目标。

国内已建成的重大跨江跨海大桥中,对于 5 万 t 级以上船舶的防撞主要采取了以下两类防撞措施。一是强基础弱保护,即桥梁本身采用抗撞能力足够的基础并辅以一定的外部保护设施,如泰州长江大桥。泰州长江大桥为主跨 2×1080m 的三塔双跨钢箱梁悬索桥,其中塔位于长江内,采用了沉井基础,其防撞船型为5万t级。由于沉井基础自身抗撞能力足够,在此前提下泰州长江大桥采用的防撞措施是采用消能效果有限但经济性较好的钢套箱对沉井基础提供一定程度的保护,如图2-6-1-1所示。二是弱基础强保护,即桥梁本身采用的基础抗撞能力有限,此时需配置具有较强能力的外部保护措施。如湛江海湾大桥,其主桥为主跨480m的双塔钢筋混凝土混合梁斜拉桥,主塔墩采用群桩基础,防撞船型为5万t级,设计防撞速度为3m/s。由于其主塔基础只能抵抗约70%的设计船撞力,在此情况下大桥采用了消能效果较强的钢丝圈柔性消能防撞装置,如图2-6-1-2所示。宁波象山港大桥主桥为主跨688m的双塔双索面钢箱梁斜拉桥,两主塔墩基础分别采用41根120m、97m长的3~2.7m的变直径钻孔桩,承台平面尺寸63m×35m、厚6m,顶高程+7.0m,主塔墩设计防撞速度为4m/s,采用钢丝圈柔性消能防撞装置,见图2-6-1-3。表2-6-1-4列出了国内桥梁5万t级以上船舶防撞设施。

图2-6-1-1 泰州长江大桥中塔钢套箱防撞装置

图2-6-1-2 湛江海湾大桥主墩防撞设施

a)   b)

图2-6-1-3 宁波象山港大桥防撞设施

国内5万t级以上船舶防撞设施表　　　　　　　　　　表2-6-1-4

桥　　名	基 本 资 料	防撞标准及防撞设施
湛江海湾大桥	2006年12月建成 主跨480m双塔斜拉桥 31根φ25mm钻孔桩基础	5万t级散货船3m/s 钢丝圈柔性消能设施
宁象山港大桥	2012年12月建成 主跨688m双塔斜拉桥 41根φ25mm钻孔桩基础	5万t级散货船4m/s 钢丝圈柔性消能设施
泰州长江大桥	2012年11月建成 主跨2×1080m三塔悬索桥 58m×44m×38m沉井基础	5万t级散货船4.0m/s 独立防撞墩+钢套箱

6.1.3 防撞结构形式研究

平潭海峡公铁大桥三座主通航孔桥(元洪航道桥、鼓屿门水道桥及大小练岛水道桥)设计方案和构造基本一致,以元洪航道桥为例其桥式布置如图2-6-1-4所示,均采用5跨双塔钢桁混合梁斜拉桥,下部采用大直径钻孔桩基础。

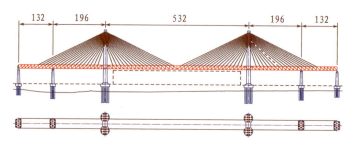

图2-6-1-4 平潭海峡公铁大桥-通航孔桥桥式布置示意图(尺寸单位:m)

大桥的防撞船型为5万t级散货船,设计防撞速度最高达4m/s,防撞等级高,船撞力大,而其基础抗撞能力有限。为保障大桥的安全,需另外采取较强的防撞保护措施。桥区波浪力大,百年一遇波高$H_{1\%}$达9.69m;水流速度大,百年一遇水流速度达3.09m/s。

为适应平潭海峡大桥防船撞的特点,设计者需要研究一种既能达到大桥防撞消能要求、又能适应其恶劣环境的防撞设施。考虑到既有的浮动式的钢丝圈柔性消能装置及新兴起的复合材料防撞设施等高消能防撞设施,或由于构造本身,或由于材料本身的原因,在此环境下的可靠性无法保证。而固定式的钢套箱虽然可靠性有保证,但由于消能效果一般,如果不进行相应的改造和优化设计,防撞性能达不到基本要求。在此情况下,基于固定式钢套箱的构造防撞设计者提出了一种新的海洋桥梁大吨位船舶防撞技术,一个由固定式钢套箱加V形防撞梁组成的联合防撞体系。在此防撞体系中,套箱布置于承台周围起固定作用同时兼具部分防撞功能,而V形防撞梁布置于套箱外侧主抗撞方向,起主防撞消能的作用。防撞梁由钢质外壳和复合材料内芯组成,结合钢材稳定可靠刚度大及复合材料柔性强消能吸能效果明显的特点,同时采用有利与拨转船头的V形构造,具有适应性强、稳定性强,不易损的优点。

该防撞结构由吊箱、防撞梁及联结系3部分组成,称为防撞箱。吊箱布置在承台周围,平面轮廓与承台协调一致,为钢结构;吊箱采用双壁结构,壁内设竖、横向隔板及纵、横向加劲肋。分段设计,各分段之间采用不锈钢螺栓连接,连接部位设防水隔舱。吊箱上、下部分别设挂腿,上部挂腿与承台之间水平向设销轴联结铰,竖向设橡胶件支撑。吊箱顶板设检修孔,防水隔舱内检修孔,下设不锈钢爬梯上设盖板,方便后期维修检查。吊箱外壁开设消波孔,减小波浪力。吊箱内壁板上部开设排水孔。吊箱内壁与承台混凝土之间设隔离带,内设橡胶支撑并填充无黏结的隔离材料。吊箱兼作施工承台用的围堰侧板,其高度由承台及封底混凝土厚度决定,与其他施工临时结构(如底龙骨、底板、悬吊系统、内支撑等)相配合用于承台施工,在承台施工完毕后,围堰结构包括底龙骨、底板、内支撑及其他临时构件等,均可实现与防撞箱的拆离,不影响防撞箱的维修更换。

防撞梁设于吊箱外部主防撞方向(横桥向),由钢—复合材料组成。其外壁为加劲钢板,内部由竖、横向隔板分隔成若干隔舱,隔舱内密实填充复合材料格构箱。防撞梁横截面为矩形单箱多室截面,梁内填充的复合材料箱由玻璃纤维树脂基增强材料及硬质聚氨酯泡沫组成。其中,玻璃纤维树脂基增强材料组成箱体外壳及内部三维立体格构;硬质聚氨酯泡沫为填充物,密实填充于格构箱内。复合材料箱以防撞梁外壁为模板采用真空导入工艺一次整体成型,防撞梁外壁钢板开设导流孔。联结系为钢结构,设于防撞梁、吊箱之间,用于连接防撞梁及吊箱。防撞梁、吊箱及联结系三者之间采用焊接连接。防撞箱总体布置如图2-6-1-5所示。

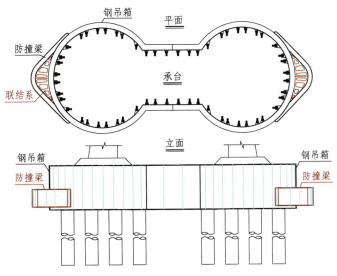

图 2-6-1-5 防撞箱总体布置示意示意图

为解决防撞梁实际应用的相关关键问题,利用有限元仿真的方法研究了V形防撞梁的合理结构形式及结构刚度;采用资料收集、现场调研等方法研究了V形梁内复合材料的填充方法;采用比较分析的方法研究了诸如V形防撞梁与钢套箱间的连接方式等应用的相关构造细节;以及采用有限元分析的方法研究了防撞体系在施工过程中的刚度、强度及稳定性。

6.1.4　V形防撞梁的合理结构形式及结构刚度研究

V形防撞梁的防撞效果与其刚度及张开角有关,为设计出合理的V形防撞梁构造,必须对其刚度及张开角合理取值进行研究。V形防撞梁计算图示如图2-6-1-6所示。

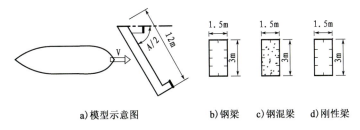

a) 模型示意图　　b) 钢梁　　c) 钢混梁　　d) 刚性梁

图 2-6-1-6　V形防撞梁计算示意图

采用有限元碰撞仿真计算不同刚度的V形梁在不同张开角下的削能、削力性能,并进行比较。撞击船舶采用3000DWT散货船,初撞速度为3m/s,初始动能为25.4MJ;撞击部位为鼻艏。梁分为钢梁、钢混梁及刚性梁3种,张开角A分60°、90°、120°、150°及180°等5种。钢梁高3m,宽1.5m,主要板厚为12mm;钢混梁内部填充为轻质泡沫混凝土,泡沫混凝土干密度为600kg/m^3,弹性模量1.5GPa,抗压强度1.5MPa。有限元计算模型如图2-6-1-7所示。

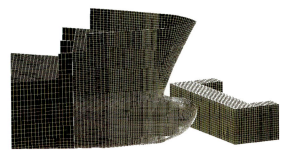

图 2-6-1-7　有限元计算模型示意图

为方便结果描述,取船舶初始动能为 E_0;$A=180°$ 时,船舶撞击刚性梁的撞击力为 F_0、船舶变形长度为 L_0;$A=180°$ 时,船舶撞击钢梁的钢梁变形为 U_0。参数的基本值分别为:$E_0=25.4\text{MJ}$;$F_0=24.3\text{MN}$;$L_0=1.67\text{m}$;$U_0=2.21\text{m}$。定义动能削减率为 $\Delta E/E_0$、撞击力削减率为 $1-F/F_0$、船舶变形削减率为 $1-L/L_0$、梁体变形削减率为 $1-U/U_0$,其中 ΔE 为动能削减量、F 为碰撞力、L 为船舶变形、U 为梁体变形。计算得到不同刚度的 V 形梁在不同张开角下的削能、削力性能见图 2-6-1-8。

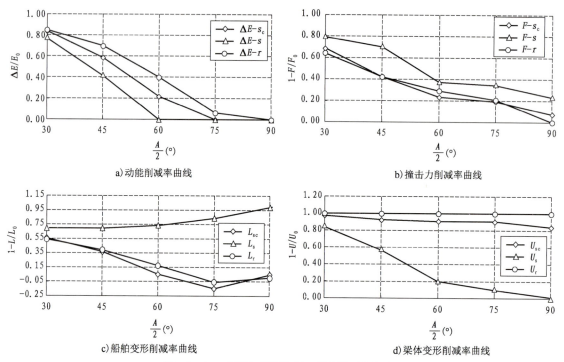

图 2-6-1-8 V 形梁在不同张开角下的削能、削力性能

由计算结果可知对于同一刚度的 V 形梁,张开角越小,其削能、削力效果越好;对于同一张开角的 V 形梁,梁体刚度越大,削能效果越好,而削力效果则相反。故张开角越大,削能越不明显,存在一张开角限值,超过该值时 V 形梁将不能削能;该限值由梁体刚度及碰撞面表面摩擦因数决定,梁体越柔,张开角限制越严格。而张开角越小,梁体刚度对削能率的影响越不明显;当张开角小于 60°时,梁体刚度对削能率的影响基本可忽略,此时 V 形梁的削能率已达 80%。

计算结果表明,V 形梁对动能及碰撞力的削减是明显的。梁体的刚度对船舶和梁体的变形产生较大的影响,从保护船舶的角度考虑应选择柔性梁体,从防撞设施的耐久和少维护角度考虑则应选择刚性梁体。不论采用何种刚度的梁体,V 形梁张开角取 90°左右是较为合适的,此时 V 形梁对各项指标的控制均较好。若张开角过小会造成结构狭长,不经济且受力不合理;若张开角过大,且若叠加船舶碰撞偏角,则实际张开角将超过限制值。

6.1.5 复合材料填充方法的研究

V 形梁内填充的复合材料箱由玻璃纤维树脂基增强材料及硬质聚氨酯泡沫组成,如图 2-6-1-9 所示。在经过多方比选后,决定采用以防撞梁外壁为模板,采用真空导入工艺的方法将复合材料一次整体填充成型。为使树脂成功导入,防撞梁外壁钢板开设导流孔。

复合材料填充采用如下方法:①聚氨酯泡沫加工;②把玻纤布包覆在聚氨酯泡沫上;③V 形梁内铺设外层纤维布;④将包覆好的聚氨酯泡沫填入 V 形梁内;⑤密封形成密封腔;⑥真空导入树脂固化成形。

图 2-6-1-9 玻纤包覆的聚氨酯泡沫

6.1.6 V形梁特点分析

V形防撞梁具有刚度大、适应性广、耐久性好及不易损等优点。可设计成固定式亦可设计成浮式，可用于内河桥梁船舶防撞亦可用于海洋桥梁船舶防撞。V形防撞梁为整体式结构，刚度大，整体性好，在风、波浪等外力作用下截面内基本无变形，无冗余应力腐蚀；在密封外壳的保护下，内部填充材料也不会与阳光、大气、海水等进行接触，材料抗老化、抗腐蚀性较好，耐久性较好。主要通过引导滑移防撞，结构刚度较大，除极端设计工况会发生破损外，其余均发生弹性或较小变形，不需进行大的维修，只需进行防腐重涂后，便可重新投入使用。V形梁与钢套箱组合使用形成联合防撞体系，此体系中钢套箱兼作施工承台用的围堰侧板，可节约成本。

6.1.7 防撞梁实际防撞性能计算

采用有限元碰撞仿真的方法，对主塔墩、辅助墩、边墩防撞设施设置后的防撞性能进行了相关计算。计算工况及模型分别如图 2-6-1-10 ~ 图 2-6-1-13 所示，计算结果见表 2-6-1-5 和表 2-6-1-6。

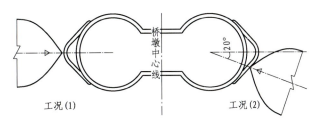

图 2-6-1-10 计算工况示意图

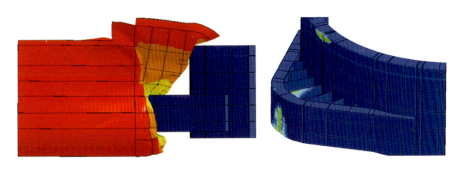

图 2-6-1-11 主塔墩防撞计算模型及变形图(1)

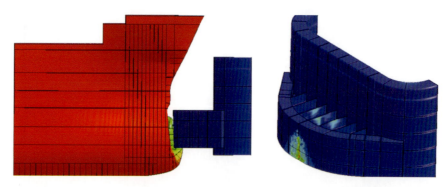

图 2-6-1-12　辅助墩防撞计算模型及变形图(2)

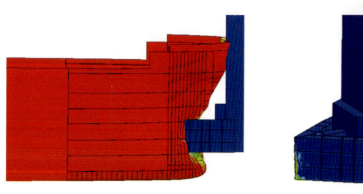

图 2-6-1-13　边墩防撞计算模型及变形图(3)

平潭海峡大桥船舶撞击力(MN)　　　　　　　　　　　　　表 2-6-1-5

墩位及工况航道桥	主　墩		辅　助　墩		边　墩	
	(1)	(2)	(1)	(2)	(1)	(2)
元洪航道桥	82	85	53	43	48	39
鼓屿门水道桥	82	85	53	43	—	—
大小练岛水道桥	82	85	50	40	—	—

撞击力消减率表　　　　　　　　　　　　　表 2-6-1-6

防撞速度 (m/s)	航道桥及墩位	撞击力(MN)		消减率 (%)
		无防撞	有防撞	
4	元洪、鼓屿门、大小练岛主墩	95	82	13.6
3.5	大小练岛辅助墩	87	50	42.5
3	鼓屿门辅助墩	73	53	27.4
2.5	元洪辅助墩	64	53	17.2
1.5	元洪边墩	62	48	22.6

6.2　航道桥防撞设施设计

除大小练岛水道桥 S02、S05 号辅助墩外,其余包括元洪航道桥 N01～N06、鼓屿门水道桥 Z02～Z05、大小练水道桥 S03、S04 号墩,均采用如下所述的钢—复合材料组合式防撞结构。该防撞结构由吊箱、防撞梁及联结系 3 部分组成,称为防撞箱。

6.2.1 材料

1)混凝土

混凝土强度等级符号 C 指龄期 28d,尺寸 15cm×15cm×15cm 的标准立方体试件测得的抗压极限强度标准值。

2)钢材

桥梁用钢应符合现行国家标准《桥梁用结构钢》(GB/T 714—2015)和《碳素结构钢》(GB/T 700—2006)的规定。

(1)结构用钢筋采用 HRB400,其技术标准应符合《钢筋混凝土用钢筋第 2 部分:热轧带肋钢筋》(GB 1499.2—2018)、《铁路桥涵钢筋混凝土和预应力混凝土结构设计规范》(TB 10002.3—2005)及"铁建设[2009]22 号"的相关规定。

(2)Q235B 材质应符合《普通碳素结构钢技术条件》(GB/T 200—2006)的规定。

(3)不锈钢螺栓采用 A4L-70,B 级,符合《紧固件机械性能 不锈钢螺栓螺钉和螺柱》(GB/T 3098.6—2014)标准及《六角头螺栓》(GB/T 5782—2016)标准。

(4)销轴、检修爬梯采用不锈钢材质 316L。

3)橡胶材料

橡胶材料采用抗老化性能优良的氯丁橡胶。

4)纤维增强复合材料

复合材料格构箱采用的玻璃纤维树脂基增强材料及聚氨酯泡沫材料,其技术标准应满足相关规范标准要求,其建造工艺应参考玻璃钢/复合材料船艇相关规范进行。复合材料箱主要物理及力学性能应满足表 2-6-2-1 要求,其他技术标准应符合《纤维增强复合材料建设工程应用技术规范》(GB 50608—2010)的相关规定。

复合材料箱物理及力学性能要求　　　表 2-6-2-1

玻璃纤维增强材料	密度	≥1800kg/m³
	拉伸强度	≥250MPa
	抗弯强度	≥200MPa
	剪切强度	≥50MPa
	拉伸模量	≥10GPa
	吸水率	≤3%
	外壳巴氏硬度	≥45
聚氨酯泡沫	密度	≥40kg/m³
	平压弹性模量	≥4MPa
	剪切强度	≥0.2MPa
	平压强度	≥0.2MPa
	吸水率	≤3%
复合材料箱整体性能	压缩刚度	≥150MN/m³
	无阳光照射条件下的耐久性	≥60 年

5）聚氨酯泡沫

复合材料箱采用的硬质聚氨酯泡沫材料，其技术标准应符合相应规范标准要求。

6.2.2 结构设计

1）元洪航道桥防撞箱

（1）N03、N04号主塔墩防撞箱

元洪航道桥N03、N04号主塔墩防撞箱，由吊箱、V形防撞梁及联结系三部分组成。总体长×宽×高尺寸为96.8m×36.8m×14.6m，布置如图2-6-2-1所示。

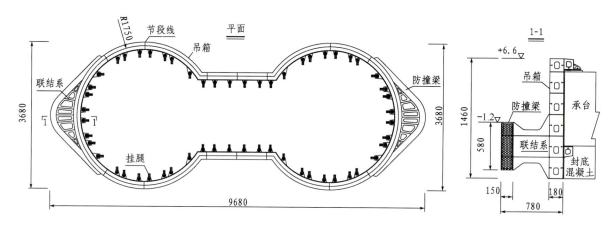

图2-6-2-1　元洪航道桥N03、N04号主塔墩防撞结构布置图（尺寸单位：mm，高程单位：m）

吊箱平面轮廓与承台一致，呈哑铃形，横长、纵宽、竖高尺寸为84.8m×36.8m×14.6m，底面与承台封底混凝土底面齐平，顶高程+6.6m。防撞梁平面呈V形布置在吊箱外部，V形张角为90°，防撞梁外缘距吊箱最远距离6.0m。防撞梁截面高5.8m，顶高程-1.2m，宽1.5m，外壁厚12mm，内部纵横隔板厚8mm。

（2）N02、N05号辅助墩防撞箱

元洪航道桥N02、N05号辅助墩组合式防撞箱结构，由吊箱、弧形防撞梁及联结系三部分组成。总体长×宽×高尺寸为47.6m×25.4m×13.6m，结构布置如图2-6-2-2所示。

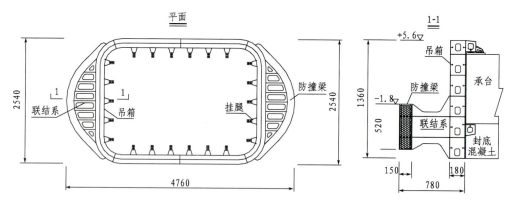

图2-6-2-2　元洪航道桥N02、N05号辅助墩防撞结构布置图（尺寸单位：mm，高程单位：m）

吊箱平面轮廓与承台一致，呈矩形，横长、纵宽、竖高尺寸为35.6m×25.4m×13.6m，底面与承台封底混凝土底面齐平，顶高程+5.6m。防撞梁平面呈弧形布置在吊箱外部，防撞梁外缘距吊箱最远距离6.0m。防撞梁横截面高5.2m，顶高程-1.8m，宽1.5m，外壁厚12mm，内部纵横隔板厚8mm。

(3) N01、N06号边墩防撞箱

元洪航道桥N01、N06号边墩防撞箱结构与N02、N05号辅助墩完全一致。

2) 鼓屿门水道桥防撞箱

(1) Z03、Z04号主塔墩防撞箱

鼓屿门水道桥Z03、Z04号主塔墩防撞箱,由吊箱、V形防撞梁及联结系三部分组成。总体长×宽×高尺寸为96.2m×36.2m×15.6m,布置如图2-6-2-3所示。

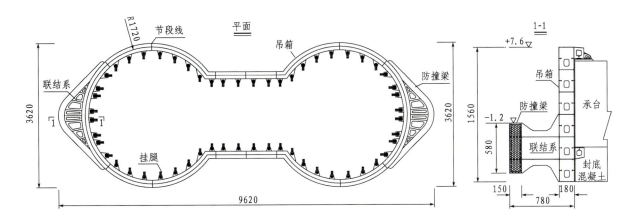

图2-6-2-3 鼓屿门水道桥Z03、Z04号主塔墩防撞结构布置图(尺寸单位:mm,高程单位:m)

吊箱平面轮廓与承台一致,呈哑铃形,横长、纵宽、竖高尺寸为84.2m×36.2m×15.6m,底面与承台封底混凝土底面齐平,顶高程+7.6m。防撞梁平面呈V形布置在吊箱外部,V形张角为90°,防撞梁外缘距吊箱最远距离6.0m。防撞梁截面高5.8m,顶高程-1.2m,宽1.5m,外壁厚12mm,内部纵横隔板厚8mm。

(2) Z02、Z05号辅助墩防撞箱

鼓屿门水道桥Z02、Z05号辅助墩防撞箱,由吊箱、弧形防撞梁及联结系三部分组成。总体长×宽×高尺寸为51.4m×21.8m×13.6m,结构布置如图2-6-2-4所示。

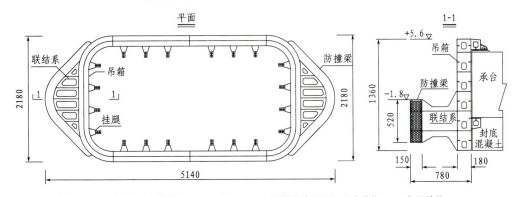

图2-6-2-4 鼓屿门水道桥Z02、Z05号辅助墩防撞结构布置图(尺寸单位:mm,高程单位:m)

吊箱平面轮廓与承台一致,呈矩形,横长、纵宽、竖高尺寸为39.4m×21.8m×13.6m,底面与承台封底混凝土底面齐平,顶高程+5.6m。防撞梁平面呈弧形布置在吊箱外部,防撞梁外缘距吊箱最远距离6.0m。防撞梁横截面高5.2m,顶高程-1.8m,宽1.5m,外壁厚12mm,内部纵横隔板厚8mm。

3) 大小练岛水道桥防撞箱

(1) S03号主塔墩防撞箱

大小练水道桥S03号主塔墩防撞箱与元洪航道桥N02、N03号主塔墩完全一致,由吊箱、V形防撞梁及联结系三部分组成。总体长×宽×高尺寸为96.8m×36.8m×14.6m,如图2-6-2-5所示。

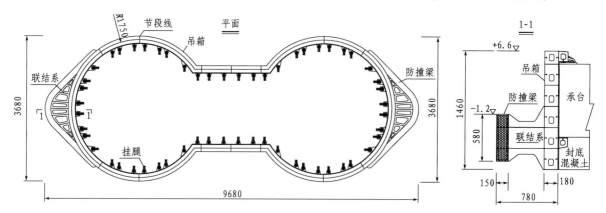

图2-6-2-5　大小练水道桥S03号主塔墩防撞结构布置图(尺寸单位:mm,高程单位:m)

吊箱平面轮廓与承台一致,呈哑铃形,横长、纵宽、竖高尺寸为84.8m×36.8m×14.6m,底面与承台封底混凝土底面齐平,顶高程+6.6m。防撞梁平面呈V形布置在吊箱外部,V形张角为90°,防撞梁外缘距吊箱最远距离6.0m。防撞梁截面高5.8m,顶高程-1.2m,宽1.5m,外壁厚12mm,内部纵横隔板厚8mm。

(2) S04主塔墩防撞箱

大小练水道桥S04号主塔墩防撞箱,由吊箱、V形防撞梁及联结系三部分组成。总体长×宽×高尺寸为95.8m×35.8m×14.6m,布置如图2-6-2-6所示。

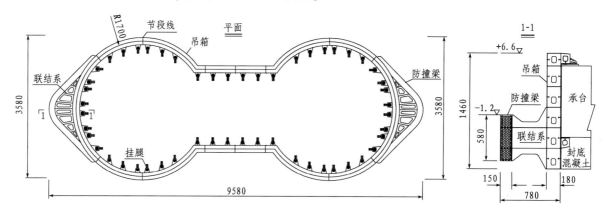

图2-6-2-6　大小练水道桥S04号主塔墩防撞结构布置图(尺寸单位:mm,高程单位:m)

吊箱平面轮廓与承台一致,呈哑铃形,横长、纵宽、竖高尺寸为83.8m×35.8m×14.6m,底面与承台封底混凝土底面齐平,顶高程+6.6m。防撞梁平面呈V形布置在吊箱外部,V形张角为90°,防撞梁外缘距吊箱最远距离6.0m。防撞梁截面高5.8m,顶高程-1.2m,宽1.5m,外壁厚12mm,内部纵横隔板厚8mm。

(3) 大小练岛水道桥S02、S05号辅助墩防撞结构

大小练岛水道桥S02、S05号辅助墩主抗撞方向(横桥向)防撞结构如图2-6-2-7所示。该防撞结构由外部防撞梁、内部重力混凝土及下部基座三部分构成。

防撞梁平面呈V形布置,尖角朝外,V形张角为70°,梁高5.2m,顶高程-1.8m,宽1.5m,由钢—复合材料组成。

内部重力块平面呈T形布置,为钢筋混凝土结构,重力块下部设碑块,嵌于下部基座内。防撞梁与重力块通过剪力钉连接,剪力钉直径为19mm,长度为180mm。基座位于承台顶部,为钢筋混凝土结构,与承台、墩身浇筑为一体。基座顶面与重力块底面齐平,中部开凹槽,嵌固重力块。另外,两墩身之间设置一定高度的钢筋混凝土挡墙,用于墩身侧面防撞。在墩身上设定位块,用于防撞结构安装时定位。

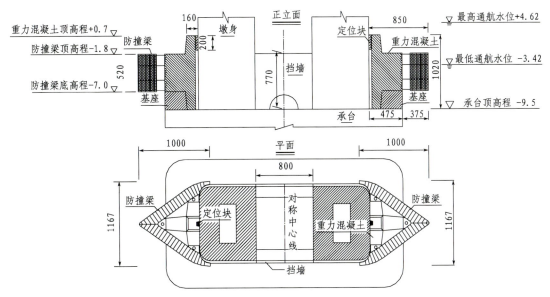

图 2-6-2-7 大小练水道桥 S02、S05 号辅助墩防撞结构布置图(尺寸单位:mm,高程单位:m)

6.2.3 防腐设计

1)防撞箱耐久性要求

防撞箱需进行防腐设计,耐久性要求如下。

(1)防撞箱钢板内、外表面均进行防腐涂装,防腐涂装寿命不小于20年。

(2)正常使用条件下防撞设施设计寿命为20年,采取特别的防腐和养护措施后,可进一步延长使用寿命。

2)防腐涂装设计

防腐涂装寿命按不小于20年设计,防腐涂装体系见表2-6-2-2。其他未注明要求,应符合《海港工程钢结构防腐蚀技术规范》(JTS 153-3—2007)。

防腐涂装体系　　　　　　　　　　　　　表 2-6-2-2

部　位	工　序	涂装用料	道　数	干膜厚度(μm)
Ⅰ	表面处理	砂除锈 Sa2.5	—	—
	底漆	环氧重型防腐涂料	1	100
	中间漆	环氧重型防腐涂料	2	300
	面漆	环氧重型防腐面漆	2	200
	小计		5	600
Ⅱ	表面处理	喷砂除锈 Sa2.5	—	—
	底漆	环氧重型防腐涂料	1	100
	中间漆	环氧重型防腐涂料	2	300
	面漆	厚浆型聚氨酯面漆	2	150
	小计		5	550

部位Ⅰ包括,①吊箱顶板、底板、两侧腹板等板的内表面;②吊箱内部纵横向隔板、加劲肋等构件的表面;③防撞梁顶板、底板、两侧腹板等板的内表面;④防撞梁内部纵横向隔板、加劲肋等构件的表面;⑤挂腿顶、底板、四周腹板等板的内表面;⑥挂腿内部隔板、加劲肋等构件的表面;⑦连接板的表面;⑧盖板内表面。

部位Ⅱ包括,①吊箱顶板、底板、两侧腹板等板的外表面;②防撞梁顶板、底板、两侧腹板等板的外表面;③挂腿顶板、底板、四周腹板等板的外表面;④联结系构件表面;⑤耳板、底座等构件表面;⑥盖板外表面。

其他未述构件按如下原则确定涂装层,防撞箱安装完成后在日常阳光照射条件下,阳面按部位Ⅱ标准进行涂装,阴面按部位Ⅰ标准进行涂装。

6.2.4 施工要求

1) 复合材料箱填充

(1) 复合材料箱以防撞梁外壁为模板,采用真空导入工艺一次整体成形,防撞梁外壁钢板开设导流孔。导流孔详细设计图以复合材料箱厂商图纸为准。

(2) 防撞梁内复合材料箱填充应做到与防撞梁钢板之间密实无缝。

(3) 复合材料箱填充完毕达到设计强度后,进行防撞梁顶板封闭焊接。焊接前对防撞梁顶板进行压实,焊接完成后防撞梁顶板与复合材料箱密贴。同时应注意采取相应措施确保后焊钢板时内部复合材料箱不发生损伤。

2) 开孔

吊箱外壁板、顶板、底板和水平隔板需开设消波孔,吊箱内壁(高出承台混凝土部位)需开设排水孔,开孔四周应磨光。

3) 焊接

(1) 防撞箱各组成构件采用焊接连接,所有拼接焊缝均为连续满焊,并达到《钢结构工程施工质量验收标准》(GB 50205—2020)中规定的Ⅱ级焊缝标准。

(2) 防撞箱所采用的焊接材料、焊接方法、工艺规程、预处理、焊后处理及检验要求等,均需满足中国船级社《钢质海船入级与建造规范》(中国船级社2006年)。所有主要、次要构件端部与板材连接的角焊缝,以及肘板端部与板材连接的搭接焊缝,应采用双面连续角焊缝。

(3) 焊缝外表质量检验按照《船体焊缝表面质量检验要求》(GB/T 3802—2019)执行。焊缝表面不应有气孔、裂缝、夹渣、不允许的咬边、焊瘤、飞溅等缺陷。重要焊缝无损探伤(超声波)应达到《钢焊缝手工超声波探伤方法及质量分级法》B级检验的Ⅲ级。

(4) 焊接时应采取措施,控制焊接变形。

4) 安装

防撞箱在工厂按图分段加工、涂装、预拼,经检验合格后拼装。防撞箱与围堰底板、悬吊装置、内支撑等其他构件组装成整体,船运至施工现场进行整体吊装。

6.2.5 防撞结构更换标准及损后维修

(1) 在正常使用年限内,结构局部锈蚀,需及时补涂,防腐检查周期安排及处理。
①安装完毕,外观检查,局部锈蚀时涂装补涂;
②安装2年,外观检查,局部锈蚀时涂装补涂;
③安装2~6年,每2年进行一次外观检查,局部锈蚀时涂装补涂;
④安装6~16年,每5年进行一次外观检查,局部锈蚀时涂装补涂;
⑤安装16~20年,每2年进行一次外观检查,根据美观、腐蚀情况采取防腐油漆补涂。

(2) 当碰撞导致防撞箱发生变形但未破损。

①当变形量<5cm、变形范围<1m^2,涂装补涂。

②当变形量≥5cm、变形范围≥1m^2,取下变形段,结构维修、涂装补涂后安装。

(3)当碰撞导致防撞箱发生变形破损,需要及时取下破损段,检查破损情况,依据破损情况对破损分段进行维修后安装或更换。

平潭海峡公铁大桥
建造关键技术

02

第 7 章
风屏障设计研究

7.1 概述

7.1.1 风对行车安全的影响

相关研究表明,强侧风对行车安全危害极大,在其作用下,车辆气动性能恶化,不仅气动阻力迅速增加,而且还严重影响车辆的横向稳定性,甚至可能导致车辆倾覆。相比于平地上,车辆在桥上运行时,由于车辆和桥梁间的相互耦合作用,车辆对侧风作用更加敏感,发生事故的可能性更高。

长期以来,无论是公路还是铁路,大风导致的行车安全事故数见不鲜。在我国,虎门大桥、苏通长江大桥、闽江青州大桥、沈海高速如皋段烈士河大桥等公路桥都曾发生过横向侧风引发的汽车侧翻事故。截止到 2008 年,兰新铁路和南疆铁路因风害造成列车脱轨、倾覆事故更是多达 32 次,其中,2007 年 2 月 28 日乌鲁木齐开往阿克苏的 5807 次旅客列车行至南疆线珍珠泉至红山渠间 K42+300 处,因大风造成机后 9 至 19 节车厢脱轨,多名旅客伤亡。在国外,同样也不乏风致行车安全事故的案例,以日本为典型代表,其铁路从 1872 年—2006 年,发生了 30 多起由强风引起的列车脱轨或倾覆事故。国内外部分典型风致行车安全事故如图 2-7-1-1 所示。

大风对行车安全的影响不仅表现为交通事故本身,更多地表现在其造成的长时间交通阻塞或中断,以及由此带来的不良经济和社会影响。

7.1.2 风屏障在国内外桥梁工程的应用

近年来,研究者和工程师对风致行车安全问题越发关注,开展了大量风对行车安全影响及其应对措施的研究。为应对强风对行车安全造成的影响,总的来说主要有两种应对措施:运行管制和设置风屏障。实行运行管制和保证运送效率之间存在着一定的矛盾,严格而频繁的运行管制会造成大量列车的停运和晚点,降低运送效率。风屏障作为改善桥面局部风环境的重要手段,受到了国内外研究者的广泛关注,已成为大风灾害环境中保障车辆行驶安全性的重要措施之一。

a) 2004年广东虎门大桥风致7辆货车侧翻

b) 福建马尾青州大桥风致货车侧翻

c) 苏通长江大桥风致货车侧翻

d) 2007年南疆铁路风致列车脱轨倾覆

e) 日本台风"燕子"导致行驶货车侧倾

f) 日本九州岛延冈风致列车脱轨倾覆

图 2-7-1-1　国内外部分典型风致行车安全事故

1）国外风屏障应用

英国塞文桥、塞文二桥、福斯新桥、法国米约(Millau)高架桥和斯洛文尼亚的奇尔尼卡尔(Crni Kal)高架桥等是国外风屏障成功应用的典型代表。塞文桥因颤振临界风速较低,为降低对结构颤振稳定的削弱程度,仅在桥塔附近处设置局部风屏障,改善桥塔局部行车风环境,其障条竖向布设。塞文二桥颤振稳定性较好,采用连续风屏障,在全桥5km的范围内设置了横竖相间的格构式风障,障条采用无开孔的波形金属板,风屏障高达3m,整体透风率为50%。福斯新桥桥面连续安装高3.5m、透风率50%的格栅式风屏障,障条采用自身不透风透明材料。法国米约(Millau)高架桥,在桥面两侧防撞护栏外侧设置全桥连续风屏障,风屏障高3m,障条选用透明材料,横向间隔布置,外形美观,桥面行车视线开阔。斯洛文尼亚的奇尔尼卡尔高架桥,在主梁外缘两侧采用了直线形布置的槽型透明风障。国外部分典型桥梁风屏障应用如图 2-7-1-2 所示。

日本在主要的铁路沿线桥梁区段设置了高 3m,透风率达 60%～80% 的金属网格式风屏障以保障列车安全。日本穿越线指扇—南古谷区间的单线铁路,仅在迎风侧设置单侧多孔行风屏障。

a) 塞文二桥风屏障

b) 新福斯大桥(昆斯费里大桥)风屏障

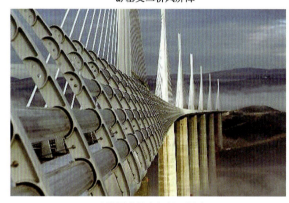
c) 法国米约高架桥风屏障

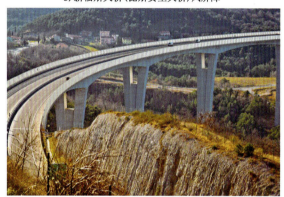
d) 斯洛文尼亚奇尔尼卡尔高架桥风屏障

图 2-7-1-2　国外桥梁风屏障应用典型案例

2)国内风屏障应用

在国内,风屏障的应用和推广首先是在公路桥梁中展开的,典型的有杭州湾跨海大桥、苏通大桥、西堠门大桥、金塘大桥、港珠澳大桥、雅西高速兴康特大桥等,如图 2-7-1-3 所示。

杭州湾跨海大桥全桥采用加高至 1.5m 护栏,主桥与高墩区引桥加高护栏上另加设 1.5m 高弧形风障,同时在里程桩号 K50+249.000～K51+579.000(北航道桥北引桥高墩区起点)的区域也加设 1.5m 高风屏障,无风障区与有风障区采用逐渐过渡的方式,桥塔附近风障局部加高。风屏障主要由障条、立柱和锚固于立柱间的拉索构成,障条采用 PC(聚碳酸酯)耐力板,立柱采用 Q345D 钢,拉索采用直径为 5mm 的 1Cr18Ni9-L 冷拉不锈钢丝。

西堠门大桥桥面连续设置高 3.0m、高度方向 5 根矩形断面(200mm×80mm)横杆的格栅式金属风屏障,采用活动形式,根据气象预报在结构允许时风屏障立起挡风,可保障行车安全,提高通行能力,当结构受力不能承受时将风屏障放倒,降低风阻系数,确保桥梁安全。

金塘大桥在两侧防撞护栏连续布设纵横相间的金属格栅式风屏障,障条采用椭圆形金属管,沿高度方向水平纵向布置 6 根。

港珠澳大桥风屏障仅在三座通航孔斜拉桥桥塔附近布设,障条采用 PC 耐力板,风屏障自近塔端向远塔端由 5 层障条逐渐过渡变化为 2 层障条。

雅西高速兴康特大桥是我国山区峡谷桥梁风屏障应用的代表,其在路、桥、隧结合的边跨以及桥塔中跨附近设置风屏障。

a) 西堠门大桥

c) 港珠澳大桥(青州航道桥)

d) 港珠澳大桥(九洲航道桥)

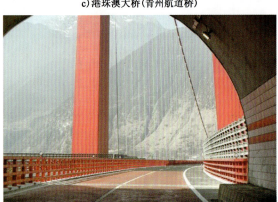

e) 兴康特大桥

f) 兴康特大桥

g) 杭州湾跨海大桥

图 2-7-1-3　国内公路桥梁风屏障应用典型案例

近年来，随着我国铁路交通的快速发展，在桥梁跨度越来越大的同时，列车运行速度也越来越高，大风环境中列车的高速运行使风—车—桥间的耦合作用更为显著，铁路风致行车安全问题越发凸显，风屏障在铁路桥梁上也逐步应用推广，典型应用案例如图 2-7-1-4 所示。

a) 南疆铁路桥梁风屏障

b) 兰新高铁桥梁风屏障

c) 沪昆高铁北盘江大桥导风栏杆整体

d) 沪昆高铁北盘江大桥导风栏杆局部

图 2-7-1-4　国内铁路桥梁风屏障应用典型案例

2007 年 2 月南疆铁路珍珠泉至红山渠间列车脱轨事故发生后，南疆铁路随即启动了应急防风工程，开启了我国铁路桥梁风屏障的大规模工程实践应用，其百里风区桥梁设置了金属多孔式风屏障，风屏障由弧形立柱和带圆孔的钢板网构成。

兰新高铁新疆境内风区大小桥梁共计 125 座，桥梁结构设置种类多，有简支箱梁、简支 T 梁、槽型梁、连续梁、梁拱、刚构等多种梁型，风区环境变化较大，其风屏障布置形式根据桥梁结构和不同风区特点，分为双侧布置和单侧布置两种形式。风屏障由立柱和挡风板构成，采用耐候钢制成，立柱通过螺栓或铰与预先埋入梁体内的预埋件连接，每 2m 左右设置一道，挡风结构开孔单元板通过螺栓与立柱连接，覆盖在 H 型钢立柱内侧，挡风板采用带孔波形钢板，挡风板不但可以阻风，同时横风通过挡风板后的风向也发生变化，形成板后空气紊流，从而能最大限度地消耗来流风的横向动能，透风率为 20%，箱梁风和 16m 组合式 T 梁屏障高 4m，16m 槽梁风屏障高 3.5m。

沪昆高铁北盘江大桥，为满足列车在 25m/s 风速以 350km/h 设计速度安全通过桥梁，在全桥两侧连续布置导风栏杆，每根导风栏杆由导风面、导风角、通风孔、加劲肋、安装孔构成，导风栏杆以一定的间距排列，通过螺栓与下部预埋组件相连，大部分风通过带折角的倾斜导风叶片进行转向，从而减小了风荷载对导风栏杆的受力，同时减小主梁的受力。

7.1.3　小结

频发的风致行车安全事故及其造成的巨大经济损失和社会影响，催生了桥梁风屏障的发展。作为大风灾害环境中保障车辆行驶安全性的重要措施,风屏障在国内外公路桥梁和铁路桥梁中都得到了广泛应用,从风屏障在桥梁沿线的布置范围看,结合不同桥梁结构风振特性和风区环境特点,可分为全桥整体布置、分区布置和桥塔局部布置几种形式;就风屏障结构形式看,有纵横向格栅式条形风屏障、多孔形风屏障和导风栏杆三种形式,纵横向格栅式条形风屏障整体透风率相对较大,行车透视效果较好,多在公路桥梁中采用,铁路桥面列车行驶速度相对更快,风致行车安全相对更为敏感,多采用障条沿高度方向连续布置的多孔型风屏障,导风栏杆作为一种新的风屏障形式目前应用较少,仅在沪昆高铁北盘江大桥上应用;从障条所用材质看,主要有PC(聚碳酸酯)耐久板、PMMA(聚甲基丙烯酸甲酯)板等有机材料和钢质、耐候钢等金属质两大类,前者多在公路桥梁采用,金属质障条则在公路桥梁和铁路桥梁均有应用,其在公路桥梁中多为自身不透风的闭合截面管状或开口截面条状,在铁路桥梁中多为带圆孔自身透风的板带状。

风屏障在国内外桥梁工程中虽取得了较好的应用效果,但无论是公路桥梁还是铁路桥梁,都为单一行车桥面,尚无在公铁双层桥梁上的应用案例。

平潭海峡公铁大桥为竖向分离式公铁双层桥面桥梁,侧风在流经桥梁时,气流会在上下层桥面与下层桥面处发生分离,形成上、下面各自的绕流。与单独铁路桥面或公路桥面相比,公铁双层桥面由于气动干扰效应的存在,车辆动力以及铁路桥面轨道和公路桥面上方风速剖面会有一定差异,当桥面上方设置风屏障时,这种干扰效应将更加明显。双层桥梁空间性较强,受力较为复杂,车道多导致车流的随机性能也较强,风—车辆—双层桥梁系统耦合效应将更为明显,车辆的行车安全性及舒适性也会受到一定程度的影响。此外,平潭海峡公铁大桥全桥跨海,位于复杂的暴风潮海域,受大风和台风影响显著,风环境极其复杂多变,加之桥面距离海平面较高(公路桥面超过75m,铁路桥面超过62m),其风致行车安全问题较常规单层公路或铁路桥梁更为复杂。因此,为保证大桥与陆地具备相同的行车运营条件,公路汽车和铁路列车全天候、准点、安全运行,有必要针对桥区特殊的海峡风环境条件下风屏障—车辆—双层桥梁系统间的相互耦合作用及风屏障防风对策进行研究。

7.2 风屏障防风效果研究

7.2.1 风屏障防风机理

相关研究表明,风屏障的透风率是决定风屏障防风效率的主要参数,其次是风屏障的高度。小的透风率有高的挡风效率,但它同时带来了对整个桥梁结构体系非常大的气动阻力荷载,并且可能引起桥梁气动稳定性的下降。因此在选择桥梁适用的风屏障时,一定要结合不同形式桥梁的具体特点,选择适宜的透风率,以获得良好的防风效果,同时保证桥梁气动力的增幅和气动稳定性的下降在可接受范围内。

风屏障防风效果的评价,可采用三种方法:①基于风速评价;②基于车辆气动力评价;③基于强风作用下车辆动力学仿真分析(风—车—桥耦合振动分析)进行评价。本节分别从桥面局部风场、车辆气动力、桥梁及车辆响应三个角度评价不同风屏障的防风效果。所涉及的风屏障参数见表2-7-2-1。

风屏障参数　　　　表2-7-2-1

类型	简称	透风率(%)	风屏障自身高度(m)
公路	风屏障P1	50	2.0
	风屏障P2	41	2.0
	风屏障P3	25	2.0
铁路	风屏障P1	43.5	3.5
	风屏障P2	36.5	3.5
	风屏障P3	26.1	3.75

考虑三座通航孔斜拉桥以及深水区非通航孔 80(88)m 简支钢桁梁桥的主梁结构布置形式基本相同,非通航孔跨度 40m 箱梁桥以及跨度 48m 箱梁桥布置形式基本相同,故仅针对主跨 532m 斜拉桥以及跨度 40m 箱梁引桥进行了大比尺模型风洞试验研究。

利用西南交通大学 XNJD-3 风洞,加工制作出大缩尺比(1∶20)桥梁及车辆模型,系统测试车桥组合情况下无风屏障以及设置风屏障以后车辆(铁路:CRH2 列车;公路:大小货车、客车、小轿车)的三分力系数,采用多个眼镜蛇脉动风速测试探头同步测试无风屏障以及设置风屏障后不同水平位置(公路、铁路不同车道)、不同竖向位置(轨面以上,公路 18 个点,铁路 12 个点)的风场特性。

安装在风洞中的通航孔斜拉桥和引桥节段模型如图 2-7-2-1~图 2-7-2-4 所示。

图 2-7-2-1　安装在风洞中的主桥节段模型

图 2-7-2-2　安装在风洞中的引桥节段模型

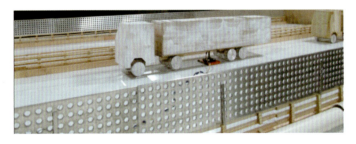

图 2-7-2-3　安装在节段模型上的大货车和圆孔形风屏障(公路)

图 2-7-2-4　安装在桥上试验的 CRH2 列车模型

7.2.2 基于桥面局部风场评价

1）铁路桥面局部风场

图 2-7-2-5、图 2-7-2-6 给出了不同风屏障情况下桥面迎风侧、背风侧的横桥向及竖向风速剖面图。

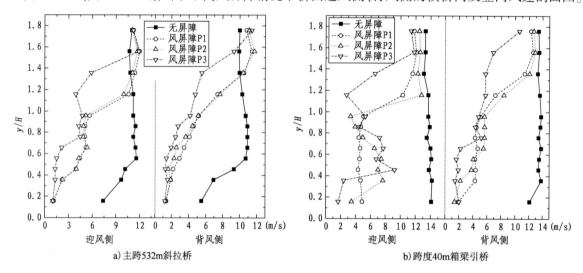

图 2-7-2-5　不同屏障情况下横桥向平均风速（单位：m/s）

注：y 为测点高度，H 为风屏障总高度，为方便对比，在绘制剖面图时 H 统一为 3.5m（以下同）。

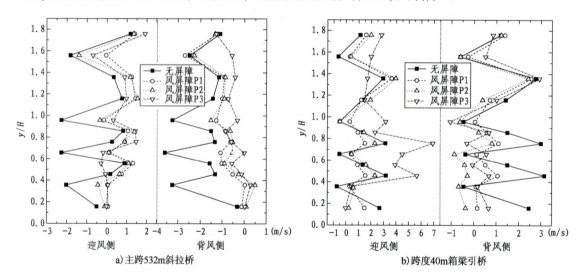

图 2-7-2-6　不同屏障情况下竖向平均风速（单位：m/s）

表 2-7-2-2、表 2-7-2-3 给出了设置不同风屏障情况下铁路桥面侧向力等效风速及等效风速限值。

铁路桥面侧向力等效风速　　　　　表 2-7-2-2

桥 区	车道位置	屏障类型	测试桥面等效风速	侧向力影响系数	减阻系数	桥面等效风速限值
主跨532m斜拉桥	迎风侧	无风屏障	10.59	1.06	—	14.2
		风屏障 P1	5.83	0.58	0.45	26.0
		风屏障 P2	5.57	0.56	0.47	26.9
		风屏障 P3	3.06	0.31	0.71	48.6
	背风侧	无风屏障	9.52	0.95	—	15.8
		风屏障 P1	4.32	0.43	0.55	35.0

续上表

桥 区	车道位置	屏障类型	测试桥面等效风速	侧向力影响系数	减阻系数	桥面等效风速限值
主跨532m斜拉桥	背风侧	风屏障P2	4.24	0.42	0.56	35.8
		风屏障P3	2.85	0.29	0.69	51.9
跨度40m箱梁引桥	迎风侧	无风屏障	13.91	1.39	—	14.2
		风屏障P1	6.07	0.61	0.56	32.4
		风屏障P2	7.65	0.77	0.45	25.6
		风屏障P3	5.34	0.53	0.62	37.2
	背风侧	无风屏障	13.48	1.35	—	14.2
		风屏障P1	4.89	0.49	0.64	40.3
		风屏障P2	5.25	0.53	0.61	37.2
		风屏障P3	3.72	0.37	0.73	53.3

注：表中测试桥面等效风速为在XNJD-3风洞通过节段模型试验，当来流风速为10m/s时，测试得到桥面以上不同高度处的风速，结合相应公式计算得来（以下同）。

铁路桥面倾覆力矩等效风速 表2-7-2-3

桥 区	车道位置	屏 障 类 型	测试桥面等效风速	倾覆力矩影响系数	减 阻 系 数	桥面等效风速限值
主跨532m斜拉桥	迎风侧	无风屏障	8.27	0.83	—	11.0
		风屏障P1	5.33	0.53	0.36	17.2
		风屏障P2	5.07	0.51	0.39	17.9
		风屏障P3	2.68	0.27	0.67	33.8
	背风侧	无风屏障	7.63	0.76	—	12.0
		风屏障P1	3.92	0.39	0.49	23.4
		风屏障P2	3.92	0.39	0.49	23.4
		风屏障P3	2.58	0.26	0.66	35.1
跨度40m箱梁引桥	迎风侧	无风屏障	10.36	1.04	—	11.0
		风屏障P1	5.22	0.52	0.50	22.0
		风屏障P2	6.45	0.65	0.38	17.6
		风屏障P3	3.96	0.40	0.62	28.6
	背风侧	无风屏障	10.19	1.02	—	11.2
		风屏障P1	4.12	0.41	0.60	27.9
		风屏障P2	4.66	0.47	0.54	24.3
		风屏障P3	3.32	0.33	0.68	34.7

由以上结果对比可知，铁路桥面设置风屏障P3时，桥面等效风速最小，桥面等效风速限值最大，风屏障的减阻系数最大，这表明风屏障P3的防风性能最好，但是风屏障P3的透风率较小（26.1%），这可能会引起桥梁稳定性的不足，且设置风屏障P1和风屏障P2时，桥面等效风速已经得到了较明显的降低，故不考虑风屏障P3。桥面等效风速、桥面等效风速限值以及风屏障减阻系数结果表明，设置风屏障P1和设置风屏障P2两种情况下的结果差异均不明显，相对而言风屏障P2的防风性能略优于风屏障P1。

2）公路桥面局部风场

无风屏障和设置不同风屏障、不同车道处的横桥向及竖向平均风速剖面图如图2-7-2-7、图2-7-2-8所示。

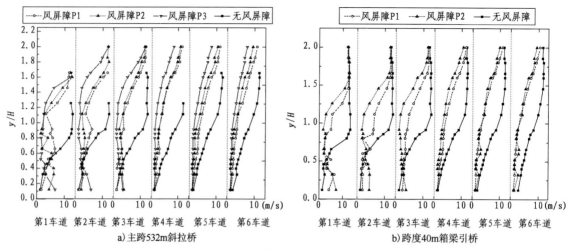

图 2-7-2-7　不同车道处横桥向的平均风速剖面(单位:m/s)

注:图中 y 为测点高度,H 为风屏障总高度3.5m(以下同)。

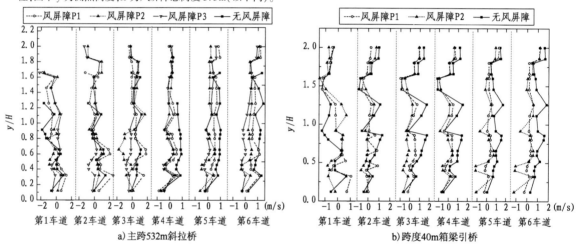

图 2-7-2-8　不同车道处竖向平均风速剖面(单位:m/s)

表 2-7-2-4～表 2-7-2-7 给出了主跨 532m 斜拉桥和跨度 40m 箱梁引桥公路桥面等效风速和等效风速限值。

主跨532m斜拉桥桥面允许来流风速(侧向力等效)　　　　　　表 2-7-2-4

车道位置	屏障类型	测试桥面等效风速 (m/s)	侧向力影响系数	减阻系数	桥面允许来流风速限值 (m/s)	桥面等效风速限值 (m/s)
第1车道	无风屏障	9.16	0.92	—	25.0	18.2
	风屏障 P1	4.79	0.48	0.48	47.9	34.9
	风屏障 P2	4.53	0.45	0.51	51.1	37.2
	风屏障 P3	3.11	0.31	0.66	74.2	54.0
第2车道	无风屏障	7.81	0.78	—	29.5	21.5
	风屏障 P1	3.90	0.39	0.50	59.0	42.9
	风屏障 P2	2.99	0.30	0.62	76.7	55.8
	风屏障 P3	2.99	0.30	0.62	76.7	55.8
第3车道	无风屏障	8.03	0.80	—	28.8	20.9
	风屏障 P1	3.14	0.31	0.61	74.2	54.0
	风屏障 P2	3.42	0.34	0.58	67.6	49.2
	风屏障 P3	2.20	0.22	0.73	104.5	76.1

续上表

车道位置	屏障类型	测试桥面等效风速(m/s)	侧向力影响系数	减阻系数	桥面允许来流风速限值(m/s)	桥面等效风速限值(m/s)
第4车道	无风屏障	7.69	0.77	—	29.9	21.7
	风屏障P1	3.09	0.31	0.60	74.2	54.0
	风屏障P2	2.79	0.28	0.64	82.1	59.8
	风屏障P3	1.59	0.16	0.79	143.8	104.7
第5车道	无风屏障	6.94	0.69	—	33.3	24.3
	风屏障P1	3.50	0.35	0.49	65.7	47.8
	风屏障P2	2.76	0.28	0.59	82.1	59.8
	风屏障P3	1.87	0.19	0.72	121.1	88.1
第6车道	无风屏障	6.74	0.67	—	34.3	25.0
	风屏障P1	3.27	0.33	0.51	69.7	50.7
	风屏障P2	2.68	0.27	0.60	85.2	62.0
	风屏障P3	1.98	0.20	0.70	115.0	83.7

主跨532m斜拉桥桥面允许来流风速(倾覆力矩等效) 表2-7-2-5

车道位置	屏障类型	测试桥面等效风速(m/s)	倾覆力矩影响系数	减阻系数	桥面允许来流风速限值(m/s)	桥面等效风速限值(m/s)
第1车道	无风屏障	8.09	0.81	—	25.0	14.1
	风屏障P1	3.91	0.39	0.52	51.9	29.3
	风屏障P2	3.09	0.31	0.62	65.3	36.8
	风屏障P3	1.92	0.19	0.77	106.6	60.1
第2车道	无风屏障	7.11	0.71	—	28.5	16.1
	风屏障P1	3.19	0.32	0.55	63.3	35.7
	风屏障P2	2.32	0.23	0.68	88.0	49.7
	风屏障P3	1.65	0.17	0.76	119.1	67.2
第3车道	无风屏障	7.27	0.73	—	27.7	15.6
	风屏障P1	2.68	0.27	0.63	75.0	42.3
	风屏障P2	2.55	0.26	0.64	77.9	43.9
	风屏障P3	1.35	0.14	0.81	144.6	81.6
第4车道	无风屏障	6.90	0.69	—	29.3	16.6
	风屏障P1	2.64	0.26	0.62	77.9	43.9
	风屏障P2	2.46	0.25	0.64	81.0	45.7
	风屏障P3	1.31	0.13	0.81	155.8	87.9
第5车道	无风屏障	6.25	0.63	—	32.1	14.1
	风屏障P1	3.06	0.31	0.51	65.3	29.3
	风屏障P2	2.44	0.24	0.62	84.4	36.8
	风屏障P3	1.60	0.16	0.75	126.6	60.1
第6车道	无风屏障	5.99	0.60	—	33.8	16.1
	风屏障P1	2.85	0.29	0.52	69.8	35.7
	风屏障P2	2.38	0.24	0.60	84.4	49.7
	风屏障P3	1.70	0.17	0.72	119.1	67.2

续上表

跨度 40m 箱梁引桥公路桥面允许来流风速（侧向力等效） 表 2-7-2-6

车道位置	屏障类型	测试桥面等效风速（m/s）	侧向力影响系数	减阻系数	桥面允许来流风速限值（m/s）	桥面等效风速限值（m/s）
第1车道	无风屏障	8.97	0.90	—	25.0	18.2
	风屏障 P1	5.38	0.54	0.40	41.7	30.3
	风屏障 P2	4.26	0.43	0.52	52.3	38.1
第2车道	无风屏障	8.01	0.80	—	28.1	20.5
	风屏障 P1	4.43	0.44	0.45	51.1	37.2
	风屏障 P2	3.51	0.35	0.56	64.3	46.8
第3车道	无风屏障	7.96	0.80	—	28.1	20.5
	风屏障 P1	4.05	0.41	0.49	54.9	40.0
	风屏障 P2	2.51	0.25	0.69	90.0	65.5
第4车道	无风屏障	7.27	0.73	—	30.8	22.4
	风屏障 P1	3.43	0.34	0.53	66.2	48.2
	风屏障 P2	2.67	0.27	0.63	83.3	60.7
第5车道	无风屏障	7.00	0.7	—	32.1	23.4
	风屏障 P1	2.75	0.28	0.60	80.4	58.5
	风屏障 P2	3.00	0.3	0.57	75.0	54.6
第6车道	无风屏障	6.91	0.69	—	32.6	23.7
	风屏障 P1	2.59	0.26	0.62	86.5	63.0
	风屏障 P2	2.91	0.29	0.58	77.6	56.5

跨度 40m 箱梁引桥公路桥面允许来流风速（倾覆力矩等效） 表 2-7-2-7

车道位置	屏障类型	测试桥面等效风速（m/s）	侧向力影响系数	减阻系数	桥面允许来流风速限值（m/s）	桥面等效风速限值（m/s）
第1车道	无风屏障	8.04	0.80	—	25.0	14.1
	风屏障 P1	4.42	0.44	0.45	45.5	25.6
	风屏障 P2	2.82	0.28	0.65	71.4	40.3
第2车道	无风屏障	7.36	0.74	—	27.0	15.2
	风屏障 P1	3.98	0.40	0.46	50.0	28.2
	风屏障 P2	2.41	0.24	0.68	83.3	47.0
第3车道	无风屏障	7.27	0.73	—	27.4	15.5
	风屏障 P1	3.42	0.34	0.53	58.8	33.2
	风屏障 P2	1.68	0.17	0.77	117.6	66.4
第4车道	无风屏障	6.58	0.66	—	30.3	17.1
	风屏障 P1	2.99	0.30	0.55	66.7	37.6
	风屏障 P2	2.34	0.23	0.65	87.0	49.0
第5车道	无风屏障	6.28	0.63	—	31.7	17.9
	风屏障 P1	2.47	0.25	0.60	80.0	45.1
	风屏障 P2	2.59	0.26	0.59	76.9	43.4
第6车道	无风屏障	6.06	0.61	—	32.8	18.5
	风屏障 P1	2.32	0.23	0.62	87.0	49.0
	风屏障 P2	2.46	0.25	0.59	80.0	45.1

综合对比以上不同风屏障情况下,桥面等效风速、桥面允许来流风速限值、桥面等效风速限值以及风屏障减阻系数结果,可以看出风屏障 P3 的防风性能最好,但是其透风率较低(25%),可能引起桥梁气动稳定性的下降,且风屏障 P1 和风屏障 P2 已经可以满足相关要求,故建议不考虑风屏障 P3。综合对比可以发现,风屏障 P2 的防风性能优于风屏障 P1。

7.2.3 基于车辆气动力评价

1)基于铁路桥面列车气动力评价

表 2-7-2-8 给出了主跨 532m 斜拉桥和跨度 40m 箱梁引桥 CRH2 单车运行于迎风侧轨道时各工况下三分力系数。

车辆气动力系数汇总 表 2-7-2-8

桥区位置	车辆位置	风屏障类型	C_H	C_V	C_M
主跨 532m 斜拉桥	车辆位于桥梁迎风侧	无风屏障	1.176	0.517	0.042
		风屏障 P1	0.709	0.386	0.093
		风屏障 P2	0.280	0.485	−0.016
		风屏障 P3	0.397	0.232	0.084
跨度 40m 混凝土梁引桥		无风屏障	1.402	0.277	0.047
		风屏障 P1	0.953	0.477	0.013
		风屏障 P2	0.536	0.848	0.054
		风屏障 P3	0.339	0.337	0.023

单方面从阻力、升力以及力矩角度来考虑风屏障的防风性能,很难说清楚哪一种风屏障防风性能更好,将车辆所受到的阻力、升力以及力矩转化到车轮轮缘处的合力矩(即车辆侧倾稳定性力矩),进而得到车辆侧倾稳定性力矩系数,从车辆侧倾稳定性力矩系数来评价风屏障的防风性能更有说服力。图 2-7-2-9、图 2-7-2-10 分别给出了主跨 532m 斜拉桥和跨度 40m 箱梁引桥不同工况下 CRH2 车辆侧倾稳定性力矩系数。

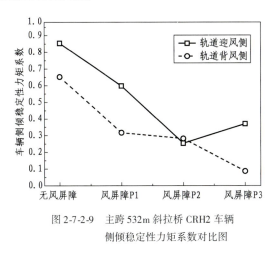

图 2-7-2-9 主跨 532m 斜拉桥 CRH2 车辆侧倾稳定性力矩系数对比图

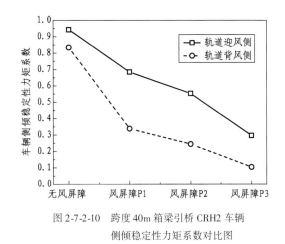

图 2-7-2-10 跨度 40m 箱梁引桥 CRH2 车辆侧倾稳定性力矩系数对比图

采用考虑动力响应影响的静力分析方法确定 CRH2 客车运行的临界风速。在无风屏障和设置不同风屏障情况下,不同车速对应的倾覆临界瞬时风速计算结果见表 2-7-2-9,CRH2 客车运行风速标准和车速标准见表 2-7-2-10。

CRH2 客车静风倾覆临界风速（考虑车辆振动） 表 2-7-2-9

桥区位置	风屏障类型	车速(km/h)		140	160	180	200	220	240
主跨 532m 斜拉桥	无风屏障	风速(m/s)	动车	41.6	41.3	41.0	40.6	40.3	39.9
			拖车	39.2	38.9	38.6	38.3	38.0	37.7
	风屏障 P1	风速(m/s)	动车	48.6	48.2	47.8	47.4	47.0	46.6
			拖车	45.8	45.4	45.1	44.7	44.3	44.0
	风屏障 P2	风速(m/s)	动车	73.3	72.7	72.2	71.6	71.0	70.4
			拖车	69.1	68.5	68.0	67.5	66.9	66.3
	风屏障 P3	风速(m/s)	动车	61.0	60.5	60.0	59.5	59.0	58.5
			拖车	57.4	57.0	56.5	56.1	55.6	55.2
跨度 40m 箱梁引桥	无风屏障	风速(m/s)	动车	40.2	39.9	39.6	39.6	38.9	38.6
			拖车	37.9	37.6	37.3	37.0	36.7	36.4
	风屏障 P1	风速(m/s)	动车	46.6	46.2	45.9	45.5	45.1	44.7
			拖车	43.9	43.6	43.2	42.9	42.5	42.2
	风屏障 P2	风速(m/s)	动车	49.0	48.6	48.2	47.8	47.4	47.0
			拖车	46.2	45.8	45.5	45.1	44.7	44.4
	风屏障 P3	风速(m/s)	动车	68.4	67.9	67.3	66.8	66.2	65.7
			拖车	64.5	64.0	63.5	62.9	62.4	61.9

风速标准及车速标准 表 2-7-2-10

平均风速	瞬时风速	车速
$U \leq 13$m/s	$U \leq 20$m/s	可达设计速度 120km/h
$13 < U \leq 17$m/s	$20 < U \leq 25$m/s	≤ 80km/h
$17 < U \leq 20$m/s	$25 < U \leq 30$m/s	≤ 40km/h
$U > 20$m/s	$U > 30$m/s	封闭轨道交通

由以上结果对比可知，设置风屏障可有效降低车辆三分力系数、倾覆稳定力矩，就降低程度而言，设置风屏障 P3 效果优于 P2，设置风屏障 P2 效果优于 P1，由于风屏障 P3 的透风率较小（仅 26.1%），这可能会引起桥梁抗风性能的下降，且设置风屏障 P1 和 P2 时，车辆侧倾稳定性力矩系数已经得到了明显的降低，故可不考虑风屏障 P3。同种车速下，设置风屏障后的静风倾覆临界风速均较无风屏障情况有所增加，设置风屏障 P2 时静风倾覆临界风速最大，风屏障 P3 次之，设置风屏障 P1 时静风倾覆临界风速增加量最小。综合考虑桥梁气动稳定性，风屏障 P2 的防风性能更好。

2）基于公路桥面汽车气动力评价

当汽车在桥面上行驶时，同时受到侧向风力、惯性力和重力等的共同作用，由侧向风引起的车辆行驶安全性问题包括以下两类。

①侧倾问题：较高风速下，侧向面积较大的汽车将在侧风的作用下侧向倾覆。

②侧滑问题：中低风速侧风作用下，尤其是汽车通过弯道过程中，其与桥面之间的接触力小于车轮与桥面的附着极限，导致汽车发生侧向滑移的一种操纵失控现象。

表 2-7-2-11、表 2-7-2-12 分别汇总了主跨 532m 斜拉桥和跨度 40m 箱梁引桥区，不同类型汽车沿不同车道运行时的车辆最小侧倾和侧滑临界风速。考虑桥面出现积雪和结冰的概率较低，侧滑临界风速仅汇总了"干""湿"两种路面情况的结果。

主跨532m斜拉桥车辆失控最小临界风速　　　　　　　　　　　　　　　　表2-7-2-11

车辆类型		厢式货车	集装箱车	旅行巴士	小轿车
侧倾临界风速	25%（风屏障P3）	—	57	—	—
	41%（风屏障P2）	—	50.5	—	—
	50%（风屏障P1）	60	47	61	
	无风屏障	36.5	30.5	43.5	
侧滑干路面	25%（风屏障P3）	—	71	—	—
	41%（风屏障P2）	—	57	—	—
	50%（风屏障P1）	56	53	61	
	无风屏障	38	36.5	42.5	51
侧滑湿路面	25%（风屏障P3）	—	54	—	—
	41%（风屏障P2）	—	45	—	—
	50%（风屏障P1）	44	42	47.5	
	无风屏障	31	29.5	34	40

跨度40m箱梁引桥车辆失控最小临界风速　　　　　　　　　　　　　　　　表2-7-2-12

车辆类型		厢式货车	集装箱车	旅行巴士
侧倾临界风速	25%（风屏障P3）	—	—	—
	41%（风屏障P2）	68	50.5	75.5
	50%（风屏障P1）	61	44.5	65.5
	无风屏障	35.5	30.5	43.5
侧滑干路面	25%（风屏障P3）	—	—	—
	41%（风屏障P2）	59	57	61
	50%（风屏障P1）	57	51.5	56
	无风屏障	36.5	37	41.5
侧滑湿路面	25%（风屏障P3）	—	—	—
	41%（风屏障P2）	46.5	45	48
	50%（风屏障P1）	45	41	44.5
	无风屏障	29.5	30	33.5

从上述表中数据可以看出，未设置风屏障时厢式货车、大型集装箱车和厢式货车在"湿"路况下侧滑临界风速低于35m/s，同时大型集装箱车的侧倾临界风速小于35m/s。旅行巴士在"湿"路况条件下的侧滑临界风速低于35m/s。设置风屏障后每种车辆的侧倾临界风速和"干""湿"路况的侧滑临界风速均高于35m/s。

且从结果对比可知，风屏障P2和风屏障P1在常遇风速（≤35m/s）范围内均能够保障车辆安全运行，根据国内外已建大跨度桥梁采用的防风措施方案，故推荐的最优风屏障方案为风屏障P1（透风率50%）。

7.2.4　基于车辆响应评价

1）铁路车桥响应评价

从铁路桥面局部风场以及动车气动力结果来看，风屏障P3由于透风率较小，可能引起桥梁气动稳定性下降，故不考虑风屏障P3。因此，仅针对无风屏障、风屏障P1以及风屏障P2三种情况进行了铁路风—车—桥耦合振动分析。铁路风—车—桥耦合振动分析中选用有代表性的CRH2动车组进行计算，列车编组为 2×(拖+动+动+拖),共 8 节;速度等级为 200km/h(设计速度);风速等级为 25m/s、30m/s、35m/s、40m/s;轨道不平顺采用欧洲低干扰轨道谱;轨道位置为迎风侧。

无风屏障和设置不同风屏障情况下,桥梁结构的响应指标见表 2-7-2-13、表 2-7-2-14。

不同风速下主跨 532m 斜拉桥桥梁的响应　　　　　　　　　　　　　　　表 2-7-2-13

	CRH2 车速(km/h)	200	200	200	200
	风速(m/s)	25	30	35	40
无风屏障	主跨跨中处横向加速度(m/s²)	0.062	0.071	0.144	0.107
	主跨跨中处竖向加速度(m/s²)	0.558	0.545	0.538	0.543
	主跨跨中处横向挠跨比(1/x)	10386	8863	6193	4703
	主跨跨中处竖向挠跨比(1/x)	13149	9182	6388	8323
	最大梁端竖向转角(rad/1000)	0.228	0.190	0.219	0.255
	最大梁端水平折角(rad/1000)	0.077	0.112	0.206	0.186
风屏障 P1	主跨跨中处横向加速度(m/s²)	0.194	0.279	0.382	0.380
	主跨跨中处竖向加速度(m/s²)	0.535	0.555	0.550	0.544
	主跨跨中处横向挠跨比(1/x)	7527	5725	4709	3514
	主跨跨中处竖向挠跨比(1/x)	9449	9293	8552	8670
	最大梁端竖向转角(rad/1000)	0.270	0.277	0.286	0.277
	最大梁端水平折角(rad/1000)	0.122	0.177	0.252	0.260
风屏障 P2	主跨跨中处横向加速度(m/s²)	0.194	0.280	0.404	0.380
	主跨跨中处竖向加速度(m/s²)	0.545	0.551	0.544	0.543
	主跨跨中处横向挠跨比(1/x)	6554	4874	3831	2881
	主跨跨中处竖向挠跨比(1/x)	13618	16825	13260	17036
	最大梁端竖向转角(rad/1000)	0.248	0.221	0.196	0.212
	最大梁端水平折角(rad/1000)	0.139	0.203	0.302	0.299

注:最大梁端折角为进桥侧与出桥侧梁端折角的最大值。

不同风速下跨度 40m 箱梁桥的响应　　　　　　　　　　　　　　　表 2-7-2-14

	CRH2 车速(km/h)	200	200	200	200
	风速(m/s)	25	30	35	40
无风屏障	最大横向加速度(m/s²)	0.292	0.290	0.285	0.276
	最大竖向加速度(m/s²)	0.041	0.027	0.036	0.046
	最大横向挠跨比(1/x)	530701	525237	590973	56267
	最大竖向挠跨比(1/x)	33924	26594	15498	13421
	最大梁端竖向转角(rad/1000)	0.085	0.085	0.076	0.063
	最大梁端水平折角(rad/1000)	0.012	0.018	0.020	0.026
风屏障 P1	最大横向加速度(m/s²)	0.287	0.281	0.277	0.265
	最大竖向加速度(m/s²)	0.040	0.023	0.031	0.038
	最大横向挠跨比(1/x)	537916	542851	613299	56266
	最大竖向挠跨比(1/x)	38569	31952	17655	15276
	最大梁端竖向转角(rad/1000)	0.084	0.083	0.073	0.059
	最大梁端水平折角(rad/1000)	0.010	0.015	0.017	0.022
风屏障 P2	最大横向加速度(m/s²)	0.279	0.267	0.262	0.244
	最大竖向加速度(m/s²)	0.040	0.015	0.019	0.025

续上表

风屏障 P2	最大横向挠跨比(1/x)	552204	576369	660687	54948
	最大竖向挠跨比(1/x)	44127	36163	20348	17579
	最大梁端竖向转角(rad/1000)	0.082	0.077	0.067	0.052
	最大梁端水平折角(rad/1000)	0.009	0.012	0.014	0.018

注：最大梁端折角为进桥侧与出桥侧梁端折角的最大值。

图 2-7-2-11、图 2-7-2-12 分别给出了主跨 532m 斜拉桥和跨度 40m 箱梁引桥车辆各响应指标。

综合对比表 2-7-2-13、表 2-7-2-14 数据可以发现，随着风速的增加，桥梁的响应随之增大。较无风屏障情况，设置风屏障增大了桥梁的横向阻力，桥梁主跨跨中处的横向响应（横向加速度、横向挠跨比、最大梁端水平折角）有所增加，不同类型（开孔形式、透风率不同）风屏障对桥梁横向响应的影响相差不大。设置风屏障对桥梁主跨跨中处竖向加速度以及最大梁端竖向折角影响很小，且不同类型风屏障对桥梁主跨跨中竖向加速度以及最大梁端竖向折角影响相差不大，但桥梁的竖向挠跨比差异较大，且规律性不明显。

综合对比图 2-7-2-11、图 2-7-2-12 数据可以发现，未设置风屏障及设置不同风屏障，车辆的各个响应指标随风速增加而增大。无风屏障情况下，当风速≥35m/s 时，车辆个别响应指标（如轮重减载率和横向加速度）超过限值。设置风屏障以后，车辆响应指标有所降低，风速≥35m/s 时，动车响应指标降低到了相关标准范围内，拖车轮重减载率和横向加速度仍不满足相关标准。由于动车及拖车响应变化规律基本一样，将 35m/s 风速下动车轮重减载率和横向加速度绘制成图 2-7-2-11，由图可知，设置风屏障 P2 时车辆的响应指标均较设置风屏障 P1 的小，因此，风屏障 P2 的防风性能优于风屏障 P1。

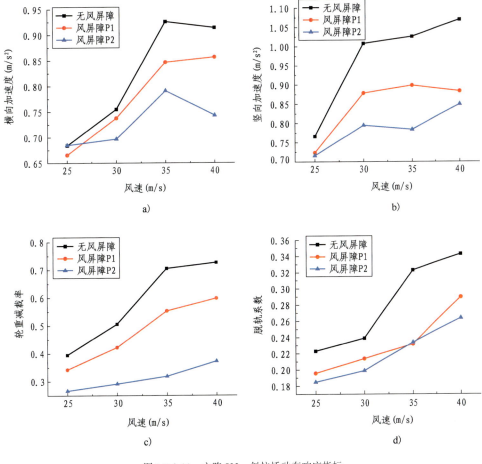

图 2-7-2-11　主跨 532m 斜拉桥动车响应指标

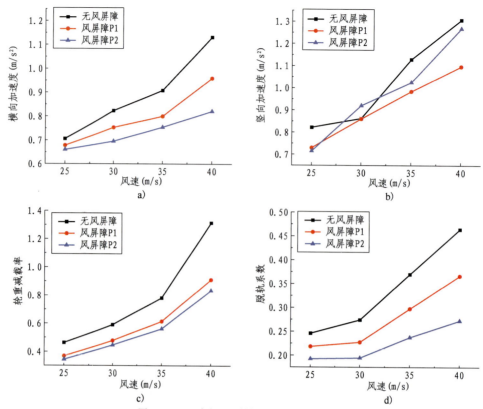

图 2-7-2-12　跨度40m箱梁引桥动车响应指标

2）公路车桥响应评价

采用公路风—车—桥系统分析软件 WVBroad（Wind—Vehicle—Bridge System for Roadway），对该桥进行多种风屏障条件下风—汽车—桥耦合振动分析。鉴于空载大型集装箱车侧风面积大，在侧风作用下易发生风致行车安全事故，故重点考察大型集装箱车作用下桥梁和车辆的动力响应。

车辆的动力性能主要包括运行的安全性和运行的平顺性。车辆响应的评定标准见表 2-7-2-15。

本研究中车辆响应评定标准　表 2-7-2-15

平顺性标准		$a_W \leq 0.8$			
侧倾安全标准		$RSF \leq 0.8$			
侧滑安全标准	车辆类型	道路状况			
		干	湿	雪	冰
	集装箱车	≤4.437	≤3.169	≤0.951	≤0.444

车辆在25m/s风速条件下以60km/h沿不同行车道（第1车道、第2车道、第3车道、第4车道、第5车道、第6车道）行进时桥梁的动力响应见表 2-7-2-16、表 2-7-2-17。

532m 斜拉桥不同车道位置桥梁响应（风速25m/s，车速60km/h，无风屏障）　表 2-7-2-16

工况		C01	C02	C03	C04	C05	C06
车道位置		车道1	车道2	车道3	车道4	车道5	车道6
桥梁	最大位移(mm)及最大扭转角(rad/1000)						
	主跨1/4跨度位置竖向	25.772	25.772	25.772	25.772	25.772	25.772
	主跨跨中位置竖向	40.669	40.669	40.669	40.669	40.669	40.669
	主跨3/4跨度位置竖向	27.120	27.035	27.010	27.012	27.027	27.052
	主跨1/4跨度位置横向	98.238	97.707	97.715	97.726	97.732	97.736
	主跨跨中位置横向	143.893	143.916	143.933	143.949	143.958	143.960
	主跨3/4跨度位置横向	104.649	104.484	104.359	104.253	104.187	104.181

续上表

桥梁	最大位移(mm)及最大扭转角(rad/1000)	主跨1/4跨度位置扭转角	1.202	1.188	1.175	1.156	1.147	1.138
		主跨跨中位置扭转角	1.329	1.303	1.280	1.239	1.218	1.214
		主跨3/4跨度位置扭转角	1.245	1.227	1.210	1.183	1.168	1.155
	最大加速度(mm/s²)及最大扭转角加速度(rad/s²/1000)	主跨1/4跨度位置竖向	122.098	121.982	121.926	121.917	121.927	121.971
		主跨跨中位置竖向	198.150	198.487	198.550	198.449	198.317	198.127
		主跨3/4跨度位置竖向	155.850	155.850	155.850	155.850	155.850	155.850
		主跨1/4跨度位置横向	93.383	93.383	93.383	93.383	93.383	93.383
		主跨跨中位置横向	117.609	117.609	117.609	117.609	117.609	117.609
		主跨3/4跨度位置横向	14.257	14.257	14.257	14.257	14.257	14.257
		主跨1/4跨度位置扭转角	22.280	22.276	22.272	22.262	22.255	22.247
		主跨跨中位置扭转角	25.489	25.485	25.483	25.476	25.472	25.466
		主跨3/4跨度位置扭转角	27.421	27.420	27.418	27.413	27.410	27.407
最大竖向加速度(mm/s²)			198.55					
最大横向加速度(mm/s²)			117.609					
最大扭转角加速度(rad/s²/1000)			27.421					

跨度40m箱梁引桥不同车道位置桥梁响应(风速25m/s，车速60km/h，无风屏障)　　表2-7-2-17

工况			C01	C02	C03
车道位置			车道1	车道2	车道3
桥梁	最大位移(mm)及最大扭转角(rad/1000)	第一联跨主跨跨中竖向	0.083	0.081	0.080
		第二联跨主跨跨中竖向	0.082	0.080	0.079
		第三联跨主跨跨中竖向	0.074	0.073	0.072
		第一联跨主跨跨中横向	4.758	4.753	4.749
		第二联跨主跨跨中横向	4.988	4.983	4.977
		第三联跨主跨跨中横向	4.460	4.460	4.460
		第一联跨主跨跨中扭转角	0.232	0.232	0.232
		第二联跨主跨跨中扭转角	0.251	0.251	0.251
		第三联跨主跨跨中扭转角	0.244	0.244	0.244
	最大加速度(mm/s²)及最大扭转角加速度(rad/s²/1000)	第一联跨主跨跨中竖向	9.334	9.300	9.262
		第二联跨主跨跨中竖向	6.252	6.240	6.231
		第三联跨主跨跨中竖向	13.346	13.346	13.346
		第一联跨主跨跨中横向	17.326	14.030	11.626
		第二联跨主跨跨中横向	36.288	36.288	36.288
		第三联跨主跨跨中横向	4.693	4.693	4.693
		第一联跨主跨跨中扭转角	0.825	0.825	0.825
		第二联跨主跨跨中扭转角	0.414	0.414	0.414
		第三联跨主跨跨中扭转角	0.418	0.418	0.418
最大竖向加速度(mm/s²)			237.146		
最大横向加速度(mm/s²)			173.218		
最大扭转角加速度(rad/s²/1000)			43.778		

车辆在不同风速条件下(25m/s,30m/s,35m/s,40m/s)以车速60km/h沿主梁第1车道行进时桥梁的动力响应见表2-7-2-18、表2-7-2-19。

532m斜拉桥不同风速时桥梁响应（车速60km/h，第1车道，无风屏障）　　表2-7-2-18

工况			C01	C25	C26	C27
风速(m/s)			25	30	35	40
桥梁	最大位移(mm)及最大扭转角(rad/1000)	主跨1/4跨度位置竖向	25.772	43.994	56.745	75.584
		主跨跨中位置竖向	40.669	64.856	85.428	131.721
		主跨3/4跨度位置竖向	27.120	40.307	56.651	89.151
		主跨1/4跨度位置横向	98.238	188.201	245.064	328.529
		主跨跨中位置横向	143.893	275.074	360.928	490.262
		主跨3/4跨度位置横向	104.649	192.302	255.639	351.297
		主跨1/4跨度位置扭转角	1.202	2.103	2.504	3.724
		主跨跨中位置扭转角	1.329	2.188	2.751	3.945
		主跨3/4跨度位置扭转角	1.245	2.035	2.573	3.716
	最大加速度(mm/s²)及最大扭转角加速度(rad/s²/1000)	主跨1/4跨度位置竖向	122.098	181.301	364.349	314.168
		主跨跨中位置竖向	198.150	238.623	256.823	315.284
		主跨3/4跨度位置竖向	155.850	237.146	245.140	351.536
		主跨1/4跨度位置横向	93.383	169.821	204.811	293.933
		主跨跨中位置横向	117.609	169.798	275.407	360.231
		主跨3/4跨度位置横向	14.257	18.196	22.417	35.601
		主跨1/4跨度位置扭转角	22.280	37.508	50.188	66.583
		主跨跨中位置扭转角	25.489	43.837	60.703	80.349
		主跨3/4跨度位置扭转角	27.421	42.361	64.117	86.996
	最大竖向加速度(mm/s²)		364.349			
	最大横向加速度(mm/s²)		360.231			
	最大扭转角加速度(rad/s²/1000)		86.996			

跨度40m箱梁引桥不同风速时桥梁响应（车速60km/h，第1车道，无风屏障）　　表2-7-2-19

工况			C01	C10	C11	C12
风速(m/s)			25	30	35	40
桥梁	最大位移(mm)及最大扭转角(rad/1000)	第一联跨主跨跨中竖向	0.083	0.121	0.166	0.197
		第二联跨主跨跨中竖向	0.082	0.135	0.177	0.203
		第三联跨主跨跨中竖向	0.074	0.117	0.174	0.178
		第一联跨主跨跨中横向	4.758	7.608	13.492	15.070
		第二联跨主跨跨中横向	4.988	8.429	15.034	15.151
		第三联跨主跨跨中横向	4.460	7.405	12.787	13.741
		第一联跨主跨跨中扭转角	0.232	0.382	0.661	0.725
		第二联跨主跨跨中扭转角	0.251	0.417	0.730	0.749
		第三联跨主跨跨中扭转角	0.244	0.379	0.676	0.718
	最大加速度(mm/s²)及最大扭转角加速度(rad/s²/1000)	第一联跨主跨跨中竖向	9.334	9.369	9.291	16.033
		第二联跨主跨跨中竖向	6.252	9.935	8.700	8.528
		第三联跨主跨跨中竖向	13.346	7.726	19.224	20.304
		第一联跨主跨跨中横向	17.326	22.108	60.963	48.048

续上表

桥梁	最大加速度（mm/s²）及最大扭转角加速度（rad/s²/1000）	第二联跨主跨跨中横向	36.288	20.455	32.091	42.651
		第三联跨主跨跨中横向	4.693	2.063	6.418	4.201
		第一联跨主跨跨中扭转角	0.825	1.470	2.627	2.591
		第二联跨主跨跨中扭转角	0.414	0.484	0.655	1.093
		第三联跨主跨跨中扭转角	0.418	0.488	0.662	1.104
	最大竖向加速度（mm/s²）		20.304			
	最大横向加速度（mm/s²）		60.963			
	最大扭转角加速度（rad/s²/1000）		2.627			

图2-7-2-13给出了公路桥面安装不同透风率的风屏障时，车辆以车速60km/h沿迎风侧不同行车道（车道1、车道2、车道3、车道4、车道5、车道6）行进时车辆的动力响应值。图2-7-2-14给出了公路桥面安装不同透风率的风屏障时，不同风速（25m/s，30m/s，35m/s，40m/s）条件下车辆以车速60km/h沿迎风侧第1车道行进时车辆的动力响应值。

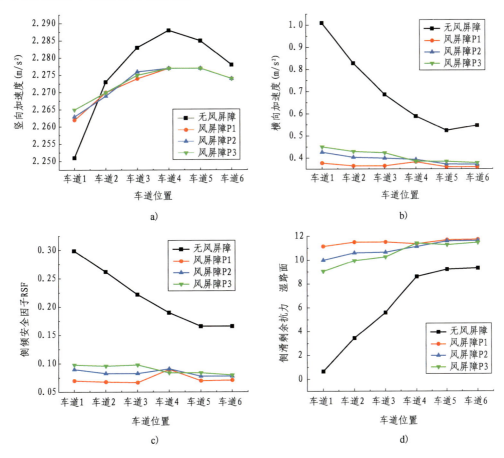

图2-7-2-13 不同车道风速25m/s、车速60km/h车辆响应

对大型集装箱车沿着不同行车道（车道1、车道2、车道3、车道4、车道5、车道6）在不同风速（25m/s、30m/s、35m/s、40m/s）条件下以不同车速（60km/h、80km/h、100km/h）在安装不同风屏障桥面运行时的桥梁和车辆的动力响应进行分析，可得到如下结论。

①车辆在安装不同风屏障的桥面运行时，沿不同行车道行进时，桥梁的响应差异较小，车辆的响应差异较为明显，车道1行驶的车辆易发生风致车辆的行车安全事故，车道1为车辆行驶安全性的控制性车道。

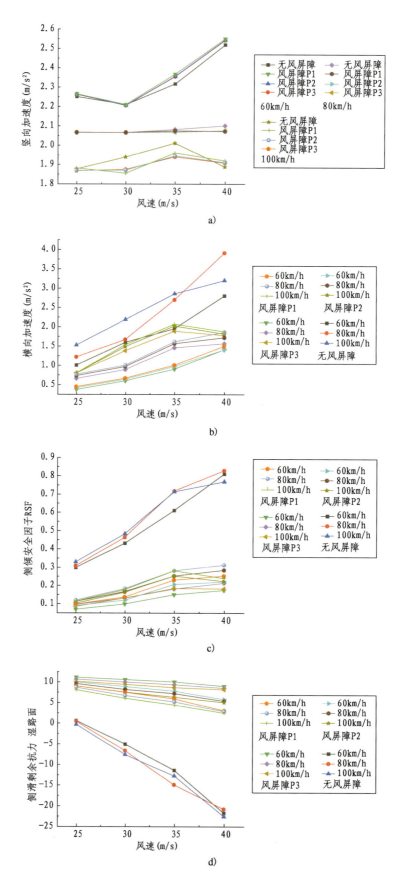

图 2-7-2-14 不同风速、车速及风屏障条件下车道 1 车辆响应

②不同风屏障对于保障车辆的行驶安全性具有重要的作用,风屏障能明显地提高车辆行驶的临界风速。风屏障 P3 能最大限度地保障车辆的行车安全性。风屏障 P2 和风屏障 P1 能保障车辆在常见风速(风速≤35m/s)范围内,以一般行驶车速(车速≤100km/h)的"干""湿"路况条件下正常行驶。

③在高风速(风速≥40m/s)和高车速(车速≥100km/h)条件下,桥面安装风屏障 P1,车辆在"湿"路况条件下行驶时将发生侧滑行车安全事故。

④考虑到常见风速和一般行驶车速,风屏障 P2 和风屏障 P1 均能保障车辆的正常行驶。综合国内外大跨度桥梁建设的经验,本研究中对主跨 532m 斜拉桥推荐优选的风屏障方案为风屏障 P1(透风率 50%)。

7.2.5 结论

(1)铁路桥面相同风屏障情况下,迎风侧的桥面等效风速限值均低于背风侧的桥面等效风速限值;迎风侧车辆的侧倾稳定性力矩系数均较背风侧的大,这说明车辆位于轨道迎风侧更易发生倾覆的危险。轨道迎风侧为铁路桥面的最不利位置。

(2)公路桥面相同风屏障情况下,车道 1 位置处的桥面等效风速限值以及桥面允许来流风速均较其他车道位置小;车辆位于公路桥面车道 1 位置时,更易发生侧倾以及侧滑的危险。车道 1 位置最危险。

(3)综合对比主跨 532m 斜拉桥以及跨度 40m 箱梁引桥铁路桥面的等效风速以及行驶于这两座桥上的车辆响应可以发现,跨度 40m 箱梁引桥铁路桥面等效风速较来流风速大,主跨 532m 斜拉桥铁路桥面等效风速与来流风速相差较小,这说明跨度 40m 箱梁引桥铁路桥面存在风速放大效应,但是主跨 532m 斜拉桥铁路桥面由于受到桁架等因素的干扰,风速放大效应并不明显。行驶于跨度 40m 箱梁引桥铁路桥面上的列车车辆响应指标要比相同情况下主跨 532m 斜拉桥铁路桥面上的列车大,这可能是因为跨度 40m 箱梁引桥铁路桥面的风速被放大的缘故。

(4)分别从铁路桥面局部风场、列车气动力以及桥梁与车辆的响应三个角度评价了不同风屏障的防风效果,结果表明,设置风屏障是很有必要的。结合结构特点,选择适宜的透风率,以获得良好的减风效果,同时保证桥梁气动力的增幅和气动稳定性的下降在可接受范围内,综合对比设置三种风屏障情况下桥面等效风速、车辆侧倾稳定性力矩系数以及车辆的响应指标,推荐风屏障 P2(透风率 36.5%)为铁路桥面风屏障最优选型。

(5)不同透风率的风屏障对于保障公路桥面汽车的行驶安全性具有重要的作用,风屏障能明显地提高汽车行驶的临界风速。风屏障 P3 能最大限度地保障汽车的行车安全性。风屏障 P2 和风屏障 P1 能保障汽车在常见风速(风速≤35m/s)范围内,以一般行驶车速(车速≤100km/h)的"干""湿"路况条件下正常行驶。考虑到风屏障 P3 的透风率(25%)较小,可能引起桥梁稳定性的下降,且在常见风速和一般行驶车速下,风屏障 P2 和风屏障 P1 均能保障汽车的正常行驶。综合国内外大跨度桥梁建设的经验,本研究中对主跨 532m 斜拉桥以及跨度 40m 箱梁引桥推荐优选的风屏障方案为风屏障 P1(透风率 50%)。

7.3 斜拉桥桥塔区域风环境数值模拟

平潭海峡公铁大桥通航孔斜拉桥桥塔沿桥跨方向的尺寸宽达 9~15m,桥塔的存在会改变桥面周围的风环境。

车辆在桥面上运行时,桥面的风环境决定了车辆的真实气动效应。在横向风作用下,塔柱的尾流会使汽车在进、出桥塔区域过程中所受的气动力发生剧烈变化,这种风荷载突变效应对车辆行驶的安全性和舒适性都是不利的。尤其是当风速较大、车辆高速通过桥塔区域时,可能导致车辆出现侧倾、侧偏、侧滑失控以及桥塔局部风环境剧烈变化,引起驾驶不适应,导致汽车严重偏向等问题。因此需专门考查桥塔三维气动绕流对风屏障及桥面局部风环境的影响,必要时提出适合桥墩处的不同类型的风屏障。

7.3.1 分析方法

采用计算流体动力学(Computational Fluid Dynamics,CFD)数值模拟进行分析,借助大型CFD软件FLUENT进行横向风作用下桥墩对桥墩附近区域桥面风场影响的研究。

为考查桥塔三维气动绕流对桥面局部风环境及风屏障的影响,主要建立以下几种模型,见表2-7-3-1。

主要模型情况介绍   表2-7-3-1

编 号	主 梁	桥 塔	风 屏 障	目 的
1	9个节间	不包含	不包含	与风洞试验对比,确定计算参数
2	9个节间	包含	不包含	考察桥塔的三维扰流作用
3	9个节间	包含	包含(公路、铁路风障透风率分别为:50%、43%)	考察桥塔、风屏障作用
4	9个节间	包含	包含(公路、铁路风障透风率分别为:41%、35%)	考察桥塔、风屏障作用
5	9个节间	包含	包含(公路、铁路风障透风率分别为:25%、24%)	考察桥塔、风屏障作用

7.3.2 计算模型

考虑桥面上风场主要受桥面高度附近的桥塔影响,桥塔简化为等截面形式,统一采用主梁处桥塔的截面形式,桥塔的倒角仍按实际尺寸设置。不考虑水管支架与护栏底座之间的狭长缝隙,较小尺寸的结构尽量简化成规则形状,公路桥面坡度及栏杆均保留。铁路桥面坡度保留,忽略铁路人行道扶手。风屏障设置在公路、铁路桥面的外侧。公路桥面的风屏障安装在防撞护栏上,并使之合为一体,防撞护栏高1.5m;铁路桥面不考虑栏杆,直接在外侧安装风屏障。

本次计算选取长度为126m(9个节间,每个节间长14m)的平潭桥节段为计算模型,桥塔位于节段中间位置。主梁模型由桥塔处沿桥轴向两侧延伸至整个计算区域的前后边界。

模型按1:20进行缩尺,几何模型如图2-7-3-1所示。左侧为无风屏障模型,右侧为有风屏障模型。

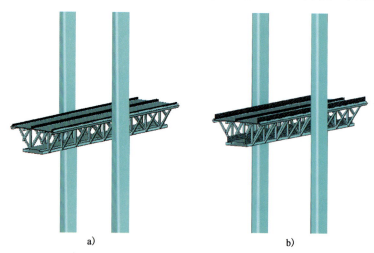

图2-7-3-1 几何模型示意图

计算域长宽高为800mm×300mm×126mm。具体设置为:主梁沿长度方向延伸至计算区域边界,沿顺桥向取126m,在横桥向(侧风作用方向)取800m,模型中心距风速入口300m,距压力出口500m。

7.3.3 计算结果及分析

1）计算内容

计算主跨532m斜拉桥在无风屏障以及设置不同风屏障情况下不同水平位置（不同车道）、不同竖向位置的风场。计算内容见表2-7-3-2。

数值计算内容　　　　表2-7-3-2

内容	工况	风障类型	来流风速
风速	不同车道位置（水平位置）不同高度（竖向位置）	无风屏障； 公路、铁路风障透风率分别为：50%、43%（以下均简称为屏障P1）； 公路、铁路风障透风率分别为：41%、36%（以下均简称为屏障P2）； 公路、铁路风障透风率分别为：25%、24%（以下均简称为屏障P3）	30m/s

2）公路桥面风场计算结果

由于工况较多，本节给出无风屏障和三种不同透风率风屏障工况下，公路车道2、车道5的风速云图。

为直观地反映出桥面上方的风速分布情况，绘制出桥面上方3m高度处风速分布的三维图。风速分布三维图如图2-7-3-2～图2-7-3-5所示。图中，车道编号1、2、3为迎风侧车道，4、5、6车道为背风侧车道。

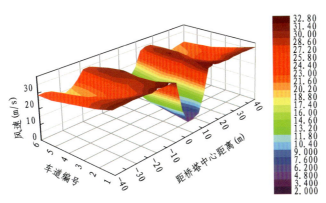

图2-7-3-2　无风屏障工况的公路桥面风速分布图

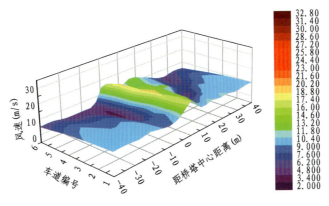

图2-7-3-3　风屏障P1工况的公路桥面风速分布图

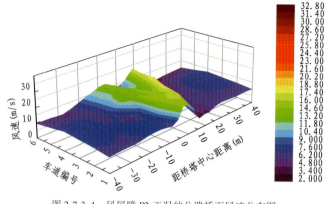

图 2-7-3-4　风屏障 P2 工况的公路桥面风速分布图

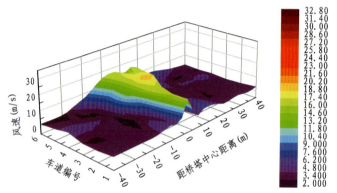

图 2-7-3-5　风屏障 P3 工况的公路桥面风速分布图

从风速分布三维图可以看出：无风屏障时，桥面风速在桥塔中心最小，在桥塔外侧急剧增大，然后趋于平缓；有风屏障时，风速在桥塔外侧大大减小并沿顺桥向变化平缓；风屏障透风率越小，桥塔中心风速越大，甚至超过非桥塔区域风速。

3）铁路桥面风场计算结果

为直观地反映出桥面上方的风速分布情况，绘制出无风屏障和三种不同透风率风屏障工况下，桥面上方 2.5m 高度处风速分布的三维图。风速分布三维图如图 2-7-3-6～图 2-7-3-9 所示。

从风速分布三维图可以看出：无风屏障时，桥面风速在桥塔处折减，在桥塔外侧，风速变化主要受腹杆影响；风屏障透风率越小，桥塔外侧风速顺桥向波动越小，这说明风屏障可以有效减缓风速顺桥向的变化，并且风屏障透风率越小，风速顺桥向突变越小；在桥塔区域，风屏障 P1 工况下，桥塔处风速云图由绿色变到紫色，变化大小约 8m/s；在风屏障 P2 工况下，桥塔处风速云图由黄色变到蓝色，变化大小约 10m/s；在风屏障 P3 工况下，桥塔处风速云图由黄色变到紫色，变化大小约 12m/s；说明风屏障透风率越大，桥塔处风速变化越剧烈。

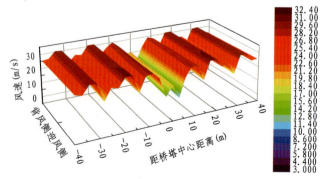

图 2-7-3-6　无风屏障工况的铁路桥面风速分布图

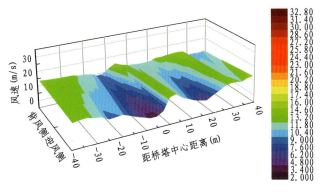

图 2-7-3-7　风屏障 P1 工况的铁路桥面风速分布图

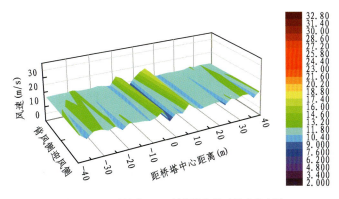

图 2-7-3-8　风屏障 P2 工况的铁路桥面风速分布图

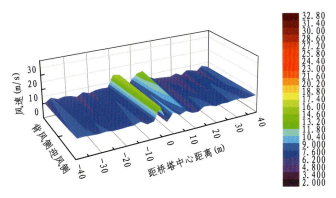

图 2-7-3-9　风屏障 P3 工况的铁路桥面风速分布图

7.3.4　结论

针对平潭海峡公铁大桥主跨 532m 斜拉桥,通过数值模拟方法,分析桥塔对桥面风场的影响,可得出如下结论:

(1)无风屏障时,桥面风速在桥塔中心最小,在桥塔外侧急剧增大,然后趋于平缓。有风屏障时,风速在桥塔外侧大大减小并沿顺桥向变化平缓,但在桥塔处,风速甚至超过非桥塔区域风速。风屏障透风率越小,桥塔处风速变化越剧烈。离桥塔越远,风屏障作用越显著。

(2)对于公路桥面,距桥塔中心 20m 与 30m 处风速剖面图较为接近,说明距桥塔中心 20m 处风场已经基本不受桥塔影响。桥塔对风场的影响范围大致位于桥塔中线两侧 20m 区域(合计 40m,接近桥塔顺桥向宽度的 3 倍)。沿风速来流方向越向下游,桥塔影响区域越大。

(3)对于铁路桥面,无风屏障时,桥面风速在桥塔处折减,在桥塔外侧,风速变化主要受腹杆影响。风屏障可以弱化桥塔及腹杆对桥面风场的影响,有效减缓风速顺桥向的变化。安装透风率 36% 的风屏障时,桥塔处风速突变,相对于另外两种风屏障更为平缓。

(4)设置风屏障桥塔区域的风载突变效应已明显降低,表明桥塔遮风效应对风—车—桥耦合振动的影响已较小。

7.4 最优风屏障方案主桥动力性能验证

以全桥最大跨度斜拉桥元洪航道桥为对象,通过风洞试验,系统测试了无风屏障和设置不同风屏障方案情况下,其主梁的静力三分力系数、颤振临界风速以及涡振响应,探究了风屏障对大跨度桁架桥抗风性能的影响。

7.4.1 节段模型及试验概况

节段模型试验在西南交通大学单回流串联双试验段工业风洞(XNJD-1)中进行,该试验段断面为2.4m(宽)×2.0m(高)的矩形,最大来流风速为45m/s,最小来流风速为0.5m/s。综合考虑主梁的宽度和高度以及风洞试验段的大小,桥梁节段模型采用1/47.48的几何缩尺比。主梁节段模型长2.095m,宽0.7346m,高0.2849m,采用优质松木和层板制作并按缩尺比严格模拟主梁的几何外形。模型的公路栏杆、铁路人行道扶手等附属结构物按实际结构进行模拟(保证透风率等效),主梁节段模型图如图2-7-4-1所示。

图2-7-4-1 主梁节段模型

本研究中,公路风屏障直接安装在防撞护栏上,进而形成一个整体式的防风结构,风屏障透风率为50%,高度为2.0m,防撞护栏高1.5m;铁路风屏障透风率36.5%,高度3.5m。采用与桥梁节段模型一致的缩尺比进行风屏障模型的设计,如图2-7-4-2所示。

a)公路风屏障模型(带护栏)

b)铁路风屏障模型

图2-7-4-2 风屏障缩尺模型

为明确无风屏障和设置不同风屏障情况下主梁抗风性能的变化情况,测试了无风屏障、单一公路风屏障、单一铁路风屏障以及公路与铁路多道风屏障情况下,桥梁静力三分力系数、颤振临界风速以及涡振响应。

7.4.2 主梁的静力三分力系数

风洞试验时来流为均匀流,对于每个试验状态,均按10m/s,15m/s和20m/s来流风速进行测量,以考查试验结果的重复性和合理性,并取20m/s风速下的结果作为最终取值。试验的来流攻角范围取 $-12° \leqslant \alpha \leqslant +12°$,测量间隔为1°。

以主桁架高度和宽度作为定义三分力系数的特征尺寸参数,所得无风屏障、单一公路风屏障、单一铁路风屏障以及公路与铁路多道风屏障情况下的主梁静力三分力系数曲线如图2-7-4-3～图2-7-4-6所示。由图可知,攻角 $\alpha = 0°$ 情况下,无风屏障时主梁的阻力系数为1.125;单一公路风屏障时主梁的阻力系数为1.324;单一铁路风屏障时主梁的阻力系数为1.365;公路与铁路多道风屏障时主梁的阻力系数为1.670。各个工况下,升力系数曲线(C_V—α)的斜率在较大的正、负攻角范围内均为正值,力矩系数曲线(C_M—α)变化较为平缓并趋于零值附近,这说明该桁架断面具备气动稳定的必要条件。

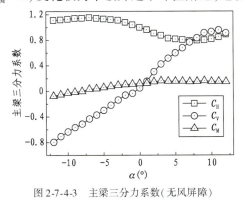

图2-7-4-3 主梁三分力系数(无风屏障)

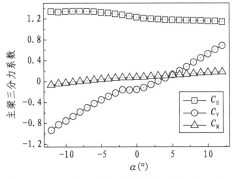

图2-7-4-4 主梁三分力系数(单一公路风屏障)

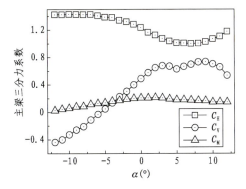

图2-7-4-5 主梁三分力系数(单一铁路风屏障)

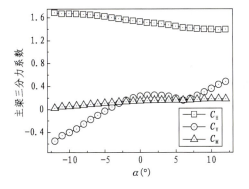

图2-7-4-6 主梁三分力系数(公路与铁路多道风屏障)

为进一步明确风屏障对主梁三分力系数的影响,图2-7-4-7～图2-7-4-9给出了无风屏障和设置不同风屏障方案时主梁的三分力系数对比图。由图2-7-4-7可知,在负攻角范围内,无风屏障时的阻力系数<设置单一公路风屏障时的阻力系数<设置单一铁路风屏障时的阻力系数<设置公路和铁路多道风屏障时的阻力系数。这是因为,风屏障受到的阻力会直接传递给桥梁,而风屏障受到的阻力又与其透风率和高度密切相关。在正攻角范围内,无风屏障和设置单一铁路风屏障时的阻力系数变化规律基本类似,即阻力系数随着正攻角的逐渐增大而先减小后增大;设置单一公路风屏障与设置公路和铁路多道风屏障时的阻力系数变化规律基本类似,即阻力系数随着正攻角的逐渐增大而逐渐减小。并且设置单一公路风屏障时的阻力系数>设置单一铁路风屏障时的阻力系数,出现了反常情况。这可能是因为,由于主梁腹杆以及斜撑等结构物的遮挡效应,设置铁路风屏障后,整个主梁阻力系数的增加会受到一定的减弱,公路桥面较为平坦,设置公路风屏障后,整个主梁阻力系数的增加更加明显。然而在负攻角情况下,风屏障在一定程度上会受到主梁的遮挡且背对着来流风,因此公路风屏障的影响也得到了弱化。

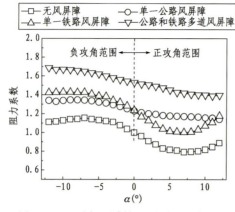

图 2-7-4-7　不同风屏障情况下的主梁阻力系数

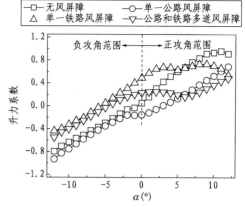

图 2-7-4-8　不同风屏障情况下的主梁升力系数

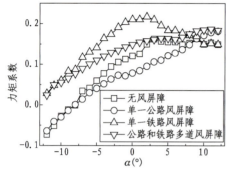

图 2-7-4-9　不同风屏障情况下的主梁力矩系数

由图 2-7-4-8 可知,在负攻角范围内,无风屏障和设置单一公路风屏障时的升力系数吻合较好,设置单一铁路风屏障与设置公路和铁路多道风屏障时的升力系数吻合较好,且设置铁路风屏障(单一或组合情况)时的升力系数大于无铁路风屏障时的升力系数。这表明,负攻角范围内,铁路风屏障对升力系数的影响较为显著,它会使主梁升力系数提高,而公路风屏障对升力系数的影响较为不明显。在正攻角范围内,无风屏障时的升力系数 > 设置单一公路风屏障时的升力系数;设置单一铁路风屏障时的升力系数 > 设置公路与铁路多道风屏障时的升力系数,这表明,在正攻角范围内,设置公路风屏障会减小主梁的升力系数。这是由于气流流经桥梁断面时会形成上升的黏滞力,但是公路风屏障影响了上层桥面相对平稳的气流,使黏滞力变小,因此升力系数有所减小。

由图 2-7-4-9 可知,攻角在 -12°~ -7°范围内,铁路风屏障的影响较为显著,公路风屏障的影响较为不明显;攻角在 -7°~ +12°范围内,公路风屏障会减小主梁的力矩系数。

7.4.3　主梁颤振临界风速

表 2-7-4-1 给出了风速比为 1:5.517 时的成桥状态颤振试验模型设计参数,本试验测定了无风屏障和设置不同风屏障在五种来流攻角(-5°、-3°、0°、+3°、+5°)情况下的颤振临界风速,详见表 2-7-4-2。由表可知,颤振临界风速的最小值出现在设置公路与铁路多道风屏障情况下,+5°攻角时,其值为 107.6m/s,大于颤振检验风速 84.5m/s,这表明,无论设置风屏障与否,该桥的颤振临界风速均满足相关要求。

成桥状态颤振试验模型设计参数　　　　　　表 2-7-4-1

参数名称	符号	单位	缩尺比	实桥值	模型要求值	模型实现值
主梁高	H	m	1/47.48	13.5	0.2849	0.2849
主梁宽	B	m	1/47.48	34.879.5	0.7346	0.7346
单位长度质量	m	kg/m	$1/47.48^2$	67920	30.1285	30.10
单位长度质量惯矩	I_m	kg·m²/m	$1/47.48^4$	6605224	1.2997	1.2532
回转半径	r	m	1/47.48	9.8615	0.2077	0.2056
竖弯频率	f_h	Hz		0.3057	—	2.631
竖弯阻尼比	ζ_h	%	1	—	0.5	0.287

续上表

参数名称	符　号	单　位	缩　尺　比	实桥值	模型要求值	模型实现值
扭转频率	f_α	Hz		0.7136	—	6.104
扭转阻尼比	ζ_α	%	1	—	0.5	0.455
扭弯频率比	ε	—	1	2.3343	2.3343	2.320

主梁颤振临界风速　　　　　　　表 2-7-4-2

攻角(°)		无风屏障	单一公路风屏障	单一铁路风屏障	公路与铁路多道风屏障
−5	颤振风速	>124.1	>124.1	>123.0	>124.1
−3		>124.1	>124.1	>125.2	>124.1
0		>124.1	>123.0	>123.0	>121.4
+3		>121.4	120.8	>124.1	108.7
+5		>120.3	>124.1	>123.6	107.6
颤振检验风速		[84.5]			

7.4.4　主梁的涡振性能

因此对于主梁断面,针对无风屏障和加设不同风屏障方案下,分别进行了 0°、±3°和 ±5°共 5 种风攻角的试验,测试内容为主梁竖向及扭转涡振响应。

本节将节段模型的涡振试验结果换算到实桥,无风屏障和加设不同风屏障方案时,主梁竖向及扭转涡振如图 2-7-4-10 ~ 图 2-7-4-17 所示。

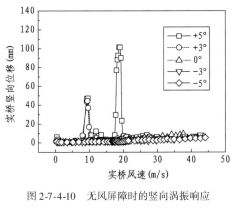

图 2-7-4-10　无风屏障时的竖向涡振响应

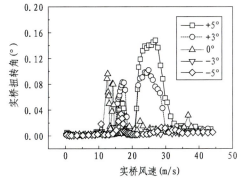

图 2-7-4-11　无风屏障时的扭转涡振响应

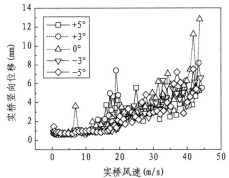

图 2-7-4-12　设置单一公路风屏障时的竖向涡振响应

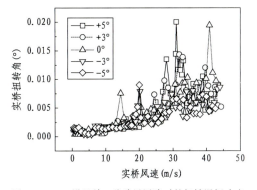

图 2-7-4-13　设置单一公路风屏障时的扭转涡振响应

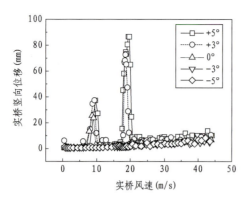
图 2-7-4-14 设置单一铁路风屏障时的竖向涡振响应

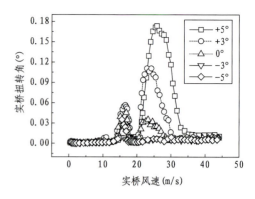
图 2-7-4-15 设置单一铁路风屏障时的扭转涡振响应

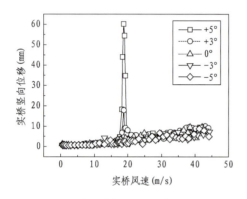
图 2-7-4-16 设置公路与铁路多道风屏障时的竖向涡振响应

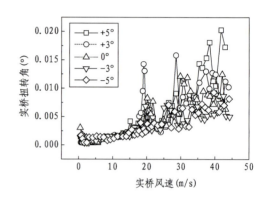
图 2-7-4-17 设置公路与铁路多道风屏障时的扭转涡振响应

由图 2-7-4-10~图 2-7-4-11 可知,无风屏障时,来流攻角 α = +5°和+3°时,发生了较为明显的竖向涡振,实桥最大竖向位移出现在+5°攻角情况,为 101.5mm,满足容许值要求;对于主梁的扭转涡振响应,出现了两个较为明显的涡振区,在 α = +5°时,主梁扭转角最大值达到 0.148°,满足容许值要求。由图 2-7-4-12~图 2-7-4-13 可知,设置单一公路风屏障后,主梁的并未发生明显的涡振响应,竖向及扭转振幅均很低,这说明设置单一公路风屏障较好地抑制了主梁的涡振响应,起到了较好的抑振效果。由图 2-7-4-14、图 2-7-4-15 可知,设置单一铁路风屏障时,主梁出现了两个较为明显的竖向涡振和两个扭转涡振,相比于无风屏障情况,主梁竖向涡振振幅略微降低,但是涡振扭转振幅有所增加,这说明单一铁路风屏障对该主梁涡振响应有一定的影响,但是影响程度不明显。由图 2-7-4-16、图 2-7-4-17 可知,设置公路和铁路多道风屏障情况下,在 α = +5°时,主梁出现了一个较为明显的竖向涡振,最大竖向振幅为 60.2mm,但是扭转涡振并未发生。

综上所述,只要设置了公路风屏障,主梁的涡振响应就会得到较好的抑制,铁路风屏障对主梁涡振响应的影响相对不明显。这可能是因为上层公路桥面较为平坦,气流在该桥面上会形成一定的附面层,在未设置公路风屏障时,形成较为规律的漩涡脱落现象,由此引发了较为明显的涡振响应,但是加设公路风屏障以后,风屏障为多孔介质模型,其打乱了气流在主梁断面上形成的旋涡形态,使旋涡的交替脱落现象减弱,因此在一定程度上抑制了涡振的发生;另一方面,铁路桥面由于道砟板、轨道、人行道栏杆以及主桁架和斜腹杆等结构物的影响,在设置铁路风屏障前已经有较多的湍流成分,一定范围内的气流本身已经很不均匀,加设铁路风屏障对整个桥面湍流、漩涡脱落现象的影响相对有限。

表 2-7-4-3 给出了无风屏障和设置不同风屏障方案时,主梁竖向涡振和扭转涡振的最大振幅及其对应的斯托罗哈数。由表可知,主梁的竖向涡振主要发生在+5°和+3°攻角情况,在 α = +5°时,主梁竖向涡振在无风屏障和设置不同风屏障情况下的斯托罗哈数差别较小,基本维持在 0.2 附近。不同攻角情况下,主梁的扭转涡振的斯托罗哈数在 0.15~0.33 范围内波动,总体上讲,同一来流攻角下,设置单一铁路风屏障时扭转涡振的斯托罗哈数要比无风屏障情况下的略高。

涡振最大振幅和斯脱罗哈数试验结果 表 2-7-4-3

涡振响应	风屏障	攻角(°)	最大振幅(mm)	斯脱罗哈数
竖向涡振	无风屏障	+5	101.5	0.221
		+3	44.6	0.438
	单一铁路风屏障	+5	86.6	0.213
		+3	72.77	0.222
	公路与铁路多道风屏障	+5	60.2	0.220
		+3	17.87	0.219
扭转涡振	无风屏障	+5	0.148	0.153
		+3	0.102	0.166
		0	0.096	0.327
		−3	0.014	0.260
		−5	0.033	0.247
	单一铁路风屏障	+5	0.174	0.160
		+3	0.111	0.180
		0	0.045	0.245
		−3	0.011	0.287
		−5	0.035	0.265

7.4.5 结论

通过532m 主桥(斜拉桥)的动力验证性试验可以得出如下结论。

(1)设置最优方案风屏障后,在各个工况下,主梁的升力系数曲线的斜率在较大的正、负攻角范围内均为正值,力矩系数曲线变化较为平缓并趋于零值,这说明该桁架断面具备气动稳定的必要条件。

(2)有无风屏障时,桥梁颤振临界风速均满足检验风速的要求,这表明该桥颤振稳定性较好;该桥的公路风屏障会明显抑制主梁涡振响应,特别是主梁扭转涡振响应降低明显,铁路风屏障对主梁涡振响应的影响相对不明显。

7.5 桥面风致行车准则

通过对铁路桥面及公路桥面风致行车准则进行评价,以确保设置风屏障后的桥面行车条件与两岸接线的行车条件相一致,最终用以指导铁路、公路运营期间的交通组织管理。

7.5.1 铁路桥面

表 2-7-5-1 给出了相关规范关于风致行车准则的规定。由表 2-7-5-1 可知,当两岸接线的瞬时风速达到30m/s 时,应当禁止汽车通行。以该风速值为基准,桥位处最高通航水位至铁路桥面距离为58.2m,换算到铁路桥面的风速为(A 类):

$$U_Z = U_{s10}\left(\frac{Z}{10}\right)^\alpha = 30 \times \left(\frac{58.2}{10}\right)^{0.12} = 37.0(\text{m/s}) \quad (2\text{-}7\text{-}5\text{-}1)$$

相关规范关于风致行车准则的规定 表 2-7-5-1

规范或规定	瞬时风速(m/s)	车速(km/h)
《京津城际铁路技术管理暂行办法》《铁路客运专线技术管理办法(试行)》	≤15	正常运行
	≤20	≤300
	≤25	≤200
	≤30	≤120
	>30	停运

基于风—车—桥耦合振动分析结果,表 2-7-5-2 给出了无风屏障和设置最优风屏障(铁路风屏障P2)时,CRH2 列车基于安全性指标和舒适性指标通行的容许风速值,依据《公路桥梁抗风设计规范》(JTG/T D60-01—2004)第 4.2.1 条可将该平均风速换成瞬时风速,换算系数为 1.24,现场实测为 1.5,因此采用规范的数据偏于安全。

不同工况下 CRH2 列车运行的容许风速(车速200km/h) 表 2-7-5-2

桥 型	风 屏 障	行车容许风速(m/s) 基于舒适性指标	行车容许风速(m/s) 基于安全性指标	地面风速限值(换算到桥面)
10min 平均风速	主跨 532m 斜拉桥 无风屏障	30.0	30.0	—
	主跨 532m 斜拉桥 风屏障 P2	35.0	40.0	
	跨度 40m 箱梁引桥 无风屏障	30.0	25.0	
	跨度 40m 箱梁引桥 风屏障 P2	30.0	35.0	
瞬时风速(时距换算系数1.24)	主跨 532m 斜拉桥 无风屏障	37.2	37.2	37.0
	主跨 532m 斜拉桥 风屏障 P2	43.4	49.6	
	跨度 40m 箱梁引桥 无风屏障	37.2	31.0	
	跨度 40m 箱梁引桥 风屏障 P2	37.2	43.4	
瞬时风速(实测换算系数1.5)	主跨 532m 斜拉桥 无风屏障	45.0	45.0	37.0
	主跨 532m 斜拉桥 风屏障 P2	52.5	60.0	
	跨度 40m 箱梁引桥 无风屏障	45.0	37.5	
	跨度 40m 箱梁引桥 风屏障 P2	45.0	52.5	

由表 2-7-5-2 可见,列车以车速为 200km/h 的时速在地面风速为 30m/s 情况下可安全通过 532m 主桥和 40m 引桥。虽然表 2-7-5-2 基于汽车舒适性指标所得到的风速限值与限值较为接近,但地面风速为 30m/s 时,实际运营中车速将限速到 120km/h,并且此时安全性指标还有一定安全储备,若按时距换算系数 1.5 计算,则安全储备会更大一些。

此外,目前管理办法中不同风速下车速的确定都是针对设计速度在 300km/h 以上的汽车而制定。对于 CRH2 汽车,受设计速度(200km/h)限制,即使风速小于 20m/s 时运行速度也不可能达到管理办法中的 300km/h。也就是说,目前的管理办法并不适合 CRH2 等设计速度低于 300km/h 的汽车。由管理办法可见,当风速由 20m/s 提高到 30m/s 时,车速由 300km/h 降低到 120km/h,车速下降了 60%。由此可见,行车抗风准则还有一定安全储备。

因此,可认为设置风屏障后的桥面行车条件与两岸接线的行车条件基本一致,用以指导铁路桥面运营期间的交通组织管理是可行的。

铁路桥面风屏障减风效果系数见表2-7-5-3。

铁路桥面风屏障减风效果系数　　　　　表2-7-5-3

桥梁类型	测试桥面等效风速		风速衰减系数		取最不利情况（衰减系数较大值）	车道位置	屏障类型
	侧向力等效	倾覆力矩等效	侧向力等效	倾覆力矩等效			
532m 主桥	5.57	5.07	0.56	0.51	0.56	轨道迎风侧	风屏障 P2
40m 箱梁引桥	7.65	6.45	0.77	0.65	0.65		

铁路桥面行车安全风速与地面安全行车风速对比表见表2-7-5-4、表2-7-5-5。

铁路桥面行车安全风速与地面安全行车风速对比表(532m 主桥)　　　　　表2-7-5-4

风级	地　面		主梁(平均)高度处		设置风屏障后的桥面处	
	相应风速(m/s)	汽车运行状况	相应风速(m/s)	汽车运行状况	相应风速(m/s)	汽车运行状况
7	13.9~17.1	正常通行	17.6~21.7	正常通行	9.9~12.2	正常通行
8	17.2~20.7	正常通行	21.8~26.3	正常通行	12.2~14.7	正常通行
	20.8~23.6	正常通行	26.4~29.9	正常通行	14.8~16.7	正常通行
9	23.7~24.4	正常通行	30~31	不能通行	16.8~17.4	正常通行
10	24.5~28.4	正常通行	31~36.1	不能通行	17.4~20.2	正常通行
	28.5~30	正常通行	36.2~38.1	不能通行	20.3~21.3	正常通行
11	30.1~32.5	不能通行	38.2~41.3	不能通行	21.4~23.1	正常通行

铁路桥面行车安全风速与地面安全行车风速对比表(40m 引桥)　　　　　表2-7-5-5

风级	地　面		主梁(平均)高度处		设置风屏障后的桥面处	
	相应风速(m/s)	汽车运行状况	相应风速(m/s)	汽车运行状况	相应风速(m/s)	汽车运行状况
7	13.9~17.1	正常通行	17.6~21.7	正常通行	11.4~14.1	正常通行
8	17.2~20.7	正常通行	21.8~26.3	正常通行	14.2~17.1	正常通行
	20.8~23.6	正常通行	26.4~29.9	正常通行	17.2~19.4	正常通行
9	23.7~24.4	正常通行	30~31	不能通行	19.5~20.2	正常通行
10	24.5~28.4	正常通行	31~36.1	不能通行	20.2~23.5	正常通行
	28.5~30	正常通行	36.2~38.1	不能通行	23.5~24.8	正常通行
11	30.1~32.5	不能通行	38.2~41.3	不能通行	24.8~26.8	正常通行

7.5.2　公路桥面

基于风—汽车—桥耦合振动分析(见第7.2节)，表2-7-5-6给出了无风屏障和设置最优风屏障(公路风屏障 P1)时，大型集装箱车通行的容许风速值。基于《公路桥梁抗风设计规范》(JTG/T D60-01—2004)第4.1.3条规定：当风荷载参与汽车荷载组合时，桥面高度处的风速可取为25m/s(10min 平均风速)，以该风速值为基准，桥位处最高通航水位至公路桥面距离为71.0m，换算到公路桥面的风速为(A 类地表)：

$$U_Z = U_{s10}\left(\frac{Z}{10}\right)^{\alpha} = 25 \times \left(\frac{71}{10}\right)^{0.12} = 31.6 \,(\mathrm{m/s}) \qquad (2\text{-}7\text{-}5\text{-}2)$$

桥面行车风速限值为35m/s,大于规范规定的限值31.6m/s,并且该限值是基于大型集装箱在车道1运行时的结果。因此,可以保证设置风屏障后的桥面行车条件与两岸接线的行车条件基本一致,用以指导公路桥面运营期间的交通组织管理是可行的。

不同工况下大型集装箱汽车运行的容许风速(车道1,干、湿路面)　　　　表2-7-5-6

桥　型	车速（km/h）	风屏障	行车容许风速（m/s,10min平均风速）	地面风速限值（换算到桥面,10min平均风速）
主跨532m斜拉桥	60	无风屏障	<25	31.6
		风屏障P1	35	
	80	无风屏障	<25	
		风屏障P1	35	
	100	无风屏障	<25	
		风屏障P1	35	
跨度40m箱梁引桥	60	无风屏障	25	
		风屏障P1	40	
	80	无风屏障	25	
		风屏障P1	40	
	100	无风屏障	<25	
		风屏障P1	35	

公路桥面风屏障减风效果系数见表2-7-5-7。

公路桥面风屏障减风效果系数　　　　表2-7-5-7

桥梁类型	测试桥面等效风速		风速衰减系数		取最不利情况（衰减系数较大值）	车道位置	屏障类型
	侧向力等效	倾覆力矩等效	侧向力等效	倾覆力矩等效			
532m主桥	4.79	3.91	0.48	0.39	0.48	车道1	风屏障P1
40m箱梁引桥	5.38	4.42	0.54	0.44	0.54		

公路桥面行车安全风速与地面安全行车风速对比表见表2-7-5-8、表2-7-5-9。

公路桥面行车安全风速与地面安全行车风速对比表(532m主桥)　　　　表2-7-5-8

风级	地　面		主梁(平均)高度处		设置风障后的桥面处	
	相应风速(m/s)	汽车运行状况	相应风速(m/s)	汽车运行状况	相应风速(m/s)	汽车运行状况
7	13.9~17.1	正常通行	18.1~22.3	正常通行	8.7~10.7	正常通行
8	17.2~19.2	正常通行	22.4~25	正常通行	10.8~12.0	正常通行
	19.3~20.7	正常通行	25.1~26.9	不能通行	12.0~12.9	正常通行
9	20.8~24.4	正常通行	27.0~31.8	不能通行	13.0~15.3	正常通行
10	24.5~25	正常通行	31.9~32.5	不能通行	15.3~15.6	正常通行
	25~28.4	不能通行	32.6~37.0	不能通行	15.6~17.8	正常通行
11	28.5~32.5	不能通行	37.1~42.3	不能通行	17.8~20.3	正常通行

公路桥面行车安全风速与地面安全行车风速对比表（40m 引桥） 表 2-7-5-9

风级	地面		主梁（平均）高度处		设置风障后的桥面处	
	相应风速（m/s）	汽车运行状况	相应风速（m/s）	汽车运行状况	相应风速（m/s）	汽车运行状况
7	13.9～17.1	正常通行	18.1～22.3	正常通行	9.8～12.0	正常通行
8	17.2～19.2	正常通行	22.4～25	正常通行	12.1～13.5	正常通行
	19.3～20.7	正常通行	25.1～26.9	不能通行	13.6～14.5	正常通行
9	20.8～24.4	正常通行	27.0～31.8	不能通行	14.6～17.2	正常通行
10	24.5～25	正常通行	31.9～32.5	不能通行	17.2～17.6	正常通行
	25～28.4	不能通行	32.6～37.0	不能通行	17.6～20.0	正常通行
11	28.5～32.5	不能通行	37.1～42.3	不能通行	20.0～22.8	正常通行

7.5.3 小结

设置风屏障后的桥面行车条件与两岸接线的行车条件基本一致，用以指导公路及铁路桥面运营期间的交通组织管理。

7.6 风屏障设计

7.6.1 风屏障总体布置

平潭海峡公铁大桥全线公路和铁路桥面均位于海峡大风环境，为满足大桥全线与陆地同条件通行，大桥公路和铁路桥面风屏障采用沿线全桥布置，如图 2-7-6-1。

a) b)

图 2-7-6-1 公路和铁路桥面风屏障沿线全桥布置

全桥公路采用加高至 1.5m 的防撞护栏，公路风屏障布置于两侧防撞护栏顶部，风屏障根据自身高度分为 A、B、C 三类，高度别为 2.5m、2.85m 和 3.2m。B 和 C 类风屏障适用于主航道桥主塔两侧各 50m 范围内，以主塔为中心，由高至低呈梯级布设，其他范围均采用 A 类风屏障布置。

铁路风屏障布设于两侧铁路员工走道外侧，员工走道面以上风屏障自身高度为 3.56m。

7.6.2 风屏障结构设计

基于《平潭海峡跨海工程抗风行车安全性及防风措施开发研究》相应研究成果，对全桥公路和铁路桥面风屏障进行结构设计。

1）公路风屏障

风屏障主要由立柱、障条及锚固拉索三部分构成，如图 2-7-6-2 所示。公路桥面风屏障整体透风率为 50%，减风率≥55%，钢结构设计使用年限为 50 年，障条为 25 年。

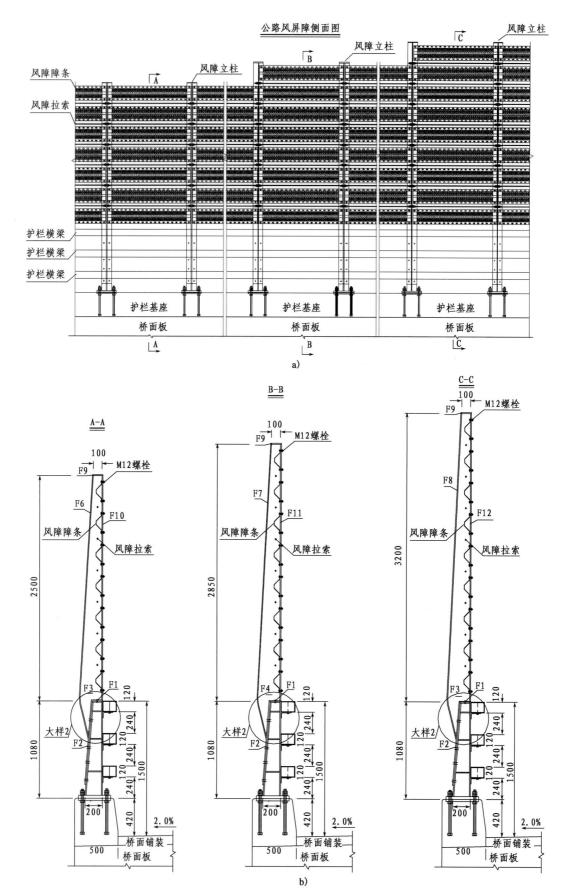

图 2-7-6-2 A/B/C 三类公路风屏障结构布置示意图(尺寸单位:mm)

风屏障立柱采用异形 H 形焊接钢立柱,材质均 Q345D,采用热浸锌防腐,通过不锈钢螺栓同公路桥面两外侧防撞护栏立柱进行连接。

风屏障障条成波形槽状,采用多孔形式(开设直径为 16mm 和 25mm 圆孔以及 16mm×14mm 长圆孔),自身透风率为 32.7%,宽度为 0.25m,沿桥纵向水平布置于两立柱之间,两端与立柱内侧翼缘通过不锈钢螺栓连接,沿高度方向间隔布置,竖向净距 100mm。为提高耐久性,障条采用厚度 3mm 镀铝锌钢板,双面镀锌含量 180g/m²,基材材质为 Q235,屈服强度不小于 235MPa。采用静电粉末喷涂,粉末采用品牌产品,涂层厚度大于 80μm;喷涂前采用预脱脂、主脱脂及硅烷液进行前处理,以增强风障条的附着力。障条结构详见图 2-7-6-3。

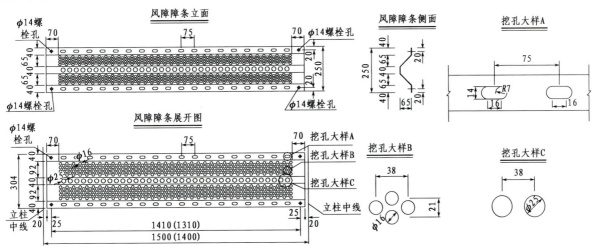

图 2-7-6-3　公路风屏障障条结构细部图(尺寸单位:mm)

公路桥面风屏障如图 2-7-6-4 所示,锚固拉索水平连接于立柱之间,以增强风屏障结构整体性。风

图 2-7-6-4　公路桥面风屏障

障拉索采用直径为 6mm 的冷拉不锈钢丝,材料为 06Gr19Ni9(304)。拉索锚固体系如图 2-7-6-5 所示,采用 1Cr18Ni9 不锈钢棒,锚固性能应达到《预应力筋用锚具、夹具和连接器》(GB/T 14370—2015)中规定的静载锚固性能要求,即静载锚固效率大于 95%。

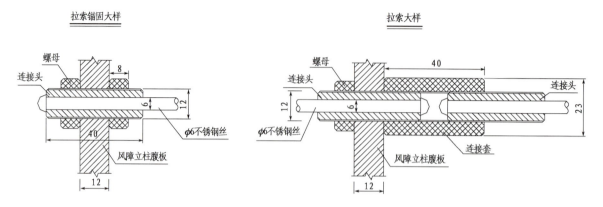

图 2-7-6-5　公路风屏障拉索锚固体系构造图(尺寸单位:mm)

2)铁路风屏障

铁路风屏障也主要由立柱、障条及锚固拉索三部分构成,如图 2-7-6-6 所示。铁路桥面风屏障整体透风率为 36.5%,减风率≥55%,钢结构设计使用年限为 50 年,障条为 25 年。

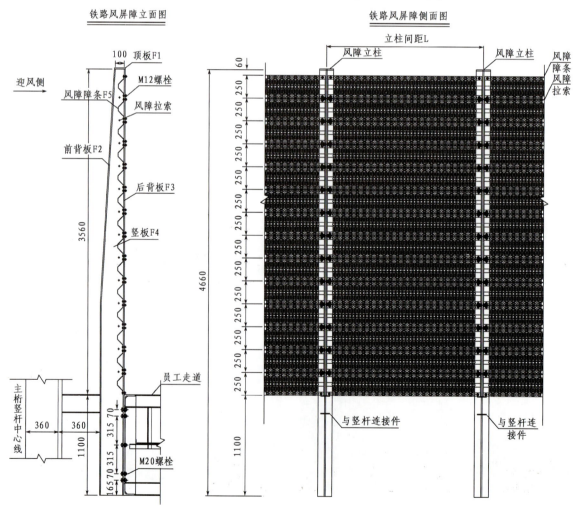

图 2-7-6-6　铁路风屏障结构示意图(尺寸单位:mm)

铁路风障立柱亦采用异形 H 形焊接钢立柱,材质均 Q345D,采用热浸锌防腐。与公路风屏障立柱、防撞护栏立柱公用基础不同,铁路风屏障立柱单独设立。通航孔斜拉桥区段,铁路风屏障立柱外翼缘通过不锈钢螺栓与钢梁下弦顶面预焊件进行连接,内侧翼缘与铁路员工走道立柱辅助连接,立柱高 4m,员工走道顶面以上高 3.56m;80(88)m 简支钢桁梁区段,铁路风屏障立柱内侧翼缘与员工走道立柱连接,立柱高 4.66m,员工走道顶面以上高 3.56m;铁路混凝土箱梁区,风屏障立柱通过不锈钢预埋锚栓,锚固于箱梁翼缘最外侧竖墙 A 外(即风屏障基座),立柱高 3.68m。

铁路桥面风屏障如图 2-7-6-7 所示,铁路风屏障障条材质、防腐形式同公路风屏障完全相同。障条结构形式和公路风屏障障条也基本类似,主要区别在于障条开孔形式和高度方向布置形式不同。铁路风屏障障条结构及开孔细部构造如图 2-7-6-8 所示,障条自身透风率为 36.5%,较公路风屏障略大。与公路风屏障障条高度方向间隔布置不同,铁路风屏障障条沿高度方向连续密布,故其障整体透风率较公路风屏障整体透风率小,为 36.5%。铁路风屏障锚固拉索同公路风屏障。

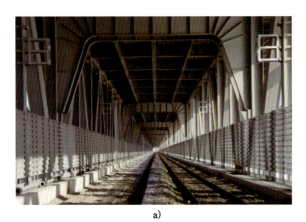

a)

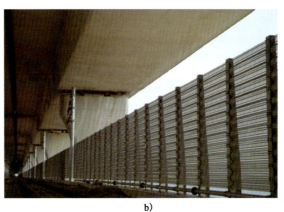

b)

图 2-7-6-7 铁路桥面风屏障

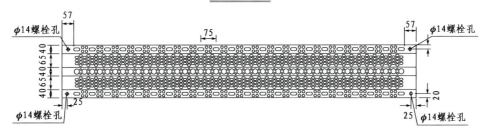

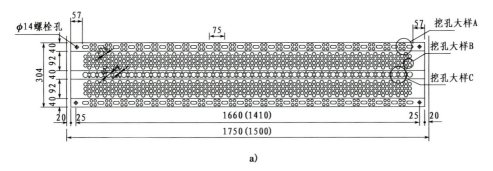

a)

图 2-7-6-8

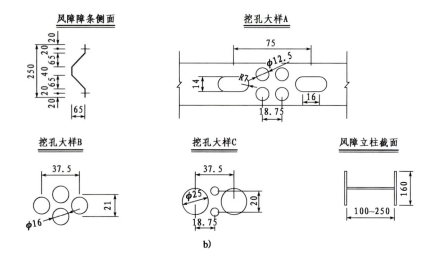

图 2-7-6-8　铁路风屏障障条构造示意图(尺寸单位:mm)

平潭海峡公铁大桥
建造关键技术

KEY TECHNOLOGY FOR
THE CONSTRUCTION
OF PINGTAN STRAIT HIGHWAY AND RAILWAY BRIDGE

松下岸

人屿岛

元洪航道桥

鼓屿门水道桥

平潭海峡公铁大桥
建造关键技术

02

第 8 章
耐久性研究及实施

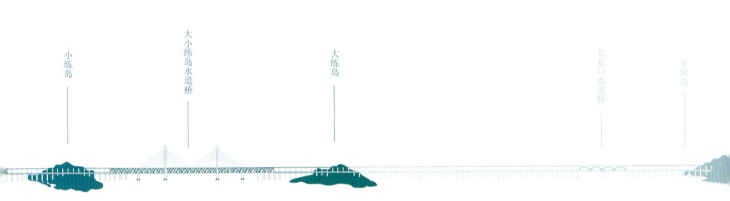

8.1 概述

结构耐久性是指在设计确定的环境作用和维修、使用条件下,结构构件在设计使用年限内保持其适用性和安全性的能力。房屋、桥梁、港口、码头等工程结构长期暴露在自然环境中,会随着时间的推移逐步老化,必然影响结构的安全及其使用功能,缩短了结构物的服役期,因此结构的耐久性是结构可靠性的重要内涵之一。

世界上经济发达国家工程建设的发展大体经历了三个阶段:①大规模新建阶段;②新建与维修并举阶段;③重点转向旧建筑物的维修、改造加固阶段。大量结构因耐久性不足而失效,或为保证继续正常使用而进行维修改造,每年因结构耐久性问题造成的经济损失占到国民生产总值的 1.5%~2%。当前我国工程建设行业的发展基本处于①到②的过渡阶段。因此如何科学有效地提高结构建筑物的耐久性,是不容忽视的问题。

随着世界经济的快速发展和人口的不断增长,人类面临日益恶化的环境问题和能源危机,合理开发利用占地球表面积超过 2/3 的海洋资源空间成为人类生存发展的必然趋势。这使得跨海大桥、海底隧道、海上钻井平台等海洋建筑物的基础建筑材料——混凝土、钢材等面临严酷的海洋环境挑战。来自海洋环境、除冰盐环境、盐碱地和工业环境的氯盐污染引起的钢筋腐蚀,是严重威胁钢筋混凝土结构耐久性的最主要和最普遍的病害,且有随时间而迅猛增加的趋势,必须引起高度重视。我国近年来积累了一些沿海或海洋服役环境的工程结构(如杭州湾跨海大桥、温福铁路等)的设计与建造施工经验,但相关实践技术储备仍相对较少,对材料与结构在海洋环境下的服役行为及性能变化规律等方面的认识有待加深;而且,为满足我国社会经济高速发展的要求,对工程设计和建设提出了更高的要求。在这种新的形势下,亟须进一步加强相关研究实践,为我国基础设施建设和安全运营提供强有力的科技保障。

平潭海峡公铁大桥是我国第一条真正意义上的海洋服役环境公铁大桥。通过环境水质调查检测表明,福平铁路工程服役环境条件存在多种含量较大的侵蚀性盐类介质,按照《铁路混凝土结构耐久性设计规范》(TB 10005—2010)的相关规定,相应海域的海水具有硫酸盐侵蚀、镁盐侵蚀、氯盐腐蚀等,其盐类化学侵蚀环境作用等级为H2;盐类结晶破坏作用等级为Y3;氯盐侵蚀作用等级为L3,这将对钢筋混凝土结构产生严重的腐蚀作用。全桥钢梁全长为5682m,钢梁主体结构达13.95万t,工程规模大,运营期间的管理养护工作量大。因此,开展钢梁涂装体系及其耐久性实验研究工作非常必要。在如此特殊的工程环境条件下,钢梁采用合理的防腐涂装体系,同时确定合理、严格的涂料供货技术条件,对于本桥的耐久性有着重要的影响。

针对平潭海峡海域的实际服役条件,在结合既有相关工程实践成果的基础上,对平潭海峡公铁大桥工程功能设计及耐久性进行了专项论证。通过相关理论分析和室内、室外测试试验,优化并提出该工程桥梁结构混凝土耐久性技术措施建议,有针对性地研究分析海洋环境下混凝土性能劣化规律以及相应工程结构的服役行为与服役寿命,进一步积累和丰富海洋环境下铁路工程结构耐久性建造技术成果经验,从而为形成我国海洋环境铁路工程耐久性建造技术体系提供基础,为海洋服役环境铁路工程的设计、建造以及维护管理提供科技支撑。

8.2 海洋环境下混凝土结构的耐久性研究及实施

8.2.1 环境特点

平潭海峡公铁两用大桥主体结构的设计使用年限为100年,根据《铁路混凝土结构耐久性设计规范》(TB 10005—2010),铁路混凝土结构所处环境类别分为碳化环境、氯盐环境、化学侵蚀环境、盐类结晶破坏环境、冻融破坏环境、磨蚀环境,依据耐久性规范对环境类别的评价标准,平潭海峡公铁大桥各结构部位所处的环境作用等级划分见表2-8-2-1。

桥梁结构所处环境划分表　　　　　　　表2-8-2-1

桥梁部位		环境类别			
		碳化环境	氯盐环境	化学侵蚀环境	盐类结晶破坏环境
箱梁、混凝土桥面板		T2	L1	—	—
公路桥墩、主塔上中塔柱		T2	L1	—	—
陆上铁路墩		T2	L1~L2	—	—
水中铁路墩、主塔下塔柱		T3	L1~L3	H2	Y3
承台	海上承台顶高程大于-3.76m	T3	L3	H2	Y3
	陆上、海上承台顶高程不高于-3.76m	T2	L1	—	—
桩		T2	L1	H2	Y3

在海洋环境中,飞溅区、潮汐区和海洋大气区对混凝土结构具有较强的腐蚀作用,而海水全浸区则由于含氧量的影响,腐蚀作用相对较弱。另外,还应注意飞溅区和潮汐区的磨损、干湿交替、机械冲击、冻融以及碱-集料反应等可能对混凝土结构耐久性造成的不利影响。不同环境区域的腐蚀特点见表2-8-2-2。

不同环境的腐蚀特点　　　　　　　表2-8-2-2

环境区域	环境条件	腐蚀影响因素	腐蚀特点
飞溅区	潮湿、充分充气的表面,无海洋生物附着	氯化钠含量、高度、雨量、温度、湿度、波浪	海水飞溅,干湿交替的情况腐蚀最严重,涂层易损坏

续上表

环境区域	环境条件	腐蚀影响因素	腐蚀特点
潮汐区	周期沉浸,供养充足,海洋生物附着	水电阻率、温度、波浪、水流、水质污染	钢和水线以下区域组成氧浓差电池,本区域受保护,孤立样板在此区域腐蚀严重
大气区	风带来细小的海盐颗粒	腐蚀影响因素:氯化钠含量、高度、雨量、温度、湿度、风速、尘埃、日照	海盐粒子使腐蚀加快,但随距离不同而不同,背风面腐蚀严重

8.2.2 海洋环境下混凝土结构的腐蚀机理

海水是一种含有大量以氯化钠为主的盐类的近中性电解质溶液,并溶解有一定量的氧,盐度是海水的一项重要指标,海水的许多物理化学性质,如密度、电导率、氯度及溶解氧等都与盐度有关。海水腐蚀的主要影响因素有含盐量、电导率、溶解物质(如二氧化碳、碳酸盐等)、pH值、温度、流速和波浪等。海水的成分中,氯离子含量最高,氯度为19‰,占离子总量的55%,是造成混凝土结构中钢筋腐蚀的主要原因。

1)混凝土中钢筋的基本腐蚀机理

钢筋的腐蚀是一种电化学反应的过程,包括金属表面形成阳极(腐蚀)和阴极(钝化)区域,以及不同区域间的电位差等。在坚实的混凝土内部,由于其孔隙中含有氢氧化钾、氢氧化钠以及大量的微溶氢氧化钙,其pH值在12~14之间。钢筋在这种高碱性溶液中,由于初始的电化学腐蚀作用,会形成一层致密的氧化物薄膜,这层薄膜牢牢地吸附在钢筋表面,会使钢筋的锈蚀率陡然下降。但由于种种其他原因(如氯离子侵蚀或者混凝土碳化),钢筋表面的钝化膜将遭到破坏,并导致钢筋锈蚀。

2)混凝土腐蚀的主要成因

从本质上讲,混凝土在气体介质中的腐蚀过程与其在液体介质中的过程基本相同。这是因为酸性气体与水泥矿物质之间的化学反应是在水膜上进行的,气体首先溶解在水中,然后才能与矿物质发生反应。混凝土的主要腐蚀成因有混凝土碳化、硫酸盐侵蚀、碱-骨料反应、氯离子侵蚀、冻融等。

8.2.3 海洋、沿海环境条件下桥梁混凝土耐久性技术实践调研

结合本工程的环境特点,主要调研了杭州湾跨海大桥、港珠澳大桥、东海大桥以及温福铁路工程桥梁工程的耐久性实践经验,内容详见二维码,以供参考。

海洋服役环境下的工程结构,特别是桥梁结构的施工难度大,必须确保足够的服役寿命,通常设计使用寿命一般要求100~120年以上,而海洋/沿海环境条件具有气温高、湿度大、海水含盐度高的特点,受海水、海风、盐雾、潮汐、干湿循环等众多因素影响,工程主体的钢筋混凝土构件容易因氯离子侵蚀、化学介质侵蚀破坏等产生锈蚀,导致结构性能退化,影响结构的安全性,耐久性问题非常突出。要在海洋环境中达到100年以上的使用寿命是一项非常艰巨的任务,用传统、简单的材料和工艺无法实现。因此,必须采用先进的混凝土结构设计理念和技术进行海湾桥梁工程的耐久性设计。

现阶段我国对于海洋环境下的大桥耐久性设计的系统研究不多,系统性的规范还不完善。超长跨海大桥的建设,需要在借鉴国内外同行们的研究成果和建设经验的基础上,依托国内现阶段的技术平台,通过专题研究,形成符合我国国情的跨海大桥的桥梁设计理念和耐久性保障体系。

为满足经济社会发展需要,近年来,我国海洋/沿海环境下的新建成或正在(规划)建设的大型工程

结构逐渐增多。这些工程结构耐久性技术实践表明,为保证工程中的钢筋混凝土结构的耐久性能和服役寿命,需要从技术和经济两方面综合考虑,在采用高性能混凝土(海工混凝土)等基本措施的基础上,有针对性地对钢筋混凝土结构采取附加强化措施,如适当增加混凝土保护层厚度、表面涂层、环氧涂层钢筋、采用阻锈剂等。上述沿海或海洋工程的建设不仅积累了宝贵的技术经验,而且极大地增强了对海洋环境条件下工程结构耐久性的认识,相应结构耐久性技术实践成果为将来类似工程建设提供了重要的技术支撑。

8.2.4 混凝土耐久性提升技术措施研究

针对本工程的服役条件,结合相关最新成果,优化并提出确保设计要求的平潭海峡公铁大桥混凝土耐久性技术措施建议方案。

1)试验方案

结合本工程的环境特点,主要调研了杭州湾跨海大桥、港珠澳大桥、东海大桥以及温福铁路工程桥梁工程的耐久性实践经验。在前期既有试验研究成果的基础上,针对该桥梁工程的两个典型工点环境,分别选取Ⅲ标和Ⅳ标进行试验,并分别选定3个典型暴露环境下的混凝土设计性能要求进行配合比设计和原材料选择,在满足相关规范(技术规程)要求的前提下,分别设计了如表2-8-2-3(Ⅲ标)和表2-8-2-4(Ⅳ标)所示的混凝土配合比,每类环境条件下重点考察了不同胶凝材料组成的影响,鉴于现场实际情况,各混凝土主要考察胶凝材料组成及掺量对混凝土力学性能和耐久性能的影响,各混凝土配合比分别试验测试了相应坍落度、含气量、早龄期的强度、吸水性以及抗氯离子渗透性能等。按照配合比浇筑了150mm×150mm×150mm立方体混凝土试件,测试相应坍落度、含气量以及1d、3d、7d、28d、56d的强度与吸水性。

Ⅲ标试验混凝土配合比   表2-8-2-3

编号	水泥 (kg/m³)	粉煤灰 (kg/m³)	矿粉 (kg/m³)	砂 (kg/m³)	石子(1) (kg/m³)	石子(2) (kg/m³)	减水剂 (kg/m³)	引气剂 (kg/m³)	水 (kg/m³)	坍落度 (mm)	含气量 (%)
桩基 C45-Y3-H2	244	144	96	732	707	303	4.84	0.86	144	220	4.0
	268	120	96	700	707	335	4.84	0.86	144		
承台 C40-T1-L1	210	126	84	711	747	320	4.2	0.588	143	220	2.0
	210	105	105	690	747	341	4.2	0.67	143		
海上承台 C50-T3-L3	239	143	95	655	748	321	4.77	0.858	141	220	4.0
	270	98	122	655	748	321	4.77	0.858	141		
墩身及主塔 C45/L3-T2	220	79	140	687	752	322	4.29	0.65	145	210	2.1
	242	88	110	687	752	322	4.29	0.7	145		

Ⅳ标试验混凝土配合比   表2-8-2-4

编号	水泥 (kg/m³)	粉煤灰 (kg/m³)	矿粉 (kg/m³)	砂 (kg/m³)	石子 (kg/m³)	减水剂 (kg/m³)	引气剂 (kg/m³)	水 (kg/m³)	坍落度 (mm)	含气量 (%)
承台 C40-T3-Y3	192	77	115	700	1090	3.84	0.768	143	190	4.1
	154	96	134	700	1090	3.84	0.768	143	185	4.5
桩基 C45-Y3-H3	201	81	121	694	1081	4.03	0.806	142	185	4.1
	161	101	141	694	1081	4.03	0.806	142	180	5.0
海上承台 C50-T3-L3-Y3	236	95	142	654	1062	4.73	0.946	139	185	4.4
	189	118	166	654	1062	4.73	0.946	139	190	4.8

2）试验结果

按照试验计划要求，分别测试了相应混凝土在新拌阶段和硬化阶段的性能，试验结果见表 2-8-2-5～表 2-8-2-7。

各配比新拌混凝土的工作性及含气量结果　　　　　　　　　　　　　表 2-8-2-5

编　号	坍落度(mm)	扩展度(mm)	含气量(%)	成　型　日　期
1	205	490	4.9	2014.6.11
2	205	500	5.1	2014.6.11
3	195	485	3.6	2014.6.11
4	185	480	4.3	2014.6.11
5	200	500	3.4	2014.6.11
6	195	510	4.7	2014.6.11
7	195	495	3.2	2014.6.11
8	180	470	3.5	2014.6.11

Ⅲ标试验硬化混凝土强度测试值(单位:MPa)　　　　　　　　　　　表 2-8-2-6

龄　期	试　样　编　号							
	1	2	3	4	5	6	7	8
1d	11.5	12.8	10.4	8.7	14.9	18.8	14.6	13.9
3d	33.1	32.7	31.1	27.7	38.3	34.2	31	30.6
7d	43.0	47.9	40	42	52	46.2	45.9	39.5
56d	55.3	56.4	49.5	51.6	63.2	61.2	57.2	55.1

各试验硬化混凝土 6h 库仑电量(单位:C)　　　　　　　　　　　　表 2-8-2-7

龄　期	试　样　编　号							
	1	2	3	4	5	6	7	8
56d	756	800	980	1050	630	715	782	760

从表 2-8-2-5 的结果可以看出，当胶凝材料中矿物掺合料掺量适当变化(掺合料取代胶凝材料总量的 45%～50%，粉煤灰和矿渣在 20%～30% 变化)时，所测 8 组混凝土拌合物的坍落度和坍落扩展度均较大，拌合物的黏聚性很好，满足设计要求，含气量也在 3%～5% 之间，掺合料的上述变化对新拌混凝土的性能影响不明显。

从表 2-8-2-6 中的强度测试结果可以看到，尽管各混凝土中的掺合料掺量已达到 45% 以上，其 1d 龄期混凝土的抗压强度基本在 10MPa 左右，但各混凝土 3d 龄期的抗压强度大多超过 30MPa，而 7d 龄期时混凝土抗压强度基本已接近了设计强度值。从表 2-8-2-7 所给出的 56d 混凝土的 6h 库仑电量可以看到，其抗氯离子渗透性能也满足设计要求。

图 2-8-2-1～图 2-8-2-3 是表 2-8-2-7 中各混凝土早期对水的吸附性能测试结果。

研究混凝土对水的吸附性能可从掌握海洋环境施工条件入手，环境中的氯盐介质对混凝土在施工期内受到侵蚀作用，从而有效控制氯盐环境对混凝土的侵蚀作用。从图 2-8-2-1～图 2-8-2-3 可以看到，所测 8 组混凝土配合比的吸收性能非常低，表明此时混凝土内部微观结构非常致密，而且连通的毛细管孔也非常小，此条件下，环境中侵蚀性离子介质对混凝土的侵蚀作用较小，特别是限制了早期阶段氯离子的渗入。

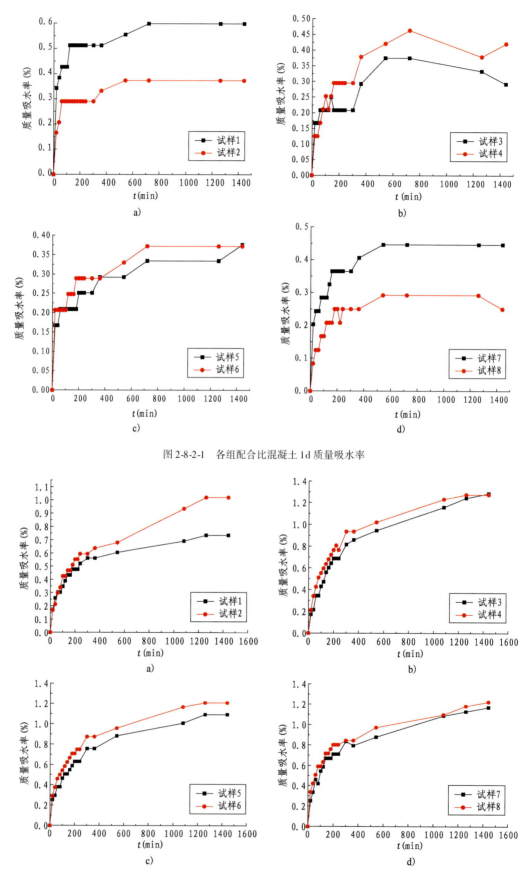

图 2-8-2-1　各组配合比混凝土 1d 质量吸水率

图 2-8-2-2　各组配合比混凝土 3d 质量吸水率

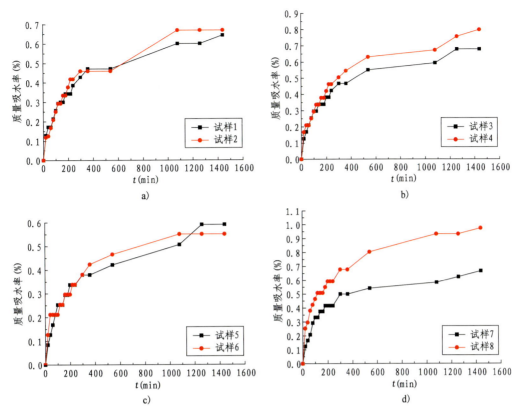

图 2-8-2-3 各组配合比混凝土 7d 质量吸水率

表 2-8-2-8 给出了表 2-8-2-4（Ⅳ标）试验混凝土 28d、56d 龄期的抗压强度，6h 库仑电量以及 RCM 方法测试得到的氯离子扩散系数结果。从所测结果可以得知，所测 6 组混凝土的抗压强度结果满足设计要求，56d 龄期的 6h 库仑电量和氯离子扩散系数也较低，特别是 C40、C45 和 C50 三种混凝土的氯离子扩散系数均小于 $5.0 \times 10^{-12} m^2/s$，表明氯离子在各混凝土中的迁移速率非常小，有利于保证钢筋混凝土的长期耐久性能。表 2-8-2-9 列出了实际施工配合比及其性能测试结果，表明各混凝土可满足相应的氯离子渗透性要求，同时这些混凝土也具有良好的抗裂性能。

Ⅳ标各混凝土强度及抗氯离子渗透性能试验结果（50%～60%掺合料）　　表 2-8-2-8

编　号	强度（MPa）		电通量（C）		氯离子扩散系数（$10^{-12} m^2/s$）	
	28d	56d	28d	56d	28d	56d
承台 C40-T3-Y3	46.5	52.4	—	907	—	4.3
	46.3	50.2	1933	1081	11.4	4.7
桩基 C45-Y3-H3	42.2	54.9	—	733	—	2.6
	51.2	55.4	62	1022	8.0	3.8
海上承台 C50-T3-L3-Y3	52.7	60.8	—	805	—	2.4
	60.3	64.8	1621	909	3.8	2.7

实际施工混凝土配合比和性能测试结果　　表 2-8-2-9

强度等级	工程部位	环境等级	每立方混凝土材料用量（kg）								56d 抗压强度（MPa）	电通量（C）	扩散系数
			水泥	砂	石子	减水剂	引气剂	粉煤灰	矿粉	水			
C40	桩基	L2/T3/H3/Y3	245	716	1026	4.09	0.409	164	—	140	55.1	915	3.5
C45	承台	L2/T3/H3/Y3	163	685	1059	4.09	0.409	164	82	140	56.6	837	2.0

续上表

强度等级	工程部位	环境等级	每立方混凝土材料用量(kg)								56d抗压强度(MPa)	电通量(C)	扩散系数
			水泥	砂	石子	减水剂	引气剂	粉煤灰	矿粉	水			
C50	承台	T3/H2/Y3/L3	236	659	1047	5.20	0.946	95	142	138	66.5	704	2.8
C40	桩基	T3/H2/Y3/L1	298	689	1048	4.69	0.852	128	—	142	59.5	836	6.1
C40	桩基	L2/T3/H3/Y3	298	684	1065	4.26	0.852	128	—	142	67.5	692	4.2

采用粉煤灰或粉煤灰和矿渣粉双掺技术,且掺合料掺量在30%以上变化的条件下,各混凝土抗压强度满足设计强度等级要求,且各混凝土的抗氯离子渗透性能优异。

上述混凝土在3d龄期时的强度基本可达30MPa以上,7d龄期时各混凝土对水的吸附性能较低,表明上述方案设计的混凝土在早龄期内受环境中侵蚀性介质的侵入作用较小;且混凝土抗氯离子渗透性能优异,满足混凝土耐久性的技术指标要求。

3)原材料要求

结合相关最新成果及相应的针对性试验,对该桥梁结构混凝土采用的原材料配合比参数等提出一些建议,以确保混凝土的耐久性。本工程结构各混凝土的原材料除满足《铁路混凝土结构耐久性设计规范》(TB 10005—2010)中的相关规定外,还应遵守一些规定。上述相关建议和规定如下。

(1)水泥

①各混凝土宜采用P.O42.5普通硅酸盐水泥,但应确认水泥混合材中不含石灰石粉;若无法满足该要求时,可采用强度等级为P·Ⅰ(P·Ⅱ)42.5水泥或P·Ⅰ(P·Ⅱ)52.5水泥。各水泥质量符合国家标准《通用硅酸盐水泥》(GB 175—2007)。

②所用水泥的细度(比表面积)宜为$300 \sim 350 m^2/kg$,铝酸三钙(C_3A)含量不大于8%。

③所用水泥的氯离子含量应低于0.06%;水泥的碱含量(按Na_2O当量计)应低于0.6%,且混凝土内总含碱量(包括所有原材料)不应超过$1.8 kg/m^3$。

④水泥质量应稳定,实际强度应与设计强度等级相匹配。定期对分批进场的水泥进行胶砂强度的评定,标准差宜控制在3.0MPa以内;应注意水泥的保管,避免水泥受潮,不得使用堆放时间过长或过期的水泥。

⑤水泥进场清单应包括生产厂商名称、水泥种类、数量以及厂商的质量保证书,应证明该批水泥已经试验分析,且符合标准规范要求。

(2)矿物掺合料

①混凝土使用的矿物掺合料包括粉煤灰、磨细矿粉、硅灰等材料。掺合料的掺量应根据设计对混凝土各龄期强度、服役性和耐久性的要求以及施工条件和工程特点(如环境、混凝土拌合物温度、构件尺寸等)而定。其技术条件应符合国家标准《高强高性能混凝土用矿物外加剂》(GB/T 18736—2017)的规定。

②应检测所用各种矿物掺合料的碱含量。矿物掺合料中的碱含量应以其中的可溶性碱计算(如无检测条件时,粉煤灰可溶性碱约为总碱量的1/6,矿粉约为1/2)。

③粉煤灰的主要控制指标和使用要求:粉煤灰(FA)必须来自燃煤工艺先进的电厂,选用组分均匀、各项性能指标稳定的低钙灰。粉煤灰的品质,应首先注重其烧失量和需水量比。本工程C40及以上等级混凝土所用粉煤灰的烧失量不应大于5%,需水量比不大于95%;C40以下等级混凝土所用粉煤灰烧失量不大于8%,需水量比不大于105%。Cl^-含量不大于0.02%,SO_3含量不大于3%。其他指标应符合国家标准《用于水泥和混凝土中的粉煤灰》(GB/T 1596—2017)中的规定。

④磨细矿粉的主要控制指标和使用要求:作为掺合料的磨细矿粉比表面积宜控制在$350 \sim 500 m^2/kg$;

烧失量不大于3%；Cl^-含量不大于0.06%；SO_3含量不大于3.5%；含水率不大于1%；28d活性指数不小于95%；其他指标应符合国家标准《用于水泥、混凝土中的粒化高炉矿渣粉》(GB/T 18046—2017)的规定。

⑤硅灰的主要控制指标和使用要求：硅灰(SF)掺量不宜超过5%。硅灰中的SiO_2含量不小于85%，烧失量不大于6%，需水量比不大于125%；含水率不大于3%，比表面积不小于18000m^2/kg。硅灰宜与其他矿物掺合料混合使用。

(3) 集料

①配制各混凝土的集料应符合国家标准《建筑用砂》(GB/T 14684—2011)和《建筑用卵石、碎石》(GB/T 14685—2011)的技术要求。

②选择料场时必须对集料进行潜在活性的检测，本工程不得采用可能发生碱—集料反应的活性集料。

③本工程混凝土粗集料采用碎石，最大粒径不应超过25mm，表观密度不低于2600kg/m^3；且应选用质地均匀坚固、粒形和级配良好、吸水率低、孔隙率小的洁净碎石，紧密堆积孔隙率不大于40%，坚固性不大于8%(预应力混凝土结构不大于5%)。

④本工程C50及以上混凝土粗钢料针片状颗粒含量应不大于5%，含泥量不大于0.5%；C50以下针片状颗粒含量应不大于8%，含泥量不大于1.0%。硫化物及硫酸盐含量（按SO_3质量计）不大于0.5%，Cl^-含量不大于0.02%，吸水率应小于2%。沉积岩粗钢料的压缩指标不大于10%，变质岩和火成岩的压缩指标不大于12%。

⑤各混凝土应优先使用颗粒坚硬、强度高、耐风化的Ⅱ区河砂，细度模数宜在2.3~3.0之间，不得使用海砂；当经过足够的试验检验合格后，可选用人工砂，且人工砂的质量尚应满足相关规范要求。

⑥各混凝土材料的细集料(砂子)的坚固性应不大于8%，泥块含量不大于0.5%，云母含量不大于0.5%，Cl^-含量不大于0.02%，吸水率应小于2%。C50及以上混凝土细集料中的含泥量应低于2%，C50以下含泥量应低于2.5%。

(4) 化学外加剂

①所采用的化学外加剂，必须是经过有关部门检验并附有检验合格证的产品，其质量应符合《混凝土外加剂》(GB/T 8076—2008)的规定，使用前应复检其效果。

②各种化学外加剂应有厂商提供的推荐掺量、主要成分(包括复配组分)的化学名称、氯离子含量百分比、含碱量，以及施工中必要的注意事项说明，如超量或欠量使用时的有害影响、掺加方法等。

③各混凝土宜采用聚羧酸类减水剂，其减水率应不低于25%。

④当混合使用高效减水剂、引气剂、缓凝剂、膨胀剂、阻锈剂及其他防腐剂时，应事先专门测定它们之间的相容性。

⑤化学外加剂的选用应严格考察生产厂家，根据其化学成分、产品质量，结合使用环境、施工条件，通过技术、经济性对比确定。

⑥化学外加剂掺量应通过试验，根据使用环境、施工条件、混凝土原材料的变化进行调整。

⑦化学外加剂中的氯离子含量不得大于混凝土中胶凝材料总重的0.01%。

(5) 拌和用水及养护用水

①拌和用水的化学分析应按《公路工程水质分析操作规程》(JTJ 056—1984)进行。饮用水可以不进行试验。

②拌和用水中不应含有影响水泥正常凝结与硬化的有害杂质及油脂、糖类、游离酸类、碱、盐、有机物或其他有害物质。

③直接养护用水不得采用海水、污水和pH值小于5的水。水中的氯离子含量应不大于200mg/L，硫酸盐含量（按SO_4^{2-}计）应不大于500mg/L。

8.2.5 混凝土中离子的运输特性及混凝土性能劣化规律研究

通过现场、室内试验,了解并掌握现场条件(浸泡于海水中、潮汐区、水面上)与室内快速模拟条件(半浸泡、干湿循环)下结构中的离子介质运输特性、混凝土性能的演变及氯离子到达保护层后钢筋的锈蚀规律与时效性。

1)试验方案

本次试验主要选取了平潭海峡公铁大桥的3种典型腐蚀环境条件下相应混凝土配合比进行试验构件(试验桩)和试件的制作,构件制作考虑保护层厚度、涂层的影响,构件和试件同时采用搅拌站规模化生产混凝土进行制作,制作的试件一部分与构件放置在相同的现场环境下,一部分进行室内快速模拟试验,以利于对比分析和测试相应的耐久性能参数。试验共制作了尺寸为400mm×400mm×10000mm构件4根(试验桩)、尺寸为150mm×150mm×150mm的立方体混凝土试件157组(每组3块),构件(试验桩)、试验试块制作和处置方案见表2-8-2-10、表2-8-2-11,构件截面尺寸及构件钢筋保护层厚度等示意如图2-8-2-4所示。

试验桩制作及处置方案 表2-8-2-10

桩 号	混凝土强度等级及配比	桩尺寸及配置	附加涂层处置
桩1	按Y3-H2-T3-L3-IV环境配合比,C50	400mm×400mm×10000mm,配置8根φ20mm钢筋,水下1m,潮汐区7m,大气区2m	左右面无,上下面涂氟碳漆涂层
桩2	按Y3-H2-T3-L3-IV环境配合比,C50		左右面无,上下面涂环氧树脂涂层,后面涂硅烷浸渍
桩3	按Y3-H2-T3-L2环境配合比,C40		左右面无,上下面涂氟碳漆涂层
桩4	按Y3-H2-T3-L2环境配合比,C40		左右面无,上下面涂环氧树脂涂层,后面涂硅烷浸渍

试验试块制作与处置方案 表2-8-2-11

混凝土强度等级及配比	尺寸和数量	拆模后试件处置
按Y3-H2-T3-L3-IV环境条件下的配合比,C50	150mm的立方体,试件7组	无涂层,置于现场大气区
按Y3-H2-T3-L3-IV环境条件下的配合比,C50	150mm的立方体,试件7组	无涂层,置于现场潮汐区
按Y3-H2-T3-L3-IV环境条件下的配合比,C50	150mm的立方体,试件7组	无涂层,置于现场水下区
按Y3-H2-T3-L3-IV环境条件下的配合比,C50	150mm的立方体,试件6组	硅烷浸渍,置于现场潮汐区
按Y3-H2-T3-L3-IV环境条件下的配合比,C50	50mm的立方体,试件6组	氟碳漆涂层,置于现场潮汐区
按Y3-H2-T3-L3-IV环境条件下的配合比,C50	150mm的立方体,试件6组	环氧树脂涂层,置于现场潮汐区
按Y3-H2-T3-L3-IV环境条件下的配合比,C50	150mm的立方体,试件42组	基准无涂层24组,硅烷浸渍、氟碳漆和环氧涂层各6组;所有42组试件带回实验室

续上表

混凝土强度等级及配比	尺寸和数量	拆模后试件处置
按Y3-H2-T3-L2环境条件下的配合比,仅掺粉煤灰,C40	150mm的立方体,试件38组	20组留置现场(14组不涂涂层置水下和潮汐区各7组,6组涂氟碳漆涂层置潮汐区),18组带回室内试验(基准强度测试6组,不涂涂层、涂氟碳涂层干湿作用各6组)
按Y3-H2-T3-L2环境条件下配合比,掺粉煤灰、矿渣粉(总量50%),C40	150mm的立方体,试件38组	20组留置现场(14组不涂涂层置水下和潮汐区各7组,6组涂氟碳漆涂层置潮汐区),18组带回室内试验(基准强度测试6组,不涂涂层、涂氟碳漆涂层干湿作用各6组)

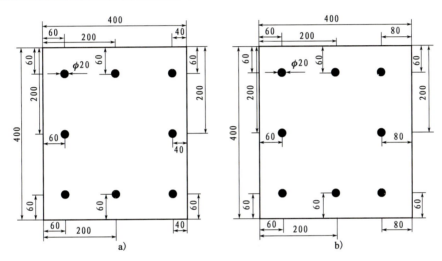

图 2-8-2-4 构件截面尺寸、保护层厚度及附加涂层处置示意图(尺寸单位:mm)

2)试验构件及试件现场制作

根据试验方案,于2014年11月—12月期间进行了试验构件及试件的现场制作。试验混凝土采用的原材料及配合比见表2-8-2-12、表2-8-2-13。

C40 河砂混凝土原材料及配合比　　表2-8-2-12

材料名称	水泥	粉煤灰	细集料	粗集料 5~20mm		水	外加剂	
				5~10mm	10~20mm			
规格型号	P·Ⅱ 52.5	Ⅰ级F类	河砂中砂	5~10mm	10~20mm	饮用水	减水剂	引气剂
材料用量(kg/m³)	298	129	675	420	631	147	4.29	0.858

C50 河砂混凝土原材料及配合比　　表2-8-2-13

材料名称	水泥	粉煤灰	矿渣粉	细集料	粗集料 5~20mm		水	外加剂	
					5~10mm	10~20mm			
规格型号	P·Ⅱ 52.5	Ⅰ级F类	S95级	河砂中砂	5~10mm	10~20mm	饮用水	减水剂	引气剂
材料用量(kg/m³)	236	95	142	602	444	667	138	5.3	0.946

按照上述配比,采用现场混凝土搅拌站进行混凝土拌和生产。试验测得的新拌混凝土性能如下:新拌C40混凝土坍落度240mm,扩展度600mm,含气量5.0%,密度2306kg/m³;新拌C50混凝土坍落度240mm,扩展度590mm,含气量4.5%,密度2309kg/m³;硬化混凝土性能测试结果见表2-8-2-14,达到了

设计要求。

硬化混凝土性能测试结果　　　　表 2-8-2-14

项　目	56d 电通量（C）	抗压强度（MPa）			56d 气泡间距	56d 氯离子扩散系数（$\times 10^{-12} m^2/s$）	56d 胶凝材料抗蚀系数
		7d	28d	56d			
C40	873	38.9	50.6	59.5	245	6.1	0.92
C50	704	43.9	57.5	66.5	220	2.8	0.93

图 2-8-2-5 为现场浇筑成型后的试验桩，图 2-8-2-6 为现场制作成型后的混凝土试件。现场试件制作完成后，立即按照相关要求进行养护，并按照试验测试方案，对试件进行了分类处置，一部分试件运回实验室进行相应的快速试验测试，后续将按照测试方案进行数据采集整理。同时，考虑室内标准条件下的对比试验，将从现场运回一定量的原材料，进行室内试件的制作和养护，并测试相应的性能参数。

图 2-8-2-5　现场浇筑成型的混凝土试验桩

图 2-8-2-6　现场制作成型的混凝土试块

3）试验结果

（1）现场试验结果

①试块强度

图 2-8-2-7 给出了置于现场大气区的混凝土试块强度值，其中 C40F 表示单掺粉煤灰；C40FK 表示双掺粉煤灰和矿粉。图 2-8-2-8 为置于现场大气区的混凝土试块外观。从图中可以看到，现场大气环境下，各混凝土的抗压强度均呈现较大的增加，试件在龄期 90～270d 之间抗压强度最大增加率可达 50% 以上。

②氯离子扩散系数

a. 试件准备

试件标准尺寸为直径（100±1）mm，高度（50±2）mm。

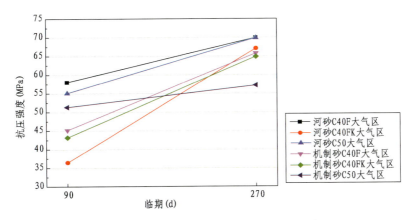

图 2-8-2-7　各组配合比混凝土 90d、270d 抗压强度

a)

b)

图 2-8-2-8　大气区混凝土外观

b. 真空饱水

切割好的试件的用 NEL-VJH 型混凝土智能真空饱水机进行 24h 的饱水,如图 2-8-2-9 所示。

c. 试件安装

如图 2-8-2-10、图 2-8-2-11 所示,将装有试件的橡胶套安装到试验槽中,并安装好阳极和阴极。然后在橡胶套中注入约 300ml 浓度为 0.3mol/L 的 NaOH 溶液,并应使阳极板和试件表面均浸没于溶液中,在阴极试验槽中注入 12L 质量百分比浓度为 10% 的 NaCl 溶液,并应使液面与橡胶套中 NaOH 溶液液面齐平。按设备说明书进行试验。

图 2-8-2-9　饱水过程

图 2-8-2-10　试验槽

图 2-8-2-11 试验过程

d. 试验结果见表 2-8-2-15。

各组配合比混凝土 270d 氯离子扩散系数（大气区） 表 2-8-2-15

配合比	河砂 C50	河砂 C40F	河砂 C40FK	机制砂 C50	机制砂 C40F	机制砂 C40FK
扩散系数（m²/s）	4.1	5.2	2.0	0.8	2.2	3.0

③氯离子和硫酸根离子渗透深度

a. 外观

图 2-8-2-12 为置于潮汐区的试验桩。桩身形状完整，位于潮汐区的桩身表面已被海洋微生物形成的薄膜覆盖，呈浅绿色。

a)　　　　　　　　　　　　　　　　　　b)

图 2-8-2-12　潮汐区试桩

b. 取样

试验方法：用吊车把六根竖立在海里的试验桩取出，平铺在干燥的水泥地面上。在位于潮汐区的桩身左右面用电锤钻孔取粉。每个面均取 6 个点，取样范围为垂直于桩身面向内 0～0.5cm、0.5～1cm、1～1.5cm、1.5～2cm、2～2.5cm、2.5～3cm、3～3.5cm、3.5～4cm。最后将 6 个点相同范围内的粉末汇合于同一取样袋中。图 2-8-2-13 为取样过程。

c. 试验结果

图 2-8-2-14 和图 2-8-2-15 分别是龄期 270d 时现场足尺桩基混凝土试件氯离子和硫酸根离子含量随龄期的变化结果，其中 1、4 分别是机制砂粉煤灰矿粉复掺 C50 混凝土和河砂粉煤灰矿粉复掺 C50 混

凝土;2 是机制砂粉煤灰 C40 混凝土;3 是河砂粉煤灰矿粉 C40 混凝土;5 是机制砂粉煤灰矿粉 C40 混凝土;6 是河砂粉煤灰 C40 混凝土。从图 2-8-2-14a)结果可以看到,本试验范围内,机制砂粉煤灰 C40 混凝土的氯离子浓度较高,河砂粉煤灰 C40 混凝土内的氯离子含量次之,其余几组混凝土在 270d 龄期时的氯离子含量较低,表明外部氯离子进入混凝土内的数量较少。

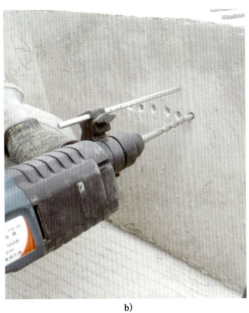

图 2-8-2-13　取样过程

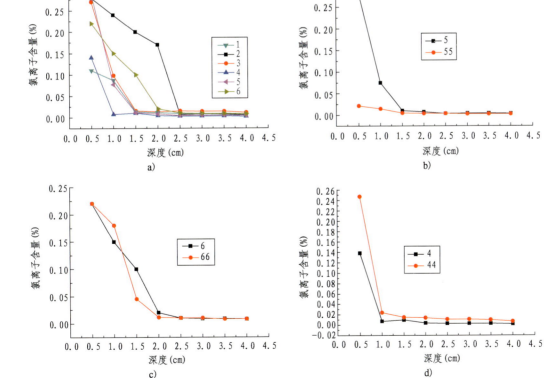

图　2-8-2-14

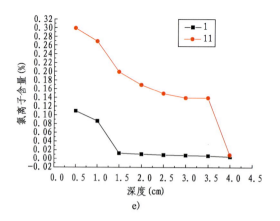

e)

图 2-8-2-14　现场桩氯离子扩散深度测定结果

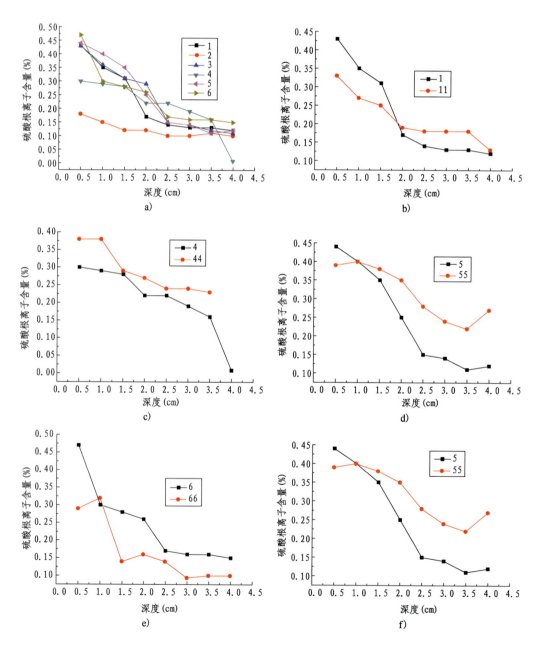

图 2-8-2-15　现场桩硫酸根离子扩散深度测定结果

(2)实验室试验结果

从现场运回的试块分别进行室外半浸泡和室外空气养护处理。其中,室外半浸泡的溶液成分为3.5%的NaCl和5%的Na_2SO_4;溶液浸泡深度为试块高度的0.6倍,浸泡情况见图2-8-2-16。测试安排见表2-8-2-16,各配合比均分为河砂与机制砂两类。

a)

b)

图2-8-2-16 半浸泡处理的试块

试件处理及测试安排　　　　　　　　　　　　　　　表2-8-2-16

配 合 比	涂层处理	养护方式	测试内容
C40F(粉煤灰)	无	半浸泡	强度、扩散深度
		空气养护	强度、电通量
C40FK(粉煤灰和矿粉)	无	半浸泡	强度、扩散深度
		空气养护	强度、电通量
C50	无	半浸泡	强度、扩散深度
		空气养护	强度、电通量
C50	硅烷浸渍	半浸泡	强度、扩散深度
C50	环氧树脂涂刷	半浸泡	强度、扩散深度
C50	氟碳漆涂刷	半浸泡	强度、扩散深度

① 试块强度

图2-8-2-17～图2-8-2-20为按计划龄期测得的抗压强度结果。从图2-8-2-17可以看出,在室内模拟侵蚀环境条件下(室外大气、半浸泡),粉煤灰单掺、矿粉与粉煤灰复掺两组试件的抗压强度随着处理龄期的延长而呈现增长趋势。

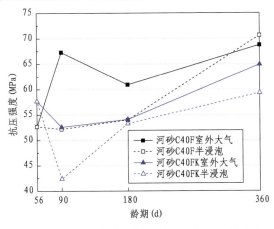

图2-8-2-17 不同侵蚀条件下河砂C40粉煤灰、粉煤灰矿粉混凝土抗压强度的变化

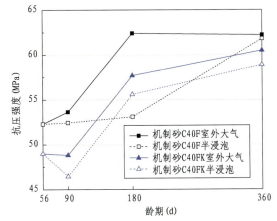

图2-8-2-18 不同侵蚀条件下机制砂C40粉煤灰、粉煤灰矿粉混凝土抗压强度变化

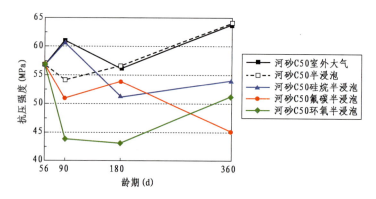

图 2-8-2-19　不同侵蚀条件和涂层种类下河砂 C50 混凝土的抗压强度

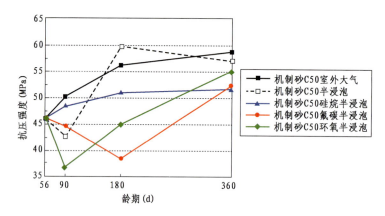

图 2-8-2-20　不同养护条件和涂层种类下机制砂 C50 混凝土的抗压强度

从图 2-8-2-18 中的结果也可看到,采用机制砂制备的粉煤灰、粉煤灰矿粉 C40 混凝土的抗压强度也随龄期增长而逐渐增大,但总体强度要低于河砂混凝土。分析原因可知,各混凝土强度的增加主要是水泥的持续水化作用导致的,侵蚀作用对混凝土强度的劣化作用目前还较小。因此,总体上混凝土的抗压强度随龄期增加而增大。

由图 2-8-2-19 所示河砂 C50 混凝土在不同条件下的强度发展变化结果可知,随着龄期的增长,不同条件下混凝土抗压强度变化不同,在室外空气、硫酸盐半浸泡条件下,混凝土抗压强度呈现缓慢增加趋势;然而,表面涂了硅烷、氟碳以及环氧涂层的混凝土试件随着龄期的延长反而呈现下降趋势,这可能是因为涂层在混凝土表层形成了一个封闭层,使得外部水无法进入混凝土内部,一定程度上阻止了混凝土进一步水化。

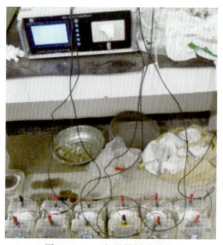

图 2-8-2-21　电通量测试过程

图 2-8-2-20 的结果表明,机制砂 C50 混凝土在室外大气、硫酸盐半浸泡条件下的抗压强度随龄期增加也呈现逐渐增大的趋势,外表涂了一层涂层的试件的强度要稍低于未涂涂层的试件。

②电通量

将混凝土试件加工成厚度为 51mm,直径为 102mm 的圆块,在真空条件下进行饱水处理,然后固定在夹具上,两端夹具所用溶液分别为溶液 3% NaCl(阴极)和 0.3mol/L NaOH 溶液(阳极),在 60V 的外加电场下,每隔一定时间记录一次电流,持续 6h,由电流和时间函数曲线计算通过的总电量,来评价混凝土的氯离子渗透性。图 2-8-2-21 为电通量测试过程。图 2-8-2-22、图 2-8-2-23 为按计划龄期测得的河砂混凝土和机制砂混凝土各龄期下的电通量测试结果。

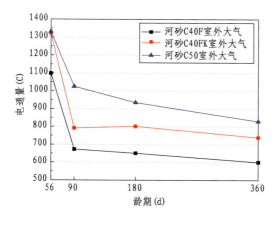

图 2-8-2-22　河砂组各配合比规定龄期的电通量

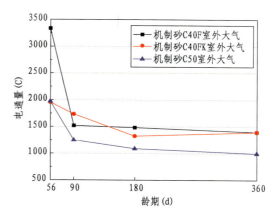

图 2-8-2-23　机制砂组各配合比规定龄期的电通量

由图 2-8-2-22、图 2-8-2-23 结果可知，在 1 年龄期内，随着龄期的延长，各试件的电通量不断降低，其中龄期从 56d 增加至 90d 期，各混凝土的电通量呈现显著的下降，随后混凝土电通量则随龄期变化缓慢。从总体上，在其他条件相同时，机制砂混凝土的电通量要大于河砂配制的混凝土。

③氯离子和硫酸根离子渗透深度

图 2-8-2-24 ~ 图 2-8-2-31 为 270d 龄期下，硫酸盐、氯盐复合侵蚀条件下混凝土中氯离子和硫酸根离子浓度随深度的变化，此试验的目的是真实模拟存在氯离子、硫酸根离子的海洋环境下混凝土的渗透传输。

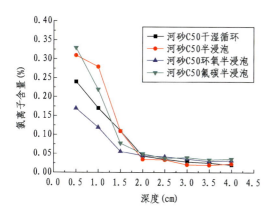

图 2-8-2-24　河砂 C50 混凝土氯离子扩散深度

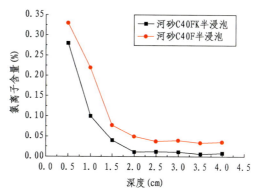

图 2-8-2-25　河砂 C40 混凝土氯离子扩散深度

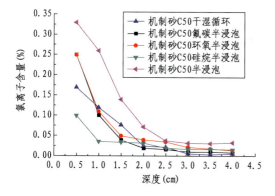

图 2-8-2-26　机制砂 C50 混凝土氯离子扩散深度

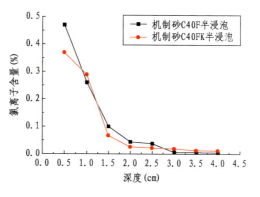

图 2-8-2-27　机制砂 C40 混凝土氯离子扩散深度

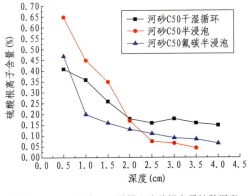

图 2-8-2-28　河砂 C50 混凝土硫酸根离子扩散深度

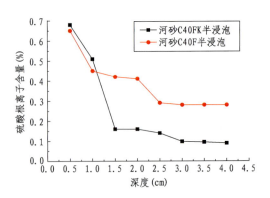

图 2-8-2-29　河砂 C40 混凝土硫酸根离子扩散深度

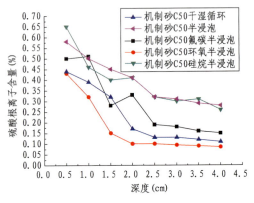

图 2-8-2-30　机制砂 C50 混凝土硫酸根离子扩散深度

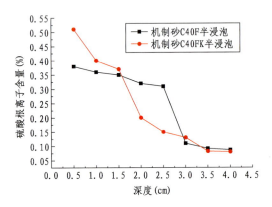

图 2-8-2-31　河砂 C40 混凝土硫酸根离子扩散深度

从图 2-8-2-24 中可知,在 270d 龄期下,氯离子传输至混凝土内部 2cm 范围内;相对于干湿循环,半浸泡试件中的氯离子含量较大;相对于涂氟碳漆涂层的混凝土试件,涂环氧树脂涂层混凝土试件内部的氯离子浓度较低,也低于未涂涂层的试件。

图 2-8-2-25 中的结果表明,在半浸泡条件下,复掺粉煤灰和矿渣粉混凝土中的氯离子含量低于单纯粉煤灰混凝土,表明复掺粉煤灰和矿渣的混凝土抵抗氯离子渗透扩散的能力较强。

图 2-8-2-26 中的结果表明,半浸泡条件下机制砂 C50 混凝土中的氯离子含量最多,涂硅烷混凝土中的氯离子含量最少,涂氟碳漆、环氧树脂涂层河砂混凝土中氯离子含量基本相似,但要低于半浸泡条件下未涂涂层机制砂混凝土中的氯离子含量。相比于图 2-8-2-24,270d 龄期时机制砂混凝土中的氯离子已渗透至 25mm 处,大于同条件下的河砂混凝土。

图 2-8-2-27 中的结果表明,除表面处氯离子浓度外,机制砂粉煤灰 C40 混凝土在半浸泡条件下的氯离子浓度与机制砂粉煤灰矿渣粉复掺 C40 混凝土的氯离子浓度几乎相似,而且与图 2-8-2-25 的结果相比,机制砂混凝土中各位置处的氯离子含量要大于河砂混凝土。

图 2-8-2-28 中的结果表明,C50 混凝土在半浸泡条件下,其内部各位置处的硫酸根离子含量均要大于干湿循环条件下的氯离子含量;同时,表面涂了氟碳涂层的试件中的硫酸根离子含量低于未涂涂层的混凝土试件。

图 2-8-2-29 中的结果表明,分别掺粉煤灰、粉煤灰矿渣的混凝土中表层硫酸根离子浓度基本相似,但内部硫酸根离子浓度差别较大,这主要是由初始原材料引入的内部硫酸根离子不同造成的。

图 2-8-2-30 中的结果表明,在硫酸根氯离子复盐半浸泡侵蚀处理条件下,表层涂环氧涂层的混凝土的硫酸根离子含量最低,涂氟碳涂层的混凝土次之,涂硅烷涂层与未涂涂层的基准试件基本相似,即硅烷涂层对抵抗硫酸根离子的渗透侵蚀作用不明显。相对于半浸泡,干湿循环作用下混凝土试件内的硫酸根离子浓度较低,这可能是由干湿循环作用对氯离子在溶液中的传输迁移作用造成的。

8.2.6 混凝土配合比设计

1）基本原则与要求

混凝土配合比设计应根据不同结构部件、不同侵蚀等级、不同设计要求、不同施工方法分别进行设计。通过对新拌混凝土工作性能、硬化混凝土力学性能以及耐久性指标的测定（包括混凝土抗氯离子渗透性、开裂性能等对比试验），确定以耐久性为目标的最终配合比。

（1）新拌混凝土性能

①施工和易性：以满足施工工艺要求为目标，对于大流动性混凝土，除应规定其坍落度外，还要求其具有合适的坍落扩展度和抗离析性能；对于桩基工程，混凝土应按水下混凝土进行拌合物性能设计。不同新拌混凝土的工作性要求参见表2-8-2-17。

混凝土浇筑入模时的工作性要求　　表2-8-2-17

混凝土类型	坍落度（mm）	坍落扩展度（mm）	抗离析性能
泵送混凝土	180±20（2h坍落度损失不大于15%）	≥450	良好
水下浇筑混凝土	200±20（2h坍落度损失不大于15%）	≥550	优异，黏聚性好

②凝结时间：结合施工环境温度、施工组织规划等情况，确定合适的凝结时间，通常新拌混凝土的初凝时间不小于2h。

③含气量：含气量对混凝土强度和耐久性均存在显著影响，适当的含气量有利于提高海洋环境下混凝土的耐久性。本工程各新拌混凝土的含气量不得小于3%。

（2）硬化混凝土性能

除应满足设计强度等级和设计耐久性要求，还需满足以下性能要求，如：

①高体积稳定性；

②优异的抗渗性，其抗氯离子渗透系数不宜大于$5.0\times10^{-12}m^2/s$（RCM法）；

③高抗盐化学腐蚀及盐结晶侵蚀性能；

④优异的抗海水冲刷性能（如潮汐区）；

⑤抗盐雾侵蚀和碳化作用的性能；

⑥良好的护筋性。

2）混凝土组成配合比参数的选择

（1）原材料选用

选用坚固耐久、级配优良、粒形良好的洁净集料，粗集料最大粒径不大于25mm；选用硅酸盐系水泥、矿物掺合料作为胶凝组分；选用减水率高、质量稳定的羧酸系高效减水剂以及引气效果好、气泡稳定的引气剂等原材料，热天浇筑大体积混凝土宜选用缓凝高效减水剂。

（2）掺合料的掺用

掺合料宜采用两种或两种以上的矿物掺合料双掺，矿物掺合料应占总胶凝材料总量的40%以上；在满足每立方米混凝土中胶凝材料最低用量要求的前提下，尽可能降低硅酸盐水泥用量，使用大掺量优质粉煤灰、矿粉等，以降低混凝土水化热温升。

（3）集料的体积用量

为减少混凝土的收缩变形，确保混凝土的体积稳定性，每立方米混凝土中的粗细集料体积用量不宜低于650L，砂率不宜大于42%（采用人工砂时，砂率可适当增加）。

（4）水胶比及胶凝材料用量

结合混凝土强度设计等级要求和现行普通混凝土配合比设计规程，计算得到水胶比参数；同时，为保证混凝土的耐久性，各混凝土的最大水胶比以及最大、最小胶凝材料用量应满足表2-8-2-18中的规定。最终的水胶比取上述两者中的小者,胶凝材料用量不应超出表中的规定范围。

水胶比和胶凝材料用量范围　　　表 2-8-2-18

工程部位	最大水胶比(w/b)	胶凝材料最低用量(kg/m^3)	胶凝材料最高用量(kg/m^3)
桩基混凝土(C40/C45)	0.38	360	450/480
非浪溅区承台、墩身(C50～C40)	0.37	360	450
浪溅区承台、墩身(C50～C40)	0.36	400	450
现浇箱梁、索塔(C50)	0.36	400	480
预制桥面板及箱梁(C60)	0.35	400	500

(5)混凝土配合比设计的其他耐久性规定

①氯盐环境下,混凝土拌合物中由各种原材料引入的氯离子总量不应超过胶凝材料总量的0.1%(钢筋混凝土结构)和0.06%(预应力混凝土结构)。

②为防止碱—集料反应发生,混凝土内总碱量(包括所有原材料)应小于$1.8kg/m^3$。

③确保大体积混凝土内部最高温度不高于70℃。

④各混凝土应进行抗裂性能的对比试验,从中优选抗裂性能良好的原材料和配合比。

⑤通过限制混凝土早期强度的发展有效控制开裂。要求12h抗压强度不大于8MPa或24h不大于12MPa;对抗裂要求较高的构件(如浪溅区承台和铁路墩身),12h和24h的抗压强度宜分别不高于6MPa或10MPa;对于预应力构件,此要求可适当放宽。

⑥对于浪溅区的承台、铁路墩身,混凝土中可掺加阻锈剂以防止钢筋锈蚀;钢筋阻锈剂应符合有关标准规范要求,并应进行试验检验合格后才能使用。

3)混凝土的试配与配合比确定

(1)根据上述初步设计的配合比参数,选择设计水胶比附近的3个水胶比进行混凝土试配,测定新拌混凝土的工作性和硬化混凝土的强度及耐久性参数。

(2)选定满足工作性和硬化混凝土强度、耐久性要求的配合比,作为试验室配合比。

(3)根据实际施工采用的砂石原材料含水量情况,确定施工混凝土配合比。

(4)对于预应力混凝土的抗压弹性模量、自由收缩和徐变试验应按设计要求另行制备试件。

(5)当水泥、矿物掺合料和集料的品种、质量有改变时,必须重新设计配合比。当环境温度或混凝土浇筑温度升高或降低超过15℃时,应考虑调整原定配合比。

8.2.7　混凝土结构防腐蚀强化措施研究

对于钢筋混凝土结构而言,海洋环境属于严酷服役条件,其中存在的氯盐腐蚀作用对钢筋混凝土结构的长期服役是一个严峻的挑战。通常,对于腐蚀等级为L3、H4、Y4、D4、M3等存在严重腐蚀的服役环境条件,为了确保钢筋混凝土结构的服役寿命,除了采用高性能混凝土等基本措施外,还需采用一些强化附加措施,特别是对保护层混凝土宜采用的一种或多种耐久性强化措施。如为确保该工程钢筋混凝土结构的耐久性,需要采取涂层等附加强化防腐措施。

1)工程调研

(1)国内相关规范的规定

除了混凝土结构本身满足碳化环境、氯盐环境、化学侵蚀环境、盐类结晶破坏环境等常见环境下的耐久性设计外,严重腐蚀环境下的混凝土工程还需采取防腐蚀强化措施。经工程项目前期调研可知,对于沿海工程混凝土的防腐蚀技术,我国《铁路混凝土结构耐久性设计规范》(TB 10005—2010)、《海港工程混凝土结构防腐蚀技术规范》(JTJ 275—2000)、《公路工程混凝土结构防腐蚀技术规范》(JTG/T B07-01—2006)和《混凝土结构耐久性设计规范》(GB/T 50476—2008)均提出了明确的要求。

①《铁路混凝土结构耐久性设计规范》(TB 10005—2010)8.0.1中明确规定:"当混凝土结构处于严重腐蚀环境(L3、H4、Y4、D4、M3)条件时,应根据工程的具体情况,对混凝土结构采取一种或多种防腐蚀强化措施。"

②《海港工程混凝土结构防腐蚀技术规范》(JTJ 275—2000)3.0.2中明确规定:"混凝土结构防腐蚀耐久性设计,应针对结构预定功能和所处环境条件,选择合理的结构形式、构造和抗腐蚀性、抗渗性良好的优质混凝土;对处于浪溅区的混凝土构件,宜采用高性能混凝土,或同时采用特殊防腐蚀措施。"

③《公路工程混凝土结构防腐蚀技术规范》(JTG/T B07-01—2006)4.1中明确规定:"对于重要工程中受环境严重作用(D、E和F级)的结构部位,应考虑是否需要采取附加防腐蚀措施。"

④《混凝土结构耐久性设计规范》(GB/T 50476—2008)3.1.2中明确规定:"混凝土结构的耐久性设计应包括下列内容:a.结构的设计使用年限、环境类别及其作用等级;b.有利于减轻环境作用的结构形式、布置和构造;c.混凝土结构材料的耐久性质量要求;d.钢筋的混凝土保护层厚度;e.混凝土裂缝控制要求;f.防水、排水等构造措施;g.严重环境作用下合理采取防腐蚀附加措施或多重防护策略;h.耐久性所需的施工养护制度与保护层厚度的施工质量验收要求;i.结构使用阶段的维护、修理与检测要求。"6.1.4中明确规定:"氯化物环境下的重要混凝土结构和构件,当环境作用等级为E或F级时应采用防腐蚀附加措施。"

由此可见,规范已将防腐蚀强化措施作为混凝土结构耐久性设计的一项必要内容加以明确规定。对于沿海工程混凝土的防腐蚀技术,除了选择合理的结构形式和抗腐蚀性、抗渗性良好的混凝土之外,采用防腐蚀强化措施也是提高混凝土结构物耐久性的重要措施。

(2)国内外桥梁工程调研

①国内工程调研

主要调研了东海大桥、黄海大桥、崇启大桥及港珠澳大桥四座大桥的耐久性附加措施的应用情况。在对四座大桥服役环境对比的基础上(表2-8-2-19),分别分析四座大桥耐久性附加措施的实际应用情况。

服役环境对比表 表2-8-2-19

项目名称	设计使用年限(年)	地理位置	环境条件		
			氯离子含量(mg/L)	平均水流速度(m/s)	平均潮差(m)
东海大桥	100	杭州湾与长江口交界位置	4948~17452	2	3.2
黄海大桥	100	南通港洋口港区	18348	1.26	4.61
崇启大桥	100	长江口北支崇明岛与启东市之间	7008~14060	2.13	4.45
港珠澳大桥	120	珠江口伶仃洋海域	3722~17903	—	0.85~1.70

在东海大桥工程建设的过程中,根据结构安全使用100年的要求,确定耐久性的设计思路为:首先,采用高性能混凝土来提高混凝土材料本体的耐久性;其次,针对不同构件的部位,确定合理的钢筋保护层厚度;最后,对于环境条件严苛的结构部位增加其他辅助措施,如增加防护涂层等,以提高大桥混凝土结构的使用寿命。

黄海大桥为提高混凝土结构的耐久性及抗海水侵蚀性能,采取的主要防腐措施为:在混凝土结构物表面采用硅烷浸渍和环氧涂层两道防护措施。

在崇启大桥工程建设前期,首先对桥位环境进行调研分析,根据环境的特殊性进行理论分析研究,最终根据理论研究成果,在保证桥梁结构安全满足设计要求的前提下,确定经济合理的耐久性防护措施。

港珠澳大桥作为海洋工程的典型结构物,针对结构所处的不同海洋环境区域,结合混凝土结构的耐久性及经济效应,综合考虑结构主要受力区以及结构不能更换的部位,采用了相应必要的防腐措施。

四大桥各部位耐久性方案见表2-8-2-20。

国内桥梁耐久性方案设计　　　　表 2-8-2-20

项目名称	结构部位	环境分区	最低强度等级	最小保护层厚度（mm）	辅助措施
东海大桥	承台	水位变动区、浪溅区	C40	90	涂防腐蚀涂层
	墩柱	水位变动区、浪溅区	C40	70	涂防腐蚀涂层
	箱梁	大气区	C50	40	—
	桥面板	大气区	C60	40	—
	塔柱	下部为水位变动区、浪溅区，上部为大气区	C50	70	下部涂防腐蚀涂层
黄海大桥	承台	水位变动区、浪溅区	C45	100	涂防腐蚀涂层
	墩柱	水位变动区、浪溅区	C45	90	涂防腐蚀涂层
	箱梁	大气区	C50	70	—
崇启大桥	承台	水下区	C35	90	
		水位变动区	C35	90	
		浪溅区	C35	90	
	墩身	水位变动区	C45	75	
		浪溅区	C45	75	
		大气区	C45	75	
	箱梁	大气区	C50	预应力钢绞线 70 / 普通钢筋 45	
港珠澳大桥	预制箱梁	大气区	C50	内 45/外 50	硅烷浸渍
	现浇箱梁	大气区	C50	内 45/外 50	硅烷浸渍
	箱梁	浪溅区	C55	内 50/外 80	硅烷浸渍/防腐钢筋
	预制、现浇墩身	大气区、浪溅区、水位变动区、大气区	C50	内 50/外 80	硅烷浸渍/防腐钢筋
	预制、现浇承台	泥下区	C40	外 60	—
	钻孔桩	泥下区	C40 水下	外 60	—
	钢管复合桩填芯	泥下区	C40 水下	—	涂层+牺牲阳极

对上述四座桥梁采用的耐久性防护措施进行对比分析，发现目前国内主要的防护措施是选用高性能混凝土，并对混凝土表面防护。但各个桥梁采用的防护措施不尽相同，是根据桥梁所处的特殊环境以及施工技术水平而制订的具有其工程特点的施工方案。

②国外工程调研

国外一些跨海工程的耐久性防护措施见表 2-8-2-21。

国外跨海工程耐久性防护措施　　　　表 2-8-2-21

工程名称	混凝土耐久性防护措施				
	表面涂层防护	阻锈剂	防腐蚀套	耐蚀或不锈钢筋	阴极保护
日本福冈博多湾跨海大桥	●				
挪威 Skarnsun 大桥	●				
新加坡丹戎愚悬索桥	●				
巴林-沙特阿拉伯法赫德国王大桥					
马来西亚 Seri Wawasan 大桥	●				
莫斯考索大桥				▲	
悉尼水族馆	●				○

续上表

工 程 名 称	混凝土耐久性防护措施				
	表面涂层防护	阻锈剂	防腐蚀套	耐蚀或不锈钢筋	阴极保护
英国 Memorial 大桥					○
美国 St. ANTHONY & MTC 通道		■			

由上表可知，国外跨海工程中使用较多的耐久性防护措施是进行表面涂层防护，有的工程选用了阴极防护措施、防腐蚀套和掺加阻锈剂的方法。

（3）调研结论

沿海桥梁所处环境及运营条件比较恶劣，桥梁混凝土结构受到环境侵蚀程度较大，这对沿海桥梁的耐久性设计工作提出了更高要求，需要全面考虑防腐蚀强化措施的经济性、可施工性以及可更换性。如果耐久性强化措施设计不当，不仅浪费人力、物力和财力，而且会增加桥梁后期运营维护的压力。因此需要根据实际环境及工程特点，采取适宜的耐久性强化措施，以提高桥梁混凝土结构耐久性能和使用寿命，并节约成本。

2）防腐蚀强化措施分类

除了混凝土结构本体满足碳化环境、氯盐环境、化学侵蚀环境、盐类结晶破坏环境等常见环境下的耐久性设计外，严重腐蚀环境下的混凝土工程还需采取防腐蚀强化措施。根据相关混凝土耐久性规范并结合一些工程实例，将防腐蚀强化措施分为表面涂层、表面浸渍、阴极保护、涂层钢筋几项。

3）表面涂层

混凝土表面涂层是海洋腐蚀环境混凝土耐久性防腐蚀强化措施之一。表面涂层包括防腐蚀涂层和防水层等。混凝土属于强碱性建筑材料，采用的涂层涂料应具有良好的耐碱性、附着性和耐蚀性，常用的有氟碳涂料、环氧树脂涂料等。

（1）氟碳涂料

①研发及应用

我国氟碳涂料的发展始于20世纪90年代，由大连振邦氟涂料有限公司、常熟中昊三爱富新材料有限公司率先开发成功三氟氯乙烯—醋酸乙烯酯共聚物，并实现产业化。大连振邦氟涂料股份有限公司于20世纪90年代初期开展常温固化型氟碳漆的研制，其产品先后在重庆嘉陵江大桥、宜昌夷陵长江大桥应用，均采用了环氧富锌底漆+环氧云铁中涂漆+常温固化氟碳面漆的配套体系，取得了良好效果。中科院上海有机化学研究所、上海3F氟材料研究所、晨光化工研究院、浙江化工研究院、上海曙光化工厂等单位也在从事树脂的相关开发与研究。近十年来国内的某些大型混凝土结构的桥梁对此进行了涂装防护和装饰的实践，也取得了很好的效果。国内桥梁用氟碳漆涂料涂装的应用案例见表2-8-2-22。

桥梁氟碳涂料涂装案例　　　　　　　　　　　　表2-8-2-22

桥　　名	修建年份	防腐体系	腐蚀环境
嘉陵江大桥	1994	FEVE 氟涂料涂装试验	酸雨地区
大连滨海路北大桥	1995	含氟涂料的应用试验	盐雾地区
广东省肇庆市大旺桥	1996	含氟涂料的应用试验	紫外线照射严重、高温、高湿环境
万州长江大桥	2003	环氧富锌+环氧云铁中间漆+氟碳面漆	酸雨环境
杭州湾跨海大桥	2006	氟碳面漆	海洋环境

续上表

桥　名	修建年份	防腐体系	腐蚀环境
青藏铁路拉萨河大桥	2006	环氧富锌+环氧云铁中间漆+Xvflon 氟碳涂料面漆	太阳辐射强
天兴州大桥	2007	四氟型 FEVE 氟碳面漆	腐蚀环境

1993年，大连塑料研究所成功开发氟碳树脂（以下简称：FEVE）后，在桥梁领域进行的 FEVE 早期试验研究包括在重庆嘉陵江大桥、大连滨海路北大桥、广东省肇庆市大旺桥进行的含氟涂料的应用试验。上述试验均证明氟碳涂料比传统的耐候面漆具有更高的环境适应性，在严酷腐蚀环境下表现出优异的耐候性能和防腐性能。

万州长江大桥是最早采用氟碳面漆涂层体系的桥梁，2007年的天兴州长江大桥、大胜关大桥也采用了氟碳面漆，标志着氟碳涂料在桥梁领域的推广应用进入了大发展阶段。青藏铁路拉萨河大桥选用的是 Xvflon 氟碳涂料面漆涂装，经过多年使用，没有出现任何粉化、开裂、剥落等现象（图 2-8-2-32）。

图 2-8-2-32　青藏铁路拉萨河大桥

氟碳涂料面漆较其他面漆具有明显的耐老化性能，国内的氟碳涂料在主要性能上与国外产品尚有一定的差距。

②性能与作用机理

氟碳涂料是指以氟树脂为主要成膜物质的涂料，又称氟碳漆、氟涂料、氟树脂涂料等，是在氟树脂基础上经过改性、加工而成的一种新型涂层材料，其主要特点是树脂中含有大量的 F-C 键，其键能为 $485kJ·mol^{-1}$，键极短、键能高，因此分子结构非常稳定，在所有化学键中堪称第一，可以满足长效防腐的要求。氟树脂涂料由于引入的氟元素电负性大，碳氟键能强，具有特别优越的各项性能，如优异的耐候性、耐热性、耐低温性、耐化学腐蚀性等，稳定性好，而且具有独特的不粘性和低摩擦性。经过几十年的快速发展，氟涂料在建筑、化学工业、电器电子工业、机械工业、航空航天产业、家庭用品的各个领域得到广泛应用，成为继丙烯酸涂料、聚氨酯涂料、有机硅涂料等高性能涂料之后综合性能最高的涂料品牌，在行业内有"涂料王"之称。目前，应用比较广泛的氟树脂涂料主要有聚四氟乙烯、聚偏氟乙烯（PVDF）、PEVE 等三大类型。PEVE 树脂是常温固化氟碳涂料用得最多的一种氟树脂。它是由氟烯烃结构单元与不同的烃基乙烯基醚结构单元交替排列而成。采用三氟氯乙烯、乙烯基化合物、烯酸、乙烯基醚的四元共聚物做基本漆料，并用六亚甲基二异氰酸酯（HDI）缩二脲做固化剂于常温下交联成膜。分子主链或侧链含有氟碳键（F-C）的聚合物为氟碳树脂，由含氟单体，如：四氟乙烯、三氟氯乙烯、偏氟乙烯等通过均聚或共聚反应制得。由于氟碳键的键能是有机化合物共价键中键能最大的，说明氟碳防腐蚀涂层具有良好的物理化学稳定性。其性能概括如下：抗紫外线能力超强；优异的化学稳定性；突出的抗沾污性和自洁性；卓越的耐温性能；氟碳涂料有超强的耐候能力，户外长期使用和人工加速老化试验结果亦表明：氟碳防腐层的耐候性能很好。

氟碳涂料采用双组分包装,储存期长,其性能特点主要有:

a. 优良的防腐蚀性能:得益于极好的化学惰性、漆膜耐酸、碱、盐等化学物质和多种化学溶剂,为基材提供保护屏障;该漆膜坚韧,表面硬度高、耐冲击、抗屈曲、耐磨性好,显示出极佳的物理机械性能。

b. 免维护、自清洁:氟碳涂层有极低的表面能,表面灰尘可通过雨水自洁,有极好的疏水性(最大吸水率小于5%)且斥油,摩擦因数极小(0.15~0.17),不会粘尘结垢,防污性好。

c. 强附着性:在铜、不锈钢等金属,聚酯、聚氨酯、氯乙烯等塑料,水泥、复合材料等表面都具有优良的附着力,显示出宜附于任何材料的特性;还具有高装饰性,在60度光泽计中,能达到80%以上的高光泽。

d. 氟碳漆具有优良的耐候性能,根据涂层、施工、环境的不同,氟碳涂料在10~30年内基本不会失光、失色。

e. 超长稳定性,涂层中含有大量的F-C键,决定了其超强的稳定性,不粉化、不褪色,使用寿命长达20~30年。

氟碳涂料原子间结合能力强,所以更耐大气暴晒及酸、碱、盐等有害介质的侵袭,其保光性强,更适合用于对景观有要求的钢结构防腐涂装。目前也开始在桥梁混凝土结构中应用。

常温固化氟碳树脂涂料是由氟碳树脂、有机溶剂、水及改性剂配制而成的水性涂料,将其涂在混凝土结构表面后,部分液体立即渗入到混凝土表层,在混凝土表面形成附着良好、坚韧的无色透明漆膜。渗有氟碳树脂溶剂的表层混凝土及混凝土表面的漆膜共同作用,对混凝土结构形成有效的保护。

跨海大桥的承台和部分桥墩处于潮差区,在落潮间隙涂装时,要求涂料具有以下功能:在潮湿混凝土基面具有很好的润湿性、渗透性和优异的附着力;涂料干燥速度快,经过短暂的空气中停留便可浸入海水中,经受海水波动的冲击;涂料在海水中能够完成固化,其性能基本不受影响。

防护涂层材料包括:环氧封闭底漆和氟碳表面漆。其中:环氧封闭底漆为环氧类。氟碳表面漆由柔性氟碳树脂、颜料、助剂等组成。

③优缺点分析

优点:

氟碳漆素有"涂料之王"的美誉,其优点表现在以下几个方面:

a. 常温固化;

b. 超强的耐候性;

c. 良好的耐腐蚀性;

d. 优异的耐污染性及漆膜自洁性;

e. 良好的装饰效果;

f. 优异的耐温性;

g. 良好的抗冲刷性能及物理机械性能,附着力、抗冲击、硬度、柔韧性好;

h. 安全性能好;

i. 可施工性强。

缺点:

氟碳涂层虽有这么多优点,但实际推广应用较难,原因在于价格高和涂层制备困难。如:聚四氟乙烯(PTFE)本身有着极佳的耐化学品性能,但使用PTFE悬浮液制备涂层时,存在孔隙率高和难以制备厚涂层等缺点,涂层防腐性能差,以致不能单独使用。PTFE中加入聚苯硫醚可以提高涂层的附着力,减少孔隙,涂层的防腐综合性能有所提高。另外,氟碳树脂只有在含氟的溶剂中才能较好地溶解,要生产低VOC含量的产品有难度,同时它的反应物可能会含有异氰酸酯,所以,在环境友好及健康方面仍需改进。另外,在氟碳漆施工中常见的质量事故主要有剥壳、起皮、龟裂、表面粗糙、起泡变色等。

(2)环氧树脂涂料

①研发及应用

国内外的混凝土桥梁纷纷采用环氧类涂料体系进行表面涂装防护,如汕头海湾大桥、厦门海沧大桥、江阴长江公路大桥、珠江大桥、宁波招宝山大桥、杭州湾跨海大桥。环氧涂料体系在海港工程混凝土中得到广泛应用,案例见表2-8-2-23。

桥梁环氧涂料涂装案例 表2-8-2-23

序　号	项目名称	桥梁方案	提供的涂料品种及数量
1	汕头海湾大桥	混凝土箱梁	环氧封闭漆+环氧厚浆漆+丙烯酸厚浆面漆
2	武汉军山长江大桥	混凝土箱梁	环氧封闭漆+刮涂型环氧腻子+环氧云铁中间漆+丙烯酸聚氨酯面漆
3	宁波招宝山大桥	混凝土箱梁、桥塔	环氧封闭漆+氯化橡胶调和腻子+环氧厚浆型封闭漆+氯化橡胶面漆
4	浙江舟山桃夭门大桥	混凝土箱梁、桥塔	环氧封闭漆+环氧漆+聚氨酯面漆

②性能与作用机理

混凝土表面环氧涂层防腐工艺适用于大气区、浪溅区及平均潮位以上的水位变动区,作用机理为物理黏合,涂料在混凝土表面固化成膜。环氧涂料具有良好的耐碱性、附着性、抗老化性和耐蚀性,底层涂料具有良好的渗透能力,表层涂料具有耐老化性。

组成中含有较多环氧基团的涂料统称为环氧漆,环氧漆是近年来发展极为迅速的一类工业涂料。环氧漆的主要品种是双组分涂料,由环氧树脂和固化剂组成。其他还有一些单组分自干型的品种,不过其性能与双组分涂料比较有一定的差距。

环氧漆有溶剂型和无溶剂型两种。①溶剂型环氧涂料由环氧树脂、体质颜料及固化剂组成,适用于油罐内壁的涂刷,可广泛用于室内外各种轻金属和水泥结构的表面,可涂覆于不同环境下使用的铁路桥梁、高压输电铁塔、集装箱、海上钻探及采油设备,各种车辆底盘、重型机械、船舶、化工、设备与管道、煤气工程储气柜。②无溶剂环氧涂料,又可称活性溶剂涂料,溶剂最终成为涂膜组分,且该型涂料由于环氧树脂分子结构中含有大量的羟基和醚基等极性基团,加之在固化过程中活泼的环氧基能与界面金属原子反应形成极为牢固的化学键,这保证了涂层与基材的优异附着力,特别是具有极佳的湿附着力,从而保证了涂层在液态介质腐蚀环境下优异的耐久性。无溶剂环氧涂料在交联固化后能够形成类似瓷釉一样的光洁涂层,由于交联密度高和分子链中的苯环结构,使涂层坚硬且柔韧性好、耐磨性优、抗划伤性好、耐撞击性优。无溶剂环氧涂料在反应固化过程中收缩率极低,具有一次性成膜较厚、边缘覆盖性好、内应力较小,不易产生裂纹等特点。目前无溶剂环氧涂料的单价虽然略高于溶剂型环氧涂料,但无溶剂环氧涂料的固体分近100%,在达到相同涂膜厚度的情况下,所需的涂料量比采用溶剂型环氧涂料要少;可制成厚浆型防腐涂料,涂刷厚度可达$100 \sim 700\mu m$,涂层结合强度高,收缩率小。

环氧树脂涂料一般是由底层、中间层和面层等配套涂料涂膜组成,底层涂料(封闭漆)具有低黏度和高渗透能力,能渗透到混凝土内起封闭孔隙和提高后续涂层附着力的作用;中间层涂料具有较好的防腐蚀能力,能抵抗外界有害介质的入侵;面层涂料具有抗老化性,对中间层和底层起保护作用。

环氧涂料的技术指标如下所述。

a.水性环氧封闭漆的技术指标及检验方法见表2-8-2-24。

水性环氧封闭漆的技术指标及检验方法 表2-8-2-24

序　号	项　目		技术指标	检测方法
1	外观		乳白色均匀液体	目测
2	干燥时间	表干(h)	≤3	《漆膜、腻子膜干燥时间测定法》(GB/T 1728—1979)
		实干(h)	≤24	
3	固含量(%)		≥35	《色漆、清漆和塑料　不挥发物含量的测定》(GB/T 1725—2007)

续上表

序 号	项 目	技术指标	检测方法
4	附着力（MPa）	≥3.0	《色漆和清漆拉开法附着力试验》（GB/T 5210—2006）
5	耐温变性	合格	《建筑涂料涂层耐冻融循环性测定法》（JG/T 25—1999）

b.溶剂型环氧封闭漆的技术标准及检验方法见表2-8-2-25。

溶剂型环氧封闭漆的技术指标及检验方法　　表2-8-2-25

序 号	项 目		技术指标	检测方法
1	外观		淡黄色均匀液体	目测
2	干燥时间	表干(h)	≤3	《漆膜、腻子膜干燥时间测定法》（GB/T 1728—1979）
		实干(h)	≤24	
3	固含量(%)		≥25	《色漆、清漆和塑料　不挥发物含量的测定》（GB/T 1725—2007）
4	附着力（MPa）		≥3.0	《色漆和清漆拉开法附着力试验》（GB/T 5210—2006）
5	耐温变性		合格	《建筑涂料涂层耐冻融循环性测定法》（JG/T 25—1999）

一般防腐涂装，基本配套为环氧封闭漆一道20μm左右；环氧中间漆两道250μm左右。

③优缺点分析

优点：涂层设计年限为20年。

a.具有良好的疏水性能，耐淡水、海水、有机溶剂和化学腐蚀，其化学稳定性高。

b.具有较大的渗透半径和凝固体积比，遇水发生化学反应放出CO_2，由气体产生的压力推动浆液向深处扩散，形成坚韧的固结体。

c.涂层与混凝土基层黏结性能优异，可直接在潮湿的水泥基材表面喷涂，有很好的附着力，可以深入地渗透进混凝土表面，增强混凝土的表面强度和密度。可直接在潮湿的水泥基材表面喷涂，并且光滑、耐磨，外观漂亮。

d.具有较大的渗透半径和凝固体积比，遇水发生化学反应。

e.灌浆胶的黏度及固化速度可根据工程需要调节。

f.环氧涂料具有优良的耐碱性，以及与其他面漆有良好的配套性，因此可优先选用环氧涂料作为混凝土保护涂料体系的底漆和中间层漆。

g.环氧涂料能有效防护外界有害介质的入侵，且工艺成熟，价格合理，在我国工程建设中广泛应用。

h.涂膜无毒。

缺点：

a.耐候性不好，日光照射久了有可能出现粉化现象，因而只能用于底漆或内用漆。

b.装饰性较差，光泽不易保持。

c.对施工环境要求较高，低温下涂膜固化缓慢。

4）表面硅烷浸渍

（1）研发及应用

硅烷浸渍技术在国外应用非常广泛，目前硅烷防护技术已在青岛海湾大桥、上海东海大桥、杭州湾跨海大桥、黄海大桥等大型桥梁工程的钢筋混凝土主体工程中获得了推广应用。工程应用实践证明，硅烷浸渍混凝土防水技术对建筑结构物具有良好的防水、防护作用。硅烷在一些桥梁工程推广应用案例见表2-8-2-26。

桥梁硅烷浸渍防腐案例　　　　表2-8-2-26

工 程 项 目	应 用 部 位
杭州湾跨海大桥	箱梁湿接缝
甬台温、温福铁路等	海工环境桥梁墩身
马来西亚槟城二桥	全桥混凝土结构
烟威高速公路金山港大桥	桥面板底部、桥墩等维修加固
湛江东海岛大桥	桥墩浪溅区
杭州湾跨海大桥、广深高速(广东省深圳市段)	箱梁湿接缝
杭州湾嘉绍大桥	表湿区(浪溅区及以下)、索塔下部区
厦漳大桥	桥墩浪溅区
惠东范和港大桥、平潭海峡公铁大桥	桥梁下部结构、桥墩等部位
厦深铁路螺河特大桥等9座桥	墩台、梁部
港珠澳大桥	墩身、预制承台大气区部分、支座垫石、挡块等

(2)性能与作用机理

按硅烷的主要成分,可将硅烷浸渍产品分为烷基烷氧基硅烷和烯烃基烷氧基硅烷。一般而言,烷基烷氧基硅烷类应用较多,其主要产品有异丁基三甲氧基硅烷、异丁基三乙氧基硅烷、异辛基烯三甲氧基硅烷、异辛基烯三乙氧基硅烷。硅烷小分子结构可深入渗透混凝土表层,而涂层树脂无法渗透,同样,硅氧烷结构也无法渗透入混凝土,在表面成膜,耐久性不强,也会造成涂层脱落。由于硅氧烷体系表观效果更加明显,在一些工程中业主和施工单位仅考虑施工验收时的表面滚珠效果,目前市场上有少数供应商采用短链(甲基或丙基)硅氧烷体系。一方面短链硅烷遇碱不稳定,会断裂生产甲基(丙基)硅酸等流失,同时由于硅氧烷分子较大渗透深度有限,一般来说这种表观效果时效性也只有几个月的时间,但造成的破坏性影响却是不能忽视的。

硅烷广泛应用于各类钢筋混凝土结构防腐工程。硅烷浸渍简单地说就是在混凝土表面进行硅烷喷涂,在海港工程、内陆盐碱地、冻融破坏较严重、环境恶劣的工程中,可在混凝土结构表面采用硅烷浸渍防腐施工。这里所指硅烷一般仅指异丁(烯)三乙氧基硅烷 DB-H538(液体)和异辛基三乙氧基硅烷 DB-H580(膏体),且对含量要求高,分别要求为98.9%以上和80%以上。

采用异丁烯三乙氧基硅烷单体作为硅烷浸渍材料,通过渗透进入混凝土表面与水化的水泥发生化学反应,缩聚为有机硅树脂并脱醇,有机硅树脂能与混凝土表面形成稳定的化学共价键,硅烷的长碳链烷基是非极性憎水官能团,在混凝土表面以及毛细孔内壁形成致密的憎水性保护膜,使水分和水分所携带的氯化物难以渗入混凝土,从而将氯化物与钢筋隔离,起到保护钢筋的作用。防水处理后的基材形成了远低于水的表面张力,并产生毛细逆气压现象,且不堵塞毛细孔,保持了混凝土结构的"呼吸"。同时,固化学反应形成的硅酮高分子与混凝土有机结合为一整体,使基材具有了一定的韧性,能够防止基材开裂且能弥补0.2mm的裂缝。当防水表面由于非正常原因导致破损(如外力作用),其破损面上的硅烷与水分继续反应,使破损表面的防水层具有自我修复功能。除了公认的憎水性,硅烷混凝土防护剂也不会受到新浇混凝土碱性环境的破坏。相反,碱性环境如浇制不久的混凝土,会刺激该反应并加速斥水表面的形成。

按照形态来划分,硅烷产品主要有溶液状、乳液状、膏体、凝胶和干粉状等诸多形态。据资料显示,传统液态的硅烷产品黏度低容易挥发,在顶面及立面施工时有效成分大量流失,为克服这些弊病开发出了膏体以及凝胶状硅烷产品。由高固含量硅烷乳化而成的膏体以及凝胶状硅烷在顶面及立面施工具有更好的防水效果,它们不易挥发且施工方便,还可以减少硅烷的损耗量。但在水平面上施工,液态硅烷和膏体以及凝胶状硅烷应用差别不大,可以发挥同等效果的防护作用。

硅烷的小分子结构可穿透胶结性表面,渗透到混凝土内部与暴露在酸性或碱性环境中的空气及基底中的水分子发生化学反应,形成一斥水处理层,从而抑制水分进入到基底中。产生防水、防氯离子、抗紫外线的性能且具有透气性,可有效防止基材因渗水、日照、酸雨和海水的侵蚀而对混凝土及内部钢筋结构的腐蚀、疏松、剥落、霉变而引发的病变,提高建筑物的使用寿命。

硅烷适用于海港工程浪溅区混凝土结构表面的防腐蚀保护,具有良好的耐酸、耐碱、耐磨、耐紫外线、耐风化、耐冻融、耐氯离子、透气性佳等性能,其使用年限跟异丁烯三乙氧基硅烷的含量有关,在海港环境下一般含量大于40%的在10~15年之间,含量大于98.9%的在20年以上。

硅烷浸渍材料在混凝土耐久性方面的防腐作用如下:

①氯离子是引起海工混凝土结构腐蚀的主要原因之一,而符合规范要求的硅烷浸渍能够降低氯离子吸收率,从而起到防腐的作用。

②碳化作用是空气中CO_2与混凝土中的碱性物质反应,使混凝土pH值降低,导致钝化膜破坏而引起腐蚀。水在碳化反应过程中起着关键作用,通过硅烷浸渍能明显降低混凝土的吸水率,从而有效抑制碳化作用。

干缩裂缝是混凝土内部水分损失所致,在内外湿度梯度的作用下,混凝土内外湿度差异引起的不协调干缩变形会导致应力的产生,引起开裂。硅烷可以减少混凝土内部水分的迁移,填充部分失去水分后的毛细孔,减少干缩应力,防止干缩裂缝的出现。

硅烷浸渍材料在混凝土表面和毛细孔内壁形成特殊防水结构,可使混凝土内部的湿度逐渐降低,从而防止或减少碱-骨料反应对混凝土结构造成的损害。

硅烷浸渍材料形成的防水结构使混凝土内部与潮湿环境隔离,从而防止混凝土内部形成饱和水状态,减轻冻融破坏。

相关规范技术要求:

《海港工程混凝土结构防腐蚀技术规范》(JTG 275—2000)7.7.1条规定:硅烷浸渍适用于海港工程浪溅区混凝土结构表面的防腐蚀保护。宜采用异丁烯三乙氧基硅烷单体作为硅烷浸渍材料,其他硅烷浸渍材料经论证也可采用。异丁烯三乙氧基硅烷质量应满足下列要求:

①异丁烯三乙氧基硅烷含量不应小于98.9%。

②硅氧烷含量不应大于0.3%。

③可水解的氯化物含量不应大于1/10000。

④密度应为$0.88g/cm^3$。

⑤活性应为100%,不得以溶剂或其他液体稀释。

《海港工程混凝土结构防腐蚀技术规范》(JTG 275—2000)7.2条文说明:海港工程混凝土结构处于氯化物侵入的恶劣环境中,由于毛细管的吸收或扩散作用,使氯化物侵入混凝土中,这是混凝土结构中钢筋腐蚀的最重要原因之一。硅烷的小分子结构可穿透胶结性表面,渗透到混凝土内部与暴露在酸性或碱性环境中的空气及基底中的水分子发生化学反应,反应物使毛细孔壁憎水化,使分子和分子携带的氯化物都难以渗入混凝土,从而保护了混凝土受到氯化物等的侵蚀。

(3)优缺点分析

优点:硅烷浸渍产品是第四代有机硅防水材料,是一种具有良好渗透性、防水性、耐久性,环境友好型的有机硅防水、防腐剂,也是一种性能优良的混凝土表面密封剂,已广泛应用于道路、桥梁、隧道、水工、海工等工程中。

硅烷浸渍涂层作为混凝土防腐材料应用于海工结构物大气区和浪溅区防腐蚀,混凝土基体表面处理要求相对较低,施工工艺简单,施工效率高。施工采用辛基三乙氧基硅烷膏体浸渍材料,聚合反应主要释放物为乙醇,对环境污染和施工人员健康影响小。

主要优点有:

①大幅降低水分渗透率,耐冻融破坏、钢筋腐蚀及霉菌滋生;

②渗透深度大;

③大幅降低混凝土毛细孔吸水率,对2mm裂缝也有防水效果;
④保持混凝土表面自然外观;
⑤硅烷浸渍涂层施工较方便;
⑥优异的防水性及防氯离子渗透性;
⑦紫外线稳定性,减少风化损坏;
⑧透气性,减少冻融损害;
⑨无色,均匀,中性外观;
⑩耐久性强,长效保护。

缺点:

①部分气体腐蚀介质可以进入混凝土。

②混凝土桥梁内部存在许多大小不同的微细孔隙和裂隙,水的渗透就是通过这些孔隙和裂隙进行的,其渗透性与混凝土的孔隙结构(毛细孔连通情况)有关。硅烷浸渍材料广泛应用于混凝土桥梁表面的防护工程中,具有突出的憎水性和化学稳定性,能在混凝土表面及毛细孔内壁形成保护膜,有效防止水的渗透和转移,达到防腐的目的,从而提高混凝土桥梁的耐久性和使用寿命。

③硅烷浸渍材料是一种理想的新型防水材料,以溶液、乳液形式喷涂在混凝土桥梁表面,能提高混凝土的防水、防污、防尘、防腐蚀、抗风化和耐久性能。硅烷具有很低的表面张力,因此具有较强的扩展能力,涂到多孔混凝土基材上能渗透到微孔的壁上形成薄膜而不会封闭通道。

5)阴极保护

阴极保护是降低钢筋锈蚀速率的有效辅助措施。该方法是通过引入一个外加牺牲阳极或直流电源来抑制钢筋电化学腐蚀反应过程,从而延长海洋环境下钢筋混凝土的服役寿命。一般在钢筋腐蚀开始后启用,以降低腐蚀扩展速率。20世纪80年代以来,阴极保护(CP)及电化学处理(EC)在欧美及中东已成功应用多年。

6)涂层钢筋

环氧涂层钢筋是美国在20世纪70年代开发的,1973年首先用于宾夕法尼亚的一座桥梁的桥面板。1988年美国50个州的公路部门中,有46个州规定:凡是撒除冰盐的桥面板都应采用环氧涂层钢筋。目前美国、日本、欧洲及中东国家均已采用,并已制定了制造和应用环氧涂层钢筋的规范。1987年全美国的环氧涂层钢筋的销售总量达到20万t,2000年全美国的总用量达到80万t。近年来,环氧涂层钢筋占桥梁钢筋总用量的70%~80%。环氧涂层钢筋的主要不利方面是,环氧涂层钢筋与混凝土的握裹力降低20%,使钢筋混凝土结构的整体力学性能有所降低;施工过程中对环氧涂层钢筋的保护要求极其严格,加大了施工难度。

7)防腐蚀强化措施研究及选择

平潭海峡公铁大桥所处海洋环境对混凝土结构具有严重腐蚀作用。在严重腐蚀环境下,仅靠提高混凝土保护层材料的质量与厚度,是无法保证混凝土结构在设计使用年限内安全服役的,必须采取一种或多种防腐蚀强化措施,以保证整体耐久性达到设计要求。

不同环境作用下混凝土劣化的机制不同,不同结构部位对馄饨防腐蚀强化措施的要求也不同,因此,应根据工程实际情况来选择混凝土结构的防腐蚀强化措施。

(1)表面涂层、表面(硅烷)浸渍

混凝土结构耐久性防腐蚀附加措施中对表面进行处理的主要有以下两种:表面涂层、表面硅烷浸渍。其对混凝土的保护原理如图2-8-2-33所示。

混凝土表面涂层,主要是采用具有良好的耐碱性、附着性和耐蚀性的涂料,如环氧树脂、氟碳树脂等,通过在混凝土表面涂刷一定厚度的连续性膜层,将表面孔隙全部密封,保护混凝土结构,不受外界有害介质的入侵。作为密封材料只是做了表面处理,且只有良好的表面处理才能使涂层达到最佳效果。要求材料和混凝土具有较高的黏结性。目前所使用的材料,除氟碳涂层外,其他材料的分子结构的稳定性、耐紫外辐射性都不尽人意,几乎所有的涂层很难超过20年的寿命。在恶劣环境下,寿命更低。在服役期需要定期检查和修补,使用寿命受限,维护成本也较高。

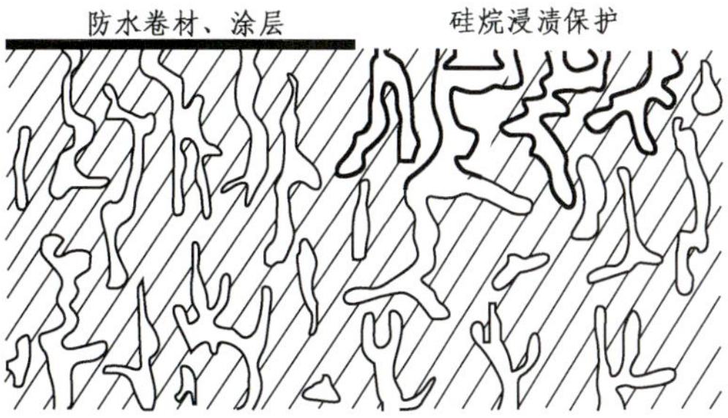

图 2-8-2-33　表面涂层、硅烷浸渍保护原理图

硅烷混凝土防护是一种具有良好渗透性、耐久性、环保型的有机硅防水、防腐剂,又是一种性能优良的混凝土表面密封剂。混凝土硅烷浸渍技术在欧美已经沿用了10~20年,至今仍然保持着出色的防腐效果。与其他防水料分子相比,混凝土硅烷防护剂分子结构尺寸最小,所以能轻松渗入混凝土结构中。其原理依据如图 2-8-2-34 所示。

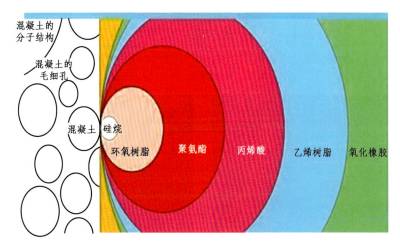

图 2-8-2-34　硅烷与其他涂料分子力径比较图

混凝土分子的粒径为10000个A,硅烷的分子粒径为80个A,而大多数涂料或防水剂分子的粒径多为几千个A。事实证明,硅烷为小分子结构,更易于深层渗透而达到理想的保护效果。不仅如此,混凝土表面硅烷浸渍是通过其特殊小分子结构,渗入混凝土毛细孔壁上2~20mm,并与已水化的水泥发生化学反应,从而在毛细孔壁上形成牢固的憎水屏障,使水分和水分所携带的氧化物都难以渗入混凝土,大大提高了混凝土制品的防水、防腐和耐久性综合性能。在浇筑不久的混凝土等碱性环境,会刺激该反应并加速斥水层的形成,既密封防水又能使混凝土正常"呼吸",混凝土孔隙保持开放,不影响气体和水蒸气的扩散,使混凝土内外压力保持平衡,减少了混凝土的内应力的存在,又能保持基材原有外观。因为硅烷深层渗透,并与混凝土结构结合为一体,不受动载应力传递的影响,其独特的透气性能,能使基材内部潮气畅通排出。

氟碳涂料、环氧涂料以及硅烷漆三种混凝土防腐强化措施都具有优异的特性,氟碳涂料是在氟树脂基础上经过改性、加工而成的一种新型涂层材料,其主要特点是树脂中含有大量的F-C键,由于引入的氟元素电负性大,碳氟键能强,使其具有优异的耐候性、耐热性、耐低温性、耐化学腐蚀性、稳定性好,而且具有独特的不粘性和低摩擦性;而环氧漆是双组分涂料,由环氧树脂和固化剂组成,其主要优点是对水泥、金属等无机材料的附着力很强,且涂料本身非常耐蚀;机械性能优良,耐磨,耐冲击,其缺点是耐候性不好,一般用于底漆或内用漆;硅烷的小分子结构可穿透胶结性表面,渗透到混凝土内部与暴露在酸性或碱性环境中的空气及基底中的水分子发生化学反应,形成斥水处理层,从而抑制水分进入到基底中,产生防水、防氯离子、抗紫外线的性能且具有透气性,可有效防止基材因渗水、日照、酸雨和海水的侵蚀而对混凝土及内部钢筋结构的腐蚀,提高建筑物的使用寿命,但必须保证硅烷的浸渍效果,如图 2-8-2-35 所示。

图 2-8-2-35　硅烷浸渍前和浸渍后效果试验

从三种涂料的施工要求来看,三种涂料都对涂刷基面以及涂刷工序提出了严格的要求,氟碳漆涂层一般按照基层要求与处理、抗裂腻子、抛光腻子、底漆喷涂和面漆涂装等几个工序,氟碳漆的适宜施工温度为 0~35℃,基面温度最好不低于 5℃,不能在雨、雪、雾、霜、大风,或相对湿度 85% 以上的条件下施工。硅烷浸渍施工应特别注意表面干燥状态和施工条件,喷涂硅烷的混凝土表面应为面干状态;混凝土表面温度应在 5~40℃ 之间;下雨或有强风或强烈阳光直射时不得喷涂硅烷;环氧树脂一般的固化温度为 10℃ 以上,否则固化缓慢,这对于在冬季对户外的大型建筑物施工造成困难。

为了切实掌握氟碳漆、环氧漆以及硅烷涂料各自的施工难易程度以及施工效果,现场工人分别采用三种涂料进行涂刷施工,图 2-8-2-36~图 2-8-2-38 分别为混凝土试件表面的氟碳涂层、硅烷浸渍涂层以及环氧树脂涂层照片。基于试验结果的涂刷效果看,采用氟碳涂层施工效果最好,且较容易保证质量。

a)　　　　　　　　　　　　　　　b)

图 2-8-2-36　试件表面氟碳漆涂层照片

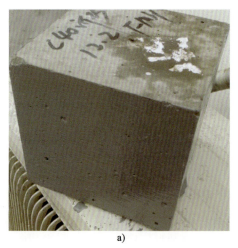
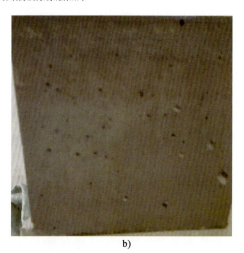

a)　　　　　　　　　　　　　　　b)

图 2-8-2-37　试件表面环氧涂层照片

三种涂防腐方案的综合比较分析见表 2-8-2-27。

图 2-8-2-38　试件表面硅烷浸渍照片

三种防腐方案综合比较分析表　　　　　　　　表 2-8-2-27

序号	项目	表面涂层		表面浸渍
		氟碳涂料	环氧涂料	硅烷涂料
1	作用机理	涂料渗入到混凝土表层,在混凝土表面形成附着良好、坚韧的无色透明漆膜	物理黏合,涂料在混凝土表面固化成膜	通过渗透进入混凝土表面与水化的水泥发生化学反应,在基材表面上生成了不溶性防水树脂薄膜
2	耐腐蚀性	良好的耐腐蚀性	良好的耐腐蚀性	优异的防水性及防氯离子渗透性
3	稳定性	常温固化、优异的化学稳定性;附着力、抗冲击、硬度、柔韧性好	附着力强、优异的化学稳定性、耐碱性、机械性能	紫外线线稳定性、耐久性强,长效保护,渗透深度大
4	外观	良好的装饰效果	装饰性差	无色,保持混凝土表面自然外观
5	施工	对施工要求高	低温下涂膜固化缓慢,施工时构件混凝土表面一定要干燥,否则涂层易鼓泡、剥落	固化反应时间长,施工时混凝土表面应尽量干燥
6	用途	稳定性好,常用于面漆	耐候性不好,常用于底漆或中间漆	混凝土表面浸渍
7	典型涂装体系	湿固化环氧封闭底漆+湿固化环氧树脂中间漆或环氧云铁中间漆+溶剂性氟碳漆	环氧底漆(环氧封闭漆、环氧腻子)+环氧云铁中间漆+聚氨酯面漆或丙烯酸面漆	硅烷浸渍+湿固化环氧封闭底漆+湿固化环氧树脂中间漆+聚氨酯面漆或氟碳面漆
8	价格	70~80 元/m²	60~70 元/m²	60~70 元/m²
9	寿命	20 年	5~10 年	15~20 年

上述三种涂料都具有优异的特性,氟碳涂料具有优异的耐候性、耐热性、耐低温性、耐化学腐蚀性、稳定性好;环氧漆是双组分涂料,由环氧树脂和固化剂组成,其主要优点是对水泥、金属等无机材料的附着力很强,且涂料本身非常耐腐蚀;其缺点是耐候性不好,一般用于底漆或内用漆;而硅烷的小分子结构

可穿透胶结性表面,形成斥水处理层,从而抑制水分进入到基底中,可有效防止海水的侵蚀。其中氟碳涂料和环氧涂料与混凝土材料组分不同,涂覆在混凝土表面形成防水层,涂层给混凝土穿"外套"。由于现场施工条件的限制,而且是多层涂层,涂层往往在实际工作中很容易受机械、磨耗等损伤。而且,防水涂料主体强度低,与混凝土材质不同,铺装层容易开裂、空鼓,同时,由于不透气,防水涂料会因基材内部潮气膨胀而导致防护层被破坏,使涂层与混凝土发生剥离。

基于以上分析,单一选用一种涂装材料对混凝土的防腐具有一定的局限性,应根据其特点发挥各自的优良特性,合理选用。氟碳涂料用于面漆,环氧涂料用于底漆和中间漆;硅烷用于混凝土表面浸渍。

(2)环氧涂层钢筋

对于钢筋表面的环氧涂层,虽然它能够很好地保护钢筋锈蚀,但是会降低钢筋和混凝土的咬合,使黏结强度降低,钢筋刚度下降,不均匀应变增加,裂缝间距增大,所承载安全性会降低。同时,因为涂装工艺要求高、造价高,施工质量不易保证,致使环氧涂层钢筋使用4~6年后失效,严重锈蚀,故本桥没有选用。

(3)阴极保护

主要用在168m连续刚构B39、B40、B41三个薄刚臂墩上。阴极保护设计范围如图2-8-2-39所示。

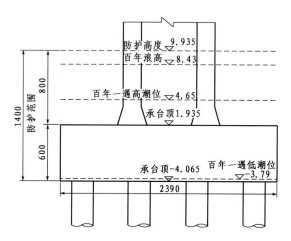

图2-8-2-39 B39、B40、B41号墩阴极保护设计范围(尺寸单位:cm,高程单位:m)

8)桥梁结构涂装部位及区域划分

根据平潭海峡公铁大桥混凝土结构所处位置和工作环境,将全桥需要涂装的混凝土表面划分为3个不同的区域,见表2-8-2-28。

桥梁结构涂装区域划分 表2-8-2-28

序 号	区域名称	工程部位
1	陆上大气区	人屿岛、长屿岛、小练岛、大练岛、平潭岛上桥梁梁部和墩台,包括现浇梁和全部桥墩、台身等
2	海上大气区	海上整体现浇梁、节段拼装拼装梁、悬灌现浇梁和桥墩高程+9m以上墩身部分、索塔上部区等
3	干湿交替区和浪溅区	水中区桥墩浪溅区及以下部分至最低水位(高程+9m~承台底),包括下塔柱

位于水下的桩基不涂装。

9）涂装体系设计

（1）涂装体系划分

参考嘉绍大桥、杭州湾跨海大桥、港珠澳大桥混凝土防腐涂装的方案和施工情况，结合本桥位处的环境条件特点，根据涂装划分的3个区域，分别制定3套不同的混凝土涂装体系，防护涂装体系设计使用年限为20年，具体内容见表2-8-2-29。

混凝土结构防护体系划分　　　　　　　　　　　　　　　表2-8-2-29

序号	区域名称	工程部位	涂装体系
1	陆上大气区	人屿岛、长屿岛、小练岛、大练岛、平潭岛上桥梁梁部和墩台，包括现浇梁和全部桥墩、台身等	Ⅰ
2	海上大气区	海上整体现浇梁、节段拼装拼装梁、悬灌现浇梁	Ⅱ
3	海上大气区	桥墩高程+9m以上墩身部分、索塔上部区等	Ⅲ
4	干湿交替区和浪溅区	水中区桥墩浪溅区及以下部分至最低水位（高程+9m～承台底），包括下塔柱	Ⅳ

（2）涂装方案

设计了两套涂装方案，具体内容见表2-8-2-30。

混凝土结构防护涂装方案　　　　　　　　　　　　　　　表2-8-2-30

涂装方案	涂装体系	涂料（涂层）名称	每道干膜最小厚度（mm）	涂装道数	总干膜厚度（mm）	单位面积用量（kg/m²）
方案一	Ⅰ	环氧树脂封闭底层涂料+环氧树脂面漆	—	1	150	0.12
			150	1		0.6
	Ⅱ、Ⅲ	环氧封闭底层涂料+氟碳面层涂料	—	1	300	0.12
			150	2		0.6
	Ⅳ	环氧封闭底层涂料+环氧树脂中间漆涂料+环氧树脂面层涂料	—	1	500	0.12
			300	1		0.6
			200	1		0.4
方案二	Ⅰ	环氧封闭底层涂料+氟碳面层涂料	—	1	60	0.12
			30	2		0.33
	Ⅱ	环氧封闭底层涂料+氟碳面层涂料	—	1	70	0.12
			35	2		0.33
	Ⅲ	硅烷浸渍	浸渍深度2～3mm	2	—	0.2～0.33
	Ⅳ	硅烷浸渍	浸渍深度3～4mm	3	—	0.3～0.44

原则上两套方案都是可行的，为保证全桥涂层方案及外观的一致性，建议采用涂装方案二。

（3）涂装工程数量及造价费用估算

①涂装工程数量

全桥混凝土表面防腐涂层工程数量见表2-8-2-31～表2-8-2-34。

a. 混凝土结构防护体系 I。

混凝土结构防护体系 I 工程数量

表 2-8-2-31

范　围	设 计 墩 号	涂 装 部 位	涂装面积(m²)	备　注
大桥院	—	公路梁	33350	陆上大气区
		铁路现浇简支梁	23680	
		公路墩身	19607	
		铁路墩身	52775	
铁四院	D0~D37、S1~S3	公路连续梁	73460	陆上大气区
		铁路现浇简支梁	18405	
		公路墩身	19072	
		铁路墩身	58147	
合计			298496	

注：大桥院为中铁大桥勘测设计院集团有限公司简称，铁四院为中铁第四勘察设计院集团有限公司简称，以下同。

b. 混凝土结构防护体系 II。

混凝土结构防护体系 II 工程数量

表 2-8-2-32

范　围	设 计 墩 号	涂 装 部 位	涂装面积(m²)	备　注
大桥院	—	公路梁	111365	海上大气区
		铁路现浇简支梁	72616	
铁四院	B0~B58	公路现浇连续梁	166488	
		铁路节段拼装简支梁	84475	
合计			434934	

c. 混凝土结构防护体系 III。

混凝土结构防护体系 III 工程数量

表 2-8-2-33

范　围	设 计 墩 号	涂 装 部 位	涂装面积(m²)	备　注
大桥院	—	公路墩身	23126	海上大气区
		铁路墩身(高程+9m以上部分)	252686	
		索塔上塔柱	117930	
铁四院	B0~B58	公路墩身	40203	
		铁路墩身(高程+9m以上部分)	68387	
合计			502332	

d. 混凝土结构防护体系 IV。

混凝土结构防护体系 IV 工程数量

表 2-8-2-34

范　围	设 计 墩 号	涂 装 部 位	涂装面积(m²)	备　注
大桥院	承台顶高程大于 -4.0m的水中墩	铁路墩身(高程+9m以下)	53010	干湿交替区和浪溅区
		下塔柱	18564	
铁四院	B2~B56	铁路墩身(高程+9m以下)	20023	
合计			91597	

②涂装造价估算

大桥院设计范围暂按方案一估算，铁四院设计范围暂按方案二估算，见表 2-8-2-35~表 2-8-2-38。

a. 混凝土结构防护体系 I。

混凝土结构防护体系Ⅰ费用估算表　　　　　　　　　　　表2-8-2-35

范　围	涂装部位	涂装面积(m²)	单　价	费用(万元)	备　注
大桥院	公路梁	33350	50	166.75	陆上大气区
	铁路现浇简支梁	23680	50	118.40	
	公路墩身	19607	50	98.04	
	铁路墩身	52775	50	263.88	
铁四院	公路连续梁	73460	50	367.30	陆上大气区
	铁路现浇简支梁	18405	50	92.03	
	公路墩身	19072	50	95.36	
	铁路墩身	58147	50	290.74	
合计		298496	50	1492.48	

b. 混凝土结构防护体系Ⅱ。

混凝土结构防护体系Ⅱ费用估算表　　　　　　　　　　　表2-8-2-36

范　围	涂装部位	涂装面积(m²)	单　价	费用(万元)	备　注
大桥院	公路梁	111365	60	668.19	海上大气区
	铁路现浇简支梁	72616	60	435.70	
铁四院	公路现浇连续梁	166488	70	1165.42	
	铁路节段拼装简支梁	84475	70	591.33	
合计		434934		2860.63	

c. 混凝土结构防护体系Ⅲ。

混凝土结构防护体系Ⅲ费用估算表　　　　　　　　　　　表2-8-2-37

范　围	涂装部位	涂装面积(m²)	单　价	费用(万元)	备　注
大桥院	公路墩身	23126	60	138.76	海上大气区
	铁路墩身(高程+9m以上部分)	252686	60	1516.11	
	索塔上塔柱	117930	60	707.58	
铁四院	公路墩身	40203	70	241.22	
	铁路墩身(高程+9m以上部分)	68387	70	410.32	
合计		502332		3014.0	

d. 混凝土结构防护体系Ⅳ，具体在以下工点采用。

混凝土结构防护体系Ⅳ费用估算表　　　　　　　　　　　表2-8-2-38

范　围	涂装部位	涂装面积(m²)	单　价	费用(万元)	备　注
大桥院	铁路墩身(高程+9m以上部分)	53010	70	371.07	干湿交替区和浪溅区
	下塔柱	18564	70	129.95	
铁四院	铁路墩身(高程+9m以上部分)	20023	70	140.16	
合计		91597		641.18	

8.2.8　混凝土结构的耐久性设计与实施

1）混凝土结构耐久性设计的技术要求

根据《铁路桥涵设计基本规范》(TB 10002.1—2005)及《铁路混凝土结构耐久性设计规范》(TB 10005—2010)，桥梁主体结构的设计使用年限为100年。依据平潭海峡公铁大桥各结构构件所处的环境作用等级,并参考借鉴既有公路跨海大桥的研究成果和实践经验,公铁大桥在进行混凝土结构设计时应选择合适的混凝土强度等级、钢筋保护层、表面裂缝宽度、最大水胶比、混凝土氯离子扩散系数,见表2-8-2-39。混凝土中氯离子含量严格控制在0.06%范围内,混凝土的碱含量最大限值为1.8kg/m³。混凝土配合比、浇筑和养护等工艺应满足《铁路混凝土结构耐久性设计规范》(TB 10005—2010)的相关规定。

混凝土构件耐久性控制指标　　表2-8-2-39

结构部位		混凝土	钢筋最小保护层厚度（mm）	表面裂缝宽度限值（mm）	最大水胶比	最小胶材料用量（kg/m³）	混凝土氯离子扩散系数	
							56d	84d
主梁、上中塔柱		C50/C60	40	0.15	0.36	400	≤7.0	≤1.5
下塔柱		C50	60	0.15	0.36	400	≤3.0	≤1.5
墩身	陆上部分	C45	50	0.20	0.40	360	≤5.0	≤2.5
	海上部分	C50	60	0.15	0.36	400	≤3.0	≤1.5
承台	非浪溅区	C40	50	0.15	0.40	360	≤7.0	≤3.5
	浪溅区	C50	60	0.15	0.36	400	≤3.0	≤2.5
桩	陆上部分	水中C40	50	0.15	0.40	360	≤7.0	≤3.5
	海上部分	水中C40	70	0.15	0.40	360	≤5.0	≤3.0

2）结构与构造措施

（1）混凝土结构的外形应简洁平顺,混凝土表面的棱角宜做成圆角,并尽量避免采用突变结构。承台及墩身采用了圆弧倒角,以减少应力集中;箱梁翼缘根部及腹板底部采用了R形拐角,以防止空气中的盐分附着。

（2）混凝土结构受雨淋的表面或者易积水的表面宜做成斜面。尽量避免水、汽和腐蚀性介质在混凝土表面聚集。铁路墩帽、公路墩帽均设置排水坡使雨水等顺利排走,并在铁路墩帽底口设置滴水槽以减少雨水对墩身的侵蚀;公路及铁路箱梁在横向设置排水坡,在翼缘端头设置泄水孔、滴水槽使桥面雨水顺利排走。

（3）在箱梁底板、主塔横梁底板及主塔塔顶横隔墙设置排水孔避免积水、局部潮湿和水汽聚集;并设置足够的通风孔,防止箱梁内外温差过大,引起混凝土结构拉力过大而开裂。

（4）水中墩浇筑填芯C25混凝土至+5m,避免墩内积水。

（5）混凝土结构应易于日后的检查与维修。在箱梁侧面配置下墩顶梯,墩内设置有检查梯、检查平台,以便养护人员检查、维修。

3）防腐蚀强化措施

（1）桥面防水层

①铁路混凝土箱梁防水层设计（图2-8-2-40）由防水卷材或防水涂料和C40细石聚丙烯腈高性能混凝土保护层构成,分为两部分,一部分为挡砟墙之间的防水层,为高聚物改性沥青防水卷材上覆盖C40细石聚丙烯腈高性能混凝土;另一部分为挡砟墙外侧电缆槽内防水层,为聚氨酯防水涂料上覆盖C40细石聚丙烯腈高性能混凝土。铁路槽型梁防水层（图2-8-2-41）为高聚物改性沥青混凝土防水卷材上覆盖C40细石聚丙烯腈高性能混凝土。

②公路简支钢桁混凝土结合梁及混凝土箱梁桥面铺装结构方案具体为:混凝土桥面板铣刨处理＋聚氨酯防水层＋粘层（改性乳化沥青0.3~0.6kg/m²）＋底层（热洒1.0~1.4kg/m² SBS高粘改性沥青并同步洒4.75~9.5mm辉绿岩碎石10~13kg/m²）＋下面层（55mm厚AC-16改性沥青混凝土）＋粘层（改性乳化沥青0.3~0.6kg/m²）＋表面层（45mm厚SMA-13改性沥青混合料）。

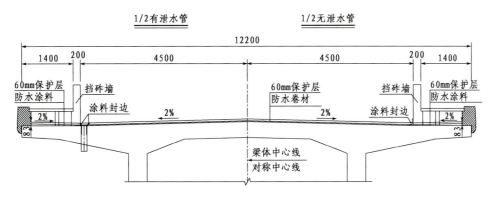

图 2-8-2-40　铁路混凝土箱梁桥面防水层设计(尺寸单位:mm)

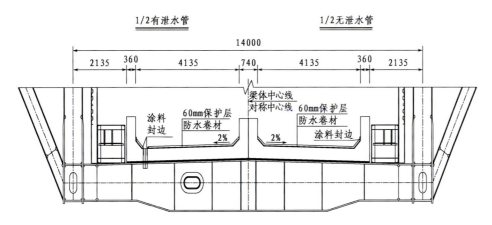

图 2-8-2-41　铁路混凝土槽型梁桥面防水层设计(尺寸单位:mm)

(2)氟碳涂层

①技术要求

柔性氟碳面层涂料的技术指标见表 2-8-2-40。

柔性氟碳面层涂料的技术指标及检验方法　　表 2-8-2-40

序号	项目		技术指标	检测方法
1	外观		符合标准样板及色差范围	目测
2	干燥时间	表干(h)	≤4	GB/T 1728—1979
		实干(h)	≤24	
3	固含量(%)		≥50	GB/T 1725—2007
4	含氟量(%)(主剂溶剂可溶物)		≥24	HG/T 3792—2005
5	附着力(MPa)		≥3.0	GB/T 5210—2006
6	抗拉强度(MPa)		≥10.0	GB/T 528—1998
7	断裂延伸率(%)		≥150	GB/T 528—1998
8	不透水性(MPa)		0.3,0.5h	GB/T 528—1998
9	低温柔性(-35℃)		无裂纹	GB/T 1731—1993
10	耐温变性		合格	JG/T 25—1999
11	耐紫外老化保光率,6000h(%)		≥70	GB/T 14522—2008

②材料

氟碳漆涂料的施工储存如下:

a.涂装前须将物体表面灰尘、油物、锈蚀等处理干净,以保证涂刷质量。施工中严禁带入水分,并严格按照说明要求进行配料施工,配好的材料一般要求随配随用,不可久存,配比后的涂料须在 6h 之内用完。未配完的材料要密封保存。

b.施工应选择晴好天气,避免在风沙、雨雪天气条件下施工。涂装最佳温度5~30℃为宜。阴雨、雾、雪天或相对湿度大于85%时,应停止施工。施工时,如漆质过稠,可用专用稀释剂调整施工黏度。

c.氟碳漆产品应存放在阴凉干燥处,防止日光直接照射,隔绝火源,远离热源。储存期为6个月,期满后应检验各项技术指标,如达到指标要求,可继续使用。

③施工技术条件

氟碳漆的适宜施工温度为0~35℃,基面温度最好不低于5℃。材料储存要注意防潮、防水、防太阳直射。每次配料量不宜过多,以免长时间静置,导致固化。应注意施工条件为湿度85%以下,温度0~35℃,切勿在以下条件下施工：雨、雪、雾、霜、大风,或相对湿度85%以上的天气。常温下涂装后的漆膜7d左右方可完全固化,建议不要提前使用。注意安全措施,保证良好通风,佩戴防护用具,防止沾污皮肤、眼睛。如有漆料溅入眼睛,请立即用清水冲洗并及时就医,施工环境严禁烟火。

防护涂层施工前,必须彻底清除混凝土基层的浮浆、粉化层及剥离、酥松部分,做好基面裂缝等缺陷修补。

施工条件应符合下列要求：

a.施工时基面应干燥。

b.施工时环境温度：5~35℃。

c.施工时环境相对湿度不大于85%;风力≤6级。

d.施工中遇下雨,应立即停工,已施工部位应覆盖防水。继续施工时应检查,如有起泡、起皱、剥落等现象,应清除后再行施工。

④施工工艺

氟碳涂层施工工艺流程为：基面清理→基面修补(潮湿基面处理)→环氧封闭底层涂料施工→氟碳面漆施工。

a.基面清理

混凝土基层应密实、平整,使用打磨砂轮、钢丝刷等处理混凝土基面上的浮浆、杂渣等疏松部位,尖角、凸起部位要予以剔除并打磨平整,使用吸尘器等清除粉尘杂质,使用稀料等溶剂清除污垢、霉菌、苔藓等污染物,并用淡水冲洗至中性。

b.基面修补

混凝土表面的裂缝、蜂窝、麻面和错台等缺陷,用环氧腻子找平,裂缝宽度小于0.2mm时,可采用水性环氧封闭漆或溶剂型环氧封闭漆进行3次以上刷涂,让浆液自然渗入裂缝中,至裂缝不再吸收浆液为止;裂缝宽度大于0.2mm时,则先沿裂缝切出V形槽,然后用聚合物砂浆堵塞修补。混凝土基层局部出现严重开裂、掉块、强度小于C10时,应彻底清理、重新施工,再进行防护涂层施工,检查合格的混凝土基面应及时涂覆封闭漆。

c.潮湿基面处理

对于潮湿基面,应烘干或喷涂找平层,找平层施工后48h后喷涂封闭漆。

d.环氧封闭底层涂料施工

在底层涂料喷涂前,应检查基层是否符合要求,有问题的地方及时修补,并要求基面完全干燥,要求喷涂均匀,不能漏喷,颜色应保持均匀一致,不得出现发花现象,刮风(六级以上)及雨天不能施工。底漆喷涂一遍,喷涂完毕进行检查,发现基面有批刮印痕或蜂眼现象,必须打磨至符合要求。打磨应采用280目或360目水磨砂纸,打磨应仔细,注意不能将涂膜磨穿。打磨完毕应进行除尘处理,用抹布等将基面上打磨产生的粉尘处理干净。如果除尘不彻底,氟碳漆施工后将无法达到平滑的涂膜。底漆喷涂后,应颜色均匀,光泽均匀,涂膜表面光滑。封闭底层涂料实干或间隔24h后即可进行中间涂料施工。

e.氟碳面漆施工

面漆喷涂时,要求底漆必须完全干燥,不得有粉尘等杂物。调配后的面层氟碳漆必须采用200目纱网进行过滤,稀释剂在放置过程中应不断搅拌,以免沉淀。施工时应考虑喷涂人数、喷涂面积、喷涂基面、吊笼分布的配合,在保证不流挂的前提下,尽可能喷厚一些。应做好防污和防毒工作,对落水管等应进行保护,工人施工时应戴防毒面罩和手套等防护用品,同时严禁烟火;喷涂应均匀,密度合理,无流挂、明暗不均、发花等现象,手感细腻,光泽均匀,无批刮印痕和凸凹不平现象。

环氧封闭底漆实干或间隔24h后应检查封闭底漆是否有气泡。如果有气泡,则须将气泡剔除,并补涂底漆,然后进行面漆涂装。

面漆在使用前应按材料使用说明进行配制,参考用量为0.36kg/m²。刷涂、喷涂、滚涂均可。面漆实干或间隔24h后应检查涂层的厚度及是否有气泡,防护涂层总厚度应大于等于100μm。如果有气泡,则须将气泡剔除,并补涂面漆。

(3)环氧涂层

①材料

环氧涂料的施工储存如下:

a.为双组分包装。产品在运输时,应防止雨淋、日光曝晒,避免碰撞,并应符合交通部门的有关规定。

b.产品应存放在阴凉通风处,储存于远离火源的通风阴凉干燥处,存放温度不高于40℃,防止日光直接照射,并隔绝火源,远离热源的库房内。切忌碰撞,严禁与水接触。

c.属易燃品,请注意包装容器上的警告标识。施工场地应有良好的通风设施,油漆工应戴好眼镜、手套、口罩等,避免皮肤接触和吸入漆雾。如果油漆不慎溅到皮肤上应立即用合适的清洁剂、肥皂水清洗。溅入眼睛时应用清水充分清洗并立即就医诊治。施工现场严禁烟火。

d.有效期为一年,超过有效期,经重新检验合格后仍可使用。

②施工技术条件

a.针对混凝土构件情况,应设计适用于混凝土表面处理、涂装及质量检查的工作平台,并安全、牢固、移动和拆装方便。应充分考虑桥上风力对涂装平台的不利影响。

b.应根据涂料的物理性能、施工条件、涂装要求和被涂构件的情况制定涂装工艺,涂装施工流程和施工工艺应切实可行。应采用高压无气喷涂施工方法。当条件不允许时,可采用刷涂或滚涂,但应有监理工程师批准,施工工艺应符合相应规范。最后一道面漆必须采用高压仪器喷涂方法施工,以保证表面光洁。高压无气喷涂应适用大流量、高比率的高压无气喷涂设备,喷出压力和喷嘴孔径应与涂料的黏度相适应,确保涂层均匀、平整、光滑,喷涂施工应符合《高压无气喷涂典型工艺》(JB/T 9188—1999)的要求。

c.应按生产厂家规定的比例混合涂料,一套涂料混合后,必须在规定的混合使用期内用完。因各种原因超过了混合使用期的涂料不得继续用于本桥工程。

d.第一道涂层封闭漆施工后,如有可见的混凝土表面气孔、缺陷等,应使用环氧腻子修补平整,确保涂层的光滑连续。腻子应与涂层面结合良好,既能与结构物基面牢固地黏合,又能和涂层很好地相容。

e.涂层之间的重涂应参照使用说明书及现场气温确定,重涂间隔应符合相关规范要求。

f.使用完的涂料空桶应保留,按照监理工程师的要求核对并妥善处置。

③施工工艺

a.基层处理

涂装前须将构件混凝土表面碎屑及不牢的附着物清除,用汽油等溶剂抹除油污,最后用淡水冲洗,使处理后的混凝土表面平整无油污、灰尘及不牢附着物等。对混凝土面孔洞缺损处用高标号水泥砂浆或环氧胶泥找平。由于环氧涂层无透气性,所以施工时构件混凝土表面一定要干燥,否则涂层易鼓泡、剥落。

b.涂装方法:环氧涂层的涂装方法宜采用高压无气喷涂,也可采用涂刷或滚涂。后道涂装必须在前道涂装8h后进行,每次涂装前,必须对涂装面进行适当清理,把污染降到最低且表面要干燥。

c. 涂装工艺：环氧涂层的涂装方法宜采用高压无气喷涂，也可采用涂刷或滚涂。后道涂装必须在前道涂装 8h 后进行，每次涂装前，必须对涂装面进行适当清理，把污染降到最低且表面要干燥。

d. 底层涂装

底层涂料配制应严格按底层涂料出厂说明规定，并经试验检测满足性能指标后，确定配合比，按比例进行调配。按照当天涂料的用量及涂料的使用期，现用现配。配漆前、后应充分搅匀，配漆用品应分开使用。

使用前应将调配好的涂料用 40~100 目的筛网过滤，并经过 30min 熟化；表面处理完后，用胶辊或毛刷将底层涂料均匀涂覆在混凝土结构上；底层涂料涂一道的参考用量约为 $0.12~0.15 kg/m^2$；底层涂料的涂装应均匀、平整，不应漏涂和明显流挂。

e. 中间层涂装

基层处理及底层涂料涂装完成后，进行中间层环氧树脂涂料涂装，具体要求如下：

对环氧树脂涂料的涂装可采用滚涂、刷涂、喷涂等方式进行；涂料为双组分涂料，配制后施工适应期大约为 1~2h，其配制可按底层涂料配制要求进行；湿面涂料一道，最小干膜厚度 $150\mu m$；第二道涂装间隔时间最短为 4h，最长不超过 7d；涂刷施工完毕，应采用专用清洗剂对滚筒及漆刷进行清洗；涂层外观质量要求：涂膜表面要求涂层厚度均匀，无色差、流挂和堆积等现象；环氧涂层工艺在水位变动区涂装时，由于涨落潮时间短，构件混凝土表面不够干燥，容易造成涂层鼓泡、剥落，须及时修补。

(4) 硅烷浸渍

按照《海港工程混凝土结构防腐蚀技术规范》(JTJ 275—2000) 的规定，将混凝土结构所处部位划分为大气区(+9.38m 以上)、浪溅区(+9.38~-2.08m)、水位变动区(-2.08~-3.76m) 及水下区(-3.76m 以下) 四个分区。因本桥为跨海桥梁，为保证浪溅区和水位变化区混凝土的耐久性，在 +9.5~-4.0m 高度范围内的墩塔外表面及承台顶面需采用硅烷浸渍的防腐蚀强化措施。表面涂层质量需达到如下四项要求：

a. 涂层与混凝土的表面黏结力不得小于 1.5MPa。

b. 涂层应具有良好的耐碱性(试验大于 30d) 和耐老化性(试验大于 1000h)。

c. 涂层应具有较好的抗氯离子渗透性(试验大于 30d)，氯离子穿过涂层片的渗透量应小于 $5.0\times10^{-3}mg/cm^2 d$。

d. 涂层应具有湿固性、耐磨性和耐冲性等性能的要求。

①根据平潭海峡公铁大桥耐久性专题报告相关研究课题，结合其他跨海大桥的成熟经验，确定平潭海峡公铁大桥混凝土表面防护要求如下：

a. 防腐体系：硅烷浸渍防护。

b. 防腐部位：+9.5~-2.0m 墩身范围及主塔预应力封锚区域。

c. 防腐技术要求：承台钢筋净保护层：$8cm \leqslant c \leqslant 10cm$；硅烷浸渍涂装的技术要求按照《平潭海峡公铁大桥混凝土结构耐久性技术实施细则》执行。

d. 硅烷浸渍涂料采用异丁基三乙氧基硅烷(亦称异丁烯三乙氧基硅烷)，其产品特性见表 2-8-2-41 所示。

异丁基三乙氧基硅烷特性　　　　表 2-8-2-41

特　征	指　标
异丁烯三乙氧硅烷含量	≥98.9%
硅氧烷含量	≤0.3%
可水解的氯化物含量	≤1/10000
密度	$0.88g/cm^3$
折光率	1.3998~1.4002
活性	活性应为 100%，不得以溶剂或其他液体稀释

e. 材料应原罐封存，密封闭光保存，禁止与酸、碱、胺和重金属或其化合物一起储存，也不能放置在被其污染的场所。每次使用过后应封好包装以免失效，启封后应在72h内用完。

f. 材料应储存在有遮盖、无阳光直射处，并不接触潮湿的地板或地面。宜将材料储存于受控制的环境中，储存区域应设立负责职业卫生和安全部门要求的警告牌。

g. 材料应按到货顺序使用。任何超过厂方建议适用期的材料均不得使用。

②施工前的准备

a. 调查工程范围内混凝土表面状况，按粉化、开裂、剥离和强度等级进行分类，确定存在缺陷的程度并做好相应记录及现场标记。针对不同的缺陷，确定不同的清理、修补及防护方案。

b. 基面清理混凝土基层应密实、平整。使用打磨砂轮、钢丝刷等处理混凝土基面上的浮浆、杂渣等疏松部位，尖角、凸起部位要予以剔除并打磨平整。使用吸尘器等清除粉尘杂质。使用稀料等溶剂清除污垢、霉菌、苔藓等污染物，并用淡水冲洗至中性。

c. 混凝土表面存在的因施工需要设置的各种预埋件，应在涂装施工前28d处理完毕。因施工原因存在于混凝土表面的金属焊渣、绑扎铁丝头、铁钉头等应清除干净。

d. 混凝土表面宜采用高压水(压力不小于20MPa)清洁，或者使用各种动力打磨工具进行打磨，彻底出去混凝土表面上的不牢灰浆、尖角、碎屑、海生物、苔藓、油污等污染物及其他松散附着物，必要时可用适当溶剂抹除油污。

e. 清理后的混凝土表面，应用饮用水冲洗干净，混凝土表面应无油污等影响涂层质量的物质。

f. 基面修补混凝土表面的裂缝、蜂窝、麻面和错台等缺陷，用环氧腻子找平。裂缝宽度小于0.2mm时，可采用水性环氧封闭漆或溶剂型环氧封闭漆进行3次以上刷涂，让浆液自然渗入裂缝中，至裂缝不再吸收浆液为止；裂缝宽度大于0.2mm时，则先沿裂缝切出V形槽，然后用聚合物砂浆堵塞修补。

g. 检查合格的混凝土基面应及时涂覆封闭漆。

h. 对于潮湿基面，应烘干或喷涂找平层，找平层施工后48h后喷涂封闭漆。硅烷浸渍施工如图2-8-2-42所示。

③施工技术条件

a. 大规模施工前应进行喷涂试验。试验面积为1~5m²。试验结果满足要求后，再进行大量施工。

b. 操作人员应使用必要的安全保护设施；施工人员施工过程中要按要求穿戴护目镜和防护手套。如不慎吸入，应立即移到有新鲜空气的地方。如接触到皮肤或不慎接触到眼睛后，立即用水清洗15min，并脱下受污染的衣服、鞋子及时就医。应注意避免硅烷和氯丁橡胶、沥青密封材料等其他可能腐蚀的材料接触。本品固化反应过程中会释放乙醇，应注意安全预防措施。施工现场保持通风良好，远离火花、明火。

图2-8-2-42　硅烷浸渍施工

c. 施工环境要求：混凝土表面温度应在5~35℃之间，空气相对湿度不大于85%；下雨或有强风或强烈阳光直射时不得喷涂硅烷；浸渍所需的全部硅烷用料在施工现场应一次备足，使用前方可开封，并应于启封后72h内用完，否则应予废弃；在施工中切忌使用烘干设备。因为硅烷需要与水化的水泥发生化学反应才能发挥防水性能，但表面过湿会影响渗透深度，因此基面表干时喷涂效果最好。

d. 施工可采用滚涂、喷涂等方式。施工工具可采用密封喷枪、滚筒和刷子。如使用刷子或滚筒施工，应当重复涂抹，直到表面润湿。大面积施工建议使用低压喷涂方式，这样可以减少材料的损耗。如采用连续循环的泵送系统，应注意喷枪的压力不能超60~70kPa。浸渍施工后，应用黑色记号笔标明已喷涂区域与未喷涂区域分界线，便于监理工程师目测检验，同时避免下次漏涂或重涂。

e. 浸渍硅烷工作应连续施涂，施涂可采用连续喷涂、刷涂或滚涂工艺，施涂时必须使被涂表面饱和溢流。在立面上,应自下向上的施涂,被涂立面至少有5s保持"看上去是湿的"状态;而在顶面或底面上,都至少有5s保持"看上去是湿的镜面"状态。

f. 如进行修补进行潮差区施工。应在落潮过程中对混凝土表面进行清洁后烘干。喷涂硅烷应在下一次高潮之前,掌握好潮汛期,尽量提供混凝土表层表干时间,同时又要保证硅烷浸渍后能够固化的时间,防止硅烷还未能反应固化就被潮水冲走。

g. 喷涂遍数:建议喷涂两遍以上,第二遍喷涂应与前一层喷涂间隔不少于6h,也不应停顿时间过长。当基材吸收完上一次涂层并不再光亮时,涂敷下一次。潮差区施工每层应在每次潮位低于施工部位烘干后时施工,建议每层施工应在不同落潮期进行施工。

h. 养护期:大气区施工后24h内不湿水自然风干,3d完全固化即可产生最佳的防水防腐护效果,7d后可钻芯取样检测。

④硅烷浸渍质量验收

a. 吸水率:≤0.01mm/min$^{1/2}$;

b. 浸渍深度:混凝土强度等级不小于C45浸渍深度(2~3mm);

c. 氯化物吸收量的降低效果:≥90%。

8.3 海洋环境下钢结构的耐久性研究及实施

8.3.1 环境特点

平潭岛和福州市在1988—1989年所作降水pH值同步观测结果表明:平潭岛pH=4.49,酸雨率为57.7%,约1/10强酸雨出现;福州市pH=4.25,酸雨率为89.4%,约有1/3强酸雨出现,两地酸雨污染较严重,为重酸雨区(pH<4.50)或中酸雨区(4.50≤pH<5.00)。这种酸雨和海洋双重环境必然对钢结构材料的腐蚀与破坏带来很大影响,相关数据见表2-8-3-1。

1988—1989年平潭地区每月降雨pH分档频率 表2-8-3-1

站 名	月 份	<3.5	3.5~4.0	4.1~4.5	4.6~5.0	5.1~5.5	5.6~6.0	6.1~6.5	>6.6
平潭	1	0.0	0.0	0.0	7.0	38.0	38.0	15.0	0.0
	2	0.0	0.0	0.0	5.0	5.0	38.0	38.0	11.0
	3	0.0	3.0	0.0	3.0	17.0	6.0	62.0	6.0
	4	0.0	37.0	18.0	37.0	5.0	0.0	0.0	0.0
	5	0.0	9.0	41.0	45.0	3.0	0.0	0.0	0.0
	6	0.0	0.0	60.0	20.0	0.0	0.0	0.0	0.0
	7	0.0	0.0	0.0	0.0	0.0	75.0	25.0	0.0
	8	0.0	0.0	0.0	0.0	0.0	100.0	0.0	0.0
	9	0.0	3.0	23.0	11.0	7.0	11.0	23.0	19.0
	10	9.0	9.0	0.0	0.0	18.0	0.0	45.0	18.0
	11	0.0	0.0	0.0	27.0	9.0	18.0	27.0	18.0
	12	0.0	0.0	0.0	28.0	0.0	42.0	14.0	14.0

平潭岛酸雨率月变化呈"单峰形",峰值出现在4、5、6月,酸雨率高达95%以上。经计算,这3个月pH平均值4.26,其他月份5.23。

8.3.2 海洋环境下钢结构的腐蚀机理

从海洋大气到海泥的不同海洋环境区域,各种因素变化很大,对钢结构的腐蚀作用也有所不同,主要影响因素有:阴阳离子组成及含量、充气种类及其饱和度、生物活性影响、温度变化、海水流速、海域环境污染、pH值的大小、海域的天然环境及变化等。

1)海洋大气区腐蚀

海洋大气区中主要含量有水蒸气、氧气、氮气、二氧化碳、二氧化硫及悬浮在其中的氯盐、硫酸盐等。由于海洋大气湿度很大,水蒸气在毛细管作用下、吸附作用、化学凝结作用的影响下,二氧化碳、二氧化硫和一些盐分溶解在水膜中,使之成为导电性很强的电解质溶液,同时海洋大气环境中的钢结构,白天经日光照射,水分蒸发提高了表面盐度,晚间又形成潮湿表面,这种干湿循环使得腐蚀速度大大加快。

2)海洋浪溅区腐蚀

海洋浪溅区钢结构表面几乎连续地被充分且不断更新的海水所湿润,由于波浪和海水飞溅,海水与空气充分接触,海水含氧量达到最大程度,浪溅区海水的冲击也加剧材料的破坏。此外海水中的气泡对钢梁表面的保护膜及涂层来说具有较大的破坏性,漆膜在海水的浪溅区通常老化的更快。对钢铁构筑物来说,浪溅区是所有海洋环境中腐蚀最为严重的部位。

3)海洋水位变动区腐蚀

海洋水位变动区钢结构在海水涨潮时被海水所浸没,产生海水侵蚀,而退潮时又暴露在空气中,产生湿膜下的同大气一样的腐蚀。同时较大的潮流运动会因物理冲刷及高速流水形成的空泡腐蚀作用导致腐蚀作用增加。

8.3.3 平潭海峡公铁大桥钢桁梁防腐涂装体系研究

根据桥址处自然环境,平潭铁路跨海大桥不仅地处海洋,也属酸雨地区,腐蚀环境恶劣,通过调研已完桥梁结构的涂装体系以及现有的防腐底漆、中间漆、面漆的各自特性,选择合适的实验样本进行对比实验,以选择出适合平潭海峡公铁大桥钢桁梁的涂装体系。

1)试验样品

(1)防锈底漆

目前,我国随着工业化快速发展,大气环境污染日益严重,属于酸雨环境的地区较多,酸雨地区面积大约占全国国土面积的30%以上。酸雨大气环境特点主要是雨水pH值低于5.6,呈酸性,大气中SO_2含量偏高。表2-8-3-2列出了我国不同地区大气环境下所测量的四大类标准材料腐蚀速率比较。

标准金属材料在酸雨和非酸雨地区腐蚀速率比较(单位:μm/a)   表2-8-3-2

标准材料	地区				
	北京	武汉	广州	万宁	青岛
碳钢	19.0	27.0	37.0	32.0	41.0
纯铝	0.026	0.044	0.077	0.090	0.19
紫铜	1.1	1.6	2.0	1.2	1.6
特级纯锌	1.32	2.16	—	1.76	1.99

表2-8-3-3列出了13种金属材料在不同地区腐蚀破坏的比较数据。

金属材料在国内不同大气环境下腐蚀倍率比较　　　　　表 2-8-3-3

序号	材　料	北京	海南琼海	武汉	广州	海南万宁	青岛
		干、冷	湿、热	湿、热	湿、热	湿、热	湿、冷
		污染轻	污染极轻	污染一般	污染一般	海洋大气	海洋大气
1	碳钢 A3	1	1.38	1.62	2.0	3.69	2.23
2	普通低合金钢 16Mn	1	1.64	1.79	2.07	5.0	2.21
3	耐候钢 09CuPTiXt	1	1.55	1.36	1.91	1.45	2.18
4	马氏体不锈钢 2Cr13	1	2.40	0.83	0.45	4.2	4.5
5	纯铝 L3	1	2.38	1.69	2.96	3.46	7.31
6	防锈铝 LF21Y2	1	2.13	1.81	1.94	7.5	7.81
7	硬铝材 LY12	1	3.0	1.57	4.0	3.57	6.0
8	超硬铝型材 LC	1	—	1.57	2.94	7.25	13.7
9	紫铜 T2	1	1.36	1.45	1.82	1.09	1.45
10	黄铜 H62	1	1.30	1.71	1.86	0.41	1.71
11	锡青铜 QSn4-4-2.5	1	1.15	1.48	1.80	1.07	1.97
12	锌白铜 BZn15-20	1	1.56	1.88	2.66	0.19	1.88
13	纯锌	1	0.77	1.64	2.48	1.33	1.51

表 2-8-3-2 和表 2-8-3-3 数据表明，对于碳钢、铝、锌、铜等 4 种材料来说，在酸雨环境下，其腐蚀速率明显高于其他非酸雨地区；在海洋环境下，其腐蚀速率明显高于其他非海洋环境地区。对不同牌号的金属而言，酸雨地区比其他非酸雨地区，其腐蚀破坏的严重程度也是不一样的，以北京为例，对于铝来说，其破坏性比北京高 13~20 倍，对铜，高出 3~4 倍，对黑色金属，高出 2~3 倍。

酸雨是金属材料大气腐蚀的主要因素。在一般地区酸雨的主要成分是硫酸和硝酸，而在盐化工业逐渐发展的万州地区由于大气中含有 HCl、Cl_2，其浓度有时还超过 SO_2 和 NO_x。根据东德标准（TGL33408/01）HCl，Cl_2 对钢材腐蚀的严重性远胜过 SO_2，NO_x 等，它们在很低的浓度下（$0.05mg/m^3$ 和 $0.01mg/m^3$）已对钢材产生明显的腐蚀作用，所以平潭地区大气对金属材料的腐蚀将比一般地区更为严重。

防锈底漆按防锈原理一般分为 3 种类型：

第一类，物理屏障型防锈底漆。

常用的铁红底漆、云母氧化铁底漆、铝粉漆等就是属于物理屏障型防锈漆，它们的防锈颜料具有良好的物理屏蔽作用，减缓或阻止有害介质与金属表面的接触。

第二类，钝化磷化膜型防锈底漆。

这类底漆通过其中的防锈颜料，在金属表面形成化学稳定的钝化膜或磷化膜，从而有效地阻缓膜下金属的进一步腐蚀。例如，红丹防锈底漆、磷化底漆、磷酸锌防锈底漆等，都具有优良的防锈性能。

第三类，阴极保护型防锈底漆。

阴极保护型防锈底漆一般是指富锌底漆，它分为环氧富锌底漆、无机富锌底漆两种，其中无机富锌底漆又分为溶剂性和水性。由于 Zn 的电极电位值是 -0.763V，比 Fe 的电极电位值（-0.409V）更低。当富锌底漆中 Zn 的含量足够大时，即在钢表面形成一层锌粉膜，并与钢表面紧密接触，这样，Zn 成为阳极，被腐蚀，Fe 则为阴极而得到保护。

在上述 3 种防锈底漆中，以第三类底漆的防锈效果最好，富锌类防锈底漆除具有前两类底漆的防锈作用外，在涂层由于撞击等原因出现破坏时，对破坏处的金属表面仍有保护作用，因此，目前在钢结构涂料重防腐体系中，防锈底漆一般都采用富锌类底漆。

①水性无机富锌防锈漆

水性自固型无机富锌涂料主要由硅酸盐水溶液作为黏合剂,配合锌粉,在金属表面形成漆膜。水性无机硅酸锌涂料在1942年由发明家Victor Nightengall首次应用于横穿澳大利亚250英里长的Wyalla输油管道上,它是采用刷涂施工和高温烘烤来固化漆膜。经过50多年风吹日晒、海边盐雾侵蚀涂层仍保持完好状态,即使在焊缝等薄弱区域仍没有粉化、开裂、剥落。

20世纪50年代初,在美国出现一种用酸固化的硅酸锌涂料,许多这种早期的涂层至今仍保护着钢铁和铝不受腐蚀。

20世纪60年代,人们又发明了自固型硅酸锌及醇溶型硅酸乙酯富锌涂料,这些技术都显示了硅酸锌涂层的极佳防腐性能。但在施工时需要加热、加酸或经过较长时间,自固化定义不准确。

我国在20世纪70~80年代,相继出现了二次固化型水性无机硅酸锌涂料和醇溶型硅酸锌涂料。前者是由钠水玻璃与锌粉组成,在金属表面成膜后再使用酸溶液或盐溶液对漆膜进行固化处理。后者属溶剂型涂料,由水解硅酸乙酯和锌粉组成,可实现自固化。

20世纪90年代中期,国内研制出了以锂水玻璃(硅酸锂)为基料的水性无机富锌涂料,该涂料可自固化,但固化时间较长,一般需要2~7d时间,甚至更长。在这期间,国外以美国产品IC531为代表的水性自固化无机富锌涂料开始进入我国,该类产品在很短时间内(一般3~4h)即可自固化,不怕雨淋,大大方便了用户的使用。

②环氧富锌防锈漆

环氧富锌防锈漆作为目前铁路钢梁保护涂装第5、6、7体系中的底漆,从1993年鉴定到1996年在铁路钢桥推广至今,已先后在芜湖铁路长江大桥、长东黄河铁路二桥、乌海黄河铁路大桥、柳江大桥、武汉长江大桥等得到使用,使用效果很好。

环氧富锌防锈漆在国内外钢结构防腐保护中作为底漆也已屡见不鲜,并都表现出了很好的防锈效果。如日本NKK公司等在日本濑户内海地区新两国大桥桁梁上进行的长期防锈涂层试验,经过30年的试验,环氧富锌防锈漆与其他涂料配套使用,防锈效果良好;日本钻井有限公司的Hakuryu(Ⅱ)半潜式钻井平台支架下部使用环氧富锌防锈漆迄今已用了20年,防锈效果良好。在我国,化工行业标准中已将环氧富锌防锈漆作为了钢结构长效防锈体系的配套底漆;上海的南浦、杨浦大桥用环氧富锌防锈漆作为底漆等。

环氧富锌防锈漆主要成膜物质是环氧树脂和锌粉,由于环氧树脂本身特性决定了它对钢表面具有极强的附着力。

③水性无机富锌防锈漆和环氧富锌防锈漆性能比较

水性自固型无机富锌涂料由于是水溶性的,所以要求钢表面不能有任何油污类物质存在,否则会严重影响涂层在钢表面的附着性能。为保证涂层中金属锌粉与低材的有效接触,提高涂层的附着性能,表面处理要求喷砂处理,喷砂后达到Sa3.0级以上,粗糙度达到Rz60~100μm。

环氧富锌防锈漆由于环氧树脂本身对物体具有很好的黏结作用,所以该涂料形成的涂层在钢结构表面具有很好的附着力,对钢表面的处理要求并不高,但对于富锌防锈漆来说,如要很好地发挥其阴极保护作用,保证其防锈效果的实现,就要求其中的锌粉充分地与钢表面进行接触,同时为进一步提高涂层的附着力,所以要求表面处理最好达到Sa3.0级以上。

比较了水性无机富锌防锈漆和环氧富锌防锈漆施工性能及漆膜性能,结果见表2-8-3-4。

施工性能及漆膜性能比较　　　　　表2-8-3-4

项　　目	涂　　料	
	水性无机富锌防锈漆	环氧富锌防锈漆
溶剂	水	有机溶剂
表面处理要求	≥Sa3.0	≥Sa3.0

续上表

项目	涂料	
	水性无机富锌防锈漆	环氧富锌防锈漆
施工及固化气候条件	5~50℃,相对湿度<80%	10~35℃,相对湿度<80%
安全性	不燃,无毒	易燃,有毒
固化特性	喷涂后2h干燥,即可进行吊装等处理	喷涂后24h才能实干
漆膜耐盐雾性能 (在表面处理相同条件下)	经4000h漆膜无红锈出现,划痕处锈蚀无扩展(试验仍在进行中)	经1500h漆膜局部出现锈蚀,划痕处锈蚀扩展

选择了一种国外进口的水性无机富锌防锈漆(以下简称:无机富锌防锈漆)和环氧富锌防锈漆作为配套底漆进行实验研究。环氧富锌防锈漆实验结果分别见表2-8-3-5、表2-8-3-6。

无机富锌防锈漆实验结果   表2-8-3-5

项目		单位	技术指标	检验结果
漆膜颜色和外观		—	锌灰色,漆膜平整	合格
黏度(涂4号杯)		s	≥7	12.5
不挥发物		%	≥75	80
干膜中锌粉含量		%	—	90
干燥时间	表干	min	≤20	合格
	实干	h	≤2	合格
附着力(划格法)		级	≤2	合格
附着力(拉开法)		MPa	—	7.4
硬度		H	—	6
耐盐雾性		h	1000h,不起泡、不生锈;划痕处腐蚀蔓延宽度不大于2mm(单向)	合格
混合后有效使用时间		h	≥6	合格

注:表2-8-3-5中技术指标是渝怀线铁路长寿桥用水性无机硅酸锌涂料技术指标。

环氧富锌防锈漆实验结果   表2-8-3-6

序号	检验项目		技术要求	单位	检验结果
1	漆膜颜色及外观		锌灰色,漆膜平整,允许略有刷痕	—	合格
2	流出时间(6号杯)		≥30,<60	s	58
3	不挥发物含量		≥80	%	87
4	细度		≤90	μm	85
5	密度		≥2.73	g/cm^3	2.74
6	干燥时间	表干	≤2	h	合格
		实干	≤24	h	合格
7	漆膜中铁元素含量		无	—	无
8	弯曲性能		≤2	mm	合格
9	耐冲击性		≥50	cm	合格

续上表

序　号	检验项目	技术要求	单　位	检验结果
10	附着力	≥5	MPa	6.5
11	耐盐雾性	≥1000h,样板表面无红锈可以有轻微气泡,划痕处24h无红锈	h	1200h,板面无泡无锈,划痕处24h无红锈
12	适用期	≥2	h	合格
13	施工性能	喷涂、刷涂无不良影响,每道干膜厚度不小于40μm	—	合格

注:表2-8-3-6中技术指标参照《铁路钢桥保护涂装及涂料供货技术条件》(TB/T 1527—2011)中规定的技术指标。

(2)中间漆

目前国内外在钢结构重防腐保护体系中,一般都使用云铁环氧中间漆,我国的铁路钢桥保护第4涂装体系也使用此中间漆。以鳞片状天然云母氧化铁为颜料的云铁环氧中间漆性能稳定,鳞片状天然云母氧化铁在漆膜中以平行的方向重叠排列,可有效地阻挡外来的介质对涂层渗透,起到屏蔽作用。同时由于云铁环氧中间漆漆膜有一定的粗糙度,也有利于底漆面漆的附着。

选用云铁环氧中间漆进行了实验测试,结果见表2-8-3-7。

云铁环氧中间漆实验结果　　　　　　表2-8-3-7

序　号	检验项目		技术要求	单　位	检验结果
1	漆膜颜色及外观		表面色调均匀一致,漆膜平整	—	合格
2	流出时间(6号杯)		≥60,<100	s	88
3	不挥发物含量		≥65	%	85
4	细度		≤80	μm	78
5	干燥时间	表干	≤3	h	合格
		实干	≤24	h	合格
6	弯曲性能		≤2	mm	合格
7	耐冲击性		≥50	cm	合格
8	附着力		≥5	MPa	8.6
9	适用期		≥2	h	合格
10	储存稳定性(沉降程度)		≥8级	—	合格
11	施工性能		喷涂无不良影响,每道干膜厚度不小于40μm	—	合格

注:表2-8-3-7中技术指标参照《铁路钢桥保护涂装及涂料供货技术条件》(TB/T 1527—2011)中规定的技术指标。

(3)氟碳涂料

氟碳涂料主要是作为面漆使用,在实验中,我们对目前国内外有代表性且有一定生产规模的氟碳涂料进行综合比对实验,共选用三个品牌的产品,包括:1号氟碳涂料(含氟量≥18%,≥22%,氟树脂由国内生产);2号氟碳涂料(LUMIFLON氟树脂由国外进口,涂料由国内生产);3号氟碳涂料(完全由国外提供的涂料)。

对比实验用面漆为灰铝粉石墨醇酸面漆和灰铝粉石墨脂肪族聚氨酯面漆。

氟碳涂料常规性能测试介绍如下。

a.1号氟碳涂料

颜色:灰色、大红

配比:主剂:固化剂=9:1
条件:温度:23℃,相对湿度:50%
固体含量:61.31%,60.36%
黏度(6号杯):32s
黏度(4号杯):51s
细度:<20μm
表干:1h
弯曲性能:2mm
冲击强度:50kg·cm
附着力:≥10MPa

b. 2号氟碳涂料
颜色:浅灰、灰
配比:主剂:固化剂=13.3:1
条件:温度:23℃,相对湿度:50%
固体含量:51.79%,52.17%
黏度(6号杯):19s
黏度(4号杯):29s
细度:<20μm
表干:1h
弯曲性能:2mm
冲击强度:50kg·cm
附着力:≥10MPa

c. 3号氟碳涂料
颜色:白色、浅灰
配比:主剂:固化剂=1:0.2
条件:温度:23℃,相对湿度:50%
固体含量:58.42%
黏度(6号杯):47s
黏度(4号杯):77s
细度:<25μm
表干:1h
弯曲性能:2mm
冲击强度:50kg·cm
附着力:≥10MPa

(4)样板的制备

①表面处理

喷涂环氧富锌防锈漆的A3钢表面,先去油,再用1号砂纸进行打磨。喷涂无机富锌防锈漆的A3钢表面,先去油,再进行喷砂处理,达到Sa3.0级以上。

②喷漆

按比例配制防锈漆,分别喷涂,其中环氧富锌防锈漆喷涂2道,每道间隔24h,每道漆膜厚度为50μm左右,漆膜厚度为100μm左右;水性无机富锌防锈漆喷涂1道,漆膜厚度为80～100μm。24h后,在防锈漆漆膜上喷涂云铁环氧中间漆一道,总漆膜厚度达到140μm左右。再24h后,在中间漆漆膜上喷涂面漆2道,每道间隔24h,每道漆膜厚度为30μm左右,总漆膜厚度达到200μm以上。样板的反面喷涂工艺及用漆与正面相同。样板制备完成后在温度23℃,相对湿度50%的恒温恒湿条件下,放置7d进行盐雾、人工加速老化等实验。

2）盐雾试验

采用YQ-25D盐雾试验箱,按《色漆和清漆耐中性盐雾性能的测定》(GB/T 1771—1991)规定的方法进行测试。

(1)环氧富锌防锈漆+中间漆+面漆盐雾实验,结果见表2-8-3-8。

盐雾实验结果　　　　　　　　　　　　　　　　　　表2-8-3-8

编号	0h		2345h	
	60°光泽	色差	60°光泽	色差
1号氟碳涂料	16	47.8	45.9	0.08
	15	49.7	45.3	0.29
2号氟碳涂料	28	70.4	67.8	0.22
	29	61.7	60.1	0.23
3号氟碳涂料	14	72.8	74.8	1.10
	15	72.0	71.5	0.82
灰脂肪族聚氨酯面漆	J8	59.69	—	
	J9	59.94	—	
灰铝粉石墨醇酸面漆	C1	32.7	—	
	C2	32.3	—	

氟碳涂料体系经3500h盐雾试验后,样板漆膜完好;灰脂肪族聚氨酯面漆和灰铝粉石墨醇酸面漆体系经1700h盐雾试验后,样板漆膜完好。

(2)无机富锌防锈漆+中间漆+面漆漆盐雾实验,结果见表2-8-3-9。

盐雾实验结果　　　　　　　　　　　　　　　　　　表2-8-3-9

编号	0h		2250h	
	60°光泽	色差	60°光泽	色差
1号氟碳涂料	8	52.5	59.35	40.1	58.94
	14	58.5	59.22	19.5	57.36
2号氟碳涂料	3	66.9	31.32	8.9	29.99
	7	66.4	31.40	65.2	31.25
3号氟碳涂料	10	76.1	1.32	44.3	3.13
	18	78.6	2.00	76.7	3.36
灰脂肪族聚氨酯面漆	9	35.0			
	11	36.1			

经过631h,灰脂肪族聚氨酯面漆11号样板上边缘处出现一个鼓泡;经过1104h,灰脂肪族聚氨酯面漆11号样板上边缘处的鼓泡没有进一步的发展,1号氟碳涂料8号和14号样板、3号氟碳涂料18号样板上边缘处都出现一个鼓泡,位置基本与灰脂肪族聚氨酯面漆11号样板相同。将鼓泡破坏,发现富锌层有溶解现象,初步认为是富锌层没有完全干燥。经过1937h,1号氟碳涂料14号样板右侧中间部位又出现一个较大鼓泡,3号氟碳涂料10号样板上边缘处和中下部右侧各出现一个小鼓泡,2号氟碳涂料7号样板上边缘处出现一个鼓泡,灰脂肪族聚氨酯面漆9号样板左侧上部和右侧下部各出现一个鼓泡;经过2250h,2号氟碳涂料3号样板右上角出现一小鼓泡,1号氟碳涂料8号样板右上角出现一个鼓泡。

盐雾试验后漆膜光泽变差的原因是由于将漆膜上的鼓泡破坏后,无机富锌涂层中锌粉腐蚀出现白锈,对样板表面造成污染所致,尽管在测试前用水擦洗,但效果不好。

表2-8-3-10简明表示了无机富锌防锈漆+中间漆+面漆样板盐雾试验的破坏时间。

无机富锌防锈漆+中间漆+面漆样板盐雾试验的结果 表 2-8-3-10

编　号		破 坏 时 间			
		631h	1104h	1937h	2250h
1号氟碳涂料	8	√	×		
	14	√	×		
2号氟碳涂料	3	√	√	√	×
	7	√	√	×	
3号氟碳涂料	10	√	√	×	
	18	√	×		
灰脂肪族聚氨酯面漆	9	√	√	×	
	11	×			

注：√：样板漆膜完好；×：样板漆膜起泡。

3）人工加速老化实验

人工加速老化实验采用《机械工业产品用塑料、涂料、橡胶材料人工气候老化试验方法　荧光紫外灯》(GB/T 14522—1993)中的 a 方法即光源为荧光紫外线灯(UV-B313nm)，光照时温度为60℃，冷凝阶段的温度为50℃，光照和冷凝的周期为4h 光照、4h 冷凝。采用的设备为：美国 Q-Panel 公司生产的 Accelerated weathering tester 试验机。

(1) 环氧富锌防锈漆+中间漆+面漆人工加速老化试验结果见表 2-8-3-11～表 2-8-3-14。

1 号 氟 碳 涂 料 表 2-8-3-11

0h		100h		220h		500h		1000h	
60°光泽	色差	60°光泽	色差	60°光泽	色差	60°光泽	色差	60°光泽	色差
55.9	—	45.2	0.63	39.5	0.53	43.5	0.45	25.7	0.58
53.2	—	43.4	0.50	38.3	0.52	43.1	0.38	26.6	1.39
1500h		2000h		2500h		3000h		3500h	
60°光泽	色差	60°光泽	色差	60°光泽	色差	60°光泽	色差	60°光泽	色差
33.1	4.57	25.9	4.70	10.8	2.37	9.2	2.43	8.2	2.67
32.6	2.51	29.2	4.57	12.4	2.43	10.1	2.41	9.2	2.67

注：60°光泽是表示涂层的光亮程度，涂层破坏是从失光开始的，一旦60°光泽达到3.0以下即完全失光时，涂层就开始出现粉化破坏，失光越快，涂层耐老化性能越差；色差是表示涂层颜色实验前后的差别，色差值越大，表示涂层颜色变化越大，涂层耐老化性能越差。

2 号 氟 碳 涂 料 表 2-8-3-12

0h		100h		220h		500h		1000h	
60°光泽	色差	60°光泽	色差	60°光泽	色差	60°光泽	色差	60°光泽	色差
64.3	—	61.1	0.60	60.6	0.03	59.8	0.61	59.2	0.38
64.3	—	60.8	0.41	60.6	0.20	60.2	0.57	59.7	0.43
64.2	—	62.2	0.62	61.2	0.57	58.9	0.92	59.9	1.31
1500h		2000h		2500h		3000h		3500h	
60°光泽	色差	60°光泽	色差	60°光泽	色差	60°光泽	色差	60°光泽	色差
61.5	0.74	63.4	0.40	60.6	0.15	59.1	0.38	58.0	0.84
62.3	0.71	63.1	0.12	61.3	0.15	59.9	0.98	58.8	1.05
60.7	1.12	56.3	1.25	56.8	1.35	54.3	1.03	—	—

3 号氟碳涂料

表 2-8-3-13

0h		100h		220h		500h		1000h	
60°光泽	色差	60°光泽	色差	60°光泽	色差	60°光泽	色差	60°光泽	色差
60.1	—	59.0	0.29	58.3	0.12	57.0	0.44	57.3	0.6
65.8	—	59.7	0.7	60.7	1.04	59.7	0.53	58.5	0.22
67.6	—	64.9	0.9	64.4	0.05	63.3	0.42	62.5	0.61
1500h		2000h		2500h		3000h		3500h	
60°光泽	色差	60°光泽	色差	60°光泽	色差	60°光泽	色差	60°光泽	色差
57.0	0.28	56.9	0.42	58.4	0.11	57.4	0.55	—	—
59.4	0.32	58.6	0.54	59.1	0.25	56.4	0.38	54.3	0.90
62.6	0.46	62.6	0.69	63.3	1.04	61.9	0.91	60.7	0.92

灰铝粉石墨醇酸面漆

表 2-8-3-14

0h		100h		220h		500h	
60°光泽	色差	60°光泽	色差	60°光泽	色差	60°光泽	色差
35.8	—	13.3	4.17	3.9	5.97	3.6	5.21
35.3	—	12.1	4.23	2.2	6.08	3.5	5.5
1000h		1500h		2000h		2500h	
60°光泽	色差	60°光泽	色差	60°光泽	色差	60°光泽	色差
2.7	5.67	3.7	5.67	4.1	5.90	—	—
2.8	4.96	3.4	4.73	3.6	2.08	—	—

灰铝粉石墨醇酸面漆经过 500h 人工加速老化试验后，完全失光，开始出现粉化。

（2）无机富锌防锈漆＋中间漆＋面漆人工加速老化试验结果见表 2-8-3-15～表 2-8-3-18。

1 号氟碳涂料

表 2-8-3-15

0h		100h		245h		500h		1100h	
60°光泽	色差	60°光泽	色差	60°光泽	色差	60°光泽	色差	60°光泽	色差
58.4	—	49.2	0.02	41.4	0.10	37.6	0.42	29.4	0.74
46.4	—	37.8	0.55	33.6	0.04	30.6	0.51	24.4	0.73
1500h		2000h		2500h		3000h		3600h	
60°光泽	色差	60°光泽	色差	60°光泽	色差	60°光泽	色差	60°光泽	色差
24.3	1.05	22.6	1.47	18.5	1.62	14.8	2.15	13.8	1.13
20.8	0.96	18.6	1.54	16.0	1.57	12.8	1.98	12.0	0.97

2 号氟碳涂料

表 2-8-3-16

0h		100h		245h		500h		1100h	
60°光泽	色差	60°光泽	色差	60°光泽	色差	60°光泽	色差	60°光泽	色差
68.1	—	66.3	0.63	65.7	0.79	65.5	0.87	67.9	1.86
67.2	—	64.9	0.49	64.8	0.58	64.6	0.35	67.0	1.19
1500h		2000h		2500h		3200h			
60°光泽	色差	60°光泽	色差	60°光泽	色差	60°光泽	色差		
69.6	1.98	71.6	2.51	72.9	1.71	71.4	3.45		
68.1	1.37	70.9	1.92	71.1	1.39	70.3	2.99		

3 号 氟 碳 涂 料　　　　表 2-8-3-17

0h		100h		245h		500h		1100h	
60°光泽	色差	60°光泽	色差	60°光泽	色差	60°光泽	色差	60°光泽	色差
67.3	—	62.0	0.64	60.5	1.12	58.5	1.58	57.7	0.57
55.7	—	49.4	0.24	48.5	1.18	47.6	1.77	47.7	0.29
1500h		2000h		2500h		3000h		3600h	
60°光泽	色差	60°光泽	色差	60°光泽	色差	60°光泽	色差	60°光泽	色差
58.5	1.43	57.8	0.91	58.9	0.60	58.8	0.85	57.5	2.40
47.8	1.34	47.6	0.65	48.3	0.46	48.0	1.33	47.6	0.74

灰铝粉石墨脂肪族聚氨酯面漆　　　　表 2-8-3-18

0h		100h		245h		500h	
60°光泽	色差	60°光泽	色差	60°光泽	色差	60°光泽	色差
36.9	—	24.4	1.01	21.6	0.83	20.1	1.20
37.1	—	23.7	0.75	21.3	0.46	19.6	0.88
1100h		1500h		2000h		2500h	
60°光泽	色差	60°光泽	色差	60°光泽	色差	60°光泽	色差
9.0	5.72	1.9	3.86	2.3	4.33	2.8	4.82
11.9	4.81	2.3	3.31	2.3	3.51	2.7	4.2

灰铝粉石墨脂肪族聚氨酯面漆经过 1500h 的人工加速老化试验后,完全失光,开始出现粉化,2500h 后,漆膜仍为很轻微粉化,属于 1 级。

图 2-8-3-1 是氟碳涂料面漆与其他面漆的人工老化试验结果曲线。

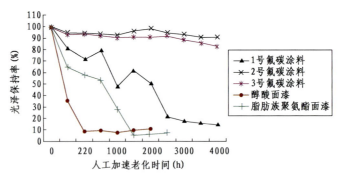

图 2-8-3-1　氟碳涂料面漆与其他面漆的人工老化试验结果曲线

从人工加速老化试验结果可以看出氟碳涂料的耐老化性能明显优于聚氨酯面漆和醇酸面漆,1 号、2 号、3 号氟碳涂料耐老化性能的差异是由于不同厂家提供的产品不一样造成的,据厂家提供的技术资料显示 1 号氟碳涂料采用的氟树脂含氟量不低于 22%,2 号、3 号氟碳涂料采用的氟树脂含氟量在 24% 以上,这可能是造成其耐老化性能差异的主要原因。

(3) 各种面漆在另外一台人工加速老化机上的实验结果

该人工加速老化机与前述实验机相同,实验方法和实验条件也相同,实验样板氟含量见表 2-8-3-19。

树脂涂料氟含量 表 2-8-3-19

涂 料 名 称	颜　　色	树脂氟含量(%)
1号氟碳涂料	灰色	22
1号氟碳涂料	灰色	18
1号氟碳涂料	灰色高光	
1号氟碳涂料	大红色	22
1号氟碳涂料	大红色	18
2号氟碳涂料	浅灰色	
2号氟碳涂料	灰色	
3号氟碳涂料	白色	
3号氟碳涂料	浅灰色	
醇酸面漆	灰色	
聚氨酯面漆	灰色	

表 2-8-3-20、图 2-8-3-2、图 2-8-3-3 是人工加速试验结果。

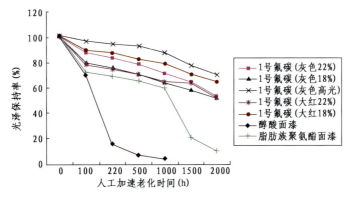

图 2-8-3-2　1号氟碳涂料面漆与其他面漆的人工老化试验结果曲线

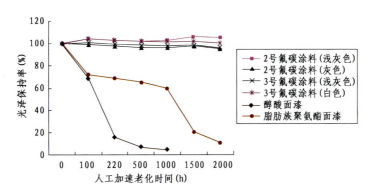

图 2-8-3-3　2号、3号氟碳涂料面漆与其他面漆的人工老化试验结果曲线

从图 2-8-3-1～图 2-8-3-3 可以看出,尽管实验条件一样,由于老化机不同,得到的试验结果数值也不同,但涂层耐老化的趋势相同,光泽保持率的趋势相同,所以可以用人工加速老化对涂料耐老化性能进行评价和比较。

(4)国内公司对氟碳涂料耐人工加速老化性能的实验结果

国内公司对自行生产的氟碳涂料也进行了耐人工加速老化性能的实验,实验结果见表 2-8-3-21。

人工老化实验光泽与色差测试结果

表2-8-3-20

名 称	样板编号	0h		100h		220h		500h	
		60°光泽	色差	60°光泽	色差	60°光泽	色差	60°光泽	色差
1号(22%灰色)	D1	56	0.23	49.4	0.28	46.6	0.34	43.5	0.45
	D2	56	0.24	48.4	0.39	46.7	0.39	44.2	0.51
1号(18%灰色)	D3	54	0.28	42.6	0.58	40.4	0.77	37.2	0.5
	D4	54	0.27	42.6	0.62	40.6	0.88	37.1	0.45
1号(中灰色高光)	D5	81	0.2	77.6	0.44	74.7	0.56	74.5	0.39
	D6	80	0.32	77.5	0.37	76	0.68	74.2	0.32
1号(22%红色)	D	60	0.33	46.5	0.38	44.6	0.87	42.2	1.7
	D8	60	0.33	46.6	0.74	44.4	0.82	42.5	2.77
1号(18%红色)	D9	79	0.8	70.4	0.65	68.5	0.78	64.5	1.71
	D10	79	0.69	70.6	0.95	68.7	0.47	65.2	1.49
醇酸面漆	C1	36	0.1~0.3	24.6	1.46	5.6	3.87	2.6	4.52
	C2	37	0.1~0.27	26	1.45	6	3.51	2.6	4.24
聚氨酯面漆	J1	38	0.2	27.6	0.86	26.2	0.83	25	0.41
	J2	39	0.2	27.6	0.93	26.8	1.02	25.5	0.38
2号(浅灰色)	N1	72	0.35	76	0.48	74.6	0.47	74.2	0.73
	N2	73	0.35	75.5	0.45	74.5	0.34	73.5	0.53
2号(灰色)	N3	69	0.27	68.5	0.46	67.7	0.22	66.3	0.69
	N4	70	0.31	68.6	0.71	67.7	0.38	67.2	0.67
3号(白色)	R1	77	0.12	80.6	0.5	79.5	0.78	78.5	1.3
	R2	80	0.26	82.5	0.66	81.4	0.66	81.2	1.22
3号(浅灰色)	R3	83	0.16	84.3	0.28	83.5	0.32	82.6	0.75
	R4	85	0.1	84.5	0.25	83.5	0.28	82.5	0.59

续上表

名　称	样板编号	1009h		1516h		2014h		
		60°光泽	色差	60°光泽	色差	60°光泽	色差	
1号(22%灰色)	D1	39.5	1.25	36.6	0.36	29.6	0.89	
	D2	40	0.96	35.4	0.58	30	0.81	
1号(18%灰色)	D3	34.3	1.2	31.6	0.83	27.5	0.84	
	D4	34.5	1.74	31	0.77	28.6	0.93	
1号(中灰色高光)	D5	71.4	1.07	61	1.15	55.6	1.1	
	D6	68.6	0.89	63	0.46	57	1.3	
1号(22%红色)	D7	38.4	2.66	38	2.18	31.5	1.98	
	D8	38.6	2.18	37.6	1.63	30.5	1.57	
1号(18%红色)	D9	61.6	1.98	55.2	1.75	50.6	1.95	
	D10	62	1.86	55.5	2.85	51.6	2.05	
醇酸面漆	C1	1.6/16.6	4.11	—	—	—	—	
	C2	1.5/13.5	3.8	—	—	—	—	
聚氨酯面漆	J1	22.3	2.04	7.5	1.73	3.7/11	2.33	
	J2	23.6	2.8	8.6	1.68	4.4	2.42	
2号(浅灰色)	N1	74.6	0.98	76	1.91	76.3	1.32	
	N2	74	0.82	77	1.03	76.2	1.21	
2号(灰色)	N3	66.2	0.83	67.5	1.1	65.5	1.42	
	N4	67.3	0.72	68.2	0.9	66.6	1.86	
3号(白色)	R1	78.7	1.67	79	1.17	78	1.42	
	R2	80.6	1.28	81	1.14	80	1.73	
3号(浅灰色)	R3	81.6	0.75	83	0.68	80	0.63	
	R4	82.6	0.74	82	1.26	81	0.65	

耐人工加速老化实验结果　　　　　表 2-8-3-21

名称	原光泽	试验后光泽	试验时间(h)	失光率(%)	失光程度	变色程度	起泡(级)	粉化(级)
配方 1	42.9	32	1440	25.4	轻微失光	轻微变色	0	0
		21.8	2904	49.2	明显失光	轻微变色	0	0
		19.4	3456	54.8	严重失光	明显变色	0	0
配方 2	55	51.5	1440	6.3	很轻微失光	很轻微变色	0	0
		48.2	2904	12.4	很轻微失光	很轻微变色	0	0
		46.5	3456	15.4	轻微失光	轻微变色	0	0

另外,将其生产的白色氟碳涂料面漆在常州国家涂料质量监督检验中心做了委托检验,人工气候老化实验采用《色漆和清漆人工气候老化和人工辐射暴露(滤过的氙弧辐射)》(GB/T 1865—1997)氙弧辐射方法,结果如下:

100 ~ 200h,漆膜无变色,色差值 1.3 ~ 1.4,变色 0 级。
300 ~ 400h,漆膜很轻微变色,色差值 1.6 ~ 2.0,变色 1 级。
500 ~ 3000h,漆膜轻微变色,色差值 3.5 ~ 5.9,变色 2 级。
100 ~ 400h,漆膜无失光,失光率 1% ~ 2%,失光 0 级。
500 ~ 3000h,漆膜很轻微失光,失光率 5% ~ 10%,失光 1 级。

4)耐酸碱性实验

我们通过对我国铁路钢桥使用的保护面漆并结合我们的研究情况以及国内外最新钢结构保护面漆使用分析,选择灰铝粉石墨醇酸面漆、灰铝粉石墨脂肪族聚氨酯面漆和氟碳涂料等进行对比实验,选出更耐老化、更耐介质的保护面漆。表 2-8-3-22 列出了几种面漆的性能比较。

各种面漆的耐人工加速老化性能、耐介质性能比较　　　　　表 2-8-3-22

涂料名称项目	醇酸面漆	聚氨酯面漆	1 号氟碳涂料	2 号氟碳涂料	3 号氟碳涂料
耐碱性(5% NaOH)	47h,膜溶解	1100h,膜无变化	1100h,膜无变化	1100h,膜无变化	1100h,膜无变化
耐酸性(pH3.0,H_2SO_4)	1300h,膜无变化	1300h,膜无变化	1300h,膜无变化	1300h,膜无变化	1300h,膜无变化
耐老化性	220h 完全失光,500h 出现粉化	1500h 完全失光,出现很轻微粉化	3000h 保光率为 22.1%	3000h 保光率为 89.8%	3000h 保光率为 89.3%

同时对提供 1 号氟碳涂料的厂家几种不同规格的氟碳涂料进行了耐碱性(5% NaOH)实验,结果见表 2-8-3-23。

氟碳涂料耐碱性实验结果　　　　　表 2-8-3-23

编号项目	1-1	1-2	1-3	1-4	1-5
漆膜颜色	大红	灰	大红	灰	灰、高光
氟含量(%)	>22	>22	>18	>18	
耐碱性	66h 漆膜完全被小鼓泡覆盖	完好	66h 漆膜出现较大的鼓泡	66h 漆膜出现小鼓泡	完好

5)重涂实验

将实验后的样板(包括老化试验、盐雾试验、耐酸碱实验、耐酸性气体腐蚀实验)表面清洗干净,然后分别喷涂相应的面漆,干燥 7d 后,用划格法测附着力,结果显示 1 号、2 号、3 号氟碳涂料面漆的附着力为 0 级即没有出现剥落,表明氟碳涂料重涂性良好。

6)氟碳涂料面漆技术指标

通过实验我们提出氟碳涂料面漆的技术指标要求。表 2-8-3-24 列出了氟碳涂料面漆的技术指标。

氟碳涂料面漆技术指标　　　　　　　　　　表 2-8-3-24

项　目		单　位	技 术 指 标
氟含量(主剂)		%	≥22
漆膜颜色及外观		—	表面色调均匀一致,漆膜平整
流出时间(6号杯)		s	≥30,<60
不挥发物含量		%	≥55
细度		μm	≤30
干燥时间	表干	h	≤2
	实干	h	≤24
弯曲性能		mm	≤2
耐冲击性		cm	≥50
附着力(拉开法)		MPa	≥5
断裂伸长率		%	≥50
耐碱性(5% NaOH)		h	240h 样板表面无明显变色、无泡、无锈
耐酸性(5% H_2SO_4)		h	240h 样板表面无明显变色、无泡、无锈
耐人工加速老化性		h	3000h,0 级,保光率≥85%
适用期		h	≥2
施工性能		—	喷涂、刷涂无不良影响,每道干膜厚度不小于35μm

注:氟含量是指氟碳面漆主剂溶剂可溶物的含氟量。

就表 2-8-3-24 中氟碳涂料技术指标的几点说明:

(1)在技术指标中,明确规定了氟含量。我们认为氟含量是生产氟碳涂料所用原料氟树脂的一个技术指标,是涂料生产厂家用来保证其生产的氟碳涂料产品质量合格的一个重要指标。根据调研和实验室对不同氟含量的氟碳涂料实验结果分析比较,显示常温固化氟碳涂料的耐候性随着氟含量的增加而增大。

(2)在氟碳涂料技术指标中,漆膜颜色和外观项目与以前的桥梁用面漆有所不同,没有规定颜色和光泽要求,主要是考虑氟碳涂料的耐老化性能机理与现在使用的醇酸面漆或聚氨酯面漆不完全一样,氟碳涂料主要是由于氟树脂分子结构的特点而呈现出优良的耐老化性能,而醇酸面漆或聚氨酯面漆特别是醇酸面漆除了树脂的性能外,主要是通过添加片状颜料来提高其耐老化性能,目前我国使用的片状颜料主要是灰色的云母氧化铁和铝粉石墨浆等。使用氟碳涂料不仅能制成灰色的也可以制成其他颜色,而不会影响其使用性能,同时由于其良好的保光性,也方便设计单位或用户对跨海大桥钢桁梁外观颜色的选择。

(3)氟碳涂料具有优秀的耐老化性能和耐化学介质性能,但由于其价格高,所以目前用量较小。为了降低成本,现在使用的氟碳涂料一般是涂 2 道,每道干膜厚度 30μm 左右,并不影响防护效果,如日本大森桥的氟碳涂料涂层厚度 50~60μm,至今已使用近 20 年,防护效果很好,光泽保持在 80% 以上。经实验室试验,若氟碳涂料的不挥发物在 55% 以上时,就可以保证涂层每道干膜厚度不小于 30μm,所以将氟碳涂料的不挥发物指标确定为不小于 55%。若每道干膜厚度 35μm 左右、涂 3 道,防护效果会更佳。

(4)涂料的流出时间即黏度,在涂料的性能指标中是一个次要指标,黏度的大小直接影响涂料的施工性能。黏度太大,施工时需加入较多稀料进行稀释,将涂料调配成易于使用的黏度;黏度太低,施工时可能出现流挂以及每道涂层厚度达不到要求的情况。国外的涂料大多没有此项指标规定,它们主要是通过涂料的不挥发物来调控涂层干膜厚度。为了方便用户在施工现场对涂料性能进行测试,通过试验确定流出时间为大于等于 30s 且小于 60s 时可以满足使用要求。

(5)由于氟碳涂料较聚氨酯面漆的优势就是耐老化性,在使用过程中能保持光泽的美观,在氟碳涂料的耐老化性能指标中,规定了保光率不小于85%。

7)涂装体系

通过对防锈底漆和保护面漆的实验研究和国内外钢结构表面涂料保护涂装的分析,我们对无机富锌防锈漆(80~100μm)+云铁环氧中间漆(40μm)+氟碳涂料面漆体系(60~80μm)和环氧富锌防锈漆(80~100μm)+云铁环氧中间漆(40μm)+氟碳涂料面漆(60~80μm)体系进行综合试验。

(1)配套性试验

氟碳涂料面漆与云铁环氧中间漆配套使用不会出现咬底和起皱等现象,它们之间有较大附着力,见表2-8-3-25,可以配套使用。

氟碳涂料面漆与云铁环氧中间漆之间的附着力　　表2-8-3-25

涂 装 体 系	附着力(MPa)	涂 装 体 系	附着力(MPa)
中间漆+1号氟碳涂料	8.5	中间漆+3号氟碳涂料	8.4
中间漆+2号氟碳涂料	8.9		

(2)耐盐雾试验

采用YQ-25D盐雾试验箱,按《色漆和清漆耐中性盐雾性能的测定》(GB/T 1771—1991)规定的方法进行测试。结果见表2-8-3-26。

涂装体系耐盐雾、人工老化、耐酸溶液浸泡实验结果　　表2-8-3-26

涂 装 体 系	耐盐雾性能	耐老化性能	耐酸浸泡性能
无机富锌防锈漆+中间漆+氟碳涂料	从1100~2250h漆膜陆续出现鼓泡	3500h,漆膜无粉化、无起泡、无裂纹、无生锈、无脱落	1300h,漆膜完好,无锈蚀、无起泡,无脱落
环氧富锌防锈漆+中间漆+氟碳涂料	3500h漆膜完好	3500h,漆膜无粉化、无起泡、无裂纹、无生锈、无脱落	1300h,漆膜完好,无锈蚀、无起泡,无脱落

(3)人工加速老化试验

人工加速老化实验采用《机械工业产品用塑料、涂料、橡胶材料人工气候老化试验方法　荧光紫外灯》(GB/T 14522—1993)中的a方法,即光源为荧光紫外线灯(UV-B313nm),光照时温度为60℃,冷凝阶段的温度为50℃,光照和冷凝的周期为4h光照、4h冷凝。采用的设备为:美国Q-Panel公司生产的Accelerated weathering tester试验机。结果见表2-8-3-26。

(4)耐酸性溶液浸泡试验

酸性溶液为pH=3.0的硫酸溶液,主要是参照重庆地区酸雨的pH值确定的。结果见表2-8-3-26。

(5)耐低温试验

将制备的样板放入盛有干冰的密闭容器(-65℃)中,放置16h,然后取出置于室温条件下8h,此为1周期。连续进行5周期的试验,对样板观察,结果显示样板涂层无任何变化。

(6)耐HCl、SO_2、Cl_2气体试验

重庆万州地区的大气中含有HCl、SO_2、Cl_2等腐蚀性气体,为模拟实验条件我们设计了如下实验方法:

①在一个密闭容器中通过电解$NaCl$水溶液的方法制备Cl_2。

反应式为:在阳极　$Cl^- - e \rightarrow Cl, Cl + Cl \rightarrow Cl_2$。

②通过化学反应的方法制备SO_2。

反应式为:$Na_2S_2O_3 + HCl \rightarrow SO_2 + S + H_2O$。

③通过气体在不同的温度下在水中的溶解度不同产生HCl。

普通化学纯盐酸中的HCl含量为37%,在60℃温度下HCl的溶解度为35.94%,通过温度控制,使

盐酸溶液产生 HCl。

实验中采用的干燥器体积为 $0.005m^3$，在其中放置 3 个小玻璃杯，第 1 个玻璃杯盛 1ml 盐酸，第 2 个玻璃杯盛硫代硫酸钠，第 3 个玻璃杯盛 3% 的 NaCl 水溶液，然后放入实验样板。实验时向第 2 个玻璃杯中滴加 1ml HCl 溶液，对第 3 个玻璃杯中的 NaCl 水溶液在电流为 0.1mA 条件下进行电解 1min，然后放入 60℃ 的烘箱内。实验用的溶液每天更换一次。干燥器内混合气体的含量见表 2-8-3-27。

混合气体含量　　　　　　表 2-8-3-27

HCL(g/m^3)	SO_2(g/m^3)	CL_2(g/m^3)
2.12	1.60	65.0

表 2-8-3-28 是涂装体系耐酸性气体的实验结果。

涂层耐酸性气体的实验结果　　　　　　表 2-8-3-28

涂料种类		初　始　值		实验后(480h)	
		光泽	色差	光泽	色差
1 号氟碳涂料	灰色(22%)	47.1	—	50.7	0.51
	灰色(18%)	44.6	—	48.8	0.24
	灰色(高光)	77.8	—	45.8	0.85(紫蓝色)
2 号氟碳涂料	灰色	63.8	—	59.2	0.62
	浅灰	68.8	—	49.5	0.48
3 号氟碳涂料	灰色	81.6	—	70.6	1.27
	白色	76.7	—	66.6	0.23
聚氨酯面漆	灰色	35.4	—	20.4	1.43
醇酸面漆	灰色	29.0	—	11.3	1.91

经过 480h 耐酸性气体腐蚀实验，样板没有出现锈蚀。

综合以上实验结果，环氧富锌防锈漆 + 云铁环氧中间漆 + 氟碳涂料面漆涂装体系适合平潭海峡公铁大桥的钢结构表面防腐涂装，该涂装体系不仅具有优良的防腐和耐酸雨性能，而且还具有优秀的耐大气老化性能。建议涂装体系如图 2-8-3-4 所示。

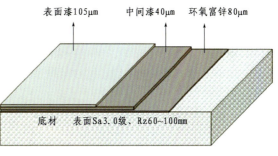

图 2-8-3-4　建议涂装体系

8）综合经济效益分析

本氟碳涂料涂装体系与目前我国铁路钢桥使用的第 5 涂装体系及环氧富锌防锈漆 + 中间漆 + 聚氨酯面漆涂装体系 6 进行了综合比较，结果见表 2-8-3-29、表 2-8-3-30。

各涂装体系技术综合比较　　　　　　表 2-8-3-29

项　目	涂　装　体　系		
	第 5 涂装体系	第 6 涂装体系	氟碳涂料体系
表面处理要求	Sa2	Sa2.5	Sa3
施工工艺要求	一般	较严格	较严格
环境对施工的影响	中等	中等	中等
适用环境	气候干燥、腐蚀级别低等	气候干燥、污染较轻	腐蚀严重(如潮湿、酸雨、沿海、污染严重等)，对景观有要求
使用年限(年)	20	≥30	≥30
维修年限(罩面漆)	10~15	20	≥30

各涂装体系费用比较 表2-8-3-30

项 目	涂 装 体 系			
	第5涂装体系(元/m²)	第6涂装体系(元/m²)	氟碳涂料体系(元/m²)	
			国内氟碳涂料	国外氟碳涂料
喷砂处理	18	18	18	18
环氧富锌防锈漆	28	28	28	28
云铁环氧中间漆	6.25	6.25	6.25	6.25
灰铝粉石墨醇酸面漆	10.5	—	—	—
灰铝粉石墨脂肪族聚氨酯面漆	—	22.5	—	—
氟碳涂料面漆	—	—	43.75	57.75
整个涂装体系总单价	62.75	74.75	96	110

经过对现场实际涂装情况的调研,由于施工现场的地域不同,施工环境不同,人工费用差别很大,所以我们没有对各涂装体系每平方米总的施工费用进行核算,而是仅仅对基材处理价格以及相关涂料费用进行了有限比较。

氟碳涂料体系由于使用了更耐老化、更耐腐蚀的氟碳涂料面漆,其使用寿命较第5、6涂装体系延长,并减少了维修次数,延长了维修周期。尽管初始投资在材料费用上有所增加,但降低了钢桥维修、大修费用,降低了由于钢桥防腐维护对列车运行的影响,改善了人文景观,具有明显的经济效益和社会效益。应优先考虑在对铁路新钢桥实施防腐涂装保护时采用第7涂装体系,即特制环氧富锌防锈底漆 + 云铁环氧中间漆 + 氟碳面漆,尤其对于沿海地区在建钢结构桥梁宜采用3F交替结构超耐候性LUMIFLON氟树脂生产的氟碳面漆。

8.3.4 平潭海峡公铁大桥钢桁梁防腐涂装

1)防护涂层材料及技术要求

防护涂层体系包括底漆、中间漆和氟碳面漆。其中:特制环氧富锌底漆是由环氧树脂、锌粉等组成;云铁环氧中间漆是由环氧树脂、棕红片状云母氧化铁粉等组成;氟碳面漆由氟碳树脂、颜料、助剂等组成。各防护涂层漆的技术要求见表2-8-3-31~表2-8-3-33。

(1)参与平潭海峡公铁大桥建设的涂料供货企业,必须持有近两年内由国内权威机构所检定的相关涂料产品质量合格的型式检验报告。应具有同类桥梁涂料供货的业绩,要求不少于三座大型桥梁,其中至少有一座建成使用不少于三年。

(2)根据《铁路钢桥保护涂装及涂料供货技术条件》(TB/T 1527—2011),氟碳面漆采用三氟烯烃/乙烯基醚(酯)共聚的氟碳树脂制备。根据国内氟碳面漆应用工程实例的经验和教训,鉴于本桥所处的特殊环境条件,氟碳面漆采用超耐候性LUMIFLON氟树脂生产。

(3)加强涂料企业的主要原材料和生产配方管理。特制环氧富锌防锈底漆相应组分配方中锌粉含量应不低于82%;氟碳面漆相应组分配方中,LUMIFLON氟树脂含量应不低于63%。为从源头上进行控制,须对涂料企业进行主要原材料数量核定,包括审核主要原材料采购合同、供货清单及发票、本工程使用记录证明等。

(4)底漆、中间漆产品湿样中,有害物质重金属含量应满足如下要求:铅含量Pb≤1000mg/kg,六价铬含量Cr6+≤1000mg/kg,镉含量Cd≤100mg/kg,汞含量Hg≤1000mg/kg。其含量指标及检测方法参考《汽车涂料中有害物质限量》(GB 24409—2009)执行。

(5)对涂料生产企业供应的涂料产品,可指定国内权威机构进行及时、不定期、合理频次的型式检验的抽检,抽检及检测过程由监理单位监督。

特制环氧富锌底漆技术指标　　　　　　　　　　　　　　　　　表 2-8-3-31

序号	项目		单位	技术指标
1	漆膜颜色及外观		—	锌灰色，漆膜平整，允许略有刷痕
2	流出时间(6号杯)		s	≥30,<60
3	不挥发物含量		—	≥80%
4	干膜中金属锌含量		—	—
5	细度		μm	≤90
6	密度		g/cm³	≥2.73
7	干燥时间	表干	h	≤2
		实干	h	≤24
8	弯曲性能		mm	≤2
9	耐冲击性		cm	≥50
10	附着力(拉开法)		MPa	≥5
11	耐盐雾性		h	≥2000h，样板表面无红锈，可以有轻微起泡，划痕处24h无红锈
12	适用期		h	≥2
13	施工性能		—	喷涂、刷涂无不良影响，每道干膜厚度不小于40μm

云铁环氧中间漆技术指标　　　　　　　　　　　　　　　　　表 2-8-3-32

序号	项目		单位	技术指标
1	漆膜颜色及外观		—	表面色调均匀一致，漆膜平整
2	流出时间(6号杯)		s	≥60,<100
3	不挥发物含量		—	≥65%
4	细度		μm	≤80
5	干燥时间	表干	h	≤3
		实干	h	≤24
6	弯曲性能		mm	≤2
7	耐冲击性		cm	≥50
8	附着力(拉开法)		MPa	≥5
9	适用期		h	≥2
10	储存稳定性(沉降程度)		—	≥8级
11	施工性能		—	喷涂无不良影响，每道干膜厚度不小于40μm

氟碳面漆技术指标　　　　　　　　　　　　　　　　　　　　表 2-8-3-33

序号	项目		单位	技术指标
1	氟含量(主剂)		—	≥24%
2	漆膜颜色和外观		—	表面色调均匀一致，漆膜平整
3	流出时间(6号杯)		s	≥30,<60
4	不挥发物含量		—	≥55%
5	细度		μm	≤30
6	干燥时间	表干	h	≤2
7		实干	h	≤24
8	弯曲性能		mm	≤2
9	耐冲击性		cm	≥50

续上表

序号	项目	单位	技术指标
10	附着力（拉开法）	MPa	≥5.0
11	断裂伸长率		≥50%
12	耐碱性（5% NaOH）	h	240h样板涂层表面无明显变色、无泡、无锈
13	耐酸性（5% H_2SO_4）	h	240h样板涂层表面无明显变色、无泡、无锈
14	耐人工加速老化性能	h	6000h漆膜试验，0级，无明显变色，无粉化，无泡，无裂纹，保光率≥80%
15	双组分涂料适用期	h	≥3
16	施工性能	—	喷涂、刷涂无不良影响，每道最小干膜厚度不小于35μm

2）防腐涂装体系基本构成

防腐涂装体系基本构成见表2-8-3-34。

钢桁梁防腐涂装体系的基本构成　表2-8-3-34

部位	涂层名称	每道干膜最小厚度（μm）	涂装道数	总干膜最小厚度（μm）
钢梁外表面（含未全封闭、与大气直接接触的内表面）	特制环氧富锌防锈底漆	40	2	80
	云铁环氧中间漆	40	2	80
	氟碳面漆	35	2	70
上弦及公路桥面	无机硅酸锌车间底漆	20~25	1	20
	环氧富锌防锈底漆	40	1	40
	环氧沥青涂料	100	工地	100
杆件密封内表面（简支钢桁梁）	无机硅酸锌车间底漆	20~25	1	20
	环氧富锌防锈底漆后封闭（修补）	40	1	40
铁路桥面板道砟槽部位	环氧富锌防锈底漆	50	2	100
高强度螺栓连接摩擦面	无机富锌防锈防滑涂料	130±40μm		
高强度螺栓连接部位外露面	环氧磷酸锌封闭底漆（工地）	20	1	20
	环氧云铁中间漆（厚浆）	80	1	80
	氟碳面漆（工地）	35	2	70
杆件密封的内表面（航道桥）	环氧富锌防锈底漆	60	1	60
	环氧云铁中间漆（厚浆）	60	2	120
	环氧（厚浆）漆（浅色）	80	1	80

3）钢梁临时防腐涂装体系

（1）剪力钉临时防腐

全桥剪力钉原设计未要求进行防腐涂装，但由于桥址腐蚀严重，且从钢梁架设完成到钢梁与混凝土桥面板或槽型梁结合前，剪力钉需在桥址环境下暴露较长时间，极易发生锈蚀破坏，不利于结构耐久性和受力。因此结合现场环境，对剪力钉喷涂防锈油漆进行临时防腐，防腐油漆采用水性铁锈转化底漆及环氧沥青涂料，总喷涂厚度要求达到100μm。

（2）铁路及公路钢桥面区临时防腐

由于桥址腐蚀严重，钢梁从架设完成到桥面铺装施工前，铁路及公路钢桥面范围内钢板需在大气环境中暴露较长时间,钢板极易发生锈蚀破坏,影响后期结构耐久性和受力,因此对钢桥面区进行临时防腐涂装。根据现场实际情况,临时防腐涂装分为:

①已涂装完成的部件:先清理表面附着不牢的锈蚀、污染物等,然后喷涂一道水性带锈转化防锈漆,应做临时防腐,仅要求对表面全覆盖即可,涂层厚度不做具体要求。

②未涂装部件:此部分构件在厂内生产,未进行涂装施工,需先喷砂除锈,保证清洁度在 Sa2.5,粗糙度在 $40\sim60\mu m$ 之间,然后在表面喷涂一道环氧磷酸锌底漆,厚度不小于 $60\mu m$。

8.3.5 简支钢桁梁铁路横梁防腐

传统铁路结合钢桁梁铁路桥面系钢—混结合,是通过在采用普通桥钢作为铁路横梁的顶板上焊接剪力钉,结合面横梁顶板通过防腐涂装进行防腐,在长期列车动载作用下,结合面涂装很容易破坏,结合面耐久性较差。平潭海峡公铁大桥研发并应用了铁路横梁顶面不锈钢复合钢板复层植焊剪力钉技术,该项成果克服了 Q370qD 基层、不锈钢复层和铆螺钢剪力钉三种钢材焊接的难题,成功实现了在不锈钢复合钢板构成的铁路横梁顶板上植焊剪力钉,有效改善了铁路结合钢桁梁铁路桥面系钢—混结合面耐久性问题。

8.3.6 斜拉索防护体系

大跨度斜拉桥的斜拉索易产生风雨振,使斜拉索处于大幅交变应力循环作用之下,在应力集中较为严重的斜拉索锚头处,易产生斜拉索疲劳损伤;同时风雨振也将加快斜拉索锚固点裂纹的出现和损坏,加快斜拉索的锈蚀速度,缩短斜拉索使用寿命。因此在斜拉索表面采取双螺纹凸线措施,以减小发生风雨振的可能,同时斜拉索除在预埋钢管内设置减振器外,参照抗风研究结果设置体外液压减振装置,在斜拉索主梁端锚固点附近设外置式黏性剪切型阻尼减振器,抑制风雨振,提高斜拉索的耐久性。

1) 斜拉索设计

斜拉索采用平行钢丝,设计防腐周期为 $25\sim30$ 年,拉索防护体系为:

(1) 钢丝镀锌。

(2) 钢丝外绕包高强度复合带。

(3) 双层热挤高密度聚乙烯防护层。

(4) 锚杯、螺母选用锻件加工,粗车后热处理,表面硬度 HB229-269。锚具金属部分采用粉末渗锌,渗锌层厚度 $\geqslant 85\mu m$,并封闭处理,需满足《钢铁制件粉末渗锌》(JB/T 5067—1999)要求。

(5) 斜拉索与锚索管之间安装内置减振器,外面用套管封闭锚索管管口,阻止雨水顺斜拉索流入锚索管,避免积水腐蚀锚头。

2) 斜拉索防腐措施

(1) 首先将预埋管内壁和索体清洁干净,达到密封条件后方可进行施工,以保证达到防腐、防水效果。

(2) 使用灌注型防腐密封胶在预埋管内封底,最小厚度不低于 5cm,待其固化后填充非硫化不干性防腐密封胶至减震装置下方 $5\sim10$ cm 处,确保密封胶与索体混为一体,达到最佳防腐密封效果。

(3) 将锚头、锚板与保护罩的溢水口及结合处的缝隙使用聚硫防腐密封胶密封完好。

(4) 防水罩与 PE 防护套接触的地方先采用防水嵌缝密封胶进行填缝,最后再用聚硫防腐密封胶进行表面密封,防水罩直缝直接用聚硫防腐密封胶进行密封。

3) 斜拉索维护

(1) 第一年在风雨天气观测是否发生涡振、驰振或风雨振,如果发现有风雨振,应记录发生风雨振的索编号、振分理处频率及振幅和振动阶次。根据记录数据对减振器参数进行调整。

(2)春、秋两季检查护套是否开裂破损,防振圈有无松脱,预埋管是否进水,锚头是否回缩。护套机械损伤用同材质热成型修补。

(3)三年左右重大灾害事故后做全面索力检测并与竣工数据对比,必要时进行调索。

8.3.7　钢桥面铺装

1)铁路桥面铺装

为提高铁路钢桥面的耐久性和抗腐蚀性能,斜拉桥钢桁梁铁路桥面采用弹性环氧聚氨酯防水体系。其防水示意如图 2-8-3-5 所示。

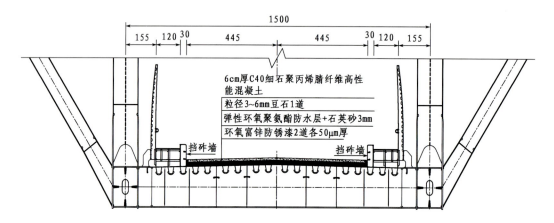

图 2-8-3-5　斜拉桥铁路钢桥面防水示意图(尺寸单位:cm)

2)公路桥面铺装

航道桥区公路钢桥面行车道沥青铺装方案设计为:钢桥面板喷砂除锈 + 甲基丙烯酸树脂防水体系(防腐底漆 + 甲基丙烯酸甲酯防水层 + 胶黏剂) + 35mm 浇筑式沥青混凝土 GA10(撒布 5 ~ 10mm 预拌碎石 4 ~ 7kg/m^2) + 乳化沥青粘层(0.3 ~ 0.5kg/m^2) + 45mm 高弹改性沥青 SMA13,其防水示意如图 2-8-3-6 所示。

磨耗层	高弹改性沥青SMA13,厚度:45mm
粘层	改性乳化沥青,用量:0.3~0.5kg/m^2
	撒布5~10mm预拌碎石,用量:4.0~7.0kg/m^2
保护层	浇筑式沥青混合料GA10,厚度:33mm
防水黏结层	丙烯酸胶黏剂,用量:0.15~0.20kg/m^2
	甲基丙烯酸甲酯树脂防水膜,用量:2.50~3.50kg/m^2
	丙烯酸防腐漆,用量:0.10~0.20kg/m^2
钢板	喷砂除锈,清洁度Sa2.5级,粗糙度≥60μm

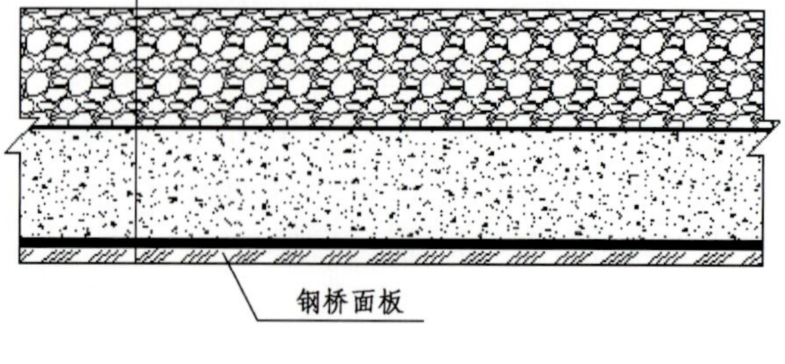

图 2-8-3-6　斜拉桥铁路钢桥面防水示意图

8.3.8 附属钢结构防腐体系

1）钢桁梁附属结构

下层桥面的挡砟墙、员工走道、竖直检查梯、风水管路、铁路伸缩装置、检查车轨道、阻尼器连接件、抗风牛腿、接触网连接件等；简支钢桁梁的员工走道、避车台、检查竖梯、风水管路、接触网连接件、检查车轨道等采取与钢桁梁主体钢结构相同的涂装标准执行。

2）其他上部结构附属

(1) 斜拉桥的下墩顶检查梯、主塔横梁栏杆、主塔检查通道门、公路防撞栏杆、布索区栏杆、电缆过轨通道、养护设施预埋件、墩顶检查设施等；

(2) 简支钢桁梁和混凝土箱梁的电缆过轨通道、公路防撞栏杆、水管区栏杆、防抛网、水管区伸缩缝、支座预埋板、防落梁构件、铁路箱梁避车台、墩顶检查设施；

(3) 塔顶避雷针底板等内表面采用（指钢管内壁、方钢内壁及构件预埋在混凝土部分）热浸锌处理（最低干膜厚度80μm）；外表面：热浸锌处理（最低干膜厚度80μm）+环氧封闭漆1道（50μm）+环氧云铁中间漆2道（2×40μm）+工厂聚氨酯面漆2道（2×40μm）。

3）主塔附属结构

(1) 主塔内部检查设施、桥墩内部检查设施等采用热浸锌处理，确保最低干膜厚度不小于80μm。

(2) 避雷针：塔顶避雷带采用热浸锌圆钢构成；联结器采用不锈钢钢管，接闪器（避雷针）采用ESE-60特制产品。

(3) 航空障碍灯：塔中航空障碍灯支架结构按C类防腐体系进行施工，采用热浸锌处理，确保最低干膜厚度不小于80μm；塔顶外露金属件结构按B类防腐体系进行施工，内表面（指钢管内壁、方钢内壁及构件预埋在混凝土部分）采用热浸锌处理（最低干膜厚度80μm）；外表面：热浸锌处理（最低干膜厚度80μm）+环氧封闭漆1道（50μm）+环氧云铁中间漆2道（2×40μm）+工厂聚氨酯面漆2道（2×40μm）；其余连接处采用不锈钢膨胀螺栓进行固定。

4）混凝土中预埋件

所有附属钢结构的非高强度连接螺栓、预埋在混凝土主体结构中的预埋板、预埋套筒、预埋螺栓和地脚螺栓等采用不锈钢材质进行防腐，牌号要求为022Cr17Ni12Mo2（316L）。

5）检查小车结构

为适应桥址区强腐蚀环境，检查小车结构采用不锈钢（022Cr17Ni12Mo2）或铝合金材质，则受力结构不得采用碳素钢；须采用不锈钢（022Cr17Ni12Mo2），其他非不锈钢材质外露金属表面须进行防腐涂装。涂装前钢结构基材表面必须彻底处理，除锈等级达到现行国家标准《涂装前钢材表面处理 表面清洁度的目视》（GB/T 8923）规定的Sa3级标准，表面粗糙度Rz要求在40~60μm之间。涂装体系为：特制环氧富锌防锈底漆2道，干膜厚度2×40μm；云铁环氧中间漆2道，干膜厚度2×40μm；氟碳涂料面漆2道，干膜厚度2×35μm；面漆颜色与钢桁梁一致。防腐涂装技术要求按《新建福州至平潭铁路平潭海峡公铁大桥耐久性研究钢结构防护涂层材料性能指标和实施细则》执行。

6）箱梁接触网基础、高强螺栓

高强度螺栓防腐要求详见钢桁梁防腐涂装体系。接触网基础防腐要求：对螺母、垫圈及预埋钢板均做防腐处理；基础面以下150mm范围内的锚杆及外露部分均应采用多元合金共渗+达克罗技术+封闭层处理，预埋板1（外露板）采用多元合金共渗+封闭层处理。基础施工完成后，外露地脚螺栓做防腐处理，并包扎保护物防止螺纹被破坏。

（1）多元合金共渗：经过真空加温，锌粉、铝粉、稀有金属为主的多元渗剂，其中的金属原子通过扩散在钢铁表面形成锌—铝—稀有金属—铁多元合金共渗层的表面处理工艺技术要求见表2-8-3-35。

多元合金共渗技术要求 表2-8-3-35

序　号	项　目	技　术　要　求
1	外观	灰色、色泽均匀
2	渗层中金属元素	含 Zn、Al、La、Fe 等元素
3	渗层厚度	≥50μm
4	渗层表面硬度	不小于基体硬度
5	耐中性盐雾性能	500h，样板表面没有红锈出现

（2）技术要求：①将待处理工件去污、除油；②抛丸除锈，除锈等级为不低于《涂覆涂料前钢材表面处理　表面清洁度的目视评定　第一部分：未涂覆过的钢材表面和全面清除原有涂层后的钢材表面的锈蚀等级和处理等级》（GB/T 8923.1—2011）中规定的Sa2.5级；③用锌粉、铝粉、稀有金属等材料的多元渗剂在真空条件下处理的工件。炉温不应超过450℃。

（3）达克罗技术（锌铬涂层）：为满足某些工程对产品防腐性能的特殊设计要求，在渗层上加涂锌铬涂层时，技术要求见表2-8-3-36。

锌铬涂层技术要求 表2-8-3-36

序　号	项　目	单　位	技　术　要　求
1	外观	—	色泽均匀、无流挂
2	厚度	μm	15~20
3	耐中性盐雾性能	h	1000h，样品表面红锈

注：厚度为锌铬涂层加封闭层的总厚度。

8.3.9　电力通道结构防腐体系

1）钢梁区吊架

钢梁区段范围内采用吊架平台结构，要求所有板件焊接及涂装均须在工厂内完成。所有钢板进厂后均须进行预处理：在厂内表面喷砂处理并涂装1道25μm无机硅酸锌车间底漆。表面清理达到St 3.0级后，涂环氧富锌底漆2道共2×40μm，环氧云铁中间漆2道共2×40μm，氟碳面漆2道共2×40μm，总干膜厚度240μm（技术要求详见钢梁结构防腐涂装要求）。

2）混凝土预埋件

全桥所有混凝土预埋件均采用不锈钢（316L）材质施工。

3）电力支架

电力支架结构所有构件采用不锈钢（316L）材质施工。要求均为工厂内预制完成，现场装配，不允许现场焊接。其中减震连接件采用 EPDM 三元乙丙高弹混合橡胶制成，起到防火、抗老化、抗紫外线、抗日照、耐低温、耐高温、耐酸、耐碱腐蚀、耐油等作用。

4）电缆槽道

电缆槽道采用Q235B材质，进行VCI表面处理，以满足防火和海洋气候防腐要求。要求通过VCI高耐腐双金属涂层3000h以上的盐雾试验、12周期交变湿热试验及20周期抗紫外线老化试验。

8.3.10 风屏障、声屏障结构防腐体系

1）异形H型钢立柱、钢底板和加劲板

异形H型钢立柱、钢底板和加劲板材质均为Q345D级，外露钢件采用热浸镀锌防腐处理，镀锌厚度不小于80μm，防腐标准应不低于《铁路钢桥保护涂装及涂料供货技术条件》（TB/T 1527—2011）中第7体系标准，防腐年限应满足20年的使用寿命。

2）风障障条

风障障条采用厚度3mm镀铝锌钢板《连续热镀铝锌合金镀层钢板及钢带》（GB/T 14978—2008），双面镀锌含量180g/m²，基材材质为Q235，屈服强度不小于235MPa。采用静电粉末喷涂《涂装作业安全规程 粉末静电喷涂工艺安全》（GB 15607—2008），涂层厚度大于80μm。

3）螺栓、螺母和垫圈

（1）风障立柱与公路防撞护栏立柱之间连接螺栓为8.8级A级螺栓。铁路风屏障中，风障H型钢立柱和员工走道连接螺栓分10.9级高强摩擦螺栓和8.8级A级螺栓两种，高强螺栓螺母和垫圈为45号钢，垫圈为防松动垫圈。螺母及平垫圈材质为45号钢。

（2）风障条与钢立柱之间连接采用M12不锈钢螺栓，材质为不锈钢（316L）；垫片采用橡胶缓冲垫（三元乙丙橡胶）。

4）风障拉索

风障拉索采用直径为6mm的冷拉不锈钢丝，材料为06Gr19Ni9（304），应符合现行国家标准《不锈钢丝》（GB/T 4240—2009）的规定，静载锚固效率大于95%。拉索锚固体系的材料采用1Cr18Ni9不锈钢棒，应符合《不锈钢棒》（GB/T 1220—2007）中的有关规定。

5）声屏障

声屏障金属单元板采用铝合金复合吸声板，背板及面板采用标号不低于5A03的铝合金材料，且厚度不小于3mm，并需要进行铬酸钝化或类似预处理。

6）外露钢件

应采用热镀锌或不低于热镀锌防腐效果的防腐处理，防腐标准应不低于《铁路钢桥保护涂装及涂料供货技术条件》（TB/T 1527—2011）中第7涂装体系。

7）橡胶材料

单管橡胶垫、橡胶条、解耦装置等所有橡胶制品均采用三元乙丙有筋橡胶，上下单元板间采用三元乙丙橡胶垫，封堵桥面及遮板间缝隙的材料采用三元乙丙空心橡胶棒，橡胶必须抗老化，使用期内保持消音特性，保证位置稳定、功能完好。

8）锚栓及预埋件

声屏障、风屏障预埋基础中的预埋板及锚栓均采用不锈钢材质。

8.3.11 防撞箱防腐体系

1）防撞箱耐久性要求

（1）防撞结构钢板内、外表面均进行防腐涂装，涂装防腐寿命不小于20年。

（2）正常使用条件下防撞设施设计寿命为20年，采取特别的防腐措施和养护措施后，可进一步延长使用寿命。

2）防腐涂装体系

防腐涂装寿命按不小于20年设计，防腐涂装体系详见表2-8-3-37。其他未注明要求，应符合《海港工程钢结构防腐蚀技术规范》(JTS 153-3—2007)的规定。

防腐涂装体系　　　　表2-8-3-37

部位	工序	涂装用料	道数	干膜厚度（μm）
Ⅰ	表面处理	喷砂除锈（Sa2.5）		
	底漆	环氧重型防腐涂料	1	100
	中间漆	环氧重型防腐涂料	2	300
	面漆	环氧重型防腐面漆	2	200
	小计		5	600
Ⅱ	表面处理	喷砂除锈（Sa2.5）		
	底漆	环氧重型防腐涂料	1	100
	中间漆	环氧重型防腐涂料	2	300
	面漆	厚浆型聚氨酯面漆	2	150
	小计		5	550

平潭海峡公铁大桥
建造关键技术

KEY TECHNOLOGY FOR
THE CONSTRUCTION
OF PINGTAN STRAIT HIGHWAY AND RAILWAY BRIDGE

松下岸　　　　　　　　　人屿岛　　元洪航道桥　　鼓屿门水道桥

平潭海峡公铁大桥
建造关键技术

02

第 9 章
海洋工程装备研发

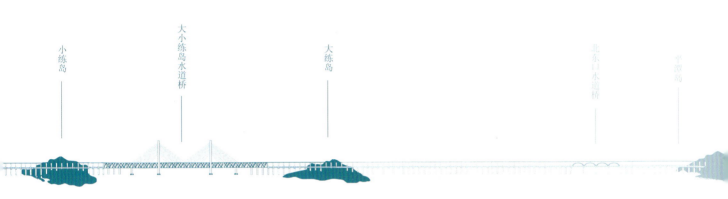

"中国制造 2025"提出,通过努力实现中国制造向中国创造、中国速度向中国质量、中国产品向中国品牌三大转变,推动中国到 2025 年基本实现工业化,迈入制造强国行列。对于我国桥梁建设而言,要实现这三个转变,由桥梁大国迈向桥梁强国,离不开新技术、新工艺、新材料、新设备这四新技术的突破和应用。

随着桥梁技术的发展,桥梁建设逐步由跨江河内湖、越深山峡谷,向跨越海峡海湾、连接岛屿发展。同内陆桥梁相比,针对平潭海峡公铁大桥工程建设面临的海域风大、浪高、水深、流急、潮汐明显、裸露岩面或浅薄覆盖层等恶劣的气象及地质条件,结合以往我国在跨海大桥基础桩基施工、墩身、高塔施工及钢梁架设施工采用更加先进的施工工艺,使用了更加新型的装备,使施工更高效,质量更容易得到保障。

9.1 概述

开展恶劣海洋环境下海洋工程装备研发,首先要通过分析国内外桥梁现有施工装备,研究在复杂海洋环境下桥梁施工的系列装备,以"确定主要参数—结构设计—设备研发—工程应用"为主线。进而结合同类设备在设计、使用中的经验,进行恶劣海洋环境下桥梁施工装备研究。以"必要性、经济性、通用性"为总的指导思想,在安全、可靠、操作方便的前提下,以吸收、完善、工程适用为主导,力求实现施工装备主要性能和技术指标国内领先。主要目标是解决超大直径钻孔灌注桩快速成孔的问题,解决大风环境下混凝土塔柱施工、高塔起重安全作业、预应力混凝土移动模架现浇施工的问题,解决大节段钢桁梁整孔架设及悬臂拼装施工的问题。以下介绍现有海洋工程装备应用的情况。

1) 桩基钻孔设备

桥梁常用的钻孔设备有旋挖钻机、套管钻机、动力头液压钻机。旋挖钻机适用于覆盖层较厚或者地质偏软的钻孔桩施工；套管钻机适合施打连续桩，即桩基之间相连甚至部分重叠的桩；动力头液压钻机在全地层均适用。

江顺大桥（顺德岸27号墩和江门岸28号墩）钻孔桩施工项目中，27号墩桥墩基础部分由28根 $\phi 3.0m$ 钻孔桩组成，平均桩长88m，28号墩桥墩基础部分由28根 $\phi 3.0m$ 钻孔桩组成，平均桩长53m。选用KTY4000型动力头液压钻机施工，如图2-9-1-1所示。东海大桥 $\phi 2.5m$ 和 $\phi 3.0m$ 钻孔桩选用的设备型号为KPG3000A钻机，如图2-9-1-2所示。天兴洲长江大桥 $\phi 3.4m$ 钻孔桩选用的钻机设备型号为KTY3000B，如图2-9-1-3所示。

图2-9-1-1 江顺大桥KTY4000型钻机

图2-9-1-2 东海大桥KPG3000A型钻机

2) 混凝土箱梁施工装备

根据施工工艺不同，现浇预应力混凝土梁的常用施工方法有支架法、移动模架法和悬臂浇筑法，预制梁场采用搬、提、运、架设备进行架设。

在杭州湾跨海大桥工程中，由于海上作业距离远、工作量大，引桥采用预制化、工厂化、大型化、变海上施工为陆上施工的方案。其中北引桥上部结构30m梁采用满布支架现浇施工，50m梁采用移动模架法现浇施工，80m梁采用挂篮悬臂现浇施工。

预制梁常采用900t搬提运架设备，如：铜陵长江大桥无为侧引桥，采用了MDGE900搬运机、MG450提梁机、MBEC900运梁台车、SPJ900型架桥机进行预制梁架设施工，如图2-9-1-4～图2-9-1-7所示。

嘉绍大桥主航道桥北侧水中区引桥上部箱梁为跨度70m混凝土预应力连续箱梁，采用短线匹配法进行节段预制、架桥机拼装施工，预制安装节段箱梁2878榀，箱梁分上下行幅，两台TP75型架桥机由陆上（即B13号位置）向水中逐孔推进安装，如图2-9-1-8所示。梁段经运

图2-9-1-3 天兴洲长江大桥KTY3000B型钻机

梁车纵向运梁至架桥机尾部,架桥机尾部起梁、逐孔悬拼施工安装。

图 2-9-1-4　MDGE900 型搬运机

图 2-9-1-5　MG450 型提梁机

图 2-9-1-6　MBEC900 型运梁台车

图 2-9-1-7　SPJ900 型架桥机

法赫德国王大桥 50m 跨度的非通航孔预应力混凝土连续箱梁采用整改预制、起重船架设、悬臂施工的方法完成。首先在预制场分 66m 和 34m 两种长度预制,最大质量 1350t,采用起重船整孔架设;架设时,先隔孔架设长度 66m 的预制段,使每段梁伸出墩中心线 8m,然后架设 34m 梁段;最后浇筑混凝土湿接头,形成连续结构。

3）主墩施工装备

常用的主墩施工一般有塔机、液压爬模设备。

塔机根据起重臂的构造特点分为动臂式和平臂式塔机,选型要综合考虑墩身的尺寸、最大起重力矩、吊装范围等,主墩施工考虑到吊装需求大、工期紧等因素,一般采用双塔机布置。如青山桥主墩采用两台 STL-1000 型塔机(图 2-9-1-9),最大幅度为 60m,最大起重力矩 10000kN·m,最大起重量为 50t。

图 2-9-1-8　嘉绍大桥 TP75 型架桥机

鹦鹉洲长江大桥使用了一台 D5200 型塔机(图 2-9-1-10),最大起重量为 240t,起吊幅度范围为 9~40m。

液压爬模设备一般应用于桥梁的主塔施工,一节一节爬升进行。黄冈公铁两用大桥主塔高度 190.5m,分为 33 个节段,其中标准节段 6m,共 27 个;非标准节段小于 6m,共 6 个。为了增加主塔的美观性,在主塔塔柱内外侧面中间设计了大装饰槽,塔柱竖向轮廓边设计了大倒角。

二七长江大桥主桥为三塔双索面结合梁斜拉桥,桥塔总高度为 209m,塔柱采用液压自爬模系统分节段施工。施工采用劲性骨架作为钢筋、模板、预应力管道和索道管的支撑结构,为了满足 6m 的大节段施工要求,加高了模板强度,采取增大截面、增强连接点细部结构等措施加强桁架部分杆件和模板后移装置,在混凝土灌注时利用劲性骨架对爬模进行临时固定,在混凝土灌注时劲性骨架与部分拉杆拉结,对锚固点处锚固螺杆的抗拉、抗剪部位及挂座等细部结构件进行加强设计。

图 2-9-1-9　青山桥 STL-1000 型塔机

图 2-9-1-10　鹦鹉洲长江大桥 D5200 型塔机

4）钢梁架设施工装备

目前钢梁架设采用的主要方法有散拼、节段吊装、大节段或整孔吊装三种。国内早期修建的铁路桁梁桥基本采用散拼式,但散拼现场杆件拼接和螺栓施拧工作量大,大部分为高空作业,作业环境差。随着制造工艺和架设工艺的提高,节段吊装和整孔吊装方式开始应用。近几年国内修建的桥梁如天兴洲长江大桥采用了节段吊装架设的方法,铜陵公铁两用大桥采用了整体桁片式架设的方法,但是受钢梁受力及变形控制影响,起重量均未超过 700t（图 2-9-1-11）,墩顶节间钢梁多采用起重船架设。

图 2-9-1-11　铜陵桥 CWQ400 型桅杆式起重机

悬索桥钢梁架设一般使用缆索吊机和缆载吊机,缆索吊机常用在吊装重量不大,跨度、高度较大的悬索桥施工,起吊重量一般为几十吨,大的也有上百吨,如普立特大桥采用 200t 的缆索吊机架设钢梁（图 2-9-1-12）。

缆载吊机安装在悬索桥的主缆上,并能在主缆上移位走行,适应主缆的坡度,缆载吊机的起重能力一般比较大,如鹦鹉洲 500t 缆载吊机、杨泗港桥 900t 缆载吊机（图 2-9-1-13）。这些缆载吊机可以单台使用,也能双台使用,如杨泗港最重梁段净重达 1050t,使用了两台缆载吊机抬吊完成施工。

图 2-9-1-12　普立特大桥 200t 缆索吊机

图 2-9-1-13　杨泗港 900t 缆载吊机

厄勒海峡大桥是一座上层为4车道公路、下层为双向铁路的公铁两用大桥,总长7845m。长1092m的主桥为双塔双索面五跨连续钢桁梁斜拉桥,东西引桥上部结构均为连续双层钢结合桁架桥。该桥高度采用预制装配化技术,最大限度降低了现场施工可能带来的工期延长和费用增加的风险,减少了施工和环境之间的相互干扰。主桥钢桁架在船厂加工成6个140m和2个120m节段,用驳船运到马尔默北部港口,浇筑公路混凝土桥面板后,用天鹅号(质量8700t)起重船吊运去现场安装。引桥钢混复合桁架梁在西班牙的卡迪斯制成后,经船运至马尔默,安装铁路桥面的混凝土槽型梁以及人行道和栏杆等附属件,一跨的最大总质量达6900t,最后用天鹅号将整跨引桥上部结构吊运安装到桥墩上。

9.2 液压动力头钻机

9.2.1 液压动力头钻机的布置与选型

1)液压动力头钻机的布置

由于海上作业的特殊环境,钻机安装应具备移位方便、钻进效率高、性能可靠、操作简单等特性。为了提高钻机利用率,钻机设计还应兼顾其他常规钻孔桩施工使用。液压动力头钻机现场布置如图2-9-2-1所示。

图2-9-2-1 动力头钻机现场布置

2)液压动力头钻机的选型

平潭海峡公铁大桥主桥基础设计为钻孔端承桩,主桥桩径有φ4.4m和φ4.9m两种,均属于超大直径钻孔桩,桩尖嵌入微风化或弱风化花岗岩,同一墩位处岩面起伏大,以元洪航道桥N03号主墩为例,弱、微风化花岗岩面顶面最大高差达27m,在这种地质条件下施工超大直径钻孔桩在国内尚属首次。

为满足平潭海峡公铁大桥大直径基础钻孔桩的施工需要,促进桥梁基础施工更快发展,中铁大桥局成立了课题组,进行大功率、大扭矩钻孔装备专项研发。钻孔装备专项研发以"主参数确定—结构设计—设备研发—工程应用"为主线,结合以前大型钻机在设计、使用中的经验,进行φ4.4m、φ4.9m大直径钻孔桩钻孔设备研究;以"必要性、经济性、通用性"为总的指导思想,在安全、可靠、操作方便的前提下,以吸收、完善、工程适用为主导,实现了主要性能和技术指标国内领先。主要研究内容包括以下几个方面:

(1)确定本钻机主要技术参数;
(2)优化钻机的结构形式,使技术性能有显著提高;
(3)改进动力驱动方式,优化液压系统设计;

（4）动力头密封研究；

（5）钻机智能化控制研究；

（6）大直径钻头研究；

（7）海洋环境钻孔设备防腐研究。

9.2.2　液压动力头钻机主要参数及系统构成

1）液压动力头钻机的主要参数

KTY5000型钻机技术性能参数见表2-9-2-1。

KTY5000型动力头钻机技术性能　　　　表2-9-2-1

主　要　项　目		单　位	参　数
钻孔直径	岩层（抗压强度 $\sigma_c \leq 120$MPa）	m	$\phi 3.6 \sim \phi 5.0$
	岩层（120MPa $< \sigma_c \leq 200$MPa）	m	$\phi 3.6 \sim \phi 4.5$
最大钻孔深度		m	110（增加标准钻杆可达180）
排渣方式			气举反循环
动力头转速及扭矩	转速	r/min	$0 \sim 5.8$
	扭矩	kN·m	450
	转速	r/min	$0 \sim 11.6$
	扭矩	kN·m	225
动力头提升能力		kN	3000
封口盘承载力		kN	3000
钻架倾斜角度			$0 \sim 40°$
钻杆（通径×长度）		mm	$\phi 330 \times 4000$
总功率		kW	356
外形尺寸		mm	$12015 \times 8680 \times 13660$
主机质量（不含钻具、液压站）		t	74
液压站质量		t	13
主机单件最大质量		t	20
钻具系统质量（不含钻头）		t	230
总质量（不含钻头）		t	344

2）液压动力头钻机的系统构成

钻机主要由动力头、滑移横梁、钻机结构（含底盘、钻架、封口盘等）、钻具系统、操作室、液压站及液压系统、电气控制系统等组成。工作原理是由动力头驱动钻杆，钻杆带动钻头回转钻进，采用空气反循环的排渣方式，其动力传递方式为：电动机→液压泵→液控多路阀→液压发动机→动力头。

（1）动力头

动力头具有承受钻具重量、安装钻杆装拆机构、为钻进提供动力和输送压缩空气排渣等各项作用，是该型钻机的核心部件，如图2-9-2-2所示。

动力头由三台高速液压发动机驱动，通过三台行星减速机及一级闭式齿轮传动将动力传递给钻具系统，工作平稳可靠，使用寿命长，可实现无级调速和过载自动保护。动力头的中心管上设置有承重轴承和防跳轴承，两个径向轴承用以提高运动精度和运转的平稳性，由中心管内的衬管排渣，压缩空气则通过配气环进入钻具的风道。其衬套磨损后的拆卸更换，各密封圈均安装于便于拆卸更换的套和盖中。

动力头的密封形式为旋转轴用齿形组合密封件，该密封具有密封效果好，密封件寿命高等特点。动力头通过吊耳悬挂于滑移横梁下，由两个油缸驱动，可实现45°旋转，以便于钻杆的安装和拆卸。动力头由液压发动机驱动，动力头装置结构紧凑，传动齿轮采用硬齿面，提高齿轮强度。

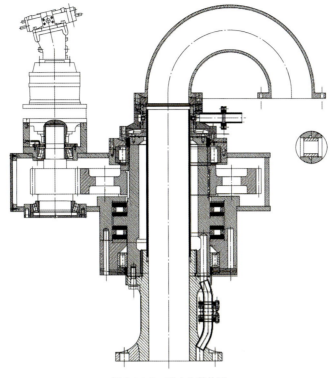

图 2-9-2-2　动力头结构图

（2）滑移横梁

如图 2-9-2-3 所示，滑移横梁是调节动力头及钻具上下移动效能的动力机构，能沿钻架轨道上下滑移 4200mm，滑移动力及支承由两个液压缸完成，左右侧的油缸采用机械刚性同步工作。

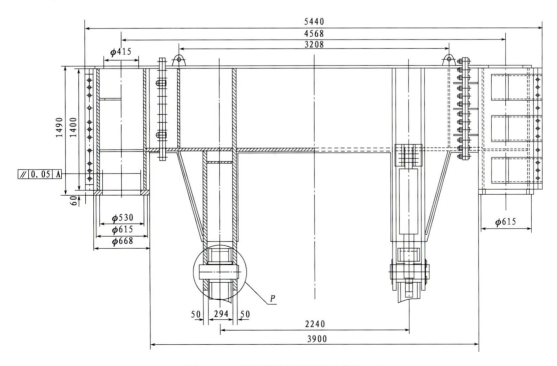

图 2-9-2-3　滑移横梁结构图（尺寸单位：mm）

(3) 钻机结构

钻机结构主要包括钻架、底盘及封口盘。钻架为门形结构如图2-9-2-4所示，其与底盘间用双销轴和拉杆连接，抽出一销轴后，在两个油缸驱动下，钻架可后仰0~40°，且销轴的插拔动作分别设置了插拔销系统，可有效减轻工人的劳动强度。底盘外形为矩形结构，下平面设置四个调平油缸方便底盘调平。钻机底盘、钻架设计为可拆分式，方便运输。封口盘为油缸支顶开合式，其驱动由四个油缸完成，可调整开口以卡住钻杆。

(4) 钻具系统

钻具系统主要由标准钻杆、钻杆稳定器、风包钻杆、异径接头、风包、钻头稳定器、配重等组成，如图2-9-2-5所示。钻具系统有足够的强度，连接可靠，密封性好，排渣效率高。钻具系统能施加足够钻压，保证钻头有效破岩，全断面快速钻进；钻杆装拆、提放钻头快速方便。

图2-9-2-4 钻架结构立体图

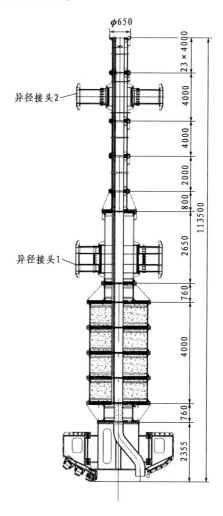
图2-9-2-5 钻具系统结构图(尺寸单位:mm)

全套钻具系统应包括标准钻杆、变径钻杆、配重钻杆及配重、风包钻杆、中间钻杆稳定器、钻头鼓形稳定器、钻头等。

标准钻杆为全被动钻杆，法兰盘连接，双壁结构。标准钻杆通径为330mm，长度为4000mm，外层钢管为$\phi630\times22$，材质采用Q390C，标准钻杆连接方式为螺栓连接。风包钻杆为钻进过程中间供风钻杆，异径接头1为连接钻杆与重型钻杆的过渡接头，异径接头2为重型钻杆和风包的过渡接头。

钻具上共设有一个重型钻杆和一个钻头稳定器；风包是洗井液循环的动力设备，其结构简单，使用可靠。上述钻具均可悬挂在钻机封口盘上，方便钻具连接。具体参数见表2-9-2-2。

钻 杆 参 数　　　　　　　　　表 2-9-2-2

参数名称	参数值
单根钻杆长度	4000mm
钻杆根数	23根（钻杆配置保证全套钻具总长度110m）
钻杆内、外层直径×壁厚	内层356×13mm,外层630×22mm
钻杆风道形式及风道直径	直通式,76×8mm
钻杆材质	Q390C,20
钻杆连接螺栓规格和单个接头数量	M42×205,16个

(5) 液压站

液压站独立设置,液压站与主机间用快速接头相连,液压站动力选用电动机驱动。3台H1V160液控柱塞变量主泵采用3台110kW电机驱动,当需要同时工作时,2台主泵供动力头油缸提升,1台主泵供动力头旋转,当钻进时3台主泵可供动力头旋转,控制泵与辅助泵采用三联齿轮泵。液压站设有2个风冷却器,以降低油温,保证钻机连续运转。

(6) 钻进系统

该型号钻机使用液控(同时带智能控制)的减压自动进给系统,在给定的钻压下实现恒压自动进给。其原理为:钻具系统始终保持减压状态和垂直状态,实现自动钻孔作业,并且能够实现过载自动保护,保证孔径精度和孔深的垂直度。

(7) 操纵室

室内设置有操纵台,操纵台上设置了液压和电气的操纵手柄和按钮及各种显示仪表,集中控制,操作方便。室内设置有一个可调式座椅,装备有风扇和取暖设备,墙壁内装有隔热层。操纵室安装在钻架底座的侧前方。

(8) 辅助装置

底盘上设置钻杆支座,方便动力头更换钻杆。设置用于起吊钻杆和杂物的吊机,起重能力为3t,由电力驱动,动力回转。主机、液压站、钻具系统设置吊点,可实现整体起吊移位。

9.2.3 液压动力头钻机的创新点及关键技术

1) 钻孔直径大，扭矩大，破岩强度高

KTY5000型钻机具有大扭矩、大直径全断面钻岩成孔能力,其技术指标达到了国内外桥梁钻孔桩施工的领先水平。钻机可在岩石平均单轴抗压强度 $\sigma_c \leqslant 120\text{MPa}$ 的基岩中任选孔径钻进,钻孔直径可达5.0m,钻进深度可达180m。

2) 研发截锥形三瓣组合式滚刀钻头

为了在保证钻孔直径、提高排渣能力的同时,便于大直径钻头运输、安拆,研发了一种截锥形三瓣组合式滚刀钻头(专利编号:CN205823178U),如图2-9-2-6所示。利用固定的中心体形式可以组合 $\phi 4.4\text{m}$、$\phi 4.9\text{m}$ 的钻头,优化刀具及吸渣口布置,提高切削效率。在小直径(1600mm)范围内采用12寸10°滚刀,大直径(1600~4900mm)范围内采用12寸3°滚刀,可有效提高滚刀纯滚动概率,减少滚刀在破岩时的滑动和碾动,提高轴承的使用寿命。同时滚刀和孔底间距减小,提高孔底泥浆的流速,有利于岩渣迅速排出孔外,降低岩渣二次重复破碎的概率。

3) 液压系统的通用性强，可实现智能自动钻进

(1) 液压系统的通用性好,液压站采用集装箱式设计,可整体吊装,其防护等级按临海使用要求进行,内部部件模块化、集成化设计,以电力作为动力,外部接口(液压及电气)采用内置式接插件设计,整体性能好。液压系统主要部件(如油泵、发动机及减速机)设计选型采用KTY4000动力头钻机等机型上使用

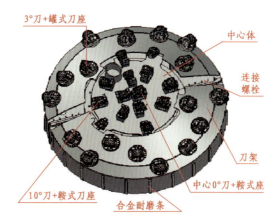

图 2-9-2-6 钻头组装效果图

过的元件(进口品牌),因此液压站及液压系统主要部件可与原有 KTY4000 动力头钻机等机型互换使用。

(2)恒减压自动钻进设计。该机系统设计时具有恒减压自动钻进功能,即钻具的自重提供破碎岩层的压力,钻进时系统通过控制两提放油缸可承担钻具部分重力,达到施加当前最佳破岩压力的目的,实现恒减压自动钻进作业;同时也充分利用了钻具的铅垂作用,保证沉孔的垂直度。

(3)手动及智能自动钻进控制双回路设计。该机除了保留原手动自动钻进控制功能外,在发动机两工作油口、发动机变量油口、两提放油缸无杆腔分别设置了压力传感器取样,通过监控系统可实时显示当前工作扭矩及钻压,同时对两提放油缸无杆腔供油管路进行双回路设计,条件成熟时可选择使用智能自动钻进控制,两种控制方式为互锁设计,当一套控制介入时,另一套控制自动失效。

4)采用智能监控系统、人机界面与远程监控,记录、保存钻孔信息

采用智能监控系统(图 2-9-2-7)、人机界面(包括工控机操作、远端系统操作)、总线通信连接接口,实时监控钻机的运行状态和故障报警,实时记录钻机的运行数据(如扭矩、钻进速度、钻压、钻进深度、水头监测、地质状态、用电量等),并可对记录数据进行查询、修正、储存、传输、输出、统计分析等;具备远程无线传输功能及视频监控系统,可远程监测钻机的运行状态及钻进状态;储存数据容量至少500GB,具有标准的 USB 输出接口,具备自动检测和自动恢复和升级功能,可根据不同地质条件和钻孔直径等对钻机运行参数进行自动调整,达到最佳运行效率。

图 2-9-2-7 智能控制系统

5)适应海洋环境的防腐处理

为了适应海洋强腐蚀环境,对钻机设备防腐体系进行了专项研究。动力头、油缸、结构件、操作室等采用2道环氧富锌底漆+2道环氧云铁中间漆+2道聚氨酯面漆的涂装体系,干膜厚度不小于220μm;钻具及封口盘采用聚氨酯冷却塔防潮涂料底漆、中间漆、面漆各2道的涂装体系,干膜厚度不小于220μm。同时对钻杆密封腔内壁也进行密封前防腐涂装处理。在进行防腐涂装前,严格按照相关规范对钢结构件、钻具焊制成品等基面进行抛丸(或酸洗、磷化、冲洗)除锈处理,表面粗糙度符合Sa2.5标准,局部焊渣、焊瘤、药皮等采取手工清除方式,经过严格的防腐处理,可保证钻机在强腐蚀的海洋环境下可靠运行,提高了设备使用寿命。

9.2.4 液压动力头钻机小结

KTY5000型全液压动力头旋转钻机,采用气举反循环排渣,全断面一次成孔直径可达5m,为国内外最大的液压动力头全回转钻机,其钻机力矩、动力头提升能力、钻孔直径均有显著提升和突破,成功解决了复杂海况、恶劣地质条件 ϕ4.9m大直径嵌岩钻孔桩成孔难题;研发了一种截锥形三瓣组合式滚刀钻头,利用固定的中心体可以组合成多种直径钻头,提高孔底泥浆的流速,有利于钻渣迅速排出孔外,降低了钻渣二次重复破碎的概率,解决了大直径钻头安拆、运输问题,采用的截锥形三瓣组合式滚刀钻头成功获得国家实用新型专利。

通过采用恶劣海洋环境下桥梁基础大直径钻孔桩施工技术,顺利完成施工海峡桥梁 ϕ4.9m嵌岩钻孔桩50根、ϕ4.4m嵌岩钻孔桩144根,通过第三方单位检测,桩身混凝土质量均为Ⅰ类桩。在钻孔工效方面,ϕ4.9m、ϕ4.4m钻孔桩在风化岩层中钻进效率为0.07~0.15m/h,微风化层中钻进效率为0.03~0.05m/h,达到了预期钻进速度要求。

9.3 D1100塔式起重机

9.3.1 塔柱简介

平潭海峡公铁大桥三座航道桥主塔均采用H型钢混凝土结构,其中元洪航道桥N03号、N04号墩塔顶高程均为+205.0m,塔底高程+5.0m,塔高200m;大小练岛水道桥主塔高度152m,鼓屿门水道桥主塔高度158m;主塔设上、下两道横梁。

9.3.2 气象条件

工程区域为典型的海洋性季风气候,夏季和秋季台风频繁,在常遇大风的海域施工,塔式起重机抗风问题尤其突出。主塔塔式起重机的选型既要考虑施工中各构件最大吊重,又要结合工程区域的施工大风环境,故选定D1100-63V型塔式起重机为主塔墩施工塔机,并对塔式起重机、塔柱进行了特殊的加强设计。

9.3.3 塔式起重机的主要参数

材料、设备的垂直运输由墩旁固定式塔式起重机完成。塔式起重机的主要吊装内容为:吊装钢筋及劲性骨架、吊装钢锚梁及钢牛腿、斜拉索上桥面、斜拉索辅助挂设、横梁支架等结构吊装。主塔墩主要施工项目最大吊装质量见表2-9-3-1。

主塔墩施工最大吊装质量　　　　表2-9-3-1

施 工 项 目	最大吊装质量(t)	施 工 项 目	最大吊装质量(t)
钢锚梁+钢牛腿	31.6	斜拉索	39.7

单个主塔墩各布置2台D1100-63型塔式起重机,臂长62.9m,其吊装参数见表2-9-3-2。

主塔墩两台塔式起重机分别布置在主塔横桥向两侧对角位置,横向距桥中心线34.5m,纵向距墩中心线6.5m,平面布置见图2-9-3-1。

D1100-63 型塔式起重机吊装参数   表 2-9-3-2

吊距(m)	6.5~17.1	18	20	22	24.6
吊装质量(t)	63	59.08	51.7	45.79	39.67
吊距(m)	25	28	30	33	60
吊装质量(t)	38.85	33.52	30.59	26.91	10.9

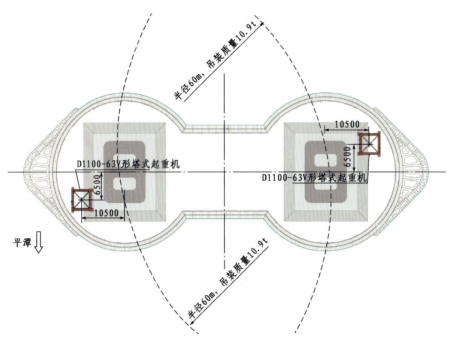

图 2-9-3-1　主塔施工塔式起重机平面布置图(尺寸单位:mm)

D1100 塔式起重机主要性能参数见表 2-9-3-3。

D1100 塔式起重机主要性能参数   表 2-9-3-3

塔式起重机整机工作级别		A5	
机构工作级别	起升机构	M5	
	回转机构	M5	
	变幅机构	M4	
	行走机构	M3	
最大起重力矩(kN·m)		11000	
最大工作高度(m)	独立固定式	77	
	附着式	367.7	
工作幅度(m)	最小幅度	6.5	
	最大幅度	65	
最大起重质量(t)	6 倍率	63	
	4 倍率	42	
	2 倍率	21	
起升机构 QPL4272	起升倍率	2	4	6
	起重质量(t)	4　10.5　21	8　21　42	12　31.5　63
	速度(m/min)	72　57.6　28.8	36　28.8　14.4	24　19.2　9.6
	功率(kW)	132		
变幅机构 BP185	速度(m/min)	0~50		
	功率(kW)	18.5		
回转机构 HP185F1.350、HP185F2.350	速度(r/min)	0~0.6		
	功率(kN·m)	3×18.5		

续上表

顶升机构	工作压力(MPa)	31.5				
	速度(m/min)	0.3				
	功率(kW)	22				
平衡重	最大工作幅度(m)	45	50	55	60	65
	重量(t)	40.25	46.5	48.75	54	60.25
总功率(kW)		206(不包含顶升机构)				
塔式起重机最高处设计风速(m/s)		安装状态				14
		工作状态				20
		非工作状态		0~20m		36
				20~100m		42
				>100m		46
工作温度(℃)		-20~+40				
电源电压和频率		交流电380V,50Hz				

9.3.4 塔式起重机附墙设计

1）使用工况

在平潭海峡常遇大风环境条件下，塔式起重机的抗风设计标准须实现7级风工况下能够正常拼装、顶升、拆除，8级风工况下主塔施工处于正常工作状态，14级台风工况设备不破坏。

塔式起重机附墙是保证塔式起重机施工安全和正常工作的重要结构。附墙结构一般由附着框、附着杆、预埋件三大部分组成，附着框固定在塔式起重机标准节上；附着杆采用型钢或钢管。附墙杆与附墙框、预埋件之间连接采用两端销接或一端销接、一端焊接形式。常规塔式起重机附墙结构的受力一般控制在1000kN以内。在大风海域若采用常规塔式起重机的附墙结构，存在以下问题。

（1）由于风荷载大，尤其是在受季风、台风影响频繁的海洋环境中进行主塔施工，每隔5~6节主塔设置一道附着，则附墙结构受力巨大，常规附着结构无法满足受力要求。

（2）为使常规附着结构满足受力要求，其解决办法是增加附墙数量的同时降低塔式起重机自由悬臂的高度，这样会导致频繁进行附墙安装和塔式起重机顶升工作。在大风环境下有效作业时间有限，加上附墙安装和塔式起重机顶升会占用时间资源，塔式起重机如果不顶升，主塔则无法继续施工，将极大地影响主塔的施工效率，进而影响总工期及施工成本。

因此，设计一种承载能力大、便于安装以及安装数量较少的附墙结构，以满足在大风环境下的主塔施工要求十分必要。

2）塔式起重机附着结构设计

（1）总体布置

元洪航道桥主塔塔式起重机均采用D1100-63V型，单个主塔布置两台塔式起重机，两台塔式起重机一高一矮对角布置。其中高塔设置5道附着，矮塔设置4道附着，如图2-9-3-2所示。主塔施工过程中塔式起重机最大自由高度为59.792m。塔式起重机附着布置参数见表2-9-3-4。

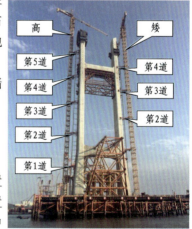

图2-9-3-2 元洪航道桥NO4号主塔塔式起重机附墙布置

塔式起重机及附着参数　　表2-9-3-4

名　称	塔式起重机高度(m)	附着数量	布置间距(m)
高塔式起重机	231.73	5	35.138+4×34.2+59.792
矮塔式起重机	214.63	4	52.238+3×34.2+59.792

(2)结构设计

每道塔式起重机附着结构包括标准附着框、附着杆件、主塔端附着预埋件等,如图2-9-3-3所示。附着杆均采用$\phi450\times14$mm无缝钢管,材质为Q345B,每道共附着4根附着杆;附着杆两端分别与塔式起重机附着框、塔内预埋件通过$\phi130$销轴连接,销轴材质为40Cr;预埋件结构由耳板结构、钢棒及精轧螺纹钢筋组成,其中耳板结构由材质Q345B钢板焊接而成,钢棒采用$\phi120$(或$\phi80$)、材质Q345B,精轧螺纹钢筋采用$\phi40$、PSB1080。

为提高主塔塔壁的局部抗承压能力,在附着预埋件位置主塔内设置了加强钢筋网片,预埋件结构见图2-9-3-4。

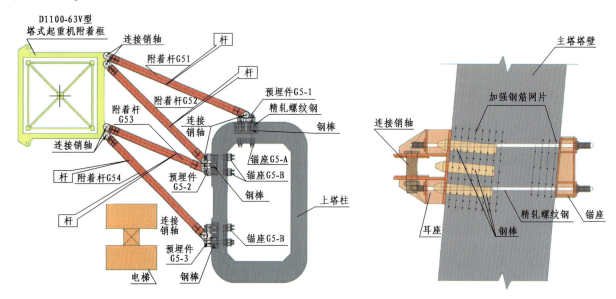

图2-9-3-3 塔式起重机附着平面示意图(高塔第5道)　　图2-9-3-4 预埋件结构示意图

(3)结构计算

①荷载

a. 塔式起重机头部荷载

D1100-63V型塔式起重机臂长60m,独立高度为77m,其头部荷载见表2-9-3-5。

塔式起重机头部荷载　　表2-9-3-5

工作工况	弯矩M_x(kN·m)	弯矩M_y(kN·m)	水平力F_h(kN)	竖向力P_v(kN)	扭矩T(kN·m)	备注
工作状态	730	8244	153.2	3188	2247	风垂直于起重臂
非工作状态	0	4879	236.7	2388	—	

b. 风荷载

工作状态风荷载:作业面按8级风考虑,计算风速按$v_s=28.3$m/s取值。

非工作状态风荷载:基本风速按10m高度10年一遇10min时距平均风速$v_p=36.7$m/s取值,阵风系数取1.3,计算风压高度变化系数时幂指数按0.1取值,即$0.1(h/10)$。

②计算工况

a. 工况1:附1道附着时,高塔(矮塔)最大悬臂状态;

b. 工况2:附2道附着时,高塔(矮塔)最大悬臂状态;

c. 工况3:附3道附着时,高塔(矮塔)最大悬臂状态;

d. 工况4:附4道附着时,高塔(矮塔)最大悬臂状态;

e. 工况5:附5道附着时,高塔(矮塔)最大悬臂状态。

③计算模型

附墙杆件与预埋件通过 MIDAS 有限元程序建立计算模型,如图 2-9-3-5、图 2-9-3-6 所示。

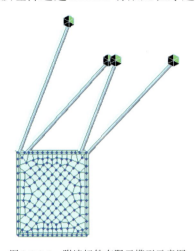

图 2-9-3-5　附墙杆件有限元模型示意图

图 2-9-3-6　塔端预埋件模型示意图

④主要计算结果

a. 反力

塔式起重机附着最大反力均在最上面一道附着处,各道塔式起重机附着最大反力见表 2-9-3-6。

各道塔式起重机附着最大反力　　　　表 2-9-3-6

高 塔 附 着	最大反力(kN)	工　况	矮 塔 附 着	最大反力(kN)	工　况
第 1 道	1803.6	工况 1	第 1 道	1553.1	工况 1
第 2 道	1798.6	工况 2	第 2 道	1694.6	工况 2
第 3 道	1728.1	工况 3	第 3 道	1763.1	工况 3
第 4 道	1765.3	工况 4	第 4 道	1861.7	工况 4
第 5 道	1797.0	工况 5			

b. 附着杆应力

由表 2-9-3-6 可知,附着最大反力为矮塔第 4 道,即为 1861.7kN,由此计算得附着杆最大内力为 $F = 2634.4$ kN,则其应力 $\sigma = 171.8$ MPa $< [\sigma] = 240$ MPa,满足要求。

c. 预埋件

a)轴力

附着杆件预埋件通过设置精轧螺纹钢筋抗拉,采用 $\phi 40$ mm 的 PSB1080 精轧螺纹钢筋,通过计算分析,预埋件精轧螺纹钢筋轴力如图 2-9-3-7 所示。

单根精轧螺纹钢筋最大受力 $N_{max} = 452.6$ kN,则 $\sigma = F/A = 360.2$ MPa $< [f] = 756$ MPa,满足要求。

b)剪力

附着预埋件抗剪由钢棒承担,受力最大的预埋件 1 设置了 4 根 $\phi 120$ 钢棒,其材质为 Q345B,长度 $l = 550$ mm,其受力计算如图 2-9-3-8 所示,钢棒最大剪力 $Q_{max} = 799$ kN, $\tau = \dfrac{4}{3} \dfrac{F}{A} = 94.2$ MPa $< [\tau] = 140$ MPa,满足要求。

d. 主塔局部受力

采用 MIDAS FEA 程序对主塔建立局部模型(图 2-9-3-9),验算附着着力点的局部应力,模型中考虑主筋及箍筋的影响,其中混凝土采用开裂本构模型,当混凝土受拉达到其抗拉容许值后混凝土退出工作,拉应力由钢筋承受。上塔柱附着处钢筋应力如图 2-9-3-10 所示,主塔局部受力计算结果见表 2-9-3-7。

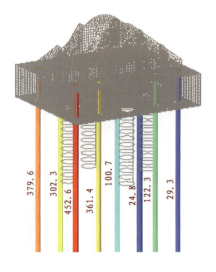

图2-9-3-7 精轧螺纹钢轴力图(单位:kN)

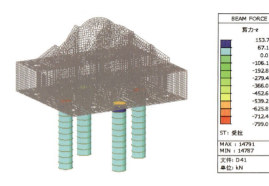

图2-9-3-8 钢棒剪力图(单位:kN)

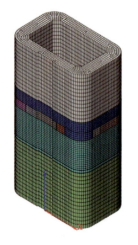

图2-9-3-9 上塔柱局部有限元模型图

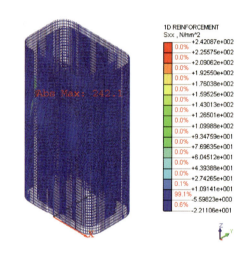

图2-9-3-10 上塔柱附着处钢筋应力图(单位:MPa)

主塔局部受力计算结果统计表 表2-9-3-7

位　　置	最大应力工况	钢筋应力(MPa)	混凝土局部拉应力
下塔柱	工况1,高塔	131.9 < [σ] = 330MPa	1.18MPa < [σ_t] = 1.51MPa
中塔柱	工况4,高塔	217.2 < [σ] = 330MPa	1.41MPa < [σ_t] = 1.51MPa
上塔柱	工况5,高塔	242.1 < [σ] = 330MPa	1.49MPa < [σ_t] = 1.51MPa

从以上计算结果可知,塔式起重机附着结构及主塔局部受力满足要求。

9.3.5 创新点

1)常遇大风环境下大吨位塔式起重机附墙设计研发新技术

经过特殊设计加强后的附墙拉杆既能满足现场施工的需要,也在一定程度上减少了附墙层数(由10道减少为5道),这样不但加快了主塔施工进度,也减少了人工、机械等成本的支出。通过减少附墙层数进而减少了预埋件的埋设,降低了预埋件对主塔的伤害。同时通过改良附墙拉杆,更有利于塔式起重机的安拆,降低安拆过程中的安全风险。

2）海洋大风环境下塔式起重机抗风性能新技术

在大风环境下，对塔式起重机设备本身也进行了非常规的加强设计，具体设计内容如下。

(1) 加强上部结构。起重臂端的臂节下弦杆、底腹杆、上支座与起重臂连接耳板均进行加强，满足塔式起重机220m高度情况下工况以及非工况的抗台风要求。

(2) 加强回转。回转机构设置3个18.5kW的电机。

(3) 加强塔身。采用T3000大主弦塔身，独立塔身及附着装置以上有65m的塔身悬高。

(4) 加强爬升架。加强主弦杆及斜腹杆。

(5) 加强下支座。下支座根据塔身进行相应加强。

(6) 防腐措施。采用环氧富锌底漆、双组分面漆，活动平台、栏杆、爬梯浸锌处理。

(7) 附着加强。加强塔式起重机附着杆件，并加密塔柱预埋爬锥。

(8) 其他加强。加强引进系统局部，加大3根主电缆，电控柜采用不锈钢材质。

经过加强后的塔式起重机拥有超高的安全系数，当塔式起重机高度达到220m时，10min时距平均风速V_p达61.8m/s，3s时距平均瞬时风速V_s已达86.6m/s，其计算风压值$P=4687N/m^2$，该值是我国塔式起重机设计规范的3.6倍，大大增强了塔式起重机的安全性能。

9.4　1100t架梁吊机研发

9.4.1　架梁吊机布置与选型

元洪航道桥、鼓屿门水道桥、大小练水道桥梁部均为整节段钢梁全焊结构，在工厂制造完毕后船运至桥位进行整节段架设。根据施工方案，元洪航道桥钢梁采用架梁吊机双悬臂架梁，鼓屿门水道桥和大小练水道桥中跨采用架梁吊机单悬臂架梁。钢梁节段具有重量大（最重一节钢梁重量1080t）、构件尺寸大（长度29.75m、宽度36.8m、桁高13.5m）、对接杆件多（节段之间有8个连接口）等特点。

将钢梁的尺寸与重量作为选型的重要指标，并考虑外部恶劣的施工架设环境，新研制出1100t架梁吊机。架梁吊机按主体结构形式分为菱形和三角形，按提升机构方式可分为卷扬机提升和连续千斤顶提升，综合起来共有4种方案可供选择，分别如图2-9-4-1～图2-9-4-4所示。受钢梁悬臂架设工况制约，设计要求架梁吊机自重不大于400t，架梁吊机架设的钢梁节段最大吊重为1100t。不同架梁吊机方案对比见表2-9-4-1。

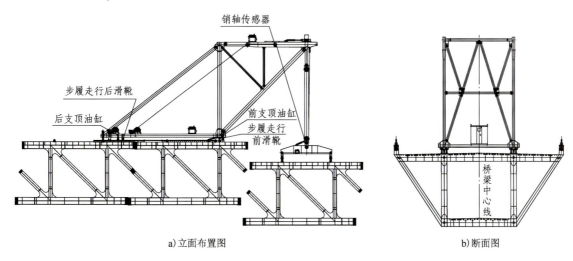

图2-9-4-1　方案1：菱形架梁吊机（卷扬机提升）

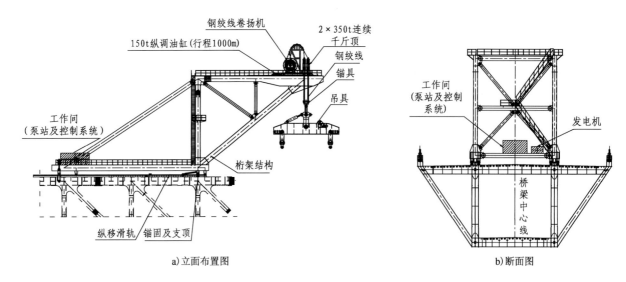

图 2-9-4-2 方案 2:菱形架梁吊机(连续千斤顶提升)

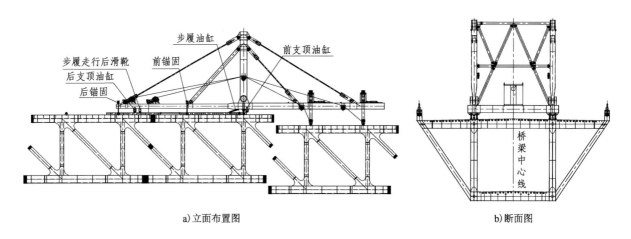

图 2-9-4-3 方案 3:拉索三角形架梁吊机

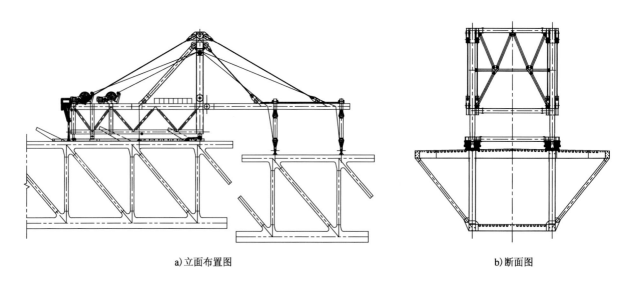

图 2-9-4-4 方案 4:三角形加高型架梁吊机

架梁吊机方案比选表 表 2-9-4-1

比选方案	优 点	缺 点	备 注
方案 1	菱形构架结构合理,梁面操作空间大,卷扬机提升速度快	自重较大	
方案 2	菱形构架结构合理,梁面操作空间大,自重较小	起升速度慢,连续千斤顶抗冲击性能差	
方案 3	三角形拉索结构自重较小	拉索抗风浪冲击振动性能差,三角形结构留给梁面上的操作空间小	吊机背索采用拉索形式,在待起吊钢梁节段脱离运输船甲板之前,驳船受风浪冲击,进而波及架梁吊机受到冲击,背索振动强烈,带来安全隐患
方案 4	三角形拉索结构自重小	拉索抗风浪冲击振动性能差	

综合比选,选定方案 2,即菱形架梁吊机方案。该架梁吊机具有起升、变幅、纵移三个机构,起升机构采用钢丝绳卷扬式,变幅及纵移机构采用油缸顶推。

9.4.2 架梁吊机主要参数及系统构成

考虑到平潭海域风大、浪大的恶劣施工环境,架梁吊机的安全系数要求较高,在大风环境下,允许设备进行吊装工作和移位工作。同时为了严格控制架梁吊机在钢梁上的支反力,采用材质更轻更好的低合金高强度钢,在满足同等起吊能力的前提下,将整机重量控制在 400t 左右,最终选用 1100t 架梁吊机,如图 2-9-4-5 所示,具体参数见表 2-9-4-2。

图 2-9-4-5 1100t 架梁吊机

架梁吊机性能参数 表 2-9-4-2

整机工作级别	A4	机构工作级别	M4
典型工况	1100t×22.5m	支点及锚点间距	纵向 29m,横向 15m
起升速度	重载 0~1.5m/min	锚固方式	利用吊耳锚固
起升高度	80m	控制方式	司机室控制,变频驱动
工作幅度	17.5~22.5m	结构强度安全系数	≥1.48
移位工作风速	15.5m/s	后锚固强度安全系数	≥3
吊装工作风速	20m/s	钢丝绳强度安全系数	≥4
非工作状态风速	44m/s	整机抗倾覆稳定系数	≥1.5
整机总重量	410t		

架梁吊机主要包括金属结构、起升机构、变幅及横移机构、吊具、纵移及锚固装置、电气系统、液压系统。

(1) 金属结构主要由两片棱形桁架组成,整个金属结构均由 Q460C 钢板拼成的箱形杆件及 Q345C 型钢杆件组成,棱形桁架杆件以及横联之间采用法兰连接,斜撑与其他杆件之间采用销轴连接。

(2) 起升系统采用 4 台 JT36 卷扬机,布置在设备的后方,卷扬机采用变频电机驱动,变频调速控制。

(3) 变幅及横移机构由变幅功能及横调功能,用液压油缸驱动,满足在重载条件下纵、横移微调要求。

(4) 整机纵移及锚固机构主要用于整机移位,主要由顶升油缸、纵移油缸、轨道及滑板组成。

9.4.3 架梁吊机关键内容研究

1) 架梁吊机整机安装吊装技术

由于桥址处于海洋恶劣环境,主墩上空间有限,且起重设备能力有限,在主墩上的散件拼装难度较大,工效低,采用在桥址周边场地内整体拼装后,由起重船整体吊装至主墩钢桁梁顶,这样与墩顶钢梁同步施工可节约工期,如图 2-9-4-6 所示。通过详细计算各杆件受力,全面考虑风载等因素,放大吊装时的安全系数,研制出吊装 1100t 专用吊具,并合理安排 2200t 和 3600t 起重船设备,一次将 1100t 架梁吊机吊装上桥,放置在锚固点后端,继续向前走行后精确锚固到位。

a)　　　　　　　　　　　　　　　　b)

图 2-9-4-6　场地内整体拼装及整体吊装上桥

2) 起升机构的安全同步控制技术

起升机构选择 4 台 JT36 卷扬机作为动力,钢丝绳倍率为 4×9。起升卷扬机采用变频电机驱动,变频调速控制,能保证负载下放和起升的安全操作。架梁吊机由两起升机构成、可单独动作和联合同步动作。设置同步控制系统,保证联动时两侧起升动作的同步性。两侧卷扬机在联动时,在电机高速端设置旋转编码器来监控两侧电机转速,通过 PLC 及变频器来调节两侧电机转的圈数,保证同步起升。为了保证起升机构绝对安全可靠,制动方式采用块式制动器+盘式制动器相结合的方式。主起升设有超载限制器,当荷载达到 90% 的额定荷载时报警,超载限制器会发出报警声,当荷载达到 105% 的额定荷载时,切断主接触器电源。卷筒轴上装有起升高度限制器,能准确控制吊具起升和下降,保证卷筒不出现过绕、欠绕等危险。卷扬机具有保证卷筒钢丝绳不乱绳的装置或措施。

3) 整机变幅及横移控制技术

如图 2-9-4-7 所示,设置变幅及横移机构主要是为了改变幅度,实现梁块精确对接。本机构主要具有变幅及横移功能。变幅功能由变幅组件及变幅油缸组成,变幅组件下方设置滑板,在金属结构变幅轨道上滑动,变幅动力两侧各由一条变幅油缸提供。变幅及横移机构满足在重载下纵、横移微调要求。横移功能由横移组件及横移油缸组成,横移组件下方设置有滑板,在两条横移油缸的推动下滑动在变幅组件上方的滑道上。

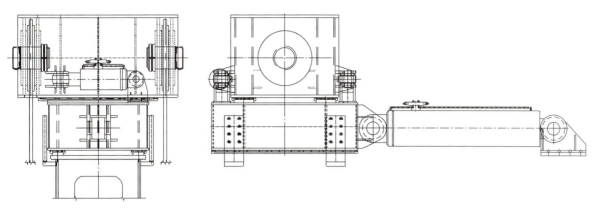

图 2-9-4-7　变幅及横移机构

4）整机步履式纵移走行技术

（1）纵移走行技术概述

整机纵移机构如图 2-9-4-8 所示，其主要由顶升油缸、纵移油缸、轨道及滑板组成。当起重机完成前一节钢梁的吊装作业后，解除后锚固，使用顶升油缸将机身顶起，倒运轨道，旋转前支撑，整机落下，纵移油缸顶推整机前进。采用液压油缸顶推步履式走行，实现整机及轨道的前移和后退；油缸顶推换步可自动进行。在底盘下合适位置布置 2 条纵向轨道，两侧走行既能同步，又能单动，满足整机走行稳定系数大于 1.5 的要求。轨道纵移时轨道不在桥面上拖行，避免钢梁表面出现划伤。

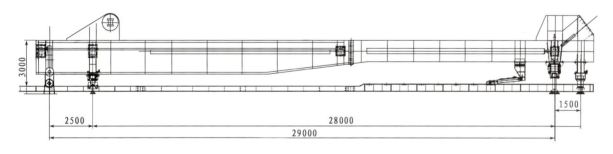

图 2-9-4-8　整机纵移机构（尺寸单位：mm）

前支腿处在整机纵移过程与钢梁吊耳有干涉，为此在前支腿处设置旋转销轴，能够巧妙避开已架设钢箱梁吊耳，如图 2-9-4-9 所示。

a)

图　2-9-4-9

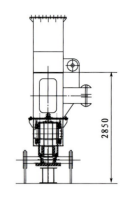

图 2-9-4-9 前支撑腿避让吊耳(尺寸单位:mm)

(2)抗倾覆稳定性计算

架梁吊机处于纵移状态,依靠前后滑靴支撑,吊具处于 18m 幅度上,过孔风荷载(风速为 15.5m/s)从后向前吹吊机。架梁吊机抗倾覆最不利状态如图 2-9-4-10 所示。

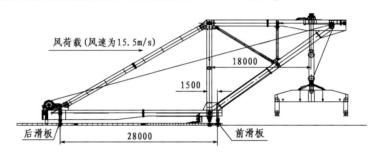

图 2-9-4-10 架梁吊机抗倾覆最不利状态示意图(尺寸单位:mm)

倾覆力矩计算见表 2-9-4-3,稳定力矩计算见表 2-9-4-4。

倾覆力矩计算表   表 2-9-4-3

构 件 名 称	力矩(t·m)	单重(t)	数 量	作用力 $F(t)$	力臂 $L(m)$
吊具	924	28	2	56	16.5
定滑轮组及钢丝绳	247.5	7.5	2	15	16.5
变幅及横移机构	79.1	2.7	2	5.4	16.5
上纵梁	676.5	27.5	2	55	12.3
上前横联	31.22	1.4	1	1.4	22.3
上中横联	14.7	1.4	1	1.4	10.5
上斜支撑梁	33.4	1	2	2	16.7
上后斜撑	9.12	0.95	2	1.9	4.8
竖小腹杆	25.2	1.2	2	2.4	10.5
斜小腹杆	19.27	2.05	2	4.1	4.7
斜支撑	213.9	11.5	2	23	9.3
斜支撑横梁及竖斜杆	31.5	3	1	3	10.5
斜支撑斜撑杆	10.8	1.2	2	2.4	4.5
顶部梯子平台	34.5	3	1	3	11.5
风荷载	26.25	2.5	1	2.5	10.5

由此可见,倾覆力矩 $M_{qf} = 2377 \text{t·m}$。

稳定力矩计算表   表 2-9-4-4

构 件 名 称	力矩(t·m)	单重(t)	数　　量	作用力 F(t)	力臂 L(m)
竖支撑杆及连接系	23.55	15.7	1	15.7	1.5
下纵梁	595.84	19.6	2	39.2	15.2
主拉杆	368.9	11.9	2	23.8	15.5
下中横梁	20.72	1.4	1	1.4	14.8
下斜支撑梁	13.68	0.95	2	1.9	7.2
下后斜撑	37.05	0.95	2	1.9	19.5
下梯子平台	6	4	1	4	1.5
卷扬机支架	123.9	2.1	2	4.2	29.5
卷扬机	1680	15	4	60	28
钢丝绳	712.5	12.5	2	25	28.5
锚固机构	115.9	1.9	2	3.8	30.5
电气液压	168	6	1	6	28
前主支撑	10.5	3.5	2	7	1.5
后顶升油缸及支座	67.2	1.2	2	2.4	28

由表 2-9-4-4 可得，稳定力矩 $M_{aq}=3943$t·m，稳定系数 $K=\dfrac{M_{aq}}{M_{qf}}=\dfrac{3943}{2377}=1.69>1.5$，故满足要求。

5）吊具的微调及可适应性控制技术

吊具为专用吊具，具有快速连接、调节姿态的功能，主要由动滑轮组、大扁担梁、小扁担梁、索具等部件组成，如图 2-9-4-11 所示。吊具横梁上设有支架，在吊装时支架支撑吊具使其相对节段梁静止，方便对位安装。吊具与桥梁节段之间通过插销轴的方式，将吊带与桥梁节段的吊装耳板连接，在船上操作特别方便安全。吊具设置液压姿态调节装置，能实现被吊钢梁 ±1% 的坡度调节，同时可适应纵桥向 12m、10m、4m 三种钢梁吊耳间距。

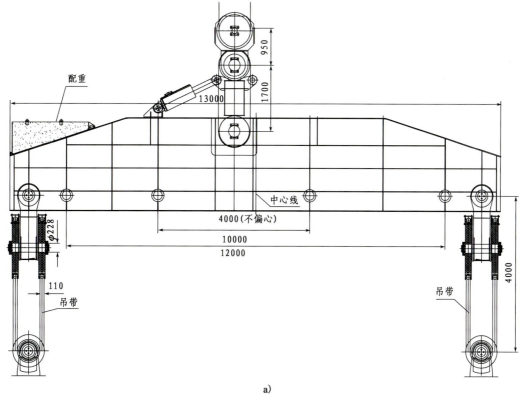

a)

图 2-9-4-11

b)

图 2-9-4-11　吊具构造图(尺寸单位:mm)

6)多方位安全保护控制技术

如图 2-9-4-12 所示,为确保起重机安全可靠地工作,设置安全监控系统等多重安全保护装置,具体包括:

(1)大风报警仪。在起重机上不挡风的位置设置风速仪,并在操作台边设置能够显示风速的仪表和报警装置,当风速达到 20m/min 时以灯光和警报报警,此时起重机严禁进行吊装及移位操作。

(2)紧急关闭开关。在操作台上设置紧急关闭开关,当紧急情况发生时,可用此开关使整机全部机构停止动作。

(3)起升高度限制器。在起升卷扬机上设置上下限位开关,防止卷扬机过绕或者欠绕,发生危险;超速保护开关在每个卷筒轴上安装,当卷筒转速超过最大额定速度的 115% 时起作用。

图 2-9-4-12　安全监控系统

(4)安全监测装置。按起重机安全规程要求设置安全监测装置。

(5)防雷装置。整机应设有防雷装置。

7)典型工况下的整机强度

架梁吊机结构主桁构架为一个箱形杆件所拼接的双菱形桁架结构,主受力菱形桁架除竖支撑杆外的材质均为 Q460C,主桁片竖支撑及其他横联斜撑材质为 Q345C,连接接头销轴材质为 42CrMo。整机强度验算内容详见二维码。

9.4.4　架梁吊机的创新点

(1)建立了一套整机吊装的技术方案,并研制了针对 1100t 架梁吊机整体吊装的专用吊具。

由于桥址处风急浪高,环境恶劣,采用场地内拼装完成后的整机吊装上桥,减少了由于墩顶钢梁供应不及时或墩旁托架滞后导致的后续工期拖延。通过制订安全可靠、可行的整体吊装方案,并放大抗倾覆系数和稳定系数,使用 2200t 和 3600t 起重船,合理分工安排,将架梁吊机安全准确吊装上桥。

(2)解决了设备 6 级以上大风不能施工的安全瓶颈,使安全施工风级数提高,在保障设备安全的前提下保证了工期进度,严格控制住了整机的重量,减小钢桁梁的受力变形。

桥址处每年出现6级以上大风的天数超过了300d,1100t架梁吊机能在风速20m/s(8级风)时能够正常吊装,风速15.5m/s(7级风)时可以正常整机纵移,非工作状态抗风能达到44m/s(14级风)。为了满足整机抗倾覆稳定系数≥1.5,后锚固强度安全系数≥3,又满足双钩抬吊能力达到1100t,经过多次优化设计,采用主要受力杆件材质采用Q460C低合金高强度钢,次要受力杆件材质采用Q345、Q235,保证经济成本可控的同时又保证整机质量在410t左右。

(3)建立了一套比较完善的电控系统,并高度集成了故障诊断系统。

4台变频器采用闭环矢量控制,每个卷扬机上安装的高精度编码器可以实时反馈卷扬转速,通过控制系统的计算来保证卷扬转速同步起升;当两钩高度差过一定值时,高度限位器会报警并切断起升电源;安全监控系统采用昆仑通态的MCGS嵌入版全中文工控组态显示器,供电电压24V,串口通信,并提供多达63种故障信息,能够快速找到故障源头以便及时处理。精确的故障报警信息见图2-9-4-13。

图2-9-4-13　精确的故障报警信息

9.5　3600t 大型起重船

9.5.1　技术及设备简介

大节段或整孔钢桁梁结构具有技术先进、整体性好、外观简洁、防腐简单等优势,代表了钢桁梁技术向高强、整体、大跨度、新结构发展的趋势。

国内早期修建的铁路桁梁桥基本采用散拼法,但散拼现场杆件拼接和螺栓施拧工作量大,工作环境大部分为高空作业,作业环境差。

随着制造工艺和架设工艺的提高,近几年国内修建的天兴洲长江大桥等采用了节段吊装架设的方法,铜陵公铁两用大桥采用了整体桁片式架设的方法。采用节段吊装或桁片整体吊装,大量的杆件拼接和螺栓施拧工作在钢梁制造厂或钢梁预拼厂完成,明显改善了施工作业环境,加快了现场拼接速度。节段吊装因起吊重量较大,因此对吊机提出较高要求。

根据平潭海峡公铁大桥总体施工方案,所采用的起重船架设钢梁主要包括航道桥墩顶、辅助跨或边跨大节段、整孔简支钢桁梁等,详细情况见表2-9-5-1。

钢梁吊装节段划分表　　　　表2-9-5-1

	钢 梁 节 段	数　　量	最大质量(t)
	边墩墩顶 E0～E2	2	1006
元洪航道桥	辅助墩墩顶 E9～E12	2	2414
	主墩墩顶 E21～E27	8	1069

续上表

钢梁节段		数量	最大质量(t)
鼓屿水道桥	边墩墩顶 E0~E1	2	664
	边跨 E2~E8	2	2953
	辅助墩顶 E9~E11	2	1692
	辅助跨 E12~E18	2	3147
	主墩墩顶 E19~E24	6	958
鼓屿水道桥	边跨 E0~E6	2	2798
	辅助跨 E7~E13	2	3046
	主墩墩顶 E14~E19	6	1036
简支钢桁梁	跨度 80m	26	1330
	跨度 88m	8	1520

其中,最大吊重钢梁为鼓屿门辅助跨 E12~E18 大节段,质量约 3150t(不含吊具),钢梁顶最大高程约 +76m,考虑吊具高度及重量本桥钢桁梁架设起重船吊重约 3600t,吊高需大于 100m。

9.5.2 布置与选型主要参数

1)主要参数

根据平潭海峡公铁大桥对起重船的实际需求并考虑后续跨海大桥使用,为更好地满足桥梁吊装施工的特点,减小桥梁吊装吊具结构,从而提高桥梁吊装的有效高度,经多次专题研讨,起重机决定采用变幅式双臂架结构,主要参数见表 2-9-5-2。

3600t 起重船主要参数 表 2-9-5-2

项目		主钩	副钩	索具钩	稳索绞车	变幅	
起重质量(t)		4×900	2×300	4×10	4×35		
变幅范围	臂架角度(°)	39.17~68.35	39.17~68.36	39.17~68.37	39.17~68.38	工作	39.17~68.35
						通航	39.17~14
	离船舷前的幅度(m)	38~90	48.2~104		38~90		
起升高度(水上、水下)(m)		110/10	130/10	112/0			

2)起重机的工作级别

(1)利用等级:U4;
(2)荷载级别:Q1;
(3)工作级别:A3。

3)航区

适用于在港口或遮蔽及沿海水域环境条件,或相当于上述环境条件时的近海区域起重作业,满足无限航区拖带调遣要求。

4)作业环境条件

在风力≤蒲氏 8 级、水流速度≤6 节(相当 3.1m/s)、浪高≤2.5m 的条件下,满足沿海及遮蔽区域或相当于上述环境条件时的近海区域施工作业。船舶最大横倾角 3°,最大纵倾角 2°。

5）调遣拖航条件

远距离拖航时,臂架暂定放置 50°左右,所有主钩放置在船甲板上固定。

6）过桥通航条件

起重机臂架最低可以放置于约 14°,起重机最大高度（距水面）≤45m；船舶最大横倾角 0.5°,最大纵倾角 0.5°。

7）锚泊生存环境条件

在风力≤蒲氏 10 级风、水流速度≤8 节（相当于 4.1m/s）的条件下,可就地抛锚抗风。当风力＞蒲氏 10 级时,应进港避风。

9.5.3 主要构造及系统

1）概述

起重船由主要结构、主要机构、辅助机构、电气系统、船体等组成。主要结构包括臂架、臂架支座、人字架；主要机构包括主起升机构、副起升机构、变幅机构；辅助机构包括索具钩起升机构、稳索绞车。起重船立面布置见图 2-9-5-1。

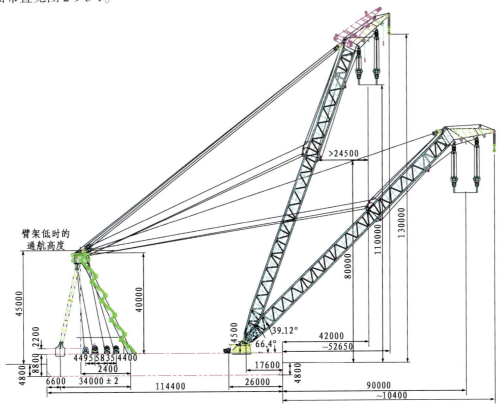

图 2-9-5-1 大桥海鸥号 3600t 起重船立面布置图（尺寸单位:mm）

2）整体模型

整体模型如图 2-9-5-2 所示。

3）主臂架

主臂架外观如图 2-9-5-3 所示,主臂架采用钢管桁架人字形双臂架结构。单臂架主弦管是 8 根材质为 Q690E 的直缝焊接钢管。

a)

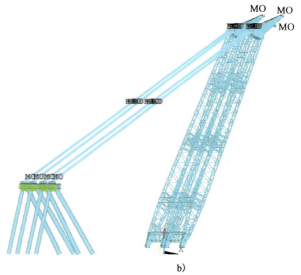
b)

图 2-9-5-2 整体外观照片及模型

a)

b)

c)

图 2-9-5-3 主臂架外观

4）人字架

人字架设置在船体尾部（图2-9-5-4），基本材质为Q345C或Q345D，与船体连接部分材质为EH36。人字架横梁采用箱形结构，前撑杆、后拉杆采用直缝管形式，人字架前撑杆与船体、人字架后拉杆与船体均采用全熔透焊接。

图2-9-5-4　人字架外观

5）臂架支座

如图2-9-5-5所示，臂架支座结构形式为钢板拼成，材料采用EH36。臂架与臂架支座采用销轴连接。销轴中心距主甲板高4.5m，臂架支座与船体合为一体。

图2-9-5-5　臂架支座外观

6）起升机构

每座臂架设置两套主起升机构和一套副起升机构，起升机构由起升绞车、起升定、动滑轮组、吊钩及钢丝绳等组成。每台绞车由电动机通过内藏式行星减速器驱动卷筒，卷筒为LEBUS折线卷筒，钢丝绳缠绕整齐,容绳量大,高速端设电力液压盘式制动器,低速端设卷筒安全制动器和手动操纵的棘轮棘爪停止器。

主起升绞车由两台通过联轴器连接的绞车组成(图2-9-5-6),从而保证两台绞车的机械同步;通过西门子公司的S7-400H系列PLC实现交流变频调速和控制,从而保持两台电动机扭矩一致。

a)

b)

图2-9-5-6 主起升绞车外观

四个吊钩可分别独立升降作业,也可通过控制开关,四个吊钩联动同步升降作业,也可通过控制开关,两个后主钩联动,两个前主钩联动,同步升降作业。3600t起重船角度、幅度与起重量的关系见表2-9-5-3和图2-9-5-7。

3600t起重船角度、幅度和起重量关系　　　　　　　表2-9-5-3

角度	幅度											
	38	42	47	50	55	60	65	70	75	80	85	90
0°	3600	3600	2800	2510	2140	1840	1600	1390	1210	1055	915	800
5°	2500	2500	1930	1770	1734	1660	1455	1280	11130	1015	873	753
10°	1900	1900	1460	1328	1291	1262	1252	1170	1060	954	831	745
15°	1500	1500	1145	1080	1070	1060	1040	1025	983	893	748	705

注:幅度单位为m,起重量单位为t。

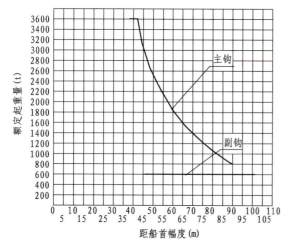

图2-9-5-7 双臂架起重曲线

7)变幅机构

每座臂架设置一套变幅机构,变幅机构由变幅绞车、变幅动、定滑轮组和变幅钢丝绳组成。变幅绞车采用内藏式行星减速器,卷筒为LEBUS折线卷筒,钢丝绳缠绕整齐,容绳量大,高速端设电力液压盘式制动器,低速端设低速安全制动器和手动操纵的棘轮棘爪停止器。

8)控制系统

采用西门子公司的S7-400H系列PLC,两台CPU热备冗余,实现了网络化、自动诊断、自动报警、自动保护、自动控制等各种功能;采用西门子人机界面对系统进行状态监控,并且通过工控机对系统进行信息管理。PLC 与变频器之间采用 PROFIBUS-DP 通信协议,其通信最高速率可达到 12Mbit/s,最长通信距离可达到 1.2km。PLC 与触摸屏之间采用 PROFIBUS-DP 通信,PLC 与工控机之间采用以太网通信。

9）船体

采用箱形船体、纵骨架式、单甲板钢质焊接结构,单底(机舱处双层底)、艏艉流线型、方艏方艉,自身带有移船能力。作业时采用移船绞车辐射状锚泊定位方式,配 AC-14 型大抓力锚 8 只,7 只 16t,1 只 14t。600kN 液压移船绞车 8 台,分别布置在艏、艉左右舷。绞车为单卷筒,并设排缆装置,靠船舷的 4 只设边卷筒,每台绞车可在集控室集中控制或机旁操作。设置 2 个 1500kW 的全回转电力推进装置及 2 个 550kW 的侧推装置,主要用于进出港口和靠离作业平台,实测自航速度达 5.394 节。3600t 起重船船体尺寸参数见表 2-9-5-4。

3600t 起重船船体尺寸参数 表 2-9-5-4

船　长	船　宽	型　深	设计吃水	工作最大横倾角	工作最大纵倾角
114.4m	48m	8.8m	4.8m	3°	2°

9.5.4 关键技术

1）起重船快速抛锚定位技术

移船绞车电控系统是专门为 3600t 起重船设计的一套用于船体定位和移位的绞车系统。控制系统具备远程集中控制、本地控制、自动、手动、单机、联动等操作功能,绳长、绳速、张力等实现网络化及自动诊断、自动报警、自动保护、自动控制等各种功能。通过设置在首尾的两套绞车液压泵站,分别驱动首部移船绞车和尾部移船绞车。每套泵站设有主泵组、控制泵组,泵组全部启动能满足 2 台移船绞车满载全速工作。配合 8 只 AC-14 型大抓力锚,可实现在强浪涌、光板岩海床条件下环境的快速可靠定位。

2）大节段钢桁梁整体架设技术

起重船架设钢梁工序为:拖轮辅助起重船到达架梁位置→根据待架梁段位置及周边海域条件抛锚定位→起重船绞锚后退让出运梁船定位空间→拖轮辅助钢梁运输船到达起重船右前方→运输船抛锚→运输船绞锚使船体与桥中线平行且位于起重船正前方下→运梁船精调锚链完成精确定位→起重船绞锚将吊具的 4 个吊点正对钢梁的 4 个吊耳→起重船主钩下落挂钩→进行起吊前静动载检查→起重船起钩提升钢梁直至梁底高程高于运梁船顶高程 3m 以上→运梁船收锚绞离并在拖轮辅助下离场→缓慢提升钢梁直至设计高程→起重船绞锚缓慢前移至待架墩位处进行落梁、安装。

以架设鼓屿门辅助跨 E12~E18 大节段为例,起重船抛锚布置图及钢梁吊装立面如图 2-9-5-8 所示。

在起重船逐步加载、静动载检查、缓慢提升、逐步卸载的过程中,四个主钩可单独动作也可联动,联动方式有四个主钩联动、两个后主钩联动、两个前主钩联动。当采取联动模式时,通过光纤同步卡可实现主钩同步动作。通过集控室起重船监控管理系统(图 2-9-5-9),可以实时读取各钩实际载荷和运行速度等起重参数,便于对照设计参数分析运行状态。配合现场对钢梁四角高差的全过程动态观测,可以保证起重船及钢梁姿态正常,起重船各主钩受力均匀。

3）全方位安全保护技术

主、副、索具钩起升机构均设有最大和极限起升高度自动停车限位开关及最大下降深度保护,且均设有超负荷限制器,可以显示起重量参数,与幅度检测信号配合进行力矩保护,如图 2-9-5-10a)所示。变幅机构在起重臂达到最大、最小幅度和极限幅度时设置自动停车限位开关;设幅度检测装置,其信号参与力矩保护。主副起升、变幅绞车均配有安全制动器、棘轮棘爪保护器。

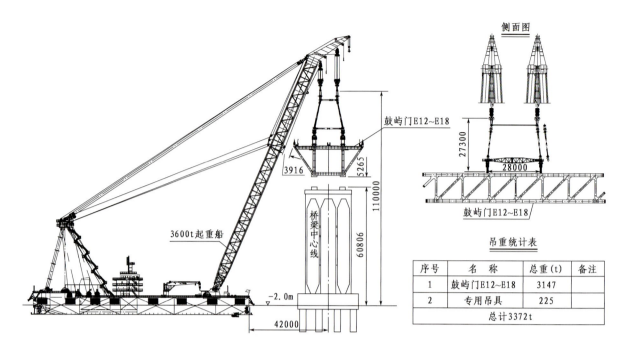

图 2-9-5-8　大桥海鸥号 3600t 起重船吊装大节段钢桁梁示意图（尺寸单位：mm）

图 2-9-5-9　起重机监控管理系统

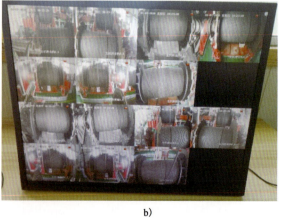

a)　　　　　　　　　　　　　b)

图 2-9-5-10　力矩限制器及视频监控系统

设置视频监控系统可以实时观察各绞车及钢丝绳的运行状况,一旦发现问题可以及时停止动作进行处理,不仅可以减少起重作业时配合观察人员的数量,也缩短了出现异常时的沟通、处理时间,如图2-9-5-10b)所示。

采用施耐德公司MTE系列总断路器,其具备失压脱扣跳闸、短路及过流、过载保护等功能。主变压器次级采用三角形和星形输出形式,由于两个次级的输出相位相差30°,5次和7次谐波几乎完全抵消,可以明显降低电流的高次谐波,减少电磁辐射,同时对船上柴油发电机起到很好的保护作用。

配合电动机故障保护、船倾保护、大风报警、零位保护、急停开关、失电保护、超速保护、过电压保护、欠电压保护、过电流保护、缺相保护、航空障碍灯、避雷针等措施,实现了起重船全方位的安全保护。

4)海上施工用四吊钩可调节型钢桁梁吊具

由于吊装节段重量大、种类多,各节段吊耳纵横向间距不尽相同,为此研发了专用吊具,根据钢梁节段重量、吊耳间距、3600t起重船参数等基本信息并结合施工易操作性,吊具结构主要为无接头绳圈柔性索具+纵横向刚性撑杆组成的柔性结构。为满足不同节段吊耳间距布置要求,吊具结构下层横向撑杆中间设有1m调节段,以适应吊耳横向间距为14m和15m两种布置;吊具结构下层纵向撑杆分三段设计,两端还设有多个吊挂孔,带中间段纵向撑杆时,吊具可适应的吊耳纵向间距为43.2m、42m、40m、39.2m、38m共5种,不带中间段纵向撑杆时,吊具可适应的吊耳纵向间距为28m、24m两种。大节段吊具结构总体布置详见图2-9-5-11。

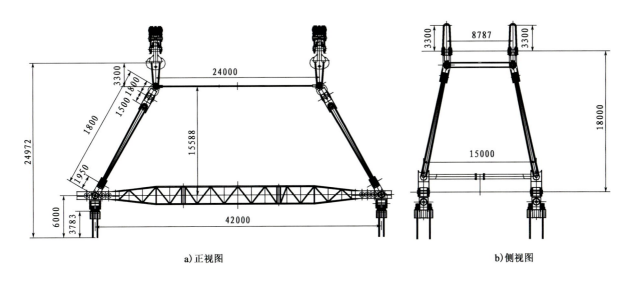

a)正视图　　　　　　　　　　　　b)侧视图

图2-9-5-11　钢梁吊具结构总体布置图(尺寸单位:mm)

吊具主要包括上支架、中支架、下支架、纵横向压杆、无接缝绳圈及叉耳冷涛锚拉索等。钢桁梁上吊耳与4个下支架通过快锁装置的绳圈直接挂入绳槽,操作安全性好,效率高,每安装一组吊耳仅耗时40min,完成一个钢桁梁的安装需要160min;快锁装置上方设可调浇铸索具,用于保证四点绳圈长度一致,浇铸索具上设球垫组件以保证绳圈垂直受力;两侧下支架的上端之间连接有纵向调节压杆,纵向压杆中间调节段上设置有销轴和螺母以方便安拆、调节;下支架连接中支架的下端,并设置横向调节压杆,横向调节压杆的两端连接有横向连接架装配,且其下方固定连接有两组辅助滚轮组;中支架上端通过无接缝绳圈与上支架倾斜连接,上支架纵向通过叉耳冷涛锚拉索连接、横向通过无接缝绳圈连接;上支架上通过端无接缝绳圈与起重船吊钩连接。

本吊具不需要安装专用工具,降低了制造费用;能够满足风力7级、浪高2m的海洋环境下吊装作业的要求。柔性索+刚性桁架撑杆结构额定吊重3200t。

9.5.5　创新点及小结

平潭海峡公铁大桥大节段钢桁梁最重3150t（不含吊具），钢梁顶最高高程约+76m，考虑吊具高度及重量，研制了起升高度可达110m的3600t双臂架变幅式起重船，为国内起重量最大、起升高度最高的双臂架起重船，填补了我国海上大型起重船序列。由于钢桁梁节段重量大、种类多，各节段吊耳纵横向间距不尽相同，如单独制作刚性吊具，不仅会限制起重船有效起升重量，而且会增加施工成本。为此，专门研制了多功能四吊钩可调节型钢桁梁吊具，采用了无接头绳圈柔性索具+纵横向刚性撑杆组成的柔性结构，额定吊重3200t。

本篇参考文献

[1] 杨桂山.中国海洋环境变化及其区域响应[D].南京:中国科学院南京地理与湖泊研究所,1997.
[2] 蔡子龙.海洋环境中桩—承台复合基础波浪荷载研究[D].成都:西南交通大学,2017:411.
[3] 王东辉.平潭海峡公铁两用大桥航道桥基础设计与施工创新技术[J].铁道标准设计,2017,61(9):68-75.
[4] 康晋,段雪炜,徐伟.平潭海峡公铁两用大桥主桥整节段全焊钢桁梁设计[J].桥梁建设,2015,45(5):1-6.
[5] 孙英杰,徐伟.平潭海峡公铁两用大桥双层结合全焊钢桁梁设计[J].桥梁建设,2016,46(1):1-5.
[6] 陈翔,梅新咏.平潭海峡公铁两用大桥主航道斜拉桥深水基础设计[J].桥梁建设,2016(3):86-91.
[7] 孙英杰,梅新咏.平潭海峡公铁两用大桥鼓屿门航道桥主墩基础设计[J].世界桥梁,2016,44(1):15-19.
[8] 马晓东.跨海大桥施工结构设计要点[J].交通科技,2018(2):41-44.
[9] 黄融.跨海大桥设计与施工:东海大桥[M].北京:人民交通出版社,2009.
[10] 王勇.杭州湾跨海大桥工程总结[M].北京:人民交通出版社,2008.
[11] 鄂怀斌,郑自元,黄行裕.铜陵公铁两用长江大桥钢桁梁全焊桁片制造技术[J].桥梁建设,2014,44(1):6-10.
[12] 中国土木工程学会箱形梁焊接技术考察组.日本栓焊钢桥设计与制造[M].北京:中国铁道出版社,1980.
[13] 宋卫国,伏首圣,程德林.嘉绍跨江大桥水中区引桥单桩独柱墩设计[J].桥梁建设,2010(1):15-17.
[14] 皇甫熹,刘红燕,颜爱华.东海大桥70m跨低墩基础波浪力研究[J].世界桥梁,2004(增刊1):13-16.
[15] 胡传新,周志勇,秦鹏.港珠澳大桥青州航道桥抗风性能研究[J].桥梁建设,2018,48(2):1-6.
[16] 王波,孙家龙,刘鹏飞,等.平潭海峡公铁两用大桥施工海域风速预测研究[J].桥梁建设,2017,47(5):1-5.
[17] 朱治宝,马长飞,王波,等.平潭海峡公铁两用大桥施工安全风险评估[J].桥梁建设,2017,47(1):12-16.
[18] 辛国伟,黄宁,张洁.大风区铁路沿线挡风墙积沙机理及优化措施的风洞实验研究[J].力学学报,2020,52(3):635-644.
[19] 胥红敏,张鹏,郭湛.大风作用下高速列车运行安全性研究综述[J].中国铁路,2019(5):17-26.
[20] 康小英,廖海黎.大跨度桥梁风障的设计研究及应用[J].世界桥梁,2002(2):20-21.
[21] 梅刚,王策,王达磊,等.大跨悬索桥桥面风致行车安全评价与对策[J].公路交通科技,2018(6):129-132.
[22] 苏洋,李永乐,陈宁,等.分离式公铁双层桥面桥梁—列车—风屏障系统气动效应风洞试验研究[J].土木工程学报,2015,48(12):101-108.
[23] 李永乐,姜孝伟,苏洋,等.分离式公铁双层桥面相互气动干扰及对列车走行性的影响[J].振动与冲击,2016,35(9):74-93.
[24] 王露.风环境下山区高速公路桥隧连接段行车安全影响研究[D].西安:长安大学,2014:49.
[25] 李永乐,苏洋,武兵,等.风屏障对大跨度桁架桥风致振动及车辆风载荷的综合影响研究[J].振动与冲击,2016,35(12):141-159.
[26] 陈宁,赵凯,李永乐,等.风屏障对桥上车行驶安全性的影响[J].中外公路,2016,36(4):340-345.
[27] 何玮,郭向荣,邹云峰,等.风屏障透风率对侧风下大跨度斜拉桥车桥耦合振动的影响[J].中南大学学报(自然科学版),2016,47(5):1715-1721.
[28] 洪锦祥.福州长门特大桥北引桥风障设计和抗风研究[J].福建交通科技,2018(1):30-34.
[29] 盛士刚.公路桥梁侧风风致行车安全研究[D].长春:吉林大学,2018:491.
[30] 苏洋.公铁两用双层桥梁风屏障气动机理及优化研究[D].成都:西南交通大学,2017.
[31] 陈列,徐锡江,谢海清,等.沪昆高铁北盘江特大桥导风栏杆防风效果风洞试验研究[J].铁道标准设计,2019,63(10):76-80.
[32] 汪正华,葛耀君,曹丰产.金塘大桥行车风环境及其控制措施的数值模拟[C]//中国土木工程学会桥梁与结构工程分会风工程委员会.第十四届全国结构风工程学术会议论文集.2009:8.
[33] 史方华,白雨东.金塘大桥主通航孔桥设计特点[J].公路,2009(1):106-110.

[34] 王玉晶.考虑风屏障遮风作用和列车风效应的车桥系统振动分析[D].北京:北京交通大学,2019:24.
[35] 陈艾荣,王达磊,庞加斌.跨海长桥风致行车安全研究[J].桥梁建设,2006(3):1-4.
[36] 俞萍.兰新高速铁路桥梁挡风结构挡风板设计[J].铁道标准设计,2016,60(7):86-90.
[37] 王争鸣.兰新高铁穿越大风区线路选线及防风措施设计[J].铁道工程学报,2015(1):1-60.
[38] 潘新民,马秀清,徐洁.兰新高铁挡风墙防风效果分析评估[J].干旱气象,2019,37(3):496-499.
[39] 何涛.兰新高铁风区桥梁关键技术研究[J].铁道工程学报,2018(5):13-82.
[40] 王效有.兰新高铁桥梁防风工程技术应用[J].铁道建筑技术,2016(9):65-83.
[41] 赵通,黄兵,李光白,等.泸定大渡河兴康特大桥的工程设计特点与技术创新[J].西南公路,2018(4):7-10.
[42] 林兵.南疆百里风区桥梁防风施工技术[J].施工技术,2012,41(360):65-69.
[43] 张田.强风场中高速铁路桥梁列车运行安全分析及防风措施研究[D].北京:北京交通大学,2013:24.
[44] 李波,张剑,杨庆山.桥梁风障挡风性能的试验研究[J].振动与冲击,2016,35(8):78-82.
[45] 郭震山,朱乐东,周志勇.桥梁风障优化选型及其对桥梁气动性能的影响[C]//第十四届全国结构风工程学术会议论文集.2009.
[46] 庞加斌,王达磊,陈艾荣,等.桥面侧风对行车安全性影响的概率评价方法[J].中国公路学报,2006,19(4):59-64.
[47] 刘庆宽,杜彦良,乔富贵.日本列车横风和强风对策研究[J].铁道学报,2008,30(1):82-88.
[48] 杨晓燕,夏天.苏格兰福斯新桥设计[J].世界桥梁,2011(2):5-14.
[49] 贾楠.苏通大桥风致风险分析[D].南京:东南大学,2015.
[50] 吕康凯.舟山连岛工程西堠门大桥活动风障设计与实现[J].科技视界,2017(36):233,229.
[51] 国家制造强国建设战略咨询委员会.中国制造2025蓝皮书(2018)[M].北京:电子工业出版社,2018.
[52] 中铁大桥勘测设计院集团有限公司.平潭海峡公铁两用大桥施工图设计文件[Z].武汉:2013.

平潭海峡公铁大桥
建造关键技术

KEY TECHNOLOGY FOR
THE CONSTRUCTION
OF PINGTAN STRAIT HIGHWAY AND RAILWAY BRIDGE

Part Three

第 3 篇

施工组织

松下岸 | 人屿岛 | 元洪航道桥 | 鼓屿门水道桥

平潭海峡公铁大桥
建造关键技术

03

第1章

全桥总体施工组织与管理

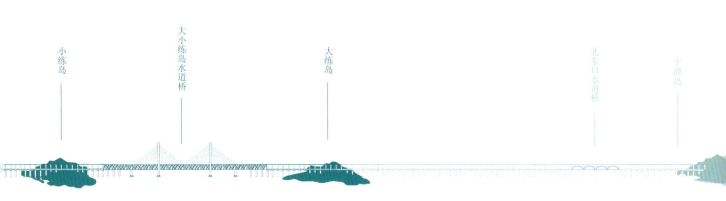

1.1 施工组织机构及任务划分

平潭海峡公铁大桥工程量大,建设条件恶劣,涉及资源要素多,为安全、优质、高效地建设好平潭海峡公铁大桥,统一调配优质资源,全长16.34km的大桥由两个施工单位参与建设。中铁大桥局集团有限公司承建11.15km,从松下岸到大练岛,跨越三个岛屿、三条航道,设计单位为中铁大桥勘测设计院集团有限公司,监理单位为铁四院西安铁一院监理联合体;中铁建大桥局集团有限公司承建5.19km,从大练岛到平潭岛,设计单位为中铁第四勘察设计院集团有限公司,监理单位为中铁武汉大桥工程咨询监理有限公司,施工标段划分如图3-1-1-1所示。

中铁大桥局集团有限公司承建标段为全桥施工条件最恶劣、建设难度最大、技术要求最高区段,含三座大跨度斜拉桥建设。为了安全、高效、顺利完成大桥建设,中铁大桥局集团有限公司采用"1+3+6"管理模式:"1"是设立局指项目部统筹管控,局指项目部采取"七部二室一中心"的管理方式,即设立工程部、安全质量环保部、工经部、财务部、物资管理部、机械设备部、海工定额部、综合办公室、中心试验室和测量中心共同协调管理;"3"是集团公司组织3个综合子公司进行土建工程分段施工;"6"是同时组织物资公司、船舶分公司、基础分公司、租赁分公司、设计分公司和桥科院6个专业子

图3-1-1-1 平潭海峡公铁大桥施工标段划分

分公司参与大桥建设,钢梁制造专业分包给中铁山桥集团公司制造,并且成立了钢梁制造驻厂代表小组。中铁大桥局施工管理组织机构如图3-1-1-2所示。

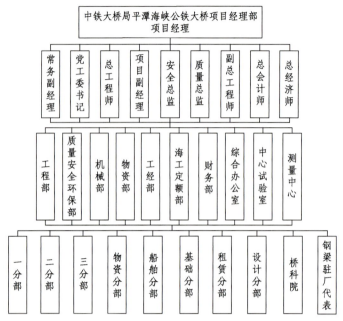

图3-1-1-2 中铁大桥局平潭海峡公铁大桥组织机构图

三个综合子公司具体任务划分为:一分部自长乐岸起点至鼓屿门航道桥跨中(起止里程 DK59+415.00~DK65+820.65),区段长6405.65m,由中铁大桥局第五工程有限公司承担;二分部自鼓屿门航道桥跨中至长屿岛与小练岛间CX23号墩处(起止里程 DK65+820.65~DK67+465.75),区段长1645.10m,由中铁大桥局第六工程有限公司承担;三分部自CX24号墩直至大练岛FPZQ-3标终点[起止里程 DK67+465.75(不含)~DK70+564.70],区段长3098.95m,由中铁大桥局第四工程有限公司承担,如图3-1-1-3所示。

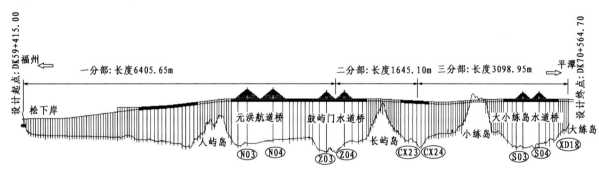

图3-1-1-3 综合分部管理范围划分

综合分部(一、二、三分部)设置完整职能部门,配备相应主管领导,综合分部根据施工段长短设置工区,工区仅设置部分职能部门,各专业分部一般不设置职能部门;核心管理层实行"局项目部—综合分部—工区"三级管理,专业分部由局项目部直接管理,功能定位与局项目部职能部门相同,服务于综合分部。根据施工现场进度安排,管理层级下辖若干个劳务作业队。

1.2 场地布置及大型临时工程

1.2.1 场地布置原则

施工场地依据桥梁建设条件、主体结构形式和施工方法进行布置。充分考虑桥梁平面布置、桥位处的地形、地貌、水文、道路交通等自然条件,本着就近、保护原生态和周围环境的原则,合理布设施工场地。结合平潭海峡复杂海况和施工作业特点,采用栈桥+平台方案在充分利用陆地、岛屿空间的同时,以海上生产平台为中心规划施工场地。

1.2.2 施工总体平面布置

桥址处山多地狭,大块场地稀有,结合本桥的施工方案及工期安排,在桥址范围共布置多处生产区。生产区分别位于长乐岸、人屿岛、海上生产平台、长屿岛、小练岛、大练岛。局指项目经理部设置在长乐岸,每个生产区内均布置办公区、钢筋及钢结构加工车间、混凝土搅拌站、起重码头、砂石码头、交通码头;全线130个海中墩施工平台均通过栈桥与陆地或岛屿生产区连通,栈桥全长7.6km;通航孔处由于通航要求栈桥未连通,N04至Z03号墩区域内没有可利用的陆地或岛屿,新建了一处大型海上生产平台,配以办公区、混凝土工厂、起重码头、砂石码头、交通码头,以满足施工需要。长乐岸桥头修建施工便道与省道201线连接,其余各岛屿处修建施工便道将栈桥与生产区连接;斜拉桥钢梁和80(88)m钢梁由加工制造厂家在厂区加工成成品,通过水路直接运输至待架桥位,现场设置了一处存放场地,临时存放钢梁。详细见图3-1-2-1。

图3-1-2-1 总体平面布置图

1.2.3 生活及生产区布置

根据项目沿线地形地貌概况,在长乐岸设项目经理部、一分部生活区及协力队伍生活区。由于桥梁起点位置地形起伏较大,部分场地需进行大量的挖、填方及场地整平工作。在长屿岛和小练岛设二、三分部大型办公生活区及协力队伍生活区。长乐岸午山村、人屿岛、海上平台、大练岛设立办公生活区。

根据桥梁主体结构形式、施工方法和项目沿线场地分布,在长乐岸设生产区,包括钢筋、钢结构的集中加工区、混凝土工厂;人屿岛、海上生产平台、长屿岛、小练岛、大练岛上设置混凝土工厂、钢结构及钢筋加工车间。公路混凝土桥面板及铁路道砟槽板预制场设置在场外大型码头;主航道桥斜拉桥钢梁和80m/88m 钢桁结合梁在制造厂采用节段或整孔制造,海运至桥址区域,现场设置存放场地。钢梁加工场地有三处,在河北秦皇岛山海关加工钢桥面板,在江苏如皋加工并组拼斜拉桥钢桁梁,在中山基地加工简支钢桁梁,用运输船舶从制造厂运至待架桥位,现场设置了一处临时场地存放钢梁,以便恶劣海况下桥位处无法直接架设时临时存放。桥址附近生产生活区布置图如图3-1-2-2所示。

图3-1-2-2　生产生活区总体平面布置图

1.2.4　混凝土工厂、混凝土工作船(沥青混凝土工厂)

混凝土工厂共分为陆地混凝土工厂、岛屿混凝土工厂、海上混凝土工作船和海上固定平台式混凝土工厂。陆地混凝土工厂1座($2\times120m^3/h$),岛屿混凝土工厂4座(2座$2\times120m^3/h$,2座$2\times180m^3/h$),分别布设在人屿岛、长屿岛、小练岛和大练岛施工场地的生产区内。海上混凝土工作船共2座($2\times150m^3/h$),设在通航孔桥(即元洪航道桥通航孔桥、鼓屿门水道桥通航孔桥和大小练岛水道桥通航孔桥)。海上固定平台式混凝土工厂1座($2\times180m^3/h$),设在元洪航道与鼓屿门水道之间海上平台生产区内,如图3-1-2-3所示。

图3-1-2-3　海上固定平台式混凝土工厂

1.2.5　码头

起重码头的功能为负责预制桥面板、钢结构、钢筋等材料及加工设备的转运、上下海;全桥共配备有

15处起重码头,有7座新建码头分别布设在长乐岸、人屿岛、海上平台、长屿岛、小练岛(2座)和大练岛各施工场地的生产区,其余8座为场外租赁综合性码头。海上平台起重码头配备WD120型固定式桅杆吊机两台,基础均采用打入式钢管桩结构,如图3-1-2-4所示。

图3-1-2-4 人屿岛起重码头

共新建砂石料、粉料码头5座,分别位于海上生产平台、长屿岛(2座)、小练岛、大练岛,负责混凝土工厂生产所需砂石料、粉料的及时供应。

交通码头主要用于施工人员上、下岛。分别在长乐岸松下村、小练岛西礁、小练岛东礁、大练岛生产区、平潭岛看澳村各配置1座交通码头。

1.3 总体施工安排和主要阶段工期

1.3.1 总工期及开竣工日期

大桥施工过程中除受大风、台风侵袭外,还受雷暴、大雾及潮汐等恶劣自然条件的影响,恶劣的气候条件对现场的安全施工威胁大,造成施工工效低,年平均有效施工作业天数少,严重地制约了本工程的正常作业。

大桥主体土建工程施工工期为6年,铺轨及运营调试工期1年,项目总工期为7年。开工日期为2013年11月1日,主体土建工程竣工日期为2019年11月10日。

1.3.2 各阶段工期安排

元洪航道桥为大桥的关键控制工程,施工流程为钻孔桩基础施工→承台施工→主塔(墩)施工→钢桁梁架设→桥面附属工程及轨道四电施工。考虑大风、潮汐、浪涌影响,各阶段工期安排如下。

(1)施工准备阶段:人员进场,项目部建设,生产区建设、施工栈桥、码头、施工便道等临时结构修建,施工工期315d,施工栈桥搭建工期长。

(2)主(塔)墩钻孔桩及承台施工阶段:平台搭设150d,钢护筒插打施工周期5d/根,钻孔桩施工计划投入5台钻机,分5个循环完成桩基施工,钻孔桩施工周期45d/根(不含复杂地质护筒插打、钻孔处理);围堰分两个单元在工厂制造,施工周期165d;围堰运输至现场拼装完成,施工周期30d;围堰下放封底25d,抽水、桩头清理焊接抗沉牛腿30d;承台混凝土分两层四次浇筑,施工周期90d。

(3)塔柱及墩身施工阶段:塔柱采用爬模法施工,分节高度6m,塔座施工周期40d,下塔柱施工周期15d/节,中塔柱施工周期11d/节,上塔柱施工周期15d/节;上、下横梁各分二次施工,施工周期75d。辅助墩、边墩为门式墩,根据墩身高度不同进行分节现浇,分节高度4.5m,施工周期11d/节,门形墩帽施工周期30d/个。

(4)钢桁梁架设阶段:墩顶节间托架安装60d,墩顶7节间钢桁梁架设45d;架梁吊机安装及调试35d;钢桁梁两节间架设施工周期15d/两节间(含调索时间)。

(5)桥面及附属施工阶段:施工工期150d。

引桥墩安排3台或4台钻机同时施工,5个作业循环完成,平台搭设90d,钢护筒插打20d,平台拆除、倒运和重新搭设110d,钻孔桩施工周期为30d/根;围堰组拼、下放及承台钢筋绑扎、混凝土浇筑施工周期为120d;墩身分节现浇,分节高度4.5m,施工周期为11d/节。

浅水及陆地区引桥40.7m、49.2m跨混凝土箱梁海上移动造桥机现浇施工周期为30d/孔,深水高墩区引桥80m、88m钢桁结合梁整孔运输及架设施工周期为10d/孔。

1.4 控制和重难点工程施工方案

作为国内首座跨海峡的公铁两用大桥,相对于以往建设的海湾桥,平潭海峡公铁大桥的建设面临风大、浪高、涌激、强台风、复杂地质等恶劣条件。本桥为国内在跨海峡桥梁领域的首次尝试,尚无有效经验可循。无论是环境的恶劣程度,还是所面临的技术挑战和施工风险都远超国内已建设成或在建的其他跨海桥梁。

确定大桥施工总体思路为:结合海况自然条件和主体结构特点,以信息化技术为指导、工厂化技术为保障,化部分海上施工为半陆地施工,化高空作业为地面作业,化现场施工为工厂预制,化强风为弱风,化强浪涌集中受力为分散多点抵抗,从而降低海洋环境施工作业风险,保证工程施工质量。

综合比选后的大桥施工总体方案为:大桥水中基础采用长栈桥+施工平台方案,将岛屿和海上平台作为生产和生活基地,分别修建栈桥连通至各墩位,将海上施工转化为栈桥及平台施工,降低安全风险,减少浪、涌对施工的影响。

基础施工均采用先搭建钻孔平台施工钻孔桩,之后利用起重船整体或分节段吊装钢围堰进行承台浇筑;主塔施工采用全封闭爬模施工,墩身施工采用翻模施工;斜拉桥钢梁施工采用大节段或整节段(两个节间)工厂制造,梁面架梁吊机整体吊装,墩顶及边跨无索区钢梁采用3600t起重船安装;80m(88m)简支钢桁梁采用工厂整孔制造、船运至现场、再用3600t起重船整孔吊装;混凝土箱梁施工主要采用海上移动造桥机,少量采用现浇支架施工。整体布置如图3-1-4-1所示。

图3-1-4-1 施工总体布置实景图

1.4.1 栈桥总体施工方案

栈桥施工主要分为钢管桩插打、联结系安装、上部结构安装三部分。深水覆盖层区钢管桩采用打桩船直接插打法,近岛段浅水区采用悬臂导向架法插打钢管桩(钓鱼法),深水浅无覆盖层区采用小导管架法,对于钢管桩入岩土深度达不到设计要求时,采用施工锚桩、增设联结系、补打钢桩、抛石防护等措施处理;联结系采用"▽"整体桁片安装及"Z"整体角接型两种,为克服强涌浪流作用,联结系均设置伸缩套管;为加快栈桥施工进度,采用起重船安装起始段栈桥连接系、分配梁、贝雷梁及桥面板,然后安装履带式起重机于其上,利用履带式起重机来配合进行联结系等其他结构安装,上部结构采用跨越能力较大的"大桥Ⅰ号桁梁"结构,最大单孔跨度可达36m,有效地解决了深水区栈桥施工。方案实施后达到了抗风浪能力强、深水区梁部跨度大、重度腐蚀海域防腐能力强、标准化模块化程度高的建设标准。栈桥施工方式如图3-1-4-2所示。

图 3-1-4-2 栈桥施工图

1.4.2 钻孔平台总体施工方案

钻孔平台分为两大类:第一类为打入桩平台方案,第二类为导管架钻孔平台方案。根据墩位处水深及地质资料,结合覆盖层厚度及岩层分布特点,单桩能达到锚固深度的墩位,直接采用打入桩钻孔平台,施工时根据钻孔平台钢管桩实际入岩土深度确定是否达到锚固条件,并建立钻孔平台整体模型,计算分析平台强度、刚度以及稳定性是否满足要求,以确定是否需要施工锚桩。

深水光板岩区采用导管架辅助建立施工平台方案进行施工,导管架主要作为深水钢管桩基础联结系,导管架定位后在导管内插打平台支撑钢管桩,形成水中整体基础,如图3-1-4-3所示。导管架角桩套管为 $\phi1712 \times 18mm$ 钢管桩,其余套管为 $\phi1700 \times 12mm$ 钢管,支撑桩为 $\phi1500 \times 18mm$ 钢管,钢管桩水平联结系为 $\phi600 \times 10mm$ 钢管,单榀导管架最大吊重1300t。导管架在工厂整体拼装成整体,水平面分成三榀整体制造,然后单榀依次采用起重船吊装水运到墩位初步定位,下放到海床面,插打角支撑钢管桩,精确定位导管架,然后插打其他支撑钢管桩,形成平台结构。通过整体着床,再以导管架为导向插打支承桩,解决水深较深、岩层裸露、单桩无法自稳问题,在复杂海域环境下快速建立施工平台。

图 3-1-4-3 导管架整体吊装施工图

导管架平台技术特点:水下联结系,有效增加平台抗波浪力整体刚度,抗倾覆能力强;兼作支撑桩插打导向,简化施工,具有施工速度快的优点;快速自稳,可作为初期海上施工临时平台;应用工厂化、机械化技术,化海上施工为半陆地施工。

1.4.3 超大直径钻孔桩施工方案

钢护筒在工厂一次性加工制造成型(图3-1-4-4),现场一次吊装定位,在平台上设置两层钢护筒插打导向;采用二次插打工艺解决倾斜岩面和风化孤石地层钢护筒下沉到稳定地层的难题,即液压振动锤初定位、IHCS-800 液压冲击锤插打入岩,同时配合旋挖钻机对海床孤石进行预处理、回旋钻机配合护筒跟进到稳定地层等施工措施。

自主研制 KTY5000 型全液压动力头旋转钻机(图 3-1-4-5)作为钻孔机械,气举反循环钻进全断面一次成孔,钻孔直径可达 5.0m,最大钻孔深度为 110m,钻头采用截锥形三瓣组合式滚刀钻头,既保证了钻孔直径,提高了排渣能力,又方便了钻头的运输和安拆。采用二次成孔施工工艺,解决超大直径钻孔桩在大倾斜岩面、软硬夹层等地层易偏孔的难题,保证了成孔孔型与成桩质量。

超大直径钢筋笼全部采用胎架长线法制作,直螺纹机械接头连接,利用门式起重机分节吊装对接下放。钢筋笼接长采用"悬挂环支承结构"支承孔内已接长的钢筋笼,钢筋笼转运、下放设计专用吊具,防止钢筋笼运输下放过程中发生较大变形。采用单导管灌注超大直径桩水下混凝土,导管采用 Q235 无缝钢管加工制作,接头形式为螺纹式,导管内径为 406mm,壁厚为 10mm,首灌保证导管埋深 1m,灌注过程中导管埋深为 4~6m,灌注桩顶高程比设计高程高出不小于 1.5m。

图 3-1-4-4 钢护筒施工图

图 3-1-4-5 KTY5000 型钻机图

1.4.4 承台施工方案

(1)混凝土梁桥承台围堰采用原位拼装,钻孔桩施工完成后,拆除围堰区域钻孔平台,安装拼装牛腿,利用吊机安装围堰单元,并将其连接成整体,接长四角钻孔桩钢护筒,在接长的钢护筒上安装围堰下放系统,下放围堰至设计高程;将围堰上、中两层下放至钢护筒抄垫后焊接牢固,并将底层导向楔块打紧;安装吊挂分配梁和吊杆,把围堰底板系统吊在钢护筒上,进行封底施工,然后围堰内抽水,浇筑承台,如图 3-1-4-6 所示。

a)

b)

图 3-1-4-6 混凝土箱梁区承台围堰施工图

(2)简支钢桁梁桥承台围堰采用整体吊装方案(图 3-1-4-7),工厂内单块加工围堰侧板、内支撑等,运输至围堰拼装码头,按顺序依次拼装围堰龙骨、底板、侧板、内支撑、封底吊挂系统,然后起重船整体吊装、运输至墩位,下放围堰、转换吊挂于桩顶,浇筑封底混凝土,然后围堰内抽水,分两层浇筑承台混凝土。

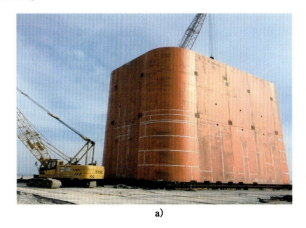

图 3-1-4-7 简支钢梁区承台围堰施工图

(3)斜拉桥主塔墩均采用圆端哑铃形承台(图 3-1-4-8),承台围堰设计为防撞箱围堰,主体防撞与施工围堰采用永久结构与临时结构相结合的方式,既作为承台混凝土施工围堰的侧板,又作为桥梁防撞结构,最大质量达4000t。防撞结构为钢—复合材料组合式防撞结构。防撞结构由吊箱、防撞梁及联结系3部分组成,围堰侧板(即防撞箱)在工厂内分块加工制造,底龙骨、底板、系梁桁架等其他围堰结构同步制造,制造完成后在出海码头将防撞箱与底龙骨连接组拼成两大块,并安装吊装及下放系统,围堰分块出海、船运至墩位,利用大吨位起重船起吊下放,吊挂于护筒顶,利用千斤顶调整围堰精确对位,完成侧板、系梁对接,围堰墩位拼装完成后,利用连续千斤顶整体下放围堰至设计高程,安装下层限位导向和封底吊挂。施工封底混凝土,抽水施工承台,承台混凝土共分两层三次浇筑,高度方向分两层,其下层承台(4.0m)哑铃形单圆承台混凝土先浇筑,再浇筑下层系梁混凝土,最后浇筑上层承台(5.0m)。

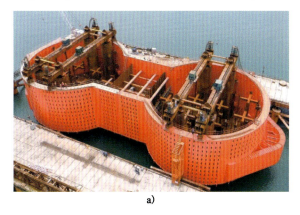
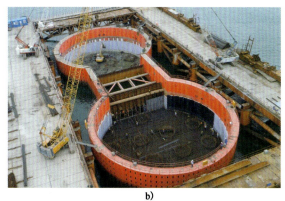

图 3-1-4-8 主墩承台围堰施工图

1.4.5 高墩高塔施工方案

主塔塔柱采用爬模施工(图 3-1-4-9)。塔座与主塔底节(起始段)一次性浇筑,塔柱采用标准节段6m液压爬模施工,下横梁采用钢管支架施工,下横梁与主塔塔柱采取异步施工,下横梁两端预留5.0m后浇段,高度方向一次浇筑。上横梁采用钢牛腿+支架施工,与塔柱采用异步施工,高度方向分两层浇筑,第一层浇筑后张拉部分底板预应力后再施工第二层混凝土。中塔柱施工过程中,设置一道塔柱临时横撑,增加大风环境塔柱施工过程中的整体刚度,控制塔柱线性。每个塔柱施工过程中配备2台D1100-63型塔式起重机和2部电梯,每塔肢配一套双笼电梯。

铁路门式框架墩采用整体翻模板、分段安装施工(图3-1-4-10),两肢循环使用,每段高度4.5m,内模采用组合钢模。铁路空心墩墩顶实体段及连接段采用预埋件安装分配梁形成平台施工,铁路帽梁采用钢模一次性浇筑施工。公路花瓶形墩身分两次施工,外模采用钢模,模板设置对拉拉杆。

图3-1-4-9　主塔施工图　　　　　　　　图3-1-4-10　墩身施工图

1.4.6　混凝土箱梁施工方案

混凝土箱梁主要采用海上移动造桥机现浇施工,部分墩位采用钢管支架现浇,铁路海上移动造桥机5套、公路海上移动造桥机8套,公路现浇支架11孔、铁路现浇支架5孔。海上移动造桥机采用双向导梁或者两跨结构、优化前后支腿设计,实现海上移动造桥机双向走行、变跨径、左右幅横移功能。同一套模架可以在墩位变换跨径、调整模板高度,满足49.2m和40.7m两种跨径及不同梁高箱梁施工。

海上移动造桥机主要采取码头整体拼装,起重船整体吊装到墩位安装(图3-1-4-11、图3-1-4-12)。首先在码头搭设海上移动造桥机拼装支架,在墩位搭设海上移动造桥机安装支架,公路海上移动造桥机安装支架支撑于铁路墩帽,铁路海上移动造桥机安装支架支撑于承台,分别与墩身锚固,造桥机结构在码头整体性拼装完成,然后利用大型起重船整体吊装、运输、安装在墩位。

图3-1-4-11　混凝土箱梁海上移动造桥机施工

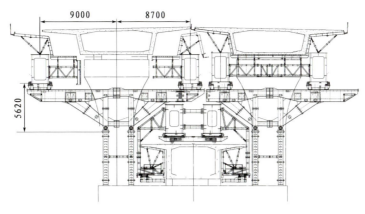

图 3-1-4-12　海上移动造桥机施工示意图(尺寸单位：mm)

1.4.7　钢梁架设施工方案

三座航道桥钢桁梁在钢梁厂焊接成稳定的整节段,再根据架设方案拼接成为1.5、2、2.5、3、4、6.5或7节间长度的大节段,大节段或整节段的钢梁通过驳船运输到桥址水域,由起重船或架梁吊机从驳船起吊架设,起重船主要将钢梁节段安装到支架(托架或边辅助桥墩)上,架梁吊机主要悬臂架设钢梁节段(图3-1-4-13)。

架设钢梁的起重船为海鸥号和正力号,海鸥号起重船最大起吊质量为3600t,最大起吊高度为110m,正力号起重船最大起吊质量为2200t,最大起吊高度84.6m;墩顶节段及在钢梁厂拼接成的大节段钢梁采用海鸥号或正力号吊装;架梁吊机为专门设计制造的单台最大起吊能力为1100t的菱形架梁吊机。

元洪航道桥先由起重船架设主塔墩顶托架上的起始7节间钢梁(4节段),然后在主塔墩顶7节间钢

图 3-1-4-13　元洪航道桥钢梁悬臂架设图

梁上拼装两台架梁吊机,双悬臂架设钢梁节段,辅助墩顶及边墩顶的钢梁节段采用起重船架设。元洪航道桥钢梁架设总体布置如图3-1-4-14所示。

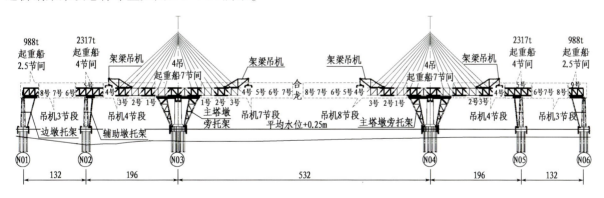

图 3-1-4-14　元洪航道桥钢梁架设总体布置(尺寸单位：m)

鼓屿门水道桥由起重船从边墩墩顶至主塔墩顶架设钢梁节段,起重船架设主塔墩顶6个节间钢梁(3节段)后,在主塔墩顶6个节间钢梁上拼装架梁吊机,悬臂架设主跨侧钢梁节段直至合龙;Z04~Z06号墩由起重船架设主塔墩顶6个节间钢梁(3节段),然后继续采用起重船从主塔墩顶至边墩墩顶架设

钢梁节段,最后在主塔墩顶6个节间钢梁上拼装架梁吊机,悬臂架设主跨侧钢梁节段(5节间)。鼓屿门水道桥钢梁架设总体布置如图3-1-4-15所示,鼓屿门水道桥大节段如图3-1-4-16所示。

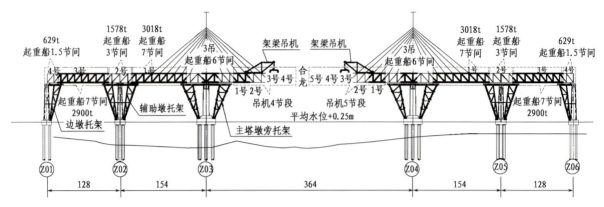

图3-1-4-15　鼓屿门水道桥钢梁架设总体布置图(尺寸单位:m)

图3-1-4-16　鼓屿门航道桥大节段钢梁架设

大小练岛水道桥钢梁由边墩位置向主跨跨中方向架设,先采用起重船架设边跨6.5节间和辅助跨7节间大节段钢梁,然后继续采用起重船架设主塔墩顶6个节间钢梁(3节段),塔墩顶6节间钢梁吊放到主塔处托架上后,在主塔墩顶6节间钢梁上拼装架梁吊机,悬臂架设主跨侧钢梁节段(4节间)。大小练岛水道桥钢梁架设如图3-1-4-17、图3-1-4-18所示。

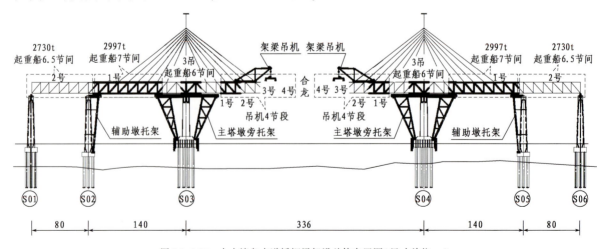

图3-1-4-17　大小练岛水道桥钢梁架设总体布置图(尺寸单位:m)

图 3-1-4-18 大小练岛水道桥钢梁架设

钢梁节段从主塔墩处开始向边墩和主跨跨中方向逐节段拼装连接,在支架和墩顶的钢梁由三向千斤顶对待连接的钢梁进行调整,悬臂架设的钢梁节段由架梁吊机调整,跨中合龙时,通过纵移活动支座侧钢梁实现合龙口大小调整,斜拉索收放实现合龙处梁端高程和转角调整。钢梁合龙后利用全回转或半回转架板吊机架设无索区公路混凝土桥面板。

深水区非通航孔桥采用80(88)m双层结合简支钢桁梁桥,采用整孔全焊钢桁梁结构,整孔运输至桥位现场,利用3600t大型起重船进行整孔吊装架设,钢桁梁初始落梁平面位置误差控制在1.0m范围以内,再通过墩顶三向千斤顶将钢梁调节至设计位置,再依次安装钢桁梁支座、公路桥面板及铁路槽型梁。简支钢桁梁架设如图3-1-4-19所示。

a)

b)

图 3-1-4-19 简支钢桁梁架设

1.5 机械设备配置

1.5.1 年度主要机械设备安排

年度主要设备的进场安排,详见表3-1-5-1。

年度主要设备进场表　　　　　　　　　　　　　　表3-1-5-1

批次	机械设备名称	进场时间
第一批	海上混凝土工作船、陆上混凝土工厂、岛屿混凝土工厂、混凝土输送泵、混凝土运输车、400t起重船、1000t起重船、2000t起重船、码头吊机、汽车式起重机、履带式起重机、门式起重机、拖轮、驳船、运输船、抛锚船、淡水运输船、交通船、泥浆船、打桩船、S800液压振动锤、振动打桩锤、KTY5000(4000)型旋转钻机、冲击钻、发电机组、变压器、钢结构加工机械、钢筋和水泥试验检测设备、测量仪器、运输车辆、钢筋加工机械、挖掘机、装载机、自卸汽车、洒水车、吸泥机、泥浆泵等	开工后第一年

续上表

批次	机械设备名称	进场时间
第二批	700t起重船、1000t起重船、2000t起重船、2200t起重船、5000t驳船、300t·m塔式起重机、铁路移动模架、门式起重机、混凝土布料机、拖轮、海上船舶等	开工后第二年
第三批	1100t·m塔式起重机、450t·m塔式起重机、12000t驳船、560t连续千斤顶、施工电梯、预应力张拉设备、爬模、混凝土高压输送泵、铁路移动模架、公路移动模架、主塔横梁支架等	开工后第三年
第四批	3600t(起升高度110m)起重船、15000t驳船等	开工后第四年

1.5.2 全桥海上船舶施工布置

1)航道桥施工

航道桥施工所用主要船舶为海上混凝土工作船、1000t和2000t泥浆船;400t、700t、1000t、2000t、2200t、3600t起重船;2500t、5000t、12000t铁驳;1080hp(1hp=0.7457kW)、2000hp、3600hp拖轮。

(1)钻孔桩、承台、主塔混凝土除N04~Z03号墩由海上固定平台式混凝土工厂提供外,其余均采用陆地混凝土工厂、岛屿混凝土工厂供应,海上混凝土工作船配合。每个部位混凝土供应满足灌筑一根桩所需,主墩钻孔桩最长桩长81m,混凝土方量达1500m³,灌筑时间约15h。

(2)1000t起重船主要用于栈桥、施工平台施工和大直径钢护筒吊放等作业;2000t、2200t起重船主要用于门式起重机、移动模架、围堰等大型构件的整体安装及拆除,以及基础辅助施工等;3600t起重船用于航道桥主塔墩、抗风临时墩、辅助墩和边墩墩顶区大节段钢梁架设与80m(88m)钢桁梁整孔架设。根据围堰结构起吊质量,钢梁的吊装高度等因素综合考虑,三个航道桥主塔墩共配备1艘3600t起重船,1艘2200t起重船,1艘2000t起重船,2艘1000t起重船和4艘400t起重船;边墩、辅助墩施工平台、钻孔桩、承台施工利用400t起重船,共需配6艘400t起重船。

(3)在施工平台施工期间,5000t铁驳作为主墩施工平台桁架的拼装和临时存放点,以及大型门式起重机的拼装和临时存放点;在钻孔桩施工期间,2500t铁驳作为钢护筒临时存放点,钢筋笼及其他钢结构、施工材料的运输船舶,以及后期公路桥面板和铁路道砟槽梁运输船;12000t铁驳主要用于主墩围堰施工期间,围堰整体运输,钢梁架设期间钢梁节段的运输。

(4)主墩围堰浮运利用1艘3600hp拖轮领航,3艘2000hp拖轮编绑于钢围堰左侧、右侧、正后方,4艘拖轮形成拖带船队,整个拖带时间约为2d。

2)非通航孔引桥

非通航孔引桥施工所用主要海上船舶集中在主跨80m、88m钢梁施工区段,其下部结构钻孔桩施工所用主要船舶为300t起重船、400t起重船,围堰等大型构件施工主要船舶为2000t起重船,与航道桥公用;1000t铁驳、2500t铁驳、12000t铁驳;钢桁梁架设利用3600t起重船、3600hp拖轮整孔架设。

(1)海上混凝土工作船、钻孔桩、承台、墩身施工除RC01~RC05号墩所需混凝土主要靠海上固定平台式混凝土工厂提供外,其余均采用陆地混凝土工厂、岛屿混凝土工厂供应,海上混凝土工作船配合。

(2)400t起重船主要用于墩位平台施工、钢护筒插打、钻机移位等钻孔桩施工;2000t起重船用于围堰整体吊装。施工平台建立时,钻孔桩施工过程中1000t驳船作为钢护筒、钢筋笼等施工材料的海上临时存放点;1000t泥浆船用于80m(88m)梁基础施工,另配4000t、2200t、800t等运输船,作为钢护筒、钢筋笼及其他钢结构、施工材料的运输船舶。

(3)3600t起重船主要用于80m(88m)跨钢桁梁的架设,自带动力;施工过程中,起重船根据施工部位需频繁移位转弯,此过程需要配备2艘3600hp拖轮辅助航行,3艘12000t驳船用于80m、88m整孔钢桁梁的运输。

3）全线统一调配船舶

大型起重船主要用于栈桥、施工平台、门式起重机、导管架等大型结构物的安拆,以及大型围堰安装、80m(88m)钢桁梁及主桥钢梁架设;海上混凝土工作船配合海上、陆地、岛屿固定式混凝土工厂灌注大直径桩基、大体积承台、封底混凝土等;投入5艘打桩船进行栈桥、施工平台、配电平台、起重码头等钢管桩的插打;交通船为施工人员施工乘用船舶;救生艇考虑沿线被岛屿分割为4段,每个施工分段布置1艘救生艇,全线统筹协调使用;淡水运输船主要供水范围为海上混凝土工厂以及三个分生产生活区(长屿岛、小练岛、大练岛)淡水运输;500t供油船供全线范围内施工机械用油;此类船只施工过程中全线统一调配。

平潭海峡公铁大桥
建造关键技术

03

第 2 章
施工工序作业条件

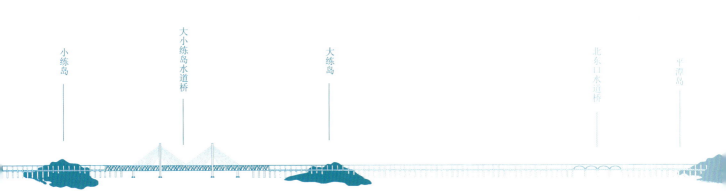

2.1 概况

根据平潭地区气象水文条件及工程施工工期,对各工序施工的风浪条件进行了界定,编制了《新建福州到平潭铁路工程平潭海峡公铁两用大桥复杂海域环境施工工序作业条件》,将理论有效作业时间由 50 多天提高到实际有效作业时间 120d 左右,大大减少人力成本和机械船舶租赁成本,经济效益显著,解决了恶劣海洋环境桥梁建造难题,同时为质量、安全、技术、进度、环保等目标的实现提供了有力保障。根据平潭海峡公铁大桥工程特点及施工方案的研究,各工序现场作业条件按如下原则进行划分:

(1) 风力 7 级以下

可进行钢梁架设、围堰下放、大型吊装、挂篮走行、造桥机过孔、炸礁施工、移动造桥机过孔、支架安装、液压爬模顶升等作业。

(2) 风力 8 级以下

可进行除上述作业外的其他工序作业。

(3) 风力大于 9 级(含)

停止一切作业。

具体如表 3-2-1-1 所示。

可作业风力等级一览表 表 3-2-1-1

序号	风力等级	施工工序
1	≤7 级	栈桥施工、拆除;导管架制造、吊装、运输、安装;钢护筒插打;钢筋笼运输、吊装下放;海上钻孔桩混凝土灌注;悬臂挂篮安装、拆除、走行、钢筋吊装;造桥机安装、拆除、过孔、节段吊装运输;炸礁施工;疏浚船舶定位;防撞箱围堰滑移、海上运输、吊装拼装;陆地承台钢筋、模板吊装;非航道桥围堰运输、吊装、拼装、下放、封底;钢板桩插打、拆除;海上承台钢筋吊装及模板拆除;墩身上下人梯通道安装、钢筋吊装、模板、墩顶支架吊装、拆除;移动造桥机拼装就位、预压、内模整体吊、拆卸、钢筋吊装、支座垫石施工、过孔、支架拆除;支架上下人梯通道安装、拆除,支架吊装安装、预压、底、侧模安装、钢筋吊装、模板安装、拆除;主塔横梁支架安装、爬模、劲性骨架安装、钢筋整体吊装及对接、爬模顶升、塔式起重机安装、顶升、钢锚箱定位安装、索导管安装定位、设施、设备拆除、模板及支架拆除;钢梁架设施工;斜拉索吊装、挂设、牵引、减震器安装;塔式起重机、龙门式起重机安装;风屏障、声屏障、接触网定位安装、检查车、铁路桥面照明、标识牌安装、公路防抛网施工、防撞墙、竖墙、遮板、接触基础网钢筋模板安装、电缆槽盖板、走道及栏杆安装
2	≤8 级	管桩、连接系等加工制造;栈桥附属设施施工;陆上钻孔桩施工;海上钻机就位、拆除、钻孔、清孔、泥浆船运输、钢筋笼加工;湿接缝钢筋绑扎;挖泥及运输施工;主墩防撞箱制造、下放、体系转换、封底、清渣、抽水、凿毛;陆地承台除吊装作业外施工;非通航孔海上围堰制造、构件运输、清渣、抽水、凿毛;钢板桩围堰内支撑安装、封底、清渣、抽水、凿毛;海上承台模板安装、钢筋绑扎、混凝土浇筑、养护、冷却水管压浆;墩身混凝土凿毛、钢筋绑扎、混凝土灌注、养护、防腐涂装;移动造桥机钢筋绑扎、内模散拼、拆卸、混凝土灌注、养护、张拉压浆;支架基础施工、钢筋绑扎、混凝土灌注、养护、压浆;主塔钢筋绑扎、混凝土灌注、养护;索道管索力调整;路基施工;桥面风、水、电路、安装、桥面铺装及排水等其他附属设施施工
3	>8 级	栈桥、平台上停止吊装作业;相关船舶设备停止作业,并采取抗风锚固措施
4	>9 级	栈桥人员撤离,栈桥禁止通行
5	台风二级预警响应	全桥施工机械、人员撤离至指定地点避台

2.2 施工条件分析

平潭海峡公铁大桥桥位处于典型海洋环境,桥址处风大、浪高、水深、涌急、流速大,潮汐明显,岛屿、暗礁多,覆盖层浅薄、岩面倾斜、裸露;在施工过程中除受大风、台风侵袭外,还受雷暴、大雾及潮汐等恶劣自然条件的影响,各种恶劣的气候条件对施工现场的安全具有很大的威胁。设计资料显示,桥址处最大水深达45m,100年重现期浪高达9.69m,流速达3.09m/s,潮差达7.09m;桥址处年平均6级以上大风天数超过300d,年平均7级大风天数238d,且季风与台风活动频繁;本工程跨海桥梁海中墩位185个,占比75%,下部施工需采用大型水上装备施工;平潭海峡公铁两用大桥多采用高墩结构,其中铁路墩高多在20m以上,最高达50.5m,而且公路墩位于铁路墩上,公路墩高14.9m,总高65.3m;主塔墩最高达200m,采用液压爬模技术;梁部采用挂篮悬臂现浇施工、移动造桥机现浇施工、支架现浇施工、造桥机节段拼装施工、简支钢桁梁整孔吊装,斜拉桥主跨采用悬臂架设施工;公铁合建模式下,铁路梁、公路墩、公路梁间施工交叉干扰。海上作业、高墩、梁部施工及公铁合建交叉干扰都将严重受到大风天气的影响,加之恶劣的海况、复杂的地质条件,恶劣的气候条件导致一年中平均有效施工作业天数减少,严重地制约了本工程的正常作业,施工风险及工期压力大。

2.2.1 总体方案规划

根据现有的施工环境条件,施工方案的制订要降低施工安全风险,确保工程安全施工,应考虑大风、大浪天气对施工的影响,通过明确相关工序作业条件,在采取相关措施确保工序施工安全及质量前提下,提高有效作业天数,安全组织施工生产。总体施工方案筹划如下:

(1) 全栈桥+施工平台方案形成海上施工陆地化及相关整体吊装方案

大桥水中基础采用全栈桥+钻孔平台法施工,将岛屿和海上平台作为生产和生活基地,分别修建栈桥连通至各墩位,将海上施工转化为栈桥及平台施工,降低安全风险,减少浪、涌对施工的影响。对龙门式起重机拼装、移动造桥机拼装、导管架拼装、围堰吊装下放、80m(88m)钢梁、斜拉桥采用大节段等工厂进行拼装、大型起重船进行整体运输吊装方案,提高施工工效,减少现场吊装次数和降低安全风险。

跨越北东口水道通航孔间设置满足通行要求的栈桥(临时索道桥),用于铺设混凝土泵管。节段梁场设置在台后路基上,直接台后运梁上桥,避免节段梁海上运输。钢构件加工焊接工作尽量安排在后场,拼成后整体吊装,减少海上焊接、吊装工作量。

(2)施工装备超常规配置

为减少风、浪天气对施工的影响,确保施工装备的稳定性及工效,打桩船、搅拌船、起重船、履带式起重机等装备采用"大吨位起重小吨位"的原则高标准配置。

为保证吊装安全,船舶选型时,在满足起重能力的前提下,尽可能选用船体较大的起重船,以降低浪涌对船舶倾角的影响,提高起重作业时的稳定性。一是大型起重船锚固系统和船舶整体抗风浪涌条件较好、吃水较深;二是锚系强大及吊钩自重大,在6级风以上8级风以下作业时,稳定性强;三是船舶进场后,对其锚舣设备进行认真检查,发现不适用于施工海域的锚(如海军锚)时,更换为大抓力锚,同时,适当加大锚链、锚绳的直径,进一步提高船舶稳定性。

对相应起重、运输作业船舶按8级风检算其稳定性和抗倾覆安全系数,同时在大风作业时通过船体加载水压舱,以降低起重船重心,增加稳定性和抗倾覆性,以保证起重安全。起重船吊装拖带作业时,配备必要的拖轮进行护航及警戒,并严格按调查的施工航线进行行驶。接到恶劣天气(10级及以上大风,2.5m及以上大浪)预报后,提前将起重船拖离施工海域抛锚抗风,必要时进入避风锚地避风。

(3)施工措施专项抗风设计

平台、栈桥、门式起重机、造桥机、移动造桥机、高墩模板、高墩爬梯、支架、挂篮、钢筋棚、拌和站粉料罐等结构设计进行专项抗风设计计算,设置抗风措施。

对于大、中型构件吊装时,采用专门设计的吊具系统,并经抗风验算符合8级风环境下吊装安全储备,同时增加缆风绳,防止构件摆动。

(4)海上后场保障须可靠

本工程规模宏大,所需原材及半成品大部分需通过海运至码头中转,而受风、浪等不可控因素影响海运的正常运转,尤其是季风期影响更大。因此,须尽力提高后场的物资存储能力,分别在长乐岸、人屿岛、长屿岛、小练岛、大练岛、鑫海码头、松下码头、鱼限、和平村、看澳码头、猫子山码头、梁厝码头分别新建/扩建或租赁大型码头。

(5)利用信息化手段对现场风浪实时监测以指导现场施工

在栈桥、平台、围堰设置波浪力风速监测点,安装超声风速风向仪,爬模、移动造桥机上设置测风仪,预报和实时监测波浪力要素、风速、风向数据,一方面为施工结构设计计算提供一手数据,另一方面为大型吊装、爬模施工、移动造桥机施工提供气象资料,降低风险。工地安装视频监控系统,起吊设备上安装GPS定位系统,围堰、移动造桥机等配置二维码信息。

(6)高空作业安全防护到位

对高处作业采取相关安全防护技术措施(脚手架、平台、梯子、防护围栏、挡脚板、防护网、安全带、救生衣等),对作业人员进行安全教育培训及现场技术交底、培训考核、定期体检、应急演练、防台演练等。

(7)施工过程工序的监测监控

尤其针对施工中的控制点和重点设备设施(如施工环境监测预报、挂篮、移动造桥机、塔式起重机、门式起重机、围堰、爬梯、墩旁托架、大型起重船及其配套设备站位、架梁吊机及其锚固、大小节段运输和吊装、抗风抗浪措施、临时抄垫、架梁线形、支座安装等)进行监测监控。

（8）施工作业"超常规、不冒进"

针对大桥作业条件，与当时现行的相关规范要求进行了仔细比对。

①《公路桥涵施工技术规范》(JTG/T F50—2011)

第25.2.5条第5点：在6级以上强风、浓雾、暴和暴风雪等恶劣气候条件下，不应进行高处的施工作业。

②《铁路工程基本作业施工安全技术规程》(TB 10301—2009)

第8.4.1条：遇有雷雨、大雾和6级以上大风等恶劣天气时，应停止一切作业。当风力超过7级或有风暴警报时，应将桩机顺风向停置，并应增加缆风绳，或将桩机立柱提前放倒；第11.3.3条中规定：遇6级及以上强风时必须停止露天吊装作业；

第12.1.8条中规定：对进行高处作业的高耸建筑物、构筑物等，应按规定设置避雷设施；遇有6级及以上强风、暴雨、浓雾等恶劣天气，严禁进行室外攀登与悬空作业。暴风雪及台风暴雨前后，应对高处作业安全设施逐一检查，发现异常立即采取加固措施。

③《建筑机械使用安全技术规程》(JGJ 33—2012)

第4.1.15条：在风速达到12m/s及以上或大雨、大雪、大雾等恶劣天气时，应停止露天的起重吊装作业。（注：12m/s为6级风）

④《铁路移动造桥机制梁施工技术指南》(TZ 323—2010)

第7.1.6条：风力大于6级时，不得进行移动造桥机施工作业。

⑤《塔式起重机安全规程》(GB 5144—2006)

第10.2条：安装、拆卸、加节或降节作业时，塔式起重机的最大安装调试处的风速不应大于13m/s，当有特殊要求时，按用户和制造厂的协议执行。

⑥《液压爬升模板工程技术规程》(JGJ 195—2010)

第9.1.11条：遇有6级以上强风、浓雾、雷电等恶劣天气，停止爬模施工作业，并应采取可靠的加固措施。

按上述规定，6级及以上大风天气禁止吊装作业和高处作业，而本工程施工海域6级及以上大风天气每年有300多天，按此规定难以在合同规定时间内建成。

为此，本项目在突破上述规范、规程，进行现场作业时候采取的相关保证安全措施如下：

a.为保证吊装安全，船舶选型时，在满足起重能力的前提下，尽可能选用船体较大的起重船，以降低浪涌对船舶倾角的影响，提高起重作业时的稳定性。一是大型起重船锚固系统和船舶整体抗风浪涌条件较好、吃水较深；二是锚系强大及吊钩自重重，在6级风以上8级风以下作业时，稳定性强；三是船舶进场后，对其锚艏设备进行认真检查，发现不适用于施工海域的锚（如海军锚）时，更换为大抓力锚，并在桥位布置部分大重力锚，同时，适当加大锚链、锚绳的直径，进一步提高船舶稳定性。

b.对相应起重、运输作业船舶按8级风检算其稳定性和抗倾覆安全系数，同时在大风作业时通过船体加载水压舱，以降低起重重心，增加稳定性和抗倾覆性，以保证安全。

c.对于大、中型构件吊装时，采用专门设计的吊具系统，并经抗风验算符合8级风环境下吊装安全储备，同时增加缆风绳，采取止摆措施，防止构件摆动。

d.起重船吊装拖带作业时，配备必要的拖轮进行护航及警戒，并严格按调查的施工航线进行行驶。接到恶劣天气（10级及以上大风、2.5m及以上大浪）预报后，提前将起重船拖离施工海域抛锚抗风，必要时进入避风锚地避风。

e.对门式起重机拼装、造桥机拼装、移动造桥机拼装、导管架拼装、围堰吊装下放、80m(88m)钢梁、斜拉桥采用大节段等采取工厂进行拼装、大型起重船进行整体运输吊装方案，来提高施工工效，减少现场吊装次数和降低安全风险。

第 2 章 施工工序作业条件

表 3-2-3-1
福平铁路平潭跨海公铁两用大桥复杂海域环境施工工序作业条件

序号	分部工程	工序名称	风险等级	作业风力条件 规范要求	作业风力条件 现场管控	具体安全防护措施 结构安全	具体安全防护措施 设备配置	作业管理	其他采取措施
1		管桩、联结系等加工制造	Ⅱ	—	≤8级			1. 实行三级交底制度，对各工序主要危险源及危害因素安全注意事项等内容全员监控； 2. 配备专职安全员全程监控； 3. 海上作业现场配足救生设备； 4. 施工人员安全防护设施佩戴齐全，操作平台防护设置警示标志，防止船舶碰撞平台； 5. 现场实施统一调度指挥协调现场施工作业，作业前仔细检查起重设备及吊索具； 6. 编制应急预案，进行应急救援演练； 7. 定期对各项机械、船舶设备进行检查、保养； 8. 发布《栈桥运营管理办法》实行定期检查制度	1. 选用海力801、雄程1号等大型打桩船； 2. 对人岩不足的栈桥桩位根据实际情况，施工锚桩或桥与栈桥或工锚桩根据设计措施；部分平台根据设计锚桩； 3. 平台门式起重机、贝雷梁、联结系整体拼装及吊装工艺。钢护筒插打吊装工艺。钢护筒底部钢护筒底部及护筒限位措施； 4. 深水大跨度栈桥区采用大桥1号桁梁； 5. 钢护筒插打导向及平台底部钢护筒限位措施； 6.5号栈桥采用导管架方案
2	海上栈桥、平台施工	管桩、联结系等海上运输及装卸	Ⅱ	<6级	≤7级	1. 栈桥、平台设计标准：自身施工状态8级风，工作状态按14级台风设防； 2. 施工工艺：采用大桥1号梁结构，锚桩，导管架工厂化制造工艺； 3. 施工方案：按要求进行评审报批； 4. 监控监测：实时进行	1. 使用先进的大型钢管桩插打船； 2. 以"大吨位大吨位大起重原则"配置大吨位起重船及履带式起重机，满足现场作业条件安全施工。大型吊装条件配置安全警戒船舶		
3		钢桩插打	Ⅲ	<6级	≤7级				
4		桩间联结系安装	Ⅲ	<6级	≤7级				
5		桩顶分配梁安装	Ⅲ	<6级	≤7级				
6		贝雷梁安装	Ⅲ	<6级	≤7级				
7		钢管桩锚桩施工	Ⅲ	<6级	≤7级				
8		桥面板安装	Ⅲ	<6级	≤7级				
9		栏杆及附属设施	Ⅱ	<6级	≤8级				
10		拆除（含上部结构拆除、钢桩拔出）	Ⅱ	<6级	≤7级				
11	海上导管架施工平台施工（含栈桥导管架）	导管架制造	Ⅱ	<6级	≤7级	1. 导管架平台设计标准：自身施工状态7级风，工作状态按8级风，极限非工作状态按14级台风设防； 2. 施工工艺：采用导管形式，架+支承桩的结构，工厂整体制造，大型起重船整体吊安装； 3. 施工方案：按要求进行评审报批； 4. 监控监测：专人负责，实时进行	1. 配备2000t起重船吊装运输、下放； 2. 大型吊装配置安全警戒船舶	1. 实行三级交底制度，对各工序主要危险源及危害因素安全注意事项等内容全员监控； 2. 配备专职安全员全程监控； 3. 海上作业现场配足救生设备； 4. 施工人员安全防护设施佩戴齐全，操作平台防护设置警示标志； 5. 编制应急预案，进行应急救援演练；定期对各项机械、船舶设备进行检查、保养	1. 采用2000t起重船吊装运输、下放； 2. 采用导管架+支承桩的结构形式，工厂整体制造； 3. 采用插打采用定位及支撑桩技术
12		导管架整体吊装	Ⅱ	<6级	≤7级				
13		定位桩插打	Ⅲ	<6级	≤7级				
14		平台支撑桩插打	Ⅲ	<6级	≤7级				
15		桩间联结系及桩顶分配梁连接	Ⅱ	<6级	≤7级				
16		纵、横梁安装	Ⅱ	<6级	≤7级				
17		平台面层安装	Ⅱ	<6级	≤7级				
18		栏杆就配套设施安装	Ⅱ	<6级	≤7级				
19		拆除	Ⅱ	<6级	≤7级				

续上表

序号	分部工程	工序名称	风险等级	作业风力条件 规范要求	作业风力条件 现场管控	具体安全防护措施 结构安全	具体安全防护措施 设备配置	具体安全防护措施 作业管理	其他采取措施
20	陆上钻孔桩施工	钢护筒埋设	Ⅰ	<6级	≤8级	1.钻机、钻具和钻头的钢丝绳,均符合设计要求; 2.设置稳定装置; 3.施工方案按程序报批	以"大吨位起重小吊重"原则,配备大型吊机及配套振动锤插打钢护筒	1.实行三级交底制度,对各工序主要危险源及危害因素、安全注意事项等内容重点强调; 2.施工人员安全防护设施佩带齐全,孔口临边防护到位; 3.做好钻孔周边的围护并设置明显警示标志; 4.钻机、钻具和吊机的钢丝绳使用时设有专人检查维修	1.吊装采取缆风措施; 2.对钻机采取增加配重
21		钻机就位	Ⅰ	<6级	≤8级				
22		钻孔、清孔	Ⅱ	≤6级	≤8级				
23		钢筋笼绑扎	Ⅰ	<6级	≤8级				
24		钢筋笼运输、吊装下放	Ⅱ	<6级	≤7级				
25		混凝土运输、灌注	Ⅰ	<6级	≤8级				
26	海上钻孔桩施工	钢护筒插打	Ⅱ	<6级	≤7级	1.增大吊机配置或采用稳定性强的门式起重机吊装; 2.对钢筋笼具设置稳定装置;多点悬挂支承,下放技术; 3.施工方案按程序报批	1.采用KTY4000、5000型全液压动力头回转钻机;对钻机采取增加配重,并与平台相连接; 2.使用大型吊机及选用S800、YZ400等大型打桩锤进行护筒插打; 3.平台上配置200t大型门式起重机及使用大型起重船作业; 4.使用抗凝土搅拌船; 5.大型旋挖钻处理弧石; 6.大型船舶整体运输	1.实行三级交底制度,对各工序主要危险源及危害因素、安全注意事项等内容重点强调; 2.施工人员安全防护设施佩带齐全,孔口临边防护到位; 3.吊装设置警戒区,专人指挥; 4.钢筋笼吊装采用四点起吊,确保下放过程平稳	1.设置大型封闭钢筋加工车间; 2.钢筋笼长线法制造
27		钻机移位、拆卸	Ⅱ	<6级	≤8级				
28		钻孔	Ⅱ	≤6级	≤8级				
29		清孔	Ⅰ	≤6级	≤8级				
30		泥浆船运输	Ⅰ	—	≤8级				
31		钢筋笼装船、运输、卸船	Ⅲ	<6级	≤7级				
32		钢筋笼陆上(栈桥)运输	Ⅲ	<6级	≤7级				
33		钢筋笼吊装下放	Ⅱ	<6级	≤7级				
34		混凝土运输、混凝土灌注	Ⅰ	<6级	≤7级				
35									
36	炸礁施工	船舶定位	Ⅱ	—	≤7级	1.按程序办理水上、水下施工许可; 2.施工方案按程序报批	1.配备自稳能力强的炸礁船; 2.增强船舶锚定系统	1.实行三级交底制度,对各工序主要危险源及危害因素、安全注意事项等内容重点强调; 2.特种专业人员持证上岗; 3.加强现场风浪环境预报; 4.设置警戒水域警戒; 5.上报警戒中心播报通知过往船只,注意行驶安全	—
37		钻孔	Ⅱ	—	≤7级				
38		炸药埋设	Ⅱ	—	≤7级				
39		爆破施工	Ⅱ	—	≤7级				

续上表

序号	分部工程	工序名称	风险等级	作业风力条件 规范要求	作业风力条件 现场管控	具体安全防护措施 结构安全	具体安全防护措施 设备配置	具体安全防护措施 作业管理	其他采取措施
40	疏浚施工	船舶定位	Ⅱ	—	≤7级	1.按程序办理水上、水下施工许可； 2.施工方案按程序报批	1.配备自稳性强的挖泥及运输船舶； 2.增强船舶锚定系统	1.实行三级交底制度，对各工序主要危险源及危害因素、安全注意事项等内容重点强调； 2.施工人员安全防护设施佩带齐全； 3.特种专业人员持证上岗； 4.加强现场风浪环境预报	—
41		挖泥施工	Ⅱ	—	≤8级				—
42		运输	Ⅱ	<6级	≤7级				—
43	航道桥防撞围箱堰施工	围堰制作	Ⅱ	<6级	≤8级	1.主墩围堰采用整体吊装，下放，封底非工作状态按14级极限风设防； 2.施工工艺：采用围堰结构形式，工厂整体制造，整体吊装，大型重船船舶运输，大型起重船船舶同步下放的工艺； 3.施工方案：按要求进行评审报批； 4.监控监测：专人负责，实时进行	1.选用20000t起重船配备11000t运输船舶等大型船舶护航； 2.大型吊装配置安全警戒船舶	1.配备专职安全员全程监控； 2.海上作业现场配足救生设备； 3.施工人员安全防护佩带齐全，操作人员全程防护到位； 4.海上作业平台防护到位； 5.运输时委托海事部门做好航道内的监管，防止外部船舶干扰施工，编制应急预案，进行应急救援演练； 6.定期对各项机械、船舶设备进行检查、保养	1.围堰设置上中下三层导向限位系统，系梁分舱、分块封底，桩基梁吊挂牛腿抗沉等； 2.采用液压控制多点步进下顶整体下放； 3.加强现场风浪监测
44		围堰滑移	Ⅲ	<6级	≤7级				
45		围堰海上运输	Ⅲ	<6级	≤7级				
46		拼装平台吊装下放系统安装	Ⅲ	<6级	≤8级				
47		围堰吊装拼接	Ⅲ	<6级	≤7级				
48		围堰下放到位	Ⅲ	<6级	≤8级				
49		体系转换	Ⅲ	<6级	≤8级				
50		封底	Ⅱ	<6级	≤8级				
51		清渣、抽水、凿毛	Ⅱ	<6级	≤8级				
52	陆地承台施工	基坑放坡开挖	Ⅰ	—	≤8级	1.增大吊机配置； 2.采取基坑支护措施； 3.施工方案按程序报批	以"大吨位起重小吊重"原则配置履带式起重机、汽车式起重机及塔式起重机，满足现场吊装施工	1.实行三级交底制度，对各工序主要危险源及危害因素、安全注意事项等内容重点强调； 2.施工人员安全防护设施佩带齐全，孔口临边防护到位； 3.吊装过程设置缆风设施，专人指挥	
53		基坑防护	Ⅰ	—	≤8级				
54		桩头凿除、吊装	Ⅱ	<6级	≤7级				
55		钢筋、模板吊装	Ⅱ	<6级	≤8级				
56		模板安装	Ⅱ	<6级	≤8级				
57		钢筋安装	Ⅰ	<6级	≤8级				
58		混凝土浇筑、养护	Ⅱ	<6级	≤8级				
59		模板拆除	Ⅱ	<6级	≤8级				
60	海上非通航孔围堰施工	围堰制作	Ⅱ	<6级	≤8级				
61		拼装平台吊装下放系统安装	Ⅲ	<6级	≤8级				
62		围堰吊装拼接	Ⅲ	<6级	≤7级				
63		围堰整体运输、吊装	Ⅲ	<6级	≤7级				

续上表

序号	分部工程	工序名称	风险等级	作业风力条件 规范要求	作业风力条件 现场管控	具体安全防护措施 结构安全	具体安全防护措施 设备配置	具体安全防护措施 作业管理	其他采取措施
64	海上非通航孔围堰施工	围堰构件运输、拼装下放	Ⅲ	<6级	≤8级	1.围堰设计标准:吊装、下放、封底按7级风,极限非工作状态按14级风设防; 2.施工工艺:浅水区采用现场拼装下放,深水区采用工厂整体制造、大型起重船整体吊装下放的工艺; 3.围堰设计中增设多层内支撑及限位措施、斜撑等; 4.施工方案:按要求进行评审报批; 5.监控监测:专人负责,实时进行	配置2000t、1000t、700t等起重船及大型运输船,超常规配置,满足现场作业条件安全施工	1.实行三级交底制度,对各工序主要危险源及危害因素、安全注意事项等重点强调; 2.配备专职安全员全程监控; 3.海上作业现场配足救生设备; 4.施工人员安全防护设施佩带齐全,操作平台防护到位	—
65		围堰封底	Ⅲ	<6级	≤7级				
66		清渣、抽水、凿毛	Ⅱ	<6级	≤8级				
67		围堰拆除	Ⅲ	<6级	≤7级				
68	钢板桩围堰施工	钢板桩插打	Ⅱ	<6级	≤7级	1.设计标准:安装状态8级风,工作状态14级风,合状态14级风; 2.设备配置:履带式起重机在满足常规要求下适当提高配置; 3.技术方案:按程序审报批; 4.监控监测:实时进行	履带式起重机小吊位起重过计算满足8级风工作状态	临边防护到位,人员防护用品佩戴齐全	—
69		内支撑安装	Ⅱ	<6级	≤8级				
70		封底混凝土施工	Ⅰ	<6级	≤8级				
71		清渣、抽水、凿毛	Ⅱ	<6级	≤8级				
72		钢板桩围堰拆除	Ⅱ	<6级	≤7级				
73	海上承台施工	桩头凿除、吊装	Ⅰ	<6级	≤8级	施工方案按程序报批	1.以"大吨位起重小吊重"的原则配置大吨位起重机、履带式起重船、履带式搅拌船、起重船等船舶加强锚定系统; 3.对吊装设稳定风索	1.实行三级交底制度,对各工序主要危险源及危害因素、安全注意事项等重点强调; 2.施工人员安全防护设施佩带齐全,平台、孔口临边防护到位	—
74		承台模板、钢筋吊装	Ⅱ	<6级	≤8级				
75		安装承台模板	Ⅱ	<6级	≤8级				
76		承台钢筋绑扎	Ⅰ	<6级	≤8级				
77		承台混凝土灌注、养护	Ⅱ	<6级	≤8级				
78		冷却水管压浆	Ⅰ		≤8级				
79		模板拆除	Ⅱ	<6级	≤7级				

续上表

序号	分部工程	工序名称	风险等级	作业风力条件 规范要求	作业风力条件 现场管控	具体安全防护措施 结构安全	具体安全防护措施 设备配置	具体安全防护措施 作业管理	其他采取措施
80	墩身、垫石施工	上、下人梯、通道安装、拆除	Ⅱ	<6级	≤7级	1. 设计标准：施工状态、工作状态8级风，极限非工作状态14级台风工况；2. 加强模板及支架模板的设计，墩身模板与操作平台一体化钢模；3. 支架搭设严格按照操作规程作业，保证架体的整体稳定性；4. 施工方案按程序报批	以"大吨位起重小吨位起重"原则配置大吨位起重机，搭式起重机配合现场施工	1. 实行三级交底制度，对各工序主要危险源及危害因素、安全注意事项等内容重点强调；2. 配备专职安全员全过程监控，模板拆除全过程安全人员指挥，专人入模监控；3. 海上作业现场配足救生设备；4. 施工人员自身操作平台防护到位；5. 对高空作业人员禁止防护检、防护用品佩戴齐全	1. 采用专用安全通道爬梯，按设计做好附墙；2. 配备安全吊篮、模板吊装拆除设置缆风绳
81		混凝土凿毛	Ⅰ	<6级	≤8级				
82		模板、墩顶支架吊装、安装	Ⅲ	<6级	≤7级				
83		钢筋吊装	Ⅲ	<6级	≤7级				
84		钢筋绑扎	Ⅱ	<6级	≤8级				
85		混凝土灌注、养护	Ⅱ	<6级	≤8级				
86		墩身防腐涂装	Ⅰ	<6级	≤8级				
87		模板及支架拆除	Ⅲ	<6级	≤7级				
88		墩身附属结构安装	Ⅱ	<6级	≤7级				
89	移动造桥机箱梁施工、支座安装施工	移动造桥机拼装就位	Ⅲ	<6级	≤7级	1. 设计标准：走行状态7级风，工作状态8级风，极限非工作状态按14级台风设防；2. 技术方案按程序评审报批	以"大吨位起重小吨位起重"原则配置大吨位起重船，搭式起重机配合现场施工	1. 实行三级交底制度，对各工序主要危险源及危害因素、安全注意事项等内容重点强调；2. 配备专职安全员全过程监控；3. 施工人员安全防护设施佩带齐全，操作平台防护到位；梁顶临边防护；4. 对高空作业人员禁止防护矩阵护、用品佩戴齐全；5. 现场严格执行各工序责任矩阵分工，加强过孔等关键工序过程检查签证	1. 强化移动造桥机设计及复核；2. 对海上移动造桥机整体拼装、吊装；3. 强化防台合措施，根据移动造桥机特点，采取相应锚固防风措施；4. 配备实施监测风速仪；5. 吊杆等关键部位定期检测
90		预压	Ⅲ	<6级	≤7级				
91		钢筋吊装	Ⅱ	<6级	≤8级				
92		钢筋绑扎	Ⅱ	<6级	≤7级				
93		内模安装、拆卸（散拼）	Ⅲ	<6级	≤7级				
94		内模安装、拆卸（整体）	Ⅰ	<6级	≤8级				
95		混凝土灌注、养护	Ⅱ	<6级	≤8级				
96		张拉压浆	Ⅱ	<6级	≤7级				
97		支座垫石施工	Ⅰ	<6级	≤7级				
98		支座砂浆灌注及支座安装	Ⅰ	<6级	≤7级				
99		移动造桥机过孔	Ⅲ	<6级	≤7级				
100		移动造桥机拆除	Ⅲ	<6级	≤7级				

续上表

| 序号 | 分部工程 | 工序名称 | 风险等级 | 作业风力条件 | | 具体安全防护措施 | | | 其他采取措施 |
				规范要求	现场管控	结构安全	设备配置	作业管理	
101	支架现浇箱梁施工	支架基础施工	Ⅰ	<6级	≤8级	1. 设计标准：支架施工7级风，工作状态8级风，极限非工作状态按14级台风设防； 2. 对支架塔设严格按照吊装施工作业规程作业，保证架体稳定性； 3. 进行逐孔支架预压； 4. 技术方案按程序评审报批； 5. 监控监测：实时进行	配备大型塔式起重机，塔式起重机的吊装范围全面覆盖箱梁现浇施工的作业面	1. 实行三级交底制度，对各工序主要危险源及危害重点强调、安全事项等内容强调； 2. 配备专职安全员全程监控； 3. 施工人员自身操作防护佩带到位，支架自身操作防护平台防护到位，梁顶临边防护到位； 4. 对高空作业人员禁忌体检，防护用品佩戴齐全； 5. 加强日常管理和监测监控，执行检查签证、验收制度	—
102		上、下人梯、通道安装、拆除	Ⅱ	<6级	≤7级				
103		支架吊装、安装	Ⅲ	<6级	≤7级				
104		预压	Ⅲ	<6级	≤7级				
105		底模、侧模安装	Ⅲ	<6级	≤7级				
106		钢筋吊装	Ⅱ	<6级	≤8级				
107		钢筋绑扎	Ⅱ	<6级	≤7级				
108		内模安装、拆除	Ⅱ	<6级	≤8级				
109		梁体混凝土浇筑、养护	Ⅱ	<6级	≤7级				
110		张拉压浆	Ⅲ	<6级	≤8级				
111		模板及支架拆除	Ⅲ	<6级	≤7级				
112	航道桥主塔施工	爬模、劲性骨架安装	Ⅲ	<6级	≤7级	1. 设计标准：爬模工作状态7级风，电梯工作状态8级风，塔式起重机均按极限非工作状态14级台风设防； 2. 爬模等结构设施设计进行根据施工环境同时采用6m节段分节，钢筋整体吊装工艺； 3. 技术方案按程序评审报批； 4. 监控监测：实时进行	1. 每个主塔定制2台加强型D1100塔式起重机； 2. 配备加强型电梯； 3. 配备高压混凝土输送泵	1. 实行三级交底制度，对各工序主要危险源及危害重点强调、安全事项等内容强调； 2. 配备专职安全员全程监控；操作人员持证上岗； 3. 施工人员安全防护设施佩带到位、操作平台安全防护设施佩带到位，爬模四周封闭操作； 4. 对高空作业人员禁忌体检，防护用品佩戴齐全； 5. 定期进行线路及电器设备检查、维护，保养相应的消防器材及设施	1. 钢筋整体吊装，劲性骨架设计，减少吊装变形； 2. 采用导向、销轴等定位措施提高轴对接效率； 3. 通道、脚手架等安全设施到位，临边、孔洞等危险部位防护措施； 4. 配备风速仪，加强现场施工作业区的风力监测； 5. 加强爬模支架使用程施工序签证、检查； 6. 高空吊装止摆措施
113		上下横梁支架施工	Ⅲ	<6级	≤7级				
114		塔式起重机安装、顶升	Ⅲ	<6级	≤7级				
115		钢筋整体吊装	Ⅲ	<6级	≤8级				
116		混凝土浇筑、养护	Ⅰ	<6级	≤7级				
117		钢筋绑扎	Ⅱ	<6级	≤7级				
118		塔座、横梁模板吊装	Ⅱ	<6级	≤7级				
119		液压爬模顶升	Ⅱ	<6级	≤7级				
120		钢筋对接	Ⅲ	<6级	≤7级				
121		索导管定位安装	Ⅲ	<6级	≤7级				
122		设施、设备拆除	Ⅲ	<6级	≤7级				
123		拆除模板及支架	Ⅲ	<6级	≤7级				

第2章 施工工序作业条件

续上表

序号	分部工程	工序名称	风险等级	作业风力条件		具体安全防护措施			其他采取措施
				规范要求	现场管控	结构安全	设备配置	作业管理	
124	钢梁架设	桥面板、钢梁运输	Ⅲ	—	≤7级	1. 设计标准:架梁机走行状态7级风,架梁吊机工作状态7级风,按极限非工作状态14级台风设防; 2. 强化架梁吊机设计,采用大节段架设方法; 3. 技术方案按程序评审报批; 4. 监控监测:实时进行	1. 采用2000t、3600t等大型起重船; 2. 采用1100t架梁吊机和架梁吊机; 3. 采用专用架梁吊机	1. 实行三级交底制度,对各工序主要危险源及危害因素、安全重点内容等强调; 2. 配备专职安全员全程监控; 3. 施工人员安全防护设施佩带齐全,操作平台防护到位; 4. 对高空作业人员禁止无防护用品佩戴; 5. 在悬臂孔和通航孔的钢梁下面必须挂安全网; 6. 在通航孔进行悬臂拼装时,事先同海事部门协商,办理封锁航道,设置航标等事宜,并发出公告	1. 采用3600t起重船及变形架梁吊机方案; 2. 优化钢梁节段划分,边跨跨中采用大节段整体吊装; 3. 强化吊具、吊点结构设计,确保体系安全,委托专业单位设计制造; 4. 采用大型船舶钢梁运输,辅以配套支架及固定措施,确保运输安全; 5. 根据架梁梁步骤,细化各工况中架梁临时结构的抗风、抗浪的安全措施,确保主体或临时结构施工安全; 6. 根据调查气候及环境资源情况,细化架梁施工计划和吊装施工线路,避免起重船实施长距离来回频繁调动; 7. 架梁吊机设计考虑防台锚固措施
125		支座安装	Ⅱ	<6级	≤7级				
126		钢梁整体吊装及梁体就位	Ⅲ	<6级	≤7级				
127		墩旁托架施工	Ⅲ	<6级	≤7级				
128		架梁吊机安装	Ⅲ	<6级	≤7级				
129		架梁吊机悬臂安装钢梁	Ⅲ	<6级	≤7级				
130		架梁吊机前移行走	Ⅲ	<6级	≤7级				
131		公路桥面板及铁路道砟槽板架梁吊机板安装	Ⅱ	<6级	≤7级				
132		公路桥面板及铁路道砟槽板架梁吊机施工	Ⅱ	<6级	≤7级				
133		公路桥面板及铁路道砟槽板架梁吊机走行	Ⅱ	<6级	≤7级				
134		架梁吊机拆除运输	Ⅲ	<6级	≤7级				
135	斜拉索施工	斜拉索吊装、挂设	Ⅱ	<6级	≤7级	1. 施工方案、监控方案按程序报批; 2. 监控监测:实时进行	1. 配置D1100塔式起重机; 2. 以"大吨位起重+小吊重"原则在桥面布置塔重; 3. 在塔式起重机布置塔顶顶架,辅助斜拉索架设	1. 实行三级交底制度,对各工序主要危险源及危害因素、安全重点事项等强调; 2. 配备专职安全员全程监控; 3. 施工人员安全防护设施佩带齐全,操作平台防护到位; 4. 对高空作业人员禁止无防护用品佩戴; 5. 塔顶起吊设备、施工平台及脚手架作好防雷锈、螺栓经常检查有关连接焊缝情况,确保结构安全转扭情况,确保结构受力及卷扬机运转情况,确保结构安全	—
136		斜拉索牵引挂设	Ⅱ	<6级	≤7级				
137		内外减震器安装	Ⅱ	<6级	≤7级				
138		索力调整	Ⅱ	<6级	≤8级				

续上表

序号	分部工程	工序名称	风险等级	作业风力条件 规范要求	作业风力条件 现场管控	具体安全防护措施 结构安全	具体安全防护措施 设备配置	具体安全防护措施 作业管理	其他采取措施
139	悬臂挂篮施工	钢管支架、托架及挂篮的安装	Ⅲ	<6级	≤7级	1. 结构设计：安装状态7级风，走行状态8级风，工作状态14级风； 2. 技术方案按程序评审报批； 3. 监控监测：实时进行	1. 吊、塔式起重机以"大吨位起重机以小吊重"的原则经过计算设计状态	1. 实行三级交底制度，对各工序主要危险源及危害因素、安全注意事项等内容重点强调； 2. 配备专职安全员全程监控； 3. 挂篮顶前台及临边防护检查以及梁顶防护检查； 4. 施工人员安全防护设施佩戴齐全，操作平台禁上人员防护到位； 5. 对高空作业人员禁上体检，防护用品佩戴齐全	
140		钢管支架、托架及挂篮的预压	Ⅲ	<6级	≤7级				—
141		模板的安装	Ⅲ	<6级	≤7级				
142		钢筋绑扎	Ⅰ	<6级	≤7级				
143		混凝土浇筑	Ⅱ	<6级	≤7级				
144		预应力施工	Ⅲ	<6级	≤7级				
145		挂篮走行	Ⅳ	<6级	≤7级				
146		钢管支架、托架及挂篮的拆除	Ⅲ	<6级	≤7级				
147	单孔/双孔造桥机节段拼装施工	造桥机拼装	Ⅲ	<6级	≤7级	1. 结构设计：安装状态7级风，走行状态8级风，工作状态14级风； 2. 技术方案按程序评审报批； 3. 监控监测：实时进行	1. 履带式起重机，塔式起重机以"大吨位起重机以小吊重"的原则经过计算满足8级风工作状态； 2. 造桥机以工作状态8级风，过孔状态7级风进行设计	1. 实行三级交底制度，对各工序主要危险源及危害因素、安全注意事项等内容重点强调； 2. 配备专职安全员全程监控； 3. 造桥机自身操作平台及临边防护检查以及梁顶防护检查； 4. 施工人员安全防护设施佩戴齐全，操作平台禁上人员防护到位； 5. 对高空作业人员禁上体检，防护用品佩戴齐全	1. 强化造桥机设计及复核； 2. 强化防台措施。根据造桥机结构特点，采取相应锚固防风等措施； 3. 配备实施监测风速仪； 4. 吊杆等关键部位定期检测
148		梁体节段吊装运输	Ⅲ	<6级	≤7级				
149		线形调整	Ⅲ	<6级	≤7级				
150		湿接缝施工	Ⅱ	<6级	≤7级				
151		预应力施工	Ⅲ	<6级	≤7级				
152		造桥机过孔	Ⅳ	<6级	≤7级				
153		造桥机拆除	Ⅲ	<6级	≤7级				
154	路基施工	路堑放坡开挖	Ⅰ	<6级	≤8级		配置大功率的挖掘机、装载机、推土机、压路机等设备	1. 实行三级交底制度，对各工序主要危险源及危害因素、安全注意事项等内容重点强调； 2. 严格执行《爆破安全规程》中的各项规定；配备专职安全员全程监控； 3. 施工人员安全防护到位； 4. 危险区边界设置明显标志，警戒信号，并设置防护网进行防护，有专人警戒	—
155		边坡拱形骨架、边坡锚杆框架梁施工	Ⅰ	<7级	≤8级				
156		挡土墙施工	Ⅱ	<6级	≤8级				
157		级配碎石施工	Ⅱ	—	≤8级				
158		附属设施施工	Ⅱ	—	≤8级				

第 2 章 施工工序作业条件

续上表

序号	分部工程	工序名称	风险等级	作业风力条件 规范要求	作业风力条件 现场管控	具体安全防护措施 结构安全	具体安全防护措施 设备配置	具体安全防护措施 作业管理	其他采取措施
159	扩大基础施工	基坑放坡开挖	Ⅱ	—	≤8级			1. 实行三级交底制度,对各工序主要危险源及危害因素、安全注意事项等内容重点强调; 2. 严格执行《爆破安全规程》(GB 6722—2014)中的各项规定;配备专职安全员全程监控; 3. 施工人员安全防护设施佩戴齐全,操作平台防护到位; 4. 危险区边界设置明显标志,警戒信号,并设置防护网进行防护,有专人警戒	
160		基坑防护	Ⅱ	—	≤8级				
161		模板安装	Ⅱ	<6级	≤7级	1. 设备配置:履带式起重机、汽车式起重机在满足常规要求下适当提高配置; 2. 技术方案:按程序报批	履带式起重机以"大吨位小吊重"的原则经过计算满足8级风工作状态		—
162		钢筋制作、安装	Ⅰ	—	≤8级				
163		混凝土生产、运输	Ⅰ	—	≤8级				
164		混凝土灌注	Ⅰ	—	≤8级				
165	塔式起重机	塔式起重机拼装	Ⅱ	<6级	≤7级	1. 设计标准:塔式起重机安装、顶升,工作状态7级风,非工作状态14级台风,极限工作状态7级风设防; 2. 施工方案按程序评审报批; 3. 监控监测:实时进行	1. 根据施工条件配置相应塔式起重机; 2. 在塔式起重机布置塔顶吊架、辅助斜拉架紧设	1. 实行三级交底制度,对各工序主要危险源及危害因素、安全注意事项等内容重点强调; 2. 配备专职安全员全程监控; 3. 塔式起重机司机安全防护设施佩带齐全,操作平台安全检查到位,持证上岗; 4. 专人指挥; 5. 塔顶吊设备、施工平台及脚手架作好防护措施,螺栓检查有关连接焊缝,确保受力及转结构安全	
166		塔式起重机顶升	Ⅱ	<6级	≤7级				—
167		塔式起重机拆除	Ⅱ	<6级	≤7级				
168	门式起重机	门式起重机拼装	Ⅱ	<6级	≤7级	1. 设计标准:门式起重机拼装吊装、拆除7级风,工作状态7级风,极限非工作状态14级台风设防; 2. 施工方案按程序评审报批; 3. 监控监测:实时进行	根据施工条件配置相应门式起重机	1. 实行三级交底制度,对各工序主要危险源及危害因素、安全注意事项等内容重点强调; 2. 配备专职安全员全程监控; 3. 司机安全防护设施佩带到位,持证上岗; 4. 经常检查有关连接焊缝,螺栓受力平台及卷扬机运转情况,确保焊缝结构安全	
169		门式起重机整体吊装	Ⅱ	<6级	≤7级				—
170		门式起重机拆除	Ⅱ	<6级	≤7级				

续上表

序号	分部工程	工序名称	风险等级	作业风力条件 规范要求	作业风力条件 现场管控	具体安全防护措施 结构安全	具体安全防护措施 设备配置	具体安全防护措施 作业管理	其他采取措施
171	桥面附属施工	风屏障、声屏障、接触网定位吊装安装	Ⅲ	<6级	≤7级	施工方案按程序报批	1.以"大吨位起重小吊重"原则配置吊装设备；2.吊装过程增加缆风设施	1.实行三级交底制度，对各工序主要危险源及危害因素、安全注意事项等内容重点强调；2.配备专职安全员全程监控；3.施工人员安全防护设施佩带齐全，操作平台防护到位；4.对高空作业人员禁忌体检，防护用品佩戴齐全；5.定期对设备进行全面检查	—
172		桥面风、水、电路安装	Ⅰ	<6级	≤8级				
173		检查车、铁路桥面照明、标识牌安装	Ⅱ	<6级	≤7级				
174		公路防抛网施工	Ⅱ	<6级	≤7级				
175		桥面铺装及防水层施工	Ⅰ	<6级	≤8级				
176		防撞墙、竖墙、遮板、接触网基础钢筋网模板安装；电缆槽盖板安装；走道及栏杆安装	Ⅰ	<6级	≤7级				
177		防撞墙、竖墙、接触网基础、遮板混凝土浇筑及综合接地施工	Ⅰ	<6级	≤8级				

注：本表参考资料如下：
1.《公路桥涵施工技术规范》(JTG/T F50—2011)；
2.《铁路桥梁工程基本作业施工安全技术规程》(TB 10301—2009)；
3.《建筑机械使用安全技术规程》(JCJ 33—2012)；
4.《铁路移动模架制梁施工技术指南》(TZ 323—2010)；
5.《塔式起重机安全规程》(GB 5144—2006)；
6.《船舶与海上设施起重设备规范》(2008年4月1日生效)；
7.《液压爬升模板工程技术规程》(JGJ 195—2010)。

f. 对高处人员作业采取相关安全防护技术措施（脚手架、平台、梯子、防护围栏、挡脚板、防护网、安全带、救生衣等），进行安全教育培训及现场技术交底、培训考核等。

g. 现场风浪流实时监测：对现场施工指导，在栈桥、平台、造桥机、移动造桥机上设置风速监测仪、波浪监测仪、洋流计，利用"互联网+"监测技术实时（可通过网页和手机实时查看）提供风力和波浪监测数据。一方面为施工结构（如围堰、导管架）设计计算提供了科学参数，确保施工结构安全；另一方面为选择吊装作业工序、造桥机施工、移动造桥机施工提供预测气象条件，降低吊装等施工作业安全风险。

2.2.2 现场实施情况

通过深入研究及试验分析，经过施工验证，现场采取的各项措施可行有效，安全质量可控。

主要施工方案详见相关章节。

2.3 各工序施工作业条件

根据平潭地区气象条件及工程施工工期，对各工序施工的风力条件进行了界定，以保证施工安全及施工工效。工序施工作业风险等级划分参照交通运输部2011年5月下发的《公路桥梁和隧道工程施工安全风险评估指南（试行）》，风险等级Ⅳ级为最高，Ⅰ级为最低。按照主要工序现场作业条件原则提出了本工程各工序施工作业条件及相应防护措施，如表3-2-3-1所示。

2.4 施工保证措施

2.4.1 组织保障

项目部成立施工作业条件管理领导小组，负责大风条件下施工生产的组织领导工作，领导小组分工如表3-2-4-1所示。

施工作业条件管理领导小组成员及职责分工　　表3-2-4-1

领导小组	人　员	职责分工
组长	项目经理	全面负责《施工作业条件管理实施办法》的贯彻与落实
副组长	总工程师	全面负责施工作业条件制订及相关具体工作
	副总工程师	服从总工程师工作安排，配合总工程师负责施工作业条件制订及相关具体工作
	安全总监	负责现场监督检查和实施
	总经济师	略
组员	工程部负责人	对福平铁路平潭海峡公铁两用大桥复杂海域环境施工工序作业条件编制；配合桥科院做好天气预报发布及明确施工风力条件；审核分部分项工程施工方案工序施工作业条件措施的编制
	安质部负责人	不定期做好现场施工监督检查，重点检查防撞箱围堰下放、非通航孔围堰拼装、大型起重吊装、挂篮走行、造桥机过孔、移动造桥机过孔、主塔爬模顶升、钢梁架设、斜拉索挂设、塔式起重机顶升等施工方案工序作业条件措施是否符合作业条件；负责作业条件现场考核，及时下发监督情况通报，并负责督促相关问题整改与落实
	物资部负责人	甲供及项目部集中招标物资的协调及采购工作
	设备部负责人	对分部设备性能、维修保养情况的检查
	船机、调度中心负责人	检查船机设备的性能和技术状况，根据天气情况及时发布船舶停航、撤离指令

各分部根据项目部领导小组的构成成立相应领导小组，定期召开施工生产专题会，明确管理人员责任分工、施工作业条件和各项保证措施，设专人负责收集天气信息。根据项目部相关部门发布的作业条

件及指令或根据现场不同风级,及时向架子队、作业工班和各施工船舶发布不同施工指令,合理安排现场施工。

2.4.2 技术保证措施

1)平台、栈桥抗风、浪设计施工要点

(1)施工栈桥、平台结构,按自身施工状态 7 级风、工作状态 8 级风、抗台状态 14 级风的标准进行设计。

(2)平台+栈桥区采用平台与栈桥钢管桩间设置联结系,提高结构的整体稳定性。

(3)有覆盖层区平台、栈桥钢管桩打入高程及贯入度都应满足设计要求;浅/无覆盖层区钢管桩、钢护筒打入深度浅,稳定性差,对于入岩深度不足的钢管桩采用施工锚桩方式,增加其稳定性,护筒采用模袋围堰+水箱不离散混凝土进行稳固,确保结构满足抗台要求。

(4)深水裸岩栈桥基础施工难度大,采用大刚度纵梁结构增加栈桥跨度,减少基础的数量,加快施工进度,减少风、浪的影响;钢管桩插打无法自稳,采用导管架法施工。为减少海上作业时间,降低施工安全风险,导管架在工厂整体预制,选择合适天气条件采取整体吊装到墩位,用千斤顶下放到位后插打支撑桩,及时进行上部结构施工,通过导管架施工技术确保平台稳定性。

(5)深水区平台、栈桥联结系刚度要大,焊接质量要严格把关,联结系应尽量下置,提高结构稳定性。

(6)平台、栈桥的面板、纵梁、横梁及钢管桩基础之间应采用连接件或直接焊接紧固,钢构件要做好防腐处理,并定期检查维护。

(7)在钻孔桩施工安排中,应在台风季之前尽量保证每个平台桩基灌注完成数根,这样可大大提升平台的抗台能力。

(8)平台、栈桥施工时采用模块化施工,即将小构件在后场加工或组拼成大构件,在施工现场整体吊装,以减少现场吊装及焊接工作量。

(9)现场对结构实时进行监控监测。

2)承台抗风、浪设计施工要点

(1)钢吊箱围堰(吊装、下放、封底和承台)按施工状态 8 级风、抗台状态 14 级风工况进行设计计算。

(2)通过设计变更提高海上承台高程,减少围堰所受到的波浪力及水流力。

(3)海上钢板桩围堰采用刚度大的钢板桩,简化内支撑结构,便于围堰内部施工作业,减少钢构件起重吊装及焊接工作量,加快施工速度。

(4)根据风、水流及波浪的方向确定钢板桩插打顺序,减少其影响,确保施工过程钢板桩的稳定性。

(5)海上钢围堰采用双壁钢围堰设计,为确保施工过程中围堰及人员安全,采用设置多层内支撑、多层导向及快速锁定装置等方式,确保围堰整体结构安全。

(6)钢吊箱围堰采用大型起重船整体一次吊放结构,快速施工,减少施工安全风险。

(7)钢吊箱围堰应设置导向及快速锁定装置,防止吊放过程中受风、浪影响产生大幅度摆动。

(8)钢吊箱壁板、底板、围檩、内支撑等结构宜采用栓接,方便安装、拆除。

(9)非通航孔桥吊箱、套箱围堰根据风浪情况,选择合适的天气一次下放到位,并及时完成锁定工作;当 1 周内有台风警报,禁止围堰吊装及下放作业,现场立即对围堰进行锁定、抄垫,钢吊箱正式施工前应进行试拼、试吊。

3)墩身抗风设计施工要点

(1)墩身模板按工作状态 8 级风、抗台 14 级风工况进行设计计算。

(2)施工通道采用制式爬梯,爬梯底部通过承台预埋件焊接牢固,爬梯与墩身间设置附墙,附墙受力满足施工环境要求。

(3)墩身内外应设置工作平台,高墩还要在不同高度设置多层防坠落保护网,一旦发生人员高处坠落时不致发生亡人事故。

(4)公路墩身采用模板一次浇筑时,应根据墩身高度,设置风缆。

(5)墩身采用模板分段流水施工时,已浇筑完成部分至少留2节模板,用于支撑固定新安装模板;按先立模板后绑扎钢筋顺序施工,以减少大风对钢筋绑扎的影响。否则应采用钢筋型钢定位骨架,避免钢筋变形、倾倒。

(6)模板拆除时采用吊机挂稳模板,保持钢丝绳垂直并稍受力,同时在模板设置拉索,用于调整模板空间位置,防止模板磕碰墩身及产生过大的摆动。

(7)确保大风条件下稳固及钢筋定位准确并设置型钢劲性骨架。

4)主塔液压爬模抗风设计施工要点

(1)爬模安装埋件、挂座时,必须系好安全带和佩戴必要防护用品。高强螺杆和爬锥连接必须要拧紧。爬锥上均匀涂抹脱模剂,防止爬锥拆卸困难。

(2)混凝土强度必须达到20MPa以上,才能进行模板爬升。

(3)在雷雨、大风(7级以上)、大雾等恶劣天气情况下,爬模不得进行爬升作业;爬模爬升时除爬模操作人员外,其他人员一律离开爬模架,爬升到位后其他作业方可进行。

(4)爬升架体或提升导轨前,各分部组织人员对机械运转情况进行检查,并准备好一切爬升工具,待所有准备工作就绪后,检查签证后方可进行爬升;爬模时下端四周3m范围内设置警戒区,禁止无关人员进入,以防高空物体坠落伤人;爬模爬升时,爬升架上不准堆放重物。

5)现浇支架抗风设计施工要点

(1)现浇支架设计按施工状态7级风、工作状态8级风、抗台状态14级风工况进行设计计算。

(2)支架基础尽量利用桥梁承台,无法利用时应确保基础的地基承载力及沉降满足设计要求,可采用桩基础、扩大基础、换填等方法,同时做好临时防排水设施。

(3)高墩支架边墩与桥梁墩身进行多道抱箍式连接,中支墩宜采用双排钢管,支墩钢管之间利用斜撑连接,提高支架整体稳定性。

(4)支架按满足8级风施工作业进行设计,钢管立柱基础采用钻孔桩施工。

(5)支架纵梁采用贝雷片、军用梁等桁架式结构时,应采用花窗对其进行连接,同时纵梁应与横梁连接牢固。

(6)支架卸落装置在满足卸落要求的同时,要有足够的刚度及稳定性,避免其影响支架结构的整体稳定性。

6)节段拼装造桥机及移动造桥机抗风设计施工要点

(1)节段拼装造桥机及移动造桥机结构设计按安装状态7级风、过孔状态7级风、工作状态8级风、抗台14级风工况进行设计计算。

(2)移动造桥机结构设计宜选择重心低、稳定性好的腹位式结构,可形成封闭的操作空间,作业环境安全,适合大风作业环境。

(3)造桥机采用下托梁结构支撑箱梁节段,相对于吊挂结构稳定性更好,下托梁与主梁可形成封闭的操作空间,作业环境安全,适合大风作业环境。

(4)主梁宜采用桁架式结构,相对于箱形结构迎风面积小,大风环境下稳定性好。

(5)走行通道、工作平台与造桥主体结构一同设计。

(6)拼装和拆除方案由设计、制作、施工方共同确定,拼装、拆除所需支架等结构应经计算。

(7)在台风来临前按设计对移动造桥机进行防风加固。
(8)走行通道、工作平台等按相应的风荷载进行设计。
(9)施工安全操作要点另行制订《安全操作手册》。

7)挂篮抗风设计施工要点

(1)挂篮结构重心在不影响施工的情况下应尽量低,挂篮主桁间应采用竖向及水平桁架连接,以提高结构抗风稳定性。
(2)挂篮构件间宜采用销接或者栓接,方便安装、拆除。
(3)挂篮前后吊挂及后锚不应采用精轧螺纹钢,宜采用吊带。
(4)挂篮上的走行通道、围栏、张拉工作平台等结构与挂篮主体结构共同设计,要充分考虑大风的影响。
(5)挂篮须设置走行安全锁及纵向限位装置。
(6)梁部预留孔洞应根据挂篮结构精确设置,孔洞的位置及垂直度要满足设计要求。
(7)由于本桥址处于台风、季风区,常年处于大风期,为了增加挂篮施工期操作人员的安全,共设置主桁架操作平台、侧模板安全通道及防护、底模封闭操作平台及前下横梁操作平台等。
(8)公铁合建模式下,铁路梁运输、铁路梁挂篮及公路梁挂篮同时交叉施工,为了在上部施工同时不影响下部安全施工,在挂篮底模下设置封闭工作平台。封闭工作平台设置吊带鞍座通过吊带吊挂在挂篮前后下横梁上。

8)方案审批制度

对起重吊装、高空作业、船机设备操作、支架及设备的安拆等受大风影响较大的工序要制订切实可行的安全防范措施,均邀请国内相关领域权威专家进行论证,以确保技术方案的科学性、合理性,并按要求进行分级审核报批之后,分级对下进行安全技术交底,明确施工条件和安全注意事项。

9)现场做好风力、风向、波浪的监测、收集工作

研究分析本地区风、浪特点,为后续施工生产提供依据。

2.4.3 设备高标准配置

基于项目施工环境的复杂性,必须超常规配置设备才能满足现场施工要求,因此在设备选型上均配置抗风标准高的设备。

(1)现场起重吊装设备的选型根据不同吊重的大小进行选择,现场75~150t履带式起重机及塔式起重机以"大吨位起重小吊重"的原则经过计算,满足8级风下的工作状态。设备配型如表3-2-4-2所示。

主要起重机及船舶设备配型对比表　　　　表3-2-4-2

序号	设备类别	实际投入设备型号	概算及现行定额标准
1	起重设备	汽车起重机徐工50t	履带起重机≤15t
		履带式起重机QUY75t	汽车起重机≤16t
		履带式起重机XGC100t	汽车起重机≤20t
		履带起重机130t	履带起重机≤50t
		履带起重机150t	斜撑桅杆式起重机≤20t
		起重船150t	塔式起重机12t以内
		起重船200t	150t起重船
		1000t自航起重船	400t起重船
		2000t自航起重船	—

续上表

序号	设备类别	实际投入设备型号	概算及现行定额标准
2	打桩设备	振动锤120型	振动沉拔桩机≤400kN
		冲击锤YC50型	振动沉拔桩机≤400kN
		振动锤150型	振动沉拔桩机≤500kN
		路桥建设桩8(hp525打桩船)	
		海盛桩6,桩架高78m	
		雄程1号,桩架高128m	
		申启星501,桩架高70m	
		航工桩168,桩架高98m	
3	其他船舶设备	200m³/h 混凝土搅拌船	120m³/h 混凝土搅拌船
		混凝土搅拌船160m³/h	水上混凝土搅拌站2×600L

(2)起重船、打桩船研究系泊方式,增加其稳定性,满足7级风下的工作状态。船舶参数如表3-2-4-3所示。

船舶作业条件一览表　　　　　　　　　　　表3-2-4-3

序号	船型	规范作业条件	现场作业条件	备注
1	2000t自航起重船	1.起吊荷重的运动不受外力的制约; 2.起重设备工作时风速不超过20m/s,相应风压不超过250Pa	风力≤7级风	另见:《秦航工1起重系统说明书》
2	铁建桩01打桩船	海况蒲氏风级不超过5级,有义波高不超过1.0m	风力≤7级风	根据计算及现场施工经验,可满足7级风吊装施工
3	铁建混凝土01搅拌船	风力≤6级,波高≤2m,流速≤3m/s	风力≤8级风	根据计算及现场施工经验,可满足8级风混凝土搅拌施工
4	铁建插01驳船	最大风力:蒲氏7级风,最大有义波高≤1.0m,作业水域流速≤2m/s	风力≤7级风	根据现场施工经验,可满足8级风运输施工

注:本表中仅列举部分船舶的施工作业条件。

2.4.4 安全保证措施

1)施工安全准备工作

(1)项目部、分部针对施工作业环境及工序组织召开大风条件下施工安全专题会,对施工条件进行分析,明确安全保证措施和施工安全条件,明确分工,责任到人。

(2)及时对管理人员和作业人员进行安全专项教育。

(3)加强安全检查,要参照防台准备工作要求,对临建设施的防风措施、起重设备限位保险、现场三级配电、栈桥平台关键部位缺失及有效情况、深基坑防护、脚手架搭设、高墩模板安拆的全面检查,并对损坏区域及时维修。

(4)要适当储备应急物资,适时储备生活物资,包括食品、淡水和其他生活必需品,施工船舶尤其要注意储备生活物资。

(5)项目部和分部要有专人负责天气预报的收集和发布,随时向施工现场、施工船舶发布最新的气象预报,一旦有大风消息时,立即向架子队、各施工船舶发布通知,合理安排现场施工。

(6)调度中心、船机设备部和各船船长经常检查船机设备的性能和技术状况,使船舶处于最佳适航状态;现场调度要根据现场情况,做好防季风的预控措施,当有大风消息时,能迅速组织各施工船舶按预案撤离施工现场,到指定的锚地或码头避风。

(7)各船舶船长要积极参与船舶应急预案的演练,按照"船舶应变部署表、应变卡"的要求,结合防季风预控措施的具体方案进行学习、训练和操作,尤其是对在防季风中可能出现的情况(如消防、救生等)进行演练和操作,使每个船员都能熟练掌握各种操作技能(负责人:各船船长),同时各船要组织抢险救生小组(船长为组长,大副为副组长),为应对季风或其他紧急情况做好充分准备。

(8)分部要准备好专用应急车辆,综合办公室要配备必要的药品,能满足现场救护要求。

2)海底炸礁、疏浚安全保证措施

出现以下情况,停止爆破作业,所有人员立即撤到安全地点:

(1)热带风暴或台风来临前;
(2)雷电、暴雨雪来临;
(3)雾天能见度不超过100m;
(4)风力超过8级。

3)钻孔灌注桩施工安全保证措施

(1)桩机、配电箱、发电机、集装箱、氧气、乙炔等机具做好防风加固。
(2)桩基施工时,桩位、泥浆池周围采用钢管围栏,非施工人员禁止靠近,防止因不慎滑入,设置醒目的安全警示警告标志;孔口防护,防止刮大风时人员坠入孔口。
(3)要强化起重吊装管理,钢筋笼吊装时起重臂下、旋转半径内严禁站人。
(4)钢筋笼运输时,需捆绑固定在运输车或船上。
(5)钢筋笼吊装时需做好防风措施,当风力大于7级时禁止进行钢筋笼吊装作业。
(6)在进行钢筋笼节段连接时,如风力≥7级,上节钢筋笼需采用风缆临时稳定。
(7)搅拌船及混凝土泵车应尽量靠近待浇筑孔位,减少布料杆悬臂长度。

4)平台拆除安全保证措施

(1)作业人员在施工过程中必须佩戴安全帽,水上作业必须穿救生衣,高空作业必须系安全带。
(2)平联割除时,安全带一定要固定在护筒上,同时准备若干救生圈,以防不测。
(3)吊装严格执行操作规程。
(4)恶劣天气禁止施工。
(5)平台拆除区域与施工区域采用护栏进行隔离,非平台拆除人员禁止进入平台拆除现场。
(6)平台拆除前进行详细的技术交底,使施工人员做到心中有数。
(7)构件拆除时,应采用吊机挂稳构件,保持钢丝绳垂直并稍受力,根据现场需求设置横向稳定风缆。
(8)需在护筒等构件上安装稳固的操作平台,用于横梁、联结系等构件的拆除,严禁操作人员在吊机悬吊的铁笼中作业。
(9)拆除现场设专职安全员,发现安全隐患及时整改。

5)钢吊箱、套箱围堰下放及拆除安全保证措施

(1)施工现场安全

①施工现场设专职安全员,建立施工员以及现场管理人员与施工工人相结合的安全施工保证体系。
②牛腿和顶梁应保证有足够强度和稳定性;并加强检查,严格按操作规程施工。
③吊箱下放及浇筑平台四周应设栏杆,并放一定数量的救生圈,钢吊箱内随时将杂物、工具清理整齐,夜间应有足够的照明设施。
④加强与当地水文、气象部门的联系,及时掌握水文、气象动态,合理安排生产,确保施工安全。

⑤经常检查千斤顶和手拉葫芦的完好情况,对油管、滑链、保险销等经常进行检查,发现问题及时修理或更换。
⑥设置并保护水上施工标志,加强水上瞭望,防止船舶意外撞击事故发生。
⑦合理安排劳动力、机械的使用,禁止不符合生产安全规定要求的设备、人员进入现场。
⑧严格执行安全技术操作规程,组织有关人员对机械设备、设施进行定期检查。
⑨施工过程中所有船舶接受统一管理,统一指令。
⑩承台四周安装红色警示灯、雾钟。
⑪作业人员严格执行相关安全规定,穿好救生衣、戴好安全帽、不准穿拖鞋。
⑫电焊机的设备必须符合安全要求,防止潮湿漏电。
⑬严格执行电器安全操作规程,经常安排有关人员对整个施工现场的电器设备进行安全检查,值班人员值班时不得离开岗位,确保用电安全。
⑭乘坐交通船不得超过规定人数,乘坐人员应穿好救生衣。上下船时,不得争先恐后、打闹嬉戏,船未停稳不得上下。
⑮夜间作业应有足够的照明,用电用火要防止触电及火患。

（2）起重安全
①起重用工索具严格按相关规范要求取用安全系数,保证其使用安全。
②定期对工索具进行检查,严禁失效或濒于报废的工索具用于现场。
③在起吊中应严格执行安全操作规程;指挥起吊时,信号必须统一,手势明显、哨音清晰、不得含糊。
④吊物时,起重臂与被起吊物下严禁站人,对违反操作规定和不安全的作业及时加以纠正或制止。
⑤平台上必须明确标示履带式起重机走行区域,履带式起重机必须在安全范围内行走。
⑥用于绑扎的钢丝绳吊索不得用插接、打结或绳卡固定连接的方法缩短或加长。吊索绕过吊重的曲率半径不得小于该钢丝绳直径的2倍。
⑦进行起重参数验算时,要考虑风荷载的影响。

（3）通航安全
在季风期,部分小型机动船有可能误入施工水域,对施工平台形成一定的威胁。为保障过往船舶、施工平台的安全,在施工水域内上下游设置警戒平台。夜间显示警示信号灯,使过往船舶能及时看清作业区上下游的警示信号。
①施工船舶按照海事部门规定悬挂显示信号、灯号,以利于过往船舶安全航行。
②在雨、雾及其他能见度不良的天气里,除按规定显示信号外,各墩配置铜锣、雾钟等,发出响声提醒过往船舶按规定航线驾驶,不得闯入施工水域。
③发现有可能闯入施工水域的船舶应提早通过高频、或敲打铜锣等发出警报,直到威胁消除为止。必要时应及时与海事部门及项目部联系。
④全天24h保持对高频VHF6的正常守听,保持与海事部门通讯的畅通联系。
⑤现场值班人员应作好记录,内容为当天的天气情况、对可能闯入或闯入了施工水域的船舶、闯入位置、有无造成种危害、当时天气、水文情况、警戒所采取的措施等情况。

（4）防台、防汛、防自然灾害应急措施
为保障工程施工生产的正常进行,确保施工作业人员、机械、船舶、设备的安全,做好紧急情况下的应急工作,以便在施工现场复杂条件下出现意外情况时,能够进行快速有效地救助,把损失减少到最低限度。及时关注天气情况和台风动态,钢吊箱下放及拆除避开台风天气施工,当获知气象台有大风预报时,应对船舶锚缆进行检查,增加抛锚个数和加强锚缆强度,发生大风、大雾时,应按应急预案采取相应的应急措施。

6）导管架吊装作业安全保证措施

（1）根据现场作业条件选择大于结构自身质量的起重船(秦航工1号2000t起重船),增大吊装安全系数,确保吊装安全。

(2)正式起吊前进行试吊。试吊检查合格后,再正式起吊;正式起吊前需选择良好天气进行(浪高不大于 2.5m,风力不大于 7 级),考虑到后续施工作业,应满足连续 2 天的好天气方可进行起吊作业。

(3)在起吊前一周,确定运输线路。运输线路的确定采用拖轮预探,原则为尽量远离礁石,保障海上转弯半径;选择低平潮水深不小于 6m 的航线(2000t 起重船起吊后吃水深度约 5m)。

(4)采用新制吊具。吊具自上而下结构为"2 根扁担梁 + 2 根压制梁 + 横向吊耳",压制梁和扁担梁构件采用截面 1.5m×0.9m 的钢箱梁对接组拼而成。

(5)吊具与导管架之间采用精轧螺纹钢连接,每根扁担梁与导管架设 3 个锚固点(2 个 B 类锚固和 1 个 A 类锚固),其中 A 类锚固设 4 根精轧螺纹钢,B 类锚固设 6 根精轧螺纹钢,每根精轧螺纹钢均预拉 50t 与导管架连接。

(6)导管架角桩安装完成后,将吊具整体吊装至导管架顶部,调整对位好后,安装精轧螺纹钢,进行预拉锚固,预拉力 50t。

(7)精轧螺纹钢预拉完成后,需对扁担梁进行限位,在精轧螺纹钢两侧焊接槽钢对其进行限位,防止吊具在吊装过程中的滑动。

(8)吊装过程中采取缆绳,起到在导管架运输过程中稳定导管架的作用,同时导管架定位过程中调整导管架的平面位置。缆绳根据其作用,在导管架顶层联结系位置设置 6 套,顶层联结系位置设置 2 套,正对吊装起重船面设置 4 套,上层和下层联结系位置各 2 套,正对定位船面在顶层联结系位置各设置 2 套。

7)墩柱施工安全保证措施

(1)各分部在栈桥平台适当位置安装风速风向仪,早中晚定时发送风速风向信息到现场墩台施工负责人,如果风速超限及时停止模板等吊装作业。

(2)施工现场内的各种材料要按材质分类堆码到指定地点,堆放高度不得高于 1.5m 并有防止倾倒保护措施。

(3)所有钢筋应集中加工制作,制作后的半成品采用塑料布进行防护覆盖。钢筋加工前,钢筋机械要进行空负荷转动检查,确定机械运转正常时方可进行作业。绑扎成型的钢筋要用塑料布遮盖严密,避免杂物落入模板内。

(4)模板安装前,要预埋抗风锚,防止风力过大对模板的稳定性造成影响。浇筑混凝土前,已验收的柱模板要用塑料布封闭,防止雨水、杂物进入模板内。

(5)墩身设置工作平台,工作平台按规范铺设脚手板、设置栏杆。

(6)墩身采用整体模板分段流水施工时,已浇筑完成部分至少留 2 节模板,用于支撑固定新安装模板;按先立模板后绑扎钢筋顺序施工,以减少大风对钢筋绑扎的影响,否则应采用钢筋型钢定位骨架,避免钢筋变形、倾倒。

(7)在模板拆除时应采用吊机挂稳模板,保持钢丝绳垂直并稍受力,同时应在模板设置拉索,用于调整模板空间位置,防止模板磕碰墩身及产生过大的摆动。

(8)墩身盖梁支架剪刀撑应按设计及规范要求设置,确保支架抗风稳定性。

(9)登高作业人员严禁穿着鞋底坚硬、易滑的鞋子,距离基准面 2m 及以上的登高作业,必须正确使用安全带。

(10)安全爬梯必须使用强度和刚度满足要求的材料制作,安全爬梯必须经过验算合格后方可施做。现场安全爬梯必须与墩柱进行可靠连接,爬梯底部应通过承台预埋件焊接牢固,连墙件要确保不少于三道,必要时与墩柱进行环抱连接,以保证在风荷载作用下稳定。

8）支架现浇梁施工安全保证措施

（1）地基与基础

支架地基与基础的施工，必须根据支架搭设高度、搭设场地土质情况与现行国家标准《建筑地基基础工程施工质量验收规范》（GB 50202）的有关规定进行；垫层施工时应控制其顶面高程和平整度，支架底座底面高程宜高于自然地坪50mm；基础周边应设置排水沟，将地表水引排到基础5m以外。

（2）搭设

搭设工作应在支架施工专项（安全）方案按程序报批后，并对搭设人员进行技术交底后方可进行。在搭设时应严格按照设计要求搭设顺序进行搭设；加强现场监测，对垂直度等偏差及时进行纠正；施工过程中采取相应安全防护措施。

（3）预压

支架预压应在支架结构检查合格后进行，对支架进行预压。支架预压荷载应符合设计要求；严格按照支架预压方案进行预压，加、卸载程序、测点布置、收据记录须符合规范规程要求；预压完成后，根据监测数据计算分析基础沉降量和弹性变形、非弹性变形及平面位移量，评价支架安全性和确定立模高程，形成支架预压报告；支架预压加载和卸载应按照对称、分层、分级的原则进行，严禁集中加载和卸载。

（4）拆除

钢筋混凝土梁的支架落架和拆除应在混凝土强度达到设计强度后方可进行；预应力混凝土梁的支架落架和拆除应在梁体预应力施工完成后方可进行。在支架拆除前应做好以下工作：

①对支架进行全面安全检查，确认不存在严重隐患。如存在影响拆除安全的隐患，应先对支架进行修整和加固，以保证支架在拆除过程中不发生危险。

②支架在拆除前，应先明确拆除范围、数量、时间和顺序、方法，物件垂直运输设备的数量，支架上的水平运输、人员组织、指挥联络的方法和用语，拆除的安全措施和警戒区域。

③严格遵循拆除顺序执行。

④拆除支架时，下部的出入口必须停止使用，在出入口处设置明显的使用标志和围栏。

⑤拆下的支架钢管、扣件及其他材料运至地面后，应及时清理，将合格的、需要整修后重复使用的和应报废的加以区分，按规格堆放。

9）移动造桥机现浇梁施工安全保证措施

（1）过孔前检查

①通信联络要畅通，所有人员须指定岗位地点，统一好指挥指令。

②首次过孔前司机应检查各个按钮与相应动作的协调性，确保各按钮的功能处于正常状态。

③走行轨道已在桥面上铺设好，钢轨接头处平顺无错位，轨距以及钢轨的横向位置正确。

④移动台车上的勾挂油缸及纵横移油缸工作正常。

⑤钩挂支架已降落到主梁与导梁下弦的下盖板附近并安装销轴，以防止设备横向倾覆。

⑥确保各滑移轨道面上无杂物且已涂抹润滑脂；各工作平台焊接良好，安装稳固。

⑦横向开模前要检查主梁与导梁各接头处的接头螺栓、主梁与主梁的连接螺栓、主梁与导梁各处的连接螺栓、后辅助支腿的曲臂与主梁的连接螺栓等。

⑧横向开模前要确保底模、底模桁架、前辅助支腿、中辅助支腿中缝连接螺栓已全部拆除。

⑨横向对称打开模板。两侧的同步偏差不大于横向油缸的一个行程，单侧各缸的同步偏差不应大于5mm。

⑩移动造桥机在左右开模和前移过孔空间内无障碍物；移动造桥机在左右开模和前移过孔中无电气、液压设备的干涉。

（2）过孔中检查

①先试走行约30cm，停机观察若无问题继续过孔。

②检查两侧主梁及框架的纵移速度是否一致,不同步偏差不得超过10cm。
③检查横向打开的模板是否可以从桥墩两侧通过,主框架梁节点板处是否和墩旁托架有干扰。
④过孔时,模板上、主梁与导梁上、桥下面除必需的观察人员外,禁止其他人员进入。
⑤观察行走轮在钢轨上的行走状况,若钢轨对车轮的侧向力过大,应及时拨道。
⑥液压及电气设备不影响移动造桥机过孔。
⑦施工平台的梯子栏杆的连接状况良好。
⑧有防护措施保证过孔中过往行人及车辆的安全。

(3)过孔就位后检查
①墩旁托架、立柱、支腿及牛腿的安装位置正确,连接螺栓连接良好,墩旁托架及立柱张拉钢筋张拉力达到要求。
②模板合龙后横向及纵向中心线与梁体的设计中心线重合。
③底模、底模横梁中缝处的对接螺栓安装完成。
④各顶升油缸机械锁处在正确高度并拧紧。纵移油缸、横移油缸、吊挂油缸的销子安装到位。
⑤顶升油缸位于主梁底部的加强板范围内。
⑥检查主梁与导梁连接处,对松动螺栓进行紧固。
⑦确保整个移动造桥机的电气及液压系统工作状况良好。

(4)混凝土浇筑前检查
①内模及外模的各部尺寸符合规范要求。
②各顶升油缸要求锁紧,但严禁在最高位锁紧。纵移油缸、横移油缸、吊挂油缸的销子安装到位。
③墩旁托架、立柱及牛腿的安装位置正确,连接螺栓良好,墩旁托架及立柱张拉钢筋张拉力达到要求。
④两端的端模已按正确位置安装。
⑤侧模和翼模的撑杆已调紧,销轴安装完好。
⑥内模连接螺栓连接良好,内模调整横撑的尺寸正确,内模支撑系统的销子安装到位。
⑦外模连接螺栓连接良好,外模支撑系统的螺栓安装到位,支撑系统的整体高度正确。
⑧主梁及导梁的连接螺栓连接良好,其直线度和平面度在允许范围内。
⑨整个移动造桥机的电气、液压系统保护良好,无漏电、漏油及其他损害。
⑩各工作平台焊接良好,安装稳固;首跨或尾跨施工时,各项特殊的措施已落实。

(5)混凝土浇筑中检查
①墩旁托架、立柱及牛腿的受力良好,无大的结构变形。
②墩旁托架及立柱的张拉钢筋无松动现象。
③各支撑油缸受力良好,无异常变化。
④主梁及底模横梁的受力良好,无大的结构变形。
⑤外模及各支撑杆无松动。
⑥外模系统、内模系统的受力良好,无大的结构变形。
⑦浇筑过程中无对移动造桥机的电气、液压系统的损害。
⑧模板无严重漏浆。如有要及时处理。
⑨内模承载后有无变形。

10)简支钢桁梁架设施工安全保证措施

(1)钢材于梁开始安装前,对架梁使用的材料、工具、吊具、脚手板、梯子、安全带、安全网等应经有关人员验收合格后方能使用并应配足、配齐数量,架梁吊机应经过试运转并试吊合格后方可使用。
(2)参加高空作业人员,必须挂好安全带,并严禁垂直双层作业。架梁前必须进行身体检查,凡不合格者不得参加架梁高空作业。在架梁开始前,各工序均应按安全细则要求进行交底和训练。

(3)各种大临设施和重要临时设施(如架梁吊机、脚手架、安全网以及墩顶布置等)在施工完毕并经试吊,由相关人员检查签证和填写记录后方能使用。对架梁吊机、安全网等应组织有关部门联合检查认可。作业过程中各种通道、施工平台应焊接牢靠,作业人员应戴好安全帽,系好安全带。

(4)起吊工作用的各种钢丝绳、卡环、手拉葫芦等应认真检查,有缺陷的一律不得使用。

(5)架梁吊机及墩顶处应安装防护栏,上下梯子,人行走道等安全设施。夜间作业应有足够的照明设备。

(6)钢梁上各种电动机械的动力电缆和照明线路必须保持绝缘良好,应有专人值班。手持电动工具电源处应加装漏电保护器。

(7)在架梁过程中要派专人了解天气状况,若有情况立即通知施工部门采取安全措施。风力达7级以上时停止架梁,并拉结缆风保证结构稳定。

(8)钢材于梁杆件起吊时,应确认起吊杆件的重量和重心的位置,必须捆绑牢靠并应栓上溜绳。

(9)桥上应配备消防器材和通讯设施。

(10)起吊杆件的吊具与杆件棱角接触处应用胶皮垫好。起吊杆件时,必须有固定的信号指挥。信号员应事先检查场地周围有无障碍。杆件拼装对孔时,信号员、吊车司机、架梁人员要密切配合、指挥得当、操作准确。信号员的哨音手势应洪亮、正确、清楚,如遇妨碍司机视线处,应增加传递信号人员。吊物下面严禁站人。

①在移动吊机前,必须检查吊机的制动设备是否良好,走道是否铺设完毕,吊机定位的钢梁节间是否闭合,各节点上的冲钉螺栓是否上足拧紧,确认后方可移动,停机的位置处应安好止轮器,吊机到位后,应将前后轮锚固,经专人检查合格签证后方可使用,停止架梁作业时,应将吊钩升至最高位置或将吊钩挂牢,关闭总电源,并将转盘用钢丝绳揽紧。

②架梁吊机司机,必须清楚起吊钢梁的重量、安装部位和看到明确的指挥信号后,方能起吊。吊机司机上班后必须首先检查电力、机械、钢丝绳等起吊设备受力构件是否安全可靠,先进行空车试运行,合乎要求做出记录后,方能开始工作。

③钢梁拼装对孔时,严禁用手指伸进孔眼内检查,严禁用大锤猛击单个冲钉过孔,造成孔眼变形。平面拼装孔眼应用安全冲钉,防止冲钉坠落伤人。

④在开始架梁前,各单项工程都编制安全施工细则,对参加此项工作的人员进行安全操作交底和专门训练。

⑤冬季架梁要特别做好防冻、防滑等安全防护工作。夜间作业用工作灯应使用安全电压。

⑥拼装钢材于梁临时上平联时,因在不能张挂安全网和搭设平台脚手架的情况下操作,应在两椅上弦节点处加设临时连接杆件,并在其上栓结钢丝绳子,作业者将安全带挂在其上,达到安全带高挂低用的效果,作业者应在挂好安全带的情况下沿上平联杆件骑行至作业点。

11)斜拉索施工安全保证措施

(1)严禁用钢丝绳直接捆绑起吊或牵引缆索,必须加设橡皮保护和使用起吊夹具。

(2)注意保护好锚头和张拉杆外螺纹,防止螺母拧不进去。预先清除锚头螺纹及安张拉杆内螺纹上的环氧树脂,防止吊至高空时难以清除。

(3)挂篮上吊挂脚手架应安全可靠,满铺脚手板,设置安全人梯和栏杆,塔上内外平台应牢靠,严格按设计图要求检查验收后方能使用。

(4)及时通知测试人员,测量索力与张拉索力相比照,发现异常及时汇报。

(5)各作业点指挥人员应用对讲机及时联系、统一步调、协调指挥。卷扬机应选出有经验的工人定岗定人专职操作。另外,电工、修理工,应在现场待命,随叫随到,及时排除故障。

(6)所有起重用钢丝绳、卸扣、转向滑车等均应符合起重行业施工规范,具有足够的安全系数。不得超载进行起吊作业。

(7)斜拉索放索架应安装配重,并有制动装置。

(8)为防止索的振动,在减震器未安装前,应加设临时减振装置。

12)悬臂浇筑连续梁施工

(1)设计及加工阶段

①挂篮走行系统应采用自锚机构,不宜使用配重走行方式,自锚走行机构及轨道必须满足局部应力集中的极端工况验算。

②挂篮悬吊系统宜选用钢吊带,不宜选择精扎螺纹钢筋吊杆,吊带的安全系数不小于2。吊带与挂篮底蓝之间采用活动铰,以便于调节挂篮底蓝纵坡。

③挂篮需由具有相应加工资质的厂家进行加工,加工前必须经过设计交底,且必须严格按照设计图纸进行加工和安装。

④对关键部位的焊接质量进行检查。对主桁架系统进行预压,以检验挂篮主桁架的加工质量。

(2)拼装及预压阶段

①挂篮拼装前,拼装人员必须熟悉挂篮结构图纸、拼装顺序及相关操作规程。设计人员及施工管理人员必须做相关的设计交底及安全交底。

②挂篮施工过程中,相关作业人员需遵循"高空作业安全规程""吊装作业规程"等规定。

③挂篮在预压前,需编写挂篮预压操作规程,并进行相关的技术交底和安全交底。

挂篮预压过程中,加载必须缓慢,每加载一级,需对其进行一段时间的监控后,无异常方可进行下一级的加载。

④挂篮加载预压时,必须有效模拟实际施工荷载,且需超载预压。

⑤在挂篮预压过程中对挂篮的监测是必要的。重点监测底蓝系统的变形;锚固系统的变形及是否异常;悬吊系统是否有异常;主桁架结构是否有异常情况等。

(3)钢筋及混凝土施工阶段

①在挂篮混凝土浇筑前,检查各吊杆系统是否安装到位且受力,后锚系统是否安装到位。

②避免挂篮堆载超出设计范围。

③在钢筋焊接过程中,需避免精轧螺纹钢筋吊杆过电及受剪。

④在挂篮行走及混凝土浇筑阶段需加强挂篮的监控。

⑤混凝土浇筑时,必须遵循对称的原则。

(4)挂篮行走阶段

①当风力大于7级或雨季,不允许进行挂篮行走施工;行走到位的挂篮在遭遇大风前,需做好锚固,特别是模板系统的临时固定。

②挂篮移动前,确保模板系统全部脱离梁体,对后锚系统进行全面检查,确保锚固可靠,结构没有损伤,锚挂系统受力与设计相符。

③挂篮行走前,需检查底蓝悬吊系统是否已转移至模板滑梁上,与梁体底板后锚系统是否已拆除。

④挂篮行走前,需检查内外模板系统的滑梁悬吊系统是否已转换。

⑤在轨道梁行走到位前,挂篮后锚系统不得转换。

⑥挂篮行走轨道到位后,需将其锚固,在确定其锚固完成后,方可进行挂篮后锚系统的转换。

⑦挂篮移动到位后,立即进行挂篮锚固,锚固结构符合设计要求,技术人员现场检查确认。

⑧挂篮的行走滑道,应平整顺直,行走速度不应大于0.1m/min,限位器应设置牢固。

⑨挂蓝牵移时,必须匀速、左右同步、方向顺直,牵力平衡。主梁前端应及时加垫,后端设锚加压。

⑩挂篮行走到位后,需及时进行锚固系统的转换。

⑪在轨道梁行走到位前,挂篮后锚系统不得转换。

⑫挂篮行走轨道到位后,需将其锚固,在确定其锚固完成后,方可进行挂篮后锚系统的转换。
⑬挂篮移动到位后,立即进行挂篮锚固,锚固结构符合设计要求,技术人员现场检查确认。
⑭挂篮的行走滑道,应平整顺直,行走速度不应大于0.1m/min,限位器应设置牢固。
⑮挂蓝牵移时,必须匀速、左右同步、方向顺直、牵力平衡。主梁前端应及时加垫,后端设锚加压。
⑯挂篮行走到位后,需及时进行锚固系统的转换。

(5)挂篮拆除阶段

①必须按照规定的程序和方法进行拆卸。
②底模移动、卸落不得在晚上作业。
③起落、下放应规定统一的明确的指挥信号,统一指挥,统一行动,做到令行禁止。

13)节段拼装施工

(1)预制节段的拼装施工采用大型的专用架桥机进行,大型架桥机的安装和预制节段的拼装工艺复杂,节段拼装过程中架桥机将承担数百吨乃至数千吨的重量,风险较大,施工前,专项施工方案应经专家评审通过,并按要求落实好应急准备资源。

(2)在桥梁的立柱上安装钢结构支腿前,应在立柱四周规范搭设操作脚手架,脚手架的搭设高度应能满足支腿的定位。

(3)当预制节段架桥机整体结构安装完毕时,应对各连接部位的紧固进行检查,确保连接点紧固符合要求。

(4)对于架桥机的传动链、钢销等安装部位处于悬空状态的作业,应采用登高车或悬吊脚手架、工具式吊篮等专用设施进行。

(5)架桥机在安装过程中,操作控制器应上锁并由专人负责管理。在主钩卷扬机穿钢丝绳时,行走机构等的其他控制器应处于切断电源状态。

(6)架桥机安装完毕,应经专业检测机构验收合格,方可投入试运行和运行。

(7)成立节段施工安全监控小组,分班,分作业区控置。安全监控人员数量必须满足分班、多作业区施工的需要,并经监控交底后上岗任职。工作中必须以高度的责任心,严格按交底内容进行全过程监控,不准随意离岗、不准违背安全监控原则,对冒险强行作业或有发生事故趋势的盲动行为应及时制止。

(8)节段拼装作业班组,必须组织学习该专项施工组织设计和架桥机操作手册,尤其对各自从事的作业和上、下道工序衔接的内容,应能掌握关键要点。同时根据作业需要,进行人员配置和合理分工,做到每个作业人员都明确节段拼装和架桥机前移过孔时的危险因素和预防措施。

(9)上道工序完成后,其相关作业人员应及时离场进入安全区域,让出位置给下道工序作业人员。夜间施工,必须暂停施工作业时,应将架桥机和节段进行有效固定后,作业人员方可撤场。

(10)首次进行架桥机安装,应在设备生产厂技术人员的指导下进行。在第一次开吊前,必须严格按架桥机的操作手册中各项安装计划要求对架桥机进行初验,初验合格后,方可进行节段提升和横移的试吊。

(11)节段拼装施工的作业区域,必须设置醒目有效的隔离,并设专人进行值勤,严防不相关人员进入,节段起吊、提升及横移时下方禁止有人。

(12)架桥机的操作工,首跨拼装应在制造厂相关人员旁站指导下操作,严禁在未熟悉安全操作规程前独立操作,机操人员在操作过程中应集中思想,服从指挥,坚守岗位,谨慎操作,严禁操作过程中紧急制动。

14)主要施工机械防风措施

(1)门式起重机防风措施

为有效防止在台风、暴雨等恶劣天气下,倾覆、破坏安全事故的发生,制订防台风加固措施。加固措施分二种情况,第一种为在桥址处常态风环境情况下防倾覆,第二种为防台措施。

①8级风以下防倾覆措施

采用铁鞋限位装置,一台配备两对,每对两只。铁楔在放入大车轮下时,必须用力使铁鞋的前沿插入车轮与钢轨形成的斜缝中,这样即使在风力作用下车轮滚动,车轮会紧紧压在铁鞋的前沿上,不会出现铁鞋在轨道上产生滑动,起到静态防风的目的。

②台风来临之前加固

与当地安全主管部门、气象台的信息交流与共享,施工现场配备测风仪等工具仪器,保持通讯畅通。密切注意大风天气,适时组织演习,提高处理突发事件的反应速度及处理能力。

建立防大风值班制度,每天安排专人值班,大风天气必须安排领导日夜值班。当获悉工地区域内48小时内可能有台风预报时,服从当地防台领导机构的统一指挥,统一调度。防台领导小组应及时用对讲机通知各工点停止生产,迅速按防台领导小组的统一布置开展工作。

门式起重机整机共设置3种防风措施,分别为液压防风铁楔、锚定装置及防风拉锚。

将滑行至轨道一端的防护墩处,采用铁鞋将行走系统锁死。检查个结构构件稳定性,应将所有可移动的电缆线,手控开关,工具等收入工具箱内,切断电源,锁好开关箱。停止作业前,在吊钩下吊一定重量的钢筋或型材,钢筋或型材需捆绑牢靠,重物应与地面接触,使钢丝绳稍有受力状态,以增加自重,抵抗台风,防止倾覆。

(2)塔式起重机防风措施

①合理选择塔式起重机安装位置。确定塔式起重机安装位置时,应尽可能选择在背风面,避开迎风面。塔式起重机安装位置应选择在建筑物的西面或南面,尽量不要在建筑物的北面或东面安装塔式起重机。因场地条件限制不能选择时,附墙杆应采取措施。

②严格塔式起重机安拆和验收备案制度。要按照《建设工程安全生产管理条例》的规定建立塔式起重机安拆和验收备案制度。杜绝无证产品、无证安拆和无证操作。严禁未经检验、验收和备案擅自投入使用。

③重视塔式起重机的检修和保养。企业对每台塔式起重机要建立跟踪管理档案、保养计划及执行记录。塔式起重机安装前,应对塔式起重机各机构及所有焊缝进行全面检查,使用过程中要对塔身、附墙杆、机构、电气箱、广告牌、灯具及其连接牢固情况进行严格检查,消除使用前和使用过程中的安全隐患。每台塔式起重机上应备有塔式起重机工作日志,值班塔式起重机司机应认真填报当日塔式起重机工作概况、使用时间、环境条件、塔式起重机各机构运行情况以及所进行的保养情况。同时及时塔式起重机回转装置的检修和保养,保证吊臂能随风自由灵活旋转。

④控制塔式起重机自由高度。工地应对塔式起重机降格使用作为一项主要季节性安全措施,不具抵抗强台风袭击的塔式起重机,其最高附墙杆以上或无附墙杆的自地面以上自由高度不得大于七节标准节高度或20m。施工过程中,塔式起重机应随施工层升高,及时架设附墙杆,避免一步到位。

⑤建立预警防范机制。工地应通过广播、电视、网络、气象信息电话等多种媒体手段预先了解天气情况,发现各种异常时应启动应急预案,采取应急措施,塔式起重机吊臂预先回转至与风向平行,吊钩升至最高位,回转范围内不得有障碍,放松回转限位刹车,停止作业并切断电源。有可能时应尽早采取措施降低自由高度。高层建筑塔式起重机应提前拆除1~2道附墙杆,使塔式起重机吊臂和平衡臂低于建筑物,并与建筑物主体结构连接牢固。

(3)履带式起重机防风措施

为防止风荷载对对吊车的影响,根据天气情况,超过8级以上风时,将履带式起重机大臂放置水平,保持机身平稳,以保证其稳定。

2.4.5 人身安全保证措施

1)体系保障

项目部建立完善了"三级管理、分级负责"的安全生产管理体系,明确了项目部、分部和架子队的安全职责定位,主要包括组织保证体制(系)、制度保证体制(系)、技术保证体制(系)、投入保证体制(系)和信息保证体制(系)等5个方面组成,形成了"横向到边、纵向到底"的安全管理网络。

2）制度保障

项目部建立完善了37项安全管理制度,其中针对项目复杂海域施工特点,制订了《海上施工安全管理制度》《特种(大型)施工机械安全管理办法》《防潮汐安全管理制度》《潜水员管理制度》和《安全隐患排查分级管理制度》。针对一般安全隐患,项目部主要是通过安全隐患排查分级管理机制落实"一岗双责",确保全员参与和动态管理;针对移动造桥机、节段拼装、挂篮悬臂浇筑等危险性较大工程,项目部主要通过落实安全红线管理规定和关键工序验收制度来确保施工安全。

3）技术保障

项目所有重难点技术方案均邀请国内相关领域权威专家进行论证,以确保技术方案的科学性,并按要求进行分级审核报批。现场起重吊装设备的选型,根据不同吊重的大小进行选择,现场75~150t履带式起重机及塔式起重机以"大吨位起重小吊重"的原则经过计算,满足8级风的工作状态以及起重船、打桩船研究系泊方式,增加其稳定性,满足在7级风下的工作状态。

4）设施保障

项目部钢吊箱、移动造桥机、节段拼装造桥机和挂篮的安全防护设施做到了与设备主体"同时设计、同时施工和同时验收",安全防护设施形成了全封闭的安全防护系统,从安全设施上确保了人身安全。

5）管理保障

项目部通过设置安全隐患微信群的方式全面落实班组班前讲话,从基础和源头上,确保工班组作业人员对人身安全防护高度重视,安全防护用品佩戴到位;通过项目部和分部定期开展的安全隐患排查分级管理现场考核,检查督促落实现场安全防护设施和工人防护用品的佩戴,从日常管理上确保对涉及人身安全的隐患及时整改消项。

2.5 应急救援预案

应急救援预案内容详见二维码。

松下岸　　人屿岛　　元洪航道桥　　鼓屿门水道桥

平潭海峡公铁大桥
建造关键技术

03

第 3 章
复杂海域工程控制网布设与测量技术

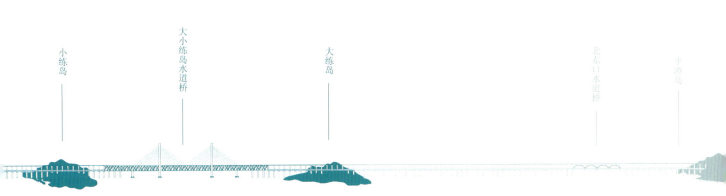

3.1 总体规划

平潭海峡公铁大桥起于长乐市松下镇,从松下港规划的山前作业区与牛头湾作业区之间入海,经人屿岛、跨越松下港区元洪航道和古屿门水道,依次通过长屿岛和小练岛,跨越大小练岛水道抵达大练岛,再跨越北东口水道从苏澳镇上平潭岛,跨海段总长 16.322km,其中中铁大桥局集团有限公司(以下简称"中铁大桥局")承建的 FPZQ-3 标段全长 11149.7m,包含公铁合建段 9227.1m 和铁路单建段 1922.6m。

(1)施工测量工作的主要内容

工程施工测量工作是按设计要求将设计的建(构)筑物位置、形状、大小及高程在实地标定出来,以便进行施工,测量工作是工程施工的眼睛,在工程建设中起着至关重要的作用。

工程建筑物的放样必须遵循"从整体到局部""先控制后碎部"的原则和工作程序。首先,根据工程总平面图和地形条件建立施工控制网,根据施工控制网点在实地定出各个建筑物纵横轴线;再根据纵横轴线标定建筑物的各个细部点。

(2)总体规划

依照"先整体后局部,先控制后碎部,保证足够精度、足够密度"的原则,逐级建立完善的施工测量控制网体系。本工程工作量大,控制点之间距离远,在海上进行控制点加密难度大,首先建立 GNSS 连续运行参考站系统(GNSS Continuously Operating Reference Stations,以下简称 CORS 系统),栈桥、桥墩桩基施工测量采用 GPS RTK 流动站进行测量,承台采用 GPS RTK 或普通全站仪进行测量,非通航孔桥墩身、垫石、支座、梁采用 1 秒全站仪进行施工测量,航道桥塔柱、索导管及钢锚梁采用 0.5 秒全站仪进行测量;路基段采用 GPS RTK 进行施工测量。

设计单位提供的原控制网均布设在岛屿及岸边礁石上,海中没有测量平台,松下岸午山村到人屿岛跨海距离达 3.7km,人屿岛到长屿岛跨海距离达 3.1km,显然不能满足现场施工测量需要,为了保证结构物测量定位精度,采用优先墩技术。

如图3-3-1-1所示,松下岸午山村到人屿岛段选择SR39号墩为优先墩,首先施工SR39号墩,SR39号墩从桩基、承台及墩身均采用GPS RTK进行施工测量,墩身施工完成后,在墩顶两侧加密两个控制点,然后在墩顶架设全站仪对墩身进行竣工测量,如差值较小只需在垫石上进行调整即可,如差值较大需在相邻几个桥墩对误差进行分配消除,从而来保证每一个墩身误差满足要求。

图3-3-1-1 午山村至人屿岛优先墩布设

人屿岛到长屿岛段为航道所在位置,有两座斜拉桥,桩基及围堰定位采用GPS RTK进行测量,主墩及边墩承台施工完成后,采用GPS静态法及测距三角高程法在承台围堰上加密控制点,然后采用加密控制点对每座斜拉桥承台进行贯通测量,误差超限的进行调整分配;至主塔下横梁及边墩施工完成,在主塔下横梁及边墩顶加密控制点,同样进行贯通测量,对误差进行分配,从而保证整座桥施工测量精度。控制点布设如图3-3-1-2所示。

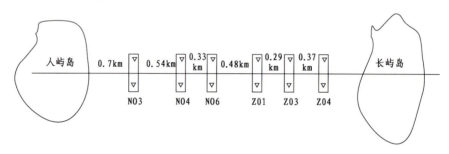

图3-3-1-2 人屿岛至长屿岛控制点布设

(3)平潭海峡公铁大桥主体工程主要是海上工程,为保证工程质量及桥梁线形,按照承台、墩身顶部逐段逐跨进行全桥贯通测量。

(4)和相邻标段具备贯通测量条件时,必须进行标段之间的贯通测量,保证平面及高程平顺顺接。

3.2 工程控制网布设

平潭海峡公铁大桥作为我国首座公铁跨海大桥,相对于其他已建成的跨海大桥,平潭海峡公铁大桥工程测量工作更加复杂、技术难度更大,控制网的布设又是大桥实施的首要工作,是大桥各个部位的施工测量和结构放样的依据,因此,必须建立一个全桥统一的、精确的施工测量控制基准,并在大桥建设过程中保持稳定,为确保工程施工质量提供持续可靠的测量技术支持。

3.2.1 工程控制网布设原则及依据

(1)控制网精度应满足各个施工阶段平面及高程控制的精度要求。

(2)控制网密度应满足工程质量控制管理、方便施工单位运用简单仪器进行施工放样及运营维护需要。

(3)网形布设合理,确保控制网精度准确、稳定,便于施工控制网复测。

(4)根据跨海大桥施工进度情况,采取分级布设,逐级控制,逐级加密的方式布设控制网。

3.2.2 已知资料的收集

坐标系统:施工测量坐标系采用工程独立坐标系,椭球采用 WGS-84 椭球,中央子午线为 119°30′00″,投影面大地高 45.000m。

高程系统:采用 1985 国家高程基准。

3.2.3 原控制网

施工控制网分两级布设。首级网为二等网,一共 10 个点;次级网为三等网,一共 8 个点,18 个控制点均为强制归心观测墩,且所有平面控制点均含二等高程点。午山村有 4 个控制点(DQ1、DQ2、DQ3、DQ4),松下码头海中礁石上有 1 个控制点(DQ5),石莲山上有 1 个控制点(DQ6),人屿岛上有 1 个控制点(DQ7),北限尾上有 1 个控制点(DQ8),苦屿岛上有 1 个控制点(DQ9),长屿岛上有 2 个控制点(DQ10、DQ11),小练岛上有 5 个控制点(DQ12、DQ13、DQ14、DQ15、DQ16),大练岛上有 2 个控制点(DQ17、DQ18)。控制点点位分布图如图 3-3-2-1 所示。

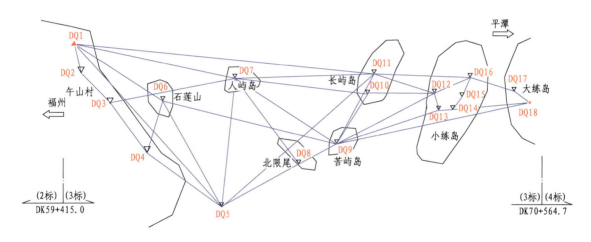

图 3-3-2-1 控制网点位布置图

3.2.4 加密控制网

在原控制网基础上,采用同精度内插方法进行加密控制网测量。其中平面加密控制点 22 个,精度等级为二等;高程加密水准点 24 个,采用二等水准精度加密,其中 9 个水准点和平面点共桩,平面加密网如图 3-3-2-2 所示。

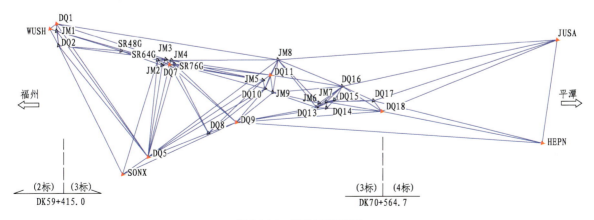

图 3-3-2-2 平面加密网网图

3.2.5 平面控制网测量

(1)二等网、三等网测量方法和精度

二等网、三等网均采用 GPS 测量方法施测,GPS 测量的精度及主要技术指标见表 3-3-2-1、表 3-3-2-2。二等网、三等网测量均采用边连接方式构网,形成由三角形或大地四边形组成的带状网。

二等网、三等网 GPS 测量的精度指标　　　　　　　　　　　　　　　表 3-3-2-1

控制网类型	测量方法	测量等级	基线边方向中误差	最弱边相对中误差
二等网	GPS	二等	≤1.3″	1/180000
三等网	GPS	三等	≤1.7″	1/100000

二等网、三等网 GPS 测量的主要技术指标　　　　　　　　　　　　　表 3-3-2-2

控制网类型	固定误差 a	比例误差 b	基线方位角中误差	约束点间的边长相对中误差	约束平差后最弱边边长相对中误差
二等网	≤5mm	≤1	1.3″	1/250000	1/180000
三等网	≤5mm	≤1	1.7″	1/180000	1/100000

(2)二等网、三等网测量实施

根据规范要求,二等网、三等网施工测量外业测量严格按表 3-3-2-3 的技术要求执行。

GPS 测量作业的基本技术要求　　　　　　　　　　　　　　　　　　表 3-3-2-3

项　目		等　级	
		二等网	三等网
静态测量	卫星截止高度角(°)	≥15	≥15
	同时观测有效卫星数(个)	≥4	≥4
	有效时段长度(min)	≥90	≥60
	观测时段数	≥2	1~2
	数据采样间隔(s)	15~60	15~60
	接收机类型	双频	双频
	位置精度强弱度或几何因子(GDOP)值	≤6	≤8

(3)平面控制网数据分析

前 8 次二等网复测成果数据与首次测量成果进行对比,坐标分量之间差值见表 3-3-2-4。

各次观测成果坐标分量以初次较差统计表　　　　　　　　　　　　　表 3-3-2-4

点　号	坐标差	次　数							
		1	2	3	4	5	6	7	8
DQ3	ΔX	1.7	7.7	-2.2	-0.9	-3.6	-2.2	-4.7	-6.7
	ΔX	-6.0	-8.4	-2.8	-4.8	1.7	-3.1	-2.2	-0.9
DQ4	ΔX	-3.8	7.4	-3.5	-2.4	-6.8	-3.8	-5.6	-8.3
	ΔX	-3.1	-8.1	-1.1	1.7	4.5	-1.6	0.2	-1.5
DQ5	ΔX	-0.9	6.3	-5.0	2.5	0.1	1.0	-1.5	-6.0
	ΔX	-3.7	-9.3	4.5	4.8	9.0	1.8	5.9	3.7
DQ6	ΔX	0.0	6.0	0.6	2.5	-2.8	-0.1	-2.2	-2.7
	ΔX	-6.0	-5.4	-1.0	-3.8	0.6	-2.5	-1.8	-2.5
DQ7	ΔX	1.7	4.5	-0.9	0.7	-2.9	1.0	-0.8	-2.3
	ΔX	-3.4	-1.3	1.6	2.4	3.7	0.4	1.9	-1.0

续上表

点 号	坐标差	次 数							
		1	2	3	4	5	6	7	8
DQ9	ΔX	-7.4	-3.6	-8.0	-6.6	-9.1	-6.6	-4.6	-7.3
	ΔX	2.1	0.4	7.1	5.9	10.5	5.2	7.1	5.9
DQ12	ΔX	7.2	5.7	8.1	10.8	4.7	6.9	6.6	2.4
	ΔX	-3.4	-5.0	-1.7	0.2	1.3	1.7	-0.4	-1.2

以上所选取分析的二等控制点均为较稳定控制点,平差起算点采用相同点,测量仪器均为天宝双频 GPS 仪器,和首次测量成果进行较差,出现误差有正有负,出现的概率大致相同;绝对值较小的误差比绝对值较大的误差出现的概率大;误差的绝对值都有一定的限值,均小于中误差的算数平均值,或者说,超限误差的出现概率为零。

在测量过程中,根据观测误差对观测结果的影响性质,可将观测误差分为系统误差和偶然误差两种。对表 3-3-2-4 结果的特性分析,可以看出这些观测数据符合偶然误差的特性,所以,在观测成果中,其偶然误差是占主要的,系统误差是占次要的,观测的成果是稳定可靠的。

产生上述两种误差的主要原因有以下三方面:

①外界条件。外界条件有海水潮汐产生的多路径、风力、大气折光等因素的影响,这些是误差的主要来源。随着温度的高低、湿度的大小、潮涨潮落以及大气折光的不同,他们对观测的影响也随之不同,因而在这些客观环境下进行观测,就必然使观测的结果产生误差。

②观测者。由于观测者的感觉器官的鉴别能力有一定的局限性,在仪器的架设、量取仪器高、读取数据等方面都会产生误差。

③测量仪器。测量工作通常是利用测量仪器进行的,由于每一种仪器只具有一定限度的精密度,使观测值的精度受到一定的限制。例如,虽然量取仪器高所使用的钢尺精度达到毫米级,但是无论我们怎么运用测量手段或者计算方法,都会产生一定的误差;而且在同一个点上,可能采用不同的 GPS 接收机进行观测,因而在量取和观测中也会带来误差。

3.2.6 高程控制网测量

(1)高程控制网测量精度

高程控制网测量等级为国家二等水准。岸上水准边采用电子水准仪进行测量,跨海水准边采用全站仪测距三角高程法进行测量。测量相邻线路水准基点间的高差,水准测量的精度及限差见表 3-3-2-5。

水准测量精度(mm)　　　　表 3-3-2-5

水准测量等级	每千米高差偶然中误差 M_Δ	每千米高差全中误差 M_W	限　差			
			测段、路线往返测高差不符值		附合路线或环线闭合差	检测已测测段高差之差
			平原	山区		
二等	≤1mm	≤2mm	$\pm 4\sqrt{K}$	$\pm 0.8\sqrt{n}$	$\pm 4\sqrt{K}$	$\pm 6\sqrt{R_i}$

注:表中 K 为测段水准路线长度,R_i 为检测测段长度,单位为 km,小于 1km 时按 1km 计。n 为测段水准测量测站数,当山区水准测量每公里测站数 $n \geq 25$ 站时,采用测站数计算高差测量限差。

跨海水准边使用 2 台高精度的 Leica TM30(±0.5″,±0.6mm+1ppm·D)全站仪按《国家一、二等水准测量规范》(GB/T 12897—2006)中"测距三角高程法"进行跨海水准测量。利用全站仪自动照准功能,充分发挥仪器自带长距离自动照准(Automatic Target Recognition,ATR)技术。观测时选择在大气状况相对稳定的白天或夜间进行,用两台仪器同时进行往返对向观测,观测时段之间变换仪器高,观测方式为两岸由近—远、远—近进行观测,跨海测量示意如图 3-3-2-3 所示。

①观测的时间段数、测回数及组数按表 3-3-2-6 规定执行。

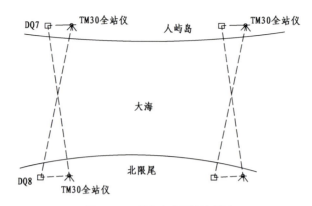

图 3-3-2-3　跨海水准测量示意图

跨海测量测回数及组数　　表 3-3-2-6

跨河视线长度 (m)	二　等		
	最少时间段数	双测回数	半测回数中的组数
100～300	2	2	2
301～500	2	2	4
501～1000	4	8	6
1001～1500	6	12	8
1501～2000	8	16	8
2000 以上	4·S	8·S	8

注：表中 S 为跨海视线长度公里数，尾数取整到 0.5 或 1。

②各双测回互差限差 $dH_{限}$ 计算。

$$dH_{限} \leq 4M_{\Delta}\sqrt{N \cdot S}\,(\mathrm{mm}) \tag{3-3-2-1}$$

式中：M_{Δ}——为每千米水准测量的偶然中误差限差(mm)；

　　　N——双测回测回数；

　　　S——跨海视线长度(km)。

③距离测量。

a. 本岸点之间距离测量，直接采用全站仪测距测量。

b. 跨海边距离测量，采用全站仪测距测量，要进行气象、加常数、乘常数、乘常数修正值的计算及边长归算。

c. 测距的技术要求和观测限差见表 3-3-2-7。

测距的技术要求和观测限差　　表 3-3-2-7

跨河水准等级	测距仪精度等级	观测时间段		一个时间段内测回数	一测回读数间较差 (mm)	往返测距中数较差 (mm)
		往	返			
一	Ⅱ	2	2	4	≤10	$\leq 2(a+b \cdot D \cdot 10^{-6})$
二	Ⅱ	1	1	6	≤10	$\leq 2(a+b \cdot D \cdot 10^{-6})$

注：a 为仪器标称固定误差；b 为仪器标称比例误差；D 为测距距离(km)。

④垂直角观测。

a. 观测程序：两边仪器同时观测近岸棱镜，然后两边仪器同时观测远岸棱镜，观测完本岸测回数后，调换仪器观测相同测回数，测回数及组数按照规定要求执行。

b. 观测方法：采用全自动全站仪 TM30 ATR 功能进行观测。各组垂直角观测限差要求为指标差互差≤8″,同一个标准垂直角互差≤4″。

（2）电子水准仪外业观测

高程控制网岛上部分水准边复测采用电子水准仪施测,电子水准仪观测的主要技术要求见表3-3-2-8,各测站的限差见表3-3-2-9,水准测量数据取位见表3-3-2-10。

水准观测主要技术要求（单位:m） 表3-3-2-8

等　级	水准仪最低型号	水准尺类型	视距	前后视距差	测段的前后视距累积差	视线高度	重复测量次数
二等	DS1	因瓦	≥3且≤50	≤1.5	≤6.0	≥0.55且≤2.8	≥2次

水准观测的测站限差（单位:mm） 表3-3-2-9

等　级	基、辅分划读数之差	基、辅分划所测高差之差	检测间歇点高差之差	上下丝读数平均值与中丝读数之差
二等	0.5	0.7	1	3

注:对于数字水准仪,同一标尺两次读数差不设限差,两次读数所测高差的差按表中"基、辅分划所测高差之差"的限差执行。

水准测量数据取位要求 表3-3-2-10

等级	往(返)测距离总和	往(返)测距离中数	各测站高差	往(返)测高差总和	往(返)测高差中数	高　程
二等	0.01km	0.1 km	0.01mm	0.01mm	0.1mm	0.1mm

3.3　平潭海峡公铁大桥 CORS 系统

大桥建设过程中施工测量和测量定位技术将成为保障整个工程建设的关键技术和难点。平潭海峡公铁大桥使用目前最先进、有效的解决办法是建立卫星测量定位控制系统,即 GNSS 连续运行参考站（简称 CORS）系统,并为勘察设计、施工定位、健康监控和运营监测提供测量定位服务。系统先进的技术手段可保证本桥工程建设可靠、高效、顺利进行。

3.3.1　CORS 系统建设的意义

在平潭海峡公铁大桥工程范围内建立卫星测量定位控制系统（CORS 系统）能解决传统测量定位技术无法解决的海上施工测量技术难题。与传统 RTK 定位技术相比,该系统提供的测量定位服务具有表3-3-3-1 所列的突出优势。

CORS 系统的技术优势 表3-3-3-1

优　势	描　述
单人测量作业	基于 CORS 系统,用户无论是静态还是动态作业,均无需自己架设参考站,可提高工作效率,节省人员和设备的投入
统一的坐标系统	CORS 系统采用统一的坐标框架,在系统使用上测量用户使用统一的坐标系统参数,保证数据一致,避免各自为政
快速、可靠	流动站可获得更快的初始化速度和最大限度的可靠性
作业距离大	使用网络通信技术,摆脱了电台作业距离的限制
精度高	高等级的参考站点,先进的软件算法,整个网络覆盖范围内都可得到高精度解,测量误差不随与基站距离增加而增加
GNSS 更多的卫星信号	CORS 系统可以利用 GPS 卫星信号、Glonass 卫星信号、BDS 卫星信号,以提高野外的可用性与初始化速度

该系统(包括4个野外参考站和1个数据处理控制中心)的建立,是整个工程建设可靠、高效、顺利进行的重要技术保障,其主要意义如下所述。

(1)在平潭海峡公铁大桥建设过程中,施工单位只需要通过 GNSS 流动站就可以实现 RTK 作业,在全桥范围内任何位置实现用一台 GNSS 接收机就可以完成高精度控制测量、快速准确动态测量等功能。由于流动站和 CORS 参考站网之间是通过网络通信的,因此不存在电台通信方式的相互干扰问题,避免了在同一工程中设置多个参考站造成的无线电干扰,最大限度地利用共享资源,提高测量工作的效率,节约成本、避免浪费。

(2)由于 CORS 系统是统一解算的连续运行系统,可以连续不断地提供稳定可靠的差分改正数据,比传统的 RTK 作业更为可靠,精度更高。

(3)CORS 系统还可以为地形测量、施工放样、工程勘察定位、施工过程中的变形监测等各类测量工作提供支持。测量、监理单位可以通过连入 CORS 系统,节约测量、监理工作的成本,提高工作效率,得到高精度的成果。

(4)运用厘米级 GNSS-RTK 实时定位,通过无线数据电台或 GPRS/CDMA 发送 GNSS 差分信号,使流动站能够实时地解算,获得平面精度20mm和高程精度30mm的定位结果。可用于陆地上高精度三维放样,海床地形测量,水上打桩定位及其他需要实时定位的各项工作。

(5)由连续运行 GPS 参考站提供坐标转换参数,确保各参建单位在统一的坐标系下完成施工测量,避免因转换参数设置不一致造成的工程衔接问题,提高测量精度和施工质量。

(6)平潭海峡公铁大桥建成后,本系统可在桥梁运营期间的变形监测和健康检测中继续发挥重要作用。通过 GNSS 接收机接入 CORS 系统,实时获取桥梁结构的变形数据,配合应力应变等结构检测方法,实时掌握桥梁健康状况,以确保桥梁工程的安全使用。

3.3.2 系统性能指标

CORS 系统的性能指标应达到表3-3-3-2规定的要求。

CORS 系统性能指标 表3-3-3-2

项　目	内　容	技术指标	
服务范围	导航	施工船舶导航、地理信息采集、更新	
	定位	陆地测量、海上测量、打桩定位、施工放样、变形监测等	
系统精度	实时定位	水平≤20mm	垂直≤30mm
	事后定位	水平≤5mm + 0.5ppm	垂直≤10mm + 1ppm
	导航	水平≤1m	垂直≤3m
可用性	导航	95.0%(365d)(未顾及公用网络可用性);95.0%(1d)	
	定位	95.0%(365d);95.0%(1d)	
完好性	报警时间	<6s	
	误报概率	<0.3%	
兼容性	导航	通过采用国际标准原始数据格式(RINEX)和实时差分改正数据(RTCM 格式),与各类接收机和后处理软件兼容	

3.3.3 系统组成

CORS 系统的体系结构是以控制中心为中心节点的星形网络,网络协议采用传输控制协议/网际协议(Transmission Control Protocol/Internet Protocol,TCP/IP),服务器操作系统采用 Windows Server 2008 R2 SP1,工作站操作系统采用 Windows 7 或 Windows 8。CORS 系统由参考站网、控制中心、数据中心、用户终端、通信网络等子系统组成，系统组成及参考站设计如图3-3-3-1所示。

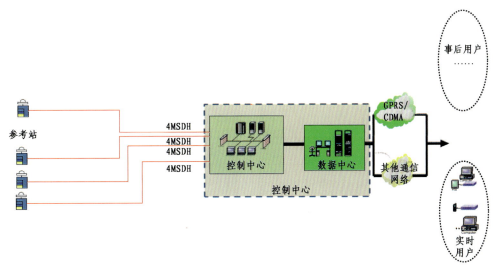

图3-3-3-1 系统组成简图

（1）参考站

参考站网子系统提供CORS的数据源，用于实现对卫星信号捕获、跟踪、记录和传输。参考站的分布根据平潭海峡公铁大桥设计的实际地理情况，要求能覆盖整个项目的施工区域范围。GNSS连续运行参考站系统共建设了4个野外参考站，包括长乐市松下镇2个站点，平潭县苏澳镇2个站点，站址分布如图3-3-3-2所示。4个参考站分别设于长乐侧松下镇午山村（WUSH）、松下村（SONX）及平潭岛苏澳镇和平村（HEPN）、桔树安村（JUSA），数据中心设在福建福平铁路有限责任公司平潭指挥部。4个参考站站间距最大为17.1km，最小为3.4km，平均约12.1km，可覆盖整个平潭海峡公铁大桥工程施工区域。参考站外观如图3-3-3-3～图3-3-3-6所示。

图3-3-3-2 参考站站址分布图

（2）控制中心

CORS控制中心是系统的核心单元，由计算机网络系统、软件系统等组成，与各参考站之间依靠同步数字体系（Synchronous Digital Hierarchy，SDH）网络连接。作为CORS系统的核心，控制中心必须具备数据处理、运营管理、信息服务三大功能。

图 3-3-3-3　松下村站

图 3-3-3-4　午山村站

图 3-3-3-5　和平村站

图 3-3-3-6　桔树安村站

①数据处理

数据处理主要包括：以 C/S 模式实时接收各参考站数据，经同步处理后进行实时双差基线解算，计算区域电离层、对流层等实时延迟量以及基线双差残差等参数；对电离层、对流层实时延迟量进行模型化处理，建立区域电离层、对流层模型；根据参考站数据、精密卫星钟差估计参考站接收机钟差参数；根据用户概略位置，根据模型采用残差内插等方法计算改正数据，经编码后以 RTCM SC-104 或 CMR 方式提交用户使用；利用参考站数据、精密轨道和钟差等参数实时计算参考站精密坐标；使用 TTG（Trimble Transfer Generator）软件，与 Pivot 软件的 RTO（Real Time Output）模块通信相连，设置转换参数并计算坐标系残差，流动站不需要键入转换参数，流动站手簿测点后显示转换后的网格坐标，满足转换参数保密与建设使用的需要。

②运营管理

运营管理主要包括：对各参考站的 GNSS 接收机、不间断电源（Uninterruptible power Supply，UPS）设备等进行控制和设备完好性监测；对控制中心服务器和 UPS 等设备进行控制和设备完好性监测；监测实时用户和事后用户的访问情况，防止未授权访问或恶意攻击；对区域电离层变化、参考站坐标位置进行中短期监测和评估，当电离层活动异常、参考站坐标发生较大变化等情况发生时，提示操作者和用户；实时监控实时和事后用户使用情况，记录各用户的数据流量或使用时间，完善服务机制；用户登记、注册、撤销、查询、权限管理；可在一定程度上适应参考站数量和用户数量的增加。

③信息服务

通过 CDMA VPDN 或 GPRS APN 等无线拨号网的方式向用户提供点对点（peer to peer lending，P2P）方式的实时定位服务，同时服务的用户数量要求：网络 RTK 用户数量不少于 50 个，差分全球卫星导航系统(Differential global navigati on statellite system,DSNSS)用户数量不少于150个。数据格式为RTCM SC-104;通过文件传输协议(File transfer protocol,FTP)等方式在内部网上提供参考站原始数据下载服务;根据要求提供参考站原始数据,数据文件格式为RINEX;向特许用户提供坐标转换、大地水准面模型计算等服务。

3.3.4 高精度似大地水准面模型建立

平潭海峡公铁大桥的高程测量采用二等水准测量的方法来完成大桥两端的高程传递,作为高程控制点高程成果值的必要检核,确定测区范围内的高精度似大地水准面是非常重要的。更为重要的是,在施工测量过程中,CORS系统可结合高精度似大地水准面模型,利用GNSS获取的大地高,用户可快速精确地测定任意施工测量点的高程。在工程区域内建立高精度似大地水准面模型,主要有以下三点作用:

其一,能高精度地实现平潭海峡公铁大桥的高程基准传递;

其二,提高CORS系统用户快速高精度地测定任意施工测量点的高程;

其三,可为大桥的检测和运营管理提供必要的高精度基础数据。

(1)技术指标

提供高精度的三维控制成果及高精度、高分辨率似大地水准面模型。参考站点精度:平面精度优于±5mm,高程精度优于±10mm;似大地水准面精度:±(5~8mm)(分辨率为1′×1′)。

(2)测量实施与数据处理

①测量实施

外业测量实施思路:桥梁施工首级控制网按不低于C级网精度观测,其高程按不低于二等水准精度进行联测。二等水准测量平差结果作为似大地水准面精化的依据。

②数据处理

平面静态GPS数据处理:基线处理软件采用美国麻省理工学院和Scripps研究所共同研制的GAMIT软件,引入精密星历和高精度的IGS跟踪站ITRF坐标框架下坐标作为起算坐标;对处理后的基线进行重复基线差、同步环闭合差和异步环闭合差检验合格后,采用武汉大学编制的POWERNET科研版软件或GLOBK软件进行平差处理,获取各点在ITRF坐标框架和CGCS2000坐标系下的三维无约束坐标。

高程数据处理:二等水准测量平差应在内、外业检查无误后,采用间接平差法进行。平差时以所联测的一、二等水准点作为起算高程点,并需确保起算高程点无误后再进行二等水准网的平差。平差时应加入规范规定的改正项,水准网数据处理应严格按照《国家一、二等水准测量规范》(GB 12897—2006)执行,二等水准尽可能构网,一般不得采用支水准测量。二等水准测量平差结果作为似大地水准面精化的依据。

(3)高精度似大地水准面(厘米级)的确定

总体思路是:首先采用基于新理论的计算方法,由重力数据和地形数据,解算出高分辨率格网重力似大地水准面,在格网重力似大地水准面的计算中,采用了陆海统一重力归算新模型;然后制定先进的技术标准,利用GNSS加水准实测数据获得低分辨率、离散的国家似大地水准面高;最后利用球冠谐融合和统一陆海大地水准面方法,将重力和GNSS水准两类似大地水准面高,融合确定为可应用的平潭海峡公铁大桥区域新一代厘米级精度大地水准面数值模型。

①陆地重力大地水准面的计算

在重力似大地水准面的计算中,拟以陆地2′×2′格网空间重力异常作为输入数据,以区域最适合的地球重力场模型(如WDM94等)作为参考重力场模型,采用第二类Helmert凝集法计算似大地水准面。第二类Helmert凝集法可有效地估计调整大地水准面外部质量以及凝集层的地形引力和地形位的影响。地形质量的移去和恢复采用Helmert的第二质量凝集法,将移去的质量压缩到大地水准面上成一薄层(凝集层),由此得到大地水准面上的Helmert重力异常,其值为地面点重力值加地形引力的直接影响(地形改正)、凝集重力改正以及空间改正,再减去对应椭球面上的正常重力值,按Stokes积分求解获得的值再加地形位和凝集层位产生的间接影响。在利用第二类Helmert凝集法计算大地水准面中,对于各类地形位及地形引力的影响,包括牛顿地形质量引力位和凝集层位间的残差地形位的间接影响以及 Helmert 重力异常由地形质量引力位和凝集层位所产生的引力影响,采用的计算公式为考虑了地球曲率影响的严密球面积分公式。计算地形的直接和间接影响的积分半径采用 300km。

②利用卫星测高数据反演海洋大地水准面

利用卫星测高数据反演海洋垂线偏差、重力异常及大地水准面,主要包括测高数据的预处理、交差点位置计算、交差点上垂线偏差计算、测高格网垂线偏差计算、模型格网垂线偏差计算、格网残差垂线偏差计算、模型格网重力异常计算、格网残差重力异常计算、模型格网大地水准面计算、格网残余大地水准面计算等;同时,根据检验要求,充分考虑内部检核及外部检核。

③重力似大地水准面与 GNSS 水准似大地水准面的融合

在格网重力大地水准面与离散 GNSS 水准的联合方面,本项目采用球冠谐调和分析方法。该方法采用球冠谐分析理论,利用非整阶(实数)整次球谐展开局部球冠域的调和场量,可在满足 Laplace 方程的条件下将重力似大地水准面与 GNSS 水准联合求解。

这一方法取代了长期普遍采用、但存在忽视大地水准面物理特性理论缺陷的几何曲面和多项式等拟合法,可以克服经典空域离散积分公式在理论分析上和实际上的局限性,同时理论上兼有全球谱表达的优点,又突破了其向更高分辨率扩展的限制。实用上由于它是一个收敛速度很快的解析连续展开式,可大幅度提高局部重力场的计算效率和计算理论的严密性。

④似大地水准面的质量检验

重力似大地水准面与独立的 GNSS 水准比较是评定大地水准面的重要精度指标,利用 GNSS 和似大地水准面成果所计算的水准高与已知(或水准联测)的水准高进行比较,用于评定似大地水准面外符合精度。

似大地水准面的质量检验可按 GNSS 静态检核、GNSS RTK、水准联测等不同方式进行。

3.3.5 PTDQ-CORS 系统实时定位精度分析

使用流动站在网络 RTK 作业模式下,对 PTDQ-CORS 网内多个已知点分时段进行多次测量,对比测试点的 WGS84 椭球下施工独立坐标及国家 85 高程,统计测试点测量坐标(高程)的偏差值、内符合精度、外符合精度及系统的外符合精度,对系统实时定位精度进行分析。

(1)测试方法

精度测试点主要包括两部分,其一是陆地点精度测试,包含 19 个控制点,分布于长乐侧、石莲山、人屿岛、长屿岛、苦屿岛、小练岛、大练岛及平潭岛上;其二是在海上测量平台加密点精度测试,包含 2 个加密控制点,分布于 RC03 和 RC02 测量平台,测试点情况与实测时段数见表 3-3-3-3。

PTDQ-CORS 系统精度测试点及测试时段数 表 3-3-3-3

点名	DQ1	DQ2	DQ4	DQ5	DQ6	DQ7
时段数	2	2	3	2	1	2
点名	DQ9	DQ11	DQ12	DQ13	DQ14	DQ15
时段数	1	1	2	2	2	3
点名	DQ16	DQ17	DQ18	CPI035	CPI037	CPI038
时段数	2	2	2	2	2	2
点名	RC03 号墩	RC02 号墩	—	—	—	—
时段数	4	4				

外业测试的主要技术要求如下:

①在已知点上测量时,使用强制对中器。

②各点测量 2 个时段,上午、下午各一个时段,个别测试点视具体情况测量 1 个时段。各点观测时

段数见表 3-3-3-3。

③每个时段测量 2~3 次,每次测量观测 2~10min,每次测量结束后将接收机重新初始化。

④记录每次测量的时间、初始化速度等各项信息。

(2)精度分析方法

①偏差计算

静态测量的精度比 RTK 测量精度高,可将测试点(控制网点)的静态测量已知坐标值作为真值,RTK 测量坐标值为观测值。设 $\hat{l}$ 为观测值向量 $L = [l_1, l_2, \cdots l_n]^T$ 的真值,则各观测值相对于真值的偏差:

$$\Delta_i = l_i - \hat{l} \quad (i = 1,2,3,\cdots,n) \tag{3-3-3-1}$$

②内符合精度

设各观测值与平均值的差值为 $\bar{v}_i = l_i - \bar{l}$,则各观测值的内符合精度:

$$\sigma = \sqrt{\frac{\bar{V}^T P \bar{V}}{n-1}} = \sqrt{\frac{\sum_{i=1}^{n}(l_i - \bar{l})^2}{n-1}} \quad (i = 1,2,3,\cdots,n) \tag{3-3-3-2}$$

式中:$\bar{V}$——$\bar{V} = [\bar{v}_1, \bar{v}_2, \cdots, \bar{v}_n]^T$;

$\bar{l}$——观测点测量值的平均值;

P——权阵。

在实时定位内符合精度统计中,计算每个测试点所有观测值的平均值,再将该平均值与每个观测值求差,依照式(3-3-3-2)分别计算测试点各个坐标方向的内符合精度。统计所有 σ 的分布情况,并对 σ 在不同区间的概率进行统计。内符合精度反映了系统实时定位的稳定性。

③外符合精度

按照式(3-3-3-1)计算每个测试点所有观测值的偏差,则测试点的外符合精度为:

$$\hat{\sigma} = \sqrt{\frac{\Delta^T P \Delta}{n}} = \sqrt{\frac{\sum_{i=1}^{n}\Delta_i^2}{n}} \tag{3-3-3-3}$$

式中:Δ——$\Delta = [\Delta_1, \Delta_2, \cdots, \Delta_n]^T$。

依照式(3-3-3-3)分别计算测试点各个坐标方向的外符合精度。统计所有 $\hat{\sigma}$ 的分布情况,并对 $\hat{\sigma}$ 在不同区间的概率进行统计。外符合精度反映了系统实时定位的精度。

④系统的外符合精度

由所有观测值计算的中误差为:

$$M = \sqrt{\frac{\sum_{j=1}^{m}\sum_{i=1}^{n_j}\Delta_{ji}^2}{\sum_{j=1}^{m}n_j}} \quad (i = 1,2,\cdots,n_j; j = 1,2,\cdots,m) \tag{3-3-3-4}$$

式中:m——测试点个数;

n_j——第 j 个测试点观测次数。

(3)岛上控制点精度分析

工程坐标下,内符合精度平面最大值为 11.5mm(DQ16),加和不加似大地水准面两种测试方法的国家 85 高程的最大值分别为 22.9mm(DQ12)、26.5mm(DQ16),平面坐标精度为 94% 小于 1cm、100% 小于 2cm;采用似大地水准面模型模式国家 85 高程精度为 62% 小于 1cm、87% 小于 2cm、100% 小于 3cm。

外符合精度 x 方向最大值为 19.9mm(DQ17),y 方向的最大值为 12.6mm(DQ17),外符合精度平面方向最大值为 28.2mm(DQ17),采用似大地水准面模型模式国家 85 高程精度偏差最大值为 27.6mm(DQ12)。

根据岛上控制点测试结果进行综合分析,本系统精度:平面精度≤30mm,高程精度≤30mm。

(4)海中控制点精度分析

RC03 号点 x、y、z 外符合精度分别为 9.6mm、5.4mm、16.8mm；RC02 号点 x、y、z 外符合精度分别为 13.5mm、12.7mm、22.7mm。

根据海上测量平台控制点测试结果进行综合分析，本系统精度：平面精度≤30mm，高程精度≤30mm。

根据岛上控制点和海上测量平台控制点测试结果综合分析，PTDQ-CORS 系统精度：平面精度≤30mm，高程精度≤30mm。

3.4 斜拉桥施工测量

现代大型斜拉桥主要是索、梁、塔三大部分组成，是一种墩塔高、主梁跨度大的结构体系的桥梁。这种结构体系对每个节点要求十分严格，节点的坐标变化都将影响结构内力的分配和成桥线形。因此测量工作是桥梁施工的重要组成部分，平潭海峡公铁大桥斜拉桥施工测量从施工加密控制网的建立、观测与数据处理，到桥梁基础和上部结构的施工放样与检测，钢梁悬臂段及合龙段架设过程中的形态测控等，贯穿于桥梁整个建设过程。平潭海峡公铁大桥作为我国首座公铁跨海斜拉桥，它的结构和施工工艺复杂、周期长、质量要求高，对测量人员、测量仪器精度、测量方法、数据处理方法、梁段形态测控方法与措施等提出了很高的要求。

3.4.1 加密控制点布设

中铁大桥局承建标段三座斜拉桥主塔距离岸边均较远，两岸岛上控制点少，索导管和钢锚梁定位精度要求高，现有控制点不能完全满足对主塔施工测量精度要求，为方便测量控制，保证控制精度，根据施工进度对控制网进行逐步加密。

随之主塔施工往前推进，主塔测量加密点应在本标段加密网和原测网基础上，采用"分级布网、等精度观测、逐点加密，逐步成网"的原则进行主塔加密点加密测量。具体为分别在 N03、N04、Z03、Z04 号主塔承台、下横梁、上横梁分别布设 2 个加密点（含高程和平面），在钢梁顶部塔柱内侧布设 2 个加密点（含高程和平面）；在 N06、Z01 号承台、墩顶布设 1 个加密点（含高程和平面）；在 S03、S04 号主塔承台、下横梁、上横梁布设 1 个加密点，在钢梁顶部塔柱内侧布设 2 个加密点（含高程和平面）。

加密点点号为：墩号 + C（C 代表承台，X 代表下横梁，D 代表墩顶，S 代表上横梁，L 代表主塔梁顶塔柱内侧） + 序号(1、2)。

根据《高速铁路工程测量规范》(TB 10601—2009)规范要求，控制网复测周期不宜大于半年，本桥主塔加密网复测周期按照每半年一次。

(1)加密点布设

承台加密点为观测平台，由设计人员进行专门设计出图。主塔下横梁及上横梁、N06 号墩顶加密点为强制归心墩，高程加密点为预埋不锈钢头，加密点位置需确保通视，并避开临时设施的影响。

元洪航道桥承台加密控制点布置如图 3-3-4-1 所示，控制网布置如图 3-3-4-2 所示，控制点至主塔距离见表 3-3-4-1。

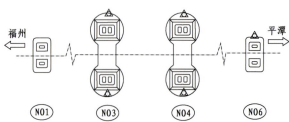

图 3-3-4-1　元洪航道桥承台加密控制点布置图

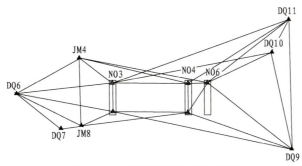

图 3-3-4-2　元洪航道桥控制网布置图

元洪航道桥控制点至主塔距离统计表　　　　表 3-3-4-1

序号	控制点至主塔 N03 距离			控制点至主塔 N04 距离		
	控制点	主塔中心	平距(m)	控制点	主塔中心	平距(m)
1	JM4	N03	551.00	N06	N04	328.95
2	JM8	N03	450.00	N03 控制点	N04	532.00
3	N04 控制点	N03	532.00			

鼓屿门水道桥承台加密控制点布置如图 3-3-4-3 所示,控制网位置如图 3-3-4-4 所示,控制点至主塔距离见表 3-3-4-2。

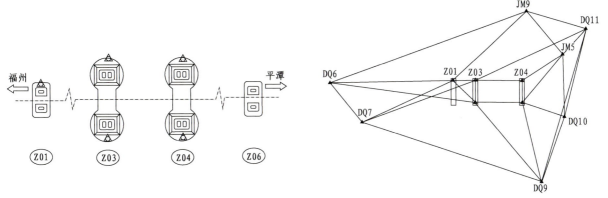

图 3-3-4-3　鼓屿门水道桥承台加密控制点布置图　　　　图 3-3-4-4　鼓屿门水道桥控制网布置图

鼓屿门水道桥控制点至主塔距离统计表　　　　表 3-3-4-2

序号	控制点至主塔 Z04 距离			控制点至主塔 Z03 距离		
	控制点	主塔中心	平距(m)	控制点	主塔中心	平距(m)
1	JM5	Z04	600.00	Z01	Z03	282.00
2	Z03 控制点	Z04	364.00	Z04 控制点	Z03	364.00
3	DQ10	Z04	732.00			

大小练岛水道桥承台加密控制点布置如图 3-3-4-5 所示,控制网如图 3-3-4-6 所示,控制点至主塔距离见表 3-3-4-3。

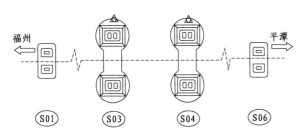
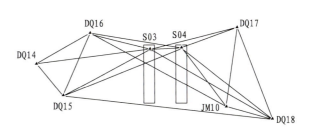

图 3-3-4-5　大小练岛水道桥承台加密控制点布置图　　　　图 3-3-4-6　大小练岛水道桥控制网布置图

大小练岛控制点至主塔距离统计表　　　　表 3-3-4-3

序号	控制点至主塔 S04 距离			控制点至主塔 S03 距离		
	控制点	主塔中心	平距(m)	控制点	主塔中心	平距(m)
1	JM10	S04	500	DQ15	S03	517
2	DQ17	S04	468	DQ16	S03	580
3	S03	S04	336	S04	S03	336

（2）加密控制点加密精度

平面加密点布设后最弱边边长相对中误差（m_s/S）应满足

$$\frac{m_s}{S} \leqslant \frac{0.4\sqrt{2}M}{S} \qquad (3\text{-}3\text{-}4\text{-}1)$$

式中：M——施工放样精度要求最高的几何位置中心的容许误差(mm)；
　　　S——最弱边的边长(mm)；
　　　m_s——最弱边边长中误差(mm)。

根据表 3-3-4-4 测量等级和精度要求确定主桥平面加密网等级为二等网。

桥梁施工平面控制网的测量等级和精度　　　　表 3-3-4-4

测量等级			桥轴线边相对中误差	最弱边相对中误差
GPS 测量	三角形网测量	导线测量		
一等	—	—	≤1/250000	1/180000
二等	—	—	≤1/200000	1/150000
三等	二等	—	≤1/150000	1/100000

高程加密网统一按照二等水准测量精度施测，跨河两水准点之间高差中误差满足下式要求。

$$m_h \leqslant 0.2\sqrt{2}\Delta_H \qquad (3\text{-}3\text{-}4\text{-}2)$$

式中：m_h——跨河两水准点间高差中误差(mm)；
　　　Δ_H——施工中放样精度要求最高的几何位置中心的高程容许误差(mm)。

3.4.2　塔座施工测量

承台浇筑完混凝土后，在承台上进行控制点加密，控制点加密完成后进行每座斜拉桥主塔承台平面和高程贯通测量。

（1）塔座放样和模板检查

依据承台竣工测量所测放的塔座纵横轴线和高程控制线，调整塔座模板的底部位置和高程，使其达到设计位置。模板顶部平面位置用全站仪进行测量，首先测量出模板顶高程值，然后根据实测高程值及塔座竖向变坡坡度计算出模板顶高程面处设计平面坐标，根据平面坐标反复进行调整直至满足规范要求，同时用全站仪进行下塔柱预埋连接装置的平面位置和高程测量定位。点位放样完成后应重新用全站仪复测后视点，在条件具备时应测量第三个控制点复核，并应钢卷尺量取放样点尺寸，确认无误后放样结果才能作为施工依据。塔座测量数据如图 3-3-4-7 所示。

塔座模板尺寸允许偏差 0～+5mm、轴线偏位不大于 5mm、模板高程允许偏差 ±20mm。

（2）塔座竣工检查

在加密控制点上采用全站仪极坐标法精确放样出纵

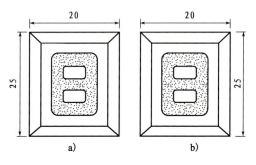

图 3-3-4-7　N03 塔座图（尺寸单位：m）

横轴线,用检定钢尺尺量检查塔座结构尺寸、轴线偏差。

3.4.3 塔柱施工测量

塔柱施工测量采用外控法进行,平面位置采用全站仪极坐标法进行测量,高程值测量采用全站仪三角高程差分法进行测量。由于平面基准与高程基准均在主塔承台上,会随主塔施工发生位移及沉降,因此每施工3~5节应进行一次平面基准点和高程基准点修正,并通过基准点对塔柱进行一次竣工测量,根据竣工测量结果对塔柱偏位情况进行一次修正,避免误差累积。塔柱施工测量流程如图3-3-4-8所示。

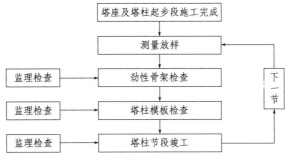

图 3-3-4-8　塔柱施工测量流程图

(1)塔柱坐标计算

塔柱纵桥向及横桥向左右塔柱外侧均为变坡面,横桥向左右塔柱内侧为垂直面,塔柱的平面位置测量方法:先计算塔座顶塔柱各特征点和劲性骨架特征点的平面坐标(x_0,y_0),然后建立塔柱体的几何数学模型。

$$\left.\begin{array}{l} x = f(x_0, H, I) \\ y = f(y_0, H, I) \end{array}\right\} \quad (3\text{-}3\text{-}4\text{-}3)$$

式中:I——塔柱各面斜率。

劲性骨架坐标计算也是根据顶部高程及坡度计算。在可编程的手持计算器内编辑程序,保证输入任意高程就可计算出该高程截面的塔柱(劲性骨架)各结构特征点的平面坐标。并由两人独立在计算机上用CAD软件建立塔柱的三维模型,分别验算计算器程序计算结果的正确性。确认无误后,该计算程序方可用于塔柱的现场测量计算。

(2)塔柱模板检查

劲性骨架安装完毕后,用塔柱底口竣工点作为塔柱模板底口的立模依据,检查模板时,先测出模板顶口4个角点的高程,根据实测高程和塔柱竖向坡度计算出4个角点在实测高程处的设计平面坐标,然后对4个角点的平面位置进行检查和调整,并检核左右塔柱之间的距离和同侧塔柱模板结构尺寸,直到精度满足规范要求。外模检查合格后,以外模为基准对内模进行检查和调整,使其结构尺寸满足表3-3-4-5规范要求。

混凝土塔段模板安装的允许偏差和检验方法　　　　　表3-3-4-5

序号	项目		允许偏差	检验方法
1	塔段模板	顶、底面尺寸	0~+5mm	尺量检查
		顶、底面高程	±20 mm	测量检查
		平面十字线位置与设计位置	5 mm	
		表面平整度	3 mm	2m靠尺检查
2	孔道定位模板	斜拉索管道两端中心位置	3mm	尺量检查
		预应力孔道位置与设计位置	3mm	
3	预埋配件	预埋铁件、锚杆孔、通风孔等	10	
		锚具支承垫板与预留孔道轴线垂直度	1°	角尺检查

(3)塔柱竣工测量

塔柱的竣工检查,应满足表3-3-4-6规范要求,首先根据实测混凝土顶面高程,计算与之相对应的平面位置坐标,并放样出纵横轴线,再以轴线量至各部位尺寸及壁厚。

索塔竣工允许偏差和检验方法　　　　　　表3-3-4-6

序号	项　目	允许偏差	检验方法
1	顶、底平面尺寸	−5 ~ +10mm	尺量检查
2	顶、底面高程	±20 mm	测量检查
3	地面处平面十字线位置与设计位置	5 mm	测量检查
4	系梁高程	±10 mm	测量检查
5	倾斜度	塔高的1/3000,且不大于30mm和设计要求	测量检查

3.4.4　横梁施工测量

(1)下横梁施工测量

在下横梁支架安装之前,采用三角高程差分法,将高程点引至下横梁处塔柱内侧,用该高程点控制支架顶面高程,用全站仪极坐标法放样支架平面位置。在支架安装好后,放样横梁底模的纵、横轴线,进行底模的初定位,在底模调整合格后,放样横梁的特征点,根据放样点进行侧模安装,并调整横梁侧模至设计位置,用水准仪放样横梁顶面高程控制线,横梁允许偏差需满足表3-3-4-7的要求。当模板调整合格后,用全站仪放样下横梁垫石预埋件位置,并进行预埋件埋设。在浇筑横梁混凝土过程中,对支架进行变形观测。下横梁平面图如图3-3-4-9所示。

横 梁 允 许 偏 差　　　　　　表3-3-4-7

项次	检查项目	规定值或允许偏差(mm)
1	轴线偏位	10
2	尺寸	±10
3	系梁高程	±10

下横梁控制点加密完成后,需对下塔柱每个塔面坡度进行一次竣工测量,确保塔柱坡度满足要求。

(2)下横梁贯通测量

下横梁控制点加密完成后,分别对每座主桥下横梁、边墩与辅助墩墩顶进行贯通测量(或者局部贯通测量)。

①平面贯通测量

利用下横梁及加密点测量出边墩、辅助墩、主塔下横梁中心位置,通过中心位置偏差及跨距偏差,来反映每个墩子偏差值。平面贯通测量示意如图3-3-4-10所示。

②高程贯通测量

采用测距三角高程对向观测的方法进行,按二等水准测量规范要求,元洪航道桥从小里程(DQ7)高程点传递到墩顶右侧高程点,逐墩进行观测,附合至大里程(DQ9)高程控制点,然后从大里程(DQ9)高程点传递到墩顶左侧高程点,逐点进行观测,附合至小里程(DQ7)高程控制点,构成附合水准线路,经严密平差求得墩顶点的高程。高程贯通测量示意如图3-3-4-11所示。

由于主塔的沉降和下横梁的变形,会引起横梁顶面高程加密点的变化,在主桥钢梁架设前,需进行墩顶高程点、下横梁高程点和岸上已知高程点联测。

上横梁施工测量参照下横梁测量要求进行。

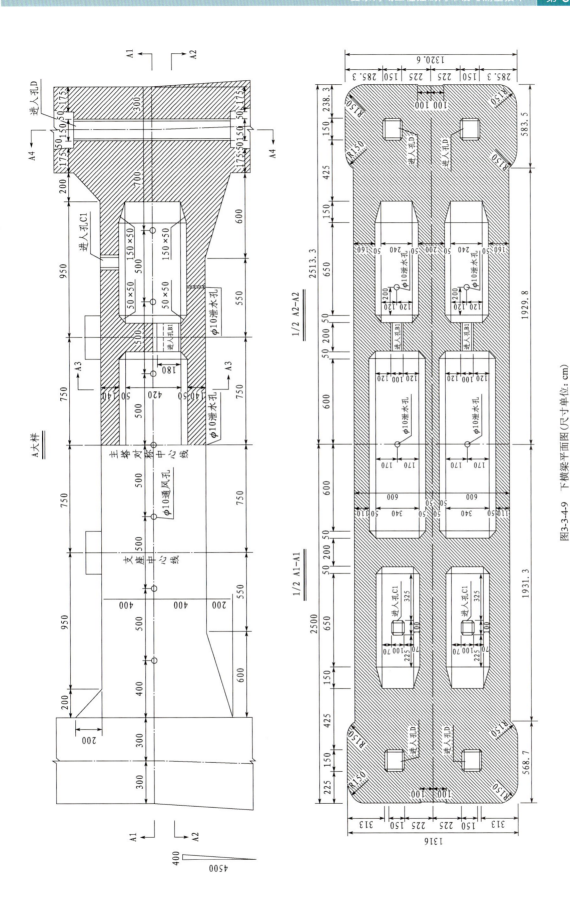

图3-3-4-9 下横梁平面图（尺寸单位：cm）

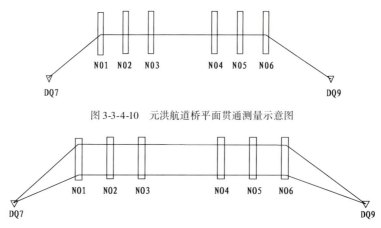

图 3-3-4-10　元洪航道桥平面贯通测量示意图

图 3-3-4-11　元洪航道桥高程贯通测量示意图

3.4.5　主塔变形监测

在平潭海峡公铁大桥斜拉桥主塔的浇筑过程中,为了保证施工的质量和安全,满足斜拉桥索导管及钢锚梁定位精度要求,需对索塔进行长期的变形监测,以保证索塔各位置结构的几何形状及空间位置符合设计与规范要求。当这些变形在设计允许的范围以内时,认为是正常的。但如果超过了规定的限度,就有可能破坏索塔的结构受力,严重时还会危及桥梁的安全。因此,必须对索塔的变形进行监控,实施有效的变形控制或规避手段,确保大桥的优质建设。

（1）主塔变形监测系统的组成

平潭海峡公铁大桥元洪航道桥桥塔高 200m,为满足斜拉桥索导管及钢锚梁定位精度要求,需对塔柱日照变形和风力变形进行系统监测,得到塔柱日照及风力变形规律,从而确定索导管及钢锚梁安装测量的最佳时段。基于徕卡 TM30 测量机器人 ATR 自动照准技术,开发出塔柱自动监测软件及数据处理软件,方便、快捷、准确、自动地进行塔柱变形监测及数据分析,从而得到主塔变形情况及其他相关信息。监测系统主要组成如图 3-3-4-12 所示。

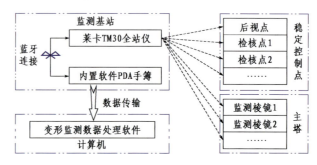

图 3-3-4-12　基于徕卡 TM30 全站仪塔变形监测系统组成示意图

①监测基站

监测基站是用来架设全站仪的控制点,即设站位置。监测前,首先依据目标点、后视点、检核点的分布情况,合理安置徕卡 TM30 全站仪,避免给全站仪的目标识别带来困难。当要进行长期的无人值守监测时,应专门设计建造监测站房,满足仪器的防护、电源、保温等需要。

②主塔变形监测软件

主塔变形监测软件主要有两部分组成:一是由安装本软件的掌上电脑（Personal Digital Assistant,PDA）手簿及全站仪组成,其中 PDA 是基于微软 Windows Mobile（Windows CE）操作系统的掌上电脑;二是全站仪为具有 ATR 自动照准功能的测量机器人。全站仪与外部设备 PDA 之间的数据通信一般采用异步串行的通信方式,借助于 RS-232C 串行通信口或蓝牙（Bluetooth）进行。

监测原理是基于徕卡 TM30 全站仪的主塔变形,自动监测系统的基本原理是以极坐标法测量理论为基础的,极坐法是通过将仪器架设在已知坐标的稳定点上,利用已知点来定向,观测未知点的水平角、天顶距和斜距,通过这些观测量和已知点数据,经过一系列修正计算得出未知点的三维坐标。测量原理如图 3-3-4-13 所示,P 点的三维坐标为:

$$x_P = x_A + D \cdot \sin\gamma \cdot \cos(\alpha_{AB} + \beta)$$
$$y_P = y_A + D \cdot \sin\gamma \cdot \sin(\alpha_{AB} + \beta)$$
$$z_P = z_A + i - v + D \cdot \cos\gamma + D^2 \frac{1-k}{2R}$$
(3-3-4-4)

式中: R——地球半径;
　　　D——斜距;
　　　γ——天顶距;
　　　α——方位角;
　　　β——水平角;
　　　i——仪器高;
　　　v——棱镜高;
　　　k——大气折光系数代表性误差;
　　　x_A、y_A、z_A——测站点 A 的坐标。

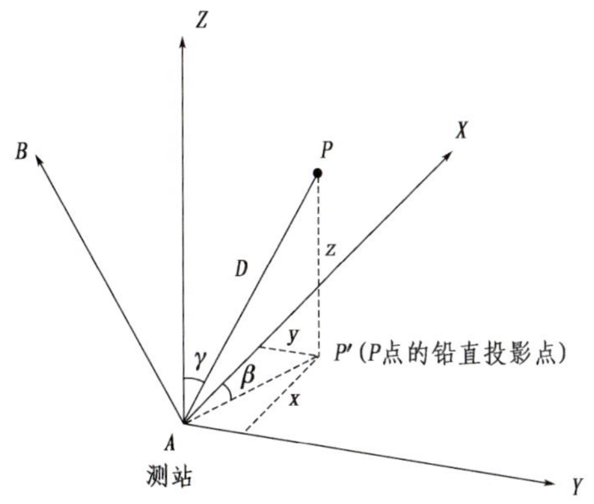

③监测数据处理软件

为了进一步提高主塔变形监测数据处理效率,根据所需实现的目标,研究人员开发出了与监测软件配套使用的数据处理软件。该软件是基于 C++语言开发,以 SQL 数据库的形式进行软件使用,可生成主塔三维坐标变化折线图,通过对折线图的分析得出主塔变形结果。

图 3-3-4-13 极坐法测量定位原理

(2)监测基点及监测点的布设

①监测基点布设

为了测定上述各监测棱镜的变化情况,要求监测基点、后视点和检核点间具有良好的通视条件,一般应选择在稳定处,特殊情况下也应选在相对稳定处,使所有目标点与全站仪的距离均在有效的观测范围内,且分部较为均匀。因此应根据现有控制网网形及控制点通视情况,确定哪个控制点作为监测基点(设站点),哪些控制点作为检核基点(后视点)。对现有控制网网形不满足监测要求,具备加密条件的可适当加密控制点。监测基点 DQ7 与校核基点 JM2、JM4、N03C1、N03C2 组成监测基点布置的示意如图 3-3-4-14 所示。

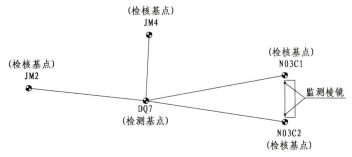

图 3-3-4-14 监测基点布置示意图

②监测点布设

塔柱变形观测点布设,在上下横梁处的左塔柱左侧及右塔柱右侧埋设棱镜,中上塔柱每隔 18m 埋设一组棱镜,如图 3-3-4-15 所示,棱镜方向需对准控制点所在方向并焊接牢固,避免在风力作用下转动,测点上方应安装挡板防止物体掉落破坏。

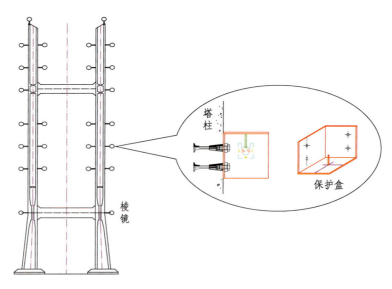

图 3-3-4-15　塔柱棱镜布置图

测点编号,墩号-1(从下往上分别用数字表示棱镜组)-1(同一棱镜组从左到右用 1,2,3,4 表示),如 N03 号墩从下往上第 3 组棱镜的左支塔柱最左侧棱镜点表示为 N03-3-1。

(3)监测方法

本次观测利用具有 ATR 自动照准的测量机器人徕卡 TM30 全站仪进行监测,并按拟定的"主塔变形监测方案",配合自主研发的主塔变形监测软件对主塔进行全自动监测,采用极坐标法测定监测棱镜的三维相对坐标,从而确定日照、温度影响下塔柱的变形规律及风力影响下塔柱的变形规律。

①日照、温度变形监测方法

a.监测条件应满足风力等级小于 5 级,温度及温度变化明显的晴天进行日照、温度变形监测。

b.观测时间,应选择在晴天进行观测,观测以 2h 为周期连续 48h 重复观测,测定日照方向,用手持温度计测定混凝土的表面温度与环境温度,同时要测定风速、风向及浪高。

c.监测方法,采用极坐标法进行,将徕卡 TM30 全站仪架设监测基点上,后视待监测主塔承台加密控制点设站,监测过程中,除测量塔柱上监测棱镜以外,还应带入包括后视点及所有与监测基点通视的控制点一起监测,均测量 2 测回,通过控制点已知坐标与实测坐标不符值进行平差,进一步改正监测数据,使其更趋向于真实值。

②风力变形监测方法

a.监测条件应满足风力等级在 6~8 级,温度及温度变化不明显的日照、温度变形监测确定的塔柱"零"状态下进行主塔风力变形监测。

b.观测时间,每 1h 测量 1 次,每次每个点测量 8 测回,并用手持温度计测定混凝土的表面温度与环境温度,同时要记录风速、风向及浪高。

c.监测方法,采用极坐标法进行,与日照、温度变形监测方法相似。

(4)变形监测数据分析

①日照变形监测数据分析

监测完毕后,将观测数据下载到计算机内进行分析处理。首先使用数据处理软件对监测数据进行粗差分析检验,剔除明显粗差。为了有利于成果的分析和更加直观地显示各点变形情况,根据观测数据统计了各点位最大位移偏差见表3-3-4-8,并绘制了日照方向分部图(图 3-3-4-16)及部分点位在横桥向与顺桥

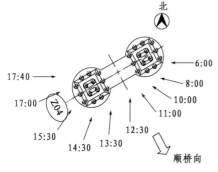

图 3-3-4-16　日照方向分布图

向摆动的索塔位移变化曲线(图3-3-4-17、图3-3-4-18),各点位移均为累计位移,即图中显示位移值为对应时间的累计位移值。同时为了分析位移与温度的关系,绘制了气温随时间变化曲线如图3-3-4-19所示。

日照变形各点最大偏差统计　　　表3-3-4-8

点名	顺桥向 X 最大偏差值及温度			横桥向 X 最大偏差值及温度		
	时间	$\Sigma\Delta X$(mm)	大气温度(℃)	时间	$\Sigma\Delta Y$(mm)	大气温度(℃)
Z04-1-1	13:10	1.5	36.5	15:10	11.1	33.7
Z04-1-2	13:10	2.7	36.5	15:10	10.7	33.7
Z04-2-1	13:10	2.8	36.5	15:10	11.7	33.7
Z04-2-2	13:10	4.2	36.5	15:10	13.6	33.7

注:X方向为顺桥向,Y方向为横桥向。

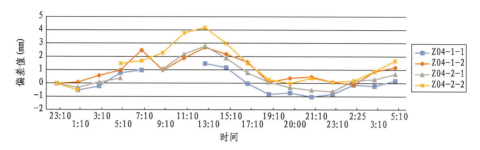

图3-3-4-17　X方向位移变化曲线

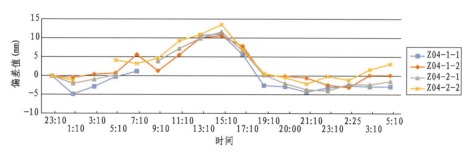

图3-3-4-18　Y方向位移变化曲线

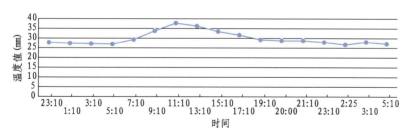

图3-3-4-19　气温随时间变化曲线

根据变形值统计表、各观测点位移变化曲线、气温变化曲线以及塔柱日照方向图,进行综合分析比较,可以得出以下结论。

a.由于太阳辐射的影响,太阳方向的不同造成索塔各处吸收的热量不同,使得索塔在一天中呈有规律的倾斜变化。变化幅度随测点的高度不同而发生变化,位于高度最大的点(76m)在X方向(顺桥向)上位移幅度达到4.2mm,位移的极值在13:10左右;在Y方向(横桥向)的位移幅度约为13.6mm,位移的极值时刻在15:10左右。可见索塔的周日变形已远远超过索塔施工测量的精度要求,因此在施工期必须考虑索塔周日变形的影响。可以预计,当主塔高度超过150m时,这种变化将会达到25mm左右;当主塔高度超过200m时,这种变化将会达到35mm左右。

b. 位于上塔柱不同高度的点,尽管在同一时刻的变形大小不同,但总体发展趋势一致。早晨太阳基本从正东方向升起,到下午太阳从正西方向落下,顺序照射索塔的东、南、西三侧,使被照射到的混凝土表面温度升高,而北面始终为背阳面,造成索塔南北温度差异,使塔柱向背阳面偏转。由图3-3-4-17和图3-3-4-18可以看出,各点从7:00时开始观测时均有向北方向位移的趋势,在13:00时达到最大值,然后开始慢慢回转。这是由于塔柱是庞大的钢筋混凝土结构物,无论是受日照还是温度的影响都有个"由表及里"的过程。因此,尽管各点的变形过程线中均能获得塔柱摆动方向与太阳的转动方向基本一致的结论,但变形方向比日照方向滞后一个时间间隔,索塔变形滞后于气温变化2~4h,X方向(顺桥向)日照变形极值比Y方向(横桥向)日照变形极值滞后2h左右。

c. 由图可以看出,索塔在白天的变形较夜间波动明显,这是由于白天太阳辐射逐渐增强,温度不断升高,索塔变形量较大,而且白天索塔也会受脉动风力和施工塔式起重机活动的影响而发生瞬间摆动。而在夜间索塔由于各侧温度趋于一致,塔式起重机停止工作,变形过程也相对平稳,变形量较小。假设取索塔变形最大、最小极值的中数作为索塔的平衡位置,并考虑测量误差的影响,可以认为顺桥向从20:00时到次日7:00时之前主塔在平衡位置附近摆动,即处于"零"状态时间段,因此将主塔放样、索导管钢锚梁施工测量等工作业尽量安排在此时段内,可以大大减小索塔周日变形的影响,提高施工的质量。

d. 索塔的周日变形具有弹性变形的特征,变形的幅度随高度的增加而增大,对于一天来讲,索塔的周日变形轨迹并不一定呈闭合曲线,即变形点的总变形量并不为零,这表明有残余形变,但从一段较长时间来看,这种每天的残余变形并不会朝单个方向积累起来,而只是在一个小范围内变动。

②风力变形监测数据分析

在日照变形监测完成,监测棱镜初始值确定之后开始主塔风力变形监测。风力变形监测完毕后,将观测数据下载到计算机内进行分析处理。首先使用数据处理软件对监测数据进行粗差分析检验,剔除明显粗差。为了有利于成果的分析和更加直观地显示各点变形情况,根据观测数据统计了各点位最大位移值,见表3-3-4-9,并绘制了部分点位受风力影响在横桥向与顺桥向摆动的索塔变形过程曲线(图3-3-4-20、图3-3-4-21),各点变形均归算到相应点的时,即图中显示变形为相对于实时的变形。同时为了分析变形与风速的关系,绘制了风速时间过程线,如图3-3-4-22所示。

风力变形各点最大位移统计　　　　　　表3-3-4-9

点名	顺桥向 X 最大位移值及风速			横桥向 X 最大位移值及风速		
	时间	ΔX (mm)	风速(m/s)	时间	ΔY (mm)	风速(m/s)
Z04-2-1	22:00	1.825	14.6~16.1	21:00	11.25	12.3~15.7
Z04-2-2	22:00	1.075	14.6~16.1	21:00	7.575	12.3~15.7

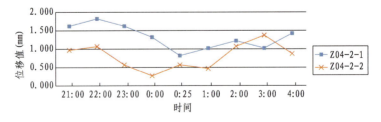

图3-3-4-20　X方向位移变化曲线

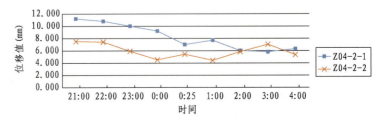

图3-3-4-21　Y方向位移变化曲线

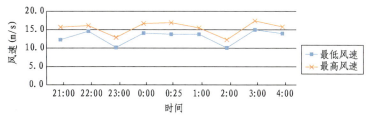

图3-3-4-22 风速随时间变化曲线

根据变形值统计表、各观测点变化过程线和风速变化过程线,进行综合分析比较,可以得出以下结论。

a. 由于风力的影响,风力大小的不同造成索塔所受的横向力会有所不同,使得索塔在呈背风向实时的倾斜变化。变化幅度随风速的不同而发生变化,当风速15m/s左右(7级风)时,塔柱最大位移值达11.25mm,可见索塔的风力变形已远远超过索塔施工测量的精度要求,因此在施工期必须考虑主塔风力变形的影响。可以预计,在7级风力下,当主塔高度超过150m时,位移将会达到21mm左右;当主塔高度超过200m时,位移将会达到28mm左右。

b. 与风速在15m/s左右(7级风)时对比,当风速为10~12m/s(6级风)时,塔柱位移值减少到6mm左右,由此可以预测当风力小于6级时,位移值将会有更加明显地减少。

总之在海洋环境下,塔柱日照位移及风力位移是比较显著的,在进行索导管、钢锚梁精密定位时需消除日照位移及风力位移的影响。

3.4.6 索导管测量

元洪航道桥主塔BS01(MS01)、BS02(MS02)、BS03(MS03)为索导管结构,其余为钢锚梁结构;鼓屿门水道桥主塔BS01(MS01)、BS02(MS02)、BS03(MS03)为索导管结构,其余为钢锚梁结构;大小练岛水道桥主塔BS01(MS01)、BS02(MS02)、BS03(MS03)、BS04(MS04)为索导管结构,其余为钢锚梁结构,索导管结构及布置如图3-3-4-23、图3-3-4-24所示。

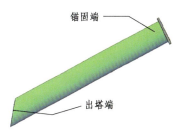

图3-3-4-23 索导管结构图

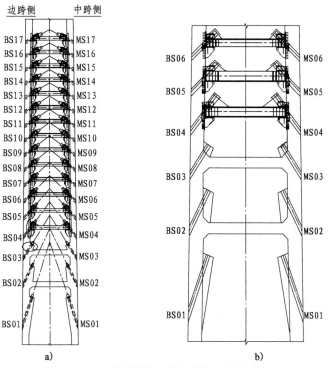

图3-3-4-24 元洪航道桥主塔钢锚梁和索导管布置图

1）索导管进场验收

（1）索导管进场验收

索导管到施工现场后对其结构尺寸进行检查验收，检查内容包括索导管长边、短边长度、内外直径、壁厚、十字轴线、索导管出塔口斜角及索导管与锚垫板垂直度等参数。制作精度为：钢管外径容许偏差±1.5mm，壁厚容许偏差±0.5mm，索导管与锚垫板垂直度容许偏差5′。需在厂内标注出索导管特征点，如图3-3-4-25、图3-3-4-26所示。

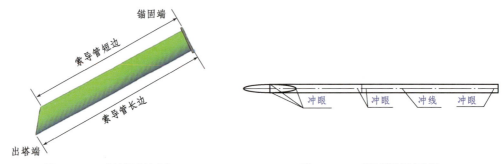

图3-3-4-25　索导管进场验收　　　　　　　　图3-3-4-26　索导管特征点标注

（2）索导管定位板制作

索导管定位板制作包括圆管轴心定位板（又称"索导管锚固点定位板"）和半圆管轴心定位板（又称"索导管出塔口定位板"），如图3-3-4-27所示。圆管轴心定位板采用亚克力板进行加工，其中包括圆形板、蝶形螺栓、圆管套筒螺母，其中圆形板开有对应索导管半径的圆孔和滑槽，将蝶形螺栓插入相对应索导管半径的孔位，并用圆管套筒螺母固定。半圆管轴心定位板包括开槽扇形板、半径调节杆、蝶形螺栓、螺母。开槽扇形板由两块完整扇形板与三道槽口扇形板组成，之间采用胶水黏合，并用螺栓固定，中间形成三道内槽；开槽扇形板和半径调节杆上均开有对应索导管半径的圆孔，将半径调节杆插入开槽扇形板三道内槽中，并用蝶形螺栓固定。

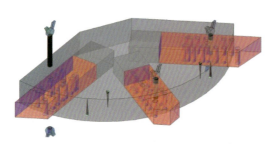 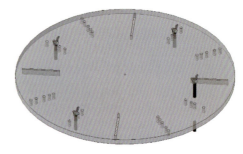

a)出塔口定位板模型　　　　　　　　　　　b)锚固点定位板模型

c)出塔口定位板实物　　　　　　　　　　　d)锚固点定位板实物

图3-3-4-27　索导管轴心定位板

2）塔柱施工面高程传递

塔顶施工面高程点传递采用全站仪天顶测距法进行,把塔柱下横梁高程传递至塔顶控制点。首先在塔柱施工面安装接收平台,由于塔柱在大风环境下处于不停抖动状态,很难在塔顶施工面建立水平杆传递棱镜中心高程至塔顶立尺点高程,因而采用CPⅢ杆件(图3-3-4-28)特制的接收平台。利用CPⅢ棱镜杆和水准杆高程既有互换性,达到棱镜中心高程和水准杆圆头顶高程传递的目的,不需要杆件水平的特性。首先在塔顶焊接如图3-3-4-29所示的接收平台,并采用全站仪测量出棱镜中心坐标值,在下横梁处放样出棱镜中心位置,在下横梁棱镜中心位置架设全站仪进行竖向传递,竖向传递完成后,接收平台换上水准杆进行塔顶高程传递。水准杆圆头顶部高程 = 棱镜中心高程 + 10mm。

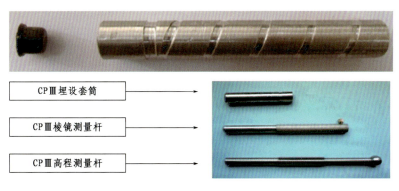

图 3-3-4-28　CPⅢ杆件

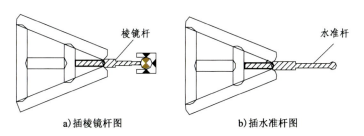

a）插棱镜杆图　　　　b）插水准杆图

图 3-3-4-29　接收平台

如图 3-3-4-30 所示,其中 B 点为塔柱施工面高程点,A 点为下横梁高程控制点。

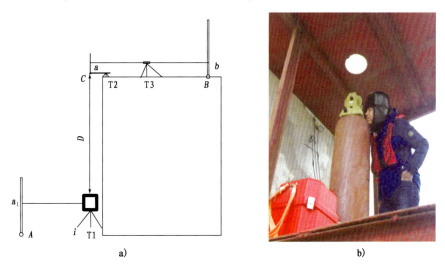

图 3-3-4-30　全站仪天顶测距法原理示意图

A、B 两点之间的高差为:

$$h_{AB} = D + a_1 + a + 10\text{mm} - b \tag{3-3-4-5}$$

式中：h_{AB}——A 和 B 点之间的高差(m)；
　　　D——全站仪垂直向上所测距离(m)；
　　　a_1——A 点所立水准尺读数(m)；
　　　a——T2 处所立水准尺读数(m)；
　　　b——B 点所立水准尺读数(m)。

通过用全站仪垂直向上进行测距达到高程传递目的。

3）距离投影改正

由于采用外控法进行测量，本桥高程投影面为塔柱下横梁顶面，投影面高程值为 45.000m，索导管高程为 142~157m，需进行投影改正，将测站到测量点之间距离归算到工程投影高程面上，投影改正计算式为：

$$D = D_0\left(1 + \frac{H_0 - H_m}{R_A}\right) \tag{3-3-4-6}$$

式中：D——归算到投影高程面上的测距边长度(m)；
　　　D_0——测距边测站高程面上的平距(m)；
　　　H_0——投影面高程(m)；
　　　H_m——测距边两端平均高程(m)；
　　　R_A——参考椭球体在测距边方向的法截弧的曲率半径(m)。

在进行索导管测量时，需进行投影改正，具体改正可以通过棱镜常数或者仪器参数设置来进行改正。

4）控制点晃动测试分析

由于索导管安装在季风期进行，桥位处季风期基本都是 6 级以上大风天气，需保证在 8 级风下能正常进行索导管定位测量。斜拉桥两侧均为大面积海域，斜拉桥施工测量控制点主要布设在主墩下横梁顶部和边墩顶部，在大风、大浪环境下控制点处于轻微晃动之中，使得安置在墩顶归心墩上的全站仪电子水准气泡不停跳动，变化幅度可达十几秒至几分。所以需对控制点稳定性进行测试分析，并根据分析结果分析索导管定位方案。

(1)理论分析

内符合精度是以估计的最似然估值为比对基准，反映观测值之间的离散度，即精密度，用标准差(STD)来度量；外符合精度是以外部提供的参考值为比对基准，反映观测值与参考值之间的偏差程度，即精确度，用误差的均方根(RMS)来度量。

坐标偏差最大值、最小值反映系统实时定位偏差限值；内符合精度反映系统实时定位的稳定性，外符合精度反映系统实时定位的精度。通过坐标偏差限值、内符合精度及外符合精度综合反映系统定位精度及可靠性。

①偏差计算

将控制点已知坐标值作为真值，实测坐标值作为观测值，则各观测值相对于真值的偏差：

$$\Delta_i = l_i - \hat{l} \tag{3-3-4-7}$$

式中：l_i——第 i 次的观测值；
　　　$\hat{l}$——控制点已知值。

②内符合精度

取 w 测回实测坐标取均值，则 w 测回实测坐标均值相对于所有观测值均值的偏差：

$$v_w = \frac{\sum_1^w [l_1, l_2, \cdots, l_w]}{w} - \bar{l} \tag{3-3-4-8}$$

根据误差传播定律,w 测回取均值后坐标内符合精度为:

$$\sigma = \sqrt{\frac{\overline{V}^T P \overline{V}}{n-1}} \tag{3-3-4-9}$$

$$\overline{V} = [\overline{v}_1, \overline{v}_2, \cdots, \overline{v}_n]^T \tag{3-3-4-10}$$

式中:$\overline{V}$——所有观测值的平均值;

P——权阵。

③外符合精度

将控制点已知坐标值作为真值,取 w 测回实测坐标均值为观测值,则 w 测回坐标均值相对于真值的偏差:

$$v_w = \frac{\sum_1^w [l_1, l_2, \cdots, l_w]}{w} - \hat{l} \tag{3-3-4-11}$$

根据误差传播定律,w 测回取均值后坐标外符合精度为:

$$\hat{\rho} = \sqrt{\frac{v^T P v}{n}} \tag{3-3-4-12}$$

$$v = [v_1, v_2, \cdots, v_n]^T \tag{3-3-4-13}$$

(2)实测数据统计分析

选择现场需要采用的两种设站方式进行实际测量。

①岛上架设仪器

在 8 级风下,在岛上控制点 DQM7 上架设 0.5s 带 ATR 功能莱卡 TM30 全站仪,仪器整平后以塔柱下横梁 N03X1 号控制点为后视定向点,以 300 ms 为时间间隔,测量 4 组数据,每组数据正镜测量 40 次 N03X2 号控制点坐标值,测量每组数据都重新设站。

单次实测坐标值和已知值进行较差,坐标偏差变化曲线如图 3-3-4-31 所示,统计后得到图 3-3-4-32。

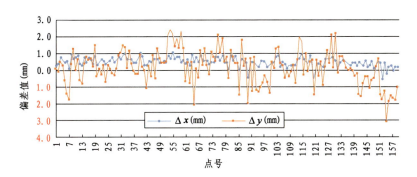

图 3-3-4-31 坐标偏差变化折线图

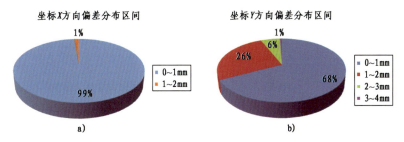

图 3-3-4-32 坐标偏差分布区间统计图

从图 3-3-4-32 可以看出，X 方向坐标偏差为：99% 小于 1mm，100% 小于 2mm；Y 方向坐标偏差为：68% 小于 1mm，94% 小于 2mm，99% 小于 3mm，100% 小于 4mm。

表 3-3-4-10 中，X 方向单次坐标测量最大偏差值为 1.06mm，最小偏差值为 -0.54mm，外符合精度为 0.56mm；Y 方向单次坐标测量最大偏差值为 2.40mm，最小偏差值为 -3.10mm，外符合精度为 1.03mm，如图 3-3-4-33 所示。单次测量 X、Y 方向偏差及外符合精度均索导管定位精度要求，为了保险起见，采用该方法进行索导管定位时取 5 次均值为最终实测坐标值。

精度分析表 表3-3-4-10

单次	Δx(mm)	Δy(mm)
最大值	1.06	2.40
最小值	-0.54	-3.10
外符合精度	0.56	1.03

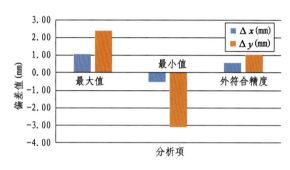

图 3-3-4-33　精度分析图

②边墩顶架设仪器

在 8 级风下，在元洪航道桥边墩 N06 控制点上架设 0.5s 带 ATR（自动照准）功能莱卡 TM30 全站仪，仪器整平后以塔柱下横梁 N04X1 号控制点为后视定向点，以 300ms 为时间间隔，测量四组数据，每组数据正镜测量 40 次 N04X2 号控制点坐标值，测量每组数据都重新设站。

单次实测坐标值和已知值进行较差，单次实测坐标偏差折线如图 3-3-4-34 所示。

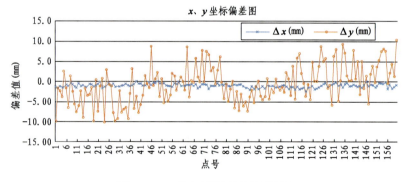

图 3-3-4-34　单次实测坐标偏差折线图

单次实测坐标偏差分布区间统计如图 3-3-4-35 所示，X 坐标方向偏差为：47% 的小于 1mm，98% 小于 2mm，100% 小于 3mm；Y 坐标方向偏差为：35% 的小于 2mm，61% 小于 4mm，77% 小于 6mm，92% 小于 8mm，99% 小于 10mm，100% 小于 12mm。

由图 3-3-4-34、图 3-3-4-35 可知，所测 X、Y 方向坐标偏差基本符合正态分布规律，坐标偏差绝对值较小的误差比绝对值较大的误差出现概率大；坐标偏差有一定限值，超出一定限值的偏差出现的概率为零；绝对值偏差相等的正负误差出现的概率基本相同；坐标偏差的数学期望为零。通过取一定测回数坐标均值能提高测量精度，且所取测回数越多精度越高。

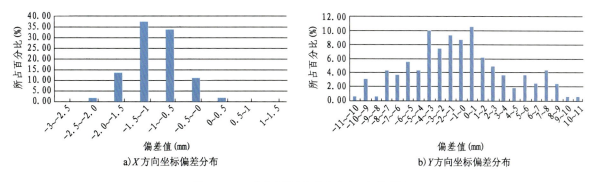

图 3-3-4-35　单次实测坐标偏差分布区间统计图

按照实测坐标测量顺序探索性计算 1 测回、5 测回、10 测回、20 测回取均值后的坐标偏差限值、内符合精度及外符合精度结果见表 3-3-4-11,分析统计如图 3-3-4-36 所示。

坐标偏差数据分析统计表　　　　表 3-3-4-11

测回数	偏差最小值(mm)		偏差最大值(mm)		内符合精度(mm)		外符合精度(mm)	
	Δx	Δy	Δx	Δy	Δx	Δy	Δx	Δy
1 测回	-2.60	-10.17	0.10	10.23	0.48	4.63	1.18	4.67
5 测回	-1.82	-6.49	-0.44	6.43	0.32	3.29	1.12	3.31
10 测回	-1.70	-5.05	-0.59	4.96	0.27	2.72	1.10	3.08
20 测回	-1.49	4.72	-0.71	2.82	0.23	3.04	1.09	2.94

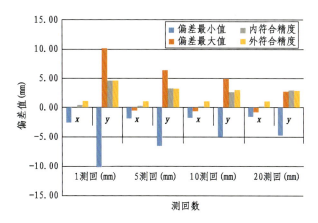

图 3-3-4-36　坐标偏差数据分析统计图

由表 3-3-4-11 可知,20 测回实测坐标取均值后,坐标偏差限值、内符合精度及外符合精度均满足索导管安装精度 5 mm 要求。所以在边墩架设仪器,进行索导管定位时需测量 20 测回取均值为每次坐标实测值。

在大风大浪环境下,设站点、后视点及测量点均处于晃动状态,在进行仪器整平时,仪器电子气泡始终处于跳动状态,跳动幅度从几秒到几分,很难精确整平,在测量时需经过检核确认设站精度满足要求才能开始测量。同时为最大程度消除仪器不严格整平所带来的测量误差,需确保设站点与定向点、检核点,设站点与定向点、测量点水平夹角在 5°内,从而使仪器在一个小角度内进行测量,且在小范围内平整度能满足精度要求,同时为了消除塔柱日照及风力变形,通过差分监测棱镜坐标修正日照及风力变形,本测量方法叫小角度坐标差分均值法。

(3)索导管测量定位

①分析塔柱基础沉降数据与荷载变化曲线图,及混凝土收缩徐变和弹性压缩量,预测成桥阶段施工基础沉降总量,确定索导管高程补偿值,索导管锚固点及出塔点高程值应加上高程补偿值。

②根据索导管锚固点及出塔点高程值、索导管设计参数,计算索导管锚固点坐标、索导管轴线方位角及仰角、索导管支撑点坐标及高程。

③全站仪设站。

在海中墩控制点(岛上控制点)架设全站仪,以塔柱下横梁控制点为后视定向点,定向完成后分2组数据,每组数据测量20次正镜(岛上架设仪器测量5次)塔柱下横梁另外一个控制点坐标取均值和已知坐标值进行对比,如2组数据坐标差值都在3mm内,则证明本次设站及定向有效,如超限则重新设站、定向及检核直到满足要求。

④确认塔柱风力变形修正值。

全站仪设站合格后,测量塔柱上最顶层2个监测棱镜实测坐标值(需根据高程进行投影改正),每个点测量20次正镜(岛上架设仪器测量5次)取均值为最终坐标成果,将最终坐标成果和设计值(为塔柱4级风下塔柱日照"零"状态测量结果)进行对比,取2个点坐标差值得出塔柱风力变形修正值 Δx_1 和 Δy_1。

⑤根据所测索导管高程设置投影改正后,采用轴线定位板实体化索导管锚固点中心坐标,测量索导管实际锚固点坐标,每次测量20次正镜取均值,并通过塔柱风力变形修正值 Δx_1 和 Δy_1 修正后为最终测量值,根据坐标差值进行锚固点位置调整。

⑥采用轴线定位板实体化索导管出塔轴线,采用测量锚固点方法测量索导管出塔口轴线任意轴线点坐标值。

用锚固点中心的实测坐标(调整到设计位置)、索导管轴线方位角、仰角和两中心空间距离计算出塔口所测轴线处设计坐标(图3-3-4-37)。

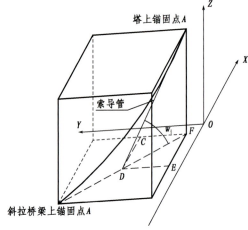

图3-3-4-37 斜拉桥索导管空间角度示意图

$$x = x_0 + D \times \cos\omega_i \times \cos\beta$$
$$y = y_0 + D \times \cos\omega_i \times \sin\beta \quad (3\text{-}3\text{-}4\text{-}14)$$
$$z = z_0 - D \times \sin\omega_i$$

式中:x_0、y_0、z_0——索导管锚固点的实测坐标;

D——锚固点至出塔点实测中心位置空间距离;

x、y、z——索导管轴线上 D 距离处的理论计算坐标;

β——索导管锚固点至出口方向水平投影设计方位角;

ω_i——索导管中心线出口至锚固点设计仰角。

⑦将出管口中心调整到设计位置,计算索导管轴线角度的偏差,精度满足表3-3-4-12要求。

索导管安装精度   表3-3-4-12

序号	项　目	允许偏差
1	索导管顶口三维坐标偏差	不大于±5mm
2	索导管顶口与底口中心坐标的相对偏差	不大于3mm
3	索导管中心线的空间方位偏差	不大于30′

⑧重复③~⑦的作业步骤,直到满足定位的限差要求。

索导管调整至设计位置后,利用全站仪进行复核测量,检查索导管的空间位置及角度,测量时应由另一测量人员进行,两组测量数据互相比对,确保索导管安装正确,精度达到规范要求。

待索导管处的混凝土达到强度后,应及时对索导管位置进行竣工测量,检查其位置是否符合规范要求。竣工时的测量方法与定位测量方法一致。

5）索导管定位注意事项

（1）索导管测量定位时，塔柱电梯需停止运行，塔式起重机需处于平衡状态。

（2）在索导管测量定位过程中，每间隔0.5h需重新检核一次检核点，如不能满足定位精度要求需重新进行设站。

（3）索导管定位时，由于塔柱混凝土受到日照、塔柱内部温度不均、风力等因素影响，塔柱会发生倾斜和扭曲变形。索导管定位前，需对塔柱日照变形和风力变形进行系统监测。塔柱日照变形监测选择在5级风下对塔柱监测棱镜按照每2h一次进行48h连续监测，监测坐标变化曲线确认塔柱变形规律、"零"状态时间段及监测棱镜已知坐标值；塔柱风力变形监测应选择在6～8级风下塔柱日照变形"零"状态时间段内，按照每1h监测一次，确认塔柱风力变形和风力、风向之间关系。

（4）仪器机械误差会随时间和温度变化而变化，因此在进行索导管定位前需对仪器进行检校。

（5）索导管定位时，需实测当前温度及气压，并输入全站仪参数设置中。在测量时棱镜必须正对仪器，且棱镜面应垂直于视准轴方向。

索导管定位精度统计见表3-3-4-13。

3.4.7 钢锚梁测量

在进行桥塔钢锚梁精确定位时，由于塔柱高、风力大，塔柱受到外界环境变化产生的变形尤其突出，钢锚梁构造如图3-3-4-38、图3-3-4-39所示。为了规避塔柱变形对测量定位精度影响，钢锚梁精确定位采用内控法为主，外控法为辅进行测量。在风力较大在塔柱上不能正常架设仪器时，采用外控法进行钢锚梁定位，具体参照索导管定位方法进行。在塔柱能正常架设仪器时，采用本节所述方法进行钢锚梁定位。

1）钢锚梁加工及预拼装测量

钢锚梁加工及预拼测量定位流程：钢构件切割加工→焊接组装测量→钢锚梁出塔口段索导管焊接测量→预拼场地匹配控制网建立→循环预拼钢锚梁。

（1）钢锚梁加工精度控制

钢锚梁制造主要分为钢材分块下料、板材开孔及精确焊接组装三个阶段。锚腹板下料后，同一节钢锚梁两块锚腹板相对尺寸需保持一致。钢锚梁组装过程中，组装两个锚腹板时，不仅要保证横向宽度，还应严格控制两个锚腹板纵向不错位，为避免该项加工误差，可采用对角丈量法进行检查。

为避免各组件焊接过程中发生变形，造成钢锚梁底板钻孔孔位发生偏移，可在钢锚梁与钢牛腿组拼时，对钢锚梁与钢牛腿开孔孔位进行标定，并严格控制两锚垫板中心之间的距离，开孔中心相对高差满足2mm要求。

钢锚梁焊接应采用钢板变形较少的二氧化碳保护焊，并对称焊接。每节钢锚梁和钢牛腿制造完成后，应在厂内组装成整体，并通过检定钢卷尺、水准仪检验各个部位的几何尺寸、塔壁板面的平整度、对接偏差和螺栓孔重合率满足要求。

（2）钢锚梁预拼测量

首先在拼装场地建立如图3-3-4-40所示的匹配控制网，以台座中心为原点，拼装轴线为X轴建立独立坐标系。4个控制点坐标测量采用导线进行测量，并进行整体平差。由于钢锚梁上索导管由两个节段组成，锚固端索导管在钢锚梁制造时已经焊接到钢锚梁上。出塔口节段和钢锚梁为分开状态，为了减少现场定位难度，在工厂内就需把索导管出塔口节段焊接到钢锚梁上。为保证索导管锚固端和出塔端中心轴线重合，焊接时首先在锚固端索导管内穿入一根直径比索导管内径小2～3mm的内衬管，然后把出塔端索导管套入内衬管外，检查合格后进行焊接。

索导管定位精度统计表

表 3-3-4-13

墩位号	编号	索导管锚固点理论值 (m)			索导管锚固点实测值 (m)			差值 (mm)			索导管出塔点理论值 (m)			索导管出塔点实测值 (m)			差值 (mm)			$\Delta x_\text{锚} - \Delta x_\text{出}$ (mm)	$\Delta y_\text{锚} - \Delta y_\text{出}$ (mm)	备注
		x	y	z	x	y	z	$\Delta x_\text{锚}$	$\Delta y_\text{锚}$		x	y	z	x	y	z	$\Delta x_\text{出}$	$\Delta y_\text{出}$				
无洪航道桥 N03	BS01	64010.790	−19.801	147.606	64010.788	−19.800	147.606	−2	1		64008.898	−19.480	141.973	64008.895	−19.477	141.973	−3	3		−1	2	合格
	BS02	64010.852	−19.801	153.499	64010.853	−19.802	153.499	1	−1		64009.007	−19.602	149.724	64009.006	−19.604	149.724	−1	−2		−2	−1	合格
	BS03	64010.876	−19.800	154.640	64010.876	−19.799	154.640	0	1		64009.087	−19.659	154.812	64009.086	−19.661	154.812	−1	−2		−1	−3	合格
左支塔柱	MS01	64017.822	−19.799	147.567	64017.818	−19.796	147.567	−4	3		64019.711	−19.478	141.942	64019.710	−19.476	141.942	−1	2		3	−1	合格
	MS02	64017.764	−19.799	153.466	64017.766	−19.801	153.466	2	−2		64019.588	−19.603	149.735	64019.591	−19.604	149.735	3	−1		1	1	合格
	MS03	64017.708	−19.801	157.666	64017.707	−19.804	157.666	−1	−3		64019.492	−19.660	154.845	64019.489	−19.660	154.845	−3	0		−2	3	合格
无洪航道桥 N03	BS01	64010.792	24.201	147.612	64010.792	24.202	147.612	0	1		64008.933	23.886	142.078	64008.932	23.888	142.078	−1	2		−1	1	合格
	BS02	64010.837	24.199	153.468	64010.838	24.198	153.468	1	−1		64009.029	24.005	149.765	64009.033	24.006	149.765	4	1		3	2	合格
	BS03	64010.883	24.201	157.652	64010.884	24.201	157.652	1	0		64009.108	24.004	154.844	64009.106	24.006	154.844	−2	2		−3	2	合格
右支塔柱	MS01	64017.809	24.201	147.606	64017.805	24.199	147.606	−4	−2		64019.677	23.884	142.041	64019.676	23.885	142.041	−1	1		3	3	合格
	MS02	64019.561	24.006	149.789	64019.561	24.005	149.789	0	0		64019.561	24.006	149.788	64019.561	24.005	149.788	0	0		0	0	合格
	MS03	64017.720	24.201	157.647	64017.719	24.202	157.647	−1	1		64019.526	24.058	154.791	64019.528	24.059	154.791	2	1		3	0	合格
无洪航道桥 N04	BS01	64549.808	−19.801	147.613	64549.809	−19.801	147.613	1	0		64551.668	−19.485	142.076	64551.669	−19.486	142.076	1	−1		0	−1	合格
	BS02	64549.739	−19.802	153.516	64549.737	−19.801	153.516	−2	1		64551.594	−19.602	149.721	64551.595	−19.600	149.721	1	2		4	1	合格
	BS03	64549.724	−19.800	157.640	64549.726	−19.801	157.640	2	−1		64551.511	−19.659	154.814	64551.513	−19.658	154.814	2	1		1	2	合格
左支塔柱	MS01	64542.794	−19.802	147.614	64542.793	−19.804	147.614	−1	−2		64540.904	−19.481	141.985	64540.906	−19.483	141.985	2	−2		3	0	合格
	MS02	64542.849	−19.801	153.493	64542.851	−19.800	153.493	2	1		64541.015	−19.603	149.741	64541.019	−19.605	149.741	4	−2		2	−3	合格
	MS03	64542.886	−19.801	157.657	64542.888	−19.801	157.657	2	0		64541.073	−19.658	154.789	64541.072	−19.661	154.789	−1	−3		−3	−3	合格
无洪航道桥 N04	BS01	64549.809	24.201	147.611	64549.808	24.202	147.611	−1	1		64551.670	23.885	142.071	64551.673	23.886	142.071	3	1		4	0	合格
	BS02	64549.741	24.202	153.513	64549.745	24.203	153.513	4	1		64551.586	24.003	149.735	64551.587	24.007	149.735	1	4		−3	3	合格
	BS03	64549.710	24.201	157.663	64549.713	24.204	157.663	3	3		64551.538	24.057	154.773	64551.541	24.062	154.773	3	5		0	2	合格
右支塔柱	MS01	64542.788	24.200	147.595	64542.784	24.199	147.595	−4	−1		64540.899	23.880	141.973	64540.896	23.879	141.973	−3	−1		0	0	合格
	MS02	64542.845	24.200	153.485	64542.845	24.202	153.485	0	2		64540.986	24.000	149.681	64540.987	23.999	149.681	1	−1		1	−2	合格
	MS03	64542.882	24.201	157.650	64542.884	24.201	157.650	2	0		64541.077	24.058	154.795	64541.076	24.055	154.795	−1	−3		−3	−3	合格

续上表

墩位号	编号	索导管锚固点理论值 (m)			索导管锚固点实测值 (m)			差值 (mm)		索导管出塔点理论值 (m)			索导管出塔点实测值 (m)			差值 (mm)		$\Delta x_{锚} - \Delta x_{出}$ (mm)	$\Delta y_{锚} - \Delta y_{出}$ (mm)	备注
		x	y	z	x	y	z	$\Delta x_{锚}$	$\Delta y_{锚}$	x	y	z	x	y	z	$\Delta x_{出}$	$\Delta y_{出}$			
鼓屿门水道桥 Z03	BS01	65636.375	−19.300	126.483	65636.375	−19.300	126.483	0	0	65634.659	−19.056	123.042	65634.658	−19.056	123.042	−1	0	0	0	合格
	BS02	65636.393	−19.301	130.860	65636.394	−19.300	130.860	1	1	65634.710	−19.146	128.485	65634.708	−19.145	128.485	−2	1	−2	0	合格
	BS03	65636.308	−19.301	134.435	65636.306	−19.301	134.435	−2	0	65634.764	−19.196	132.716	65634.760	−19.195	132.716	−4	1	−3	1	合格
左支塔柱	MS01	65640.917	−19.301	126.497	65640.917	−19.301	126.497	0	0	65642.639	−19.057	123.043	65642.639	−19.056	123.043	0	1	0	0	合格
	MS02	65640.917	−19.300	130.847	65640.916	−19.301	130.847	−1	−1	65642.624	−19.143	128.441	65642.624	−19.147	128.441	0	−4	1	−3	合格
	MS03	65640.996	−19.301	134.433	65640.997	−19.305	134.433	1	−4	65642.539	−19.196	132.716	65642.538	−19.197	132.716	−1	−1	−2	3	合格
鼓屿门水道桥 Z03	BS01	65636.382	23.701	126.497	65636.381	23.699	126.497	−1	−2	65634.672	23.458	123.069	65634.673	23.457	123.069	1	−1	2	1	合格
	BS02	65636.380	23.700	130.842	65636.382	23.697	130.842	2	−3	65634.719	23.547	128.501	65634.722	23.544	128.501	3	−3	1	0	合格
	BS03	65636.284	23.700	134.408	65636.286	23.700	134.408	2	0	65634.729	23.594	132.677	65634.733	23.594	132.677	4	0	2	0	合格
右支塔柱	MS01	65640.916	23.702	126.500	65640.916	23.706	126.500	0	4	65642.619	23.459	123.084	65642.618	23.464	123.084	−1	5	−1	0	合格
	MS02	65640.907	23.701	130.861	65640.912	23.698	130.861	5	−3	65642.613	23.544	128.456	65642.616	23.544	128.456	3	0	−2	3	合格
	MS03	65641.012	23.700	134.415	65641.013	23.699	134.415	1	−1	65642.551	23.595	132.703	65642.549	23.597	132.703	−2	2	−3	3	合格
鼓屿门水道桥 Z04	BS01	66000.368	−19.299	126.466	66000.367	−19.297	126.466	−1	2	65998.682	−19.060	123.087	65998.678	−19.060	123.087	−4	0	−3	−2	合格
	BS02	66000.387	−19.300	130.852	66000.392	−19.301	130.852	5	−1	65998.742	−19.149	128.534	65998.747	−19.152	128.534	5	−3	−1	−1	合格
	BS03	66000.307	−19.301	134.436	66000.305	−19.301	134.436	−2	0	65998.797	−19.198	132.756	65998.794	−19.199	132.756	−3	−1	−3	3	合格
左支塔柱	MS01	66004.933	−19.299	126.466	66004.934	−19.301	126.466	1	−2	66006.616	−19.060	123.093	66006.614	−19.059	123.093	−2	1	−1	1	合格
	MS02	66004.915	−19.300	130.848	66004.916	−19.299	130.848	1	1	66006.559	−19.149	128.531	66006.558	−19.147	128.531	0	2	−3	1	合格
	MS03	66005.044	−19.298	134.378	66005.045	−19.301	134.378	1	−3	66006.542	−19.196	132.710	66006.545	−19.199	132.710	2	−4	1	0	合格
鼓屿门水道桥 Z04	BS01	66000.378	23.701	126.487	66000.379	23.697	126.487	4	−4	65998.685	23.460	123.092	65998.685	23.455	123.092	0	−5	0	−1	合格
	BS02	66000.385	23.700	130.850	66000.389	23.701	130.850	1	1	65998.748	23.549	128.542	65998.751	23.548	128.542	3	−1	−1	−2	合格
	BS03	66000.302	23.701	134.431	66000.303	23.702	134.431	−2	1	65998.794	23.598	132.753	65998.792	23.602	132.753	−2	4	−3	−3	合格
右支塔柱	BS01	66004.930	23.700	126.472	66004.928	23.702	126.472	−2	2	66006.615	23.460	123.094	66006.616	23.460	123.094	1	0	3	合格	合格
	BS02	66004.913	23.700	130.851	66004.911	23.702	130.851	−2	2	66006.558	23.549	128.532	66006.556	23.554	128.532	−2	5	0	−3	合格
	BS03	66004.999	23.701	134.427	66005.000	23.697	134.427	0	−4	66006.507	23.598	132.749	66006.504	23.595	132.749	−2	−3	−3	1	合格

注：本表为元洪航道桥和鼓屿门水道桥索导管安装时，测量定位精度指标统计表，各项精度指标满足规范要求。

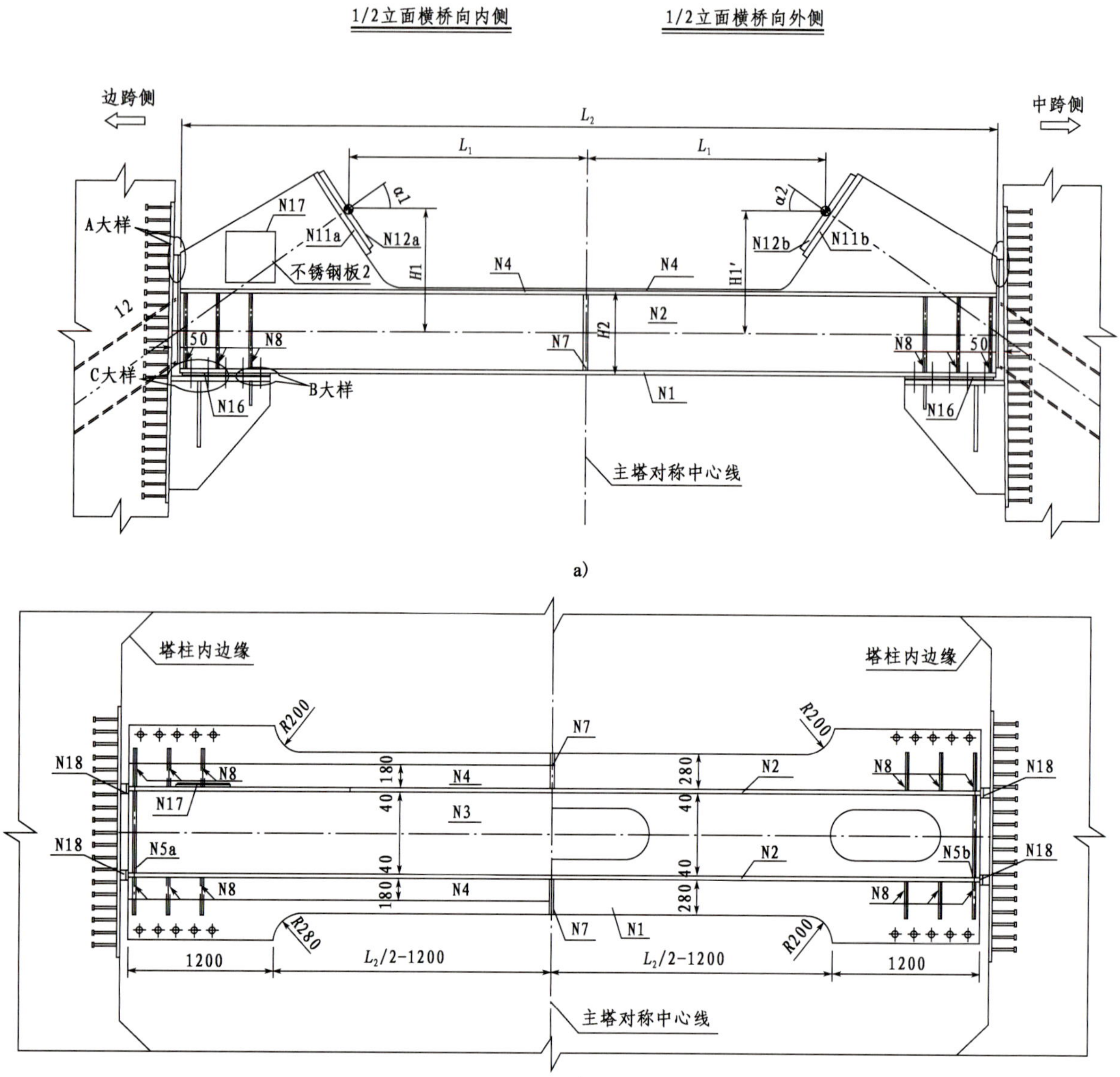

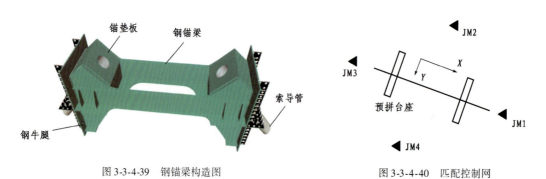

图 3-3-4-38　钢锚梁平面图(尺寸单位:mm)

图 3-3-4-39　钢锚梁构造图　　　　图 3-3-4-40　匹配控制网

第一节钢锚梁吊装到台座后,通过检定钢尺、水准仪和全站仪对钢锚梁、索导管的结构尺寸、高程、轴线及索导管锚固点、出塔点等进行测量检查,并调整到设计位置,检查精度满足表 3-3-4-14。按照相同方法循环预拼第二、三节钢锚梁。

钢锚梁节段拼装精度   表3-3-4-14

项　　目		允　许　偏　差
预埋钢板垂直度		1/1500
预埋钢板接触最大空隙		≤2 mm
积累高度		$\pm 1 \times n(\text{mm})$，$n$ 为节段数量
节段间侧壁错边量		± 0.5mm
钢锚梁	轴线在横桥向的位置偏差	± 5mm
	横桥向锚固点位置偏差	± 5mm
	顺桥向锚固点位置偏差	± 5mm

每组三节钢锚梁预拼完成并检查合格后,在底部两节钢锚梁顶口焊接导向块,导向块顶口内侧距离钢锚梁边留有2~3mm缝隙,方便钢锚梁现场安装时进行微调。每两节钢锚梁之间不进行刚性连接,留有20mm缝隙,需在每个导向块上标注出下一节钢锚梁底口高程控制线。并在每节钢锚梁底口和顶口标注出钢锚梁轴线点及控制点,作为钢锚梁现场测量控制点,然后移走底部两节,留下顶节作为下一组匹配节,按照相同方法循环拼装完成所有钢锚梁节段,钢锚梁预拼图如图3-3-4-41所示。

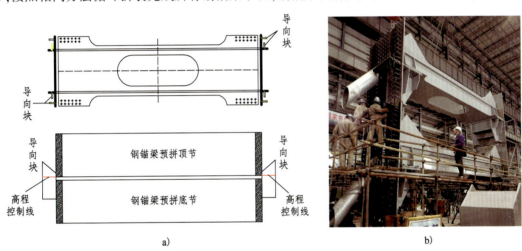

图3-3-4-41　钢锚梁预拼图

2）钢锚梁测量定位

钢锚梁精确测量定位流程:塔顶内腔控制点加密→首节钢牛腿底座放样→钢锚梁吊装就位→首节钢锚梁测量定位→浇筑首节钢锚梁混凝土→塔顶内腔控制点加密→下一节钢锚梁测量定位→钢锚梁循环安装完成。

(1)塔柱内腔控制点加密

平潭海峡公铁大桥在人屿岛上已有5个含平面和高程加密控制点,点位分布如图3-3-4-42所示,所有控制点采用强制归心观测墩,分别为:DQ7、JM4、N03X1、N04X1、N06D1,平面精度为铁路工程测量规范二等,高程精度为国家二等水准。控制点加密采用同级扩张方法同精度进行加密。

①首节钢锚梁塔柱内腔控制点加密,首先在钢锚梁施工节段塔柱顶部内腔里建立一个稳定可靠的测量平台,如图3-3-4-43所示。平面点采用GPS静态法进行加密,加密时需联测已有的5个控制点作为已知点。首

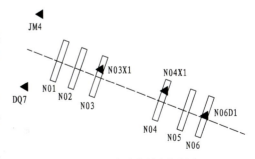

图3-3-4-42　加密控制点分布图
注:◀为加密控制点。

节钢锚梁塔柱内腔控制点加密需在塔柱"零"状态时间段进行。塔柱"零"状态时间段由塔柱日照位移和风力位移观测数据分析得出,经现场观测及数据分析塔柱"零"状态时间段为 5 级风以下的 22:00—6:00。

②后续节段塔柱内腔控制点加密采用激光垂准仪竖向投点法进行。在塔柱内腔控制点上架设激光垂准仪,把二维数显光靶安装到相应钢锚梁节段测量平台上,通过激光垂准仪把塔柱内腔控制点平面坐标传递到二维数显光靶上。在投点时应旋转垂准仪 90°、180°、270°、360°方向进行投点,取 4 个角度投点的中值为本次投点位置,并进行多次投点,当投点中心位置的距离不超过 2mm 时,取其平均值为最终投点位置,测量示意如图 3-3-4-44 所示。

图 3-3-4-43　塔柱内腔控制点　　　　　　图 3-3-4-44　激光垂准仪测量示意图

③塔顶内腔控制点高程测量采用全站仪天顶测距法进行,把塔柱下横梁高程传递至塔顶。其测量方法参照 3.4.6 节内容。

(2)首节钢锚梁精确定位

由于在预拼场地已经进行钢锚梁上索导管锚固点、出塔点及钢锚梁轴线间的轴线关系测量,钢锚梁吊装到位后只进行钢锚梁轴线及高程、索导管锚固点位置及高程测量,不再测量索导管出塔口位置及高程。首节钢锚梁精确定位程序如下所述。

①收集塔柱沉降观测资料,分析沉降值与荷载变化曲线图,通过回归分析预测成桥阶段塔柱沉降总量,分析混凝土收缩变形和弹性压缩量,确定首节钢锚梁高程的补偿值。综合分析,大桥钢锚梁高程补偿值为 56mm。

②用水准仪在钢锚梁牛腿支架顶面放样出高程点,高程已知值为高程设计值加补偿值,调整支架顶四个角点高差和绝对高程至 2mm 内。在支架顶面放样出钢锚梁轴线点及四角限位点,限位点位置应考虑钢锚梁出厂偏差,用钢板在限位点上焊接限位牛腿作为首节钢锚梁安装下放导向点。

③钢锚梁和钢牛腿整体吊装就位(图 3-3-4-45)。

④白天或者夜间风力较小时,在塔顶内腔控制点架设 0.5s 全站仪,测量钢锚梁底口控制点坐标值,用水准仪测量高程值。为避免钢锚梁四角相对高差超限影响后续的钢锚梁安装精度,需反复多次启动调节螺栓,直至钢锚梁梁体顶面高程、钢锚梁壁板四角相对高差及平面位置均满足设计要求。

⑤钢锚梁位置及高程调整完成后,在钢锚梁顶内腔里安装移动式测量(接收)平台(图 3-3-4-46),测量平台和钢锚梁连接采用螺栓连接。在测量平台归心墩内腔里安装激光接受靶,通过激光垂准仪竖向投点法把控制点坐标传递至接受靶上,架设全站仪调整仪器对准接受靶上控制点,复核测量索导管锚固点位置及钢锚梁顶口轴线直至满足要求。首节钢锚梁安装精度尤其关键,会对后续钢锚梁安装精度产生直接影响,首节钢锚梁安装需反复调整、反复校核,准确无误后方可进行加固,安装精度见表 3-3-4-15。

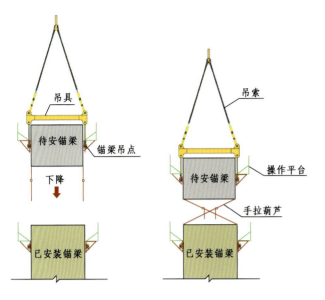
图 3-3-4-45 钢锚梁吊装示意图

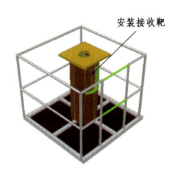
图 3-3-4-46 移动式测量(接收)平台

钢锚梁安装精度要求　　　　　　　　　　　　　表 3-3-4-15

	项　目	容许偏差
钢锚梁	轴线在横桥向的位置偏差	±5 mm
	横桥向锚固点位置偏差	±5 mm
	顺桥向锚固点位置偏差	±5 mm
钢牛腿	高程偏差	±2 mm
	预埋壁板垂直度	0.05
	边跨和中跨牛腿顶板相对高差值	≤1 mm
	预埋钢板平整度	0.05

(3)剩余节段钢锚梁精确定位

首节钢锚梁混凝土浇筑完后,在风力较小白天或夜间,通过激光垂准仪竖向投点法复核测量钢锚梁顶移动式测量(接收)平台坐标值,准确无误后对钢锚梁进行竣工测量。如钢锚梁顶口轴线点、限位块偏差较大,应对限位块偏差进行修正处理,作为下一节钢锚梁平面位置安装依据。用水准仪把塔柱内腔控制点高程值引测至钢锚梁顶高程控制点上,然后检查钢锚梁顶口高程值,对偏差较大的应修正导向块上的高程控制线,作为下一节钢锚梁高程控制依据。

以后每施工 5 节,在塔柱内腔内建立一个永久测量平台,并采用激光垂准仪竖向投点法进行塔柱内腔控制点加密,该控制点作为后续 5 节钢锚梁测量定位平面控制点。每施工完一节钢锚梁均采用水准仪将上一节高程点高程引测至该节钢锚梁顶口高程点上,为了消除每节高程传递所产生的积累误差,每施工 5 节钢锚梁,需重新采用全站仪天顶测距法修正所引测的高程值。

剩余节段钢锚梁吊装到位后,首先根据上一节钢锚梁顶口导向块及高程控制线调整本节钢锚梁平面及高程位置,然后按首节钢锚梁测量方法进行测量及调整。依次反复循环,直至全部钢锚梁安装完成。

3.4.8　斜拉桥钢桁梁架设施工测量

三座航道桥钢桁梁在钢梁厂焊接成稳定的整节段,再根据架设方案拼接成为 1.5、2、2.5、3、4、6.5 或 7 节间长度的大节段,大节段或整节段的钢梁通过驳船运输到桥址水域,由起重船或架梁吊机从驳船起吊架设,起重船主要将钢梁节段安装到支架(托架或边辅助桥墩)上,由架梁吊机主要悬臂架设钢梁节段。

(1) 主桥贯通测量

下横梁施工完成后,在元洪航道桥 N03、N04 号下横梁,鼓屿门水道桥 Z03、Z04 号下横梁,大小练岛水道桥 S03、S04 号下横梁分别加密 2 个二等平面及高程控制点。架设钢梁前分别对每座斜拉桥进行贯通测量,贯通测量应在夜间或者阴天进行。

①平面贯通测量

利用主墩下横梁加密点放样出每座斜拉桥边墩、辅助墩、主塔下横梁中心位置,在夜间往返测量每相邻两个墩中心之间跨距,如墩中心点之间的跨距超过 1mm,应对跨距差值进行分配(往两个边墩方向平均分配),确保每座斜拉桥每相邻两个墩子之间的墩中心跨距在 1mm 内。同时通过在边墩墩顶中心位置架设仪器复核测量每座斜拉桥的每个中心点是否在同一直线上,如图 3-3-4-47 所示。

②高程贯通测量

高程贯通测量采用测距三角高程方法按二等精度进行测量。如图 3-3-4-48 所示,元洪航道桥从小里程(DQ7)高程点传递到墩顶右侧高程点,逐墩进行观测,附合至大里程(DQ9)高程控制点,然后从大里程(DQ9)高程点传递到墩顶左侧高程点,逐点进行观测,附合至小里程(DQ7)高程控制点,构成附合水准线路,经严密平差求得墩顶点的高程。

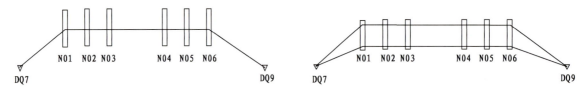

图 3-3-4-47　平面贯通测量示意图　　图 3-3-4-48　元洪航道桥高程贯通测量示意图

如图 3-3-4-49 所示,鼓屿门水道桥从 DQ9 高程点传递到墩顶右侧高程点,逐墩进行观测,附合至 DQ10 高程控制点,然后从 DQ10 高程点传递到墩顶左侧高程点,逐点进行观测,附合至 DQ9 高程控制点,构成附合水准线路,经严密平差求得墩顶点的高程。

如图 3-3-4-50 所示,大小练水道桥从 DQ14 高程点传递到墩顶右侧高程点,逐墩进行观测,附合至 DQ17 高程控制点,然后从 DQ17 高程点传递到墩顶左侧高程点,逐点进行观测,附合至 DQ14 高程控制点,构成附合水准线路,经严密平差求得墩顶点的高程。

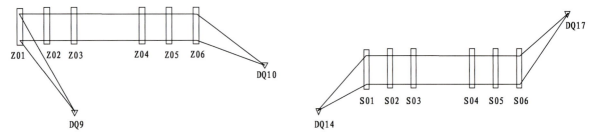

图 3-3-4-49　鼓屿门水道桥高程贯通测量示意图　　图 3-3-4-50　大小练岛高程贯通测量示意图

由于墩子在架设钢梁后会存在沉降及压缩变形,在斜拉桥垫石安装之前应重新进行高程贯通测量。

(2) 钢桁梁厂内验收测量

根据设计及厂内加工总拼要求,航道桥钢桁梁在钢梁厂焊接成稳定的整节段,因此必须对钢桁梁加工制造精度加以控制。确定验收测量主要内容如下所述。

①节段断面对角线测量:利用全站仪对钢梁各个环口节点位置进行测量,通过计算求出环口对角线长度,并计算对角线较差,若对角线较差超限应及时在厂内调整,保证钢桁梁左右对称关系,出具检查资料,示意如图 3-3-4-51 所示。

②旁弯检查:旁弯检查采用"2 + 1"的方式检查,即两节母梁加一节子梁(图 3-3-4-52),共三个节段钢桁梁通测旁弯,利用全站仪在钢梁铁路梁面两端头位置放样出轴线偏移 6.804m 的位置,而后在放样

点上架设全站仪,后视端头另一点定向,通过全站仪读取竖丝至各主桁内侧的距离(注意各主桁板厚),并出具检查资料。

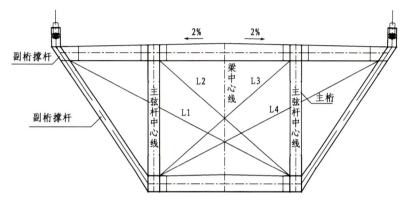

图 3-3-4-51 环口断面对角线测量

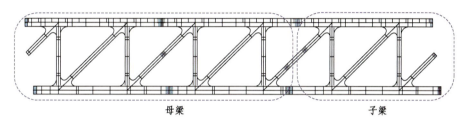

图 3-3-4-52 钢桁梁总拼示意图

③节段高差及轴线测量:利用水准仪测量铁路、公路各监测点位置的相对高差,利用全站仪测量钢梁轴线,轴线测量应根据钢桁梁的实际偏位情况将铁路轴线与公路轴线位置用冲钉标记在梁面上,并提供偏差值,出具检查资料。

④竖杆垂直度测量:竖杆垂直度测量可采用全站仪免棱镜法或铅锤线法进行测量,包括横向垂直度和纵向垂直度,检查数目与旁弯测量一致,检查完毕后,出具检查资料。

⑤桁高及桁宽检查:采用全站仪测量各节段桁高及桁宽,并与设计值对比,出具检查资料。

⑥梁长测量:利用全站仪测量总拼节段两端头环口的距离确定梁长 L(图 3-3-4-52),所测出的总拼梁长应与施工现场实测梁长比较,若出入很大,及时在加工厂内进行修正,并出具检查资料。

⑦梁面监控点检查:所有钢桁梁节段监控点需以钢桁梁拼装基线为基准,布设测量监控点。监控点布设实施过程:首先根据拼装基线调整母梁轴线点至设计位置,母梁轴线点精度需达到 2mm,然后根据拼装基线拼装子梁并调整至合格。在子梁铁路和公路梁端轴线上放样轴线点,并复核测量母梁梁端轴线点,需确保精度在 2mm 内,然后分别在子梁铁路和公路梁面梁端轴线点上架设仪器,以母梁梁端轴线点为方向点,通过穿直线法做出每个节段铁路和公路梁面轴线监控点,根据轴线监控点布设主桁及副桁监控点,点位精度要求达到 2mm。

钢桁梁总拼各尺寸允许偏差见表 3-3-4-16。

钢桁梁总拼各尺寸允许偏差　　　　表 3-3-4-16

序号	项 目	允许偏差	说 明
1	桁高	±2mm	上下弦杆中心距离
2	节间长度	±2mm	—
3	旁弯	$l/5000$	桥面系中线与其试装全长 l 的两端中心所连直线的偏差
4	梁长	±5mm	$l \leqslant 5000$
		$\pm l/10000$mm	$l > 5000$
5	对角线	±3mm	每个节点

续上表

序号	项目	允许偏差		说明
6	主桁中心距	两片主桁	±3mm	—
		三片主桁	±2.5mm	边行至中桁的中心距离
			±5mm	边行至边桁的中心距离

（3）基准节钢桁梁架设测量

①基准节钢桁梁吊装滑移定位

利用起重船将钢梁吊装至主墩墩旁托架顶，起重船吊装钢梁允许最大纵桥向落梁偏差±600mm、允许最大横桥向落梁偏差±1000mm。然后利用三向千斤顶纵横移及竖向起顶调整钢梁的平面位置，然后再利用连续水平千斤顶将钢梁滑移至设计位置。参考现场整体吊装移动模架经验，起重船吊装钢桁梁的平面最大偏差单向各1m考虑。主塔墩旁托架顶钢桁梁纵横移及竖向调整如图3-3-4-53所示。

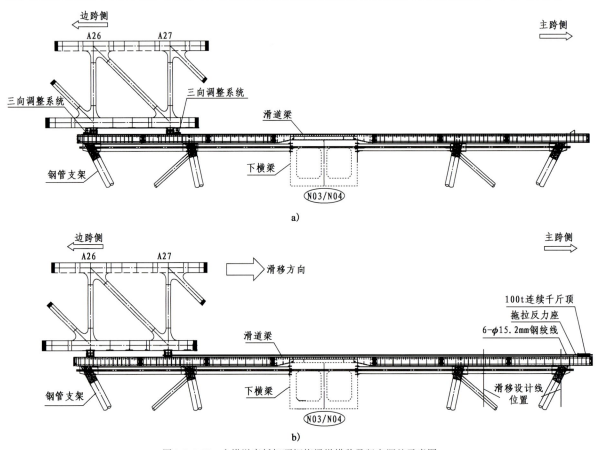

图3-3-4-53　主塔墩旁托架顶钢桁梁纵横移及竖向调整示意图

②钢桁梁支座安装

待基准节钢桁梁滑移到位后，将支座与钢桁梁连接为整体，使用三向千斤顶调整钢桁梁平面位置及高程，再利用墩顶贯通点，测量调整支座底板平面位置、支座顶面高程和四角高差使其满足设计要求，调整高程时应加入监控单位所提供的预抬值。钢桁梁支座安装允许偏差见表3-3-4-17。

支座安装允许偏差　　表3-3-4-17

序号	项目	允许偏差(mm)	检验方法
1	支座中心纵向位置偏差	20	测量
2	支座中心横向位置偏差	10	
3	T梁同端支座中心横向距离	-10~15	

续上表

序号	项 目		允许偏差(mm)	检验方法
4	盆式橡胶支座	支座板四角高差	1	测量
		固定支座上下座板的纵、横错动量	1	
		活动支座中线的纵横错动量(按设计气温定位后)	3	
5	钢支座	下座板中心十字线偏转 下座板尺寸≤2000mm	1	测量
		下座板中心十字线偏转 下座板尺寸≥2000mm	1‰边宽	
		固定支座十字线中心与全桥贯通测量后墩台中心线纵向偏差 连续梁或跨度60m以上简支梁	20	
		固定支座十字线中心与全桥贯通测量后墩台中心线纵向偏差 跨度小于60m简支梁	10	
		固定支座上下座板的纵、横错动量	3	
		活动支座中心线的纵向错动量(按设计气温定位后)	3	
		支座底板四角高差	2	
		活动支座的横向错动量	3	

(4)悬臂钢桁梁架设测量

①墩旁托架上钢梁架设测量

首先在墩顶或横梁顶加密控制点设置测站点,后视岸边控制点,在墩旁托架上放样钢梁的中心线及里程,并按照设计拱度调整垫块的高程;而后待节段钢梁架设后,测量该节段钢梁所有节点的坐标和高程,检查钢桁梁宽、节点高程及对角线;桥面板拼装完成后,对该节段钢桁梁所有节点坐标和高程进行测量。

②悬臂拼装钢桁梁架设测量

首先每拼装一个节间,应根据监控指令,调整钢桁梁杆件的中线位置和高程;而后在钢梁安装过程中,及时测量钢梁的中线、高程、拱度等;最后在钢梁悬拼过程中进行测量监控,每架设一个节间,应测绘出钢桁梁的拱度曲线和钢桁梁中线图。测量监控应在凌晨气候稳定时段内完成。

钢桁梁位置和节点位置允许偏差见表3-3-4-18。

钢桁梁位置和节点位置允许偏差　　　　　　表3-3-4-18

序号	项 目	项 目	允许偏差(mm)
1	钢桁梁中线与设计中线和高程的关系	墩、台处横梁中线与设计线路中线偏移	10
		两孔(联)间相邻横梁中心线相对偏差	5
		墩、台处横梁顶与设计高程偏差	±10
		两孔(联)间相邻横梁相对高差	5
		每孔梁对角线支点的相对高差	5
2	两主桁相对节点位置	支点处相对高差	梁宽的1/1000
		梁跨中心节点处相对高差	梁宽的1/500
		跨中其他节点处相对高差	根据支点及跨中节点高差按比例增减
3	固定支座处梁节点中心里程与设计里程纵向偏差	连续梁、梁跨≥60m	±20
		梁跨<60m	±10

(5)合龙段钢桁梁架设测量

斜拉桥结构是通过多步施工过程逐步形成,长期的施工过程中必然受各种误差影响因素,所以合龙段钢主梁的长度需要根据实际情况现场测定。为确定合龙梁段精确长度,有必要在合龙前对中跨主梁进行72h位移和温度连续观测,以获得现场的实测数据,从而确定最佳合龙时间。

①气温观测

用温度计测量大气温度,观测频率为每1h观测一次。根据现场主梁安装施工的实际进度,中跨主梁计划合龙时间为2019年6月5日,由于现场所处环境十分复杂,实际气温可能会受到气候、环境等客观因素的影响,因此精确的合龙时间需根据各种因素综合考虑确定,在此种情况下,6月5日前完成合龙前72h连续温度观测,以便对合龙温度和合龙时间进行调整,最终确定合龙的准确温度和时间,并根据气温变化与合龙段长度变化的规律,找出一个利用合龙梁段两端的空隙并能提前将合龙梁段放入龙口空档的适宜时间和气温,为正式合龙创造有利条件。

②观测点布设

在节段钢桁梁端头位置安装72h观测点,观测点采用棱镜(图3-3-4-54),棱镜应安装牢固,避免在风力作用下脱落,测点上方应安装挡板防止物体掉落破坏。

图3-3-4-54　钢桁梁连续跟踪观测点位布设

③观测方法

钢桁梁连续跟踪观测采用本单位研制的变形监测软件进行,具体操作步骤如下所述。

设站:将全站仪架设至固定支座端N03铁路梁贯通点上,后视N04铁路梁贯通点,设站。

观测:设站完成后,将PDA手簿与全站仪连接,进入变形监测程序,开始对SE40-SE41、SE42′-SE43′节段端头监测棱镜进行监测,监测时还应带入后视点N04铁路梁贯通点;程序参数设置为60min测量一次,一次测量8测回,半测回读数8次,连续观测72h。

数据处理与分析:监测数据由监测负责人进行计算与分析,使用配套的变形监测数据处理软件进行数据处理与分析,流程如下:导出原始数据→使用变形监测数据处理软件进行处理→导出观测数据→观测数据分析→绘制梁长随时间(温度)变化折线图(图3-3-4-55)→绘制梁中线随时间(温度)变化折线图(图3-3-4-56)→确定梁长最佳测量时间段。

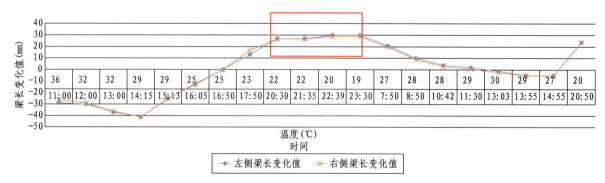

图3-3-4-55　梁长随时间(温度)变化折线图

由图3-3-4-55、图3-3-4-56可看出,钢桁梁在20:30以后至7:00之前相对稳定,有利于合龙节段的吊装及精确对位。

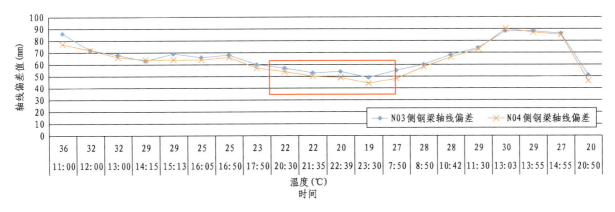

图 3-3-4-56 梁中线随时间(温度)变化折线图

(6)钢桁梁合龙测量

钢桁梁合龙测量主要内容:观测钢桁梁高程、轴线偏差,塔偏测量,合龙口两端轴线偏差、相对高差、合龙两端上弦杆相对偏差、下弦杆相对偏差等。钢桁梁中跨合龙,是全桥受力状况和线形的关键工序。在确定最佳钢桁梁合龙时间后,加强测量监测,提供准确数据给监控单位,指导现场调整钢桁梁的轴线和高差。

①主塔塔偏监测

由于主塔在施工和成桥状态均通过吊杆和主缆承担相当部分的荷载,在不平衡荷载和大气温差及照射下均会使主塔产生不同程度的变形,为了不影响索力调整,须掌握主塔在自然条件下的变化规律以及在索力影响下偏离位置的程度。主塔塔偏测量主要采用极坐标法,使用全站仪等仪器设备,对顺桥向和横桥向两个方向变位值进行测量。测站点一般布置在桥梁轴线上适当位置,观测点的布置可随测试阶段作相应的适时调整,一般设置在塔柱侧壁或顶端部位。主塔塔偏测量可以提供塔柱在索力调整过程中塔柱的变位。

②钢桁梁轴线测量

在铁路钢桁梁轴线贯通点上架设全站仪,后视另一贯通点,测量三个节段的铁路与公路轴线,测量2测回均值为最终测量结果,测量数据由测量负责人进行计算与分析,并将测量数据分析成果提交工程部及监控单位,由工程部与现场指挥确定轴线调整方法,使钢桁梁轴心满足表3-3-4-17各项技术要求。

从图3-3-4-57可以看出,通过钢桁梁的轴线调整,最终合龙段轴线差值在30mm内,满足钢桁梁合龙精度要求。

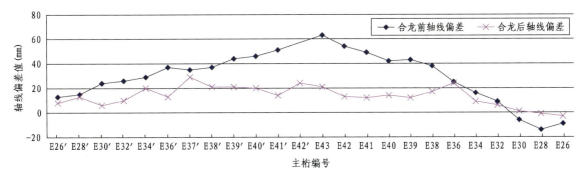

图 3-3-4-57 合龙前后钢桁梁轴线偏差折线图

③钢桁梁合龙口高差测量

用水平仪测量三个节段的铁路梁面与公路梁面测量高程监测点,将高差数据值计算分析(图3-3-4-58),提交给监控单位,通过监控单位调整索力值使两边合龙口高差一致。合龙后钢桁梁高程如图3-3-4-59所示,线形满足钢桁梁初张拉平顺性要求。

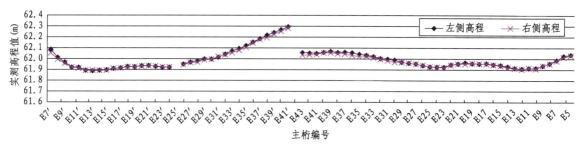

图 3-3-4-58　合龙前钢桁梁高程数据折线图

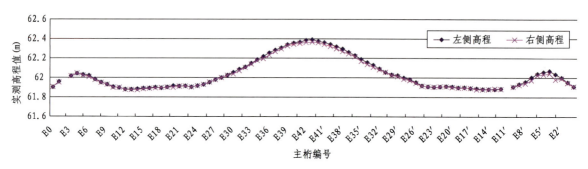

图 3-3-4-59　合龙后钢桁梁高程数据折线图

3.5　关键技术及创新点总结

3.5.1　复杂海域长距离跨海水准自动观测技术

跨海水准测量工作量大,海洋环境恶劣,常年大风天气,测量精度高,有效测量时间短,通过对跨海水准测量智能化、自动化技术研究,研发了基于徕卡智能全站仪的机载跨海水准测量软件及基于台式计算机的数据处理软件,使跨海水准测量实现了自动观测、自动存储、自动处理数据,极大提高测量效率及数据合格率。

3.5.2　复杂海域大风环境下主塔变形监测自动观测技术

(1)由于大风天气影响,该桥主塔存在日照变形和风力变形影响,通过对大风环境下主塔变形测量方法、精度指标进行研究,提出一种复杂海域大风环境下斜拉桥塔柱日照变形及风力变形观测方法。

(2)研发了基于掌上电脑(PDA)的全站仪主塔变形监测软件及基于台式计算机的数据处理软件,现实了塔柱变形监测的自动观测、自动记录及内业数据自动处理、成图、成表,解决了大风环境下塔柱变形观测不能自动观测的技术难题。

3.5.3　大风环境下控制点不稳定状态下斜拉桥索导管精密定位技术

在不同风力等级下,对控制点稳定性进行大量数据测试实验分析,分析不同测回数取均值后的坐标偏差值、内符合精度、外符合精度,创新性提出一种大风环境下控制点不稳定状态下斜拉桥索导管精密测量定位方法:小角度坐标差分均值法,解决了控制点不稳定状态下高精度测量的难题。

3.5.4　大风环境下斜拉桥钢锚梁精确定位技术

为应对大风环境下有效测量窗口期少的问题,创新性提出一种大风环境下斜拉桥钢锚梁快速测量定位方法,通过在厂内预拼装建立两节钢锚梁之间的关联线及点,在塔柱顶内腔加密控制点,全站仪架设至塔顶内腔采用短边极坐标法(即内控法)进行首节钢锚梁安装测量,后续主要通过两节钢锚梁之间的关联线及点进行调整,大大减少现场测量定位时间,消除塔柱日照及风力变形影响,并有效消除塔柱晃动对测量精度影响,从而来实现钢锚梁快速定位。

3.5.5 测量辅助装置研制

研发了多项测量辅助装置:一种可循环使用的桥梁施工测量平台、一种用于全站仪竖向高程传递的接收平台、用于索导管管口中心定位的可调式定位装置、棱镜安装装置及棱镜组件、一种用于测量定位的棱镜架,辅助解决了恶劣海况大风环境下跨海大桥施工测量难题。

平潭海峡公铁大桥
建造关键技术
03

第 4 章

工程试验及研究

4.1 工程材料及试验所依据的规范和标准

平潭海峡公铁大桥是全国范围首个跨海公铁两用特大桥梁，主要采用的规范及标准见表 3-4-1-1。

试验依据的规范及标准   表 3-4-1-1

序号	标 准 名 称	标 准 号
1	铁路建设项目工程试验室管理标准	TB 10442—2009
2	铁路桥涵工程施工质量验收标准	TB 10415—2003
3	铁路混凝土工程施工质量验收标准	TB 10424—2010
4	铁路混凝土工程施工技术规程	Q/CR 9207—2017
5	铁路混凝土结构耐久性设计规范	TB 10005—2010
6	铁路混凝土强度检验评定标准	TB 10425—1994
7	铁路工程结构混凝土强度检测规程	TB 10426—2004
8	混凝土用水标准	JGJ 63—2006
9	普通混凝土配合比设计规程	JGJ 55—2011
10	砌筑砂浆配合比设计规程	JGJ/T 98—2010
11	钢结构用高强度大六角螺栓、大六角螺母、垫圈技术条件	GB/T 1231—2006
12	铁路混凝土	TB/T 3275—2011
13	普通混凝土力学性能试验方法标准	GB/T 50081—2002
14	通用硅酸盐水泥	GB 175—2007

续上表

序号	标准名称	标准号
15	建设用砂	GB/T 14684—2011
16	建设用卵石、碎石	GB/T 14685—2011
17	用于水泥和混凝土中的粉煤灰	GB/T 1596—2005
18	用于水泥、砂浆和混凝土中的粒化高炉矿渣粉	GB/T 18046—2008
19	混凝土外加剂	GB 8076—2008
20	水泥基灌浆材料	JC/T 986—2005
21	预应力孔道灌浆剂	GB/T 25182—2010
22	钢筋混凝土用钢第1部分：热轧光圆钢筋	GB 1499.1—2008
23	钢筋混凝土用钢第2部分：热轧带肋钢筋	GB 1499.2—2007
24	预应力混凝土用钢绞线	GB/T 5224—2003
25	预应力筋用锚具、夹具和连接器	GB/T 14370—2007

4.2 试验室的设置及检测项目

工程按照工程特点及建设单位要求成立一个中心试验室以及四个分试验室，分别于人屿岛（一分部）、长屿岛（二分部）、小练岛（三分部）设置了三个工地分试验室及一个梁场分试验室。开展的试验检测项目见表3-4-2-1。

试验检测项目及委外检测项目　　表3-4-2-1

试验检测项目分类	试验自检项目指标	试验委外项目指标
水泥	细度、比表面积、密度、标准稠度用水量、凝结时间、安定性、胶砂强度、胶砂流动度、烧失量、氯离子含量、碱含量、抗硫酸盐侵蚀	游离氧化钙、氧化镁、三氧化硫、熟料中铝酸三钙含量
混凝土外掺料	细度、比表面积、密度、流动度比、需水量比、抗压强度比、活性指数、烧失量、含水率、碱含量、氯离子含量、游离氧化钙含量	三氧化硫、氧化钙含量（粉煤灰）、氧化镁含量（磨细矿渣粉）
建设用砂、石	颗粒级配、表观密度、堆积密度、紧密密度、针片状颗粒含量、含泥量、泥块含量、云母含量、有机物含量、轻物质含量、含水率、吸水率、压碎值、孔隙率、坚固性、硫化物及硫酸盐含量、氯化物含量、碱骨料反应、岩石抗压强度	—
混凝土外加剂	减水率、泌水率比、含气量、凝结时间差、抗压强度比、含固量或含水率、砂浆流动度、水泥净浆流动度、密度、收缩率比、pH值、限制膨胀率、氯离子含量、碱含量	硫酸钠含量、甲醛含量、气泡间距系数
工程用水	凝结时间差、抗压强度比、pH值、不溶物、可溶物、氯化物、硫酸盐	碱含量
混凝土、砂浆	配合比设计、抗压强度、坍落度与扩展度、凝结时间、泌水率、压力泌水率、表观密度、含气量、抗冻性、抗渗性、收缩、轴心抗压强度、静力受压弹性模量、劈裂抗拉强度、抗折强度、动弹性模量、混凝土与钢筋握裹力、配合比分析、氯离子扩散系数、电通量、稠度、密度、分层度	气泡间距系数
孔道压浆	凝结时间、流动度、自由泌水率、毛细泌水率、压力泌水率、抗压、抗折强度、24h自由膨胀率、充盈度	对钢筋锈蚀作用
金属材料	抗拉强度、屈服强度、伸长率、弯曲、弹性模量、洛氏硬度、涂层厚度、涂层可弯性	涂层连续性、涂层附着性
土工	含水率、密度、最大干密度、最佳含水率、颗粒级配、界限含水率、击实、无侧限抗压强度	—

续上表

试验检测项目分类	试验自检项目指标	试验委外项目指标
混凝土结构、预制构件	钢筋位置及保护层厚度、强度、混凝土碳化深度、氯离子含量	基桩完整性
泥浆	相对密度、黏度、胶体率、含砂率、pH值、失水量和泥皮厚度	—
防水材料	—	外观质量、厚度、单位面积质量、长度、宽度和平直度、拉伸性能、不透水性、耐热性、低温柔性、低温弯折性、耐化学液体、撕裂性能、抗冲击性能、吸水性、密度、耐液体性能、拉伸强度、颜色、扯断伸长率、撕裂强度、抗穿孔性、保护层混凝土与防水卷材黏结强度、最大拉力
波纹管	—	环刚度

4.3 混凝土配合比设计的主控项目钢筋工程

4.3.1 混凝土配合比主控项目

混凝土配合比根据设计使用年限、环境条件和施工工艺等进行设计,并通过计算、试配、试件检测和试浇筑后确定。混凝土配合比选定试验的检验和计算项目应符合表3-4-3-1要求:

配合比设计主控项目　　　表3-4-3-1

序号	检 验 项 目	试验方法及标准	备　注
1	坍落度或维勃稠度	《普通混凝土拌和物性能试验方法标准》(GB/T 50080)	基本检验项目
2	泌水率	《普通混凝土拌和物性能试验方法标准》(GB/T 50080)	
3	凝结时间	《普通混凝土拌和物性能试验方法标准》(GB/T 50080)	
4	抗压强度	《普通混凝土力学性能试验方法标准》(GB/T 50081)	
5	电通量	《普通混凝土长期性能和耐久性能试验方法》(GB/T 50082)	
6	含气量	《普通混凝土拌和物性能试验方法标准》(GB/T 50080)	
7	弹性模量	《普通混凝土力学性能试验方法标准》(GB/T 50081)	仅对预应力混凝土或当设计有要求时
8	抗冻等级	《普通混凝土长期性能和耐久性能试验方法》(GB/T 50082)	仅对处于冻融破坏环境的混凝土或耐久性有特殊要求的混凝土
9	气泡间距系数	《铁路混凝土工程施工质量验收标准》(TB 10424)	仅对处于冻融破坏、盐类结晶破坏环境的混凝土
10	氯离子扩散系数	《普通混凝土长期性能和耐久性能试验方法》(GB/T 50082)	仅对处于氯盐环境的混凝土
11	56d抗硫酸盐结晶破坏等级	《普通混凝土长期性能和耐久性能试验方法》(GB/T 50082)	仅对处于盐类结晶破坏环境的混凝土
12	胶凝材料抗蚀系数	《铁路混凝土工程施工质量验收标准》(TB 10424)附录F	仅对处于硫酸盐化学侵蚀环境的混凝土
13	抗渗等级	《普通混凝土长期性能和耐久性能试验方法》(GB/T 50082)	仅对隧道衬砌混凝土
14	收缩	《普通混凝土长期性能和耐久性能试验方法》(GB/T 50082)	仅对无砟轨道底座板混凝土、双块式轨道床板混凝土、自密实混凝土

续上表

序号	检验项目	试验方法及标准要求	备注
15	碱含量	水泥、矿物掺合料、外加剂及水的碱含量之和	基本计算项目
16	三氧化硫含量	水泥、矿物掺合料、外加剂及水的三氧化硫含量之和	
17	氯离子含量	水泥、矿物掺合料、粗骨料、细骨料、外加剂及水的氯离子含量之和	

4.3.2 混凝土配合比氯离子、碱、三氧化硫含量要求

混凝土的碱含量应符合设计要求，当设计无具体要求时，混凝土的碱含量应满足表 3-4-3-2 要求。

混凝土配合比设计碱含量要求（单位：kg/m³）   表 3-4-3-2

设计使用年限		100 年	60 年	30 年
环境条件	干燥环境	3.5	3.5	3.5
	潮湿环境	3.0	3.0	3.5
	含碱环境	2.1	3.0	3.0

当骨料的砂浆棒膨胀率≥0.10%且<0.20%时，混凝土的碱含量应满足表 3-4-3-2 的规定；当骨料的砂浆棒膨胀率≥0.20%且<0.30%时，除混凝土碱含量应满足表 3-4-3-2 的规定外，还应采取参加矿物掺和料等抑制碱—骨料反应的技术措施，并经试验证明抑制有效。抑制碱—骨料反应有效性试验应按《铁路混凝土工程施工质量验收标准》（TB 10424—2010）附录 G 进行。不得使用砂浆棒膨胀率≥0.30%的骨料，不得使用具有碱—碳酸盐反应活性的骨料。钢筋混凝土中由水泥、矿物掺和料、骨料、外加剂和拌和用水等引入的氯离子含量不应超过胶凝材料总量的 0.10%，预应力混凝土结构的氯离子含量不应超过胶凝材料总量的 0.06%。混凝土中三氧化硫含量不应超过胶凝材料总量的 4.0%。

4.3.3 混凝土原材料的要求及品质

工程水泥选用了 P·Ⅱ52.5 硅酸盐水泥，水泥的技术要求除满足国家标准《通用硅酸盐水泥》（GB 175—2007）的规定外，还满足表 3-4-3-3 的规定。

水泥的技术要求及检验方法   表 3-4-3-3

序号	检验项目	技术要求	检验方法
1	比表面积	300～350m²/kg	按（GB/T 8074）检验
2	凝结时间	初凝≥45min，终凝≤600min（硅酸盐水泥终凝≤390min）	按（GB/T 1346）检验
3	安定性	沸煮法合格	
4	强度	水泥强度等级按规定龄期的抗压强度和抗折强度来划分，各强度等级水泥的各龄期强度不得低于标准值	按（GB/T 17671）检验
5	烧失量	≤5.0%（P·O）；≤3.5%（P·Ⅱ）；≤3.0%（P·Ⅰ）	按（GB/T 176）检验
6	游离 CaO 含量	≤1.0%	
7	MgO 含量	≤5.0%	
8	SO_3 含量	≤3.5%	
9	Cl^- 含量	≤0.06%	
10	碱含量	≤0.80%	
11	助磨剂种类及掺量	符合（GB 175—2007）第 5.2 条规定	检查产品质量证明文件
12	石膏种类及掺量	符合（GB 175—2007）第 5.2 条规定	
13	混合材种类及掺量	符合（GB 175—2007）第 5.2 条规定	
14	熟料中的铝酸三钙含量	≤8%	按（GB/T 21372）相关规定检验

注：1. 当骨料具有碱—硅酸反应活性时，水泥的碱含量不应超过 0.60%。强度等级 C40 及以上混凝土水泥的碱含量不宜超过 0.60%。
    2. 在氯盐环境条件下，混凝土宜采用低 Cl^- 含量的水泥，不宜使用抗硫酸盐硅酸盐水泥。
    3. 在硫酸盐化学侵蚀环境条件下，混凝土应采用低铝酸三钙含量的水泥，且胶凝材料的抗蚀系数（56d）不得小于 0.80。

粉煤灰选用一级粉煤灰,控制标准满足表3-4-3-4的规定。

粉煤灰的技术要求及检验方法　　　　　　　　表3-4-3-4

序号	检验项目	技术要求		检验方法
		C50及以上	C50以下	
1	细度	≤12.0%	≤25.0%	按(JC/T 478)检验
2	需水量比	≤95%	≤105%	
3	烧失量	≤5.0%	≤8.0%	按(GB/T 176)检验
4	Cl⁻含量	≤0.02%		
5	含水率	≤1.0%		按(GB/T 1596)检验
6	SO_3含量	≤3.0%		
7	CaO含量	≤10%		按(GB/T 176)检验
8	游离CaO含量	≤1.0%		

矿粉选用S95级磨细矿渣粉,控制标准满足表3-4-3-5的规定。

粉煤灰的技术要求及检验方法　　　　　　　　表3-4-3-5

序号	检验项目	技术要求	检验方法
1	密度	≥2.8g/cm³	按(GB/T 208)检验
2	比表面积	350~500m²/kg	按(GB/T 8074)检验
3	流动度比	≥95%	按(GB/T 18046)检验
4	烧失量	≤3.0%	
5	MgO含量	≤14.0%	按(GB/T 176)检验
6	SO_3含量	≤4.0%	
7	Cl⁻含量	≤0.06%	
8	含水率	≤1.0%	
9	7d活性指数	≥75%	按(GB/T 18046)检验
	28d活性指数	≥95%	

细骨料选用了福建闽江中砂,细度模数为2.3~3.0,含泥量均小于2.0%、泥块含量小于0.5%、云母含量、轻物质、有机物含量均满足设计规范要求。采用砂浆棒法检验细骨料碱活性,砂浆棒的膨胀率小于0.10%。

粗骨料选用福州闽侯三发石场凝灰岩碎石,颗粒级配为二级配组成的5~20mm连续粒级,松散容重1600kg/m³,空隙率小于40%,压碎指标6%左右,岩石抗压强度在100MPa以上。粗骨料的碱活性经检验不具有碱—骨料反应活性。

外加剂全部采用减水率高、坍落度损失小、适量引气、能明显提高混凝土耐久性且质量稳定的聚羧酸高性能减水剂。外加剂与水泥之间具有良好的相容性。

混凝土拌和用水采用城市生活用水及部分地下水,水的品质全部符合客运专线的钢筋混凝土及预应力混凝土拌和用水的技术要求。

4.3.4　混凝土配合比的设计

混凝土配合比的设计按照工程特点,严格依据《铁路混凝土》(TB/T 3275—2011)以及《铁路混凝土工程施工质量验收标准》(TB 10424—2010)针对技术要求,进行了大量的高性能混凝土配合比设计试验及不断的优化试验,在综合衡量混凝土的力学性能指标、耐久性指标、工作性能指标及经济性指标的情况下确定各结构部位的配合比,见表3-4-3-6。

主要结构部位混凝土配合比一览表　　　　　　表 3-4-3-6

序号	结构部位	强度等级	每立方米混凝土用料量(kg)						
			水泥	粉煤灰	矿粉	砂	石子	减水剂	引气剂	水
1	钻孔桩	C40	214	128	85	738	1020	4.27	2.14	141
2	钻孔桩	C45	226	136	90	729	1007	4.52	2.26	140
3	承台	C40	206	124	82	725	1087	4.12	1.24	136
4	承台	C50	225	135	90	701	1051	4.50	2.25	135
5	墩身	C45	215	86	129	714	1070	4.30	1.29	142
6	墩身及下塔柱	C50	229	92	137	693	1039	4.58	2.29	142
7	箱梁及上塔柱	C50	330	71	71	696	1045	4.72	0.94	146

4.3.5　混凝土生产的质量控制

（1）在混凝土生产及质量控制方面，项目严格执行《铁路混凝土施工质量验收标准》（TB 10424—2010），根据标准要求制订了相应的检测方案以及质量控制方案。严格控制计量系统偏差范围，凡出现偏差超出标准值均重新校正计量系统。允许误差范围见表 3-4-3-7。

混凝土原材料每盘称重允许偏差　　　　　　表 3-4-3-7

序号	原材料名称	允许偏差(%)
1	水泥、矿物掺合料	±1
2	粗、细骨料	±2
3	外加剂、拌和用水	±1

注：各种衡器应定期检定，每次使用前应进行零点校核，保证计量准确。

（2）混凝土拌制前，应测定砂、石含水率，并根据测试结果及时调整施工配合比。当遇雨天时，应增加含水率检测次数。

（3）混凝土拌制过程中，应对混凝土拌合物的坍落度进行测定，测定值应不超过理论配合比坍落度的控制范围。

（4）混凝土拌和物的入模含气量应满足设计要求，当设计无具体要求时，按表 3-4-3-8 要求控制。

混凝土入模含气量要求　　　　　　表 3-4-3-8

环境条件	冻融破坏环境			盐类结晶破坏环境	其他环境
	D1	D2、D3	D4	Y1、Y2、Y3、Y4	
含气量(入模时)	4.0%	5.0%	6.0%	4.0%	2.0

（5）混凝土的入模温度不宜高于 30℃。冬期施工时，混凝土的出机温度不宜低于 10℃，入模温度不应低于 5℃。

（6）混凝土的强度等级必须符合设计要求。预应力混凝土、喷射混凝土、蒸汽养护混凝土的力学性能标准条件养护的试验龄期为 28d，其他混凝土力学性能标准养护试件的试验龄期为 56d。力学性能标准条件养护试件应在混凝土的浇筑地点随机抽样制作，其试件的取样与留置频率应符合下列规定：

①每拌制 100 盘且不超过 100m³ 的同配合比混凝土，取样不得少于一次；

②每工作班拌制的同一配合比的混凝土不足 100 盘时，取样不得少于一次；

③现浇混凝土的每一结构部位，取样不得少于一次；

④每次取样应至少留置一组试件。

（7）混凝土同条件养护法试件的抗压强度必须符合设计要求。混凝土抗压强度同条件养护法试件的留置组数应按设计要求、相关标准规定和实际需要确定。桥梁的梁体、墩台身，隧道的衬砌、仰拱、底板等重要部位应制作抗压强度同条件养护试件,其取样、养护方式和试件留置数量应符合现行行业标准《铁路工程结构混凝土强度检测规程》(TB 10426—2019)的规定。对于标准条件养护法试件试验龄期分别为 28d、56d 的,其同条件养护法试件的逐日累积温度为 600℃·d、1200℃·d,但养护龄期分别不宜超过 60d、120d。施工单位按设计要求、相关标准规定和实际需要数量进行检验。对桥梁每片(孔)梁、每墩台,应按不同强度等级检验各不少于一次。

(8)当设计对和混凝土的弹性模量有要求时,混凝土的弹性模量必须符合设计要求。弹性模量试件应在混凝土的浇筑地点随机抽样制作,试件制作数量应符合下列规定:

①随构件同条件养护的终张拉、放张弹性模量试件不得少于一组;

②标准条件养护 28d 弹性模量试件不得少于一组;

③其他条件养护试件按设计要求、相关标准规定和实际需要确定。

4.3.6 混凝土的耐久性指标和长期性能要求

(1)不同强度等级混凝土的电通量应满足表 3-4-3-9 要求。

混凝土电通量技术要求(单位:C)　　　　　　　　　　表 3-4-3-9

混凝土强度等级	设计使用年限		
	100 年	60 年	30 年
<C30	<1500	<2000	<2500
C30~C45	<1200	<1500	<2000
≥C50	<1000	<1200	<1500

(2)氯盐环境下,混凝土的抗氯离子渗透性能应满足表 3-4-3-10 要求。

混凝土抗氯离子渗透性能技术要求　　　　　　　　　　表 3-4-3-10

评 价 指 标	环境作用等级	100 年	60 年
混凝土氯离子扩散系数 (56d)DRCM($\times 10^{-12} m^2/s$)	L1	≤7	≤10
	L2	≤5	≤8
	L3	≤3	≤4

项目所检结构部位电通量及氯离子扩散系数结果均满足现行规范及设计要求。

4.4 钢筋的质量控制

4.4.1 钢筋原材

项目均严格按照规范要求对每批由同一牌号、同一炉罐号、同一规格、同一交货状态组成,并不大于 60t 钢筋进行检测。允许由同一牌号、同一冶炼方法、同一浇筑方法的不同炉罐号组成混合批,但各炉罐号含碳量之差不得大于 0.02%,含锰量之差不得大于 0.15%,混合批的质量不得大于 60t。经外观检查合格的每批钢筋中任选 2 根钢筋,在其上各截取一组试样,每组试样各制 2 根试件,分别做拉伸和冷弯试验。当试件中有一个试验项目不符合要求时,应另取 2 倍数量的试件对不合格项目做第二次试验。当仍有 1 根试件不合格时,则该批钢筋判为不合格。

4.4.2 钢筋机械连接接头

以同一施工条件下同批材料、同等级、同规格、同形式的每 500 个接头为一批,不足 500 个也按一批计。项目因机械连接接头质量较好依据《钢筋机械连接技术规程》(JGJ 107—2016)7.0.9条规定,连续10批一次合格率达到100%时可以放大到1000个接头为一批。大桥机械连接接头质量控制均达到一级接头标准,针对不同钢筋生产厂家、不同规格型号、不同套筒生产厂家所检工艺试验均达到一级接头标准。

4.5 支座灌浆材料

支座灌浆材料采用武汉比邻BLZZ-Ⅰ型,预应力孔道压浆材料采用武汉比邻BLTL-Ⅱ型材料,该产品具有良好的填充和微膨胀性能,早期强度发展迅速,后期强度高。

BLZZ-Ⅰ型灌浆材料水料比为0.14,主要技术性能指标见表3-4-5-1。

主要技术性能　　　　　　　　　　　　　　　　　　　　　表3-4-5-1

序号	检验项目	单位	质量指标		检验结果
1	泌水率	%		0	0
2	流动度	mm	初始	≥320	325
			30min	≥240	296
3	抗折强度	MPa	24h	≥10	12.5
4	抗压强度	MPa	8h	≥20	56.1
			24h	≥40	65.8
			28d	≥50	80.6
			56d	≥50	86.3
5	弹性模量	GPa	28d	≥30	38.8
6	自由膨胀率	%	28d	0.02~0.10	0.051

4.6 孔道压浆材料

预应力孔道灌浆材料采用武汉比邻BLTL-Ⅱ型压浆剂,该产品中具有良好的防止钢筋锈蚀功能和微膨胀性能,与普通硅酸盐水泥、硅酸盐水泥混合使用可配制出流动性好,泌水率低,强度发展迅速的高性能水泥浆体,适用于配制后张法预应力孔道灌浆材料。使用的水泥为P.O42.5级普通硅酸盐水泥,掺合量为10%(内掺),水胶比为0.32。

4.7 钢梁的摩擦板抗滑移系数试验

架梁前在工地对连接板面进行抗滑移系数试验,试验方法按《铁路钢桥栓接板面抗滑移系数试验方法》(TB 2137—1990)执行。抗滑移系数试件由钢梁制造厂制作并随梁发送,以每制造钢梁2000t为一批,每组3套。试件与钢梁为同一材质、同一时期、同批制造、同一摩擦面处理工艺,并在相同条件下运输、存放。试件制作应符合《铁路钢桥栓接板面抗滑移系数试验方法》(TB 2137—1990)等的相关规定。抗滑移系数检测的最小值应大于0.45,否则构件摩擦面应重新处理,处理后的摩擦面应按规定重新检验。项目摩擦板的抗滑移系数多数在0.60以上。

4.8 高强度螺栓及施拧控制试验

4.8.1 技术参数

大桥采用了 M24、M30 两种规格的高强度螺栓连接副,其中 M24 高强度螺栓用于节段间主桁上弦顶板加劲肋及副桁上弦顶板加劲肋的对接连接,节段间其余高强度螺栓摩擦栓连接均采用 M30 高强度螺栓。M24、M30 高强度螺栓螺杆材质均为 35VB,设计有效预拉力分别为:228kN(M24)、342kN(M30),所有高强度螺栓连接副均经表面磷化处理。高强度螺栓拼接板面采用表面喷砂后无机富锌防锈防滑涂料防腐处理,架设时栓接板面抗滑移系数不得小于 0.45。高强螺栓连接副主要技术指标见表 3-4-8-1。

高强度螺栓连接副主要技术参数　　　　表 3-4-8-1

规格		M24	M30
螺栓	材质	35VB	35VB
	性能等级	10.9S	10.9S
螺母	材质	45 钢	45 钢
	性能等级	10H	10H
垫圈	材质	45 钢	45 钢
	性能等级	35HRC-45HRC	35HRC-45HRC
设计预拉力(kN)		228	342
施工预拉力(kN)		250.8	376.2
扭矩系数平均值		0.120~0.140	0.120~0.140
执行标准		GB/T 1228~1231—2006	GB/T 1228~1231—2006

4.8.2 扭矩系数检验

每个批号螺栓随机抽样高强度螺栓连接副 8 套,在扭矩系数试验仪上进行检验,测定扭矩系数平均值、标准偏差。施工现场验收,扭矩系数控制在 0.110~0.150(为确保扭矩系数稳定,合同要求厂家生产控制在 0.120~0.140),标准偏差小于 0.0100。进行连接副扭矩系数试验时,应同时记录环境温度。试验所用的机具、仪表及连接副均应放置在该环境内至少 2h 以上。大桥高强度螺栓产品整体质量良好。整批扭矩系数平均值所在的范围均控制在 0.120~0.140 范围内。

4.8.3 扳手的标定及控制

高强螺栓的初拧、终拧均使用定扭矩电动扳手,为便于现场操作管理和施工质量控制,全桥使用同一生产厂家、同一型号规格的电动扳手及终拧质量检查扳手,初拧、终拧扳手严格分开。不能使用电动扳手的部位采用数显扳手或表盘扳手施拧。终拧扭矩检查主要采用便携式扭矩测试仪,并配备手动数显检查扳手。

施拧扳手的标定次数为每班上班前和下班后各一次。标定误差规定为上班前标定不得大于规定值的 ±3%;下班后标定不得大于规定值的 ±5%。若上班前标定误差大于 ±3%,应调整至 ±3% 以内;若下班后标定误差大于 ±5%,应立即检查并有校正记录,同时对该扳手当班施拧的全部螺栓进行复紧检查。

4.8.4　高强螺栓连接副终拧检查

终拧扭矩检查,螺栓的检验数目:主桁、桥面板、桥门架、横连的栓群中螺栓的抽查数量为其总数的10%,且不少于5套。终拧检查在螺栓连接副终拧4h之后、24h以内完成。检查方法为紧扣检查法扭矩值读数分别与规定值比较,规定值由试验确定。超拧值及欠拧值均不大于规定值的10%为合格。大桥采用两节间整节段制造,仅在主桁弦杆、斜腹杆和副桁弦杆有栓接接头,对每个栓群高强度螺栓连接副的5%,但不少于2套进行终拧扭矩检查。每个节点或栓群抽查的螺栓,其不合格者不得超过抽查总数的20%,对不合格的螺栓群应继续抽查,直到累计总数有80%的合格率为止,然后对欠拧者(含漏拧者)要补拧,对超拧者(含垫圈转动者)要更换重新施拧。

平潭海峡公铁大桥
建造关键技术

KEY TECHNOLOGY FOR
THE CONSTRUCTION
OF PINGTAN STRAIT HIGHWAY AND RAILWAY BRIDGE

松下岸

人屿岛

元洪航道桥

鼓屿门水道桥

平 潭 海 峡 公 铁 大 桥
建 造 关 键 技 术

03

第 5 章
施工用电

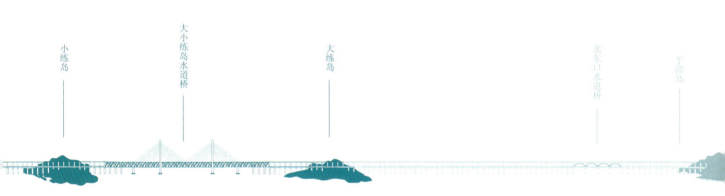

5.1 施工用电整体方案介绍

桥址区跨越三条航道、四座岛屿、两个行政区，因此，在对施工区域供电进行调查后和方案比选后，采用分别从长乐市供电局及平潭县供电所拉专线的实施方案。长乐岸侧供电方案为：高压用电线路主要从长乐市供电公司松下 110kV 变电站出两路 10kV 高压架空线路进入施工场地；平潭侧供电方案为：架设福平铁路施工专线 2 条，线路 1 命名为 10kVA 长屿岛施工专线，线路 2 命名为 10kVA 大练岛施工专线。海上栈桥区高压电缆沿栈桥高压电缆托架敷设到配电平台，全桥共设 22 个配电平台，11 号配电平台到 12 号配电平台采用海底电缆敷设，大、小练岛之间及小练岛与长屿岛之间跨海部分采用海底电缆敷设，岛上采用架空线方案，支架基础扩大基础形式，施工电力线路总布置见图 3-5-1-1。低压线路由配电平台的箱式变电站出低压电缆沿栈桥低压电缆托架敷设到施工平台的低压配电柜。低压配电系统采用三级配电、二级漏电保护系统，采用 TN-S 接零保护系统。钢筋加工车间、拌和站、生活区等生产、生活区域的临时用电方案依据规范，结合实际场地情况具体布置。

10kVA 长屿岛施工专线方案：从平潭 110kV 冠树下变电站Ⅱ母线 10kV 开关 T 接供电至长屿岛，从平潭 110kV 冠树下变电站到达大练岛后采用架空线路，大、小练岛航道海域采用海底电缆通过，沿施工栈桥穿钢管敷设，进入小练岛后通过架空线路与电缆敷设连接各个变压器，从小练岛到长屿岛采用沿施工栈桥穿钢管敷设。

10kVA 大练岛施工专线：从平潭 110kV 冠树下变电站Ⅰ母线 10kV 开关 T 接供电至大练岛后采用架空线路，大、小练岛航道海域采用海底电缆通过，沿施工栈桥穿钢管敷设，进入小练岛后通过架空线路与电缆敷设连接各个变压器，从小练岛到长屿岛采用沿施工栈桥穿钢管敷设。

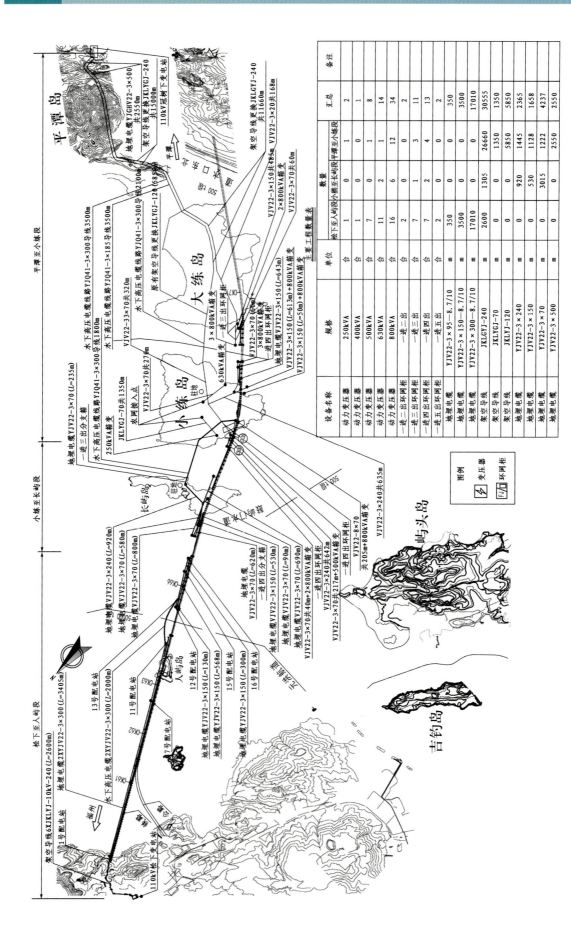

图3-5-1-1 施工电力线路总体布置图

5.2 施工用电主要负荷

5.2.1 施工用电主要负荷

施工用电主要设备表　　　　　　　表 3-5-2-1

机械名称	参数	数量	功率(kW) 总功率	功率(kW) 主线功率
一、混凝土机械				
陆上混凝土工厂(1号)	$2 \times 120 m^3$	1	200	
混凝土输送泵	电动、80/60	4	360	360
人屿岛混凝土工厂(2号)	$2 \times 150 m^3$	1	250	
水上平台固定式混凝土工厂(3号)	$2 \times 150 m^3$	1	250	
长屿岛混凝土搅拌站(4号)	$2 \times 120 m^3$	1	200	
小练岛混凝土搅拌站(5号)	$2 \times 180 m^3$	1	300	
大练岛混凝土搅拌站(6号)	$2 \times 120 m^3$	1	200	
混凝土输送泵	60/80	2	180	180
二、钻孔机械				
冲击钻		98	7350	7350
旋转钻机	KTY5000	15	8250	8250
旋转钻机	30t·m	20	10000	10000
三、起重机械				
门式起重机	65t	2	150	
门式起重机	25t	2	100	
桅杆起重机	WD120	2	418	
塔式起重机	180t·m	18	1260	1260
塔式起重机	MC 480	3	480	480
塔式起重机	STL1000-50	3	375	375
架梁吊机	1100t	4		
桅杆起重机	WD120	3	627	627
门式起重机	150t	2	200	
门式起重机	20t	2	100	
架梁吊机	1100t	4		
四、其他设备				
液压振动锤	BSP-CGL370	1		
液压振动打桩锤	DZ200	1	200	200
液压振动打桩锤	DZ300	1	300	300
液压振动打桩锤	APE400	2	—	—
铁路移动模架	—	4	400	400
公路移动模架	—	6	600	600
液压爬模系统	—	12	—	—
施工电梯	2t	12	264	264

5.2.2 主要负荷计算

供电系统中各用电设备的铭牌上都标有额定功率,但由于各用电设备的额定工作条件不同,有的可直接相加,但有的必须把额定功率换算到统一规定的工作制下的功率才能相加。换算到统一工作制下的额定功率称为"设备容量",用 P_e 表示。

用电设备的工作制可分为三种:

(1)长期工作制:在规定的环境温度下连续运行,设备任何部分的温度和温升都不超过允许值。即 P_e =铭牌额定容量(kW)。

(2)短时工作制:运行时间短而停歇时间长,设备在工作时间内的温升不足以达到稳定温升,而在停歇时间内足以使温升冷却到环境温度,即 P_e =铭牌额定值。

(3)反复周期工作制:设备以连续方式反复工作,工作时间与停歇时间反复交替。这些用电设备的设备容量就是将设备在某一暂载率下的铭牌功率统一换算到一个标准的暂载率下的功率。

5.2.3 变压器的选择

拟在 N03 主塔安装 2 台 800kVA、2 台 500kVA 变压器。

(1)主塔施工主要用电负荷见表 3-5-2-2。用电设备合计功率:$\sum P_1 = 3534$kW。

主塔施工用电负荷表　　表 3-5-2-2

序号	设备名称	功率(kW)	数量	合计(kW)
1	钻机 KTY5000	345	5	1725
2	钻机 KTY4000	285	2	570
3	泥浆处理器	45	7	315
4	20m³ 压风机	132	7	924
	合计			3534

(2)用电负荷计算。

用电负荷:

$$S = K_1 K_2 \frac{K_3 \sum P_1}{\cos\varphi + K_4 \sum P_2} \tag{3-5-2-1}$$

式中:K_1——备用系数,取 1.05~1.1;

K_2——照明系数,取 1.1(施工现场照明容量估算为动力负荷的 10%);

K_3——电动机需要系数,见表 3-5-2-3;

$\cos\varphi$——功率因数,取 0.65~0.78;

K_4——电焊机需要系数,见表 3-5-2-3。

$\sum P_1$——电动机总功率;

$\sum P_2$——电焊机总功率。

需要系数表　　表 3-5-2-3

机具名称	数量(台)		需要系数
电动机	3~10	K_3	0.7
	11~30		0.6
	>30		0.5
加工厂动力设备	—		0.5
电焊机	3~10	K_4	0.6
	>10		0.5

总用电量：
$$S = 1.05 \times 1.1 \times 0.6 \times 3534 \div 0.7 = 3498(kVA)$$
考虑安全系数 0.7，相应总用电量：
$$S = 3498 \times 0.7 = 2448(kVA)$$
总用电计算电流：
$$I_j = S/(\sqrt{3}U) = \frac{2448}{\sqrt{3} \times 0.4} = 3533(A)$$

根据以上计算，并考虑经济可行且安全可靠等因素，在 N03 主塔安装 2 台 800kVA、2 台 500kVA 的变压器，其容量为 2600kVA。

5.2.4 分配电箱、导线的选择

以岸上其中一个分配电箱为例说明分配电箱、导线选择过程，其他分配电箱的计算从略。

(1) 设备功率

设备功率见表 3-5-2-4。

设备功率表　　表 3-5-2-4

机具名称	数量（台）	合计功率（kW）
冲击钻机	3	150
泥浆泵	2	44

(2) 负荷计算

$$\sum P_1 = 194 kW, K_3 = 0.7$$

则电动机计算功率

$$P_j = K_1 K_2 (K_3 \sum P_1)$$
$$= 1.05 \times 1.1 \times (0.7 \times 194)$$
$$= 157(kW)$$

(3) 按计算电流选择电缆

$$I_j = \frac{P_j}{\sqrt{3}u\cos\varphi} = \frac{157}{\sqrt{3} \times 0.4 \times 0.75} = 302(A)$$

选择 VLV22-3×240² + 2×120² 电缆（允许载流量 313A）。

(4) 按允许电压降校核

$$\Delta U\% = (\sum P_j l) \div (C \times A)(\%) \tag{3-5-2-2}$$

式中：$\sum P_j l$——功率矩（kW·m）；

　　　l——导线长度，按实际最大供电距离（m），取 300m；

　　　C——系数，三相四线供电，且导线为铝线时 $C = 46.3$；

　　　A——导线截面（mm²）。

$$\Delta U\% = (157 \times 300) \div (46.3 \times 240) = 4.2\%$$
$$\Delta U\% < 5\%$$

至该分配电箱所选电缆截面符合压降要求。至该分配电箱选用 VLV22-3×240mm² + 2×120mm² 电缆。

5.3 变压器规格布置

5.3.1 变压器规格的选择

根据用电负荷的大小，用需要系数法选择确定变压器的容量，通过计算长乐岸侧（SR01~Z03）总电

容量为23170kVA；长屿岛（Z04～CX23）总电容量为6000kVA；大、小练岛段（CX24～XD18）总电容量为10980kVA。

5.3.2 变压器的位置选择

（1）尽可能地靠近高压线路，不能穿过施工现场。
（2）尽可能地靠近负荷中心，兼顾到负荷中心的发展。
（3）应选在变压器安装方便、运输方便、地基牢固（海上采用钢管桩，陆上采用扩大基础）的地方。
（4）跨越元洪航道、平潭岛与大练岛、大练岛与小练岛、小练岛与长屿岛之间采用铺设水下高压电缆线路。

变压器布置位置见表3-5-3-1。

变压器布置表　　　　　　　　　　表3-5-3-1

变电站编号	变压器位置	变压器规格(kVA)	预计大负荷运行时间段	变压器容量及台数
1号	SR03号桥墩附近	630+800（活1）	2015.4～2015.7	4台630,1台800
2号	SR14号桥墩附近	630+800（活1）	2014.12～2015.3	
3号	SR24号桥墩附近	630+800（活1）	2014.8～2014.11	
4号	SR34号桥墩附近	630+800（活1）	2014.4～2014.7	
5号	SR43号桥墩附近	630+800（活2）	2014.11～2015.3	1台630,1台800
6号	SR53号桥墩附近	630+(4×800+400)（活3）	2014.11～2015.3	2台630,4台800,1台400
7号	SR60号桥墩附近	630+(4×800+400)（活3）	2015.4～2015.7	
8号	SR70号桥墩附近	800	2014.4～2017.4	1台630,3台800
9号	SR71号桥墩附近	800	2014.4～2014.11	
10号	N01号桥墩附近	630+800（活2）	2014.4～2015.12	
11号	N03号桥墩附近	800+(2×500+800)（拆）	2014.10～2016.10	2台500,2台800
12号	N04号桥墩附近	800+2×500（活4）+500（拆）	2014.10～2016.8	5台500,6台800,1台630
13号	N06号桥墩附近	500+2×500（活4）	2015.7～2015.11	
14号	RC03号桥墩附近	800	2014.10～2017.4	
		3×800（拆）	2015.7～2015.11	
15号	Z01号桥墩附近	500+(800+630)（活5）	2015.7～2015.11	
16号	Z03号桥墩附近	800+(800+630)（活5）	2014.10～2016.6	2台800,1台630
17号	Z04号桥墩附近	2×800	2014.12～2016.6	2台800
18号	Z06号桥墩附近	3×800	2015.4～2016.6	3台800
19号	CX10号桥墩附近	630	2015.4～2016.2	1台630
20号	4号拌搅站附近	630	2015.6～2019.10	1台630
21号	CX10号桥墩附近	800	2016.8～2017.10	1台800
22号	CX30号桥墩附近	2×800	2016.8～2017.10	2台800
23号	西礁生产、生活区	500+250	2014.8～2017.10	1台500,1台250
24号	CX44号墩	800	2014.5～2015.10	1台800
25号	东礁生产、生活区	800+2×630	2014.3～2016.4	1台800,2台630
26号	S03号桥墩附近	3×800	2014.12～2016.1	3台800
27号	S04号桥墩附近	3×800	2014.12～2016.1	3台800
28号	XD15号桥墩附近	2×800	2014.5～2015.10	2台800

5.4 配电平台布置及结构

整个施工区域共设 28 个配电平台,其中 8 号~9 号、19 号~20 号、23 号~25 号、28 号为陆地配电平台,共计 8 个陆地配电平台,1 号~7 号、10 号~18 号、21 号、22 号、26 号、27 号配电平台均为海上配电平台,共计 20 个海上配电平台。

海上配电平台结构形式见图 3-5-4-1,施工方法与栈桥施工方法类似。插打配电平台钢管桩→现场安装带套管联结系→安装分配梁→施工配电平台上部结构。

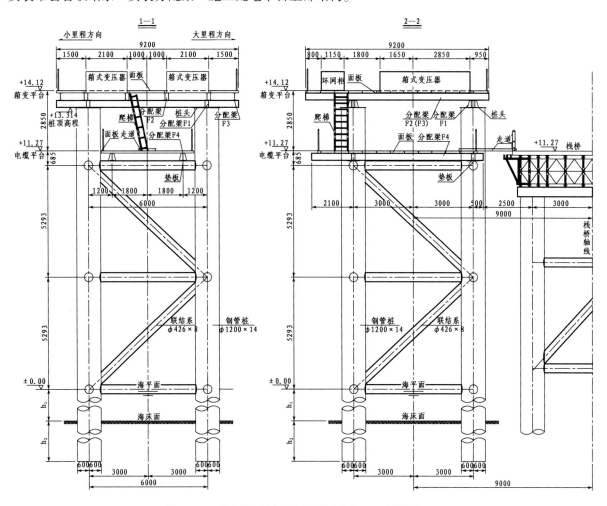

图 3-5-4-1　海上配电平台结构图(尺寸单位:mm,高程单位:m)

5.5 海底电缆敷设

5.5.1 线路走向介绍

在 N03 和 N04 墩之间敷设两条 150mm² 海底电缆,福平Ⅰ路从 11 号变电平台的 1 号高压电缆分接箱引出,向大里程方向 32m 与 C011 号钢桩固定入海敷设至 N04 墩 D012 号钢桩固定,上栈桥向大里程方向 200m 接入 8 号环网柜。

福平Ⅱ路从 11 号变电平台的 4 号环网柜引出,向大里程方向 32m 与 C011 号钢桩固定,入海敷设至 N04 墩 D012 号钢桩固定,上栈桥 50m 接入 2 号高压电缆分接箱。施工电缆走向见图 3-5-5-1。

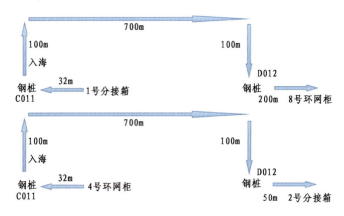

图 3-5-5-1　施工电缆走向图

5.5.2　施工工艺及步骤

工艺流程简介:电缆装船→施工准备(两端岸滩准备、路由清理、牵引钢缆布放等)→始端登陆施工→海中段电缆敷设施工→终端登陆施工→终端制作→海缆测试→验收等。

1)施工准备

该工作主要解决施工海域中影响施工顺利进行的旧有废弃缆线和插网、渔网等小型障碍物。发现障碍物由潜水员入水清理;若遇到不能及时清理的大型障碍物,由潜水员水下探明情况,拟订解决方案,并立即告知甲方。

由于海缆敷埋段路由区域存在定置渔网、养殖区及军用光缆,故在打捞作业前,应与业主方进行协调,并进行迁移或拆除后才能进行打捞作业。

打捞时,船舶采用差分全球定位系统(DGPS)差分仪进行定位确保海缆的打捞位置,防止周围管线的破坏。

N03 电缆下海端钢桩与栈桥连接处设置符合电缆圈内半径的过渡装置。

根据施工简易图介绍,为了更好保护海缆,避免施工中对海缆的破坏,在海缆登陆钢桩与栈桥衔接处,装置一符合海缆允许半径内的支架,避免海缆因为弧度太小造成击穿。

2)船舶定位

由于敷缆船"海强 1"采用绞主牵引钢缆沿海缆路由敷设施工。故先在终端登陆点路由轴线上设置牵引地锚,主牵引钢缆与之连接后,沿海缆路由敷至始端登陆点的施工船,并上 160kN 绞缆卷扬机。

为确保牵引钢缆的敷设精度,敷设主牵引钢缆作业采用 DGPS 定位导航。

3)始端登陆

施工船抛设"八"字锚就位(Ⅰ路 25°41′58.572″,119°37′37.427″Ⅱ25°41′57.246″119°37′37.010″)绞锚移位到 N03 钢桩位置,以减小登陆距离;利用 DGPS 定位导航系统,将施工船锚泊于路由轴线上固定船位;电缆由船头入水槽入水,电缆头水密封头,由机动绞磨机牵引上岸直至终端接线柜,栈桥上 60m 铺放滑轮或毛竹减少牵引摩擦力,留足终端制作的余量。电缆在钢桩上固定,固定方式采用电缆抱箍方式固定在钢桩上,水面以上部分每间隔 2m 烧结一处疤结以固定抱箍,水面以下部分按照钢桩周长预先加工制作大型抱箍,电缆抱箍固定在大型抱箍上,由潜水员进行水下安装固定。

4)敷设电缆

各种机械设备检查就位,通信频道调试完成,施工水域风力 7 级以下,一切准备工作就绪后,即进行本项内容的施工。利用4只定位锚将船舶移动到定位点,解除4定位锚,依靠牵引缆向终端定位点(Ⅰ路25°41′37.165″119°37′50.584″ Ⅱ25°41′37.543″119°37′49.120″)绞锚移动船位边牵引边敷设电缆,控制船位。敷设时施工船如果偏离路由轴线,施工船将利用自身的动力顶推,以纠正施工船的航向偏差。

施工船上设立控制室,由定位测量人员报告当前船位坐标及偏差;由电测人员报告施工船位、流速、风力等数据,及时反映给施工指挥人员。

敷设速度由160kN变频绞车的绞缆线速度来决定。海缆敷设速度一般控制在6~15m/min。

海缆敷设过程中,应及时观察海底地形及水深的变化,并相应调整海缆张力,控制敷设余量。海缆张力由布缆机牵引力调节控制,海缆输送以布缆机作为动力,海缆经退扭架后,进入布缆机,布缆机对海缆的牵引力为:

$$F_1 = F_{侧} \times L \times f \tag{3-5-5-1}$$

式中:$F_{侧}$——布缆机对电缆的正压力(kN·m),取5kN/m;

f——电缆外护层聚丙烯绳与硬质履带橡胶间摩系数,取$f=0.8$;

L——布缆机对电缆的抱夹长度(m),$L=3m$。

$$F_1 = 5 \times 3 \times 0.8 = 12kN/m$$

因此可以满足敷设作业时对海缆张力的控制。布缆机见图3-5-5-2。

a)实物图

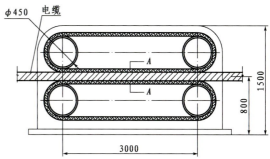
b)结构示意图

图3-5-5-2 布缆机(尺寸单位:mm)

5)敷设控制

(1)电缆敷设导航定位系统

采用中海达K3系列DGPS,该DGPS采用国家差分GPS参考台的差分信号进行修正,系统定位精度优于2m。

操作系统为海达6.1导航软件,可以显示船的航迹、测线、锚位。

(2)电缆敷设纠偏措施

电缆敷设施工时,海上作业时间较长,施工船容易受到风、浪、流、潮汐作用的影响,导致电缆偏离设计路由。

为避免出现上述问题,在施工中,施工船前方由钢缆牵引,此外,施工船在顶水或者顶风上游抛设临时纠偏锚,或由交通船在施工船背水侧或背风侧进行顶推、侧推动力定位,控制电缆敷设施工时的航向偏差。

施工中技术人员通过DGPS接收机采集当前船位坐标和铺缆偏差数据;经软件计算后,可以及时反应船体所受外力大小与方向。偏差控制指挥人员可据此及时指挥调节顶推动力船的顶推位置、顶推方向、进车速度,从而控制铺缆偏差。

海底电缆在水下的支持与固定:海缆施工在水下遇礁石,在海缆敷设完毕后由潜水员水下压沙包固定。沙包按照装容量的2/3装袋,分量装入,完毕后用细绳扎实袋口,并将沙袋平铺在海缆正上方,其堆高层数视现场情况而定。

6）终端登陆

敷设至 N04 钢桩终端定位位置（Ⅰ路 25°41′37.165″,119°37′50.584″；Ⅱ路 25°41′37.543″;119°37′49.120″），施工船锚泊就位，调整锚位将施工船移动至距离电缆终端 N04 钢桩最近。然后甩出电缆尾线，并用轮胎将电缆绑扎后浮于海面上，使电缆在海面上形成一"Ω"形，电缆头甩出浮于水面后，将电缆头系于预先铺设在电缆终端登陆点侧的 $\phi 18mm$ 钢丝绳上，通过绞动机缓缓将电缆牵引入栈桥，直至 N04 终环网柜，并按照设计要求预留一定长度，电缆预留至足够长度后立即将海面上的电缆沉放至海床。

电缆牵引登滩完毕，在电缆 N04 钢桩衔接处，安装张拉式锚固网套和支架予以固定。

电缆在钢桩上固定方式，按照始端固定形式施工。

7）终端制作

海缆终端电缆部分端头制作，应严格遵循以下规程。

(1)由经过培训的熟悉工艺的人员进行，应严格遵守制作工艺规程。

(2)严禁在雾或雨中施工。

(3)电缆线芯连接时，应除去线芯和连接管内壁油污及氧化层；压接模具与金具应配合恰当；压缩比应符合要求；压接后应将端子或连接管上的凸痕修理光滑，不得残留毛刺；采用锡焊连接铜芯，应使用中性焊锡膏，不得烧伤绝缘。

(4)装配、组合电缆终端和接头时，各部件间的配合或搭接处，必须采取堵漏、防潮和密封措施。

(5)禁锚装置:为了避免施工工程船舶锚泊对水域内的海底电缆造成伤害，故在海底电缆登陆和终端分别设置一处禁锚警示牌（图 3-5-5-3），用以警告施工船舶，不得在电缆所在范围内抛锚。

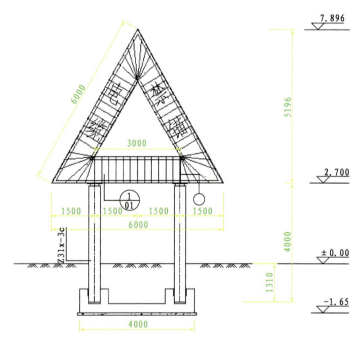

图 3-5-5-3　禁锚牌示意图(尺寸单位:cm;高程单位:m)

禁锚牌采用等边三角形格构架构成，格构架用镀锌圆钢制作，边长 3m，格构架上粉刷红白相间的易反光的调和油漆，标志牌固定在栈桥边缘钢桩上。

为了夜间更好地识别海缆所在水域的位置，在禁锚牌的三个角上安装三只夜间闪光灯。

8）海底电缆维护

影响海底电缆寿命的因素有温度、风、波浪、潮流、承受的负荷、受外力，结合相关工程实践，针对上述因素提出了相应的预防措施。

(1) 温度

平潭海域属南亚热带海洋性季风气候。多年平均气温19.6℃,最冷日平均气温10.2℃,最热日平均气温27.9℃,平潭海域极端最高温出现在7~8月,一般32~35℃,1966年8月16日高达37.4℃;极端最低温出现在1~2月,一般2~4℃,1977年1月31日达到0.9℃。

海底电缆在受夏季高温天气影响下,和本身超负荷运行自产生温度相叠加,导致温度升高,造成海底电缆击穿,类似问题在抢修芦潮港至嵊泗直流电缆过程中经常遇到。

预防措施:合理运行所承受的负荷。

(2) 风

平潭海域风力比较大。因此,在冬半年(自11月至翌年1月)大风日数较多,敷设电缆时要注意大风影响,而夏半年(6月~10月)受台风影响较多。风对海底电缆造成的伤害比较大,尤其是在潮间带,如果海底电缆登陆的场地是碎石或者礁石地段,海底电缆没有固定和覆盖而自身无法下沉,长时间的波浪冲刷腐蚀会大大地缩短寿命,如是这样的登陆点,建议将潮间带海底电缆埋深或者浇筑混凝土。如果登陆的场地是沙滩,海底电缆即使不用人为地去埋深,靠自身重力和几次潮水的冲刷会慢慢地被覆盖,沙滩是海缆登陆选址的第一选择。

预防措施:为了防止海底电缆受潮水冲刷移动,在钢桩的最低潮到栈桥平面位置隔段抱箍固定,在最低潮到海床段,采用扁钢加工的抱箍环,将海缆分层固定在钢桩上,水下安装由潜水员完成。

(3) 波浪、潮流

波浪是对海底电缆影响最大的因素之一,需要通过调查其动力规律采取相应预防措施。平潭海洋站位于119°51′E、25°27′N,测波浮筒位于测波站SE向,水平距离约320m,水深为20m。采用岸用光学测波仪观测。由1962年1月至1982年12月,共计21年的观测资料统计分析得出:常浪向ESE,频率58%,次浪向NNE,频率13.5%;强浪向ESE,最大波高16m,次浪向NE,最大波高9.1m,平均波高1.2m,平均周期5.2s,最大平均波高1.5m,NE向,最大周期10.1s;出现最多的是3级浪,频率86.8%;风浪与涌浪出现的频率比为52/48,静浪频率0.3%。

预防措施:海底电缆受波浪影响主要是在潮间带,结合本工程施工方案,将海缆固定在钢桩上,防止海底电缆受波浪的影响来回晃动。

(4) 潮流性质

本路由区的潮流属半日潮流。各测站的潮流性质形态系数(WO1+WK1)/WM2的比值为0.05~0.14,因WM4/WM2为0.10~0.29,按我国分类又称为非正规半日浅海潮流。主要日分潮的平均最大流速微小,即使在回归潮期间也没有明显的日不等现象。不同地点、不同层次的浅海分潮流平均最大流速可能相差很多,对涨落潮流的影响也较明显。

海底电缆不同地质海床上状态是不一样的,受潮水的冲刷程度也是不一样的。海床是淤泥地质,海底电缆会靠自身的重力和长时间流水的移动慢慢覆盖海缆,覆盖海缆的主要因素还是自重。海床是沙质,海缆同样会靠自身重力平躺或者半掩埋在海床上。根据以往的经验施工,如果海缆某一段在礁石上且处于相对较为平缓的礁石上,海流对海缆产生不了破坏力。

根据以往施工经验和潜水员水下施工经验,大多数海底的潮流非常慢,海床上的潮流对海缆不会造成影响。

(5) 受外力影响

结合本案,海底电缆在此海域的另一主要威胁就是锚钩到电缆。

预防措施:在电缆路线区域设置海缆浮标,警示锚泊船舶在此标识浮标处有海底电缆。

① 根据计算,海缆距离栈桥100m左右,在距栈桥180m以外是安全区域,如果船舶锚泊可以抛过电缆警戒区域180m。

② 如何判断锚是否钩到电缆,如果钩到电缆如何处理。

首先,所处的位置在警戒区域内。如果船舶在警戒区域内,首先要量算锚位所在的经纬度与业主提供的海缆经纬度距离,相差距离在50m内有可能会钩到海缆。

其次,起锚时的重力明显比平时重力要大,此时要考虑锚下是否钩到电缆。

预防措施:如果确认钩到海底电缆,要立刻停止起锚,并迅速地将锚抛下等待救援。可以等潜水员下水确认是否钩到海缆,如确系钩到,由潜水员在水下将海缆移位。如果不小心将海缆钩出水面,船长要第一时间报告相关单位,船舶停止在原地,将锚原地抛下,等待救援。

5.6 施工设备介绍

施工船组由"海强1"敷设船、交通艇组成,见图3-5-6-1;其主要参数见表3-5-6-1。

图3-5-6-1 "海强1"敷设船

"海强1"参数表　　　　　　　　　　　　表3-5-6-1

船名	船舶类型	主要尺寸				满载排水量(t)	吨位(t)
		船长(m)	型宽(m)	型深(m)	吃水(m)		
海强1	敷设船	50	20	3.7	3	1198	1198

海底电缆敷设时,主要施工设备见表3-5-6-2。

主要施工设备表　　　　　　　　　　　　表3-5-6-2

序号	机械设备名称	编号或型号规格	数量	主要性能
1	履带布缆机	CB-LBL-04-1	1	牵引力15kN 制动力30kN
2	桅式起重机	CB-QZ-04-1	1	起重量700kN
3	柴油发电机组	CB-12V135c-200	1	200kW
4	柴油发电机组	CB-WP615	2	150kW
5	高压机动水泵	CB-B150TSW×9A	1	H270m、Q150m³/h
6	电动潜水泵	CB-B-02-04	2	H25m、Q15m³/h
7	机动空气压缩机	CB-K6135	1	9m³/h
8	电动空气压缩机	CB-K7.5	1	0.9m³/h
9	液压牵引绞车	CB-JC-01	1	160kN、55kW
10	电动绞车	CB-JC-02-05	5	100kN、22kW
11	电动卷扬机	CB-JY-01	1	80kN、22kW
12	电动卷扬机	CB-JY-02-07	3	50kN、11kW
13	电动卷扬机	CB-JY-08-11	4	30kN、7.5kW
14	电动卷扬机	CB-JY-12-14	3	10kN、7.5kW
15	机动绞磨	CB-JY-15-16	2	30kN、7.5kW

续上表

序号	机械设备名称	编号或型号规格	数量	主要性能
16	钢丝绳绞车	CB-GSJC-01-02	1	8kN、5000m
17	信号缆绞车	CB-XHJC-01	1	200m
18	DGPS卫星定位系统	CB-FX-412	1	法国产
19	DGPS卫星定位系统	CB-MX-521	1	美国产
20	退扭架	—	2副	自制
21	储缆圈	—	2副	自制
22	测深仪	CB-ED162	1	
23	数据采集系统	CB-CJ-01-03	1套	
24	电缆故障检测仪	CB-GJ903	1	
25	常规重潜装备	CB-QZ-01-04	4套	
26	电焊机		2	

5.7 供电主材选用

(1) 10kV 电缆的选用

海底电缆:HYJQ41-3×150 mm^2;

电力电缆:YJV22。

(2) 户外变电站的选用

变压器:S11 型。

(3) 1kV 低压电缆

VLV22-3×240mm^2 + 2×120mm^2;

VLV22-3×185mm^2 + 2×95mm^2。

(4) 电缆头的选用

采用硅橡胶冷缩型电缆终端头,包括户内型、户外型(NLS-10-3×300)、中间接头(全冷缩三芯交联电缆中间接头 CDLJ10-3×300~400)。

5.8 低压电器元件、类型、规格的选择

5.8.1 闸刀开关

环网设备采用一进3~5出+1PT方式的负荷开关环网柜。为了便于操作,所有的环网柜开关单元均选择电动操作机构;箱式选用欧式箱变式,容量分别为 250kVA、400kVA、500kVA、630kVA、800kVA 等五种型号;其中变压器选择 S11-M 节能型,主变保护采用熔丝过流保护。

5.8.2 熔断器

熔断器主要用于电源的短路保护。

1) 熔断器的形式

常用的熔断器形式有瓷插式、螺旋式、封闭式、填充料式、自复式等。

2）熔断器额定电流的确定

①对于照明线路,熔体的额定电流等于或大于线路的实际工作电流:
$$IRD \geqslant I \text{ 或 } IRD = (1.1 \sim 1.5)I$$
②对于启动电流较大的负载,如电动机熔体的额定电流,应大于或等于计算电流的 1.5~2.5 倍:
$$IRD \geqslant (1.5 \sim 2.5)I_{js}$$
③对于多台电动机的供电干线总熔体的额定电流应按下式计算:

额定电流:
$$IRD \geqslant (1.1 \sim 1.5)I_{mn} + \sum I_n(n+1)$$

式中: I_{mn}——设备中最大的一台电动机的额定电流(A);

$\sum I_n(n+1)$——除最大一台电动机额定电流后其他电动机额定电流之和(A)。

3）漏电保护器

漏电保护器的规格及相应参数应满足表 3-5-8-1 的要求。

漏电保护器规格参数表　　　　表 3-5-8-1

序号	断路器容量(A)	额定漏电动作电流(mA)	额定漏电不动作电流(mA)	额定漏电分断时间(s)
1	630	250~300	125~150	≤0.1
2	250~400	150~200	75~100	≤0.1
3	100~200	50	25	≤0.1
4	40~63	30	15	≤0.1
5	40 以下	30	15	≤0.1
		15	8	≤0.1

5.8.3 配电箱及开关箱

(1)配电系统应设置总配电箱或配电柜、分配电箱、开关箱,实行三级配电。

(2)总配电箱可设若干分配电箱,分配电箱可设若干开关箱,总配电箱应设在靠近电源的区域。总开关箱内装设总自动开关和分路自动开关,以及漏电保护器,总开关箱和开关箱中漏电保护器的级数和线数必须与其负荷测负荷的相数和线数一致。总开关柜装电压表、总电流表、总电度表及其他仪表。

(3)配电柜应装设电源隔离开关及短路、过载、漏电保护电器。电源隔离开关分断时应有明显可见分断点。

(4)现场照明。

①现场照明应该采用高光效,长寿命的照明光源。对需大面积照明的场所应该选用高压汞灯、高压钠灯或混光用的卤钨灯。

②照明变压器必须使用双绕组型安全隔离变压器,严禁使用自耦变压器。

③对夜间影响飞机或车辆通行的在建工程及机械设备,必须设置醒目的红色信号灯,其电源应设在施工现场总电源开关的前侧,并应设置外电线路停止供电时的应急自备电源。

5.9 质量管理措施

5.9.1 过缆质量控制

(1)过缆时施工船应停泊稳定。电缆盘内应保持平整,海缆按照俯视顺时针方向由内向外、再由外向内盘放;海缆头部应预留 3m 长度的余量,以方便海缆的测试。

(2)过缆过程中应注意潮位的变化;施工船带缆应留有合理余量。
(3)过缆弧槽弯曲半径大于4.5m。
(4)确保塔顶海缆入口通道光滑。
(5)过缆速度控制在800m/h以内,布缆机应保持匀速,防止突然下滑。

5.9.2　海缆登陆施工质量控制

(1)准确测量登陆需用缆长度。终端配电柜缆长的预留根据海缆终端头制作的要求。
(2)清除登陆路径沿途尖锐障碍物,尤其是钢桩与栈桥连接处。必要时可以垫以托轮、编织袋、毛竹等保护物以减小摩擦。
(3)登陆时海缆张力控制在20kN以内,防止牵引时突然启动和停止。

5.9.3　海缆敷设施工质量控制

(1)海缆退扭高度大于8.5m。
(2)海缆通道由滚轮组成,表面光滑平整,间距为600mm。
(3)施工船上海缆通道上的所有弯曲半径均为4.5m。
(4)海缆入水角度控制在45°~60°。
(5)海缆敷设速度控制在6~15m/min。
(6)敷设航线偏差由自身动力或者临时锚辅助控制,允许偏差控制在路由轴线两侧±15m范围以内。
(7)施工中海缆不得出现打小圈现象。
(8)安装海缆总长度控制在设计路由总长度的1.05倍以内。
(9)海缆盘放时应计算甲板承载力,并控制海缆侧压力在允许范围内。

松下岸

人屿岛

元洪航道桥

鼓屿门水道桥

平潭海峡公铁大桥
建造关键技术

03

第6章

安全、环水保及职业健康管理

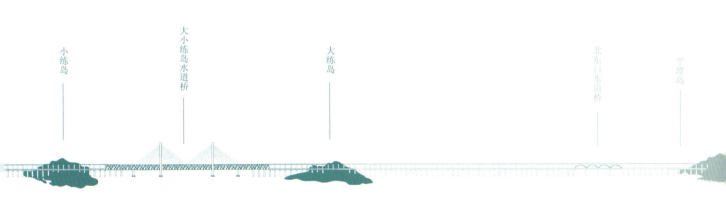

6.1 施工安全风险分析

6.1.1 环境风险

平潭海峡公铁大桥桥位处于典型海洋环境,建设条件极为恶劣:每年大于6级风超过300d,7级风达到200d,8级风超过100d,年平均台风影响6~7次(基本风速44.8m/s,14级);桥址处100年一遇最大浪高达9.69m、最大水深达45m、最大潮差达7.09m、最大流速达3.09m/s;航道、渔网、定置网对施工形成较大干扰;工期紧、有效作业时间短、施工效率低。

恶劣的气候条件导致一年中平均有效施工作业天数少,严重地制约了本工程的正常作业,导致了施工面临巨大的安全风险及工期风险,同时也加大了施工现场的安全管理难度。

6.1.2 法律风险

目前国家相关施工规范、行业标准、技术指南中规定均要求六级及以上大风天气禁止吊装作业、高处作业、移动模架施工等,具体规范标准中作业规定详见第3篇2.2.1节内容。

结合平潭海峡公铁大桥特点及施工环境,如按6级风及以上大风天气禁止吊装作业和高处作业规定执行,则本工程合同工期将大大延长。

因此,现场在施工方案制定时,通过加大投入,提高设施设备规格型号和抗风等级,采取安全技术措施,保证相关工序7级及以下大风天气正常施工、8级及以下大风天气选择性施工,尽量降低大风天气对施工安全的影响。但超规范作业带来较大的法律风险和安全风险。

6.1.3 工期风险

海上工程体量大,桥位处自然条件恶劣,地质情况复杂,在施工过程中除受大风、台风侵袭外,还受浪涌、雷暴、大雾及潮汐等自然条件的影响;恶劣的自然条件导致有效作业时间短,施工工效低;复杂的地质条件大大增加了基础施工难度。这些因素严重制约了本工程的正常作业,造成施工工期不确定因素多且影响巨大,工期风险大。

根据项目部对2014—2019年的风力统计分析,施工海域7级及以上风力天数占83%;8级及以上风力天数占64%;9级及以上风力占35%,实际可施工天数比项目投标估算的施工天数(180d)大为减少,因此工期风险大。2014—2019年影响施工海域台风32次,直接影响施工作业时间累计达150d。

6.1.4 结构安全风险

海上施工大型结构与施工装备均较多,如栈桥平台、围堰、移动模架、爬模、墩旁托架、塔式起重机等(图3-6-1-1),这些结构装备使用周期长,长期暴露在强腐蚀海洋环境下,且跨越季风期、台风期。这些结构装备在施工使用期间如果因海浪和风的影响而破环,恢复、拆除难度巨大,安全风险高,同时对施工生产影响巨大。

a)　　　　　　　　　　　　　　　　　　b)

图3-6-1-1　海上施工平台结构布置

6.1.5 施工过程安全风险

1)作业人员人身安全

海上工程均为高空作业和海上作业(图3-6-1-2),且战线长、点多、面广,施工环境恶劣,安全防护、安全设施投入与维护管理工程量巨大。根据统计资料,2015—2017年,平均每月现场作业劳务人员数量超过2000人,2018年平均每月现场作业人员数量达到1300人,2019年平均每月现场作业人员数量接近900人。作业人员工种多、工点覆盖面广,安全管理难度极大;人员流动性强,信息维护工作量大;人员素质参差不齐,培训管理工作强度大;现场施工点多,安全风险大。

2)施工船舶安全

海上施工船舶数量多,以大型船舶、工程船舶为主(图3-6-1-3)。船舶在施工海域调动频繁、与航道过往船只干扰大,大风大雾天气频繁、台风次数多,导致船舶防台避风、抛锚定位、航行、施工作业安全风险大,管理难度大。

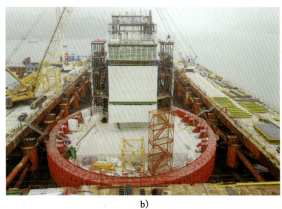

图 3-6-1-2　海上主塔高空作业

图 3-6-1-3　人员、材料海上运输及海上航道疏浚施工

3）吊装作业安全

为减少风浪对吊装作业的影响，大量采用整体吊装作业（图 3-6-1-4），如导管架自重 1200 多吨、钢围堰分段自重 1800 多吨、移动模架整套自重 900 多吨、横梁支架整套 100 多吨、墩旁托架分段自重 400 多吨、钢梁整节段自重为 1100～3400t、架梁吊机整套自重 420 多吨、公路架板机整套自重 185 多吨等。大型吊装结构物尺寸大、质量大、数量多，受风、浪、涌影响，且定位难，安全风险高，管理难度大。

图 3-6-1-4　海上大型吊装

4）海上栈桥、平台施工和使用安全

海上栈桥全长 7558.8m,钻孔施工平台 130 个,海上工区生活平台及临时调度室 5 个。栈桥平台使用时间长,受海水腐蚀、风浪作用、栈桥面施工设备、船舶撞击等影响,安全管控难度大如图 3-6-1-5 所示。使用过程检查、维护保养难度大,建设周期内安全风险高。

a)

b)

图 3-6-1-5　1 号栈桥施工及抗风浪情况

5）围堰施工安全

海上围堰数量多,施工工期长,受海流波浪力影响巨大。海上浪涌产生的波浪力是常规长江等内河桥梁的 10 倍以上,其中航道桥主墩防撞箱围堰产生 4000～5000kN 的波浪力,对下放到位后的围堰结构形成较大的安全威胁,对施工设备和人员产生较大的安全影响。因此海上围堰施工风险高,须开展复杂海域基础施工波浪力研究,为结构设计和使用安全提供可靠依据。海上围堰施工如图 3-6-1-6 所示。

6）设施设备管理安全

海上工程投入的设施设备型号多、数量大,特别是大型设备(如塔式起重机、门式起重机、架板机、架槽机、施工升降机、架梁吊机等)和大型施工设施(如移动模架、爬模、支架等),安全管理工作量和管控难度非常艰巨(图 3-6-1-7)。比如 2015—2019 年间,平潭桥进场的各类主要机械设备接近 500 台套,其中大型设备中投入塔式起重机 12 台、门式起重机 20 台、车间桥式起重机 15 台、桅杆吊机 1 台、起重船 14 台、履带式起重机 47 台、汽车式起重机 31 台、移动模架 13 套、主塔爬模 12 套、1100t 架梁吊机 6 台,大型设备数量多、作业点多,安全风险高、管理难度大。

图 3-6-1-6　海上围堰施工

图 3-6-1-7　海上施工设施设备

6.2 施工安全管理措施

6.2.1 海上施工装备管理

1）施工装备选型

为减少风、浪天气对施工的影响，确保施工装备的稳定性及工效，起吊设备按"大吨位起重小吨位"的原则的高标准配置。

2）施工装备设施管理

(1) 成立大型施工设施管理领导小组，执行检查验收与签证制度。项目先后制订了主塔施工安全质量管理办法、移动模架施工管理办法、钢梁及吊具验收管理办法和项目重大危险源管理办法，明确了危险性较大的分部分项工程主要工序控制措施，形成了以工区自检、分部组织检查签证、项目部总体验收的三级检查控制手段，如图3-6-2-1、图3-6-2-2所示。

(2) 制订大型施工设施的管理规定和工序流程、操作规程和维护保养方法，明确安全质量管理重点，从安装、检验、过程管理、拆除等全过程制订工作清单和责任矩阵表，严格执行。

(3) 大型施工设施在使用过程中定期进行检查、维护，并做好记录，保证设施处于良好的运行状态。

a)

b)

图 3-6-2-1　1100t架梁吊机施工交底与试吊

a)

b)

图 3-6-2-2　架梁吊机与吊具检查

（4）大临设施安装、拆卸、操作、维修人员必须经过岗位培训,取证,持证上岗。

（5）安装视频监控系统、GPS定位系统,对起吊设备和吊装作业实施监控,并使用"互联网+"信息技术,将相关资料制作为二维码信息,便于作业人员实时获取。

6.2.2 船舶管理

1）船舶进场管理

（1）成立项目船舶管理分部,发挥专业优势,实现船舶专业化管理、科学调度、集中管理。严格执行船舶准入制度,确保船舶可操作性、船舶适航性、船员配备及资质完全满足海上施工和安全要求。

（2）严格落实船舶管理办法,定期对船舶的合规性、锚泊系统、消防设施、安全设施等进行检查,确保施工船舶本质安全。要求本项目所有施工船舶AIS(船载自动识别系统)必须全天候24h开启,确保项目部随时监控船舶运行状态。

（3）签订安全管理协议,明确各船舶安全管理责任及安全管理人员,便于对施工船舶实行垂直管理。

2）海上警戒中心

建立平潭海峡公铁大桥警戒中心,对过往航道船只和项目施工船舶及时进行调度,同时针对大型海上运输吊装作业进行警戒,对海上施工船舶实施系统化和专业化调度管理,确保船舶安全、航道安全和作业安全。

3）船舶防台防大风管理

（1）完善船舶避台锚地的方案,定期组织船舶安全演练。

（2）加强船员培训,强化船舶船员和管理人员对施工海域海况条件了解,保证船舶施工作业安全。

（3）船舶防台应急管理常态化,每年修订完善包括船舶避台在内的避台方案,召开防台专题会,及时科学启动防台应急响应,保障施工船舶安全。

6.2.3 人身安全管理

（1）针对各工序主要危险源及危害因素、安全注意事项等内容实行三级交底制度,对管理人员、一线员工、农民工分阶段、分层次进行安全教育培训工作,构建常态化、系统性的安全生产宣贯培训机制,增强全员安全意识,提高全员安全知识,增强自我防护能力。

（2）严格强化施工现场管控,要求现场作业人员正确使用安全防护用品,维护现场安全防护设施,加强孔口临边防护和操作平台防护,并设置醒目警示标志。坚持每日班前安全宣讲,克服安全意识疲劳,杜绝施工现场"三违"现象。

（3）强化作业人员信息管理,所有作业人员必须经培训考核合格后方可上岗,特种作业人员除参加本项目组织的安全教育培训外,还必须经过国家规定的专门安全技术培训合格后持证上岗。

6.2.4 高空作业安全管理

（1）落实班前点名及交底制度,作业人员每天上班前,值班领导落实早点名制度和班前十分钟讲话,专职安全员检查作业人员安全防护用品的佩戴和班前安全交底,询问作业人员身体状况。

（2）做好临边防护,强化安全通道、作业平台、孔口、临边安全防护设施,提供安全作业环境,确保作业人员安全,并杜绝高空坠物。

（3）分层级、分阶段安全检查,专职安全员每天对作业工点进行巡查,重要工序全过程盯控,将事故隐患消灭在萌芽状态。安全总监和安质部长坚持每周巡查,掌握现场安全动态。安全领导小组每月组织安全质量大检查,检查各分部、各工区安全质量责任制落实情况,全面排查项目安全隐患,现场排查不安全状态、不安全行为,及时下达整改要求,督促整改闭环管理。

(4)落实高空作业人员禁忌体检,对不适应高空作业的人员进行辞退和转岗。

6.2.5 安全生产应急管理

1)应急预案管理

项目根据工程建设需要,组织编制《安全生产事故应急救援总预案》和《防台(大风)应急预案》《防洪应急预案》《水上作业应急预案》《防污染应急预案》等专项应急预案,每年修订完善、提前演练、提前准备应急物资设备,重点预案管理达到常态化、专业化程度。

2)防台专项预案管理

防台专项应急预案是本工程最重要的专项应急预案之一,每年结合现场实际,按照施工生产生活设施设备防台、船舶避台、人员防台三方面编制设施设备防台技术方案、船舶避台方案、人员防台撤离方案和防台应急预案,并在台风期前召开防台专题会议,对防台方案和应急预案进行宣贯与讨论,总结往年防台工作经验教训,更新防台应急指挥机构组成人员,筹划当年防台工作部署,明确各层级防台责任。台风季节到来前,组织防台演练,完善防台应急预案,提高防台应急能力。

防台管理实行"统一指挥、统一协调、统一部署、快速反应、科学应对、分级实施"的原则,树立"安全第一,预防为主,以避为先,宁可防而不来,切勿来而未防"的意识,做到责任到位、指挥到位、人员到位、防台措施到位、物资储备到位(五到位),及时响应、及时人员撤离、及时恢复生产(三及时)。

根据国家规定的"蓝、黄、橙、红"四色预警和四级响应的要求,将防台预警级别分为四级——蓝色预警、黄色预警、橙色预警、红色预警,见表3-6-2-1。

台风预警级别划分　　　　　　　　　　　表3-6-2-1

预警级别	预警名称	预警图标	预警标准
Ⅳ	蓝色预警	蓝 BLUE	接到当地海事部门防台预警信息以及分析预测台风路径和自然特性可能对辖区沿海及施工区域造成的影响
Ⅲ	黄色预警	黄 YELLOW	台风中心进入距当地海事局辖区1600km范围内或预计登陆影响前72h,并可能对辖区沿海及施工海域造成影响
Ⅱ	橙色预警	橙 ORANGE	台风中心进入距当地海事辖区1200km范围内或预计登陆影响前48h,并向辖区方向及施工海域移动
Ⅰ	红色预警	红 RED	台风中心进入距当地海事辖区600km范围内或预计登陆影响前24h,并可能在辖区或附近登陆,对辖区沿海及施工海域产生重大影响

3）防台四级响应

(1) 进入台风季节后，防台领导小组办公室每天查看台风网，有台风形成及时向领导小组汇报。当预测台风可能对施工海域造成影响时，针对性成立防台领导小组，制订防台值班表，按规定并启动Ⅳ级响应。

(2) 启动防台Ⅳ级响应后，现场按照防台技术方案对设施设备进行防台加固，并留影像资料；船舶调度中心编制船舶撤离顺序，经船舶防台"三人小组"讨论研究，报防台领导小组组长批准后，船舶管理分部开始组织船舶撤离，任何人不得干预。

(3) 防台领导小组在每天召开防台碰头会议，分析台风路径和台风动态，根据预案响应要求依次启动防台Ⅲ级、Ⅱ级、Ⅰ级应急响应。

(4) 防台Ⅲ级应急响应启动后，人屿岛（以前无人居住）、海上施工平台所有人员做好撤离准备，根据海浪预报或Ⅰ级应急响应启动后，所有人员按照人员防台撤离方案迅速撤离。其他岛上人员是否撤离以地方政府的通知为主。

(5) 防台Ⅱ级应急响应启动后，组织防台专项检查，对存在问题下发通知，现场立即整改，并将整改结果及时反馈。

(6) 台风期间，应做好应急物资的储备，台风影响结束后，防台领导小组根据台风动态及时发布解除台风预警通知，组织台风后安全检查和安全风险评估，并留有影像资料，施工船舶按海事部门相关要求拖回桥区，做好恢复生产的准备工作，迅速恢复生产。

(7) 台风期间要加强值班和信息报送工作，与警戒中心、海事、监理和建设单位、地方政府防台办保持密切联系，按要求及时报送相关信息。

(8) 做好防台总结，统计台风损失，启动台风灾害理赔工作。因台风损坏生活生产设施需修复和拆除的，应制订专项方案，按程序进行报批。

(9) 对防台过程中形成的所有资料进行收集整理，装订成册。

6.2.6 工地安全标准化建设

按照"管理制度标准化""人员配备标准化""现场管理标准化""过程控制标准化"的"四化"要求，全方位开展施工项目安全标准化建设。

1）安全制度标准化

项目部累计编制完善40项安全生产管理制度、办法和实施细则；累计编制完善30多项质量管理制度、办法和实施细则；根据现场安全管理需要，补充完善了红线管理、领导带班、风险管理等多项制度。同时还编制了全桥环水保专项方案，配合环保和水保第三方定期对现场的监督检测。

2）人员配备标准化

项目强化专职安全员配备，共配备专职安全管理人员20多名，其中4人具有注册安全工程师执业资格证；聘任职工、劳务工群安员40多人，同时发挥现场青年安全监督岗作用，形成了完备的安全管理人员配备体系，满足项目安全管理需要。

3）现场管理标准化

(1) 现场临时设施建设标准化。海上7.7km栈桥、6座混凝土搅拌站、7座大型加工车间、10多处人员驻地及施工电力等临时工程建设，按临时设施分类统一设计、统一施工、统一配置，以分部为单位，统一管理，如图3-6-2-3～图3-6-2-6所示。

图 3-6-2-3　海上栈桥标准化

图 3-6-2-4　海上拌和站标准化

图 3-6-2-5　人屿岛钢筋车间标准化

图 3-6-2-6　分部人员驻地标准化

（2）现场安全设施和防护措施标准化。严格执行安全防护"三同时"要求，海上施工平台、路基移动模架施工、爬梯、通道、平台等安全设施与主体工程施工方案同步设计、同步施工、同步投入使用，满足现场施工要求和安全要求，如图 3-6-2-7～图 3-6-2-10 所示。

图 3-6-2-7　小练岛边坡防护标准化

图 3-6-2-8　施工通道爬梯标准化

4）过程控制标准化

（1）施工专项方案管理标准化。施工专项方案按照住建部危险性较大的分部分项工程管理要求，统一实施分级管理，关键工序方案通过专家评审后实施。通过各级评审、项目部统一上报施工方案 200 多项，其中经过外部专家评审近 30 项。

图 3-6-2-9　主塔防护标准化

图 3-6-2-10　墩身防护标准化

（2）大型吊装施工安全管理标准化。严格落实中国中铁起重吊装作业安全卡控红线，实施专项方案管理和联合检查签证制度，并执行领、带、班作业制度，确保危险性较大的分部分项工程施工安全。图 3-6-2-11、图 3-6-2-12 为部分大型吊装施工情况。

图 3-6-2-11　防撞箱围堰吊装

图 3-6-2-12　大练岛架梁吊机钢梁合龙架设

（3）施工现场检查与整改管理标准化。严格落实项目管理要求和中国国家铁路集团有限公司、中国铁路工程集团有限公司、中国铁路南昌局集团有限公司、福建福平铁路有限责任公司及设计监理单位要求，开展自查自纠、集中检查、专项检查，落实整改闭环，促进项目安全质量标准化管理水平迈上新台阶，如图 3-6-2-13、图 3-6-2-14 所示。

图 3-6-2-13　项目经理带队检查

图 3-6-2-14　Z04 号主塔爬模验收会议

（4）应急专项管理标准化。项目以防台、防船舶溢油、防海上船舶碰撞、防火灾、防高空坠落、防溺水应急管理为重点，结合防洪、防夏季中暑等季节性应急管理，每年更新应急预案，组织学习宣贯，开展演练,强化应急处置能力,为项目建设安全保驾护航(图3-6-2-15~图3-6-2-18)。

图3-6-2-15　海上防台应急演练

图3-6-2-16　海上船舶消防应急演练

图3-6-2-17　海上门式起重机防台加固

图3-6-2-18　人屿岛人员撤离避台

(5)安全措施投入管理标准化。项目对安全设施投入实施专项管理,实行月度投入、季度汇总、定期分析,保障安全措施投入,确保现场施工安全(图3-6-2-19、图3-6-2-20)。

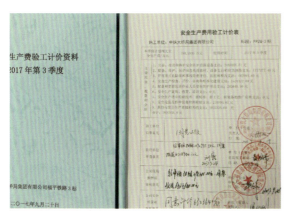

图3-6-2-19　安全措施费审批

图3-6-2-20　项目部安全措施费分析

(6)人员管理及培训管理标准化。加强进场人员信息管理,开展进场三级教育,按照作业工种、现场工序、节后返岗、定期安全轮训等不同情况进行分类培训,实施培训考核、专项交底。对劳务工进行每日班前安全讲话交底,强化人员安全意识(图3-6-2-21、图3-6-2-22)。

图3-6-2-21　项目部安全培训考试　　　　　　图3-6-2-22　现场班前安全讲话

6.2.7　风浪监测及信息化管理

1）风速风向预报与监测

在栈桥、平台、移动模架、爬架等部位安装风速仪,预报和实时监测作业区域的风速、风向,如图3-6-2-23所示。本工程大型结构物吊装数量多、质量大,通过风速风向预报,为吊装作业工序选择合理时段,为吊船位置提供气象条件数据;降低吊装作业安全风险。通过对作业区域的风速风向实施监测,为移动模架过孔、爬模爬升、塔式起重机顶升等工序提供依据,确保关键工序作业安全。同时为工序作业的执行与落实提供依据,确保作业人员的人身安全。

a)　　　　　　　　　　　　　b)

图3-6-2-23　现场风力监测

2）波浪要素预报与监测

结合水深、流速,全桥设置波浪要素监测点,通过海流计、波压力计、波浪仪,预报和监测流速、波浪力、波高,每天收集、整理波浪要素。一方面为施工结构(如围堰、导管架)设计计算提供了科学参数,确保施工结构安全;另一方面为相关作业工序提供气象资料,降低施工作业安全风险(图3-6-2-24)。

3）风浪监测成效

项目进场后,委托相关单位对波浪力进行了研究,主墩围堰按原设计施工,理论计算需承受50kN左右的波浪力,对围堰的结构设计和施工将带来不可预测的风险,因此对原设计进行了变更,提高承台高程、增大钻孔桩直径降低波浪力的影响。后通过波压力计实际监测计算波浪力与理论计算,数据基本吻合。

图 3-6-2-24 现场波浪监测

6.2.8 隐患排查管理

布设安全质量隐患排查系统,项目领导、各部门和分部人员认真操作,及时排查,及时整改销号,对增强领导干部职工安全质量意识、提高安全管理水平、确保施工安全方面起到重要作用。2016 年下半年—2018 年,项目累计排查安全质量隐患 2492 条,其中 2016 年下半年上传 724 条,2017 年上传 1136 条,2018 年上传 632 条,安全隐患数量同比大幅下降。

6.2.9 职业健康安全管理

项目部按照福平公司职业健康管理要求,制订了相关制度,加强对各分部的环保管理和人员职业健康管理,督促各分部完成职业健康第三方机构进场检测工作,组织职业健康体检,建立职业健康档案。在夏季高温期间重点加强了食品安全和高温施工安全管理,改善施工作业条件,强化安全设施和个人防护用品的使用,保障参建人员职业健康(图 3-6-2-25、图 3-6-2-26)。

图 3-6-2-25 钢筋车间职业健康监测　　　　图 3-6-2-26 项目驻地灭蚊虫消毒

6.3 海洋工程环水保管理

6.3.1 环水保方针与目标

1)方针

遵守法律法规、保护生态环境、实现持续发展。

2）目标

按照铁路建设环水保的要求，环水保工作管理有序，程序合规、措施健全，各项环水保措施有效纳入施工组织安排，无集体投诉事件。自觉接受环水保监督部门监督，环保、水保、安全设施与主体工程做到"同时设计、同时施工、同时投入使用"，环保水保设施竣工验收合格。

6.3.2 海洋工程环水保管控

1）教育培训

项目部参与上级单位组织的培训，组织对项目部内部员工的环水保培训，特别加强对项目部环水保领导小组成员的业务培训，增强对现场监督检查水平。

项目分部环水保领导小组负责架子队专职环水保执法人员的业务培训，再由架子队专职人员对所有施工操作人员进行环境保护安全教育培训。

2）运行控制

（1）根据本项目施工特点，防止水土污染、大气污染、噪声污染和光污染纳入环水保管理，并突出重点，施工全过程控制。环水保控制内容纳入到重点分部分项工程技术方案编制和实施过程，并同时进行交底。

（2）通过项目部定期和不定期组织专项环水保检查活动，推动各项目分部对于环水保工作的开展和落实，实现了架子队最基层管理人员和操作人员自觉遵守各项环水保规定。

（3）通过鼓励采用更先进的施工技术和节能降耗的施工措施，从源头上降低施工生产对环境的不利影响。

（4）通过对钻孔施工、基坑开挖和路基土石方施工等污染程度相对严重的重点地段进行重点管理，确保了对环境影响程度控制在最低水平。

（5）建设单位委托环保水保第三方定期开展对项目施工现场的环保检测和水保监督检测，督促对相关问题的整改闭环，并由环保第三方出具环境监督报告。

6.3.3 海洋工程环水保控制要点和控制手段

1）环水保控制要点

（1）基础施工与路基施工产生的渣土物管理控制要点：关键在于钻渣及土石方运输及渣土弃土场管理。

（2）办公及生活垃圾包括固体垃圾和污水管理控制要点：纳入城镇专业环保部门统一处理。

（3）施工机械扬尘与尾气排放管理控制要点：一方面是针对施工便道的降尘措施，另一方面是确保施工机械尾气排放达标。

（4）施工噪声管理控制要点：合理安排生产计划，避开重要时间段，通过优化作业程序减少噪声产生的频率。

2）环水保控制手段

（1）通过优化施工组织设计和技术方案措施，最大限度地减少施工生产对当地环境的影响。

（2）加强现场施工生产组织安排，降低影响频率。

（3）将环水保要求纳入对现场管理人员、操作人员的培训和技术交底中，让所有人员从被动执行到主动遵守。

（4）按照水土保持第三方要求，开展对施工便道山体、岛屿边坡、滩涂桥墩基坑等重点部位采取挂网喷锚防护、挡墙、排水沟等防止水土流失专项措施,减少对环境影响,杜绝水土流失。

(5)定期或不定期加强对所有重点地段进行监测、检查、监督整改与达标验收。

(6)根据工程进展,不断更新并调整环水保工作计划和管理侧重点。

6.4　安全、环水保及职业健康管理小结

6.4.1　组织措施

(1)实施项目安全风险评估,明确了各级风力条件下,各项施工安全风险等级、风险防控对策、安全控制措施建议、残余风险及需编制专项方案的内容,为项目施工安全管理提供了依据。安全风险评估报告经专家评审后严格实施。项目部结合现场实际进行年度施工危险源辨识与评价,列出大风条件下重大危险源进行重点管理项目。制订相应的安全技术措施以及应急预案,使海上大风环境下重大危险源得到有效控制和管理。

(2)大力开展现场安全标准化建设,驻地、便道、拌和站、栈桥、海上平台、边坡、安全通道、爬梯、作业平台、安全警示标识等按照项目统一规划设计,确保安全投入,加强过程检查和维护,确保始终处于安全状态。

(3)加强应急预案的完善和管理,通过演练和总结,并在实战中不断提高应急管理水平,为预防重大灾害、确保项目安全稳定起到了非常重要的作用。

(4)强化红线卡控。项目部施工生产中严格落实红线卡控,目前"高风险工点安全专项方案未经批准不得开工卡控红线""起重吊装作业安全卡控红线""高空作业卡控红线""移动模架作业卡控红线""主塔爬架作业卡控红线""钢梁架设作业卡控红线"等红线管理在项目部得到有力实施,切实保障了现场安全管控各项措施的落实。

6.4.2　技术措施

(1)实施工序作业条件管理,编制《新建福州到平潭铁路工程平潭海峡公铁大桥复杂海域环境施工工序作业条件》,经专家评审后由建设单位统一发布。同时项目部制订施工工序作业条件实施管理办法,强化施工工序作业条件日常管理,对降低安全风险、确保工程安全建成意义重大,是对国内恶劣海况下跨海大桥建设安全管理的重要创新,将为今后的跨海大桥建设提供宝贵的借鉴。

(2)加强大风环境下施工方案抗风设计,根据现有海上施工环境条件,降低施工安全风险,确保工程安全施工,考虑大风、大浪天气对施工的影响,明确相关工序作业风力浪涌条件,在采取相关安全技术措施、确保大风环境下工序施工安全及质量前提下,提高有效作业时间,安全组织施工生产。

(3)注重对全体参建人员的有效管理,通过入场三级教育、施工专项交底、定期安全培训、实时现场巡查,强化全体人员的安全意识,提高安全操作技能,最大限度地减少"三违"(违章指挥、违规作业、违反劳动纪律),保障作业人员人身安全。

(4)跨海大桥海上工程量大,施工周期长,工程建设所需工、料、机数量多,工程船舶受海上涌浪影响,在大风大浪大雾期间无法航行,材料设备不能正常运输到位,停工待料将成为常态,也将严重影响工程施工,同时对工程施工质量和安全带来巨大风险,如遇突发大风,船舶难以出航,人员无法正常撤离,将会产生严重后果。采用长栈桥施工方案,将栈桥连通到墩位,与海上施工作业平台形成整体,既是安全需要、质量需要,也是资源组织需要和提高功效需要。

(5)海上工程面临台风袭击,施工结构抗风设计要保证台风后不毁坏,否则将无法施工,平潭海峡公铁大桥施工结构抗风设计非工作状态14级,工作状态8级,特殊工况7级。平潭海峡公铁大桥在6级弱风(10.8m/s)左右进行爬模爬升、塔式起重机顶升,能正常作业,达到6级强风(13.8m/s)左右时,

比较困难。规范规定塔式起重机顶升风力4级,海上环境大风天气的时间较多,适当提高施工结构工作状态的抗风等级是必要的,一方面能保证工作状态的结构安全;另一方面,海上工程受台风影响,提高工作状态的抗风等级对结构增加的工程量不大。

6.4.3 管理措施

(1)现行施工规范和安全操作规程等法规规定,超过6级风禁止高空作业和吊装作业,有的工序如塔式起重机顶升、钢梁架设等对风的要求更高,达到4~5级。而海上桥梁施工都是高空作业和大量的吊装作业,且自然环境比较恶劣,大风大浪天气较多,按此规定,正常情况很多工序无法施工,否则,就存在法律风险。虽然通过编制工序作业条件,并通过专家评审,但只能作为日常工作和上级单位检查时的依据,一旦发生安全事故,工序作业条件不能作为法规依据。因此,落实好工序作业条件的各项措施,保障安全施工才是根本。

(2)海上桥梁施工,只要条件允许,施工辅助结构尽量采用整体吊装,避免原位加工和拼装。一方面,施工辅助设施设备的加工制造和拼装,在岸上作业有利于施工质量安全的过程控制和检查签证,确保安全与质量;另一方面,设施设备制造和拼装完成后,运输到墩位,可通过合理选择吊装时间,一吊就位,缩短吊装作业时间,减少风浪对吊装作业的影响,降低吊装作业安全风险;同时,设施设备加工制造和拼装作业可与相关工序平行作业,有利于工序之间的衔接,加快施工进度。

(3)根据铁道部关于铁路工程建设概算执行《企业安全生产费用提取和使用管理办法有关问题的通知》(铁建设〔2012〕245号)规定,安全生产费费率为建筑安装工程费的2.0%。平潭海峡公铁大桥合同内安全生产费合计1.8246亿元,已在2017年上半年达到计费上限。本项目海上工程投标时,招标文件没有设置防台专项费用、岛屿边坡安全防护专项费用,同时海洋气候重度腐蚀下导致栈桥等临时结构安全维护工作量巨大。为保障施工安全,现场安全措施费用大大增加。截止到2018年底,平潭海峡公铁大桥共投入安全生产费超过2.3亿元,实际安全投入已突破现行规定标准,占比接近3%。

(4)严格按照国家职业健康监护技术规范,落实建设单位有关职业病防护要求,把好施工人员特别是职业病岗位人员的进场关、在岗关、离岗关,提前联系确认具备职业健康环境检测资质和职业病健康检查资质的医疗机构,组织职业病岗位作业人员的岗前、岗中、离岗三阶段健康检查,对预防及降低从业人员职业病危害,保障项目正常生产,降低项目安全管理风险,具有非常重要的意义。

本篇参考文献

[1] 中铁大桥勘测设计院集团有限公司.平潭海峡公铁两用大桥施工图设计[Z].武汉:2013.
[2] 朱治宝,马长飞,王波,等.平潭海峡公铁两用大桥施工安全风险评估[J].桥梁建设,2017,47(01):12-16.
[3] 王东辉.平潭海峡公铁两用大桥航道桥基础设计与施工创新技术[J].铁道标准设计,2017,61(09):68-75.
[4] 王东辉,张立超.平潭海峡公铁两用大桥栈桥设计[J].桥梁建设,2015,45(04):1-6.
[5] 马晓东.平潭海峡公铁两用大桥总体施工方案[J].桥梁建设,2017,47(2):1-6.
[6] 彭月燊.我国铁路钢桥新技术的发展现状[J].桥梁建设,1994(04):63-69.
[7] 周外男.铜陵公铁两用长江大桥主桥施工关键技术[J].桥梁建设,2014,44(4):1-8.
[8] 中国铁路总公司.铁路工程施工组织设计规范:Q/CR 9004—2018[S].北京:中国铁道出版社,2018.
[9] 唐寰澄.世界著名海峡交通工程[M].北京:中国铁道出版社,2004.
[10] 孟凡超,刘明虎,吴伟胜,等.港珠澳大桥设计理念及桥梁创新技术[J].中国工程科学,2015,17(1):27-35.
[11] 杉田秀夫.瀬戸大橋建設における技術と情報[J].情報管理,1990,32(10):839-854.DOI:10.1241/johokanri.32.839.
[12] 成井信,松下貞义,山根哲雄,等.柜石岛·岩黑岛公铁两用斜拉桥的设计[J].国外桥梁,1982(01):23-55.
[13] 刘自明.平潭海峡公铁大桥施工关键技术[J].桥梁建设,2019,49(05):1-8.
[14] 胡汉舟,刘自明,秦顺全,等.武汉天兴洲公铁两用长江大桥斜拉桥技术总结[M].北京:中国铁道出版社,2009.12.
[15] 张国宁.从大贝尔特海峡大桥、厄勒海峡大桥到费马恩海峡大桥的跨越[J].中外公路,2016,36(01):130-135.
[16] 胡传新,周志勇,秦鹏.港珠澳大桥青州航道桥抗风性能研究[J].桥梁建设,2018,48(2):1-6.
[17] 柳新华,刘良忠,侯鲜明.国内外跨海通道发展百年回顾与前瞻[J].科技导报,2006(11):78-89.
[18] 杨艳,陈宝春.世界跨海工程概况与台湾海峡通道可能性[J].福建建筑,2007(8):26-28.
[19] 赵家仁.平潭海峡公铁两用大桥元洪航道桥钢锚梁精确测量定位技术[J].世界桥梁,2018,46(06):31-35.
[20] 朱顺生,肖根旺.孟加拉国帕德玛大桥独立测量坐标系统技术研究[J].世界桥梁,2017,45(5):22-25.
[21] 曹明明,唐清宽,韩洋洋.采用钢内导管的斜拉桥索导管精确定位技术研究[J].世界桥梁,2015,43(5):36-39.
[22] 杨培兵,易岳林,房涛,等.望东长江公路大桥关键测量技术[J].世界桥梁,2016,44(4):40-43.
[23] 许提多,熊金海,丁川.港珠澳大桥高程控制和天文GPS水准法的应用[J].铁道勘察,2017,43(1):13-15.
[24] 根旺,朱顺生,王翔.千米超大跨径斜拉桥施工测量关键技术研究[J].桥梁建设,2018,48(1):13-18.
[25] 倪勇.武汉天兴洲公铁两用长江大桥主塔索道管精密定位测量[J].桥梁建设,2007(6):1-5.
[26] 李正冈.高性能支座灌浆材料的研究与应用[D].武汉:武汉理工大学,2011.
[27] 孙欣华,张先鸣.高强度螺栓连接副扭矩系数的影响因素[J].电气制造,2011(05):60-62.
[28] 刘宏刚,张洪玉,彭月燊.铁路钢桥高强度螺栓连接施工若干问题探讨[M].铁道标准设计,2005.
[29] 刘晓光.铁路钢桥疲劳研究进展[J].铁道建筑,2015(10):19-25.
[30] 魏军.高强度螺栓失效研究与扭矩系数测定[D].北京:华北电力大学,2014.
[31] 周鑫,李世威.浅谈建筑工程临时用电工程管理措施[J].建筑安全,2020,35(05):27-28.
[32] 陈正一.浅谈建筑工程施工现场临时用电安全管理[J].建筑安全,2020,35(05):29-31.
[33] 沈阳建筑大学.施工现场临时用电安全技术规范:JGJ 46—2005[S].北京:中国建筑工业出版社,2005.
[34] 王勇.杭州湾跨海大桥工程总结上下[M].北京:人民交通出版社,2008.

Part Four

第 4 篇

大型临时设施设计与施工

松下岸

人屿岛

元洪航道桥

鼓屿门水道桥

平潭海峡公铁大桥
建造关键技术

04

第1章
概述

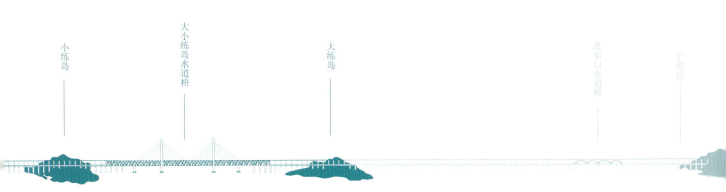

跨海大桥施工的大型临时设施主要包括栈桥、施工平台等。

栈桥作为一种施工辅助设施,属临时性结构,同一般的公路、铁路桥梁结构相比,具有使用期限短的特点。目前,栈桥虽在水利、桥梁等工程施工过程中被广泛应用,且形式多样,但由于针对不同服务对象服务功能的不同,以及具体自然和荷载环境的差异较大,关于栈桥设计尚无专门统一规范可供参考使用。同时,在实际工程中,由于总体工期限制,留给栈桥等临时设施的设计研究时间很少,栈桥设计往往缺乏深入的分析和研究,通常根据相近规范结合经验确定相关设计标准,很难较好地实现结构安全性和经济性的平衡统一,或牺牲结构安全储备以达到经济性指标,或结构设计过分保守造成材料浪费。

对于跨海大桥而言,规模大、施工时间长、荷载复杂及环境腐蚀性强是其显著特点。为方便海上施工材料、设备等运输,相应的施工栈桥长度、规模也较大,杭州湾跨海大桥南岸区域施工期间即修建了长达9.78km的栈桥,如此超长栈桥的设计与施工,无疑会增加工程建设成本。为提高栈桥使用的经济性指标,设计标准优化研究十分必要。另外,海洋环境复杂多变,环境荷载作用强度大、变化快且幅度大,跨海大桥施工需大量重型设备,对栈桥结构安全性较常规栈桥有更高的要求。此外,海洋环境具有强烈的腐蚀性,栈桥虽为临时结构,但由于跨海大桥施工周期相对较长,海上施工栈桥属准永久性结构,为保证栈桥在主体结构施工期间的运营安全,必须进行栈桥结构的耐久性设计。

跨海大桥施工平台同样存在有别于内河设计标准的问题。平潭海峡公铁大桥水中墩有130个,各墩在地质、水深、波浪条件方面有一定的差异,施工平台设计标准的选择,也要结合各墩位实际情况进行。

跨海大桥施工栈桥、施工(钻孔)平台设计标准,必须针对具体施工环境及服务功能要求,综合考虑结构安全性、经济性及耐久性等方面的因素,最终确定实施方案。

施工设施的抗风措施研究及实施也是海上桥梁施工技术关注的重点,平潭海峡公铁大桥在施工设施抗风技术上做了一定的探索和研究,具体内容详见以下各个章节。

松下岸 | 人屿岛 | 元洪航道桥 | 鼓屿门水道桥

平潭海峡公铁大桥
建造关键技术

04

第 2 章
复杂海域长栈桥设计与施工

2.1 栈桥概况

2.1.1 国内外栈桥研究现状

随着桥梁技术的发展,桥梁建设逐步由跨江河湖泊、越深山峡谷,向跨越海峡海湾、连接岛屿发展。同内陆桥梁相比,跨海桥梁通常具有跨线长、整体规模大、施工环境恶劣等特点,下部结构特别是基础施工具有相当大的难度,为方便施工,通常需要设置海上施工栈桥。

施工栈桥属于大型临时性工程结构,主要作为主体结构施工的材料、人员、机械设备运输通道,在桥梁工程建设中有着重要的地位。例如,美国在修建金门大桥时,为服务于南侧主塔防波堤施工,历时一年多修建了临时施工栈桥;库柏河桥位于美国加州,穿越生态湿地,出于环境保护考虑,修建了施工栈桥,并在墩位处旁设置支栈桥形成施工平台,其中最长段达835m;俄罗斯在远东地区修建库页岛-Ⅰ桥时,为方便施工,修建了长850m的施工栈桥。国内近年来施工栈桥的应用趋于常态,且朝着大规模的趋势发展。东海大桥建设过程中修建了总长为578m的施工栈桥;苏通长江大桥建成时为世界最大跨径斜拉桥,其引桥的施工栈桥长度为1850m;厦漳跨海大桥北汊施工时,修建了连接厦门海沧至海门岛的长达5815.8m的施工栈桥,如图4-2-1-1所示。杭州湾跨海大桥南岸引桥施工时,修建了跨数为633跨、总长达9444m的施工栈桥,长度为当时的世界之最,如图4-2-1-2所示。

表4-2-1-1列举了近年来国内部分长大栈桥的技术参数。

图 4-2-1-1　厦漳跨海大桥施工栈桥

图 4-2-1-2　杭州湾跨海大桥施工栈桥

国内部分长大栈桥技术参数表　　　　表 4-2-1-1

栈 桥 名 称	总长(m)	主跨(m)	上部结构形式	下 部 结 构
三峡大坝45m高程施工栈桥	480	21.2	等截面全焊箱梁	钢管桩
三峡大坝120m高程施工栈桥	1228	21.2	钢板梁、预应力混凝土梁	钢管桩
三门峡黄河公路大桥施工栈桥	800	16	万能杆件	钢管桩
巴东长江公路大桥施工栈桥	108.5	30	2φ800 钢管	钢管桩
武汉白沙洲大桥南岸施工栈桥	256	16	贝雷梁	钢管桩、预应力管桩
大辽河特大施工栈桥	329.1	12	56b 工字梁	钢管桩
风陵渡黄河大桥施工栈桥	288	12	万能杆件	钢管桩
厦门环岛路演武路至白城段跨海大桥施工栈桥	960	9	贝雷梁	钢管桩
杭州下沙大桥施工栈桥	1079	24	贝雷梁	钢管桩
妫水河大桥施工栈桥	796	16	万能杆件	钢管桩
东海大桥施工栈桥	578	—	贝雷梁	钢管桩
苏通长江大桥北引桥施工栈桥	1850	—	贝雷梁	钢管桩

续上表

栈桥名称	总长(m)	主跨(m)	上部结构形式	下部结构
厦漳跨海大桥北汊施工栈桥	5815.8	24.8	贝雷梁	钢管桩
杭州湾跨海大桥北岸施工栈桥	1570.5	—	贝雷梁	钢管桩
杭州湾跨海大桥南岸超长施工栈桥	9444	15	贝雷梁	钢管桩

由于桥梁施工需要较多大型机械设备，同时工程总体工期往往较紧，考虑材料节省等因素，栈桥设计常要求具有较大的承载能力，适应快速施工的要求，构件可回收重复利用，拆除方便。对于施工栈桥，目前国内外多停留于应用层面，但对其结构形式、设计荷载、关键施工工艺仍缺乏系统性的研究。特别是针对海况恶劣、地质条件复杂的深水海域，为减少栈桥下部结构施工，需增大栈桥跨度，提升栈桥跨越能力，相关设计方法与施工技术需进一步进行深入研究。

2.1.2 栈桥总体布置方案比选

结合"栈桥+平台"的总体施工方案，平潭海峡公铁大桥原指导性施工组织设计中提出了短栈桥布置方案，根据"尽量化海上施工为陆地施工"的原则，施工单位进场后又提出了长栈桥施工方案，秉承"安全、经济、快速"的原则，对两种方案进行了比选。其中短栈桥方案为，栈桥仅布置近岛段水深较浅的区域，总长3749.6m；长栈桥方案为，除三个主通航孔外均设置栈桥，总长7558.8m。

1）短栈桥方案

设计指导性施工组织设计的基本思路为："桥梁与岸边或岛屿连接处均设置施工栈桥连接，长乐岸桥头修建施工便道与省道201线连接，其余各岛屿处栈桥修建施工便道与生产生活区连接"。据此，栈桥仅布置在水深≤15m区域，松下岸至大练岛共设计栈桥8段，其中长乐岸至SR45号墩总长2134.2m，人屿岛两端栈桥分别长138m和102m，长屿岛两端栈桥分别长66m和204m，小练岛两端栈桥分别长613m和288.4m，大练岛小里程侧栈桥长204m，栈桥总长3749.6m，其总体纵立面布置如图4-2-1-3所示。

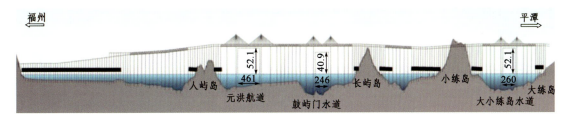

图4-2-1-3 短栈桥纵立面布置图（尺寸单位：m）

2）长栈桥方案

出于减少恶劣海况对施工影响的考虑，长栈桥方案采取顺桥梁主体结构沿线通长布置，总长7558.8m。该方案仅在元洪航道、鼓屿门水道和大小练岛水道三个主航道处断开留出行船通道，形成自长乐岸先后经人屿岛、长屿岛、小练岛、大练岛，并以相应岛屿为中心的海上施工通道，变海上施工为陆地施工。元洪航道至鼓屿门水道间栈桥也作为海上固定平台的一部分，该平台集生活办公、混凝土工厂、砂石料码头及存放场为一体。

施工栈桥整体走向为西北—东南，而桥位处风向及潮汐变化引起的海流与栈桥走向基本垂直，呈东北—西南方向。考虑船舶停靠，桥梁主体结构施工对栈桥行车和人员安全的影响以及减小海流及波浪力对钻孔平台和主体结构施工的影响等因素，将栈桥布置于主体桥位东北侧。根据海域水深情况和不同施工区域运输设备通行能力的不同要求（非通航孔桥范围的栈桥功能除满足通行和运输需要外，还须具备履带式起重机等施工设备作业条件,通航孔桥范围内栈桥仅满足材料及小型机具的运输和人员通行需要),将栈桥分为11个区段,其总体纵立面布置如图4-2-1-4所示。

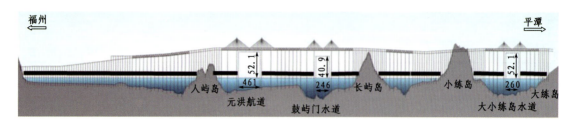

图4-2-1-4　长栈桥纵立面布置图(尺寸单位:m)

3)长短栈桥方案综合比选

短栈桥方案的优点是栈桥设计、施工难度相对较小,栈桥自身建设成本低。但其缺点却十分明显,基础施工时,水上起重船、船舶投入数量多,因而施工受天气影响大、效率低,主桥施工的安全质量、工期不可控,综合全桥考虑,总体施工成本高。

采用长栈桥方案有如下几个优点:

(1)长栈桥方案将全桥大部分施工区段连通起来(全线栈桥长度为7558.8m),将水上施工转变为半陆地施工,减少风浪影响,使有效施工天数大幅增加。主桥施工的安全质量、工期可控,综合全桥考虑,总体施工成本低。

(2)减少水上船舶数量,缩短水上起重船的作业时间,大大提高了总体施工效率,降低了船舶、起重船的租赁费用。

(3)栈桥可作为材料和人员的运输通道,便于机械设备和施工人员快捷进场、退场。

(4)栈桥连通后部分主墩少量混凝土供应可依靠场地内混凝土工厂,主墩平台的固定式混凝土工厂减少了2座,全线水上混凝土工厂减少了1座。

长栈桥方案的不利因素主要有:

(1)由于全桥栈桥数量大大增加,进场后施工前期投入较大,栈桥施工时间较长。栈桥上部结构用钢量1.4万t,钢管桩2.7万t,导管架1.4万t,合计5.5万t,增加了施工成本。

(2)水深大于20m的部分区段,栈桥的设计和施工都有很大难度。

(3)大范围栈桥的建立,给施工期间台风的侵扰和船撞带来很大安全隐患。

短栈桥方案和长栈桥方案最大的区别就是前者仅在浅水区设置栈桥,栈桥间断多,整体服务功能弱,仍需较多海上工程船舶配合施工。而长栈桥方案,栈桥整体布置基本连续,可以以岸、岛为中心覆盖整个全桥施工,化海上施工为陆上施工,服务功能强。

由于工程海域海况极端恶劣,全年6级及以上大风天数超过300d,7级及以上大风天数超过200d,施工受大风、波浪、海流及潮汐等影响较大。而常规海上工程船舶,当风力超过6级便无法进行有效施工,若采用短栈桥方案,则施工工期无法保证,且大量的工程船舶作业,经济成本亦会相应增加。长栈桥方案则可有效降低复杂海况的不利影响,减少船机设备受海况影响无法作业而引起的工期延误风险,方便材料、机械设备及人员运输,最大限度地提高施工效率。综合考虑桥位处的环境条件、施工可行性、经济性、工期等因素,采取长栈桥方案较为合理。

2.1.3　栈桥总体布置

根据前述栈桥方案论证,除在通航孔桥的主跨处断开外,全线设置施工栈桥与长乐岸及途经的人屿岛、长屿岛、小练岛及大练岛进行连接,形成以岛屿为中心的水上施工便道。非通航孔桥范围的栈桥功能除满足通行和运输需要外,还须具备施工设备(主要是履带式起重机)作业条件。而位于通航孔桥范围内的3号、5号和10号栈桥仅满足材料及小型机具的运输和人员通行需要。长乐岸桥头通过新建施工便道与省道201线连接,其余各岛屿连接栈桥均修建施工便道与生产生活区连接。

1)栈桥平立面布置

根据区域和设计荷载不同共分为11个区段。栈桥按公路-Ⅰ级车辆荷载设计(100t 履带式起重机通行吊装),其中3号、5号、10号栈桥仅容许通行公路-Ⅰ级荷载,不通行履带式起重机。栈桥总体平面布置如图4-2-1-5所示,总体立面布置如图4-2-1-6所示。

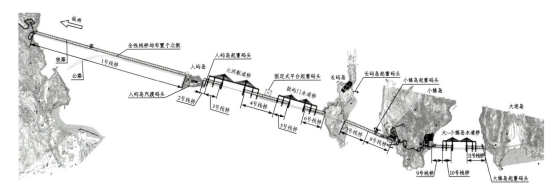

图 4-2-1-5　栈桥总体平面布置图

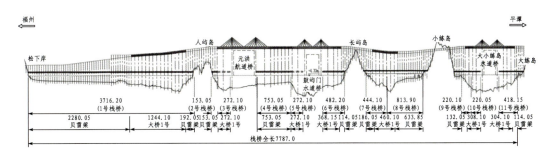

图 4-2-1-6　栈桥总体立面布置图(单位:m)

根据长栈桥方案,全桥各区段栈桥布置概况见表4-2-1-2。

全桥栈桥布置表　　　　　　　　　　　　　　　表 4-2-1-2

栈桥编号	长度(m)	墩位区间	水深(m)	桥跨布置(m)	桩类别	备注
1号	3527.2	SR06~SR07	0~10	贝雷梁12+15	钢管桩+扩大基础	既有段
		SR08~SR48	11~18	贝雷梁9+15	打入桩	既有段
		SR49~SR57	18~25	大桥Ⅰ号桁梁12+24(32)	钢管桩+锚桩	新增段
		SR58~SR63	25~35	大桥Ⅰ号桁梁12+24(32)	钢管桩+锚桩	新增段
		SR63~SR64	18~25	大桥Ⅰ号桁梁12+20	钢管桩+锚桩	新增段
		SR64~SR67	0~17	贝雷梁9+12	钢管桩+扩大基础	既有段
2号	138	SR76~SR77	0~11	贝雷梁9+12	打入桩	既有段
		SR77~N01	11~18	贝雷梁9+15	打入桩	既有段
3号	280	N01~N03	27~32	大桥Ⅰ号桁梁12+32	钢管桩+锚桩	新增段
4号	738	N04~RC05	14~18	贝雷梁9+15	打入桩	新增段
5号	274.4	RC05~Z01	18~24	大桥Ⅰ号桁梁12+32	打入桩	新增段
		Z02~Z03	39~43	大桥Ⅰ号桁梁12+30(34)	导管架	

续上表

栈桥编号	长度(m)	墩位区间	水深(m)	桥跨布置(m)	桩类别	备注
6号	482.2	Z04~Z06	22~25	大桥Ⅰ号桁梁12+28(32)	钢管桩+锚桩	新增段
		Z06~CX01	18~22	大桥Ⅰ号桁梁12+32(36)	钢管桩+锚桩	新增段
		CX02~CX04	0~18	贝雷梁7.5+16.5	打入桩	既有段
7号	466.1	CX17~CX19	0~11	贝雷梁6+15	钢管桩+锚桩	既有段
		CX19~CX20	12~14	贝雷梁7.5+16.5	钢管桩+锚桩	既有段
		CX20~CX23	14~22	大桥Ⅰ号桁梁10+30	打入桩	新增段
8号	813.9	CX23~CX25	14~22	大桥Ⅰ号桁梁12+28	打入桩	新增段
		CX25~CX28	12~18	贝雷梁7.5+16.5	钢管桩+锚桩	既有段
		CX28~CX38	0~11	贝雷梁9+15(18)	钢管桩+扩大基础	既有段
9号	191.6	XD07~XD10	3~11	贝雷梁6+12(15)	钢管桩+扩大基础	既有段
		XD10~XD11	11~18	贝雷梁7.5+12	打入桩	新增段
		XD11~S01	18~25	大桥Ⅰ号桁梁10+28(32)	钢管桩+锚桩	新增段
10号	220.1	S01~S03	18~35	大桥Ⅰ号桁梁12+24(38)	钢管桩+锚桩	新增段
11号	427.3	S04~S05	25~26	大桥Ⅰ号桁梁10+26(34)	钢管桩+锚桩	新增段
		S05~XD12	18~20	大桥Ⅰ号桁梁10+28(34)	钢管桩+锚桩	新增段
		XD12~XD15	0~18	贝雷梁7.5+16.5	钢管桩+扩大基础	既有段

2) 栈桥平面位置

桥位处风向及洋流方向为由北向南,考虑靠船及墩身施工时栈桥上行人及车辆安全,将栈桥布置于桥位北侧。

引桥基础施工时,为满足围堰下放要求和钻孔平台的布置,栈桥内侧边桩中心至承台边缘距离不小于6.5m。当承台尺寸变化时,栈桥与主桥中心线的间距需进行调整,调整时采用栈桥重叠拐弯法,如图4-2-1-7所示。主桥处考虑船舶运输钢桁梁,栈桥中心线与主桥线路中心距离为41m。各类栈桥与主桥中心线的间距根据承台尺寸、钻孔平台尺寸进行布置,详见表4-2-1-3。

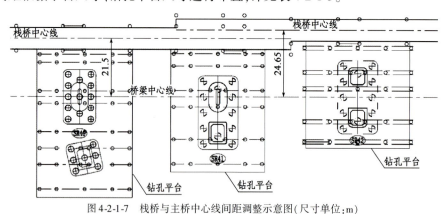

图4-2-1-7 栈桥与主桥中心线间距调整示意图(尺寸单位:m)

各类栈桥与主桥中心线间距表　　　　　表4-2-1-3

栈桥名称	1号栈桥	2号~5号栈桥	6号栈桥	7号、8号栈桥	9号~11号栈桥
与主桥中心线间距(m)	21.5、24.65、27.8	41.0	24.5、41.0	24.5	40.0

3) 栈桥桥面高程

结合本桥风大、浪高的环境特点,加之栈桥施工难度大,栈桥施工完成后作为桥梁全线的施工通道,是本桥施工效率、安全质量、施工工期的基本保障,因此栈桥在设计使用年限内,即使出现极端天气(发生100年一遇波浪、超强台风等)也不允许发生倒塌等丧失功能的破坏。经详细研究确定,栈桥的桥面高程需满足在极端波浪条件下,有效波高不能接触长栈桥的主梁。根据以上原则,栈桥顶面高程=(20年一遇)高水位(+4.33m)+1/2(20年一遇)波高+1m安全高度+1.5m(贝雷梁高)或2.14m(大桥Ⅰ号桁梁高)+0.01m胶皮厚度+0.20m桥面板厚度。但是考虑发生100年一遇波高时,如波峰直接高于栈桥主梁下弦,则栈桥极有可能被波浪摧毁,根据本桥波浪极大的实际情况,栈桥高程还按(20年一遇)高水位(+4.33m)+1/2(100年一遇)波高+0.2m安全高度+1.5m(贝雷梁高)或2.14m(大桥Ⅰ号桁梁高)+0.01m胶皮厚度+0.20m桥面板厚度进行计算,并取两者的最大值作为设计标准。

按上述方法计算,1~6号栈桥桥面高程为+11.27m,7~11号栈桥桥面高程为+9.19m。

4)施工条件

(1)工程地质

桥址处地质条件复杂,全线仅2640m范围内有粉砂、中砂覆盖层外,其余均为浅(无)覆盖层区域。基岩主要为砂砾状和碎块状强风化花岗岩,岩石承载力450~600kPa,少部分地段分布全风化花岗岩,岩石承载力在350kPa,侧摩阻力60kPa。岩层裸露坚硬,钢管桩插打困难。

(2)潮汐

根据平潭水文站及苏澳观测站资料,工程海域平均高潮位+2.39m,平均低潮位-1.89m,平均潮差4.28m。20年一遇高潮位+4.33m,低潮位-3.89m,最大潮差7.09m,联结系的作业时间较短。

(3)气候

桥址区域风向季节性变化明显且稳定,百年重现期10min平均最大风速44.8m/s。10月~次年3月为季风期,全年大于6级风天数超过300d,7~9月为台风季节,年平均台风6~7次。可施工时间少,作业风险大。

(4)交通条件

施工栈桥与长乐岸及途经的人屿岛、长屿岛、小练岛及大练岛进行连接,形成以岛屿为中心的水上施工便道。近岛段地质条件复杂,松下岸及岛屿周边山石陡峭。

2.2 栈桥技术研究

2.2.1 试桩

本工程区域施工环境复杂,水深、基岩裸露,钢管桩能否打入强风化岩层,并满足波浪力作用下自身稳定要求,无成熟经验可借鉴。因此有必要进行钢管桩插打工艺试验和水平稳定性试验,以确定栈桥钢管桩插打施工工艺,为修正栈桥结构设计和制订栈桥施工方案提供依据。

1)试验目的

(1)研究在基岩裸露的海域钢管桩可打入深度及满足单桩自稳要求所需最小入岩深度;
(2)研究在波浪力、风荷载作用下钢管桩实际水平位移量及满足栈桥稳定要求所需最小锚固深度。

2)试验范围

桥址处地质条件复杂,仅SR07—SR34段、N04—Z01段、Z04—CX01段(总长2.64km)范围内覆盖层厚度在8m以上。其余均为浅(无)覆盖层区域。根据本桥工程地质特点及栈桥结构设计要求,分别在厚覆盖层、浅覆盖层和光板岩区各选8根管桩进行钢管桩插打工艺试桩施工,并在无覆盖层区选取2组已插打的钢桩进行水平稳定性对拉试验。各类试桩的具体位置、相应轴线桩号及工程地质特征见表4-2-2-1。

试桩位置、桩号及地质情况　　　表 4-2-2-1

栈桥桩号	桥梁墩号	水深(m)	覆盖层厚度(m)	覆盖层岩层构成	地质描述
A112~A115	SR32、SR33	10<水深<13	>8	粉细砂+粉质黏土+粗砂	覆盖层厚度超过30m,摩阻力35~50kPa
A123~A126	SR35、SR36	13<水深<18	3~8	粉细砂+碎块状强风化花岗岩	粉细砂层,摩阻力35kPa,碎块状强风化岩承载力600kPa
A232~A235	SR64、SR65	水深<13	0	砂砾状强风化花岗岩+碎块状强风化花岗岩	砂砾状强风化岩承载力350kPa,碎块状强风化岩承载力600kPa

3）试验方法

(1) 钢管柱插打

钢管桩在选定的区域用多功能全旋转式起重"海力801"打桩船插打。插打初期小能量锤击,实时观测偏位情况,及时纠正,待入土深度稳定后逐步加大打击能量直至满足停锤贯入度要求,如图4-2-2-1所示。

图 4-2-2-1 "海力 801" 打桩船作业

钢管桩插打前根据打桩船配置的液压冲击锤的技术性能计算作用于钢管桩的冲击荷载和钢管桩自身承载能力。利用"海利公式"计算液压冲击锤打击能量与作用于桩头的冲击荷载关系,得出作用于桩顶的冲击荷载约为冲击能量的7倍。$\phi1200 \times 14mm$ 的钢管桩轴向承载力约为14000kN,桩锤的冲击能量应控制在200kJ以内,以免损坏钢管桩。

(2) 水平稳定性对拉试验

试验原理:利用悬臂结构在水平荷载作用下,水平力与悬臂端位移的力学关系,模拟单桩在波浪荷载作用下的变形情况和稳定情况。试验通过在已插打的两根钢管桩桩顶设置对拉设施,利用对拉设施上的拉力计读取水平荷载,用测量仪器观测桩顶水平位移,并根据水平荷载和水平位移测量数据绘制荷载—位移曲线图。将试验数据与理论计算数据进行对比分析,判断在波浪力作用下满足单桩自稳要求所需的入岩深度和满足栈桥结构受力要求所需的最小锚固深度,如图4-2-2-2所示。

图 4-2-2-2　单桩稳定性对拉试验

4）试验结果

根据钢管桩插打试验记录分析，钢管桩在砂粒状强风化花岗岩地层可打入深度基本在 4.0m 以上，在碎块状强风化花岗岩地层可打入深度基本在 2.0m 以上。

根据钢管桩水平对拉稳定性试验数据分析，单桩桩顶水平位移小于设计数值范围内，水平荷载和水平位移为线性关系，表明在满足设计要求的波浪荷载作用下钢管桩与基岩为固结状态，并且基岩处于弹性变形阶段。利用试验数据分析，$\phi 1200 \times 14$mm 的钢管桩固结锚固深度约为 2.4m，其结果与理论计算所需的锚固深度基本相近。

通过钢管桩试插打及水平稳定性对拉试验表明，在本桥工程地质条件下，钢管桩可采用打桩船插打。

5）栈桥钢管桩入岩入土深度要求

通过钢管桩插打实验和对拉实验证明钢管桩在浅、无覆盖层区域可以打入岩层实现单桩自稳，并结合地勘资料，计算分析得到现场打入贯入度，得出入岩、入土判定标准即：

在浅、无覆盖层区域插打栈桥钢管桩，$\phi 1.2$m 钢管桩入岩大于 2.7m；$\phi 1.5$m 钢管桩入岩大于 3.5m；$\phi 2.0$m 钢管桩入岩大于 4.2m；$\phi 2.4$m 钢管桩入岩大于 5.0m，均可视为固结。钢管桩入岩判定标准确定为：连续锤击 10 击，平均贯入度不大于 6cm/击，且单锤锤击贯入度不大于 8cm/击，此后贯入度平稳或持续减少时可判定入岩。

对于厚覆盖层区域钢管桩打入深度以贯入度指标控制为主，$\phi 1.2$m 钢管桩打击能量为 100kJ 时，最后 20 击平均贯入度不大于 15mm，打入深度不小于 15.6m，可满足竖向及水平承载力要求；$\phi 1.5$m 钢管桩打击能量为 150kJ 时，最后 20 击平均贯入度不大于 15mm，打入深度不小于 17.6m，可满足竖向及水平承载力要求。入岩要求通过以下两种方法进行计算。

(1) 按《港口工程桩基规范》(JTS 167-4—2012) 计算

按《港口工程桩基规范》(JTS 167-4—2012) 第 4.3.5 条规定：不进行水平静载荷试验的嵌岩桩，嵌岩端按固接设计时，嵌岩深度应不小于计算嵌岩深度，且应不小于 1.5 倍嵌岩段桩径。计算嵌岩深度可按下式计算。

$$h_r \geqslant \frac{4.23 V_d + \sqrt{17.92 V_d^2 + 12.7 \beta f_{rk} M_d D}}{\beta f_{rk} D} \tag{4-2-2-1}$$

式中：h_r——计算嵌岩深度 (m)；

V_d——基岩顶面处桩身剪力设计值(kN);

β——系数,取 0.2~1.0,根据岩层侧面构造和风化程度而定,节理发育的取小值;反之取大值,中风化岩不宜大于 0.6;

f_rk——岩石饱和单轴抗压强度标准值(kPa),f_rk 的取值应根据工程勘察报告提供并结合工程经验而定;

M_d——基岩顶面处桩身弯矩设计值(kN·m);

D——嵌岩段桩身直径(m)。

(2)按《公路桥涵地基与基础设计规范》(JTG D63—2007)计算

当海床面有冲刷时,桩基需嵌入基岩,嵌岩桩按桩底嵌固设计。其应嵌入基岩中的深度,圆形桩可按下列公式计算(适用条件 $f_\mathrm{rk} \geqslant 2\mathrm{MPa}$)。

$$h = \sqrt{\frac{M_\mathrm{H}}{0.0655\beta f_\mathrm{rk} d}} \qquad (4\text{-}2\text{-}2\text{-}2)$$

式中:h——桩嵌入基岩中(不计强风化层和全风化层)的有效深度(m),不应小于 0.5m;

M_H——在基岩顶面处的弯矩(kN·m);

f_rk——岩石饱和单轴抗压强度标准值(kPa),黏土质岩取天然湿度单轴抗压强度标准值;

β——系数,取 0.5~1.0,根据岩层侧面构造而定,节理发育的取小值;节理不发育的取大值;

d——桩身直径(m)。

《铁路桥涵地基和基础设计规范》(TB 10093—2017)所述计算公式与本计算公式基本相同,不作详细计算。

根据公路、铁路相关地基与基础设计规范相关条文,公路规范不计全风化和强风化岩,但本规范提出计算公式适用于 $f_\mathrm{rk} \geqslant 2\mathrm{MPa}$;铁路规范未对岩层要求进行说明。按《公路桥涵地基与基础设计规范》(JTG D63—2007)第 5.3.5 条说明,本计算公式也按碎块状强风化岩进行计算。

6)管桩嵌岩深度有限元仿真分析

采用 Ansys 分析过程中,假设钢管桩及桩周围岩石均为各向同性材料,根据工程地质勘察报告,岩石采用理想弹塑性模型,岩石的屈服准则采用 Drucker-Prager 准则。钢管桩采用线弹性材料模型。

钢管桩及岩石均采用 8 节点 Solid45 实体单元模拟。取 1/2 模型分析钢管桩在桩顶水平力作用下的受力情况,岩石在深度方向沿桩端取桩半径的 10 倍,半径也取桩半径的 10 倍。桩与岩石间的相互作用采用接触分析模拟,其中桩上的面为刚性目标面,采用 Targe170 单元模拟;与桩目标面对应的岩石表面为接触面,采用 Conta173 单元模拟。其边界条件为岩石四周及底部均采用固定约束,桩顶为完全自由端。有限元模型如图 4-2-2-3 所示,钢管桩应力如图 4-2-2-4 所示,钢管桩变形如图 4-2-2-5 所示。

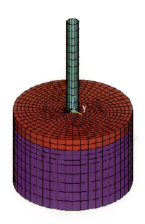

图 4-2-2-3 钢管桩及其周围岩石有限元模型

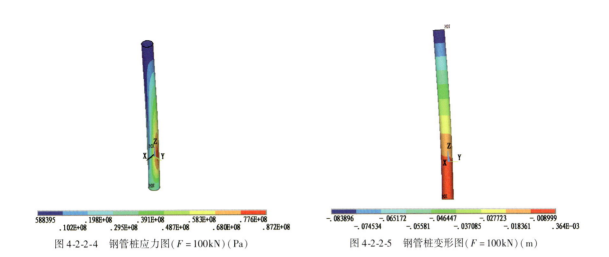

图 4-2-2-4　钢管桩应力图($F=100$kN)(Pa)　　　　图 4-2-2-5　钢管桩变形图($F=100$kN)(m)

2.2.2　大桥Ⅰ号桁梁研发

1）研发背景

平潭海峡公铁大桥施工栈桥，主要针对桥址区特殊的海洋环境和地质条件，结合大桥主体结构施工的服务要求，按照"工作状态""非工作状态""极限非工作状态"三种设计状态的相应设计标准进行相关总体布置及结构方案的设计。平潭海峡公铁大桥施工栈桥所跨海域最大水深达45m；跨线区域地质条件复杂，海床覆盖层缺失，多位于浅、无覆盖层区和裸岩区，且海床起伏落差大，岩面倾斜严重，强风化层较厚且强度较高，球状风化残留体等不良地质现象分布较多；桥址区受风、浪、潮汐影响明显，要求栈桥能在8级以下大风条件下满足通行和作业要求；为减少深水区栈桥下部结构施工，同时提高施工效率，节约栈桥基础投资、缩短栈桥的施工工期，首次设计并应用了最大跨径达44m的大桥Ⅰ号桁梁，突破了同类栈桥跨径设计标准。

2）Ⅰ号桁梁基本结构

大桥Ⅰ号桁梁是在常规贝雷梁基础上研制而成的新型常备式构件。它具备跨越能力强、拼装方便、相比双层贝雷梁自重更轻等显著优点。

Ⅰ号桁梁标准节段及加强节段长4m，桁高2m，由上、下弦杆、竖杆及斜杆焊接而成，上下弦杆的端部设阴阳接头，接头上有连接销孔，如图4-2-2-6所示。

标准节段弦杆系采用两个[14a零件，两个零件成对地相背组合成][形。两背间隔80mm以便与腹板连接；竖杆及斜杆均采用80mm×80mm×5mm方钢管。

加强节段弦杆系采用两个[14a零件，两个零件成对地相背组合成][形。两背间隔80mm以便与腹板连接；竖杆采用80mm×80mm×8mm方钢管，斜杆采用80mm×80mm×5mm方钢管。

标准节段各构件间的连接，均采用焊接，每片标准节段重579.2kg、每片加强节段重617.5kg。节段单元之间采用钢销连接，单元间依靠钢销传力。钢销材质为30CrMnTi，直径为60mm。

Ⅰ号桁梁拼装后力学特性详见表4-2-2-2。

Ⅰ号桁梁力学特性表　　　　表4-2-2-2

结构构造		力学特性			
		W_x(cm³)	I_x(cm⁴)	M_{max}(kN·m)	Q_{max}(kN)
单排单层	不加强	6833	731174	1468	500
	加强	13890	1680742	3142	500

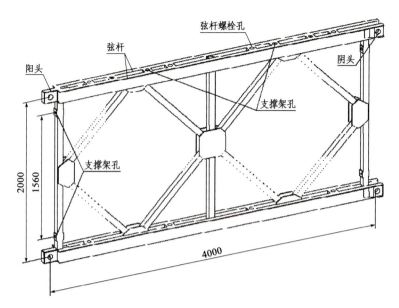

图 4-2-2-6　Ⅰ号桁梁标准节段/加强节段图（尺寸单位：mm）

3）现场施工过程中遇到的质量问题

（1）涂装问题

①防腐涂装质量不满足要求，油漆存在整片脱落，部分地方存在无底漆现象。

②大桥Ⅰ号梁支撑架螺栓无防腐防锈措施，导致现在螺栓普遍锈蚀严重。

（2）加工精度问题

①大桥Ⅰ号梁当时由两个厂家供货，两个厂家通用性不好。

②在检测过程中发现有些桁梁宽度为2134mm，图纸宽度为2140mm。

③现场进行拼装时，部分钢销无法打入到位，拼装困难。经对销孔与钢销直径抽样检验，产品存在加工尺寸精度不够，部分销孔内壁粗糙等问题。

④有些阴头端部不在一个平面上，孔径有些偏小，有些阴头销孔向外鼓包，阴头间距偏大，导致有些标准型和加强型桁梁拼装不上。

⑤经检测有些大桥Ⅰ号梁的阴头间距不一，两片大桥Ⅰ号梁拼装阴阳头眼孔错位严重。

（3）焊接问题

①焊接质量不符合要求，主要问题有：焊缝高度、长度不够，漏焊，焊缝孔洞有质量问题，焊缝太厚导致阴阳头拼装不上等。

②斜腹杆与弦杆连接节点板的焊缝，设计为单面破口焊，实际加工为单面角焊缝。

（4）材料问题

加强型Ⅰ号梁三个立柱壁厚有部分不符合要求，方钢厚度偏小；经检测有些加强型立柱为标准型立柱；加强型和标准型Ⅰ号梁颜色涂装混淆。

4）现场施工过程中的经验

（1）大桥Ⅰ号桁梁相较于贝雷梁的整体力学性能更强，安全系数更高，同等跨度条件下大桥Ⅰ号梁的承载能力更强；

（2）大桥Ⅰ号桁梁相较于贝雷梁其跨越能力更强，适用于裸岩、斜面岩等不良地质环境下栈桥及平台施工，减少了不良地质情况下钢管桩的施工工程量并增强了结构的安全储备；

（3）大桥Ⅰ号桁梁可在现场散拼，也可在后场整体拼装、吊装及安装，大大节省了现场安装时间，可实现快速安装的目的。

5）现场施工过程中的不足

（1）大桥Ⅰ号桁梁相较于贝雷梁的重量较重，单片贝雷梁重270kg，而大桥Ⅰ号桁梁单片重量约为579.2kg（加强型:617.5kg），对起吊设备要求较高，尤其是采用整体起吊作业时，需大型起吊设备方可作业。

（2）大桥Ⅰ号桁梁制造质量及精度要求较高，由于两销轴孔间距及结构尺寸误差过大，现场施工时，桁梁对接安装难度大。

（3）从成本角度上看，大桥Ⅰ号和贝雷梁均采用租赁方式时，其性价比较低，大桥Ⅰ号桁梁单片租赁费约为贝雷梁单片租赁费的2倍。

6）对大桥Ⅰ号桁梁的建议

取消普通型大桥Ⅰ号梁，全部采用加强型大桥Ⅰ号梁。由于大桥Ⅰ号标准型和加强（竖杆加厚）型在外形尺寸完全一样，仅仅是竖杆壁厚有区别，现场是通过不同颜色加以区别，长时间以后，很难区分且不美观，建议今后都统一为加强型，增加通用性（加强型每片比标准型重约40kg，增加量有限）。

2.3 栈桥结构设计

2.3.1 栈桥设计状态划分

"安全""经济""适用""美观"和有利环保是现代桥梁设计的一般原则。施工栈桥属于一种临时桥梁结构，应更多地注重"安全""经济"与"适用"三者的协调统一。在平潭海峡公铁大桥桥位海域，海流力、波浪力等荷载大，且施工设备大型化，要求栈桥结构具有较强的承载力。但由于施工作业条件受自然环境限制，海况较差及极端天气时，栈桥并不一定处于作业工作状态，此时对结构不一定需要强调绝对安全。另一方面，栈桥使用年限较短，在栈桥使用期限内，各种极端荷载并不一定同时出现。因此，出于降低施工成本提高经济性指标考虑，栈桥结构设计时，需划分不同的设计状态。

《公路桥涵设计通用规范》(JTG D60)与《港口工程结构可靠性设计统一标准》(GB 50158)关于设计状况的划分，均引入结构可靠度设计的概念，将结构设计状况划分为持久状况、短暂状况和偶然状况，后者还将地震荷载作用时单独列出作为地震状况设计。由于栈桥属于临时性结构，使用年限较短，地震状况可不予考虑。已建成的杭州湾跨海大桥，在南岸滩涂区段施工时修建了超过9km的施工栈桥，其设计状态的划分也正是参考了《公路桥涵设计通用规范》和《港口工程结构可靠性设计统一标准》的相关设计理念，将栈桥设计分为工作状态、非工作状态和极限非工作状态三种设计状态。

平潭海峡公铁大桥超长栈桥设计，结合《公路桥涵设计通用规范》与《港口工程结构可靠性设计统一标准》的规定，参考杭州湾跨海大桥南岸超长施工栈桥设计的经验，将栈桥设计状况分为工作状态、非工作状态和灾难状态。但由于桥址处6级以上大风超过300d，7级以上大风超过200d，海况与杭州湾海域差异较大，更为复杂，加之施工要求、使用年限较杭州湾栈桥更长（设计使用年限为6年），故关于三种设计状态的含义应有新的内容和定义。

工作状态，即在自然环境允许条件下，主要是8级风以下，栈桥上能进行正常的施工作业，汽车、履带式起重机等大型设备以及作业人员能够正常通行。栈桥主要承受结构自重、管线重量、施工荷载及相应的波浪力、水流力和风荷载，由于桥址处海况恶劣，大风天气频繁，风、浪、潮等自然荷载重现期取为10年。此时需对栈桥结构进行承载能力极限状态和正常使用极限状态设计。

非工作状态，是指因风、浪、潮汐等外界自然荷载作用，不适宜或不允许进行正常的施工作业，栈桥禁止自身施工、履带式起重机作业和通行。栈桥主要承受结构自重、管线重量及相应风、浪、水流荷载。风荷载、波浪力及水流力取20年重现期，结构进行承载能力极限状态和可逆正常使用极限状态设计。所谓可逆正常使用极限状态，即在其极限状态对应荷载作用时，结构因受力过大而使少量局部构件出现可修复损坏或变形过大,影响结构正常使用,当荷载撤出后,结构变形能恢复到适宜正常使用的状态。

极限非工作状态,指栈桥在设计使用期限内,可能遭遇超强台风、大浪、大潮综合作用的最不利荷载情况,结构材料和几何非线性特征明显。要求栈桥在承受自重及管线等附属设施重量的同时,在100年一遇的大风荷载、波浪力和水流力的共同作用下,栈桥主体结构不被破坏,不出现连续性倒塌。此时,对栈桥结构仅进行承载能力极限状态设计。

除对栈桥三种设计状态进行设计外,还应对栈桥施工节段结构安全进行验算,其荷载为墩顶处悬臂导向架法架梁作业荷载,以及10年一遇波浪力、水流力和7级风荷载作用。

2.3.2 荷载组合规则

根据栈桥设计状态划分及承载要求,栈桥设计计算及施工阶段验算分为五个工况,其荷载组合见表4-2-3-1。

栈桥设计及验算荷载组合表　　　　表4-2-3-1

设计状态	工况	自重	汽车荷载	履带式起重机	挂车	风荷载	波浪力	水流力
工作状态	I	结构自重	公路I级	—	—	10年一遇	10年一遇	10年一遇
	II	结构自重	—	100t	—	10年一遇	10年一遇	10年一遇
	III	结构自重	—	—	挂-100	10年一遇	10年一遇	10年一遇
非工作状态	IV	结构自重	—	—	—	20年一遇	20年一遇	20年一遇
极限非工作状态	V	结构自重	—	—	—	100年一遇	100年一遇	100年一遇
施工状态	VI	结构自重	—	—	—	10年一遇	10年一遇	10年一遇

2.3.3 设计应力

栈桥设计状态的划分引入了结构可靠度设计的概念,在一定程度上对栈桥结构的安全储备有所牺牲。海上栈桥作为跨海桥梁施工的辅助设施,由于跨海大桥施工周期较长,要求栈桥具有相应的设计使用年限。平潭海峡公铁大桥施工栈桥设计使用年限为6年,在整个桥梁施工期间,栈桥具有准永久性的特点。另一方面,跨海栈桥施工需投入大型起吊设备及机车,要求栈桥能满足这些设备的正常作业和通行,并抵御桥址区恶劣海况的冲击。作为重要的准永久性结构,栈桥设计应在三种设计状态的基础上,采取容许应力设计的方法,从而更好地实现"安全""经济""适用"的协调与平衡。

对于栈桥工作状态,材料容许应力取值参考《铁路桥梁钢结构设计规范》(TB 10002.2—2005),其中对于Q235钢材,基本弯曲许用应力为140MPa,基本剪切许用应力为80MPa;对于Q345钢材,基本弯曲许用应力为210MPa,基本剪切许用应力为120MPa。同时为保证结构的正常使用,要求主梁许用最大弹性挠度为$L/400$,栈桥桩顶纵、横向最大许用位移为50mm。

对于非工作状态,栈桥除承担结构自重外,还需承担较大的波浪力、水流力和风荷载等附加力,结构要满足承载能力极限状态和可逆正常使用极限状态设计的要求。对基本许用应力取值,进行提高调整,参考《大坝栈桥施工设计》一书,提高系数取为1.2。

对于极限非工作状态,结构验算时仅需满足结构承载能力极限状态的要求,因此基本许用应力取值为材料屈服强度。

2.3.4 设计荷载参数选取

1)主力

(1)结构自重,按实际自重取值,管道荷载:2.0kN/m。

(2)汽车荷载:公路Ⅰ级。车辆限速10km/h,不计冲击作用。

(3)100t履带式起重机,自重加配重共133t,每联(每两个伸缩缝之间)布置1台,接触面积为2-6850×950mm²。100t履带式起重机在双墩小跨上均可正吊50t和侧吊20t,大跨单墩顶可以正吊和侧吊,但吊重不大于18t,侧吊吊幅不超过9.5m,其余位置只能空载通行(3号、5号、10号栈桥无此项荷载)。

(4)挂车-100,挂车-100在栈桥每3跨内仅允许布置一辆(3号、5号、10号栈桥无此项荷载)。

2)附加力

(1)栏杆荷载:按人行道栏杆设计,作用于栏杆立柱顶上的水平推力标准值为:0.75kN/m;作用于栏杆扶手上的竖向力标准值为:1.0kN/m。

(2)行人荷载:2.5kN/m。

(3)风载:栈桥施工状态、栈桥工作状态和栈桥正常非工作状态和极限非工作状态的允许风力分别为:7级、8级、20年一遇风荷载、100年一遇风荷载,相应风速分别为:17.1m/s、20.7m/s、39.8m/s、45.4m/s。

(4)水流力:由于10年一遇流速与20年一遇流速差别很小,故10年一遇流速与20年一遇流速取相同值,长乐岸至长屿岛间10年一遇流速取2.1m/s,100年一遇流速取2.27m/s;长屿岛至小练岛间10年一遇流速取2.5m/s、100年一遇流速取2.66m/s;小练岛至大练岛间10年一遇流速取2.9m/s、100年一遇流速取3.09m/s。水流力按《港口工程荷载规范》(JTS 144-1—2010)进行计算。

(5)波浪力:本桥波浪要素由国家海洋局第三海洋研究所提供,栈桥工作状态时波浪要素按10年一遇取值;栈桥非工作状态时波浪要素按20年一遇取值,栈桥极限非工作状态时波浪要素按100年一遇取值。

2.3.5 栈桥桥跨布置及结构形式设计

1)横断面布置

为保证栈桥能满足100t履带式起重机通行或两辆混凝土运输车错车,栈桥总宽度为8.5m=8m(桥宽)+0.5m(水管、泵管区)。为承受100t履带式起重机通行或偏吊18t荷载,贝雷梁及大桥Ⅰ号桁梁横桥向两侧各集中布置4片,中间分散布置4片,共12片。贝雷梁及大桥Ⅰ号桁梁每片端部及下弦均采用支撑架横向连接。贝雷梁栈桥横断面布置图如图4-2-3-1所示。大桥Ⅰ号桁梁栈桥横断面布置图与贝雷梁栈桥横向布置相同。

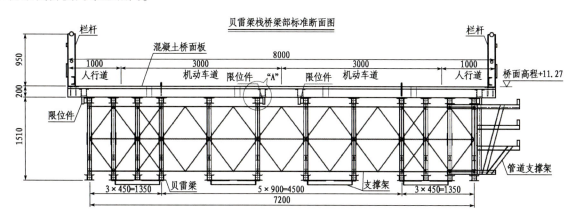

图4-2-3-1 栈桥横断面图(尺寸单位:cm,高程单位:m)

2)桥跨布置

桥跨主要根据所在区域水深及覆盖层厚度布置。水深按20年一遇高潮位$H_{1/20}=4.33$m计算。深、浅覆盖层按照是否大于钢管桩设计入土深度来划分。此外,为增强栈桥的横向稳定性,考虑将栈桥桩和平台相连,同时满足100t履带式起重机在栈桥上能吊装作业,平台处对应设置制动墩。

水深≤18m的浅水区采用贝雷梁,深覆盖层区域标准跨度布置为9m+2(3)×15m+9m,浅(无)覆盖层区域标准跨度布置为7.5m+2(3)×16.5m+7.5m。

水深大于18m的深水区采用大桥Ⅰ号桁梁,除3号、5号栈桥标准跨度布置为10m+44m外,其余浅覆盖层区域标准跨度布置为10m+30(34)m,深覆盖层区域标准跨度布置为12m+36m。

3）栈桥墩结构

近岛段栈桥采用扩大基础+钢管桩,落潮时扩大基础会露出水面。桩顶横桥向间距为6m,桩顶横向设由两根H型钢组焊而成的箱形分配梁。水深$h≤13m$厚覆盖层栈桥墩采用垂直打入钢管桩。桩顶横桥向间距为6m,桩顶横向设由两根H型钢组焊而成的箱形分配梁。水深$h>13m$厚覆盖层栈桥墩采用打入钢管桩斜桩,斜桩桩顶横桥向间距为6m,斜率为1:8,桩顶横向设由两根H型钢组焊而成的箱形分配梁。浅覆盖层栈桥墩采用钢管桩+混凝土锚桩的结构形式。为便于锚桩施工,钢管桩采用竖直桩,横桥向间距为9m,露出桁梁两侧。桩帽前后各伸出一个牛腿,其上各设一根H型钢或双根H型钢分配梁,支撑上部贝雷梁或大桥Ⅰ号桁梁相邻的两根竖杆。混凝土锚桩在钢管内的搭接长度根据混凝土与桩的黏结抗剪强度,$\phi1.2m$钢管桩内定为4m,$\phi1.5m$钢管桩内定为6m。锚桩入土深度根据单桩总设计入土深度和钢管桩实际入土深度确定,但最少不小于4m。

钢管桩均采用Q235材质,型号为:扩大基础栈桥钢管桩采用$\phi1000×10mm$。$h≤18m$时,斜桩、直桩均采用$\phi1200×14mm$。水深$h>18m$时,斜桩采用$\phi1200×14mm$,直桩采用$\phi1500×18mm$、$\phi2000×22mm$、$\phi2400×28mm$。

4）联结系设计

钢管桩间的联结系均采用焊接钢管结构。水深$h≤13m$深覆盖层栈桥墩打入钢管桩,联结系采用套管联结系,高度为5m,联结系下横杆高程为+1.0m。水深$h≤11m$浅覆盖层栈桥墩钢管桩+混凝土锚桩,联结系采用套管联结系,高度为5m,联结系下横杆高程为0m。水深$h≥18m$浅覆盖层栈桥墩钢管桩+混凝土锚桩,联结系采用套管联结系,高度为5m,联结系下横杆高程为0m。

5）梁部结构设计

主梁采用常规贝雷梁和大桥Ⅰ号桁梁组拼。

支撑架:主梁之间设置下平联支撑架和横向支撑架;其平面布置图如图4-2-3-2所示。

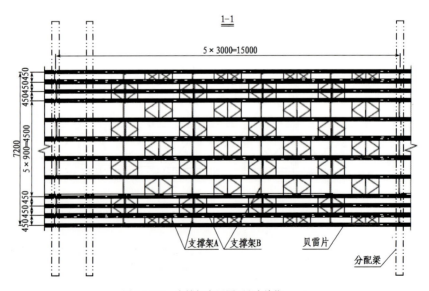

图4-2-3-2 支撑架布置图(尺寸单位:mm)

6）桥面板

桥面板为 C30 钢筋混凝土桥面板，尺寸为 8m×1.99m×0.2m。桥面板构造上预留有卸载孔，防止波浪顶托。

7）栏杆

栏杆按安全规范设置，栏杆立杆采用 16 号工字钢，外边焊接两个插旗孔。栏杆立柱及踢脚油漆面漆为白色，底漆采用红丹防锈漆。栏杆横杆采用 $\phi50×3mm$ 和 $\phi75×3mm$ 的钢管。栏杆横杆油漆间距红白相间 100cm。

8）防腐涂装

钢管桩设计中壁厚均预留腐蚀量，浪溅区（高程-6.0m）以上部分 4mm，以下部分 1mm。同时对浪溅区以上部分钢管桩外表面及栈桥其他钢结构按《公路桥梁钢结构防腐涂装技术条件》（JT/T 722）和《铁路钢桥保护涂装及涂料供货技术条件》（TB/T 1527）有关规定进行涂装。

9）锚桩

根据栈桥试桩结果取得的实验参数，针对不同的地质和水文条件下浅水区栈桥的基础重新进行了计算与分析，当钢管桩施工满足下列三类条件之一时，栈桥的强度、刚度及稳定性满足要求，可以不施工锚桩。

（1）光板岩区域：沉桩过程中以贯入度为主，可以保证桩身竖向承载力满足要求；当水深 $h\leqslant 13.5m$ 且钢管桩入岩深度不小于 1.0m 时，可以保证栈桥的抗倾覆、抗滑移稳定性及横向刚度满足要求，可以不施工锚桩。

（2）光板岩区域：沉桩过程中以贯入度为主，可以保证桩身竖向承载力满足要求；当 13.5m＜水深≤18.0m 且钢管桩入岩深度不小于 2.7m 时，按《港口工程桩基规范》和《公路桥涵地基与基础设计规范》进行计算，桩底可按固接考虑，可以保证栈桥的抗倾覆、抗滑移稳定性及横向刚度满足要求，可以不施工锚桩。

（3）浅覆盖层区域：沉桩过程中以贯入度为主，可以保证桩身竖向承载力满足要求；当 13.5m＜水深≤18.0m 且冲刷后钢管桩入岩深度不小于 2.2m 时，桩底可按固接考虑，可以保证栈桥的抗倾覆、抗滑移稳定性及横向刚度满足要求，可以不施工锚桩。

当插打入岩深度不满足设计要求时，经过设计检算，须施工锚桩时，在栈桥形成工作面后，按钻孔灌注桩基础施工工艺施工钢筋混凝土锚桩。

2.3.6 栈桥类型

1）近岛段陆上区域

近岛段落潮时地面露出水面的区域，采用扩大基础。钢管桩采用 $\phi1000×20mm$，梁部采用贝雷梁，适用的施工方法为陆上常规方法。

2）厚覆盖层区域

根据栈桥所在区域地质条件，浅水区（0~18m 水深）栈桥以 15.6m 覆盖层厚度为界限，深水区（18~45m 水深）栈桥以 17.6m 覆盖层厚度为界限，将栈桥区域地质条件分为厚覆盖层区域、浅覆盖层区域和光板岩区域三大类，即覆盖层厚度介于 0~15.6（17.6）m 区域为浅覆盖层，无覆盖层区域为光板岩。

厚覆盖层区域钢管桩打入深度以贯入度指标控制为主，$\phi1.2m$ 钢管桩打击能量为 100kJ 时，最后

20击平均贯入度不大于15mm,打入深度不小于15.6m,可满足竖向及水平承载力要求;ϕ1.5m钢管桩打击能量为150kJ时,最后20击平均贯入度不大于15mm,打入深度不小于17.6m,可满足竖向及水平承载力要求。

此区域栈桥基础分为两种,第一种为水深≤18.0m区域,钢管桩采用1.2m直径;第二种为18m<水深≤25m区域,钢管桩采用1.5m直径。

(1)水深≤13m区域

下部基础为钢管直打入桩,钢管桩型号ϕ1200×14mm,上部承重结构采用贝雷梁。适用施工方法为打桩船插打法。

(2)13m<水深≤18m区域

钢管桩采用斜桩,斜率为1:8。钢管桩规格为ϕ1200×14mm,上部承重结构采用贝雷梁。适用施工方法为打桩船插打法。

(3)18m<水深≤25m区域

钢管桩采用ϕ1500×18mm,联结系采用ϕ600×10mm,采用现场焊接。上部承重结构采用大桥Ⅰ号桁梁。适用施工方法为打桩船插打法。

3）浅(无)覆盖层区域

浅(无)覆盖层区域是指浅覆盖层区域和光板岩区域,即:当采用1.2m直径钢管桩时,覆盖层厚度小于15.6m,当采用1.5m直径钢管桩时,覆盖层厚度小于17.6m时的地质条件区域。

浅(无)覆盖层区域钢管桩打入深度以贯入度指标控制,ϕ1.2m钢管桩打击能量为100kJ时,最后20击平均贯入度为3～5mm,ϕ1.5m、ϕ2.0m和ϕ2.4m钢管桩打击能量为150kJ时,最后20击平均贯入度为3～5mm。按打击能量计算,钢管桩的竖向承载力满足要求。

根据不同的水深条件,将此类栈桥分为以下五种:

(1)水深≤13.5m区域

钢管桩采用ϕ1200×14mm或ϕ1000×20mm。

对于ϕ1200×14mm钢管桩:浅(无)覆盖层区域钢管桩打入岩层深度不小于1.0m时,采用打入桩。当钢管桩的入岩深度不满足要求时,应根据具体桩位、结构形式、水深、群桩的入岩情况等,进行针对性的检算。若根据具体的情况,经检算,结构的强度、刚度及稳定性满足要求时,可不采取加固措施;否则,应根据实际情况,采取加强栈桥与支栈桥或平台的联结系、施工锚桩或锚杆等措施予以加强。

上部承重结构采用贝雷梁。适用施工方法主要为打桩船插打法,当靠近岸侧且水深较浅时采用履带式起重机悬臂架设法。

(2)13.5m<水深≤18m区域

钢管桩采用ϕ1200×14mm。

对于ϕ1200×14mm钢管桩:浅覆盖层区域钢管桩打入岩层深度不小于2.2m或光板岩区域钢管桩打入岩层深度不小于2.7m时,采用打入桩。当钢管桩的入岩深度不满足设计要求时,采取加强栈桥与支栈桥或平台的联结系、施工锚桩或锚杆等措施予以加强。

上部承重结构采用贝雷梁,适用施工方法为打桩船插打法。

(3)18m<水深≤23m区域

钢管桩采用ϕ1500×18mm。

对于ϕ1.5m钢管桩:浅覆盖层区域钢管桩打入岩层深度不小于3.0m或光板岩区域钢管桩打入岩层深度不小于3.5m,采用打入桩。当钢管桩的入岩深度不满足设计要求,采取加强栈桥与支栈桥或平台的联结系、施工锚桩或锚杆等措施予以加强。

上部承重结构采用大桥Ⅰ号桁梁。适用施工方法为板凳式导向架法或打桩船插打法。

(4) 23m＜水深≤29m 区域

钢管桩采用 φ2000×22mm。

对于 φ2.0m 钢管桩：浅覆盖层区域钢管桩打入岩层深度不小于3.7m时或光板岩区域钢管桩打入岩层深度不小于4.2m时，采用打入桩。当钢管桩的入岩深度不满足要求时，采取加强栈桥与支栈桥或平台的联结系、施工锚桩或锚杆等措施予以加强。

上部承重结构采用大桥Ⅰ号桁梁，适用施工方法为打桩船插打法。

(5) 29m＜水深≤35m 区域

钢管桩采用 φ2400×25mm。

对于 φ2.4m 钢管桩：浅覆盖层区域钢管桩打入岩层深度不小于4.5m时或光板岩区域钢管桩打入岩层深度不小于5.0m时，采用打入桩。当钢管桩的入岩深度不满足要求时，采取加强栈桥与支栈桥或平台的联结系、施工锚桩或锚杆等措施予以加强。

上部承重结构采用大桥Ⅰ号桁梁，适用施工方法为打桩船插打法。

4）超深水区栈桥（35m＜水深≤45m 区域）

位于5号栈桥，全线为272.10m。栈桥下部基础采用小导管架方案，小导管架钢管桩采用 φ1700×18mm。小导管架联结系钢管型号为 φ800×10mm，采用起重船整体吊装至设计桩位，定位调平后，在小导管架套管内插打 φ1500×18mm 钢管桩，钢管桩插打完成后，在钢管桩内钻孔施工预应力锚桩或混凝土锚桩。

上部承重结构采用大桥Ⅰ号桁梁，适用施工方法为起重船整体吊装法。

2.4 栈桥施工工艺

2.4.1 施工总体方案

根据栈桥钢管桩插打试桩成果，大部分钢管桩在强风化岩层的打入深度及单桩稳定可满足设计要求，因此，能满足打桩船施工要求的钢管桩均采用打桩船插打。联结系在工厂加工成整体，现场分榀吊装，同时根据栈桥结构形式和地质、水深情况，采用分段平行作业。上部结构也为分段平行作业，每段首先完成三跨贝雷梁和桥面板施工，形成起始段。起始段行成后履带式起重机上栈桥，并逐跨施工联结系及贝雷梁等结构，最终逐段合龙，将整个栈桥连成整体，见图4-2-4-1。

图 4-2-4-1 栈桥分段施工

根据桥位地质情况将栈桥分为有覆盖层区域以及浅(无)覆盖层区域两大类。

1) 浅(无)覆盖层区域

浅(无)覆盖层区域采用以贝雷梁、大桥Ⅰ号桁梁为主梁的栈桥。钢管桩施工方法有打桩船直接插打法、履带式起重机悬臂架设法及扩大基础法;联结系采用散件现场焊接型及整体套入型两种;上部结构采用起重船整体吊装或采用履带式起重机分榀吊装。

低潮位水深能满足大型船舶进入施工的区域采用打桩船直接插打钢管桩;现场相贯焊联结系采用现场焊接(低潮位时焊接下横杆),套管联结系采用履带式起重机或起重船整体套入,压浆固结;上部结构采用起重船整体吊装或履带式起重机散件吊装或分榀吊装。

当钢管桩的入岩深度不满足设计要求时,应根据具体桩位、结构形式、水深、群桩的入岩情况等,进行针对性的检算。若根据具体的情况,经检算,结构的强度、刚度及稳定性满足要求时,可不采取加固措施;否则,应根据实际情况,采取加强栈桥与支栈桥或平台的联结系、施工锚桩或锚杆等措施予以加强。锚桩采用冲击钻管桩内成孔,吊放钢管笼并浇筑混凝土。

近岛段栈桥及码头,采用扩大基础直接安装钢管桩,联结系现场焊接;上部结构整体吊装。

1号栈桥A243号~A237号段以及2号栈桥B005号~B008号段等近岛段,打桩船无法进行打桩作业,采用悬臂式导向架法施工。钢管桩采用履带式起重机吊装、导向架定位、振动锤振动插打到位;联结系在岸上钢结构加工场加工成型,现场整体吊装焊接;贝雷梁现场拼装;桥面板在岸上预制场预制,现场安装。

2) 厚覆盖层区域

厚覆盖层区域采用以贝雷梁、大桥Ⅰ号梁为主梁的栈桥。此区段全部采用打桩船直接插打钢管桩法施工;厚覆盖层区域钢管桩均为斜打入桩,联结系为现场相贯焊;上部结构采用起重船整体吊装或用履带式起重机分榀吊装,分榀数量根据吊机起重能力确定。

栈桥施工方法汇总表见表4-2-4-1。

栈桥施工方法表 表4-2-4-1

序号	施工方法	适用条件	适用长度(m)
1	打桩船插打法	低潮位时打桩船能驶入且定位方便的区域	6946
2	扩大基础	栈桥和码头,低潮位时,扩大基础露出水面	433
3	履带式起重机悬臂法	近岛段栈桥,打桩船无法作业的区域	210
4	起重船整体吊装法	5号栈桥导管架下部基础	198

2.4.2 施工工艺流程

施工工艺流程如图4-2-4-2所示。

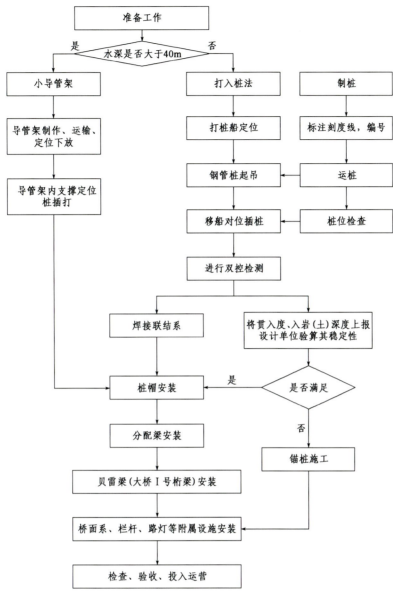

图 4-2-4-2 施工工艺流程图

2.5 浅水区栈桥施工

2.5.1 钢管桩施工

1）扩大基础+钢管桩

在近岛（岸）段栈桥，海床面基岩裸露在平均低潮位以上，具备陆地施工条件，采用扩大基础施工法，其示意如图 4-2-5-1 所示。

施工主要步骤：

（1）利用潮汐的低潮位，在钢管桩位置的海床面在海面以上时，立即施工此墩位扩大基础模板，绑扎钢筋及安装预埋件。

（2）低潮位现浇扩大基础混凝土，完成扩大基础施工。

（3）待混凝土达到设计强度，再等待低潮位，利用吊机将钢管桩与预埋件连接，完成栈桥钢管桩施工。

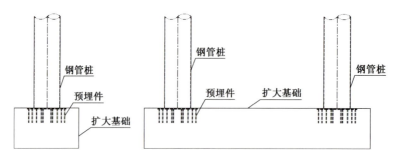

图 4-2-5-1　栈桥钢管桩扩大基础设置示意图

2）打桩船直接插打

全桥共配置 3 艘打桩船，性能参数见表 4-2-5-1。

打 桩 船 性 能 表　　　表 4-2-5-1

序号	船名	船型（长×宽×高）(m×m×m)	吃水(m)	桩架高度(m)	锚碇系统	所配锤型	可打桩长度(m)
1	海力 801	80×30×6	2.8	86+18 旋转式	7×10t 锚 4 根定位桩	S280 液压锤	80+水深
2	勇丰桩 2	55×25×4	2.4	80	4×5t+4×6t=8 口海军锚	D138 柴油锤	70+水深
3	海威 951	74×27×4	3.2	95	8 口×10t 海军锚+1 口×7t 带链条自救锚	D125 柴油锤	84+水深

当低潮位水深满足打桩船作业时，采用打桩船直接插打钢管桩。

打桩船施工主要施工步骤如下：

（1）打桩船抛锚定位。将打桩船拖运至桩位作业地点后，利用打桩船自带 GPS 系统进行粗定位，下插定位桩并抛锚，完成打桩船定位。

（2）钢管桩运输驳船就位。钢管桩通过运输驳船运至打桩船作业点，运输驳船驳靠打桩船并抛锚定位。

（3）吊装移位。桩架旋转至钢管桩运输驳船一侧，起吊所需插打钢管桩，利用 GPS 系统定位调整打桩船方位角，调整旋转车前后位置，稳定船体，如图 4-2-5-2 所示。

a)　　　　　　　　　　　　　　　　b)

图 4-2-5-2　打桩船吊桩实例图

（4）钢管桩姿态调整及定位。利用主副钩完成钢管桩水平至竖直空中转体，桩架抱桩器合龙抱住钢管桩，并提升钢管桩顶进入替打，通过 GPS 系统，调整桩架平面位置及旋转倾角，完成钢管桩精定位。

（5）沉桩。液压沉桩锤完成钢管桩插打，抱桩解除。

(6)停锤标准。钢管桩沉桩以贯入度指标控制为主,沉桩停锤标准见表4-2-5-2。整个墩沉桩结束后,应及时利用GPS流动站对钢管桩平面偏位、桩顶高程等复测,并及时报验。另外沉桩后由于受水流、风浪、潮流等影响,沉桩完成后及时进行夹桩施工,将每个墩钢管桩连接成整体。

沉桩停锤标准表　　　表4-2-5-2

地质条件	管径(m)	锤击能量(kJ)	最后20cm平均贯入度e(mm)	处理方法
厚覆盖层区域	1.2	100	≤15	可停锤
	1.5	150	≤15	可停锤
浅(无)覆盖层区域	1.2	100	3~5	可停锤
	1.5~2.4	150	3~5	可停锤

3)悬臂式导向架插打钢管桩

悬臂导向架法,是指利用履带式起重机,在上、下部结构已完成施工的栈桥桥面,悬臂拼装前跨栈桥梁部结构,并在前跨栈桥悬臂端设置导向架,利用履带式起重机吊装钢管桩沿着导向装置下放,待钢管桩自重下沉稳定后,履带式起重机吊装液压沉桩锤进行钢管桩插打,从而完成钢管桩定位插打施工,如图4-2-5-3、图4-2-5-4所示。

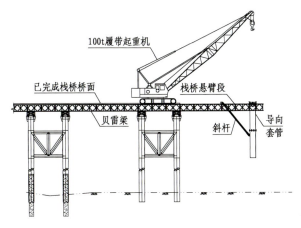

图4-2-5-3　悬臂导向架设置示意图

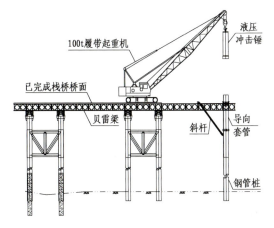

图4-2-5-4　悬臂导向架钢管桩定位插打

对于海床面低于平均低潮位且水深无法满足打桩船作业需求的浅滩区,采用悬臂式导向架插打钢管桩。

悬臂式导向架法施工步骤:悬臂拼装贝雷梁,安装整体式套管联结系导向架→导向架中插入钢管桩,利用液压振动锤插打→整体式套管联结系导向架与钢管桩可靠固结→安装桩帽→安装分配梁→安装贝雷梁→安装桥面板及桥面系→施工下一跨。钢管桩入岩(土)深度不满足设计要求时,需施工锚桩。悬臂式导向架法施工示意如图4-2-5-5所示。

a)

b)

图4-2-5-5　悬臂式导向架施工实例图

4）打桩注意事项、施工要点及问题处理方法

（1）插打注意事项

①沉桩之前，冲击锤与桩头法兰盘或液压夹持器连接螺栓必须拧紧，不能有微小间隙和松动。检查桩位是否正确，桩的垂直度是否符合规定。

②钢管桩下沉过程中，应及时观测钢管桩的倾斜度，发现倾斜度大于设计值时应及时采取措施调整，必要时应停止下沉，采取其他措施进行纠正。

（2）钢管桩插打要点

①在与桩头相接的桩顶30cm范围内加$\delta=8mm$钢板加劲以防桩头在锤击过程中破损。

②沉桩前，对桩架、桩锤、动力机械、电缆等主要设备部件进行检查，如有不妥处，立即进行处理或更换。

③按前项所述，桩已插于桩位并检查符合要求后，可将桩帽、桩锤轻落于桩顶。

④开锤前应检查桩锤、桩帽或送桩与桩的中轴线是否一致，如有偏差应改正。

⑤沉桩时，如遇到贯入度突然发生急剧变化、桩身突然发生倾斜和移位、桩不下沉桩锤有严重回弹现象等异常现象，应即刻停止锤击，查明原因，采取措施后（措施见后）才可继续施工。

⑥沉完一根桩后，应立即进行检查，确认桩身无问题后，再插打下一根桩。不得用移船方法纠正桩位；打桩船进退作业，应注意锚缆位置，防止缆绳绊桩。如桩顶被水淹没，应设置标志。

（3）沉桩过程中出现的问题及其处理

①桩贯入度突然减小：一般是桩由软土层进入风化岩，或遇到石块等障碍物。此时不可硬打以免桩身被打坏。

②桩身突然急剧下沉，有时随着发生倾斜和位移。一般是由于桩身屈服变形，应查明原因，再决定处理措施。对管桩的探察可采取以下几种方法：

a.圆桶探察：用铁皮做成圆桶形状，吊入桩内探察管桩内壁的屈曲情况，及破损处的高程；并可探测桩内水位及泥面的高程。

b.铁钩探察：用钢筋制成铁钩，吊入桩内轻轻地上下拉动及转动，可探测管内壁破损处。

③桩未发生急剧下沉，但发生倾斜或桩位移动：产生的原因一般是岩面倾斜或软硬不均匀引起，可对其进行预偏调整。

④桩不下沉，桩身颤动，桩锤回跳：为桩尖遇到障碍物或桩身弯曲或接桩后自由长度过大。可分析障碍物的位置和类别，采取偏移桩位、加装铁靴、射水配合等方法穿过或避开障碍物。桩身过长可加夹杠。桩身弯曲过大，须换接新桩。

⑤桩身转动：多产生于桩尖制造不对称或桩身有弯曲时，除加强检查外，一般可不处理。

⑥桩顶破损或桩顶开裂：其原因多种，桩顶面与轴线不垂直、未安装桩帽或虽已安置桩帽但桩帽内无缓冲垫或缓冲垫使用过久失去效用、连接上下两节桩的轴线不在一条直线上、贯入度已很小仍用重锤猛打等。将破损桩头全断面割除，重新安装桩帽。

5）钢管桩插打控制标准

（1）锤击沉桩控制应根据地质情况、设计承载力、锤型、桩型和桩长并通过试桩综合考虑确定。本工程以高程和贯入度双控。如桩底未达设计高程，而贯入度较小时，应会同有关部门研究确定处理办法。如桩底达设计高程而贯入度仍很大时，应继续锤击，同时应会同设计等有关单位共同研究确定处理措施。

（2）沉桩后允许偏差符合下列规定：

①水上沉桩桩顶偏位应符合表4-2-5-3规定。

②沉桩完成后应及时测定处于自由状态下的桩顶偏位,并记录,如偏位值较大应及时与设计单位联系。

③特殊地区的沉桩桩位允许偏差值,可会同有关单位研究确定。

④当桩底端高程不符合上述条件规定,影响桩的垂直承载力时,宜采用高应变动力试验法对单桩垂直承载力进行检测。采用动力试验法对桩进行检测时,应符合国家现行标准规定。

打桩船沉桩允许偏差 表 4-2-5-3

序号	检查项目	规定值或允许偏差	检验方法和频率
1	桩尖高程(mm)或最后贯入度(mm/击)	符合设计要求	查沉桩记录
2	设计高程处桩顶平面位置	200mm	用 GPS 定位
3	倾斜度	1/100	吊线用钢尺量或用测斜仪检查,抽查 10%,且不小于 10 根

2.5.2 联结系安装

同一墩位处钢管桩施工完成后,立即进行该墩钢管桩间联结系、桩顶分配梁施工。联结系又分为散件现场焊接型及整体套管型两种。

1)现场焊接型联结系

先将钢管联结系单片制作为整体,在联结系横杆一头留有调节套管,然后吊装至现场,与钢管立柱现场相贯焊,从而减少了现场相贯焊的工作量。联结系钢管数控切割照如图 4-2-5-6 所示,现场联结系施工如图 4-2-5-7 所示。

图 4-2-5-6 联结系钢管数控切割

图 4-2-5-7 现场联结系施工

2)整体套管联结系

套管联结系优点是能快速建立钢管联结系,变水上作业为陆上作业,现场焊接量少;缺点是难以适应插打偏位过大的钢管桩。可在工厂制作胎具,每打完 4 根钢管桩后,实测钢管桩间距,将数据反馈至加工厂,制作套管联结系,再整体运输、吊装至现场,灌浆固结,如图 4-2-5-8 所示。

2.5.3 分配梁安装

分配梁安装步骤:切除多余钢管桩→安装桩帽→履带式起重机或 400t 起重船悬吊分配梁→纵、横梁焊接→检查验收,如图 4-2-5-9 所示。

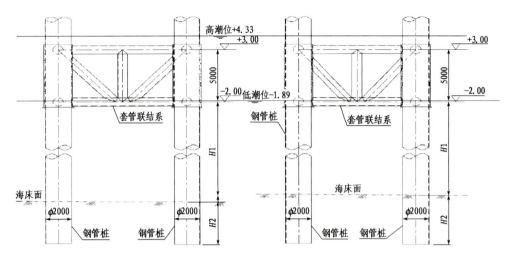

图 4-2-5-8 整体套管联结系(尺寸单位:mm,高程单位:m)

图 4-2-5-9 分配梁安装

2.5.4 贝雷梁安装

1）贝雷梁的组拼

贝雷梁的组拼工作在后场完成,最终形成 2 榀或 4 榀一组的起吊单元件。

2）贝雷梁的架设

当跨度小于 16.5m 时,栈桥承重结构为贝雷梁。贝雷梁及支撑架采用 2 榀或 4 榀一组,在栈桥已建成桥面上进行组拼或在驳船上组拼成整体,通过 100t 履带式起重机吊装架设或通过起重船整体吊装,如图 4-2-5-10、图 4-2-5-11 所示。

2.5.5 锚桩施工

钢管桩插打完成后,及时整理汇总钢管桩插打贯入度及入岩(土)深度,上报设计单位,设计单位根据实际插打情况进行验算,确定是否施工锚桩,对于入岩(土)深度不能达到要求的钢管桩,为保证栈桥的整体稳定性及结构受力要求,应在栈桥形成工作面后,施工钢筋混凝土锚桩,见图 4-2-5-12。

锚桩施工主要步骤:

(1)栈桥贝雷梁(大桥Ⅰ号桁梁)完成安装,形成施工平台后,安装冲击钻、配置泥浆循环系统。泥浆循环系统采用专门的泥浆船,设置制浆池、储浆池、沉浆池并用循环槽连接。

(2)冲击钻钻孔至设计高程。

(3)利用履带式起重机起吊锚桩钢筋笼,并安装到位。

(4)锚桩混凝土浇筑。

图 4-2-5-10　履带式起重机分榀吊装图

图 4-2-5-11　起重船整体吊装图

a)

b)

图 4-2-5-12　锚桩施工实例

2.5.6　桥面板及附属结构安装

1)桥面板安装

单跨栈桥上部结构安装完成后在贝雷梁顶(大桥Ⅰ号桁梁)铺上10mm厚的胶皮进行栈桥桥面系施工。用履带式起重机吊装混凝土桥面板,桥面板每块面板间设置10mm的伸缩缝,用于防止因温度变化而引起的桥面翘曲起伏。待桥面板安装完成后,尽快组织焊接桥面板限位,并采用小钢板将桥面板两两焊接成整体。桥面板吊装现场如图4-2-5-13所示。

2)栈桥附属结构安装

栈桥桥面形成一段后可接着进行桥面附属结构的安装。附属结构包括水、电管路的槽架和桥面栏杆及照明、消防设施,架设限速标志。附属结构利用25t汽车式起重机配合人工进行安装。栏杆安装见图4-2-5-14。

图 4-2-5-13　桥面板吊装图　　　　　　图 4-2-5-14　栏杆安装

2.6　深水区栈桥施工

2.6.1　钢管桩施工

对于浅(无)覆盖层且岩石强度较高区域,钢管桩入岩深度小,无法自稳,采用导管架法施工钢管桩。

导管架法施工步骤:导管架工厂整体加工→浮运或驳船托运至桥位→起吊下放导管架至海床面→导管架定位→导管架内插打定位桩→导管架与定位柱可靠固结→定位桩内施工锚桩→安装桩帽→安装分配梁→安装贝雷梁(大桥Ⅰ号梁)→安装桥面系→施工下一跨。

导管架的定位采用 4 个 100t 混凝土重力锚,抛锚距离根据计算确定,锚链采用卷扬机结合钢丝绳,呈八字形交叉布置。导管法如图 4-2-6-1 所示。

a)　　　　　　　　　　　　　　　　b)

图 4-2-6-1　导管架法施工实例

打桩船直接插打法与浅水区相同,此处不做过多赘述。

2.6.2　大桥Ⅰ号桁梁架设

当跨度大于 30m 时,栈桥承重结构为大桥Ⅰ号桁梁。大桥Ⅰ号桁梁及其支撑架采用 2 榀或 4 榀一组连接成整体,通过驳船运输至栈桥施工位置。当采用 100t 履带式起重机架设时,按每 2 榀一组起吊架设,架设方法与浅水区贝雷梁架设方法相同。当采用起重船架设时,按每 4 榀一组成吊架设,如图 4-2-6-2、图 4-2-6-3 所示。

图 4-2-6-2 起重船整体吊装大桥Ⅰ号桁梁　　　图 4-2-6-3 履带式起重机吊装大桥Ⅰ号桁梁

起重船整体架设步骤为:
(1)在下部结构顶横梁上进行测量放样,定出大桥Ⅰ号桁梁准备架设的位置。
(2)将组拼完成的单元贝雷架(大桥Ⅰ号桁梁)装船并运至400t起重船后面。
(3)贝雷(大桥Ⅰ号桁梁)4榀一组,400t起重船(或100t履带式起重机)首先安装一组贝雷片(大桥Ⅰ号桁梁),准确就位后先牢固捆绑在横梁上,然后焊接限位器。
(4)继续安装另一组贝雷梁(大桥Ⅰ号桁梁),同时与安装好的一组贝雷梁(大桥Ⅰ号桁梁)用支撑架进行连接。
(5)按此方法完成整跨贝雷梁(大桥Ⅰ号桁梁)的安装。

2.6.3　分配梁桥面板及附属结构安装

与浅水区施工方法相同。

2.7　施工质量控制

2.7.1　监控监测

栈桥所经区域地质结构复杂,海洋环境条件恶劣,台风、潮汐、龙卷风等灾害性天气时有发生;冲刷、沉降、风、潮、流等不确定因素都将对栈桥安全构成直接的影响。为了更好地校核栈桥的设计参数,由栈桥沉降观测小组根据栈桥观测方案,要求持续不断地对施工和运营中的栈桥进行观测。对栈桥观测的主要内容有:冲刷观测、流速观测、风速观测和沉降观测。详细记录、及时整理原始资料,为栈桥的安全运营提供技术保障。其中冲刷观测、沉降观测在栈桥沿线设置的观测点进行。流速观测、风速观测及时从地方专业观测站获取。

1)栈桥监测原则及相关要求

(1)观测点设置原则
栈桥变形观测以栈桥的沉降观测为主。无覆盖层区域选择10%～30%钢管桩监测,厚覆盖层区域根据观测沉降量大小选取30%～50%钢管桩进行沉降观测。
(2)钢管桩沉降观测
栈桥钢管桩观测标:选择50mm×50mm反射片,用胶水粘贴到距离钢管桩顶部0.5m处钢管桩外侧,贴反射片方向要对准控制点所在方向。埋设完成后用徕卡TM30全站仪自带机载软件(多测回测角)测量反射片,并用徕卡变形监测分析系统进行沉降观测数据分析,得出每一个监测点变形曲线,来分析出钢管桩安全级别。

(3) 桥面板沉降观测

待栈桥桥面板铺设完成后,把观测点转移到栈桥上部横梁上,用圆头钢筋焊接在横梁左右两头顶面。完成埋设后采用电子水准仪按二等水准测量进行沉降观测。

(4) 冲刷观测

通过测深仪测量海床深度,与初始海床高程对比反算冲刷深度。

(5) 观测频次要求

沉降观测频次见表 4-2-7-1。

栈桥观测频率表　　　　表 4-2-7-1

观测阶段	观测频次	备注
钢管桩观测标	1 次/1 周	全程
横梁观测标	1 次/1 周	第 1、2 个月
	1 次/2 周	第 3 个月
	1 次/1 个月	第 3 个月以后
冲刷观测	1 次/1 周	第 1 个月
	1 次/1 个月	第 1 年
	1 次/6 个月	第 1 年以后

(6) 观测数据结果要求

对栈桥结构进行定期观测,当小跨径栈桥相邻钢管桩桩顶不均匀沉降达到 35mm、大跨径栈桥相邻钢管桩桩顶不均匀沉降达到 60mm;栈桥桩平面偏位达到 50mm;冲刷量扣除设计局部冲刷深度后,钢管桩的局部冲刷深度超过其入土深度的 20% 时,应及时向项目经理汇报,由执行小组负责发出预警或处置措施。

2) 栈桥监测情况统计

测量组根据监测要求,按期完成外业观测,监测工作完成情况统计见表 4-2-7-2,所测结果满足每月观测频次要求。

作业区监测工作完成情况统计　　　　表 4-2-7-2

监测部位	监测内容									备注
	位移监测			沉降监测			栈桥冲刷观测			
	观测点数	本月观测频次	累计观测次数	观测点数	本月观测频次	累计观测次数	观测点数	本月观测频次	累计观测次数	
1(A)号栈桥	12	1	68	38	1	77	31	1	58	
1(A)号栈桥	22	1	61	22	1	53	102	1	53	
2(B)号栈桥	8	1	61	8	1	52	4	1	53	
3(C)号栈桥	2	1	34	2	1	58	25	1	53	
4(D)号栈桥	18	1	32	18	1	32	16	1	36	
5(E)号栈桥	8	1	32	8	1	32	5	1	36	

3) 栈桥监测数据统计分析

(1) 浅水作业区监测数据分析

①位移监测

浅水作业区栈桥位移监测共为分两段:

A020至A028,起讫里程为DK59+709～DK59+812,观测点6个,观测周期60个月不等。在观察期内,本段最大位移量点里程位移为-6mm,偏距位移为-2mm;本段最大累计位移量点里程位移为7mm,偏距位移为18mm。

A142至A149,起讫里程为DK61+338～DK61+436,观测点6个,观测周期60个月不等。在观察期内,本段最大位移量点里程位移为3mm,偏距位移12mm;本段最大累计位移量点里程位移为-6mm,偏距位移为-14mm。

②沉降监测

浅水作业区栈桥沉降监测共分两段:

A020至A029,起讫里程为DK59+709～DK59+832,观测点20个,观测周期64个月不等。在观察期内,本段最大单点沉降量点沉降量为16mm;本段最大累计沉降量点累计沉降量为17mm;本段最大沉降速率点沉降速率为0.3mm/d。

A141至A150,起讫里程为DK631+338～DK61+446,观测点20个,观测周期62个月。在观察期内,本段最大单点沉降量点沉降量为14mm;本段最大累计沉降量点累计沉降量为-14mm;本段最大沉降速率点沉降速率为0.2mm/d。

③栈桥冲刷观测

浅水作业区栈桥冲刷观测A020至A170段,起讫里程为DK59+708～DK61+719,以栈桥每5个墩位,观测左侧,共计31个观测点,观测周期56至60个月。本段最大单点冲刷量在点A160,冲刷量为-0.45m;本段最大累计冲刷量在点A090,累计冲刷量为-0.74m;本段最大冲刷速率在点A075,冲刷速率为0.01m/d。

(2)深水作业区监测数据分析

①主栈桥位移监测

深水作业区主栈桥位移监测共分两段:

A220至A230,起讫里程为DK62+733～DK62+929,观测点22个,观测周期17至56个月不等。在观察期内,本段最大位移量点里程位移为-9mm,偏距位移为+8mm;本段最大累计位移量点里程位移为-10mm,偏距位移为-20mm。

B05至B08,起讫里程为DK63+595～DK63+640,观测点8个,观测周期66个月。在观察期内,本段最大位移量点里程位移为+8mm,偏距位移为-5mm;本段最大累计位移量点里程位移为-15mm,偏距位移为+5mm。

②主栈桥沉降监测

深水作业区主栈桥沉降监测共分两段:

A220至A230,起讫里程为DK62+733～DK62+929,观测点22个,观测周期17至68个月不等。在观察期内,本段最大单点沉降量点沉降量为8mm;本段最大累计沉降量点累计沉降量为17mm;本段最大沉降速率点沉降速率为0.1mm/d。

B05至B08,起讫里程为DK63+595～DK63+640,观测点8个,观测周期67个月。在观察期内,本段最大单点沉降量点沉降量为-7mm;本段最大累计沉降量点累计沉降量为19mm;本段最大沉降速率点沉降速率为0.1mm/d。

③栈桥冲刷观测

深水作业区栈桥冲刷观测共分两段;由于此段海况复杂,水流湍急,为了确保栈桥安全运行,满足现场的施工要求,由原先19个监控点增加到131个,每个墩位一个观测点,在无施工平台的影响下同时进行栈桥同墩位左右两边的监控。

1(A)号栈桥冲刷观测段,起讫里程为DK61+780.4～DK63+096,共计102个观测点,观测周期52个月。本段最大单点冲刷量点冲刷量为-0.7m;本段最大累计冲刷量点累计冲刷量为-1.9m;本段最大冲刷速率点冲刷速率为-0.01m/d。

2（B）号、3（C）号栈桥冲刷观测段，起讫里程为 DK63+550～DK63+960，共计 29 个观测点，观测周期 51 个月。本段最大单点冲刷量点冲刷量为-0.5m；本段最大累计冲刷量点累计冲刷量为-1.5m；本段最大冲刷速率点冲刷速率为-0.01m/d。

（3）海上作业区监测数据分析

①栈桥位移监测

D02 至 D06，起讫里程为 DK64+586～DK64+643，位移观测点 10 个，D31 至 E05，起讫里程为 DK64+976～DK65+430，位移观测点 16 个，观测周期 32 个月。在观察期内，本段最大单次位移量点里程位移为-10mm，偏距位移为 6mm；本段最大累计位移量点里程位移为 26mm，偏距位移为 36mm。

②栈桥沉降监测

D02 至 D06，起讫里程为 DK64+586～DK64+643，沉降检测点 10 个，D31 至 E05，起讫里程为 DK64+976～DK65+430，沉降检测点 16 个。观测周期 32 个月。在观察期内，本段最大单点沉降量点沉降量为 15mm；本段最大累计沉降量点累计沉降量为+28mm；本段最大沉降速率点沉降速率为 0.2mm/d。

③栈桥冲刷观测

N04～Z03 号墩栈桥冲刷观测大致 11 个墩位断面，分别布置在墩位大里程侧施工平台的左右两侧，共计 21 个观测点，能同时反映出栈桥与墩位处的海床冲刷情况，观测周期 36 个月。本段最大单点冲刷量点冲刷量为-0.20m；本段最大累计冲刷量点累计冲刷量均为-2.05m；本段最大冲刷速率点冲刷速率为-0.003m/d。

（4）观测总结

自 2015 年 3 月至 2019 年 9 月，栈桥沉降、位移及海床冲刷数据满足要求，此段时间内栈桥运行安全可控。

2.7.2 维护管理

1）栈桥维护

为设置栈桥维护组，安排专人巡视和养护栈桥的桥面系、贝雷梁及大桥Ⅰ号桁梁和钢管桩结构，发现栈桥的局部损坏，上报上级并及时维修加固。定期观测海床水位高程对栈桥的影响，及时清理栈桥墩顶桩所拦杂物；定期清扫保持桥面干净、整洁，积极做好施工栈桥抗风、浪、雨等防护措施，要保证各结构构件的防腐涂装满足使用要求；定期组织对栈桥进行全方位检查，以确保栈桥的使用安全。

2）交通管制

为满足大桥建设的需要，确保栈桥运营过程中的安全和畅通，要有效地对栈桥进行交通管制。

100t 履带式起重机在双墩小跨上均可正吊 50t 和侧吊 20t。其余位置吊重不大于 18t，侧吊吊幅不超过 9.5m。履带式起重机吊装作业区划分如图 4-2-7-1 所示。

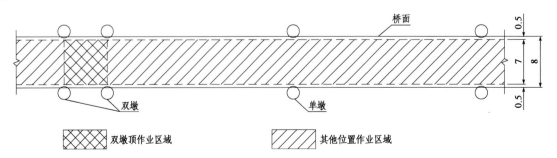

图 4-2-7-1　履带式起重机吊装作业区划分布置图（尺寸单位：m）

2.8 栈桥拆除

对于栈桥而言,在钻孔平台拆除后,其横向稳定性将降低,在抵御台风、强冲刷及大风浪等恶劣环境上存在安全隐患。为消除栈桥存在的安全风险,根据栈桥"速建速拆、降低风险"的思想,在全桥施工全部完成后对栈桥进行快速拆除。

拆除施工按照栈桥安装施工的逆序进行,结合吊重、吊距和站位考虑,采用400t起重船与130t履带式起重机进行栈桥拆除。

拆除施工应自上而下进行,按照附属及栏杆、混凝土桥面板、贝雷梁、分配梁、桩帽、钢管桩的顺序逐跨逐段进行拆除,并采取即拆即运的方式陆续将整个栈桥及平台拆除。上部结构拆除完成后,钢管桩采用DZJ400、DZJ3400振动打桩锤与400t起重船整体拔除吊移,并采用平板车与运输船倒运至存料场。在整个拆除过程中,各类材料应分类堆放,严格控制支撑点及堆码高度。

导管架结构按设计分层分块进行分解拆除,上层高20.42m,下层平均高25.0m,先振动拔出套管内支撑桩,然后水下解除上下节栓接头,水下割断联结系,采用吊机拔除。

施工工艺流程如下:

浅水区小跨度栈桥采用履带式起重机悬臂拆除法逐跨对栈桥进行拆除;深水区采用起重船整体拆除法整片拆除栈桥。

履带式起重机悬臂拆除法施工步骤:拆除栏杆→拆除桥面板→拆除贝雷梁(大桥Ⅰ号桁梁)→拆除分配梁→拆除联结系→拔除钢管桩→后退至下一跨。

起重船整体拆除法施工步骤:砸除海床面以上锚桩→履带式起重机拆除整区段栏杆→履带式起重机拆除整区段桥面板→起重船整跨吊装拆除贝雷梁(大桥Ⅰ号桁梁)→起重船拆除分配梁→起重船逐墩拆除联结系、钢管桩→拆除下一区段,如图4-2-8-1所示。

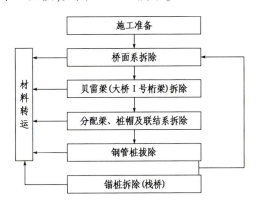

图4-2-8-1 栈桥拆除工艺流程图

松下岸

人屿岛

元洪航道桥

鼓屿门水道桥

平潭海峡公铁大桥
建造关键技术

04

第3章
复杂海域钻孔平台设计与施工

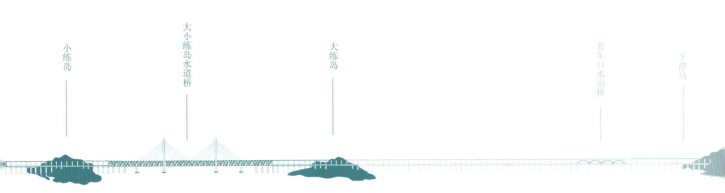

3.1 地质水文条件

3.1.1 工程地质

通过地质调查结合钻孔揭示,桥址区域地形起伏大、覆盖层薄甚至岩石裸露、基岩强度高。除覆盖层外,岩层从上往下依次为厚度不等的全风化岩(基本承载力 350kPa)、砂砾状或碎块状强风化岩(基本承载力 450~600kPa)和微风化岩。全桥地质剖面图与航道桥海域海床表层地质特征分布如图 4-3-1-1 和表 4-3-1-1 所示。

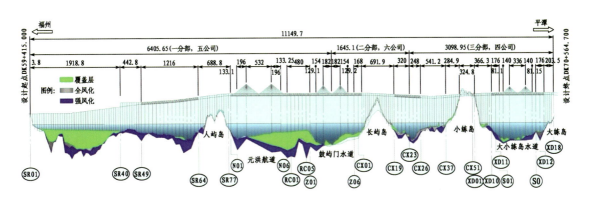

图 4-3-1-1 全桥地质剖面图(尺寸单位:m)

航道桥施工海域海床表层地质特征分布　　　　　　表4-3-1-1

墩号范围	水深h(m)	覆盖层厚度(m)	全风化岩厚度(m)	覆盖层岩层构成
N01~N02	18~29	0	0	全风化岩+碎块状强风化花岗岩
N02~N03	29~35	<8	0~3	粉细砂+全风化岩+碎块状强风化花岗岩
N04~N06	<18	>20	5	中砂+全风化岩+碎块状强风化花岗岩
Z01~Z02	18~23	10~20	1~2	中砂+全风化岩+碎块状强风化花岗岩
Z02~Z03	23~45	0	0	砂砾状强风化花岗岩
Z04~Z06	18~25	10~20	2~3	中砂+全风化岩+碎块状强风化花岗岩
S01~S03	30~35	3~9	4	黏土、粉砂+全风化岩+碎块状强风化岩
S04~S06	18~26	6~11	3~8	碎石土+全风化岩+碎块状强风化岩
SR02~SR07	0~10	1~8	0~4	中砂+全风化岩+碎块状强风化岩
SR08~SR15	10~11	14~49	0~9	粉细砂+粉质黏土+砂砾状强风化花岗岩
SR16~SR34	11~13.5	>20	0~10	粉细砂+全风化岩+砂砾状强风化岩
SR35~SR57	13.5~25	3~18	0	粉细砂+砂砾状强风化岩
SR58~SR65	25~35	5~33	0~6	粉细砂+全风化岩+砂砾状强风化岩
SR66~SR67	1~7	13~19	4~7	全风化岩+砂砾状强风化岩
RC01~RC05	18~24	16~69	2~7	中砂+粉质黏土+碎块状强风化岩
CX01~CX03	0~22	4~9	1~3	碎石土+全风化岩+碎块状强风化岩
CX17~CX19	0~10	5~7	0	粉质黏土+碎块状强风化岩
CX20~CX27	12~22	2~33	2~15	碎石土+全风化岩+碎块状强风化岩
CX28~CX37	0~11	2~12	3~8	碎石土+全风化岩+碎块状强风化岩
XD10~XD15	0~25	3~19	5~8	碎石土+全风化岩+碎块状强风化岩

3.1.2 水文条件

1）潮位及流速

工程海域平均高潮位高程+2.39m,平均低潮位为-1.89m,平均潮差4.28m。其中20年一遇高潮位为+4.33m;20年一遇低潮位为-3.65m。

施工墩位处长乐岸至长屿间海域,10年一遇流速2.46m/s,20年一遇流速2.52m/s,100年一遇流速2.66m/s,流向为42°和222°。长屿岛至大练岛间海域10年一遇流速2.89m/s,20年一遇流速2.95m/s,100年一遇流速3.09m/s,流向为51°和231°。

2）波浪

桥址区平均海平面为+0.25m,年平均波高为1.1m,平均周期为5.4s,波浪常浪向为ESE向,频率为79%,次常浪向为SSW、SW向,频率为14%。墩位处长乐岸至长屿岛间海域10年一遇$H_{5\%}$(指累计频率为5%,下同)波高为5.44m,周期为7.8s;20年一遇$H_{5\%}$波高为6.22m,周期为8.6s;100年一遇$H_{1\%}$波高为8.78m,100年一遇$H_{5\%}$波高为7.29m,周期为10.2s;浪向为NE(ENE)向。长屿岛至大练岛间海域10年一遇$H_{5\%}$波高为2.58m,周期为5.8s;20年一遇$H_{5\%}$波高为2.95m,周期为6.2s;100年一遇$H_{1\%}$波高为4.61m,100年一遇$H_{5\%}$波高为3.74m,周期为7.0s;浪向为SW(SSW)向。流向方向示意图如图4-3-1-2所示。

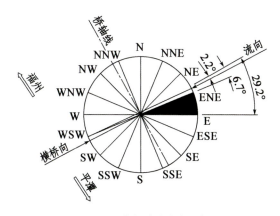

图 4-3-1-2 波浪、水流方向示意图

3.2 施工平台方案研究

平潭海峡公铁大桥长乐至大练岛侧全长 11149.7m,其中公铁合建段长度 9227.1m,单建铁路长度 1922.6m。其中三座通航孔桥均为钢桁结合梁斜拉桥,包括主跨 532m 的元洪航道桥(N01~N06)、主跨 364m 的鼓屿门水道桥(Z01~Z06)和主跨 336m 的大小练岛水道桥(S01~S06);非通航孔桥由混凝土箱梁及简支钢桁梁组成。

3.2.1 国内外常用的施工平台方案

1)钢护筒为主要承重结构的平台方案

以钢护筒为主要承重结构形式的钻孔平台,先施工基础钢护筒,再安装平台上部结构。由于钢护筒定位决定了钻孔桩的桩位,故此方案对前期钢护筒的插打精度要求高是其特点之一。钢护筒在插打后自身要可靠稳定,河床处要有足够的覆盖层厚度或可打入底层厚度;另外,由于钻孔平台采用钢护筒支撑,钻孔平台的平面尺寸一般比承台尺寸稍大,钻孔机械的选用适合配套设备不多的冲击钻机,不常用旋转钻机。

2)浮式钻孔平台方案

浮式钻孔平台一般适用于水深较深、流速较小、钢管桩难以插打的库区和内河,钻孔平台主体可由浮箱、驳船等拼接而成。拼装好的浮体中间预留钻孔孔位,在浮体上设置简易桁架或分配梁支撑结构作为钻孔操作区域,其主要辅助配套设备为锚碇及抛锚船舶。

3)钢管桩为主要承重结构的平台方案

下部结构以钢管桩为主要承重结构的平台方案,从施工方法上又可分为散装式和组装式两种。散装式施工平台的施工方法是将平台的各组成部分均按零部件的形式和施工顺序现场逐步安装,是内河常用的施工平台方案,但在水深、浪大、流急的海洋环境下采用的不多。组装式平台施工方法是将钻孔平台分部整体制造安装,导管架钻孔平台就是其中的一种。具体为在陆地加工厂内将套管与联结系先行焊接成整体,然后运至墩位处进行安装并插打导管内钢管桩;导管架钻孔平台具有大规模工厂化、装配化、机械化的施工特点,可将大量复杂的海上作业转移到陆地上进行,以保证工程质量,提高作业效率,降低施工风险。此外,借鉴海上石油平台的建造经验,结合工程施工的现状,工厂整体制造的导管架在桥墩两侧形成了海上机械作业、人员住宿及材料堆放的平台。

3.2.2 方案比选及研究

1）水深大于 40m 区域施工平台方案比选及研究

通过调查、收集同类桥梁施工相关资料,结合本桥施工海域的自然、水文条件,初步确定采用钢管桩作为钻孔平台支承体系。本桥部分墩位水深达43m,常规钻孔平台施工风险大,此类钻孔平台(Z03 号、Z02 号)需要详细的施工方案比选,又进一步对导管架钻孔平台、打入桩钻孔平台、打入桩 + 水下系梁钻孔平台以及打入桩 + 混凝土锚桩钻孔平台几个方案进行了比选,以进一步确定合理可行的施工方案,确保基础施工的顺利进行。经过方案比选,导管架钻孔平台最终成为施工方案首选。

(1)导管架钻孔平台方案

①钻孔平台布置

鼓屿门水道桥 Z03 号墩平均海床面高程 -39.1m,水深约 43m,除局部有少许覆盖层或全风化岩层外,大部分地质钻孔图显示为砂砾状强风化岩或碎块状强风化岩。鉴于墩位处特殊水文地质条件,考虑采用"导管架 + 支撑桩"的钻孔平台方案,平台尺寸为长 × 宽 = 114m × 70m,共布置 52 根 $\phi1500 \times 18mm$ 定位桩,支撑桩打入深度不足的要求施工锚桩,以增加平台刚度,具体布置如图 4-3-2-1 所示。

②钻孔平台计算

计算工况:

a. 自重 + 横桥向 10a 波浪力(波高 4.17m,周期 9.2s) + 横桥向 10a 水流力(流速 2.46m/s)。

b. 自重 + NE(NNE)浪向 10a 波浪力(波高 4.17m,周期 9.2s) + 10a 水流力(流速 2.46m/s)。

c. 自重 + SW(SSW)浪向 10a 波浪力(波高 2.25m,周期 5.4s) + 10a 水流力(流速 2.46m/s)。

浪向和流向方向示意图如图 4-3-2-2 所示。

约束条件:平台钢管桩 $\phi1500 \times 18mm$,中间 12 根桩桩端固结,其余桩桩端铰接。

计算工况一:自重 + 横桥向 10a 波浪力 + 横桥向 10a 水流力,其横桥向位移图如图 4-3-2-3 所示。

计算工况二:自重 + NE(NNE)浪向 10a 波浪力 + 10a 水流力,其纵桥向位移图如图 4-3-2-4 所示。

计算工况三:自重 + SW(SSW)浪向 10a 波浪力 + 10a 水流力,其横桥向位移图如图 4-3-2-5 所示。

护筒位移计算:

护筒间采用 $\phi1500 \times 18mm$ 钢管连接,同时护筒顶与平台桩间采用 $\phi1000 \times 14mm$ 连接。

约束条件:护筒底铰接。

计算工况:自重 + 横桥向 10a 波浪力 + 横桥向 10a 水流力,其钢护筒横桥向位移图如图 4-3-2-6 所示。

(2)打入桩(大桩)方案

结构形式:下部结构采用 $\phi3000 \times 32mm$ 钢管定位桩,联结系采用 $\phi1000 \times 12mm$ 钢管。加载:10 年一遇波浪力,10 年一遇水流;约束条件:平台定位钢管桩 $\phi3000 \times 32mm$,桩底进入强风化岩 5.6m 固结。钢护筒桩底端铰接,护筒之间及护筒与平台采用 $\phi1500 \times 18mm$ 钢管连接;钻孔平台布置如图 4-3-2-7 ~ 图 4-3-2-9 所示。

封桩工况计算:

加载:2.5m 波高波浪力,流速 2.0m/s 水流力,封桩工况护筒最大水平位移如图 4-3-2-10 所示。

由以上计算可知,Z03 号墩钢护筒铰接,且钢护筒与钻孔平台整体连接,整个平台位移达 106mm,位移仍然较大。

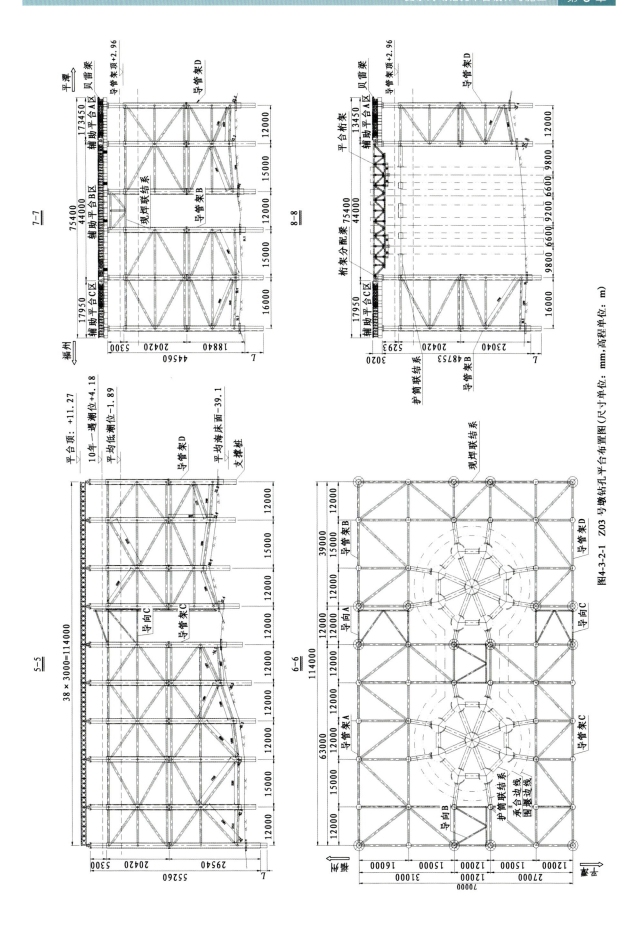

图4-3-2-1 Z03号墩钻孔平台布置图(尺寸单位：mm，高程单位：m)

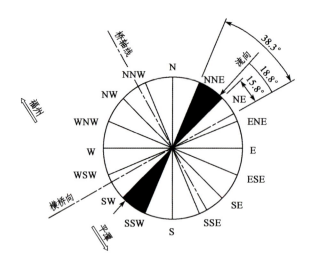

图 4-3-2-2　波浪、水流方向示意图

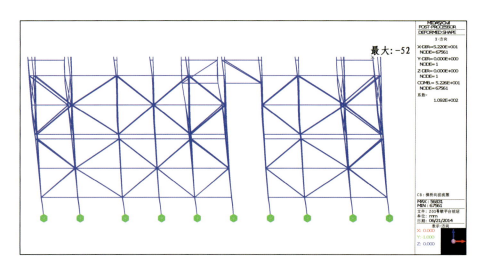

图 4-3-2-3　横桥向位移图（单位：mm）

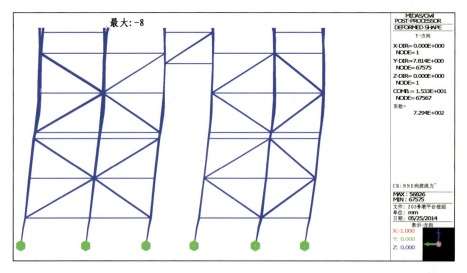

图 4-3-2-4　纵桥向位移图（单位：mm）

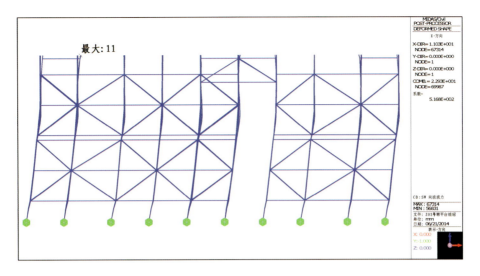

图 4-3-2-5　横桥向位移图(单位:mm)

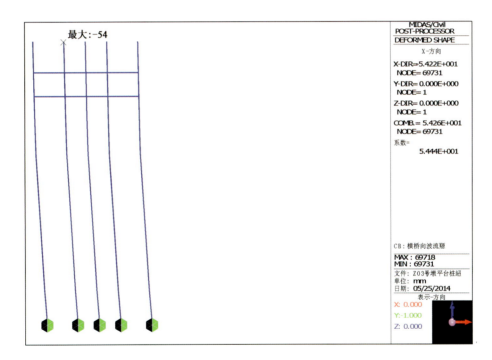

图 4-3-2-6　钢护筒横桥向位移图(单位:mm)

(3)打入桩(大桩)+水下系梁钻孔平台方案

结构形式:φ3000×32mm 钢管定位桩,联结系采用 φ1000×12mm 钢管,联结系上弦杆高程+7.26m,下弦杆高程-0.24m。同时在水下-15.24m 高程处设水下系梁以增加平台刚度,减小平台位移。水下系梁采用直径4900mm 套筒,套筒间采用 φ1800×25mm 钢管连接,套筒与定位桩间灌注 C25 水下混凝土。

水下系梁及水上联结系布置如图 4-3-2-11 所示。

加载:10 年一遇波浪力,10 年一遇水流。

约束条件:平台定位钢管桩 φ3000×32mm,桩底进入强风化岩 5.6m 固结。钢护筒桩底端铰接,护筒之间及护筒与平台采用 φ1500×18mm 钢管连接,如图 4-3-2-12 和图 4-3-2-13 所示。

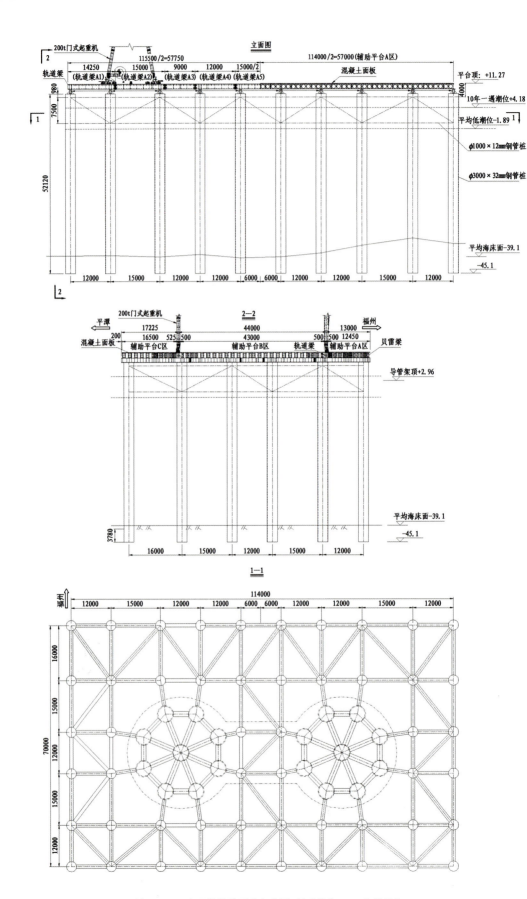

图4-3-2-7 打入桩钻孔平台方案图(尺寸单位:mm,高程单位:m)

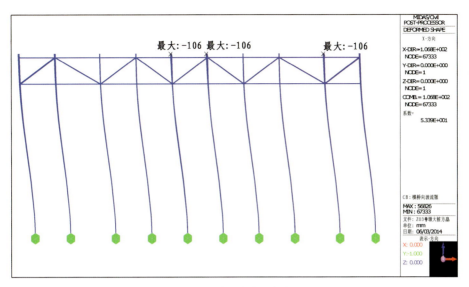

图4-3-2-8　平台最大水平位移:106mm

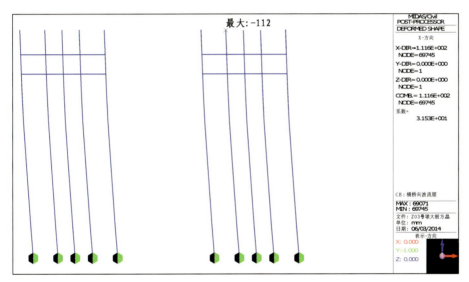

图4-3-2-9　10年一遇工况护筒最大水平位移:112mm

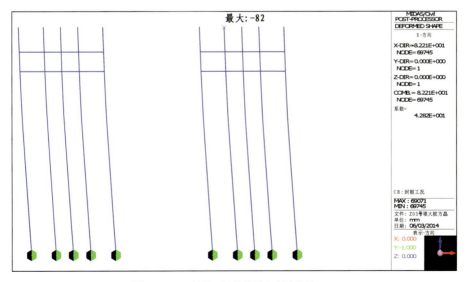

图4-3-2-10　封桩工况护筒最大水平位移:82mm

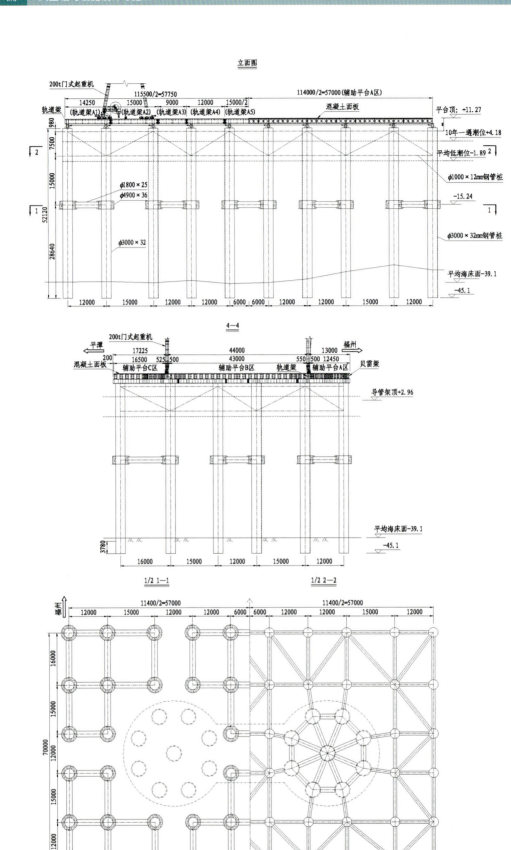

图 4-3-2-11 打入桩+水下系梁钻孔平台方案(尺寸单位:mm,高程单位:m)

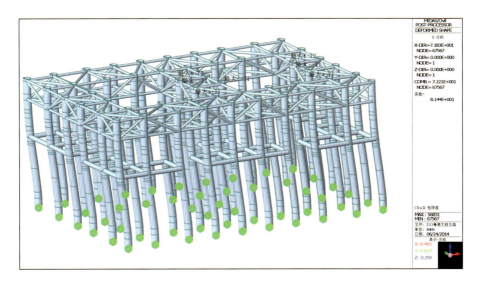

图 4-3-2-12　平台最大水平位移:72mm

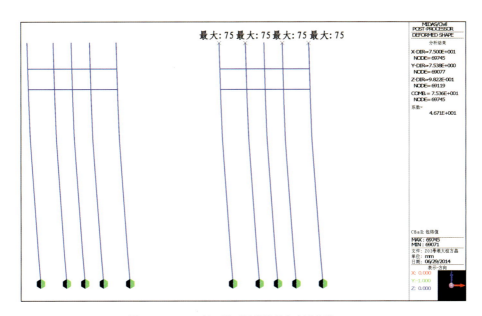

图 4-3-2-13　10 年一遇工况护筒最大水平位移:75mm

(4)打入桩(大桩)+混凝土锚桩钻孔平台方案

结构形式:ϕ3000×32mm 钢管定位桩,联结系采用 ϕ1500×18mm 钢管,联结系上弦杆高程+7.26m,下弦杆高程-0.24m。同时再选取部分桩作为施工锚桩以增加平台刚度、减小平台位移。混凝土锚桩的混凝土浇筑至桩顶。

共施工 20 根锚桩,锚桩布置如图 4-3-2-14 和图 4-3-2-15 所示。

加载:10 年一遇波浪力,10 年一遇水流。

约束条件:平台定位钢管桩 ϕ3000×32mm,桩底进入强风化岩 5.6m 固结。钢护筒桩底端铰接,护筒之间及护筒与平台采用 ϕ1500×18mm 钢管连接,如图 4-3-2-16 和图 4-3-2-17 所示。

若全部施工锚桩(52 根):

加载:10 年一遇波浪力,10 年一遇水流。

约束条件:平台定位钢管桩 ϕ3000×32mm,桩底进入强风化岩 5.6m 固结。钢护筒桩底端铰接,护筒之间及护筒与平台采用 ϕ1500×18mm 钢管连接,如图 4-3-2-18 所示。

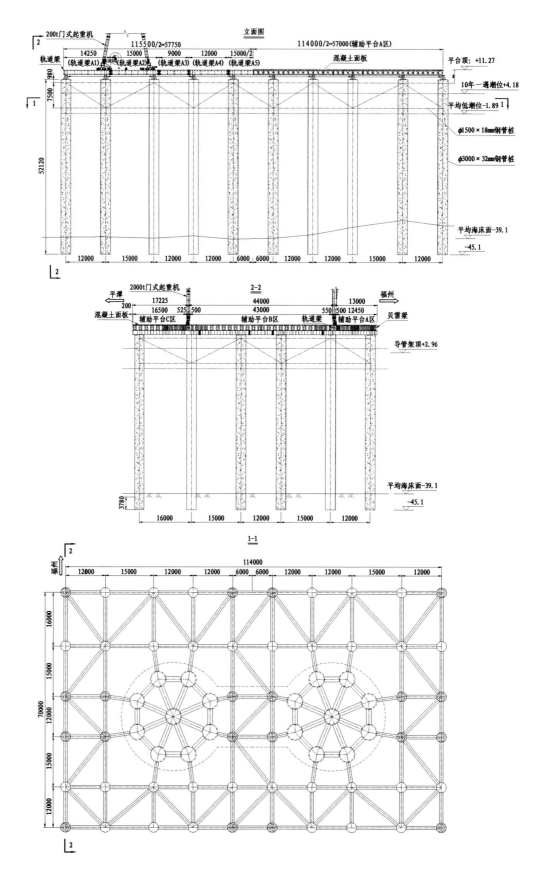

图4-3-2-14 钻孔平台布置图(尺寸单位:mm,高程单位:m)

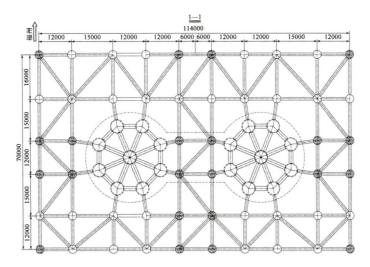

图 4-3-2-15　锚桩布置图(单位:mm)

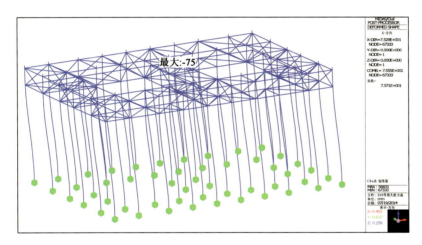

图 4-3-2-16　平台最大水平位移:75mm

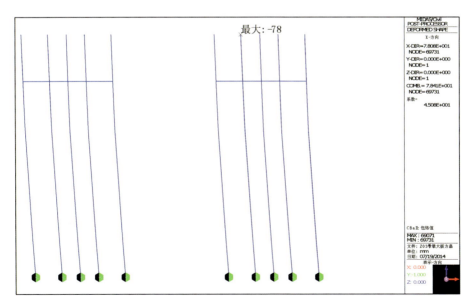

图 4-3-2-17　10 年一遇工况护筒最大水平位移:78mm

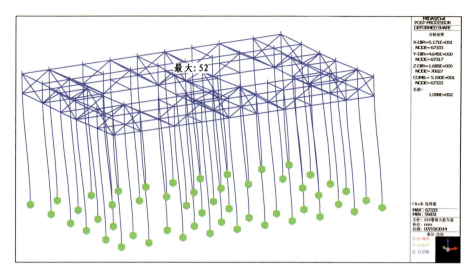

图 4-3-2-18　平台最大水平位移:52mm

Z03 号墩钻孔平台分别采用导管架钻孔平台方案、打入桩方案、打入桩 + 水下系梁方案、打入桩 + 锚桩方案的工程量对比见表 4-3-2-1。

工 程 量 对 比 表　　　　　　　表 4-3-2-1

墩　号	平台位移 (mm)	名称	钢管直径 (mm)	壁厚 (mm)	长度 (m)	根数	单根重量 (t)	混凝土 (m³)	钢结构小计 (t)
导管架钻孔 平台方案	52	定位桩	1500	18	54.06	52	35.65	—	1849.35
		导管架	1500	10	43.06	52	16.57		861.43
		联结系	600	10	11720		1705.29		1705.29
		合计	钢结构:4416.08t,混凝土 0m³						
打入桩方案	106	定位桩	3000	32	54.06	52	126.6	—	6583.6
		联结系	1000	12	4435		1295.0		1295.0
		合计	钢结构:7878.6t,混凝土 0m³						
打入桩 + 水下 系梁方案	72	定位桩	3000	32	54.06	52	126.6	736	6583.6
		联结系	1000	12	4435		1295.0		1295.0
		系梁	1800	25	898		982.4		982.4
		合计	钢结构:8861.0t,混凝土 736m³						
打入桩 + 锚桩 方案(20 根)	75	定位桩	3000	32	54.06	52	126.6	9326	6583.6
		联结系	1500	18	4435		2918.2		2918.2
		锚桩钢筋					42.4		932.8

根据综合对比,考虑施工安全性、经济性和可操作性,确定 Z03 号、Z02 号墩钻孔平台采用导管架钻孔平台方案。

2) 水深小于 40m 区域施工平台方案比选

水深小于 40m 区域的施工一般采用导管架方案或打入桩方案,两者的优缺点见表 4-3-2-2。

导管架和打入桩施工平台方案比选表　　　表 4-3-2-2

优、缺点	导 管 架	打 入 桩
优点	可工厂化、装配化、机械化施工，转海上施工为陆上施工，结构稳定性高	受场地限制小，海况影响小，技术难度较小
缺点	技术难度大，需大型加工场地，吊装需大型、整体吊装受海况影响大，墩位多，加工制造难度大	单桩结构稳定性差，前期管桩定位精度要求高

导管架施工方案需大型加工场地、吊装需大型起重船且起重船作业受海况影响大，而打入桩施工方案，不需要大型加工场地和大型起重船，其优势明显，故非通航孔区施工平台选用打入桩方案。

3.2.3　施工平台总体方案

根据水深、地质资料及比选研究，平潭海峡公铁大桥施工平台分为两类：

第一类为打入桩平台方案。根据覆盖层厚度及岩层分布特点，对能达到单桩锚固深度的墩位；或水深较浅，平台施工时可按铰接计算，或对达不到桩端固结要求的钢管桩，根据计算，部分采取施工锚桩的措施。故全桥施工平台除 Z02 号、Z03 号墩外，全部采用打入桩方案。

第二类为导管架平台方案。此类平台适用于水深较深且不能满足单桩入岩锚固条件，如鼓屿门水道桥 Z02 号及 Z03 号墩。针对平潭海峡公铁大桥鼓屿门水道桥 Z02 号及 Z03 号墩所处的深水、无覆盖层、浪高等复杂海况及地质条件，提出了钢管打入桩钻孔平台和导管架钻孔平台两种方案。经分析可知：钢管打入桩钻孔平台为单桩插打后再焊接联结系形成钻孔平台，在 Z02 号及 Z03 号墩水深及地质条件下，单桩波流力达到 600kN，插打后其自身抗倾覆稳定存在较大问题，施工可操作性低；而导管架钻孔平台是在工厂加工制造导管架，整体下放着床，再以导管架为导向插打支承桩，该方案可解决平台支承桩插打易倾倒的难题。因此，鼓屿门水道桥 Z02 号及 Z03 号墩采用导管架钻孔平台方案。

3.2.4　打入桩平台方案

1）主墩平台

主墩 N03、N04、S03、S04、Z04 施工平台下部结构采用"钢管打入桩"平台方案，共布置 52 根 $\phi1500 \times 18mm$ 钢管桩，其中 N03、N04 平台钢管桩横桥向设置 4 排 1∶8 斜桩，S03、S04 平台钢管桩均为直桩，Z04 横桥向设置 4 排 1∶6 斜桩，以减小平台横向位移。钢管桩联结系采用 $\phi600 \times 10mm$ 钢管，平台四周增设靠船桩与防撞桩。平台上部结构钻孔区采用整体式平台桁架+钢桥面板方案，辅助平台采用贝雷梁+混凝土桥面板方案，平台外围四周设置 $\phi1200 \times 14mm$ 钢管靠船桩，全桥的钻孔平台钢管桩均采用开口桩，为防止在施打时卷口，钢管桩加工时在顶/底部 1.5m 范围内用钢板贴厚加强。钻孔桩施工完成后，拆除钻孔区域平台进入下一工序围堰施工。

施工平台横桥向长 114m，纵桥向宽 75.4m，总面积约 8596m^2。平面分为钻孔区和辅助平台区。钻孔区采用钢面板，位于 200t 门式起重机吊重覆盖范围内。辅助平台分为 A 区、B 区和 C 区，采用 20cm 厚混凝土桥面板。A 区、C 区和两端 B 区为施工通道，哑铃形承台中间的辅助平台 B 区为材料及设备堆放区，生产设施布置在辅助平台 C 区，主要有发电机房、物资仓库、现场值班室及工具存放区等，施工平台布置如图 4-3-2-19～图 4-3-2-24 所示。

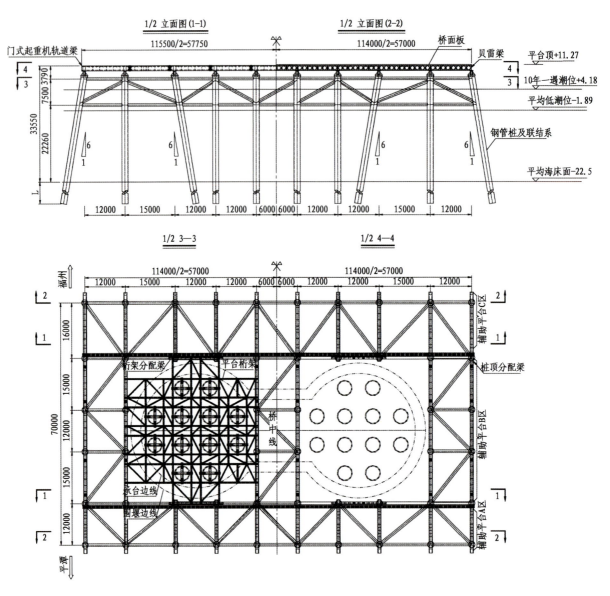

图 4-3-2-19 N03号墩钻孔平台布置图(尺寸单位:mm,高程单位:m)

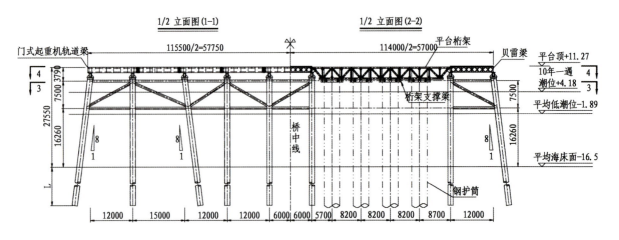

图 4-3-2-20

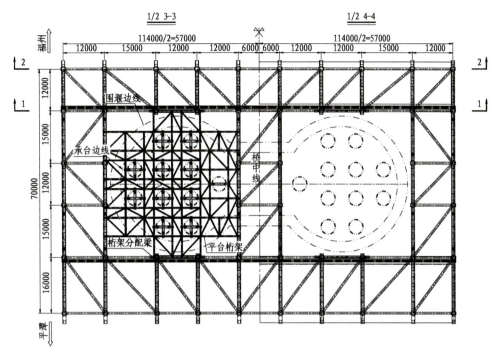

图 4-3-2-20　N04 号墩钻孔平台布置图(尺寸单位:mm,高程单位:m)

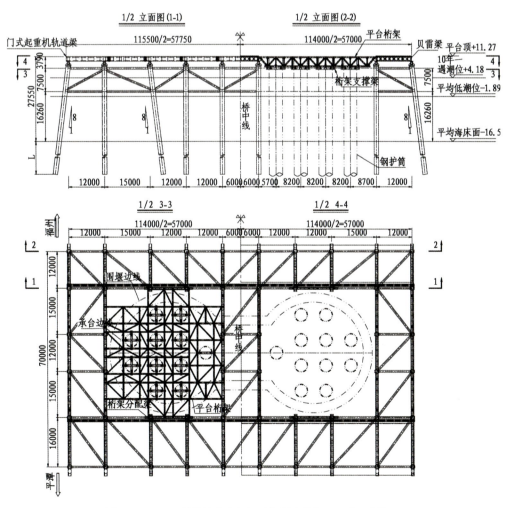

图 4-3-2-21　Z04 号墩钻孔平台布置图(尺寸单位:mm,高程单位:m)

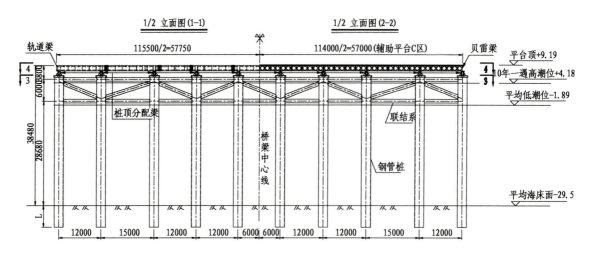

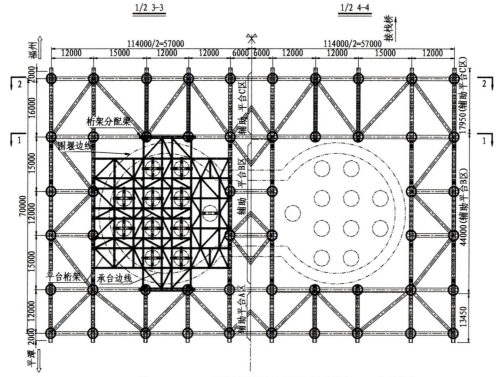

图 4-3-2-22　S03号墩钻孔平台布置图(尺寸单位：mm，高程单位：m)

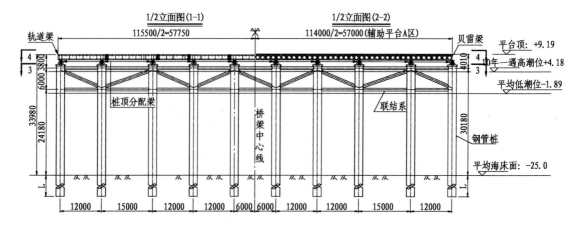

图 4-3-2-23

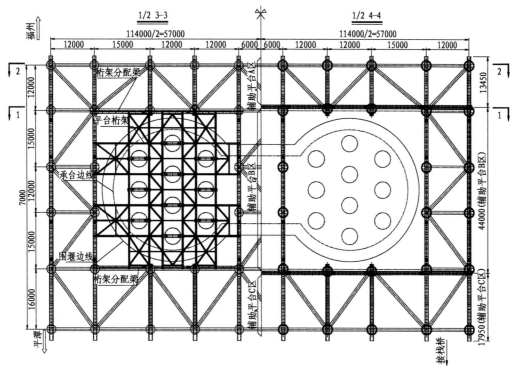

图4-3-2-23 S04号墩钻孔平台布置图(尺寸单位:mm,高程单位:m)

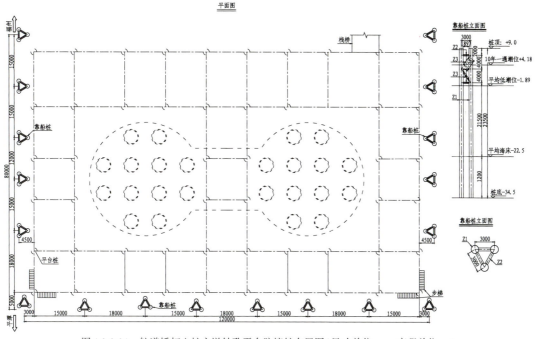

图4-3-2-24 航道桥打入桩主墩钻孔平台防撞桩布置图(尺寸单位:mm,高程单位:m)

2）边墩与辅助墩平台

除鼓屿门Z02号施工平台采用导管架施工外，其余边墩及辅助墩施工平台下部结构均采用"钢管打入桩"的施工方案。平台分为钻孔区、堆载区和分栈桥平台区。钻孔区采用钢面板，分栈桥平台为施工通道，采用20cm厚8.0m宽混凝土桥面板。分栈桥平台区与钻孔区间5.75m宽区域、钻孔区与主栈桥间14m宽区域为施工堆载区，以供钻杆、风压机及泵房、泥浆池、沉渣箱等施工机具堆放。钻孔桩施工完成后，拆除钻孔区域平台进入下一工序围堰施工。施工平台布置如图4-3-2-25～图4-3-2-31所示。

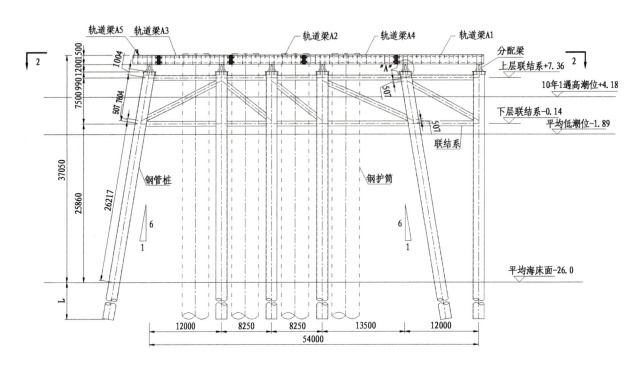

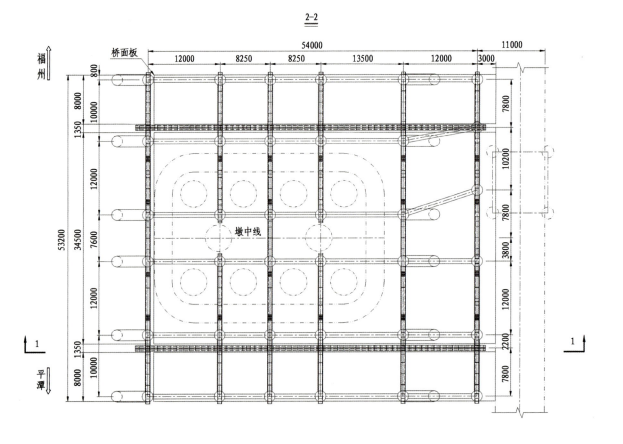

图 4-3-2-25 N02号施工平台总布置图(尺寸单位:mm,高程单位:m)

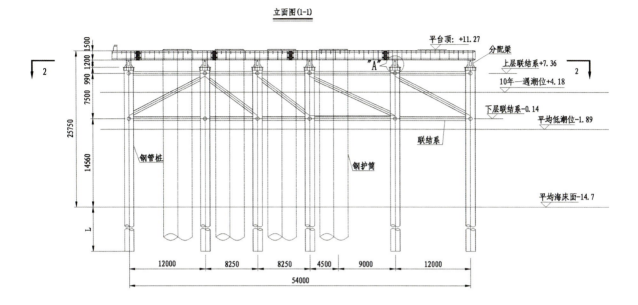

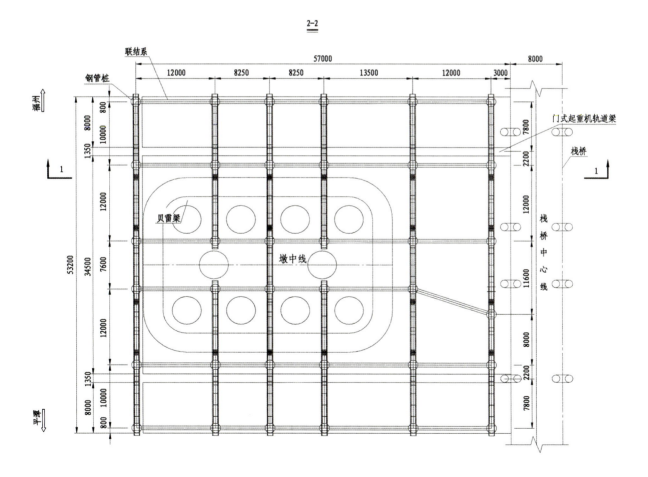

图4-3-2-26　N01/N05/N06号施工平台总布置图(尺寸单位:mm,高程单位:m)

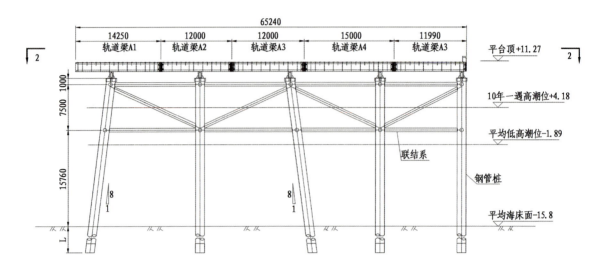

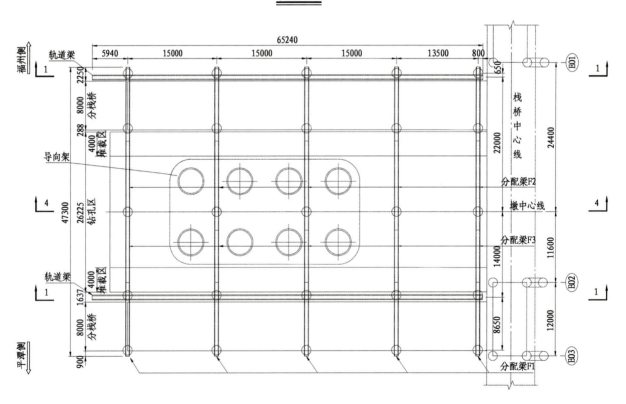

图 4-3-2-27　Z01 号墩施工平台布置图(尺寸单位:mm,高程单位:m)

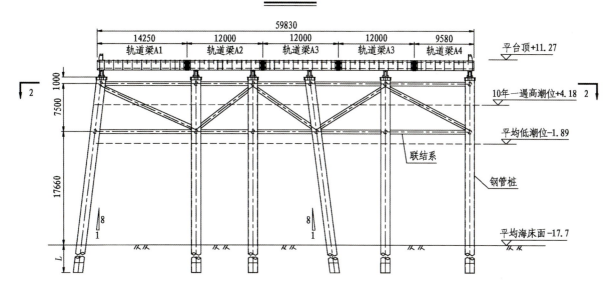

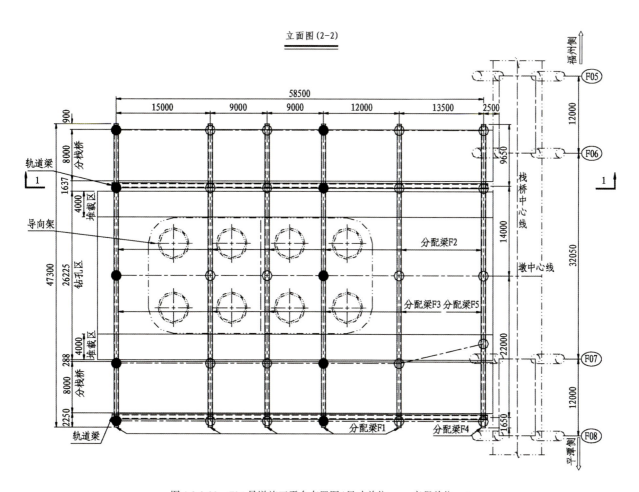

图 4-3-2-28 Z05 号墩施工平台布置图（尺寸单位：mm，高程单位：m）

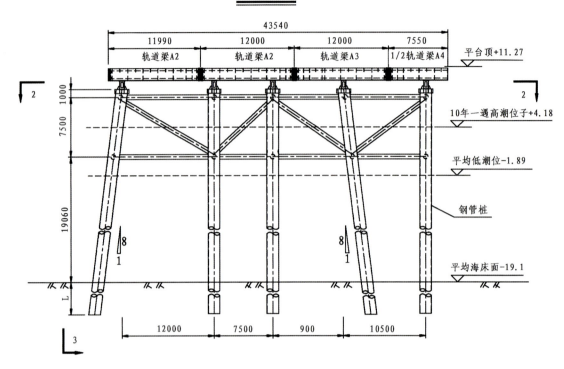
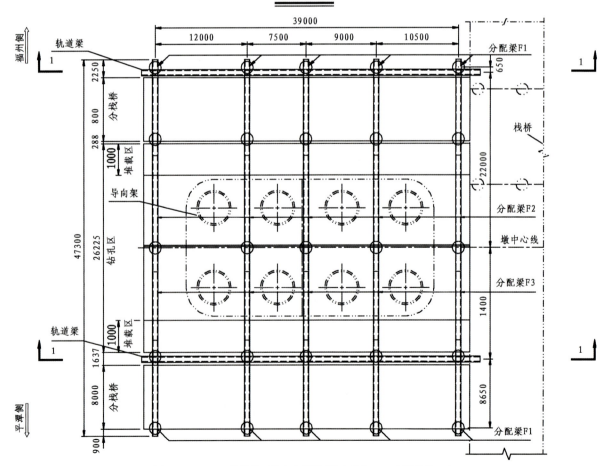

图 4-3-2-29　Z06号墩施工平台布置图（尺寸单位：mm，高程单位：m）

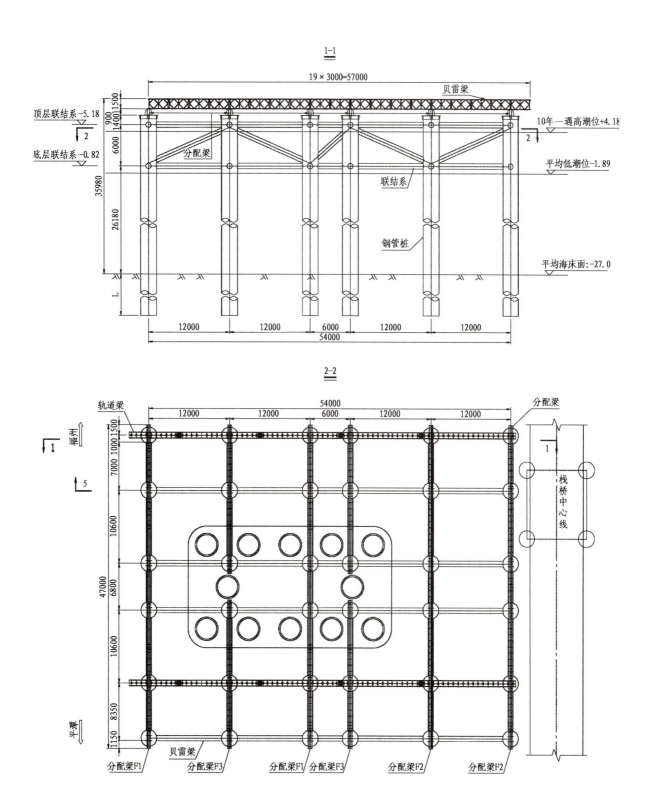

图 4-3-2-30 S01、S06 号墩施工平台布置图(尺寸单位:mm,高程单位:m)

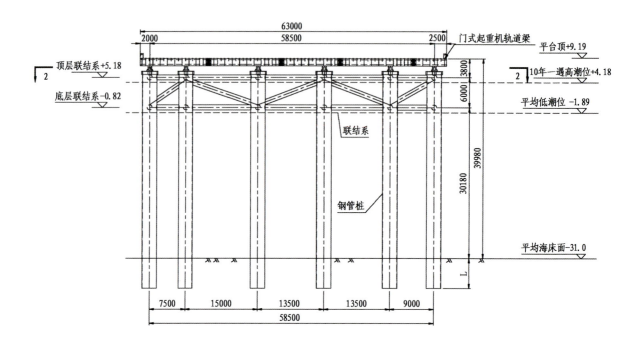

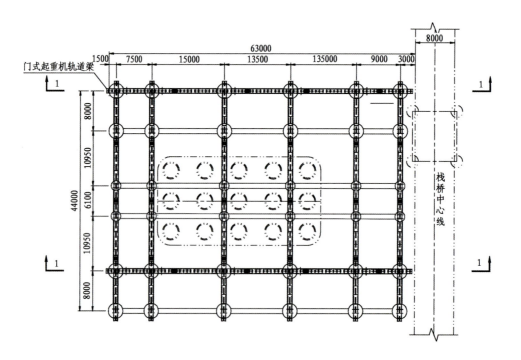

图 4-3-2-31 S02、S05 号墩施工平台布置图(尺寸单位:mm,高程单位:m)

（1）元洪航道桥边墩与辅助墩

N01 号施工平台共布置 36 根 $\phi1500\times25$mm 钢管桩。N02 号施工平台共布置 36 根 $\phi1800\times25$mm 钢管桩，其中横向设置 2 排 1:8 斜桩，减少横向位移，钢管桩联结系均采用 $\phi800\times10$mm 钢管。N05 号、N06 号施工平台分别布置 36 根 $\phi1500\times18$mm 钢管桩。施工平台横桥向长 56m，纵桥向宽 53.2m，总面积约 $2979m^2$。

（2）鼓屿门水道桥边墩与辅助墩

Z01 号、Z06 号施工平台布置 25 根 $\phi1500\times18$mm 钢管桩，其中横向设置 2 排 1:8 斜桩。Z05 号施工平台布置 30 根 $\phi1500\times18$mm 钢管桩，其中横向设置 2 排 1:8 斜桩，联结系均采用 $\phi600\times10$mm 钢管。辅助墩施工平台横桥向长 63m，纵桥向宽 45.3m，总面积约 $2854m^2$；边墩施工平台横桥向长 42m，纵桥向宽 44.15m，总面积约 $1854m^2$。

（3）大小练岛水道桥边墩与辅助墩

S01 号施工平台共布置 36 根 $\phi2400\times25$mm 钢管桩，钢管桩联结系采用 $\phi800\times10$mm 钢管。S02 号施工平台共布置 24 根 $\phi3000\times32$mm 与 12 根 $\phi2000\times22$mm 钢管桩，钢管桩联结系采用 $\phi1000\times12$mm 钢管。S05 号墩钻孔平台布置 42 根 $\phi2000\times22$mm 钢管桩，钢管桩联结系采用 $\phi800\times10$mm 钢管。S06 号施工平台共布置 36 根 $\phi1500\times18$mm 钢管桩，钢管桩联结系采用 $\phi600\times10$mm 钢管。S01 号钻孔平台横桥向长 57m，纵桥向宽 44.15m，总面积约 $2516m^2$；S02 号施工平台横桥向长 63m，纵桥向宽 47m，总面积约 $2961m^2$；S05 号施工平台横桥向长 63m，纵桥向宽 53.4m，总面积约 $3364m^2$；S06 号施工平台横桥向长 57m，纵桥向宽 47m，总面积约 $2679m^2$。

3）非通航孔区混凝土梁区段施工平台

非通航孔桥混凝土梁区段水中施工平台为 SR07 号～SR48 号、SR65 号～SR67 号、SR76 号～SR77 号、CX03 号～CX04 号、CX16 号～CX18 号、CX27 号～CX37 号、XD04 号～XD09 号、XD14 号～XD18 号，共 60 个平台，均为打入桩基础。

（1）下部结构：钻孔平台钢管桩插打采用打桩船施工，桩间联结系根据需要采用现场焊接和整体套管法焊接。

（2）上部结构：分配梁采用起重船或履带式起重机吊装，与桩头焊接；贝雷梁采用起重船或履带式起重机分榀吊装；桥面板采用起重船或履带式起重机分块吊装；栏杆制作成片，现场焊接。

（3）钢护筒：厚覆盖层区域，直接插打至设计高程，浅（无）覆盖层区域利用吊装插打钢护筒至自稳。如需锚桩处理时，冲击钻机冲孔钢护筒需跟进入岩，并满足设计要求。

4）非通航孔区钢桁梁区段施工平台

非通航孔桥钢桁梁区段水中钻孔平台为 SR49 号～SR64 号、RC01 号～RC05 号、CX01 号～CX02 号、CX19 号～CX26 号、XD10 号～XD13 号，共 32 个平台，均为打入桩基础。

（1）下部结构：钻孔平台钢管桩插打采用打桩船施工。如平台桩需按固结计算才能满足要求时，则在浅薄覆盖层或光板岩、钢管桩入岩深度不满足锚固要求的区域，需施工钢筋混凝土锚桩或采取其他措施使平台受力满足要求。桩间联结系根据需要采用现场焊接和整体套管法焊接。分配梁采用起重船或履带式起重机吊装，与桩头焊接。

（2）上部结构、钢护筒：与非通航孔桥混凝土梁区钻孔平台方案相同。

3.2.5 导管架平台方案

Z02 号和 Z03 号墩范围均为浅（无）覆盖层区域。其中基岩以花岗岩为主，强风化层岩石强度均在 600kPa 以上，导致平台钢桩打入困难，入岩深度不足，难以形成固定端，还受到水深、浪大的影响，钢管桩管径越大，受到的水流力、波浪力等水平作用力越大，故鼓屿门水道桥 Z02 号、Z03 号施工平台下部结构采用"导管架+支承桩"的施工方案。导管架结构内侧支撑桩采用 $\phi1500\times18$mm 钢管,主管柱均采用 $\phi1700\times12$mm 钢管,各管柱依据海床起伏调整长度,联结系采用 $\phi600\times10$mm 钢管通长设置。Z02 号导管架平面分为2块(单元件A和单元件B)整体加工运输,现场分块整体下放安装,最后形成整体,其中最大组件平面尺寸 $48m\times36.5m$,如图4-3-2-32所示。

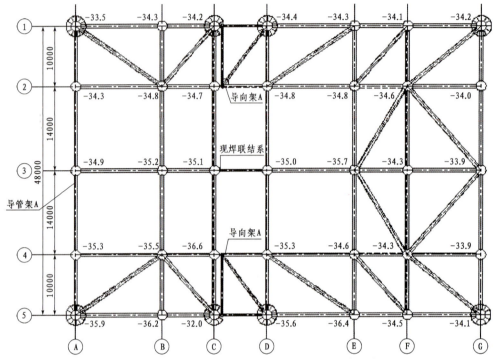

图4-3-2-32　Z02号导管架平面布置图(尺寸单位:mm,高程单位:m)

Z03号导管架分为3块(单元件A、单元件C和单元件BD)整体加工运输,现场分块整体下放安装,最后形成整体。其中最大组件平面尺寸 $70m\times39m$,如图4-3-2-33、图4-3-2-34所示。

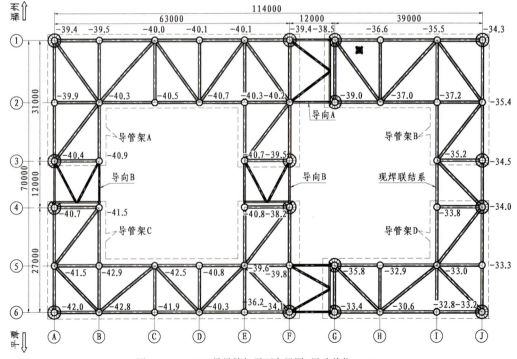

图4-3-2-33　Z03号导管架平面布置图(尺寸单位:mm)

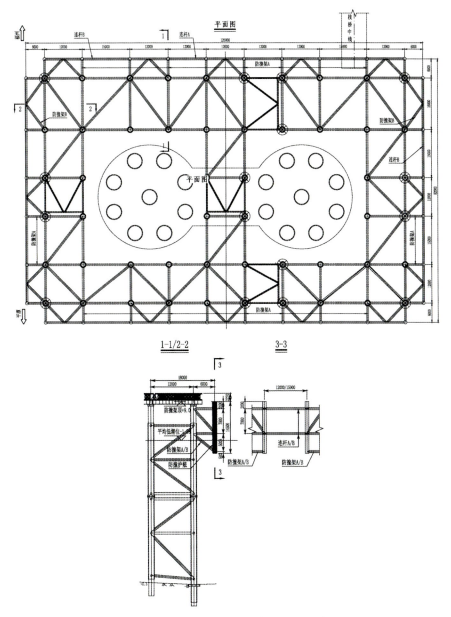

图 4-3-2-34　Z03 号导管架平台防撞桩布置图(尺寸单位:mm)

3.3　施工平台设计

鉴于平潭海峡公铁大桥所处恶劣海况,在 10 年一遇波浪力、水流力作用下,风力为 8 级时,可正常进行钻孔桩施工,要求平台结构具有足够的可靠度。在 20 年一遇波浪力、水流力作用下,风力为台风时(44.8m/s,相当于 14 级台风),平台主体结构不破坏,构件强度验算时按材料屈服强度取值为容许值。而导管架施工、钢护筒插打以及钻孔桩封桩时则需选择较好天气时段进行,以减小平台受力,确保施工安全。

3.3.1　主力

(1)结构自重:按实际自重取值。
(2)门式起重机:N02 号～N06 号墩、Z01 号～Z06 号墩、S03 号墩、S04 号墩配备 200t 门式起重机,主墩起重机跨度为 44m,辅助墩及边墩跨度均为 36m,自重均为 366t,最大吊重 200t。N01 号墩配备

120t门式起重机,起重机跨度36m,自重154t,最大吊重120t;S01号墩、S02号墩配备80t门式起重机,跨度36m,自重65t,最大吊重80t。

(3)履带式起重机:主墩配备150t履带式起重机。150t履带式起重机自重加配重共183t,接触面积为$2-7182×1100mm^2$。150t履带式起重机正吊不超过50t,侧吊不超过30t,最大吊幅18m。履带式起重机仅限在两侧分栈桥上走行及工作。

(4)辅助墩及边墩配备100t履带式起重机。100t履带式起重机自重加配重共133t,接触面积为$2-6850×950mm^2$。100t履带式起重机正吊不超过50t,侧吊不超过20t,最大吊幅18m。履带式起重机仅限在两侧分栈桥上走行及工作。

(5)钻机荷载:钻机荷载考虑冲击系数为1.1,钻机支撑在平台桁架或钻孔区贝雷梁上。钻机按最大扭矩加载至站位点,验算平台空间桁架结构,钻机配置见表4-3-3-1。

通航孔桥钻机配置表 表4-3-3-1

通航孔桥	平台编号	钻机类型	数量(台)	单重(t)
元洪航道桥	N01号	KTY4000	3	215
	N02号	KTY4000	3	215
	N03号	KTY4000	5	215
	N04号	KTY4000	5	215
	N05号	KTY4000	3	215
	N06号	KTY4000	3	215
鼓屿门水道桥	Z01号	KTY5000	2	320
	Z02号	KTY5000	2	320
	Z03号	KTY5000	4	320
	Z04号	KTY5000	4	320
	Z05号	KTY5000	2	320
	Z06号	KTY5000	2	320
大小练岛水道桥	S01号	冲击钻	3	40
	S02号	冲击钻	3	40
	S03号	KTY4000	5	215
	S04号	KTY4000	4	215
	S05号	冲击钻	3	40
	S06号	冲击钻	3	40

3.3.2 附加力

(1)栏杆荷载:按人行道栏杆设计,作用于栏杆立柱顶上的水平推力标准值为0.75kN/m;作用于栏杆扶手上的竖向力标准值为1.0kN/m。

(2)行人荷载:2.5kN/m。

(3)风载:钻孔平台施工状态、工作状态、正常非工作状态和极限非工作状态的允许风力分别为:7级、20年一遇风荷载、100年一遇风荷载,相应风速分别为:17.1m/s、39.8m/s、44.8m/s。

(4)水流力:10年一遇流速2.89m/s,20年一遇流速2.95m/s,100年一遇流速3.09m/s,流向为51°和231°。水流力按《港口工程荷载规范》(JTS 144-1—2010)进行计算。

(5)波浪力:本桥波浪要素由国家海洋局第三海洋研究所提供,施工平台工作状态时波浪要素按10年一遇取值;施工平台非工作状态时波浪要素按20年一遇取值;施工平台极限非工作状态时波浪要素按100年一遇取值。

(6)堆载:哑铃形承台中间的辅助平台B区堆载不得大于$1.5t/m^2$;钻孔区域除钻机外,严禁各类起重机和混凝土搅拌车驶入,堆载不得大于$0.5t/m^2$;其他区域严禁堆载;分栈桥堆载须小于$1.2t/m^2$,钻孔区域除冲击钻机外,严禁各类起重机和混凝土搅拌车驶入,施工荷载须小于0.15t/m²。

3.3.3 荷载组合

钻孔平台结构荷载组合见表4-3-3-2所示。

钻孔平台荷载组合表　　　　　　　表4-3-3-2

设计状态	工况	荷载组合		
		主力		附加力
钢护筒插打状态	Ⅰ	结构自重	150t履带式起重机通行(吊重)	1.5m/s水流荷载+2.5m波高+7级风荷载
			200t门式起重机(吊重)	
钻孔桩封桩状态	Ⅱ		150t履带式起重机通行(吊重)	2年一遇水流荷载+2.5m波高+7级风荷载
			200t门式起重机(吊重)	
			堆载+钻机荷载+沉渣箱等	
工作状态	Ⅲ		150t履带式起重机通行(吊重)	10年一遇水流荷载+10年一遇波浪荷载+8级风荷载
			200t门式起重机(吊重)	
			堆载+钻机荷载+沉渣箱等	
非工作状态	Ⅳ		150t履带式起重机空载	20年一遇水流荷载+20年一遇波浪荷载+台风荷载
			钻机荷载	
			200t门式起重机(空载)	

3.3.4 计算结果

根据设计图纸在MIDAS Civil中建立施工平台的空间杆系结构模型,其中钢管桩、钢护筒按固结计算,如图4-3-3-1所示。

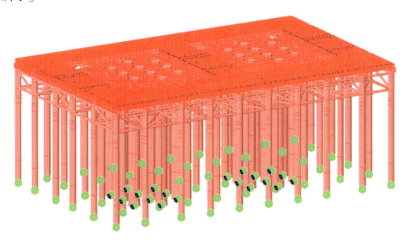

图4-3-3-1 主墩施工平台计算模型图示

1)工况Ⅰ:钢护筒插打

经计算,在钢护筒下放、插打工况下,钢管桩、钢护筒及联结系最大应力93MPa<[σ]=140MPa;桩顶分配梁及门式起重机轨道梁材质为Q345B,其最大弯曲应力为168MPa<[σ]=210MPa,最大剪力72MPa<[τ]=120MPa;平台桁架在起吊、安装及钢护筒下放、插打过程中最大应力143MPa<1.05[σ]=147MPa;贝雷梁弦杆、竖板及斜杆内力均在允许范围内。施工平台在钢护筒下放、插打工况条件下,其横桥向最大位移28mm,平台钢管桩最大反力422t,最小反力76t,无负反力出现。综上所述,在钢护筒下放、插打状态的荷载条件下,施工平台各构件强度、刚度及稳定性均满足要求。

2）工况Ⅱ：钻孔桩封桩

经计算，在钻孔桩封桩工况下，钢管桩、钢护筒及联结系最大应力 105MPa<[σ]=140MPa；桩顶分配梁及门式起重机轨道梁材质为 Q345B，其最大弯曲应力为 162MPa<[σ]=210MPa，最大剪力 69MPa<[τ]=120MPa；平台桁架在施工过程中最大应力 114MPa<[σ]=140MPa；贝雷梁弦杆、竖板及斜杆内力均在允许范围内。施工平台在钢护筒下放、插打工况条件下，其横桥向最大位移 37mm，平台钢管桩最大反力 428t，最小反力 72t，无负反力出现。综上所述，在封桩状态的荷载条件下，施工平台各构件强度、刚度及稳定性均满足要求。

3）工况Ⅲ：工作状态

经计算，在工作状态工况下，钢管桩、钢护筒及联结系最大应力 112MPa<[σ]=140MPa，位于钢护筒联结系处；桩顶分配梁及门式起重机轨道梁材质为 Q345B，其最大弯曲应力为 163MPa<[σ]=210MPa，最大剪力 69MPa<[τ]=120MPa；平台桁架在施工过程中最大应力 115MPa<[σ]=140MPa；贝雷梁弦杆、竖板及斜杆内力均在允许范围内。施工平台在钢护筒下放、插打工况条件下，其横桥向最大位移 45mm，纵桥向最大位移 23mm。平台钢管桩最大反力 436t，最小反力 69t，无负反力出现。综上所述，在工作状态的荷载条件下，施工平台各构件强度、刚度及稳定性均满足要求。

4）工况Ⅳ：非工作状态

经计算，在非工作状态工况下，钢管桩、钢护筒及联结系最大应力 108MPa<1.2[σ]=168MPa，位于钢护筒联结系处；桩顶分配梁及门式起重机轨道梁材质为 Q345B，其最大弯曲应力为 134MPa<1.2[σ]=252MPa，最大剪力 48MPa<1.2[τ]=144MPa；平台桁架在施工过程中最大应力 120MPa<1.2[σ]=168MPa；贝雷梁弦杆、竖板及斜杆内力均在允许范围内。施工平台在钢护筒下放、插打工况条件下，其横桥向最大位移 45mm，纵桥向最大位移 24mm。平台钢管桩最大反力 324t，最小反力 61t，无负反力出现。综上所述，在非工作状态的荷载条件下，施工平台各构件强度、刚度及稳定性均满足要求。

3.3.5 导管架设计

根据以上荷载组合工况计算，钻孔平台下部结构除需承受钻机、门式起重机以及履带式起重机等竖向荷载外，还需抵抗水流力、波浪等水平荷载，导管架钻孔平台水平荷载由导管架与平台桩整体承受，水平荷载计算见表4-3-3-3。

Z02号、Z03号钻孔平台钢管桩水流力、波浪力计算表　　　　表4-3-3-3

墩　号	桩径(m)	计算水深(m)	10年一遇水流力(m)	作用点(m)	10年一遇波浪力(m)	作用点(m)
Z02	1.7	42.58	175.4	28.39	68.7	26.9
Z03	1.7	43.78	180.3	29.19	70.6	27.8

1）海床扫测准备

为满足导管架设计与施工的需要，需对鼓屿门水道桥 Z02号、Z03号墩及栈桥附近水域进行水深测量和浅地层剖面探测，获得桥墩及栈桥附近最新的水下地形资料，并探明测区海底类别、岩礁埋藏深度及岩礁上部覆盖层厚度等，为工程施工方案的制定提供最新的基础资料。

扫测范围为鼓屿门水道桥 Z02号、Z03号墩钻孔平台及其外扩5m水域，Z02号、Z03号墩之间栈桥及其外扩5m范围水域进行加密水深测量，测量面积约 0.016km²，测量比例1:100。对上述水域进行浅地层剖面探测，测线间距5m，测点间距5m，地质变化区域进行了局部测线加密，如图4-3-3-2所示。

水深测量采用南方灵锐S82-T进行动态定位，配合HY-1600精密回声测深仪进行水深数据采集，同时将自动采集的数据储存在计算机中。水深测量的同时，在测区附近(设立潮位站)观测同步潮位，用于水深后处理数据的潮位改正。

水下浅地层剖面探测使用美国 Edgetech 公司制造的 3200XS 型水下浅地层剖面仪系统,包括 FS-SB 全频谱处理器一台,SB-216S 拖鱼一台,水下电缆一条。浅层剖面仪换能器是由一个发射换能器和两个接收换能器构成,它以线性调频脉冲技术方式(Chirp 技术)工作在 2~16kHz 的频带中,浅层剖面双通道能在屏幕上直观反映不同层位界面的厚度变化情况,通道具有 6cm 的垂直分辨率。对于吸收声波较小的地质层,最大穿透深度可达 30m 以上。

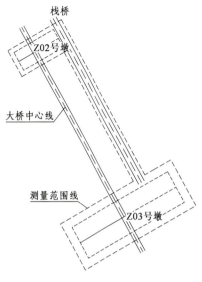

图 4-3-3-2　海床测量范围示意图

2）导管架底口高程

海床扫测结果显示:Z03 号墩钻孔平台范围内高潮位水深为 33.9~48.3m,水下海床起伏较大,高差达 14.4m;东北半侧区域海床为基岩,其余水域海床覆盖层为砂,且可探测到部分下伏基岩。Z02 号墩钻孔平台水域地质覆盖层均为砂,大部分区域探测到下伏基岩。栈桥区水域南半高程侧底质为基岩,北半侧为砂覆盖层,且探测到部分下伏基岩。根据海床面实测情况确定导管架套管底口高程,结果如图 4-3-3-3 所示。

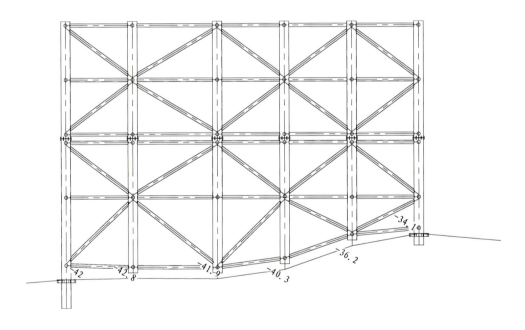

图 4-3-3-3　Z03 号墩导管架立面布置图(单位:m)

3）管径选择

导管架钻孔平台的支承桩需承受钻孔平台上部结构自重及钻机、门式起重机、履带式起重机等竖向荷载,同时还要承受波浪力、水流力等水平荷载,其管径及壁厚选择由计算确定。经计算,钻孔平台支承桩确定采用 $\phi1500 \times 18$mm 钢管。支承桩管径确定后,选择合适的导管架套管管径是关系方案成败的重要环节。其选择受多方面因数影响,如管径误差、管端椭圆度、管桩纵轴线弯曲矢高、加工变形等。查阅相关规范并结合现场钢结构加工经验,确定导管架套管采用 $\phi1700 \times 12$mm 钢管。为确保导管架安放到位后,支承桩能够顺利插入导管架套管,对导管架套管及平台支承桩钢管制造提出相关精度要求,具体见表 4-3-3-4。

导管架、支承桩钢管允许偏差　　表4-3-3-4

项目	允许偏差	备注
管端椭圆度	±0.2%直径,且不大于5mm	两端互相垂直的直径之差
纵轴线的弯曲矢高	不大于L/1500,且不大于30mm	

4）导管架平面分组

Z03号墩导管架平面内共52根φ1700mm套管,角桩套管壁厚采用18mm,其余均采用12mm壁厚。Z02号墩导管架平面内35根φ1700mm套管(含5号栈桥5根桩),角桩套管壁厚采用18mm,其余均采用12mm壁厚。受加工场地、吊装设备起重能力等限制,导管架均需分组加工及吊装。导管架分组原则：单组平面尺寸、总重量相当；单组下放着床后,自身抗倾覆稳定性满足要求,尽量减少配重。

根据计算,确定Z03号墩导管架平面上分为3组,重量统计见表4-3-3-5,平面分组布置如图4-3-3-4所示；Z02号墩导管架平面上分为2组,重量统计见表4-3-3-6,平面分组布置如图4-3-3-5所示。

Z03号墩导管架分组　　表4-3-3-5

分组	轮廓尺寸			重量(t)
	长度(m)	宽度(m)	最大高度(m)	
导管架A	63.0	31.0	49.43	1034.6
导管架B	63.0	27.0	49.96	988.3
导管架C	70.0	39.0	43.66	1171.1

注：表中统计重量已含4根支承角桩的重量。

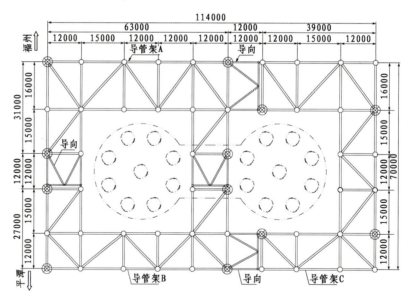

图4-3-3-4　Z03号墩导管架平面分组布置(单位：mm)

Z02号墩导管架分组　　表4-3-3-6

分组	轮廓尺寸			重量(t)
	长度(m)	宽度(m)	最大高度(m)	
导管架A	46.0	24.0	43.82	848.1
导管架B	46.0	36.5	42.02	1140.7

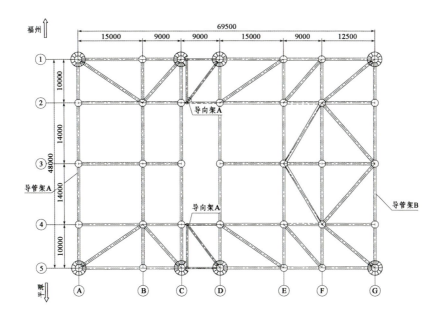

图 4-3-3-5　Z02 号墩导管架平面分组布置（单位：mm）

5）导管架组间导向

为减少导管架海上定位难度，首件导管架下放完成后，进行其余导管架单元件以已下放导管架为导向下放安装。导管架单元根据锁口围堰原理采取锁口对接，以 $\phi530$ 钢管插入 $\phi600$ 钢管进行对接，利用已经定位好的导管架通过锁口定位后一件导管架，对接前必须对锁口位置进行测量复核，以此保证导管架的位置。

6）节点加劲

导管架套管为 $\phi1700 \times 12mm$ 钢管，外径与壁厚之比为 141.7，超过规范允许值，需进行节点受力细部分析。以 Z03 号导管架为例建有限元模型计算分析，对受力不满足要求的节点进行局部加劲。局部加劲设计采用 2 道水平环板，环板宽度 200mm，板厚 16mm，节点加劲前后受力计算结果见图 4-3-3-6。整个导管架共加劲 76 个节点，钢材用量 26t。若采用整体增加导管架主管壁厚至 18mm，则钢结构用量增加 610t。由此可见，采用节点加劲的方式进行局部加强，可大大节省导管架钢结构材料如图 4-3-3-6 所示。

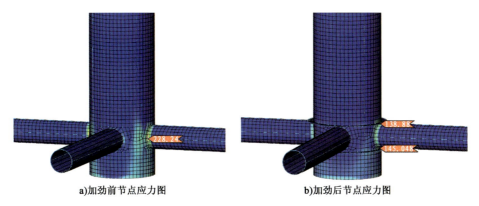

a) 加劲前节点应力图　　　　b) 加劲后节点应力图

图 4-3-3-6　导管架节点加劲应力分析图（单位：MPa）

7）底口封堵

为确保支承桩顺利插打，支承桩与导管架套管预留有10cm缝隙，支承桩插打完成后须将缝隙填充密实，使导管架与支承桩形成整体抵抗水平荷载。导管架套管底口需在工厂加工时提前安装封堵环，封堵环由橡胶密封垫和导向板组成。橡胶密封垫为8cm厚凹形结构，通过上、下夹板及螺栓固定在导管架套管内侧，布置如图4-3-3-7所示。密封垫上方布置24块导向板，防止支承桩插打过程中冲击损坏密封垫。支承桩插打完成后，向支承桩与导管架缝隙间填充级配碎石。经计算，整个缝隙高度填充与底口填充对平台刚度影响较小。为方便后期平台支承桩拆除，确定导管架底口级配碎石填充高度为7.0m。

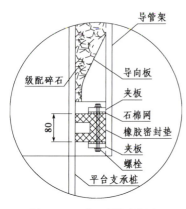

图4-3-3-7 底口封堵示意图
（尺寸单位：mm）

3.3.6 打入桩方案设计

打入桩方案设计以SR58号墩为例阐述。

1）施工平台总体布置

SR58号施工平台下部结构采用"打入桩"施工方案，主要参数见表4-3-3-7。

SR58号施工平台主要参数表 表4-3-3-7

类别	墩号	基础类别	平台桩直径（mm）	平台桩数量	平台面积（m²）
非通航孔桥	SR58	打入桩	$\phi 2000 \times 22$	29	1718.4

2）施工平台设计条件

在10年一遇波浪力、水流力作用下，风力为8级时，要求平台结构具有可靠的强度和刚度。在20年一遇波浪力、水流力作用下，风力为台风时（45.4m/s，相当于14级台风），平台主体结构不破坏，构件强度验算时按材料屈服强度取为允许值。

3）施工平台设计荷载

（1）主力

①结构自重，按实际自重取值。

②起重设备荷载：按照施工平台使用功能，起重设备包括履带式起重机、门式起重机，履带式起重机仅限在施工平台指定区域工作。

③钻机荷载：按照桩基础设计参数，SR58号钻孔施工采用3.0m冲击钻自重，考虑1.1倍冲击系数。

（2）附加力

①栏杆荷载：按人行道栏杆设计，作用于栏杆立柱顶上的水平推力标准值为：0.75kN/m；作用于栏杆扶手上的竖向力标准值为：1.0kN/m。

②风载：施工平台施工状态、工作状态和非工作状态的允许风力分别为：7级、8级、台风荷载，相应风速分别为：17.1m/s、20.7m/s、45.4m/s。

③水流力：长乐岸至长屿岛间海域，2年一遇流速2.69m/s，10年一遇流速取2.89m/s、20年一遇流速取2.95m/s，流向为51°和231°。水流力按《港口工程荷载规范》（JTS 144-1—2010）进行计算。

④波浪力：本桥波浪要素由国家海洋局第三海洋研究所提供，工作状态时波浪要素按10年一遇取值；施工平台非工作状态时波浪要素按20年一遇取值。

⑤堆载：钻孔区域钻机除外，严禁各类起重机和混凝土搅拌车驶入，堆载区域堆载不得大于0.5t/m²。

4）荷载组合与验算准则

施工平台结构荷载组合见表4-3-3-8。

施工平台荷载组合表　　　　　表4-3-3-8

设计状态	工况	荷载组合 主力	荷载组合 附加力
施工平台施工状态	Ⅰ	结构自重	2年一遇水流荷载+2.5m波高+7级风荷载
工作状态	Ⅱ	结构自重 起重设备通行（吊重） 堆载+钻机荷载	10年一遇水流荷载+10年一遇波浪荷载+8级风荷载
非工作状态	Ⅲ	结构自重 起重设备通行（空载） 堆载+钻机荷载	20年一遇水流荷载+20年一遇波浪荷载+台风荷载

5）施工平台设计准则

（1）施工平台在施工及工作状态时，平台结构安全可靠。

（2）施工平台在非工作状态时，平台结构不破坏。

6）施工平台顶面设计高程

施工平台高程确定原则：为了便于履带式起重机和车辆通行，SR58号施工平台与栈桥顶面高程一致，为+11.27m。

7）施工平台下部结构

SR58号施工平台下部结构采用打入桩+联结系的结构形式，钢管桩采用 $\phi 2000 \times 22$mm，材质为Q235B，为防止桩底部在施打时卷口，钢管桩在加工时在底部设计长度范围内用10mm的钢板贴厚加强。钢管桩间的联结系均采用焊接钢管结构。

8）桩顶分配梁结构

SR58号施工平台桩顶分配梁采用 HN900×300mm 的型钢焊接而成，2根一组焊成整体。

9）施工平台上部结构

施工平台上部结构包含贝雷梁结构。采用"321"标准型贝雷梁，根据施工平台的功能划分和受力特点进行布置，布置间距包括900cm、450cm两种。

10）钢护筒导向架

钢护筒导向架为护筒插打时的导向定位结构，SR58号施工平台为两层导向架，导向架为型钢组焊结构，利用分配梁固定于平台底层联结系和平台顶面上。

3.4 施工平台施工

3.4.1 工艺流程及技术措施

鼓屿门水道桥Z02号和Z03号墩钻孔施工平台采用导管架施工平台，其余施工平台均采用"钢管打入桩"施工，按先下部结构后上部结构的顺序组织施工。

下部结构钢管桩采用打桩船插打,根据设计要求计算复核钢管桩入土(入岩)深度及平面位置偏差、垂直度。满足要求后,测量桩顶高程,焊接整体桩帽。N01号、N02号及N03号墩处于近岛段,无覆盖层,基岩多球形,风化强度较大,且起伏变化较大。针对此部分入岩深度不足的钢管桩,采用"打入桩+锚桩"的结构形式。联结系根据结构形式"Z"形、"K"形工厂加工成单根杆件或整体结构,采用"钓鱼法"逐孔吊装焊接。为克服钢管桩桩位偏差对联结系尺寸的影响,联结系单端设置伸缩套管。

上部结构分配梁、贝雷梁及混凝土桥面板利用已施工完的栈桥,采用"钓鱼法"逐孔向前安装。主墩钻孔区钢桁架采用起重船整体吊装架设,安装钢桥面板。安装平台附属结构,包括栏杆、水管、电缆及照明设施等。

3.4.2 钢管打入桩平台施工

平潭海峡公铁大桥管桩插打施工有海力801号、勇丰桩2号、海威951号、桩18共四艘打桩船,性能见表4-3-4-1。其中海力801号打桩船是目前国内最先进的多功能全旋转式起重打桩船,船型为80m(长)×30m(宽)×6m(高),吃水2.8m,采用7×10t锚碇+4根定位桩。船上配备S-280液压锤。4根定位桩能在18m以下水深自行站立,桩架可360°旋转、外伸13-17m、上下升降18m,机械化、自动化程度远远高于国内其他打桩船,如图4-3-4-1、图4-3-4-2所示。

打 桩 船 性 能 表   表4-3-4-1

船名	船型(m×m×m)	吃水(m)	桩架高度(m)	锚碇系统	所配锤型	可打桩长度(m)
海力801	80×30×6	2.8	86+18 旋转式	7×10t 锚,4根定位桩	S280 液压锤	80+水深
勇丰桩二	55×25×4	2.4	80	海军锚	D138 柴油锤	70+水深
海威951	74×27×74	3.2	95	海军锚+自救锚	D125 柴油锤	84+水深
桩18	72×28×5.2	2.6	93.5	海军锚	D160 柴油锤	80+水深

图4-3-4-1 "海力801"起吊钢管桩

图4-3-4-2 "海力801"插打钢管桩

1) 打桩船抛锚定位

打桩船由拖轮拖到施工地点附近,根据打桩船上GPS定位系统显示数据进行粗定位,下插定位桩,用50t抛锚船顶水抛锚。由于"海力801"是全旋转桩架,为减少移锚次数,打桩船两侧边锚抛出400m左右,这样保证一个墩沉桩完成仅调整前锚和尾锚,每2至3个墩调整1次边锚,大大减少移锚作业时间。钢管桩用水上驳船运至沉桩现场,待打桩船锚抛好后,运桩驳靠近打桩船,并在其上系缆。

2）吊桩

吊桩时,桩架旋转到运桩驳一侧,用4点起吊,进龙口采用桩头2点吊,吊装时考虑到桩驳平衡,吊装顺序为对称起吊。起吊时,主吊钩吊挂靠近桩顶的前2吊点,副吊钩吊其余2个吊点,主副吊钩同步上升,平稳起吊,使钢管桩脱离运桩船舶。桩吊起后,旋转到船首部,准备立桩。

3）打桩船调整

在吊桩的同时,按照沉桩方案选定要沉的钢管桩编号,根据GPS定位系统显示的数据,用锚缆移动打桩船,先调整船体的方位角,使得船体纵向中心线尽可能地和所沉钢管桩方位角轴线在一条直线上,锁定左右位置。然后调整旋转车的前后位置,带紧锚缆并且插放定位桩,稳定船体。

4）钢管桩定位

主吊钩上升,副吊钩下降,使钢管桩由水平姿态逐渐转成竖直状态,同时将桩架立直,桩入抱桩器,合拢抱桩器,提升主吊钩,使桩顶套进替打后逐个解去副吊钩。在操纵室通过观察GPS定位系统显示的桩架倾斜角度调整桩架倾斜度,使桩身倾斜率符合设计要求;再根据预先输入的单桩平面扭角（方位角）、平面坐标、依据船上专用的GPS定位系统显示的图形和数据,通过旋转桩架和变幅桩架的方法,使桩达到设计位置。沉桩测量定位所需的一系列技术参数包括基桩的坐标、方位角、倾斜度、桩顶高程等,以数字及图形的方式显示在计算机的屏幕上,为施工人员指挥打桩船调整船位、定位下桩及锤击沉桩施工提供了清晰可靠的依据。沉桩施工的最后监测结果存储在计算机硬盘上,同时也可用打印机输出。

5）沉桩

桩自沉稳桩,同时监测桩位的变化,若桩位变化超过允许的误差范围,应立即停止桩的下沉,将桩拔起,查明原因,重新定位。稳桩后压锤,待桩不再下沉后,查看桩位是否符合要求,若桩位变化超过允许的误差范围,立即停止桩的下沉,将桩拔起,查明原因,重新定位。桩在压锤稳定后,松开抱桩器,启动液压锤沉桩。锤击沉桩时,桩锤、替打、桩身应保持在同一轴线上,避免产生偏心锤击。在沉桩过程中,如出现贯入度异常、桩身突然下降、过大倾斜、移位等现象,立即停止沉桩,及时查明原因,采取如减小锤击能量、调整船舱压载水使桩架垂直等有效措施,必要时将桩拔起,重新定位。冲击锤开始插打钢管桩时应先轻打2~3锤,然后检查并调整钢管桩的平面位置偏差及倾斜度,再逐步增加打桩能量。桩插入时的垂直度偏差不得超过0.5%。当钢管桩入土深度达到2m左右后,方可连续沉桩。

根据本工程的实际地质情况,钻孔平台钢管桩插打以钢管桩入土深度及桩端承载力为控制依据。钢管桩下沉过程中,应随时观察其贯入度,若钢管桩未达到设计高程,且贯入度小于5cm/min时禁止强震久震,避免因钢管底口卷边而无法采取进一步的加固措施。每次冲击时间应根据土质情况及震动能量的大小,通过实地试验决定,一般不宜超过10~15min。冲击时间过短则对土的结构未彻底破坏,冲击时间过长,则对冲击机的部分零件造成损伤。

6）管桩插打预偏

管桩插打偏差:因为本桥为东西向,而该处海流方向为南北向,海流使船体有南北方向晃动的倾向,在打桩过程容易在偏距方向（南北向）出现偏差。实际插打前可根据涨落潮海流波浪方向进行预偏插打。

钢管桩沉桩以贯入度指标控制为主。沉桩结束后,应及时利用GPS流动站对钢管桩平面偏位、桩顶高程等复测,并及时报验。另外,沉桩后由于受水流、风浪、潮流等影响,沉桩完成后应及时进行夹桩施工,将每个墩钢管桩连接成整体。

7）钢管桩入岩深度

钢管桩入岩深度研究及控制：

施工前根据风浪及地质条件，平台设计时初步判定浅(无)覆盖层区段，管桩无法打入弱微风化岩，且单桩插打后，在形成群桩基础前，单桩稳定性不足，容易倾倒。开工后实际施工过程中，仅有个别桩出现倾倒情况。对《港口工程桩基规范》(JTS 167-4—2012)和《公路桥涵地基与基础设计规范》(JTG D63—2007)中桩基入岩深度的相关规定进行研究分析，认为规范规定的有效入岩深度虽然为进入弱风化岩的深度，但其规定是针对一般岩石而定的，其实质是要求岩石要具备一定的强度和完整性。本桥基岩为高强度岩石，强风化岩的饱和单轴抗压强度标准值达到8MPa，远远大于规范规定的2MPa的要求，且完整性相对较好。现场选择了有代表性的钢桩进行了水平承载能力试验，证明桩端进入强风化岩后的锚固效果较好，能够达到固结的效果。据此，将进入强风化岩的深度规定为有效入岩深度。并按《港口工程桩基规范》和《公路桥涵地基与基础设计规范》计算单桩的锚固深度，取二者中的大值。若按单排桩或双排桩进行计算管桩的锚固深度，由于群桩竖向拉压力对抵抗倾覆弯矩有所贡献，群桩计算值比单桩计算值小0.1~0.4m，偏安全考虑，仍按单桩计算的锚固深度取值。

按《港口工程桩基规范》计算入岩固接深度：《港口工程桩基规范》(JTS 167-4—2012)第4.3.5条规定：不进行水平静载荷试验的嵌岩桩，嵌岩端按固接设计时，嵌岩深度应不小于计算嵌岩深度，且应不小于1.5倍嵌岩段桩径。计算嵌岩深度可按下式计算：

$$h_r \geq \frac{4.23V_d + \sqrt{17.92V_d^2 + 12.7\beta f_{rk} M_d D'}}{\beta f_{rk} D'} \quad (4\text{-}3\text{-}4\text{-}1)$$

按《公路桥涵地基与基础设计规范》计算入岩锚固深度：《公路桥涵地基与基础设计规范》(JTG D63—2007)第5.3.5条规定：当海床岩层有冲刷时，桩基需嵌入基岩，嵌岩桩按桩底嵌固设计。其应嵌入基岩中的深度，圆形桩可按下列公式计算(适用条件)。

$$h = \sqrt{\frac{M_H}{0.0655\beta f_{rk} d}} \quad (4\text{-}3\text{-}4\text{-}2)$$

为确定恶劣海洋环境下的钢管桩入岩深度，通过《港口工程桩基规范》和《公路桥涵地基与基础设计规范》分别计算整理(取最大值)需嵌岩的深度和现场进行对拉试验后，验证了单桩抗水平力能力较强，有足够的安全储备，据此给出了 $\phi 1.2m$、$\phi 1.5m$、$\phi 2.0m$ 和 $\phi 2.4m$ 钢管桩的计算固接深度见表4-3-4-2。

钢管桩入岩深度表　　　　　　表4-3-4-2

序号	桩径(mm)	海域水深(m)	入强风化岩深度(m)
1	1200	13.5<水深≤18	≥2.7
2	1500	18<水深≤23	≥3.5
3	2000	23<水深≤29	≥4.2
4	2400	29<水深≤35	≥5

(1) 钢管桩水平稳定性试验

测量单桩在水平荷载作用下的水平位移，分析水平位移与荷载之间的关系，确定钢管桩入岩锚固深度；收集试验数据，分析实施过程中应注意的事项和问题，为施工提供指导性意见。参考栈桥A237管桩水平稳定性试验，单桩稳定性试验结果表明：钢管桩入岩2.7m可视为固结，稳定性及横向位移满足要求。

(2) 部分钢管桩入岩不足处理措施

当钢管桩的入岩深度不满足要求时，根据具体桩位、结构形式、水深、群桩的入岩情况等，进行针对性的检算。若根据具体的情况，经检算，结构的强度、刚度及稳定性满足要求时，可不采取加固措施；否则,应根据实际情况,采取加强平台与栈桥或临边平台的联结系、施工锚桩或锚杆等措施,其中锚桩是加固的最佳处理措施,但锚桩施工周期长、难度大,同时影响工作面开展,故应在保证结构安全前提下,尽量减少锚桩数量。具体提出了以下六类处理办法:

第一类,根据打入桩实际入岩情况建模计算,满足设计和使用要求,不需处理。
第二类,桩位处海床面抛石防冲刷处理,抛石厚度≥50cm。
第三类,与邻近钢管桩进行连接,形成群桩整体受力。
第四类,对在整墩钢桩中部分入岩不足的钢管之间增设桩间联结系。
第五类,施工锚桩,按设计图中施工方法进行锚桩施工,并增设桩间联结系。
第六类,在桩侧补打钢管桩并施工锚桩,在锚桩与栈桥桩间设置联结系。

8)钢管桩桩帽安装

桩帽在岸上加工车间制作完成后,通过平板车倒运至码头装船,运送至海上施工点位定位起重船(起重船开点),由起重船卸船至起重船夹板上,再利用起重船进行桩帽安装。桩帽施工前可以提前做好桩顶盖板,或预加工一批适宜数量的标准长度桩帽1m(含盖板高度)。管桩插打完成后及时进行竣工测量,根据已插打管桩实测桩顶高程、里程、偏距、倾斜度与设计偏位差值数据,确定桩帽加工高度,管桩切割高度,桩帽倾角尽量优化互补切割管桩长度与安装桩帽长度,多余边角料可以用于桩帽安装加劲补强或其他加劲板、桩帽安装导向三角板、简易吊耳等,做到资源合理利用,桩帽安装对接导向如图4-3-4-3所示。

图4-3-4-3 桩帽安装对接导向

在管桩与操作平台适宜位置焊接吊耳,施工操作平台通过导链结合钢丝绳吊挂于管桩吊耳上。管桩切割时,根据测放基准点,采用水平管沿桩周切割水平面打八等分点,并利用长钢板尺以点画圆周线(采用软绳量测周长复核画线是否水平),并严格按照画线进行管桩切割(开好坡口)。复杂海况下管桩晃动较大,桩帽对接时设置简易导向约束。桩帽加工时、出场前、进场安装前做好验收(尺寸、涂装、焊缝及坡口质量等)。对接定位完成后进行加固焊接并涂装防腐(桩帽盖板除圆形外其他非中心对称形状的桩帽注意纵横方向的统一性,特别是上部为通长分配梁时)。待管桩与联结系形成相对整体后,再完成桩帽施工,确保焊缝质量。

9)联结系安装

同一墩位处钢管桩施工完成后,立即进行该墩钢管桩间联结系、桩顶分配梁施工。联结系安装分为伸缩调节功能的整体桁片式联结系和整体套管联结系与散装单根联结系。

(1)具有伸缩调节功能的整体桁片式联结系

针对水深、浪高、涌急的复杂海域,为减少海上作业焊接工程量,提高有效作业时间内的工作效率,联结系在岸上焊接成整体,平联或斜杆端部设有活动套管。活动套管直径约比联结系直径大约30mm,调节长度为200mm左右,可适应一般钢桩插打中平面位置偏位及垂直度偏差带来的误差。联结系整体吊装到位后,先进行点焊固定,再根据潮位及风浪情况完成剩余焊接工作。在栈桥未联通平台之前,施工平台采用起重船作为临时施工作业平台,为实现快速形成作业面,平台首跨开设施工点位联结系采用具有伸缩调节功能的整体桁片式联结系。

(2)整体套管联结系

整体套管联结系优点是能快速建立钢管桩联结系,变水上作业为陆上作业,现场焊接量少。先在工厂制作胎具,每插打完4根钢管桩后,现场测量实测钢管桩间距,将数据反馈至加工厂,制作套管联结系,再整体运输至施工现场,整体起吊套入设计位置,并将其反挂于桩顶,然后将整体套管联结系底口封堵,再在联结系与钢管桩之间的间隙进行压浆固结。缺点是必须先对已插打的钢桩进行精确测量再进行加工制造,但该钢桩未焊接联结系前人员不方便达到,测量手段也有限,故本桥仅做了该试验。

(3)散装单根联结系

散件现场焊接单根联结系。低潮位时联结系均位于水面以上,采用现场相贯焊焊接。联结系套管直径比联结系杆件直径大约30mm。散片式联结系上下横杆通过起重船或履带式起重机直接吊装与管桩焊接固定,中间斜杆联结系通过起吊设备吊装到位后采用导链悬挂于上横杆上,通过导链调整固定倾角达到设计要求。低潮位进行底层联结系安装,潮位不满足底层联结系施工时,安装上层或斜撑联结系,待管桩与联结系形成相对整体后,再完成桩帽施工,确保焊缝质量。联结系优先施工固定端相贯线焊接,再固定伸缩端套筒,最后两端同时焊接固定并做好防腐涂装。联结系三维模拟如图4-3-4-4所示,联结系相贯线加工如图4-3-4-5所示。

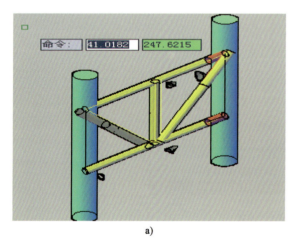
a)

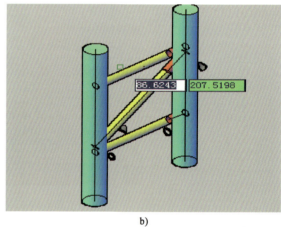
b)

图4-3-4-4 管桩偏位及联结系三维模拟图

a)

b)

图4-3-4-5 联结系相贯线接数控切

联结系下料时除了考虑管桩偏位外,还需考虑管桩垂直度的影响,必要时通过三维实体模拟,保证套管与联结系搭接长度控制在20cm左右,确认管桩之间联结系整体尺寸、角度及连接套筒伸缩值与相贯线,保证套管与联结系搭接长度控制在20cm左右,对联结系进行委托加工,并做好相贯线割除材料核销工作。联结系安装时注意设计高程,禁止潮位不够赶工期而提高联结系高程从而增加有效作业时间。相邻联结系安装时注意节点的对称性,套管焊接固定时注意套管线形,保证传力路径符合设计要求。整片与散片联结系安装如图4-3-4-6、图4-3-4-7所示。

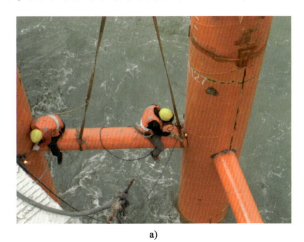
a)

b)

图4-3-4-6 整片联结系安装

a)

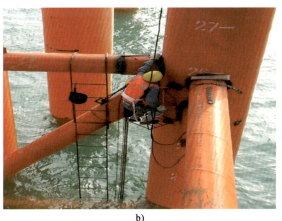
b)

图4-3-4-7 散片单根联结系吊挂安装

10)分配梁安装

平台分配梁为箱形结构,材质为Q345B,顶板设有倒"T"形加劲肋。分配梁之间采用高强度螺栓群连接成整体。采用工厂分节段加工制作,运至墩位处后整节段吊装。

在钢管桩桩顶精确测量放样分配梁位置,并焊接侧向导向限位,复测桩顶高程。采用履带式起重机或"雪浪号"400t起重船悬吊分配梁至桩顶设计位置,安装就位后复测平面偏位及偏位,然后将分配梁与桩顶焊接固定并焊接侧向限位加劲板。

分配梁施工前应对桩帽里程中心线进行测量放样,并在桩帽盖板顶手动量测分配梁设计里程偏距中心线,并标识清晰。分配梁吊装落梁时参考标识线进行就位,就位后利用辅助导链或手摇千斤顶进行微调至复核设计要求,现场技术员验收合格后方可进行焊接固定,以确保上部贝雷梁受力明确。分配梁加工制作时安装起吊吊耳,严禁现场开孔吊装分配梁。尤其要注意伸缩缝位置分配梁安装精度(伸缩方向)。分配梁安装如图4-3-4-8所示。

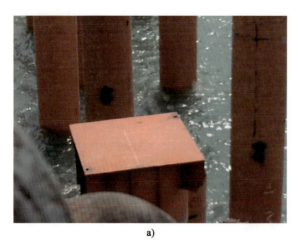
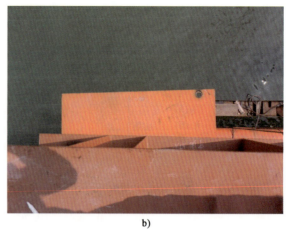

图 4-3-4-8 分配梁安装标识定位

11) 钢桁架安装

主墩施工平台钻孔区上部结构采用整体式平台桁架,平面尺寸约为 42.4m×39.7m,桁高 3m,单个墩钻孔平台左右幅共设有 2 个整体平台桁架。桁架上层结构横桥向支撑与门式起重机轨道梁平行的桁架分配梁,顺桥向支承于主墩平台中间 B 区通道分配梁。桁架所有杆件之间均通过焊缝连成整体。单个桁架横桥向分为两块进行加工制造,分块墩位吊装到位后,再焊接中间连接杆件连成整体。

桁架下部支承结构为桁架分配梁及桁架支撑梁两部分。桁架分配梁为箱形结构,布置在平台桁架沿纵桥向端部位置。桁架吊装过程中在分配梁设计支承点边线设置斜向钢导向辅助落梁就位,平台桁架吊装至桁架分配梁后,可在梁上安装千斤顶及反力座精调桁架水平位置。桁架支撑梁为外套梁+伸缩梁结构,分为"十"字支撑梁和"一"字支撑梁两种规格("一"字支撑梁适用于最内侧钢护筒,"十"字反之)。每插打完成一根钢护筒后,应立即安装桁架支撑梁,将平台桁架支撑于钢护筒上,桁架支撑安装完毕后方可进行下一根钢护筒吊装、插打作业。钻孔桩施工时,拆除本桩位处的桁架支撑,本桩位钻孔桩施工完成后再将桁架支撑重新安装就位,如图 4-3-4-9 ~ 图 4-3-4-11 所示。

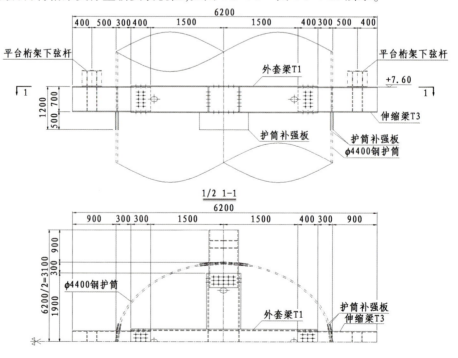

图 4-3-4-9 桁架支撑梁图(尺寸单位:mm,高程单位:m)

图 4-3-4-10　钢桁架吊装

图 4-3-4-11　主墩平台桁架实景图

12）贝雷梁安装

除平台开点位置外，为加快现场作业面的展开，贝雷梁尽量采用起重船整体吊装。贝雷梁在后场按设计组拼成单组倒运至开点起重船上，并在起重船上组拼成整体进行安装。整体吊装前，应在分配梁顶做好限位装置，并选择较好的作业窗口进行整体安装，以确保贝雷梁安装符合设计要求。贝雷梁桩顶受力立杆下方下弦杆与分配梁接触处抄垫 10mm 厚小钢板，明确贝雷立杆受力，防止分配梁边线处贝雷受力变形。整体贝雷梁落位后，利用导链与千斤顶对其进行精确调位，符合设计要求后，再利用"U"形卡与分配梁焊接固定（焊接时应严格按照设计位置与数量进行安装，并不得烧伤贝雷梁）。其他非开点位置贝雷梁采用履带式起重机单组逐跨拼装，及时安装组与组之间联结支撑架，分配梁顶也应及时安装限位固定，伸缩缝处双向限位及连接支撑架要严格按图施工，并在施工过程中逐跨进行验收。平台各通道转角及平台与栈桥交界联通处，施工过程中履带式起重机、罐车等机械转弯处产生的扭矩较大，贝雷梁长时间使用的立杆和斜杆易扭转变形，建议该处贝雷梁采用加强型贝雷梁或定期检查维修加固、更换。贝雷梁安装如图 4-3-4-12、图 4-3-4-13 所示。

a) 　　　　　　　　　　　　　　　　b)

图 4-3-4-12　整体贝雷梁安装

13）桥面板安装

施工平台面板分为混凝土面板和钢面板两种，其中钻孔区采用钢面板，辅助平台区采用混凝土面板。

混凝土桥面板为 C30 钢筋混凝土桥面板，标准尺寸为 8m×2m×0.2m，主墩还包括 6.6m×2m×0.2m、4.5m×2m×0.2m、8.25m×2m×0.2m 几种非标准型混凝土桥面板。贝雷梁安装完成后在顶上铺 10mm 厚胶皮，用履带式起重机吊装混凝土桥面板，桥面板每块面板间设置 10mm 的伸缩缝（用于防止因温度变化而引起的桥面翘曲起伏),待桥面板安装完成后,尽快组织焊接桥面板限位。面板顶面采用小钢板将桥面板两两焊接成整体,桥面板构造上预留有卸载孔,防止波浪顶托。在每块桥面板的底部两边和中间预埋件上焊接12cm长的[10型钢横向限位与贝雷梁上弦杆顶紧。贝雷梁上弦杆顶铺一层宽25cm厚10mm胶皮并绑扎固定,再放置桥面板,桥面板与主梁竖向不连接。初始段采用起重船铺设桥面板,达到履带式起重机作业条件后,整体吊装履带式起重机上平台,然后再利用履带式起重机调整铺设桥面板,如图4-3-4-14所示。

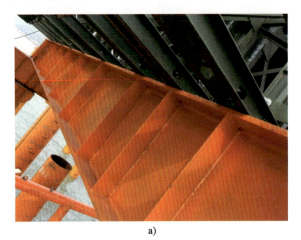
a)

b)

图4-3-4-13 散片贝雷梁安装

a)

b)

图4-3-4-14 桥面板安装

混凝土桥面板预制时应注意模板刚度,并保证面板纵横线形顺直。要加强养护及预留孔周边裂纹密集现象的保证措施;包边角钢与钢筋骨架应严格按图施工并焊接牢固;面板顶边板栏杆安装预埋钢板与面板底限位固定钢板时预埋深度及位置应准确,出厂前凿出清楚标识。应确保混凝土桥面板的安装质量,平台与栈桥交界处及其他转弯区混凝土桥面板四边都需包边处理。

钢桥面板:在贝雷梁上测量放样,标识分配梁工20b位置,铺设分配梁并焊接限位,然后敷设10mm厚钢面板。

14)栏杆及附属设施安装

栏杆按安全规范设置,栏杆立杆采用16号工字钢,外边焊接两个插旗孔,内径φ3cm,插旗孔钢管位置高程按图统一。栏杆立柱及踢脚面漆为白色,底漆采用红丹防锈漆,涂装厚度需满足涂装规范要求。栏杆横杆采用φ50×3mm和φ75×3mm的钢管,长度定尺为6m每根,连接调直后与立柱进行电焊固定,每6m焊接为一个标准节段。栏杆横杆油漆间距必须严格按照图纸尺寸进行涂装,涂装必须采用喷涂,且颜色必须鲜艳分明。红白相间50cm的油漆,红白颜色交接位置须采取措施使其整齐一致。

施工平台桥面形成后,安装附属结构,包括水、电管路的槽架和桥面栏杆及照明、消防设施。附属结构利用25t汽车式起重机配合人工进行安装。水管、泵管、电力管线等附属设施不得设置在桥面板上,而应通过在平台一侧安装管道支撑架,将水管、泵管等管线布置于管道支撑架上。

15）耐久性体系

考虑到海水是一种含有大量盐类的强电解质溶液,对海洋环境中的钢铁腐蚀极为严重,通过查阅大量资料和海上工程实践经验,对钢管桩的设计中壁厚均预留腐蚀量,全浸区(高程-6.0m)以上部分不小于4mm,全浸区及以下部分不小于2mm。同时对全浸区以上部分钢管桩外表面进行防腐涂装,涂层体系按《熔融结合环氧粉末涂料的防腐蚀涂装》(GB/T 18593—2010)第3类涂层类型,厚度按照$350\pm50\mu m$控制;或按《公路桥梁钢结构防腐涂装技术条件》(JT/T 722—2008),涂层厚度按照$260\pm50\mu m$控制。钢管桩内表面采用灌满水后加盖密封的形式防腐。

对于贝雷梁及支撑架防腐涂装,按《公路桥梁钢结构防腐涂装技术条件》(JT/T 722—2008)配套体系S03涂装,涂层厚度按照$210\mu m$控制。钢管桩联结系焊接部位以及油漆破损部位采用环氧富锌底漆1道$60\mu m$和丙烯酸脂肪族聚氨酯面漆2道$70\mu m$进行补漆。

16）质量控制

施工平台施工过程中,对钢管桩、联结系、桩帽、分配梁及贝雷梁等逐步进行检查验收,确保施工质量见表4-3-4-3。

通航孔桥钻孔平台检查签证表　　表4-3-4-3

序号	检查项目		检查关键点
1	钢管桩	加工	钢管桩材料规格、结构尺寸、焊接质量是否满足设计要求
2		沉桩	桩尖高程/最后贯入度、桩顶平面位置、倾斜度是否满足设计要求
3	联结系	加工	联结系杆件材料规格、结构尺寸、焊接质量是否满足设计要求
4		安装	联结系焊接质量、焊接位置是否满足设计要求
5	桩帽	加工	桩帽材料规格、结构尺寸、焊接质量是否满足设计要求
6		安装	桩帽焊接质量是否满足设计要求
7	分配梁	加工	分配梁材料规格、结构尺寸、焊接质量是否满足设计要求,是否进行声波检测
8		安装	分配梁与桩帽连接是否牢固,分配梁之间连接螺栓是否上满、拧紧
9	贝雷梁安装		贝雷梁销轴、保险销是否全部上满、支撑架布置是否满足设计要求,支撑架螺栓是否上满、拧紧,加强竖杆布置是否满足设计要求
10	轨道梁	加工	轨道梁材料规格、结构尺寸、焊接质量是否满足设计要求,是否进行超声波检测
11		安装	轨道梁与分配梁连接是否牢固,轨道梁之间连接螺栓是否上满、拧紧
12	钢轨		钢轨是否水平、顺直,连接处鱼尾板螺栓是否上满、拧紧,压轨板安装是否满足设计要求
13	栏杆		平台四周栏杆设置是否满足设计要求

后期使用过程中,应定期和在台风前后对施工平台贝雷梁、桥面板及联结系等进行检查,对钢管桩冲刷及沉降进行监测,切实保证施工安全,如图4-3-4-15所示。

3.4.3 导管架平台施工

针对水深达45m、岩层裸露且岩面倾斜、海况恶劣等施工条件下的鼓屿门水道桥Z02号、Z03号墩钻孔平台,采用"导管架法"进行钻孔平台的搭设。

图 4-3-4-15　主墩施工平台整体图

导管架在制造厂分榀加工制作完成后,采用大型起重船分组吊装运输至墩位就位后,调整起重船位置完成导管架的粗定位后,下放导管架,使导管架着床,检查导管架倾斜度,导管架稳定后利用起重船调整导管架顶面高程,下放定位角桩(支承桩),启动吊挂系统,利用液压千斤顶静压支承桩入土(岩);角桩入土(岩)基本稳定后利用吊挂系统吊挂导管架,起重船缓慢松钩,导管架重量转换至定位角桩上;导管架调平后插打其余支承桩,最后插打定位角桩,并将支承桩与导管架之间适时连接,完成单组导管架施工。相邻导管架按此方法施工完成后,将各组导管架间导向转换为联结系,待导管架平台全部成型后,在导管架套管顶口向套管与支承桩之间抛填级配碎石及细砂,提高导管架稳定性,最后完成钻孔平台下部结构施工。

导管架钻孔平台把大量海上现场焊接的工作转变成陆上工厂加工,成型后的导管架整体运输、吊装、沉放,大大缩短了吊装时间,同时也增加了结构的安全度。此外,支承桩在导管架套管中插打省去了单桩的测量定位时间,极大地提高了深海裸岩复杂海域条件下钻孔平台搭设的安全与质量。

1）导管架平台施工工艺特点

(1)"工厂化、机械化、标准化"的作业方式,实现了整体加工、吊装运输、拼装,显著提高工效。

(2)导管架在工厂内采用水平分榀、竖向分层加工制作成整体,利用大型起重船吊装至墩位处定位、沉放。导管架提前在工厂内加工制作,减少了施工现场焊接工作量,保证了焊缝质量,增加了结构的安全性,节约大量工期。

(3)在套管中插打支承桩,再进行钻孔平台上部结构施工,保证了支承桩定位精度,也节省了插打、测量定位的时间。

(4)深海裸岩复杂海域条件下采用导管架法搭设平台的方案施工方便,现场施工进度及安全质量控制均得到了保障,有缩短平台搭设时间、减少海上施工作业量、降低海上施工安全风险的优点,可为深海裸岩复杂海域条件下平台施工提供宝贵经验。

2）导管架平台施工流程

导管架钻孔平台施工的主要工艺流程:场地平整→滑移轨道布置→工厂内分榀加工制作→吊装运输→测量定位→沉放就位→角桩静压→支承桩插打→受力体系转换→角桩复打→上部结构安装→导管架套管底口压浆固结。导管架钻孔平台施工工艺流程如图 4-3-4-16 所示。

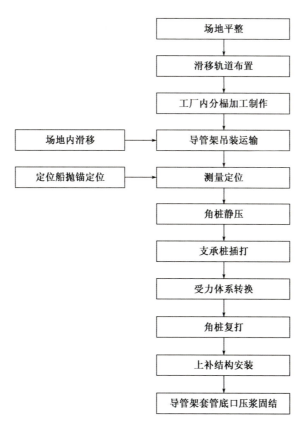

图4-3-4-16 施工工艺流程

3）场地布置

对码头进行场地布置和承载力试验,而后进行场地平整。场地满足施工要求后,根据加工场地布置图,测量放样,按照先加工区、后纵移轨道区、最后横移轨道区进行场地准备,纵移轨道区两侧设施工通道。导管架制作场地平面布置如图4-3-4-17所示。

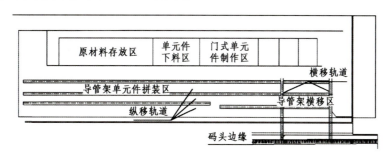

图4-3-4-17 导管架制作场地平面布置图

4）导管架在滑道上的布置

Z02号墩及Z03号墩的导管架,根据施工顺序及其在滑道上的出海先后顺序依次加工:Z03号墩导管架A→Z03号墩导管架C→Z03号墩导管架BD→Z02号墩导管架B→Z02号墩导管架A。场地内布置如图4-3-4-18所示。

5）单元件制作

导管架先在加工区加工成门式单元件,然后拼装成整体,导管架均分上下2层进行组拼,底层拼装完成后,再拼装上层。导管架制作时每根套管均按照统一长度设置,出海前根据设计值进行切割或接长至设计长度,设计长度根据地质钻勘及海床面高程测定资料确定。两层导管架钢管桩采用焊接连接。

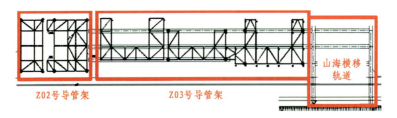

图 4-3-4-18　导管架拼装平面布置图

平面单元件制作完成后,通过两台履带式起重机分别吊着两片单元件放在两条滑道上,用螺旋管连接两个单元件形成临时的门式结构,固定后在两片单元件间焊接联结系形成稳定的门式结构。然后依靠这个稳定的门式结构继续向前推进拼装其他节段。

底节导管架安装完成后进行顶节管桩对接,在套管顶口处焊接导向板,履带式起重机吊起顶节管桩通过导向板与底节对接、焊接。顶部拉揽风定位固定,做好安全措施。最顶端采用定位仪来精确定位导管架的垂直度和位置,确定位置后先焊接 1 根联结系用于固定管桩位置,然后依次焊接其余联结系,如图 4-3-4-19、图 4-3-4-20 所示。

图 4-3-4-19　导管架单元加工示意图

图 4-3-4-20　导管架立面布置图

6）导管架制造及验收标准

导管架制作均采用加工区成片加工门式单元件,现场拼装成整体,导管架均分上下 2 层进行组拼,底层拼装完成后,再拼装上层,Z03 号导管架制作高度 42.7m(底层 23.5m,顶层 19.2m),Z02 导管架制作高度 43.9m(底层 24.7m,顶层 19.2m),导管架制作时每根套管均按照统一长度设置,出海前根据设计值进行切割或接长。

由于导管架设计和制造采取模块化设计,为保证导管架单元组件之间在海上定位沉放组拼精度,需对导管架加工制造精度进行严格控制,导管架单元顶口纵横向平面位置允许偏差 ±500mm,垂直度不大于 0.5%。导管架制造偏差见表 4-3-4-4。

导管架制造允许偏差　　　　　表 4-3-4-4

序号	偏差名称	允许偏差	说　明
1	钢管外周长	±5% 周长,且不大于 10mm	测量外周长
2	钢管椭圆度	±0.2% 直径,且不大于 5mm	两端互相垂直的直径之差
3	管端平整度	2mm	
4	管端平面倾斜	小于 0.5%,并不大于 4mm	

续上表

序号	偏差名称	允许偏差	说明
5	管壁厚度	符合（GB/T 709—2006）中的B类	
6	钢管长度偏差	±50mm	
7	钢管纵轴线的弯曲矢高	不大于钢管长度的1/1500，并不大于30mm	
8	钢管接头错台	$t/10$，且不大于3mm	t为管壁厚度
▲9	导管架钢管中心平面位置偏差	5mm	
▲10	导管架匹配面内钢管端面高差	$\delta \leqslant 50$mm	
▲11	上、下法兰盘间缝隙	3mm	

注：表中第9、10项为每组导管架单元中导管加工时的位置允许误差。

钻孔平台施工过程中，应及时对钢管桩、联结系、桩帽、分配梁、贝雷梁等进行检查验收。通航孔桥钻孔平台检查见表4-3-4-5。

通航孔桥钻孔平台检查签证表　　　　　　　　　　　　　表4-3-4-5

序号	检查点名称		检查关键点	检查部门及检查人员	检查情况
1	钢管桩	加工	钢管桩材料规格、结构尺寸、焊接质量是否满足设计要求	工程部	
2		沉桩	桩尖高程/最后贯入度、桩顶平面位置、倾斜度是否满足设计要求	工程部	
3	联结系	加工	联结系杆件材料规格、结构尺寸、焊接质量是否满足设计要求	工程部	
4		安装	联结系焊接质量、焊接位置是否满足设计要求	工程部	
5	桩帽	加工	桩帽材料规格、结构尺寸、焊接质量是否满足设计要求	工程部	
6		安装	桩帽焊接质量是否满足设计要求	工程部	
7	分配梁	加工	分配梁材料规格、结构尺寸、焊接质量是否满足设计要求，是否进行超声波检测	工程部	
8		安装	分配梁与桩帽联结是否牢固，分配梁之间联结螺栓是否上满、拧紧	工程部	
9	贝雷梁安装		贝雷梁销轴、保险销是否全部上满、支撑架布置是否满足设计要求，支撑架螺栓是否上满、拧紧，加强竖杆布置是否满足设计要求	工程部	

续上表

序号	检查点名称		检查关键点	检查部门及检查人员	检查情况
10	轨道梁	加工	轨道梁材料规格、结构尺寸、焊接质量是否满足设计要求,是否进行超声波检测	工程部	
11		安装	轨道梁与分配梁联结是否牢固,轨道梁之间联结螺栓是否上满、拧紧	工程部	
12	钢轨		钢轨是否水平、顺直,连接处鱼尾板螺栓是否上满、拧紧,压轨板安装是否满足设计要求	工程部 测量组	
13	栏杆		平台四周栏杆设置是否满足设计要求	工程部	

7）导管架其余辅助设施制作安装

(1) 导管底口和支承桩间缝隙填充保证装置

按设计图纸要求,导管架角桩套管采用外径 1712mm,壁厚 18mm 钢管,其余套管采用外径 1700mm,壁厚 12mm 钢管,支承桩采用外径 1500mm,壁厚 18mm 开口钢管桩。在导管架套管与支承桩间存在 8.8cm 缝隙。支承桩施打完成后该缝隙须填充级配碎石及细砂,填充高度 7m,使导管架底口与支承桩间形成固结,确保支承桩与导管架体系整体受力。为保证底口缝隙填充的有效性,导管架制作时需在制造厂制作底口封堵装置。

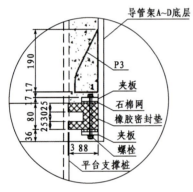

图 4-3-4-21 底口封堵装置示意图
(尺寸单位:mm)

其底口封堵结构为"两块钢板固定中间橡胶密封垫"而成,如图 4-3-4-21 所示。制作时先安装焊接下层夹板,完成后通过螺栓将橡胶密封圈、石棉网、上层夹板通过 M8 螺栓固定并将上层夹板与管桩焊接固定。

为能充分发挥级配碎石和细砂填充的固结效果,在缝隙填充级配碎石的基础上保留压浆设施,当填充级配碎石不能满足设计要求的固结效果时,须进行导管架底口压浆固结。制作时在导管架套管外部安装 $\phi 60 \times 3.5mm$ 的压浆管,压浆管底口用弯管引至导管架套管内,布置于底口封堵装置上部,压浆管顶口与导管架套管顶口平齐,并用封堵阀封堵管口。

(2) 作业平台

导管架单元件上均需安装上下两层临时操作平台。以便操作人员进行锁口对接操作、拉缆操作以及吊具安装操作。

上层平台用于吊具安装,角桩和支承桩插打,以及导管架锁口对接时的操作平台,如图 4-3-4-22 所示。

下层平台用于导管架锁口对接,以及导管架运输和对位时下层拉缆绳操作平台,如图 4-3-4-23 所示。

8）滑移

所有导管架先纵移至横移轨道位置,再横移至出海位置。

(1) 滑移轨道布置

Z02 号墩导管架采用 2 条轨道,直接纵移至海边。

Z03 号墩导管架采用 3 条纵移轨道,2 条横移轨道滑移至海边。

每条轨道的结构形式均相同,轨道梁采用 2HN800×300mm 型钢,中间留 10cm 缝隙,在缝隙内间隔 1m 焊接 1 块 10cm×20cm 钢板作为顶推反力座,组合制成;轨道下铺枕木,间距 50cm;枕木下铺 50cm

厚碎石层,如图 4-3-4-24 所示。

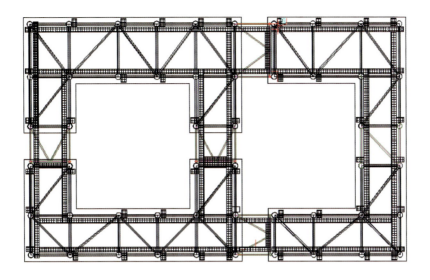

图 4-3-4-22　顶层操作平台示意图(尺寸单位:mm)

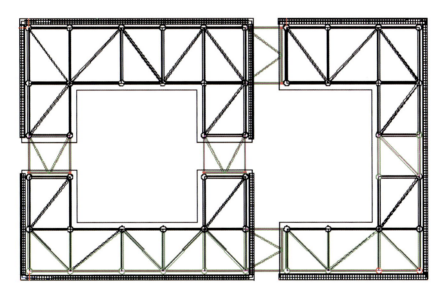

图 4-3-4-23　底层操作平台示意图(尺寸单位:mm)

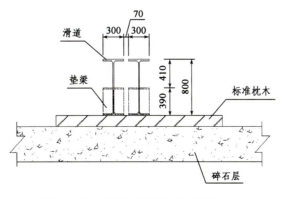

图 4-3-4-24　滑移轨道布置图(尺寸单位:mm)

(2) 滑块的布置

滑块与轨道接触位置均采用四氟板（或者 MGE 板），其上为"4mm 不锈钢板 + 一个底座"，具体结构图如图 4-3-4-25 所示。

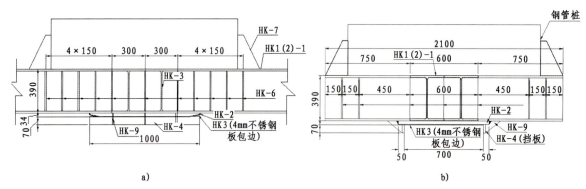

图 4-3-4-25　滑块结构图（尺寸单位：mm）

纵移滑块的设计有 2 种，一种为单独一根套管下设置一个独立滑块；一种为两根套管下各设置一块滑块，采用 2HM390×300mm 型钢将 2 块滑块连接成一个整体。

横移滑块结构图如图 4-3-4-26 所示。

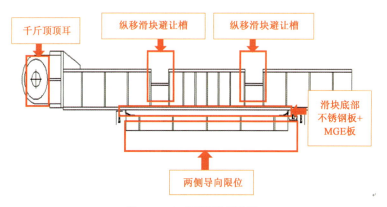

图 4-3-4-26　横移滑块结构图

导管架滑移时通过轨道两侧导向对导管架滑移进行限位，达到滑移防偏作用。其结构如图 4-3-4-27 所示。

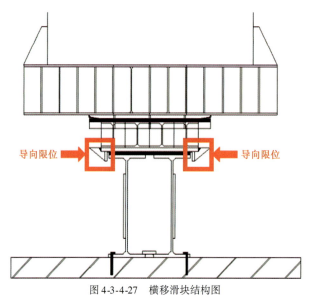

图 4-3-4-27　横移滑块结构图

(3) 滑移顶推

"顶座2"底部有开孔,通过卡板与滑道中间的钢板起到限位的作用,当走行千斤顶顶升,导管架滑移1m后,油泵回油,抽出顶座2的卡板,油泵继续回油,千斤顶回缩带着"顶座2"往前走,再插下卡板继续顶推导管架前进。

一套滑移顶推系统采用2个顶座和1个75t长千斤顶构成,"顶座1"在导管架制作前,安装在导管架钢管桩与轨道梁之间的滑块上,"顶座2"在顶推前安装完成,其加工均在制造厂加工完成,如图4-3-4-28所示。

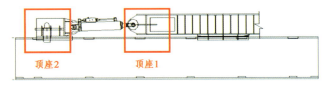

图 4-3-4-28　滑移顶推系统结构图

(4) 纵移

导管架纵移顶推系统根据导管架单元件重量,结合轨道布置进行设置,如图4-3-4-29所示。

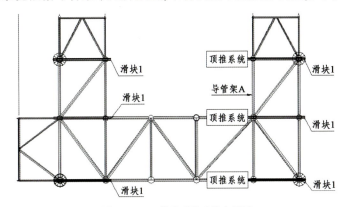

图 4-3-4-29　纵移顶推系统布置图

在导管架正式滑移前,需对顶推系统进行预顶操作,以校核各千斤顶在顶推时的油表读数和控制顶推过程的同步性;为了控制顶推导管架的同步性,在滑移轨道上必须设置控制刻度,宜采用10cm一个刻度进行标注;正式滑移时由专人进行监控记录各顶读数以及滑移距离,直至滑移至设计纵移位置。

(5) 横移

横移轨道的结构与导管架纵移轨道结构基本相似,其区别主要在两个方面:其一横移轨道与纵移轨道交接处的布置;其二在横移轨道整体比纵移轨道低254mm,如图4-3-4-30所示。

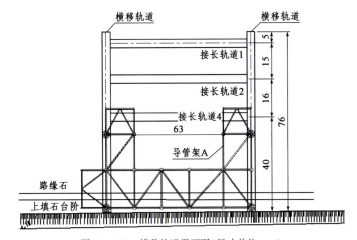

图 4-3-4-30　横移轨道平面图(尺寸单位:mm)

Z03号墩导管架横移设置4套顶推系统。横移顶推系统和纵移系统相同,在纵移到位后,将千斤顶和"顶座2"拆移至横移轨道上进行横移。

横移的原理为:导管架纵移滑块滑移至横移滑块上,顶推横移滑块,使横移滑块带动纵移滑块一起进行横移,如图4-3-4-31、图4-3-4-32所示。

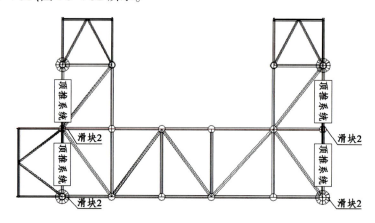

图4-3-4-31　横移顶推系统布置图

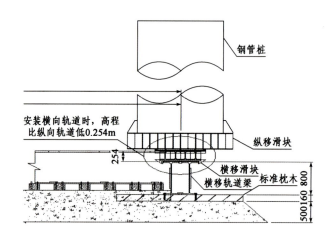

图4-3-4-32　纵、横移转换部位布置图(尺寸单位:mm)

横移顶推过程与纵移顶推过程相同,横移前在横移轨道前端焊接限位件,控制横移位置。

9)吊装及运输

(1)导管架吊装施工步骤图

步骤一:支承角桩、吊具安装,如图4-3-4-33所示。

①导管架A拼装完成后,沿轨道滑移至鑫海码头前沿。

②现场实测水深情况,确定起重船站位区域,秦航工1号2000t起重船码头抛锚就位。

③利用2000t起重船安插支承角桩(可采用副钩抬吊以增加吊高),根据起重船站位情况调整支承角桩分节长度。

④安装吊挂系统,完成千斤顶、液压站调试工作,减少墩位操作工序。

⑤利用2000t起重船安装导管架吊具,安装稳索。

⑥检查验收吊具安装工作,准备导管架起吊。

步骤二:码头吊装,如图4-3-4-34所示。

①关注天气预报,选择风浪较小天气时段(2~3天浪高不超过2.5m)进行导管架吊装、下放及调平工作。

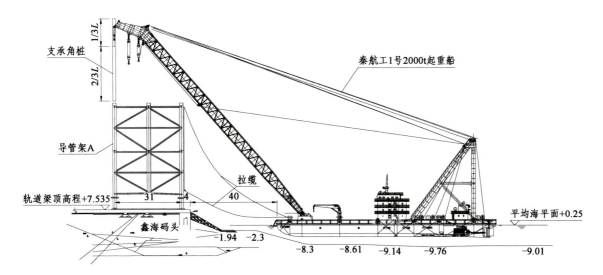

图 4-3-4-33 支承角桩、吊具安装(单位:m)

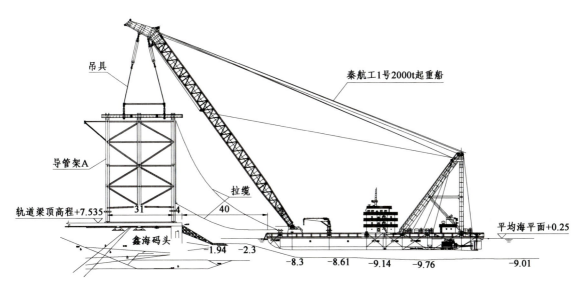

图 4-3-4-34 导管架码头吊装(单位:m)

②缓慢起吊导管架至最低角桩离地 100cm,调整导管架的起吊姿态。调整过程以钢丝绳索力及导管架倾斜度双控,单根钢丝绳受力超出计算索力 20% 时,应停止起吊,查明原因。

③导管架的四角高差不大于 20cm 并确认安全后,起重船继续起钩至最低角桩离地 150~250cm,起重船后移直至导管架吊离码头。

④下放导管架至底口距水面以上 2.0m,收紧稳索拉缆,直接利用 2000t 起重船起吊状态下运输导管架至墩位。

步骤三:导管架下放,如图 4-3-4-35 所示。

①定位船墩位处抛锚就位(仅第一组【导管架 A】定位需要)。

②2000t 起重船墩位处抛锚定位,绞锚调整导管架平面误差至 1.0m 以内,下放导管架 A。

③下放过程中通过起重船、定位船上拉缆调整导管架着床前平面位置偏差至 0.5m 以内,须严格保证导管架 A 平面位置偏差。

④起重船松钩,使导管架着床,开始导管架定位、调平工作,步骤:

a. 检查导管架顶面倾斜度,导管架稳定后利用起重船将导管架提升至顶面水平(四角高差≤20cm);

b. 下放四根定位支承桩,启动吊挂系统,400t 压力静压支承桩入土;

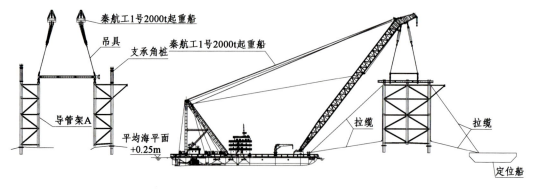

图 4-3-4-35　导管架下放

c.定位支承桩入土稳定后利用吊挂系统吊挂导管架,起重船缓慢松钩,导管架重量转换至定位支承桩承受。

步骤四:支承桩安插,如图 4-3-4-36 所示。

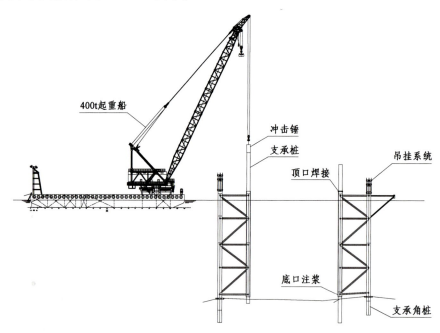

图 4-3-4-36　撑桩安插

①400t 起重船插打其他支承桩,插打过程中应设置临时导向辅助支承桩进入导管架套管内。

②支承桩插打完成后及时焊接支承桩与导管架顶口间连接板,并在支承桩与导管架底口缝隙间填充高强砂浆。对于入岩深度不满足要求的应布置小型冲击钻,施工锚桩。

③解除吊挂系统,转换重量至已施工支承桩。

④二次插打四根定位支承角桩,支承角桩与导管架顶口焊接及底口注浆,完成导管架 A 施工。

⑤安装桩顶分配梁、贝雷梁等钻孔平台上部结构。

步骤五:如图 4-3-4-37 所示。

①重复步骤一、二,用 2000t 起重船码头起吊导管架 C(含四根定位支承桩)并运输至墩位,起重船抛锚定位,绞锚调整导管架平面误差至 2.0m 以内,下放导管架 C。

②下放过程中通过起重船上拉缆调整导管架 C 平面位置,使其与导管架 A 锁口导向对接,以导管架 A 为导向下放导管架 C 着床。

③重复步骤三、四,完成导管架 C 定位调平、支承桩插打施工、导管架 C 施工。

④焊接导管架 A 与导管架 C 间的现焊联结系,形成整体。

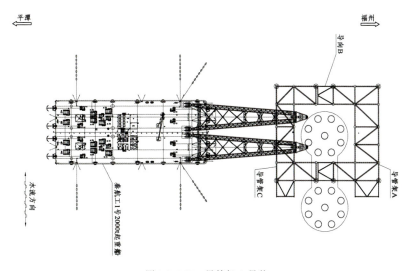

图 4-3-4-37　导管架 C 吊装

⑤安装桩顶分配梁、贝雷梁等钻孔平台上部结构。

步骤六：如图 4-3-4-38 所示。

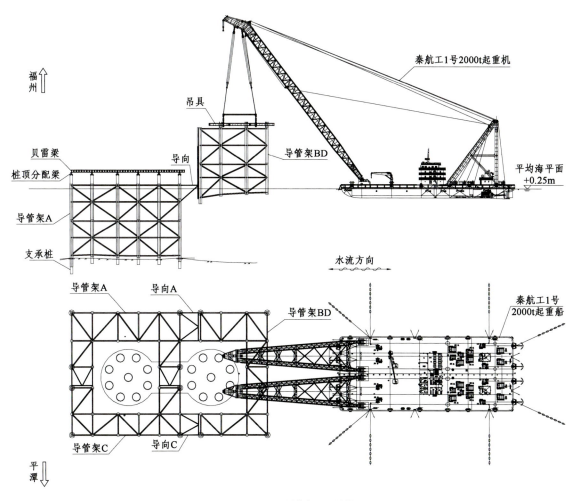

图 4-3-4-38　导管架 BD 吊装

①重复步骤一、二，用 2000t 起重船起吊导管架 BD（含四根定位支承桩）并运输至墩位，起重船抛锚定位，绞锚调整导管架平面误差至 2.0m 以内，下放导管架 BD。

②下放过程中通过起重船上拉缆调整导管架 BD 平面位置,与导管架 A、C 锁口导向对接,以导管架 A、C 为导向下放导管架 BD 着床。

③重复步骤三、四,完成导管架 BD 定位调平、支承桩插打施工、导管架 BD 施工。

④焊接导管架 A、C 与导管架 BD 间的现焊联结系,形成整体。

⑤安装剩余桩顶分配梁、贝雷梁等钻孔平台上部结构,完成非钻孔区钻孔平台施工。

(2)起吊前准备工作

起吊前的准备工作主要有角桩的安装、吊挂系统的安装、部分钢管底口多余部分的切割、吊具组拼及吊具安装。

①角桩的安装

角桩安装用 2000t 起重船进行安装,吊挂系统和管桩底口切割在出海位置进行施工。角桩安装时间在导管架滑移至出海位置时进行安装,单个导管架单元件为 4 根角桩。角桩上设置 3 个抱箍限位件和 2 套吊耳,其结构如图 4-3-4-39 所示。待导管架滑移至起吊位置后,采用 2000t 起重船进行安装。其安装顺序为:起吊前在上吊耳上穿一根 30m 长的钢丝绳 φ40mm 钢丝绳,2000t 起重船采用双钩进行起吊,首先悬挂下吊点,其上 20 多米穿过起重船扒杆,进行下放角桩;下限位坐落到套管上后,进行吊点转换,用上吊耳提吊角桩,解除下限位和下吊耳下放角桩至导管架底(此时采用中限位),如图 4-3-4-40 所示。

②吊挂系统安装

吊挂系统为角桩静压系统以及各导管架下放后的悬挂支承系统;其安装在角桩安装完成后并在出海前完成。自上至下组成:"十字"顶座 + 2 台 250t 长千斤顶 + "十字"顶座 + 锚座,各部位间连接为 8 根 φ40mm 精轧螺纹钢。

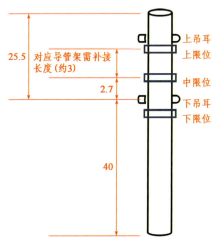

图 4-3-4-39 角桩结构图(尺寸单位:m)

图 4-3-4-40 角桩起重船插入安装图

锚座在制作导管架时,焊接到角桩套管上,依次安装下"十字"顶座、千斤顶和上"十字"顶座,最后穿精轧螺纹钢。其安装结构如图 4-3-4-41 所示。

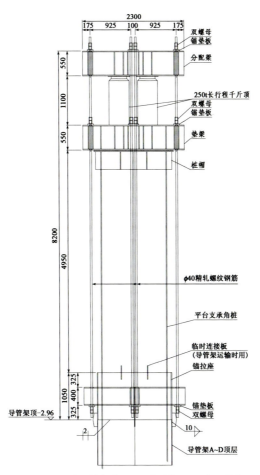

图 4-3-4-41　吊挂系统安装图(尺寸单位:mm,高程单位:m)

③管桩底部多余部分的切割

导管架底部高程设计是根据下放位置海床面进行设计的,其管桩底口不在同一水平面,但在制造厂加工制作时,为了方便加工其底口均在同一水平面;出海前需将其切割至设计要求位置,其施工时间为滑移至码头起吊位置时,可与角桩安装同时进行。

④吊具组拼

吊具自上而下结构为"2根扁担梁+2根压制梁+横向吊耳"。压制梁和扁担梁构件采用截面1.5m×0.9m钢箱梁对接组拼而成,在码头组拼成整体。

组拼施工工艺流程为:抄垫枕木摆放→扁担梁对接→转接头安装→压制梁对接→横向吊耳安装。

扁担梁和压制梁均由钢箱梁对接组成,每根钢箱梁之间的连接采用高强螺栓和连接板连接。扁担梁和压制梁之间采用转接头连接,压制梁与横向吊耳之间通过销轴连接。

a.扁担梁

扁担梁共2根,每根扁担梁由长38.24m(2×12m+1×14.24m)、截面1.5m×0.9m钢箱梁组成,钢箱梁之间采用高强螺栓和连接板连接,如图4-3-4-42所示。

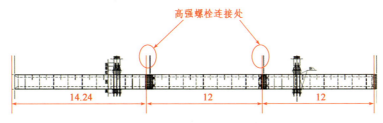

图 4-3-4-42　扁担梁结构图(尺寸单位:m)

b. 压制梁

压制梁共 2 根,单根压制梁由"36m(3×12m、截面 1.5m×0.9m 钢箱梁)+吊耳 A+吊耳 B"组成,压制梁与横向吊耳间用销轴连接,压制梁与扁担梁之间为转接头,采用销轴连接,其余均通过 $\phi 40$ 精轧螺纹钢预拉连接。

c. 横向吊耳

吊耳上设有 2 个横向吊耳,横向吊耳下接压制梁,连接方式为销轴,上接起重船钢丝绳,连接方式为 1 根双股 $\phi 120$ 钢丝绳和 1 个 500t 卸扣,如图 4-3-4-43、图 4-3-4-44 所示。

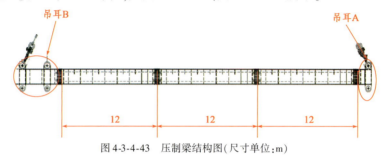

图 4-3-4-43　压制梁结构图(尺寸单位:m)

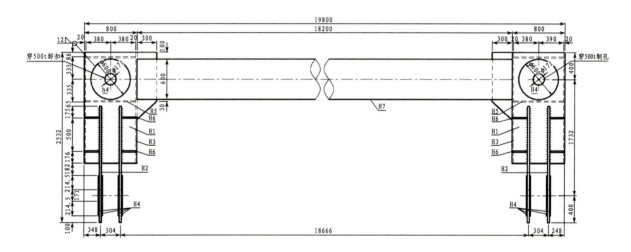

图 4-3-4-44　横向吊耳结构图(尺寸单位:mm)

d. 转接头

每根扁担梁上设置 2 个转接头,其作用是连接扁担梁和压制梁,其结构如图 4-3-4-45、图 4-3-4-46 所示,由上下锚梁穿精轧螺纹钢组成。在安装完成后,对每根精轧螺纹钢进行预拉,预拉力为 500kN,预拉完成后需对上下锚梁与扁担梁之间焊接,形成限位。

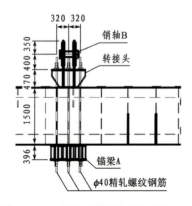

图 4-3-4-45　转接头结构图(尺寸单位:mm)

图 4-3-4-46　吊具组拼实景图

⑤吊具整体安装

吊具与导管架之间采用精轧螺纹钢连接,每根扁担梁与导管架设3个锚固点(2个B类锚固和1个A类锚固),其中A类锚固设4根精轧螺纹钢,B类锚固设6根精轧螺纹钢,每根精轧螺纹钢均预拉50t与导管架连接,其锚固结构形式如图4-3-4-47所示。

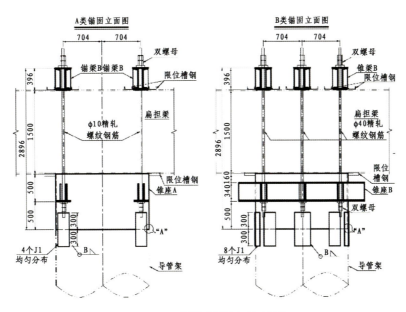

图4-3-4-47　A、B类锚固结构图(尺寸单位:mm)

导管架角桩安装完成后,将吊具整体吊装至导管架顶部,调整对位后,安装精轧螺纹钢,进行预拉锚固,预拉力为50t。精轧螺纹钢预拉完成后,需对扁担梁进行限位,即在精轧螺纹钢两侧焊接槽钢,防止吊具在吊装过程中滑动,如图4-3-4-48、图4-3-4-49所示。

图4-3-4-48　吊具起重船整体安装实景图　　　　图4-3-4-49　导管架单元组件整体起重船起吊实景图

⑥起吊工作

a. 试吊

导管架有4个吊点,每个吊点均采用双股$\phi 120$钢丝绳和一个500t卸扣组成(2000t自带),导管架吊装准备工作完成后,先进行试吊。

单个吊点(2-$\phi 120$钢丝绳)最大受力为起吊导管架BD时,最大受力397t,$\phi 120$钢丝绳(8×103FSNS+IWR1770)最小破断力850t,安全系数4.3。

试吊检查每根钢丝绳索力,当单根钢丝绳索力超过计算索力20%时,应停止吊装,查明原因。

b. 起吊

试吊检查合格后,即可起吊。正式起吊前需选择良好的天气(浪高小于2.5m,风力不大于7级),

考虑到后续施工作业,应满足连续2天的好天气方可进行起吊作业。

经现场详细勘查,2000t起重船起吊导管架作业时,扒杆与水平面夹角按不小于65°控制,如图4-3-4-49所示。

⑦海上运输

在起吊前应确定运输线路,原则上为尽量远离礁石,保障海上转弯半径,并选择低平潮水深不小于6m的航线(2000t起重船起吊后吃水深度约5m)。运输时段选择在白天平潮时段。

导管架吊装及海上运输均选用秦航工1号2000t起重船(可自航)。在导管架运输过程中,采用1艘拖轮引导2000t起重船能有效地按照已定航线进行运输;另安排2艘拖轮作为2000t起重船动力不足时的应急动力,也需安排若干警戒船只用于海上警戒,如图4-3-4-50所示。

图4-3-4-50 导管架单元组件海上运输拖航实景图

10)首件导管架单元件安装

导管架首件单元件是指每个导管架首先下放的单元件。Z02号墩导管架,首件单元件为导管架单元件B;Z03号墩导管架,首件单元件为导管架单元件A;首件导管架下放需进行粗定位和精定位,粗定位采用2000t起重船GPS进行,精定位采用全站仪进行定位。

(1)船只站位

下放采用2艘定位船以及2000t吊装船。定位船停泊到位后,先绞开一定距离,以便2000t起重船吊运首件导管架单元件到位,如图4-3-4-51、图4-3-4-52所示。

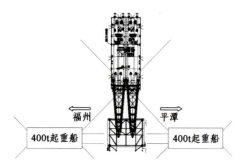

图4-3-4-51 Z03号导管架单元件A下放船舶站位图

图4-3-4-52 Z03号导管架单元件A站位图

(2)导管架粗定位

导管架选择合适时间段进行下放(宜选择在平潮时),根据起重船自带GPS系统进行粗定位,在4个角桩上提前安装好4台棱镜,使得导管架平面位置偏差均在1m以内。满足定位要求后开始下放,着床时,除四根角桩外,其余套管均入土0.3m,如图4-3-4-53所示。

(3)导管架精定位

导管架顶口高程在+10m时,进行角桩的第2次下放,并用吊挂系统将角桩锁死。导管架底口下放至距离海床面0.5m时,应停止下放,收紧3艘船的锚绳和上层缆风绳,进行精定位,待平面位置偏差在0.5m以内后下放导管架;精定位采用四根角桩上布置好的棱镜进行检查,通过船上的缆绳进行调整,平面位置根据坐标控制;起重船松钩,使导管架着床,如图4-3-4-54、图4-3-4-55所示。

图4-3-4-53 Z03号导管架单元件A粗定位图

（4）角桩静压

导管架着床后，实测四根角桩高差，若高差小于20cm，可将起重船缓慢松钩，依次静压四根角桩。

图 4-3-4-54 Z03 号导管架单元件 A 精定位图（一）

图 4-3-4-55 Z03 号导管架单元件 A 精定位图（二）

导管架着床后，若实测四根角桩高差大于20cm，可利用起重船对导管架进行调平，调平的同时需保证2~3根角桩着床，再从低位角桩到高位角桩依次静压。

角桩静压操作细节按如下步骤进行：首先解除一对对角角桩抱箍限位件（因吊挂系统精轧螺纹钢顶部螺母预留10cm空隙，若角桩能直接着床，则抱箍可以直接解除；若角桩不能直接着床，可利用两艘400t起重船同时提吊对角角桩，解除角桩抱箍），下放该对角角桩，待该对角角桩着床后，起重船提吊另外2根角桩，解除抱箍限位件，下放着床，并启动吊挂系统，利用液压千斤顶静压支承桩入土。

吊挂系统的启用步骤为：千斤顶顶升→拧紧中间螺母→千斤顶回油→拧紧上螺母。

重复以上步骤直至角桩稳定后拧紧中间螺母，四根角桩全部稳定后，2000t起重船方可摘钩，导管架重量全部转移至4根角桩。

考虑到角桩定位精度问题，可能需要反复进行调整，调整时需进行角桩的提吊，可使用2艘定位起重船进行提吊，提吊后采用抱箍进行限位，如图4-3-4-56所示。

图 4-3-4-56 Z03 号导管架单元件 A 角桩静压

图 4-3-4-57 Z03 号导管架单元件 A 支承桩吊装

（5）支承桩插打

吊挂系统吊挂导管架后，应及时进行支承桩施工，可利用两艘400t起重船交替进行支承桩插打和下放。

每根支承桩插打完成后，在导管架顶口插入钢楔子，并在顶口焊接钢板固定支承桩与套管。支承桩的插打顺序应由导管架中间向外侧扩散进行，优先插打未着床的套管，如图4-3-4-57~图4-3-4-59所示。

（6）体系转换

导管架单元件支承桩全部插打完成后，需解除4根角桩吊挂系统，使导管架重量转移至支承桩上。吊挂系统的拆除步骤为：

松顶部螺栓向上10cm→千斤顶顶升→松中间螺母→千斤顶回油→松上螺母→自上至下拆除千斤顶。

（7）角桩复打

吊挂系统拆除后，用定位起重船提吊液压冲击锤复打角桩，其插打要求同支承桩。

图 4-3-4-58 Z03 号导管架单元件 A 支承桩对位

图 4-3-4-59 Z03 号导管架单元件 A 支承桩插打安装

每根角桩复打完成后,同样在导管架顶口插入钢楔子,并在顶口焊接钢板固定支承桩与套管。

11）导管架其余单元件安装

(1) 其余单元件下放

首件导管架下放完成后,进行其余导管架单元件下放,船舶站位原理与首件相同。其平面位置偏差与首件导管架平面偏差基本相同,因为其靠锁口对接,故其平面偏位偏差可控,如图 4-3-4-60 所示。

(2) 其余单元件后续施工工艺

每个导管架其余单元件后续施工工艺流程同导管架首件单元件。

12）导管架套管与支承桩间连接及缝隙填充

每根角桩复打完成后,同样在导管架顶口插入钢楔子,并在顶口焊接钢板固定支承桩与套管。顶口连接如图 4-3-4-61 所示。

图 4-3-4-60 导管架其余单元件吊装下放安装

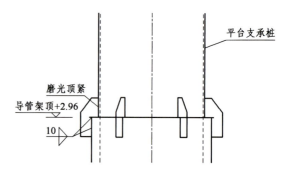
图 4-3-4-61 导管架套管与支承桩间顶口连接（高程单位：m）

待导管架平台全部成型后,在导管架套管顶口向套管与支承桩之间抛填级配碎石及细砂,抛填高度为 7m(5m 高度级配碎石,2m 高度细砂),级配碎石最大粒径小于 25mm。

待导管架套管与支承桩间抛填完成后,利用测锤测量缝隙内填筑高度并详细记录,待 1~2d 后重新测量并记录,计算砂面下降高度,并补充砂石至设计高度;待 20d 后,利用测锤检查导管架与支承桩件空隙内抛石及砂的高度,若整体高度较 1~2d 时测量高度下降大于 1m,则重新进行缝隙间抛填级配碎石,并考虑采用备用方案,进行缝隙压浆。利用设置好压浆管道在平台桥面板上布置压浆机进行压浆。

13）钻孔平台上部结构施工

导管架施工完成后根据平台高程,割除多余支承桩,安装桩帽及分配梁,然后根据要求完成钻孔平台上部结构施工。上部结构施工工艺参考打入桩平台上部结构施工工艺。

14）存在的问题及解决方案

(1) 平台支承桩插打时,部分底口密封装置损坏。

此问题的原因是平台支承桩桩底加劲环板焊接在管桩外侧，导致管径超过设计值，后将加劲环板焊接于钢管内侧，同时在夹板下方焊接三角衬板，变更后支承桩插打顺利。

（2）第一组导管架定位时起重船走锚横移。

此问题的原因是第一组导管架下放着床前过于追求粗定位精度，定位时间过长，涨落潮水流速度加大后，入水的导管架承受的水流力加大，导管架带动起重船走锚横移约50m。后续施工时，导管架粗定位及下放着床工序均在平潮时段快速完成，导管架着床后再利用支承角桩进行调平和精确定位。

（3）组间对位辅助小导向架在现场实际施工时不仅没用上，还起反作用。研究后取消后续两组导管架的导向架，按第一组导管架定位方式进行其他导管架的定位下放，下放完成后增设导管架单元件间联结系。

①存在问题

导管架组间对接辅助小导向架以 $\phi530$ 钢管插入 $\phi600$ 钢管进行阴阳锁扣对接时，主要有锁扣阴阳头间空间小且精度要求高，海况复杂，水深流急、岩面倾斜、导向架竖向高度高、角度固定不可调、需多点导向对位等难题。

②优化建议

a. 适当增大导向阴阳缩头之间的对接空间，如顶部增设喇叭口形式的顺接对位装置，组间导向竖向渐变减小，增大对接空间，减小精度要求；

b. 考虑减少锁口导向装置数量，变多点对位为单点对位，单点对接固定后利用起重船调整其他角点至理想位置；

c. 较小锁口导向高度或设置斜度可调导向锁口，减小或动态调整适应导管架竖向垂直度的实际变化，弱化锁口对接锁紧的影响；

d. 利用已经定位好的导管架通过锁口定位后一件导管架，对接前必须对锁口位置及导管架空间姿态进行测量复核，通过三维实体模拟技术，动态调整下榀导管架组间导向尺寸，把控安装精度，控制导管架组间偏位误差的累计复核设计要求。

3.5 导管架辅助建立施工平台的主要特点及创新点

平潭海峡公铁大桥导管架钻孔平台安装位置满足施工要求，并已经历多次超强台风考验。该导管架钻孔平台方案解决了深水裸岩复杂海洋环境下单桩插打和导管架定位调平的难题，且具有结构整体刚度大、抗倾覆能力强和施工速度快的优点，对海洋环境下桥梁基础施工有一定的借鉴意义。主要特点及创新点如下：

①"工厂化、机械化、标准化"的作业方式，实现了变海上施工为陆地整体加工、吊装运输、拼装，工效显著提高，并增加了结构的安全性，缩短了大量工期。

②导管架平台整体刚度比打入桩方案结构刚度更大，钢结构材料更少。

③导管架钻孔平台中，导管架单元中管件的椭圆度、端面平整度、弯曲矢高等等均无现行规范可供依据，本桥明确了导管架钻孔平台单元件的允许偏差。

④利用导管架运输船舶与起吊船舶兼做定位船舶，选择合理的系缆方式，优化导管架单元安装定位技术。

⑤吸收海上自升式平台可升降支腿的优点，将其创造性地应用于导管架单元的吊装着床与竖向垂直度调平工作中来，自主研发了导管架自调平装置。导管架初步定位后，利用四套角桩自调平装置，可快速将导管架平面位置、垂直度调整到设计允许偏差范围内，具有结构简单、操作方便、调平精准的优点，大大提高了导管架施工效率。

⑥深海裸岩复杂海域条件下采用导管架法搭设平台的方案施工方便，现场施工进度及安全质量控制均得到了保障，有缩短平台搭设时间、减少海上施工作业量、降低海上施工安全隐患的优点，为深海裸岩复杂海域条件下平台施工提供了宝贵经验。

松下岸

人屿岛

元洪航道桥

鼓屿门水道桥

平潭海峡公铁大桥
建造关键技术

04

第4章 施工设施抗风措施研究及实施

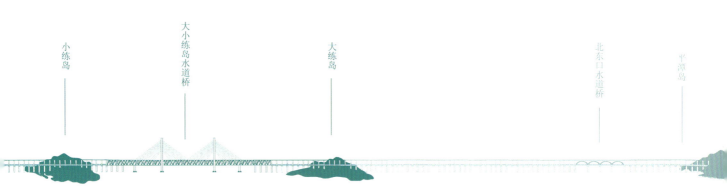

4.1 概述

4.1.1 防风防台简介

平潭海峡公铁大桥位于福建省东北部沿海,与台湾海峡连通,是世界上著名的三大风暴海域之一,称之为"建桥禁区",属于典型海洋季风气候,季风期主要集中在10月—次年3月,持续时间长,根据气象部门统计,桥址处年平均6级风的天数为314d左右,7级风的天数为210d,8级风的天数为115d,9级风的天数为58d。

桥址处属于台风影响高发期,年平均登陆及影响区域的热带气旋3.8次,登陆影响区域的热带气旋强度以台风等级最大,占总数的31.6%;强热带风暴等级居次,占总数的24.4%;强台风等级再次,占17.8%,主要发生在6—9月份。根据现场实际统计,2014—2019年大桥建设期间共经历了台风31次,年平均受台风影响5.2次,每年现场施工因台风影响平均39.3d,其中2015年的13号超强台风"苏迪罗"在桥址处正面登陆风力达14级(41.5~46.1m/s),对桥址影响巨大;2017年9号(纳沙)、10号(海棠)双台风在桥址附近登陆,最大风力达13级;2018年8号(玛利亚)台风在桥址附近登陆,最大风力达14级,对现场影响较大。台风影响统计见表4-4-1-1,台风来临前现场风浪如图4-4-1-1所示。

2014—2019年桥址受台风影响统计表 表4-4-1-1

序 号	年 份	台风次数	直接影响天数(d)	间接影响天数(d)	影响天数小计(d)
1	2014	6	30	26	56
2	2015	7	40	24	64
3	2016	7	30	25	55

续上表

序　号	年　份	台风次数	直接影响天数(d)	间接影响天数(d)	影响天数小计(d)
4	2017	5	5	8	13
5	2018	4	12	21	33
6	2019	2	9	6	15
合计					236

a)　　　　　　　　　　　　　　　　　　b)

图 4-4-1-1　台风来临前现场风浪照片

4.1.2　防风总体原则

平潭海峡公铁大桥桥面高出海面 50～75m，元洪航道桥主塔高 200m，鼓屿门水道桥主塔高 158m，大小练岛水道桥主塔高 152m；项目相关的临时驻地（特别是海上平台驻地）、钢筋车间、混凝土拌和站较多，塔式起重机、门式起重机、起重船、移动模架、主塔爬模、钢梁架设等大型机械设备、设施多，高空作业频繁，施工过程中的抗风、防台贯穿全过程，安全风险大、安全问题突出，防台风险管理难度大。为切实做好防台、防大风工作，避免人员伤亡与设备设施遭受损失，采取的防风防台技术原则为：

（1）大型临时结构、大型设施在锚固状态按抵抗 14 级台风设计（海平面 10m 高度处的设计基准风速为 44.8m/s），主体结构不被破坏，结构具有可靠的安全度。

（2）大型临时结构、大型设施满足 7 级风正常工作，8 级风选择性工作，10 级风来临前加固完成。

（3）防台措施在不影响正常施工时，需要在设备设施安装或施工过程中完成，影响施工的措施在台风来临前加固完成，台风来临前及台风过后进行专项检查验收。

4.2　大型设施设备抗风技术

4.2.1　门式起重机抗风技术

本工程门式起重机主要种类为 80t、120t、150t、200t 等型号，用于钻孔桩施工和钢结构加工厂，主要设计标准为：

（1）拼装、整体吊装、拆除：≤7 级风；

（2）正常工作状态：≤7 级风；

（3）极限非工作状态：按 14 级强台风设防。

具体的抗措施为：

(1)台风来临前,门式起重机停在钻孔平台轨道中间,轨道方向每支腿两侧各拉1道45度缆风绳,横向两支腿交叉对拉2道45度缆风绳;缆风绳均采用φ32钢丝绳,上端通过卸扣与支腿上拉耳相连,下端通过10t导链带紧后,用花篮螺栓与拉耳连接,如图4-4-2-1所示。

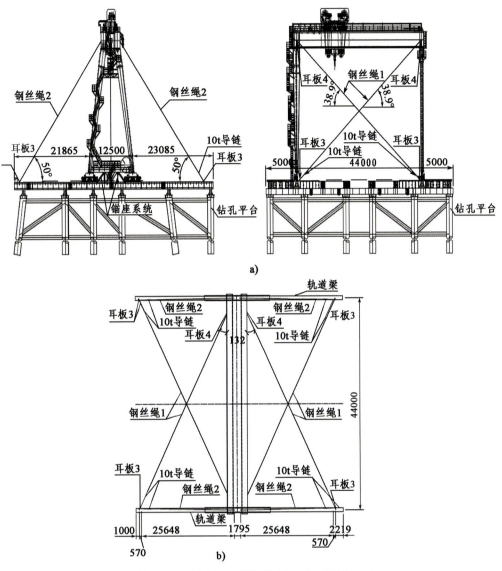

图4-4-2-1 门式起重机缆风绳布置图(尺寸单位:mm)

(2)装好门式起重机夹轨器,与轨道抱紧。起重机支腿辊轮与轨道间通过铁楔楔死。支腿下横梁与轨道梁上焊接拉耳,通过刚性拉杆拉紧,如图4-4-2-2、图4-4-2-3所示。

(3)进行门式起重机专项防台设计,在14级强台风作用下满足自身稳定性要求。

4.2.2 塔式起重机抗风技术

1)主塔墩D1100-63塔式起重机防台技术

航道桥主塔塔式起重机均采用D1100-63型,单个主塔布置两台塔式起重机,两台塔式起重机一高一矮对角布置。其中1号塔式起重机(高塔)设置5道附着,2号塔式起重机(矮塔)设置4道附着。主塔施工过程中塔式起重机最大自由高度为59.792m,抗风等级满足拼装、顶升、拆除小于或等于7级风(工作面)、正常工作状态小于或等于8级风(工作面)、极限非工作状态按强台风设防(海平面10m)的要求。现以元洪航道桥主塔为例,介绍 D1100-63 塔式起重机附着布置参数,见表 4-4-2-1、表 4-4-2-2。

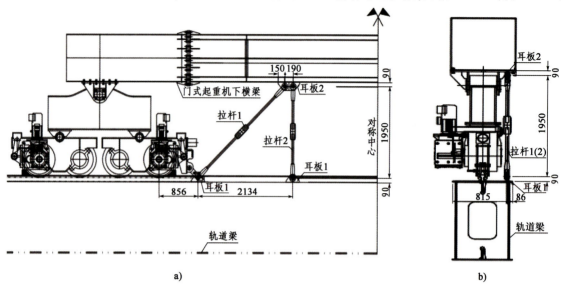

图 4-4-2-2　门式起重机刚性拉杆示意图(尺寸单位:mm)

a)

b)

图 4-4-2-3　门式起重机刚性拉杆实施图

塔式起重机及附着参数表　　　　　　　　　　　　　　　　表 4-4-2-1

名　称	塔高(m)	附墙数量	布置间距(m)
高塔	231.73	5	35.138 + 32.951 + 35.449 + 34.238 + 34.054 + 59.938
矮塔	214.63	4	52.238 + 2 × 34.2 + 32.779 + 59.792

塔式起重机附着高程及对应节段表　　　　　　　　　　　　表 4-4-2-2

名　称	位　置	高程(m)	对应节段	名　称	位　置	高程(m)	对应节段
高塔	第一道	40.138	6 号	矮塔	第一道	57.238	9 号
	第二道	73.089	12 号		第二道	91.438	15 号
	第三道	108.538	18 号		第三道	125.638	20 号
	第四道	142.738	23 号		第四道	158.417	26 号
	第五道	176.792	29 号				

具体防台措施:

(1)为满足塔式起重机特殊抗风要求,在标准配置基础上提高设计,局部结构进行加强提升,下支座及其以下采用 T2850 的塔身系统(塔式起重机起重系统按 1100t·m 配置)。

(2)塔式起重机工作时,顶部附着框以上塔架最大悬臂长度为59.85m;塔式起重机处于非工作状态(14级风)时,必须将爬升架降到最上一道附着架位置,否则塔身最大悬臂高度只能达到54.15m。不同风况下的使用要求见表4-4-2-3。

D1100-63塔式起重机在不同风况下的使用要求　　　　表4-4-2-3

序号	非工作状态下风况	套架(降、不降)	独立高度	悬高
1	14级风	降	77m(1个基础节+13个标准节)	59.85m(10.5个标准节)
		不降	71.3m(1个基础节+12个标准节)	54.15m(9.5个标准节)
2	13级风	降	82.7m(1个基础节+14个标准节)	62.7m(11个标准节)
		不降	77m(1个基础节+13个标准节)	57m(10个标准节)
3	12级风	降	88.4m(1个基础节+15个标准节)	68.4m(12个标准节)
		不降	82.7m(1个基础节+14个标准节)	62.7m(10个标准节)

(3)台风来临前,塔式起重机的回转机构必须处于非制动状态,起重臂回转半径内无障碍物,吊钩应起到最高处,小车收回至根部,并切断电源。

(4)台风预警发出后,应对塔式起重机的桁架、扶墙等结构进行全面的检查,并对平衡臂上的电箱、驾驶室进行检查及加固处理,松散线路应捆绑牢固。

(5)遇到强台风或超强台风时,宜将塔机的外套架降至附着以上,必要时还需对塔式起重机进行降节或拆除处理。

(6)进行塔式起重机、附墙专项设计、复核,确保塔式起重机满足14级抗台风要求。

2)塔式起重机附墙设计

塔式起重机附墙结构由附着杆、端连接、预埋件等组成;每道附着杆采用4根$\phi450\times14$mm无缝钢管,两端通过$\phi130$销轴与塔式起重机附着框、塔内预埋件连接,单根杆件最大受力达223t,如图4-4-2-4所示。塔端预埋件由耳板、$\phi120$($\phi80$)钢棒(抗剪)及$\phi40$精轧螺纹钢组成,单根精轧螺纹钢张拉60t;采用支座灌浆料对钢棒预留孔间隙进行压浆处理,用水泥浆对精轧螺纹钢进行压浆处理,如图4-4-2-5所示。

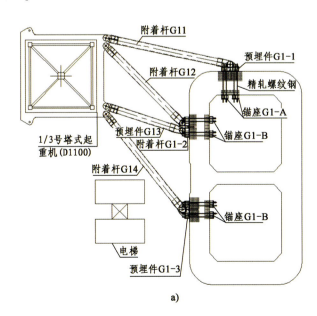 

图4-4-2-4　D1100-63塔式起重机附墙图

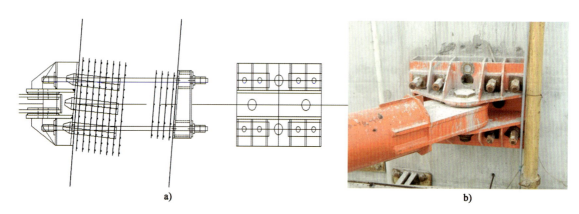

图 4-4-2-5　D1100-63 塔式起重机附墙预埋件图

3）其他类型塔式起重机防台风技术

其他塔式起重机主要通过加强塔式起重机结构设计和优化附墙设计来抵抗台风工况，下面主要以 MC110A-50m 塔式起重机防台风加固措施来叙述。

MC110A 型塔式起重机基础设在承台上，塔机安装高度为 61.5m，需要标准节数量 18 节，起重臂长 50m。初装高度不超过 40.5m，附墙以上悬高为 33m，安装 1 道附墙，从塔式起重机基础承台至塔机附着点 30m（在第 8 个标准节中间）的位置附着第一道附墙锚固。塔式起重机分布总平面图如图 4-4-2-6、图 4-4-2-7 所示。

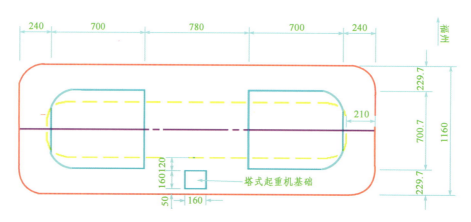

图 4-4-2-6　塔式起重机分布平面图（单位：cm）

标准 MC110A 塔机，安装臂长 50m，使用高度不超过 60m 时，需在 23.6m/s 风速下工作。塔式起重机防台风时（按 14 级风进行防台风加固），须采取如下措施：

（1）塔机独立高度不得超过 41m（即：塔身配置为 1 节基础节 +11 节 L46A1 型标准节）；

（2）附着以上塔身悬臂高度不大于 33m（11 节标准节），附着间距不大于 15m；

（3）进行塔机附着受力计算及 MC110A 附着拉杆强度计算；

（4）台风来临前，塔机的回转机构必须处于非制动状态，起重臂回转半径内无障碍物，吊钩应起到最高处，小车收回至根部，并切断电源；

（5）台风预警发出后，应对塔式起重机的桁架、扶墙等结构进行全面的检查，并对平衡臂上的电箱、驾驶室进行检查及加固处理，松散线路应捆绑牢固；

（6）塔式起重机爬升架降低至最低（有附墙时，降至最顶层附墙上方；无附墙时，降至基础节上方）。

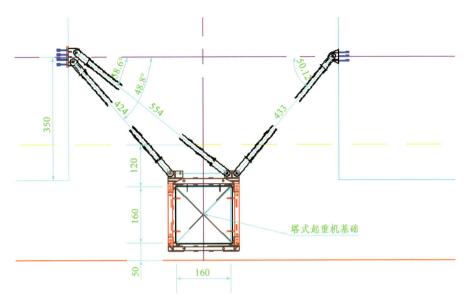

图 4-4-2-7 塔式起重机附着分布平面图(尺寸单位:cm)

4.2.3 主塔爬模抗风技术

全桥 3 座航道桥 6 个主塔,共计 12 套爬模,针对平潭海峡公铁大桥频繁的大风施工环境,对主塔爬模进行加强设计,可满足 7 级风爬升、8 级风以下正常施工,抗 14 级台风的要求,其自身结构强度及稳定性满足要求。按 8 级风及 8 级风以下爬模正常施工、限定风速状态和最大风速状态等三种施工状态下进行抗台风设计、验算,主要对主塔爬模系统的爬升架体 SKE100plus、挑高操作架以及 Top50 模板等结构制定防台风实施措施,以确保台风期主塔爬模结构安全可靠。

1)正常防风状态下

当 9 级风、10 级风情况下,为确保主塔爬模结构安全可靠,需采取以下措施进行防风加固:

(1)外侧模板和内侧模板必须处在同一层;
(2)外侧模板必须关闭并安装牢固;
(3)外侧模板和内侧模板必须用对拉栏杆连接固定,如图 4-4-2-8 所示。

2)非工作状态下(防台风加固)

10 级风以上时,为确保主塔爬模结构安全可靠,需采取以下加固措施:

(1)台风来临前 5 天,爬模禁止爬升(外侧模板必须处于已浇筑混凝土墙体且混凝土强度不低于 30MPa);
(2)外侧模板、内侧模板与混凝土墙必须用对拉拉杆连接固定;
(3)端头侧的扶手栏杆必须拆除;
(4)主塔爬模系统的挑高操作架和外侧模板必须用特殊轴杆连接固定。台风来临前,采用规格为 $\phi50 \times 3$mm 钢管或方钢,沿 L+0.5、L+1 平台共布设三层加固措施。模板水平钢围檩与加固钢管采用扣件连接,钢管与平台横梁

图 4-4-2-8 主塔爬模系统端头侧栏杆平面布置图

之间、各钢管之间均采用扣件连接。

3）爬模的主要抗风特点

（1）增加防风网：爬模架体外侧采用孔隙率为50%冲孔钢板网全封闭防风结构，实现了高空8级风条件下，人员全天候安全施工，同时减少模板拆除后混凝土的失水速度；

（2）模板架体采用固定支架，模板独立滑移开模，增强了爬模抗风稳定性；

（3）增加钢筋绑扎平台及防风网，提高了高空作业安全性，改善了大风作业环境；

（4）对爬模斜撑杆和斜拉杆加强设计，增设多榀架体，单个架体采用2个M42钢爬锥，增强爬模系统抗风能力和架体结构稳定性；

（5）爬模平台采用铝合金钢跳板，在减少重量的同时，增强消防和抗风安全。

4.2.4 主塔上下横梁施工抗风技术

1）下横梁施工抗风技术

下横梁支架采用钢管支架，工作状态按8级风控制，能进行混凝土正常浇筑，非工作状态能抵抗14级台风，主要抗风技术如下：

（1）加强支架结构尺寸、强度、刚度，按14级台风工况进行设计验算；

（2）支架高度方向设计两层抗风附墙与塔柱连接来抗台；

（3）控制塔柱、下横梁异步施工高度，以台风工况控制，最大异步施工7节，确保塔柱抗台安全，如图4-4-2-9所示。

图4-4-2-9 主塔下横梁施工图

2）上横梁施工抗风技术

受高空及风速在高度方向的增大影响，上横梁施工抗风更加复杂、困难，经深入研究，上横梁支架采用钢靴牛腿+托架+大桥1号梁形式，如图4-4-2-10所示。按正常工作状态，工作面不大于8级风，非工作状态抵抗14级台风，主要抗风技术：

（1）上横梁混凝土高度方向分两层浇筑，第一层混凝土荷载全部由支架承受，浇筑后对称张拉部分预应力筋；第二层混凝土荷载由第一层横梁与支架共同承受，台风来临前7天禁止浇筑混凝土，确保抗风安全。

（2）上横梁与塔柱异步施工不大于25m，确保塔柱抗台安全。

（3）托架上弦水平向与主塔采用精轧螺纹钢预拉锚固，纵桥向设置抗风限位，改善上弦杆受力条件，使托架与塔柱变形协调，下弦竖向支撑在边支点钢靴上，并于塔壁抄垫顶紧，钢靴采用精轧螺纹钢预拉顶紧。

(4)为了改善大风工况主塔受力,临时锁定主塔两肢使横桥向变形协调,在上横梁支架下方设置一道桁架式横撑,横撑上下弦杆与主塔采用销轴连接,参与主塔整体抗弯,确保台风工况塔柱安全。

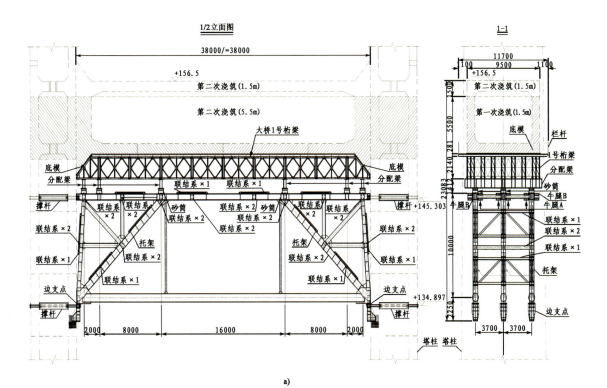

a)

b)

图 4-4-2-10 主塔上横梁施工图(尺寸单位:mm)

4.2.5 移动模架抗风技术

全桥共计 13 套移动模架,其中铁路模架 5 套,公路模架 8 套,考虑桥址特殊的风环境,移动模架施工需要抵抗季风期、台风期超常规风荷载,需要对移动模架的主梁系统、支腿系统、模板系统等进行加强设计,按模架移位时≤10 级,浇筑时≤13 级,非工作时≤14 级(锚固)进行设计和检算;使移动模架施工满足≤7 级风正常过孔,满足≤8 级风箱梁正常施工;台风工况时,采取将支腿、主梁与墩身、已浇梁进行锚固、抄垫,模板合模等措施,能抵抗 14 级台风主体结构不破坏,确保大风环境下混凝土箱梁施工的安全、质量和进度,如图 4-4-2-11、图 4-4-2-12 所示。

图 4-4-2-11 上行式移动模架

图 4-4-2-12 下行式移动模架

在 14 级风力荷载下,移动模架走行就位合模状态或者箱梁混凝土浇筑完成两种施工状态下进行抗台设计、验算,主要对移动模架支腿结构、主梁结构、模板系统等制定防台风实施措施,以确保台风期移动模架结构安全可靠。

1) 上行式移动模架防台风关键技术

(1) 移动模架走行就位后,合模状态

①将前支腿、中支腿处纵移油缸收紧、锁死,并沿走行方向施加 1t 预顶力,支腿纵移油缸布置,如图 4-4-2-13 所示。

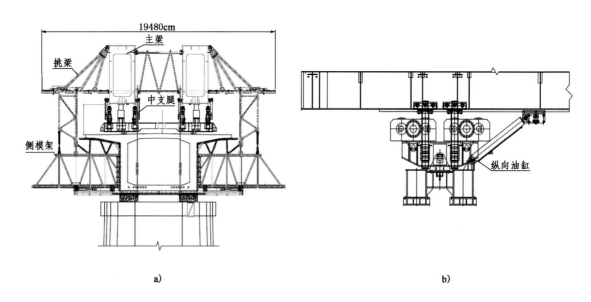

图 4-4-2-13 中支腿、前支腿处纵移油缸布置

②采用精轧螺纹钢筋拉紧前、中支腿拖辊轮处吊挂系统,防止其晃动。

③移动模架前支腿、中支腿顶横梁与主梁上焊接耳板,采用可调节拉杆将主梁与支腿横梁连接固定,将托辊处吊挂收紧,详细构造如图 4-4-2-14、图 4-4-2-15 所示。

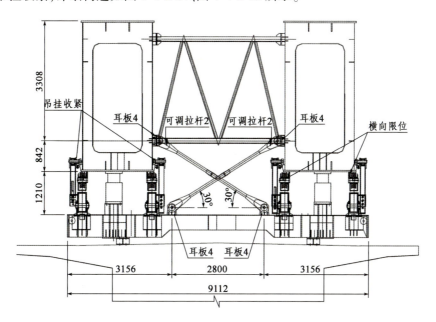

图 4-4-2-14　中支腿横梁主梁加强连接布置图(尺寸单位:mm)

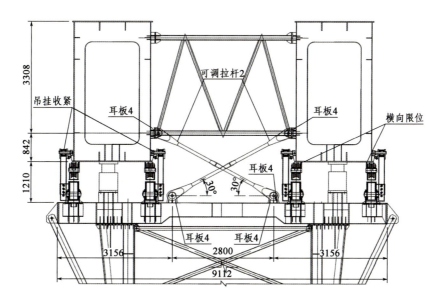

图 4-4-2-15　前支腿横梁主梁加强连接布置图(尺寸单位:mm)

④中支腿横梁处通过抗滑移系统固定于已浇筑混凝土箱梁翼缘板上。在横梁端部开孔补强,通过可调节拉杆与梁体翼缘板拉钩连接固定,梁体左右两端共设置 4 道抗滑移系统,需注意梁体翼缘板上边角须垫角钢,以防混凝土局部压碎。抗滑移系统详细布置及构造如图 4-4-2-16 所示。

⑤前支腿立柱通过 10t 导链与墩顶预埋件连接固定,预埋件采用 M24-D15 型预埋爬锥,详细布置及构造如图 4-4-2-17 所示。

⑥前支腿处墩顶主梁采用可调节拉杆与墩顶预埋件连接固定。拉杆呈剪刀形布置,墩顶预埋件采用 M24-D15 型预埋爬锥,详细布置及构造如图 4-4-2-18 所示。

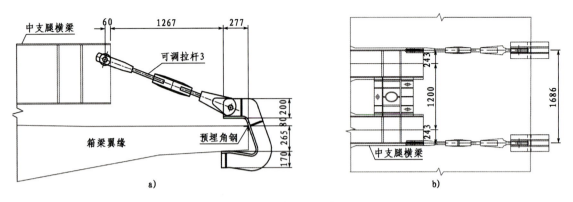

图 4-4-2-16 抗滑移系统图(单位:mm)

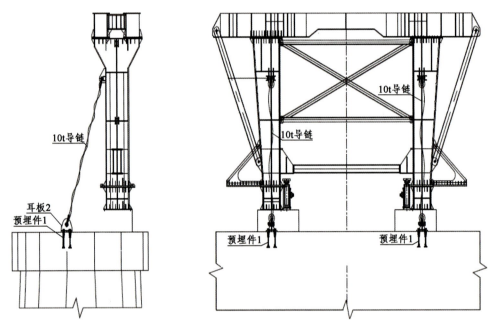

图 4-4-2-17 前支腿导链固定布置图

(2)箱梁混凝土浇筑完成状态

混凝土浇筑完成状态下,移动风模架防台风措施与其走行到位合模状态下基本相同。模板系统尽量贴紧混凝土箱梁面,无需再进行防台风加固,各部分螺栓连接牢固即可。

前支腿横梁通过钢丝绳、导链与已浇筑梁体梁端吊杆孔连接收紧,支腿与混凝土梁端采用型钢设置横向临时撑杆,抄垫顶紧,详细布置如图 4-4-2-19 所示。

2)下行式移动模架防台风关键技术

下行式移动模架从结构方面较上行式移动模架更利于抗大风,特别是铁路下行式移动模架通过台车支撑与墩帽顶,主梁与墩帽能有效锚固,同时通过台车或抄垫限位于墩帽,大风来临前移动模架处于合模状态,整体稳定性好,安全性高。

(1)公路下行式移动模架主要防台风技术,如图 4-4-2-20、图 4-4-2-21 所示。

①模架通过托架支撑于铁路墩帽,托架立柱与公路墩身采用 $\phi 32$ 精轧螺纹钢筋丝拉紧顶紧,模架钢主梁与墩身顶紧。

②主箱梁与台车、台车和托架分别精轧螺纹钢杆拉紧锚固,纵横移油缸与主箱梁、托架锚固。

③前门架支承在墩顶并保证略微承载,导梁前端、前门架与桥墩顶紧,用精轧螺纹将前导梁的拉杆拉紧。

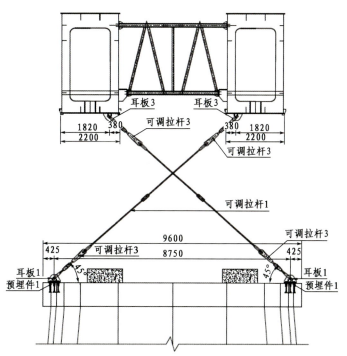

图4-4-2-18 主梁与墩顶连接固定布置图(尺寸单位:mm)

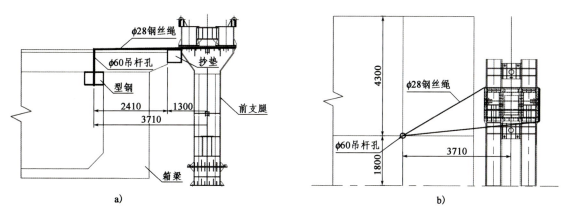

图4-4-2-19 前支腿纵向加固图(尺寸单位:mm)

图4-4-2-20 公路移动模架实物图

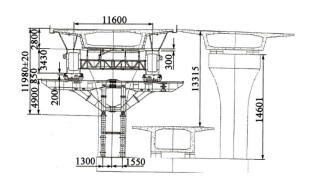

图4-4-2-21 公路移动模架截面图(尺寸单位:mm)

④后门架支撑油缸顶起,保证后门架略微受载,然后将支撑油缸加抱箍固定。

⑤中门架在特定位置支承并与桥墩或已浇梁锚固牢靠。

⑥当箱梁混凝土未浇筑时,在翼模板上压沙袋,并用钢丝绳把翼模锚固于钢箱梁,消除翼模模板风振。

⑦风来临时模架处于合模状态。

(2)铁路下行式移动模架主要防台风技术,如图4-4-2-22、图4-4-2-23所示。

图4-4-2-22　铁路移动模架实

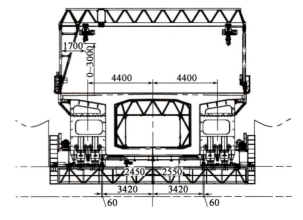

图4-4-2-23　铁路移动模架截面图(尺寸单位:mm)

①主要通过墩顶预埋,用4根 $\phi36$ 精轧螺纹钢筋将主框架与桥墩锚固,如图4-4-2-24所示。

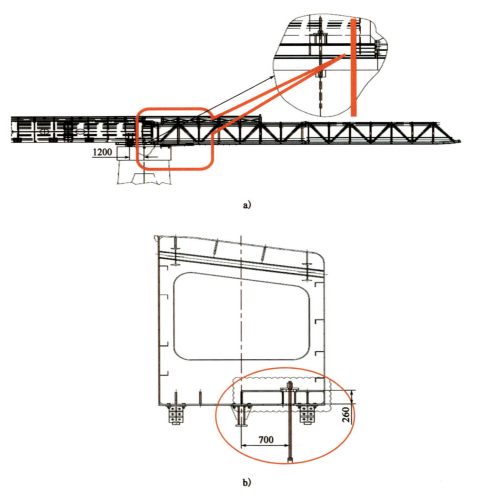

图4-4-2-24　主框架与桥墩锚固示意图(尺寸单位:mm)

②主梁与墩顶滑座间垫实,并在滑座两侧临时加焊挡块;墩顶滑座横向临时固定。
③横移滑靴两个销轴安装到位,固定在底模轨道梁上,支撑油缸收回状态,并做好油缸的防水防锈措施。

4.2.6 围堰抗风技术

1）一般水中墩围堰防台风

根据围堰安装和拆除工艺与工期,可在台风来临前将围堰置于较为稳定的状态,等待台风来临,因此可将围堰分成五个防台风工况,见表4-4-2-4。

防台风工况划分表   表4-4-2-4

序号	工况	主要不利因素
1	底龙骨及底板拼装完成	自重小,底板受浮托力影响大
2	围堰拼装完成(未下放)	底板受浮托力影响大,侧板受波浪和水流大
3	围堰下放到位(未封底)	底板受浮托力影响大,侧板受波浪和水流大,吃水深度大
4	围堰完成封底至拆除前	侧板受波浪和水流大,围堰上层无外界支撑
5	拆除最不利工况(水下螺栓已拆除)	侧板受波浪和水流大,与封底混凝土黏结差

（1）底龙骨及底板拼装完成工况防台风

将龙骨与未割除护筒间焊接I20型钢,进行竖向及水平限位,每护筒焊接两点;底板与龙骨间按长度5cm间距10cm花焊到位;下层导向全部抄垫到位;护筒周边弧形板与卡板利用铁丝捆绑固定。

（2）围堰拼装完成(未下放)工况防台风

将上、下层内支撑全部安装到位,上、中、下层导向全部抄垫完成;角桩护筒通过下放横梁连接成整体,采取措施对围堰整体进行竖向限位,底板与龙骨间按长度5cm间距10cm花焊到位,并拆除部分底板。护筒周边封堵板与卡板利用铁丝捆绑固定。

（3）围堰下放到位(未封底)工况防台风

围堰下放到位后,台风来临前,若围堰未封底,须提至拼装完(下放前)的状态,并按要求做好围堰的加固、限位措施;将围堰吊挂系统安装到位并全部抄垫密实。下放千斤顶与油泵全部移到安全位置。

（4）围堰完成封底至拆除前工况

连通孔全部打开处于连通状态。

（5）拆除前最不利工况(水下螺栓已拆除)防台风

连通孔全部打开处于连通状态,与墩身抄垫密实。

（6）其余措施

①围堰封底完成后,进行承台或墩身施工时,遇台风来袭前,应将连通孔全部打开,承台或墩身模板应尽量调出围堰固定在支栈桥上;
②台风季节,围堰拆除前应密切关注台风情况,原则上台风形成时,不允许出现围堰拆除工况;
③围堰底龙骨安装完成后,接到台风预警信息后不宜进行底板的安装;遇强台风或超强台风时,已安装好的底板建议在人员撤离前拆除底板。

2）航道桥主墩、辅助墩及边墩围堰

（1）围堰拼装工况,内支撑全部安装到位并焊接完毕,中层、底层限位导向与钢护筒抄垫顶紧并焊接固定,下放扁担梁与护筒顶分配梁、护筒顶分配梁与支承钢护筒顶口焊接固定。钢护筒周边封堵板退出,加大底板泄水面积。

（2）围堰下放工况,关注天气预报,台风来临前三天禁止围堰下放施工。未下放到位的,及时提高

至拼装高程并按围堰拼装工况抗台。已下放到位的按封底前非工作状态抗台。

（3）围堰封底工况，关注天气预报，选择2～3天浪高小于2.5m天气时段进行封底。台风来临前七天禁止封底施工。

（4）围堰抽水工况，承台钢筋绑扎前遇台风工况则连通孔全部打开，围堰内灌水。已绑扎钢筋的，则围堰内保持抽水状态。

（5）承台浇筑工况，关注天气预报，选择2～3天浪高小于2.5m天气时段进行混凝土浇筑。台风来临前三天禁止承台混凝土浇筑施工。

（6）封底前非工作状态工况，上、中层限位导向全部抄垫顶紧并与钢护筒焊接固定；底层限位与钢护筒间水下抄垫顶紧；下放扁担梁与护筒顶分配梁、护筒顶分配梁与支承钢护筒顶口焊接固定；吊杆与十字梁间反压牛腿焊接到位；连通孔全部打开处于连通状态。

（7）封底后非工作状态，按围堰抽水工况和承台浇筑工况执行。

4.2.7　墩身模板抗风技术

（1）对已施工完钢筋，未安装模板的墩身，采取墩身四个角对拉缆风绳的方法进行加固，缆风绳下端的固定采用与墩身钢筋焊接的方法，缆风绳采用$\phi 21.5$的钢丝绳。

（2）对已完成模板安装的墩身，采取将墩身拉杆拧紧的方法进行加固，尤其是底层模板（在已完成墩身上）的拉杆一定要拧紧，所有拉杆均采用双螺母。

（3）已完成浇筑但混凝土未终凝的墩身，采取覆盖的方式进行防护：用彩条布或土工布覆盖混凝土顶面，并与钢筋进行绑扎，防止雨水对新浇混凝土面进行冲刷。已施工完成的墩身节段，检查拉杆是否完好。

（4）所有墩旁施工爬梯必须按照设计图纸安装，底部与预埋件的焊接必须牢固；中间扶墙按设计图纸安装，且与爬梯的焊接必须牢固；每节爬梯间连接的螺栓要上满，且必须拧紧。

（5）施工平台上脚手板需用铁丝与平台槽钢捆绑结实。

（6）对已拆除拉杆的模板，在台风来之前要将模板全部拆除。

（7）拆除下来的模板要堆码整齐。

（8）将模板架上的电焊机、振动棒等小型机具吊运至地面进行存放。

4.2.8　钢筋车间及钢结构加工车间抗风技术

钢筋车间及钢结构加工车间采用全封闭式结构，为单层厂房，按抵抗14级台风工况设计，台风预警后对钢筋车间组织一次防台风准备工作的全面检查，使各项准备措施都处于良好的准备状态。

（1）当台风风力大于等于8级时，禁止车间内加工作业，车间内所有人员撤离。

（2）车间内所有人员撤离时，车间的门窗应关闭严实、牢固，并对车间内门式起重机的跑位、限位、拉闸限电等防风工作进行排查，确保所有顶板、侧墙完好。

（3）车间大门关闭后，在大门下口用两根工20型钢对栓焊接成整体，大门处堆码好1m高沙袋。

（4）检查现场电线电路、配电柜接线是否规范，电线是否有破损、漏电等情况，接地接零情况是否规范，配电柜需进行固定且用防雨布覆盖，统计现场电线路、配电柜的数量。台风期间要对墩身施工断电。

（5）车间内所有用电设备应断电，并统计数量。

（6）钢筋车间内的半成品钢筋需在台座上存放整齐。

4.2.9　风环境监测预报技术

详见第9篇第1章内容。

4.3 抗风管理技术

为了切实做好防台、防大风工作,避免人员伤亡与设备设施遭受损失,结合经验教训,项目部制定和完善了一系列的防台管理和措施,并取得较好的效果。

(1)防台管理按照"安全第一、常备不懈、以防为主"的工作方针,切实落实防台、防大风工作责任制。防台、防大风应急管理实行"统一指挥、统一协调、统一部署、快速反应、科学应对、分级实施"的原则,树立"安全第一,预防为主,以避为先"的意识,做到"五到位"即:责任到位,指挥到位、人员到位、防台措施到位、物资储备到位,"三及时"即:响应及时、人员撤离及时、生产复工及时,并认真落实安全责任制工作原则。

(2)成立应急机构。项目部成立"防台、防大风"领导小组,采用项目部、分部两级管理。成立防台办公室,负责对外联系,传达台风应急预警信息,收集气象台风信息及各分部防台情况,负责船舶调度,执行防台领导防台相关决策,组织检查督促各分部防台措施执行情况。

(3)制定和编制《平潭海峡公铁两用大桥防台管理办法》《平潭海峡公铁两用大桥防台管理手册》。每年及时更新《平潭海峡公铁两用大桥防台应急预案》并报监理审批。应急预案根据每年的工程进度,及时更新防台的重点和措施,并根据预案要求及时做好年度方案准备。

(4)每年定时定期召开防台专题会,宣贯防台知识,总结上一年防台工作中存在的问题和本年度重点防台工序及注意事项,根据现场施工进度以及工序特点发布防台重点及防台要求,编制和评审防台技术措施,并对防台技术措施进行评估。

(5)根据船舶进退情况,布置船舶避台撤离方案和避台锚地安全事项。

(6)根据当地政府发布的防台应急预警响应,结合项目部制定防台应急预案,及时发布台风信息。根据台风气象信息,每天召开防台领导小组工作会,分析台风路径和影响范围,据此判断台风对施工海域的影响程度,结合现场实际情况,合理安排现场防台工作。

(7)高度重视防台期间的人员安全,把人员防台期间生活物资的储备、人员撤离的时间和安排作为防台的重中之重。

(8)台风来临前,对人员撤离安排、各种大型机械设备、大临设施、船舶等防台措施的落实进行全面检查。

(9)台风过后对人员进行详细清点,对现场台风受损情况进行清理,留下影像资料(保险索赔);对受损设施进行检查和安全风险评估,对危险性较大的受损临时结构和设施要编制施工安全专项方案,并报相关单位进行评审。

4.4 小结

通过对平潭海峡公铁大桥施工过程抗风措施的研究及实施,建立了施工过程抗风管理体系,制定了抗风技术标准,研究了结构及设备抗风技术,确保了大桥的安全建设。大桥建设过程中防风工作的要点是大型设备设施的抗风安全,施工时,大型设备设施按抵抗14级台风设计,明确抵抗14级台风的具体措施,这是防台安全的首要因素;除了技术措施,管理措施也相当重要,加强抗风措施检查,落实抗风管理规定,是抗风安全的重要因素;提高抗风意识,加强抗风演练,优化抗风管理措施,是抗风安全的保证因素;重点做好抗风技术、抗风管理才能更好地确保工程建设的抗风安全。

本篇参考文献

[1] 王东辉,张立超.平潭海峡公铁两用大桥栈桥设计[J].桥梁建设,2015,45(04):1-6.
[2] 王东辉,胡雄伟.平潭海峡公铁两用大桥深水区栈桥下部结构设计[J].铁道标准设计,2015,59(10):76-80.
[3] 王勇.杭州湾跨海大桥工程总结[M].北京:人民交通出版社,2008.
[4] 吕忠达.杭州湾跨海大桥关键技术研究与实践[M].北京:人民交通出版社,2008.
[5] 陈翔,梅新咏.平潭海峡公铁两用大桥主航道斜拉桥深水基础设计[J].桥梁建设,2016(3):86-91.
[6] 王东辉.平潭海峡公铁两用大桥航道桥基础设计与施工创新技术[J].铁道标准设计,2017,61(09):68-75.
[7] 徐启利,王东辉.平潭海峡公铁两用大桥Z03号墩导管架施工关键技术[J].桥梁建设,2016,46(04):1-5.
[8] 马晓东.平潭海峡公铁两用大桥总体施工方案[J].桥梁建设,2017,47(2):1-6.
[9] 朱治宝,马长飞,王波,等.平潭海峡公铁两用大桥施工安全风险评估[J].桥梁建设,2017,47(01):12-16.
[10] 王波,孙家龙,刘鹏飞,等.平潭海峡公铁两用大桥施工海域风速预测研究[J].桥梁建设,2017,47(05):1-5.
[11] 胡传新,周志勇,秦鹏.港珠澳大桥青州航道桥抗风性能研究[J].桥梁建设,2018,48(2):1-6.

平潭海峡公铁大桥
建造关键技术

KEY TECHNOLOGY FOR
THE CONSTRUCTION
OF PINGTAN STRAIT HIGHWAY AND RAILWAY BRIDGE

Part Five

第5篇

航道桥施工

松下岸

人屿岛

元洪航道桥

鼓屿门水道桥

平潭海峡公铁大桥
建造关键技术

05

第1章

概述

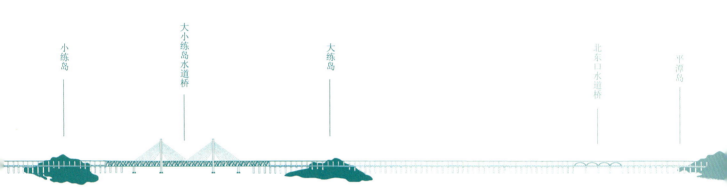

平潭海峡公铁大桥三座大型通航孔桥设计均为斜拉桥,上部结构为钢桁混合梁,下部结构为钻孔桩基础。

元洪航道桥桥跨布置为(132 + 196 + 532 + 196 + 132)m,全长1188m。桥式立面布置如图5-1-0-1所示。

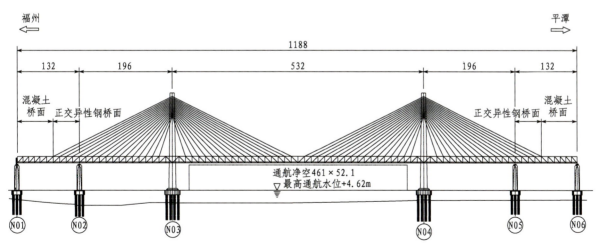

图5-1-0-1 元洪航道桥立面布置图(尺寸单位:m)

鼓屿门水道桥桥跨布置为(128 + 154 + 364 + 154 + 128)m,全长928m,桥式立面布置如图5-1-0-2所示。

大小练岛水道桥桥跨布置为(80 + 140 + 336 + 140 + 80)m,全长928m,桥式立面布置如图5-1-0-3所示。

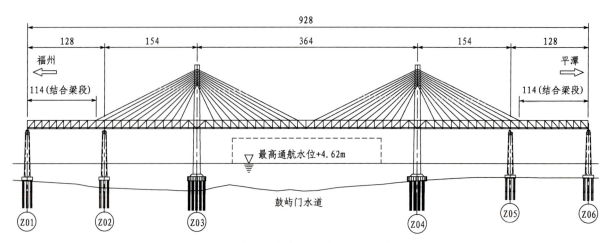

图 5-1-0-2　鼓屿门水道桥立面布置图(尺寸单位:m)

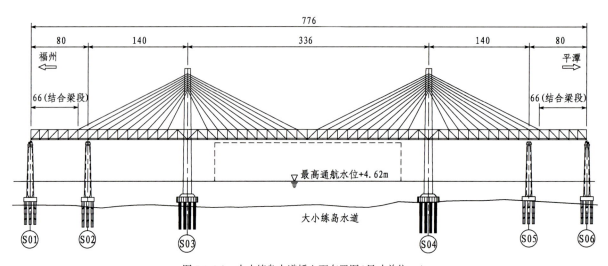

图 5-1-0-3　大小练岛水道桥立面布置图(尺寸单位:m)

每个通航孔桥下部结构包括桩基础和承台,各有 6 个桥墩。其中鼓屿门水道桥 Z03 号主墩处水深 45m,为本桥最大水深。其余各墩位处水深约 20～40m 范围。桥址处海床覆盖层浅薄、岩面倾斜裸露,地质条件复杂。

三座通航孔桥桥塔均采用钢筋混凝土 H 型桥塔,元洪航道桥塔高 200m,鼓屿门水道桥塔高 158m,大小练岛水道桥塔高 152m。

上部结构采用钢桁混合梁,桁高 13.5m,上下弦杆均采用箱形截面。铁路桥面系均为正交异性板结构,边跨无索区范围内公路桥面系采用混凝土桥面板,除边跨无索区范围以外的公路桥面系采用正交异性整体钢桥面板。钢桁梁采用整节段设计制造,标准节段为两个节间为整体的全焊结构,节段之间弦杆和斜腹杆采用高强度螺栓连接,钢桥面板采用焊接对接。

斜拉索采用 1860MPa 高强平行钢丝索,斜拉索单根最大质量约 40t。

通航孔桥是大桥的控制性工程,施工作业属深水区域,是本桥施工的重点和难点。

平 潭 海 峡 公 铁 大 桥
建造关键技术
KEY TECHNOLOGY FOR
THE CONSTRUCTION
OF PINGTAN STRAIT HIGHWAY AND RAILWAY BRIDGE

松下岸

人屿岛

元洪航道桥

鼓屿门水道桥

平潭海峡公铁大桥
建造关键技术

05

第 2 章
海上超大直径钻孔桩施工

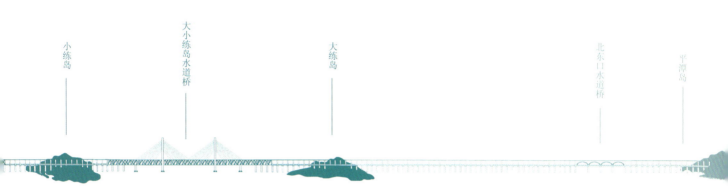

2.1 工程概况

2.1.1 桩基设计概况

平潭海峡公铁大桥包含三座航道桥,即元洪航道桥、鼓屿门水道桥、大小练岛水道桥。元洪航道桥主墩 N03 基础采用 24 根 ϕ4.4m 钻孔桩、N04 基础采用 22 根 ϕ4.4m 钻孔桩,边墩、辅助墩基础均采用 10 根 ϕ4.4m 钻孔桩。鼓屿门水道桥主墩 Z03 基础采用 18 根 ϕ4.9m 钻孔桩、Z04 基础采用 16 根 ϕ4.9m 钻孔桩,辅助墩 Z02、Z05 基础采用 8 根 ϕ4.9m 钻孔桩,边墩 Z01、Z06 基础分别采用 8 根 ϕ4.4m 钻孔桩。大小练岛水道桥主墩 S03 基础采用 22 根 ϕ4.4m 钻孔桩、S04 基础采用 20 根 ϕ4.4m 钻孔桩,辅助墩 S02、S05 基础采用 15 根 ϕ3.4m 钻孔桩,边墩 S01、S06 基础均采用 12 根 ϕ3.4m 钻孔桩,具体主塔墩桩基础平面图如图 5-2-1-1 ~ 图 5-2-1-3 所示。

具体工程数量详见表 5-2-1-1。

航道桥桩基础主要工程数量 表 5-2-1-1

航道桥名称	墩 号	桩径(m)	桩数(根)	平均桩长(m)	混凝土强度等级
元洪航道桥	N01	4.4	10	34.9	水下 C45
	N02	4.4	10	54.8	水下 C45
	N03	4.4	24	52.1	水下 C45
	N04	4.4	22	66.7	水下 C45
	N05	4.4	10	66.7	水下 C45
	N06	4.4	10	70	水下 C45

续上表

航道桥名称	墩号	桩径(m)	桩数(根)	平均桩长(m)	混凝土强度等级
鼓屿门水道桥	Z01	4.4	8	50.5	水下C45
	Z02	4.9	8	69.5	水下C45
	Z03	4.9	18	63.1	水下C45
	Z04	4.9	16	58.5	水下C45
	Z05	4.9	8	43.0	水下C45
	Z06	4.4	8	37.0	水下C45
大小练岛水道桥	S01	3.4	12	39	水下C40
	S02	3.4	15	38	水下C40
	S03	4.4	22	59.5	水下C45
	S04	4.4	20	55	水下C45
	S05	3.4	15	30	水下C40
	S06	3.4	12	20	水下C40

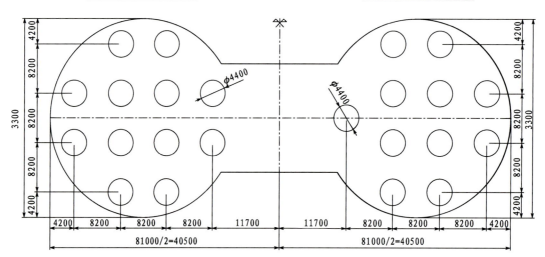

图 5-2-1-1 元洪航道桥主塔墩桩基础平面图(尺寸单位:mm)

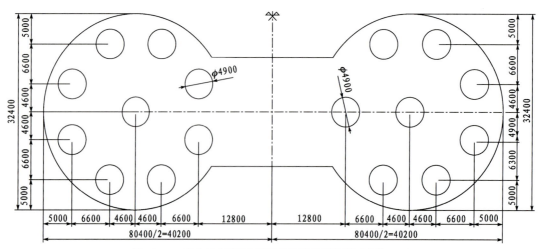

图 5-2-1-2 鼓屿门水道桥主塔墩桩基础平面图(尺寸单位:mm)

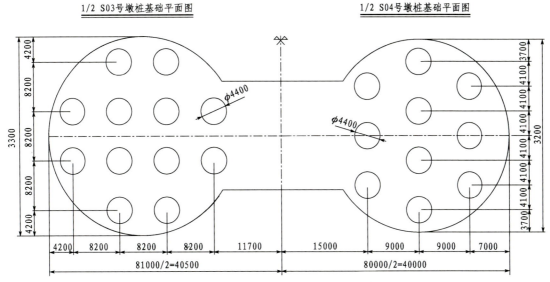

图 5-2-1-3　大小练岛水道桥桩基础平面图(尺寸单位:mm)

2.1.2　地质概况

地质调查结合钻孔揭示,桥址区地层主要有:第四系人工填筑土层(Q_4^{ml})、第四系全新统长乐组滨海相沉积层(Q_4^{cm})、第四系晚更新统龙海组滨海相沉积层(Q_3^{lm})、第四系坡积层(Q^{dl})、残积层(Q^{el})。基岩主要为白垩系石帽山群下组火山岩(K_1Sh_1)、燕山晚期(γ_5^3)侵入花岗岩、辉绿岩岩脉($\beta\mu$)。受构造作用影响,有局部发育构造角砾岩、构造角砾夹泥等。

2.2　试桩施工

2.2.1　试桩目的

为验证大直径钻孔桩施工设备及钻孔和混凝土灌注工艺的可行性,在现场进行 $\phi4.4m$ 钻孔桩成桩试验。根据试验过程,分析收集试验数据,总结实施过程中的具体措施,为今后施工提供指导性意见,主要试验目的如下:

(1)成孔工艺试验

检验施工设备以及钻孔工艺的适用性;总结不同地质地层选择的不同钻进钻孔参数(主机电流,转盘扭矩、转速、钻压等),不同类型钻头的效率,钻进速度,设备配备的合理性;钻孔泥浆的配备。

(2)成桩工艺试验

水下混凝土配合比的验证及混凝土工作性能(混凝土坍落度、扩展度、凝结时间)的选择;水下混凝土灌注导管的直径大小和布置单根导管的适用性;混凝土初灌储量、灌注速度、混凝土生产速度等参数选择。

(3)桩身混凝土质量检测

进行桩身完整性检测,桩身混凝土强度检测,为优化施工参数和混凝土配合比提供依据。

2.2.2　试桩地质概况

在桥址附近的鑫海码头的试桩位置进行了地质勘探工作。地质状况为:覆盖层为素填土和淤泥夹砂,厚度为3m左右,基岩为花岗岩,中风化花岗岩埋置深度自地面以下12.8m,中粗粒花岗岩结构,块状构造,节理裂隙不发育,属于坚硬岩,标准试件饱和状态下极限抗压强度平均值为93.3MPa;微风化花岗岩埋置深度自地面以下16.7m,中粗粒花岗岩结构,块状构造,节理、裂隙不发育,岩体完整程度较完整,属于坚硬岩,岩石基本质量等级为Ⅲ级,标准试件饱和状态下极限抗压强度平均值为103.0MPa,本次试桩自地面钻进21.3m,入中风化和微分化花岗岩8.5m(其中微风化4.6m)。钻孔地质柱状图如图5-2-2-1所示。

工程名称		4m桩基试验					工程编号		DCF2014056	
孔号		ZK1		坐标		钻孔直径	130mm	稳定水位深度	1.10m	
孔口标高		0.00m				初见水位深度	1.20m	测量日期	2014.4.16	
地质时代	层号	层底标高(m)	层底深度(m)	分层厚度(m)	柱状图 1:200	地层描述		标贯中点深度(m)	标贯实测击数	附注
	①	-1.7	1.70	1.70		素填土:灰、灰黄等杂色,呈松散状态,浸~饱和,主要由黏性土、全强风化组成,分布不均,均匀性差,堆填时间小于1年				
	②	-3.00	3.00	1.30						
	③	-6.40	6.40	3.40		淤泥夹砂:黑色、深灰色,饱和,呈流塑~软塑状态,含少量腐殖质与贝壳,稍具臭味,稍有光泽,干强度中等,韧性中等,摇震反应慢,刀切面较光滑,砂含量约15%~25%				
	④	-11.00	11.00	4.60		全风化花岗岩:灰绿色、灰黄色,原矿物成分为长石、石英及云母等,长石已基本风化为高岭土,含石英砂约15%~30%,原岩结构基本破坏,岩芯风化呈砂土状,手易捏碎,浸水后易软化,岩体完整速度为极破碎,属极软岩,岩体基本质量等级为Ⅴ级				
	⑤	-12.80	12.80	1.80		砂土状强风化花岗岩:灰绿色、灰黄色,中粗粒花岗结构,散体状构造,原矿物成分为长石、石英及云母等,原岩结构基本破坏,长石已基本风化为高岭土,岩芯风化呈砂土状,手易捏碎,岩体完整程度为极破碎,属极软岩,岩体基本质量等级为Ⅴ级				
	⑥	-16.70	16.70	3.90		碎块状强风化花岗岩:灰黄、浅黄色,粗粒结构,碎块状构造,主要矿物成分为石英、长石及少量云母等,原岩结构部分破坏,岩芯风化多呈碎块状(表层多呈碎屑状),锤击声闷,易碎,岩体完整程度为破碎,属极岩,岩体基本质量等级为Ⅴ级				
	⑦	-28.60	28.60	11.90		中风化花岗岩:灰白色,中粗粒花岗结构,块状构造,主要矿物成分为石英、长石及云母等,岩石风化明显,节理裂隙不发育岩体完整程度为较破碎,岩芯以短柱状为主,锤击声较脆,不易碎,TCR≈86%~90%,RQD≈20~40,属坚硬岩,岩石基本质量等级为Ⅳ级				
						微风化花岗岩:灰白色,中粗粒花岗结构,块状构造,主要矿物成分为石英、长石及云母等,岩石风化明显,节理、裂隙不发育,岩体完整程度为较完整,岩芯为长柱状为主,锤击声较脆,不易碎,TCR≈98%~100%,RQD≈40~80,属坚硬岩,岩石基本质量等级为Ⅲ级				
福建东辰综合勘察院 外业日期:2014年4月15日						制图:张玉峰 校核:叶起行			图号:Ⅰ	

图 5-2-2-1　钻孔地质柱状图

2.2.3 试桩施工

1)总体施工方案

试桩采用KTY4000型动力头液压钻机钻孔施工,配备φ4.0m锲齿和球齿滚刀钻头。泥浆循环采用气举反循环方式。钢筋笼在就近钢筋加工场制作成型,平板车运输至钻孔平台处,采用大型吊机安装。混凝土由1号混凝土拌和站生产,用混凝土运输车运至试桩位置,采用垂直导管法灌注混凝土。

2)埋设钢护筒

钻孔钢护筒采用牌号为Q235B的δ=36mm钢板卷制而成,外径4.4m,护筒底角设置加强箍。

为固定桩位,保护孔口不坍塌,结合地质资料,先开挖基坑,再埋设钢护筒;基坑开挖完成后,平整夯实坑底及修坡面至基坑底,然后对护筒底至地面四周用混凝土浇筑填平,确保护筒埋设准确、稳定,护筒中心与桩位中心重合,护筒平面位置偏差小于5cm,垂直度偏差小于1%,以保证钻机沿着桩位垂直方向顺利工作。

3)搭设钻孔平台及钻机安装

试桩的KTY-4000型钻机放置在整体式钻孔平台上。整体式钻孔平台采用钢管桩+型钢结构形式。钻机摆放位置要结合平台受力支承情况,合理布置,使荷载均布。具体如图5-2-2-2所示。

钻机就位,其底座水平误差控制在5mm范围内并保持稳定,钻架中心、钻头中心、钻杆和桩径中心在同一铅垂线上,以保证孔位正确,钻孔顺直。

4)泥浆配备

钻孔泥浆选用不分散、低固相、高黏度的PHP优质膨润土化学泥浆。泥浆由优质膨润土、纯碱(Na_2CO_3)、氢氧化钠(NaOH)、聚阴离子纤维素(PAC)、聚丙烯酰胺(PAM)等原料组成,采用海水造浆。

钻孔用泥浆在拌浆池集中拌制,通过泥浆泵、管路集中向孔内供应,具体详见图5-2-2-3。

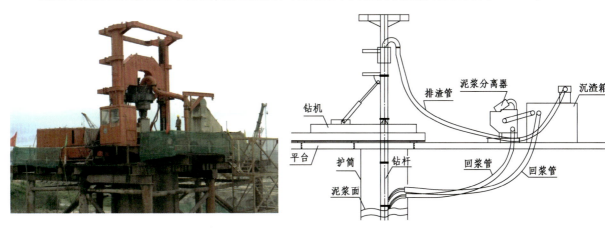

图5-2-2-2 钻机安装位置　　　　　图5-2-2-3 泥浆循环管路示意图

在钻孔施工过程中泥浆的净化采用机械强制净化方法。钻机配备一个30m³沉渣箱、一台泥浆分离器。钻机排渣管与沉渣箱消能器相连,通过排渣管将孔底带钻渣的泥浆排到沉渣箱消能器粗筛上,过滤出粒径大于5mm的钻渣颗粒,粗筛上的钻渣直接排放到储渣池内,剩余泥浆和小颗粒钻渣落入沉渣箱内,通过自然沉淀,钻渣留在沉渣箱内,泥浆通过沉渣箱上的回浆管流回孔内,循环使用。

5)钻孔施工

钻孔前对钻孔的各项准备工作进行检查,钻孔时按实际地质情况绘制地质剖面图。

开孔时采用楔齿滚刀钻头钻进,对应地层为全、强风化岩层,当钻头进入中风化岩层时,注意观察钻具运转情况、进尺速度和渣样,当进尺速度小于6cm/h时,更换为球齿滚刀钻头,楔齿滚刀钻头详见图5-2-2-4,球齿滚刀钻头详见图5-2-2-5。

图5-2-2-4　楔齿滚刀钻头图

图5-2-2-5　球齿滚刀钻头

在钻进到钢护筒底口位置时,须采用浓泥浆、低钻压、低转速钻进,并控制进尺,以确保护筒底口部位地层的稳定;当钻头钻出护筒底4~5m后(稳定器出护筒),再恢复正常钻进状态。

钻孔采用减压钻进,钻压不得超过钻具重力之和(扣除浮力)的80%,保持重锤导向作用,保证成孔垂直度和孔形。在钻头接触中风化岩层时,由于岩面倾斜,采用小钻压钻进,较大钻压钻进容易造成孔形偏斜,待整个钻头全断面接触硬岩后才逐步加大钻压。

钻机在不同的地层中选择的钻进参数见表5-2-2-1。

不同地层钻进参数表　　　　　　　　　　　　　　表5-2-2-1

地　　层	钻压(kN)	转速(r/min)
砂砾状强风化花岗岩	300~350	4~6
碎块状强风化花岗岩	300~400	4~6
碎块状中风化花岗岩	500~800	3~5
微风化花岗岩	≥800	3~5

钻进成孔过程中,应及时补充泥浆,使孔内泥浆面始终控制在高出护筒外侧水面2~4m之间,保证孔壁稳定,防止塌孔。钻孔作业分班连续进行,每班进行钻孔泥浆抽检检验,不符合要求时要及时补充或调整泥浆。过程中若因故停止钻进时间过长,应将钻头提升至护筒内,以防止塌孔埋住钻头。

详细填写钻孔记录,钻进时参考地质资料,关注土层变化情况,捞取钻渣样,判断土层,与地质资料进行核对,调整钻机的转速和钻压。

6) 清孔

当钻进至终孔高程以上2m时,即开始终孔前的清孔调浆作业。将沉渣箱上的泥浆管路阀门打开,使沉渣箱内的一部分泥浆流入泥浆分离器内,通过泥浆分离器分离出泥浆中的砂子,降低泥浆的含砂率。经过泥浆分离器净化的泥浆通过另一条回浆管送回孔内。经过以上方法循环处理,逐步降低孔内的含砂率,终孔后停止钻进,再继续清孔若干小时,使孔内泥浆含砂率降至0.5%~1.0%。清孔过程中需要补充部分新鲜浓泥浆,使孔内泥浆各项指标达到标准指标。

7) 成孔检测

换浆清孔使泥浆指标和孔底沉淀厚度满足标准要求,拆除钻机钻杆后,采用JL-IUDS(B)智能超声波检测仪检测,检查钻孔桩的孔径、孔深和倾斜度是否符合验收标准,具体成孔质量检测报告见图5-2-2-6。

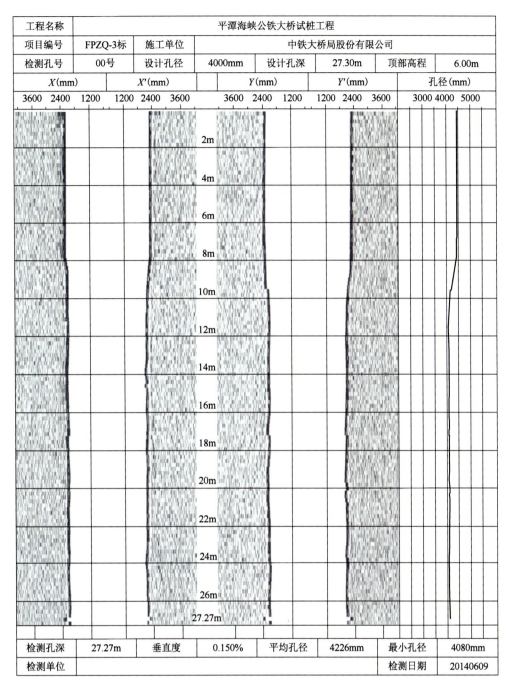

图 5-2-2-6 成孔质量检测曲线

8）混凝土灌注

钻孔桩开钻前做好混凝土配合比的设计和试验工作及导管水密承压试验，具体见图 5-2-2-7、图 5-2-2-8。

（1）混凝土配合比选定

①设计要求：强度等级 C45，设计坍落度为 180～220mm，为 T1、L1、H2、Y3 环境，设计使用年限 100 年，总碱含量≤1.8kg/m³，总氯离子不应超过胶凝材料总量 0.10%。

②理论每立方米混凝土材料用量比例为：[244（水泥）+144（粉煤灰）+96 矿粉]：732（砂）：1010（石）：4.84（减水剂）：0.871（引气剂）：144（水），胶凝材料总量为 484kg/m³，水胶比为 0.30，砂率为 42%，粉煤灰掺量为 30%，矿粉掺量为 20%，减水剂掺量为 1.0%，引气剂掺量为 0.18%。

图 5-2-2-7 扩展度试验

图 5-2-2-8 导管水密承压试验

③拌合物测试性能:表观密度为2360kg/m³,初始坍落度为220mm,初始扩展度为620mm,初始含气量为4.0%,停放60min坍落度为220mm、扩展度为610mm,泌水率为0%,初凝时间为1305min,终凝时间为1495min。

④硬化混凝土性能测试结果:7d 抗压强度为 46.9MPa,28d 抗压强度为 59.8MPa,总碱含量为1.2948kg/m³,总氯离子含量占胶凝材料总量的0.0142%。

(2)灌注导管和料斗选定

①本工程选用 φ426×10mm 单垂直导管。

②导管底部悬空40cm,考虑首灌混凝土方量以导管埋深1.5m为宜,再根据导管内外压力差,计算出首灌方量为20m³;现场配置一个6m³料斗(与导管连接)和一个20m³的总储料斗。储料斗底口有阀门,待阀门打开后,储料斗中的混凝土顺着溜槽流入6m³料斗中。

③根据灌注速度,溜槽角度可由储料斗和溜槽上的倒链调节,确保混凝土能顺利流入小料斗中。

具体详见图 5-2-2-9、图 5-2-2-10。

图 5-2-2-9 20m³ 储料斗实物图

图 5-2-2-10 混凝土连续灌注

(3)灌注步骤

①二次清孔后,测量孔内泥浆指标和孔底沉渣厚度,泥浆指标:相对密度1.09、黏度19s、含砂率0.7%、胶体率98%、pH 值8.2,孔底沉渣厚度3cm。

②将泡沫隔水栓放入灌注导管内,安装6m³小料斗,控制导管底口距离孔底40cm后将小料斗底脚抄垫稳固,同时将20m³总储料斗吊装至施工平台上,并对两个料斗及溜槽洒水湿润。

③提前通知拌和站进行混凝土拌和,混凝土运输至现场即进行检测,合格后方可下道工序,当检测合格混凝土不少于30m³时,由两辆混凝土汽车泵同时向储料斗内输送混凝土。

④储料斗内混凝土面高度距料斗顶1.0m时,将一台汽车泵改为向6m³小料斗泵送混凝土,总储料斗内混凝土超过16m³且小料斗混凝土面离顶面30cm时,微微打开储料斗阀门。

⑤混凝土顺利通过滑槽溜,当混凝土刚刚进入小料斗时,打开导管顶口活门开始首批混凝土灌注。

⑥首批混凝土灌入孔底后,立即测量孔内的混凝土面深度,计算出混凝土面高程及导管埋设深度,符合要求方即进行正常连续灌注。

⑦灌注过程,根据混凝土灌入速度,调节溜槽角度或储料斗阀门,使得小料斗内始终有混凝土,且不能过量致漫出。

⑧混凝土灌注应连续,严禁中途停止,在灌注过程中及时测量孔内混凝土面高度,考虑到扩孔率,将几个测点所得数据较低值控制混凝土高度,计算导管埋置深度,正确指挥导管的提升和拆除,使导管的埋置深度控制在4～6m以内。拆下的导管要立即清洗干净,堆放整齐,及时填写灌注记录表。

⑨为确保桩顶质量,在桩顶设计高程以上加灌不小于1.5m高度的混凝土。

⑩桩基检测。

参照《铁路工程桩基检测技术规程》(TB 10218—2008)、《铁路桥涵工程施工质量验收标准》(TB 10415—2008)对试桩采用超声波透射法进行了桩身完整性检测,检测结论为:桩身混凝土均匀完整,综合评价桩身混凝土胶结性好,完整性类别为Ⅰ类桩。具体如图5-2-2-11所示。

图5-2-2-11　钢护筒剥开后桩身混凝土完整照片

2.2.4　试桩结论

通过直径4.4m试桩施工表明:钻孔桩施工配置的设备满足要求,钻孔及灌桩工艺得到验证,达到了试桩的目标任务,主要总结如下:

(1)KTY-4000型动力头液压钻机及配套的钻孔设备适合φ4.4m钻孔桩在硬岩层中钻孔作业,钻孔工艺及流程满足现场施工要求;成孔后孔径及垂直度经超声波检孔仪检测符合规范要求。

(2)φ4.4m钻孔桩混凝土采用的水下C45混凝土配合比各项工作性能及力学性能满足施工要求,水下混凝土灌注施工工艺及流程达到大直径桩基灌注要求;混凝土3d强度检测为$R_3=32.4$MPa,桩身混凝土经超声波透射法检测其完整性符合规范要求。

(3)成孔过程总结。

①施工设备以及钻孔工艺的适用性

本次试桩累计成孔21.3m,其中挖孔4m,旋转钻孔17.3m。旋转钻孔施工从5月6日开始,6月8日终孔,其中全、强风化岩8.8m,净钻时间122h;中、微风化岩8.5m,净钻时间330.5h。

采用KTY4000型钻机钻孔设备,配备一台PESG825型空压机(23m³/min,1.2MPa)进行泥浆循环,配备直径φ4.4m楔齿、球齿钻头各一个,首节钻具质量100t(含钻头)。在全、强风化地层中用楔齿钻头钻进,进入中风化岩层后,改用球齿滚刀钻头钻进。从整个钻孔施工过程看,在微风化岩地层中,钻机能力能够满足一次钻成直径 φ4.4m 的孔,其中扭矩一般只需用到 12t·m 左右,只是由于钻头直径大、滚刀数量多,分配到每个滚刀上的钻压显得不足,对钻进速度有一定的影响,后续施工时应增加配重加大钻压。空压机提供风量充足,泥浆循环量正常。

在钻孔施工过程中,针对预先制定的钻孔施工工艺,从各方面逐一进行了验证,包括泥浆拌制及各地层泥浆指标控制,各地层中有效钻进参数的调整、摸索,钻孔垂直度检查及控制,钻头形式及滚刀布置和提钻检查周期等,通过对钻机运转情况和吸渣效果的观察,认为原定工艺基本适合钻孔施工的需要,可以作为正式桩施工工艺。

②钻进参数的选择

在钻进过程中,针对试桩的各种地层,不断调整钻进参数,初步确定了钻进参数,基本达到了预期的钻进效率。统计实际钻进参数见表 5-2-2-2。

钻 进 参 数　　　　　　　　　　表 5-2-2-2

地层特性	主机电流（A）	动力头扭矩（kN·m）	转速（r/min）	钻压（kN）	钻进效率（cm/h）	备注
淤泥夹砂	180	80	4~5	250	12	
全风化花岗岩	180	100	4~5	300	12	
强风化花岗岩	180	120	4~5	350~400	7	
中风化花岗岩	180	130	3.5~5	540	4	倾斜岩面
	180	120	2	800	1.5	岩石强度高,钻架晃动大
	180	150	3	800	2	
微风化花岗岩	180	150	2	800	1.5	
	180	120	3	800	2	钻架晃动减小
	180	120	3	700	3~4	

本次试桩基本达到了预期的钻进效率,在淤泥夹砂层至强风化花岗岩层钻进时由于泥浆浓度大,使得进尺速度有所减慢,今后在正式桩施工时适当改进调整;在中、微风化花岗岩层中钻进时,开始进尺速度只有 1~2cm/h,不太理想,主要原因是钻压略显不足,钻机晃动大导致转速上不来,后经对滑移横梁增加导向块,减小其与立柱间的间隙,钻机运转平稳多了,转速可达到 3rpm,钻进速度加快,可达 3~4cm/h。

③球齿钻头与楔齿钻头使用情况对比

在本次试桩过程中,楔齿钻头主要针对淤泥夹砂层至强风化花岗岩地层,属覆盖层和软岩,本次仅钻进 8.8 延米,钻进过程中,地层对刀具磨损不大。进入中风化岩层后,由于岩石坚硬,楔齿滚刀钻头进尺较慢,更换为球齿滚刀钻头,球齿钻头在中、微风化岩层中钻进 8.5m,净钻时间 330.5h。从钻头布刀图上分析,滚刀布置基本合理,各切屑带间无间隙,保证钻头转动时,能够实现对岩层进行全断面切削,只是由于结构位置限制,d、e 两圈刀分布略有不平衡,这可能造成钻头转动时不稳定,可适当调整各圈刀分部角度,尽量做到布刀均匀。钻头滚刀布置具体如图 5-2-2-12 所示。

对两种钻头的磨损情况进行了观察,楔齿钻头情况较好,钻头体和合金基本无磨损;球齿钻头的合金高度磨损 2~3mm,属正常现象,有三个边刀座有明显磨损,边刀座磨损可能是钻头在地层中跳动时,与孔壁摩擦造成的。具体如图 5-2-2-13、图 5-2-2-14 所示。

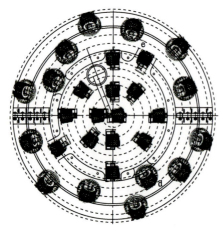

图 5-2-2-12　钻头滚刀布置图

图 5-2-2-13　楔齿钻头磨损情况图

图 5-2-2-14　球齿钻头磨损情况

④气举反循环排渣情况

试桩过程中,采用一台 23m³/min(1.2MPa)空压机配合钻机进行泥浆反循环作业。由于试桩开孔时孔深较浅,开始时空气反循环效果不太好,出浆、出渣不连续,为了尽量改善泥浆循环效果,取消了钻具风包,将风包设置在钻头上。随着孔深进一步加深,泥浆循环效果逐步改善,在中、微风化岩层中钻进时,渣样完整,说明泥浆循环正常,能够及时将孔底钻渣及时排出,避免钻渣在孔底重复碾磨,影响钻进效率,如图 5-2-2-15 所示。

⑤钻机运转稳定性分析

在全、强风化岩层中钻进时,由于岩石强度较低,所需钻压、扭矩较小,钻具重锤导向作用明显,在孔底运转平稳,对钻机运转时的稳定性影响较小,钻机运转平稳,转速可达到 5r/min。在中、微风化岩层中钻进过程中,钻压加到 80t,钻具在孔底晃动加大,钻机运转不平稳,扭矩波动变大,对钻机结构造成不良影响;钻具异径出现裂纹、动力头短节多次出现裂纹、钻具螺栓多次发生松动现象。针对这些情况,对钻具连接螺栓进行加固,采取防松措施,使得钻具在运转过程中不会因振动造成螺栓松动;钻杆连接螺栓采用双螺母防松;在滑移横梁两侧加焊导向块,减小其与立柱滑道间的间隙,降低了滑移横梁对立柱的冲击。通过采取这些措施,钻机运

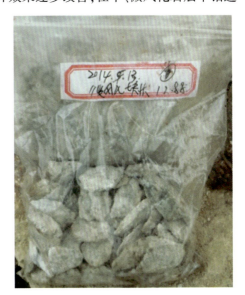

图 5-2-2-15　钻孔渣样图

转的平稳性得到了改善,转速可提高到 3r/min,进尺速度增加明显,钻具在孔底净钻 260 多小时,未出现螺栓松动现象。成孔后,通过对钻机结构和钻具的检查,未发现明显损坏现象。本次试桩检验了钻具和钻机结构的能力是适合在平潭跨海大桥进行 φ4.4m 钻孔桩施工的。

⑥成孔垂直度控制

为了确保成孔质量,钻进过程中采取以下措施来保证成孔垂直度:

a. 钻机对位后,对钻机底盘水平进行测量,确保底盘四角高程偏差不超过 5mm;钻进过程中,钻具出护筒前,再次对底盘水平进行复测。

b. 钻机水平调整好后,对立柱垂直度进行测量,立柱垂直度不应超过 1/200。

c. 钻进过程中,要严格实行减压钻进,钻压不得超过钻具重力之和(扣除浮力)的 80%,不能因为增加钻压需要,降低减压效果,造成成孔垂直的超标。

d. 钻进过程中,每班应对钻杆垂直度进行检查,将垂直度控制在 1/200 以内。

⑦泥浆指标控制

为了确保钻孔过程中孔壁稳定,针对各地层地质特性,制定了各地层的泥浆控制指标,见表5-2-2-3。

各地层泥浆指标控制　　　　表5-2-2-3

地层特性	密度（g/cm³）	黏度（s）	含砂率（%）	pH值	胶体率（%）
护筒底口	1.18~1.2	20~22	<8	8~9	95
全、强风化岩层	1.15~1.18	18~20	<5	8~9	95
中、微风化岩层	1.12~1.15	17~18	<5	8~9	95
终孔	<1.13	17~18	<0.5	8~9	98

在全、强风化岩层,由于岩性成砂土状,如果泥浆黏度小,容易造成塌孔,在该层钻进时,泥浆黏度应保持在一个适当高的水平,在孔壁上形成稳定的泥皮,防止发生塌孔现象。同时泥浆内的含砂量也应保持在相对高的水平,以便泥浆在向孔壁内渗透时,泥浆内的砂砾封堵地层内较大的孔隙。

在中、微风化岩层中钻进时,由于岩层较致密,不存在塌孔风险,可适当降低泥浆相对密度和黏度,但也不能低于规范规定的标准,以免因泥浆黏度过低,长期冲刷护筒底口和全、强风化岩层孔壁造成塌孔。

终孔时一定要使泥浆指标达到工艺要求的标准,低含砂率和高泥浆胶体率,可使泥浆在长时间不循环的情况下,能够保持泥浆的稳定性,有效控制孔底沉淀物厚度,保证成桩质量。

通过在钻进过程中对各地层泥浆指标的控制,保证了孔壁稳定性,未出现坍孔现象,终孔后泥浆黏度18s,相对密度1.12g/cm³,含砂率<0.5%、pH值为9、胶体率>99%。拆除钻机、安装完钢筋笼后复测孔底,没有沉淀物。

⑧影响钻进速度的因素及设备配备的合理性

通过本次试桩,检验了KTY4000型钻机在硬岩条件下一次钻进 ϕ4.4m 孔的能力,其配套的空压机和泥浆分离器也能满足施工需要,对以后正式桩施工有很重要的指导意义。

在试桩过程中,为了试验在各地层中的进尺速度,我们从钻进参数调整、泥浆指标控制各方面进行摸索、调整。在淤泥夹砂层和全、强风化地层钻进时,由于泥浆较浓,地层中大量的砂状钻屑悬浮在浓泥浆中,不能沉淀,使得泥浆相对密度和黏度越来越大,影响了进尺速度,后经对泥浆进行稀释,降低泥浆黏度,使泥浆含砂率降低到5%以下,进尺速度明显加快,最高进尺速度达到12cm/min。在中、微风化岩层中钻进时,由于岩石坚硬,钻机配重不足,再加上减压钻进效果降低,造成钻机晃动较大,钻机转速只能用到2r/min,平均进尺速度只有1.5~2cm/h,后经对滑移横梁导向滑块进行改进,使钻机运转平稳性得到改善,钻机转速能开到3r/min,左右,增加了单位时间内滚刀对岩面的滚压次数,进尺速度明显提高,平均进尺速度能达到3~4cm/h。在今后正式桩施工时,应注意在软岩地层中控制泥浆指标,在中、微风化岩层中可适当增加钻具配重,加大钻头对孔底岩层的钻压,以达到对岩石进行高效破碎的效果。

(4)水下混凝土灌注过程总结

①水下混凝土配合比的验证及混凝土工作性能的总结分析

a. 水下混凝土配合比的验证

通过施工现场取样和砂石含水率检测分析,对混凝土理论配合比用水量进行调整,得出混凝土施工配合比为 = 水泥(1.00)∶掺合料1(0.59)∶掺合料2(0.39)∶细骨料(3.08)∶粗骨料1(1.25)∶粗骨料2(2.93)∶外加剂1(0.02)∶外加剂2(0.004)∶水(0.48),水胶比=0.30[C45水下混凝土理论配合比 = 水泥(1.00)∶掺合料1(0.59)∶掺合料2(0.39)∶细骨料(3.00)∶粗骨料1(1.24)∶粗骨料2(2.90)∶外加剂1(0.02)∶外加剂2(0.004)∶水(0.59),水胶比=0.30]。

b. 混凝土工作性能

混凝土灌注过程中现场混凝土检测:平均坍落度为220mm,平均扩展度为640mm,平均入模温度为

27℃,平均入模含气量为5.8%。

混凝土各项工作性能指标能符合混凝土设计要求。

② φ4.4m 钢筋笼加工、吊装、接长施工工艺

a. φ4.4m 钢筋笼加工

钢筋笼在钢筋加工厂胎架上分段制作。钢筋笼分两节制作,长度分别为6m、9m,制作时分四个不同区域绑扎、加工。

钢筋笼制作时,每隔1.5m设置型钢加强环和三角支撑,钢加强环采用槽8型钢焊接而成,三角支撑采用 φ32mm 钢筋制作。为控制钢筋笼保护层厚度,采用钢筋保护层垫块,钢筋保护层垫块沿桩身间距1.2m布置,每层设置8个垫块。

钢筋笼成型后,验收结果显示:钢筋品种、规格、数量、主筋长度误差、主筋间距误差、箍筋或螺旋筋间距、钢筋保护层垫块位置和数量等均满足规范要求。

b. φ4.4m 钢筋笼吊装

φ4.4m 试桩钢筋笼采用大型吊机吊装。由专用吊挂装置,吊装时钢筋笼平稳、安全、快捷的入孔到位,表明此吊挂装置安全、效果良好。

钢筋笼吊装、入孔时,钢筋笼的圆度、平面尺寸位置、钢筋间距等保存完好,表明钢筋笼内槽8型钢和三角内支撑系统符合实际施工要求。

c. φ4.4m 钢筋笼接长

钢筋笼主筋接头采用直螺纹套筒连接,现场接长时螺纹丝扣完好无损、清洁,接头表面无裂纹。接头布置在承受应力较小处,并满足同一截面接头在受弯构件的受拉区不得大于50%。

检查时,扣丝和扭矩值符合要求,直螺纹套筒连接方式可靠、方便,满足设计要求。

③ 直径4.0m钻孔桩采用内径为406mm单根导管灌注混凝土的适用性

2014年6月9日晚开始试桩混凝土灌注,拔球效果良好,后续连续灌注正常,没有出现堵管、夹泥、缩径、塌孔等现象。

混凝土灌注时,在桥轴线四个方向均匀布置12个测点,测点布置见图5-2-2-16,混凝土灌注速度曲线,见图5-2-2-17。

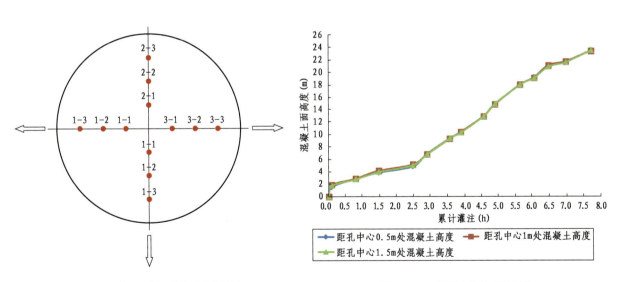

图 5-2-2-16 水下混凝土灌注测点布置图　　图 5-2-2-17 混凝土灌注速度曲线

从试桩水下混凝土灌注记录表中可以得出,同一时间,12个测量点的混凝土高程差不大于0.5m。证明混凝土向导管四周延展性、扩展度良好,说明内径为406mm的导管符合 φ4.4m 钻孔桩水下混凝土灌注要求。

④混凝土初灌储量、灌注速度、混凝土生产速度等参数选择

考虑混凝土泵车管臂较长、砂浆洗管等因素初灌混凝土量设定为30m³,首批混凝土灌注后测定导管埋深1.3m。

混凝土灌注速度适中,灌注从6月9日23:30至次日早上7:00,共7.5h、340m³,平均灌注速度为45.3m³/h。

混凝土生产由1号拌和站的2台搅拌机生产,生产速度根据现场的灌注速度而定,确保现场灌注要求。

2.3 钢护筒施工

2.3.1 总体施工流程

钢护筒采取在工厂一次性加工制造成型,大型驳船运输至桥址;采用两艘大型起重船抬吊钢护筒,在平台上设置多层导向;先用液压振动锤初次插打定位,再用液压冲击锤将护筒插打嵌入岩层。具体施工流程见图5-2-3-1。

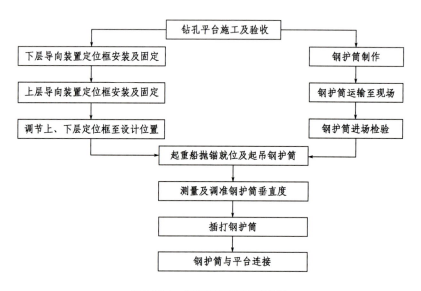

图5-2-3-1 钢护筒插打施工流程图

2.3.2 钢护筒参数

φ4.4m钻孔桩施工均采用φ4400×36mm钢护筒,φ4.9m钻孔桩施工均采用φ4900×36mm钢护筒;钢护筒顶口1倍护筒直径长度范围加厚为50mm,底口1倍护筒直径长度范围外贴20mm钢板。为防止钢护筒在运输过程中出现失圆和变形,在钢护筒的上、下口及中间位置焊接"米"字形支撑。钢护筒参数详见表5-2-3-1。

钢 护 筒 参 数　　　表5-2-3-1

桩基直径(m)	护筒规格(mm)	材　质	长度(m)	总质量(t)	备　注
4.4	φ4400×36	Q235B	39.5~63	147.9~235.6	顶口4.5m范围加厚段为50mm,底口4.5m范围外贴20mm钢板
4.9	φ4900×36	Q235B	47.7~68.7	221.3~311.9	

2.3.3 主要设备

每座航道桥主要施工设备见表5-2-3-2。

主要设备投入表 表5-2-3-2

序号	设备名称	型号规格	单位	数量	备注
1	起重船	300t	艘	1	钢护筒吊装
2	起重船	400t	艘	1	钢护筒吊装
3	起重船	700t	艘	1	钢护筒吊装
4	起重船	1000t	艘	1	钢护筒吊装
5	起重船	2000t	艘	1	钢护筒吊装
6	运输驳船	1000t	艘	1	材料运输
7	运输驳船	2000t	艘	1	钢护筒运输
8	交通船	20座	艘	1	—
9	拖轮	1080hp	艘	2	—
10	抛锚艇	—	艘	2	起重船抛锚
11	履带式起重机	130t	台	2	配合吊装作业
12	打桩锤	IHC-S800液压锤	台	1	插打钢护筒
13	打桩锤	YC50液压锤	台	1	插打钢护筒
14	振动锤	YZ400振动锤	台	1	插打钢护筒
15	振动锤	APE400B	台	1	插打钢护筒
16	旋挖钻	XD460	台	1	不良地质处理
17	旋喷钻	MGJ-50	台	2	不良地质处理
18	冲击钻	ϕ4m	台	2	不良地质处理
19	钢护筒吊具	吊装扁担	个	2	钢护筒吊装
20	钢丝绳	ϕ90mm	根	4	钢护筒吊装
21	钢丝绳	ϕ50mm,长度50m	根	1	钢护筒吊装
22	卸扣	150t	个	16	钢护筒吊装
23	卸扣	200t	个	4	钢护筒吊装

注：起重船和卸扣为三座所需数量。

2.3.4 钢护筒制造、运输、吊装

1）钢护筒制造

钢护筒在钢结构加工厂按照设计长度及结构尺寸制造成整根，制造流程如下：

板材定制、采购→划线、号料和切割→将板材沿长度方向接长，拼缝开V形坡口→接缝处磨光整平→卷制钢护筒短节→将短节组焊成吊装节。

2）钢护筒吊耳设计

根据钢护筒结构形式、长度、质量等特点，顶部布置两个吊耳，并伸出钢护筒，底部布置一个吊耳距底部1.5m处，起吊采用三点起吊方式。吊耳布置见图5-2-3-2。吊耳采用36mm厚钢板加工制作，吊耳如图5-2-3-3、图5-2-3-4所示。

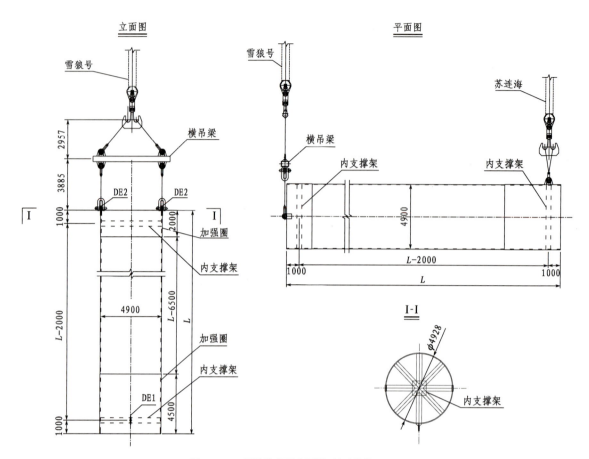

图 5-2-3-2 钢护筒吊耳布置图(尺寸单位:mm)

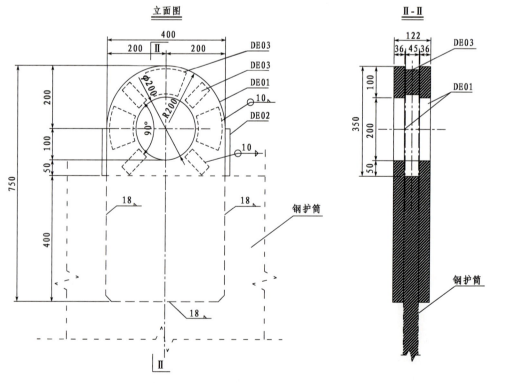

图 5-2-3-3 顶部吊耳结构图(尺寸单位:mm)

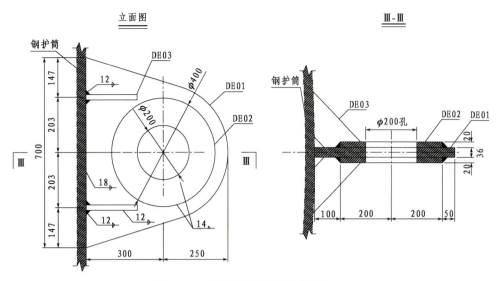

图 5-2-3-4　底部吊耳结构图（尺寸单位：mm）

3）钢护筒运输

钢护筒在制造厂加工完成后，采用海运，利用驳船直接运输至施工现场。

由于护筒直径较大，为防止钢护筒在运输过程中出现失圆和变形，在钢护筒的上、下口及中间位置焊接"米"字形支撑，具体详见图 5-2-3-5。

图 5-2-3-5　钢护筒内支撑实例

4）钢护筒吊装

为保证钢护筒起吊时不变形，采用横吊梁顶端吊两点、底部单吊点的方法进行吊装。同时起吊顶部和底部吊点，使钢护筒离开船体约 2.0m，然后提升顶部吊点、底部吊点不动，使钢护筒由平卧变为斜吊，慢慢起吊至 90°后，完成竖转。

钢护筒中部吊耳在吊装之前割除，人工从一端拿出；钢护筒竖立后解除底部吊耳，然后移位护筒至钻孔平台上，待钢护筒距离钻孔平台 2m 左右，人员从底部进入护筒，慢慢下放钢护筒，底部用枕木抄垫，待钢护筒停止晃动后用氧割割除底部内支撑，人员安全撤离后起吊钢护筒入孔；顶部吊耳待护筒吊装完成后割除。钢护筒起吊如图 5-2-3-6 所示。

5）钢护筒剪力环

为保证钢护筒与围堰封底混凝土间黏结力满足围堰抗浮沉受力要求，护筒插打前，对元洪航道桥 N04—N11、N04—N12 号钢护筒，鼓屿门水道桥 Z04—Z08、Z04—Z09 号钢护筒，大小练岛水道桥 S03—S11、S03—S12 号钢护筒局部增加焊剪力环（φ28mm 螺纹钢筋，预估护筒插入深度，在后续围堰施工时，封底混凝土区域6m范围内按间距0.5m布置,导向轮处断开),焊接高程根据相邻桩位钢护筒插打情况确定,并确保6道以上剪力环位于封底混凝土范围内,具体形式见图5-2-3-7。

图5-2-3-6 钢护筒起吊图

图5-2-3-7 钢护筒剪力环布置示意图(尺寸单位:mm)

2.3.5 钢护筒插打施工

1)导向设置

护筒插打过程受风浪影响会产生不定方向、不同程度的摇摆,大大降低施工精度,可能会产生较大偏位或倾斜,为解决这一问题,在护筒周围设置导向装置。钢护筒导向框主要根据钻孔平台的结构而进行设计,设置上下双层导向,上层导向作用于钻孔区贝雷梁上;下层导向作用于由钻孔平台联结系所支承的分配梁上。导向装置由导向框和导向轮组成,具体详见图5-2-3-8~图5-2-3-10。

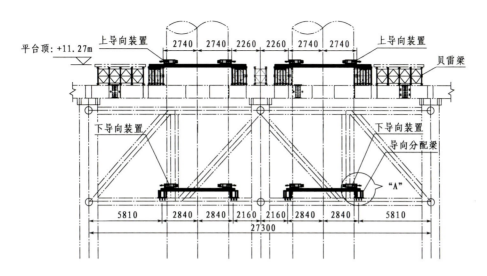

图 5-2-3-8　过渡墩钢护筒导向装置布置(尺寸单位:mm)

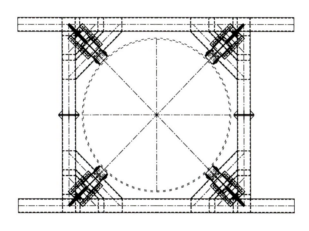

图 5-2-3-9　过渡墩钢护筒导向装置结构设计图

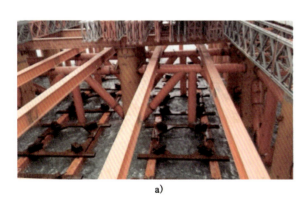

a)　　　　　　　　　　　　　　　　b)

图 5-2-3-10　过渡墩钢护筒导向分配梁及导向框安装图

主墩钻孔平台钻孔区为桁架结构,底部无支承结构,因此钢护筒导向只能设置在平台面,钢护筒插打导向装置由导向架、下放导向、上下导向装置构成,导向架主梁由槽20b拼装,下放导向装置起引导作用,上下导向装置由定位箱、止推箱、尼龙轮三部分组成,起导向和固定作用。具体导向装置具体见图5-2-3-11、图5-2-3-12。钢护筒插打顶层导向架,在实际施工过程发现效果不好,后续取消该导向架,但是在平台顶面相应位置增加一层导向框。

图 5-2-3-11　钢护筒插打顶面导向架　　　　　　　　图 5-2-3-12　钢护筒插打底层导向架

因原设计尼龙导向轮在浪涌作用下容易被破坏,施工时在原设计上优化了导向框设计,材料由尼龙改为 Q235b 钢质,实践证明钢质导向轮在大风大浪下仍然可以起到导向和限位作用。

2）钢护筒定位

平面定位:测量组事先按桩位中心沿顺桥向和横桥向两个方向,将四个护桩点标记在钻孔平台上,并标记好护桩到桩中心的距离,护筒下放时,由四个护桩点控制钢护筒的平面位置,通过调整导向架四个导向轮来调节钢护筒平面位置。

垂直度控制:采用两台经纬仪在成 90°的两个方向上交汇观测,以此控制垂直度,起重船配合,通过双层导向将护筒垂直度偏差控制在 2/1000 以内。

3）钢护筒插打

钢护筒插打分两步插打,第一步采用双联 APE400 振动锤或双联 YZ400 振动锤插打至钢护筒稳定,及时复核钢护筒平面位置和垂直度;第二步采用 IHC-S800 或 YC50 液压锤进行插打,先用低冲击能量击打一锤,观察倾斜度及护筒偏位变化,复核倾斜度和偏位在允许范围后继续击打,待钢护筒进入稳定地层后逐渐增加冲击能至护筒稳定。具体液压振动锤参数详见表 5-2-3-3 ~ 表 5-2-3-5,具体示意图见图 5-2-3-13 ~ 图 5-2-3-18。

YZ-400 液压振动锤参数　　　　　　　　表 5-2-3-3

项　目	单　位	参　数
偏心力矩	kg·m	226
最大转速	r/min	1400
额定激振力	kN	4185
最大拔桩力	kN	2500
最大振幅	mm	40
最大流量	L/min	1500
尺寸	mm	2650×1280×4280
质量	kg	18000

YC-50 液压冲击锤参数　　　　　　　　表 5-2-3-4

项　目		单　位	参　数
规格	最大打击能量	$kN^2·m$	750
	行程	mm	1500
	最大能量时锤击次数	次/min	22
外形尺寸及质量	锤芯质量	t	50
	锤体基本质量(不含桩帽)	t	65

续上表

项　目		单　位	参　数
外形尺寸及质量	φ5.0m 替打质量(含套筒)	t	110
	工作时提吊总质量	t	约 180
	锤体基本长度(不含替打与套筒)	mm	9000
	总长度(包括锤总成,替打与套筒)	mm	13200

IHC-S800 液压冲击锤参数　　　　　　表 5-2-3-5

项　目		单　位	参　数
规格	最大打击能量	kN²·m	800
	行程	mm	1250
	最大能量时锤击次数	次/min	38
	锤击频率范围	次/min	38~75
动力站	工作压力	bar	320
	工作流量	L/min	1800
	进油管额定压力	bar	350
	回油管额定压力	bar	20
	发动机功率	kW	CATERPILLAR C15 ACERT/2X597
	柴油箱容积	L	3600
	液压油容积	L	6000
	外形尺寸	mm	6060×2438×3378
外形尺寸及质量	锤芯质量	t	40
	锤体基本质量(不含桩帽)	t	83
	φ5.0m 替打质量(含套筒)	t	101.3
	工作时提吊总质量	t	约 250
	锤体基本长度(不含替打与套筒)	mm	14600
	总长度(包括锤总成,替打与套筒)	mm	19200

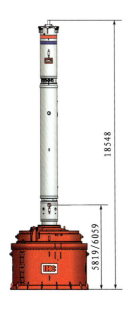
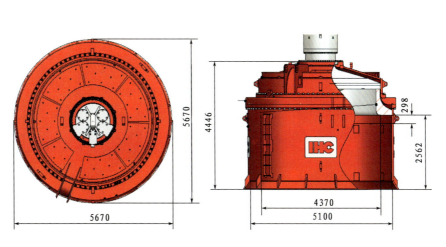

图 5-2-3-13　IHC-S800 外形结构图(尺寸单位:mm)

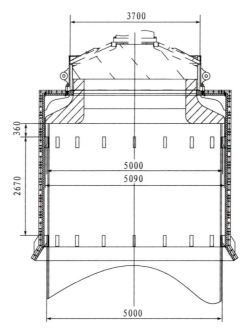

图 5-2-3-14 替打及套筒示意图(尺寸单位:mm)

图 5-2-3-15 YZ400 振动锤插打护筒实例

图 5-2-3-16 液压冲击锤插打护筒实例图

图 5-2-3-17 APE500 振动锤插打护筒实例

图 5-2-3-18 S800 液压冲击锤插打护筒实例图

4）钢护筒插打控制标准及检测

钢护筒插打控制应根据地质情况、锤型、护筒长型号通过试验综合考虑确定。本工程以钢护筒底高程和贯入度双控。如护筒底未达到设计高程，而贯入度较小时，应会同有关部门研究确定处理办法。如桩底达设计高程而贯入度仍然很大时，应继续锤击，同时应会同设计等有关单位共同研究确定处理措施。插打前根据设计提供的地勘报告，逐桩绘制地质柱状图，钢护筒底部必须穿过碎块状强风化岩层，且进入碎块状强风化岩层深度不少于1倍护筒直径，锤击能量最大为550kJ，最后30击平均贯入度在3~5mm时停锤结束插打。钢护筒插打允许偏差应符合表5-2-3-6的要求。

钢护筒插打允许偏差控制表　　　　表5-2-3-6

项次	检查项目	规定值或允许偏差	检验方法和频率
1	护筒底高程	符合设计要求	查插打记录
2	最后30击贯入度	3~5mm	查插打记录
3	设计高程处护筒顶平面位置	±50mm	全站仪测量
4	倾斜度	±1%	吊线用钢尺量或用倾斜仪检查，全部检查

5）钢护筒插打到位后的限位措施

钢护筒插打完成后，用四根双拼H440mm×300mm型钢配合其他类型型钢在桁架下弦杆处将护筒夹住固定，布置示意详见图5-2-3-19。

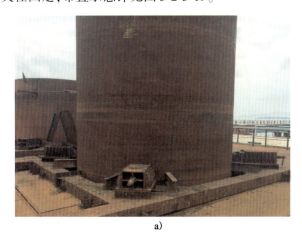 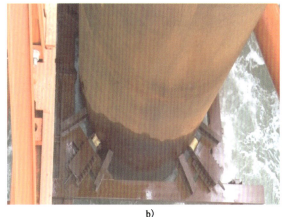

a)　　　　　　　　　　　　　　　　　b)

图5-2-3-19　钢护筒平面限位布置图及限位安装实例图

2.3.6　施工遇到的问题及处理方法

桥位处存在直径2.0~10.0m不等、埋置深度从海床表面到海床以下20m左右的花岗岩风化孤石堆，在该地层中钢护筒直接插打无法穿越或无法定位自稳，造成前期插打的大部分钢护筒存在不同程度的卷边及变形，水下切割后漏浆、护筒跟进困难且处理效率低。具体处理情况如下。

问题1：复杂地质条件的影响，墩位处存在堆积的球形风化石、光板岩区、倾斜岩面、岩石强度高，钢护筒插打均存在无法自稳定及插打困难，插打后的钢护筒存在底口漏浆、护筒卷边、倾斜等现象。

处理方法：①对护筒无法自稳的情况，将钢护筒拔出，用冲击钻机将海床孤石砸碎后，重新进行埋设；②对于无法插打到设计深度位置的钢护筒宜采用回填块石、黏土，冲击钻反复冲砸的方式进行埋设；③对于原钢护筒加厚段采用36mm（母板）+20mm（加厚段）形式改进为底部加强板采用50mm厚整板焊接，详见图5-2-3-20、图5-2-3-21。

图 5-2-3-20　钢护筒拔出实例图

图 5-2-3-21　冲击钻处理钢护筒实例图

问题 2：Z03、Z04 号墩钢护筒在插打完成后,在钻孔过程中出现钻头无法钻出护筒情况,经潜水员探摸,护筒底口变形严重,详见图 5-2-3-22。

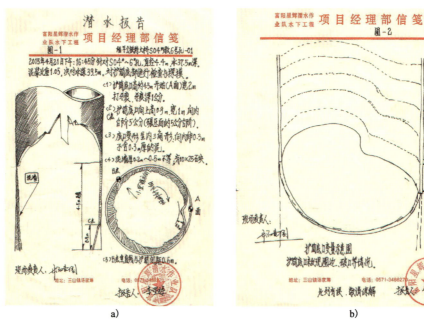

图 5-2-3-22　水下探摸钢护筒卷边情况报告

处理方法：先利用冲击钻钻头钻进至护筒底口以下约 1.5m 后,由潜水员对变形严重护筒进行水下切割,详见图 5-2-3-23。

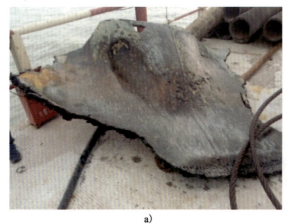
a)

b)

图 5-2-3-23　部分钢护筒水下切割实例图

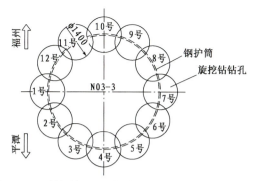

图 5-2-3-24　旋挖钻处理护筒周边孔位布置图（尺寸单位：mm）

问题 3：钢护筒无法自稳，护筒倾斜度超过规范要求。

处理方法：钢护筒发生倾斜、变形后，将钢护筒拔出，由旋挖钻对钢护筒周长范围内钻孔共钻取 12 个 $\phi1400$mm 孔，旋挖钻孔位布置如下图所示，且各个孔位必须相互咬合，在各个孔位内取岩芯，并参照前期地质勘察报告，查看岩层和深度是否与地质报告一致，确定该区域岩层。对取出的岩石进行抗压试验，确定其强度，针对不同强度岩层选用冲击钻或旋挖钻处理该处孤石，具体详见图 5-2-3-24～图 5-2-3-29。

a)　　　　　　　　　　　　　　　　　　　b)

图 5-2-3-25　旋挖钻机处理照片

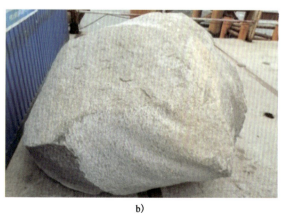

a)　　　　　　　　　　　　　　　　　　　b)

图 5-2-3-26　孔内取出的整体微风化孤石照片

问题 4：部分钢护筒虽入土深度较大（埋设深度约 14m），但钻孔过程发现护筒漏浆，孔内水头无法保持和正常进行钻孔桩施工。潜水员探摸情况为：护筒底口周边有多处位置比较光滑，判断为孤石，线路右侧有空洞，钢护筒无法跟进处理。

a)

b)

图 5-2-3-27　孔内取出的较小体积微风化孤石照片

a)

b)

图 5-2-3-28　孔内取出微风化孤石试件照片

图 5-2-3-29　孔内取出微风化孤石试验报告（孤石强度 141.1MPa）

处理方法：由高压劈裂注浆机围绕钢护筒外侧布设72个孔位，待所有旋喷桩完成后形成一个帷幕结构，截断护筒内外水流通道，在护筒内形成相对封闭的钻孔施工空间，具体详见图5-2-3-30、图5-2-3-31。

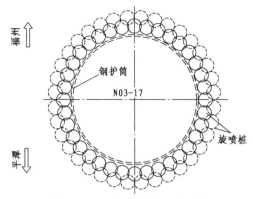

图5-2-3-30 旋喷钻孔位置布置图

图5-2-3-31 旋喷钻孔实例图

问题5：水下切割后部分钢护筒漏浆，孔内水头无法保持，无法正常进行钻孔桩施工，另外护筒底口不规则，致使护筒无法跟进处理。

处理方法：利用2000t起重船将此批护筒拔出，将底部损毁部分切割，同时将原钢护筒底口双层(32 + 20 = 52mm)加强型结构变为单层(50mm)加强结构，具体详见图5-2-3-32、图5-2-3-33。

图5-2-3-32 部分水下切割损毁钢护筒拔出实例

a)   b)

图 5-2-3-33 部分损毁钢护筒切割修复实例

问题 6：钻孔桩钢护筒在台风巨浪的冲击下剧烈晃动，导致孔壁破坏、坍孔严重，钢护筒倾斜下沉，护筒顶口完全淹没在海平面以下，具体详见图 5-2-3-34 ~ 图 5-2-3-36。

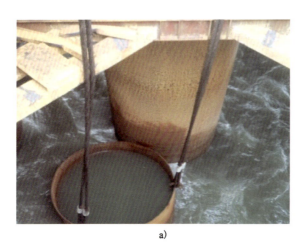
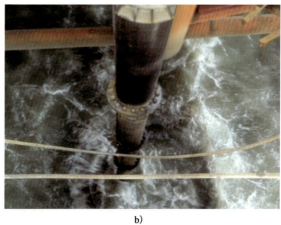

a)   b)

图 5-2-3-34 部分台风损毁钢护筒情况

a)   b)

图 5-2-3-35 部分台风损毁钢护筒接长、调整

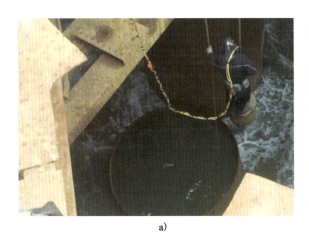

a)   b)

图5-2-3-36 部分台风损毁钢护筒切割、拔出

处理方法：检测钢护筒垂直度，如垂直度满足要求，则接高钢护筒，对护筒进行固定、并对护筒周边海床进行压浆固结，再利用KTY4000旋转钻成孔；如垂直度不满足要求，由潜水工将变形部位分块进行水下切割，割除的钢护筒钢板先吊出护筒，再利用起重船将钢护筒拔出，重新埋设护筒成孔。

2.4 钻孔施工

2.4.1 钻孔施工流程

桥址区主要地质由花岗岩、凝灰岩、火山角砾岩组成，上层有厚度不均的火山角岩，且其中夹杂斜向辉绿岩、构造岩，地质较为复杂。根据航道桥各墩位处的地质和现有设备情况，$\phi 3.4m$ 钻孔桩采用冲击钻机施工，$\phi 4.4/4.9m$ 钻孔桩选用KTY-4000型及KTY-5000型全液压动力头回旋钻机钻进成孔，配备滚刀/锲齿钻头钻孔，按照相邻两孔不能同时进行钻孔或灌注混凝土作业的原则安排钻孔顺序。钻孔前对钻孔的各项准备工作进行详细检查，并仔细查看地质勘察剖面资料。钻机安装检查合格，泥浆制备达到要求后，方可开钻。

钻孔施工流程如图5-2-4-1所示。

2.4.2 主要设备选型

钻孔桩施工时，配备相应的钻机、压风机、泥浆分离器、泥浆泵、沉渣筒、泥浆船、运渣船及备用电源等，部分机具、材料可摆放在支栈桥上。

1）旋转钻机

$\phi 4.4m$ 钻孔桩施工采用KTY-4000型动力头液压钻机，配备 $\phi 4.0m$ 锲齿（或球齿）滚刀钻头直接完成覆盖层和岩层内的钻孔施工，护筒内壁钻渣采用在刀体外侧安装钢丝刷清理；$\phi 4.9m$ 钻孔桩选用KTY-5000型动力头回转钻机。

（1）钻机概述

该型钻机系液压动力头钻机，钻机能在岩石平均单轴抗压强度 $\sigma_c \leqslant 120MPa$ 的基岩中最大钻孔直径可达5.0m，最大钻孔深度为110m，在增加标准钻杆数量的基础上最大钻进深度可达180m。KTY-5000动力头钻机的工作原理是由动力头驱动钻杆，钻杆带动钻头回转钻进，采用空气反循环的排渣方式，其动力传递为：电动机→液压泵→液压马达→动力头。

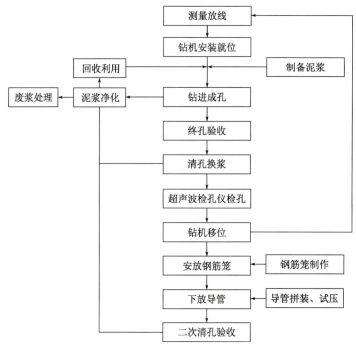

图 5-2-4-1　钻孔施工流程图

(2) 钻机的主要性能参数

①钻机型号表示方法

KTY-5000 中,K 表示钻孔,T 表示动力头,Y 表示液压,5000 表示在岩石平均单轴抗压强度 $\sigma_c \leqslant$ 120MPa 的最大钻孔直径(mm)。

②技术性能参数(表 5-2-4-1)

KTY-5000/4000 动力头钻机技术性能表　　　表 5-2-4-1

主要项目		单位	参　数	
			KTY-5000	KTY-4000
钻孔直径	岩层($\sigma_c \leqslant$120MPa)	m	ϕ3.6~ϕ5.0	ϕ2.0~ϕ4.0
	岩层($\sigma_c \leqslant$200MPa)	m	ϕ3.6~ϕ4.5	ϕ2.0~ϕ3.5
最大钻孔深度		m	100	130
排渣方式			气举反循环	气举反循环
动力头转速及扭拒	转速	r/min	0~5.8	0~6
	扭矩	kN·m	450	300
	转速	r/min	0~11.6	0~15
	扭矩	kN·m	225	120
动力头提升能力		kN	3000	1800
封口盘承载力		kN	3000	1500
钻架倾斜角度			0~40°	0~40°
钻杆(通径@长度)		mm@mm	ϕ330@4000	ϕ300@3000
总功率		kW	356	285
外形尺寸		mm×mm×mm	12015×8680×13660	7380×7470×8160
主机质量(不含钻具、液压站)		t	74	46
液压站质量		t	13	8.5
主机单件最大质量		t	20	11
钻具系统(不含钻头)		t	230	132
总质量(不含钻头)		t	344	185

③钻机主要结构及特点

KTY-5000钻机主要由动力头、滑移横梁、钻机结构(含底盘、钻架、封口盘等)、钻具、司机室、液压站、电气控制系统等组成。

a.动力头

动力头同时起着承受钻具质量、安装钻杆装拆机构、为钻进提供动力和输送压缩空气排渣等各项作用,是该型钻机的核心部件。

动力头由三台高速液压马达驱动,通过三台行星减速机及一级闭式齿轮传动将动力传递给钻具系统,工作平稳可靠,使用寿命长,可实现无级调速和过载自动保护。动力头的中心管上设置有承重轴承和防跳轴承,两个径向轴承用以提高运动精度和运转的平稳性,由中心管内的衬管排渣,压缩空气则通过配气环进入钻具的风道。其衬套磨损后拆卸更换,各密封圈均安装于便于拆卸更换的套和盖中。

动力头的密封形式为旋转轴用齿形组合密封件,该密封具有密封效果好、密封件寿命高等特点。

动力头通过吊耳悬挂于滑移横梁下,由两个180/110-435油缸驱动,可实现45°旋转,以便于安装和拆卸钻杆。

动力头由液压马达驱动,液压马达及减速机应采用质量性能可靠的品牌产品,动力头装置应结构紧凑,传动齿轮采用硬齿面,提高齿轮强度。具体详见图5-2-4-2、图5-2-4-3。

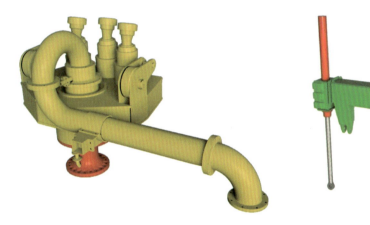

图5-2-4-2 动力头立体图　　图5-2-4-3 滑移横梁立体图

b.滑移横梁

滑移横梁能沿钻架轨道上下滑移,滑移动力及支承由两个320/250-4300液压缸完成,是提升动力头及钻具上下移动的动力机构。滑移横梁上下移动距离为4300mm,左右侧的油缸采用机械刚性同步。

c.钻机结构

钻机结构主要包括钻架、底盘及封口盘。

钻架为门型结构,其与底盘间用双销轴和拉杆连接,抽出一销轴后,在两个油缸驱动下,钻架可后仰0~40°,且销轴的插拔动作分别设置了插拔销系统,可有效地减轻了工人的劳动强度。底盘外形为矩形结构,下平面设置四个调平油缸方便底盘调平。钻机底盘、钻架设计为可拆分式的,以方便运输。具体详见图5-2-4-4、图5-2-4-5。

④钻具系统

钻具系统主要由标准钻杆、钻杆稳定器、风包钻杆、异径接头、风包、钻头稳定器、配重等组成。

钻具系统有足够的强度,连接可靠,密封性好、排渣效率高。钻具系统能施加足够钻压,保证钻头有效破岩,全断面快速钻进。钻杆装拆、提放钻头快速方便。

全套钻具系统应包括标准钻杆(23根)、变径钻杆(1根)、配重钻杆(1根)及配重、风包钻杆(1根)、中间钻杆稳定器(1根)、钻头鼓形稳定器(1根)、钻头等。全套钻具配置总长度达到112m,钻机最大钻孔深度可达180m。

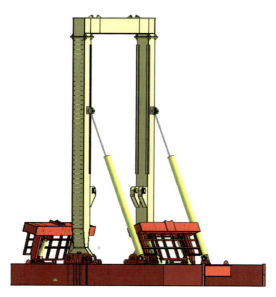

图 5-2-4-4　钻机结构立体图

图 5-2-4-5　钻具立体图

标准钻杆为全被动钻杆,法兰盘连接,双壁结构。标准钻杆通径 φ330mm,长度为 4000mm,外层钢管为 φ630×22mm,材质采用 Q390C,标准钻杆连接方式为螺栓连接。风包钻杆为钻进过程中间供风钻杆。异径接头一为连接钻杆与重型钻杆的过渡接头,异径接头二为重型钻杆和风包的过渡接头。

钻具上共设有一个重型钻杆和一个钻头稳定器。风包是洗井液循环的动力设备,其结构简单,使用可靠。上述钻具均可悬挂在钻机封口盘上,方便钻具连接。具体详见图 5-2-4-6~图 5-2-4-9。

图 5-2-4-6　KTY-4000 型钻机

图 5-2-4-7　KTY-5000 型钻机

具体参数为:

a. 单根钻杆长度:4000mm。

b. 钻杆根数:23 根(钻杆配置保证全套钻具总长度 110m)。

c. 钻杆内、外层直径和壁厚:内层 356×13 mm/外层 630×22 mm。

d. 钻杆风道形式及风道直径:直通式 76×8mm。

e. 钻杆材质:Q390C。

f. 钻杆连接螺栓规格、单个接头数量:16 个 M42×205mm。

图 5-2-4-8　球齿钻头

图 5-2-4-9　楔齿钻头

⑤液压站

液压站独立设置，液压站与主机间用快速接头相连，液压站动力选用电动机驱动。

3台H1V160液控柱塞变量主泵采用3台110kW电机驱动，需要同时工作时2台主泵供动力头油缸提升，1台主泵供动力头旋转，当钻进时可3台主泵供动力头旋转。控制泵与辅助泵采用三联齿轮泵。液压站设有2个风冷却器，以降低油温，保证钻机连续运转。

⑥钻进系统

该型钻机使用液控（同时带智能控制）的减压自动进给系统，在给定的钻压下实现恒压自动进给。其原理为：始终保持减压状态和垂直状态，实现自动钻孔作业，并且能够实现过载自动保护，保证孔径精度和孔深的垂直度。

⑦操纵室

室内设置有操纵台，操纵台上设置了液压和电气的操纵手柄和按钮及各种显示仪表，集中控制，操作方便。室内设置有一个可调式座椅，装备有风扇和取暖设备，墙壁内装有隔热层。操纵室安装在钻架底座的侧前方。

⑧辅助装置

底盘上设置钻杆支座，方便动力头更换钻杆。设置用于起吊钻杆和杂物的吊机，起重能力为3t，由电力驱动，动力回转。

主机、液压站、钻具系统设置吊点，可整体起吊实现移位。

2）其他设备

每墩配备1~2台空气压缩机（图5-2-4-10），每台钻机配备1台ZX-250型泥浆分离器，泥浆净化能力250m³/h，分筛粒度≤74μm，可将钻渣从泥浆中分离，便于处理，处理后的泥浆可循环回入孔内，不需要泥浆池沉淀。ZX-250型泥浆分离器见图5-2-4-11。

图 5-2-4-10　空气压缩机

图 5-2-4-11　ZX-250型泥浆分离器

钻孔泥浆采用海水造浆。

(1)造浆原材料分别选用：

①聚阴离子纤维素(PAC)无毒无害,主要作用是提高泥浆黏度,降低失水率,防止泥浆漏失;

②纯碱 Na_2CO_3,主要作用是做泥浆的分散剂、除钙剂,调整泥浆的 pH 值;

③膨润土主要成分为蒙脱石,主要作用是作为主要配浆材料,提高泥浆黏度,降低失水率;

④海水取自施工区域,未作任何处理。

(2)泥浆的制备比例。

制备比例按 1(海水):0.12(膨润土):0.005(纯碱):0.003(PAC)制备,制备出的泥浆指标为:相对密度 1.06,黏度 18s,含砂率 0.3%,胶体率 70%。

(3)气举反循环排渣。

采用一台 $23m^3/min$(1.2MPa)空压机配合钻机进行泥浆反循环作业。在中、微风化岩层中钻进时,渣样完整,说明泥浆循环正常,能够及时将孔底钻渣及时排出。

2.4.3 钻进成孔

(1)钻机摆放位置要结合平台受力支承情况,合理布置。钻机摆放底部增加钻机底座(由型钢 HN900mm×300mm 焊接而成的框架结构),放置位置要使荷载均布。钻机底座应水平(误差在 5mm 范围内)、稳定,钻架中心、钻头中心、钻杆和桩径中心在一铅垂线上,以保证孔位正确,钻孔顺直。

(2)钻孔前应对钻孔的各项准备工作进行检查,钻孔时应按设计资料及实际地质情况绘制地质剖面图。

(3)在锲齿滚刀钻头护圈上加焊翼板或钢丝绳刷钻孔至护筒底口,对护筒壁进行清理,提出钻头并取下加焊的翼板和钢丝绳刷,重新下放钻头,进行岩层的钻孔直至达到设计高程。开孔时采用楔齿滚刀钻头钻进,对应地层为强风化、中风化岩层,当钻头进入弱风化岩层时,应注意观察钻具运转情况和进尺速度,当进尺速度小于 6cm/h 时,更换球齿滚刀钻头,检验球齿滚刀在硬岩层中的钻进效果。

(4)钻孔时减压钻进,钻压不得超过钻具重力之和(扣除浮力)的 80%,并保持重锤导向作用,保证成孔垂直度和孔形。

(5)钻机在各地层中的钻孔指标:对于强风化层,采用轻压、低档慢速、大泵量、稠泥浆钻进,以免孔壁不稳定,发生局部扩孔或局部坍孔,并充分浮渣、排渣,以防埋钻现象;在岩层中,采用中档慢速,用稀泥浆减压钻进,确保孔壁顺直。

钻机在不同的地层中应选择不同的钻压和钻进速度,不同地层的钻进参数见表5-2-4-2。

不同地层钻进参数表　　　　表5-2-4-2

地　　层	钻压(kN)	转速(r/min)
砂砾状强风化花岗岩	300~350	4~6
碎块状强风化花岗岩	400~450	4~6
碎块状中风化花岗岩	600~700	3~5
微风化花岗岩	800~900	3~5

注:根据现场施工实际情况可作适当调整。

(6)钻孔作业分班连续进行,过程中若因故停止钻进时间过长,应将钻头提升至护筒内,以免钻头被埋。在钻进成孔过程中每隔 4h 测试一次泥浆性能指标,主要测试指标:相对密度、黏度、含砂率,并做好记录,其他指标根据实际情况不定期抽检。根据不同的地层及时调整泥浆指标,见表5-2-4-3。

优质丙烯酰胺泥浆(PHP泥浆)各阶段性能指标表　　　　表5-2-4-3

指　　标	①基浆	②新浆	③钻进	④回流	⑤清孔	⑥弃用
	膨润土+碱+PAC	①+PHP	②与钻屑混合	③净化+②	④+②	④沉淀中
密度(g/cm^3)	<1.06	<1.06	<1.20	<1.15	1.08~1.12	>1.3
黏度(s)	20~22	26~35	18~20	18~20	18~20	>25

续上表

指　标	①基浆	②新浆	③钻进	④回流	⑤清孔	⑥弃用
	膨润土+碱+PAC	①+PHP	②与钻屑混合	③净化+②	④+②	④沉淀中
含砂率(%)	<0.3	<0.3	<4.0	2.0~3.0	≤1.0	>10
胶体率(%)	>98	100	96	98	98	<75
pH值	9~10	9~10	9~10	9~10	8~9	<7或>14

(7) 为防止涨(退)潮对钻孔影响,钻进成孔过程中始终保持孔内泥浆面高出外侧水面2.5m左右,具体做法是在平台专门设置一个护筒储存泥浆,高潮位时添加泥浆到正在钻进的孔内,低潮位时适当抽出泥浆临时储存在周边孔内,保证孔壁稳定,防止塌孔。

(8) 当钻进至接近钢护筒底口位置1~2m左右时,须采用低钻压、低转数钻进,并控制进尺,以确保护筒底口部位地层的稳定;当钻头钻出护筒底口4~5m后(稳定器出护筒),再恢复正常钻进状态。

(9) 加接钻杆时,应先停止钻进,将钻具提离孔底10~20cm,维持泥浆循环5min以上,以清除孔底沉渣并将管道内的钻渣携出排净,然后加接钻杆。升降钻具应平稳,尤其是当钻头处于护筒底口位置时,必须防止钻头钩挂护筒。

(10) 详细填写钻孔记录,钻进时应参考地质资料,关注土层变化情况,捞取钻渣渣样,判断土层,与地质资料进行核对,调整钻机的转速和钻压。

(11) 垂直度控制,要以预防为主,扫孔修整为辅。可以根据孔的地质柱状图来指导钻孔的钻进参数,能起到提前预防的良好效果。一般钻进到地层交接面和倾斜岩面时,要加强检测,调整钻进参数,保证成孔质量,同一地层钻进适当检测垂直度。

2.4.4　清孔

当钻进至终孔高程3m前,即开始终孔前的清孔调浆作业。当进尺达到孔底设计高程时,立即采用气举反循环清孔。清孔时将钻头提离孔底20cm左右,钻机慢速空转,保持泥浆正常循环,同时置换泥浆,使泥浆指标达到相对密度1.10~1.16,黏度17~20s时,含砂率≤2%后停止清孔,拆除钻具,移走钻机。

2.4.5　成孔检测

用超声波检孔仪对孔径、孔形、垂直度(斜度),用测绳对其孔深及孔底成渣厚度进行检测,检查钻孔桩的孔径、孔深和倾斜度是否符合验收标准。大直径钻孔桩成孔检测现场见图5-2-4-12,钻孔成孔质量验收标准见表5-2-4-4。

图5-2-4-12　大直径钻孔桩成孔检测

钻孔成孔质量验收标准　　表5-2-4-4

序号	项　目	允　许　偏　差
1	孔径	不小于设计孔径,扩孔率不大于规定要求
2	孔深	不小于设计桩低高程,不允许超钻
3	孔位偏差	不大于150mm
4	倾斜度	不大于1/100
5	清孔后泥浆指标	相对密度:1.08~1.12;黏度:18~20s;含砂率:<1.0%;胶体率:>96%

2.5 钢筋笼施工

2.5.1 钢筋笼设计

元洪航道桥及大小练岛水道桥主墩钻孔桩钢筋笼护筒内的钢筋笼主筋分内、外两层,钢筋笼下部为单层钢筋排列。鼓屿门水道桥 Z01 号墩钢筋笼全为双层钢筋笼,单层部分为 104 根双根环形布置、顶部双层部分为外层 104 根双根环形布置;Z03 号墩钢筋笼为顶部双层或顶部均双层钢筋笼;Z04 号墩除 7 号桩为双层钢筋笼外,其余为单层钢筋笼;单层部分为 120 根双根环形布置,双层部分为外层 60 根单根环形布置。Z05 号墩钢筋笼全为双层钢筋笼,3 号、6 号、7 号钢筋笼单层部分为 120 根双根环形布置、双层部分为外层 60 根单根环形布置,2 号、4 号钢筋笼单层部分为 180 根三根环形布置、双层部分为外层 120 根双根环形布置,1 号、5 号、8 号钢筋笼单层部分为 120 根双根环形布置、双层部分为外层 120 根双根环形布置。

所有钢筋笼主筋均为直径 40mm HRB400 钢筋,双根一束主筋采用并排排列,三根一束主筋采用"品"字形布置,内外层钢筋用 δ25mm 钢板隔开,单层钢筋笼内部设置 3 根槽 10 型钢 + 2 根 28mmHRB400 钢筋加劲,型钢在圆周内呈"△"形布置,钢筋布置在型钢下部且沿钢筋笼环向布置,每 2m 设置一道。

钢筋笼外侧箍筋为 φ16mm 的 HRB400 型钢筋,上部间距 15cm,下部间距 15cm;钢筋保护层采用混凝土垫块形成,沿桩身高度布置间距为 1.5m,每断面设置 8 个圆形垫块。

每根桩断面均匀布置 4 根声测管,钢管型号为 φ50×1.5mm,为方便后续桩基检测,声测管顶面与钻孔平台面齐平。笼长最长为 74.8m(Z04-3 号),最大质量为 259.6t。具体详见图 5-2-5-1~图 5-2-5-4。

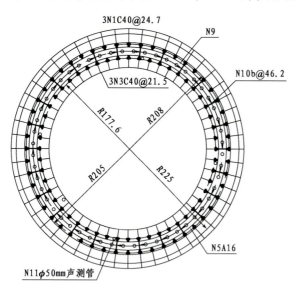

图 5-2-5-1 双层钢筋笼断面图(尺寸单位:cm)

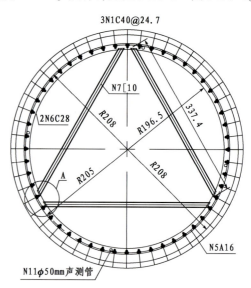

图 5-2-5-2 单层钢筋笼断面图(尺寸单位:cm)

2.5.2 钢筋笼加工制造

钢筋笼采用长线法分节制造安装,由于钢筋笼长约 30~74.8m,按照单根钢筋 12m 的定尺长度,结合运输条件,可分为 3~8 节吊装入孔对接,每根桩钢筋笼在长线台座基础和胎模上制造。钢筋笼运输吊装均设计专用吊具设备。

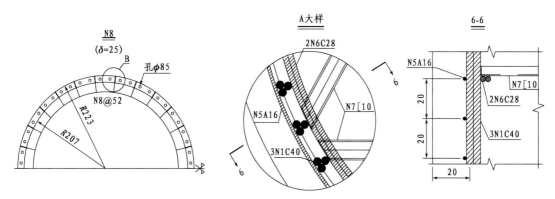

图5-2-5-3 钢筋笼加劲箍示意图(尺寸单位:cm)　　　图5-2-5-4 钢筋笼局部大样图

钢筋笼分节制造、安装,根据钢筋笼的全长及吊装能力,可分节段吊装入孔对接,钢筋笼的制造在胎具上进行,运输吊装均采用设计专用吊具设备。钢筋笼标准节长度为12m。严禁吊装运输时损坏和变形。

钢筋笼在松下岸侧封闭钢筋车间内利用胎架长线法制作,分段钢筋笼纵向连接,全部采用直螺纹套筒机械接头。制造一根60m长ϕ4.4m钢筋笼,需7人约10d时间完成,制造一根60m长ϕ4.9m钢筋笼,需9人约10d时间完成。

钢筋笼制作工艺流程如图5-2-5-5所示,钢筋笼加工胎架如图5-2-5-6所示。

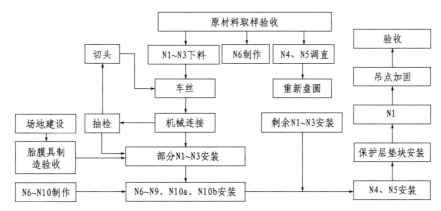

图5-2-5-5 钢筋笼制作工艺流程

图5-2-5-6 钢筋笼胎模和长线法加工

2.5.3 钢筋笼运输吊装

钢筋笼加工完成并经验收合格后从套筒处拆散钢筋笼,拆散前需将套筒连接位置用油漆做好标记。

钢筋笼拆散后分节段利用水平吊具从下水码头吊至运输船上，船运至施工区域采用400t起重船吊装至钻孔平台200t门式起重机下方，详见图5-2-5-7。

a)

b)

图5-2-5-7 钢筋笼运输和水平起吊

2.5.4 钢筋笼下放控制

钢筋笼安装包括钢筋笼的竖立、对接、下放定位三个步骤。

1）钢筋笼的竖立

钢筋笼竖立由200t门式起重机和130t履带式起重机或50t汽车式起重机配合完成。将门式起重机吊钩与钢筋笼顶部吊耳之间采用专用吊具相连，将钢筋笼底部用钢丝绳采用"兜底"方式与履带式起重机吊钩相连，门式起重机与履带式起重机两者同时起钩，至一定高度后，门式起重机继续起钩，履带式起重机落钩，完成钢筋笼的竖立。钢筋笼的竖立过程如图5-2-5-8所示。

a)

b)

图5-2-5-8 钢筋笼竖立

2）钢筋笼对接

底部钢筋笼由悬挂环卡板固定于护筒顶口后，为减少现场钢筋笼安装时间，加快安装进度，将钢筋加工厂将预先制作完成的圆环箍筋套入待接节段内备用，后续节段钢筋笼由门式起重机吊装与底部钢筋笼对接，对接时由人工使用扳手进行钢筋套筒对接，对接后使用扭矩扳手校核套筒拧紧力矩，最后将预先留置的圆环箍筋按照设计间距提升至设计位置进行绑扎或焊接，钢筋笼对接过程如图5-2-5-9所示。

图 5-2-5-9　钢筋笼对接

3）钢筋笼下放定位

钢筋笼对接完成后,安装下滑轮混凝土垫块并下放钢筋笼。钢筋笼下放至孔口时,使用悬挂环卡板进行固定,加装吊筋后下放至设计位置,如图 5-2-5-10 所示。

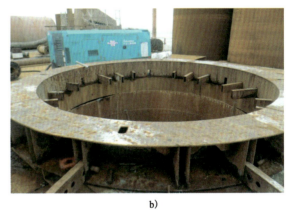

图 5-2-5-10　悬挂环固定和定位钢筋笼

钢筋笼平面定位由钢筋笼顶部焊接定位筋来完成,定位筋如图 5-2-5-11 所示。

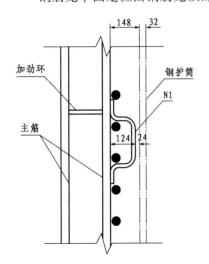

图 5-2-5-11　定位钢筋图(尺寸单位:mm)

4）钢筋笼对接时的主要注意事项

钢筋笼主筋对接一定要保持预制和安装的统一,即预制时对接在一起的两根主筋,在安装时必须保证也是这两根主筋对接(在钢筋车间分节拆除接头时应事先做好对应的标记)。

主筋对接时,同一接头两个丝头之间的间隙不得超过 1mm,若间隙太大,可用导链葫芦将这两根主筋进行对拉。

5）声测管安装

为了检测钻孔桩质量,在钢筋笼制作时,根据设计要求对称安装 4 根超声波检测管,采用 $\phi 50 \times 1.5$mm 钳压式声测管。钢筋笼按设计图纸绑扎成型后,在钢筋笼内侧圆周布置声测管,钳压式声测管端部 U 形槽内装有 O 形橡胶密封圈,安装时将声测管的插口端插入承插口端至标线位置,用专用的液压钳对 U 形槽一侧部位同时进行挤压。橡胶密封圈受挤压后起密封作用,钳压部位插口端和承插口端的管材同时收缩变形起定位固定、抗拉拔、抗旋转的作用,从而有效地实现了声测管的连接,顶部接长至与施工平台平齐并封闭。声测管安装垂直度容许偏差不大于0.5%,且接头处孔壁过渡圆顺光滑。声测管总长根据实际终孔高程确定,声测管底口离孔底20cm。

每节声测管安装到位后,应向其内灌水,观测声测管是否漏水,若漏水需提起钢筋笼,重新采用专用液压钳拧紧接头部分,再采用防水胶布缠绕密实。

6)钢筋笼垫块

钢筋骨架上应事先安设控制钢筋骨架与孔壁净距的混凝土垫块或其他材料垫块,这些垫块应可靠地以等距离绑在钢筋骨架周径上,其沿桩长的间距为1.5m,每隔断面设置8个垫块。

7)钢筋笼最终下放

全部节段钢筋笼安装到位后,通过钢吊挂+吊筋下放钢筋笼至设计高程,并通过悬挂环对钢筋笼进行固定,如图5-2-5-12所示。

8)钢筋笼下放过程中的安全措施

采用加强部分钢筋笼加劲箍、设计专用钢筋笼悬挂吊具及定位器,保证钢筋笼下放、定位的安全及准确。

(1)钢筋笼加劲箍的设置

图5-2-5-12 钢筋笼最终下放

由于钢筋笼直径大、质量大,故在分节的钢筋笼最上方起吊位置采用[14型钢作为加强箍,其能确保钢筋笼在起吊、悬挂的过程中有足够的刚度、强度,钢筋笼加劲箍结构见图5-2-5-13、图5-2-5-14。

图5-2-5-13 钢筋笼加劲箍结构图(尺寸单位:mm)

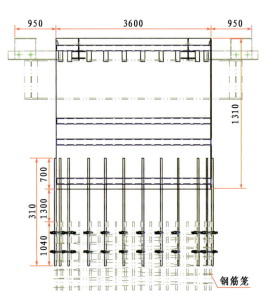

图5-2-5-14 钢筋笼悬挂吊具结构图(尺寸单位:mm)

(2)钢筋笼悬挂吊具

钻孔桩桩顶距平台顶高度约15.1m,为保证桩顶处钢筋笼的平面位置,平台上钢筋笼悬挂吊具需与护筒同心,钢筋笼中心与悬挂吊具同心,悬挂吊具见图5-2-5-15。

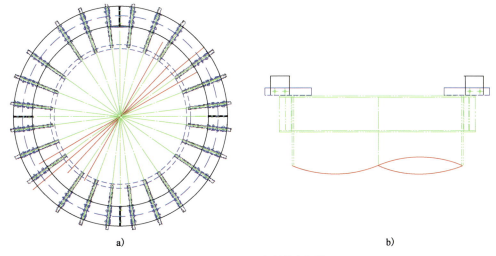

图 5-2-5-15　钢筋笼定位器

(3) 钢筋笼定位器

由于钢筋笼直径大、质量大,需设计钢筋笼定位器来解决钢筋笼的支撑及悬挂定位问题。钢筋笼定位器由卡板和支撑圆环两部分组成,支撑圆环由四个 1/4 圆环通过 M27 螺栓连接成一个完整的圆环,卡板可在支撑圆环内前后抽动。安装钢筋笼时,先将钢筋笼定位器安装在孔口钻孔平台顶面,将吊入孔内的钢筋笼通过加强后的加劲箍支撑在钢筋笼定位器上,然后,起吊下一节钢筋笼与之对接。

2.5.5　钢筋笼施工过程遇到的问题及处理方法

问题 1:钢筋笼种类多,各孔钢筋笼结构形式均不一致,桩基均为柱状设计,每根桩长均需根据实际地质情况进行确定,致使钢筋笼均需在距离孔底约 6m 处确定孔深后在 7d 左右时间完成钢筋笼制造,有效加工时间短,加工制造压力大。具体详见图 5-2-5-16。

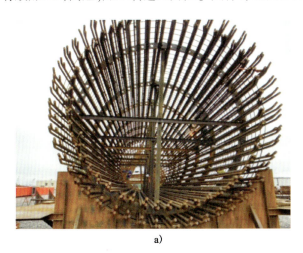

图 5-2-5-16　钢筋笼施工过程出现的问题

处理方法:增加钢筋车间人员、设备投入,将钢筋车间按照 24h 倒班制进行人员配置,增加钢筋车间人员至 100 人,在钢筋车间内增加一台 16t 起重桁车,1 台 50t 汽车式起重机、1 台 130t 履带式起重机及 2 台平板运输车,加快钢筋笼单位时间内的产量及倒运速度。

问题 2:钢筋笼加劲钢圈结构为单壁钢板空心结构,在运输过程中易撕裂,影响钢筋质量及吊装安全。

处理方法:①将变形的钢筋笼解体,重新制作。②与设计单位沟通改变加劲圈结构形式,增加圈体刚度。③加强加劲圈加工质量控制,确保钢结构加工质量满足要求。

问题3:双层钢筋布置、每层钢筋三根一束"品"字形位置,致使钢筋笼主筋过密,钢筋笼对接施拧困难。

处理方法:①优化钢筋车丝加工工艺,改变各根钢筋施拧方向,确保在工艺上的可行性。②增加钢筋对接过程中人员至每班20人,确保钢筋笼下放安装速度。

问题4:钢筋笼直螺纹连接接头安装不正确,操作不方便。

首桩钢筋笼现场进行直螺纹连接套筒对接过程中,人员操作不便,需要在钢筋笼里面进行操作,且存在较大安全隐患。

处理方法:钢筋笼接头需按图5-2-5-17、图5-2-5-18进行优化,方便现场操作。

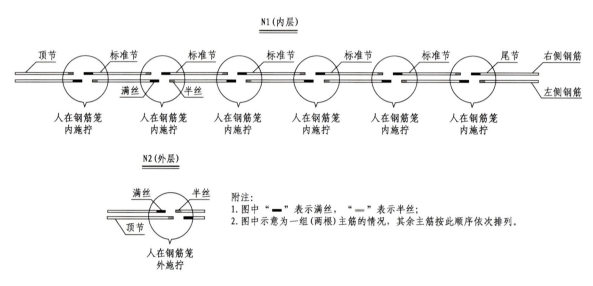

图5-2-5-17　钢筋笼丝口优化前加工方案图

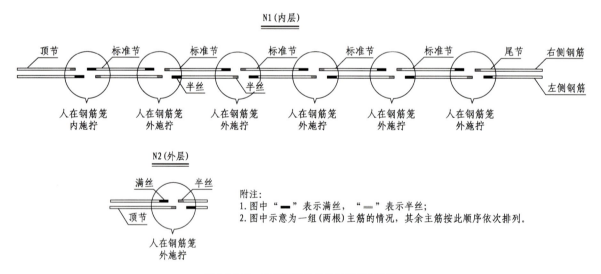

图5-2-5-18　钢筋笼丝口优化后加工方案图

问题5:前期钢筋笼安装过程中,需先通过平转竖扁担进行吊装,后通过钢吊筒吊装下放,需要进行吊具更换,体系转换时间较长。钢筋笼下放过程中,使用12根φ40mm吊筋进行下放,吊筋安装时间较长,且绳卡进行钢筋间对接,施工质量较难保证。

处理方法:在钢吊筒上直接增设4个吊点,直接用钢吊筒进行平转竖的吊装,省去吊具转换。修改后的钢吊环见图5-2-5-19。

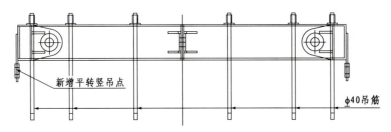

图 5-2-5-19　钢吊环结构图

优化为使用 $\phi 40$ 精轧螺纹钢(4 根),并通过下侧增设吊具与钢筋笼对接,减少吊筋数量,并取消绳卡连接。优化后的方案见图 5-2-5-20。

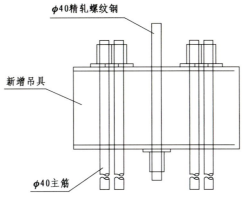

图 5-2-5-20　修改后的下放吊装方案简图

2.6　高性能水下混凝土灌注

2.6.1　安装导管

混凝土灌注导管采用垂直单导管,型号为 $\phi 426 \times 10 mm$ 无缝钢管,导管的连接采用丝口状快速接口连接,并在接口之间垫有 4~5mm 厚的橡胶止水垫圈。在下导管前,采用水密承压和接头抗拉试验,检查其是否损坏,密封圈、卡口是否完好,内壁是否光滑圆顺,接头是否严密。进行水密试验的水压以不小于孔内水深 1.3 倍的压力,且不小于导管壁和焊缝可能承受灌注混凝土时最大压力的 1.3 倍。以实际孔底高程和孔口架之间的距离来配置需要导管长度,并预留 40cm 的悬空高度。拼装时要严格检查导管内壁和快速接口表面,确保干净无杂物,变形和磨损严重的导管严禁使用,导管的吊放用起重船,要确保其居于孔的中心位置,下放速度要慢,防止卡挂钢筋笼骨架。

2.6.2　二次清孔

在导管内安装风管,利用导管作为吸泥管,对孔底进行二次清孔,清除下钢筋笼过程中造成的孔底沉渣。导管上部连接排渣管,将孔内带沉渣的泥浆抽吸至沉渣箱消能器,通过沉渣箱沉淀和泥浆分离器强制分离,将孔内沉淀的泥砂清理干净,净化后的泥浆通过回浆管流回孔内。测量孔深,达到终孔高程后即可停止清孔,拆除泥浆管和风管,二次清孔完成后即可开始灌注混凝土。具体详见图 5-2-6-1。

图 5-2-6-1　二次清孔

2.6.3 混凝土参数

混凝土参数见表 5-2-6-1。

C45 桩基混凝土参数　　表 5-2-6-1

| 施工部位 | 混凝土设计强度等级 | 设计坍落度 | 水胶比 | 每方混凝土原材料（kg） | | | | | | | | 拌合物含气量（%） | 实测坍落度（mm） | 实测扩展度（mm） | 停放60min工作性能 | | 抗压强度代表值（MPa） | |
				水泥	粉煤灰	矿粉	砂	石	水	减水剂	引气剂				实测坍落度（mm）	实测扩展度（mm）	28d	56d
桩基	C45	180~220	0.30	234	140	93	727	1004	140	4.67	3.74	5.4	220	600	220	595		66.1

C45 桩基配合比混凝土,坍落度 220mm、扩展度 600mm、和易性良好,无板结泌水现象。混凝土坍落度损失 3h 为 0mm,初凝时间为 19h27min,混凝土拌合物含气量初始值和 2h 之后的值均不小于 4%,能满足设计以及现场施工的要求。经验证,混凝土在施工过程中,坍落度控制在 200~220 mm,扩展度控制在 600mm±50 mm,含气量控制在 4.0%~6.0%,坍落度损失 3h 为 0mm,初凝时间不低于 18h,无板结泌水现象,混凝土的和易性以及工作性能良好。

2.6.4 灌注前准备

(1)拌和站按试验室配合比检查拌和站各种原材料的存储量,检查拌和站各种机械的性能以及是否配备备用发电机,为保证混凝土生产及灌注能够连续进行,每根桩灌注时配备 8 台(含备用 2 台)混凝土搅拌运输车和 2 台输送泵车。

(2)灌注料斗准备:

灌注料斗的大小应满足钻孔桩所需首批混凝土数量,钻孔桩所需首批混凝土数量应满足导管初次埋置深度(≥ 1.0m)的需要,其混凝土参考数量可按下式计算:

$$V \geq \frac{\pi d^2}{4}h_1 + \frac{\pi D^2}{4}H_c \tag{5-2-6-1}$$

$$H_c = h_2 + h_3 \tag{5-2-6-2}$$

式中:V——首批混凝土所需数量(m^3);

d——导管内径(m);

D——井孔直径(m);

H_c——首批混凝土在孔内的高度(m);

h_2——导管初次埋置深度(m),$h_2 \geq 1.0$m;

h_3——导管底端至钻孔孔底距离,取 0.4m;

h_1——井孔内混凝土面高度达到 H_c 时,导管内混凝土柱的高度(m),$h_1 = \gamma_w H_w / \gamma_c$;

H_w——井孔内混凝土面以上水或泥浆深(m);

γ_w——孔内水或泥浆的重度(kN/m^3);

γ_c——混凝土的重度(kN/m^3)。

为安全考虑,首灌混凝土放量以导管埋深 1.8m 为宜,计算出首灌放量为 33.6m^3;即料斗大小要满足 33m^3 混凝土要求。

为了满足施工要求,现场配置一个 6.6m^3 料斗(与导管连接)和一个 26.6m^3 的总储料斗。总储料斗支撑在钻孔平台上,底口高度比 6.6m^3 料斗顶面高 2.0m,储料斗底口有阀门,待阀门打开后,储料斗中的混凝土顺着溜槽流入6.6m³料斗中。

（3）测量绳和测锤要准备5个以上，由于桩径尺寸较大，同时为防止混凝土面存在较大高差，造成导管拔出混凝土面，灌注过程中均采用5个测点测量混凝土面高度。

2.6.5 混凝土灌注

（1）将做好的泡沫隔水栓塞球放入导管中。泡沫隔水栓塞是由10cm厚泡沫板裁剪而成，其直径比导管内径小0.5cm左右，能在导管内轻松滑移；在混凝土开始灌注后，将混凝土与导管内泥浆隔离，直至泡沫隔水栓塞冲出导管底口，由于泡沫隔水栓厚度只有10cm，直径又比导管内径小，且有极好的韧性，故不会造成堵管现象。

（2）用130t履带式起重机机将6.6m³料斗与导管通过活动阀门接头连接牢固，控制导管底口离孔底25~40cm，并将料斗底脚抄垫平稳。

（3）小料斗抄垫完成后，用130t履带式起重机机起吊26.6m³临时储料斗至施工平台上，将混凝土滑槽出口对准小料斗，滑槽通过调节导链葫芦调节出口的高度。

（4）通知拌和站发料，待混凝土搅拌运输车运输混凝土到位后，现场试验人员对混凝土进行检查，合格后开始混凝土灌注。

（5）两辆混凝土泵车就位，并做好混凝土灌注准备。泵车开始将混凝土输送至两料斗内之前应对两个料斗洒水湿润，之后开始泵管均对准总储料斗。

（6）开始向储料斗内输送混凝土时，安排一名工人到储料斗顶观察混凝土输送情况。安排两名工人到储料斗出料口处，准备开关阀门和调节滑槽高度。

（7）储料斗混凝土快桩满时，安排一台泵车泵管继续输送，另一台泵车泵管对准6.6m³小料斗输送混凝土，并安排两名工人配合控制导管顶口活门。

（8）储料斗混凝土装满，小料斗混凝土面离顶面30cm时，微微打开储料斗阀门，确认混凝土能顺利通过滑槽溜入小料斗时，灌注平台上两名工人打开导管顶口活门开始混凝土灌注。

（9）首批混凝土灌入孔底后，立即测量孔内的混凝土面高度，计算出导管埋设深度，如符合要求即可进行正常灌注。

（10）混凝土初灌成功后，待导管埋置深度将近6m时，准备拆除小料斗、活门及第一节导管，在导管口上安装小漏斗，进入正常灌注；灌注过程应连续进行，不得中断，并应始终使导管埋入混凝土中足够深度，保证导管拆卸后导管埋入混凝土的深度不小于4m，以防止将导管拔出混凝土面；同时导管埋入混凝土中的深度不宜大于7m且在灌注过程中对5个测量点依次测量，做好原始记录。以免出现堵管事故，混凝土灌注期间要勤测混凝土面的高程，及时拆卸导管。

（11）提升导管时应保持轴线竖直，位置居中。

（12）每浇筑两车混凝土（16m³）测量一次桩孔内混凝土面深度，并及时填写《钻孔桩灌注水下混凝土施工记录》，指导导管的拆卸工作，当灌注方量与混凝土面位置不相符时，应及时分析原因，采取处理措施。

（13）灌注时，孔口应设置全封闭平台，避免混凝土散落到孔内。

水下混凝土初灌实例见图5-2-6-2。

2.6.6 测绳测锤形式、混凝土灌注过程记录

混凝土灌注时，测绳采用钢丝测绳，测锤采用锥形测锤和钢筋锤头两种，如图5-2-6-3、图5-2-6-4所示，两者配合使用。测量混凝土面高程时，校核后的钢丝测测绳需能

图5-2-6-2 水下混凝土初灌实例

准确测量测锤底部至操作平台间的距离。锥形测锤在灌注初期,可以较为准确的确定混凝土位置,但在后期,由于泥浆浓度增大以及顶部混凝土与泥浆混合,只能测至浮浆面位置。因此在灌注后期,采用相对密度较大的钢筋锤头测量混凝土面。混凝土面测点布置如图5-2-6-5所示。

图5-2-6-3 标准锥形测锤

图5-2-6-4 钢筋测锤

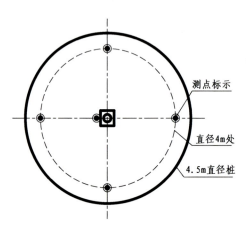
图5-2-6-5 混凝土面测点布置示意

混凝土灌注过程中,随着混凝土灌注实时监测导管的埋置深度。导管埋置深度通过测量混凝土面高度与导管底口高程进行对比得知。灌注过程中,根据混凝土实际灌注方量计算高度,与测得的混凝土液面高度进行相互校核。确保导管的埋置深度。由于本项目采用的导管标准节长度为3m,因此灌注过程中导管的埋深始终控制在4~7m,即当导管埋深达到7m时,拆除一节导管后剩余埋深为4m。

2.6.7 混凝土灌注注意事项

灌注水下混凝土是钻孔桩施工的重要程序,要特别注意,钻孔完毕经成孔质量检验合格后方可开始灌注工作。

(1)灌注前对孔底沉淀厚度再进行一次测定。如沉淀厚度超出规定,将进行重新清孔,符合要求后再灌注混凝土。

(2)在拔球将首批混凝土灌入孔底后,立即测探孔内的混凝土面高度,计算出导管埋设深度,如符合要求即可进行正常灌注。

(3)灌注开始后,应紧凑、连续地进行,严禁中途停工,在灌注过程中要防止混凝土拌合物从漏斗顶溢出或从漏斗外掉入孔底;注意观察导管内混凝土下降和孔内水位升降情况,及时测量孔内混凝土面高度,计算导管埋置深度,正确指挥导管的提升和拆除,使导管的埋置深度控制在4~6m以内。拆除导管动作要快,时间不超过15min,要防止橡胶垫、工具等掉入孔内,要注意安全。拆下的导管要立即清洗干净,堆放整齐。

(4)在灌注过程中当导管内混凝土不满、含有空气时,后续混凝土要徐徐灌入,以免在导管内形成高压气囊。

(5)为确保桩顶质量,在桩顶设计高程以上加灌不小于1.5m高度的混凝土。

(6)混凝土灌注接近设计高程时,工地值班人员要及时计算出还需要的混凝土数量,通知搅拌站按需要数量拌制,以免造成浪费。

(7)在灌注接近结束时,由于导管内混凝土柱的高度减小,压力差降低,而孔内的泥浆及所含渣土稠度增加,相对密度增大,如果在这种情况下混凝土顶升困难,可在孔内加水稀释泥浆,并掏出部分沉淀土。在拔出最后一段导管时,拔管速度要慢,以防桩顶沉淀的泥浆挤入导管下形成泥心。

(8)有关混凝土的灌注情况,灌注时间、混凝土面的深度、导管埋深、导管拆除以及发生的异常现象,要做好详细的记录。

(9)灌注完毕后,要及时清洗好灌注工具。

2.6.8 混凝土浇筑时泥浆处理

由混凝土置换出来的孔内泥浆经连通管流入其他待钻钢护筒回收利用,对于混凝土浇至桩顶以上部分含有水泥浆的废浆不能回收再利用,可用砂石泵抽至舱驳或泥浆车内,将废浆排放到泥浆处理场内进行处理。

2.6.9 桩头处理

混凝土灌注完毕后,立即清理桩头,至设计桩顶高程以上40cm为止。制作 ϕ200mm 吸浆管,采用气举反循环原理将混凝土顶面的水泥浆吸除,待混凝土终凝后抽干护筒内泥浆然后吊放桩头清除支架,利用卷扬机将人工及料斗等下放至混凝土顶面,最后利用卷扬机将料斗中混凝土提升至孔外,具体详见图5-2-6-6。

图5-2-6-6 桩头吸泥实例图

2.6.10 成桩检测

混凝土灌注完成7d以后,参照《铁路工程桩基检测技术规程》(TB 10218—2008)、《铁路桥涵工程施工质量验收标准》(TB 10415—2008)规范对桩基采用超声波透射法进行了桩身完整性检测。

2.7 钻孔灌注桩质量控制

(1)在灌注前对孔底沉淀厚度再进行一次测定。如沉淀厚度超出规定,将进行重新清孔,符合要求后再灌注混凝土。

(2)在将首批混凝土灌入孔底后,立即测量孔内的混凝土面高度,计算出混凝土面高程及导管埋设深度,如符合要求即可进行正常灌注。

(3)灌注开始后,应连续进行,严禁中途停工,在灌注过程中及时测量孔内混凝土面高度,计算导管埋置深度,正确指挥导管的提升和拆除,使导管的埋置深度控制在4~6m以内。拆下的导管要立即清洗干净,堆放整齐。

(4)为防止钢筋笼因混凝土的冲击力而上浮,通过钢筋笼悬挂环将钢筋笼固定。

(5)为确保桩顶质量,在桩顶设计高程以上加灌不小于1.5m高度的混凝土。

2.8 钻孔桩施工过程出现问题及改进措施

2.8.1 护筒着床下放困难

在施工区域,海床面部分区域分布有较多数量的裸露球状弱微风化残留体,直径大小不等,由于钢护筒直径大,在钢护筒下放着床区域易出现较大落差,使钢护筒单点或局部支撑于球状孤石上。下放过程中,为便于护筒下放,钻孔平台双层导向装置对护筒水平方向的约束留有一定余量,即导向装置与护筒侧壁之前存在一定间隙,加之该海域水深较深,钢护筒长度相对较长,而上下导向装置垂直间距相对较小,且处于钢护筒顶部,从而当钢护筒在下放着床施工时钢护筒水平约束能力有限,一旦单点着床于球状孤石倾斜面,钢护筒在自重及海况水平阻力作用下极易下滑,导致护筒着床不稳。具体详见图5-2-8-1、图5-2-8-2。

a)　　　　　　　　　　　　　b)

图5-2-8-1　球状风化地形图

2.8.2 护筒插打困难易屈曲

钢护筒插打施工过程中,为防止管涌和保证护筒抗渗稳定,因此护筒必须插打到满足抗渗和防管涌要求的深度。然而N03号墩区域海床岩层结构具有较厚的花岗岩强风化层,强风化层中不均匀分布有较多的直径大、硬度高的弱微风化残留体,进行护筒插打施工时,护筒在激振力的作用下进入强风化层。

一方面,当护筒还未跟进到预设埋置深度时,即遇到孤石,且孤石直径较大时,由于孤石自身硬度大,护筒将无法继续有效跟进,达不到抗渗和防止管涌的埋置深度要求,为后续钻孔施工埋下隐患。钢护筒插打时与孤石接触的底口区域会因较大的应力集中导致护筒底口发生卷曲、内凹等屈曲变形,甚至出现开裂,如图 5-2-8-3 所示,护筒在插打过程中出现屈曲变形后,不能及时发现,当钻进到护筒底口变形位置时便出现憋钻现象,此时需派潜水工进行水下切割处理。整个过程比较烦琐,需来回移动钻机,变形处理亦需花费时间,降低了施工速度。

图 5-2-8-2　护筒着床倾斜下滑

a)　　　　　　　　　　　　　　　　b)

图 5-2-8-3　护筒底部局部屈曲变形

2.8.3　钻孔桩施工困难

1)地层不稳定孔内外水头差难以保持

大直径钻孔桩采用气举反循环钻进施工,由于强风化层大量孤石的不均匀分布,导致护筒底口孤石间易形成内外渗流通道,使水头无法保持。

护筒底口周围砂砾状强风化层受海水浸泡后,结构极易松散破坏坍塌,导致在护筒底口出现渗漏,形成通道,使水头无法保持。

2)钻孔造浆难度大

施工区域为海上环境,泥浆易被海水污染,泥浆指标达不到规范要求,无法形成有效的泥浆护壁。

3）钻孔施工过程中钢护筒易整体失稳

强风化岩层较厚，钻进过程中易出现孔壁坍塌，导致护筒着力的孤石下落，出现护筒整体下沉和倾斜。

2.8.4　钻进成孔速度慢

护筒埋设稳定后，KTY-5000型钻机正常钻进过程中，虽然机械性能满足钻进成孔要求，但由于桩基础为嵌岩桩，需嵌入全断面微风化岩层6.0m，微风化岩层钻进速度缓慢，每班进尺不到20cm，由于桩孔深度达80m，钻进成孔孔型垂直度不理想，钻进成孔后为保证孔型，修孔时间长且效果不佳。

"护筒如何埋设至稳定地层""如何使地层稳定"和"如何保证成孔质量的同时保证钻进速度"是钻孔施工的三大主要问题。

2.8.5　改进措施

1）护筒着床问题

钢护筒插打的前提条件为护筒平稳下放着床，一旦钢护筒沉放区域内海床面落差较大，护筒无法平稳有效着床，将无法进行钢护筒插打施工。此种情况下需通过护筒与钻孔平台连接临时固定钢护筒，采用重达20t、φ4m钻头冲击钻，采用回填块石、黏土，冲击钻反复冲砸的方式进行埋设。但冲钻处理效率相对较低，过程耗时较长，且增加了抽渣的工作量，较强的冲击振动，造成护筒易倾斜或塌孔，不能有效处理沿护筒周长正下方的孤石。采用爆破方案处理孤石方案，由于水深，涌浪影响定位困难，且孤石数量多而孤立存在，爆破效果极差。最后采取旋挖钻机处理孤石埋设护筒达到最佳效果，埋设质量和速度可控。具体详见图5-2-8-4。

图5-2-8-4　冲击钻机埋设钢护筒

2）护筒插打困难易屈曲问题

护筒在插打过程中出现的底口局部屈曲变形，由于位于护筒内岩层表面以下一定深度，往往在护筒插打施工时不能被及时发现，即进行下一步钻孔施工，当钻进到护筒底口变形位置时便出现无进尺难以继续钻进的现象，此时便需停止钻进施工，派潜水工水下探摸，探明情况后移出钻机进行水下切割处理。整个过程比较烦琐，需来回移动钻机，变形处理亦需花时间，降低了施工速度。后期用XR460D旋挖钻机处理护筒底口，具体详见表5-2-8-1。

XR460D 旋挖钻机技术参数表

表 5-2-8-1

序号	名称		单位	参数值
1	最大钻孔直径		mm	标配:φ3000(油缸加压) 特配:φ3500(油缸加压) 特配:φ2800(卷扬加压)
2	最大钻孔深度		m	120
3	容许安全钻孔作业范围		mm	4700~5000
4	工作状态钻机尺寸(长×宽×高)		mm×mm×mm	10750×5500×31060
5	运输状态钻机尺寸(长×宽×高)		mm×mm×mm	18040×4050×3615
6	整机质量(标配钻杆)		t	158
7	发动机	型号		QSX15-C600
7	发动机	额定功率(转速)	kW(r/min)	447(2100)
8	液压系统	主泵最大工作压力	MPa	35
8	液压系统	副泵最大工作压力	MPa	30
8	液压系统	先导压力	MPa	4
9	动力头	最大扭矩	kN·m	460
9	动力头	转速	r/min	
10	加压	最大加压力	kN	300
10	加压	最大提升力	kN	400
10	加压	行程(油缸/卷扬)	mm	6000/10000
11	主卷扬	提升力	kN	520
11	主卷扬	最大速度	m/min	60
12	副卷扬	提升力	kN	100
12	副卷扬	最大速度	m/min	65
13	钻桅	左/右倾角		
13	钻桅	前倾角	°	90
13	钻桅	后倾角	°	15
14	转台回转	转台回转角度	°	360
15	行走	最大行走速度	km/h	1
15	行走	最大爬坡度	%	35
16	履带	履带宽度	mm	1000
16	履带	履带外宽	mm	4050~5500
16	履带	履带纵向两轮中心距	mm	6050
16	履带	平均接地比压	kPa	121.3

XR460D旋挖钻机首先通过钻机自有的走行功能和桅杆变幅机构使钻具迅速到达桩位,利用桅杆导向下放钻杆将筒式取芯钻头放到孔底待处理的位置,钻机动力头装置为钻杆提供扭矩,加压装置通过加压动力头的方式将加压力传递给钻杆、钻头,钻头回旋破碎孤石;提钻,将取芯钻头更换为双底双开岩石钻斗,下放到孔底后,钻头回旋作业,将破碎的孤石装入钻头内,然后再由钻机提升装置和伸缩式钻杆将钻头提出孔外卸渣。这样循环往复,不断破碎取渣,不断卸渣,待进尺1.5m后,跟进钢护筒,重复以上过程,直至护筒底口进入稳定地层(碎块状强风化花岗岩)。具体详见图5-2-8-5、图5-2-8-6。

a)

b)

图5-2-8-5　旋挖钻机处理钢护筒

a)

b)

图5-2-8-6　旋挖钻机取出护筒底口孤石

3）地层不稳定问题

对于已埋设稳定的护筒,其底口落于孤石及砂砾状强风化层,孤石间易形成内外渗流通道,砂砾状强风化层受海水浸泡后,结构极易松散破坏坍塌,易造成塌孔、埋钻等危险。

经反循环钻机钻进至护筒底口,钻头出护筒速度不宜过快,密切观察水头差,出护筒2.0m后,安排潜水员对护筒底口进行探摸。

(1)对护筒底口位于孤石及砂砾状强风化层地质条件,且经地质图反映护筒底口离稳定地层在2.0m以内工况下,沿护筒内壁间隔30cm埋设注浆管,底口设弯头向外伸出护筒底口10cm,注浆管埋设固定完成后护筒内回填黄土至护筒底口以上 3.0m,待沉淀稳定后对注浆管进行高压注浆,已稳固护筒底口的不稳定地层,避免钻进施工塌孔埋钻等问题出现。具体详见图 5-2-8-7。

图 5-2-8-7 高压注浆

(2)对护筒底口位于孤石及砂砾状强风化层地质条件,且经地质图反映护筒底口离稳定地层在大于 2.0m 工况下,对护筒内侧进行回填,同时通过潜孔钻沿护筒外侧周圈间隔 50cm 进行钻孔高压注浆,潜孔钻钻进深度需进入稳定地层高程以下 1.0m,高压注浆范围为稳定地层高程以下 1.0m 至护筒底口以上 3.0m,稳固护筒底口至稳定地层间的不稳定地层。具体详见图 5-2-8-8。

图 5-2-8-8 潜孔钻高压注浆

4)钻进成孔速度慢问题

对于无屈曲变形情况发生,护筒顺利下放至稳定地层保证钻孔施工正常的工况,进行采用二次成孔工艺加快钻进成孔速度,即针对直径 4.4m 或 4.9m 的超大直径钻孔桩入岩节段先采用直径 2.5m(3.4m)钻头钻进至设计高程,再更换直径 4m 或 4.5m 钻头钻进,增强钻压钻孔破岩能力,提高钻进成孔速度。具体详见图 5-2-8-9。

图 5-2-8-9　直径 2.5m(3.4m)钻头

2.9　二次成孔工艺

2.9.1　工艺背景

大直径钻孔桩钻孔施工原施工工艺是采用 KTY-5000 型钻机进行施工,当钻头进入岩层交界面的时候,采用"低压快转"的方法进行钻进。在实际操作中,有部分钻机转速在 1～3r/min,有部分钻机转速能达到 3～4r/min,而且由于孔径很大,转速也不宜太大,钻速较慢的钻机孔型不好,钻速较快的钻机同样孔型不好并且钻机晃动较大。具体成孔检测结果详见图 5-2-9-1、图 5-2-9-2。

在无法顺利垂直穿过交界面的时候,为保证成孔质量只能选择"混凝土回填法",现场采用强度等级为 C45 的混凝土进行回填,在实际钻进过程中,由于混凝土强度大,每天钻进混凝土的进尺约在 0.5m 左右(混凝土回填厚度在 4～7m),加上离终孔还有 6m 左右的微风化花岗岩,导致单桩成孔时间加长,严重影响施工进度,还很有可能导致类似 1 号孔和 11 号孔的情况再次发生,对孔自身的安全造成重大隐患。

从检孔图来看,孔壁均出现不同程度的破坏(大肚子现象),存在塌孔风险。由于地层因素不可控,现有施工工艺无法保证施工进度和孔的安全,所以考虑对施工工艺进行改进。

2.9.2　工艺原理

首先采用 ϕ3m"W 底"钻头进行开孔,钻至终孔高程或钻头体完全进入微风化岩层,再改用 ϕ4.5m 钻头钻至终孔高程,即采用"二次成孔法"。

2.9.3　施工工艺

1) 钻具改进

考虑到 ϕ4.5m 钻头中心体部分大小为直径 2.8m,一次成孔的效率和成孔质量,一次成孔钻头选用直径 3mW 底钻头。

在原有 ϕ4.5m 钻具基础上,更换成 3m 钻头,去掉稳定器,在配重上加焊刨管。

配重外径 ϕ2.5m,将直径改为 2.97m 左右,可在配重上均匀加焊 4～6 块 24.5cm 高的刨管。将 ϕ400mm 钢管沿直径轴向剖开,做成 2m 长、20cm 高的刨管,加焊在配重块上。起到稳定导向和保护配重的作用。这样改造使钻头底部到稳定器上端距离达到 5.5m 以上,能够很好地起到导向的作用。这样的钻具配置和钻具重量将达到 95t 左右,重量适宜,很利于 ϕ3m 孔的钻进。具体详见图 5-2-9-3。

成孔检测结果图表

工程名称				柱孔编号	ZD3-3			
项目编号	2.2			检测方法	超声波检测法			
设计孔径	4500mm	设计孔深	77.00m	施工孔深	77.00m	顶部高程	0.00m	

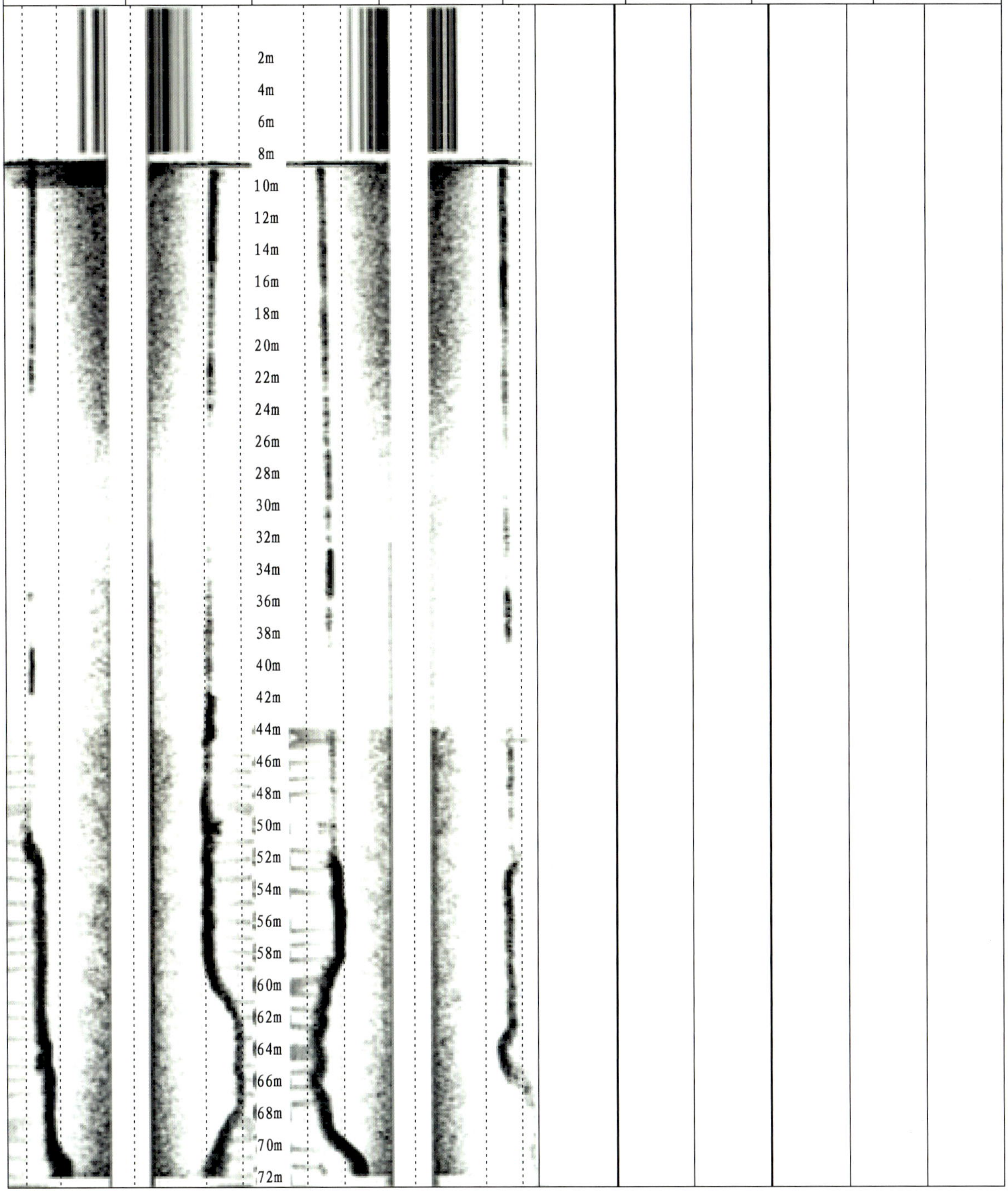

图 5-2-9-1　Z03-1 号孔检孔

成孔检测结果图表

工程名称				柱孔编号		ZD3-6	
项目编号	2.6			检测方法		超声波检测法	
设计孔径	4500mm	设计孔深	80.00m	施工孔深	80.00m	顶部高程	0.00m

图 5-2-9-2　Z03-6 号孔检孔图

2）钻进参数的控制

相比于钻进 $\phi4.5$m 孔，操作手对 $\phi3$m 孔的操作要熟练很多。结合以前经验，钻进参数也是很好控制的。由于所用钻机为最新的 KTY-5000 型钻机，考虑要发挥钻机性能，保证钻进速度，对钻进参数有以下初步设想：

在 $\phi3$m 钻头刚刚开孔时（稳定器未进入岩层中），由于 $\phi3$m 稳定器没有约束，没有起作用，应采用低压钻进，钻压不宜大于 10t（约为钻具总重的 10%），转速可控制在 5~6r/min，由于刚开孔，一般孔底强度都不大预计进尺也不会太慢。

图 5-2-9-3 钻具改制实例

在 φ3m 钻头均已进入岩层中时,但可能存在斜面岩时,转速可适当加大,控制在 6~7r/min。钻压不宜大于 30t(约为钻具总重的 30%)。

在 φ3m 钻头进入终孔最后几米,岩层基本均匀时,钻压可适当调大,控制在 50~70t(约为钻具总重的 50%~70%),转速可控制在 5~6r/min,直至 φ3m 钻终孔。

二次成孔法是先钻 3m 孔后再在其基础上扩大到 φ4.5m,施工工法相同,关键目的在于向有利于成孔质量和速度、规避一次成孔中所出现的风险去努力摸索。钻 3m 钻头第一次成孔示意如图 5-2-9-4 所示。

更换 φ4.5m 钻头后,钻头定位是一个关键过程。此时转速可以适当调大,在 5~6r/min 为宜。钻压不宜大,控制在钻具总重的 10% 为宜。

当 φ4.5m 钻头钻进 1.5~2m 的位置时,可以适当加压,转速要相应减小,钻压控制在钻具总重的 30%~50%,转速可控制在 4~5r/min。在钻进过程中,3m 孔中间是一个从空洞到被钻渣填满的过程,可能存在跳钻和憋钻的现象,还需根据实际情况适时调整钻进参数。

当 φ4.5m 钻头钻至终孔最后几米,岩层基本均匀时,可再加大钻压,但考虑钻头的承受能力,钻压不大于钻具总重的 60% 即可,转速还需保持在 4r/min 左右,以保持进尺速度,直至终孔。具体详见图 5-2-9-5。

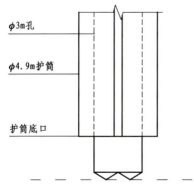

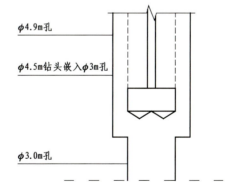

图 5-2-9-4 φ3m 钻头第一次成孔示意图   图 5-2-9-5 φ4.5m 钻头第一次成孔示意图

2.9.4 工艺优点

1)保护护筒底口

在钻进过程中,部分护筒出现水头突然丢失的情况,下潜报告显示护筒底口均出现不同程度的坍塌、漏浆现象。由于成孔周期较长,地质条件复杂,护筒埋深较少,以及海水造浆难度大、成本高。施工过程中护筒底口成为薄弱环节,是施工的重难点之一,护筒底口出现坍塌,在护筒无法进一步跟进的情况下,只能采取混凝土回填,混凝土强度大,造成成孔周期进一步拉长,成孔周期的拉长,影响成孔安全的不确定因素进一步加大,形成恶性循环。

采用 ϕ4.5m 钻头钻混凝土,刀头与混凝土接触面积大,产生的扭矩大,钻头晃动对混凝土孔壁易造成撞击。钻机在加快钻速的情况下,晃动会更大,孔壁混凝土块容易部分脱落,造成憋钻、磨损钻头,甚至掉钻。

采用 ϕ3m 钻头进行一次终孔。护筒内径 4.8m,ϕ3m 钻头钻出护筒之后,会有约 90cm 的"圆台"对护筒底口进行保护,在一次终孔中,护筒底口的安全系数会大大增加。减少回填混凝土的次数,节约施工时间。

2)利于平稳入岩

部分墩位基岩岩面倾角较大,现采用的 ϕ4.5m"锅底"钻头,钻头外框的边刀面角度较大,由于钻头直径的扩大,相对于 ϕ4mm 钻头边刀面的面积加大,在钻进的过程中形成"面与面"的接触,在软硬不均的地层中,受作用力与反作用力的影响,边刀面在较硬一侧易被推着往较软地层跑的情况,钻头体也会随之发生偏移,最后造成斜孔。如果出现两个以上的变化的倾斜岩面,倾斜方向不同,有可能出现 S 孔。

使用 ϕ4.5m"锅底"钻头在钻进过程中钻机晃动较大,进一步加大了垂直度监控的难度。

工艺改进之后将使用"W 底"ϕ3m 钻头先进行一次终孔,KTY-5000 钻机对 3m 钻头有更强的控制力,垂直度控制会相对更容易,同时 3m 钻具除用钻头稳定器外,再在配重块上加焊刨管制成 ϕ2.97m,起到进一步形成加长稳定器的作用。如果一次终孔能够顺利终孔,在 3m 孔为导向的作用下,再加上 ϕ4.5m 钻头的"锅底"部分会预先导入 3m 孔中,也能起到从下端进行稳定和导向作用,这样相信二次终孔也能够保证较好的垂直度。

ϕ4.5m"锅底"钻头中心刀体直径 2.8m,在二次成孔过程中,能真正保证可以随时跟进。另外二次成孔过程中,ϕ4.5mm"锅底"钻头与孔底岩面接触的受力面积相对一次成孔的受力面积会减小一半,钻进速度必然更快,达到控制垂直度和快速二次成孔的目的。

2.9.5 存在的风险及对应的控制措施

1)堵管

在 ϕ3.0m 钻头一次成孔后进行 ϕ4.5m 钻头二次成孔时,二次钻进过程中落入孔底的钻渣中可能会存在直径较大的石块,在吸入吸渣口后易造成堵管现象。

这种现象可能在二次成孔工艺中比较普遍,但控制办法亦十分简单有效:在吸渣口焊一根钢筋,以阻止大石块吸入吸渣口;如果出现钻头底口堵死,可控制钻压进行干碾,碾碎大石块,进尺 5cm 左右,提起钻具,再送风循环。

2)憋钻、掉钻

二次钻进过程中直径较大的石块会憋住钻头,同时由 ϕ3.0m 扩大至 ϕ4.5m 时,钻头和钻具稳定器在刚入 ϕ3.0m 孔时易与小孔壁发生作用,形成憋钻现象,此时钻具及钻杆扭矩变大,可能会导致掉钻。

这种情况下,首先要控制钻进参数,二次钻进时,首先要垂直进入 ϕ3.0m 孔,并如堵管现象处理方式一样,控制钻压进行干碾。

3)斜孔、对第一次成孔要求高

第一次成孔钻进时若斜孔,则在这种坚硬地质中进行二次钻进易会跟随第一次成孔所形成的轨迹,发生斜孔现象。如若第一次成斜孔,则二次成孔钻进时难以处理。

在第一次成孔钻进时,要控制好钻进参数,垂直进入 ϕ3.0m 孔,要严格监控垂直度,有偏斜现象时要及时调整钻进参数,采用进二退三的方式进行扫孔控制。

4)φ4.5m钻头滚刀、刀座、钻头外圈可能损坏

在扩孔过程中φ4.5m钻头仅仅钻头外圈受力,滚刀刀座是罐式刀座,钻头外圈又是空心,对滚刀刀座和外圈钻头要求很高,存在掉刀座和外圈钻头开裂变形的风险。

计划在φ4.5m钻头下钻前对钻头进行加固,将刀座和钻头体焊死,在外圈钻头里面加筋板。

2.10 钻孔桩施工过程事故处理案例

2.10.1 N03-23号孔钢护筒切割处理

1)施工情况说明

护筒插打情况:2015年5月25日护筒经起重船对位下放完成后,自重下沉3.7m,2015年5月28日用S800液压锤击打下沉4.75m,实测海床高程-22.4m,护筒底高程-30.85m。

23号孔6月9日10:30开钻,护筒倾斜度0.5‰,护筒底高程:-30.6m,护筒顶高程:+11.3m,海床高程:-22.77m。6月12日钻至高程-30.17m开始投土造浆,护筒无漏水现象。7月1日上午钻至高程-53.3m,受台风"莲花"和"灿鸿"影响,将钻杆提至护筒底。7月3日海上开始起风,7月6日早上8:10因风力逐渐增强护筒上部晃动,导致护筒下落到海平面,下落12m(高程-0.6m),无法继续钻进。7月19日移机17号孔;护筒顶口平面位置偏位45cm,现已将护筒接至平台面并固定准备钻进。9月25日至10月7日第二次上钻机钻进,有塌孔现象,固停钻移机至12号孔,护筒跟进,于10月11日第三次上钻机钻进,出护筒困难。10月16日至10月27日割除变形部分护筒,于10月28日第四次上钻机钻进,至11月1日,护筒底口漏浆严重,且有塌孔现象,移机至19号孔,准备压浆处理。12月8日上钻机钻进,目前有翻砂现象,方案待定。

2)处理方案

将护筒内进行回填至切割口以上1.0m,通过旋喷桩施工对护筒底口以下松散层进行固化处理,旋喷桩沿护筒内壁0.35m间距设置一个施工孔位,对护筒底口以上3m范围内在护筒壁上割洞,通过高压注浆方法固化护筒周边松散成,待旋喷及注浆施工完成后上KTY-4000型钻机钻进成孔。

2.10.2 N04-20号孔塌孔处理

1)N04-20号孔设计地质情况及钢护筒埋设情况

N04-20号孔钻孔参数详见表5-2-10-1。

N04-20号孔钻孔参数一览表(单位:m) 表5-2-10-1

桩　号	设计孔底高程	护筒底高程	海床高程	砂砾强风化顶高程	碎块强风化顶高程	弱风化顶高程
N04-20号	-74.84	-46.587	-17.51	-467.92	-62.92	-66.12

2)施工情况

N04-20号桩设计桩底高程-74.837m,于2015年6月23日开钻,8月5日终孔,8月19日提钻下放钢筋笼,受超强台风"苏迪罗"和15号台风"天鹅"的影响,于8月24日发生,孔底泥面高程在-47m左右(护筒底高程-46.59m)。

3）处理方案

(1) 由于 N04-20 号塌孔方量大、范围广，已对周边海床自稳能力产生破坏，前期采取静置不动，使其周边海床自然密恢复原有稳定性。等同幅其他正常孔位成桩以后再考虑处理。

(2) 首先考虑护筒接长跟进，护筒接长跟进时开坡口焊接，原伸缩梁等孔洞必须补焊封堵，保证密室不漏，跟进直到护筒底口处于碎块状强风化花岗岩的底层为止，同时也要控制好锤击能量防止护筒底口卷边。

(3) 护筒跟进完成后，采用小型 $\phi 2.0m$ 钻头对钢筋笼内层进行钻进处理，并采用反循环清除塌方渣样。过程中勤量测、多观察、细分析，如发现有孔底有翻砂、孔内水头不稳等现象，则需停止清孔，立派潜水员摸探护筒底口有无卷边、漏空或者护筒对接焊缝、封堵空洞有无漏洞。

(4) 潜水探摸如护筒底口漏空，则采取底口封灌 C50 水下混凝土，待混凝土达到设计强度后再进行钻进清孔。

(5) 如护筒内有漏洞，则需要潜水员进行水下封堵，封堵密室后，控制好水头完成钻进清孔。

(6) 如护筒底口卷边，则需水下切割，割除护筒底口卷边部分，并对孔底进行水下混凝土或 M50 砂浆灌注，对护筒底口进行护壁封堵，完成后继续进行钻进清孔。完成塌方渣样清除工作。具体详见图 5-2-10-1。

(7) 清除完成后采用 2000t 起重船配合相应吊挂系统（$\phi 90mm$ 钢丝绳四点吊、钢吊筒穿插 8 根 $\phi 40mm$ 精轧螺纹钢吊筋），尝试进行钢筋笼拔出工作。如拔出失败，则进行孔内射水处理，采用直径 2m 的风暴对钢筋笼与护筒内壁之间的塌方进行射水清除，减小钢筋笼拔除的摩阻力。射水清除到孔底后再进行钢筋笼拔除（护筒底口 1m 范围内最好不要射水），并对拔出钢筋进行拆分处理。具体详见图 5-2-10-2。

图 5-2-10-1　孔内塌方清理小钻

图 5-2-10-2　射水风暴

2.10.3　Z06-1 号孔塌孔处理

1）设计参数

Z06-1 号钻孔桩位于平潭海峡公铁两用大桥鼓屿门水道桥 Z06 号边墩，设计桩径 4.4m，桩底高程 -73m，桩顶高程 -4m，桩长 68m；钢护筒标准段采用 40mm 钢板卷制而成，内径 $\phi 4.336m$，总长 40.5m，护筒顶部和底口 4.5m 范围为加强段，采用 $\delta=60mm$ 钢板卷制，内径为 $\phi 4.336m$。钢护筒采用 YZ-400 液压振动锤插打，插打完成后底高程为 -28.89m。

2）地质资料

根据地质勘察资料统计，Z06-1 号桩基附近底层分布见表 5-2-10-2，Z06-1 号地质柱桩图见图 5-2-10-3。

地质情况统计表　　　　　　　　　　表5-2-10-2

序号	地层名称	层深(m)	层厚(m)	层底高程(m)
1	中砂	6.8	6.8	-26.11
2	全风化凝灰熔岩	11.5	4.7	-30.81
3	碎块状强风化凝灰熔岩	18.5	7	-37.81
4	微风化凝灰岩	25.4	6.9	-44.71
5	微风化凝灰熔岩	39.5	14.1	-58.81
6	构造角砾夹泥	43.4	3.9	-62.71
7	微风化凝灰熔岩	45	1.6	-64.31
8	构造角砾夹泥	52.1	7.1	-71.41
9	构造角砾岩	54.2	2.1	-73.51
10	微风化凝灰熔岩	64.2	10	-83.51

注：海床高程为-19.31m。

3）钻孔过程异常情况分析及处理方案

(1)问题描述

Z06-1号钻孔桩于2016年5月14日6时开始钻机对位,5月15日18时开始钻进施工,5月17日上午6时钻进至-29.5m,后钻机无进尺,排渣口出现贝类及海沙,8时钻机钻头提至护筒内,测得孔底高程上升至-27.89m,判定为穿孔。

(2)第一次穿孔处理

2016年5月17日上午10时开始提钻,准备止水帷幕施工处理穿孔。2016年6月3日上午止水帷幕施工完成,6月6日开始钻机对位,6月7日上午5时开始正常钻进施工。7月20日,钻机钻进至-41.96m,更换φ3.0m钻头采取二次成孔工艺;8月20日φ3.0m钻头钻进至-72.17m,更换φ4.0m钻头正常钻进。

(3)塌孔处理

2016年9月5日下午18时φ4.0m钻头钻进至-68.087m时,钻机出现憋钻现象,立即提钻,提钻后钻头顶部有石块,测得孔底高程上升至-59.5m,判定为孔底部塌孔;9月6日上午7时,护筒下沉13.5m(护筒顶口由+11.27m下沉至-2.23m,最低潮海平面高程约为-2m),测得孔底高程上升至-38.5m。

9月7日分部召开针对Z06-1号桩塌孔专项讨论会,会议决定:采用在原φ4.4m护筒外套φ4.9m护筒的方式进行隔水,接长φ4.4m护筒、焊接吊耳及加劲板;完成后先拔除外部φ4.9m护筒,再拔出φ4.4m护筒,并在原桩位区域填砂保证海床面平整,最后重新下放插打钢护筒并采用止水帷幕施工加固底部孔壁。

2016年10月27日下放外套φ4.9m护筒,2017年4月3日接长φ4.4m护筒并焊接吊耳及加劲板,5月2日拔除外套φ4.9m护筒,5月4日拔出φ4.4m护筒,5月12日原桩位区域填砂,5月25日重新下放φ4.4m护筒并插打,6月29日开始止水帷幕施工加固孔壁,7月9日止水帷幕施工完成。

(4)第二次穿孔处理

2017年7月19日,Z06-1号桩开始孔内清渣;8月1日钻机憋钻,钻头无法提升,更据钻杆反算孔底高程为-44.5m(护筒底口高程为-38.1m),8月3日下导管进行孔内清渣,8月6日钻机钻头提至护筒内,测得孔底高程为-38m,周边海床高程为-20~-22m,判定为护筒底口穿孔,并采用止水帷幕进行处理。

地层编号	层底深度(m)	分层厚度(m)	层底高程(m)	柱状图 1:200	岩土名称及其特征
			−19.31 ▽		里程：DK66+279.45　　偏移量：右14.13m
②₄	6.80	6.80	−26.11		中砂：青灰色；松散；饱和；质纯、粒均，成份主要为石英、长石
⑨₁	11.50	4.70	−30.81		全风化凝灰熔岩：棕黄色；原岩矿物均风化变异，原岩结构构造尚可辨识，取出芯样呈硬塑~坚硬土状
⑨₂	14.60	3.10	−33.91		碎块状强风化凝灰熔岩：棕黄色；斑状结构，块状构造，岩体风化严重，节理发育，岩质软，合金可钻进，钻进有响声，取出芯样呈角砾土状
⑨₂	18.50	3.90	−37.81		碎块状强风化凝灰熔岩：棕黄色；斑状结构，块状构造，岩体风化严重，节理发育，岩质软硬不均，局部含弱风化岩块，合金难钻进，钻进响声大，芯样多被磨碎冲走，取出芯样仅为少量块径6~8cm弱风化残块
⑥₄	25.40	6.90	−44.71		微风化凝灰岩：深灰色；凝灰结构，块状构造，岩石主要由火山碎屑物和火山灰组成。岩体75°~近垂直节理发育，局部见20°~45°节理，节理面粗糙且呈褐黄色；钻进响声大，部分芯样被磨碎冲走，取出岩芯呈块径2~10cm碎块状及25~30cm半柱状，芯样表面光滑，块质极硬，RQD=6%
⑨₄	39.50	14.10	−58.81		微风化凝灰熔岩：灰白色；斑状结构，块状构造，岩体75°近垂直节理发育，节理面粗糙且多呈褐黄色，取出岩芯多呈10~30cm柱状、楔形块状及块径4~8cm碎块状，岩芯表面光滑，岩质极硬。RQD=21%
⑭₁	43.40	3.90	−62.71		构造角砾夹泥：深灰色，泛绿；原岩为凝灰熔岩，岩体受构造影响严重，呈角砾夹泥状，角砾径2~4cm，含量约60%。芯样表面粗糙，岩质极软，指甲易刻划，手瓣易断。局部受构造影响较弱，为构造角砾岩；局部含少量弱风化凝灰熔岩岩块
⑨₄	45.00	1.60	−64.31		微风化凝灰熔岩：灰白色；斑状结构，块状构造，岩体破碎，75°近垂直节理极发育，局部见45°节理，节理面粗糙且多呈褐黄色。钻进响声大，岩块多在钻进过程中沿节理搅散成碎块，大部分被磨碎冲走。取出岩芯多呈块径3~8cm碎块状，芯表面光滑，岩块质极硬
⑭	52.10	7.10	−71.41		构造角砾夹泥：深灰色，泛绿；原岩为凝灰熔岩，岩体受构造影响严重，呈角砾夹泥状，芯样表面粗糙，岩质极软，手捏可散；孔深47m以上夹较多岩质硬的块状
⑬	54.20	2.10	−73.51		构造角砾岩：深灰色，泛绿；原岩为凝灰溶岩；岩体受构造作用，呈角砾状结构，角砾径1~3cm，含量60%左右。岩体不规则节理极发育，芯样表面粗糙呈不规则网格状，岩质软，胶结一般，局部含微风化岩块，钻进响声大，芯样在钻进过程中多被磨碎冲走
⑨₄	65.20	10.00	−83.51		微风化凝灰熔岩：灰白色；斑状结构，块状构造，岩体75°近垂直节理发育，节理面较平整、新鲜，取出岩芯多呈4~8cm碎块状及20~35cm楔形柱状，岩芯表面光滑，岩质极硬

图 5-2-10-3　Z06-1 号地质柱桩图

2017 年 9 月 3 日开始止水帷幕施工处理穿孔，9 月 13 日止水帷幕施工完成，10 月 1 日开始孔内清渣，目前孔底高程为 −53.79m，清渣施工正常，于 2017 年 10 月 27 日钻进至设计高程后下放钢筋笼和灌注混凝土。

4）主要机械设备配置情况

Z06-1 号护筒处理主要机械配置见表 5-2-10-3。

Z06-1 号护筒处理主要机械配置　　　表 5-2-10-3

序号	机械设备名称	规格型号	单位	数量	备注
1	履带式起重机	100t	台	1	配合作业
2	运输船	1000t	艘	1	材料运输
3	运输船	1000t	艘	1	运打桩锤
4	液压振动锤	YZ-400	台	1	护筒跟进
5	钻机	KTY-4000	台	1	扫孔
6	门式起重机	120t	台	1	提钻、护筒跟进
7	起重船	1000t	台	1	护筒跟进
8	起重船	2200t	台	1	卸材料、吊接长部分护筒
9	拖轮	锦航 6	艘	1	起重船拖航
10	抛锚船	中海工 28	艘	1	起重船抛锚
11	渔船		艘		机动作业
12	交通船	松航 2 号	艘	1	船舶生活用品采购等
13	装载机	50	台	1	填砂
14	平板车	13.5m	辆	1	运输造浆材料
15	空压机	27m³	台	1	扫孔
16	交流弧焊机	42kVA	台	7	焊接作业

5）处理过程照片

桩基施工过程处理照片见图 5-2-10-4 ~ 图 5-2-10-15。

图 5-2-10-4　Z06-1 号孔第一次止水帷幕施工

图 5-2-10-5　外套 4.9m 钢护筒

图 5-2-10-6　外套钢护筒拔起

图 5-2-10-7　下沉钢护筒挂钩起吊

图 5-2-10-8　下沉钢护筒拔出

图 5-2-10-9　Z06-1 孔位海床回填砂子

图 5-2-10-10　重新下放钢护筒

图 5-2-10-12　钢护筒接长准备二次插打

图 5-2-10-11　钢护筒第一次跟进

图 5-2-10-13　钢护筒第二次跟进

图 5-2-10-14　第二次止水帷幕施工　　　　　　图 5-2-10-15　第三次止水帷幕施工

松下岸

人屿岛

元洪航道桥

鼓屿门水道桥

平潭海峡公铁大桥
建造关键技术

05

第3章 海上大型围堰及承台施工

3.1 施工方案研究

3.1.1 承台结构概况

通航孔桥主塔墩承台均为圆端哑铃形的高桩承台,N03、N04 号墩承台混凝土方量为 18103.8m³,Z03、Z04 号墩承台混凝土方量为 19613.3m³,S03、S04 号承台混凝土方量分别为 18103.8m³、17356.5m³,主塔墩分为圆端区和系梁区。辅助墩和边墩设计为倒圆角矩形高桩承台。承台设计参数见表 5-3-1-1。

通航孔桥承台设计参数　　　　　表 5-3-1-1

区段	墩号	承台尺寸			承台顶高程(m)	承台底高程(m)	备注
		长(m)	宽(m)	高(m)			
元洪航道桥	N03、N04	81	33	9	+5	-4	主墩
	N01、N02、N05、N06	31.8	21.6	8	+4	-4	边墩和辅助墩
鼓屿门水道桥	Z03、Z04	80.4	32.4	10	+6	-4	主墩
	Z02、Z05	35.6	18	8	+4	-4	辅助墩
	Z01、Z06	31.8	17.2	7	+3	-4	边墩
大小练岛水道桥	S03	81	33	9	+5	-4	主墩
	S04	80	32	9	+5	-4	主墩
	S02、S05	33.5	17.7	5.5	-9.5	-15	辅助墩
	S01、S06	30.3	17.7	5.5	-4	-9.5	边墩

主塔墩承台结构图见图 5-3-1-1、图 5-3-1-2,辅助墩和边墩承台结构见图 5-3-1-3、图 5-3-1-4。

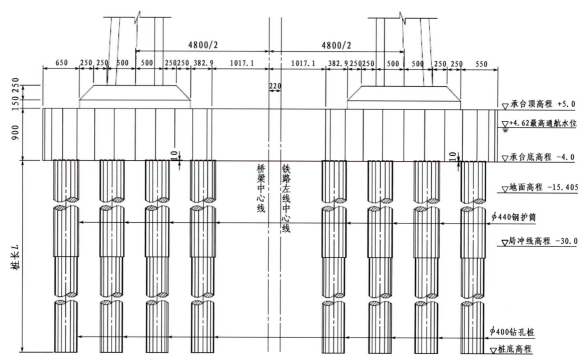

图 5-3-1-1　主塔墩基础立面图(以 N03 号墩为例)(尺寸单位:cm,高程单位:m)

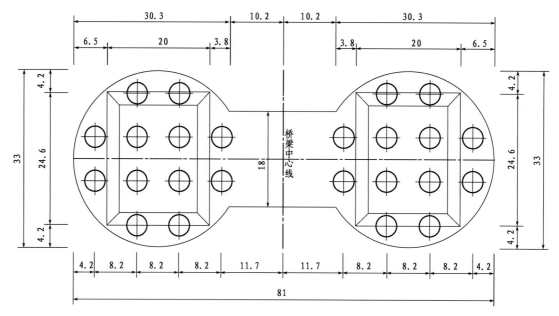

图 5-3-1-2　主塔墩基础平面图(以 N03 号墩为例)(尺寸单位:m)

3.1.2　围堰结构设计

1)围堰设计原则

航道桥围堰设计原则是与主体防撞箱结构结合,侧板利用防撞箱,施工围堰其他结构(包括底龙骨、底板、限位导向等)与防撞箱间的连接均考虑可以拆除,不影响主体防撞箱的维修与更换。

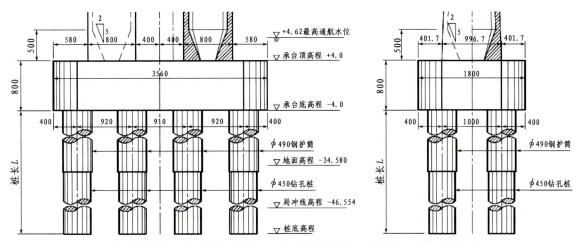

图 5-3-1-3　辅助墩/边墩基础立面图(以 Z05 号墩为例)(尺寸单位:cm,高程单位:m)

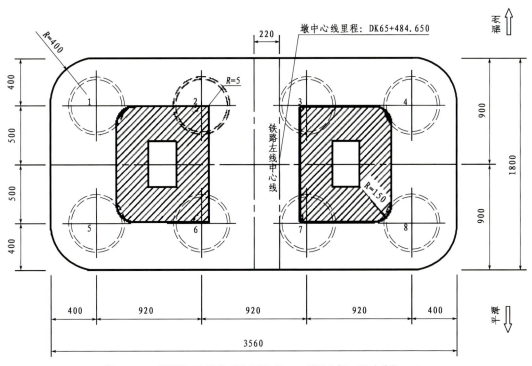

图 5-3-1-4　辅助墩/边墩基础平面图(以 Z05 号墩为例)(尺寸单位:cm)

2）主塔墩防撞箱围堰

(1)主塔墩采用钢—复合材料组合式防撞结构。防撞箱围堰主要由防撞箱(即侧板)、单壁接高侧板、底龙骨、底板、底侧板连接、内支撑、系梁桁架、单壁隔舱、封底吊挂、抗沉牛腿、上中下三层导向、吊装及下放系统、封底混凝土组成。该防撞结构由吊箱、V 形防撞梁及联结系三部分组成,防撞梁与钢吊箱之间通过钢结构连接系焊接连接。布置如图 5-3-1-5 所示。

(2)吊箱为钢结构,布置在承台周围,平面轮廓与承台协调一致,兼作施工承台用的围堰,其高度由承台及封底混凝土厚度决定。采用双壁结构,双壁间距1.8m,分段设计,各分段之间采用不锈钢螺栓连接,连接部位设防水隔舱。吊箱内壁与承台混凝土之间设 10cm 隔离带,填充无黏结的 EPS 聚苯乙烯泡沫材料。为减小防撞箱围堰所受波流力,在钢吊箱外壁开设消波孔,如图 5-3-1-6 所示。

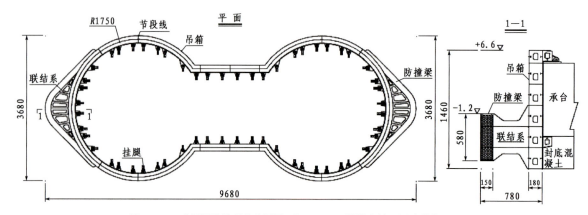

图 5-3-1-5 主塔墩防撞结构布置图(以 N03、N04 号墩为例)(尺寸单位:mm)

图 5-3-1-6 主塔墩防撞箱围堰消波孔

(3)防撞梁设于吊箱外部主防撞方向(横桥向),是由钢-复合材料组成。防撞梁横截面为标准矩形截面,截面高 5.8m,宽 1.5m。梁内填充的复合材料格构箱由玻璃纤维树脂基增强材料及硬质聚氨酯泡沫组成。玻璃钢纤维树脂基增强材料组成格构箱外壳及三维立体格构,硬质聚氨酯泡沫作为填充物,密实填充于格构箱内。为实现复合材料格构箱填充,防撞梁外壁钢板开设导流孔,在复合材料格构箱填充完毕并达到设计强度后,导流孔应封闭。

(4)底、侧板采用精轧螺纹钢拉杆和螺栓连接,精轧螺纹钢拉杆穿过底龙骨锚固于侧板内壁反力座并张拉,侧板外侧采用螺栓连接。拉杆张拉完成后在防撞箱与底板之间(T 形底龙骨顶面)涂抹防水密封胶。底侧板连接示意图如图 5-3-1-7 所示。

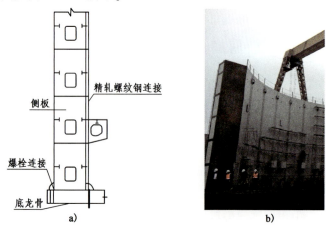

图 5-3-1-7 底侧板连接

(5)由于哑铃形承台系梁区无桩基,如果进行水下混凝土封底,则水下封底混凝土厚度近8m,所以通过在系梁区设置吊挂桁架方式取消该区域封底混凝土,如图5-3-1-8所示。

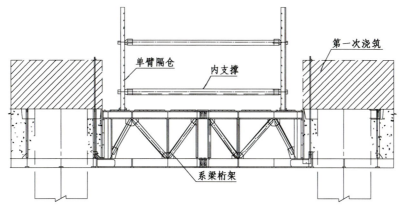

图5-3-1-8 系梁区布置图

(6)防撞箱围堰共设置上、中、下三层导向,各层导向下料加工前精确测量钢护筒偏位及倾斜度,根据实测数据调整导向尺寸,上中层导向活动导向轮采用钢制滚轮,施工期间将围堰所受波流力传递至钻孔桩钢护筒承受,如图5-3-1-9所示。

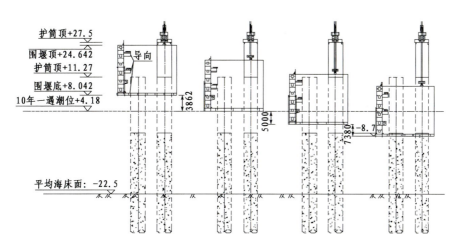

图5-3-1-9 围堰水平限位系统(尺寸单位:mm,高程单位:m)

(7)吊箱平面轮廓与承台一致,哑铃形,底面与承台封底混凝土底面齐平,顶高程比承台顶高程高出1.6m。防撞梁平面呈V形布置在吊箱外部,V形角为90°,防撞梁外缘距吊箱最远距离6.0m。防撞梁截面高5.8m,顶高程-1.2m,宽1.5m,外壁厚12mm,内部纵横隔板厚8mm。单个防撞箱共用钢材2101t,复合材料格构箱560m³。

3)边墩/辅助墩围堰

边墩辅助墩,除S01/S06、S02/S05外,其余墩采用组合式防撞箱结构,由吊箱、弧形防撞梁及联结系三部分组成。主要由防撞箱(即侧板)、单壁接高侧板、底龙骨、底板、底侧板连接、内支撑、封底吊挂、抗沉牛腿、上中下三层导向、吊装及下放系统、封底混凝土组成。总体长×宽×高尺寸为51.4m×21.8m×13.6m(Z02/Z05号墩),结构布置如图5-3-1-10所示。

吊箱平面轮廓与承台一致,底面与承台封底混凝土底面齐平,顶高程比承台顶高1.6m。防撞梁平面呈弧形布置在吊箱外部,防撞梁外缘距吊箱最远距离6.0m,防撞梁横截面高5.2m,单个防撞箱共用Q235B约1087t,复合材料格构箱340m³。

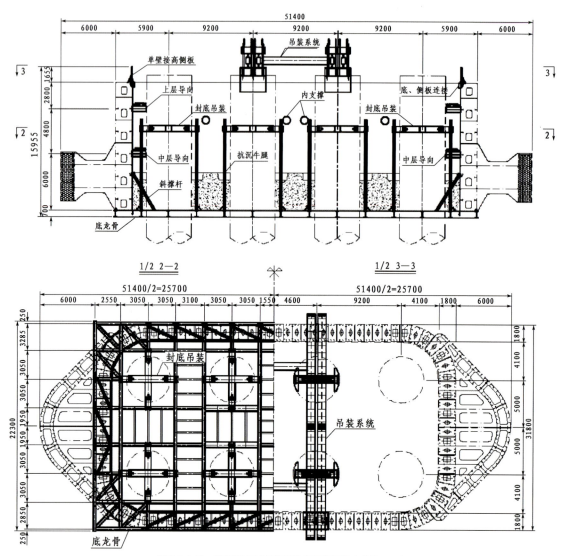

图 5-3-1-10 辅助墩/边防撞结构布置图(尺寸单位:mm)

3.1.3 施工方案概述

主墩承台围堰设计为防撞箱围堰,主体防撞与施工围堰"永、临"结合,既作为承台混凝土施工的吊箱围堰,又作为桥梁防撞结构,如图 5-3-1-11 所示。防撞箱结构在厂内分单元整体加工制造,然后在出海码头将防撞箱与底龙骨连接组拼成两个圆端大型单元,待桩基施工完成后,分为两个单元运输至桥位处,利用大吨位起重船将单元吊挂至接高钢护筒顶,通过千斤顶调整围堰精准对位,完成两单元侧板、系梁对接,最后利用 8 台连续千斤顶整体下放。下放到位后,安装下层限位和封底吊挂,依次浇筑两个单圆内封底混凝土,待封底混凝土达到设计强度后,焊接抗沉牛腿,解除封底吊挂,拆除下放系统,实现受力体系转换,进行承台施工。大型防撞箱围堰施工过程中采用了工厂整体制造、整体吊装、整体下放,实现了模块化、标准化施工,哑铃形承台系梁范围采用无封底混凝土施工技术创新。

元洪航道桥、鼓屿门水道桥 12 套围堰在冠海船厂加工制造,其中包括主墩 N03、N04、Z03、Z04 围堰四套,辅助墩、边墩 N01、N02、N05、N06、Z01、Z02、Z05、Z06 围堰 8 套。冠海船厂距离人屿岛直线距离约 60km,约 33 海里。大小练岛水道桥 6 套防撞箱围堰在雄鹰船厂、恒生船厂加工制造,距小练岛分别为 7km、160km,具体运输路线如图 5-3-1-12 所示。

主墩承台混凝土分 2 层浇筑,第一层承台混凝土两个单圆和系梁分开浇筑,先浇筑两个单圆,再浇筑系梁部分;第二层承台混凝土整体浇筑,第二层承台施工时同时施工 1.5m 塔座。第一层承台混凝土以防撞箱侧板和系梁侧布设收口网为模板浇筑两个单圆,再以防撞箱侧板为模板浇筑系梁区承台混凝土;第二层承台混凝土以防撞箱侧板为模板浇筑。承台竖向主筋一次到位,水平面钢筋分层绑扎。钢筋骨架内部预埋冷却水管,确保大体积混凝土浇筑作业温度受控。承台浇筑顺序如图5-3-1-13所示。

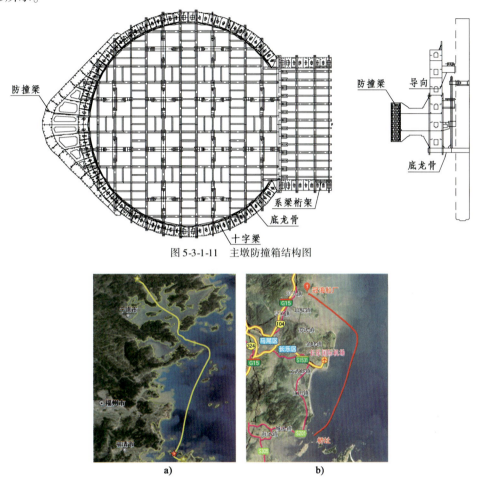

图5-3-1-11 主墩防撞箱结构图

图5-3-1-12 防撞箱运输路线图

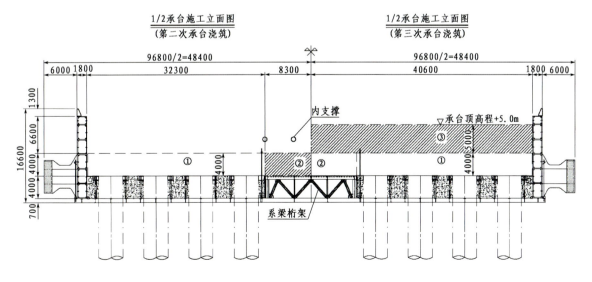

图 5-3-1-13

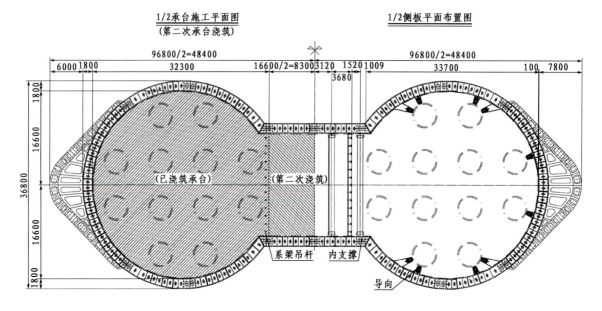

图 5-3-1-13　承台浇筑顺序(尺寸单位:mm)

3.1.4　主塔墩围堰承台施工方案计算

此处主要对 N03、N04 号主塔墩围堰承台施工方案进行验算,其余墩围堰承台施工方案不再赘述。

1)水文条件

桥址区 10 年一遇高潮位 +4.18m,10 年一遇低潮位 -3.59m,平均海平面为 +0.25m。各航道桥桥位处波浪要素见表 5-3-1-2。

桥位处 10 年一遇波浪要素表　　　　　　　　　　表 5-3-1-2

桥　位	方　向	$H_{5\%}$(m)	周期(s)	波长(m)
元洪航道桥	E(ENE)	5.44	7.9	90.46
	S(SSE)	1.91	5.0	38.98
鼓屿门水道桥	NE(NNE)	4.17	9.2	117.91
	N(NNW)	2.14	5.3	43.77
大小练岛水道桥	SW(SSW)	2.58	5.8	52.45
	S(SSE)	2.22	5.4	45.48

2)计算荷载及计算工况

(1)高潮位水头差

①高潮位水位 =4.18m(10 年一遇高潮位) +0.5 × $H_{5\%}$(10 年一遇高水位波高),封底混凝土跨中高程 -8.0m。经计算,N03、N04 号墩高潮位计算水头差为 14.9m,Z03/Z04 号墩高潮位计算水头差为 14.065m,S03/S04 号墩高潮位计算水头差为 13.47m。

②低潮位水头差低潮位水位 = -3.59m(10 年一遇高潮位) -0.5 × $H_{5\%}$(10 年一遇低水位波高),封底混凝土跨中高程 -8.0m。经计算,N03、N04 号墩低潮位计算水头差按 2.7m 计算,Z03、Z04 号墩低潮位计算水头差为 3.0m,S03、S04 号墩高潮位计算水头差为 3.26m。高潮位水头差高潮位水位 = 4.18m(10 年一遇高潮位) +0.5 × $H_{5\%}$(10 年一遇高水位波高),封底混凝土跨中高程 -8.0m。经计算,N03、N04 号墩高潮位计算水头差为 14.9m,Z03、Z04 号墩高潮位计算水头差为 14.065m,S03、S04 号墩

高潮位计算水头差为 13.47m。

(2) 低潮位水头差

低潮位水位 = -3.59m(10 年一遇高潮位) - 0.5×$H_{5\%}$(10 年一遇低水位波高)，封底混凝土跨中高程 -8.0m。经计算，N03、N04 号墩低潮位计算水头差按 2.7m 计算，Z03、Z04 号墩低潮位计算水头差为 3.0m，S03、S04 号墩高潮位计算水头差为 3.26m。

(3) 波浪力

根据《海港水文规范》(JTS 145-2—2013)，围堰各工况波浪力计算结果如表 5-3-1-3 所示。

主墩围堰波浪力 表 5-3-1-3

墩 号	10 年流速 (m/s)	2.5m 波高 波流力(kN)	10a 波浪力 波高(m)	10a 波浪力 波流力(kN)
N03、N04 号墩	2.07	5721	5.44	21141
Z03、Z04 号墩	2.46	5562	4.17	20833
S03、S04 号墩	2.89	5730	2.58	5874

(4) 水流力

水流力按《港口工程荷载规范》(JTS 144-1—2010)计算，N03、N04 号墩 10 年一遇流速作用下围堰水流力为 371kN，100 年一遇流速作用下围堰水流力为 446kN。Z03、Z04 号墩 10 年一遇流速作用下围堰水流力为 572kN。S03、S04 号墩 10 年一遇流速作用下围堰水流力为 791kN，100 年一遇流速作用下围堰水流力为 904kN。

(5) 浮托力

N03、N04 号墩 10 年一遇波浪力作用下，围堰高潮位浮托力为 7.1kN/m²，低潮位浮托力为 5.0kN/m²。Z03、Z04 号墩 10 年一遇波浪力作用下，围堰高潮位浮托力为 6.6kN/m²，低潮位浮托力为 4.9kN/m²。S03、S04 号墩 10 年一遇波浪力作用下，围堰高潮位浮托力为 0.6kN/m²，低潮位浮托力为 0.2kN/m²。

(6) 封底混凝土与钢护筒黏结力

封底混凝土与钢护筒黏结力按 150kN/m² 计，护筒上焊接剪力环的按 300kN/m² 计。

(7) 结构自重

钢结构自重由程序加载，自重系数为 1.2。封底混凝土自重区 24kN/m²，承台钢筋混凝土自重取 25kN/m²。

(8) 计算工况及荷载组合如表 5-3-1-4 所示。

围堰施工各步骤关键计算内容 表 5-3-1-4

工况	施工步骤	计 算 内 容	计 算 荷 载
Ⅰ	围堰拼装	(1) 底龙骨计算	围堰自重 + 10 年一遇风荷载
Ⅱ	围堰下放	(1) 围堰下放系统计算； (2) 底龙骨计算	围堰自重 + 2 年一遇水流力 + 2.5m 波高波浪力 + 8 级风荷载
Ⅲ	围堰封底	(1) 底龙骨及底板计算； (2) 吊挂计算	围堰自重 + 封底混凝土自重 + 10 年一遇水流力 + 10 年一遇波浪力 + 10 年一遇风荷载
Ⅳ	围堰抽水	(1) 侧板计算； (2) 内支撑受力计算； (3) 封底混凝土强度计算； (4) 围堰抗浮计算	围堰自重 + 封底混凝土自重 + 高潮位浮力 + 浮托力 + 10 年一遇水流力 + 10 年一遇波浪力 + 10 年一遇风荷载
Ⅴ	第一层第一次承台浇筑	(1) 围堰抗沉计算； (2) 吊挂牛腿计算； (3) 封底混凝土强度计算	围堰自重 + 封底混凝土自重 + 第一次浇筑承台自重 + 低潮位浮力 + 10 年一遇水流力 + 10 年一遇波浪力 + 10 年一遇风荷载

续上表

工况	施工步骤	计 算 内 容	计 算 荷 载
Ⅵ	第一层第二次承台浇筑	(1)第二次抽水,侧板计算; (2)系梁桁架计算; (3)已浇筑承台混凝土强度计算	系梁桁架自重+第二次浇筑承台荷载
Ⅶ	第二层承台浇筑	已浇筑承台混凝土强度计算	第一层第二次浇筑承台混凝土荷载+第二层承台混凝土自重
Ⅷ	封底前非工作状态	(1)侧板计算; (2)内支撑计算; (3)底龙骨计算; (4)导向计算	围堰自重+10年一遇水流力+10年一遇波浪力+10年一遇风荷载
Ⅸ	封底后非工作状态	(1)侧板计算; (2)内支撑计算	围堰自重+封底混凝土自重+浮托力+10年一遇水流力+10年一遇波浪力+10年一遇风荷载

3)N03号墩计算结果

(1)工况Ⅰ围堰拼装

围堰拼装时,底龙骨单个圆下设置8个支承十字梁,围堰侧板及底板总质量2750t 计,如图5-3-1-14 所示。

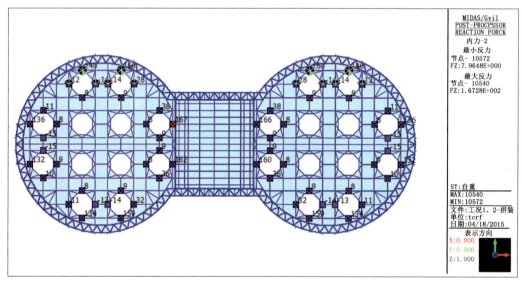

图 5-3-1-14　十字梁支点反力(单位:t)

底龙骨采用 HN700×300 型钢,局部吊点处底龙骨采用 2HN700×300 型钢,如图 5-3-1-15 所示。

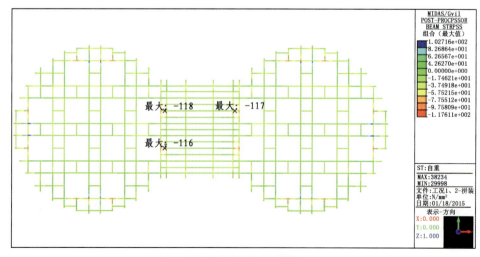

图 5-3-1-15　底龙骨应力(单位:MPa)

（2）工况Ⅱ围堰下放

围堰下放时，整个围堰共设置8个吊点，单个吊点配一台560t连续千斤顶。下放过程上层、中层导向在迎浪向考虑四个点与钢护筒接触，不考虑底龙骨与钢护筒间接触，如图5-3-1-16～图5-3-1-20。

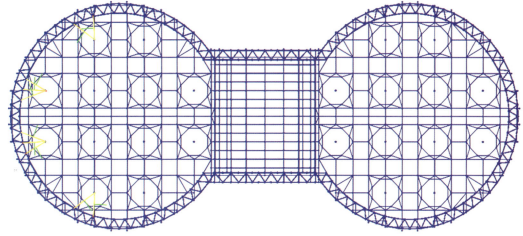

图5-3-1-16　计算模型

图5-3-1-17　下放吊点反力（单位:t）

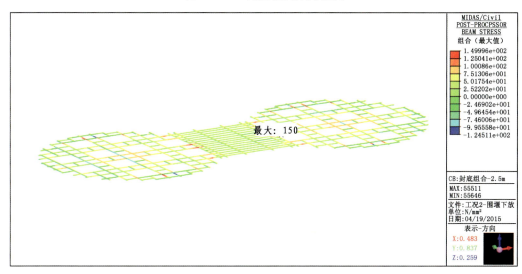

图5-3-1-18　底龙骨应力（单位:MPa）

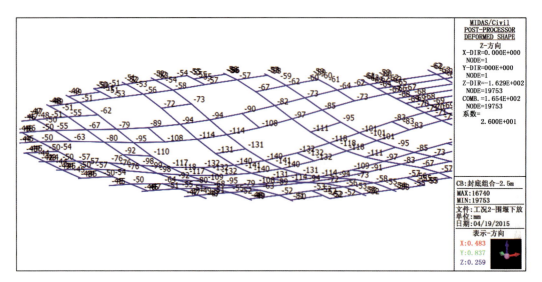

图 5-3-1-19　底龙骨挠度(单位:mm)

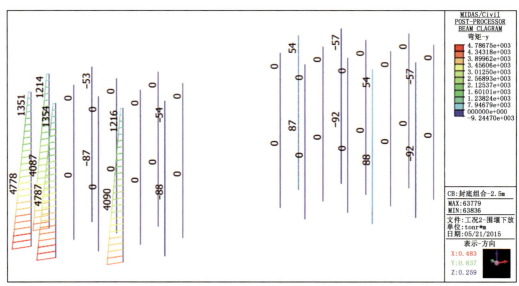

图 5-3-1-20　桩基内力图(单位:t·m)

(3)工况Ⅲ围堰封底

围堰下放到位后,底龙骨及底板在自重作用下处于下挠状态,长度相同的吊杆无法顺利安装到位。为保证封底吊挂顺利安装,将部分吊杆进行预拉,消除底板变形。张拉时应由中间向两边,对称分次张拉,保证预拉力与设计相符。吊杆张拉后上端吊挂至支承十字梁,浇筑封底混凝土,封底混凝土总厚度为 4.0m,共 5454m³。

围堰下放、吊杆张拉及封底浇筑建施工阶段计算,如图 5-3-1-21、图 5-3-1-22 所示。

封底吊杆单点最大吊力 126t,如图 5-3-1-23 所示。

封底吊杆安装后围堰下放吊点吊挂力将减少约 130t。封底混凝土施工后,围堰吊挂点吊挂力将增加约 40t,具体如表 5-3-1-5 所示。

下放吊点吊挂力(单位:t)　　　　　表 5-3-1-5

下放到位(未考虑波浪力)	417	388		389	415

续上表

封底吊杆安装	289	287	287	287
封底混凝土浇筑	329	327	328	329

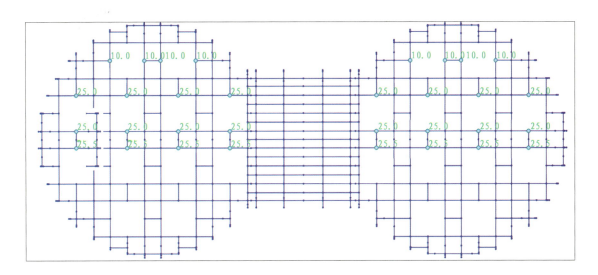

图 5-3-1-21 吊杆安装初拉力(单位:t)

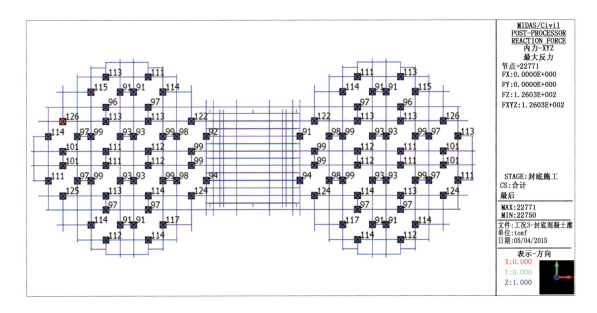

图 5-3-1-22 封底吊挂反力(单位:t)

(4)工况Ⅳ围堰抽水

①侧板计算

内、外面板 12mm,加劲肋角钢∠140×90×12,水平环板间距 2600mm,中间增加一道 T 肋加劲,应力计算如图 5-3-1-24、图 5-3-1-25 所示。

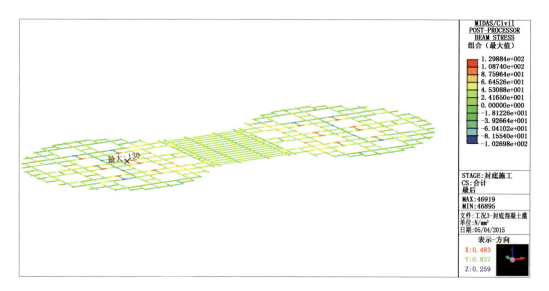

图 5-3-1-23　底龙骨应力(尺寸单位：MPa)

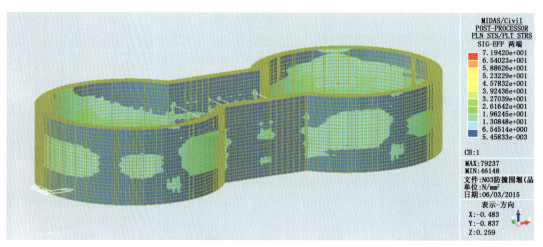

图 5-3-1-24　面板应力(单位：MPa)

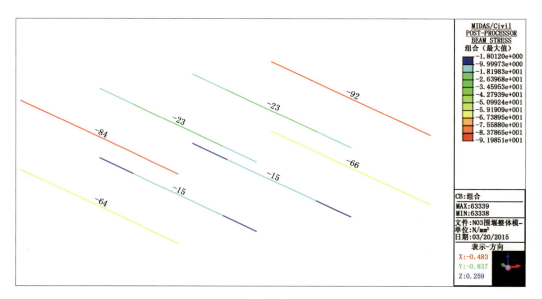

图 5-3-1-25　内支撑钢管应力(单位：MPa)

②封底厚度计算

a. 强度计算

封底混凝土总厚度为 4.0m，有效计算厚度取 3.7m。第一次抽水时系梁单壁隔舱间内外水头平衡，仅计算单圆内高潮位浮力，水头差 14.9m，应力计算如图 5-3-1-26 所示。

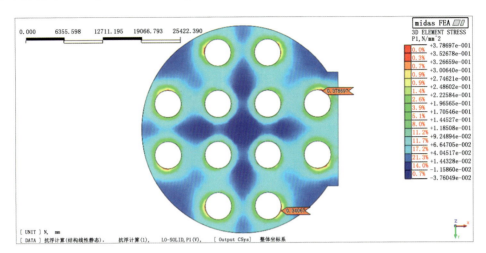

图 5-3-1-26　封底混凝土应力图（单位：MPa）

由图 5-3-1-26 计算结果可知：封底混凝土最大主拉应力 $\sigma = 0.39\text{MPa} < [\sigma] = 0.73\text{MPa}$，封底混凝土强度满足要求。

b. 黏聚力计算

考虑浮力、10 年一遇浮托力和波浪力作用下，计算封底混凝土与钢护筒间拉力，反算二者叠加作用下的混凝土与护筒间黏聚力。钻孔桩编号见图 5-3-1-27。

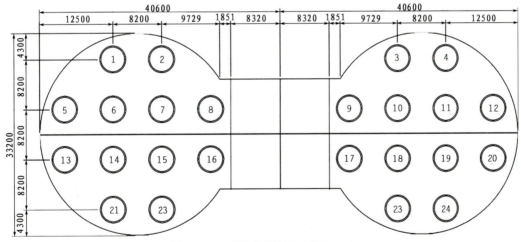

图 5-3-1-27　钻孔桩编号（尺寸单位：mm）

由表 5-3-1-6 可知，在浮力、浮托力及波浪力作用下 N03-5、13、12、20 号桩拉力最大，其钢护筒与封底混凝土间黏聚力 $\tau = 103.0\text{kN/m}^2 < [\tau] = 150\text{kN/m}^2$，满足要求。

抗 浮 计 算 结 果　　　　表 5-3-1-6

桩　号	计算厚度（m）	浮力作用下拉力（kN）	波浪力作用下拉力（kN）	总拉力（kN）	黏聚力（kN/m²）
N03-1、21、4、24	3.7	3812	668	4480	98.8
N03-2、22、3、23		3852	473	4325	95.3
N03-5、13、12、20		3809	863	4672	103.0

续上表

桩 号	计算厚度(m)	浮力作用下拉力(kN)	波浪力作用下拉力(kN)	总拉力(kN)	黏聚力(kN/m²)
N03-6、14、11、19		3306	668	3974	87.6
N03-7、15、10	3.7	3306	473	3779	83.3
N03-8、16、9		3753	278	4031	88.9

c. 围堰整体抗浮计算

围堰抗浮安全系数为

$$K = \frac{G_{封混凝土} + G_{围堰黏} + Q}{F_{托浮力} + F_{浮力}} \quad (5\text{-}3\text{-}1\text{-}1)$$

式中：$G_{封混凝土}$——封底混凝土自重(kN)；

$G_{围堰黏}$——围堰与封底混凝土的黏结力(kN)；

Q——护筒与封底混凝土的黏结力(kN)；

$F_{托浮力}$——下游水位作用于水工建筑物水下基底截面或其他截面的浮力(kN)；

$F_{浮力}$——封底混凝土底上浮力(kN)。

$$K = \frac{2 \times 682 \times 3.7 \times 24 + 27500 + 3.14 \times 4.4 \times 3.7 \times 150 \times 24}{14.9 \times 1489 \times 10 + 7.1 \times 1990} = 1.4 > 1.05$$

满足要求。

(5) 工况Ⅴ第一层第一次承台浇筑

①围堰整体抗浮计算

第一次浇筑哑铃形单圆内承台混凝土，浇筑厚度 4.0m，共 6919m³，不含桩身范围内共 5460m³。围堰抗浮安全系数见式(5-3-1-1)。

$$K = \frac{2.7 \times 1365 \times 10 + 5.0 \times 1845 + 3.14 \times 4.4 \times 3.7 \times 150 \times 24}{24 \times 5454 + 27000 + 25 \times 5460} = 0.78 < 1.05$$

围堰抗沉不满足要求，需进行特殊处理。

②吊挂牛腿计算

在护筒上焊接吊挂牛腿解决抗沉问题，承台荷载考虑完全由吊挂牛腿承受(不含桩身范围内，共 5460m³)。围堰、钻孔桩建梁单元，封底混凝土建实体单元，整体模型不计自重，仅考虑封底混凝土及底板刚度对承台荷载的分配，整体计算模型如图 5-3-1-28、图 5-3-1-29 所示。

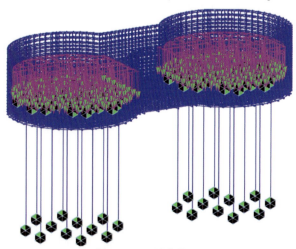

图 5-3-1-28　计算模型

总吊力 136500kN，单个吊挂牛腿承受最大荷载 $F = 1740$kN。

③封底混凝土强度计算

第一次浇筑 4.0m 厚承台混凝土，浮力取低潮位水头差 2.7m，应力计算如图 5-3-1-30 所示。

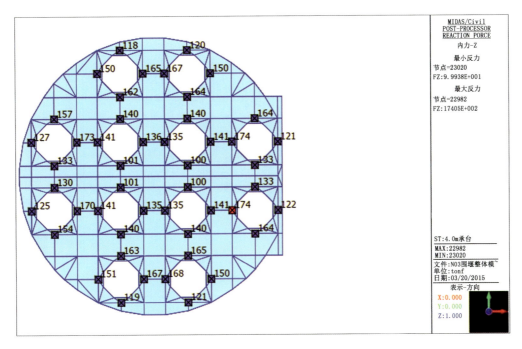

图 5-3-1-29　吊挂牛腿反力(单位:t)

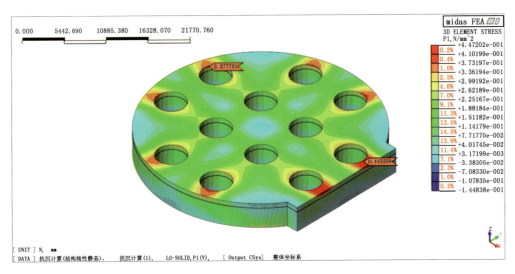

图 5-3-1-30　封底混凝土应力图(单位:MPa)

由图 5-3-1-30 计算结果可知:封底混凝土最大主拉应力 $\sigma = 0.45\text{MPa} < [\sigma] = 0.73\text{MPa}$,封底混凝土强度满足要求。

(6)工况Ⅵ第一层第二次承台浇筑

第二次浇筑哑铃形承台系梁混凝土,浇筑厚度 4.0m,共 1211m³(含湿接头),承台荷载考虑完全由系梁桁架通过吊杆传递至第一次浇筑承台承受。围堰、钻孔桩建梁单元,封底混凝土、已浇筑承台建实体单元,整体计算模型如图 5-3-1-31 所示。

①侧板计算

②系梁桁架

承台荷载考虑完全由系梁桁架通过吊杆传递至第一次浇筑承台承受,则吊挂力计算见图 5-3-1-32~图 5-3-1-35。

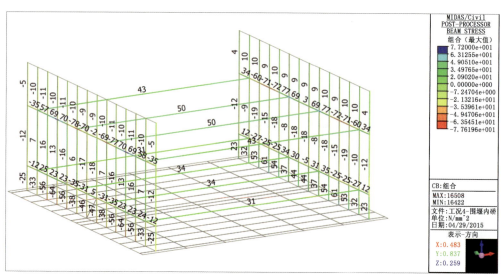

图 5-3-1-31　单壁隔仓应力(单位:MPa)

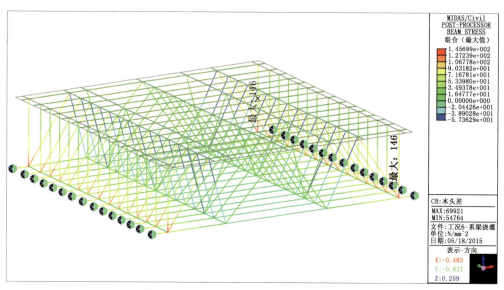

图 5-3-1-32　系梁混凝土浇筑前应力(单位:MPa)

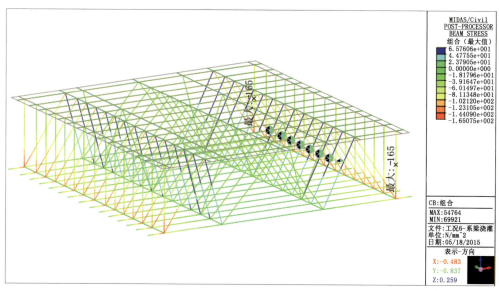

图 5-3-1-33　系梁混凝土浇筑后应力(单位:MPa)

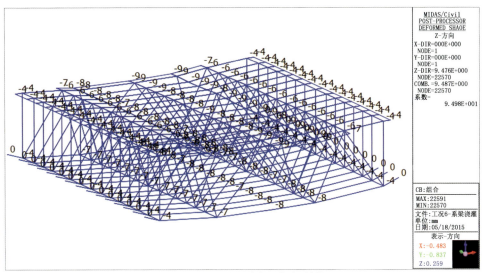

图 5-3-1-34　系梁混凝土浇筑后位移(单位:mm)

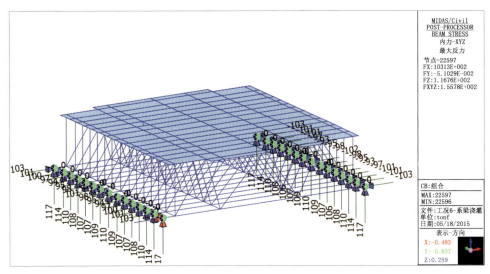

图 5-3-1-35　系梁混凝土作用下系梁区吊杆反力(单位:t)

③已浇筑承台计算

承台荷载考虑完全由系梁桁架通过吊杆传递至第一次浇筑承台承受。建实体模型计算(未考虑钢筋参与受力,不计第一层第一次浇筑承台自重),应力计算如图 5-3-1-36 所示。

由图 5-3-1-36 计算结果可知:混凝土最大主拉应力 $\sigma = 0.48\text{MPa} < [\sigma] = 1.03\text{MPa}$,第一次浇筑承台混凝土强度满足受力要求。

(7)工况Ⅶ第二层承台浇筑

第二层承台浇筑 5.0m,共 10165m³,浇筑时所有荷载由第一次浇筑承台承受,建实体模型计算(未考虑钢筋参与受力),应力计算如图 5-3-1-37、图 5-3-1-38 所示。

由图 5-3-1-38 计算结果可知:跨中混凝土最大主拉应力 $\sigma = 1.67\text{MPa} < [\sigma] = 2.79\text{MPa}$;桩顶混凝土最大主拉应力 $\sigma = 1.14\text{MPa} > [\sigma] = 1.03\text{MPa}$,超限高度范围很小(约 10cm),可认为混凝土强度满足受力要求。

(8)工况Ⅷ封底前非工作状态

围堰下放到位后,封底混凝土施工所需时间较长,封底完成前考虑可能遭遇台风天气。为保证结构安全,围堰下放到位后须及时将上层导向以及底层限位安装到位。上层迎浪向设计 2 个导向限位,底龙骨与桩间设置 16 个限位。此工况下计算荷载:围堰自重 + 10 年一遇水流力 + 10 年一遇波浪力 + 10 年一遇风荷载应力计算如图 5-3-1-39 ~ 图 5-3-1-42 所示。

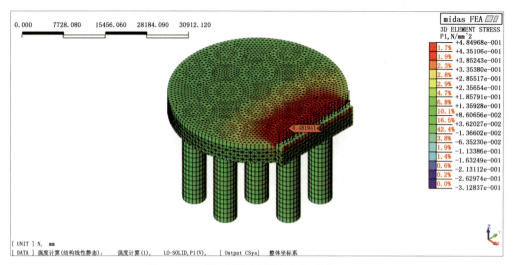

图 5-3-1-36　第一层承台混凝土应力(单位:MPa)

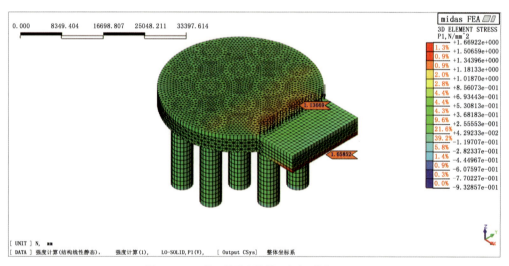

图 5-3-1-37　第一层承台混凝土应力(单位:MPa)

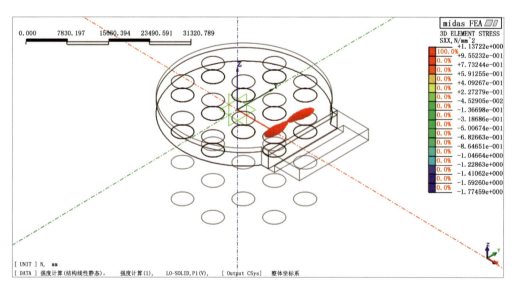

图 5-3-1-38　1.03MPa 以上应力云图(单位:MPa)

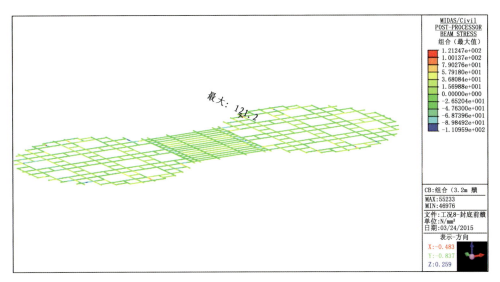

图 5-3-1-39　底龙骨应力图（单位：MPa）

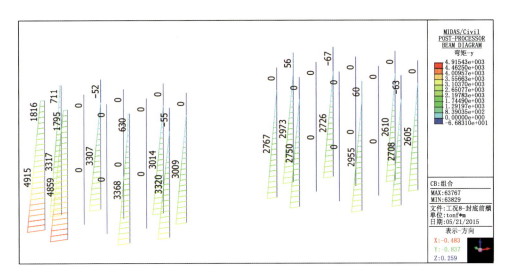

图 5-3-1-40　钻孔桩弯矩图（单位：t·m）

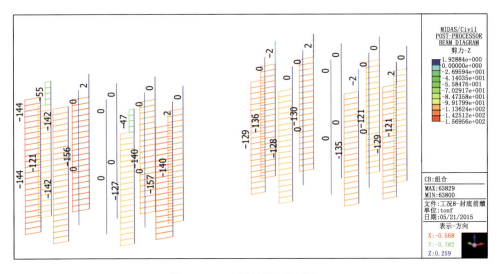

图 5-3-1-41　钻孔桩剪力图（单位：t）

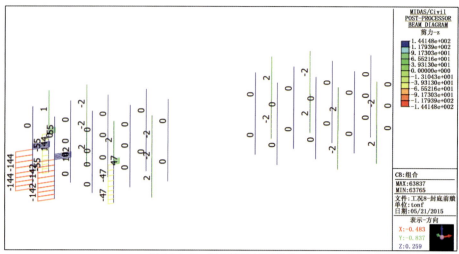

图 5-3-1-42　钢护筒剪力图(单位:t)

(9)工况Ⅸ封底后非工作状态

封底完成后及承台施工期间遭遇台风天气时,考虑围堰内外通水。此工况下计算荷载:围堰自重+封底混凝土自重+浮托力+10 年一遇水流力+10 年一遇波浪力+10 年一遇风荷载,应力计算如图 5-3-1-43~图 5-3-1-45。

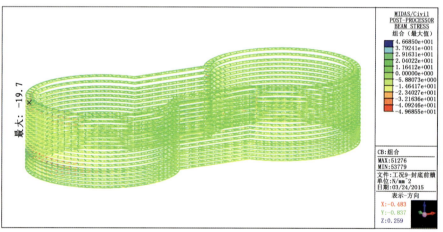

图 5-3-1-43　面板应力图(单位:MPa)

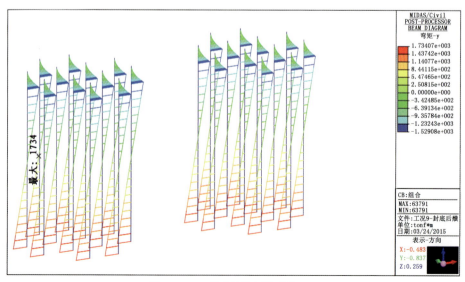

图 5-3-1-44　钻孔桩剪力图(单位:t)

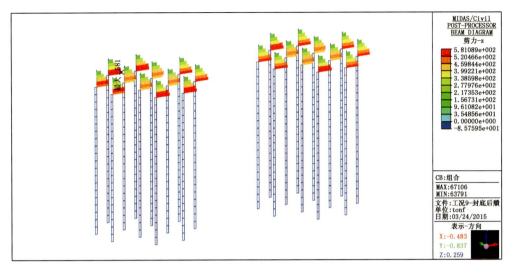

图 5-3-1-45　钢护筒剪力图(单位:t)

考虑结构类似,以下其他主墩围堰计算仅列围堰封底、抽水、第一层第一次承台浇筑和第二层承台浇筑四个工况计算结果。

4)N04 号墩计算结果

(1)工况Ⅲ围堰封底

围堰下放到位后,底龙骨及底板在自重作用下处于下挠状态,长度相同的吊杆无法顺利安装到位。为保证封底吊挂顺利安装,将部分吊杆进行预拉,消除底板变形。张拉时应由中间向两边,对称分次张拉,保证预拉力与设计相符。吊杆张拉后上端吊挂至支撑十字梁,封底混凝土总厚度为 4.0m,共 5581m³。

围堰下放、吊杆张拉及封底浇筑施工阶段计算如图 5-3-1-46、图 5-3-1-47 所示。

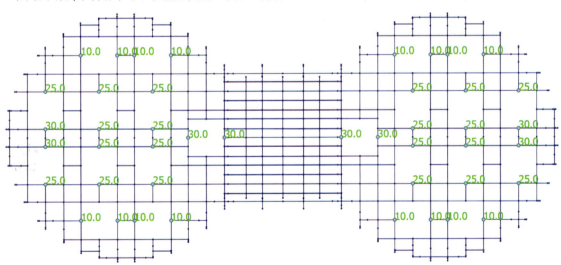

图 5-3-1-46　吊杆安装初拉力(单位:t)

封底吊杆单点最大吊挂力 231t,如图 5-3-1-48 所示。

封底吊杆安装后围堰下放吊点吊挂力将减少约 1130kN。封底混凝土施工后,围堰外侧吊挂点吊挂力将增加约 400kN。

(2)工况Ⅳ围堰抽水

①侧板计算

计算同 N03 号墩。

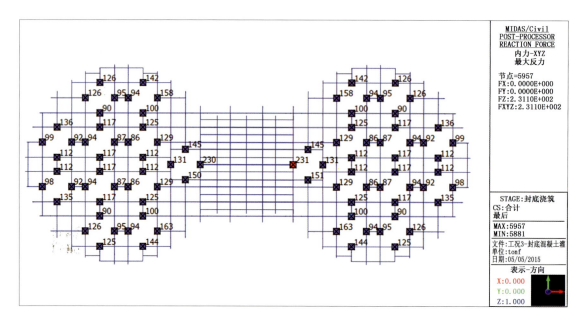

图 5-3-1-47 封底吊挂反力(单位:t)

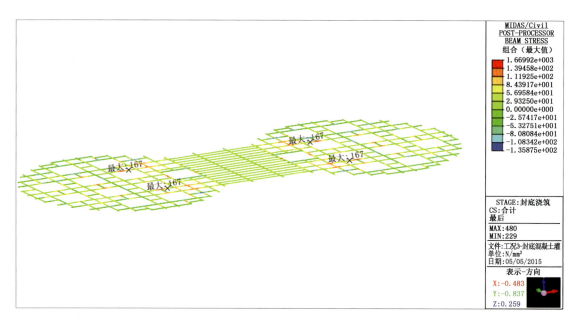

图 5-3-1-48 底龙骨应力图(单位:MPa)

②封底厚度计算

a. 抽水后强度计算

封底混凝土总厚度为 4.0m,有效计算厚度取 3.7m。第一次抽水时系梁单壁隔舱间内外水头平衡,仅仅计算单圆内高潮位浮力,水头差 14.9m,应力计算如图 5-3-1-49、图 5-3-1-50 所示。

由图 5-3-1-50 计算结果可知:封底混凝土最大主拉应力 $\sigma = 0.87\text{MPa} > [\sigma] = 0.73\text{MPa}$,但超限范围较小(高度 2cm),考虑应力重分布认为封底混凝土强度满足要求。

b. 黏聚力计算

考虑浮力、10 年一遇浮托力和波浪力作用下,计算封底混凝土与钢护筒间拉力,反算二者叠加作用下的混凝土与护筒间黏聚力。钻孔桩编号如图 5-3-1-51 所示。

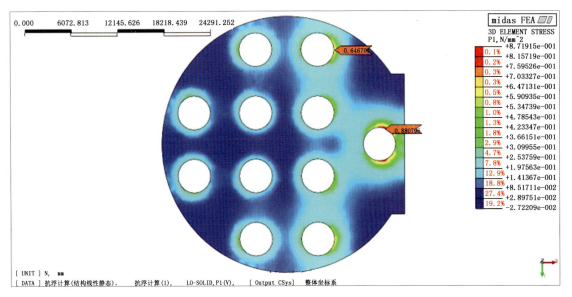

图 5-3-1-49 封底混凝土应力图(单位:MPa)

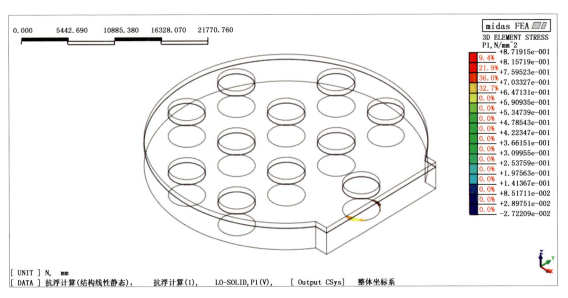

图 5-3-1-50 0.73MPa 以上应力云(单位:MPa)

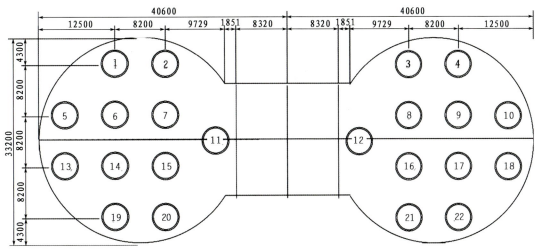

图 5-3-1-51 钻孔桩编号(尺寸单位:mm)

由表5-3-1-7可知,在浮力、浮托力及波浪力作用下N04-11、12号桩拉力最大,其钢护筒与封底混凝土间黏聚力$\tau = 168.7 \text{kN/m}^2 > [\tau] = 150 \text{kN/m}^2$,不满足要求。N04-11、12号桩需进行特殊处理。

抗浮计算结果　　　　　　　　　　　　　　　　表5-3-1-7

桩　号	计算厚度 (m)	浮力作用下拉力 (kN)	波浪力作用下拉力 (kN)	总拉力 (kN)	黏聚力 (kN/m²)
N04-1、19、4、22	3.7	4238	340	4578	100.9
N04-2、20、3、21		5370	241	5611	123.7
N04-5、13、10、18		4311	439	4750	104.7
N04-6、14、9、17		3776	340	4116	90.7
N04-7、15、8、16		4669	241	4910	108.2
N04-11、12		7512	142	7654	168.7

③围堰整体抗浮计算

围堰抗浮安全系数见式(5-3-1-1)。

$$K = \frac{2 \times 682 \times 3.7 \times 24 + 27500 + 3.14 \times 4.4 \times 3.7 \times 150 \times 22}{14.9 \times 1489 \times 10 + 7.1 \times 1990} = 1.34 > 1.05$$

围堰整体抗浮满足要求,局部桩头需进行特殊处理。

(2)工况Ⅴ第一层第一次承台浇筑

①围堰整体抗浮计算

第一次浇筑哑铃形单圆内承台混凝土,浇筑厚度4.0m,共6919m³(不含桩身范围内,共5460m³)。围堰抗浮安全系数见式(5-3-1-1)。

$$K = \frac{2.7 \times 1395 \times 10 + 5.0 \times 2011 + 3.14 \times 4.4 \times 3.8 \times 150 \times 22}{24 \times 5581 + 27000 + 5460 \times 25} = 0.74 < 1.05$$

围堰抗浮不满足要求,需进行特殊处理。

②吊挂牛腿计算

在护筒上焊接吊挂牛腿解决抗沉问题,承台荷载考虑完全由吊挂牛腿承受(不含桩身范围内,共5460m³)。围堰、钻孔桩建梁单元,封底混凝土建实体单元,整体模型不计自重,仅考虑封底混凝土及底板刚度对承台荷载的分配,整体计算模型见图5-3-1-52、图5-3-1-53。

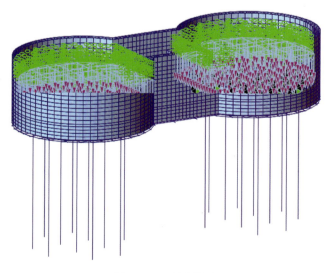

图5-3-1-52　计算模型

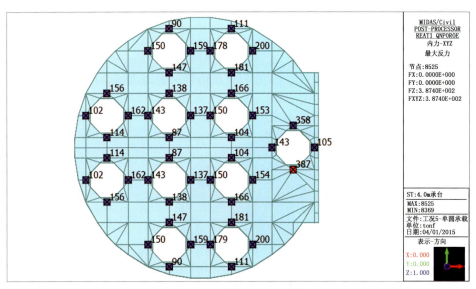

图 5-3-1-53　吊挂牛腿反力(单位:t)

单个吊挂牛腿承受最大荷载 $F=387t$。

③封底混凝土强度计算

第一次浇筑 4.0m 后承台混凝土,浮力取低潮位水头差 2.7m,应力计算如图 5-3-1-54、图 5-3-1-55 所示。

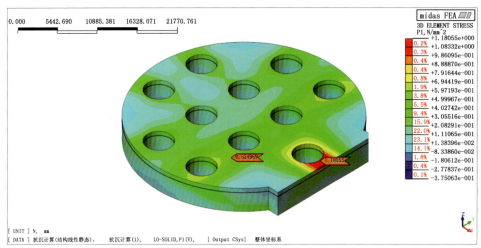

图 5-3-1-54　混凝土应力图(单位:MPa)

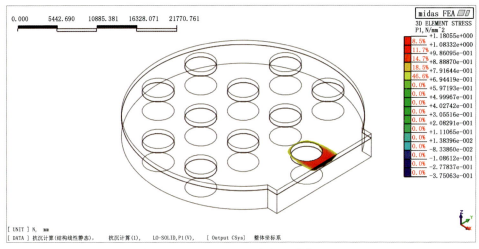

图 5-3-1-55　0.73MPa 以上应力云(单位:MPa)

由上图计算结果可知:封底混凝土最大主拉力 $\sigma = 1.18\text{MPa} > [\sigma] = 0.73\text{MPa}$,但超限范围较小(高度20cm),考虑应力重分布且此处有吊挂牛腿,认为封底混凝土强度满足要求。

(3)工况Ⅶ第二层承台浇筑

第二层承台浇筑5.0m,共10165m^3,浇筑时所有荷载由第一次浇筑承台承受,实体模型计算(未考虑钢筋参与受力)如图5-3-1-56所示。

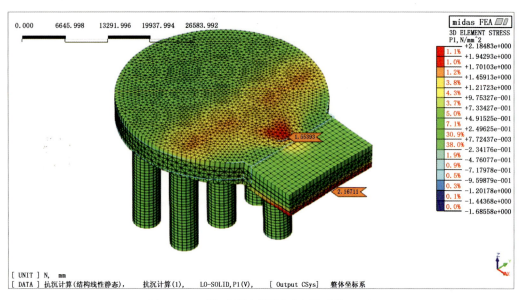

图5-3-1-56 第一层承台混凝土应力图(单位:MPa)

由图5-3-1-56计算结果可知:跨中混凝土最大主拉应力 $\sigma = 1.67\text{MPa} < [\sigma] = 2.79\text{MPa}$;桩顶混凝土最大主拉应力 $\sigma = 1.56\text{MPa} > [\sigma] = 1.03\text{MPa}$,桩顶混凝土强度不满足受力要求,须增加配筋。

配筋计算:

第二层承台浇筑时,按均布荷载加载于第一层承台,第一层承台自重考虑由封底承受,计算时仅考虑第二层承台自重荷载。系梁跨度 $L = 23.4\text{m}$,截面宽度18m,高度4.0m,第二层承台厚度5.0m,按均布荷载考虑 $q = 18 \times 5.0 \times 2.5 = 225\text{t/m}$。

第一层系梁混凝土浇筑时,桩顶截面弯矩 $M = -1314 \times 2.8 = -3679\text{t}\cdot\text{m}$,内力计算如图5-3-1-57、图5-3-1-58所示。

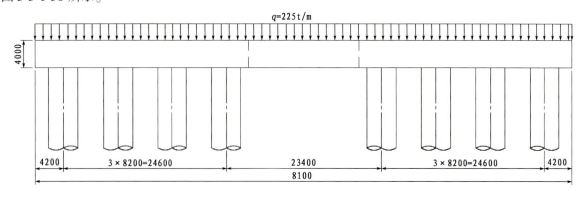

图5-3-1-57 第一层承台混凝土内力计算简图(尺寸单位:mm)

则第一层系梁混凝土及第二层承台混凝土荷载共同作用下,桩顶截面弯矩 $M_{0承台系梁} + M_0 = 651.7 + 367.9 = 1019.6\text{kN}\cdot\text{m}$

依据《公路钢筋混凝土及预应力混凝土桥涵设计规范》(JTG D62—2004)5.2.2计算正截面抗弯承载力计算。

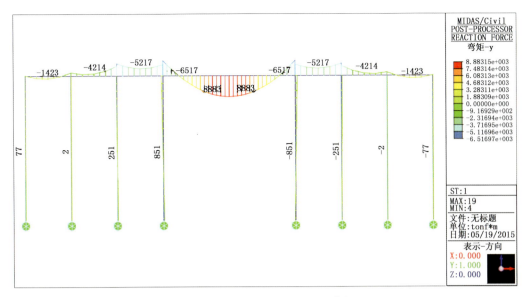

图 5-3-1-58　第一层承台混凝土内力图(单位:t·m)

由：$\gamma_0 M_d \leqslant f_{cd} bx \left(h_0 - \dfrac{x}{2} \right)$，受压区高度 $x = 84\text{mm}$。

受拉区钢筋面积：

$$A_x = \dfrac{f_{cd} bx}{f_{sd}} = 22.4 \times 18000 \times \dfrac{84}{330} = 102633 \text{mm}^2$$

上翼缘配 476 根 $\phi 28$ 的 HRB400 钢筋，实际钢筋面积 $A_s = 292949\text{mm}^2$，截面配筋如图 5-3-1-59 所示。

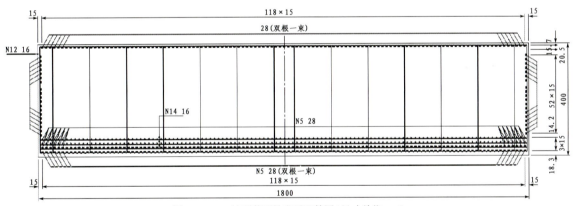

图 5-3-1-59　桩顶截面补充后配筋图(尺寸单位:cm)

依据《公路钢筋混凝土及预应力混凝土桥涵设计规范》(JTG D62—2004)计算截面裂缝宽度。

最大裂缝宽度：

$$W_{lk} = C_1 C_2 C_3 \dfrac{\sigma^{ss}}{E_s} \left(\dfrac{30 + d}{0.28 + 10\rho} \right) \tag{5-3-1-2}$$

式中：W_{lk}——最大裂缝宽度(mm)；

　　　C_1——钢筋表面形状系数，带肋钢筋取 1.0；

　　　C_2——作用(荷载)长期效应影响系数，$C_2 = 1 + 0.5(N_1/N_s) = 1.5$；

　　　C_3——与受力构件受力性质有关的系数，取 $C_3 = 1.0$；

　　　σ^{ss}——钢筋应力(MPa)；

　　　E_s——钢筋弹性模量，取值 200000MPa；

　　　d——钢筋直径(mm)；

ρ——受拉钢筋配筋率。

$$\rho = \frac{A_s + A_P}{b h_0 + (b_f - b) h_f} \tag{5-3-1-3}$$

式中:A_s——受拉或受压区纵向钢筋的截面面积(mm^2);

A_P——预应力纵向钢筋的截面面积(mm^2);

b——截面宽度(mm);

b_f——截面梁受拉翼缘的宽度(mm);

h_0——截面有效高度(mm);

h_f——截面梁受拉翼缘的厚度(mm)。

钢筋应力:

$$\sigma_{ss} = \frac{M_s}{0.87 A_s h_0} = \frac{10196 \times 10^7}{0.87 \times 292949 \times (4000 - 100)} = 102.6 \text{MPa}$$

受拉钢筋配筋率:

$$\rho = \frac{A_s + A_P}{b h_0 + (b_f - b) h_f} = \frac{292949}{18000 \times 3900} = 0.0004 < 0.006$$

则,最大裂缝宽度:

$$W_{lk} = 1.0 \times 1.5 \times 1.0 \times \frac{102.6}{2.0 \times 10^5} \left(\frac{30 + 28}{0.28 + 10 \times 0.006} \right) = 0.14 \text{mm} < [W_{lk}]$$

裂缝宽度满足要求。

3.2 围堰施工

3.2.1 总体施工方案

1)主塔墩防撞箱围堰

桩基施工完成后,拆除钻孔区平台,并在护筒内安装吊挂"十字梁",每个单圆接高,其中4根钢护筒作为支撑桩,桩顶安装分配梁。防撞箱围堰在工厂内分两个单元整体拼装制造,通过场内滑移轨道滑移至岸边,利用大型起重船分两次起吊单圆至运输驳船上,防撞箱的左右两个单元运输至墩位后,再次通过大型起重船起吊单元吊挂在接高的钢护筒上,现场进行调节并将两个单圆连接成整体,采用8台560t连续千斤顶整体下放到位。然后清理钢护筒,安装封堵板、水下底层限位等,连接封底吊杆与十字梁,铺设封底平台,并依次浇筑两个单元内封底混凝土(系梁桁架区不封底);待封底混凝土达到设计强度后,抽水、焊接抗沉牛腿、解除封底吊挂、拆除下放系统、实现受力体系转换。

2)边墩、辅助墩围堰

辅助墩和边墩整体加工制造,利用大型起重船吊装至钢护筒上,清洗钢护筒,水下安装底层限位,安装封底平台,浇筑封底混凝土;待封底混凝土达到设计强度后,抽水,焊接抗沉牛腿,解除封底吊挂,拆除吊挂系统,实现受力体系转换。

3.2.2 围堰制造

围堰底龙骨在水平胎架上进行组拼焊接,并根据现场实测护筒偏位情况铺设底板;防撞箱侧板及防撞梁在专用胎架上分块制造,制造完成后与底龙骨进行整体组拼;防撞梁、挂腿及限位待侧板安装完成后再与侧板组焊;系梁桁架,下放导向等根据实测位置匹配制造;待防撞梁与侧板组焊完成后在厂内进行复合材料填充;单元块加工完成后搭设临时防护棚进行喷砂除锈及防腐涂装。

1)防撞箱单元件制作

为了保证生产进度及制作精度,吊箱部分和防撞梁部分分别进行制作,然后待吊箱部分拼装组拼成整体后,再进行将防撞梁部分连接于吊箱上的制作形式。吊箱结构由侧板ABCD段、龙骨、底板、吊挂和附属设施等组成,为了便于制作及保证整体拼装的结构尺寸,将吊箱重新进行划分单元块制作。具体分块图见图5-3-2-1。

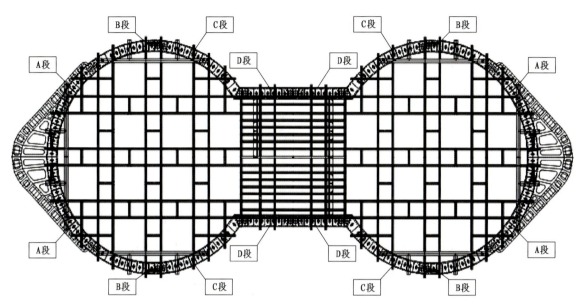

图5-3-2-1 N03、N04、Z03、Z04防撞箱侧板分块示意图

(1)侧板分块

根据钢结构车间吊机的生产能力,决定对防撞箱侧板作如下分节:吊箱结构由于侧板A单重较大沿中心线分两段制造,侧板共分为16块;两侧防撞梁沿中心线分两段制造,共分成4块。防撞箱侧板高14.6m或15.6m,在高度方向上不分块。

(2)防撞箱侧板制造

侧板"哑铃头"为圆形结构,壁厚1.8m,分为8块圆弧段进行制作。为保证在拼装时的尺寸误差控制在标准范围之内,需铺设专门的焊接平台。在平台上焊接侧板,能够保证焊接时的变形和弧度。焊接时的胎架必须是一个刚性的固定结构来减少尺寸的误差,现场共布置4个1/2A、4个B、4个C、4个D形胎架。待D形侧板制作完成后,其胎架改制为防撞梁胎架进行使用。

①内部隔板的制作

整体结构尺寸的弧形跟内部隔板的弧形尺寸有很大关系,为了保证制作精度,内部隔板均采用数控等离子切割机进行制作,并校正其结构尺寸,具体如图5-3-2-2所示。

②壁板的拼焊

单片侧板的内外12mm面板配料对接时,用埋弧焊机施焊。面板的长度按图纸上防撞箱高度方向的尺寸下料;面板的宽度按整个防撞箱面板的展开长度的1/17加上10 mm的收缩量作为单片壁板的宽度。在面板上弹出面板的中心线、水平环板的安装位置线、隔仓板的安装位置线,按安装竖向、横向隔板面板应呈正矩形(对角线要相等),周边应平直,不能出现"马刀"弯。具体见图5-3-2-3。

③单片侧板的拼焊胎型

制作单片侧板的拼焊胎型,每个胎型架制好并进行校核。胎型上应有面板位置的端坐线及中心线。胎架示意图如图5-3-2-4、图5-3-2-5所示。

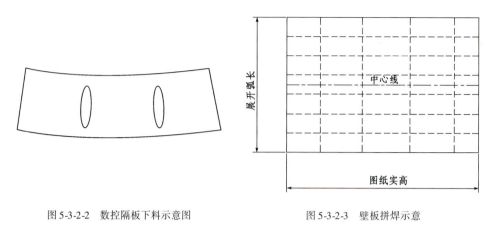

图 5-3-2-2　数控隔板下料示意图　　　　图 5-3-2-3　壁板拼焊示意

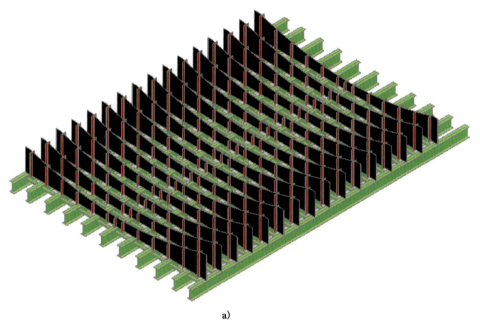

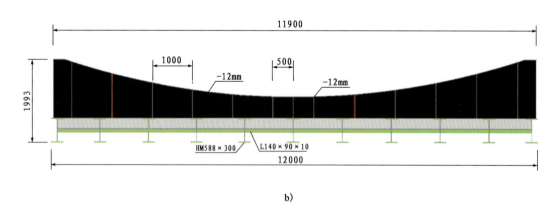

图 5-3-2-4　防撞箱侧板胎架示意图（尺寸单位：cm）

④单片防撞箱的组拼

外侧面板铺放时，应对齐胎型上的中心线，胎架上的面板端线应与面板的边线重合。竖向、横向隔板均应与面板垂直。在盖内侧面板时，要使面板紧贴隔板，然后测量对角线尺寸必须一致，若不等时应移动面板，方可进行面板内侧与隔板的焊接，如图 5-3-2-6 所示。

图 5-3-2-5　防撞箱侧板胎架加工制作

图 5-3-2-6　单片防撞箱组拼

（3）防撞箱直线侧板制造

防撞箱直线侧板单侧分为4块制造，其中隔板及其筋板等制造要求与防撞箱圆弧侧板一致。单侧侧板两面板整体制造，然后再分块脱胎。组拼制造时，要保证面板侧边与底边互相垂直，并同时在底边内外侧的外面划出中心线，三片侧板面板脱胎前，在内侧的面板上划出内支撑钢管的位置线，并打样冲。

制造过程中注意：

① 水平环板对接缝必须开坡口，熔透焊接。

② 隔板两端头与面板留出200～300mm暂不焊接，拼装时，待水平环架对接好后再焊接，如图5-3-2-7所示。

图 5-3-2-7　直线段防撞箱制作

（4）底龙骨的制作

① H型钢应按图纸提供的尺寸合理配料，配料单编制好后报工程部审核，批准后方可下料。底龙骨的结构制作尺寸按工程部确定的尺寸施工。底龙骨制作时，对龙骨底部采用型钢进行抄垫水平，抄垫高度70cm，便于底龙骨焊接及钻孔。

② 防撞箱设计图纸中要求底龙骨必须等强度接长，即腹板、翼缘板开坡口后熔透焊接，焊缝等级为Ⅱ级。底龙骨架在厂里分段制作，H型钢的现场对接形式如图5-3-2-8所示。H型钢对接时，要保证H型钢的翼缘在同一平面上。在胎架上拼装时，用4～5m长的铝靠尺放在翼缘上面检查，相邻两个H型钢翼缘面的错台≤2mm，具体见图5-3-2-9。

③ 底龙骨加工应保证横平竖直，平面位置误差及旁弯均不大于5mm。底龙骨对接接头均应按等强要求焊接施工，接头位置应避免设在封底吊杆吊挂节点范围内，接头沿纵桥向错开50%布置。

（5）防撞梁的制作

防撞梁与侧板部分类似的箱型结构，现场分三段在相应的胎架上进行加工，制作工艺与侧板相同。加工精度要求见表5-3-2-1。

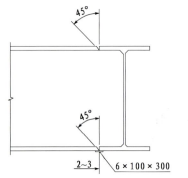

图 5-3-2-8 H 型钢的现场对接形式(尺寸单位:mm)

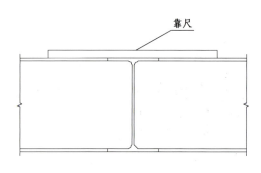

图 5-3-2-9 H 型钢对接检查示意

防撞箱尺度精度表　　表 5-3-2-1

项　目	标准(mm)
总长或型长偏差	[-5,0]
总宽或型宽偏差	[-5,0]
型深偏差	[-5,0]
内壁主体尺度偏差	[-5,0]

(6)底侧板连接加工

底侧板连接结构主要由吊箱底部挡块和顶部锚座及吊杆组成;内侧限位挡块在防撞箱与底龙骨相对位置调整完成后焊接,挡块与防撞箱间抄垫顶紧(不焊接)。

部分拉杆与防撞箱下挂腿位置冲突,下挂腿对应开 $\phi50$mm 圆孔,拉杆安装后将圆孔密封,防止封底混凝土渗透进入下挂腿;拉杆 A/B 采用 $\phi32$mm/$\phi40$mm 精轧螺纹钢筋,材质 PSB930,单根预拉 25t/40t,拉杆张拉完成后在防撞箱与底板(T 形底龙骨顶面)间涂抹防水密封胶;防撞箱吊装、组拼、下放等过程中注意观察拉杆上端螺母是否有松动,存在螺母松动的补充张拉至 25t/40t;加劲板与防撞箱面板加劲角钢位置冲突时,可适当调整加劲板间距。外侧通过螺栓将侧板与底龙骨进行栓接。

(7)系梁桁架

①系梁桁架主要由底桁架、系梁底板、系梁侧模、隔舱底座、系梁吊杆、伸缩板、拼接板及限位组成。首先底桁架按图纸放样加工,然后拼装底板及侧模。

②系梁桁架分析片进行加工,最后进行组拼,下弦杆主材为 HN700 型钢,上弦杆主材为 HW588 型钢,竖杆为 HW588 型钢,斜杆由 2[36b、2[32b 型钢组成。腹杆与上下弦杆采用节点板进行连接,节点板与弦杆采用坡口焊,需熔透,质量等级为二级焊缝,其余均采用角焊缝连接,质量等级为三级。

③系梁桁架与防撞箱相邻杆件、底板均需后焊,保证系梁桁架顺利吊装。

④系梁底模主要有∠90×8 角钢和 8mm 钢板加工而成,共 22 块。系梁底板需承受向上及向下两个方向荷载,底板面板与系梁桁架上弦杆、面板与角钢小肋间焊缝均需满焊,焊缝高度 $h_f=6$mm;同时角钢小肋及横向隔板与系梁桁架上弦杆均要求满焊,焊缝高度 $h_f=8$mm,施工时需严格执行。

⑤隔舱底座上钻 $\phi23$mm 孔用于与底隔舱进行栓接。同时隔舱底座与上下面板均需满焊,焊缝高度 $h_f=8$mm。

⑥系梁侧模主要有角钢∠90×8 竖肋、8mm 钢板面板及Ⅰ16 型钢背楞组成。系梁侧模与系梁桁架端竖杆间焊接固定,焊缝高度 $h_f=8$mm。系梁底板与侧模间采用伸缩板焊接连接,伸缩板两边焊缝施工完成后应进行煤油渗透试验,系梁桁架制作如图 5-3-2-10 所示。

(8)上、中、下三层导向

①各层导向下料加工前精确测量钢护筒偏位及倾斜度,根据实测数据调整导向尺寸,调整原则为固定导向与护筒最小间距 $S\geq100$mm。

图 5-3-2-10　系梁桁架制作

②上层、中层导向活动导向轮采用钢质滚轮,保证局部受力满足要求。

(9)吊装及下放系统

①扁担梁中间段利用钻孔平台桩顶分配梁改制,改制前需作除锈处理,对结构有损伤及锈蚀严重的部位需进行补强。

②桩顶分配梁改制切割时,应注意对结构进行保护,对切割后毛边、钝口进行打磨。

③各加工件所有孔眼均采用钻(镗)孔,不得现场割孔,孔壁及销轴光洁度应严格按设计要求执行。销孔孔径加工正公差≤0.5mm,负公差≤0mm,销轴直径加工误差正公差≤0mm,负公差≤0.1mm。

2) 厂内拼装

(1)防撞箱拼装

防撞箱侧板采用厂内桁车、吊机同时对称拼装,拼装顺序:先底龙骨、底板,后侧板,最后防撞梁。

①在拼装场地内用型钢焊接拼装滑移平台,滑移平台放在船台轨道上,拼装时通过拼装滑移平台进行调整至底龙骨水平状态进行拼装。拼装前胎架需调平,并测量放样出中心线及边角点四角测定固定基准点,并以此定出理论基准面及中心线,以作单元块拼装过程中平面测量的依据。

②防撞箱分节拼装

防撞箱拼装两侧同时对称作业,依据每个单元组合进行编号排队,按照顺序依次拼装。拼装工作应对称进行,直至最后合拢。拼装合拢后,全面调整其垂直、水平度等,务必使接头对准,所有误差均在允许范围之内,如图 5-3-2-11 所示。

图 5-3-2-11　防撞箱拼装

(2)拼装注意事项

①起吊防撞箱块件时,应按指定位置起吊,不得任意改动,以免扭曲变形,起吊时不得碰撞。

②拼装时如有钢板或者型钢碍事,不利拼装,不得随意烧割,应及时反映,请示后再行处理。

③吊装每片侧板时,侧板的底边角料应靠在龙骨架上的连接板上,同时要注意,侧板应垂直于底排龙骨架,并用型钢斜撑固定。两片防撞箱侧板拼好后,并检查无误,焊接两片防撞箱侧板连接处的水平隔板,焊接底板及内外面板的对接焊缝。

起吊最后一片侧板前,应测量已拼装好的防撞箱开档处的实际弦长,对最后一块侧板进行修整后再进行拼装。

3)复合材料填充

(1)材料要求

复合材料格构箱采用的玻璃纤维树脂基增强材料及聚氨酯泡沫材料,其技术标准应满足相关规范标准要求,其建造工艺应参考玻璃钢/复合材料船艇规范进行。复合材料箱主要物理及力学性能应满足表 5-3-2-2 要求。

复合材料防撞箱物理及力学性能要求 表 5-3-2-2

玻璃纤维增强材料	密度	≥1800kg/m³
	拉伸强度	≥250MPa
	抗弯强度	≥200MPa
	剪切强度	≥50MPa
	拉伸模量	≥10GPa
	吸水率	≤3%
	外壳巴氏硬度	≥45
聚氨酯泡沫	密度	≥40kg/m³
	平压弹性模量	≥4MPa
	剪切强度	≥0.2MPa
	平压强度	≥0.2MPa
	吸水率	≤3%
复合材料箱整体性能	压缩刚度	≥150MN/m³
	无阳光照射条件下,耐久性	≥60 年

(2)复合材料施工工艺

采用真空导入原理,在预成型体中放入芯材,然后铺脱模布、导流网、真空袋膜并用密封袋密封后采用真空泵抽出体系中的空气,在模具腔中形成一个负压,利用真空产生的负压使树脂通过预铺的管路填充满芯材与外膜之间的空隙,充满整个模型腔体,制品固化后,揭去真空袋膜等辅助材料,即得到所需产品,具体工艺见图 5-3-2-12。

具体施工流程:

①对焊接成型的防撞梁进行内部除锈,同时检查焊缝质量,确保钢箱体整体的气密性。检查钢箱体导流孔的位置及密闭性,对钢箱内部结构进行测量,编制内部芯材的下料及组装方案。

②芯材下料切割。将聚氨酯泡沫经锯、刨、开槽、钻孔等机械加工成规定形状,制成芯材。芯材几何尺寸应精确,允许误差±1mm。

③裁布。将增强材料(玻璃纤维布)按照设计要求裁剪成所需大小和形状,铺设过程中需注意玻璃纤维布中纤维走向,保证纤维材料整体搭接,力学性能达到设计要求。

④将包裹了玻璃纤维布的芯材填充至钢箱内,考虑到真空导入高度,在芯材填充过程中需分层布置注胶管,合理分配导流网、脱模布、抽气口及真空袋膜。注胶管如图 5-3-2-13 所示。

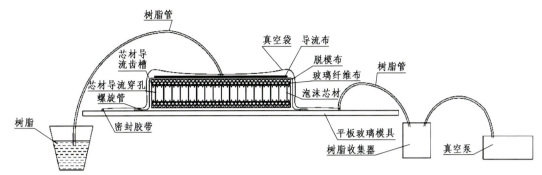

图 5-3-2-12　真空导入成型工艺示意图

⑤做好真空泵、真空罐、树脂罐等设备的准备,同时按照玻璃纤维含胶量,准确计算树脂进胶量,做好树脂、固化剂及促进剂的配比。

⑥真空袋膜与模具之间采用密封带密封,在注胶口、抽气口分别插入注胶管及抽气管。关闭进胶管的阀门即可进行密封性能测试,开启真空泵,抽空压力达 -0.1MPa 即为合格。

⑦将进胶管插入树脂容器内并松开进气管的阀门,树脂自动进入模腔内,检查每根抽气管,如果每根抽气管均有树脂,则真空导入过程完成,关闭进胶管阀门继续保持真空负压状态,观察树脂凝胶情况,如树脂开始凝胶则可关闭真空泵等待产品固化。

图 5-3-2-13　注胶管

⑧复合材料填充完毕达到设计强度后,进行防撞梁顶板密闭焊接。焊接前对防撞梁顶板进行压实,焊接完成后防撞梁顶板与复合材料箱密贴,同时应注意采取相应措施确保后焊钢板时内部复合材料箱不发生损伤(可在内部铺设石棉等耐候材料)。

⑨加工完成后应进行检验,目测表面无缺陷瑕疵,检测表面巴氏硬度≥45 即为合格,合格的钢复合材料防撞箱上打上检验章、生产批号及出厂编号。

(3)环境要求

真空导入工艺生产时间长,从导入开始到结束需要 2h 左右,生产作业场所温度控制在 20~25℃,作业场所粉尘浓度小于 8mg/m³,清洁的环境可以保证凝胶的时间。真空导入成型工艺可以较少 90%以上的苯乙烯挥发,保证职业健康。

3.2.3　围堰滑移

1)防撞箱滑移方案

在既有船台滑道上布置滑移平台,利用船台滑道坡度实现围堰自滑,滑移系统分为顶推系统和锚固系统两部分,顶推系统用于围堰滑移时启动以及过程中的辅助滑移,锚固系统利用卷扬机和钢丝绳防止滑移过程围堰失控。船台滑道上可完成两个防撞箱的组拼,第一套防撞箱滑移距离为 91.1m,第二套防撞箱滑移距离为 197.6m。总体布置如图 5-3-2-14 所示。

2)滑移平台介绍

(1)船台滑道:船台滑道为场地既有结构,滑道为混凝土滑道,总长 320m,两条滑道中心间距为 9m,单条滑道宽 1.8m,坡比为 1:22,滑道前端顶高程为 15.58m,后端顶高程为 1.223m。布置如图 5-3-2-15 所示。

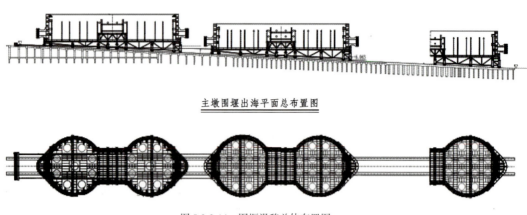

图 5-3-2-14 围堰滑移总体布置图

图 5-3-2-15 船台滑道布置图（尺寸单位：mm）

(2)滑移平台：船台滑道间距为 9m，滑移平台主梁悬挑距离最长为 12m。主梁采用焊接钢箱梁，材质为 Q345B，截面尺寸为 2.0m×1.3m、1.2m×0.9m。分配梁间设置平联，结构如图 5-3-2-16、图 5-3-2-17 所示。

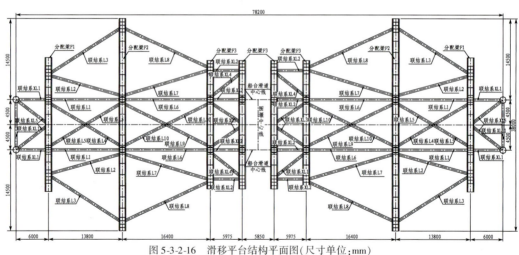

图 5-3-2-16 滑移平台结构平面图（尺寸单位：mm）

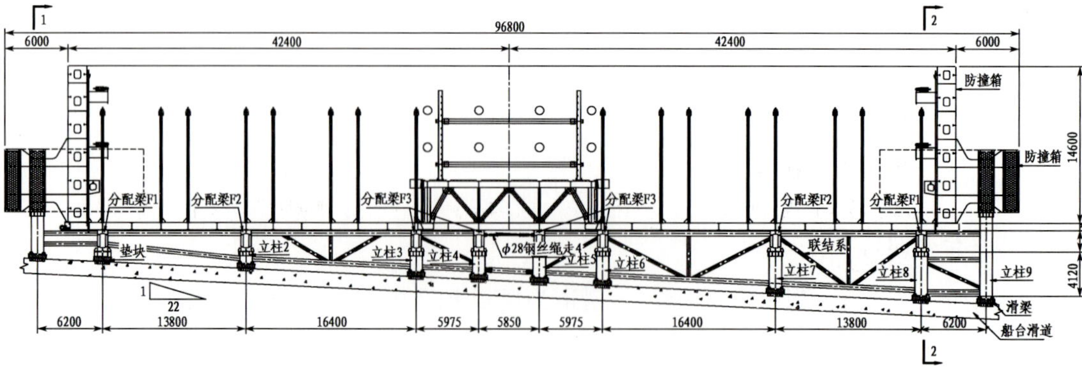

图 5-3-2-17 滑移平台结构立面图（尺寸单位：mm）

(3)滑移方式:在滑移平台对应滑道下方设置滑靴,滑靴上设置30mm厚MGE板,滑道上布置30mm厚钢板及4mm不锈钢板。一个防撞箱沿滑道水平分力为180t,MGE板在油润滑状态摩擦因数为0.016~0.03,干态摩擦因数为0.045~0.065,摩擦力分别为608~1140kN、1710~2470kN,考虑滑移时涂抹黄油,则防撞箱在自重作用下可自行下滑,拼装及滑移过程中均需设置限滑措施。

(4)限滑措施:滑移平台组装完成后,在滑靴与滑道之间设置楔块,一个防撞箱共设置20个楔块,详见图5-3-2-18、图5-3-2-19。滑移时在每条船台滑道上设置1台12.5t卷扬机,利用钢丝绳拉在围堰底龙骨上,详见图5-3-2-20。

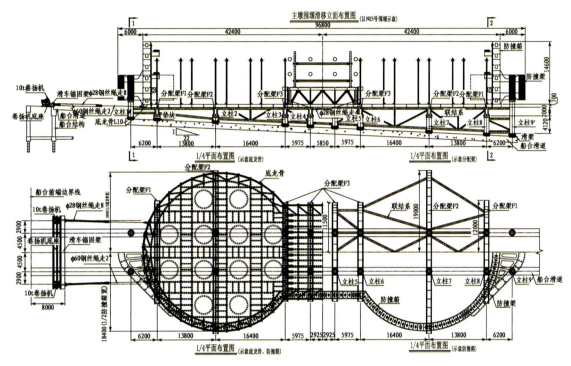

图5-3-2-18 滑移平台支点布置图(尺寸单位:mm)

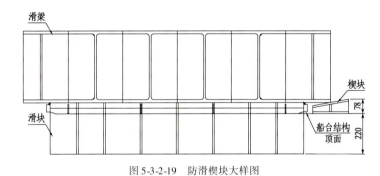

图5-3-2-19 防滑楔块大样图

图5-3-2-20 滑移限滑系统

(5)防倾立柱的设置:围堰拼装时,在滑移平台分配梁与防撞箱底部底部有抄垫块,滑移平台分配梁底部的钢管立柱在滑移前不拆除,作为滑移时防撞箱的防倾立柱用,单个防撞箱共设置12个防倾立柱,分别布设于滑移平台分配梁的两端,各防倾立柱距离地面距离均为50cm,防倾立柱布置详见图5-3-2-21。

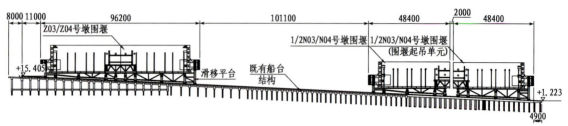

图 5-3-2-21　防倾立柱布置图(尺寸单位:mm,高程单位:m)

3）滑移步骤

步骤一:

(1)按设计位置在既有船台结构上拼装滑移平台,安装卷扬机系统;

(2)采用前面楔块抄垫结合后面安装钢丝绳或者卷扬机的形式将滑移平台固定;

(3)按照抄垫布置图进行抄垫结构安装。

步骤二:

(1)围堰拼装完成后启动卷扬机受力带紧;

(2)按顺序拆除防撞箱下方抄垫。

步骤三:

(1)解除围堰滑移平台固定楔块,围堰滑移到设计位置,第一次滑移距离为91.1m;

(2)安装围堰1/2单元固定楔块,围堰解体,拆除立柱间连接系,前方1/2围堰单元滑移2m至吊装位置;

围堰分离控制措施:在后方1/2围堰单元滑移分配梁F3上设置20t导链,利用φ28钢丝绳走4通过滑车组与前方1/2围堰单元滑移分配梁F3连接,连接系拆除后,利用20t导链缓慢下放前方1/2围堰单元滑移2m;

(3)安装前方1/2围堰单元固定楔块,安装吊具,利用秦航工1号2000t起重船将围堰起吊单元吊装至运输船上。

步骤四:

(1)将另1/2围堰单元滑移至起重船吊装位置,安装固定楔块,利用起重船将其吊装至运输船上;

(2)按设计图将卷扬机系统与Z03、Z04号围堰底龙骨连接,滑移Z03、Z04号围堰100m,此工况下单侧钢丝绳为φ28走8字;

(3)接长滑车组钢丝绳成8×28+2×60;

(4)继续同N03/N04滑移步骤滑移Z03、Z04围堰至设计位置起吊装船。

4）顶推备用方案

当下滑过程中遇到无法预见的阻力,无法下滑时,采用顶推备用方案进行下滑。顶推采用6台100t长行程千斤顶进行施工,千斤顶总行程105cm,一次顶推60cm。其中4台千斤顶分别设于滑移平台分配梁F2下方滑道上,作为主顶推千斤顶,另外2台设于第2根分配梁F3下方滑道上,做为备用顶推千斤顶。

千斤顶设于滑移平台滑梁与滑道之间,顶推系统详见图5-3-2-22~图5-3-2-24,主要由反力座、钩板、顶座组成。顶推过程中,应注意随时保持后方12.5t卷扬机钢丝绳处于带劲状态,避免防撞箱突然下滑。

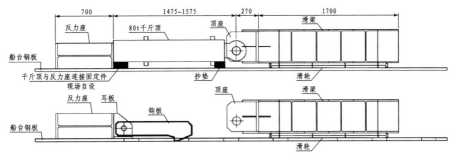

图 5-3-2-22 顶推系统立面布置图(尺寸单位:mm)

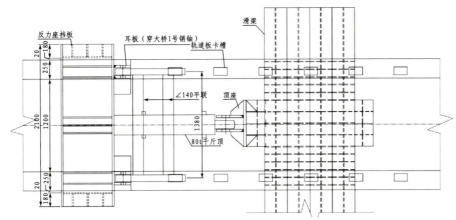

图 5-3-2-23 顶推系统平面布置图

图 5-3-2-24 围堰整体顶推实况图

5）滑移过程注意事项

（1）防撞箱拼装前,滑移平台与滑道之间的楔块及与后背墙钢丝绳均须全部安装到位；

（2）滑移开始前卷扬机钢丝绳须收紧带紧后方可拆除楔块,防止围堰突然下滑；

（3）滑移方案中如需暂停较长时间,则应安装楔块止滑；

（4）围堰整体滑移到位后,须待后方 1/2 围堰单元楔块安装完成后方可进行围堰解体,拆除联结系；

（5）1/2 围堰起吊单元滑移到位后,原则上应及时安装楔块止滑,之后方可进行吊具安装、起重船吊装作业等下一步工作；

（6）滑移方案中不锈钢板与 MGE 板之间需涂抹黄油；

（7）围堰滑移方案中,须采取可靠措施严格控制两台卷扬机的同步性及滑梁偏位情况,派专人检查控制,滑移方案中单根滑梁轴线偏位不得大于 100mm,超出设计值时应及时纠偏；

(8)保证每一个滑移或者静止工况,整个滑移系统处在可控状态;

(9)围堰拼装、滑移前,测量组做好测量控制点及高程的控制方案,尤其是第一跨支点位置、跨中两端支点的监控及滑道的监控工作;

(10)为确保围堰滑移过程中的同步性,左右两侧卷扬机应保持一致,滑道上应做好刻度标记,在卷扬机滚筒上用油漆做好明显的标记,围堰滑移时应安排两个专人看管卷扬机,严密监控卷扬机的转数保持一致;

(11)围堰侧板拼装前,应确定后方的锚固系统完好,钢丝绳应带紧受力,确保围堰拼装时下滑力应转移至后方锚固系统及钢丝绳上,保护好楔块不因下滑力而损坏;

(12)为保证围堰滑移的同步性,要求卷扬机增加排绳器,且两侧的排绳要对称布置,确保同步下滑;

(13)做好底龙骨的安全通道工作,滑移前应做好滑移平台的垃圾及杂物的清理工作,做好安全通道及逃生等应急措施;

(14)围堰拼装及滑移施工前应进一步细化,按工序做好现场三级技术交底工作,明确各工序的注意事项及操作规程,并与协力队伍提前沟通,确保各施工工序满足安全、规范要求。

3.2.4 围堰运输

N03、N04、Z03、Z04防撞箱围堰在冠海船厂加工完成后,通过场内滑移轨道滑移至岸边,再利用秦航工1号2000t起重船将防撞箱吊装单元(1/2围堰)吊至运输驳船上;S04防撞箱在恒生船厂内匹配制造完成后,通过场内滑移轨道滑移至船台岸边,由于受航道限制,利用两台1000t起重船并排抬起吊至驳船。运输驳船防撞箱浮运船舶采用海西3号运输驳船(非自航钢质驳船),驳船根据防撞箱的起吊高度和摆放位置进行了改造加固,防撞箱通过海西3号运输驳船编队沿既定航线运至墩位处。S03防撞箱在雄鹰船厂加工完成后,由于距离较近,采用2000t起重船直接吊运至墩位处。

1)N03、N04、Z03、Z04围堰运输

(1)准备工作

①安装防撞箱吊装及下放系统:吊耳与锚梁B用$\phi170\times823$mm的销轴C连接,分配梁B与锚梁B用$\phi150\times799$mm的销轴A连接,锚梁A与扁担梁用$\phi150\times955$mm的销轴B连接,两组扁担梁之间用横撑连接控制相对位置,两组锚梁A之间用对撑连接控制相对位置。吊装下放系统如图5-3-2-25所示,吊装单元吊重统计结果见表5-3-2-3。

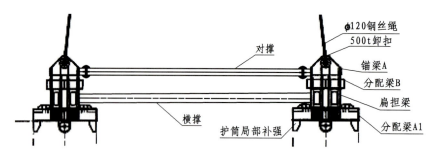

图5-3-2-25 吊装下放系统

单元吊重统计表　　　　　　　　　　　表5-3-2-3

围堰编号	重量
N03号墩围堰1/2围堰吊装单元	1800t
N04号墩围堰1/2围堰吊装单元	1812t
Z03号墩围堰1/2围堰吊装单元	1815t
Z04号墩围堰1/2围堰吊装单元	1820t

②驳船加固。

防撞箱浮运船舶采用海西3号运输驳船(非自航钢质驳船),驳船参数:垂线间长132.5m,型宽40m,型深8m,驳船自重5944t,载重净吨位大于20000t,最大设计吃水深度5.293m。

根据防撞箱的起吊高度和在驳船上的放置位置对驳船进行改造,将驳船尾部超高部分进行割除,根据驳船龙骨位置和防撞箱存放位置在甲板上设置HW588型钢框架抄垫,并将抄垫框架与甲板间断焊接,保持框架与驳船连接牢靠不产生滑移。防撞箱放置到驳船抄垫上后,通过加劲板将防撞箱底龙骨与抄垫框架进行焊接,待运抵现场后只需将加劲板割除后即可起吊防撞箱。为提高防撞箱在外海运输抗风能力,在防撞箱圆弧内设置钢丝绳缆风对防撞箱进行固定,缆风绳一端与防撞箱侧板顶部相连,一端与船舶甲板进行固定,如图5-3-2-26所示。

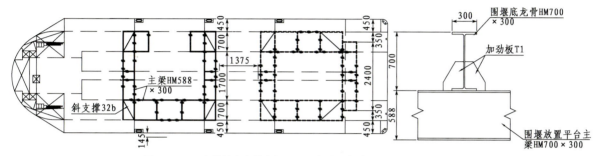

图5-3-2-26 防撞箱底龙骨与抄垫通过加劲板焊接固定(尺寸单位:cm)

(2)吊装单元吊装出海

利用2000t起重船进行吊装,考虑到平台位置及围堰尺寸及高度影响,起重船扒杆与水平面夹角均按不小于60°(吊距47.68m)控制。单个防撞箱滑移到设计位置前2m,锁定后方1/2防撞箱单元,解除两个防撞箱单元之间的连接,前方1/2防撞箱单元继续滑移2m到设计位置。2000t起重船及运输船队就位,安装吊挂系统,吊挂系统收紧适当受力;解除底龙骨与滑移平台之间的连接,利用2000t起重船将1/2防撞箱单元吊装至运输驳船上;后方1/2防撞箱单圆滑移就位,安装吊挂系统,吊挂系统收紧适当受力;解除底龙骨与滑移平台之间的连接,利用2000t起重船将1/2防撞箱单元吊装至运输驳船上;起吊过程中应严密监控主钩索力,超过设计值时应停止起吊、查明原因后方可继续。

出厂吊装采用"秦航工1号"2000t起重船起吊,"秦航工1号"吊幅76.33m,吊高100.16m,船长102.6m,船宽41.6m,空载吃水深度3.08m,满载吃水深度5.25m,船舶具体吊重参数见表5-3-2-4。吊装作业前对吊装作业区及运输航线进行航线勘测,对不满足水深要求的区域进行航道疏浚及海床清理工作。

"秦航工1号"吊重参数表　　　　表5-3-2-4

	扒杆倾角(°)	70	65	60	55	50	45	40
双主钩抬吊	起重(t)	550×4	500×4	500×4	450×4	360×4	250×4	200×4
	吊高(m)	96.63	92.70	88.03	82.65	76.61	69.95	62.72
	吊距(m)	30.40	39.23	47.68	55.67	63.14	70.05	76.33

吊装采用500t卸扣4个;直径128mm,长62m钢丝绳4根,卸扣与吊具相连,吊具通过销轴与吊耳相连。起重船起吊布置如图5-3-2-27所示。

①船舶站位与抛锚定位

"秦航工1号"航行至冠海船厂码头后,船首正对船厂船台滑道站位。"秦航工1号"抛两个前锚至船台两侧的系缆柱上;尾部抛两个尾锚,成交叉形抛锚;两侧各抛一个边锚,另外在秦航工1号尾部抛一个后退锚,长200m;海西3运输驳船与秦航工1号垂直站位于起重船右前方向,海西3驳船停靠在舾装码头;待"秦航工1号"起吊防撞箱后退一个运输船长距离(约100m)后,"秦航工1号"松前锚,运输驳船向左行驶时再抛两个前锚运输船收紧前锚(拖轮辅助)移位至起重船正前方。具体抛锚布置如图5-3-2-28所示。

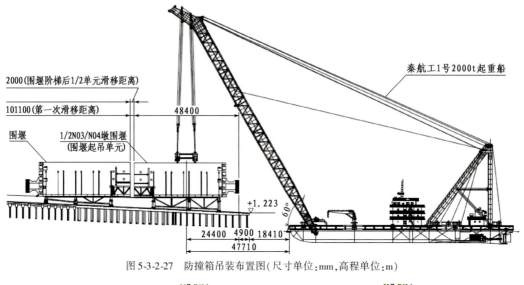

图5-3-2-27 防撞箱吊装布置图(尺寸单位:mm,高程单位:m)

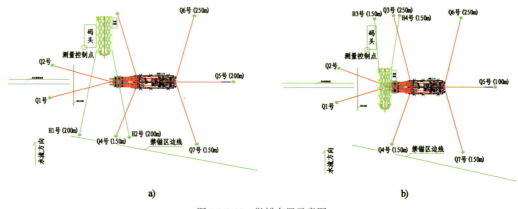

图5-3-2-28 抛锚布置示意图

船舶抛锚与收锚具体操作如下:

a."秦航工1号"两前锚系于船台两系缆柱上,尾部一个后退锚及两尾锚,起重船正对船台滑道站位后,按"要求起吊防"撞箱,后退100m,准备将防撞箱放置在运输驳船上。

b."秦航工1号"将防撞箱起吊后退100m后,松前锚,再抛运输船两个临时锚H1和H2,运输船收紧前锚(拖轮辅助)移位至预定位置,准备防撞箱的装船工作。

c.防撞箱放置在运输驳船上后,放松运输船两临时锚,船尾再抛两临时锚,通过收紧海西3号运输驳船的尾锚,辅助拖轮后移至指定位置(舾装码头旁)。

d.运输驳船后退至指定位置后,"秦航工1号"通过收紧两前锚前进至预定位置,准备第二个防撞箱的起吊工作。

②防撞箱吊装

船舶抛锚定位后准备进行防撞箱的吊装,防撞箱吊具事先与吊耳进行连接并检查,起吊钢丝绳与卸扣直接挂于起重船吊钩上,高潮位时起重船进入预定位置后,只需下放吊钩,工人将卸扣与吊具进行连接后即可起吊。起吊前首先进行试吊,起重船通过收钩将防撞箱提高20cm,静止5min,检验吊装系统连接是否牢靠。若无异常进行正常起吊,若发现异常需将防撞箱下放至船台对异常情况进行分析处理后再进行起吊。

防撞箱通过海西3号运输驳船沿既定航线由冠海船厂运输至墩位处,运输过程中需加强对防撞箱安放稳定性进行检查,发现问题及时进行处理。第二单圆在驳船上安放位置及抄垫布置如图5-3-2-29所示。

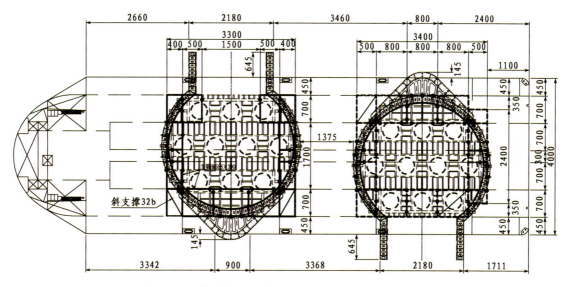

图 5-3-2-29　第二单圆在驳船上安放位置及抄垫(尺寸单位:mm)

(3)防撞箱运输

①冠海船厂距离人屿岛运输距离约60km,约33海里,桥址区具体位置为东经122°、北纬24.3°。在运输前一周应确定运输线路,运输线路的确定采用拖轮预探,原则为尽量远离礁石,保障海上转弯半径;选择低平潮水深不小于6m的航线(考虑驳船吃水深度约5m)。

②防撞箱通过海西3号运输驳船沿既定航线由冠海船厂运输至墩位处,船舶厂区至闽江口属福州海事局琯头海事处管辖,进入桥址后属平潭海事局管辖,运输过程全程由海事局护航。防撞箱起吊运输前需向相关海事局等管理单位进行报备。运输过程中需加强对防撞箱安放稳定性检查,发现问题及时处理。

沿途备选两处紧急避险锚泊地一处位于大小练岛中的苏奥锚地,一处为人屿岛西面锚地。遇海况、天气变化等紧急情况可在锚地临时锚泊。

防撞箱在船厂至闽江口段内河运输由福州港务局拖航公司负责船舶编队,领航与警戒(含船厂吊装配合部分)。防撞箱由出海口至桥址段运输由项目部负责,由浩宇2采用吊托方式拖航海西3、浩宇2和圣发166沿途进行警戒,船队长155m,宽60m。防撞箱内河运输拖带如图5-3-2-30所示。

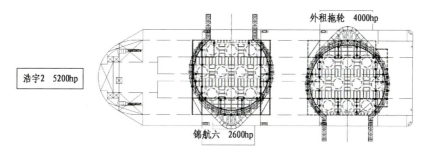

图 5-3-2-30　防撞箱内河运输拖带示意图

2)S04围堰运输

(1)施工船舶通过限制航道方案

恒生船厂下游11km位置有白马河特大桥一座,设计通航净空29m,通航净宽120m。恒生船厂下游1km有110kV架空电力线路一条,设计通航净空29m。

大桥海宇吊船设计船长81m,型宽30m,型深5.8m,吃水3.2m,设计扒杆距水面最低高度24.8m,可通过白马河桥。

"秦航工68"吊船设计船长74.9m,型宽29m,型深6m,吃水4.1m,设计扒杆距水面最低高度40m,过桥时需将扒杆下放至在驳船支架上,降低高度(满足净空要求)后通过桥梁和高压线下方水域。

海西3号运输驳船设计船长135m,最大宽度40m,型深8m,满载吃水6m。空载和装载防撞箱后可正常通过桥梁与高压线。

(2)"秦航工68"过桥与高压线的具体操作步骤

①根据当地海事部门要求,"秦航工68""大桥海宇号"起重船及运输驳船航行至距离白马河桥4.3km白马港位置抛锚进行编队(占用300m×500m水域),船舶编队过桥场及线路图如图5-3-2-31所示,准备下放"秦航工68"扒杆,"秦航工68"掉头,扒杆背向前进方向。1000hp拖轮站位于"秦航工68"前进方向进行带托,3600hp拖轮站位于秦航工68前进方向右侧进行帮托,"鑫民号"3000t运输驳船站位"秦航工68"扒杆正前方距离"秦航工68"起重船10m的位置通过钢丝绳与"秦航工68"连接,如图5-3-2-32所示。

图5-3-2-31 船舶编队过桥场及线路图

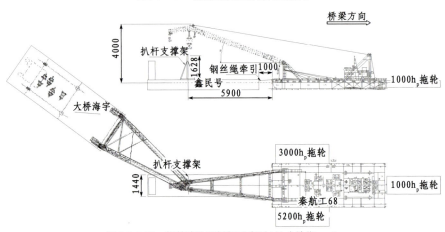

图5-3-2-32 船舶编队过桥场示意图(尺寸单位:cm)

②"大桥"海宇号站位于"秦航工68"左侧协助"秦航工68"下放扒杆至"鑫民号"运输驳船的支架上通过30mm钢丝绳与支架进行捆绑,允许前后左右小位移移动。此时扒杆距离水面23.5m,满足桥梁通航净空要求,如图5-3-2-33所示。

③"秦航工68"采用三艘拖轮分别在侧方和前进方向站位,拖行"秦航工68"与"鑫民号"运输驳船一起通过白马河大桥。

④船舶通过白马河桥后继续拖行前进9km通过110kV高压线后按照步骤一的站位,"大桥海宇号"协助将"秦航工68"扒杆立起。

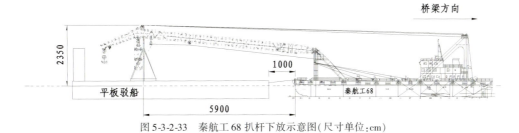

图 5-3-2-33　秦航工 68 扒杆下放示意图(尺寸单位:cm)

⑤起吊作业完成后按照以上步骤船舶在船厂进行编队后依次通过高压线和下游桥梁,然后再正常行驶至墩位处。

⑥船队过桥与高压线注意事项。

a.船队过桥前对潮水位进行观测,确保过桥时水位满足吃水要求;

b.船队过桥后在退潮状态下继续向前航行,且航行过程中需保证"鑫民号"运输船与"秦航工 68"的同步性,减少"秦航工 68"扒杆在支撑架上前后左右晃动幅度;

c.船队过桥、编队航行及通过高压线时需加强警戒瞭望,对通航净空,净宽范围内的危险源及时发现并发出警示信号。

(3)S04 防撞箱出厂吊装

①吊重及吊装系统布置

根据"大桥海宇号"和"秦航工 68 号"两艘 1000t 起重船抬吊方案,防撞箱部分构件后装,计算防撞箱出厂吊装单吊最大重量为 1414.9t。后装原设计的吊装及下放系统(仅保留防撞箱上的吊耳部分);取消原设计的 120t 配重;根据防撞箱重心位置新增一对吊耳;待墩位吊装前再安装配重及吊装下放系统。

出厂吊装采用"大桥海宇号"和"秦航工 68 号"两艘 1000t 起重船抬吊,其中"大桥海宇号"吊幅 33m,吊高 68m,额定吊重 1000t;"秦航工 68"起重船吊幅 28.67m,吊高 60.43m,额定起重 1000t,能满足吊重要求。两艘起重船均为双钩,起吊时两船并排站位,通过缆绳将两船绑在一起以实现共同前进后退,保持动作的同步性。船舶具体吊重参数见图 5-3-2-34 和表 5-3-2-5。

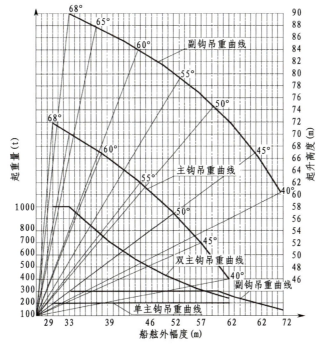

图 5-3-2-34　大桥海宇起重参数

"秦航工68"吊重参数表　　　　表 5-3-2-5

扒杆倾角(°)		70	65	60	55	50	45	40
主钩	起重量(t)	550×2	500×2	500×2	400×2	300×2	200×2	150×2
	吊高(m)	65.94	63.42	60.43	57.00	53.14	48.89	44.28
	吊距(m)	17.85	23.37	28.64	33.64	38.32	42.64	46.58
副钩	起重量(t)	300	300	300	300	280	240	200
	吊高(m)	81.00	77.62	73.70	69.27	64.36	59.02	53.27
	吊距(m)	27.28	33.64	39.68	46.36	50.62	55.44	59.78

吊装采用500t卸扣4个；直径128mm、长62m钢丝绳4根，卸扣与吊具相连，吊具通过销轴与吊耳相连，销轴直径17cm，45号钢调质处理。钢丝绳绕过卸扣后两端挂于吊钩上，现场起吊卸扣、钢丝绳按照图5-3-2-35进行安装。

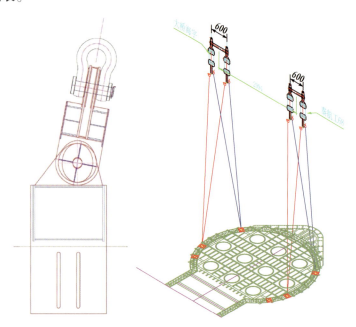

图5-3-2-35　防撞箱吊装卸扣、钢丝绳安装示意图(尺寸单位：cm)

②船舶站位与抛锚定位

船舶航行至船厂后，两艘起重船船首正对船厂船坞平行站位，秦航工68较大桥海宇船首靠前4.33m，两船通过缆绳系在一起。大桥海宇号抛出两个前锚至船坞两侧的锚桩上；抛出两个400m长尾锚，成八字形；各抛侧锚两个。运输驳船在距离船台200m远的上游水域抛锚，左侧布置两艘拖轮，右侧尾部布置一艘拖轮用于运输船的转向及移位。具体抛锚布置见图5-3-2-36。

船舶抛锚与收锚具体操作如下：

a. 两起重船并排站位，通过缆绳系在一起，起重船艏尾锚均由海宇号抛出，其中1、2号艏锚系于船坞两系缆柱上，尾锚抛锚位置距离船坞前沿500m，起重船按照起吊防撞箱后可后退250m进行考虑，左右侧各抛两个侧锚；

b. 运输驳船距船台200m上游位置抛一自救锚，左侧站位2艘拖轮，右侧站位1艘拖轮，可帮助运输驳船转向和移位；

c. 起重船靠近船坞起吊防撞箱时，通过收紧1、2号锚绳，保持5、6、7、8号锚绳为放松状态，使起重船前进至船台前设计位置起吊防撞箱；

d. 起吊第一单圆后，起重船通过收紧3、4号尾锚后退，距离后退到位15m距离时海宇号自抛10号、11号前锚两根，放松1号、2号前锚；

e.运输驳船通过拖轮顺航道方向就位,就位后从拖轮靠船台侧抛两根侧锚分别系于船台前端系缆桩上,驳船靠起重船侧通过锚绳与起重船固定;

f.第一单圆防撞箱装船后,运输船退出;

g.重复 c～f 步骤,完成第二单圆的装船,如图 5-3-2-37 所示。

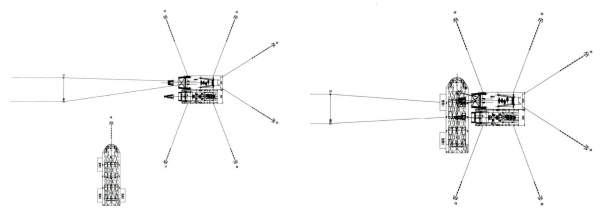

图 5-3-2-36　船舶抛锚定位布置图　　　　　图 5-3-2-37　防撞箱装船船舶抛锚示意图

③防撞箱吊装

船舶抛锚定位后准备进行防撞箱的吊装,防撞箱吊具事先与吊耳进行连接,起吊钢丝绳与卸扣直接挂于起重船吊钩上,高潮位时起重船进入预定位置后,只需下放吊钩,工人将卸扣与吊具进行连接后即可起吊。起吊前首先进行试吊,起重船通过收钩将防撞箱提高 20cm,静止 5min,检验吊装系统连接是否牢靠,船舶配合是否能够同步。若无异常进行正常起吊,若发现异常需将防撞箱下放至船台对异常情况进行分析处理后再进行起吊。现场具体操作步骤如下:

步骤一:

a.安装滑道及滚轮,第一单圆向前滑移 7m 至距船台前 5m;

b.起重船收前锚至预定位置;

c.安装吊挂装置起吊第一单圆 20cm 高度,静止 5min,若无异常继续起吊 1.5m 高度;

d.割除防撞箱下方的滚轮。

步骤二:

a.起重船起吊第一单圆后通过绞锚后退 150m;

b.驳船通过拖轮辅助进入起重船正前方;

c.下放第一单圆至运输驳船上见图 5-3-2-38;

d.驳船通过拖轮辅助移出。

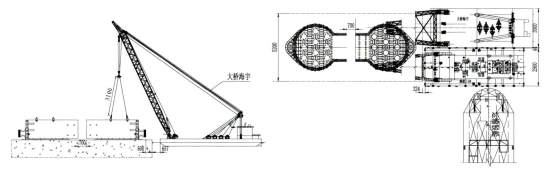

图 5-3-2-38　起吊第一单圆起重船站位图(尺寸单位:cm)

步骤三:

a.第二单圆向前滑移 59.26m 至距船台前 0.64m;

b. 起重船、运输驳船按照图示位置进行站位；
c. 安装吊挂装置起吊第二单圆，见图 5-3-2-39；
d. 起重船后退 150m，驳船驶入指定位置，下放防撞箱至设计位置处；
e. 驳船驶出。

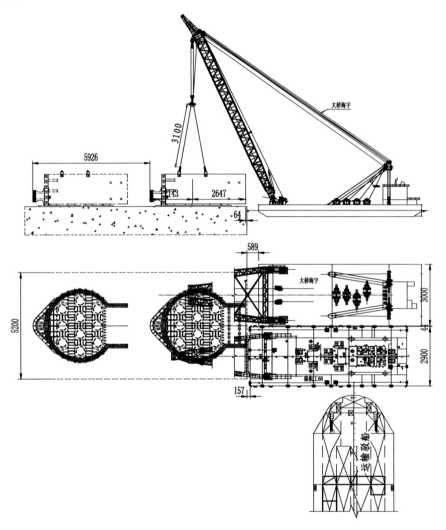

图 5-3-2-39　起吊第二单圆起重船站位图(尺寸单位：cm)

3.2.5　围堰整体下放

1）准备工作

(1) 拆除钻孔区钻孔平台，并再钢护筒内相应高程处安装十字梁；

(2) 接高墩位处部分钢护筒，以 N04 为例：墩位接高 1～4 号、21～24 号钢护筒顶至 +22.146m，焊接护筒顶局部加强，护筒顶安装分配梁 A1，分配梁 A1 上设纵、横移反力座及 MGE 滑板，用于安装水平千斤顶调整防撞箱水平位置。如图 5-3-2-40、图 5-3-2-41 所示。

2）防撞箱围堰起吊

(1) 船舶抛锚定位

防撞箱墩位吊装时，吊装左侧防撞箱起重船站位于北侧，吊装右侧防撞箱时起重船站位于南侧。吊装左侧防撞箱时，"秦航工 1 号"起重船尾锚采用混凝土锚，越过既有海底电缆线(沿栈桥及平台布置)，艏锚在低潮位时由抛锚艇从平台下方穿过进行抛锚。起吊右侧防撞箱时,"秦航工 1 号"艏锚在低潮位时由抛锚艇从平台下方和栈桥下方穿过进行抛锚。具体抛锚布置见图 5-3-2-42 和图 5-3-2-43。

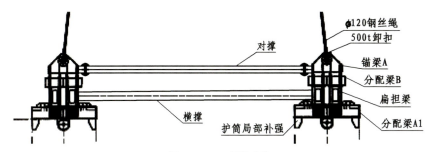

图 5-3-2-40 吊装系统

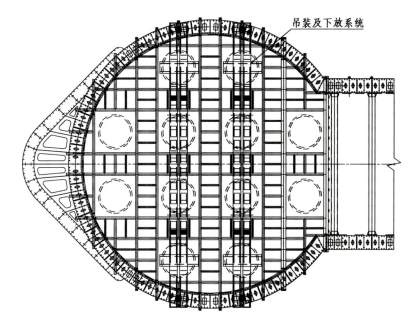

图 5-3-2-41 吊装系统布置图

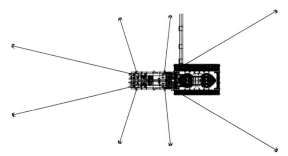

图 5-3-2-42 起吊左侧防撞箱船舶就位抛锚示意

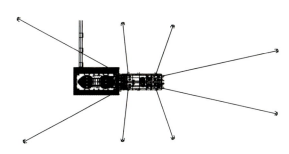

图 5-3-2-43 起吊右侧防撞箱船舶就位抛锚示意

(2) 防撞箱墩位处吊装

运输驳船将防撞箱运输至墩位处,采用秦航工 1 号 2000t 起重船进行吊装,第一单圆安装在左侧,并向左预偏 10cm,便于右侧单圆就位。墩位起吊立面见图 5-3-2-44。

3) 防撞箱围堰整体下放

两单元防撞围堰吊挂至钢护筒后利用水平及竖向千斤顶调节围堰左、右幅单元间相对位置,完成精确对接,围堰对接完成后,将底板与钢护筒间抄垫顶紧,对接等强度度焊接系梁区桁架,安装系梁吊杆及临时吊杆等。对接完成后采用数控多点液压同步下放系统进行整体下放,计算机同步控制根据"位置同步，载荷偏差"的控制策略，在下放过程中，以位移同步控制为主，同时检测各点下放载荷，使得载荷偏差在设计允许范围内，同时采取了超差保护措施，如果提升吊点载荷超过设计最大值，则系统会自动停机并报警。为防止浪涌及大风引起的防撞箱摆动及振动，传递到钢绞线——锚夹片装置上，下放系统采用了主动夹紧方式，通过锚具油缸的主动加载方式，克服振动的不利影响，同时通过对夹片牙型的优化设计，保护钢绞线不受损，在底锚上采用了工具夹片和弹簧压板双层锚具体系，确保系统可靠性与抗振动冲击性能更好。

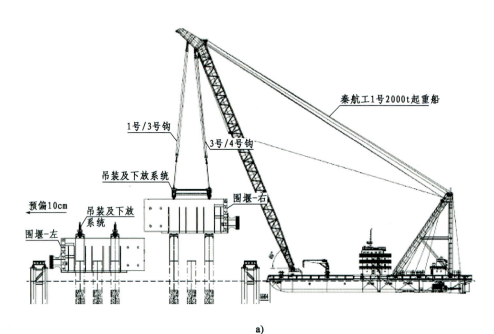

a)

b)

图 5-3-2-44　防撞箱墩位起吊立面图

(1) 体系转换

连续千斤顶安装完成后穿钢绞线并逐根收紧钢绞线，起顶 5cm，锚梁 B 与分配梁松开，围堰重量转换至钢绞线承受。如图 5-3-2-45、图 5-3-2-46 所示。

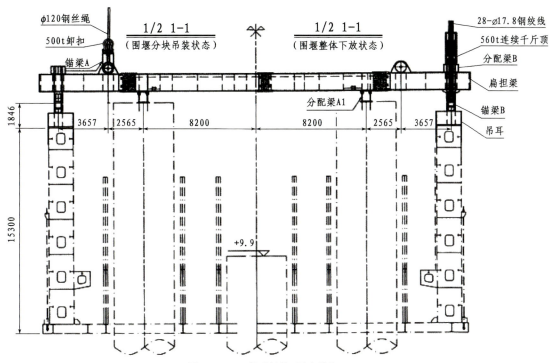

图 5-3-2-45 体系转换(尺寸单位:mm)

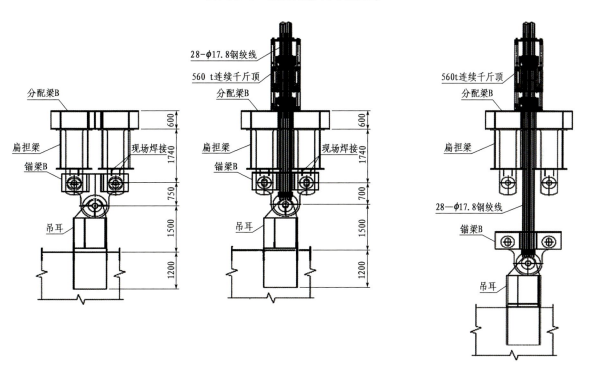

图 5-3-2-46 吊点转化过程(尺寸单位:mm)

(2)围堰拼装

①围堰合拢

通过竖向千斤顶,调整两个防撞箱单元的相对高程及合拢口角度,通过分配梁A1顶布置的纵、横移水平千斤顶调整防撞箱的平面位置,防撞箱两个单圆相对位置调整合适后,施工人员从D节段密封舱进人孔进入舱内分别插打4颗冲钉,对位后开始安装侧板连接板对接螺栓,将防撞箱下层导向与钢护筒间抄垫顶紧。

②系梁桁架对接

防撞箱侧板拼接好后,将分切开的系梁接头对应,并等强对接焊接(防撞箱系梁桁架在工厂加工制造时先安装好,在起吊之前将其切开分为两半)。切开的织梁及整体安装如图5-3-2-47、图5-3-2-48所示。

图5-3-2-47 切开后的系梁桁架

图5-3-2-48 系梁整体安装

图5-3-2-49 围堰拼装完成

③其他构件安装

安装侧板及封底板间止水结构,在隔水仓与系梁底板连接处设置6mm厚橡胶垫,通过螺栓连接后压缩成2mm,围堰拼装完成,如图5-3-2-49所示。

(3)防撞箱围堰整体下放

解除围堰底板与钢护筒间的临时抄垫,选择风浪较小天气(2~3天内不下雨,风力≤7级,浪高≤2.5m,流速≤2.46m/s)的合适潮位时段,利用下放系统下放防撞箱至底高程为-8.712m(下放时连通孔处于打开状态)。

①下放系统介绍

a.防撞箱围堰由左右幅两个单圆拼装成整体,每个单圆上各布置四个吊点,每个吊点从下到上由吊耳、锚梁B、扁担梁、分配梁B、锚梁A、对撑、横撑、纵横移装置、560t千斤顶、钢绞线组成钢绞线性能见表5-3-2-6。分配梁A1安装在接高的钢护筒上;吊耳与锚梁B用销轴C连接,分配梁B与锚梁B用销轴A连接,锚梁A与扁担梁用销轴B连接,两组扁担梁之间用横撑连接控制相对位置,两组锚梁A之间用对撑连接控制相对位置。

钢绞线性能表　　　　　　　　　　　　　　　　　　　　　　表5-3-2-6

序号	公称直径(mm)	公称截面面积(mm²)	理论质量(kg/m)	抗拉强度(MPa)	破断力(kN)
1	17.8	191	1.5	1860	350

b.每个下放吊点配置1台560t油缸,并安装下放钢绞线,为了保护钢绞线,在油缸侧面安装了一个钢绞线疏导架,钢绞线通过疏导架后顺直垂放至防撞箱内,避免钢绞线弯折。提升油缸旁侧的钢绞线疏导架,通过底板临时焊接在梁上,两侧安装临时焊接支撑杆进行防风。油缸钢绞线安装如图5-3-2-50,油缸性能表见表5-3-2-7。

油缸性能表　　　　　　　　　　　　　　　　　　　　　　表5-3-2-7

型号	额定载荷(kN)	直径D(mm)	高度H(mm)	钢绞线过孔直径d(mm)	钢绞线数量(根)	质量(kg)	底锚直径(mm)
TX-560-J	5600	800	2375	330	37	5000	400

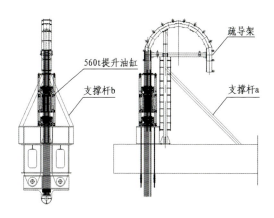

图 5-3-2-50　油缸钢绞线安装示意图

连续千斤顶油缸结构如图 5-3-2-51 所示。

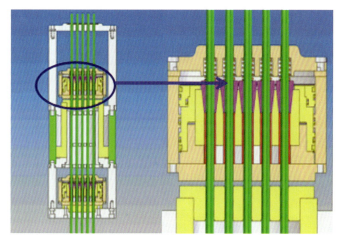

图 5-3-2-51　连续千斤顶油缸结构图

根据提升、下放的速度要求来选配液压泵站,同时考虑液压泵站的运转效率,拟选配 80L/min 的液压泵站 4 台,驱动 8 台 560t 型的提升油缸时提升速度为 8m/h,下放速度为 6m/h。每台液压泵站控制 2 台 560t 提升油缸,液压油路之间相互独立,能够独立控制压力、流量。液压泵站如图 5-3-2-52 所示。

a)

b)

图 5-3-2-52　液压泵站总图

采用分散控制模式,主控制器、分控制器和传感器模块通过现场总线网络互连。控制系统主要包括主控制器 1 台,油缸传感器 8 套,锚具传感器 16 套,压力传感器 8 套,长距离传感器 8 套,以及电线电缆等电气附件。电控系统对各种监控数据进行处理和保存,如图 5-3-2-53 所示。

a)

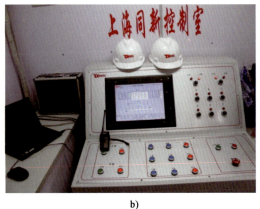
b)

图 5-3-2-53　电控系统

下放设备清单如表 5-3-2-8 所示。

下放施工机具配置表　　　　　　　　　表 5-3-2-8

序号	名称规格	数量	单重(t)	合重(t)	备注
1	560t 提升油缸	8	5.5	44	备用 2 台
2	底锚	8			
3	80L/min 液压泵站	4	4	16	备用 1 台
4	钢绞线	若干			
5	主控制器	1			
6	油缸传感器	8			备用 2 套
7	锚具传感器	16			备用 4 套
8	压力传感器	8			备用 1 套
9	高压油管	若干			备用 4 根
10	通信电缆	若干			备用 5 根

以 N04 为例根据防撞箱下放时各支点反力以及下放油顶、钢绞线的规格和参数,计算出油顶和钢绞线安全储备系数如表 5-3-2-9 所示。

油顶和钢绞线安全储备系数　　　　　　　　　表 5-3-2-9

下放点位编号	油缸(t)	数量	提升反力(t)	最大提升力(t)	油缸储备系数	实配钢绞线	钢绞线安全系数
1 号	560	1	440.9	560	1.27	37	2.98
2 号	560	1	440.9	560	1.27	37	2.98
3 号	560	1	395.1	560	1.42	37	3.33
4 号	560	1	395.1	560	1.42	37	3.33
5 号	560	1	395.1	560	1.42	37	3.33
6 号	560	1	395.1	560	1.42	37	3.33
7 号	560	1	440.9	560	1.27	37	2.98
8 号	560	1	440.9	560	1.27	37	2.98

注:钢绞线计算公式:钢绞线安全系数 =(钢绞线破断力 × 钢绞线数量)/提升力。

根据钢绞线总提升能力(所有提升油缸总额定载荷)应不小于总提升荷载标准值的 1.25 倍,且不大于 2 倍(该系数主要为了确保钢绞线满穿情况下,钢绞线上的力不会过大或者过小,实际可以通过调配钢绞线数量解决这个问题),提升油缸中单根钢绞线的拉力设计值不得超过其破断拉力的 50%,因此提升能力储备系数及钢绞线的安全系数完全满足大型构件提升工况的要求。

c. 上部支撑结构通过分配梁 A1、分配梁 B 及扁担梁,将油缸下放力传递至钢护筒,如图 5-3-2-54、图 5-3-2-55 所示。

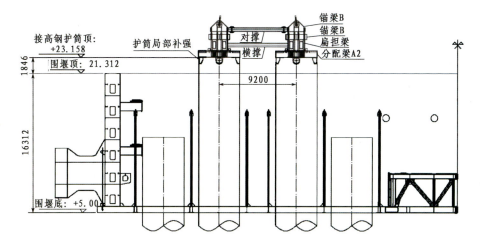

图 5-3-2-54　1/2 上部支撑结构立面图(尺寸单位:mm,高程单位:m)

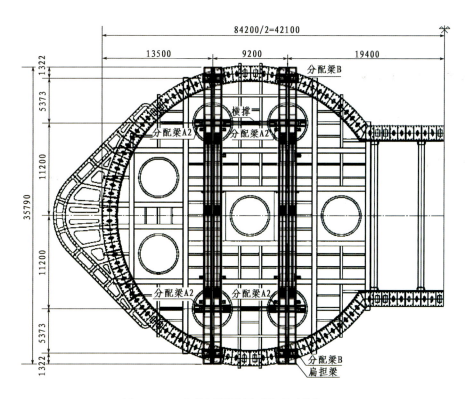

图 5-3-2-55　上部支撑结构平面图(尺寸单位:mm)

d.下部吊点通过锚梁 B 和防撞箱吊耳,将下放结构重量传递至液压油缸,结构如图 5-3-2-56、图 5-3-2-57 所示。底锚结构主要有锚板、工具夹片、顶紧弹簧和压板组成。钢绞线穿过工具夹片后在末端增加一个顶紧弹簧,再通过压板压紧在锚板上,如图 5-3-2-58 所示。其高差不得大于 0.5mm,周向间隙误差小于 0.3mm。钢绞线露出锚梁 B 下端锚具 10cm,锚具和顶紧弹簧能够有效地应对在浪涌条件下钢绞线上下振动带来的不利影响。

②防撞箱围堰整体下放

a.试下放

正式下放前应进行试下放试验,检查整个系统是否正常工作。具体流程为:试提升→空中停滞→试提升总结→试下放→试下放总结→确定正式下放日期。

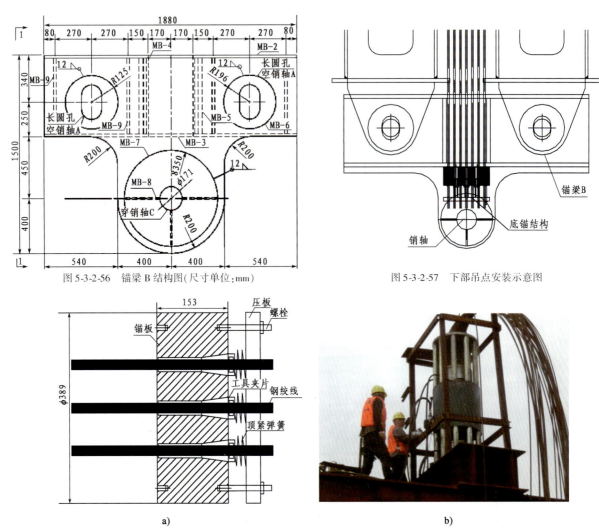

图 5-3-2-56 锚梁 B 结构图(尺寸单位:mm)

图 5-3-2-57 下部吊点安装示意图

图 5-3-2-58 底锚结构示意图及钢绞线安装实例(尺寸单位:mm)

b. 正式下放

试下放检查合格后方可进行正式下放。在防撞箱下放过程中,需要保证空中姿态,防止防撞箱偏斜。利用4组长距离传感器,检测防撞箱4个角点的位移,长距离传感器行程20m,测量误差为±5mm。同时在防撞箱内壁设置了上、中、下三层水平限位导向装置,防止围堰下放过程中受风浪影响而出现较大水平位移。

c. 锁定

下放到位后钢绞线与锚具锁定,同时潜水工将防撞箱下层导向与护筒间水下抄垫顶紧,将上中层导向与钢护筒间焊接固定,完成下放。

(4)封底吊杆、封堵板安装

①围堰下放到位后,底龙骨及底板在总重作用下处于下挠状态,长度相同的状态无法安装到位。为保证封底吊挂顺利安装,将部分吊杆进行预拉,消除底板变形。张拉时应由中间向两边,对称分次张拉,张拉后上端吊挂至支撑十字梁。

②围堰底板设有封堵板,下放到位后安装封堵板,并用沙袋进行封堵。

3.2.6 围堰封底和抽水

1)总体施工方案

封底混凝土方量较大,主塔墩两个单圆依次进行灌注,单圆灌注方量最大为2792m³;防撞箱系梁桁架为密封结构,不需要浇筑封底混凝土,只需浇筑10cm厚的垫层,辅助墩/边墩围堰一次性浇筑。封底混凝土施工采用多导管、从防撞梁端向系梁侧逐步推进的工艺进行。

2)封底平台布置

封底平台主要由原平台桁架(2HN450×200)、贝雷梁、工钢(I20a)、花纹板组成,其中桁架通过桁架分配梁顶部加装双拼HN700×300型钢的形式,支撑在钻孔平台分配梁上并固定;贝雷梁摆放在桁架之间,具体间距可根据导管布置调整;工钢摆放在桁架及贝雷梁上,间距为30cm并铺装6mm花纹板;浇筑平台安放在封底平台上,其数量应与导管套数匹配,封底平台不得支撑在防撞箱上,以免产生不安全因素;封底混凝土施工时,施工平台单圆之间相互倒用。封底平台布置见图5-3-2-59、图5-3-2-60。

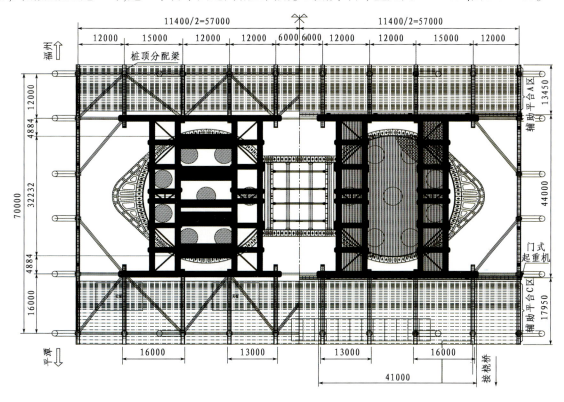

图5-3-2-59 Z04号防撞箱封底导管、平台走道布置图(尺寸单位:mm)

3)封底导管布置

(1)导管布置原则

根据防撞箱结构形式、封底混凝土流动性能确定封底导管的作用半径为5m。根据导管灌注半径画出各导管布置点的包络图。要求导管包络图覆盖各区域底板,不得有间隙。通过包络图的绘制,各区域灌注导管数量为:Z04单圆各布置13个导管点,配置13套导管。封底导管包络图见图5-3-2-61。

(2)导管长度

导管长度根据封底平台高程与防撞箱底板高程确定,要求每根导管安放到位后距围堰底板30cm;封底料斗底口距离封底平台顶0.6m,封底平台顶高程+11.97m(贝雷梁部分为+13.47m),防撞箱底板高程-8m,因此确定导管长度为20.2m(贝雷梁部分为21.7m);导管单个标准节长3m,单根导管配6个标准节,顶部配1个2m和1个0.5m短管(贝雷梁区配7个标准节,顶部配1个1m短管),导管配节施工时可根据实际情况调整。

(3)导管结构

封底导管选用桩基施工导管,即型号为φ426×10mm快速卡箍接头的导管。导管使用前进行水密试验;安装过程中,每个接头需进行检查签证,确保导管连接可靠。

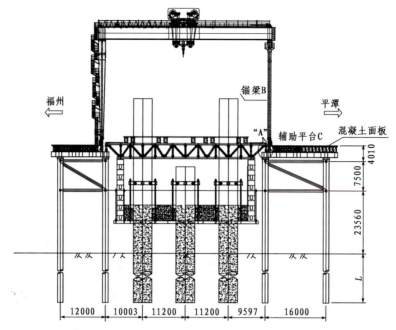

图 5-3-2-60　Z04 号防撞箱封底平台走道立面图（尺寸单位：mm）

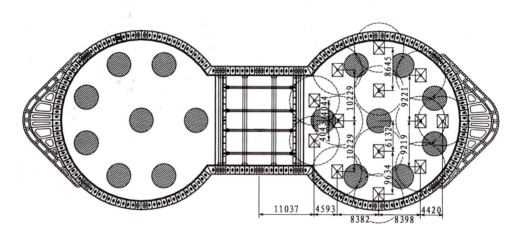

图 5-3-2-61　Z04 号封底导管包络图（尺寸单位：mm）

4）封底混凝土浇筑

（1）封底前准备

①封底前必须严格检查十字梁、封底吊挂、所有吊杆等关键部位焊缝、受力固定情况，确保各吊杆受力均匀并牢固连接，保证封底结构安全。

②钢护筒外壁及防撞箱底板清理：为确保混凝土质量以及混凝土与钢护筒之间的握裹力，在封底之前，由潜水员潜入水下将封底区域的钢护筒壁上的海蛎子、泥沙等铲除清理干净。

③防撞箱底板封堵：封堵板采用圆环形式，单根钢护筒封堵板由 2 块圆弧段组成，圆弧间通过螺栓连接成一个整体。防撞箱底板开孔已按现场实际护筒偏位情况进行修改，防撞箱下放前先将封堵板临时固定在护筒开孔周围，待防撞箱下放到位并固定后，由潜水员水下安装封堵板，封堵钢护筒与围堰底板间的缝隙，并用干拌水泥沙袋覆盖。由于水下操作不方便，极易造成空隙封堵不严实。因此在封底混凝土灌注前，再次安排潜水员水下检查，发现问题及时处理。

（2）封底混凝土

①封底混凝土采用水下混凝土灌注，混凝土强度等级为水下 C30，垂直导管法灌注水下混凝土坍落度

控制为18~22cm,应具有良好的和易性,封底混凝土配比满足初凝时间达24h左右,试验确定本次封底水下C30混凝土配合比为:(水泥+F类Ⅰ级粉煤灰+S95矿粉):砂:碎石:减水剂:引气剂:拌和用水=(0.5+0.3+0.2):2.275:2.988:0.01:0.005:0.43。

②封底混凝土采用就近岛上混凝土工厂和搅拌船联合生产供应,各混凝土工厂备充足的原材料,保证一次封底完成,且封底混凝土灌注速度达100m³/h以上。

③混凝土运输:岛上混凝土工厂采用6台混凝土运输车输送,水上搅拌船由布料机输送混凝土到钻孔平台的储料斗内,再由汽车泵/地泵均匀布料,确保混凝土灌注连续进行,保证混凝土运至浇筑地点后不离析,组成成分不发生变化,满足设计和灌注要求。

(3)首批混凝土方量计算

首批混凝土方量计算公式:

$$V = \frac{h_1 \pi d^2}{4} + \frac{H_c \pi R^2}{3} \quad (5\text{-}3\text{-}2\text{-}1)$$

式中:R——导管作用半径,取5m;

d——导管内径,400mm;

H_c——首批混凝土灌注高度,按0.3m考虑(0.1m导管埋深);

h_1——围堰内混凝土高度达到H_c时导管内混凝土柱与管外水压平衡的高度:$h_1 = H_w \times \gamma_w / \gamma_c = H_w / 2.4$;

γ_w——水的重度,10kN/m³;

γ_c——素混凝土重度,取24kN/m³;

H_w——围堰内水位至围堰底板高度,取12.18m[水位按+4.18m(10年一遇高水位)计算,封底混凝土底高程-8.0m]。

经计算:首批灌注混凝土方量$V = 7.9$m³,选用8m³封底料斗用于封底混凝土施工。

(4)封底混凝土灌注

在各项准备工作就绪后,并进行试运转后才能灌注混凝土、混凝土的灌注应遵守以下原则:由防撞梁侧向系梁侧逐步推进,储料足够。

①首灌混凝土灌注

开管顺序为从防撞梁侧向系梁侧逐个有序开管,补料顺序同拔球顺序一致。具体开管、补料顺序见图5-3-2-62所示。

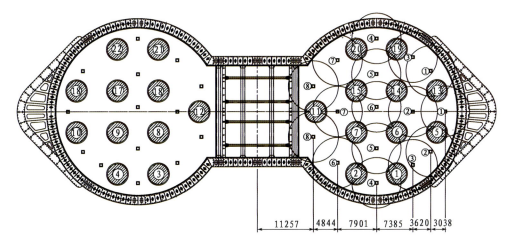

图5-3-2-62 N04封底开管、补料顺序图(尺寸单位:mm)

①~㉒-开管、补料顺序

向灌注料斗内放料前,用钢板堵塞管口并用吊车钩住钢板塞。当灌注料斗内的混凝土装满时,拔出灌注料斗内出口上的钢板塞,同时地泵和汽车泵连续不断向料斗内补充混凝土,使混凝土连续进入导管,完成导管封口混凝土的灌注并测量导管埋深。首批封口混凝土灌注完成后,导管埋深在0.2~0.5m。在一根导管封口完成后进行其相邻导管封口时,先测量待封导管底口处的混凝土面高程,根据实测数据调整导管底口的高度。由吊机提升导管底口至距离混凝土面5cm左右,同时用钢板塞堵住料斗底口,然后由布料机或汽车泵将料斗内注满混凝土。此时由拔球负责人指挥吊机拔球,当料斗内混凝土面下降到预先画好的刻度线处(计算混凝土填充满导管所用的方量),即此时混凝土充满导管,导管内的水全部被排出,迅速将导管插入混凝土面以下,混凝土通过导管源源不断地流入已灌注混凝土内部。为保证封口混凝土的顺利灌注,在每根导管封口完成后,按不大于30min控制同一根导管两次灌入混凝土的间隔时间(需同时补料的不超过3根)。

②测量

灌注混凝土时做好测深、导管原始长度、测量基准点高程等记录,同时每根导管封口结束后应及时测量其埋深与流动范围,根据各防撞箱特点和面积大小布置观测点,并做好详细记录。封底混凝土时每根导管及两根导管混凝土作用半径交点处均须作为测点,并以测点为控制点绘制混凝土深度断面图以做施工控制图。观测点布置图如图5-3-2-63所示。

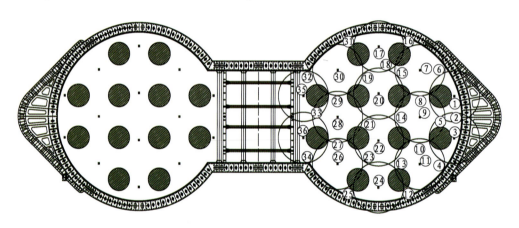

图5-3-2-63 围堰封底观测点布置图

③混凝土正常灌注

封底混凝土厚度为4m,为保证导管有一定埋深,一般不随便提升导管,即使需要提升,每次提升的高度都严格控制,保证导管埋深在50cm以上。

灌注过程中注意控制每一灌注点补料一次后高程及周围9m范围内的测点都要测一次,并记录灌注、测量时间。

④终浇

封底混凝土顶面高程-4.0m,根据现场测点的实测混凝土面高程,确定该点是否终浇,终浇前上提导管适当减少埋深,尽量排空导管内混凝土,使其表面平整。

混凝土灌注临结束时,全面测量混凝土面高程,重点检测导管处、导管作用半径相交处、护筒周边、防撞箱内侧与护筒间等部位,根据结果对高程偏低的测点附近导管增加灌注量,力求封底混凝土顶面平整,并保证封底厚度达要求,当所有测点均符合要求后,终止混凝土灌注,上拔导管,冲洗堆放。

⑤封底混凝土浇筑控制与监控

a.混凝土浇筑现场(封底平台上)配备一台计算机,方便各导管测点的数据及时录入,并能快速反映各导管附近混凝土的高程情况及发出混凝土控制指令。

b.封底混凝土施工前,提前做好相关电子版分析表格,按不同的横、纵断面制成表格,各表填写顺序按混凝土的浇筑顺序(对应导管编号)均一目了然(图5-3-2-64),并做好相关的数据链接,能达到数据录入后能立马直观反映各断面混凝土顶面的高程情况(图5-3-2-65)。

		顺桥向断面					
名称		7.10-23:41	7.11-1:30	7.11-3:00	7.11-4:30	7.11-6:00	7.11-7:30
导管观测点	顺序	第一次高程(cm)	第二次高程(cm)	第三次高程(cm)	第四次高程(cm)	第五次高程(cm)	……
断面1	6	1	-800	-800	-800	-796	-793	-790
	1	2	-800	-800	-783	-783	-783	-783
	4	3	-800	-800	-791	-797	-797	-760
	2	4	-800	-800	-815	-815	-718	-671
	5	5	-800	-800	-768	-739	-719	-673
	3	6	-804	-804	-804	-804	-797	-670
	7	7	-799	-799	-736	-676	-676	-616

图 5-3-2-64　某断面混凝土控制样表(以纵断面1为例)

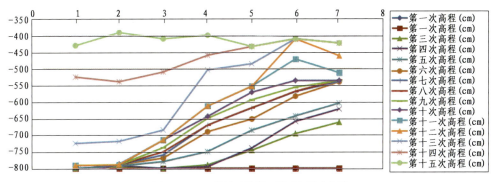

图 5-3-2-65　某断面混凝土顶面高程示意图

c.浇筑过程,潜水员定时检查封底情况,特别是各护筒周边是否有漏浆等现象,或当某一测点混凝土不上升或上升非常慢时及时下水探摸。

5）抽水

封底混凝土施工完成后,进行单壁隔舱对拉施工,单个防撞箱利用6根 ϕ32 精轧螺纹钢完成对拉施工,单壁隔舱对拉结构见图 5-3-2-66、图 5-3-2-67。封底混凝土强度达到设计强度后,低潮位时关闭两个单圆侧板上的连通孔,各用6台 $50m^3/h$ 离心泵抽出两个单圆内水,抽水时两个单圆水位差需控制在 2m 范围内；待第一层承台混凝土达到要求后,预拉系梁吊杆,关闭系梁侧板连通孔,抽出系梁部位海水。

为确保围堰及承台施工安全,抽水过程中注意以下事项：

（1）防撞箱两个单圆抽水时系梁侧板上连通孔仍处于打开状态,需保持系梁内外水头平衡,两个单圆水位差需控制在 2m 范围内。

（2）防撞箱两个单圆抽水时密切观察防撞箱内水位变化情况,以确定是否渗漏。如有渗漏,确定渗漏部位立即进行补焊或采取其他密封措施。重点观察部位为封底混凝土与侧板接触及钢护筒接触部位,防撞箱侧板以及单壁隔舱。

6）抗沉牛腿安装

（1）在封底顶面以上、承台底面以下焊接吊挂牛腿,将吊杆转换锚固点到吊挂牛腿。抗沉牛腿安装如图 5-3-2-68 所示。

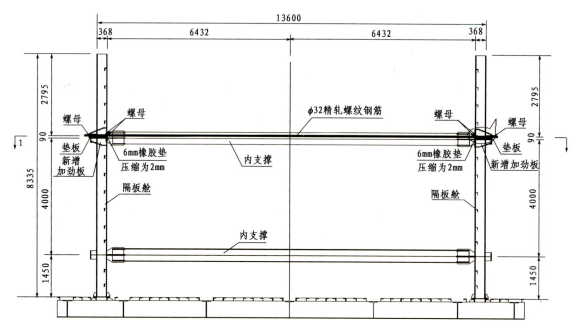

图 5-3-2-66 单壁隔舱对拉结构图 1

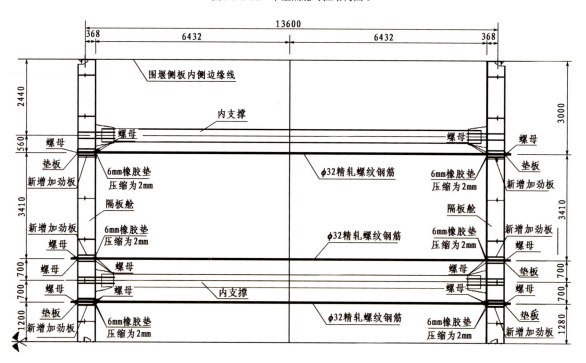

图 5-3-2-67 单壁隔舱对拉结构图 2(尺寸单位:mm)

(2)拆除吊挂分配梁、吊杆 B。

3.2.7 主墩围堰下放系统计算

1)围堰重量

(1)围堰主要组成部分有:①防撞箱;②底龙骨;③底板;④内支撑;⑤系梁桁架;⑥单壁隔舱;⑦封底吊挂;⑧抗沉牛腿;⑨上、中、下三层导向;⑩吊装及下放系统。主墩围堰各部位重量统计见表 5-3-2-10。

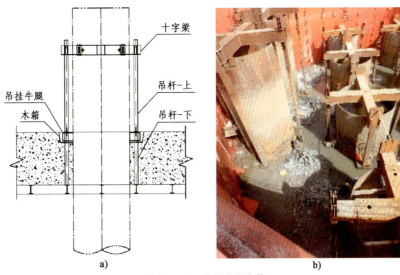

图 5-3-2-68　抗沉牛腿安装

主塔墩围堰质量统计表(尺寸单位:t)　　　表 5-3-2-10

围堰结构	防撞箱	底龙骨	底板及连接	内支撑	系梁桁架	单壁隔舱	封底吊挂	抗沉牛腿	导向	吊装及下放系统	合计
S03 号墩	2223	292	125	21	230	58	343	50	85	479	3906
S04 号墩	2153	234	134	16.5	264	59	304	40	85	482	3772
N03 号墩	2252	266	116	21	230	58	349	50	103	479	3924
N04 号墩	2252	292	119	21	230	58	343	48	95	479	3937
Z03 号墩	2129	268	101	21	224	58	358	51	104	498	3812
Z04 号墩	2129	294	104	21	224	58	319	52	102	498	3801

注:防撞箱已含填充材料重量。

(2)围堰吊装时,沿系梁中间分成两个吊装单元,系梁部分的系梁桁架及单壁隔舱在围堰对拼完成后再安装,各主塔墩围堰吊装单元质量统计见表 5-3-2-11。

围堰吊装单元质量统计表(尺寸单位:t)　　　表 5-3-2-11

围堰结构	防撞箱	底龙骨	底板及连接	封底吊挂	内支撑	导向	吊装及下放系统	配重	合计
S03 号墩	1112	146	62.5	107.5	10.5	42.5	240	120	1841
S04 号墩	1076.5	117.7	67	85.5	8.5	43	241	120	1759
N03 号墩	1126	133	58	110	10.5	51	240	120	1848
N04 号墩	1126	146	59.5	107.5	10.5	47.5	240	120	1857
Z03 号墩	1064.5	134	50.5	108.5	10.5	52	249	120	1789
Z04 号墩	1064.5	147	52	97	10.5	51	249	120	1791

注:封底吊挂未计十字梁质量。

(3)利用起重船整体起吊下放并吊挂至护筒顶分配梁上,组拼完成后整体下放,质量统计见表 5-3-2-12。

围堰吊装下放质量统计表(尺寸单位:t)　　　表 5-3-2-12

围堰结构	防撞箱	底龙骨	底板及连接	系梁桁架	单壁隔舱	抗沉牛腿	封底吊挂	内支撑	导向	合计
S03 号墩	2223	292	125	230	58	50	215	21	85	3299
S04 号墩	2153	234	134	264	59	40	171	16.5	85	3156.5
N03 号墩	2252	266	116	230	58	50	220	21	103	3316
N04 号墩	2252	292	119	230	58	48	215	21	95	3330
Z03 号墩	2129	268	101	224	58	51	217	21	104	3173
Z04 号墩	2129	294	104	224	58	52	194	21	102	3178

731

2）计算工况

工况一：墩位吊装，半个围堰由起重船吊至墩位上方。
工况二：吊点转换，半个围堰吊挂于接高钢护筒上。
工况三：体系转换，围堰对接前调整，围堰与扁担梁之间用钢绞线连接。
工况四：围堰对接，利用水平及竖向千斤顶调节围堰左、右间相对位置，精确对接。
工况五：构件组拼，对接完成后围堰与扁担梁间采用锚梁连接，组拼中部的系梁桁架及单壁隔舱。
工况六：整体下放至设计高程。

3）起重船选型

选用秦航工1号2000t起重船（可自航）完成，起重船为双吊臂四主钩形式，吊臂横向间距20.34m，单吊臂上两主钩间距5m。最大吊重4×500t，具体起重性能见表5-3-2-13。

2000t起重船起重性能表　　　　　　表5-3-2-13

扒杆倾角(°)		70	65	60	55	50	45	40	30
主钩1单吊	起重量(t)	500×2	500×2	500×2	500×2	500×2	500×2	450×2	
	吊高(m)	96.63	92.70	88.03	82.65	76.61	69.95	62.72	
	吊距(m)	28.64	37.32	45.64	53.31	60.88	67.70	73.92	
主钩2单吊	起重量(t)	500×2	500×2	500×2	500×2	500×2	500×2	400×2	
	吊高(m)	100.16	95.91	90.90	85.15	78.72	71.66	64.01	
	吊距(m)	32.17	41.15	49.73	57.84	65.41	72.40	78.74	
双主钩抬吊	起重量(t)	500×4	500×4	500×4	450×4	360×4	250×4	200×4	
	吊高(m)	96.63	92.70	88.03	82.65	76.61	69.95	62.72	
	吊距(m)	30.40	39.23	47.68	55.67	63.14	70.05	76.33	
副钩单吊	起重量(t)	250×2	250×2	250×2	250×2	250×2	250×2	250×2	120×2
	吊高(m)	108.69	103.98	98.46	92.18	85.18	77.51	69.24	51.14
	吊距(m)	37.19	46.66	55.69	64.20	72.14	79.43	86.03	96.94

4）结构计算

（1）工况一计算

钢丝绳所受拉力如图5-3-2-69所示。

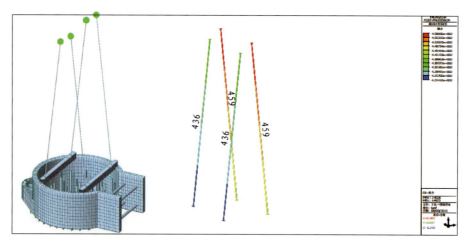

图5-3-2-69　计算模型1（单位：t）

(2)工况二计算

扁担梁与围堰防撞箱的连接,模型采用弹性连接模拟,计算模型如图5-3-2-70所示。

查询弹性连接内力可知,单个吊点最大受力为389t。

(3)工况三计算

扁担梁与围堰间采用钢绞线连接,计算模型如图5-3-2-71所示。

由图5-3-2-71可知,单个吊点最大受力为389t。

(4)工况四计算

扁担梁与围堰间采用钢绞线连接,计算模型如图5-3-2-72所示。

由图5-3-2-73可知,扁担梁单个吊点最大受力为368.5t。

(5)工况五计算

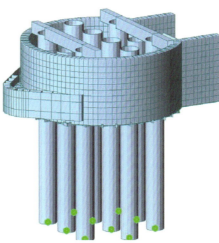

图5-3-2-70 计算模型2

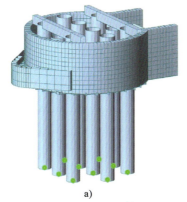

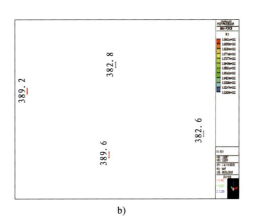

图5-3-2-71 计算模型3(单位:t)

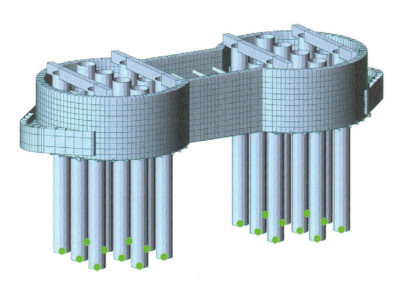

图5-3-2-72 计算模型4

组拼中间系梁桁架,扁担梁与围堰间采用钢绞线连接,计算模型如图5-3-2-74所示。

由图5-3-2-75可知,单个吊点最大受力为388.7t。

(6)工况六计算

采用钢绞线将围堰下放至设计高程,计算模型如图5-3-2-76所示。

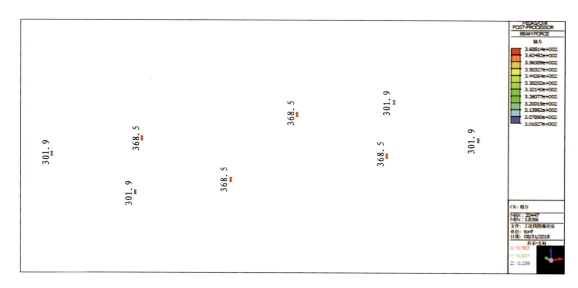

图 5-3-2-73 计算结果(1)(单位:t)

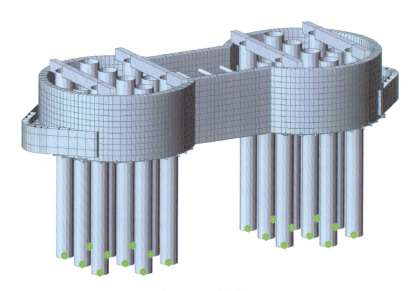

图 5-3-2-74 计算模型 5

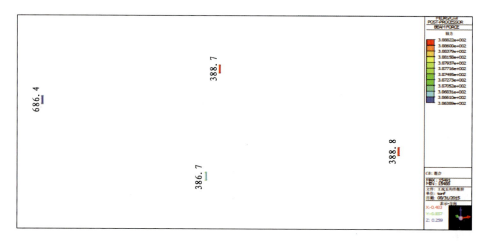

图 5-3-2-75 计算结果(2)(单位:t)

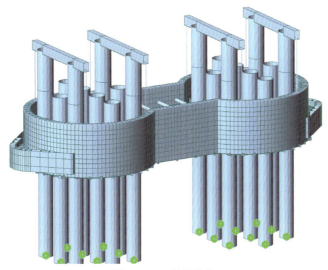

图 5-3-2-76　计算模型 6

由图 5-3-2-77 可知,单个吊点最大受力为 394.9t。

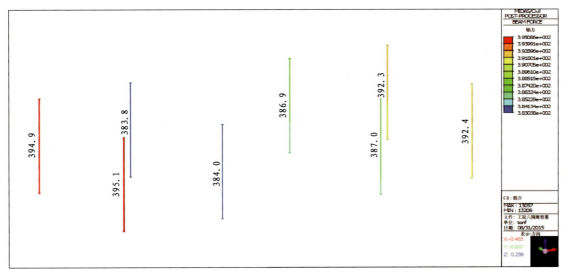

图 5-3-2-77　计算结果(3)(单位:t)

由以上六种工况的计算可知,在围堰吊装及下放过程中,单个吊点最大受力为 395t。具体结构计算在此不再赘述。

3.3　承台施工

3.3.1　总体施工方案

围堰封底混凝土施工完成,并达到设计强度后,围堰内抽水→焊抗沉牛腿→割护筒→破除桩头→安装隔离材料→承台钢筋绑扎→混凝土浇筑→混凝土养护。

承台混凝土分 2 层浇筑,主墩承台浇筑高度依次为 4.5/4m 和 5.5/5m,第一层承台混凝土两个单圆和系梁分开浇筑,先浇筑两个单圆,再浇筑系梁部分;第二层承台混凝土整体浇筑。在第二层承台混凝土整体浇筑的同时将塔座 1.5m 高度范围的标准段与承台一次浇筑成型。第一层承台混凝土以防撞箱侧板和系梁侧布设收口网为模板浇筑两个单圆,再以防撞箱侧板为模板浇筑系梁区承台混凝土;第二层承台混凝土以防撞箱侧板为模板浇筑,塔座模板通过支承在承台内部钢筋骨架上实现模板的定位;辅助墩/边墩承台均分两层浇筑。

承台竖向主筋一次到位，水平面钢筋分层绑扎。钢筋骨架内部预埋冷却水管，确保大体积混凝土浇筑作业温度受控。

3.3.2 准备工作

1）人行通道

从平台到防撞箱围堰侧板顶面设置斜梯。圆端防撞箱抽干水后，从平台支栈桥到防撞箱顶、防撞箱顶到封底混凝土面需设置人行通道，在防撞箱围堰顶部沿内外侧板设置1.1m高栏杆，防撞箱内壁上设置踏步斜楼梯，方便施工人员上下行走。具体见图5-3-3-1。

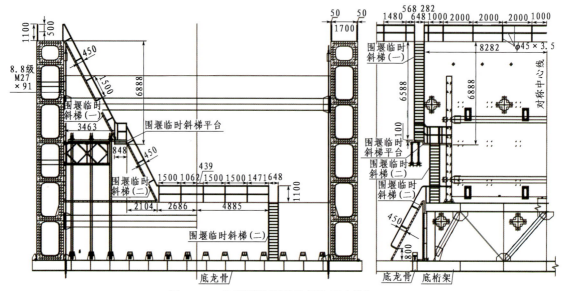

图5-3-3-1　防撞箱栏杆楼梯示意图（尺寸单位：mm）

2）抗沉牛腿焊接

防撞箱抽水完成后，割开封底刚性吊杆上的密封箱，并凿除抗沉牛腿区域局部混凝土，按设计要求焊接抗沉牛腿（图5-3-3-2），抗沉牛腿焊接顺序为N2→N1→N4→N3，焊缝均需开坡口熔透焊，焊缝质量为二级焊缝；抗沉牛腿焊接完成后拆除护筒顶十字梁，割除牛腿以上吊杆，然后将钢护筒割至承台底高程10cm以下位置。

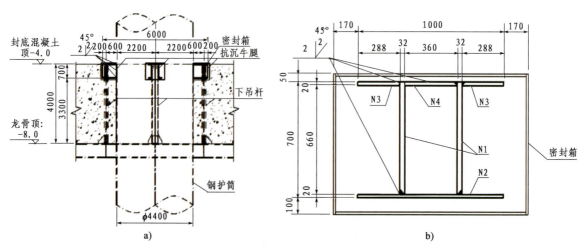

图5-3-3-2　抗沉牛腿结构图（尺寸单位：mm）

3）桩头及封底混凝土处理

（1）桩头处理

封底完成抽水后，割除多余钢护筒。凿除桩顶多余的混凝土至设计高程-3.9m（承台底高程-4m），并将桩顶打扫干净。

（2）封底混凝土面清基找平

将封底混凝土顶面的杂物清除，采用人工和风镐两种方式清除局部高出设计高程的封底混凝土。

封底混凝土表面处理完毕，在围堰四周及单壁隔舱侧面设置宽10cm，深20cm的暗沟，将围堰内渗水引入进人舱，承台施工时，利用水泵抽取进人舱内积水。

4）系梁吊杆

系梁端部设有14组（2根一组）$\phi 40$精轧螺纹钢筋吊杆，第一层两个单圆内承台混凝土达到设计强度后，预拉系梁吊杆，单根预拉60t后方可进行第一层系梁区承台施工。

（1）第一层单圆承台施工前系梁吊杆吊挂于临时吊挂上，系梁吊杆上端与临时吊挂连接的螺母拧紧带力即可，系梁吊杆及临时吊挂布置如图5-3-3-3所示。

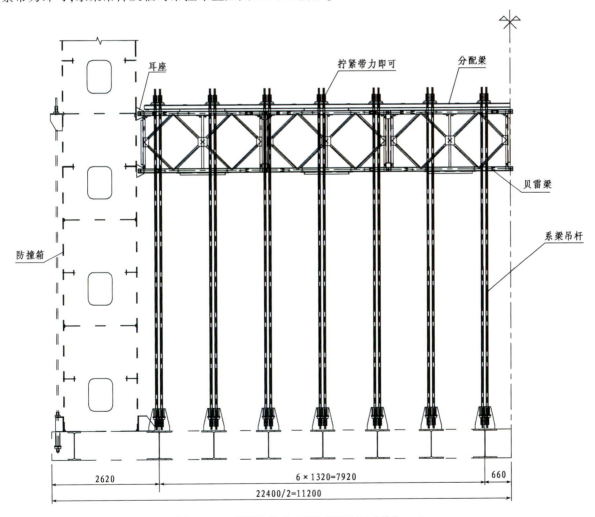

图5-3-3-3 系梁吊杆及临时吊挂布置图（尺寸单位：mm）

（2）第一层单圆承台钢筋安装时，转换吊杆临时吊挂至临时配筋顶面，第一次单圆内承台混凝土浇筑完成并达到设计强度后，使用穿心千斤顶预拉系梁吊杆，单根预拉60t锁紧吊杆上端螺母，螺母与承台间设两块锚垫板。系梁吊杆预拉完成后关闭系梁侧板上的连通孔，抽出系梁内海水进行系梁区承台施工,如图 5-3-3-4 所示。

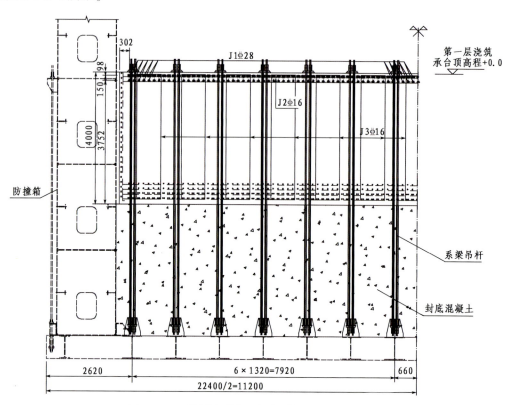

图 5-3-3-4　系梁吊杆吊挂于临时配筋图(尺寸单位:mm)

(3)浇筑第二层承台混凝土时,仍考虑系梁吊杆参与受力,整个承台施工过程中系梁吊杆严禁拆除。系梁吊杆立面图如图 5-3-3-5 所示。

(4)吊杆及锚垫板 A、B 均进行防腐涂装处理。

3.3.3　隔离层安装

防撞箱围堰内壁与承台之间预留 10cm 间隙,施工承台前安装无黏结的 EPS 聚苯乙烯泡沫材料隔离层,隔离材料压缩破坏强度大于 1.5MPa,压缩强度为 0.5MPa 时形变量小于 1mm。其设置的目的一是便于后期防撞箱的更换;二是海上承台浇筑完成后长期处于大风天气下,隔离层作为承台的保温措施,可防止承台表面因温差过大而产生裂缝。普通围堰不设置隔离层。隔离材料安装如图 5-3-3-6 所示。

3.3.4　钢筋工程

主墩承台圆端底部纵横向均布置 4 层直径 28mm 的 HRB400 钢筋,层间距 15cm,下面两层为双根一束,上面两层为单根一束;系梁区承台底部纵向采用 4 层直径 16mm 的 HRB400 钢筋,最底层钢筋间距 15cm,上面三层钢筋间距 30cm,层间距 15cm。承台顶部圆端区外侧一半横向采用 1 层和侧壁竖向钢筋为整体的直径 16mm 的 HRB400 钢筋,层间距 15cm,纵向采用一层间距 15cm 的直径 16mm 的 HRB400 钢筋。圆端区靠系梁侧一半承台和系梁区承台顶部横向钢筋采用 3 层通长的直径 16mm 的 HRB400 钢筋,层间距 15cm;纵向钢筋采用 3 层直径 16mm 的 HRB400 钢筋,最顶层钢筋间距 15cm,底下两层间距 30cm,层与层的间距 15cm。侧壁采用直径 16mm 和 28mm 的 HRB400 钢筋,竖向间距 15cm,水平间距 15cm。单个承台最大钢筋重量 1258t。

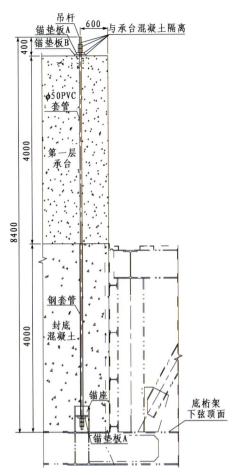

图 5-3-3-5 系梁吊杆立面图(尺寸单位:cm)

a)

b)

图 5-3-3-6 围堰内壁隔离材料安装

辅助墩/边墩承台底部横向采用 2 层双根一束的直径 25mm 的 HRB400 钢筋,纵向采用 2 层直径 22mm 的 HRB400 钢筋,间距 15cm;承台顶部横向布置两层钢筋,上层采用直径 25mm 和直径 16mm 双根一束,下层采用直径 25mm 双根一束钢筋,间距 15cm,其中直径 25mm 钢筋只布置在承台中间一半区域,纵向钢筋采用 2 层直径 16mm 的 HRB400 钢筋,上层钢筋满布间距为 15cm,下层钢筋在承台中间布置间距为 30cm。最外围箍筋布置两层直径 16mm 的 HRB400 钢筋,竖向间距 15cm,水平间距 15cm,层与层之间的间距为 15cm。单个承台最大钢筋重量 176.9t。

1）钢筋连接

（1）钢筋有直径28mm Ⅲ级钢筋、直径16mm Ⅲ级钢筋两种，钢筋主要采用滚轧直螺纹连接，部分钢筋采用双面焊连接，焊缝长度不小于20cm。

（2）"同一断面"内的钢筋接头，不得超过50%。

2）钢筋安装

由于钢筋用量较大，钢筋网格、层次较多，为保证钢筋安装质量和混凝土浇筑质量，采用架立钢筋固定各层钢筋网片，做到上下层网格对齐、间距正确并严格控制承台底面的保护层，绑扎点焊牢固不松动。保护层垫块强度不低于承台混凝土强度等级。

（1）承台钢筋分三次安装，第一次安装两个单圆底部4.5m高度范围内的水平筋和圆端全高度范围内的竖向钢筋及临时配筋，第二次绑扎系梁区底部4.5m高度范围内的水平钢筋和系梁全高度范围内的竖向钢筋，第三次绑扎承台顶部5.5m高度全范围内的水平钢筋。承台钢筋布置图及绑扎顺序见图5-3-3-7~图5-3-3-9。

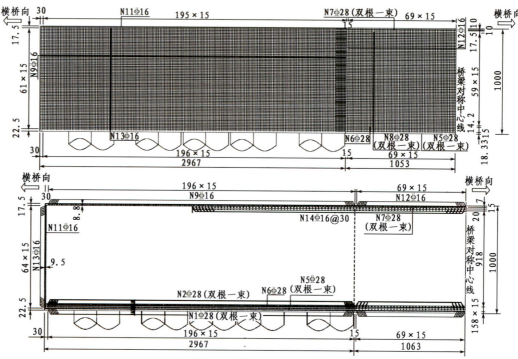

图5-3-3-7 承台钢筋布置及安装顺序图（以Z04为例，尺寸单位：cm）

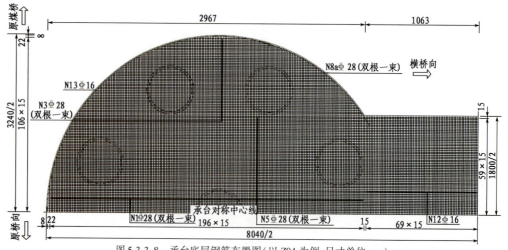

图5-3-3-8 承台底层钢筋布置图（以Z04为例，尺寸单位：cm）

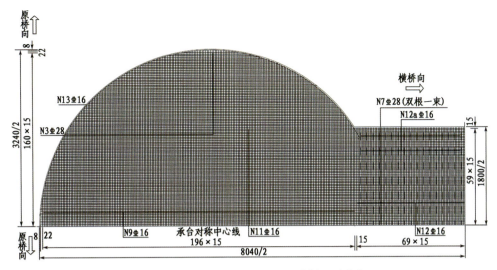

图 5-3-3-9　承台顶层钢筋布置图(以 Z04 为例,尺寸单位:cm)

(2)第一次钢筋安装时,首先在封底混凝土上放线,并做好钢筋安装的标志线,按设计图纸要求进行安装,钢筋安装按底层→侧面→架立筋→冷却水管→临时配筋的施工顺序进行施工。第一次钢筋安装见图 5-3-3-10,竖向钢筋全高度范围内安装。第二层承台浇筑 5.5m,浇筑时所有荷载由第一次浇筑承台承受,建实体模型计算结果得:临时配筋区域第一层承台混凝土最大主拉应力 $\sigma=2.48$ MPa $<[\sigma]=2.79$ MPa;桩顶混凝土最大主拉应力 $\sigma=1.5$ MPa $>[\sigma]=1.03$ MPa,桩顶混凝土强度不满足受力要求,主塔墩第一次承台施工时,须增加配筋,临时配筋钢筋保护层厚度不小于 60mm,临时配筋布置图见图 5-3-3-11。

图 5-3-3-10　第一层钢筋安装

(3)第二次钢筋绑扎:待两个单圆承台混凝土达到设计强度时,关闭系梁侧壁上的连通孔,系梁区抽水,拆除单壁隔舱,浇筑 10cm 混凝土垫层,首先在垫层混凝土上放线,并做好钢筋安装的标志线,按设计图纸要求进行安装,钢筋安装按底层→侧面→架立筋→冷却水管的施工顺序进行施工。系梁承台第一层钢筋安装时,竖向钢筋全高度范围内绑扎。

(4)第三次承台钢筋安装,依埋钢筋、塔座预埋钢筋、承台侧壁水平筋、架立水平筋、冷却水管、承台顶层面筋。如图 5-3-3-12 所示。

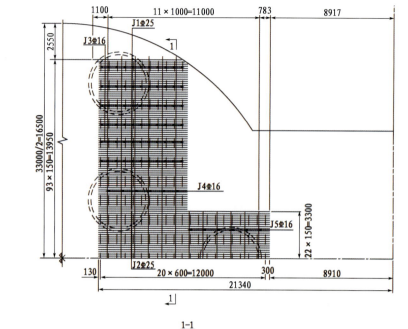
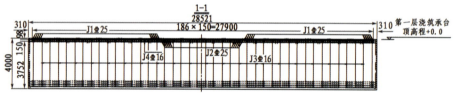

图 5-3-3-11　Z04 承台临时配筋图(尺寸单位：mm)

　　　　　　　　a)　　　　　　　　　　　　　　　　　　b)

图 5-3-3-12　Z04 承台钢筋安装

(5)承台钢筋施工时应设置架立钢筋用于承台水平钢筋及冷却水管的支撑及定位,架立钢筋采用规格为直径 28mm 的 HRB400 钢筋,竖向架立钢筋支撑于混凝土垫块上,架立筋间应焊接牢固,各承台结构相似,架立钢筋布置见图 5-3-3-13～图 5-3-3-15。

(6)塔柱预埋钢筋伸入承台内 2.0m。第一层单圆承台混凝土浇筑时预埋塔柱底节劲性骨架定位钢筋,第二层钢筋绑扎前安装劲性骨架。当塔柱预埋钢筋与面层钢筋位置相冲突时,可适当移动面层钢筋,保证预埋钢筋位置准确。如图 5-3-3-16、图 5-3-3-17 所示。

(7)塔座预埋钢筋伸入承台内 1.5m,待承台顶面钢筋安装完成后进行塔座预埋钢筋的施工。如图 5-3-3-18 所示。

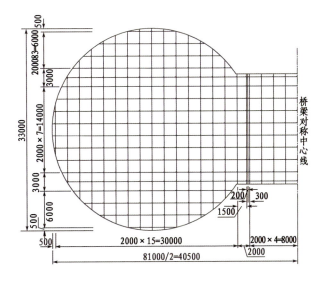

图 5-3-3-13 承台架立钢筋平面布置图(以 N04 号墩为例,尺寸单位:mm)

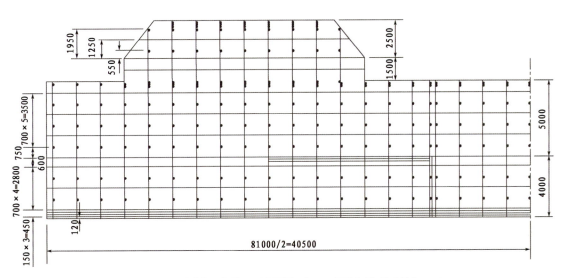

图 5-3-3-14 承台架立钢筋正面布置图(以 N04 号墩为例,尺寸单位:mm)

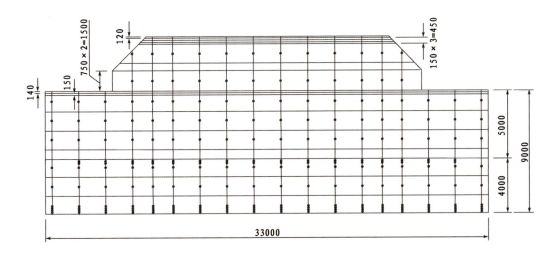

图 5-3-3-15 承台架立钢筋侧面布置图(以 N04 号墩为例,尺寸单位:mm)

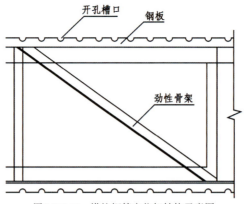

图 5-3-3-16　塔柱钢筋定位架结构示意图

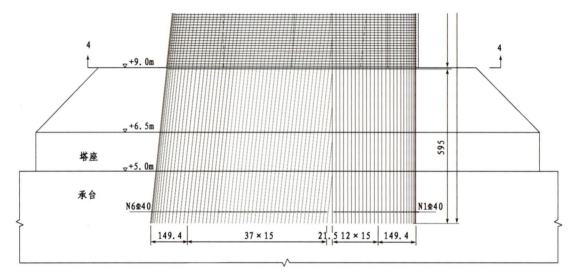

图 5-3-3-17　塔柱预埋钢筋布置图(尺寸单位:cm)

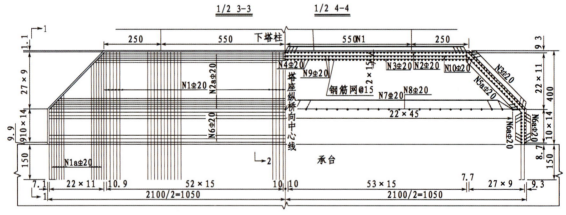

图 5-3-3-18　塔座预埋钢筋布置图(尺寸单位:cm)

(8)钢筋定位主次顺序依次为:塔柱预埋钢筋、塔座预埋钢筋和承台面层钢筋,即当以上三种钢筋位置相冲突时,按顺序确保各类钢筋位置精确度。

(9)在钢筋安装过程中,若桩基锚固筋与承台钢筋位置冲突时,适当调整承台钢筋,若各种施工预埋件与承台钢筋位置冲突时,适当调整承台钢筋,以保证预埋构件的准确位置。

(10)钢筋安装要求位置准确,绑扎点焊牢固不松动,间距正确。对于分段的主筋,在现场的连接采用滚轧直螺纹接头,接头位置互相错开布置,并且保证同一截面接头数不得大于50%。

3）预埋件安装

承台施工的预埋件及其施工时间见表5-3-3-1。

承台施工预埋件及安装时间　　　　表5-3-3-1

序号	预埋件类型	预埋时间
1	承台冷却水管	第一、第二、第三次承台施工
2	劲性骨架预埋件	第一次承台施工
3	塔柱预埋钢筋	第三次承台施工
4	塔座预埋钢筋	第三次承台施工
5	防撞箱上挂腿底座	第三次承台施工
6	塔式起重机及电梯基础预埋件	第三次承台施工
7	钢梁架设墩旁托架基础预埋件	第三次承台施工
8	下横梁支架基础预埋件	第三次承台施工
9	监控检测预埋件预埋	第三次承台施工

监控检测预埋件仅在N04号、Z03号墩设置。监控检测预埋件预埋布置见图5-3-3-19，劲性骨架预埋件布置见图5-3-3-20，其他预埋件布置见图5-3-3-21，承台施工时，应按图纸要求进行预埋，不得遗漏。

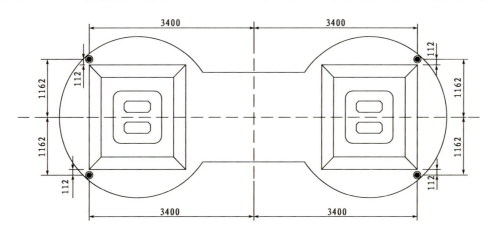

图5-3-3-19　N04号、Z03号墩监控检测预埋件布置图(尺寸单位：cm)

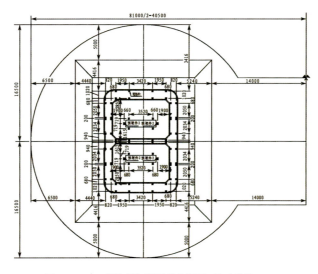

图5-3-3-20　劲性骨架预埋件布置图(尺寸单位：mm)

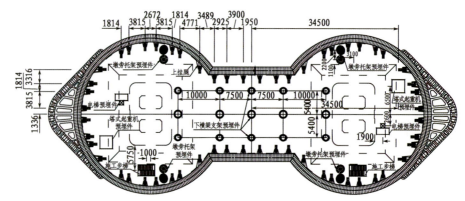

图 5-3-3-21　承台施工预埋件布置图(尺寸单位:mm)

(1)预埋件施工时应严格按设计图施工,每一个预埋件均由测量人员放出准确位置后,然后安装并加固牢靠,防止在混凝土浇筑过程中发生移位。

(2)为防止各种预埋件成为永久结构物的腐蚀通道,相关预埋件采用预埋锥形螺母方案,后期拆除时,可旋转拆除锥形接头,然后用等强砂浆密封。

4)防雷接地施工

按照设计图纸中的要求:

(1)主墩承台接地钢筋利用直径不小于16mm 的非预应力结构钢筋,在有接头处加搭钢筋焊接,所有接地钢筋之间的交叉连接均采用 $\phi 16$ 圆钢 L 形焊接。

(2)接地极是利用桩基竖向结构主钢筋,每根桩至少有 2 根垂直钢筋作为接地钢筋,这根钢筋在节段处必须采用搭焊以保证全长电气导通。

(3)承台内利用 $\phi 16$ 圆钢将所有外围桩基竖向主钢筋和钢护筒水平连接,再与承台和主塔结构钢筋连接引上。

(4)接地钢筋之间的连接均采用双面焊,焊缝长度不小于100mm,焊缝高度至少8mm。

(5)施工时应有电工、焊工配合,各接地钢筋交叉焊接连接必须可靠,并在接地钢筋上刷颜色鲜明的油漆做标志,以与其他钢筋相区别。接地钢筋安装完毕,需测试接地电阻,每墩处测量接地电阻值应小于 4Ω,若达不到要求应设置人工接地极。

(6)施工技术要求应符合《电气装置安装工程接地装置施工及验收规范》(GB 50196—2006)。接地布置见图 5-3-3-22。

3.3.5　冷却水管制作和安装

1)冷却水管布置

承台冷却水管采用 $\phi 48 \times 3.5$ mm(直径×壁厚),具有一定强度、导热性能好的钢管制作,冷却水管间连接采用套接,保证每一个接头密封性,竖向共布置 9 层,层与层之间管路走向纵横交错布置。第一层承台布置 4 层冷却水管,1、3 层水路流向为顺桥向,第 2、4 层水路流向为横桥向;第二层承台布置 5 层冷却水管,5、7、9 层水路流向为顺桥向,第 6、8 层水路流向为横桥向。同层内水管水平间距为 1m。每层冷却管设 12 个进水口和 12 个出水口,保证单根冷却水管长度不超过 200m。冷却水管的进、出水口均高于承台面50cm。

2)制作要点

水管管间连接采用套接,使用前应进行压水试验,防止管道漏水、阻水。进、出水口统一管理,并标识清楚,做到易于辨认。冷却水管必须采用钢管接出围堰以外,防止冷却水管流入承台。

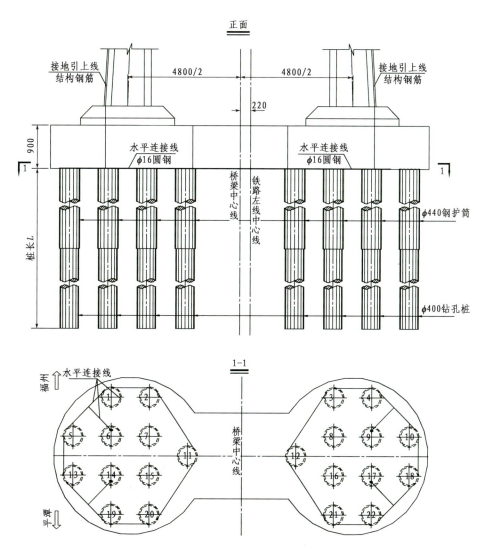

图 5-3-3-22　主塔墩基础接地图(尺寸单位:cm)

3)安装要求

冷却管应与架立钢筋绑扎牢靠,冷却水管上禁止放置重物,以防水管变形或接头脱落。严禁在冷却管上使用电焊。

冷却管每层安装高度可根据承台内钢筋布置和承台分次浇筑的高程做适当调整,调整范围5cm。

水管进出水口位置与承台钢筋冲突时,可适当调整。进出水口自身位置冲突,适当调整,以不影响通水作业即可。

安装完成后,进行通水试验,确保不漏浆,避免水管堵塞的现象,做到管道通畅、接头可靠、不漏水、不阻水。

3.3.6　承台混凝土浇筑

承台结构尺寸大,航道桥主塔墩承台混凝土最大方量达 19613.3m³(不包含塔座),为大体积钢筋混凝土结构。为防止温度应力产生有害裂缝拟采取两项措施:其一,在保证封底混凝土受力满足要求的条件下,承台分2层浇筑,以鼓屿门水道桥为例主墩两次浇筑层厚分别为4.5m和5.5m,最大一次浇筑量为12048m³(含第一层1.4m高塔座1260m³);其二,采用"双掺"技术进行配合比设计,即同时掺加粉煤灰和外加剂。

混凝土供应：混凝土由各区段岛上混凝土工厂和一艘混凝土搅拌船集中供应。

混凝土浇筑：由混凝土搅拌运输车将搅拌站生产的混凝土运至墩位后，采用1台汽车泵、2台车载泵配2台布料机浇筑。

1）配合比设计

承台混凝土设计强度等级为C50混凝土，采用"双掺"技术以改善混凝土的性能。对于大体积混凝土而言，粉煤灰取代部分水泥，降低了混凝土的水化热，可以有效地防止温度裂缝。

2）混凝土浇筑前准备

(1) 浇筑平台搭设

浇筑第一次（圆端承台底部）和第二次（系梁承台底部）承台混凝土时，在架立钢筋上铺设脚手板作为振捣及布料人员在承台中的浇筑通道。

浇筑第三次（顶部5.5m全部承台）承台混凝土时，在承台顶层钢筋上焊接一些竖直的钢筋短柱，准备一些$\phi 48 \times 3.5$mm钢管，在沿钢管长度方向每隔2m左右焊接短套管，将钢管的套管套入钢筋短柱上，再在钢管上铺设脚手板，作为浇筑人员和收浆人员的工作平台，钢管同时可以作为混凝土顶高程的控制线。混凝土初凝前取出钢管，并将钢管留下的凹痕抹平。

(2) 机械设备布置

N03、N04、Z03号墩承台混凝土浇筑设备包含1台汽车泵（布料半径43m）、2台地泵配2台布料机（布料半径28m）和2艘搅拌船（布料半径38m）布料浇筑。各机械设备在浇筑承台混凝土时的布置相同，具体布置见图5-3-3-23~图5-3-3-25。

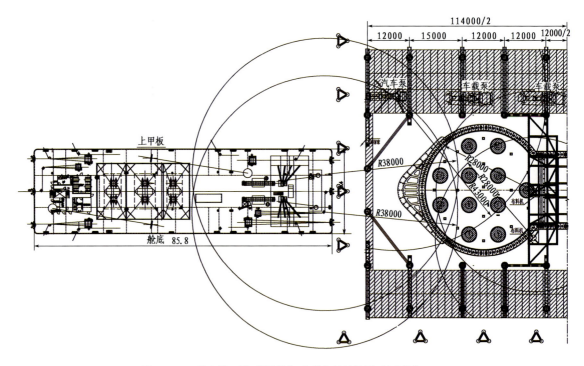

图5-3-3-23　承台第一层（单圆部分）浇筑机械站位图（尺寸单位：mm）

(3) 技术和生产准备

①做好混凝土理论配合比的设计和试验工作，并将试验结果整理报请试验监理工程师审批。

②混凝土原材料如水泥、砂子、碎石、粉煤灰、外加剂数量应能满足连续生产的需要，其质量和检测频率应得到试验监理工程师的认可。

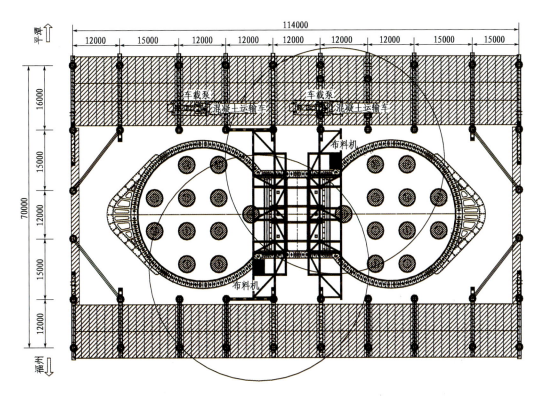

图 5-3-3-24　承台第一层(系梁部分)浇筑机械站位图(尺寸单位:mm)

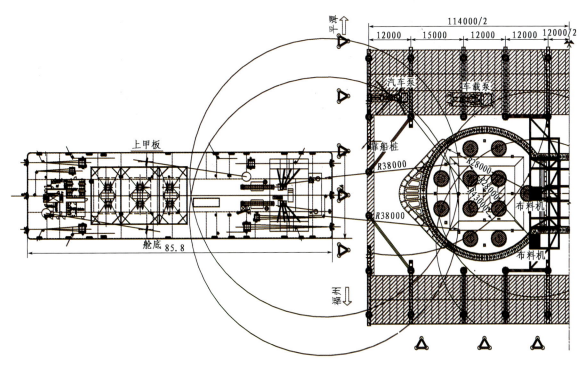

图 5-3-3-25　承台第二层(单圆部分)浇筑机械站位图(尺寸单位:mm)

③准备妥当各种技术签证表格。

④开盘前试验人员必须测定砂、石含水率,将混凝土理论配合比换算成施工配合比。

⑤开盘前要校核搅拌站计量设备及其他计量器具,并由试验人员复核。混凝土配料和计量:混凝土配料必须按试验室通知单进行,并应有试验人员值班,配料采用自动计量系统计量。

⑥施工前组织全体施工人员进行技术交底,交代清楚技术方案和各环节的注意事项,明确各岗位人

员名单和岗位职责。

(4) 混凝土原材料准备

由于承台混凝土数量较大，施工前应组织好原材料的供应。在浇筑混凝土前，除了将各拌和站及海天号搅拌船料仓装满外，尚需储备多艘砂石料船和多辆水泥、粉煤灰运输车辆及粉料运输船，将材料船停泊在码头或提前运输到站，并提前取样检验合格，随时补充原材料。

3）混凝土浇筑工艺

(1) 浇筑顺序

混凝土总体施工顺序：圆端承台第一层浇筑从防撞梁侧向中间系梁端逐步推进，且总体施工顺序由围堰外侧向内侧逐步推进，详见图5-3-3-26。系梁承台第一层混凝土浇筑由一侧向另一侧同步推进；第二层承台浇筑时，从围堰左幅依次完成左幅承台、系梁及右幅承台施工，两半圆承台混凝土浇筑时由外侧向内侧进行，具体浇筑顺序详见图5-3-3-27。

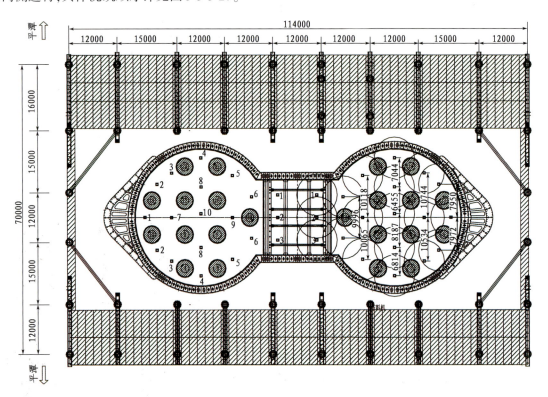

图5-3-3-26　第一层承台及系梁混凝土浇筑布料点及顺序布置图(尺寸单位：mm)

(2) 浇筑时间

承台浇筑前关注天气预报，选择未来3天无阴雨天气进行承台混凝土浇筑；台风来临前5天禁止承台混凝土浇筑施工。

(3) 混凝土浇筑

混凝土分两层浇筑，采用布料机、天泵及混凝土搅拌船相结合的浇筑方式进行浇筑，浇筑范围覆盖整个承台，另配备滑槽和4个8m³料斗配合履带式起重机作为应急设备，利用溜槽或串筒作为下料点防止混凝土离析，架立钢筋骨架上铺设脚手板作为浇筑平台。

混凝土浇筑前，应对钢筋、预埋件、冷却水管和测温元件等进行详细的检查，并做好记录，报经监理验收合格后方可浇筑混凝土。基坑内的杂物、积水和钢筋上的污垢应清理干净。

混凝土按规范的要求进行坍落度试验、制作混凝土试块，并观察混凝土的和易性，符合要求才能使用，为使混凝土浇筑布料均匀，根据混凝土流动半径在承台范围均匀布置下料点，布置溜槽、串筒，混凝土进入模板内时,应控制混凝土自由下落高度不超过2m,第2层混凝土浇筑时需在布料点位置开设30×30孔洞,混凝土施工至顶部时,及时等强封闭。

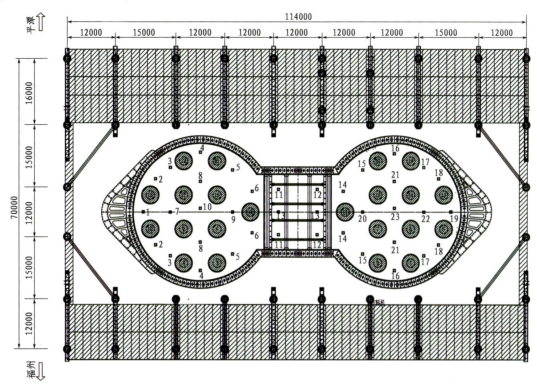

图 5-3-3-27　第二层承台混凝土施工顺序布置图(尺寸单位:mm)

某一区域的冷却水管被混凝土完全覆盖50cm后,即可将该区域的冷却水管通水。

(4)振捣工艺

①振捣棒快插慢拔,并插入下层混凝土5~10cm,与围堰侧壁板保持8~10cm的距离,避免振捣棒碰撞钢筋及其他预埋件。

②振捣棒移动距离应不超过振捣棒作用半径的1.5倍(约40cm)。混凝土入模后及时振捣,不能漏振、欠振或过振,振捣时间控制在20~30s左右,以表面开始泛浆,不再出现气泡为宜。振捣后的混凝土表面,不得出现明显的粉煤灰浮浆层。

③在钢筋较密集部位,为保证混凝土的密实性,振捣间距可适当放小。

④不能在围堰内平拖振捣器以使混凝土长距离流动或运送混凝土。

⑤混凝土振捣时,振动棒在围堰侧板周围振捣时距离隔离层的距离宜保持在10cm以上,距离冷却水管及测温元件的距离宜保持在20cm,不得碰撞冷却水管、测温元件及引入线,更不得对钢筋骨架进行振捣。测温元件及连接线在竖向沿着钢筋侧面绑扎,在水平方向沿着钢筋底面牵引绑扎固定,并预先在竖向测温元件顶面3~5cm焊接1根φ32mm短钢筋,在振捣时可避免振捣棒直接触碰传感器探头。

⑥混凝土施工时,对各布料点进行编号,根据布料点区域分区振捣,责任到人。

(5)施工缝处理

第一层混凝土浇筑完毕,待混凝土强度达2.5MPa后,对混凝土表面进行人工凿毛,并将凿出的碎屑清扫干净。

第二层混凝土浇筑前,对上、下层接缝处进行洒水湿润后再进行混凝土浇筑;混凝土浇筑完毕,强度达2.5MPa后,对塔座位置的混凝土进行人工凿毛,将承台预埋件上的浮浆清理干净。

凿毛要求:凿除表面浮浆,露出新鲜石子,且表面无松散碎石、松散混凝土块和其他杂物。

(6)高程控制及收浆抹面

由于承台面积大,为保证承台顶面浇筑高程满足设计及规范要求,在浇筑时采取以下措施控制浇筑高程:

①在钢围堰内侧壁板上统一放出高程,并焊接水平钢筋作为高程控制线。

②在承台顶层钢筋上焊接一些竖直的钢筋短柱,准备一些 $\phi42\times2.5\text{mm}$ 的钢管,在沿钢管长度方向每隔 2m 左右焊接短套管,将套管套入钢筋短柱上,控制钢管的顶面高程与承台高程平齐,以此水平钢管顶面作为承台高程控制线,同时可以在钢管顶面搭设收浆平台,收浆时边退边取出钢管,并将钢管凹痕抹平。

③防止干缩裂纹措施:二次收浆。

对混凝土顶面在浇筑 4~5h 之后二次振捣,然后用长刮尺将混凝土表面刮平,完成一次收浆,之后在初凝前完成顶面二次收浆。

4)混凝土质量检查

(1)浇筑混凝土时每 100m^3 应制取试件 1 组,试件尺寸为 $150\times150\times150\text{mm}$。

(2)试件脱模后,标养试件立即放入标准养护室内养护。

(3)混凝土龄期达 56d 后,试压混凝土强度并做好记录。

5)冷却水管压浆

承台混凝土养护完成,冷却水管停止水循环后,先用空压机将水管内残余水压出,用淡水冲洗冷却水管,再次用空压机将水管内残余淡水压出,然后用压浆机向冷却水管内压注水泥浆,以封闭管路,并将伸出承台顶面的部分割除。施工时,在冷却水管伸出承台顶面处预留凹槽,钢管割除后用混凝土封闭,保证钢管的保护层。

3.3.7 大体积混凝土温度及裂纹控制

平潭海峡公铁两用大桥主塔墩承台最大体积为 $80.4\text{m}\times32.4\text{m}\times10\text{m}$,方量为 19613.3m^3,最大一次浇筑量为 12048m^3(含第一层 1.4m 高塔座 1260m^3)。属超大体积混凝土。下面主要介绍降低大体积混凝土施工的水泥水化热,避免混凝土表面出现温度裂纹的施工方法。

1)施工前准备工作

(1)施工混凝土和配合比的选择

①掺加外加料,降低水泥用量

混凝土结构在浇筑完成后,若与周围环境之间无任何散热和热量吸收,水泥的水化热量将全部转化成温升后混凝土的温度值(绝热温升)。混凝土的绝热温升值与单方水泥用量呈线性关系。因此,在大体积混凝土的配合比设计中,通过优化设计,掺加适量的外加料以改善混凝土的特性,降低水泥用量,降低水化热温升,是大体积混凝土施工中的一项重要技术措施。主墩承台均采用"双掺"技术进行配合比设计。

②骨料选择

粗骨料的强度、细骨料的细度模数、配合比的含砂率及骨料的级配、含泥量等都将对混凝土的工作性能、强度、收缩特性及单方水泥用量等产生重要影响。因此,骨料的合理选择,在改善混凝土施工特性的同时,可有效提高混凝土的强度,降低水泥用量,降低水化热温升。

③优化施工工艺,加强施工管理

a.合理分层浇筑

当大体积混凝土结构尺寸过大,通过计算证明整体一次性浇筑会产生较大温度应力,并导致裂缝时,应采用合理的分层浇筑方案。主墩承台分为两层,浇筑高度依次为4.0m、5.0m。

b. 控制混凝土浇筑温度

混凝土的内部温度是水化热的绝热温升、浇筑温度和结构的散热温度等各种温度的叠加;浇筑温度越高,混凝土的内部温度值也越高。承台施工值炎热季节时,应控制混凝土的入模温度不超过28℃;在混凝土拌和之前先测量水、水泥、骨料及掺合料的温度,根据经验公式估算拌和后混凝土的温度,如不能满足入模温度要求,应采取加冰降低拌和用水温度等措施进行试配,直到满足要求为止。

c. 优化施工工艺

为保证结构的整体性,混凝土应连续浇筑,并在混凝土初凝前完成全部浇筑工作。另外,适当延长混凝土的搅拌时间可提高拌合物的均匀性、进行二次振捣可增加混凝土的密实度、制定科学合理的养护工艺等,可以在一定程度上减少混凝土的收缩和提高混凝土的极限拉伸值,这对防止裂缝的产生也可起到一定的作用。

2）冷却水管和测温元件安装

鉴于航道桥主塔墩、辅助、边墩承台体积庞大,为确保降温措施切实有效,对大体积混凝土水化热进行了 MIDAS Civil 有限元分析计算,根据计算结果不知冷却水管。

（1）冷却水管布置方法

①为减少混凝土内部水化热,降低混凝土内外温差,尽量避免混凝土开裂,采取在混凝土内设冷却水管通水降温的措施。

②冷却水管网按照冷却水由热中心区域(每层浇筑中间部位)流向边缘区的原则分层分区布置,每层冷却管的进、出口相互错开;由于承台混凝土规模庞大,根据混凝土分层浇筑的施工顺序,冷却管分区布置,每根冷却管长度不超过200m,冷却管随承台钢筋施工时一起安装。

③承台冷却水管采用 $\phi 48 \times 3.5mm$(直径×壁厚)钢管制成,以 Z04 承台为例,承台厚10m,沿承台竖向布置9层水平冷却水管网,管网间竖向间距为1m,顶层管网与承台顶面距离为0.5m,底层管网至承台底0.5m,同一管网内水管间的水平间距为1.0m,最外层水管距离混凝土边缘1m左右,管网的进出水口需垂直引出混凝土顶面0.5m以上,且出水口装有调节流量的阀门和测流量装置,同一层水管网的垂直进出水口要相互错开至少1m,不同层水管网的进出水口也应相互错开至少1m,以便进行区分。

④冷却水管安装时,应职称在承台架立钢筋上,并适当加密,并用22号铁丝将冷却管牢固绑扎在架立钢筋上,以防止冷却管在混凝土振捣过程中变形或接头脱落。

⑤冷却水管网安装完成后,冷却管网应分区分层编号,每一层管网的进出水口均应编号登记,将进水管与总管、水泵接通,每层每区域冷却水管各自独立供水,并进行通水试验,对接接头接缝应密封良好。

⑥主塔墩承台冷却水管布置见图5-3-3-28、图5-3-3-29。

（2）测温元件布置

为准确测量、监控承台混凝土的内部温度,指导混凝土的通水养护,确保承台大体积混凝土的施工质量,承台混凝土内需布置测温元件。

测点布置时,从高度看,应包括表面、中间(或某一高度断面)和底面三种情况;从平面尺寸考虑,包括边缘及中间两种情况。

本工程测点布置原则:

①根据结构对称性的特点,选取每次混凝土施工1/4结构作为主要测试区域,在其他区域布置关键测点;

②根据温度场的分布规律,对分层高度方向的温度测点间距作了适当调整;

③充分考虑温控指标的测评。

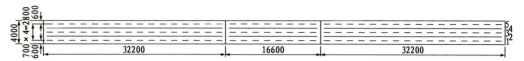

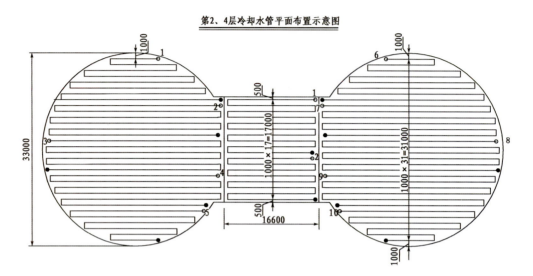

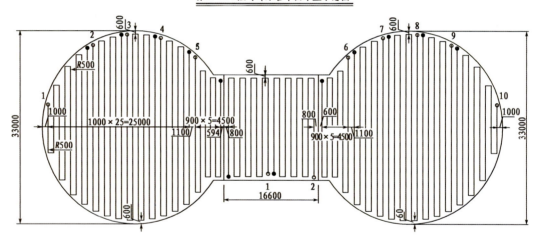

图 5-3-3-28　主墩承台第一层混凝土浇筑冷却水管布置图(尺寸单位：mm)

钢筋安装完毕,根据温控方案的要求将温度传感器和数据传输线绑扎在钢筋上,并将数据传输线引出到承台顶面以上。测温元件安装后要注意保护,不得损坏。

主墩承台测温元件布置见图 5-3-3-30、图 5-3-3-31,辅助墩承台测温元件布置见图 5-3-3-32。

3）混凝土施工

混凝土浇筑应采用从中间下四周全断面逐步推进的方法,提前将串筒按灌筑顺序摆放好,在灌筑混凝土的过程依次倒用。

混凝土浇筑采用斜向分层,从中间向四周全断面逐步推进的方法进行施工,浇筑过程中提前倒用串筒,并尽可能加快混凝土的浇筑速度,在浇筑混凝土时,打开围堰侧板内密封箱进行抽水。

某一区域的冷却水管被混凝土完全覆盖后,立刻将该区域冷却水管通水,从而尽量减少新老混凝土的温差,防止混凝土开裂。

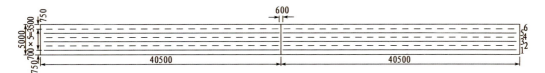

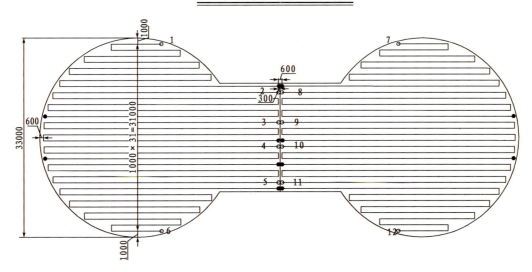

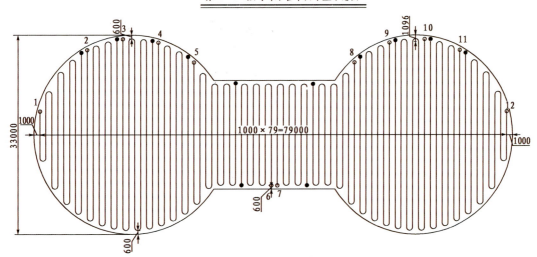

图 5-3-3-29　主墩承台第二层混凝土浇筑冷却水管布置图（尺寸单位：mm）

4）混凝土的养护与温度控制

（1）混凝土养护

承台施工在 4—12 月份时，采取以下措施进行养护：

第一层混凝土：覆盖洒水保湿养护，混凝土凿毛时应分块分区进行，同时做好相邻区域的覆盖洒水养护工作。

第二层混凝土：混凝土初凝后，表面蓄水养护，蓄水深度约 20cm，内部通循环水冷却。

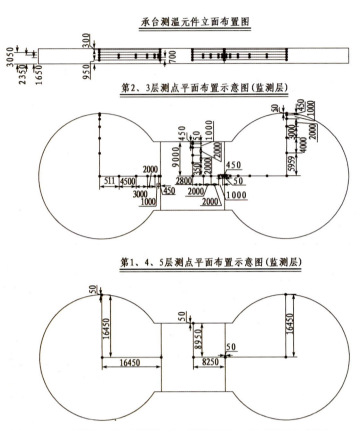

图 5-3-3-30　主墩承台第一层混凝土施工测温元件立面布置图(尺寸单位:mm)

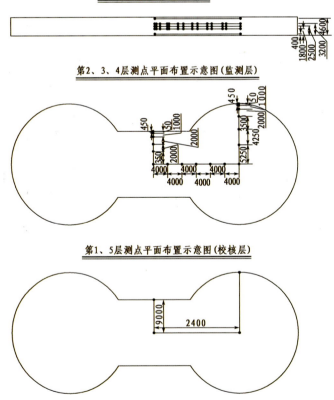

图 5-3-3-31　主墩承台第二层混凝土施工测温元件立面布置图(尺寸单位:mm)

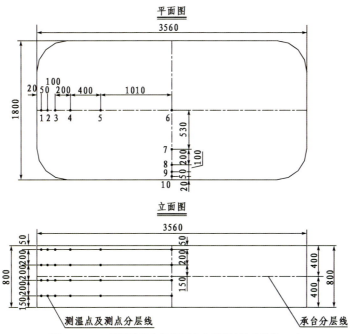

图 5-3-3-32 辅助墩承台温度测点布置图(尺寸单位:cm)

11月—次年3月份承台混凝土施工时,每层承台混凝土初凝后,顶面覆盖塑料薄膜保持湿润,以防止水分的蒸发和热量的过快散失。

混凝土养护期间,应严格控制里表温差和混凝土表面温度的变化幅度,防止出现裂纹。

(2)通冷却水

循环冷却水供应:工作平台上安装4个水箱通过分流阀向循环水管内供水。水箱:单个水箱容量为 $40m^3$。

控制冷却水的流量,使进出口水的温差不大于6℃,一般可控制流量在 $1.2 \sim 1.5 m^3/h$。

(3)测温监控

实时绘制每点温度 T~t 时间曲线,绘制每测孔最大温差 ΔT~t 时间曲线,每天书面报告承台温度监测资料,以便采取必要的降温措施及养护措施,如及时调整冷却水温度及流量,保证混凝土施工质量。

浇筑块温度场测量:混凝土浇筑过程中,每2h测量一次;混凝土浇筑完毕后至水化热升温阶段,每2h测量一次;水化热降温阶段第一周,每4h测量一次,一周后每天选取气温典型变化时段进行测量,每天测量 2~4 次。

根据施工过程中混凝土温度监测数据显示:第一层及第二层承台混凝土内部最高温度、表面温度、气温、断面均温、内表温差比较结果详见图 5-3-3-33(仅示意中间层)。

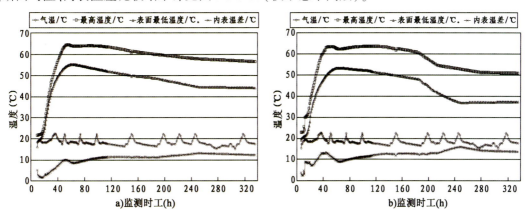

图 5-3-3-33 第一层、第二层混凝土温度特性监测变化图

由图可以看出,混凝土缓凝效果较好,浇筑完 20h 左右温度开始持续上升,45~50h 达到温峰,内部最高温度 64℃,符合≤65℃的温控标准。温峰后降温速率为 0.5~1.6℃/d,符合温控标准≤2.0℃/d 的要求。混凝土表面温度前期平稳上升,降温期间受天气及表面暴露的强制冷源作用波动。内表温差发展趋势受表面温度波动影响,最大内表温差出现在降温后期。各层测点所监测到的温峰、断面均温及内表温差均在温控标准范围内,控制效果良好。

平潭海峡公铁大桥
建造关键技术

KEY TECHNOLOGY FOR
THE CONSTRUCTION
OF PINGTAN STRAIT HIGHWAY AND RAILWAY BRIDGE

松下岸　　　人屿岛　　元洪航道桥　　鼓屿门水道桥　　长屿岛

平潭海峡公铁大桥
建造关键技术

05

第4章

主塔施工

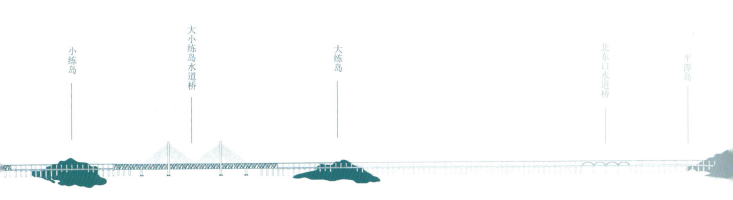

4.1 施工方案概述

4.1.1 大风环境

桥区风向季节性变化明显,且稳定,桥址工程区域百年重现期10min平均最大风速44.8m/s。大风日数主要集中在10月—次年2月,占全年的50%左右。通过福建省气候中心统计分析汇总桥位处的极大风天数见表5-4-1-1。

桥址处出现极大风的天数统计　　表5-4-1-1

项 目	屿 头	长 屿	苏 澳	松 下
≥6级大风天数	314	313	309	301
≥7级大风天数	233	238	234	193
≥8级大风天数	117	125	123	62
≥9级大风天数	27	34	35	10

4.1.2 主塔结构概况

航道桥主塔采用"H"形桥塔,钢筋混凝土结构,均采用C50混凝土;主塔高度范围内共设两道横梁,上、下横梁均采用预应力混凝土箱形结构;主塔锚固区采用钢锚梁+钢牛腿设计,钢锚梁单件最大质量10.8t,钢牛腿单套最大质量8.9t(左右两个为一套),锚固区塔壁内设置低回缩环向预应力锚固体系。具体结构如图5-4-1-1所示。

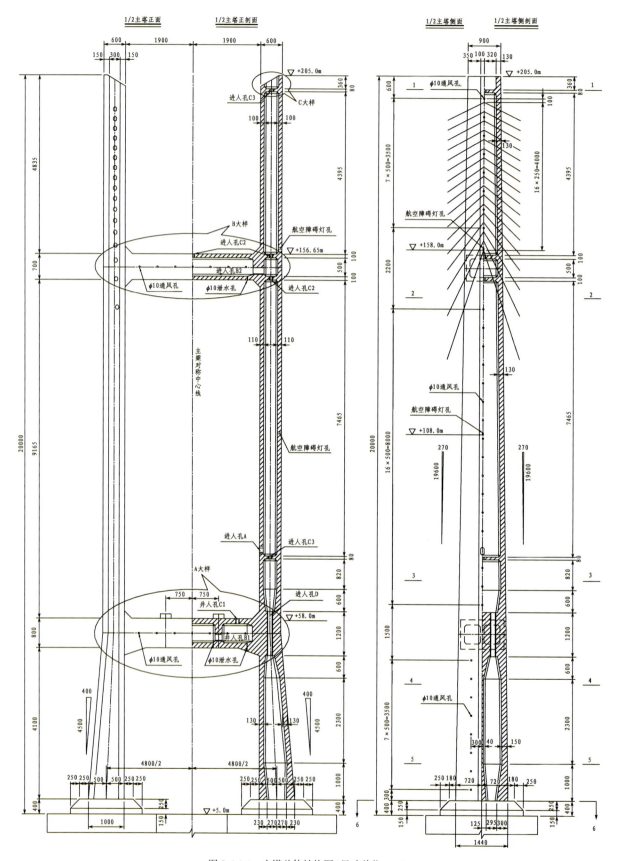

图 5-4-1-1 主塔总体结构图(尺寸单位:mm)

1）元洪航道桥

元洪航道桥 N03 号、N04 号主塔塔顶高程 +205.0m，塔底高程 +9.0m，承台以上塔高 196.0m。塔柱顺桥向尺寸线性变化为 9.0~14.4m，上塔柱、中塔柱横桥向尺寸为 6.0m，下塔柱横桥向尺寸变化为 5.0~10.0m。

主塔高度范围内共设两道横梁，下横梁顶高程 +58.0m，上横梁顶高程 +156.65m。上、下横梁均采用预应力混凝土箱形结构。下横梁高 8.0m，宽 12.0m，上横梁高 7.0m，宽 9.5m。跨度均为 38.0m。上横梁为单箱单室截面，壁厚 1.0m。下横梁采用单箱双室截面，壁厚均为 1.0m。

2）鼓屿门水道桥

鼓屿门水道桥 Z03 号、Z04 号主塔塔顶高程 +164.0m，承台顶高程 +6.0m，承台以上塔高 158.0m。塔柱顺桥向尺寸线性线性变化为 7~10.5m；上塔柱和中塔柱横桥向尺寸为 5.0m，下塔柱横向尺寸线性变化为 5.0~10.0m。

主塔高度范围内共设两道横梁，下横梁顶高程 +58.0m，上横梁顶高程 +133.5m。上、下横梁均采用预应力混凝土箱形结构。下横梁高 8.0m，宽 9.0m，上横梁高 5.0m，宽 7.0m。跨度均为 38.0m。上横梁为单箱单室截面，壁厚 1.0m。下横梁采用单箱双室截面，壁厚均为 1.0m。

3）大小练岛水道桥

大小练岛水道桥 S03 号、S04 号主塔塔顶高程 +157.0m，承台顶高程 +5.0m，承台以上塔高 152.0m。塔柱顺桥向尺寸为 7.0~10.5m，上塔柱、中塔柱横桥向尺寸为 5.0m，下塔柱横桥向尺寸为 5.0~10.0m。

主塔高度范围内共设两道横梁，下横梁顶高程 +58.0m，上横梁顶高程 +133.5m。上、下横梁均采用预应力混凝土箱形结构。上、下横梁梁高分别为 5.0m 和 8.0m，宽度分别为 7.0m、9.0m，跨度均为 38.0m。上横梁采用单箱单室截面，壁厚 1.0m。下横梁采用单箱双室截面，壁厚均为 1.0m。

4.1.3 主塔总体施工方案

塔柱采用液压自爬模施工，标准节段高度 6m；下横梁采用落地支架法施工，与主塔异步施工，横桥向分三段浇筑，高度方向一次浇筑；上横梁采用钢牛腿+支架施工，与主塔异步施工，高度方向分两次浇筑。

为了解决常大风环境下主塔施工安全、质量、工期等问题，对主塔施工设备进行了加强，对主塔抗风措施进行了创新，对主塔施工工序进行了优化。其中每座主塔配备两台 D1100-63V 塔式起重机和两台双向电梯，并设相应抗风附墙；为改善施工阶段在大风环境下主塔的受力，同时临时锁定上横梁浇筑时主塔两个肢，使其横桥向变形协调，在中塔柱范围内设置一道桁架式临时横撑，横撑与塔柱间采用销轴铰接；主塔施工塔柱处于伸臂状态，左右塔柱还未形成有效连接，抗风能力较差，必须优化施工工序，各航道桥主塔施工工序如下。

（1）元洪航道桥主塔分节如图 5-4-1-2 所示，施工工序见表 5-4-1-2。

元洪航道桥主塔施工工序　　　　表 5-4-1-2

步骤一	1. 塔座施工完成后安装 2 台 D1100-63V 塔式起重机，并随塔柱施工进行电梯安装； 2. 利用爬模施工下塔柱； 3. 同步施工下横梁支架
步骤二	1. 绑扎下横梁中间段钢筋、安装模板； 2. 下塔柱施工至 9 号节段时，安装下横梁支架附墙，浇筑下横梁中间段
步骤三	1. 爬模爬升至 12 号节段后开始施工下横梁两侧湿接头，主塔 14 号节段施工完成前完成两侧湿接头混凝土浇筑施工； 2. 待下横梁混凝土强度及弹性模量达到设计 90% 后张拉下横梁预应力束

续上表

步骤四	1. 横梁施工完毕后，拆除下横梁支架； 2. 利用爬模施工中塔柱，并随塔柱施工升高塔式起重机，接高电梯； 3. 爬模爬升至24号节段后，安装中塔柱横撑，利用夜间温差较小时段调整主塔线性，横撑与主塔临时锁定
步骤五	1. 爬模爬升至27号节段时，安装上横梁支架； 2. 爬升至28号节段时，分段完成上横梁第一层混凝土浇筑； 3. 第一层上横梁混凝土强度、弹性模量达到设计值90%后，按照设计要求张拉部分预应力
步骤六	1. 主塔29号节段施工完成前，完成上横梁混凝土第二层浇筑； 2. 待上横梁第二层混凝土强度达到设计值90%后，张拉剩余上横梁预应力钢束
步骤七	1. 上横梁施工完成后，拆除上横梁支架及中塔柱横撑； 2. 升高塔式起重机，接高电梯，完成上塔柱施工

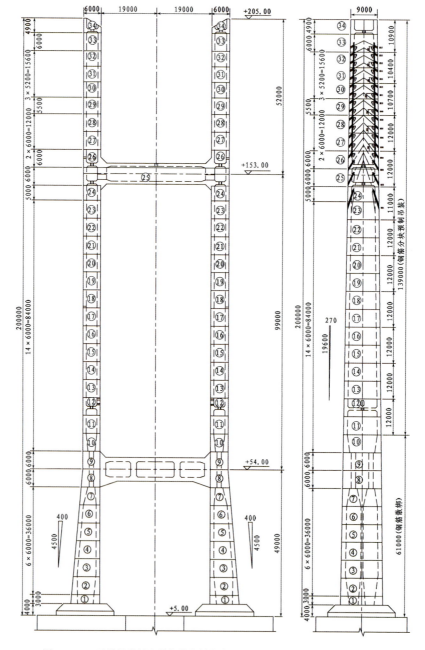

图 5-4-1-2　元洪航道桥主塔柱节段划分布置图（尺寸单位：mm，高程单位：m）

(2)鼓屿门水道桥主塔分节如图 5-4-1-3 所示,施工工序见表 5-4-1-3。

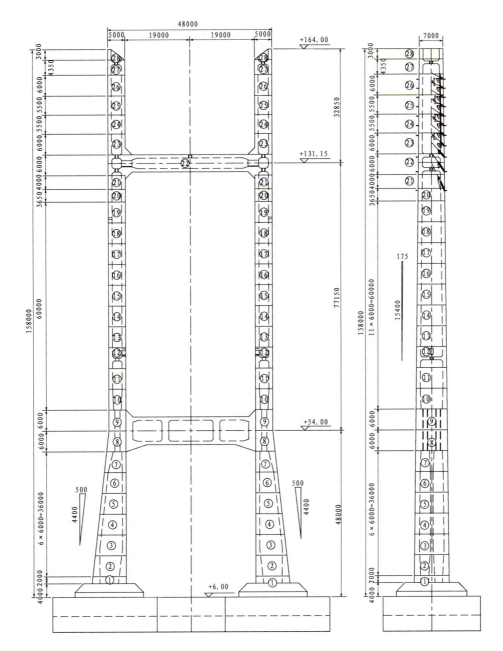

图 5-4-1-3　鼓屿门水道桥主塔柱节段划分布置图(尺寸单位:mm,高程单位:m)

鼓屿门水道桥主塔柱施工工序　　　　　　　　　　　　　　　　表 5-4-1-3

步骤一	1. 塔座施工完成后安装 2 台 D1100-63V 塔式起重机,并随塔柱施工进行电梯安装; 2. 利用爬模施工下塔柱; 3. 同步施工下横梁支架
步骤二	1. 绑扎下横梁中间段钢筋、安装模板; 2. 下塔柱施工至 9 号阶段时,安装下横梁支架附墙,浇筑下横梁中间段
步骤三	1. 爬模爬升至 12 号节段后开始施工下横梁两侧湿接头,主塔 14 号节段施工完成前完成两侧湿接头混凝土浇筑施工; 2. 待下横梁混凝土强度及弹性模量达到设计 90% 后张拉下横梁预应力束

续上表

步骤四	1. 横梁施工完毕后,拆除下横梁支架; 2. 利用爬模施工中塔柱,并随塔柱施工升高塔式起重机,接高电梯; 3. 爬模爬升至20号节段后,安装中塔柱横撑,利用夜间温差较小时段调整主塔线性,横撑与主塔临时锁定
步骤五	1. 爬模爬升至23号节段时,安装上横梁支架; 2. 爬升至24号节段时,分段完成上横梁第一层混凝土浇筑; 3. 第一层上横梁混凝土强度、弹性模量达到设计值90%后,按照设计要求张拉部分预应力
步骤六	1. 主塔26号节段施工完成前,完成上横梁混凝土第二层浇筑; 2. 待上横梁第二层混凝土强度达到设计值90%后,张拉剩余上横梁预应力钢束
步骤七	1. 上横梁施工完成后,拆除上横梁支架及中塔柱横撑; 2. 升高塔式起重机,接高电梯,完成上塔柱施工

(3)大小练岛水道桥主塔分节如图5-4-1-4所示,施工工序见表5-4-1-4。

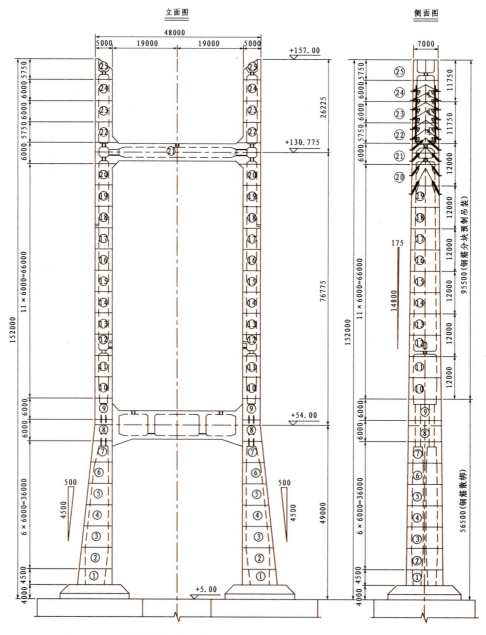

图5-4-1-4 大小练岛水道桥主塔柱节段划分布置图(尺寸单位:mm,高程单位:m)

大小练岛水道桥主塔施工工序　　表 5-4-1-4

步骤一	1. 塔座施工完成后安装 2 台 D1100-63V 塔式起重机,并随塔柱施工进行电梯安装; 2. 利用爬模施工下塔柱; 3. 同步施工下横梁支架
步骤二	1. 绑扎下横梁中间段钢筋、安装模板; 2. 下塔柱施工至 9 号阶段时,安装下横梁支架附墙,浇筑下横梁中间段
步骤三	1. 爬模爬升至 12 号节段后开始施工下横梁两侧湿接头,主塔 14 号节段施工完成前完成两侧湿接头混凝土浇筑施工; 2. 待下横梁混凝土强度及弹模达到设计 90% 后张拉下横梁预应力束
步骤四	1. 横梁施工完毕后,拆除下横梁支架; 2. 利用爬模施工中塔柱,并随塔柱施工升高塔式起重机,接高电梯; 3. 爬模爬升至 20 号节段后,安装中塔柱横撑,利用夜间温差较小时段调整主塔线性,横撑与主塔临时锁定
步骤五	1. 爬模爬升至 23 号节段时,安装上横梁支架; 2. 爬升至 24 号节段时,分段完成上横梁第一层混凝土浇筑; 3. 第一层上横梁混凝土强度、弹模达到设计值 90% 后,按照设计要求张拉部分预应力
步骤六	1. 主塔 26 号节段施工完成前,完成上横梁混凝土第二层浇筑; 2. 待上横梁第二层混凝土强度达到设计值 90% 后,张拉剩余上横梁预应力钢束
步骤七	1. 上横梁施工完成后,拆除上横梁支架及中塔柱横撑; 2. 升高塔式起重机,接高电梯,完成上塔柱施工

4.1.4　主塔施工阶段控制工况分析

1）不利工况

（1）元洪航道桥主塔施工

工况一:浇筑到 13 号节段（下横梁未浇筑）;

工况二:浇筑到 24 号节段（横撑、上横梁支架均未安装）;

工况三:浇筑到 27 号节段（横撑已安装,上横梁支架未安装）;

工况四:浇筑到 28 号节段（横撑、上横梁支架均已安装）;

工况五:成塔状态（横撑、横梁支架已拆除）。

元洪航道桥主塔施工工况具体见图 5-4-1-5。

（2）鼓屿门水道桥

根据鼓屿门水道桥主塔施工步骤,施工过程存在以下不利工况:

工况一:浇筑到 13 号节段（下横梁未浇筑）。

工况二:浇筑到 20 号节段（横撑、上横梁支架均未安装）。

工况三:浇筑到 23 号节段（横撑已安装,上横梁支架未安装）。

工况四:浇筑到 24 号节段（横撑、上横梁支架均已安装）。

工况五:成塔状态（横撑、横梁支架已拆除）。

鼓屿门水道桥主塔施工工况具体见图 5-4-1-6。

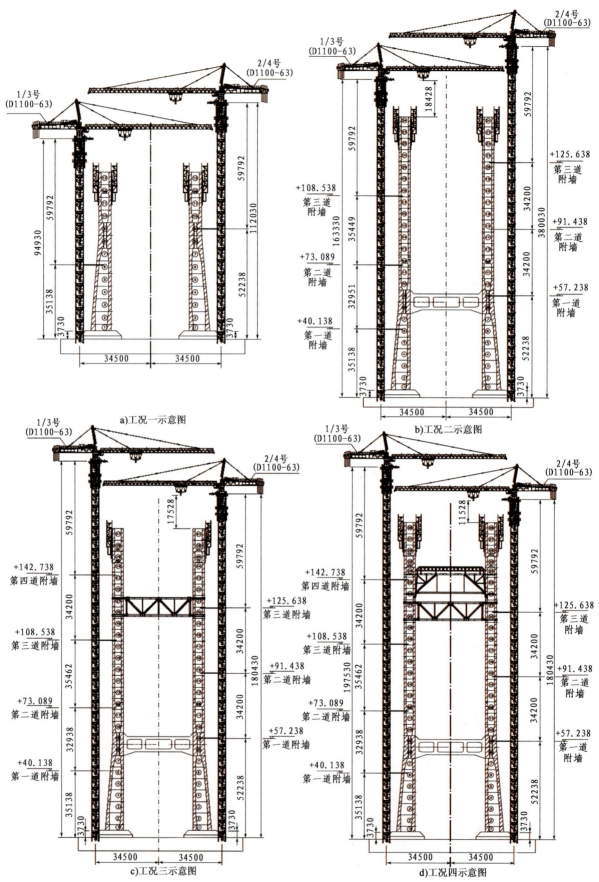

图 5-4-1-5

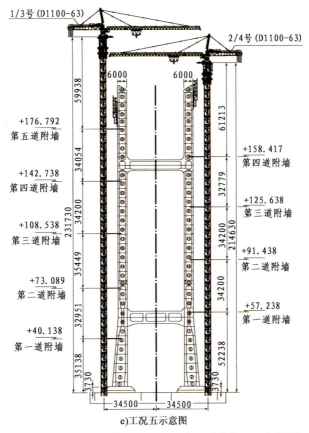

e) 工况五示意图

图 5-4-1-5 元洪航道桥主塔施工工况示意图（尺寸单位：mm，高程单位：m）

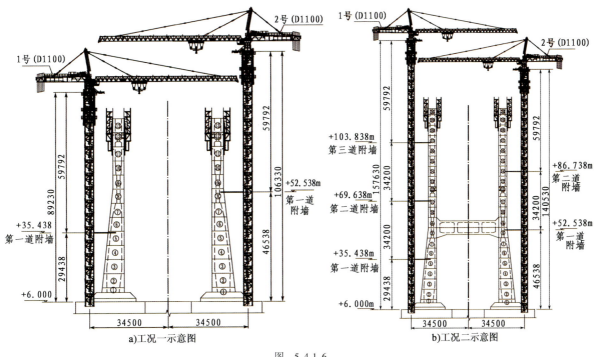

a) 工况一示意图　　　　　　　　b) 工况二示意图

图 5-4-1-6

（3）大小练岛水道桥

根据大小练岛水道桥主塔施工步骤，施工过程存在以下不利工况：

工况一：浇筑到 13 号节段（下横梁未浇筑）；

工况二：浇筑到 20 号节段（横撑、上横梁支架均未安装）；

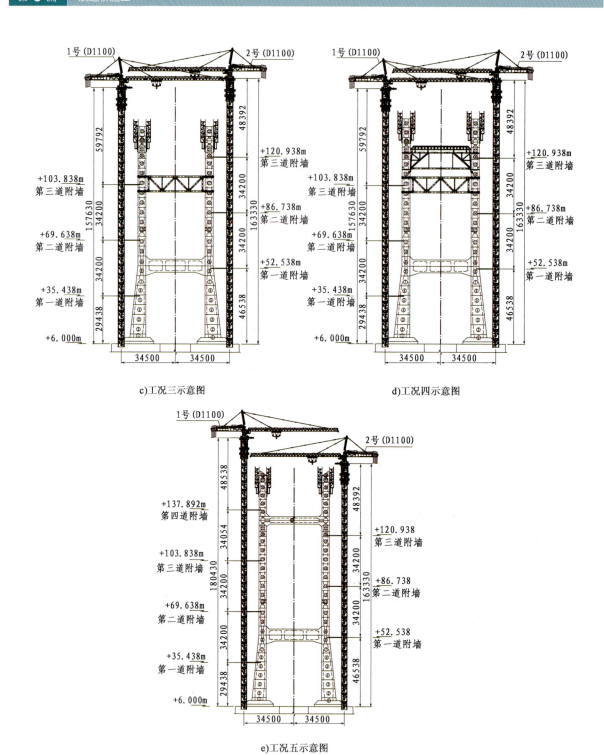

图 5-4-1-6 鼓屿门水道桥主塔施工工况示意(尺寸单位:mm,高程单位:m)

工况三:浇筑到23号节段(横撑已安装,上横梁支架未安装);
工况四:浇筑到24号节段(横撑、上横梁支架均已安装);
工况五:成塔状态(横撑、横梁支架已拆除)。
大小练岛水道桥主塔施工工况具体见图5-4-1-7。

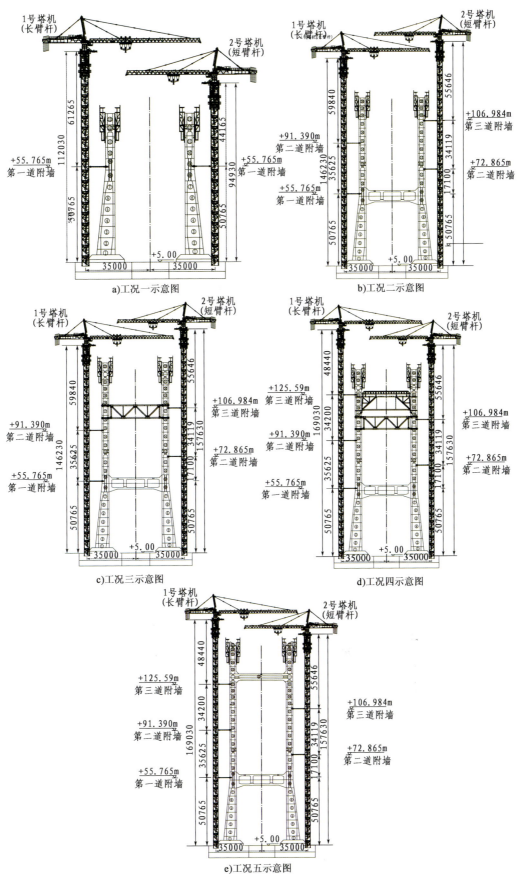

图 5-4-1-7 大小练岛水道桥主塔施工工况示意图(尺寸单位:mm,高程单位:m)

2）主塔整体抗风计算分析

主塔台风荷载各节段按线荷载加载，爬模风荷载按节点荷载施加于主塔顶端；塔式起重机头部台风荷载按节点荷载施加于塔式起重机顶端，塔式起重机塔身台风荷载各标准节按线荷载加载；横撑及上横梁支架台风荷载按线荷载加载于上下弦杆上。设置桁架式横撑后，对主塔施工各控制工况进行计算。

横撑两端与主塔间采用铰连接；上横梁支架上弦两端与主塔间采用横桥向承受拉压，纵桥向受剪的弹性连接，下弦两端与主塔间采用横桥向只受压，纵桥向和竖向受剪的弹性连接；塔式起重机各附墙杆件与主塔间采用铰连接；主塔及塔式起重机底部为固结。建立 Midas Civil 有限元模型计算。

（1）元洪航道桥主塔施工各工况横向位移见图 5-4-1-8。

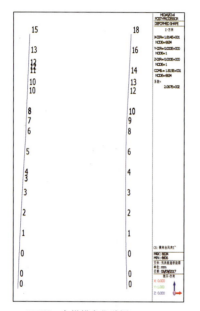
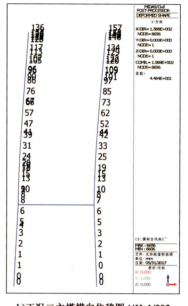

a) 工况一主塔横向位移图 $\Delta/H=1/4166$
b) 工况二主塔横向位移图 $\Delta/H=1/892$

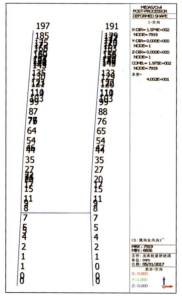
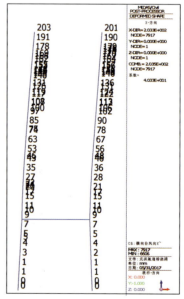

c) 工况三主塔横向位移图 $\Delta/H=1/802$
d) 工况四主塔横向位移图 $\Delta/H=1/808$

图 5-4-1-8

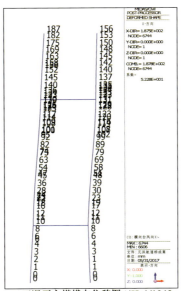

e)工况五主塔横向位移图 $\Delta/H=1/1048$

图 5-4-1-8　元洪航道桥主塔施工各工况横向位移（单位：mm）

根据计算可得，工况一主塔 1 号节段下端截面受力最为不利，工况二～工况五主塔 10 号节段下端截面受力最为不利。根据混凝土正截面配筋程序计算所得结果见表 5-4-1-5。

元洪航道桥主塔施工各工况计算结果　　　　表 5-4-1-5

工况	弯矩M_y（kN·m）	弯矩M_z（kN·m）	轴力F_x（kN）	混凝土最大压应力δ_c（MPa）	钢筋最大拉应力δ_s（MPa）	裂缝宽度w_f（mm）
工况一	542.0	341841.3	100874.7	3.91	15.67	0.02
工况二	1331.4	281702.2	77311.0	7.25	137.44	0.178
工况三	4318.5	292726.8	88071.3	7.46	131.36	0.170
工况四	3701.5	293784.4	92481.9	7.29	109.27	0.142
工况五	3215.7	286383.9	120159.7	6.45	39.41	0.051

则：最大裂缝宽度 $w_f=0.178\,\text{mm}<[w_f]=0.20\,\text{mm}$，满足要求。

（2）鼓屿门水道桥主塔施工各工况横向位移见图 5-4-1-9。

a)工况一主塔横向位移图 $\Delta/H=1/2846$

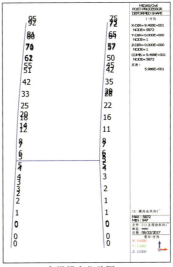
b)工况二主塔横向位移图 $\Delta/H=1/1196$

图　5-4-1-9

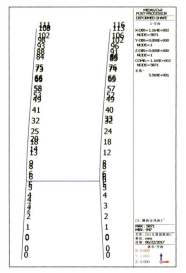
c)工况三主塔横向位移图 $\Delta/H=1/1118$

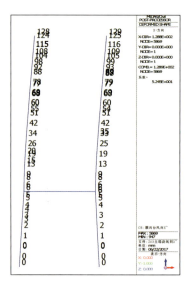
d)工况四主塔横向位移图 $\Delta/H=1/1048$

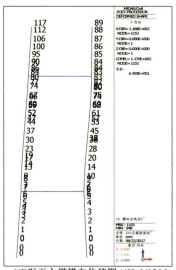
e)工况五主塔横向位移图 $\Delta/H=1/1316$

图 5-4-1-9 鼓屿门水道桥主塔施工各工况横向位移(单位:mm)

鼓屿门水道桥工况一主塔1号节段下端截面受力最为不利,工况二~工况五主塔10号节段下端截面受力最为不利。根据混凝土正截面配筋程序计算所得结果见表5-4-1-16。

鼓屿门水道桥主塔施工各工况计算结果　　表5-4-1-16

工　况	弯矩M_y (kN·m)	弯矩M_z (kN·m)	轴力F_x (kN)	混凝土最大压应力 δ_c(MPa)	钢筋最大拉应力 δ_s(MPa)	裂缝宽度w_f (mm)
工况一	73.4	243126.4	70739.1	4.32	22.8	0.030
工况二	875.5	136617.5	38422.4	6.86	137.41	0.178
工况三	803.2	132964.3	45332.4	6.55	103.43	0.134
工况四	530.8	137096.3	48382.1	7.40	128.2	0.166
工况五	504.2	147820.8	75408.7	7.00	47.67	0.062

则:最大裂缝宽度 $w_f=0.178\text{mm}<[w_f]=0.20\text{mm}$,满足要求。

(3)大小练岛水道桥主塔施工各工况横向位移见图5-4-1-10。

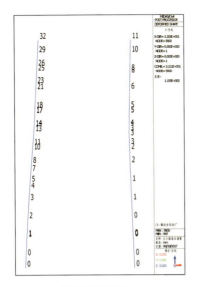
a) 工况一主塔横向位移图 $\Delta/H=1/2344$

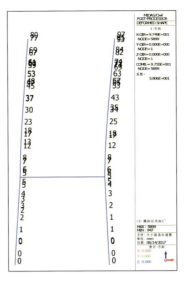
b) 工况二主塔横向位移图 $\Delta/H=1/1177$

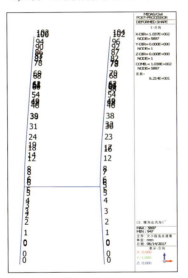
c) 工况三主塔横向位移图 $\Delta/H=1/1249$

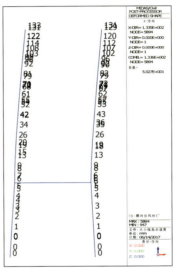
d) 工况四主塔横向位移图 $\Delta/H=1/1016$

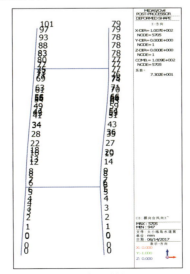
e) 工况五主塔横向位移图 $\Delta/H=1/1465$

图 5-4-1-10　大小练岛水道桥主塔施工各工况横向位移(单位:mm)

大小练岛水道桥工况一主塔1号节段下端截面受力最为不利,工况二～工况五主塔10号节段下端截面受力最为不利。根据混凝土正截面配筋程序计算所得结果见表5-4-1-7。

大小练岛水道桥主塔施工各工况计算结果　　表5-4-1-7

工况	弯矩M_y（kN·m）	弯矩M_z（kN·m）	轴力F_x（kN）	混凝土最大压应力δ_c（MPa）	钢筋最大拉应力δ_s（MPa）	裂缝宽度w_f（mm）
工况一	4.0	272595.9	70552.8	4.92	48.36	0.063
工况二	1.7	139180.2	37845.1	7.17	152.31	0.198
工况三	252.8	129191.7	44992.2	6.92	120.92	0.157
工况四	270.5	137235.6	47628.5	7.34	128.53	0.167
工况五	17.3	145447.1	70954.8	7.05	52.34	0.068

则:最大裂缝宽度$w_f = 0.198$mm $< [w_f] = 0.20$mm,满足要求。

4.2 主塔施工关键设备

根据主塔的结构形式、施工环境及施工安排,每个主塔选用的主要施工机具设备为D1100-63V塔式起重机2台,SC2000双笼电梯2台及输送泵2套,液压爬模2套,以及其他机具。主塔施工机械设备见表5-4-2-1。

主塔施工机械设备表　　表5-4-2-1

序号	设备名称	规格型号	数量	用途
1	液压爬模	ACF-125/SKE100/HCB-130	2套	塔柱节段混凝土模筑
2	固定式塔式起重机	D1100-63	2台	塔柱施工吊装
3	电梯	SC200	2台	塔柱施工人员垂直运输
4	平板车	25t	2辆	材料及钢筋倒运
5	钢筋车丝机	—	4台	塔柱钢筋车丝
6	混凝土搅拌站	HZS90	2套	混凝土生产
7	装载机	LG850	2台	混凝土搅拌站砂石料倒运
8	汽车泵	—	2台	塔柱下横梁以下节段混凝土浇筑
9	地泵	HBT80C	2台	泵送塔柱混凝土
10	混凝土运输车	8m³	6台	混凝土运输
11	电焊机	—	10台	塔柱钢筋绑扎焊接
12	发电机	500kW	1台	备用电源
13	测量仪器	综合	1套	塔柱施工放样
14	试验仪器	综合	1套	塔柱施工检验
15	变压器	630kVA	1台	施工用电

4.2.1 塔式起重机

1）塔式起重机抗风技术标准

由于桥址处气象条件复杂、恶劣,自进场施工以来,每年台风影响次数为6～7次,季风期风力大,影响时间长。为确保塔柱施工安全及塔式起重机使用安全,对塔式起重机提出如下设计要求。

（1）工作状态:塔式起重机需要满足在作业面8级风(取上限20.7m/s)状态下工作,作业面7级风

(取上限17.1m/s)状态下顶升。

（2）非工作状态:满足抗台风要求。桥址处海平面10m高度设计风速按10年一遇10min平均风速 $V_{s10}=36.7$m/s取值，阵风系数和风速高度变化系数按照《平潭海峡公铁大桥气象环境专题分析报告》选用，其中阵风系数取值1.3。

2）塔式起重机选型及布置

材料、设备的垂直运输由墩旁固定式塔式起重机完成。塔式起重机主要负责吊装钢筋、劲性骨架、钢锚梁、横梁支架等结构。主塔塔式起重机施工环境定为:塔式起重机满足7级风作用下能进行顶升作业，工作状态下满足8级风正常作业，非工作状态下满足14级风设计要求。为满足塔式起重机结构抗台风安全和施工吊重的需求，单个主塔墩实际配备2台1100t·m定制塔式起重机，其起重性能见表5-4-2-2。该塔式起重机具有以下特点:

（1）上部结构加强，起重臂端的臂节下弦杆、底腹杆、上支座与起重臂连接耳板均加强；
（2）回转加强，设置3个回转机构；
（3）塔身加强，采用T3000大主弦塔身，独立塔身及附着装置以上有65m的塔身悬高；
（4）爬升架加强，主弦杆及斜腹杆加强；
（5）下支座加强，下支座根据塔身进行相应加强；
（6）防腐措施，采用环氧富锌底漆、双组分面漆，活动平台、栏杆、爬梯浸锌处理；
（7）附着加强，塔式起重机附着杆件加强，并加密主塔上预埋爬锥；
（8）其他加强，引进系统局部加强；3根主电缆加大；电控柜采用不锈钢材质。

另外，为监测施工区域风环境的实际状况，3座斜拉桥主塔配备的12台塔式起重机顶部各设1台风速仪，3座斜拉桥各选1台塔式起重机在高度方向上设置风速仪，间距为20m，用于监测施工区域风力场变化，指导现场施工。

D1100-63V型塔式起重机吊装参数 表5-4-2-2

项目	数 值								
幅度(m)	6.5~16.97		18	20	22	24.45	25		
2倍率(t)	21								
4倍率(t)	42							40.89	
6倍率(t)	63			58.47	51.18	45.34	39.59	38.48	
幅度(m)	28	30	32	35	38	40	42	46.42	48
2倍率(t)	21								20.19
4倍率(t)	35.61	32.72	30.21	27.02	24.36	22.82	19.93	18.81	18.00
6倍率(t)	33.20	30.31	27.81	24.61	21.95	20.41	19.03	16.40	15.59
幅度(m)	50	53	55	58	60	62	65	68	70
2倍率(t)	19.23	17.94	17.16	16.09	15.45	14.84	14.00	13.24	12.77
4倍率(t)	17.04	15.75	14.97	13.91	13.25	12.65	11.81	11.05	10.58
6倍率(t)	14.63	13.34	12.57	11.50	10.84	10.24	9.40	8.64	8.17

4.2.2 液压爬模

元洪航道桥N03号、N04号主塔选用SKE100+型液压爬模，鼓屿门水道桥Z03号、Z04号主塔选用HCB130型液压爬模，大小练岛水道桥S03号、S04号主塔采用ACF-125型卓良模板。考虑施工环境大风影响及主塔的结构特点，对爬模结构进行了加强设计，并在操作平台外围增加了冲孔钢板网进行防护，有效减弱大风对正常施工的影响。

1）全封闭液压爬模抗风技术标准

由于桥址处气象条件复杂、恶劣,自进场施工以来,每年台风影响次数为6~7次,季风期风力大,影响时间长。为确保塔柱施工安全及爬模设备安全,要求桥梁主塔液压爬模结构须满足相关工况的检算风速。具体工况如下所述。

工况一:施工工况

此工况是指爬模内正常浇筑混凝土和绑扎钢筋。施工状态检算风荷载为爬模工作面8级风,工作面风速 $v=20.8\text{m/s}$。

工况二:爬升工况

此工况是指爬模爬升状态,爬升状态检算风荷载同样为爬模工作面8级风,工作面风速 $v=20.8\text{m/s}$。

工况三:停工工况

当爬模工作面风速达到9~10级时,要求内、外模在同一层并处于合模状态。同时要求内、外模间采用对拉杆连接。此工况检算风速取爬模工作面10级风,工作面风速 $v=27.8\text{m/s}$。

工况四:极限非工作状态

当爬模工作面风速超过10级时($v=27.8\text{m/s}$),要求外模处于或者退至具有足够强度的混凝土节段,随后将内外模板重新合模,用对拉螺杆紧固,并用钢丝绳将架体与劲性骨架连接牢靠。此工况检算风速取10年一遇设计风速,海平面10m高度处基本风速 $v=36.7\text{m/s}$(台风设防标准)。

2）全封闭液压爬模整体结构

(1)爬模体系主要包括模板系统、埋件系统、液压系统和架体系统。爬模的爬升通过液压油缸对导轨和爬架交替顶升来实现。具体爬模结构示意如图5-4-2-1所示。

(2)为保证钢筋绑扎、混凝土浇筑作业在≤8级风能正常作业,爬模架体外侧采用冲孔钢板网全封闭进行防风,爬模防风钢板网布置如图5-4-2-2所示。

 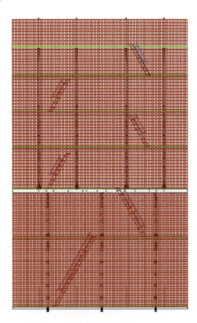

图5-4-2-1 爬模结构示意图　　图5-4-2-2 爬模防风钢板网布置示意图

(3)内模系统为可调井筒提升平台,采用塔式起重机直接吊装。

(4)内模平台使用不同长度的延长靴来调节平台尺寸,可适应主塔内结构尺寸的变化。延长靴布置如图5-4-2-3所示。

(5)施工中塔柱时,对内模平台梁进行改制以适应箱室尺寸,并重新组装内模平台。

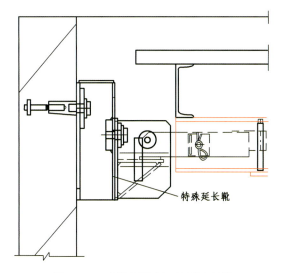

图 5-4-2-3　主塔内模平台延长靴布置图

4.2.3　电梯及操作平台

根据施工需求选用 SC200 型施工电梯,单个主塔配置 2 台电梯,设置在主塔横桥向外侧,并在上、下横梁处以及临时横撑处设置电梯平台。电梯高度随塔柱施工接长,通过附墙杆与塔柱可靠连接。主塔电梯施工环境要求,工作状态下满足 8 级风正常作业,非工作状态下满足 14 级风抗台要求,对此减少了爬升架附墙间距,采用 6m 间距,并加强了附墙杆件的截面及防腐技术。采用单轿厢系统,单个轿厢的额定载质量 2000kg,起升速度 33m/min。主塔施工电梯及平台立面布置如图 5-4-2-4 所示。

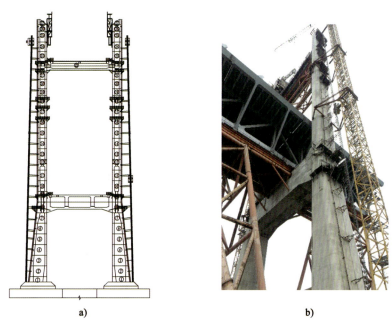

图 5-4-2-4　主塔施工电梯及平台立面布置图

4.2.4　混凝土输送设备的设置

主塔混凝土采用泵送方式输送,每座主塔配备 2 台 HBT-80C 高压混凝土输送泵,其垂直输送能力 350m,泵管内径 150mm,壁厚 9mm,标准分节 6.0m。每个塔肢分别布置 1 套输送泵管,泵管布置在电梯附墙内侧,单独设置预埋件,以便于排除堵管、装拆和清洗管道。泵管每隔6m固定,固定点设置于泵管接头处下方15cm。塔柱施工时预埋爬锥,拆模后安装锚板,焊接特制泵管卡座,安装接长泵管,螺栓紧扣管卡固定。泵管拆除后,拆除固定锚板及爬锥,采用塔柱等强度砂浆封堵预埋套筒孔眼。主塔泵管示意如图5-4-2-5所示。

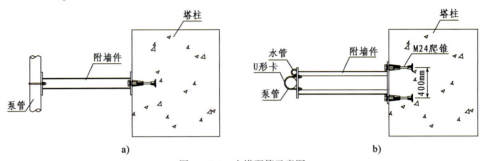

图5-4-2-5 主塔泵管示意图

4.3 主塔施工

4.3.1 D1100-63V塔式起重机施工

1)塔式起重机附墙设计

(1)设计标准

附墙受力均为台风工况控制,考虑到主塔施工周期相对较短,取10年一遇台风风速 $v_{s10}=36.7\text{m/s}$。

(2)附墙结构设计

①塔式起重机附墙结构包括附着框、预埋件、附着杆、锚座、连接销轴等。由于施工区域风大,并伴有台风来袭,且塔式起重机高度较高,起重性能高,因此塔式起重机需要较高的锚固力。常规塔式起重机附墙预埋件难以满足抗拉及抗剪要求。针对恶劣的施工环境以及施工需求,设计了一种使用精轧螺纹钢筋对拉塔壁,增加抗剪钢棒的塔式起重机附墙预埋系统。主塔塔壁上预埋预埋件钢棒、对拉精轧螺纹钢筋预留孔,设置加强网片、压浆管、检修平台等。塔式起重机附墙结构如图5-4-3-1所示。

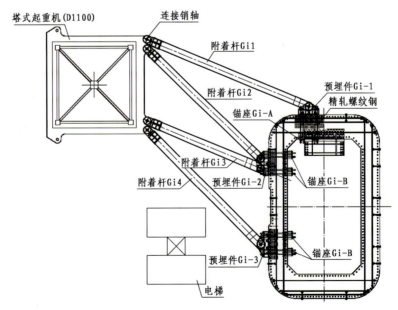

图5-4-3-1 塔式起重机附墙结构图

②预埋件结构由耳板结构、钢棒及精轧螺纹钢筋组成,其中耳板结构由 Q345B 钢板焊接而成,钢棒采用 φ120mm(80mm)、材质 Q345B 钢棒,精轧螺纹钢筋直径为 40mm(PSB1080 级),结构如图 5-4-3-2 所示。

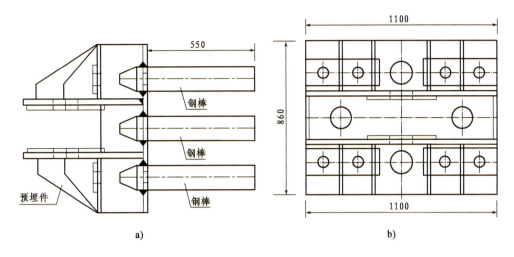

图 5-4-3-2　预埋件结构图(尺寸单位:mm)

③附着杆由撑杆、连接头 1、连接头 2、盖板及加劲板五部分组成。其中撑杆可采用 φ450×14mm 无缝钢管或其他形式的等强撑杆,附着杆各构件材质均为 Q345B。撑杆与连接头 1 在工厂焊接加工成整体,撑杆与连接头 2 之间暂通过高强螺栓连接,现场安装到位后再行焊接。预埋件结构如图 5-4-3-3 所示。

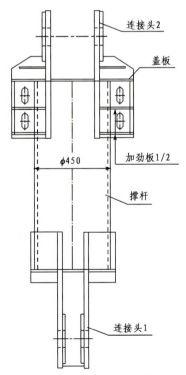

图 5-4-3-3　预埋件结构图(尺寸单位:mm)

2)塔式起重机附墙布置

(1)元洪航道桥高塔式起重机布置 5 道附墙,低塔式起重机布置 4 道附墙,具体布置如图 5-4-3-4 所示,附墙相对于主塔作用点见图 5-4-3-5、图 5-4-3-6。

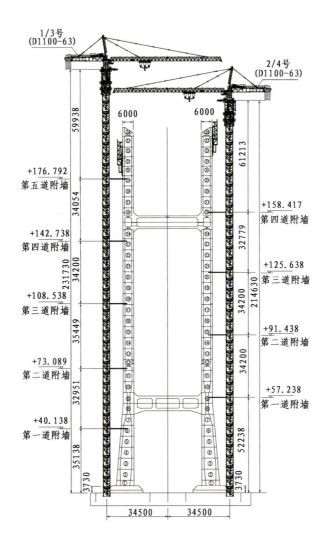

图 5-4-3-4 元洪航道桥塔式起重机附墙布置(尺寸单位:mm,高程单位:m)

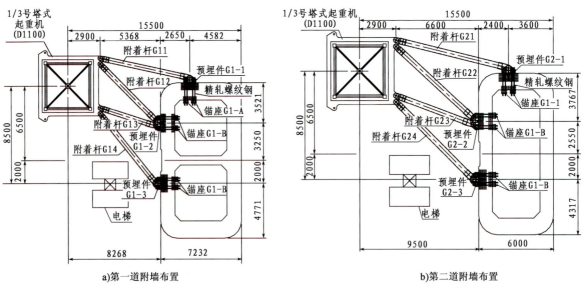

a)第一道附墙布置　　　　　　　b)第二道附墙布置

图 5-4-3-5

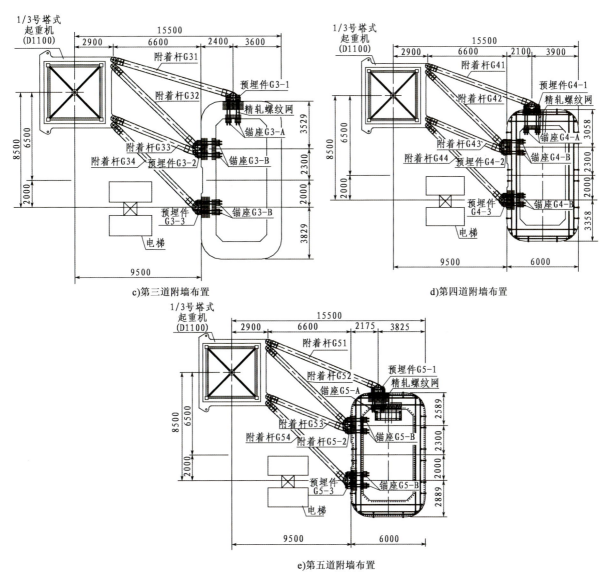

图 5-4-3-5 元洪 1 号塔式起重机附墙相对于主塔作用点（尺寸单位：mm）

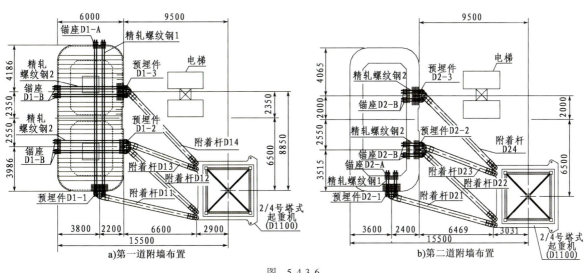

图 5-4-3-6

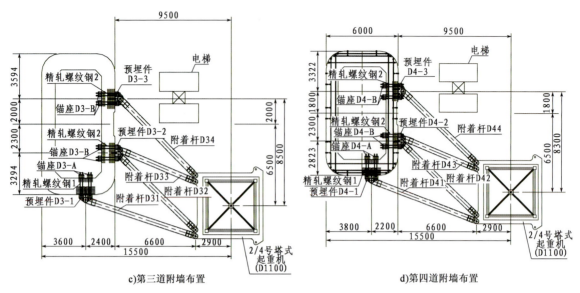

c) 第三道附墙布置   d) 第四道附墙布置

图 5-4-3-6　元洪 2 号塔式起重机附墙相对于主塔作用点（尺寸单位：mm）

（2）鼓屿门水道桥高塔式起重机布置 4 道附墙，低塔式起重机布置 3 道附墙，具体布置如图 5-4-3-7 所示。

鼓屿门水道桥塔式起重机附墙结构形式与元洪航道桥塔式起重机附墙形式类似，不再赘述。

（3）大小练岛水道桥高塔式起重机布置 3 道附墙，低塔式起重机布置 2 道附墙，具体布置如图 5-4-3-8 所示，塔式起重机附墙相对于主塔作用点见图 5-4-3-9、图 5-4-3-10。

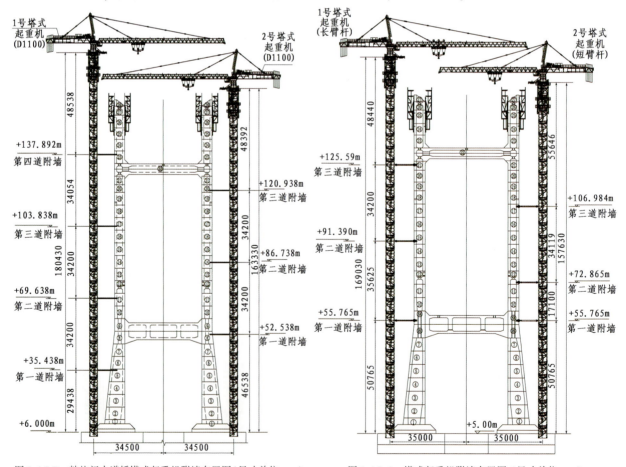

图 5-4-3-7　鼓屿门水道桥塔式起重机附墙布置图（尺寸单位：mm）　　图 5-4-3-8　塔式起重机附墙布置图（尺寸单位：mm）

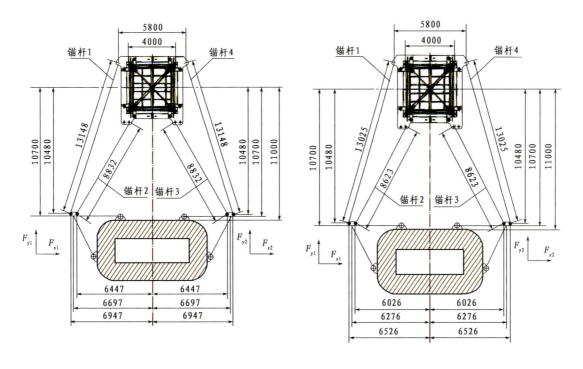

a) 第一道附墙布置

b) 第二道附墙布置

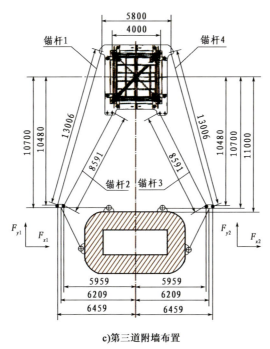

c) 第三道附墙布置

图 5-4-3-9　大小练岛 1 号塔式起重机附墙相对于主塔作用点 (尺寸单位:mm)

3）附墙受力计算

（1）附着杆件内力计算

经计算附墙杆件内力最大处为鼓屿门水道桥 1 号塔式起重机第三道附墙,此处仅体现鼓屿门水道桥 1 号塔式起重机附墙杆件内力计算,见表 5-4-3-1、表 5-4-3-2。

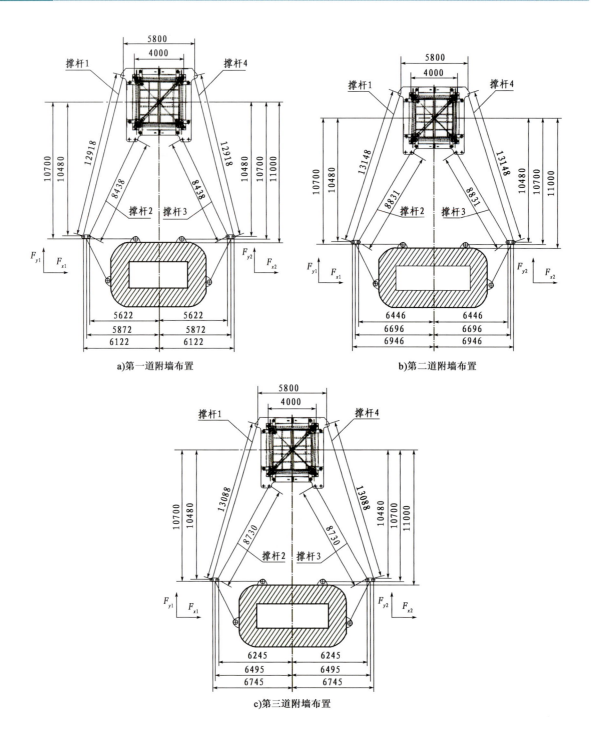

图 5-4-3-10 2号塔式起重机附墙相对于主塔作用点(尺寸单位:mm)

鼓屿门水道桥1号塔式起重机附墙各杆件内力计算结果(单位:kN)　　　表 5-4-3-1

附墙位置	附墙杆件	风荷载加载角度(°)					内力最大值
		0	45	90	135	180	
第一道	撑杆1	-1953.9	-1761.4	-847.0	701.5	1965.5	1965.5
	撑杆2	1667.9	1237.1	301.4	-857.0	-1664.5	1667.9
	撑杆3	-547.4	-906.5	-894.7	-215.5	552.4	906.5
	撑杆4	1414.2	739.6	-237.7	-1039.0	-1416.5	1416.5

续上表

附墙位置	附墙杆件	风荷载加载角度(°)					内力最大值
		0	45	90	135	180	
第二道	撑杆1	−1875.1	−1493.1	−516.8	846.0	1870.4	1875.1
	撑杆2	1628.6	956.1	−98.6	−1077.6	−1624.7	1628.6
	撑杆3	−2040.3	−2048.3	−1237.9	499.6	2037.8	2048.3
	撑杆4	2683.3	1777.4	163.4	−1576.1	−2687.0	2687.0
第三道	撑杆1	−2126.2	−1656.4	−537.3	987.2	2120.7	2126.2
	撑杆2	1985.2	1204.0	−53.1	−1268.6	−1982.3	1985.2
	撑杆3	−2315.9	−2266.0	−1326.3	616.3	2312.7	2315.9
	撑杆4	2881.0	1953.3	259.3	−1632.8	−2881.4	2881.4
第四道	撑杆1	−1842.7	−1431.3	−452.6	868.5	1848.5	1848.5
	撑杆2	1798.6	1095.2	−42.0	−1145.9	−1793.3	1798.6
	撑杆3	−2073.9	−2069.8	−1234.0	538.8	2111.3	2073.9
	撑杆4	2488.9	1737.3	302.1	−1363.1	−2489.4	2489.4

鼓屿门水道桥2号塔式起重机附墙各杆件内力计算结果（单位：kN） 表5-4-3-2

附墙位置	附墙杆件	风荷载加载角度(°)					内力最大值
		0	45	90	135	180	
第一道	撑杆1	−1692.9	−1399.2	−545.5	713.7	1689.9	1692.9
	撑杆2	1338.2	798.9	−58.8	−869.3	−1329.7	1338.2
	撑杆3	−1585.6	−1664.7	−1077.5	312.2	1583.1	1664.7
	撑杆4	2343.1	1539.9	118.8	−1393.5	−2349.9	2349.9
第二道	撑杆1	−1820.7	−1432.9	−480.0	823.5	1815.5	1820.7
	撑杆2	1583.7	904.9	−133.6	−1072.9	−1580.3	1583.7
	撑杆3	−2187.0	−2157.0	−1273.8	536.0	2184.2	2187.0
	撑杆4	2825.8	1896.1	217.9	−1626.0	−2828.4	2828.4
第三道	撑杆1	−1662.0	−1295.9	−417.3	766.3	1659.7	1662.0
	撑杆2	1545.3	920.9	−69.6	−1006.4	−1541.0	1545.3
	撑杆3	−1944.3	−1917.8	−1127.3	490.1	1953.8	1953.8
	撑杆4	2399.9	1657.8	261.9	−1327.0	−2398.7	2399.9

根据计算1号塔式起重机第三道附墙受力最为不利，该层杆件截面均为 $\phi450 \times 14mm$ 钢管，材质为Q345B，现按此控制原则计算各层附墙杆件受力。塔式起重机附墙与塔式起重机、主塔的连接如图5-4-3-11所示，风荷载加载时按45°梯度分别加载。

考虑稳定系数折减后，各杆件应力计算结果见表5-4-3-3。

附墙各杆件应力计算结果 表5-4-3-3

附墙	计算长度(mm)	长细比	稳定系数	杆件轴力(kN)	应力(MPa)	允许应力(MPa)	是否满足要求
撑杆1	9886	64.2	0.7021	2126.2	157.9	345	满足
撑杆2	7985	51.9	0.7918	1985.2	130.7	345	满足
撑杆3	7172	46.6	0.8255	2315.9	146.3	345	满足
撑杆4	7729	50.2	0.8029	2881.4	187.1	345	满足

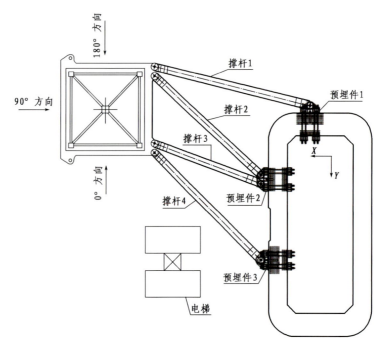

图 5-4-3-11 附墙预埋件编号及风荷载加载方向示意图

(2) 细部结构计算

① 撑杆 1 和撑杆 4 耳板计算

附墙杆件两端通过销轴与主塔及塔式起重机连接,销轴直径为 130mm,销孔直径为 130mm。撑杆 1 和撑杆 4 销轴承受水平方向拉压力最大值为 2881.4kN,如图 5-4-3-12 所示。

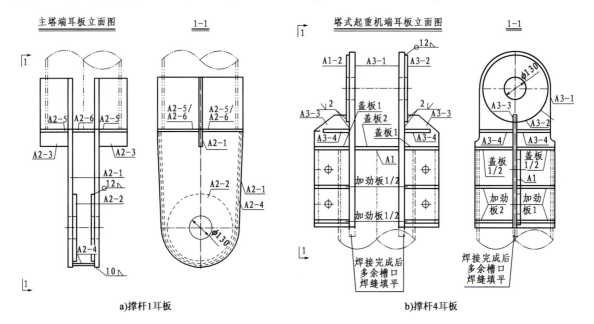

图 5-4-3-12 撑杆 1 和撑杆 4 耳板结构图(尺寸单位:mm)

冲切应力:$\sigma = \dfrac{2881.4 \times 10^3}{2 \times (145 \times 30 + 20 \times 130)} = 207.3 \text{MPa} < [\sigma] = 345 \text{MPa}$

孔壁承压:$\sigma_c = \dfrac{2881.4 \times 10^3}{2 \times 130 \times (30 + 20)} = 221.6 \text{MPa} < [\sigma_c] = 400 \text{MPa}$

销轴剪应力:$\tau = \dfrac{2881.4 \times 10^3}{2 \times \pi \times 65^2} = 108.5 \text{MPa} < [\tau] = 200 \text{MPa}$

则,耳板及销轴受力满足要求。

②撑杆 2 和撑杆 3 耳板计算

附墙杆件两端通过销轴与主塔及塔式起重机连接,销轴直径为 130mm,销孔直径为 130mm。撑杆 2 和撑杆 3 销轴承受水平方向拉压力最大值为 2315.9kN,如图 5-4-3-13 所示。

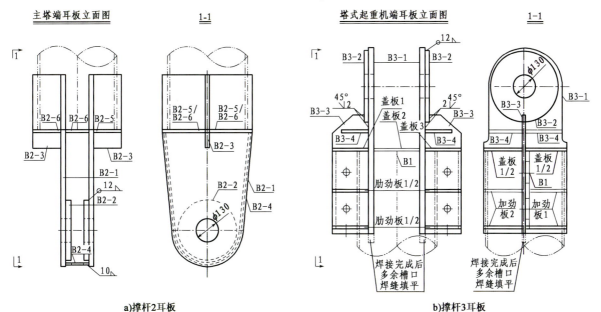

a) 撑杆2耳板　　　　　　　　　　　　　　b) 撑杆3耳板

图 5-4-3-13　撑杆 2 和撑杆 3 耳板结构图

冲切应力:$\sigma = \dfrac{2315.9 \times 10^3}{2 \times (145 \times 30 + 20 \times 130)} = 166.6 \text{MPa} < [\sigma] = 345 \text{MPa}$

孔壁承压:$\sigma_c = \dfrac{2315.9 \times 10^3}{2 \times 130 \times (30 + 20)} = 178.1 \text{MPa} < [\sigma_c] = 400 \text{MPa}$

销轴剪应力:$\tau = \dfrac{2315.9 \times 10^3}{2 \times \pi \times 65^2} = 87.2 \text{MPa} < [\tau] = 200 \text{MPa}$

则,耳板及销轴受力满足要求。

4) 锚座计算

对最不利工况下预埋锚座建立模型进行计算,如图 5-4-3-14 所示。

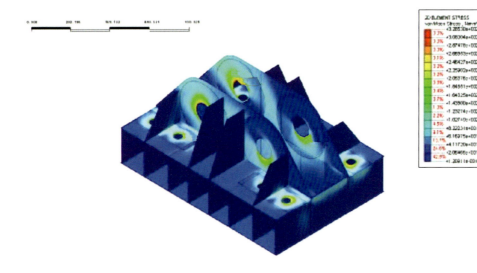

图 5-4-3-14　锚座组合应力

满足受力要求。

5）主塔局部受力

对最不利工况下塔壁受力采用 Midas FEA 建立主塔局部模型进行受力分析。根据附墙预埋件预埋尺寸范围,将作用力换算为节点荷载加载至主塔结构,如图 5-4-3-15 所示。

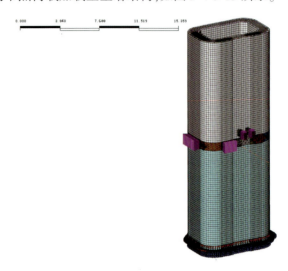

图 5-4-3-15　主塔局部受力计算模型

主塔实际为钢筋混凝土结构,考虑主筋及箍筋参与受力。此时混凝土采用开裂本构模型模拟,达到抗拉容许值[σ] = 2.79MPa 后混凝土退出工作(不考虑混凝土参与受拉),如图 5-4-3-16、图 5-4-3-17 所示。

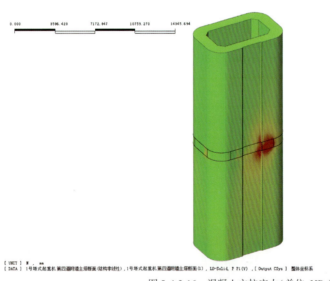

图 5-4-3-16　混凝土主拉应力(单位:MPa)

通过上面计算可得混凝土最大拉应力 σ = 2.07MPa < [σ] = 2.79MPa,故此时混凝土并未开裂,钢筋最大拉应力,满足要求。

6）塔式起重机附墙施工

塔式起重机附墙所在节段施工完成,待液压爬模上升后,进行附墙安装。安装步骤为:拆除预埋管道封口→抗剪钢棒穿入预留孔洞→将精轧螺纹钢筋穿过塔柱→塔柱外侧端头连接耳座→塔柱内侧端头连接垫盒安装,待主塔弹性模量及强度达到 90%且龄期不小于 7d,张拉精轧螺纹钢筋单根张拉 40t 张拉完成后,精轧螺纹钢筋端头配双螺母,剪力键注浆,最终状态见图5-4-3-18。

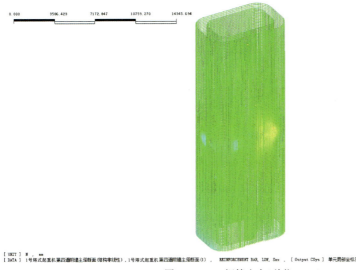

图5-4-3-17 钢筋应力(单位:MPa)

图5-4-3-18 塔式起重机附墙

(1)塔柱在附墙相应节段施工时需预留精轧螺纹钢及钢抗剪钢棒预留孔,由于数量较多,受力较大,附墙预埋时需采用定位模具精确定位,混凝土浇筑时此部位需重点振捣,保证混凝土密实,如图5-4-3-15所示。

(2)塔柱相应节段施工完成后,进行附墙系统安装。先安装塔式起重机附墙框及塔端附墙系统耳座,最后安装附墙杆件,如图5-4-3-19～图5-4-3-23所示。

a)

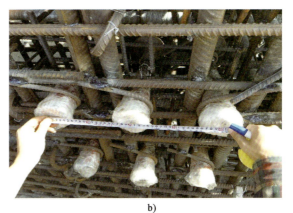
b)

图5-4-3-19 附墙预埋件安装

图 5-4-3-20　塔式起重机附墙框安装

图 5-4-3-21　塔式起重机附墙杆件安装

图 5-4-3-22　塔端附墙系统完成

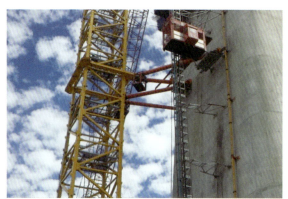

图 5-4-3-23　塔式起重机附墙系统完成

4.3.2　全封闭液压爬模施工

爬模板体系主要包括模板系统、埋件系统、液压系统和架体系统，爬模的顶升运动通过液压油缸对导轨和爬架交替顶升来实现。考虑到桥址处的常大风环境，对主塔爬模进行了加强设计。架体在高度方向共设置7层平台。上部架体为固定式脚手架，架体与模板分开；模板通过退模装置固定于架体的主平台梁上。爬模模板下包10cm以保证新浇混凝土底口质量，模板上挑以防止混凝土浆溢出。转角弧形处采用钢模板，外模面板为 $\delta=21mm$ 进口 WISA 钢板，内模面板采用21mm厚国产钢板，面板的背面设置 H20 木工字梁，在木工字梁背面设置 2[14 槽钢背肋加劲，使整个外模具有整体刚度。

1）液压爬模的总体布置

（1）元洪航道桥

主塔柱采用 Doka 公司 SKE100 液压自爬模系统施工，最大施工节段6m，如图5-4-3-24所示。

爬模系统共6个平台，从上至下依次为上平台 LV+2、模板平台 LV0.5 和 LV+1、主平台 LV0、液压操作平台 LV-1、吊平台 LV-2。

①塔柱外模长边架体布置为：上架体6榀（三组），单组两榀架体间距为2.2m，组间间距从3.313m渐变至0.622m；下架体6榀（三组），单组两榀架体间距为0.9m，组间间距从3.876m渐变至1.368m。

②塔柱外模短边架体布置为：8号—34号节段施工时：上架体2榀，间距2.99m，下架体2榀，间距2.4m；1号—7号节段施工时：主塔外侧多布置一榀爬架，角度与下塔柱倾角一致，为5.08°。爬模外模架体分阶段平面布置如图5-4-3-25、图5-4-3-26所示。

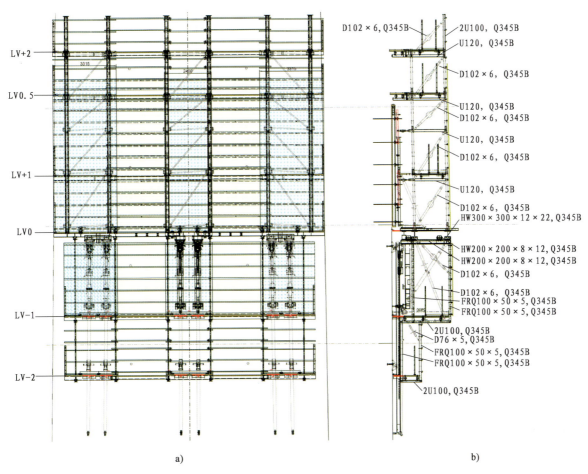

图 5-4-3-24 爬模系统架体结构图

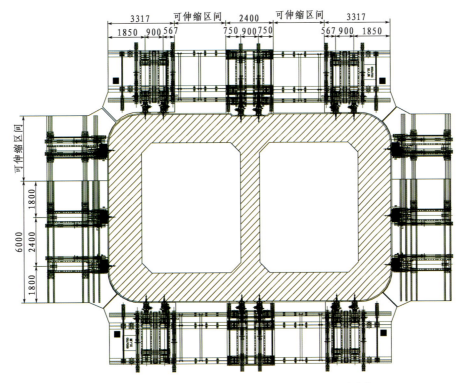

图 5-4-3-25 爬模外模架体平面布置图(3 号节段浇筑时)(尺寸单位:mm)

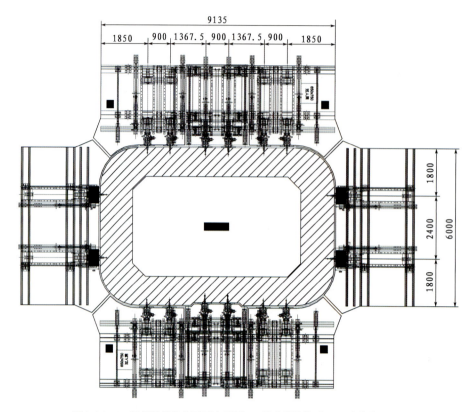

图 5-4-3-26　爬模外模架体平面布置图(34 号节段浇筑时)(尺寸单位:mm)

③爬架内模布置:4 号—7 号节段内模架体沿塔柱箱室内壁周圈布置,单个箱室内沿主塔短边方向布置两组 4 榀,单组 2 榀间距为 1.4m;长边方向布置 2 榀,间距 2.754m;12 号—34 号节段内模架体仅在塔柱空腔长边方向布置三组 6 榀,单榀间距为(1.3＋2.15＋1.765＋2.15＋1.3)m。内模通过塔式起重机提升,结构自身无爬升功能,仅设置模板三角斜撑,并设置吊平台 LV-1。爬模内模架体平面布置如图 5-4-3-27、图 5-4-3-28 所示。

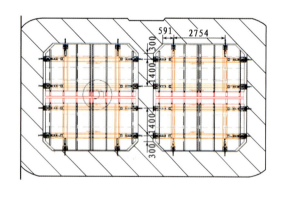

图 5-4-2-27　爬模内模架体平面布置图(5 号节段)
(尺寸单位:mm)

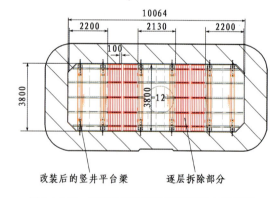

图 5-4-3-28　爬模内模架体平面布置图(12 号节段)
(尺寸单位:mm)

(2)鼓屿门水道桥

主塔柱采用旺科公司液压自爬模系统施工,最大施工节段 6m,如图 5-4-3-29 所示。

爬模系统共 7 个平台,从下至上依次为吊平台、液压平台、主平台、第一次平台、第二次平台、第一上平台、第二上平台。

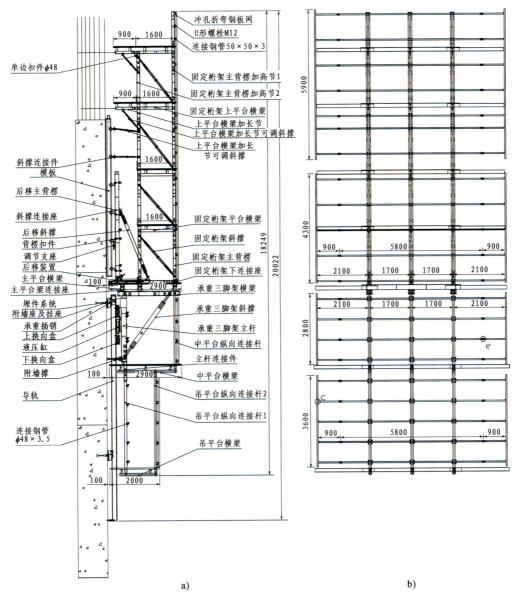

图 5-4-3-29 爬模系统架体结构图(尺寸单位:mm)

爬架外模布置:下塔柱 1 号—6 号节段施工时,塔柱四边上下架体均布置 3 榀,纵桥向间距为(1.2+1.8)m,横桥向间距为(1.7+1.7)m;塔柱圆弧倒角处上下架体均布置 2 榀。其余节段节段施工时,单塔肢纵桥向上下架体均布置 2 榀,间距为 1.2m,横桥向上下架体均布置 3 榀,间距为 1.7m+1.7m;塔柱圆弧倒角处上下架体均布置 2 榀。外模架体平面布置如图 5-4-3-30、图 5-4-3-31 所示。

(3)大小练岛水道桥

主塔柱采用卓良公司液压自爬模系统施工,最大施工节段 6m,如图 5-4-3-32 所示。

爬模共布置 6 层平台。爬模由上支架、三脚架、下挂架、导轨、埋件、附墙装置及液压动力装置组成。

爬架外模布置:塔柱外模长边架体布置为上架体 4 榀,间距为(2.2+2.9+2.2)m;下架体 3 榀,间距为 1.8m;塔柱外模短边架体 1 号—5 号节段施工时,上架体 4 榀,间距为(2.6+2.5+2.5)m,下架体 4 榀,间距为(1.5+1.4+1.3)m;6 号—7 号节段施工时,上架体 3 榀,间距为(2.6+2.5)m,下架体 3 榀,间距为(1.5+1.4)m;8 号—26 号节段施工时,上架体 3 榀,间距为(2.6+2.5)m,下架体 2 榀,间距为 1.5m。爬模平面布置如图 5-4-3-33、图 5-4-3-34 所示。

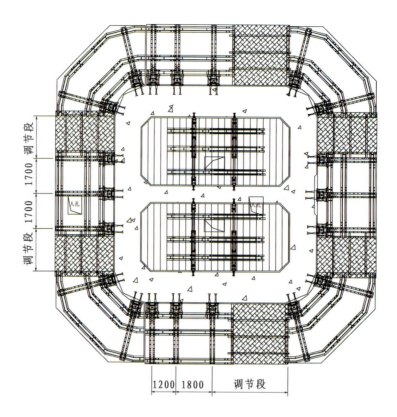

图 5-4-3-30 爬模外模架体平面布置图(1 号—6 号节段浇筑时)(尺寸单位:mm)

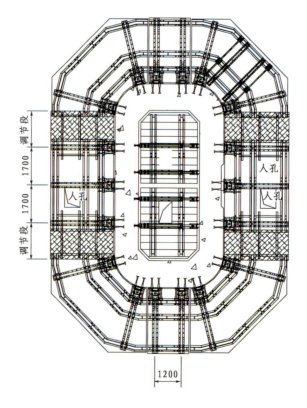

图 5-4-3-31 爬模外模架体平面布置图(7 号—28 号节段浇筑时)(尺寸单位:mm)

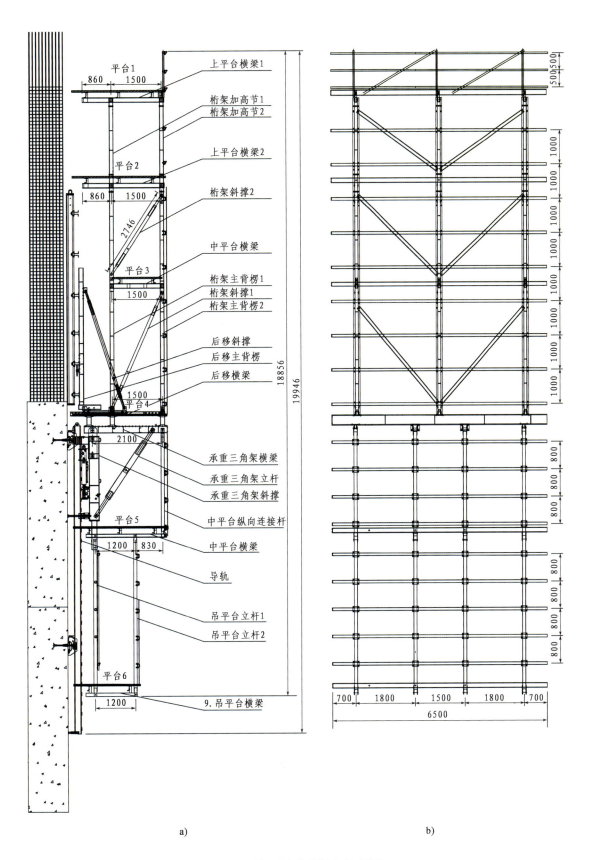

图 5-4-3-32 爬模系统架体结构图(尺寸单位:mm)

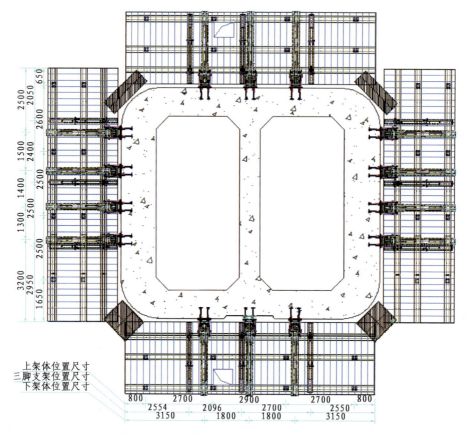

图 5-4-3-33 下塔柱架体平面布置图(尺寸单位:mm)

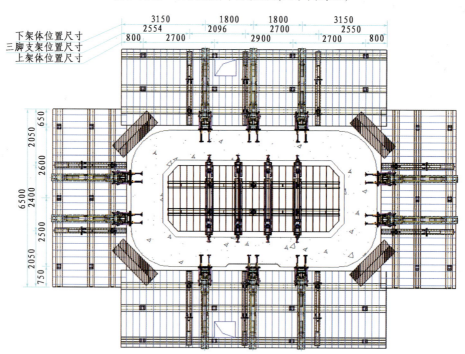

图 5-4-3-34 中上塔柱架体平面布置图(尺寸单位:mm)

2)液压爬模拼装

爬模安装施工的主要作业内容有:埋件系统安装、模板系统安装、架体系统安装、液压系统安装,爬模安装过程流程如图 5-4-3-35 所示,塔柱爬模拼装现场如图 5-4-3-36 所示。

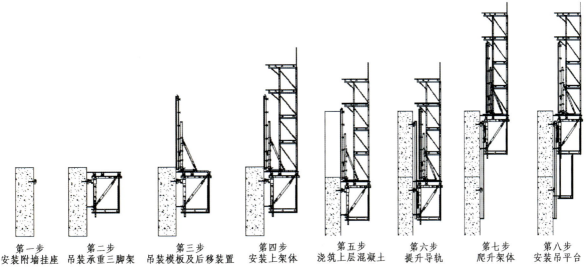

图 5-4-3-35　塔柱爬模拼装步骤图

a)

b)

图 5-4-3-36　塔柱爬模拼装

爬模拼装注意事项：

(1) 安装前检查现场所有的零部件质量和数量，符合要求后方可安装使用。

(2) 准确预埋好爬架附墙装置的预埋件孔位，是确保顺利爬升的重要环节，应严格控制预埋件垂直于混凝土外表面，孔位前后左右偏差 ±2mm。

(3) 正常情况下，当混凝土强度达到 15MPa 要求后，即可在预埋爬锥上安装附墙装置。先将受力螺栓预拧紧，待校正埋件挂座位置后用力拧紧受力螺栓，以保证其安全性。

(4) 水平梁架、竖向主承力架及框架在两相邻附着支承装置处的高差应不大于 20mm。

(5) 竖向爬模挂架和防倾导向装置的垂直偏差应不大于 5‰或 30mm。

(6) 爬模上所有零部件的连接螺栓、销轴、锁紧钩及楔板必须拧紧和锁定到位，经常插、拔的零件要用细钢丝拴牢。

3）液压爬模爬升

爬模安装完成并检查合格后方可进行爬升。爬模标准爬升流程为：混凝土浇筑完后→拆模后移→安装附装置→绑扎钢筋→提升导轨→爬升架体→模板清理刷脱模剂→埋件固定在模板上→合模→浇筑混凝土，如图 5-4-3-37 所示。

爬升时注意事项：

(1) 液压爬模爬升前，先对上次浇筑混凝土时做的等条件养护试件进行抗压强度试验，混凝土强度满足要求后，方可开始爬升。

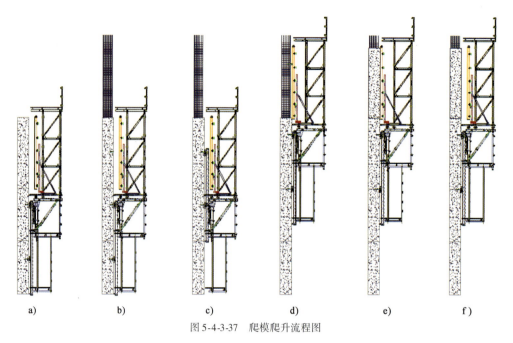

图 5-4-3-37 爬模爬升流程图

(2)提升导轨时,将上下换向盒内的换向装置调整为同时向上,换向装置上端顶住导轨。

(3)爬升架体时上下换向盒同时调整为向下,下端顶住导轨。

(4)爬升或提导轨液压控制台由专人操作,每榀架子设专人看管是否同步,发现不同步,可调液压阀门控制。

(5)禁止超载作业,结构施工时,严禁在操作平台上堆放无关物品。

(6)不大于7级风时方可进行液压爬模爬升作业。

4)爬模抗台措施

主塔爬模架体的安全保障有两个方面:一是设计时必须考虑台风对其影响。二是台风到来前采取加固措施。爬模施工环境为海上高空作业,环境条件恶劣,在结构设计时爬模抗风能力按14级风(风速36.7m/s)设计。在台风多发季节,为保证爬模在台风期间其结构整体稳定及各构件的安全性,当风速超过10级即要求进行防台加固,如图5-4-3-38所示。

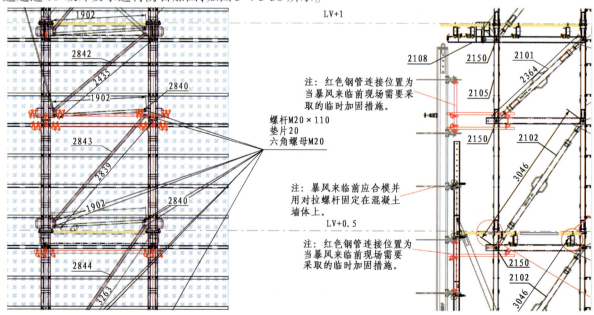

图 5-4-3-38 大风来临前架体加固示意图(尺寸单位:mm)

（1）外模处于或者退至具有足够强度的混凝土节段，随后将内外侧模板重新合模，模板与混凝土用对拉杆锚固，并用钢丝绳将架体与劲性骨架连接牢靠。

（2）上架体分两层用钢管将模板固定，使架体的受到的风荷载可以传递到混凝土墙面上。

5）爬模施工安全措施

（1）爬升系统的安全保护

液压爬模的爬升系统，主要由带有爬升梯档、导轨与附着其上的上下换向盒和液压油缸等组成，并通过上换向盒上端的连接轴与爬架的竖向主承力架连成为整体。上下换向盒均设有能够自动导向的棘爪，改变换向盒的棘爪方向，实现提升爬架或导轨的功能转换。换向盒的上下辄能够自动导向，在实际升降过程中始终有一个爬升箱内的承力块交替地支撑在导轨梯挡块上，实质上它既是升降机构也是防坠机构。

（2）爬升机构的防倾装置

导轨始终穿过两个附墙装置，附墙装置既有防倾覆功能，同时在主承力点的附墙装置内有一个导向锁定板，它控制了导轨的倾斜间距；架体通过上下换向盒抱住导轨，在架体爬升和固定状态下，换向盒都对架体有防倾作用。

（3）架体与墙体的防护及架体间的防护

在爬模水平梁架上绑小横杆，在小横杆上铺设脚手板，通过附墙撑控制脚手板离墙的防护距离，要求脚手板离混凝土墙面的距离均应小于100mm。各单独独立的架体在搭设的过程中留有100mm的空隙，以保证单独架体的爬升。为安全防护，在相邻架体的空隙处、架体平台与墙体间隙处铺设翻板，当架体爬升时将翻板翻开，架体爬升到位后，应立即将翻板铺好，并用安全网将各独立架体连接好。

（4）架体防雷措施

由于架体处于高空之中，可用导线将架体与主体结构的避雷带连起来，以达到防雷作用。

（5）液压爬模防火及用电安全措施

由于液压爬架使用液压油作为动力介质，加之模板为钢木结合模板，施工需要电焊、气割的工具，容易产生明火，应做好架体的防火措施，现场设置足够的消防器材；爬模的用电采用专线，并单独配备配电箱、开关箱。

4.3.3　塔座施工

主塔塔座第一层(1.5m)与承台第二层一起浇筑，塔座第二层(2.5m)与塔柱底节(3m)一起浇筑，从而防止塔座及塔柱根部产生裂纹。塔座钢筋为$\Phi20$钢筋，钢筋接头采用单面焊接接头，焊接长度不少于200mm。采用劲性骨架及$\Phi20$钢筋做架立筋，钢筋净保护层厚度按不少于60mm控制。

塔座模板采用定制钢模，分块间采用M22精制螺栓连接，利用锥形螺母及$\Phi25$钢筋设置对拉拉杆，底部设置刚性竖向支撑，预制与塔座C50混凝土同强度等级的10cm混凝土保护层垫块支撑。

塔座属大体积混凝土施工，且桥址处于海洋空旷处，具有典型的海洋季风期气候特点，大风频繁且持续时间长，夏季高温等，针对此进行了大体积混凝土水化热仿真计算。

混凝土严格按配合比控制，在夏季高温时期采用制冰机制作冰屑控制混凝土出场温度。冷却水管采用$\phi42\times2.5$mm钢管，水平管间距为100cm、垂直管间距为70cm，前期采用直取水，后期根据温度发展调整为循环水。侧面带模养护，顶面覆盖土工布保温保湿养护。通过施工过程中的严格控制，塔座大体积混凝土温控达到了预期的目标。

4.3.4　塔柱施工

1）下塔柱施工

（1）塔柱主筋为$\Phi40$钢筋，基本间距150mm，沿塔柱截面内外各布置一层，标准分节高度6.0m，采用滚轧直螺纹机械连接。箍筋、倒角筋为ϕ20钢筋，基本间距100mm，采用单面焊接接头。拉筋为ϕ16钢筋，水平基本间距500mm，竖向基本间距100mm，相邻面按梅花形交错布置。钢筋均采用车间加工成型，运至现场散装的方法施工，如图5-4-3-39所示。

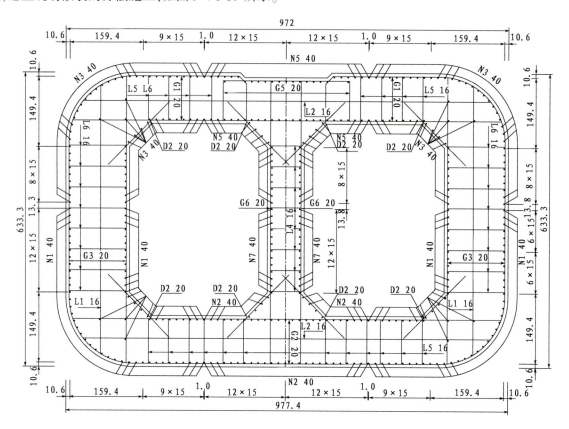

图5-4-3-39 下塔柱钢筋布置图(尺寸单位:cm)

(2)下塔柱截面结构复杂，钢筋密集，主筋贯通塔座，伸入承台2.0m，为便于钢筋定位和承台、塔座及首节塔柱混凝土浇筑，将劲性骨架高度方向设置成整体，支撑于第一层承台面预埋件上，总高度12.2m，平面分为三部分现场分别整体吊装再组拼。其余节段劲性骨架根据塔柱分节高度进行逐节接高，平面同样分为三部分进行整体吊装再组拼成整体。劲性骨架竖杆为∠100×6mm等边角钢，横向连接系及斜撑为∠63×5mm等边角钢，上下节劲性骨架立柱通过10mm连接板焊接。劲性骨架顶口根据主塔钢筋设计图纸，采用[10槽钢和10mm厚钢板设置主筋定位卡板，如图5-4-3-40、图5-4-3-41所示。

(3)第1、2节模板通过起吊设备吊装就位，第3节开始通过爬模系统施工。

①下塔柱外模直面为木模(200mm工木梁+21mm面板)，背肋为双拼[14槽，翼缘板上开插销孔，分块间采用组焊连接件及插销固定，木模按塔柱外形收缩，裁边调整。四角圆弧段采用固定钢模，同样与木模间采用组焊连接件及插销通过背肋连接。内模变截面采用木模，临时设置钢背肋，竹胶板厚度18mm。内模规则截面采用液压爬模体系自带模板，直面木模同外模，内腔倒直角部位采用定制钢模，钢模厚度4mm，与木模通过插销及连接件在背肋部位连接。模板拉杆为ϕ15mm精轧螺纹钢筋，拉杆在混凝土内利用PVC管隔离，通过特制的拉结盘锚固在背肋上，如图5-4-3-42所示。

②第1节通过在设置型钢支撑，底口每隔0.5m设置同强度等级保护层垫块，外肋上通过撑杆支撑于塔座钢模顶口临时固定，第2节通过搭设钢管脚手架提供操作平台，内外模之间设置对拉拉杆，圆弧角处拉杆通过可焊套筒焊接锚固在劲性骨架上。第2节段施工时放样埋设爬模预埋爬模锚固爬锥，内侧面埋设操作平台锚固爬锥，以便后续各节段施工。首节塔柱模板安装如图5-4-3-43所示。

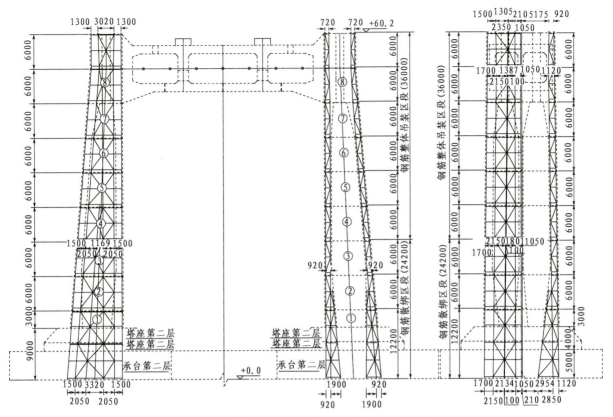

图 5-4-3-40　下塔柱劲性骨架布置图(尺寸单位:mm,高程单位:m)

图 5-4-3-41　首节柱劲性骨架安装

(4)下塔塔柱第1、2节混凝土采用天泵进行浇筑,混凝土分层连续,一次浇筑成型。下料点设置串通,防止混凝土离析。之后采用地泵输送,混凝土泵送前先用淡水和砂浆润湿泵管管壁,通过集料斗收集排出的水及砂浆,然后进行混凝土浇筑。混凝土浇筑完毕并初凝后,覆盖土工布洒水保湿养护,侧面带模养护并适当延长养护时间,防止温差引起混凝土表面开裂。在模板浇筑线顶部设置3cm×3cm木条企口,确保接缝外观质量。制作同条件试块,待混凝土强度达到2.5MPa后,对混凝土顶面进行机械凿毛。拆模后,在塔柱表面喷涂养护液进行养护。塔柱首节混凝土浇筑施工如图5-4-3-44所示。

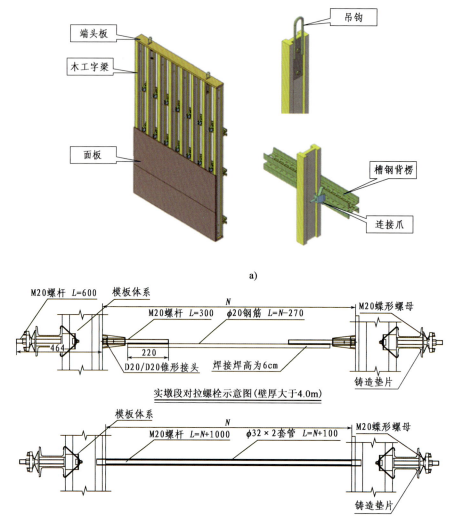

图 5-4-3-42 模板、拉杆组成

图 5-4-3-43 首节塔柱模板安装

图 5-4-3-44 塔柱首节混凝土浇筑

2）中塔柱施工

（1）中塔柱截面较为规则，外模采用液压爬模施工，内模采用提升式井筒平台。横桥向带凹槽的一侧塔柱结构变坡处倾斜角度发生改变，由之前节段的前倾斜率 400/4500 变成之后节段的完全垂直为使爬模系统顺利爬过倾角突变的节段,通过采用延伸挂靴进行操作,如图5-4-3-45所示。浇筑之前节段时预埋双爬锥,退模后先安装延伸靴,再将爬架悬挂靴固定至延伸靴,然后按顺序爬升导轨和架体,合模浇筑之后的节段,后续进入典型节段施工。

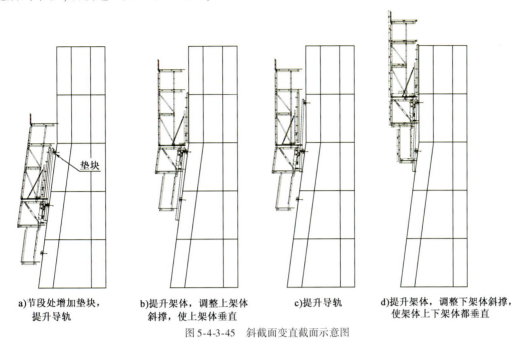

a) 节段处增加垫块,提升导轨　　b) 提升架体,调整上架体斜撑,使上架体垂直　　c) 提升导轨　　d) 提升架体,调整下架体斜撑,使架体上下架体都垂直

图5-4-3-45　斜截面变直截面示意图

(2)下横梁所在塔柱阶段内预埋下横梁钢筋及预应力金属波纹管,钢筋在横桥向内侧采用全断面滚轧直螺纹机械连接,接头连接质量按Ⅰ级接头控制。

(3)塔柱横隔板采用底节塔柱混凝土内预埋爬锥锚固点,I20a型钢及钢管扣件搭设支撑架施工。

(4)受进人孔影响,中间2榀爬架采用特制钢锚梁(Q345B)锚固,钢锚梁两侧通过M42爬锥锚固于混凝土内,爬架挂靴通过M36通丝螺杆锚固于钢梁上,如图5-4-3-46所示。

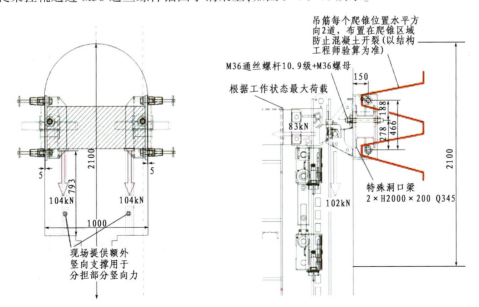

图5-4-3-46　爬架锚固梁结构及布置图(尺寸单位:mm)

3)上塔柱施工

上塔柱为斜拉索锚固区,为预应力混凝土结构。外模采用液压爬模,内模根据塔柱内腔截面、索导

管位置、混凝土齿块及钢锚梁钢牛腿结构现场配置木模。

（1）塔柱钢筋基本同中塔柱，钢牛腿 PBL 件上设置 2 层 ⌽20 加强钢筋，钢牛腿区域内侧倒直角位置倒角钢筋为 ⌽28 钢筋。靠塔壁外侧索导管主筋断开处沿顺桥向布置两层间距 150mm 的 ⌽28 钢筋，加强钢筋菱形布置，均采用工厂加工制作，现场散拼安装。索导管位置主筋断开局部加强示意如图 5-4-3-47 所示。

（2）上塔柱劲性骨架综合考虑钢筋及钢锚梁安装定位要求，平面沿横桥向分成 2 块 C 形整体吊装，中间连接系现场焊接连成整体结构，劲性骨架材料规格同下中塔柱，如图 5-4-3-48 所示。

（3）索导管、钢牛腿钢锚梁制作安装。

桥梁斜拉索采用双索面扇形布置，元洪航道桥 01 号—03 号索采用混凝土齿块锚固于索塔上，04 号—17 号索锚固于塔柱钢锚梁上，全桥钢锚梁共 56 套；鼓屿门水道桥 01 号—03 号索采用混凝土齿块锚固于索塔上，04 号—11 号索锚固于塔柱钢锚梁上，全桥钢锚梁共 28 套；大小练岛水道桥 01 号—04 号索采用混凝土齿块锚固于索塔上，05 号—10 号索锚固于塔柱钢锚梁上，全桥钢锚梁共计 24 套。每套钢锚梁锚固一对斜拉索。钢牛腿是钢锚梁的支承结构，每个钢锚梁直接支承在一对钢牛腿顶板上。钢锚梁由受拉锚梁和锚固构造组成。每对斜拉索面内的恒载平衡水平分力由钢锚梁承受，恒载不平衡水平分力由边跨侧钢锚梁与钢牛腿间的高强度螺栓传至牛腿，再传至塔壁由主塔承受。S03 号、S04 号主塔锚固区索导管及钢锚梁布置如图 5-4-3-49 所示。

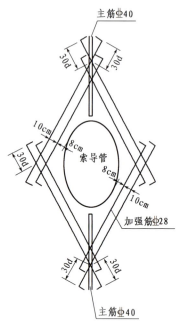

图 5-4-3-47　索导管位置主筋断开局部加强示意图

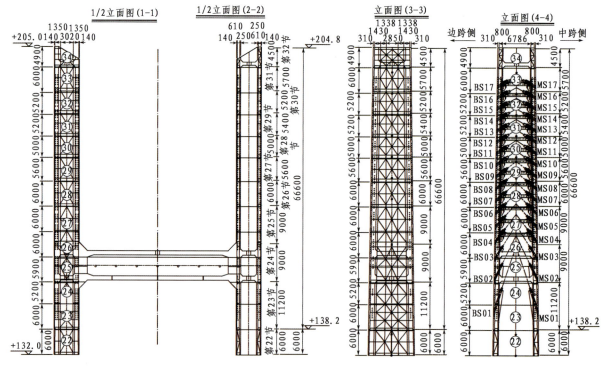

图 5-4-3-48　上塔柱钢锚梁钢牛腿及劲性骨架布置图（尺寸单位：mm）

①进场钢材在号料前先进行矫正、矫平和表面除锈喷砂，并涂刷无机硅酸锌车间 1 道 20～25μm 底漆。

②钢锚梁、钢牛腿组焊时，主要焊缝均为坡口较大的熔透焊接，为消除焊接变形和焊后残余应力，在

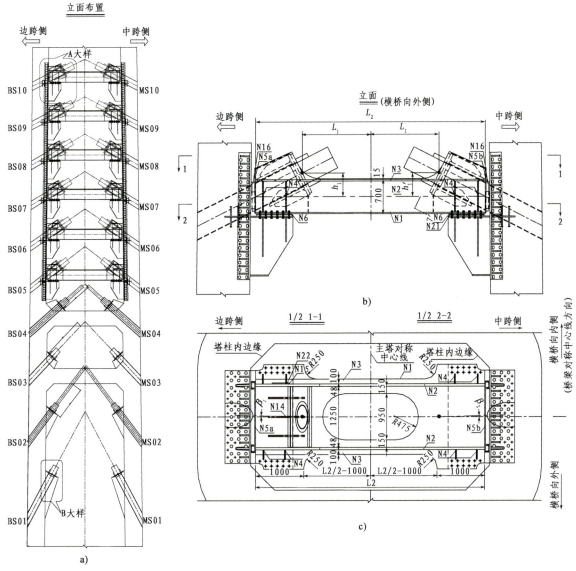

图 5-4-3-49 S03 号、S04 号主塔锚固区索导管及钢锚梁布置图

焊接过程在采用变形较小的 CO_2 气体保护焊对称施焊,且边焊接边修整,即每焊接 3~4 道焊缝后进行一次火焰修整。钢板预处理及钢锚梁组焊如图 5-4-3-50 所示。

图 5-4-3-50 钢板预处理及钢锚梁组焊

③钢牛腿组焊完成后,需检查复核顶板与塔壁预埋板的垂直度,复核无误后再进行焊接。钢牛腿组焊完成并修整合格后,用钻孔样板钻制顶板螺栓孔。钻孔时需严格控制钻杆与板面的垂直度,保证螺栓孔的垂直度。钢锚梁和钢牛腿单独制作完成后,先预拼装,再进行钢锚梁配钻及索导管定位安装。索导管在纵桥向和横桥向均有偏角,在下料后复核其长度及偏角,并将索导管出塔口内壁打磨成圆弧面,在确保尺寸无误后进行镀锌防腐。

④为保障钢锚梁和钢牛腿的整体尺寸精度及螺栓孔重合率,对每一套钢锚梁及钢牛腿预组拼,并按3套(连续3层)为一组进行连续匹配总拼,拼装顺序由下至上。钢牛腿剪力钉焊接及钢锚梁匹配总拼如图5-4-3-51所示。

a) b)

图5-4-3-51 钢牛腿剪力钉焊接及钢锚梁匹配总拼

⑤索道管通过索导管定位架进行定位,首先计算出索导管与定位架之间的相对尺寸,然后在加工台座上进行焊接加工。索导管与定位架临时连接加固后一道吊装,最后通过控制出塔口中心点与实际锚固点坐标进行精确定位,如图5-4-3-52所示。

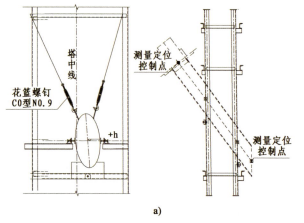
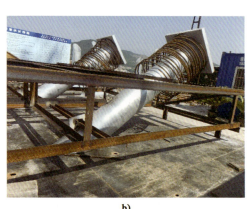

a) b)

图5-4-3-52 索导管安装定位

⑥首节钢锚梁安装需要重点预控壁板的高程、平面位置以及壁板之间的相对高差。首节钢锚梁安装在相应节段塔柱的劲性骨架接高到位后进行。为准确安装调整钢锚梁的平面位置和高程,在施工前一节塔柱混凝土前预埋首节钢锚梁定位牛腿预埋件,调整里程侧内圈主筋间距,然后进行定位装置的安装,对首节钢锚梁进行精确定位。

⑦其他节段钢锚梁安装时,在相邻钢锚梁内侧壁板上焊接连接件,连接件在钢锚梁预拼时安装,以利接高钢锚梁的顺利就位,钢锚梁每端设置1个连接件,1节钢锚梁共设置2个连接件。相邻钢锚梁连接件之间采用螺栓连接。

⑧定位精度的控制措施除了进行温度和风修正及精确定位首节钢锚梁外,还应采取以下精度控制

措施。

a. 准确计算首节钢锚梁安装位置。首节钢锚梁安装前,对索塔进行监测,通过控制分析,确定首节钢锚梁安装的准确平面位置,同时,计算确定首节钢锚梁安装的预抬高值;钢锚梁的理想目标几何线形由钢锚梁截面中心点给出。钢锚梁中心线与上塔柱混凝土截面中心线重叠;理想目标值的 Z 值为设计高程叠加如下的修正值(预抬高值);补偿中下塔柱成桥时产生的压缩量,在首节钢锚梁安装时已采用的超高值;补偿钢锚梁到成桥时的超长值;基础沉降量;施工阶段的钢锚梁压缩量。

b. 采取合理的测量方法,提高钢锚梁安装测量精度。主塔钢锚梁及索导管安装定位是测量控制难度最大、精度要求最高的工序,索导管的位置在钢锚梁制作时已按相对几何位置精确定出,对钢锚梁精确定位实质上就是对索导管的精确定位。钢锚梁安装定位采取全站仪三维坐标法,钢锚梁及钢牛腿底面高程、顶面高程、平整度采用精密水准仪测量。钢牛腿直接影响第一节钢锚梁的安装精度,索导管安装定位精度取决于钢锚梁安装定位精度,因此预埋底座的精确安装是第一节钢锚梁精确安装的前提。钢锚梁定位测量首先要排除各种外力干扰,保证塔柱处于自由伸臂状态,选定于清晨或傍晚放样定位,尽可能消除外部环境对测量结果的影响,必要时可通过修正以提高测量控制的精度。

c. 钢锚梁安装采取钢垫板进行纠偏。由于钢锚梁制造及安装的倾斜度存在偏差,随着锚梁的不断接高,预偏差在逐渐累积加大,必须控制锚梁安装累计偏差。当锚梁安装到一定高度后要进行纠偏,纠偏采用钢垫片,即,根据现场锚梁和吊装的批次,在每批中设置一层纠偏垫板,在钢锚梁分组对接连接件位置进行设置。钢锚梁制造时,将每个垫片上侧钢锚梁的高度相应减小,使垫片厚度与减小后钢锚梁高度的和同原设计钢锚梁高度相等。当一批锚梁安装定位前,测量锚梁实际倾斜情况,根据测量值,确定调整值,对垫板进行切削,并随下批钢锚梁一起安装。

4) 塔柱混凝土施工

塔柱混凝土强度等级为C50,对混凝土的泵送施工性能和强度要求高,同时该索塔具有截面尺寸大、箱形断面壁厚较大的特点,主塔结构属于大体积混凝土施工范畴。所配制的高性能混凝土必须满足工程施工的主塔可泵性、高强、大体积混凝土的结构稳定性、良好的抗裂性能、耐久性能等要求。

(1) 塔柱混凝土配合比选定

设计图纸中对于混凝土的要求如下:

①设计要求:强度等级 C50;

②环境等级:T2、L1 (100 年);

③胶凝材料总量 B 为 400~480 kg/m³;

④总碱量不超过 1.8 kg/m³;氯离子最大限值为总胶凝材料量的 0.06%;SO_3 含量不超过胶凝材料总量的 4.0%;

⑤耐久性能:56d 电通量小于 1000 C;56d 氯离子扩散系数 DRCM 不大于 7.0×10^{-12} m²/s;84d 氯离子扩散系数 DRCM 不大于 1.5×10^{-12} m²/s;

⑥水胶比不大于 0.36;浆体体积比 ≤0.35。

根据以上要求,结合现行规范、标准及平潭海峡公铁大桥桥址特殊环境,明确适用于本工程混凝土技术性质,具体如下:

①混凝土坍落度为:初始坍落度为 160~200 mm,温度条件 30℃±5℃ 条件下,2h 之后的坍落度需在初始设计值范围内;

②混凝土拌合物的含气量初始值和 2h 之后的值均不应小于 4%;

③混凝土拌合物保水性能好且无泌水,黏聚性良好。

根据确定的高性能混凝土技术性质,对水泥、矿粉、粉煤灰、细骨料、粗骨料及外加剂材料进行了甄别,通过对混凝土原材料实地踏勘、取样、试验检测、配合比试拌,确定了混凝土的原材料选用牌号及规格,具体见表 5-4-3-4。

高性能混凝土原材料选定 表5-4-3-4

材料名称	材料牌号及规格	碱含量(%)	氯离子含量(%)	SO_3含量(%)
水泥	P·Ⅱ 52.5	0.43	0.024	1.42
河砂	中砂	—	—	—
碎石	5~20mm	—	—	—
矿粉	S95	0.67	0.012	1.32
粉煤灰	C50以上	0.62	0.011	2.02
外加剂	PC-2000(缓凝型)	3.55	0.25	2.23
引气剂	CL-Ⅲ	0.00	0.00	0.00
水	自来水	41mg/L	8mg/L	21mg/L

经试验检验,确定配合比每方用量比例为(水泥+粉煤灰+矿粉):砂:石:减水剂:引气剂:水=(330+71+71):696:1045:4.72:0.94:146,比例为(0.7+0.15+0.15):1.48:2.22:0.01:0.002:0.31。

(2)混凝土浇筑

①混凝土经罐车运送至墩位处,采用地泵经泵管、分料器、串筒等输送至塔顶。浇筑平台支承在劲性骨架顶面。串筒的布置宜使混凝土入模时的自由落下高度不大于2m,串筒间距不宜过大,以不超过4.0m为宜。

②浇筑塔柱时,安排专人进入主塔浇筑内部进行振捣,对倒角及变截面段加强振捣以避免漏振现象出现,塔柱拉筋间距为45cm,振捣工进行振捣空间较小,在绑扎钢筋时可考虑间隔一定距离将拉筋间距适当调整但不允许减少拉筋数量。钢筋间距调整处可作为下料及振捣的施工空间,串筒可通过此空间布设,保证混凝土自由下落高度小于2m。

(3)混凝土养护

①在混凝土浇筑完成后要特别注意加强表面的保湿工作,尽量减少表面混凝土的暴露时间,及时对混凝土暴露面进行紧密覆盖(采用土工布进行覆盖)保湿养护。

②塔柱及内腔模板拆除后,在拆除段及时喷涂养护液进行养护,避免水分蒸发导致主塔混凝土收缩开裂。所用LB-RY型养护剂不仅无毒、无污染危害,喷洒后通过反应在混凝土表面形成一层较密实的保护层,对混凝土具有良好的水分保持及清洁作用,确保水泥充分水化。使用时需按1kg养护剂加1kg水的比例均匀搅拌,现用现配。

4.3.5 下横梁施工

下横梁采用落地式钢管+分配梁支架施工,为避免在海洋大风环境下爬模高空二次安拆的施工安全风险,降低工期压力,综合选用异步施工方案,即先施工塔柱过横梁,再进行下横梁施工。钢管支架在工厂加工组拼成整体,通过驳船运输至桥位处,利用大型起重船整体吊装就位。下横梁沿横向分3段施工,在横梁两侧与塔柱交界面设置5.0m后浇段(微膨胀混凝土),横梁支架施工不受塔柱施工制约。

1)下横梁支架设计

钢管支架立柱为$\phi1200\times14$mm及$\phi1500\times18$mm钢管,横桥向5排、间距分别为5.5m和7.5m,纵桥向3排、材质为Q235B,钢管分节加工制作,法兰螺栓连接,立柱底通过预埋件与承台连接。横向设置3榀主分配梁,中间段利用原主墩钻孔平台龙门式起重机轨道梁改制,钢箱梁两侧折线段为新制结构,箱形截面1500mm×900mm,材质Q345B,两端支撑在塔柱预埋钢靴上,与塔壁间抄垫顶紧,侧面设置限位牛腿。底模系统由18mm厚竹胶板、I10型钢横向分配梁及HM588×300mm型钢纵向分配梁组成,钢靴采用Q345B材质钢板组焊。下横梁支架立面图如图5-4-3-53所示。

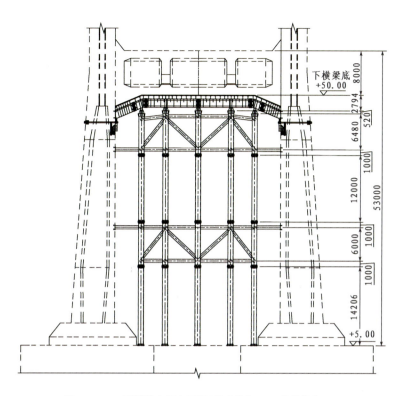

图 5-4-3-53　下横梁支架立面图(尺寸单位:mm,高程单位:m)

2)下横梁支架安装

(1)下横梁支架下部结构安装

横梁支架钢管立柱依据设计图纸分节进行制造,节与节之间采用法兰连接,立柱与连接系均采用相贯焊接。立柱钢管、连接系均采用螺旋钢管制造。下横梁支架在钢结构加工厂整体加工制作完成后,利用驳船浮运至施工现场后,通过大型起重船整体吊装至设计位置,并将立柱底部与承台顶面预埋件进行焊接加固。待塔柱施工过下横梁支架附墙位置后,依次安装下横梁支架两道附墙。下横梁支架整体运输及吊装如图 5-4-3-54 ~ 图 5-4-3-57 所示。

图 5-4-3-54　下横梁支架装船浮运

图 5-4-3-55　下横梁支架整体吊装

(2)下横梁支架上部结构安装

下横梁吊装到位并将平面位置调整好,依次进行下横梁支架先浇段垫梁、钢箱梁和底模系统等上部结构的安装。后浇段钢箱梁 B3 不安装,保证塔柱爬模施工的施工空间,避免了爬模拆除。待爬模施工完塔梁结合面塔柱后,进行钢箱梁 B3 的安装,支架上部结构安装如图 5-4-3-58 所示。

图 5-4-3-56　N03 下横梁支架对位　　　　图 5-4-3-57　Z04 下横梁支架对位

图 5-4-3-58　下横梁支架分配梁安装图

3）下横梁施工抗风措施

（1）下横梁支架抗风设计标准为工作状态,按 8 级风进行控制,能进行混凝土正常浇筑,非工作状态能抵抗 14 级台风。

（2）通过支架高度方向设计两层抗风附墙、设置加强结构等措施来抗台。

（3）控制塔柱、下横梁异步施工高度,以台风工况控制,最大异步施工 7 节。

4）下横梁先浇段施工

下横梁支架完成并验收合格后,进行下横梁先浇段钢筋、模板和混凝土施工。

（1）下横梁先浇段钢筋施工

①下横梁钢筋在考虑钢筋接头的前提下严格按图纸下料,并严格按图纸及相关规范进行钢筋安装,横梁普通钢筋若与预应力筋钢筋、预留锚栓孔或预埋钢筋之间冲突时,适当挪动下横梁钢筋位置或弯折钢筋,但不得减少钢筋数量。

②下横梁顶面布置支座垫石及主梁限位装置底板和横向支撑挡块装置,在横梁施工时,其钢筋严格

按照施工图纸进行预埋;同时严格按图纸及规范要求进行下横梁预应力体系的孔道预埋;预留下横梁先浇段与后浇段钢筋接头,满足接头连接长度及接头错开长度要求。

(2)下横梁先浇段模板施工

下横梁外侧模采用钢模,模板结构采用6mm厚钢板+[10型钢横肋+2[18a型钢竖背带组成。下横梁内侧模采用木模,其面板为18mm厚竹胶板,面板的背面设置90mm×90mm方木,在方木背面设置2[14型钢钢背肋加劲。外侧模与内侧模之间采用 $\phi 25$ 精轧螺纹钢筋拉杆对拉固定。内模顶模由 $\phi 48 \times 3.5$ mm钢管支架支撑在横梁底板上,竖杆底部立于与下横梁混凝土同强度等级的混凝土垫块上,垫块支撑于底模上。

(3)下横梁先浇段混凝土施工

下横梁混凝土浇筑时采用浇筑塔柱的两台地泵泵送混凝土浇筑,通过混凝土浇筑工作平台安装混凝土输送管道、串筒及布料机等。先浇段混凝土施工时由跨中向两侧浇筑,高度方向一次浇筑成形,以减小横梁根部弯矩。下横梁先浇段施工时,塔柱爬模同时进行中塔柱施工。下横梁先浇段施工现场如图5-4-3-59所示。

图5-4-3-59 下横梁先浇段施工现场图

5)塔梁结合面施工

(1)下横梁与塔柱采用异步施工,在塔柱施工同时,预先在塔梁结合面塔肢内预埋横梁钢筋、预应力孔道等预埋,预留好预应力张拉槽口,预埋在塔肢内的横梁钢筋采用滚轧直螺纹接头与塔肢外的横梁钢筋连接。按照规范要求,横梁钢筋预埋时,短接头伸出塔柱模板0.10m,两层接头错开间距按不小于35d控制。接头钢筋全部采用直螺纹连接,接头套筒用棉纱塞实、胶带进行包裹,防止进浆造成接头连接质量不合格。预埋时,严格按图定位。

(2)塔柱外侧锚固点处预应力与塔柱主筋相干扰时在主筋上留直螺纹机械连接接头,采用锁母型滚轧直螺纹套筒连接,接头需达到Ⅰ级接头标准。预应力张拉时将此部分拆除,待张拉完成后封锚之前恢复此部分主筋,具体接头如图5-4-3-60所示。

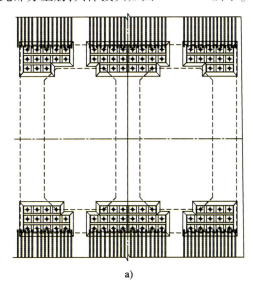
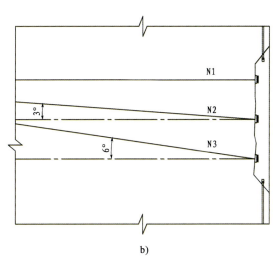

图5-4-3-60 锚固点钢筋接头施工示意图

图 5-4-3-61 下横梁后浇段施工现场

6）下横梁后浇段施工

待塔柱爬模爬升过塔梁结合面后，安装下横梁支架 5.0m 后浇段的钢箱梁、底模系统等上部结构。后浇段支架安装完成后，进行钢筋施工，后浇段钢筋安装质量控制与先浇段一致，塔梁结合面下横梁钢筋采用全断面机械连接接头，按Ⅰ级接头质量标准控制。后浇段模板外模采用钢模，内模采用木模，模板安装质量控制与先浇段一致。两侧 5m 后浇段混凝土浇筑时采用浇筑塔柱的两台地泵泵送混凝土，高度方向一次浇筑成形。下横梁后浇段施工现场如图 5-4-3-61 所示。

4.3.6　上横梁施工

上横梁采用钢牛腿 + 支架施工，与塔柱间异步施工。塔柱施工时预留安装上横梁支架钢靴牛腿的槽口，适时安装钢靴，托架利用塔式起重机分组进行抬吊安装，托架支点落在塔柱钢靴牛腿上，并与钢靴牛腿焊接固定，托架上弦杆端与塔柱间楔紧，张拉托架上弦与塔柱连接的预应力筋，安装支架的落模砂筒、分配梁、大桥 1 号桁梁、底模系统，限位固定后进行上横梁施工。上横梁在高度方向分两层进行施工，如图 5-4-3-62 所示。

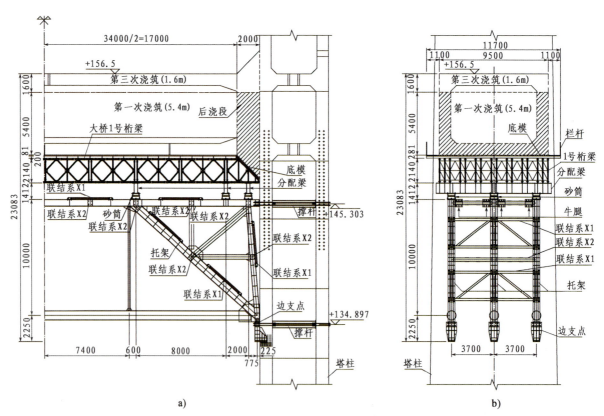

图 5-4-3-62　上横梁施工总体布置图（尺寸单位：mm，高程单位：m）

1）上横梁支架设计

上横梁支架由"托架 + 大桥 1 号桁梁"组成，托架纵桥向布置 3 片，间距 3.7m。托架下弦竖向支撑在边支点钢靴上,与塔壁抄垫顶紧,钢靴底口支撑在塔壁预留孔上,顶口采用精轧螺纹钢筋与塔壁预拉顶紧,塔壁内腔设置型钢刚性撑杆。上弦纵桥向设置抗风牛腿抄垫顶紧限位,水平向与主塔间采用精轧螺纹钢筋预拉顶紧,单根精轧螺纹钢筋预拉力600kN,塔壁内腔内设置型钢刚性撑杆。托架结构整体参与塔柱变形协调。大桥1号桁梁支撑于托架顶层分配梁上,共布置16片,2榀、3榀分别组成一组,组间基本间距900mm,最大跨度16m。横梁根部倒角处根据外形采用新制变高度桁梁。分配梁为2HN900×300mm型钢,与托架间设置砂筒支撑。底模结构平面采用木模和工10分配梁,斜倒角采用厂制钢模,分块安装。上横梁支架立面布置如图5-4-3-63所示。

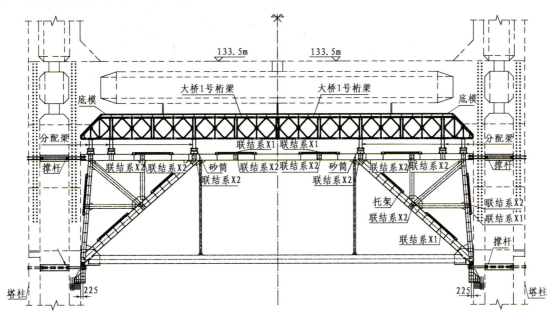

图5-4-3-63 上横梁支架立面布置图

2)上横梁施工抗风

(1)支架抗风设计标准为正常工作状态,工作面不大于8级风,非工作状态抵抗14级台风。

(2)托架上弦水平向与主塔采用精轧螺纹钢预拉锚固,纵桥向设置托架上弦抗风限位,改善上弦杆受力条件,使托架与塔柱协调变形,如图5-4-3-64所示。

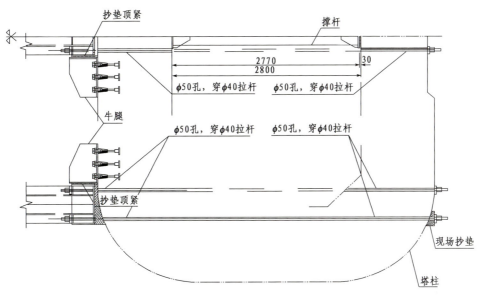

图5-4-3-64 上横梁托架上弦杆抗风限位(尺寸单位:mm)

(3)上横梁底模分配梁与大桥1号桁梁、大桥1号桁梁与托架分配梁间设置抗风限位,托架分配梁与砂筒间通过螺栓连接。图5-4-3-65所示N3为底模抗风限位,N1、N2为大桥1号桁梁抗风限位。

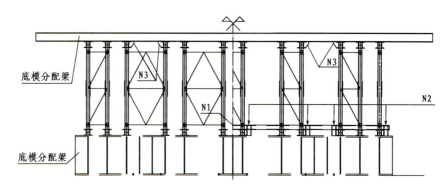

图5-4-3-65　底模、大桥1号桁梁抗风限位

(4)控制主塔与横梁异步施工不大于25m。

3)上横梁支架安装

(1)上横梁支架的托架、撑杆、牛腿、连接系、分配梁、底模、支点等构件均采用工厂制造,保证加工精度,经水运至桥址处组拼成单元进行安装。支架制作根据现场实测塔柱间距预留可调整间隙,现场抄垫顶紧。

(2)钢靴安装位置的塔柱预埋加强钢筋网和精轧螺纹筋预留孔,预留槽口及钢靴预应力孔道,预埋时需注意左右两侧塔壁上孔道的贯通顺直,避免精轧螺纹钢受剪,塔柱施工至上横梁时,安装内撑杆,内撑杆与两侧塔壁顶紧,边支点布置如图5-4-3-66所示。

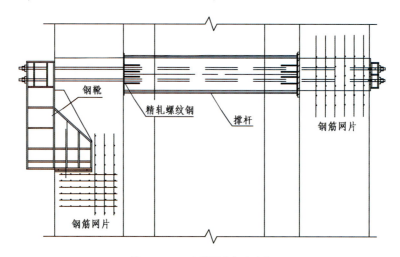

图5-4-3-66　上横梁支架边支点

(3)托架在工厂内加工成整体,驳船运至现场后,由塔式起重机抬吊整体吊装就位,然后锚固,安装横向连接系。大桥1号桁梁分榀组拼成整体,然后塔式起重机抬吊安装。砂筒安装前先预压,预压荷载按3000kN控制,再吊装固定,如图5-4-3-67、图5-4-3-68所示。

4)上横梁施工

为确保支架受力并简化支架设计、降低支架自重及满足混凝土抗裂要求,横梁高度方向分两层现浇,第一层混凝土重量由支架承受。待第一层强度达到设计值95%以上,弹性模量达到设计值100%,养护龄期大于7d后,张拉底板部分预应力束,然后才能进行上横梁第二层施工,第二层混凝土重量由支架及第一层横梁共同承受。

a)　　　　　　　　　　　　　　b)

图 5-4-3-67　上横梁支架吊装

图 5-4-3-68　砂筒预压

5）上横梁支架拆除

上横梁支架采用连续千斤顶下放至公路桥面,在公路桥面解体后倒运至后场,下放系统布置如图 5-4-3-69 所示。

(1)支架待上横梁全部施工完成后进行拆除,如图 5-4-3-70 所示。拆除顺序为：上横梁施工全部完成→清除支架上的杂物→通过砂筒落模→安装下放扁担、钢绞线等→拆除托架锚固拉杆,整体提升上横梁支架 10cm→拆垫块、牛腿及边支点→利用连续千斤顶整体下放支架至钢梁顶→支架在钢梁上解体→上横梁预留孔洞封闭。需注意横梁顶底板预留孔垂直贯通,避免下放钢绞线磨损。

(2)上横梁支架下放解体完成后,及时处理支架系统预埋件、预留孔及预留槽。爬锥套筒拆除后用砂浆封堵,孔径较大的预留孔采用重力式灌浆封堵。钢靴预留槽处理时需恢复槽口范围内主筋,上端与主筋机械连接,下端与预埋钢板焊接连接(预埋钢板底口与截断主筋焊接连接),然后用等强度微膨胀混凝土浇筑。

4.3.7　主塔预应力施工

1）主塔锚固区环向预应力施工

主塔锚固区段使用低回缩锚具钢绞线预应力体系,采用二次张拉工艺。第一次张拉至控制应力后,千斤顶回油,工作夹片回缩使钢绞线、夹片和锚板相对锚固,产生较大预应力损失。第二次张拉时安装夹片防松装置、卡板及加力螺母,张拉至控制应力后,施拧承压螺母顶紧锚垫板,以补偿第一次张拉工作夹片回缩量,将总回缩量控制在1mm内,有效减少预应力损失。

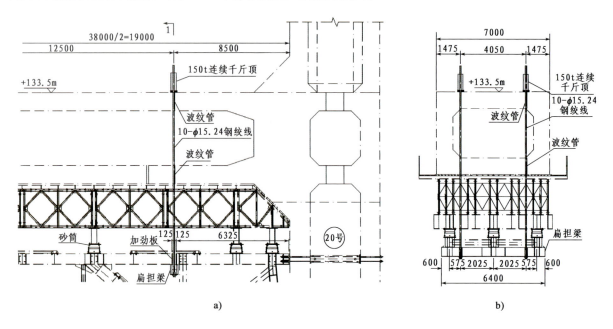

图 5-4-3-69　上横梁支架下放系统布置图(尺寸单位:mm)

图 5-4-3-70　上横梁支架拆除

(1)预应力安装

①预应力管道安装

预应力管道与塔柱劲性骨架固定后同时安装,波纹管定位精确且操作方便。定位筋为"井"字形钢筋,采用钢筋焊接固定,预应力管道每50cm设置一道定位钢筋,卡牢波纹管。波纹管安装如图5-4-3-71所示。

②固定端锚具安装

固定端为锁头器,制作锁头器时将钢绞线穿过挤压模孔,再将弹簧钢丝旋套在钢绞线上,并套入挤压套,确保锁头器、挤压机顶杆和钢绞线的中心基本保持一致,防止偏载。角钢压板将固定端锚板固定在锚垫板上,采用密封胶封闭锁头器与锚板之间的缝隙,防止混凝土进入波纹管。固定端锚固构造如图5-4-3-72所示。

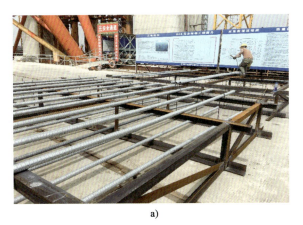

图 5-4-3-71 波纹管安装

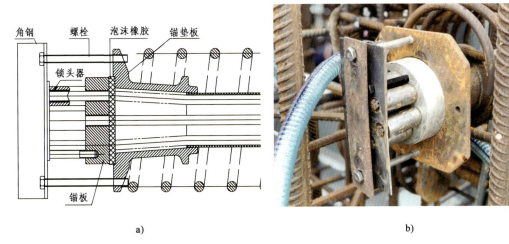

图 5-4-3-72 固定端锚固构造

（2）张拉端槽口施工

①模板处理

如图 5-4-3-73 所示，在集中张拉端沿张拉槽口混凝土轮廓线特制模板，与爬模外模板栓接，留出槽口以方便后期预应力张拉。

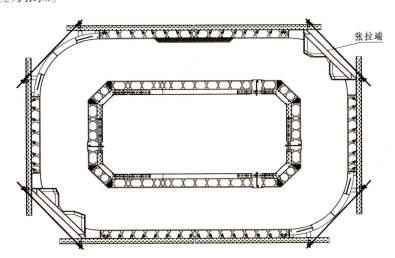

图 5-4-3-73 集中张拉端特制模板平面布置图

②钢筋处理

主筋处理:张拉槽口处竖向主筋采用滚轧直螺纹套筒接头,接头错开布置,主筋连接必须满足《铁路混凝土工程施工质量验收标准》(TB 10424—2010),在预应力施工完成后主筋接长恢复。

(3)张拉端低回缩锚具安装

①混凝土浇筑前,锚垫板固定在张拉端槽口模板上,以保证锚垫板的位置准确,锚垫板后方的喇叭管的中心线要与波纹管中心线一致,且喇叭管与波纹管的衔接应平顺紧密,防止漏浆堵塞孔道。

②混凝土拆模后,预应力张拉前安装工作锚,安装要点如下:

a. 承压螺母旋出锚板 5~6mm,装入锚垫板安装止口内,确保工作锚和承压螺母入槽,避免二次张拉时承压螺母入槽口困难,并在第一次张拉时消除承压螺母和锚板间的变形。

b. 使钢绞线平行穿过锚孔,避免乱穿和交叉等情况。

c. 安装夹片:将夹片敲入锚板的锥孔,使夹片凸出锚板端面的高度一致。

安装完成后低回缩锚具结构如图 5-4-3-74 所示。

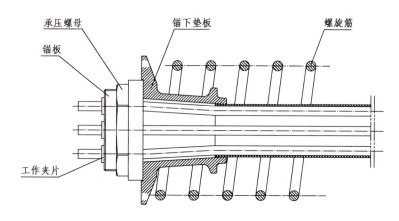

图 5-4-3-74　低回缩张拉锚具构造图

(4)预应力张拉施工

①第一次张拉

张拉端依次安装限位板、千斤顶、工具锚。钢绞线第一次张拉前,需将工作锚承压螺母拧出 5~6mm 抵住锚垫板,装入锚下垫板安装止口内,使承压螺母直接受力,消除承压螺母与锚板间变形。第一次张拉示意如图 5-4-3-75 所示。

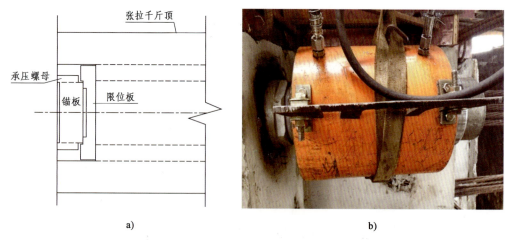

图 5-4-3-75　第一次张拉

②第二次张拉

拆除第一次张拉限位板,依次安装二次张拉防松装置、撑脚、千斤顶、工具锚。要求工作锚、撑脚、千斤顶、工具锚四者中心位于同一轴线上,避免二次张拉工作锚跳出锚垫板止口槽外。第二次张拉示意如图 5-4-3-76 所示。

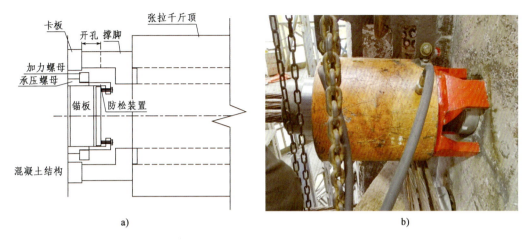

图 5-4-3-76　二次张拉示意图

防松装置为旋转套限位压板,通过螺纹嵌套在锚板上。安装时,对准锚板外露丝口,将防松装置旋入锚板使其端面贴紧承压螺母。调整前端螺栓位置,确保工作夹片均被压板顶紧,二次张拉过程中工作夹片不能与锚板产生相对位移,避免工作夹片产生回缩导致预应力损失。放松装置示意如图 5-4-3-77 所示。

图 5-4-3-77　防松装置示意图

(5)预应力张拉施工控制要点

①张拉之前,接通油泵以及其他设备电源,并且检查张拉读数用油表和千斤顶是否一致。预应力张拉顺序按"自下而上"进行,张拉采用张拉应力为主、伸长量作为校核的原则进行双控,实测伸长值与理论伸长值之差不超过 ±6%,偏差超过允许值时必须停止施工,具体分析偏差原因并予以解决方可继续施工。张拉到控制应力持荷时间 5min。

②断丝、滑丝总数不得超过钢丝总数的 0.5%,并不得位于同侧,且一束内断丝不得超过一丝,钢绞线回缩量之和不得大于 1mm。

③加强第一次张拉管控,严格按张拉控制应力张拉到位,严禁超张拉和欠张拉,认真进行各张拉工况长度测量。

④第二次张拉前,应将千斤顶油缸预先伸出不小于 5cm,便于工具夹片、千斤顶拆除。

⑤第二次预应力张拉完成后,要求记录螺母转动的圈数、角度,通过螺距计算具体旋出的数值。

⑥回油锚固后,切除多余钢绞线,切除钢绞线时保留长度 3.0~3.5cm。

(6) 低回缩预应力施工特点

①采用强度高、柔性好、技术成熟的钢绞线替代强度低、刚性大的精轧螺纹钢筋,避免精轧螺纹钢筋在大桥运营阶段出现延迟断裂。

②使用低回缩锚具,采用二次张拉工艺,消除夹片回缩引起的预应力损失,解决了短束钢绞线预应力损失大的技术难题。

③预应力二次张拉时增加夹片防松装置,避免工作夹片与锚板发生相对移动,造成二次张拉预应力损失。

④第一次张拉按常规钢绞线张拉锚固,通过第一次张拉,使钢绞线绷紧达到受力状态,保证钢束受力均匀,工作夹片回缩使钢绞线、夹片和锚板相对锚固。通过第二次张拉,旋紧锚板上的承压螺母后锚固,以补偿第一次张拉由夹片回缩引起的预应力损失。

⑤预应力二次张拉时千斤顶增设撑脚,并优化了撑脚结构,增加了施拧承压螺母的操作空间,解决了承压螺母施拧操作空间小的难题。

⑥特制加力螺母作为承压螺母施拧环,通过钢钎插打加力螺母槽口带动承压螺母旋转,将承压螺母拧紧。

⑦预应力管道与塔柱劲性骨架固定后一起安装,波纹管位置控制精确,张拉端锚具采用定型模板定位,安装方便且定位精度较高。

通过现场的实际施工情况,该方案可实施性高,采用低回缩锚固系统及二次张拉工艺,可以将锚固回缩量控制在1mm以内,张拉数据见表5-4-3-5,有效地保证了混凝土预应力的施加。

张 拉 记 录 表　　表5-4-3-5

钢束编号	项目	张拉阶段						理论伸长值 ΔL (mm)	工作段钢绞线长度(m)	工具夹片位移量(mm)			第一次张拉回缩量(mm)	第一次张拉伸长量(mm)	总回缩量(mm)	总伸长量(mm)	伸长率偏差(%)
		第一次张拉				第二次张拉				初应力夹片外露量	终应力夹片外露量	位移量					
		20%	40%	100%	锚固	拧紧角度	伸长量	1	2	3	4	6	7	8	9	10	11
BN1-1	油表读数	6.6	12.7	31.2	0	—	—	17.9	0.7	13	10	3	5.44	14.00	0.94	18.50	0.60
	伸长值L(mm)	35	39	58	48	540	4.50										3.35%
BN1-2	油表读数	6.6	12.7	31.2	0	—	—	17.9	0.61	14	11	3	5.04	14.00	0.54	18.50	0.60
	伸长值L(mm)	37	41	59	50	540	4.50										3.35%
BN2-1	油表读数	6.6	12.7	31.2	0	—	—	25.7	0.52	13	10	3	5.64	22.00	0.89	26.75	1.05
	伸长值L(mm)	37	43	65	56	570	4.75										4.09%
BN2-2	油表读数	6.6	12.7	31.2	0	—	—	25.7	0.52	15	12	3	5.64	22.00	0.64	27.00	1.30
	伸长值L(mm)	46	53	73	64	600	5.00										5.06%

(7) 孔道压浆

预应力束终张拉完毕后,在24h内进行管道压浆,特殊情况下必须在48h内完成压浆施工。为保证压浆密实度,将沿塔柱竖直方向的上、下两个预应力锚具固定端锚垫板上的压浆孔用钢管连接。两根在固定端连通的管道一起压浆,从下层管道的张拉端压浆孔压入水泥浆,从上层管道的张拉端压浆口排出空气,直至排气口排出浓浆。压浆施工示意如图5-4-3-78所示。

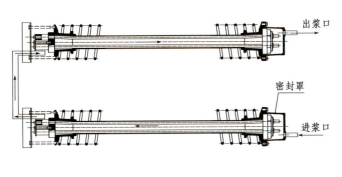

a)　　　　　　　　　　　　　　　　b)

图 5-4-3-78　压浆施工示意图

2）上、下横梁预应力施工

下横梁顶、底板均配置 19-ϕ^s15.2 高强低松弛钢绞线，N03 号、N04 号顶板配置 48 束，底板配置 48 束。Z03 号、Z04 上横梁顶、底板均配置 19-ϕ^s15.2 高强低松弛钢绞线，顶板配置 18 束，底板配置 22 束。其公称抗拉强度 f_{pk} = 1860MPa，均为两端张拉。张拉槽口预留范围内塔柱纵向主筋设置机械连接接头，水平筋及箍筋设置焊接接头，塔柱范围内的横梁钢筋及预应力孔道按照设计精确定位预埋，如与塔柱钢筋位置冲突，适当挪动塔柱钢筋位置。主塔横梁预应力孔道及钢绞线在主塔横梁钢筋绑扎过程中安装，先进行预应力管道定位安装，再进行钢绞线穿束，浇筑横梁混凝土至强度达到 95% 以上，弹性模量达到 100%，且龄期不小于 7d 时进行预应力张拉，最后进行孔道压浆，待预应力孔道压浆完成后，恢复塔柱钢筋，然后进行封锚混凝土浇筑。

（1）预应力孔道安装

①横梁预应力孔道材料采用内径 100mm、外径 107mm 的金属波纹管，金属波纹管安装前检查有无气孔、脱扣、开缝、死弯等现象，发现问题及时更换。

②波纹管的位置采用定位网定位，保证混凝土浇筑过程中预应力管道不发生偏移，定位钢筋网间距按直线段不大于 60cm、曲线段不大于 30cm 布置，保证预应力管道线性顺直。上横梁预应力管道定位安装如图 5-4-3-79 所示。

③由于主塔和横梁钢筋很密，若预应力管道堵塞后无法疏通，在金属波纹管安装完成后及时安装芯棒，保证预应力波纹管的成孔质量。

（2）预应力张拉

下横梁预应力张拉时的基本原则为先中间后上下依次对称张拉进行张拉；上横梁分两层进行浇筑，第一层浇筑完成后待强度、弹性模量、龄期满足设计要求后先对底板 8 束 N3 进行张拉，才可以进行上横梁第二层施工。第二层混凝土浇筑完成待强度、弹性模量、龄期满足设计要求对剩余预应力钢束进行对称张拉，如图 5-4-3-80、图 5-4-3-81 所示。

图 5-4-3-79　上横梁预应力管道定位安装

张拉时应注意：

①横梁预应力采用夹片群锚体系，主塔和下横梁混凝土强度等级为 C50，受压弹性模量 E_h = 35.5GPa；张拉时混凝土强度及弹性模量需达到设计值的 90% 以上，龄期达到 7d，进行预应力张拉施工。采用两端张拉工艺，从中间开始对称张拉，一次张拉完成。

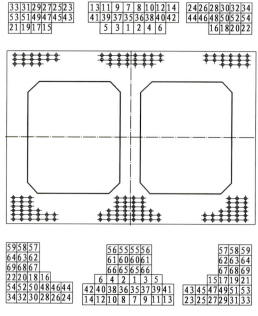

图 5-4-3-80　元洪航道桥下横梁张拉顺序图　　图 5-4-3-81　上横梁预应力孔位布置图(尺寸单位:cm)

②张拉设备中千斤顶采用 450t 穿心式油压千斤顶,与千斤顶配套使用的压力表精度为 0.4 级。张拉设备必须经过配套标定后配套使用。

③张拉顺序按设计图要求进行。预应力采用张拉力与伸长量双控措施,预应力值以油表读数为主,以预应力筋伸长值进行校核,实测伸长值于计算伸长值的差值不应超过 6%。

④预应力张拉完成后用砂轮机将钢绞线多余部分切除,严禁用氧气乙炔或电焊烧割。

⑤下横梁异步施工时,塔柱施工至设计允许异步施工节段内完成下横梁预应力施工。

(3)预应力压浆

张拉后 24h 内进行管道压浆,采取真空辅助压浆法压浆。管道压浆用水泥浆采用无收缩水泥浆。封锚混凝土采用无收缩混凝土,强度不低于塔身混凝土强度。

(4)锚固端封锚

①压浆结束后,及时对需封锚的锚具进行封闭,封锚混凝土采用无收缩混凝土,强度不低于 C50。封锚混凝土进行保温保湿养护,防止封锚混凝土开裂。混凝土养护结束后对封锚端用聚氨酯防水涂料进行防水处理。

②主塔下横梁施工时,存在预应力束张拉锚固区的预应力孔道、锚垫板与主塔塔柱外侧主筋和箍筋相互干扰的情况,为便于现场施工,保证预应力束张拉锚固区施工质量,采取以下方案进行处理:

③与预应力束锚固区张拉槽口相冲突的塔柱外侧主筋(规格为 HRB400 ϕ 40mm)和箍筋(规格为 HRB400 ϕ 16),在张拉槽口处断开,采用锁母型滚轧直螺纹套筒有效连接,塔柱钢筋安装时,按设计图纸进行钢筋安装。预应力张拉时,将张拉槽口位置主塔钢筋拆除。

④待预应力束张拉完成后,恢复断开的主筋,再进行横梁预应力封锚混凝土浇筑。上横梁预应槽口钢筋恢复如图 5-4-3-82 所示。

4.3.8　临时横撑施工

桥塔施工过程中传统结构形式的临时横撑是为了抵抗桥塔混凝土自重产生的弯矩,本桥塔处于大风环境下,通过分析计算得知传统结构形式的临时横撑并不能有效改善桥塔结构受力,故传统结构形式的临时横撑对该桥塔并不适用。本桥采用了一种新型结构形式的临时横撑,即桁架式临时横撑,横撑两端与塔柱间采用铰接形式。每座主塔设置一道桁架式横撑,布置于上横梁支架下方,间距约 5m。

图 5-4-3-82　上横梁预应槽口钢筋恢复

1）横撑设计

（1）元洪航道桥主塔横撑采用两排桁架式结构，桁高9.0m，两排桁架纵向间距为7.0m，设置于主塔20号、21号节段间，上弦高程+130.5m，下弦高程+121.5m。两排桁架间通过连接系连接。横撑两端通过耳座与主塔连接。横撑上下弦杆采用$\phi1000\times12$mm钢管，斜杆采用$\phi800\times10$mm钢管，两端竖杆采用$\phi800\times10$mm钢管，中间竖杆采用$\phi400\times8$mm钢管。

（2）鼓屿门水道桥主塔横撑采用两排桁架式结构，桁高9.0m，两排桁架纵向间距为4.8m，设置于主塔16号、17号、18号节段间，上弦高程+109.00m，下弦高程+100.00m。两排桁架间通过连接系连接，横撑两端通过耳座与主塔连接，横撑采用杆件与元洪航道桥相同。

（3）大小练岛水道桥主塔横撑采用两排桁架式结构，桁高9.0m，两排桁架纵向间距为4.8m，设置于主塔16号、17号、18号节段间，上弦高程+109.00m，下弦高程+100.00m。两排桁架间通过联结系连接，横撑两端通过耳座与主塔连接，横撑采用杆件与元洪航道桥相同，横撑结构如图5-4-3-83所示。

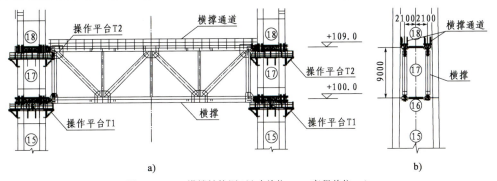

图 5-4-3-83　横撑结构图（尺寸单位：mm，高程单位：m）

（4）横撑两端通过销轴与塔壁预埋锚座连接。锚座为钢板组焊件，在塔柱上预埋$\phi80$mm钢棒抗剪，通过$\phi40$精轧螺纹钢筋锚固拉紧，同时在主塔内腔设置内支撑（钢板组焊钢箱梁内填充微膨胀混凝土）。

（5）为保证横撑两端竖向剪力与水平力有效传递至桥塔，横撑两端与桥塔间采用铰接形式，其结构形式为刚性铰，且将刚性铰设计成抗剪、抗拉受力体系，刚性铰结构如图5-4-3-84所示。边支点所受剪力通过剪力键传递至桥塔，所受拉力通过拉杆传、递至桥塔，压力通过耳座传递至桥塔。

2）横撑安装

塔柱施工时预埋预留孔，锚座抗剪钢棒预留孔采用无缝钢管预埋，并预埋压浆孔道；精轧螺纹钢筋拉杆采用镀锌钢管预埋，预埋时需控制两塔壁预留孔的顺直，保证精轧螺纹钢安装顺直，杜绝张拉后精轧螺纹钢受剪。

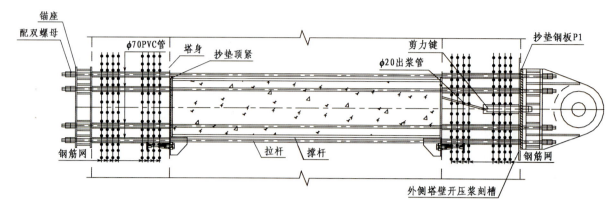

图 5-4-3-84 刚性铰结构图

横撑桁片在工厂内整体制造,制造完成后利用驳船运至墩位处,经起重船倒运至墩旁托架上,然后再利用主塔左右幅两台高矮塔式起重机分整片抬吊安装。横撑桁片安装时先将单边塔柱锚座精轧螺纹钢筋张拉,钢棒预留孔压浆,另一边塔柱锚座临时带紧,待横撑安装就位时再抄垫拉紧,避免张拉时出现横撑受拉。主塔塔式起重机抬吊横撑安装如图 5-4-3-85、图 5-4-3-86 所示。

a)　　　　　　　　　　　　　　　　b)

图 5-4-3-85　主塔塔式起重机抬吊横撑安装

图 5-4-3-86　横撑边支点张拉

3）横撑拆除

主塔上横梁施工完成后，元洪航道桥与鼓屿门水道桥采用横撑与上横梁支架精轧螺纹钢筋锚固同，采用连续千斤顶整体同步下放的方法进行拆除，大小练岛水道桥利用塔式起重机分片解体拆除，如图 5-4-3-87 所示。

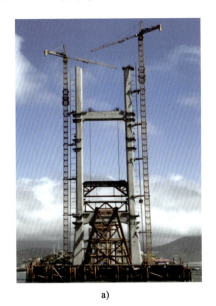
a)

b)

图 5-4-3-87　临时横撑整体下放拆除及分片解体拆除

4.3.9　预埋件安装

1）预埋件种类

(1) 塔座施工预埋件：冷却水管、塔式起重机基础、电梯基础及下横梁支架基础预埋件。
(2) 塔柱施工预留孔：通气孔、预应力孔道及索道、横梁泄水孔、横梁及塔柱进人孔。
(3) 塔柱施工机械预埋件：爬模预埋件、塔式起重机附墙、电梯附着及泵管布置预埋件。
(4) 横梁施工预埋件：横梁顶检查设施、横梁进人孔人梯、支座、阻尼器预埋件。
(5) 主塔电气预埋件：主塔塔身分别在航标灯架、桥面、塔顶及安装景观照明灯等位置预埋有便于电缆进出塔的管路，在主塔顶部预埋有安装避雷针、航空障碍灯的预埋件。
(6) 健康监测预埋件：塔柱应力、温度测点、塔顶位移测点。
(7) 其他临时结构预埋件：墩旁托架、横梁支架牛腿、航标灯架、塔内检修通道、检修平台等。

2）注意事项

(1) 预埋件施工时应严格按设计图施工，每一个预埋件均由测量人员放出准确位置后，上横梁支架、塔式起重机附墙、临时横撑等结构的部分预埋件必要时制作定位模具，然后安装并加固牢靠，防止在混凝土浇筑过程中发生移位。
(2) 由于主塔施工预埋件种类及数量繁多，施工前务必梳理清楚，对其位置进行审核，提前发现并处理位置冲突，确保预埋件安装精准、安全。
(3) 为防止各种预埋件成为永久结构物的腐蚀通道，在主塔外表面临时结构预埋件主要采用预埋爬锥或锥形螺母的方式，施工时安装钢板，预埋钢板等需做浸锌防腐处理，施工完成后拆除钢板，可旋转拆除锥形接头，并对孔眼利用与塔柱同标号砂浆进行封堵。
(4) 预埋件施工时应保护到位，监控监测测点布线集中收集到一起，塔柱焊接施工时应避开，防止焊渣掉落烫伤。

4.4 技术创新

平潭海峡公铁大桥主塔施工期间受台风、季风及海况影响,给施工组织、施工技术等方面带来了很大的挑战。综合考虑福建省沿海海洋环境特点,采用整体化、工厂化的快速法施工理念,实现了大风海洋环境下混凝土索塔施工的突破。

(1)液压爬模施工技术创新

为确保爬模结构施工安全,并保证施工工效,对爬模进行了加强设计,可满足7级风爬升、8级风以下正常施工,14级台风工况下能够确保自身安全。爬模架体斜杆加强设计,提高材料等级,增设多榀架体并两两组成固定整体,有效增加了爬模抗风结构稳定性。模板体系与上架体分离设计,模板采用固定支架支撑于承重梁上,减少了爬模爬升时的倾覆力矩,增强了爬模的抗风稳定性,拓宽了作业平台面,且便于现场操作。

充分考虑索塔结构形式及施工作业环境,选择6m大节段施工分节,减少了施工分节进而减少了爬模爬升次数,极大地降低了施工安全风险,且有效控制了塔柱施工质量。

操作平台外围采用全封闭冲孔钢板防护网,孔隙率达到50%,有效改善了作业环境,实现了高空8级风条件下人员全天候安全施工,同时保证了塔柱拆模后混凝土的养生质量。

增加了钢筋绑扎及混凝土振捣作业平台,提高了高空作业安全和效率;操作平台采用铝合金钢跳板,增强了消防和抗风安全,同时减轻了爬模的重量。

通过采用延长挂靴设计,使爬模导轨可顺利适应塔柱倾角变化,实现自动爬升。内模井筒平台结构上采用不同长度的延长靴,进而调节平台尺寸,以适应索塔内腔结构尺寸变化需求。

台风状态下通过刚性连接将主架体连接到模板支撑体系上,同时将各榀架体通过钢管扣件固定在一起,模板通过对拉螺杆固定于已浇筑的塔壁上,水平力主要传递于索塔结构上,确保爬模结构安全。

(2)塔式起重机、电梯加强

为满足吊装及抗台要求,每座主塔配备2台D1100-63Vt·m塔式起重机,对塔式起重机结构进行加强设计,同时充分利用塔式起重机自身结构性能,研究设置了特殊的塔式起重机附墙结构,可满足7级风环境下正常顶升、8级风正常作业、抵抗14级台风的结构受力要求,同时减少了塔壁附墙道数,降低了现场的安装工作量,减少了塔式起重机附墙安装对主塔施工的影响,降低了工期压力,节约了施工成本。

电梯通过加大了附墙的规格型号,减少附墙间距及采用镀锌处理等措施,有效防御海洋环境的强腐蚀,保证了电梯结构抗台风要求。

(3)临时横撑施工创新

创新设计使用桁架式临时横撑作为中塔柱施工阶段抗风措施,可减小中塔柱根部弯矩20%~25%,满足主塔施工各阶段的受力及裂缝控制,同时横撑可临时锁定主塔两肢使上横梁浇筑时横桥向变形协调。充分利用桥址地理条件,采用工厂分块整体加工,驳船运至墩位,现场整体吊装及连续千斤顶整体下放的方案,减少了现场工作量,减低了大风环境下的施工风险,节约了施工工期。

(4)上下横梁施工创新

桥塔采用液压爬模施工时,内侧爬模在横梁位置与横梁施工相冲突而无法正常爬升,制约着主塔整体施工工期。为保证总体工期要求,从施工可行性、安全性、经济性以及工期等方面对主塔上下横梁同步、异步施工方案进行综合比选,确定采用异步施工方案,避免了内侧液压爬模高空二次安拆,节省了二次安拆的时间,减少了横梁与主塔施工间的相互影响,保证塔柱爬模施工的连续性,充分的利用桥址有效作业时间,多点施工,提高施工效率。

优化下横梁支架施工方案,变现场散拼为工厂整体制造、整体吊装,上横梁支架采用工厂模块化加工,现场整体吊装组拼的方案,有效利用了现场施工条件及大型起重船资源,缩短了支架在恶劣海况下的现场安装时间,有效地保证了施工质量,降低了海上施工安全风险,提高了施工工效。

(5)主塔锚固区预应力体系优化

主塔拉索锚固区环向预应力变更为低回缩锚具+钢绞线,并结合二次张拉工艺,避免采用传统精轧螺纹钢预应力体系出现延迟断裂现象,同时解决了传统短束钢绞线因锚具夹片回缩预应力损失较大的问题。

平潭海峡公铁大桥
建造关键技术

05

第 5 章
钢桁梁架设

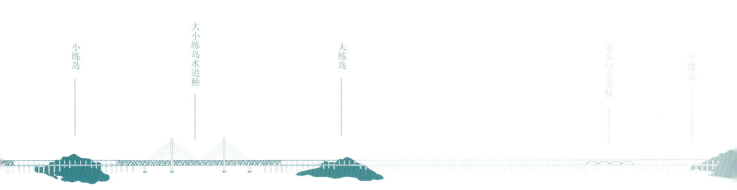

5.1 工程概况

5.1.1 桥跨布置概况

平潭海峡公铁大桥钢桁梁包括斜拉桥钢桁梁和简支钢桁梁两种。其中,三座通航孔桥均采用双塔双索面钢桁混合梁斜拉桥,桥垮布置分别为:元洪航道桥 132m + 196m + 532m + 196m + 132m,鼓屿门水道桥 128m + 154m + 364m + 154m + 128m,大小练岛水道桥 80m + 140m + 336m + 140m + 80m。斜拉桥主梁为带副桁的板桁结合钢桁梁结构,双层桥面布置,上层为 6 车道高速公路,下层为双线 I 级铁路,主桁采用 N 形桁式,桁高 13.5m,桁宽 15m,标准节间长度为 14m,副桁上弦顶板中心间距 35.7m,铁路桥面及有索区公路桥面采用密横梁支撑正交异性整体钢桥面结构,无索区公路桥面采用密横梁支撑混凝土桥面结构。斜拉桥钢桁梁采用两节间整节段全焊设计,最大设计加工质量为1047t。

1)元洪航道桥

元洪航道桥为 132m + 196m + 532m + 196m + 132m 双塔钢桁混合梁斜拉桥结构,钢桁梁全长 1188m,主桥位于 N01 号 ~ N06 号墩间,立面位于线路平坡上。该桥边跨无索区公路桥面板为预制混凝土桥面板,辅助墩顶铁路桥面系为正交异性钢箱梁,其余公路桥面和铁路桥面均为正交异性钢桥面板。塔、梁间设置竖向约束,边墩及辅助墩顶设置纵向滑动支座提供竖向约束。N03 号桥塔与钢桁梁间顺桥向设置固定支座,限制主梁顺桥向位移,N04 号桥塔与钢桁梁间设置 8 套黏滞阻尼器。立面布置如图 5-5-1-1 所示。

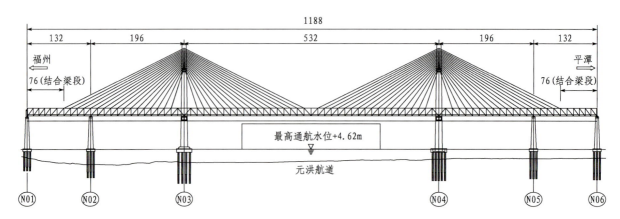

图 5-5-1-1 元洪航道桥立面布置图(尺寸单位:m)

2)鼓屿门水道桥

鼓屿门水道桥为 128m + 154m + 364m + 154m + 128m 双塔钢桁混合梁斜拉桥结构,钢桁梁全长928m,主桥位于 Z01 号~Z06 号墩间,立面位于线路平坡上。该桥边跨无索区公路桥面板为预制混凝土桥面板,辅助墩顶铁路桥面系为正交异性钢箱梁,其余公路桥面和铁路桥面均为正交异性钢桥面板。塔、梁间设置竖向约束,边墩及辅助墩顶设置纵向滑动支座提供竖向约束。Z03 号桥塔与钢桁梁间顺桥向设置固定支座,限制主梁顺桥向位移,Z04 号桥塔与钢桁梁间设置 8 套黏滞阻尼器。立面布置如图 5-5-1-2 所示。

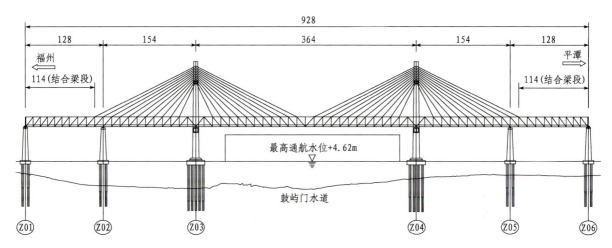

图 5-5-1-2 鼓屿门水道桥立面布置图(尺寸单位:m)

3)大小练岛水道桥

大小练岛水道桥为 80m + 140m + 336m + 140m + 80m 双塔钢桁混合梁斜拉桥结构,钢桁梁全长776m,主桥位于 S01 号—S06 号墩间,立面位于线路平坡上。该桥边跨无索区公路桥面板为预制混凝土桥面板,辅助墩顶铁路桥面系为正交异性钢箱梁,其余公路桥面和铁路桥面均为正交异性钢桥面板。塔、梁间设置竖向约束,边墩及辅助墩顶设置纵向滑动支座提供竖向约束。S03 号桥塔与钢桁梁间顺桥向设置固定支座,限制主梁顺桥向位移,S04 号桥塔与钢桁梁间设置 8 套黏滞阻尼器。立面布置如图 5-5-1-3 所示。

5.1.2 钢桁梁设计概况

斜拉桥主梁为带斜副桁的板桁结合钢桁梁结构,双层桥面布置,上层为六车道公路,下层为双线铁路,主桁架中心间距15.0m,桁高13.5m,钢桁梁全宽36.8m,节间长度分14.0m及12.0m两种。航道桥钢桁梁横断面布置如图5-5-1-4所示。

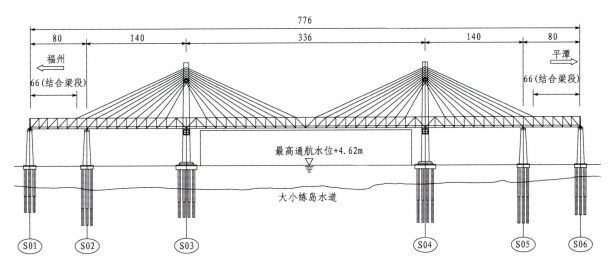

图5-5-1-3 大小练岛水道桥立面布置图(尺寸单位:m)

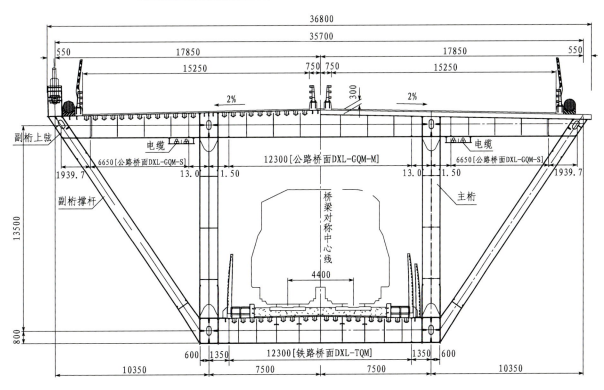

图5-5-1-4 航道桥钢桁梁横断面布置图(尺寸单位:mm)

斜拉桥主梁采用全焊桁段设计、制造及拼装,钢桁梁桁段需将桁架结构、桥面系结构、联结系及斜拉索锚拉板等在工厂焊接成整体后运输至工地再进行整节段吊装。标准节段为两个节间长度,共长29.75m,节段最大质量1047t(最重梁段位于辅助墩墩顶,其余位置梁段最大质量1047t)。除无索区公路桥面系为钢桁混凝土结合桥面外,其他均为正交异性钢板的板桁组合结构整体桥面,桥面板与弦杆的顶板通长连接,共同承受主桁内力,如图5-5-1-5所示。

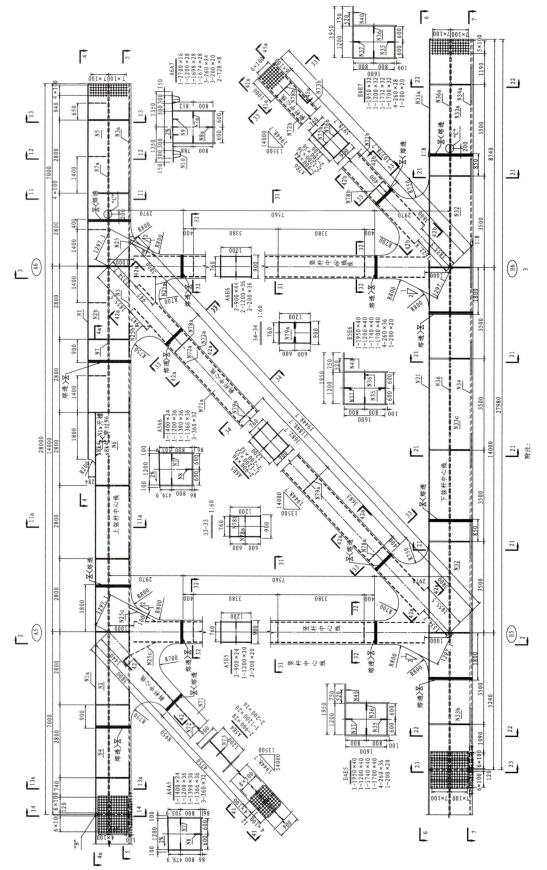

图5-5-1-5 钢桁梁标准桁段立面构造图(尺寸单位:mm)

航道桥的设计纵断面为平坡,钢桁梁设置的拱度采用两种方法:航道桥边跨采用设计预设结构线形的方法实现;辅助跨及主跨采用下弦节间长度不变,加长或缩短上弦节间长度的方法实现(最大伸长值为7mm,最大缩短值为17mm),伸长或缩短的值通过调整上弦杆件拼接板的拼接缝间距实现。其他详细设计见第5篇第3章主体结构设计。

三座航道桥钢桁梁的质量、节间数量、节段数统计见表5-5-1-1。

航道桥钢桁梁质量、节间数量、节段数统计表　　　　　　　　　　　表5-5-1-1

桥　位	主跨(m)	总长(m)	质量(万t)	14m节间数	12m节间数	节　段　数
元洪航道桥	532	1188	3.93	78	8	46
鼓屿门水道桥	364	928	2.93	56	12	38
大小练岛水道桥	336	776	2.37	52	4	31

5.1.3　水文及气象条件

1)水文条件

根据设计院及海洋局提供的资料,将通航桥的水文及地质资料整理见表5-5-1-2~表5-5-1-4。

潮　位　　　　　　　　　　　表5-5-1-2

重现期(年)	重现期高潮位(m)	重现期低潮位(m)
20年1遇	4.33	-3.65
10年1遇	4.18	-3.59
平均高潮位+2.39,平均潮位+0.25,平均低潮位-1.89		

波浪要素　　　　　　　　　　　表5-5-1-3

位　置	波浪重现期(年)	波高 H(m)	周期 T(s)
元洪航道桥	20年一遇	6.22	8.6
	10年一遇	5.44	7.8
鼓屿门水道桥	20年一遇	4.46	9.7
	10年一遇	4.17	9.2
大小练水道桥	20年一遇	2.90	6.2
	10年一遇	2.58	5.8

设　计　流　速　　　　　　　　　　　表5-5-1-4

桥　名	重现期(年)	设计流速(m/s)
元洪航道桥、鼓屿门水道桥	20	2.13
	10	2.07
大小练水道桥	20	2.95
	10	2.89

2)气象条件

该工程区域为典型的海洋性季风气候,灾害性天气主要有热带气旋、大风、暴雨、干旱、雷暴、雾等。

风向季节性变化明显,且稳定,桥址工程区域百年重现期 10min 平均最大风速 44.8m/s。大风日数主要集中在 10 月—次年 2 月,占全年的 50% 左右。通过福建省气候中心统计分析汇总桥位处的极大风天数见表 5-5-1-5。

桥址处出现极大风的天数统计 表 5-5-1-5

项 目	屿 头	长 屿	苏 澳	松 下
≥6 级大风天数	314	313	309	301
≥7 级大风天数	233	238	234	193
≥8 级大风天数	117	125	123	62
≥9 级大风天数	27	34	35	10

热带气旋:登陆及影响区域的热带气旋年平均 3.8 次,主要出现在 6~9 月份。平潭地处台湾海峡,濒临太平洋,每年都遭受暴风潮不同程度的危害。

5.2 钢桁梁架设方案比选

5.2.1 元洪航道桥钢桁梁架设方案比选

钢桁梁总体施工方案拟采用常规的架梁吊机双悬臂架设,其具体思路为:主塔处设墩旁托架,起重船架设起始 7 节间钢桁梁(4 节段),然后在钢桁梁上拼装两台架梁吊机,双悬臂架设钢桁梁节段(2 节间),位于辅助墩顶及边墩顶的钢桁梁节段,由于运输船无法停靠于架梁吊机取梁位置,需采用起重船架设。先中跨钢桁梁合龙、再边跨钢桁梁合龙,边跨钢桁梁合龙后再利用全回转或半回转架板吊机架设无索区公路混凝土桥面板。根据边墩顶起重船架设钢桁梁的节间数不同,元洪航道桥钢桁梁共有两种架设方案。

1) 元洪航道桥方案一

主塔墩、辅助墩及边墩均设置墩旁托架,起重船架设主塔墩顶 7 节间、辅助墩顶 4 节间、边墩顶 2.5 节间钢桁梁,其余位置钢桁梁由 4 台架梁吊机架设。方案一总体布置如图 5-5-2-1 所示。

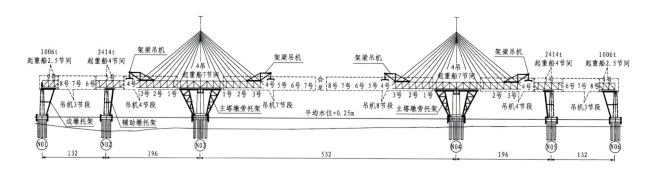

图 5-5-2-1 元洪航道桥钢桁梁架设方案一总体布置(尺寸单位:m)

方案一的关键在于边跨钢桁梁合龙时,边墩顶需落梁,是否有足够的落梁空间。根据设计院钢桁梁图纸,建立全桥空间模型,计算钢桁梁边跨合龙时合龙口两侧钢桁梁姿态并复核边墩顶落梁空间是否满足要求,以及合龙调整措施及合龙顺序。元洪航道桥全桥计算模型如图 5-5-2-2 所示。

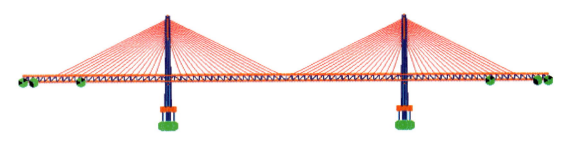

图 5-5-2-2　元洪航道桥全桥计算模型

悬臂端钢桁梁架设至边跨合龙口时,悬臂段钢桁梁下弦节点位移为 -140mm,支架上钢桁梁 A0 节点(边墩顶支座处节点)落梁 55mm 后合龙口两端钢桁梁倾角匹配,支架上钢桁梁再整体落梁 153mm 后合龙口上下弦杆竖向高程匹配,则 A0 节点需落梁 208mm,小于支座高度,落梁空间满足要求。边跨合龙计算竖向位移如图 5-5-2-3 所示。

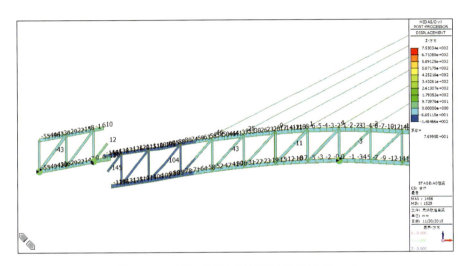

图 5-5-2-3　方案一边跨合龙计算竖向位移(单位:mm)

2）元洪航道桥方案二

方案二与方案一仅边墩顶钢桁梁架设方案有所区别,其余位置钢桁梁架设方案均与方案一相同。方案二边墩顶 4.5 节间钢桁梁采用起重船架设,边墩无需设置墩旁托架,但须在钢桁梁端部设置三角桁架,起重船起吊钢桁梁后,一段支撑于边墩顶,另一端通过三角桁架支撑于悬臂端钢桁梁顶部,再利用墩顶及已架钢桁梁上弦杆上的纵横移设备及竖向起顶装置精确调整合龙口两侧钢桁梁姿态,完成边跨钢桁梁合龙。方案二总体布置如图 5-5-2-4 所示。

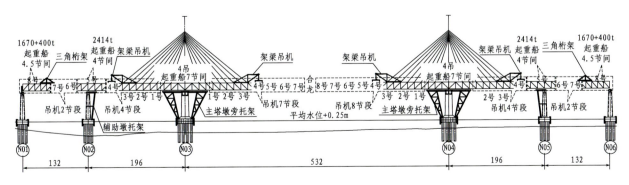

图 5-5-2-4　元洪航道桥钢桁梁架设方案二总体布置(尺寸单位:m)

3）元洪航道桥钢桁梁架设方案比选

根据前文介绍，元洪航道桥方案一与方案二仅边墩顶钢桁梁架设方案有所区别，两种方案的起重船使用次数、1100t 架梁吊机数量及使用次数基本相当，大临结构用量也相差不大，其详细对比见表5-5-2-1。

吊机及起重船使用次数、大临结构用量对比表　　　表5-5-2-1

项目	吊装次数统计（次）		大临用量统计（t）				
	起重船	吊机	主塔墩	辅助墩	边墩	三角架	合计
方案一	10	30	2494	732	430	0	3656
方案二	10	28	2494	732	0	400	3626

两种方案从经济、工期方面均基本相当，从技术角度，方案二的三角托架是关键，在风大浪高的海洋环境中，较方案一有较大风险，再加之 N01 号墩混凝土梁与钢桁梁间距仅 30cm，若采用起重船直接吊装安全风险极高，若将相邻的混凝土后施工，工期又不满足要求，综上所述元洪航道桥钢桁梁架设方案推荐采用方案一。

5.2.2　鼓屿门水道桥钢桁梁架设方案比选研究

1）方案一：架梁吊机双悬臂架设

该方案与元洪航道桥方案一类似，主塔墩、辅助墩及边墩均设置墩旁托架，起重船架设主塔墩顶7节间、辅助墩顶4节间、边墩顶3.5节间钢桁梁（边跨无斜拉索，若边墩顶仅起重船架设1.5节间，则架梁吊机需多悬臂架设2节间，钢桁梁受力不满足要求），其余位置钢桁梁由4台架梁吊机架设。方案一总体布置如图5-5-2-5所示。

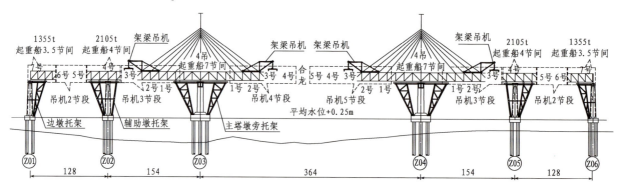

图 5-5-2-5　鼓屿门水道桥钢桁梁架设方案一总体布置（尺寸单位：m）

2）方案二：边跨起重船+主跨架梁吊机单悬臂架设

架梁吊机双悬臂架设为斜拉桥的常规架设方案，但该桥钢桁梁跨度较小，从方案一可以看出，当采用4台架梁吊机双悬臂架设方案时，单台架梁吊机仅能架设4吊，吊机投入高、利用率低，再结合充分利用自有大型起重船（3600t 起重船）资源的总体思路，该方案提出了适当改变钢桁梁节段划分位置，主跨钢桁梁采用2台架梁吊机悬臂架设，边跨及辅助跨采用3600t 起重船大节段架设的总体思路。方案二总体布置如图5-5-2-6所示。

受起重船吊重影响，采用该方案时，边跨及辅助跨钢桁梁节段划分有2处需进行调整，并需对主体结构进一步验算。

方案二能否实现的关键在于墩身受力是否满足要求，在辅助跨和边跨7节间大节段钢桁梁吊装过程中、主塔墩、辅助墩及边墩均受到巨大的偏心弯矩。辅助跨吊装后计算模型如图5-5-2-7所示。

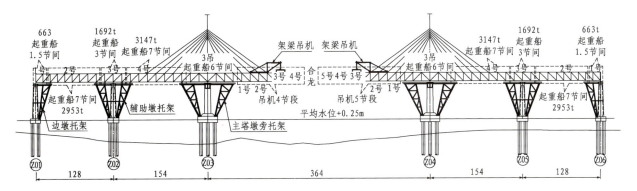

图 5-5-2-6　鼓屿门水道桥钢桁梁架设方案二总体布置(尺寸单位:m)

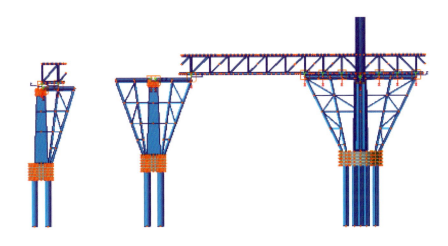

图 5-5-2-7　辅助跨吊装后计算模型

经计算辅助孔钢桁梁架设后,主塔托架偏心受力最严重,此时主塔弯矩最大为 292500kN·m。下塔柱始终处于全截面受压,最大压应力 5.4MPa < $[\sigma_b]$ = 16.8MPa,最小压应力 1.7MPa。辅助墩、边墩最大弯矩 307200kN·m,最大压应力为 3.82MPa < $[\sigma_b]$ = 16.8MPa,最大拉应力为 0.82MPa < $[\sigma_{ct}]$ = 2.17MPa。钢桁梁最大应力为 130MPa < [220MPa]。辅助墩及边墩桩基最大弯矩 3020kN·m < [70000kN·m](根据设计院计算,4.5m桩基最小抗弯承载力约 70000kN·m),受力均满足要求。

3）鼓屿门水道桥钢桁梁架设方案比选

根据前文介绍,鼓屿门水道桥方案一为常规的架梁吊机双悬臂方案,但是架梁吊机利用较少,投入 4 台架梁吊机,每台仅吊装 5 次。此外,边墩顶节段钢桁梁需压重约 120t 方能满足抗倾覆稳定性要求。方案二在充分利用现有 3600t 起重船的基础上,减少了架梁吊机投入,桥墩塔及基础受力也均满足要求,但该方案需和设计院沟通,原钢桁梁设计节段需调整 2 处。两种方案的起重船使用次数、吊机使用次数、大临结构用量对比见表 5-5-2-2。

吊机及起重船使用次数、大临结构用量对比　　表 5-5-2-2

项目	吊装次数统计(次)		吊机数量(台)	大临结构用量统计(t)			
	起重船	吊机		主塔墩	辅助墩	边墩	合计
方案一	10	20	4	2494	932	580	4006
方案二	12	10	2	2590	1330	666	4586

安全技术方面,方案一较成熟、常规,技术可靠,方案二需多次进行海上大型吊装作业,增加了现场施工组织难度,但减少了现场高空作业。经济方面,虽然方案二在大临结构用量上比方案一增加580t,但少投入2台架梁吊机,且大临结构主要为倒用钻孔平台的钢管桩,方案二更优。工期方面,方案二边跨钢桁梁可以提前架设,可以大大减少钢桁梁的集中供梁压力,对工期有利,且主跨合龙后即完成全桥钢桁梁架设,而方案一主跨合龙后还需架设2个节段才能边跨合龙。综上所述鼓屿门水道桥钢桁梁架设方案采用方案二更优。

5.2.3 大小练岛水道桥钢桁梁架设方案比选研究

大小练岛水道桥桥跨布置与鼓屿门水道桥类似,且主跨仅为336m,钢桁梁架设方案与鼓屿门基本相同,方案一为常规的4台架梁吊机双悬臂架设方案,方案二为边跨及辅助跨起重船大节段吊装架设+中跨2台架梁吊机单悬臂架设,此处不再详细介绍方案比选过程。与鼓屿门水道桥类似,大小练岛水道桥钢桁梁架设方案推荐采用方案二,如图5-5-2-8所示。

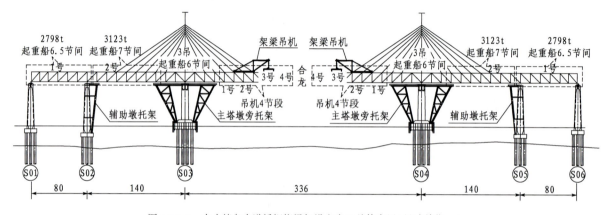

图5-5-2-8 大小练岛水道桥钢桁梁架设方案二总体布置(尺寸单位:m)

5.3 作业条件研究

起重船在水上作业尤其是在海上作业时,受到风、浪、流的影响,会引起起重船的摇摆振动。当利用起重船进行桥梁的吊装时,起重船的振动通过吊绳传递至吊钩处的梁段,这对梁段的定位安装产生较大影响,可能导致无法落梁。同时风、浪、流将加大起重船锚泊定位系统受力,当风、浪、流超过某一限值时则可能发生走锚、断锚等危险事故,导致船体不可控。对钢桁梁而言,风力作用还将导致钢桁梁发生平面摆动,而且还有可能和船体的摆动叠加放大。

根据总体施工方案,起重船起吊钢桁梁后直接落梁于墩顶扩大落梁垫块上,再利用三向调整系统将钢桁梁调整至设计位置。结合墩顶平面尺寸、三向调整系统尺寸分析,钢桁梁横桥向落梁偏差需≤2.5m,纵桥向落梁偏差≤1.5m。结合墩顶布置,将钢桁梁落梁偏差确定为各方向≤1.0m。

根据3600t起重船设计资料,船体长114.4m,宽48m,型深8.8m。其设计作业条件限定为:风力≤蒲氏8级,水流速度≤6节(相当3.1m/s),浪高≤2.5m。起重船作业状态时采用移船绞车锚泊定位方式,共配置AC-14型大抓力锚8只,其中7只120kN,1只140kN。600kN液压移船绞车8台,分别布置在首、尾左右舷。

5.3.1 风对吊装作业的影响

对于常规施工,根据《公路桥涵施工技术规范》(JTG TF50—2011)、《铁路工程基本作业施工安全技术规程》(TB 10301—2009)、《建筑机械使用安全技术规程》(JGJ 33—2012)等相关规范规定,施工作业风力均不得超过6级,但考虑该桥风力大于6级的天数每年超过300天,若按6级风考虑显然不能满足施工要求。根据平潭地区实际气象条件,结合工程施工工期的实际要求,对各工序施工的风力条件进行了重新界定,在保证施工安全同时提高施工工效,将钢桁梁吊装作业限定在风力不大于7级。

对于3600t大型起重船,船体长、吃水深,若仅考虑7级作用,其引起的船体摇摆幅度几乎可以忽略,且7级风未超过起重船设计允许的作业条件。对于钢桁梁自身而言,以面积大、质量轻的简支钢桁梁为例,单孔88m梁在7级风时,横向风荷载总计145kN,钢桁梁吊装至最高后,起重船钢丝绳定滑轮至钢桁梁吊耳中心约38m,若按静力学求解,则钢桁梁发生的平面偏位为355mm,墩顶落梁区面积均可满足此偏位要求。综上起重船吊装作业时,风力要求可以设定为≤7级。

5.3.2 波浪对吊装作业的影响

根据《平潭上岛铁路海坛海峡大桥工程可行性研究水文分析计算专题报告》,桥位处2.5m波高对应的周期约5.8s,其波长约50m,该桥钢桁梁吊装作业时,起重船船长方向基本与波浪传递方向平行,则在2.5m波高时,船体长度略大于2倍波长,船体纵摇角度较小,理论上船体稳定性可满足吊装作业。但该桥吊高要求高,钢桁梁吊装后落梁于墩顶上,受墩顶面积限制,对钢桁梁落梁时的平面摆动幅度要求较高。在2.5m波高条件下,虽然起重船可以起吊钢桁梁,但是无法落梁就位。

其次,桥位处除浪外还有涌,涌的特点是波高虽小但波长长,波长一般为波高的100倍左右,最大甚至可达1000倍。当波长大于船体长度时,船体将随着波峰波谷变化产生较大的纵摇,如此将对船体的纵横向摆动产生较大影响。

再结合前期采用起重船整体吊装导管架、围堰、移动模架等大型构件的经验发现,当浪高超过2m时,重物的摆动幅度大、冲击现象明显,基本不能成功落梁,当浪高在1.5m左右时,可以成功落梁,最大落梁平面偏差约50~70cm。据此确定起重船作业浪高需小于1.5m。

综合上述分析及前期吊装经验,确定起重船作业时的涌、浪条件为:波高不大于1.5m,涌高不大于0.6m。在此条件下,起重船吊装钢桁梁落梁时的摆动幅度可控制在各方向1.0m以内,墩顶落梁区面积可以满足要求。

5.3.3 潮流对吊装作业的影响

潮流主要影响起重船的抛锚定位,根据设计文件3600t起重船作业时所配置的锚泊系统可以满足3.1m/s的流速。该桥100年一遇最大流速为3.09m/s,则锚泊系统钢丝绳、锚链、绞车等均可满足要求。但考虑到该桥部分区域海底为浅无覆盖层甚至光板岩,较大流速时抓力锚可能发生走锚,再加之钢桁梁运输船所配置的锚泊系统普遍较弱,流速过大也可能导致无法定位,甚至发生走锚、断锚与其他船舶发生撞击的危险。综合以上因素考虑,将起重船吊装作业的潮流限定不大于2.0m/s。

综上所述,综合考虑起重船及运输船自身性能及作业条件、落梁允许偏差的因素,该桥3600t起重船吊装钢桁梁的作业条件为:风力不大于7级,流速不大于1.5m/s,浪高不大于1.5m,涌高不大于0.6m,满足此条件时方可进行钢桁梁吊装作业。

5.3.4 风浪预测技术

复杂的海洋环境对桥梁的施工有重要的影响,在风大、浪高的情况下,大型的起重设备、交通运输船只等施工设备的安全运营都受到明显影响,且施工人员的安全也受到严重威胁。因此,明确未来一段时间内桥址处的风、浪要素,对钢桁梁吊装的施工安全、调度组织、施工准备等具有重要的意义。

风浪预测的通常做法是通过海洋预报台对附近海域的气象预报,获知未来一段时间内风、浪变化情况。但是海洋预报台预报的数据主要是外海情况。而外海风、浪要素在传递过程中,随着海底地形的变化,能量将发生损耗,外海处风、浪要素到达桥址处会有一定程度减小。所以,根据海洋预报台提供的天气预报指导施工调度显然不是很合理。因此,如何获知桥址处未来一段时间内的风、浪要素情况显得尤为重要。

通过研究分析,可以通过在积累桥址处的风、波浪要素实测数据的基础上,建立桥址处风、浪要素与外海海洋预报台预报数据之间的关系,然后利用外海预报数据,预测桥址处一段时间内的风、浪要素。在研究过程中,分别建立了神经网络、统计传递系数方法、修正神经网络3种方法建立桥址处实测数据与外海天气预报之间的关系。并将历史数据库分为季风期数据库、非季风期数据库,针对不同月份采用不同的数据库进行训练学习,以达到更精确的推测结果。

通过分析发现,当采用神经网络法预测桥区风浪时,实测曲线在推测曲线上下波动,具有很好的相关性,但是存在较多的实测风速大于推测风速天数,在这种情况下,不利于施工组织安排的参考,如图5-5-3-1所示。

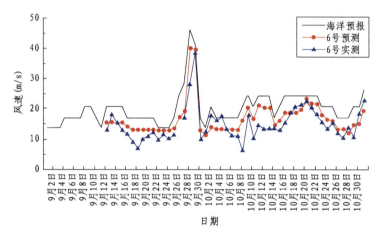

图5-5-3-1　6号变电站平台风速预测与实测数据统计

当采用统计传递系数法时,虽然得到了一定概率保证下外海风、浪传递至桥址处风、浪的传递系数,也基本包络实住了测风、浪的最大值,但是普遍大于实测的风、浪值,如图5-5-3-2所示。

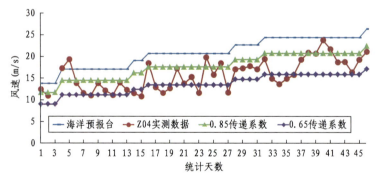

图5-5-3-2　传递系数对风速实测数据覆盖情况

当采用修正神经网络的方法推测未来浪高数据,基本上包络住了实测数据,且与实测数据之间相差较小。利用这种方法可以较为精确地推测未来桥址处的波浪要素特征,如图5-5-3-3所示。

综上所述,采用修正神经网络的方法来预测桥址处风、浪要素较为准确,可以指导钢桁梁吊装作业窗口期选择,并提前做好相关施工组织、调度工作,以实现钢桁梁的快速吊装。还需注意的是该海域在5~9月属于非季风期,风、浪相对较小,10月之后进入季风期,风、浪较大。风、浪特征在季风期和非季风期间具有明显不同,应将引用的数据库根据季风期和非季风期进行分类,以达到更准确的预测效果。

图 5-5-3-3　修正神经网络对波高的预测与实测数据统计

5.4　主要施工机具

5.4.1　大桥海鸥号起重机 3600t

大桥海鸥号 3600t 起重船单臂架额定起重量 1800t,双臂架额定起重量 2×1800t;每座臂架配置 900t 主钩两只,二个主钩和一个副钩呈纵向直线布置;距船首 42m 时,主钩起升高度 110m(水线面),入水深度 10m;副钩起升高度 130m(水线面),入水深度 10m。起重船吊高满足本桥所有钢桁梁吊装要求,起重船立面布置如图 5-5-4-1 所示,全景如图 5-5-4-2 所示,具体参数见表 5-5-4-1～表 5-5-4-3。

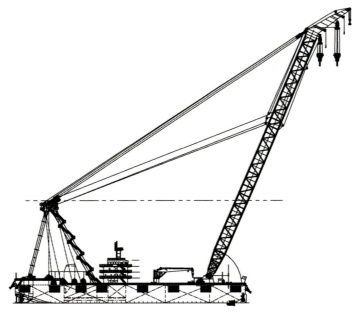

图 5-5-4-1　大桥海鸥号 3600t 起重船立面布置

3600t 起重船主要参数　　表 5-5-4-1

项　目		单位	主钩	副钩	索具钩	稳索绞车	变　幅	
起重量		t	4×900	2×300	4×10	4×35	工作	39.17～68.35
变幅范围	臂架角度	°	39.17～68.35	39.17～68.36	39.17～68.37	39.17～68.38	通航	39.17～14
	离船舷前的幅度	m	38～90	48.2～104		38～90		
起升高度(水上/水下)		m	110/10	130/10	112/0			

图 5-5-4-2　大桥海鸥号 3600t 起重船实物

3600t 起重船船体尺寸参数　　　　　　　　　　　　表 5-5-4-2

项　目	参　数	项　目	参　数
船长(m)	114.4	设计吃水(m)	4.8
船宽(m)	48	工作最大横倾(°)	3
型深(m)	8.8	工作最大纵倾(°)	2

3600t 起重船角度、幅度和起重量（单位:t）　　　　表 5-5-4-3

角度	吊具幅度(m)											
	38	42	47	50	55	60	65	70	75	80	85	90
0°	3600	3600	2800	2510	2140	1840	1600	1390	1210	1055	915	800
5°		2500	2500	1930	1770	1734	1660	1455	1280	1130	1015	873	753
10°		1900	1900	1460	1328	1291	1262	1252	1170	1060	954	831	745
15°		1500	1500	1145	1080	1070	1060	1040	1025	983	893	748	705

5.4.2　正力号 2200t 起重船

正力号 2200t 起重船主要用于墩旁托架吊装安装,如图 5-5-4-3 所示,其参数性能见表 5-5-4-4。

正力号 2200t 起重船性能参数　　　　　　　　　　　表 5-5-4-4

A.主钩(4 钩)荷载参数					
参　数　项	位　置				
	1	2	3	4	5
角度(°)	63	60	55	50	45
幅度(m)	42.7	47	53.9	60.4	66.5
起升高度(m)(离水面)	84.6	82.2	77.8	72.8	67.3
额定负载(t)(不带副臂小臂)	2200	2200	2200	1750	1750
	4×550	4×550	4×550	4×437.5	4×342.5
额定负载(t)(仅带副臂)	1800	1800	1500	1200	
	4×450	4×450	4×375	4×300	

续上表

参 数 项	B.副钩(2钩)荷载参数 位置				
	1	2	3	4	5
额定负载(t)(带副臂小臂)	1700	1600	1300	1000	
	4×425	4×400	4×325	4×250	
角度(°)	67	65	63	60	
幅度(m)	66.9	72.2	77.4	85.1	
起升高度(m)(离水面)	155	152.6	149.9	145.7	
额定负载(t)(仅带副臂)	700	640	600	500	
	2×350	2×320	2×300	2×250	
额定负载(t)(带副臂小臂)	600	560	500	400	
	2×300	2×280	2×250	2×200	

参 数 项	C.小钩(1钩)荷载参数 位置				
	1	2	3	4	5
角度(°)	67	65	63	60	
幅度(m)	76.5	82.5	88.4	97	
起升高度(m)(离水面)	175	172.8	169.8	164.4	
额定负载(t)(带副臂小臂)	350	300	250	170	
	1×350	1×300	1×250	1×170	

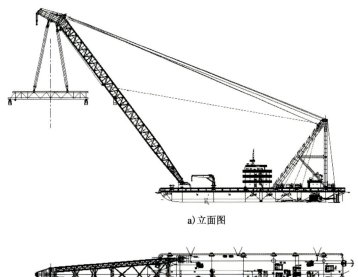

a) 立面图

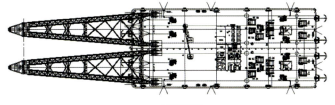

b) 平面图

图 5-5-4-3　正力号 2000t 托架吊装示意图

5.4.3 1100t 架梁吊机

根据航道桥钢桁梁架设方案,元洪航道桥共需 4 台架梁吊机,鼓屿门水道桥和大小练岛水道桥各需 2 台架梁吊机。

1）性能参数

架梁吊机结构形式为菱形架梁吊机,自重小于 400t。架梁吊机架设的钢桁梁节段最大吊重为 1100t,元洪航道桥中跨合龙段吊距为 21.5m,鼓屿门水道桥及大小练岛水道桥中跨合龙段吊距为 21.4m,其余节段最大吊距为 22.5m,架梁吊机最大起重力矩为 1100t×22.5m。架梁吊机详细参数见表 5-5-4-5。

1100t 架梁吊机参数　　　　表 5-5-4-5

项　目	参　数	项　目		参　数
整机工作级别	A4	工作电制		380V,50Hz
额定起重量(t)	1100(吊具以下)	变幅及横移机构	纵移距离(m)	17.5～22.5
工作幅度(m)	17.5～22.5		横移距离(mm)	±100
起升高度(m)	80		移动速度(m/s)	0.5
起升速度(m/min)	重载1.5	起升卷扬机	额定速度(m/s)	0.5
纵移速度(m/min)	1		容绳量(m)	740
工作风速(m/s)	吊重20,纵移15.5		钢丝绳型号	40NAT35W×7-2160
非工作风速(m/s)	44		电机功率(kW)	110
整机自重(t)	396			

架梁吊机安装:架梁吊机在地面拼装成整体后,用起重船整体吊装至钢桁梁顶,架梁吊机具备整体吊装结构自稳条件。架梁吊机安装示意图如图 5-5-4-4 所示。

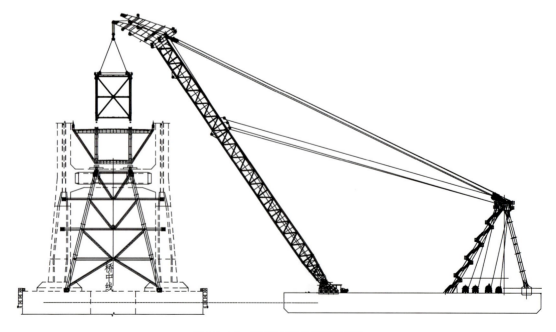

图 5-5-4-4　架梁吊机整体安装示意图

架梁吊机锚固：为减轻架梁吊机结构自重，架梁吊机在作业时，需与已架梁钢桁梁间采用4个吊耳锚固。锚固吊耳均为钢桁梁架设吊耳，不再另行设置。架梁吊机锚固吊耳布置及支点反力见表5-5-4-6，吊耳吊耳布置如图5-5-4-5所示。

架梁吊机各工况下支点反力　　表5-5-4-6

序号	工　况	最大前支点反力(kN)	最大后锚固反力(kN)
"天业联通"JL1100t架梁吊机在钢桁梁上各工况支点反力			
1	架梁吊机额定吊重、17.55m最大吊幅工况	11734.8	3571.7
2	架梁吊机额定吊重、22.5m最大吊幅工况	12726.9	4563.8
3	架梁吊机移位工况	1630	405.4
4	架梁吊机非工作抗台风工况	2810.5	1088.4
"合建卡特"JL1100t架梁吊机在钢桁梁上各工况支点反力			
1	架梁吊机额定吊重、17.55m最大吊幅工况	11912.9	3658.3
2	架梁吊机额定吊重、22.5m最大吊幅工况	12920.2	4665.6
3	架梁吊机移位工况	1677.1	497.4
4	架梁吊机非工作抗台风工况	2995	203.1

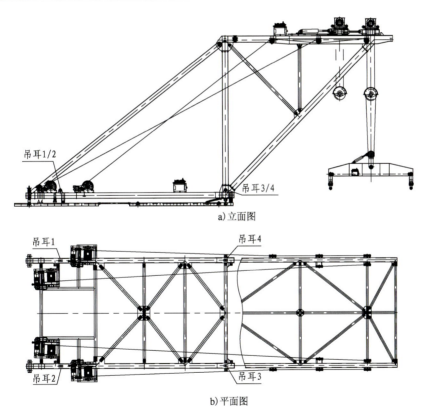

图5-5-4-5　架梁吊机吊耳布置图

架梁吊机吊装标准节段布置如图5-5-4-6所示。

架梁吊机吊装跨中合龙段布置如图5-5-4-7、图5-5-4-8所示。

2）安装拆除

架梁吊机在码头组拼成整体，采用起重船整体吊装至钢桁梁顶，待钢桁梁架设完成后，再由起重船整吊至陆上解体或在钢桁梁桥面上采用履带式起重机机散拆解体,装船托运至岸上。架梁吊机安装示意如图5-5-4-9、图5-5-4-10所示。

图5-5-4-6 架梁吊机架设钢桁梁实物

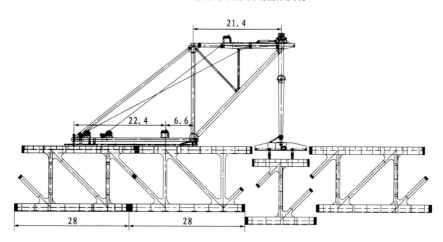

图5-5-4-7 架梁吊机架设合龙段布置(尺寸单位:m)

图5-5-4-8 架梁吊机架设合龙段实例

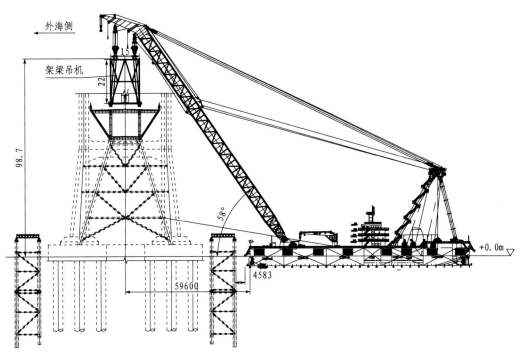

图 5-5-4-9 架梁吊机整体安装示意图(尺寸单位:m)

图 5-5-4-10 架梁吊机整体吊装

5.4.4 柔性索+刚性撑杆可调节多用途轻型吊具

航道桥部分采用起重船吊装的钢桁梁节段及深水高墩区简支钢桁梁桥均采用大桥海鸥号(4主钩吊重3600t)起重船吊装架设,由于吊装节段重量大、种类多,各节段吊耳纵横向间距不尽相同,为此设计了专用吊具,此部分钢桁梁节段的重量、吊耳纵横向间距、吊装次数等详见表5-5-4-7。

钢桁梁节段重量、吊耳间距、吊装次数统计表　　　　　表5-5-4-7

桥 位	大节段位置	吊点纵向距离(m)	吊点横向距离(m)	单吊吊重(t)	吊数
元洪航道桥	A0—A2(边墩顶)	24	15	1005.5	2
	A9—A12(辅助墩顶)	40	15	2413.9	2

续上表

桥 位	大节段位置	吊点纵向距离(m)	吊点横向距离(m)	单吊重(t)	吊数
鼓屿门水道桥	A2—A8(边跨)	38	15	2952.5	2
	A9—A11(辅助墩顶)	28	15	1692.0	2
	A12—A18(辅助跨)	28	15	3147.1	2
大小练岛水道桥	A0—A6(边跨)	42	15	2798.4	2
	A7—A13(辅助跨)	28	15	3122.9	2

吊具结构实景如图 5-5-4-11 所示。

图 5-5-4-11　柔性索+刚性撑杆可调节多用途轻型吊具

如前文所述,该桥风大浪高,起重船与运输船均处于无规则的摆动状态,再加之该桥钢桁梁最大单吊重量约 3200t,其吊耳与吊具连接的销轴直径 330mm,质量约 2t,无法依靠人工操作完成,在这种海洋环境中吊具与钢桁梁吊耳的销轴连接将花费大量时间,甚至根本不可能穿入销轴。

鉴于该桥采用起重船吊装的钢桁梁节段重量大、种类多,且各节段吊耳的纵、横向间距不同,为满足吊重需求,3600t 起重船的 4 主钩还必须竖直,吊具质量不得大于 300t,同时还要求吊具与起重船及钢桁梁之间能快速穿挂连接,为此详细设计了钢桁梁专用吊具。

1)吊具结构

专用吊具设计最大额定吊重 3200t,吊具质量 235t。吊具结构主要由无接头绳圈索具和纵、横向撑杆(或钢丝绳)组成的柔性结构,如图 5-5-4-12 所示。其受拉构件均采用无接头绳圈索具和成品拉索,横向受压撑杆为无缝钢管,纵向受压撑杆为钢管焊接的桁架结构,撑杆除自重弯矩外无额外弯矩。吊具上下层连接角点均为 Q460C 钢板组焊件和销轴。

吊具的下层横向撑杆中间设调节段(长 1m),以适应 2 种吊耳横向间距(14m 和 15m)布置。吊具的下层纵向撑杆分三段设计,两端设多个吊挂孔,以适应 7 种吊耳纵向间距(43.2m、42m、40m、39.2m、38m、28m、24m)。

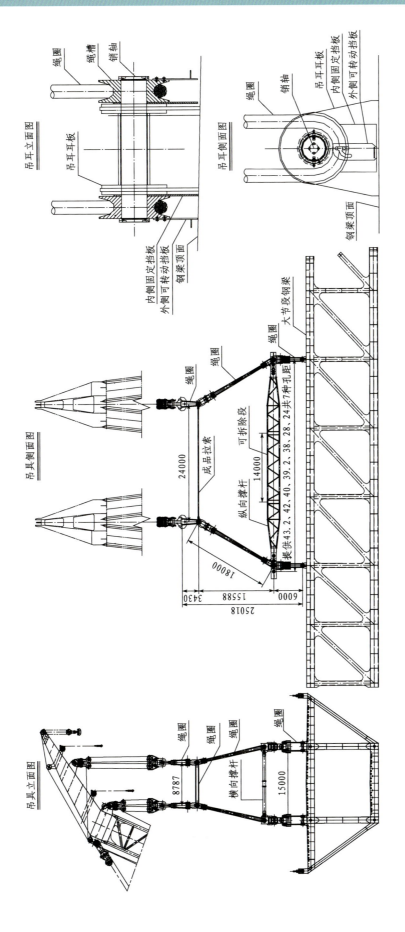

图5-5-4-12 吊具及吊耳结构总体布置（尺寸单位：mm）

为实现在起重船与运输船都晃动的条件下将吊具与吊耳进行快速连接,将吊耳设计为由耳板、销轴、绳槽、挡板组成的结构形式。绳槽和吊耳耳板间的连接销轴在工厂内安装,绳槽位于耳板外侧。

2)吊具计算

吊具结构钢板、型材、销轴等均采用容许应力法进行计算,其基本许用应力按《起重机设计规范》(GB/T 3811—2008)中的 A 类组合采用,即强度安全系数取为 1.48。该吊具绳、索均为静态,且使用次数少,工作级别相当于 M1,参考《起重机设计规范》(GB/T 3811—2008),安全系数应不小于 2.5。参考《船舶与海上设施起重设备规范》(2007 版),第 3.2.25 条规定,钢索安全系数不必大于 5 也不得小于 3。考虑吊具重要性及复杂海洋环境,该设计按安全系数按不小于 5 控制。

主要设计荷载及组合:①自重;②钢桁梁吊具为 4 吊点结构,考虑钢桁梁重心、吊具各钢丝绳绳长误差、钢桁梁吊装时平面摆动等因素,假定 4 吊点不平衡系数为 $\phi_1 = 1.1$;③起升动荷载 $\phi_2 P_Q$:假定钢桁梁起升离地时发生中度冲击,根据起重船设计参数,其满载时最大起升速度为 0.025m/s。按《起重机设计规范》(GB/T 3811—2008)规定:$\phi_2 = \phi_{2\min} + \beta_2 v_q = 1.15 + 0.51 \times 0.025 = 1.163$。

根据以上荷载组合,吊具各构件轴力计算见表 5-5-4-8。

吊具各构件轴力计算 表 5-5-4-8

桥 位	元洪航道桥		鼓屿门水道桥			大小练岛水道桥	
大节段位置	A0—A2	A9—A12	A2—A8	A9—A11	A12—A18	A0—A6	A7—A13
钢桁梁质量(t)	1005.5	2413.9	2952.5	1692	3147.1	2798.4	3122.9
吊具质量(t)	225	235	235	225	225	235	225
单点基准荷载 $\phi_1 P_Q$(kN)	3328	7226	8707	5216	9217	8283	9150
单点设计荷载 $\phi_1 \phi_2 P_Q$(kN)	3778	8308	10030	5974	10628	9537	10550
纵向角度 α(°)	0	2639	2289	638	638	30	638
横向角度 β(°)	126	1401	1364	1267	1267	1447	1267
168 绳圈轴力(kN)	3328	7226	8707	5216	9217	8283	9150
192 绳圈轴力(kN)	3410	8312	9724	5379	9506	9876	9437
120 绳圈轴力(kN)	743	1802	2112	1172	2071	2136	2056
成品拉索轴力(kN)	0	3583	3674	583	1030	4779	1023
横向撑杆轴力(kN)	844	2072	2433	1342	2388	2460	2371
纵向撑杆轴力(kN)	0	4120	4233	668	1188	5503	1179

根据表 5-5-4-8 给出的各构件轴力,吊具各构件应力满足要求,绳索安全系数介于 5.0~5.7 之间,均满足要求。

3)吊装注意事项

(1)该吊具为 4 点起吊的柔性结构,可适应一定的四点高差,但四点均衡受力是确保该吊具结构安全的关键,虽然起重船可以实现 4 主勾联动起升或下降,但实际观测发现,4 主勾仍具有较大的不同步性(起升 10m,四吊钩高差可达 0.5m),现场起升或下放钢桁梁应以反力和四钩高差双控,建议 4 主钩反力误差不超过 10%,且每起升 5~8m 后暂停,测量四钩高差,校核各钩反力,并调整。

(2)对于吊装重量接近起重船极限吊重的梁段,开始起升节段要平稳缓慢,否则会因加速过大造成超重状态,导致主钩锁死报警,无法起升。

5.4.5 墩顶节段钢桁梁吊装专用吊具

航道桥钢桁梁除采用架梁吊机架设、大节段起重船架设外,其墩顶小节段(含墩旁托架)也采用起重船架设,墩顶小节段纵桥向吊点间距不大于 12m,最大吊重为 1026.7t。为适应 3600t 海鸥号起重船设计专用吊具,3600t 海鸥号起重船专用吊具总体布置如图 5-5-4-13 所示,墩顶段吊具结构如图 5-5-4-14 所示。

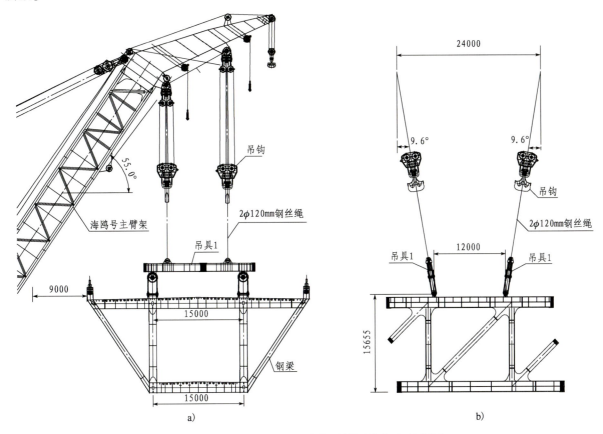

图 5-5-4-13　3600t"海鸥号"墩顶小节段吊具结构总体布置(尺寸单位:mm)

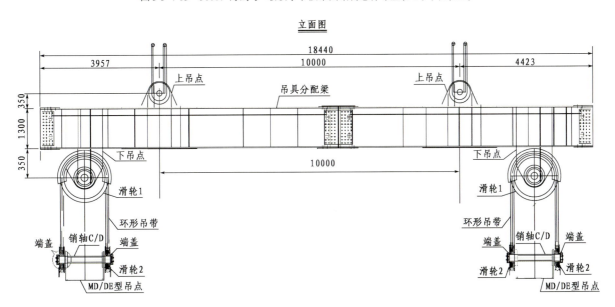

图 5-5-4-14　墩顶段吊具结构

3600t 海鸥号起重船专用吊具由分配梁、钢丝绳、环形吊带、吊点、滑轮等结构组成,其中分配梁为梁高 1300mm、梁宽 1000mm 的箱型结构,单套吊具结构总质量约 45t(含钢丝绳和索具)。

元洪航道桥小节段吊装共 8 吊,最大吊重 1026.7t;鼓屿门水道桥小节段吊装共 8 吊,最大吊重 983.1t;大小练岛水道桥小节段吊装共 6 吊,最大吊重 944.1t。小节段具体质量统计见表 5-5-4-9。

航道桥小节段质量汇总 表 5-5-4-9

编号	航道桥	节段	节段质量（t）
1	元洪航道桥	E21—E22	959.3
2		E23—E24	1026.7
3		E25	465.9
4		E26—E27	950.4
5	鼓屿门水道桥	E0—E1	655.4
6		E19—E20	927.6
7		E21—E22	983.1
8		E23—E23	885.0
9	大小练岛水道桥	E14—E15	942.6
10		E16—E17	944.1
11		E18—E19	855.8

5.4.6 三向千斤顶

1）连续千斤顶

钢桁梁滑移采用 2 台 200t 连续千斤顶，钢桁梁滑移采用 6-φ15.2mm 预应力钢绞线进行滑移，单次最大行程 1m，如图 5-5-4-15 所示。

2）三向千斤顶

钢桁梁节段三向千斤顶：竖向起顶质量 600t，行程 200mm；横向起顶质量 100t，行程 400mm；纵向起顶质量 100t，行程 150mm。具体参数见表 5-5-4-10，三向千斤顶实例如图 5-5-4-16 所示。

三向千斤顶参数表 表 5-5-4-10

项目	起顶质量（t）	行程（mm）
竖向	600	200
横向	100	400
纵向	100	150

图 5-5-4-15 连续千斤顶

图 5-5-4-16 三向千斤顶

5.5 钢桁梁落梁调整和缓冲减震技术

通过前述总体施工方案,该桥约 10 万 t 钢桁梁均采用起重船吊装至墩顶或墩旁托架上,由于海洋环境的风、浪影响,起重船起吊钢桁梁后落梁于墩顶或墩旁托架时均有不同程度的水平和竖向冲击作用,冲击系数的大小关系着钢桁梁、墩身结构安全,同时还影响墩旁支架的结构设计,取值太大会导致结构设计过于保守,经济性差,取值偏小将发生安全事故。

按常规方案钢桁梁落梁区一般采用硬度稍小的枕木等抄垫,落梁后再拆除部分抄垫块,安装千斤顶调整钢桁梁位置,对于钢桁梁结构一般为节点受力,常规的落梁方式导致受力不明确,再加上冲击效应,还可能造成局部变形,风险大。

基于上述问题,通过在钢桁梁 4 个落梁节点位置设置了凸出的落梁垫块,保证落梁过程中钢桁梁始终为节点受力,落梁后可直接在垫块旁设置三向调整系统进行钢桁梁三向位置调整。同时落梁垫块下方还可以设置橡胶垫、聚氨酯缓冲垫等缓冲材料,可以起到一定的缓冲减震作用,但需验证其换冲效果,并确定合理的设计冲击系数。

5.5.1 材料性能

1) 普通橡胶垫

橡胶垫需要具有一定的竖向支撑刚度及水平剪切刚度,且压缩量不小于 10mm,橡胶垫块与钢桁梁底部垫梁之间采用真空压胶粘接后再采用螺栓连接。

橡胶的物理机械性能应满足表 5-5-5-1 要求。

橡胶物理机械性能 表 5-5-5-1

项 目		性 能 指 标
材料		天然橡胶(适用于 -40 ~ +60℃)
硬度(IRHD)		60 ± 5
拉伸强度(MPa)		≥18
扯断伸长量(%)		≥450
脆性温度(℃)		≤ -50
恒定压缩永久变形(70℃ ×24h)(%)		≤30
耐臭氧老化 (试验条件,20% 伸长,40℃ ×96h)		0.25×10^{-4}% 无龟裂
热空气老化试验 (与未老化前数值相比发生的最大变化)	试验条件(℃ ×h)	70 ×168
	拉伸强度(%)	-15
	扯断伸长(%)	-20
	硬度变化(IRHD)	+10 -5
不应使用任何再生胶或粉碎的硫化橡胶,其最小含胶量不得低于质量的55%		

2) 聚氨酯缓冲垫

聚氨酯缓冲垫主要由聚氨酯发泡生成,具有加工便捷、价格便宜及环境适用性强等特点。聚氨酯发泡有软泡和硬泡两种,缓冲主要为软泡。聚氨酯软泡多为开孔结构,具有密度低、弹性恢复好、刚度比较小等性能,当起缓冲作用时,能够很快地吸收冲击动能。35kg/m³聚氨酯材料实物如图5-5-5-1所示。

图5-5-5-1　35kg/m³聚氨酯缓冲材料实物

5.5.2　落梁冲击试验

为验证在既定的起重船作业条件下,落梁垫块下方设置橡胶垫、聚氨酯缓冲垫和不设置任何缓冲材料的冲击效果,我们进行了现场冲击试验。

现场冲击试验的冲击构件选用直径为4.4m的钢护筒,桶内灌入4.8m高的砂,整个试验装置重约150t。钢护筒下端设置有一钢垫块,垫块底面模拟落梁垫块分别设置橡胶垫缓冲、聚氨酯缓冲和不设缓冲,钢护筒设计图纸及现场照片如图5-5-5-2所示。

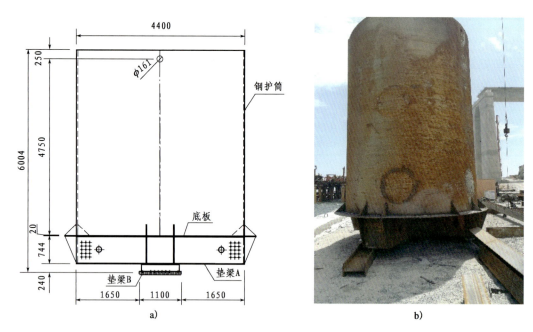

图5-5-5-2　钢护筒设计图及现场实物(尺寸单位:mm)

试验平台选址在人屿岛码头上,由混凝土反力槽、竖向和横向冲击力传感器和落梁钢平台组成。钢平台底座底面竖向栓接9个100t总量程900t测试竖向冲击力传感器,4个侧面中心各栓接一个量程为50t冲击力传感器。试验平台设计图及现场照片如图5-5-5-3、图5-5-5-4所示。

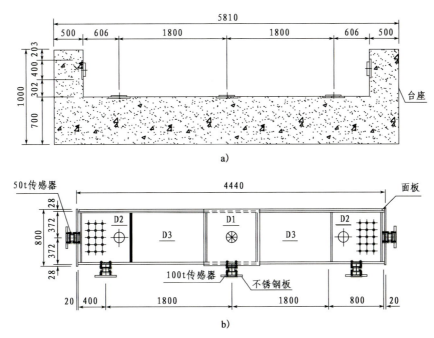

图5-5-5-3 试验平台设计图(尺寸单位:mm)

图5-5-5-4 竖向冲击力传感器及横向冲击力传感器安装

试验起重船选用大桥"雪浪"号400t起重船进行现场吊装,模拟落梁过程,如图5-5-5-5所示。

图5-5-5-5 现场冲击试验

起重船试验时,测得现场最大波高为0.42m,最大瞬时风速10.6m/s。由于海况较好,为模拟实际情况,对起重船大臂进行摆臂后再将吊钩以不同速度下放(风浪较大时,起重船摇摆较为明显,此处以大臂摆动来模拟)测试其水平、竖向冲击系数。吊钩下放速度分为3挡:低挡(速度1.5cm/s),中挡(速度3.0cm/s),高挡(5.0cm/s)。钢护筒摆幅分别以达到0.5m、1.0m、1.5m后再以不同挡位下放冲击。经整理,试验结果见表5-5-5-2~表5-5-5-4。

聚氨酯缓冲垫冲击试验结果(下放速度仅测试了高挡)　　表5-5-5-2

摆幅(m)	聚氨酯缓冲垫		竖向冲击力(kN)	竖向冲击系数	横向冲击力(kN)	横向冲击系数	冲击时间(s)
	密度(kg/m³)	尺寸(m×m×m)					
0.5	35	1.0×1.0×0.3	123.6	0.082	21.7	0.014	0.651
	55	1.0×1.0×0.3	142.5	0.095	22.9	0.015	0.559
1.5	35	1.0×1.0×0.3	163.2	0.109	24.7	0.016	1.125
	55	1.0×1.0×0.3	173.7	0.116	24.9	0.017	1.063

橡胶垫冲击试验结果　　表5-5-5-3

摆幅(m)	挡位	尺寸(m×m×m)	竖向冲击力(kN)	竖向冲击系数	横向冲击力(kN)	横向冲击系数	冲击时间(s)
0.1	中	1.1×1.1×0.08	62.0	0.041	23.0	0.015	1.071
	高	1.1×1.1×0.08	168.8	0.113	24.9	0.017	0.841
0.5	高	1.1×1.1×0.08	273.8	0.183	27.8	0.019	0.799
1.0	高	1.1×1.1×0.08	309.1	0.206	36.8	0.025	0.577
1.5	高	1.1×1.1×0.08	461.2	0.307	64.0	0.043	0.457

钢对钢冲击试验结果　　表5-5-5-4

摆幅(m)	挡位	竖向冲击力(kN)	竖向冲击系数	横向冲击力(kN)	横向冲击系数	冲击时间(s)
0.1	低	165.2	0.110	25.8	0.017	1.007
	中	244.6	0.163	32.2	0.021	0.546
	高	335.3	0.224	33.5	0.022	0.132
0.5	高	371.2	0.247	38.7	0.026	0.176
1.0	高	476.7	0.318	42.1	0.028	0.143
1.5	高	679.4	0.453	65.7	0.044	0.093

5.5.3　落梁冲击试验小结

结合上述现场试验结果,得出结论如下:

(1)相同摆幅时,起重船主钩下发速度越大,竖向和横向冲击系数也越大,相同下放速度时,重物摆幅越大,竖向和横向冲击系数也越大。

(2)当重物摆幅达到1m时,起重船吊钩以高挡速度(3m/min)下放,聚氨酯缓冲垫、普通橡胶垫和无缓冲垫的竖向冲击系数分别为0.116、0.206、0.318。竖向缓冲效果聚氨酯缓冲垫>普通橡胶垫>无缓冲垫。

(3)3种材质的横向缓冲效果优劣性与竖向缓冲效果基本相当,但无论有无缓冲垫其横向冲击系数较小,且均小于接触面间摩擦因数。

(4)聚氨酯缓冲垫虽然缓冲效果最好,但其压缩变形大,30cm厚的聚氨酯缓冲垫压缩后仅10cm,且容易破损,后期落梁调整时压缩量也难以估计,落梁调整到位后不便于现场抄垫。

(5)根据3600t起重船参数,主钩满载速度0.15~1.5m/min,轻载速度(小于40%额定载荷)

0.15～3m/min,即将落梁到位时,一般将控制下放速度,将速度降为最低速,冲击系数相当于低挡时的试验值,但是考虑试验时现场海况较好,实际吊装时有可能比试验海况恶劣,综合考虑取中挡或高挡下放速度时的试验值较为合理。

综上所述,为方便缓冲垫材料的安装及现场后期调梁操作,并减少钢桁梁运输时的抄垫高度,缓冲垫材料采用8cm厚的普通橡胶垫,落梁时竖向冲击系数可以控制在0.2以内,横向冲击系数建议不大于0.1。

5.5.4 现场实施方案

考虑落梁过程中钢桁梁受力安全,落梁后方便现场调整等因素,在钢桁梁两端落梁节点处设置落梁垫块,将落梁垫块固定在钢桁梁两端节点上。根据前述的落梁冲击试验结果,为降低对墩顶或辅助结构的竖向、水平冲击作用,在落梁垫块下方设置一块8cm厚的橡胶垫作为缓冲装置,并通过在落梁区域顶面铺设不锈钢板,提高落梁区的加工平整度等措施来保证落梁区顶面光滑平整,进一步降低对墩顶或辅助结构的水平冲击作用。

根据钢桁梁节段两端节点所处位置不同,落梁垫块与钢桁梁固定连接稍有区别。落梁节点位于支座的,利用支座螺栓孔将落梁垫块顶面与钢桁梁之间螺栓连接,如图5-5-5-6所示。

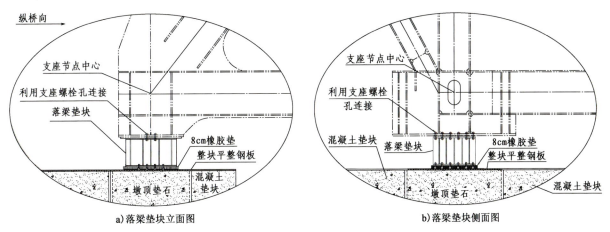

图5-5-5-6 支座节点处落梁垫块总体布置(尺寸单位:mm)

钢桁梁落梁后三向位置调整通过三向调整系统实现,其主要由竖向千斤顶、纵向平移千斤顶、横向平移千斤顶、滑动面组成,如图5-5-5-7所示。三向调整系统结构尺寸应满足钢桁梁底与墩顶垫石间空间需求。支座处三向调整系统竖向顶对齐支座安装起顶中心位置,横向对齐钢桁梁下弦腹板或采用垫梁对齐钢桁梁下弦中心。

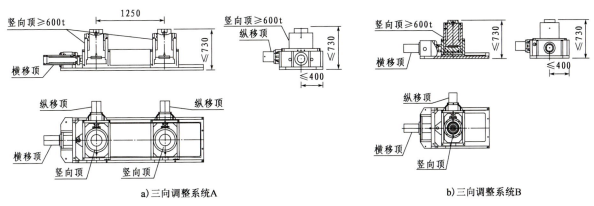

图5-5-5-7 三向调整系统总体布置(尺寸单位:mm)

5.6 墩旁托架施工

元洪航道桥、鼓屿门水道桥、大小练岛水道桥的主塔和辅助墩均设置墩旁托架,元洪航道桥和鼓屿门水道桥边墩也设有墩旁托架。托架主要用于辅助架设主塔墩顶6节间钢桁梁及辅助跨7节间大节段钢桁梁,并承受钢桁梁吊装时的水平、竖向冲击荷载;落梁后斜拉索挂设前的钢桁梁、架梁吊机自重以及台风荷载,满足钢桁梁纵横移及滑移需求等功能。

由于钢桁梁采用整节段架设,重量大、跨度大,主墩及辅助墩处均设置落地式承重托架,托架为钢管支架+滑道梁结构,钢管支架底部锚固支撑于承台顶面,由于承台为哑铃型结构,系梁处无桩基,为保证钢桁梁架设至托架后传力至桩基,需将托架设计为双向倾斜的空间结构。主墩及鼓屿门辅助墩处托架结构形式采用大型双向空间倾斜预应力钢结构,其他墩位只设单侧托架,承载能力大、悬臂长度长、空间适应能力强,其PE护套环氧钢绞线预应力体系,耐候性好,且节省了托架顶层撑杆用钢量,增强了托架结构安全可靠度。墩旁托架采用工厂整体制造、现场整体吊装安装工艺,工厂化、装配化程度高,实现了大临结构现场安装的快速施工。

整孔钢桁梁架设时,整个钢桁梁重量将由托架支撑,为了平衡钢桁梁对钢管支架产生的水平分力,钢管支架顶层联系内共设置4束对拉钢绞线,2束为一组,单束钢绞线设计预拉力见表5-5-6-1。整个托架高52.5m,为保证钢管立柱顶、底部局部稳定性,钢管立柱顶、底部灌注C50微膨胀混凝土。托架在工厂内采用卧式整体制造保证空间线型结构,然后采用起重船翻身后整体安装至墩位处。托架预拉力见表5-5-6-1。

托架预拉力   表5-5-6-1

墩 号	预应力设计值	钢绞线伸长量(mm)	预拉力允许误差
N01/N06	1950kN/束,130kN/根	141	(0.5%)
N02/N05	1560kN/束,120kN/根	82	
N03/N04	2600kN/束,130kN/根	420	
Z01/Z06	2750kN/束,12.50kN/根	135	
Z02/Z05	3250kN/束,130kN/根	279	
Z03/Z04/S03/S04	3750kN/束,12.50kN/根	396	
S02/S05	1950kN/束,130kN/根	89	

5.6.1 托架设计

以大小练岛水道桥为例,钢管立柱及联结系均倒用原钻孔平台圆钢管,其中边跨外侧钢管立柱采用 $\phi 2000 \times 22$mm 钢管,其余钢管立柱采用 1500×18mm 钢管,联结系采用 $\phi 1200 \times 18$mm、$\phi 1000 \times 12$mm、$\phi 800 \times 10$mm、$\phi 600 \times 10$mm 钢管。

1)计算依据及容许应力

(1)计算依据

主要有《公路桥涵设计通用规范》(JTG D60—2004)、《建筑结构荷载规范》(GB 50009—2012)、《公路钢筋混凝土及预应力混凝土桥涵设计规范》(JTG D62—2004)、《钢结构设计规范》(GB 50017—2003)、《港口工程荷载规范》(JTS 144-1—2010)以及《大小练岛水道桥主塔及斜拉索》。

(2)容许应力

该计算报告主要采用容许应力法进行计算,采用的材料类型及基本容许应力见表5-5-6-2。

材料基本容许应力及提高后的容许应力（单位：MPa）　　表5-5-6-2

材料种类	剪应力/提高后剪应力	弯曲应力/提高后弯曲应力	端面承压/提高后端面承压
Q235B	85/100	140/170	232/279
8.8级螺栓	229/274	—	—

注：1. 考虑墩旁托架为临时结构，材料容许应力按基本容许应力提高1.2倍。
　　2. 钢桁梁即将落梁成功瞬间，考虑竖向冲击力荷载时，其荷载作用时间较短，材料容许应力按屈服强度取值。

2）计算荷载

（1）自重

自重按钢桁梁实际重量计算。

钢桁梁各节段重量统计见表5-5-6-3。

钢桁梁节段重量统计　　表5-5-6-3

梁段编号	辅助跨大节段	E14～E15	E16～E17	E18～E19
梁段重量	2997t	971t	901t	903t

（2）架梁吊机荷载

主墩墩顶主梁安装到位后，整体吊装架梁吊机至钢桁梁顶面。架梁吊机整机自重400t，前支点按 $2\times260t$，后支点按 $2\times-60t$（反向）考虑。

（3）风荷载

钢桁梁纵横移及滑移时考虑8级风荷载（20.7m/s），钢桁梁吊装至墩旁托架顶并纵横移到落点位置后考虑台风荷载（44.8m/s）。

按《港口工程荷载规范》（JTS 144—2010）规定：$W_k=\mu_s\mu_z W_0$；其中：$\mu_z=2.2$。

桁架风载体型系数：$\mu_s=\mu_{st}=\dfrac{1-\eta^n}{1-\eta}=\phi\mu_s\dfrac{1-\eta^n}{1-\eta}=1.3\times0.35\times\dfrac{1-0.6^2}{1-0.6}=0.728$。

钢管立柱风载体型系数：$\mu_s=0.6$。

台风荷载基本风压：$W_0=\dfrac{1}{1600}V^2=44.8^2/1600=1.25\text{kPa}$。

8级风荷载基本风压：$W_0=\dfrac{1}{1600}V^2=20.7^2/1600=0.268\text{kPa}$。

则钢桁梁台风荷载标准值：$W_k=\mu_s\mu_z W_0=2.2\times0.728\times1.25=2\text{kPa}$。

则各风况下墩旁托架结构风荷载标准值汇总见表5-5-6-4。

各风况下墩旁托架结构风荷载标准值汇总表　　表5-5-6-4

结构部位	8级风荷载标准值（kPa）	台风荷载标准值（kPa）
钢管立柱	0.353	1.65
钢桁梁	0.429	2

（4）下放冲击荷载

①竖向冲击荷载：钢桁梁吊装下放时对托架的竖向冲击系数按1.2考虑。

②水平冲击荷载（按以下两种计算方法计算得到的较大值加载）：

a. 按钢桁梁接触滑道梁顶面摩擦因数考虑，取钢桁梁自重0.5倍乘以最大静摩擦因数0.2，则水平冲击荷载为0.1倍钢桁梁自重。

b. 假定吊装过程中，钢桁梁冲击托架时，钢桁梁最大平面偏差1m，钢丝绳吊装竖向倾角为3°，则水平冲击荷载取此时结构自重的水平分力再乘以1.2倍冲击系数。

3）计算工况

工况 1：安装钢管支架完毕后，预拉顶层联结系内预应力钢绞线，预拉完毕后安装滑道梁。

工况 2：辅助跨 7 节间大节段钢桁梁吊装至托架顶面（采用起重船吊装的钢桁梁节段按纵横向 1m 偏位考虑），吊装到位后再纵横向调整至设计位置（调整到位后考虑台风荷载）。

工况 3：起重船吊装 E14～E15 节段至主跨侧滑道梁顶面；再向边跨侧滑移至设计位置（调整到位后考虑台风荷载）。

工况 4：起重船吊装 E16～E17 节段至主跨侧滑道梁顶面，再向边跨侧滑移至设计位置（调整到位后考虑台风荷载）。

工况 5：起重船吊装 E18～E19 节段至主跨侧滑道梁顶面，再向边跨侧滑移至设计位置（调整到位后考虑台风荷载）。

工况 6：主跨侧安装架梁吊机。

4）防腐涂装

（1）滑道梁防腐涂装标准

a. 特制红丹酚醛（醇酸）防锈底漆，每道干膜最小厚度 35μm，至少涂装 2 道，总干膜最小厚度 70μm。

b. 灰铝粉石墨（或灰云铁）醇酸面漆，每道干膜最小厚度 35μm，至少涂装 2 道，总干膜最小厚度 70μm。

c. 颜色橘黄色。

（2）钢管立柱、联结系防腐涂装标准

a. 采用《熔融结合环氧粉末涂料的防腐蚀涂装》（GB/T 18593—2010）第 3 类涂层类型。

b. 涂层厚度按照 350±50μm 控制。

c. 颜色橘黄色。

5.6.2 元洪航道桥墩旁托架概况

元洪航道桥主塔墩旁托架主要为起始 7 节间钢桁梁的拼装平台，主要承受 7 节间钢桁梁自重和 2 台架梁吊机的重量。主塔墩旁托架主要由钢管支架、滑道梁、钢桁梁滑移系统、纵横移及竖向起顶装置组成。总重量 803.451t。钢管支架为双向倾斜的空间结构，其中钢管立柱采用 $\phi1500\times18$mm 钢管，联结系采用 $\phi1200\times14$mm、$\phi1000\times12$mm、$\phi800\times10$mm、$\phi600\times10$mm 钢管。

钢管支架顶滑道梁为箱形结构。滑道梁需等钢管支架顶连接系内钢绞线张拉完成后安装。滑道梁顶布置钢桁梁纵横移装置、滑块、水平拖拉连续千斤顶、钢绞线等。元洪航道桥主塔墩墩旁托架总体布置如图 5-5-6-1 所示。

元洪航道桥辅助墩 N02/N05 号墩墩旁托架主要用于墩顶 4 节间钢桁梁（E9～E12）的安装，并承受斜拉索挂设前的钢桁梁自重。钢管立柱采用 $\phi2000\times22$mm 钢管，联结系采用 $\phi1000\times12$mm、$\phi800\times10$mm、$\phi600\times10$mm 钢管。

钢管支架顶滑道梁为箱形结构，材质为 Q345B，箱梁高 1500mm，宽 900mm，滑道梁沿顺桥向采用 8.8 级螺栓群连接成整体。滑道梁需等钢管支架顶层连接系内钢绞线张拉完成后再安装。滑道梁顶布置钢桁梁纵横移装置。元洪航道桥辅助墩墩旁托架总体布置如图 5-5-6-2 所示。

元洪航道桥边墩 N01/N06 号墩旁托架主要用于墩顶 2.5 节间钢桁梁（SE1～SE2）的安装，并承受边跨钢桁梁合龙前的钢桁梁自重。墩旁托架采用钢管支架+滑道梁结构，其中钢管立柱采用 $\phi1500\times18$mm 钢管，联结系采用 $\phi1000\times12$mm、$\phi800\times10$mm、$\phi600\times10$mm 钢管。

钢管支架底部锚固支撑于承台顶面，高度方向上共设置两层扶臂。元洪航道桥边墩墩旁托架总体布置如图 5-5-6-3 所示。

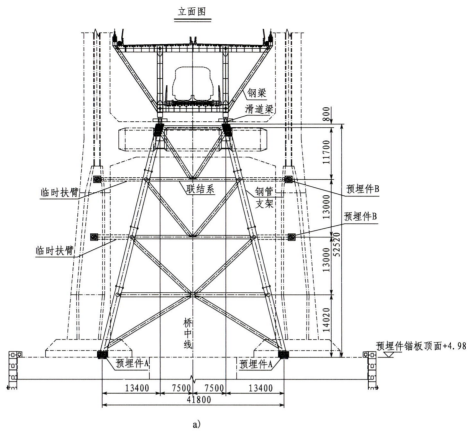

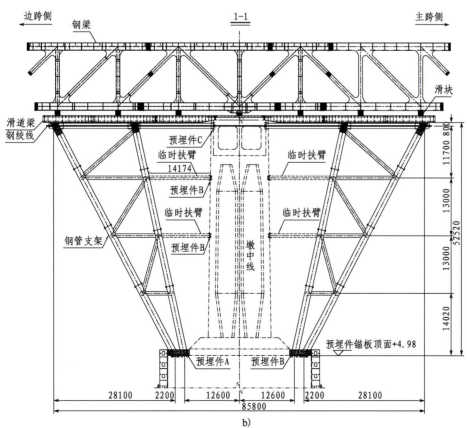

图 5-5-6-1 元洪航道桥主墩墩旁托架布置(尺寸单位:mm,高程单位:m)

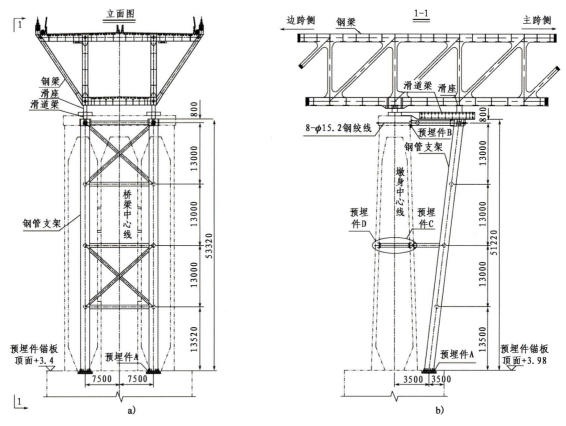

图 5-5-6-2 元洪航道桥辅助墩墩旁托架布置(尺寸单位:cm,高程单位:m)

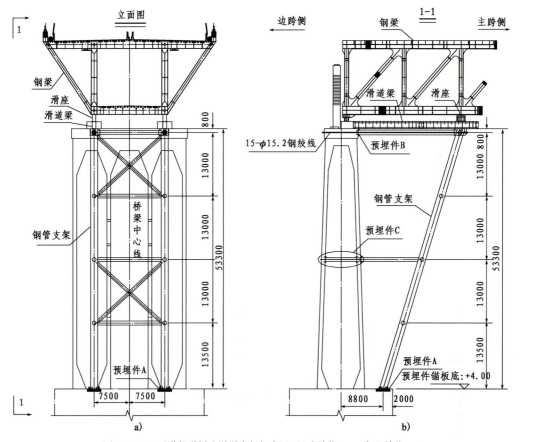

图 5-5-6-3 元洪航道桥边墩墩旁托架布置(尺寸单位:mm,高程单位:m)

5.6.3 鼓屿门水道桥墩旁托架概况

主塔墩旁托架主要用于辅助安装主塔墩顶6节间钢桁梁及辅助跨7节间大节段钢桁梁，并承受斜拉索挂设前的钢桁梁及架梁吊机自重。墩旁托架采用钢管支架+滑道梁结构总质量为964.11t。钢管支架为双向倾斜的空间结构，其中边跨外侧钢管立柱采用$\phi2000\times22$mm钢管，其余钢管立柱采用$\phi1500\times18$mm钢管，联结系采用$\phi1200\times18$mm、$\phi1000\times12$mm、$\phi800\times10$mm、$\phi600\times10$mm钢管。

钢管支架顶滑道梁为箱形结构。滑道梁需等钢管支架顶层连接系内钢绞线张拉完成后安装。滑道梁顶布置钢桁梁纵横移装置、滑块、水平拖拉连续千斤顶、钢绞线等。鼓屿门水道桥主塔墩墩旁托架总体布置如图5-5-6-4所示。

鼓屿门水道桥辅助墩Z02/Z05号墩旁托架主要用于辅助安装边跨7节间钢桁梁、辅助墩顶3节间钢桁梁及辅助跨7节间大节段钢桁梁，并承受斜拉索挂设前的钢桁梁自重。墩旁托架主要由钢管支架、滑道梁、钢桁梁滑移系统、纵横移及竖向起顶装置组成。总质量649.777t。墩旁托架沿纵桥向对称设置，其中外侧钢管立柱采用$\phi2000\times22$mm钢管，内侧钢管立柱采用$\phi1200\times14$mm钢管，联结系采用$\phi1200\times14$mm、$\phi800\times10$mm、$\phi600\times10$mm钢管。

滑道梁采用材质为Q345B的焊接钢箱梁。鼓屿门水道桥辅助墩墩旁托架总体布置如图5-5-6-5所示。

鼓屿门水道桥边墩Z01/Z06号墩旁托架主要用辅助安装于边墩顶1.5节间钢桁梁和边跨7节间钢桁梁，并承受斜拉索挂设前的钢桁梁自重。墩旁托架主要由钢管支架、滑道梁、钢桁梁滑移系统、纵横移及竖向起顶装置组成。总质量258.174t。钢管立柱采用$\phi1500\times18$mm、$\phi1200\times14$mm钢管，联结系采用$\phi1000\times14$mm、$\phi800\times10$mm、$\phi600\times10$mm钢管。承台顶预埋件与墩身预埋件均采用爬锥。

滑道梁采用材质为Q345B的焊接钢箱梁。鼓屿门水道桥边墩墩旁托架总体布置如图5-5-6-6所示。

5.6.4 大小练岛水道桥墩旁托架概况

大小练岛水道桥主墩S03/S04号主塔墩旁托架总体布置与鼓屿门水道桥基本相同，墩旁托架采用钢管支架+滑道梁结构。总质量920.89t。钢管支架为双向倾斜的空间结构，其中边跨外侧钢管立柱采用$\phi2000\times22$mm钢管，其余钢管立柱采用1500×18mm钢管，联结系采用$\phi1200\times18$mm、$\phi1000\times12$mm、$\phi800\times10$mm、$\phi600\times10$mm钢管。

大小练岛水道桥主塔墩墩旁托架总体布置如图5-5-6-7所示。

大小练岛水道桥辅助墩S02/S05号墩旁托架由预埋件、钢管支架、对拉钢绞线、滑道梁等组成。

钢管支架立柱采用$\phi2000\times22$mm钢管，联结系采用$\phi1000\times12$mm、$\phi800\times10$mm、$\phi600\times10$mm钢管。承台顶预埋件与墩身预埋件均采用爬锥，滑道梁采用箱形焊接结构。

钢管支架安装完毕后，首先预拉托架顶层联结系内预应力钢绞线，然后安装滑道梁；再选择合适时机利用起重船吊装辅助跨7节间钢桁梁至墩旁托架上，最后通过纵横移及竖向起顶装置调整钢桁梁至设计位置。大小练岛水道桥辅助墩墩旁托架总体布置如图5-5-6-8所示。

5.6.5 墩旁托架加工

墩旁托架在工厂内加工并组拼成整体，尺寸误差均控制在设计和规范允许范围内。焊接作业标准严格按规范执行，二级焊缝委托第三方进行探伤检测。螺栓眼加工时采用套钻，保证结构组拼精度。单根杆件制作完成后进行分块编号，杆件经验收合格后进行组拼。墩旁托架采用卧式拼装，场内组拼如图5-5-6-9所示。

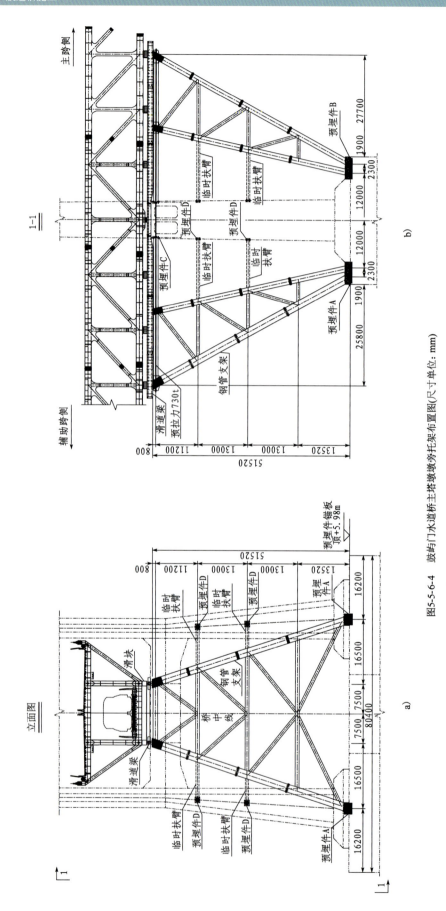

图5-5-6-4 鼓屿门水道桥主塔墩旁托架布置图(尺寸单位：mm)

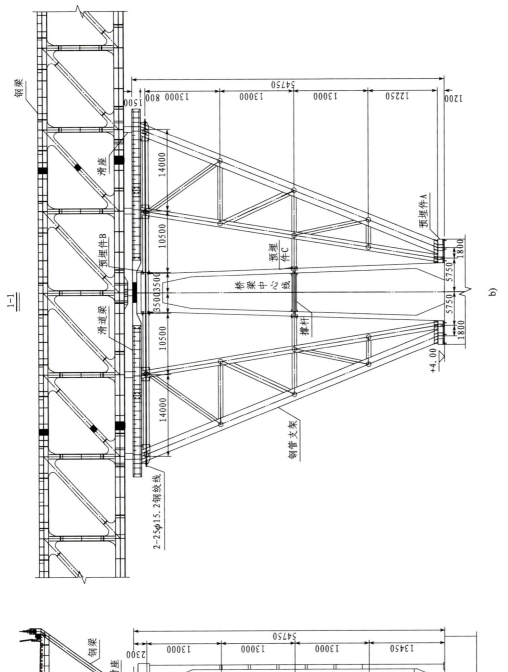

图5-5-6-5 鼓屿门水道桥辅助墩墩旁托架布置(尺寸单位:mm)

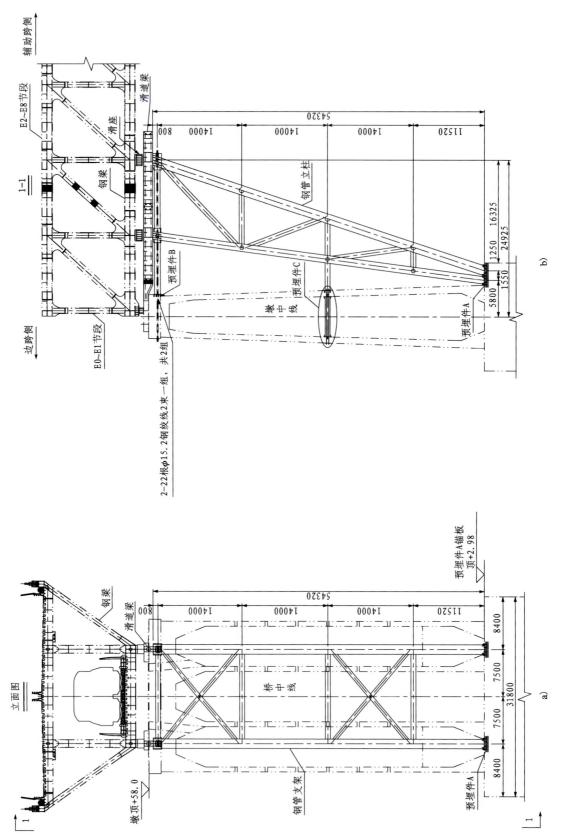

图5-5-6-6 鼓屿门水道桥边墩墩旁托架布置(尺寸单位:mm,高程单位:m)

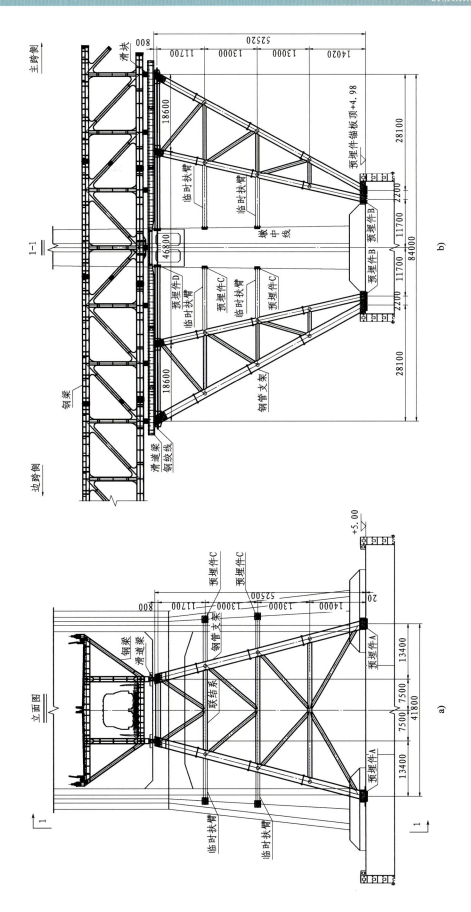

图5-5-6-7 大小练岛水道桥主塔墩墩旁托架布置（尺寸单位：mm，高程单位：m）

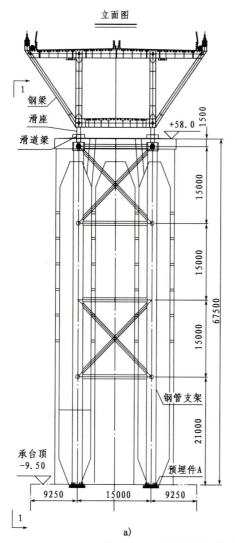
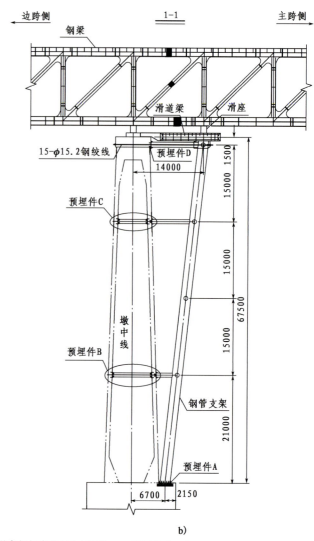

图 5-5-6-8　大小练岛水道桥辅助墩墩旁托架布置(尺寸单位:mm,高程单位:m)

图 5-5-6-9　墩旁托架场内组装

墩旁托架在厂内整体加工与现场单杆件拼装相比,其制造精度高,钢管法兰接头拼缝紧密,联结系的焊缝质量高;减少了现场作业,降低了安全风险。

1)单元件加工

(1)原材料下料

原材严格按图施工,联结系钢管必须采用相贯线切割。由于墩旁托架钢管连接空间角度各有不同,各杆件相贯线也所差别。在钢管下料时必须有技术员盯控,严格按图放样切割,并用油漆编号。圆钢管外形尺寸允许偏差详见表5-5-6-5。

圆钢管外形尺寸允许偏差　　　　表5-5-6-5

序号	偏差名称	允许偏差(mm)	说　　明
1	圆钢管外周长	±0.75%,且≥10	测量外周长
2	圆钢管椭圆度	±0.2%,且≥5	梁段相互垂直的直径之差
3	纵轴线的弯曲矢高	不大于钢管长度的$L/1500$,并不大于30	
4	钢管壁厚	±1	倒用钢管需清除腐蚀厚度测量

(2)焊接质量要求

①外观要求

a. 所有焊缝应冷却到环境温度后进行外观检查，Ⅱ、Ⅲ类钢材的焊缝应以焊接完成24h后检查结果作为验收依据。

b. 二级焊缝不得存在表面气孔、夹渣、裂纹和电弧擦伤等缺陷，焊缝余高0~4mm。

c. 二级焊缝未焊满≤1mm，根部收缩≤1mm，咬边≤0.5mm，连续长度≤10mm，不允许出现裂纹、电弧擦伤、表面气孔、表面夹渣等质量问题。

d. 三级焊缝未焊满≤2mm，根部收缩≤2mm长度不限；咬边≤1mm，长度不限裂纹允许存在长度≤5mm，电弧擦伤、表面气孔、表面夹渣允许存在个别数量。焊缝余高0~5mm。

②质量检验

设计要求全焊透的二级焊缝应采用超声波探伤进行内部缺陷检验，超声波探伤不能对缺陷作出判断时，应采用射线探伤。探伤比例为20%。焊缝表面不得有裂纹、焊瘤、表面气孔夹渣、弧坑裂纹、电弧擦伤等缺陷。其外观质量标准及焊缝尺寸允许偏差还应满足规范要求。

③钢管桩焊接接长补强措施

管桩采用焊接接长时必须采用坡口熔透焊接，并沿管壁四周均布贴6块钢板焊接补强，具体如图5-5-6-10所示。对接的两根钢管必须保证两轴线在一条直线上。

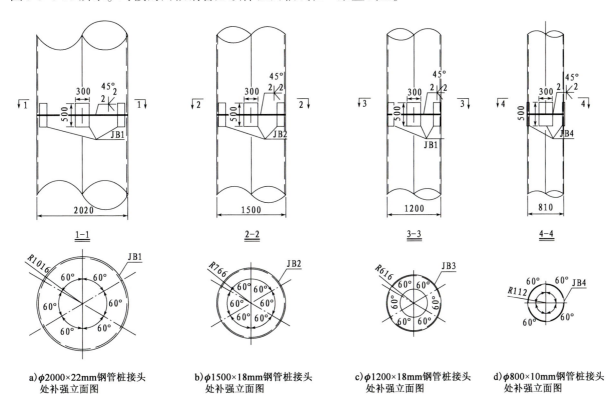

a) φ2000×22mm钢管桩接头处补强立面图
b) φ1500×18mm钢管桩接头处补强立面图
c) φ1200×18mm钢管桩接头处补强立面图
d) φ800×10mm钢管桩接头处补强立面图

图5-5-6-10 墩旁托架钢管桩对接补强措施图(尺寸单位：mm)

④钢管桩连接法兰

对接法兰必须采用套钻，且法兰与钢管焊接时必须保证孔位对应，为了保证法兰连接的两根钢管轴线在同一条直线上且法兰孔相互对应，采取如下措施：

a. 两杆件对接法兰钢板同时匹配套钻；

b. 先将其中一个法兰与杆件按图纸要求连接，再将与之匹配的法兰预先与其螺栓连接在一起；

c. 最后将与之对接的杆件与法兰焊接。

采取上述措施达到匹配加工的目的,加工示意如图 5-5-6-11 所示。

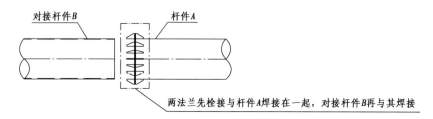

图 5-5-6-11　墩旁托架钢管桩对接法兰匹配措施

⑤柱头、柱脚区域加工

柱头、柱脚区域构造,受力均较复杂,应特别重视钢管立柱柱头和柱脚加劲板及联结系焊接工艺控制及质量检查,柱头内加劲板先互焊成整体后,再插入开好槽口的钢管并与之焊接成整体。柱头构造如图 5-5-6-12 所示。

柱头加劲板处钢管立柱及联结系需按设计图开槽口,槽口的加工精度直接影响钢管立柱及联结系与加劲板的焊接质量,现场加工时需严格控制加工精度。浇筑柱头及柱脚混凝土前,应对已完成的焊缝进行检查验收,确保焊接质量。

⑥防腐涂装

钢管立柱、联结系防腐涂装标准如下:

a. 采用《熔融结合环氧粉末涂料的防腐蚀涂装》(GB/T 18593—2010)第三类涂层类型。

b. 涂层厚度按照 $350 \pm 50\mu m$ 控制。

c. 颜色为橘黄色。

⑦加工注意事项

a. 钢管立柱及联结系均为倒用材料,需参照原栈桥浪溅区进行防腐涂装。

b. 现场应严格控制最底节钢管立柱的高程、倾斜角度及平面位置准确(如预留现场切割长度等措施)。

c. 各类预埋件及预留槽孔不得遗漏,预埋位置平面偏差不大于 5mm,现场应采取措施确保预埋件位置精准。在混凝土浇筑时,应保护好预埋件位置,以免偏位。应注意预埋件周边混凝土振捣密实。

d. 钢管立柱采用法兰接头分段,需保证接头顺直。钢管支架安装完成后,需保证柱身倾斜度误差不大于 $L/500$,且钢管立柱顶、底平面偏差不大于 50mm;联结系安装位置偏差不大于 10mm。

e. 为方便穿入钢绞线及避免钢绞线割伤,钢管支架加工时,现场应在钢绞线通过处预设铁皮波纹管或圆钢管。

f. 加工好的杆件编号后按散件运输至松下码头组拼,运输过程中要对主要成品进行保护,尤其是对接法兰。

2)墩旁托架拼装

旁托架按卧式拼装,大钢管(最长的外侧钢管)在下,小钢管在上;底层安装前必须先平整场地,搭建胎模。保证钢管顺直,胎模均匀受力。

(1)拼装流程

拼装流程如图 5-5-6-13 所示。

(2)场地平整

场地整平时由测量复核,局部软弱地基采用混凝土找平。拼装位置考虑 2000t 起重船满足吊装要求,拼装时长杆件须平行于码头边缘,枕木胎架铺设之前将底层管桩轴线放出,枕木垂直于轴线每 3m 布置一道,胎模平面布置如图 5-5-6-14 所示。

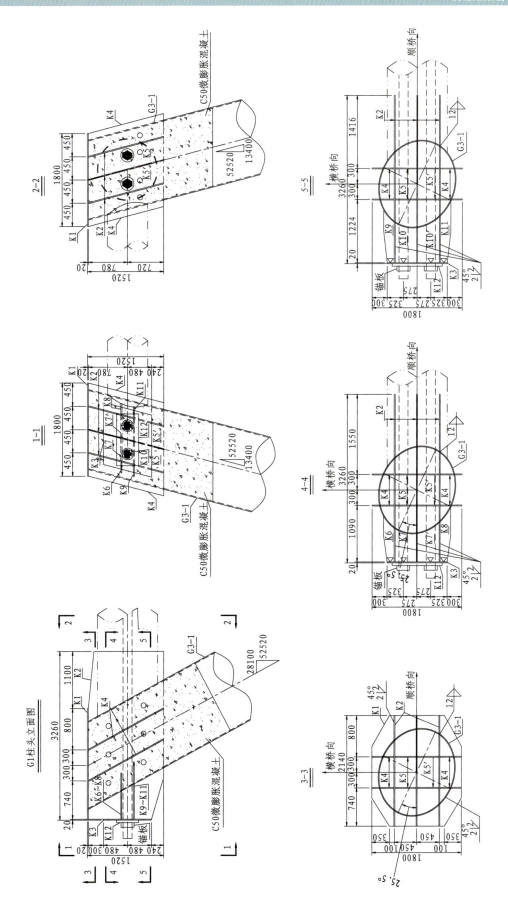

图5-5-6-12 墩旁托架柱头构造（尺寸单位：mm）

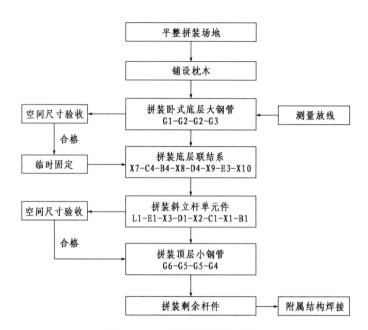

图 5-5-6-13 墩旁托架拼装流程图

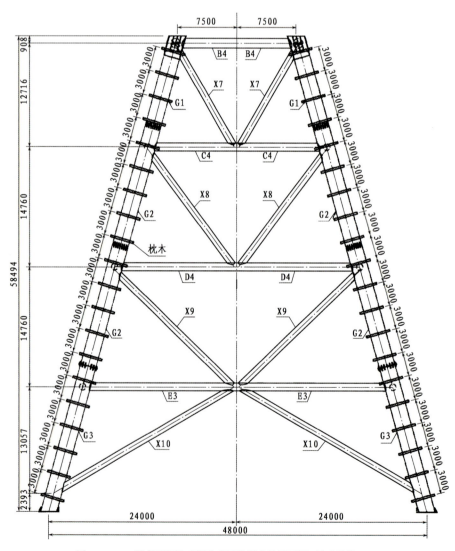

图 5-5-6-14 墩旁托架卧式拼装底层胎模整体平面图(尺寸单位:mm)

(3) 拼装卧式底层大钢管

①在胎模上放出两肢 G1~G3 钢管中心线和端头线,并检查复核两肢间距,保证钢管位置的准确性,单元件重量见表 5-5-6-6。

底层立柱单元件参数　　　表 5-5-6-6

序号	名　称	规格(mm×mm×mm)	数　量	单重(t)	总重(t)	备　注
1	立杆 G1	φ2000×22×12850	2	25.672	51.344	单根吊装
2	立杆 G2	φ2000×22×14952	4	17.244	68.976	单根吊装
3	立杆 G3	φ2000×22×119101	2	21.578	43.156	单根吊装

130t 履带式起重机满足吊装组拼要求,按 G1~G3 顺序依次逐根拼装并固定,钢管立柱采用法兰连接,对接保证两根轴线在同一条直线上。

②底层 G1~G3 拼装固定完毕后,尺寸和空间位置检查无误后,安装底层钢管间水平方向联结系,除顶层 φ1200×18mm 钢管联结系与钢管立柱之间采用熔透坡口焊外,其余采用 h_f =10mm 相贯焊焊接。各组装单元件重量见表 5-5-6-7。

底层连接系单元件参数　　　表 5-5-6-7

序号	名　称	规格(mm×mm×mm)	数　量	单重(t)	总重(t)	备　注
1	B4	φ1200×18×13908	1	7.298	7.298	单根吊装
2	2X7-C4	φ1000×12×20954	1	11.336	11.336	组合杆件
3	2X8-D4	φ1000×12×29282	1	15.208	15.208	组合杆件
4	2X9-E3	φ1000×12×37608	1	18.721	18.721	组合杆件
5	X10	φ800×10×25002	2	4.904	9.808	单根吊装

采用 130t 履带式起重机机拼装,拼装示意如图 5-5-6-15 所示。

主要拼装步骤如下:

a. 将 1 根 C4、2 根 X7 组合成型;1 根 D4、2 根 X8 组合成型;1 根 E3、2 根 X9 组合成型。

b. 先安装杆件 B4,锁定两端头位置。

c. 按照拼装示意图 5-5-6-15 顺序依次安装组合件②→③→④。

d. 最后散拼 2 根 X10,完成底层整个联结系拼装。

e. 检查验收底层截面外形尺寸、焊缝以及法兰连接质量。

(4) 拼装斜立杆

底层骨架验收合格后,准备安装斜立杆。先在底层钢管上将每根斜立杆的精确位置进行放样,并将斜立杆单元件通过增加临时撑杆两两组合,组合焊接前检查几何尺寸和空间角度,合格后方可施焊。除 B1 杆件与钢管立柱之间采用熔透坡口焊外,其余联结系与钢管之间采用 h_f =10mm 相贯焊焊接,斜立杆立面布置如图 5-5-6-16 所示。

主要拼装步骤如下:

①将 1 根 B1、1 根 X1、临时撑杆 L1、L2 组合成型,该组合总重 13.66t。组合暂命名为 A,该组合加工 2 组。

②将 1 根 C1、1 根 X2、临时撑杆 L3、L4 组合成型,该组合总重 6.98t。组合暂命名为 B,该组合加工 2 组。

③将 1 根 D1、1 根 X3、临时撑杆 L5、L6 组合成型,该组合总重 5.98t。组合暂命名为 C,该组合加工 2 组。

④检查验收各个组合件的结构尺寸及焊缝质量,存在尺寸误差及时整改。

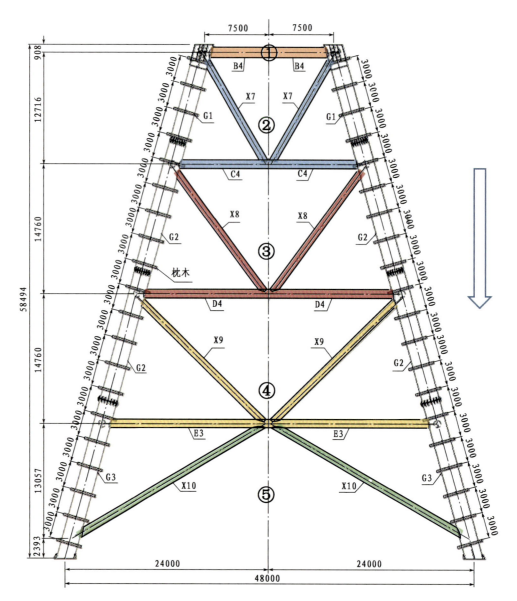

图 5-5-6-15 底部整体单元件(尺寸单位:mm)

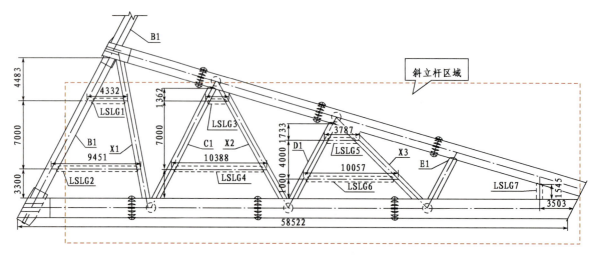

图 5-5-6-16 斜立杆单元件布置立面图(尺寸单位:mm)

(5) 拼装卧式顶层小钢管

斜立杆组装验收合格后,利用斜立杆和临时撑杆 LSLG7 作为支撑点,组拼顶部钢管立柱。顶层单元件布置如图 5-5-6-17 所示。

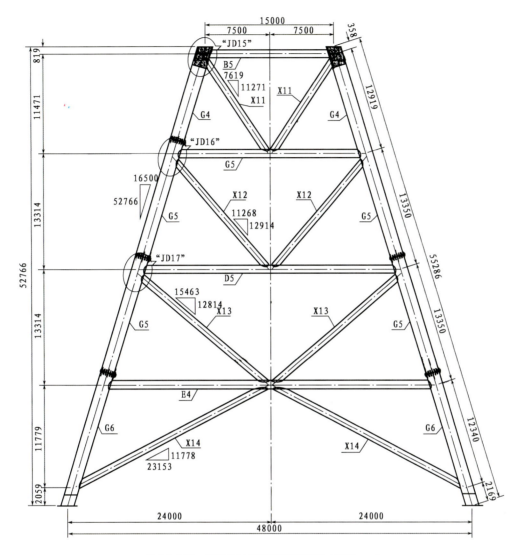

图 5-5-6-17　顶部单元件布置平面图(尺寸单位:mm)

主要拼装步骤如下:

①将 G4 与 G5 组装成型,成型后总重 21.08t。成型 2 组,分别采用 130t 履带式起重机机架立两边对应的斜立杆上。

②将 G5 与 G6 组装成型,成型后总重 21.28t。成型 2 组,分别采用 130t 履带式起重机机架立两边对应的斜立杆上。

③将两边已成型的 G4—G5,G5—G6 通过法兰连接连接成整体。拼装示意如图 5-5-6-18 所示。

④将 1 根 G5、2 根 X11 组合成型,该组合体质量 11.24t;1 根 D5、2 根 X12 组合成型,该组合体重 15.05t;2 根 E4、2 根 X13 组合成型,该组合体质量 18.633t。

⑤将组拼杆件与顶层钢管立柱焊接在一起。

(6) 顶部联结系单独制作

顶部平联剪刀撑先单独制作为整体,先安装到下横梁位置,下部焊有临时支撑,如图 5-5-6-19 所示,B8、B9 为满足顶部两束钢绞线张拉完成后再连接的要求,采用套筒接头的方式,整体起吊安装时先利用套筒将剪刀撑临时固定,待墩旁整体吊装完成后,解除临时固定,张拉完成后再按图纸要求进行连接,与托架对接处采用精轧螺纹钢临时连接。

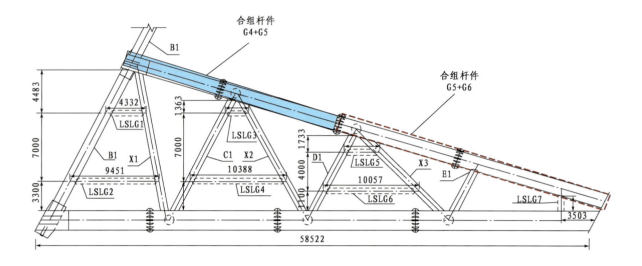

图 5-5-6-18　顶部钢管立柱拼装示意图(尺寸单位:mm)

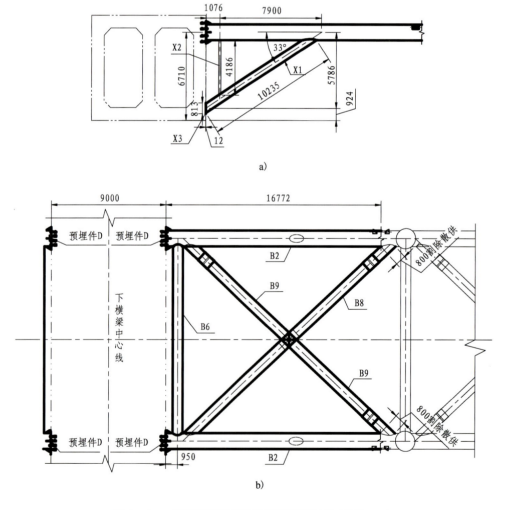

图 5-5-6-19　顶部平联剪刀撑制作安装示意图(尺寸单位:mm)

(7)附属结构焊接

①吊耳设计

Z04号主墩辅助墩侧墩旁托架采用2000t秦航工1起重船整体吊装,利用起重船4个主钩起吊,在墩旁托架G1、G4柱头顶部设置4个吊耳,在G6立杆底部设置2个吊耳,共设置6个吊耳,吊耳布置如图5-5-6-20所示。

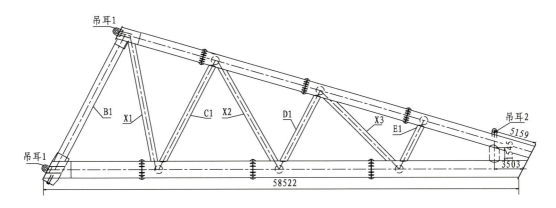

图5-5-6-20 墩旁托架整体起吊吊耳布置(尺寸单位:mm)

顶、底吊耳均采用Q345钢板组焊而成,结构上每个吊耳均含两块耳板,耳板与柱头或立柱之间采用开45°坡口焊接,耳板开$\phi161$mm的孔,钢丝绳和150t卸扣与吊耳之间通过穿$\phi160 \times 405$mm的销轴连接,满足起吊过程中卡环能自由旋转。考虑到竖直起吊时柱头吊耳受力最大,因此柱头吊耳安装方向与竖直起吊状态下钢丝绳的方向一致。顶、底部吊耳结构如图5-5-6-21和图5-5-6-22所示。

通过建立整体模型分水平起吊和竖直起吊两种工况计算,可知竖直起吊状态柱头吊耳所受力最大,最大受力$F = 1500$kN。整体时采用6个150kN型卡环,卡环不做单独计算。受力长度:$l = 200$mm,板厚$\delta = 20 + 24 = 44$mm,耳板剪切验算:$\tau_1 = F/(4 \times 200 \times 44) = 42.6$MPa。耳板承压计算,按最不利接触面(耳板孔洞直径为161mm,比卸扣直径160m大1mm):$f_c = F/(2 \times 161 \times 44) = 105.9$MPa $< f_c^b = 400$MPa,满足要求。

②安全通道设计

墩旁托架墩位整体吊装完毕后,为了保证摘钩、吊耳切除、临时连接的切除、和张拉平台的建立等后续工作施工的安全性,须在托架上临时安装安全通道。安全通道安装在顶部横杆B1和B2顶部,托架拼装过程中预先安装栏杆支座,安全通道以2.4m长度在钢结构加工厂制作,待托架吊装完成后整体安装。安全通道结构如图5-5-6-23所示。

5.6.6 墩旁托架海上运输

墩旁托架在加工厂整体加工组拼完成后,利用场地内700t龙门式起重机吊装至驳船上,船运至施工现场。墩旁托架船运如图5-5-6-24所示。

5.6.7 墩旁托架整体吊装

墩旁托架采用正力/秦航工2200t起重船吊装。托架上均设4个吊点,钢丝绳直径120mm。外侧(桩顶)吊点钢丝绳长度为30m,内侧(桩中)吊点钢丝绳长度为60m,4个吊点均采用500t卸扣与钢丝绳连接。墩旁托架吊装如图5-5-6-25所示。

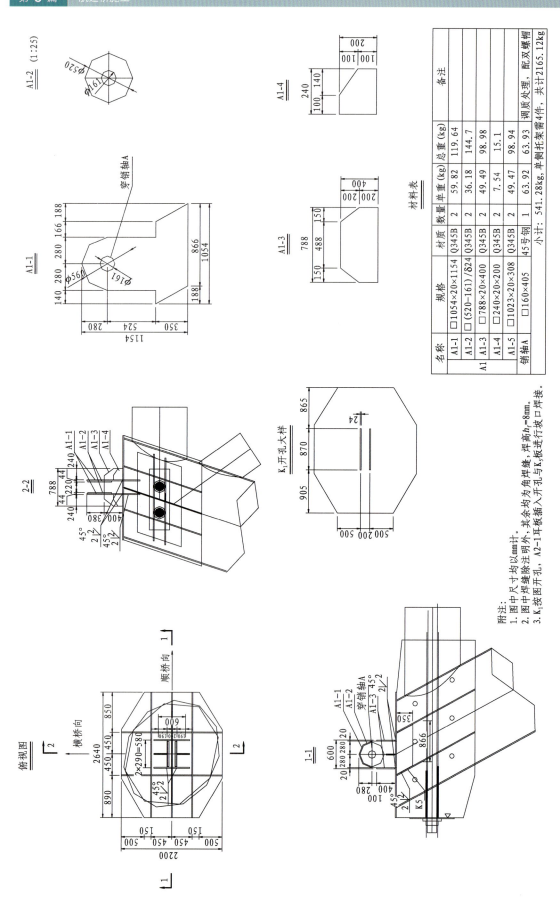

图5-5-6-21 墩旁托架整体起吊柱头吊耳结构

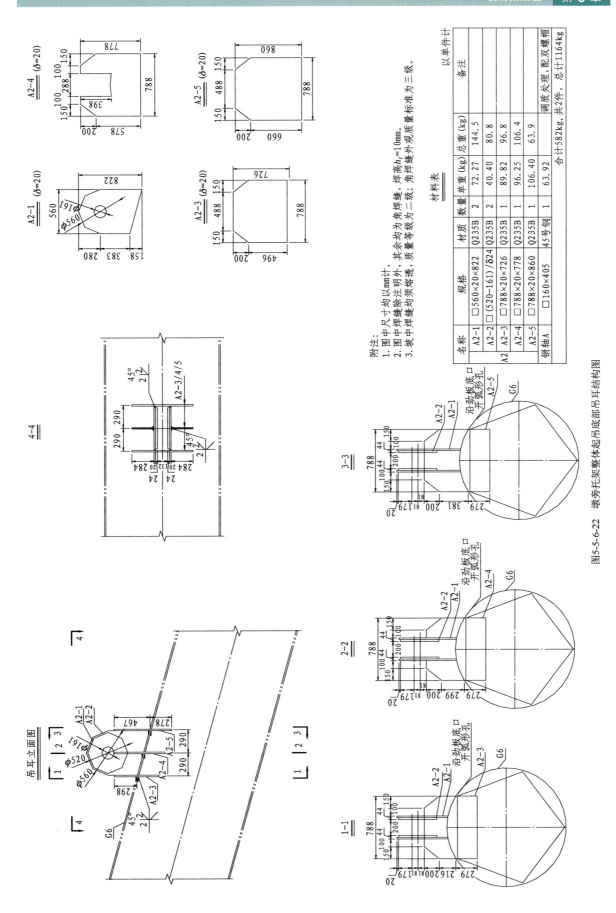

图5-5-6-22 墩旁托架整体起吊底部吊耳结构图

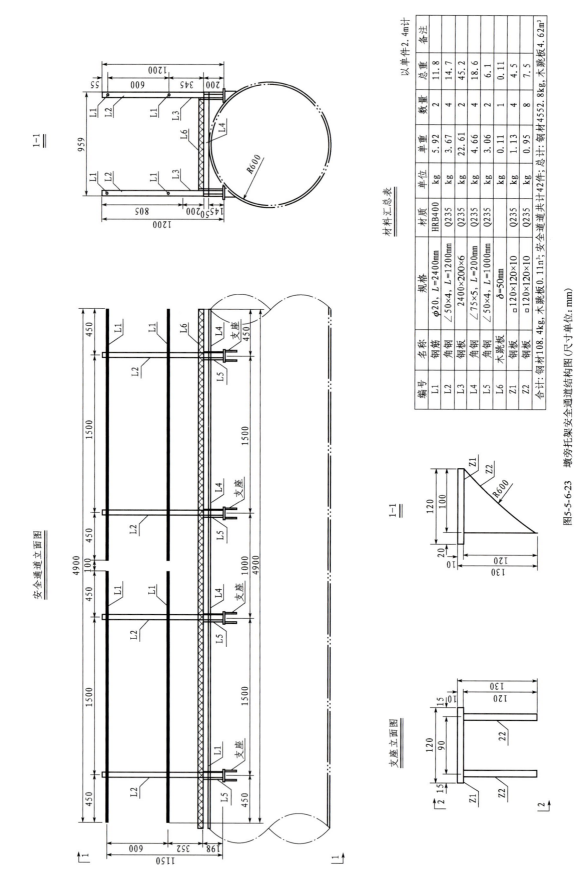

图5-5-6-23 墩旁托架安全通道结构图（尺寸单位：mm）

图 5-5-6-24　墩旁托架船运

图 5-5-6-25　墩旁托架吊装

1）吊装前准备

墩旁托架整体吊运安装前准备工作主要包括：清理墩旁托架吊装范围内的障碍物，防止安装偏位钢管桩柱脚及承台顶预埋件预处理，焊接托架底部接引导向，安装缓冲装置等。

（1）清理墩旁托架吊装范围内的障碍物

Z04 号主塔墩防撞箱围堰侧板顶部两侧安装有安全护栏，墩旁托架吊装前须提前将吊装范围内防护栏杆拆除，待托架安装完毕后再补装栏杆。

（2）防止安装偏位钢管桩柱脚及承台顶预埋件预处理

①托架安装前，所有柱脚钢管立柱内均需焊接加劲板，加劲板焊接方式如图 5-5-6-26 所示。

②Z04 号主墩托架承台预埋件锚板扩大，如图 5-5-6-27 所示。加固过程中不可以损伤原预埋爬锥，全面检查爬锥螺栓的螺杆长度、材质等要符合要求，按要求安装配套垫板。

（3）安装导向和缓冲装置

由于托架采用起重船整体吊装，而起重船受风浪影响致使托架会上下、左右晃动，为使托架能顺利与承台预埋件相连，应预先在承台预埋件上焊接下放接引导向，导向采用钢管＋加劲板形式，具体接引导向布置与设计如图 5-5-6-28 所示。

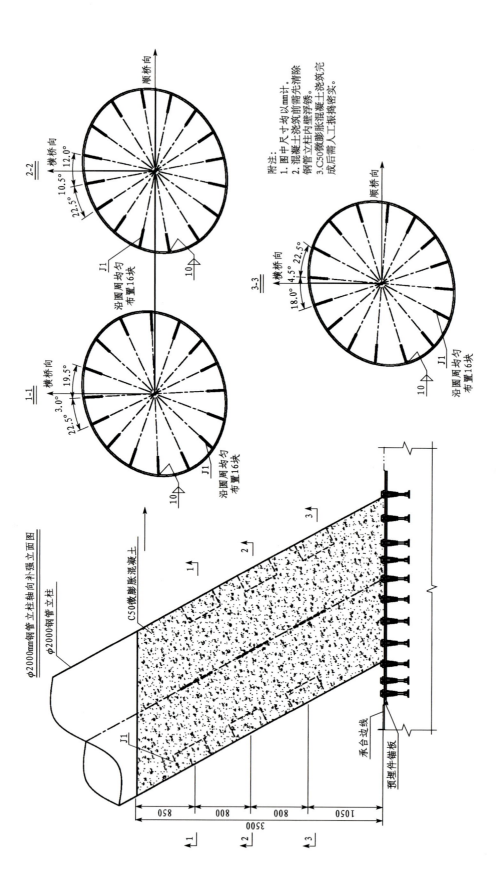

图5-5-6-26 墩旁托架钢管立柱补强图(尺寸单位：mm)

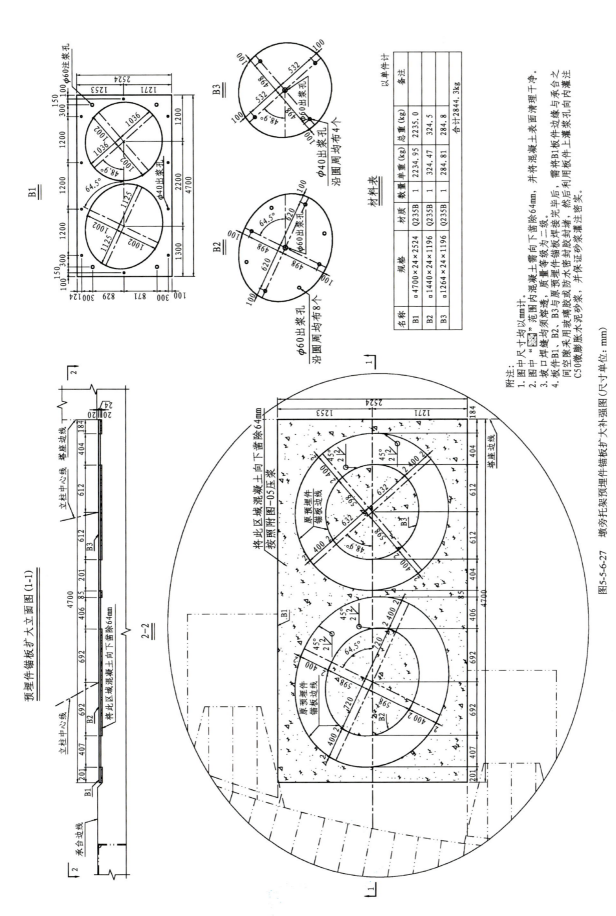

图5-5-6-27 墩旁托架预埋件锚板扩大补强图（尺寸单位：mm）

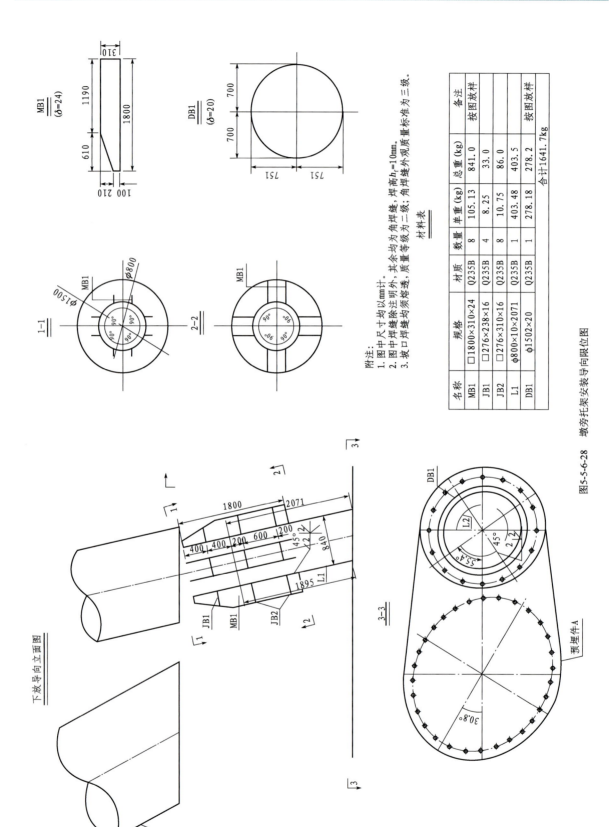

图5-5-6-28 墩旁托架安装导向限位图

2）码头起吊

为了保证托架下放顺利，密切关注天气和海浪变化，选择连续三天风力小于7级，浪高小于2.0m时进行托架整体吊装。

起重船在起吊托架时吊距63m，吊高78m，吊装质量为$4 \times 300t$，满足要求。

起吊时左侧1号主钩通过两根钢丝绳与墩旁托架上下两层靠海侧两个吊耳相连。左侧2号主钩通过两根钢丝绳与墩旁托架上下两层靠岸侧两个吊耳相连；右侧1号主钩与通过一根钢丝绳与托架上层靠海侧一个吊耳相连；右侧2号主钩通过一根钢丝绳与托架上层靠岸侧一个吊耳相连。整体起吊后，左侧1、2号主钩上升，右侧1、2号主钩下落。直至整个托架由卧式体系转化为立式体系。墩旁托架由卧式转化为立式示意如图5-5-6-29、图5-5-6-30所示。

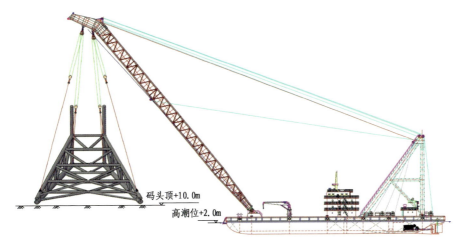

图 5-5-6-29 墩旁托架水平起吊状态

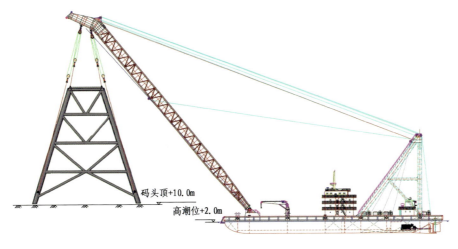

图 5-5-6-30 墩旁托架竖直起吊状态

3）墩位处下放就位

托架运输至 Z04 号主塔墩旁，辅助墩侧墩旁托架起重船靠6号栈桥线路左侧抛锚（整体吊装避开塔式起重机影响）。辅助墩侧墩旁托架安装时，起重船墩位抛锚布置如图5-5-6-31所示。

①托架下放初定位。首先通过起重船的两边侧锚调整起重船的纵轴线位置，使起重船纵轴线与辅助墩侧墩旁托架顶部横轴线重合（注意起重船臂杆与塔柱之间的位置关系，避免碰撞）；其次通过调整

前锚1和前锚2,使船首距离辅助墩侧托架顶部中心约63m,再调整起重船把杆角度,使托架位于下放位置的正上方,达到托架下放前初定位的要求。如图5-5-6-32所示。

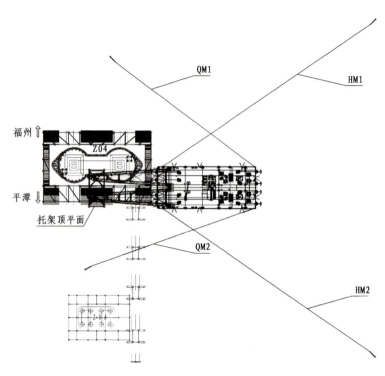

图5-5-6-31 辅助墩侧起重船抛锚布置

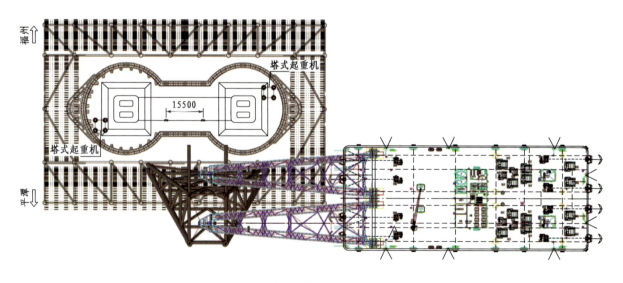

图5-5-6-32 Z04主塔墩辅助墩侧托架初定位(尺寸单位:mm)

②缓慢下放托架至距离接引导向约2m时暂停。待托架摆动较小时检查托架底口是否与导向钢管中心重合,否则再次精确调整托架位置。

③托架下放至接引导向顶口时,四个角桩都在导向钢管范围内时,继续缓慢下放直到四个角桩接触承台顶预埋钢板,完成精定位,如图5-5-6-33所示。

④然后将与下横梁先连接的剪刀撑与三角托架通过8根直径φ32mm精轧螺纹钢进行临时锁定,调整起重船吊钩,完成托架精确定位,再固定托架底部,最后摘钩。

墩旁托架墩位下放示意如图5-5-6-34所示。

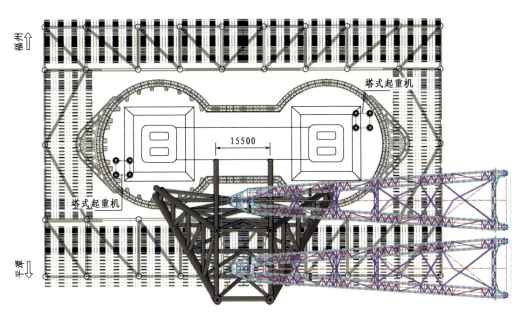

图 5-5-6-33　Z04 主塔墩辅助墩侧托架精定位（尺寸单位：mm）

5.6.8　墩旁托架加固

1）柱脚加固

为了保证钢管立柱能有效锚固于承台上，将钢管立柱的轴力及水平剪力传递至承台，同时为方便现场施工，主塔墩托架整体吊装前对其进行了柱脚加固及预埋件锚板扩大处理。柱脚加固采用在托架底部立柱 3.5m 高度范围焊接加劲板，加劲板共设置 3 层，采用 500mm×250mm×20mm 钢板，水平方向沿管壁均匀布置，其中 ϕ1500mm 管桩水平方向布置 10 道，ϕ2000mm 管桩水平方向布置 16 道，立柱外侧利用 ϕ28mm 螺纹钢筋焊接 3 层剪力环。

柱脚预埋件锚板扩大处理如图 5-5-6-35 所示。

2）柱头混凝土

顶部预应力张拉完成后即可进行柱头微膨胀混凝土灌注。灌注前需在填充部位顶部（K1 钢板）开相应的灌料孔和振捣孔，开孔示意如图 5-5-6-36 所示。采用 3m³ 料斗灌注。混凝土强度等级为 C50 微膨胀混凝土，填充混凝土应分层灌入，每次灌入高度为垂直高度的 1/3，并分层振捣密实，至混凝土表面不在冒气泡为止。柱头混凝土灌注示意如图 5-5-6-37 所示。

3）焊接顶部平联剪刀撑

张拉完成后进行顶部平联套筒与连接系钢管的焊接，如图 5-5-6-38 所示。

5.6.9　预应力张拉

托架顶部撑杆及柱脚焊接完成后，浇筑柱头、脚混凝土，达到设计强度后张拉预应力钢绞线。张拉端及锚固端构造示意如图 5-5-6-39 所示。

钢管内混凝土达到设计强度后方可张拉预应力钢绞线。钢管内混凝灌注完成后搭建张拉端临时操作平台，如图 5-5-6-40 所示。

张拉操作平台搭设完成后对穿 4 束 ϕ15.2mm 钢绞线，每束钢绞线 30 根，每一根钢绞线长 88m。每束钢绞线预拉力为 365t。钢绞线采用单端张拉，依据张拉力选用 2 台 450t 张拉千斤顶以及相应校对油表。

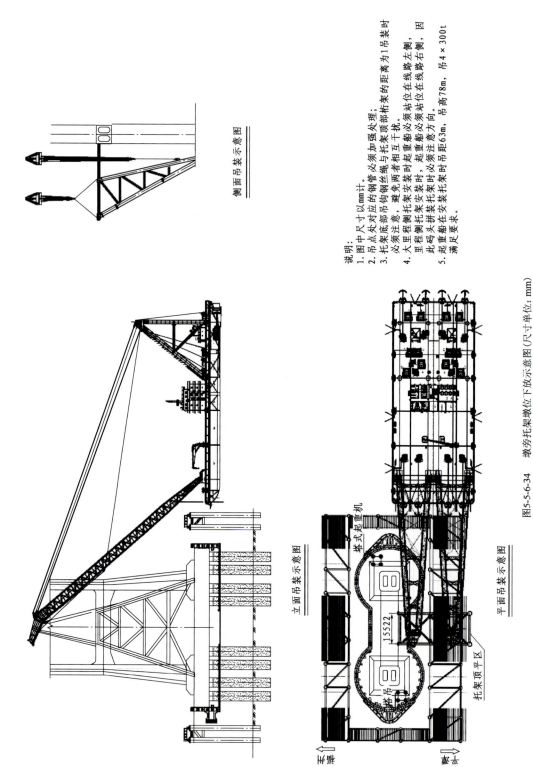

图5-5-6-34 墩旁托架墩位下放示意图（尺寸单位：mm）

对于钢绞线两端均锚固与钢管立柱上的托架,张拉端及锚固端位置现场自行决定;对于钢绞线一端锚固与钢管立柱上一端锚固于墩帽上的托架,张拉端位于钢管立柱上,锚固端位于墩帽上。

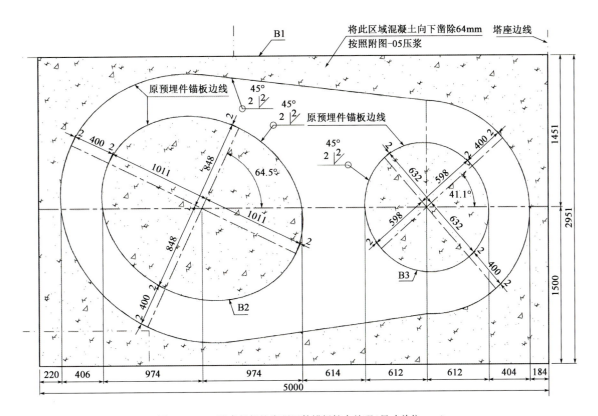

图 5-5-6-35　墩旁托架柱脚预埋件锚板扩大处理(尺寸单位:mm)

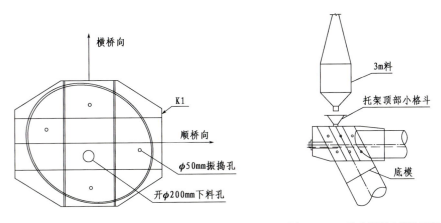

图 5-5-6-36　柱头顶部开孔示意图　　图 5-5-6-37　柱头混凝土灌注示意图

(1)材料技术要求。

①预应力钢绞线采用 $\phi^s15.2mm$ 环氧涂层钢绞线。其技术指标应符合现行国家标准的要求。

②预应力孔道采用金属波纹管,其成型后的刚度、孔径须满足要求。

③预应力筋、锚具、波纹管等成品必须具有技术质量证明书或合格证。锚具到货后,应分批验收,核查质量证明书、标识、包装等。锚具在使用前对其质量指标进行全面检查,并按批进行外观、外形尺寸、硬度、静载锚固系数性能试验。

(2)张拉过程注意事项。

①预应力钢束张拉、锚固过程中及锚固完成后,均不得大力敲击或振动锚具。钢绞线多余的长度应

用切割机切割,切割后预应力筋的外露长度不应小于30mm,且不应小于1.5倍预应力筋直径。

②张拉全部钢绞线束到施工控制应力,预应力张拉时按"对称、均衡"的原则进行,预应力张拉两台千斤顶在一端同步、对称地进行,并以油压表读数为主,伸长值进行校核。

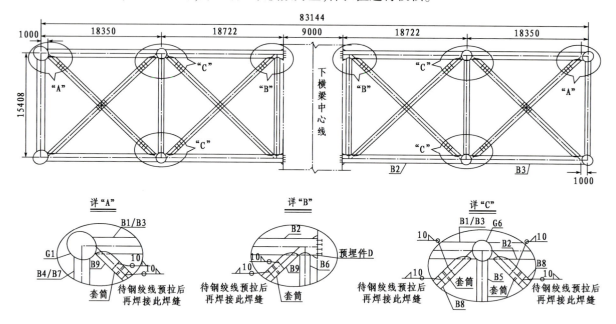

图5-5-6-38 顶部平联剪刀撑焊接(尺寸单位:mm)

③回油锚固后,测量张拉端伸长值不得超过计算值±6%;每束断丝、滑丝总数不得超过钢丝总数的0.5%,且一束内断丝不得超过一丝;单端钢丝回缩量不得大于8mm。

④选派富有经验的技术人员指导预应力张拉作业,预应力张拉前应进行技术交底。所有操作预应力设备的人员,均须通过设备使用的正式训练。以张拉力控制为主,张拉力与伸长量双控。预应力张拉时,锚具垫板必须与钢绞线轴线垂直、垫板孔中心与管道中心一致。安装千斤顶时必须保证锚圈孔与垫板孔严格对中,防止滑丝、断丝现象的发生。

⑤预应力筋采用应力控制方法张拉时,应以伸长值进行校核,实际伸长量与理论伸长量的差值应符合设计要求,设计无规定时,实际伸长值与理论伸长值的差值应控制在±6%以内,否则应暂时停张拉,待查明原因并采取措施予以调整后,方可继续张拉。墩旁托架张拉实例如图5-5-6-41所示。

(3)封锚。

张拉完成后,利用防腐油脂进行封锚,避免钢绞线锈蚀。

(4)等钢管支架顶层联结系内钢绞线张拉完成后,焊接顶层联结系的水平剪刀撑后安装滑道梁。

5.6.10 滑道梁吊装

1)滑道梁概况

钢管支架顶滑道梁为箱形结构,边跨侧托架顶滑道梁和主跨侧托架顶滑道梁需在工厂内整体加工,所有全焊接头均需在工厂内完成,坡口焊缝均需熔透,质量等级为二级,角焊缝质量等级为三级,焊缝检验合格后再整体吊装到托架顶。

等钢管支架顶层联结系内钢绞线张拉完成后,焊接顶层联结系的水平剪刀撑后安装滑道梁。滑道梁顶布置钢桁梁纵横移装置、滑块、水平拖拉连续千斤顶、钢绞线等。滑道梁吊装如图5-5-6-42所示。

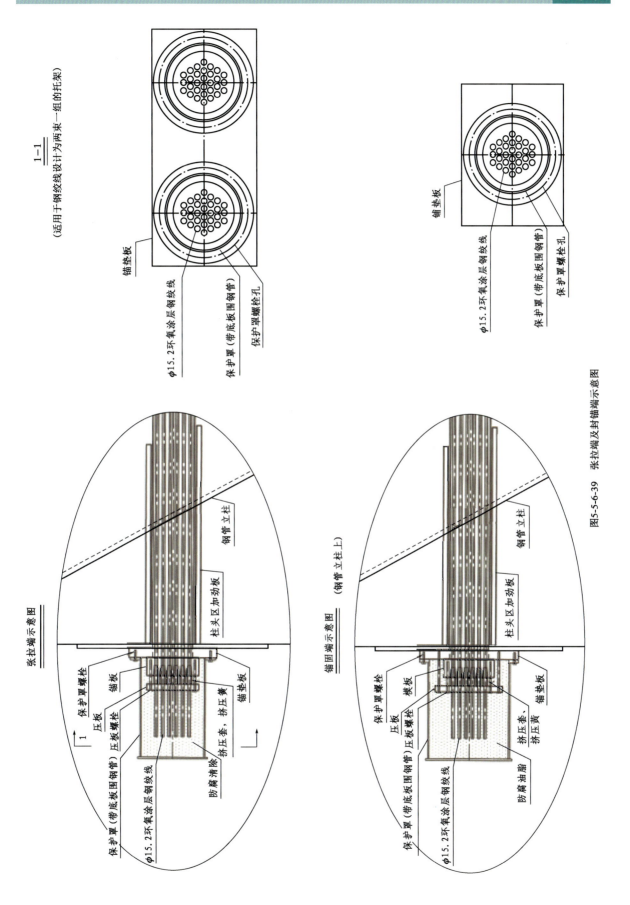

图5-5-6-39 张拉端及封锚端示意图

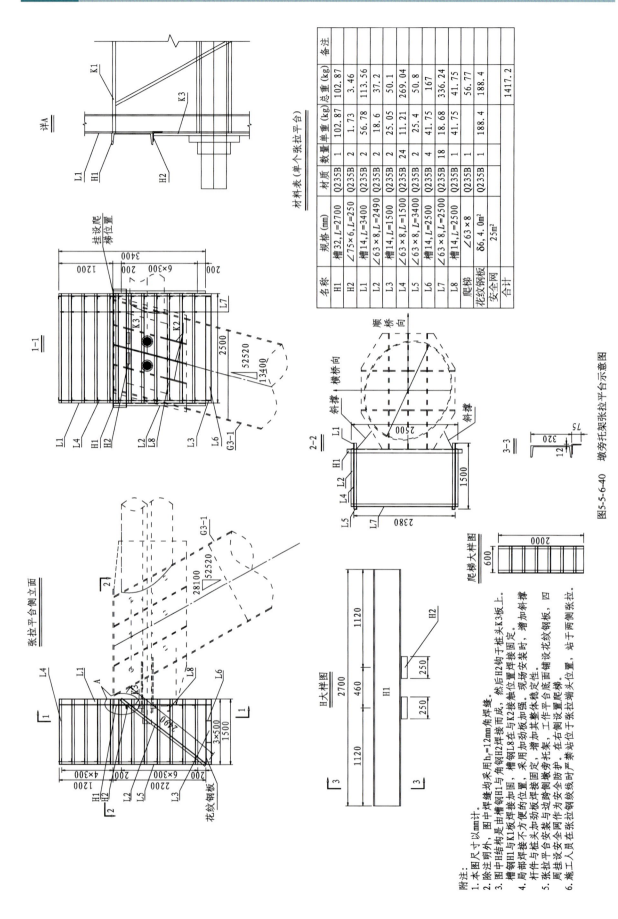

图5-5-6-40 墩旁托架张拉平台示意图

图 5-5-6-41　墩旁托架张拉

图 5-5-6-42　滑道梁吊装

2）安装前准备工作

（1）复测各钢管立柱顶面高程：对于顶面任意一点的高程误差在 −20 ~ −2mm 之间的，均需抄垫钢板，使得高程误差介于 −2 ~ 0mm 之间，抄垫钢板均需与立柱顶面焊接。

（2）焊缝检测：安装前需对滑道梁全焊透的二级焊缝采用超声波探伤进行内部缺陷的检验，探伤比例为 20%。

（3）焊接吊耳：为方便吊装，在滑道梁上加焊吊耳。

（4）吊具选用：以边跨侧托架顶滑道梁为例，边跨侧托架顶滑道梁上设有 4 个吊点，通过 2000t 起重船将滑道梁安装到托架上，吊装钢丝绳为两根 $L = 51m$，$D = 90mm$，钢芯，1870MPa；破断拉力为 5090kN，镀锌每根钢丝绳两端各安两个铝合金压制接头。绳两端分别通过 150t 销轴与吊耳连接。

3）安装步骤

（1）边跨侧托架顶滑道梁下放初定位。首先通过调整前锚 1 和前锚 2，使滑道梁基本保持水平状态（注意起重船臂杆与塔柱之间的位置关系，避免碰撞）；其次，使船首距离辅助墩侧托架顶部中心约 63m，再调整起重船把杆角度，使滑道梁位于下放位置的正上方，达到下放前初定位的要求。

（2）缓慢下放至距离托架顶约 1m 时暂停。待托架摆动较小时检查滑道梁中心线是否与托架顶钢管中心线位置重合，否则再次调整位置。

（3）在滑道梁下放距离托架顶 20 ~ 30cm 时，采用 2 台 10t 倒链葫芦对其进行精调，继续缓慢下放直到完全落在立柱顶面。

图 5-5-6-43 主墩墩旁托架安装完成实例

注意事项如下：

滑道梁安装精度：每 5m 范围内滑道梁顶面任意两点高程差应确保在 ±2mm 以内，且无突变点；两侧滑道梁之间高程相差在 ±2mm 以内。

滑道梁顶面铺设 4mm 不锈钢板作滑动面。整个不锈钢板滑动面保持连续，接头与滑道梁接头处错开，接头处焊缝须打磨平顺。不锈钢板安装完成后顶面涂抹硅脂并保持整洁。主墩墩旁托架安装完成实例如图 5-5-6-43 所示。

5.6.11 墩旁托架拆除

墩旁托架拆除采用连续千斤顶整体下放与散拆方式结合方案，其中托架柱头（含灌注混凝土部分）以上部分采用 4 台连续千斤顶整体下放；柱头以下部分采用自上而下、先外后内单根散拆方案，如图 5-5-6-44～图 5-5-6-46 所示。

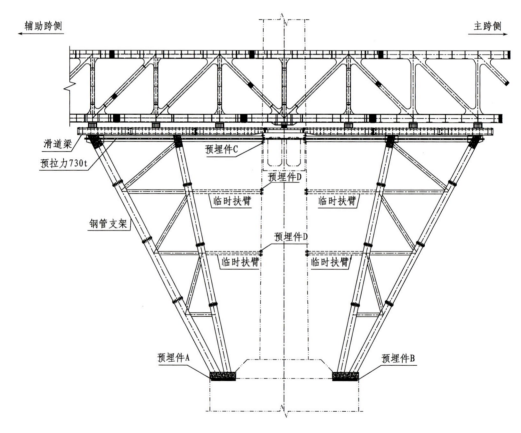

图 5-5-6-44 墩旁托架拆除分块

5.6.12 存在问题及优化建议

1）存在问题

由于托架加工误差与现场预埋精度及吊装作业限制，导致现场托架安装时在保证顶层预应力管道顺直的前提下，大型空间倾斜托架柱脚偏差较大，需额外产生大量的处理加固工作。

图 5-5-6-45 墩旁托架钢管支架拆除

图 5-5-6-46 墩旁托架上部结构整体下放拆除

2）优化建议

托架工厂卧式加工支墩布置较简单,建议采用更完善的胎架加工,数控下料切割柱脚相贯线,管柱焊接推荐先固定柱头与柱脚,然后再对接焊接中间钢管柱形成整体,规避或较小焊接收缩变形引起的托架钢管柱支架尺寸误差。

实际吊装采用正力2200t起重船前后钩吊装,两钩四点起吊不利于空间托架姿态调整,建议条件允许的情况下采用起重船四钩四点起吊(如大桥海鸥号),利于调整控制保证安装落位精度。

预应力空间墩旁托架安装,优先对齐顶层预应力管道,保证孔道顺直,减少预应力损失,更能保证墩顶钢桁梁滑道及垫梁等其他结构的布设。

托架顶层扶墙与剪刀撑建议在加工厂安装好柱头端,中间可增设连接套管装置,减少现场工作量保证焊接质量。

墩旁托架柱脚连接现场实际采用预埋爬锥,在承台顶面安装环形钢板的与托架柱脚后焊接的形式。由于托架柱脚片尾误差较大,爬锥锥头成为障碍,环形钢板面积过下与实际安装需求不匹配。优化建议以后其他类似工程采用加大柱脚预埋件,建议采用带弯钩钢筋+钢板的预埋件形式,预埋钢板嵌入承台5~10cm,便于后期封闭防腐。

5.7 墩顶布置

5.7.1 边墩辅助墩墩顶布置

起重船将钢桁梁吊装至边墩顶或边墩墩旁托架顶、辅助墩墩旁托架顶后,利用三向千斤顶纵横移及竖向调整钢桁梁的纵横向位置、竖向高程。起重船吊装钢桁梁允许最大纵桥向落梁偏差±600mm、允许最大横桥向落梁偏差±1000mm。边墩墩顶、辅助墩墩旁托架顶钢桁梁纵横移及竖向起顶装置布置如图5-5-7-1所示。

5.7.2 主墩墩顶布置

起重船将钢桁梁吊装至主墩墩旁托架顶后,首先利用三向千斤顶纵横移及竖向起顶调整钢桁梁的平面位置,然后再利用连续水平千斤顶将钢桁梁滑移至设计位置。参考现场整体吊装移动模架经验,起重船吊装钢桁梁的平面最大偏差单向各1m考虑。主塔墩旁托架顶钢桁梁纵横移及竖向调整墩顶布置如图5-5-7-2所示。

图 5-5-7-1

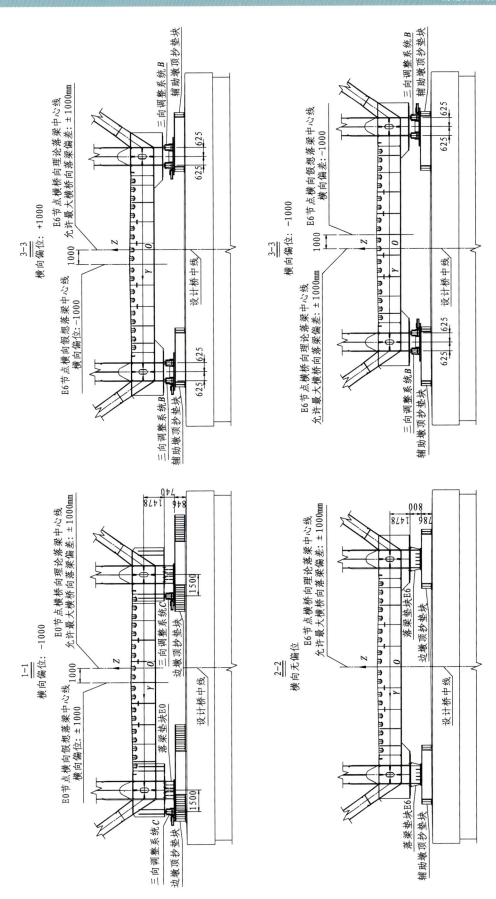

图5-5-7-1 边墩辅助墩墩顶布置（尺寸单位：mm，高程单位：m）

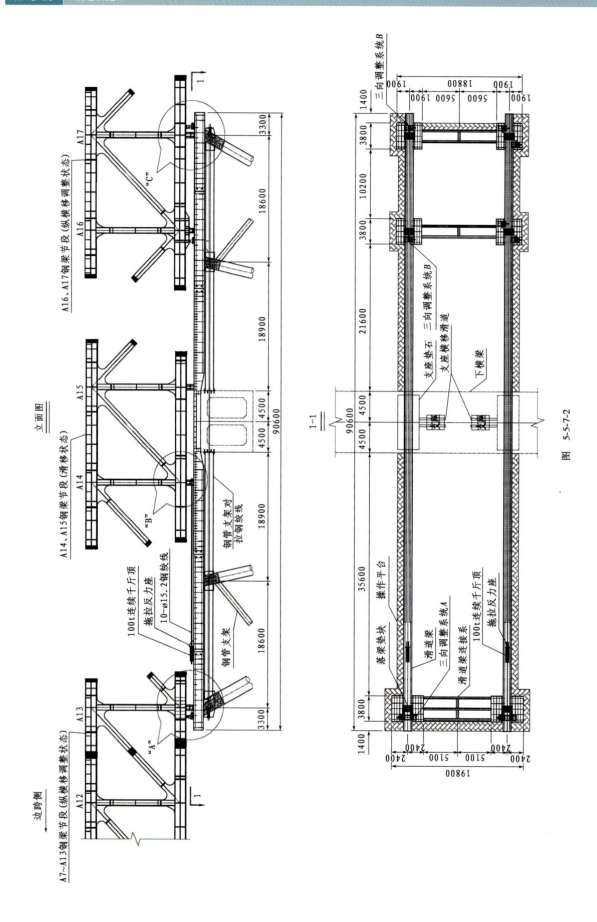

图 5-5-7-2

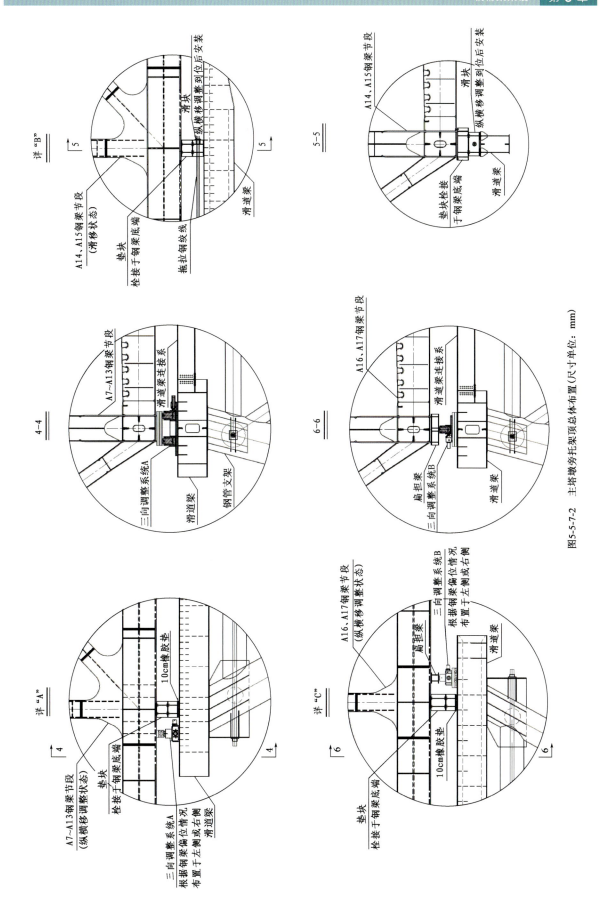

图5-5-7-2 主塔墩旁托架顶总体布置（尺寸单位：mm）

5.8 钢桁梁运输及定位

5.8.1 钢桁梁海上运输

1）运输船装载

所有梁段在加工厂内加工完成后装船,并运输至桥位处架设。运输船装载钢桁梁时,需根据运输船自身结构(纵横舱壁布置、甲板情况)及钢桁梁支点位置进行补强或设置分配梁,并与钢桁梁临时连接。

运输船装载大节段桥梁板后,应具有足够稳性,以抵抗运输过程中风浪流联合作用影响。现对运输船装载典型大节段进行稳性分析计算,稳性计算依据中国船级社《船舶法定检验技术规则(2014)》和运输船《完工装载手册》相关要求和数据,计算环境条件为浦氏风级 9 级,风速(平均风速)24.27m/s,按沿海航区要求进行稳性计算。

以大节段为例,大节段尺寸为 99.75m×36.8m×15.4m,质量为 2997t。结合运输船结构特点及摆放易操作性,采取大节段下口两侧强结构处设支墩,甲板上布设 50 个以上垫墩,垫墩为 H 型钢与钢板的组合件,垫墩上口设有垫木。

驳船上装载大节段钢桁梁后,进行适当的绑扎,以确保大节段绑扎固定后无纵横向滑移及横向翻转,按中国船级社《海上拖航指南(2011)》进行绑扎强度计算和设计,采取在纵横向设硬绑扎,纵横向设置限位撑杆 4~14 根不等,绑扎件结构如图 5-5-8-1~图 5-5-8-3 所示,绑扎件与梁段接触的位置垫橡皮或木头保护梁油漆。

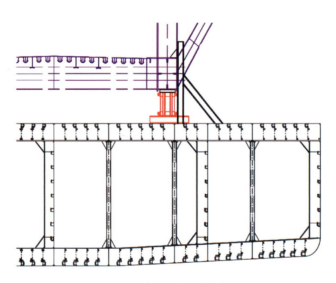

图 5-5-8-1 钢桁梁运输限位示意图

大节段受力计算机强度校核见表 5-5-8-1,纵横向撑杆组合件受力分析图、最大等效应力分析图及最大剪切应力如图 5-5-8-4、图 5-5-8-5 所示,钢梁运输装船如图 5-5-8-6、图 5-5-8-7 所示。

大节段受力计算机强度校核 表 5-5-8-1

序号	项 目	单 位	数 值
	垂向作用力 $F_z(-)$		
1	大节段质量 $M(t)$	t	3000.00
2	驳船船长 L	m	125.00

续上表

序号	项 目	单 位	数 值
垂向作用力 $F_z(-)$			
3	重力加速度 g	m/s²	9.81
4	垂向作用力 $F_z(-) = M(g - 3.75\mathrm{e}^{-0.0033L})$	kN	21982.57
横向作用力 F_y 计算			
1	大节段质量 $M(t)$	t	3000.00
2	大节段质量中心至水线处假定的旋转中心的距离 r_ϕ	m	14.599
3	最大横摇角度 α_0	°	15.00
4	横摇周期 T_α	s	9.689
5	重力加速度 g	m/s²	9.81
6	横向加速度 $A_y = r_\alpha \times \alpha_0 \pi/180 \times (2\pi/T_\alpha)^2 + g\sin\alpha_0$	m/s²	4.14
7	大节段横向受风面积 A_1	m²	850.00
8	风作用力 $F_q = 0.85 A_1$	kN	722.50
9	大节段距主甲板 2m 以下受风面积 A_2	m²	40.00
10	海水飞溅冲击力 $F_w = 0.7 A_2$	kN	28.00
11	横向作用力 $F_y = MA_y + F_q + F_w$	kN	13181.94
纵向作用力 F_x			
1	大节段质量 $M(t)$	t	3000.00
2	纵摇转动半径 r_ψ(大节段质量中心至水线处假定的旋转中心的距离)	m	15.50
3	最大纵摇角 ψ_0	°	5.00
4	纵摇周期 T_ψ	s	10.00
5	重力加速度 g	m/s²	9.81
6	纵向加速度 $A_x = r_\psi \times \psi_0 \pi/180 \times (2\pi/T_\psi)^2 + g\sin\psi_0$	m/s²	1.39
7	大节段纵向受风面积 A_1	m²	300.00
8	风作用力 $F_q = 0.85 A_1$	kN	255.00
9	大节段距主甲板 2m 以下受风面积 A_2	m²	32.26
10	海水飞溅冲击力 $F_w = 0.7 A_2$	kN	22.58
11	纵向作用力 $F_x = MA_x + F_q + F_w$	kN	4442.13
横向滑动 $F_y \leq uF_z(-) + \sum CSi(u\sin\alpha + \cos\alpha\sin\beta)$			
1	横向作用力 F_y	kN	16903.745
2	横向撑杆组合件安全负荷 CSi 计算	—	—
3	横向撑杆组合安全负荷	kN	1470.000
4	横向撑杆组合件数量	—	14.0000
5	$uF_z(-) + \sum CSi(u\sin\alpha + \cos\alpha\sin\beta)$	kN	20580.00
6	$F_y \leq uF_z(-) + \sum CSi(u\sin\alpha + \cos\alpha\sin\beta)$	—	满足要求

续上表

序号	项　目	单　位	数　值
\multicolumn{4}{c}{横向翻转 $F_y \cdot a \leq b \cdot F_z(-) + \sum CSidi$}			
1	横向作用力 F_y	kN	16903.745
2	横向力 F_y 绕转动中心翻转的力臂 a	m	10.000
3	$F_y \cdot a$	kN·m	169037.445
4	垂向翻转力臂	—	—
5	垂向作用力 $F_z(-)$	kN	21982.574
6	垂向力 $F_z(-)$ 绕转动中心翻转的力臂 b	m	8.000
7	$F_z(-) \cdot b$	kN·m	175860.596
8	$b \cdot F_z(-) + \sum CSidi$	kN·m	175860.596
9	横向翻转 $F_y \cdot a \leq b \cdot F_z(-) + \sum CSidi$	—	满足要求
\multicolumn{4}{c}{横向滑动 $F_x \leq uF_z(-) + \sum CSi(u\sin\alpha + \cos\alpha\sin\beta)$}			
1	纵向作用力 F_x	kN	4442.129
2	纵横向撑杆组合件安全负荷 CSi 计算	—	—
3	纵横向撑杆组合安全负荷	kN	1470.000
4	纵横向撑杆组合件数量	—	4.000
5	$uF_z(-) + \sum CSi(u\sin\alpha + \cos\alpha\sin\beta)$	kN	5880.000
6	$F_y \leq uF_z(-) + \sum CSi(u\sin\alpha + \cos\alpha\sin\beta)$	—	满足要求
\multicolumn{4}{c}{横向撑杆组合件安全负荷计算}			
1	H 型材与甲板连接焊缝的安全负荷	kN	16119.69
2	H 型材与甲板焊缝长度	mm	3200
3	H 型材与甲板焊缝焊角高度	mm	8
4	许用剪应力 $[\tau]$	MPa	90.38
5	横向撑杆组合件安全负荷	kN	1619.69
\multicolumn{4}{c}{纵向撑杆组合件安全负荷计算}			
1	H 型钢的安全负荷	kN	2787.23
2	H 型钢剖面积	mm	25150
3	H 型钢与夹板夹角	mm	45
4	许用应力	MPa	156.67
5	H 型钢与甲板连接焊缝的安全负荷	kN	1214.77
6	H 型钢与甲板焊缝长度	mm	2400
7	H 型钢与甲板焊缝焊角高度	mm	8
8	许用剪应力 $[\tau]$	MPa	90.38
9	纵向撑杆组合件安全负荷	kN	1214.77

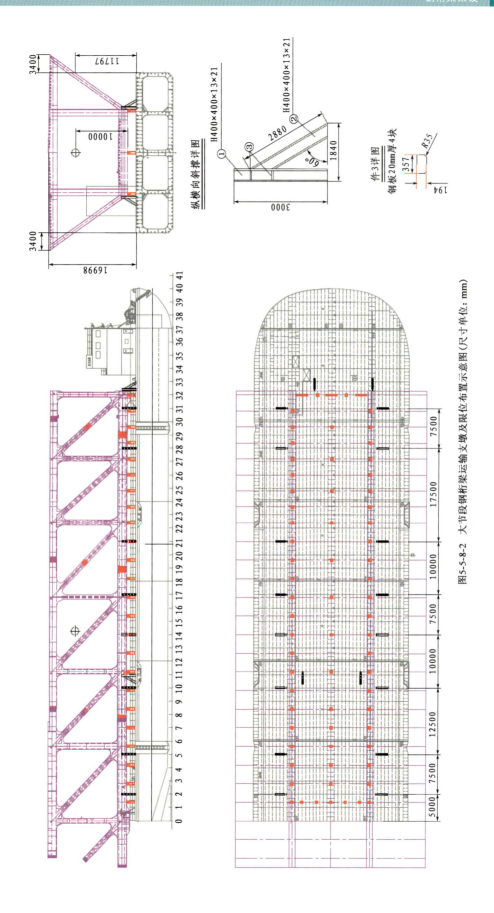

图5-5-8-2 大节段钢桁梁运输支墩及限位布置示意图（尺寸单位：mm）

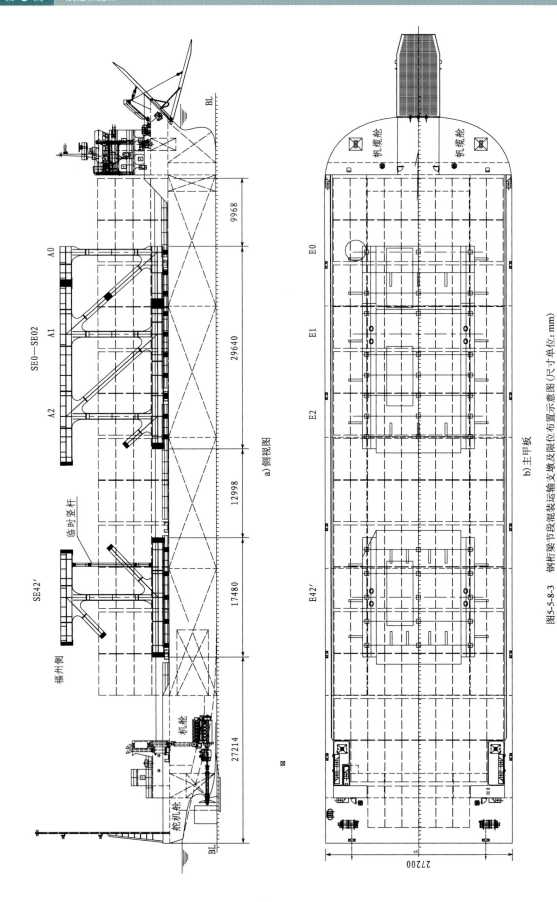

图5-5-8-3 钢桁梁节段混装运输支墩及限位布置示意图（尺寸单位：mm）

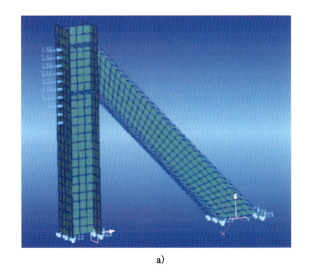
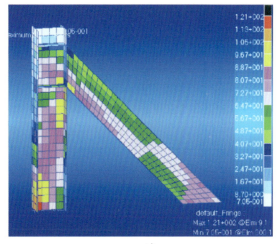

图 5-5-8-4　纵横向撑杆组合件受力分析及最大等效应力分析

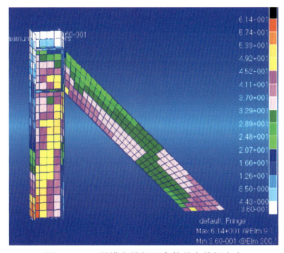

图 5-5-8-5　纵横向撑杆组合件最大剪切应力

图 5-5-8-6　钢桁梁装船

图 5-5-8-7　钢桁梁运输实例

2）运输路线

从江苏海通海洋工程装备有限公司码头至大桥桥址全程约 521 海里，沿途航道水深满足船舶航行要求。整个作业水域潮差不大，流速普遍在 1～4 节之间。船舶平均航速约 9 节，航行时间 3d 左右。钢桁梁运输路线如图 5-5-8-8 所示。

图5-5-8-8 钢桁梁运输路线

3）船队途经各航段时间和航速设计

运输船舶航速见表5-5-8-2。

运输船舶航速   表5-5-8-2

序号	转向点	经纬度	航向	航程	时间(h)
1	如皋港外	32°04′6N120°31.4′E			
2	吴淞口	31°23′9N121°32.6′E	多变	70	10
3	南槽灯船	31°00′N122°31E	多变	129	18.4
4	绿华山	30°47′N122°34E	171	140	20
5	小板门	30°05′N122°36E	174	177	25.3
6	台州	28°36′N122°18E	190	274	39.1
7	海坛岛	25°23′N119°58E	216	504	72
8	平潭海峡公铁大桥桥址	25°31′N119°40E	多变	521	74.4

4）航道概况及航行方法

(1)航道基本概况及航行方法

运输船队最大吃水在5m左右，航道水深满足要求。

①长江段航行方法

船舶从如皋离港在FB(4-1)号浮上线福北水道，出福北水道后从NO38号浮上线浏海沙水道，然后沿通州沙水道、白茆沙水道、宝山水道、外高桥水道进入长江南槽航道，该船舶在长江里航行尽量靠航道右侧上驶。

a. 在福北水道从 NO38 号浮上线进入浏海沙水道,渔汛期该段渔船较多,捕捞网具铺满江面;十一圩河口常有小船进出,应加强瞭望,注意其动态,NO39 号浮至 NO41 号浮北侧为海轮锚地,注意海轮进出。

b. 浏海沙水道至 NO30 号浮进入通州沙水道,NO30 号浮处注意进出南通港港作船的动态;夜间南通港码头区夜间灯光耀眼,应注意观察。渔汛期自 NO33 号浮至龙爪岩江面渔网似星罗棋布,应注意观察,且航船切莫驶入渔船密集区内。航道锚地:通沙锚地,通沙锚地西侧有青天礁岩区,船舶切忌驶入。

c. 通州沙水道航行至苏通大桥水域,苏通大桥桥区除主通航孔和专用通航孔外,其他水域为非通航水域,船舶应避开禁航区航行;在苏通大桥水域进出营船港航道、常熟航道、永钢航道以及正常在主航道航行的船舶,航行条件较为复杂,应加强瞭望、谨慎操作。

d. 航出苏通大桥水域进入白茆沙水道,白茆沙水道是长江著名的浅险水道之一,要注意安全;NO14 号浮左右通航浮至 NO15、16 号红浮之间是白茆沙中水道与白茆沙北水道上口交汇处,也是上行船与下行船的交会处,注意会船。需特别注意涨落潮流对船位的影响,防止碰压浮标。

e. 航行过白茆沙水道 1 号浮后进入宝山航道,此后是上海港辖区,应遵守上海港港章的规定。

f. 在吴淞口警戒区内航行的船舶应当依次遵守以下规则:避让进、出黄浦江的大型船舶;逆水船避让顺水船;小型船舶避让大型船舶。

g. 在宝山航道和外高桥航道航行时,应密切注意宝钢、外高桥码头出港的船舶动态。

②海上航行方法

船舶从长江南槽出口经过舟山、宁波外、温州外、宁德外至平潭大桥现场。

a. 舟山属于多岛水域且是靠近长江口水域,航道较密集,航行船舶较多,船舶应注意避让。舟山、宁波区域渔船较多且密集,渔船进出频繁,且夜晚灯光耀眼,船舶通过时需加强瞭望、注意安全。5 月—9 月是休渔期,9 月是开放渔期,此阶段需特别注意加强瞭望,确保航行安全。

b. 温州外航行时,离岸边保持 20 海里左右距离航行。温州外小岛附近水深较浅,且温州瓯江出港船舶较多。

c. 在宁德外延推荐航线行驶,注意航行安全。

d. 到达平潭外进入平潭大桥现场时,需加强瞭望;进入平潭航道时应注意航道附近的浅区,密切关注水流的转换。

(2)沿途气象条件分析概要

6 月—10 月为台风高发季节,基本为是偏南风;11 月—次年 3 月为冷高压南下频繁季节,基本为偏北风;3 月—4 月由于江淮气旋影响,在黄海及长江口一带都有多雾现象;3 月—5 月和 10 月—11 月为热低压控制和冷高压控制转换季节,所以在长江口一带和东海北部有时会产生旋转风,运输工作根据气象季节性特点,合理安排,及时、准确、高效、安全将节段运至桥址。

5.8.2 钢桁梁定位

1)起重船架设钢桁梁定位

"海鸥"号 3600t 起重船具备全桥钢桁梁节段架设作业能力,施工时注意钻孔平台靠船桩和防撞箱围堰影响,提前布置吊装图。

(1)起重船抛锚定位

以鼓屿门水道桥 Z05-Z06 号边跨大节段钢桁梁架设时的抛锚为例。"海鸥"号起重船位于线路右侧海域抛锚,原则为两个前侧锚垂直于起重船侧面抛设,其中靠长屿岛的边锚锚于岸上的 2 号地锚上(右侧),2 个前进锚均穿过栈桥直接抛设,大节段钢桁梁架设前 15d 需报备福州海事局,大节段钢桁梁吊装当天对鼓屿门航道进行封航,同时航道上下游均采用抛锚船警戒。"海鸥"号抛锚布置如图5-5-8-9所示。

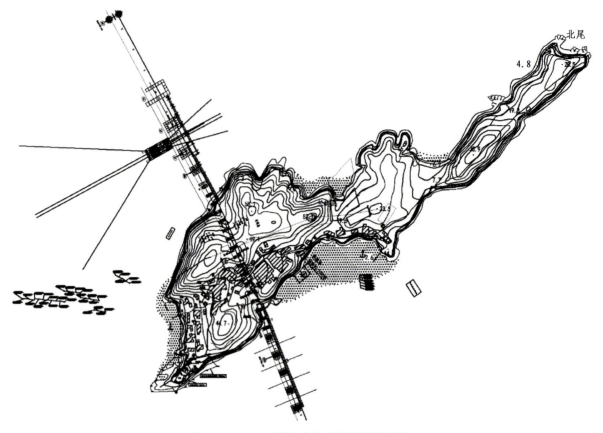

图5-5-8-9 E2-E8梁段"海鸥"号抛锚布置示意图

(2)运梁船抛锚定位

拖轮将运梁船拖至桥位海域,开动3号锚机,使起重船3号锚处于松软不受力状态时,运梁船缓缓行驶至起重船右前方,运梁船在自身正前方抛设单个临时锚,然后拖轮退出,并利用抛锚艇依次挂设预先抛设的4个锚链,再通过绞锚使运梁船转向至船体与桥中心线平行,并调整各锚绳使运梁船位于起重船正前方下,细调整锚链完成运梁船的精确定位,运梁船抛锚布置如图5-5-8-10所示。

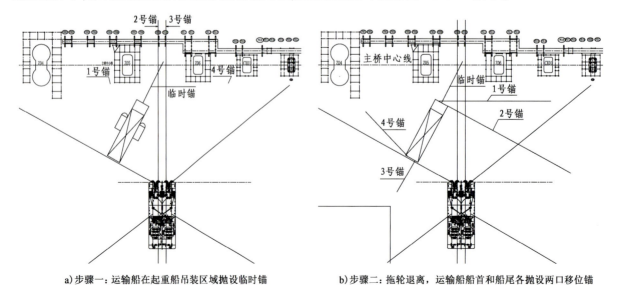

a)步骤一:运输船在起重船吊装区域抛设临时锚　　b)步骤二:拖轮退离,运输船船首和船尾各抛设两口移位锚

图 5-5-8-10

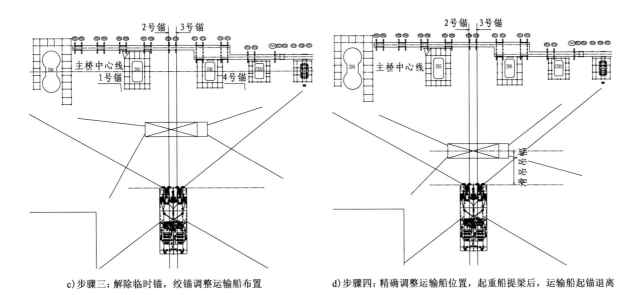

c) 步骤三：解除临时锚，绞锚调整运输船布置　　d) 步骤四：精确调整运输船位置，起重船提梁后，运输船起锚退离

图 5-5-8-10　梁段架设时运梁船抛锚布置

2）架梁吊机架设钢桁梁定位

采用 1100t 架梁吊机悬臂架设钢桁梁时，由两艘拖轮将运梁船拖至桥位海域，并利用抛锚船依次挂设预先抛设的 4 个锚链，将钢桁梁定位在 1100t 架梁吊机正下方，需注意钢桁梁方向，架梁吊机架设钢桁梁时通过锚链微调运梁船，使得钢桁梁吊耳正对架梁吊机吊具。

5.9　钢桁梁架设

5.9.1　元洪航道桥钢桁梁架设

1）整体架设方案

根据前述钢桁梁架设方案比选研究，元洪航道桥钢桁梁在工厂焊接成稳定的整节段，根据架设方案拼接成为 2 节间、2.5 节间和 4 节间长度的整节段，再通过驳船运输到桥址水域。墩位处设置辅助架梁托架，由大型起重船安装墩顶节段钢桁梁，架梁吊机双悬臂架设其余节段钢桁梁，每悬臂架设一个梁段须安装 2 层斜拉索，钢桁梁架设总体布置如图 5-5-2-1 所示。施工工艺流程如图 5-5-9-1 所示。

具体施工步骤如下：

（1）步骤一

①基础及主塔、墩身施工。

②主塔下横梁施工完毕后，利用起重船安装墩旁托架。

③中塔柱施工完成后，起重船站位于辅助跨，在墩旁托架上架设钢桁梁起始 7 个节间（共 4 吊，架设顺序：吊装 SE26—SE27→往中跨滑移 5 节间→吊装 SE25→往中跨滑移 4 节间→吊装 SE23—SE24→往中跨滑移 2 节间→吊装 SE21—SE22）。

④安装主塔支座及塔梁临时锁定装置（利用主塔抗风牛腿，将塔梁纵向锁定及主梁悬臂抗风相结合）。主塔钢桁梁起重船吊装架设如图 5-5-9-2 所示。

（2）步骤二

①利用起重船整体吊装架梁吊机。

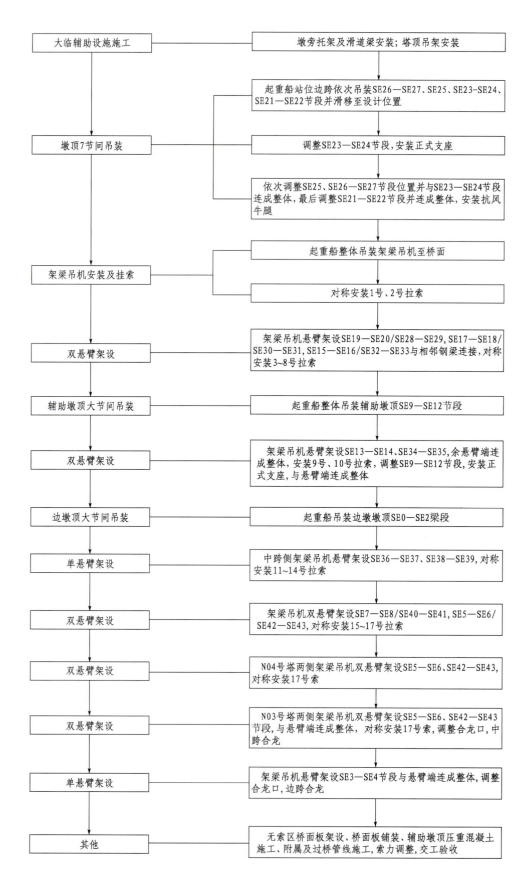

图 5-5-9-1 钢桁梁架设施工工艺流程

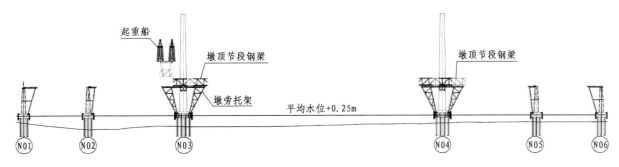

图 5-5-9-2 主塔钢桁梁起重船吊装架设

②挂设第一、第二层斜拉索。

③架梁吊机试吊。起重船整体吊装架梁吊机如图 5-5-9-3 所示。

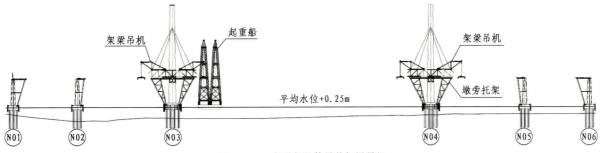

图 5-5-9-3 起重船整体吊装架梁吊机

(3) 步骤三

①架梁吊机双悬臂对称架设钢桁梁,每两个节间为一个吊装单元,每架设完一个吊装单元后挂设两层斜拉索,然后架梁吊机前移两个节间。

②按照本步骤第 1 条利用架梁吊机架设 4 个钢桁梁节段(8 个节间),直至边跨 SE13—SE14 节段、中跨 SE34—SE35 节段架设完成。架梁吊机双悬臂对称架设钢桁梁如图 5-5-9-4 所示。

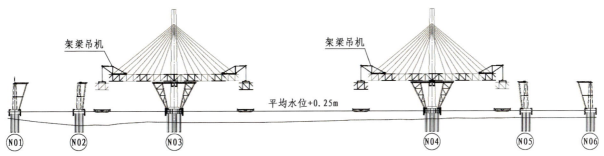

图 5-5-9-4 架梁吊机双悬臂对称架设钢桁梁

(4) 步骤四

①辅助墩墩旁托架上安装钢桁梁纵移及竖向起顶装置。

②如图所示利用起重船将辅助墩顶 4 节间钢桁梁预先吊装放置于辅助墩顶墩旁托架上,并往边跨预偏 0.7m。

③利用辅助墩顶钢桁梁纵移装置,将辅助墩顶 4 节间钢桁梁往主跨侧纵移与悬臂端钢桁梁合龙。辅助墩及边墩墩顶钢桁梁起重船吊装架设如图 5-5-9-5 所示。

④边墩墩旁托架上安装钢桁梁纵移及竖向起顶装置,利用起重船将边墩顶 2.5 节间钢桁梁预先吊装放置于墩旁托架上,并适当往边跨预偏。

(5) 步骤五

主跨侧架梁吊机继续架设 2 个钢桁梁节段(4 节间),每架设一节段钢桁梁对称挂设两层斜拉索,然后架梁吊机前移两节间,直至架设至图示状态。主跨侧跨中钢桁梁架梁吊机架设如图 5-5-9-6 所示。

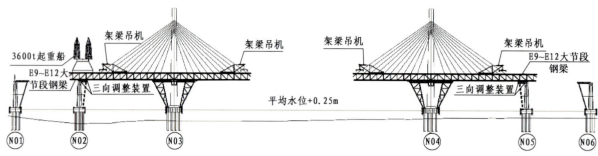

图 5-5-9-5　辅助墩及边墩墩顶钢桁梁起重船吊装架设

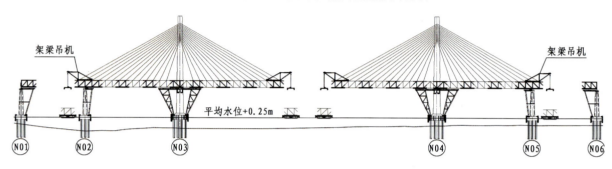

图 5-5-9-6　主跨侧跨中钢桁梁架梁吊机架设

（6）步骤六

①继续利用架梁吊机双悬臂架设钢桁梁至中跨合龙段（N03 号墩两侧对称架设 1 个钢桁梁节段，N04 号墩两侧对称架设 2 个钢桁梁节段）。

②对两侧主梁进行调整，使合龙节间满足吊装要求。

③利用 N03 号墩中跨侧架梁吊机起吊合龙段钢桁梁，并与 N03 号墩侧钢桁梁连接成整体，同时 N03 号墩边跨侧架梁吊机起吊 SE5—SE6 钢桁梁并与悬臂端钢桁梁连接成整体。

④观测、调整中跨合龙口的竖向高程、平面位置、倾角，三向匹配后完成中跨合龙，并按监控指令完成体系转换。架梁吊机架设中跨合龙段钢桁梁如图 5-5-9-7 所示。

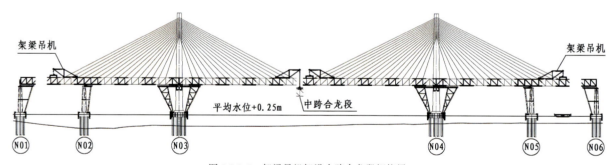

图 5-5-9-7　架梁吊机架设中跨合龙段钢桁梁

（7）步骤七

①挂设 N03 号塔最后一层斜拉索。

②架梁吊机吊装边跨合龙段 SE3—SE4，并与悬臂端钢桁梁连成整体。架梁吊机吊装边跨合龙段如图 5-5-9-8 所示。

③观测、调整边跨合龙口的竖向高程、平面位置、倾角，三向匹配后完成边跨合龙，完成全桥钢桁梁架设。

（8）步骤八

①吊装边跨无索区预制混凝土板，进行混凝土板湿接缝施工。吊装边跨无索区预制混凝土板如图 5-5-9-9 所示。

②拆除大型临时设施,完成桥面铺装及附属结构、过桥管线的安装。

③全桥索力调整。

④成桥荷载试验。

⑤交工验收。

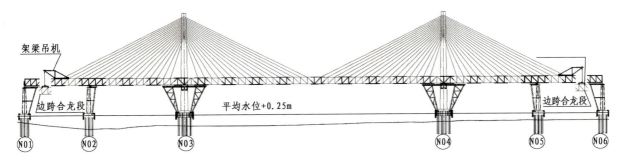

图 5-5-9-8　架梁吊机吊装边跨合龙段

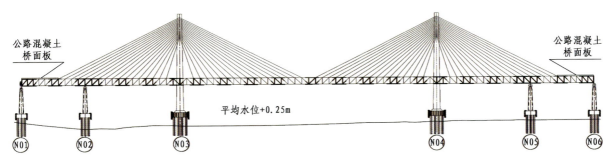

图 5-5-9-9　吊装边跨无索区预制混凝土板

2）主塔墩顶节段架设

主塔墩顶 7 节间钢桁梁均采用起重船分 4 节段整体吊装,整体吊装顺序:SE26—SE27→SE25→SE23—SE24→SE21—SE22。N04 号墩位受施工平台影响,起重船仅能站位于桥跨北侧吊装,N03 号墩位起重船站位桥跨南北侧均可吊装。主塔墩顶节段吊装流程如图 5-5-9-10 所示。

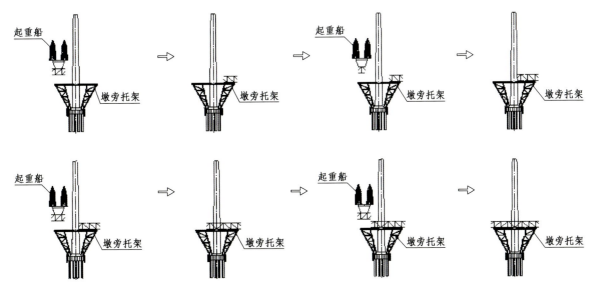

图 5-5-9-10　主塔墩顶节段吊装流程示意图

（1）吊装前,在边跨侧滑道梁落梁区域合理布置三向千斤顶调整装置。在垫石旁倒用型钢或混凝土预制块设置支座横向滑道,将主塔处支座吊至垫石旁的滑道上,滑道布置如图 5-5-9-11 所示。

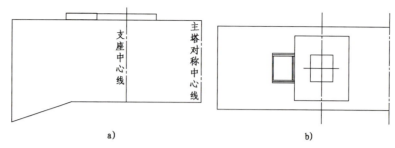

图 5-5-9-11 主塔支座滑道布置

风浪较小时(风力不大于 7 级,浪高不大于 2.0m,流速不大于 1.5m/s),起重船边跨侧横桥向站位起吊 SE26—SE27 钢桁梁节段,起重船缓慢松钩,钢桁梁两端支撑于墩旁托架上,测量钢桁梁偏位情况,再通过偏位情况调整三向调整系统位置及方向。通过三向调整系统调整钢桁梁横向位置及竖向位置,将落梁垫块底口的缓冲橡胶块拆除更换为滑块。滑道梁顶安装 200t 连续拖拉千斤顶及拖拉钢绞线,滑道梁顶面清理并涂抹黄油。启动连续千斤顶将 SE26—SE27 节段滑移至设计位置,如图 5-5-9-12 所示。

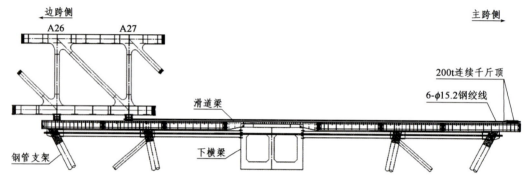

图 5-5-9-12 SE26—SE27 节段安装示意图

(2)在边跨侧落梁区域合理布置三向调整装置。风浪较小时,起重船站位同上吊装 SE25 节段。SE25 节段出厂运输前须按设计图纸设置临时竖杆,为保证钢桁梁节段的抗倾覆稳定性,SE25 节段与 SE26—SE27 节段间拼接板带至 SE25 节段上,SE25 节段与 SE23—SE24 节段间拼接板带至 SE23—SE24 节段上。起重船缓慢松钩落梁,同上拖拉 SE25 节段至设计位置,暂时与 SE26—SE27 节段不连,如图 5-5-9-13 所示,钢桁梁节段临时撑杆如图 5-5-9-14 所示。

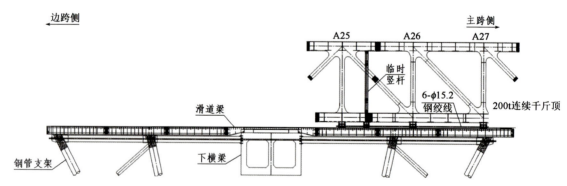

图 5-5-9-13 SE25 梁段安装示意图

为考虑 SE25 节段钢桁梁抗倾覆稳定性,须将 SE23—SE24 节段与 SE25 节段间连接板带至 SE23—SE24 节段上,将 SE25 节段与 SE26—SE27 节段间连接板带至 SE25 节段上。但 N03 钢桁梁节段已总拼完成,已将 SE23—SE24 节段与 SE25 节段间连接板带至 SE25 节段上,SE25 节段与 SE26—SE27 节段间连接板未带至 SE25 节段上,采用在临时竖杆对应位置增加配重方案,保证抗倾覆稳定性。若拆除已带连接板,则须在临时竖杆对应位置配重 20t,若不拆除已带连接板,则须在临时竖杆对应位置配重 50t。

临时竖杆拆除时需先将临时竖杆与钢桁梁上弦连接,拆除临时竖杆与下弦连接螺栓,用 2 台 10t 导链固定临时竖杆下端,拆除临时竖杆上端连接螺栓,将临时竖杆放置与横梁顶面,采用塔式起重机将临时竖杆吊至运输船。

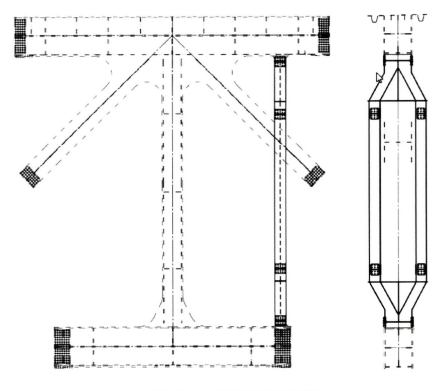

图 5-5-9-14　SE25 梁段临时撑杆结构

(3) 同上吊装 SE23—SE24 节段钢桁梁。受支座处梁高影响,SE23—SE24 节段钢桁梁落梁后高出设计高程 230mm,在图示位置安装三向千斤顶精确调整 SE23—SE24 节段至设计位置,拆除 E24 节点下方的滑块,将主塔正式支座横向滑移至设计位置,安装支座。SE23—SE24 节段三向千斤顶安装示意图如图 5-5-9-15 所示。

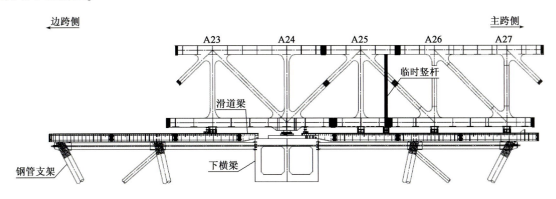

图 5-5-9-15　SE23—SE24 梁段三向千斤顶安装示意图

(4) 割除垫石上方部分滑道梁,如图 5-5-9-16 所示。在 E23、E24 节点下方设置三向调整系统,三向千斤顶安装时在纵桥向离 E23 节点中心两侧 1.5m 处均可以布置三向调整系统,三向千斤顶布置断面图及立面图分别如图 5-5-9-17、图 5-5-9-18 所示。E24 节点处只能布置在辅助跨。精确调整 SE23—SE24 节段平面位置及高程。拆除 E24 节点下方滑块,将主塔正式支座横向滑移至设计位置,安装支座,位能法灌浆。支座安装完成后,割除垫石上方剩余滑道梁。

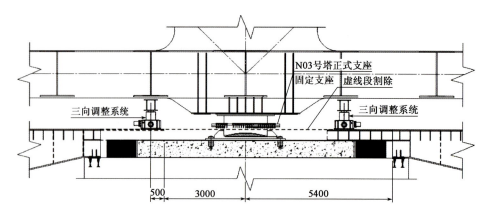

图 5-5-9-16 垫石顶滑道梁切割及支座安装(尺寸单位:mm)

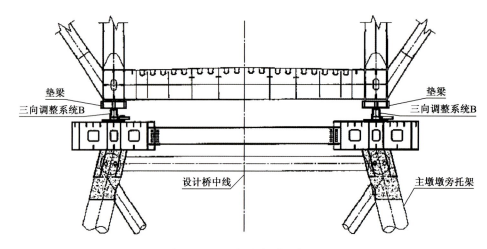

图 5-5-9-17 三向千斤顶布置断面图

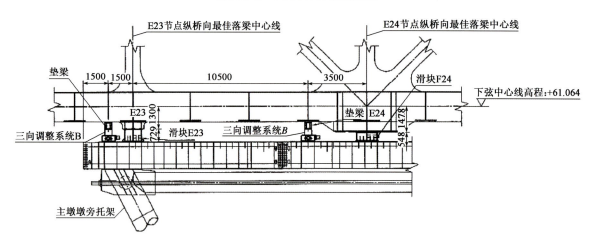

图 5-5-9-18 三向千斤顶布置立面图(尺寸单位:mm)

(5)安装 N04 阻尼器双耳座,利用阻尼器位置设置临时拉压杆作为主跨施工时的纵向限位,两侧分别设有 4 根阻尼器,单根阻尼器可承受 250t,如图 5-5-9-19 所示。N03 采用永久固定支座纵向限位。

(6)同上吊装 SE21—SE22 梁段,通过三向调整系统调整钢桁梁横向位置及竖向高程,并与 SE23—SE24 梁段连成整体。

(7)在 SE25 节段下方布置三向调整系统,通过三向调整系统调整 SE25 节段与 SE23—SE24 节段合龙口三向位置,将 SE25 节段与 SE23—SE24 节段连成整体。上弦、斜杆、下弦顶板和腹板连接后拆除 SE25 节段临时竖杆及下方滑块。然后在 SE26—SE27 节段下方布置三向调整系统,调整 SE26—SE27

钢桁梁节段与SE25节段间合龙口三向位置,将SE26—SE27梁段与SE25梁段连成整体,如图5-5-9-20所示。安装主塔墩顶E23—E24节段及E25节段副桁上弦杆侧抗风牛腿,并与两侧塔壁抄垫顶紧。

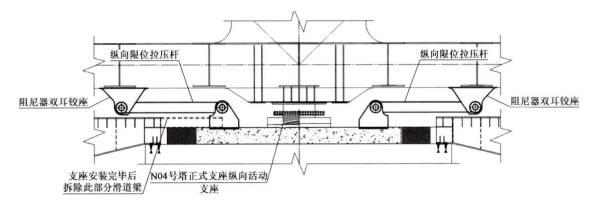

图5-5-9-19 临时纵向限位拉杆杆安装示意图

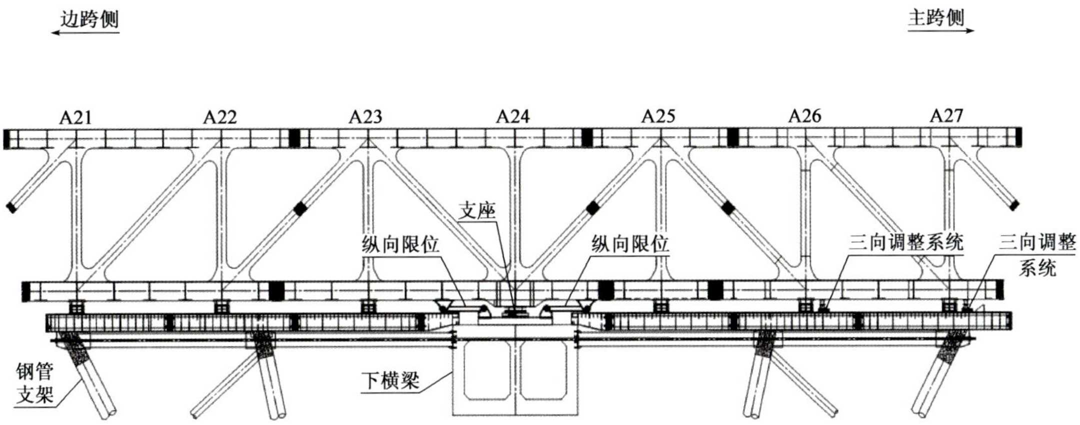

图5-5-9-20 墩顶节段连成整体示意图

3）架梁吊机安装及调试

元洪航道桥钢桁梁悬臂架设所用1100t架梁吊机均在后场码头拼装,先利用塔式起重机将架梁吊机吊具吊放至已架设钢桁梁公路桥面上,然后采用起重船将主体结构在码头整体起吊,再运输并安装到钢桁梁上,最后安装架梁吊机吊具。

(1) 1100t架梁吊机专用吊具

为连接架梁吊机与起重船吊钩,架梁吊机吊装设专用吊具,吊具结构主要包括销轴、吊耳、吊具分配梁、垫梁、精轧螺纹钢筋及限位等。起吊时吊具总体布置如图5-5-9-21所示。

吊具分配梁采用2HN900×300mm型钢,耳板范围内外侧腹板贴16mm钢板局部加强,吊耳及其加劲板与吊具分配梁之间均采用坡口焊焊接。销轴采用墩顶节段钢桁梁吊装吊具销轴,单套吊具需要2套销轴及螺母。垫梁采用2I32a型钢+20mm上下贴板,贴板与型钢间采用坡口焊焊接,垫梁锚固精轧螺纹钢筋采用ϕ40mm(强度标准值为1080MPa)精轧螺纹钢筋。吊具结构与架梁吊机上、下纵梁支架设置20mm橡胶垫及横向限位结构,横向限位与吊具及纵梁之间采用h_f=10mm双面角焊缝焊接。前后吊点吊具如图5-5-9-22所示。

(2) 架梁吊机拼装及吊装

架梁吊机在码头整体拼装成整体。

架梁吊机采用3600t起重船两副钩吊装,吊装重量为371.2t(不包括其自身吊具,重量为48.5t),起重船拔杆角度为55°,副钩吊幅为76.8m。架梁吊机前吊点荷载为212.3t,后吊点荷载为158.9t,单套吊装吊具重为 13.2t,前后吊点各一套。吊装时起重船两主钩需采用钢丝绳临时连接,防止摆动撞击钢丝绳。架梁吊机前、后吊点间距为 24m,前吊点距竖杆中心线距离为 3.5m,距理论重心距离 10.276m,后吊点距理论重心距离为 13.724m。吊点横向间距为 15m。前吊点钢丝绳采用 ϕ120mm 钢丝绳,走 2 布置,吊点与起重船吊钩间垂直距离 $10m \leq h_1 \leq 14m$;后吊点钢丝绳采用 ϕ80mm 钢丝绳走 2 布置,吊点与起重船吊钩间垂直距离 $h_2 \geq 20m$。架梁吊机吊装立面布置如图 5-5-9-23 所示。

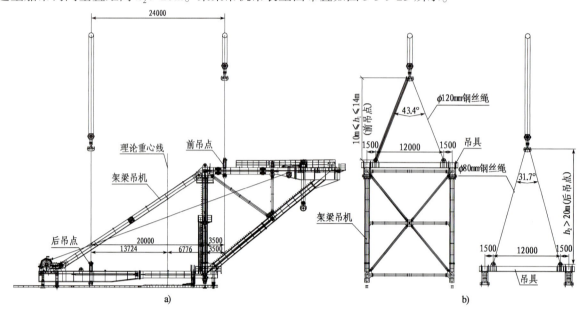

图 5-5-9-21 前后吊点吊具结构总体布置(尺寸单位:mm)

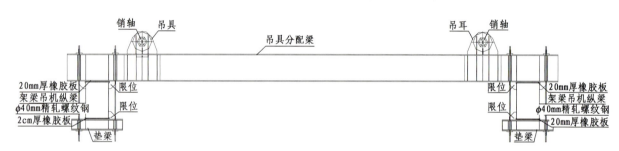

图 5-5-9-22 前后吊点吊具

图 5-5-9-23 架梁吊机吊装实例

为防止架梁吊机吊具摆动,将架梁吊机的吊具事先拆除并吊放至桥面,放置在架梁吊机初步吊装的后方,不影响架梁吊机的吊装。待架梁吊机安装就位后,再利用塔式起重机安装吊具。

(3)安装就位

①N03 号墩架梁吊机吊装时,起重船分别位于边跨侧、中跨侧进行吊装至设计位置,架梁吊机吊装就位时起重船占位如图 5-5-9-24 所示。

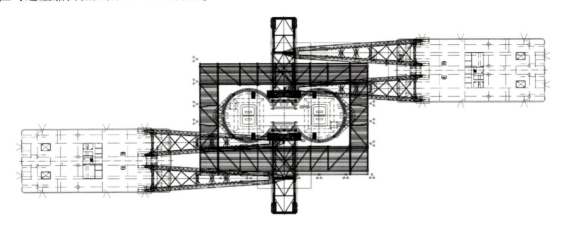

图 5-5-9-24　N03 号墩架梁吊机吊装占位

②N04 号墩架梁吊机吊装时,起重船位于北侧吊装大小里程架梁吊装至设计位置,架梁吊机吊装就位时起重船占位如图 5-5-9-25 所示。

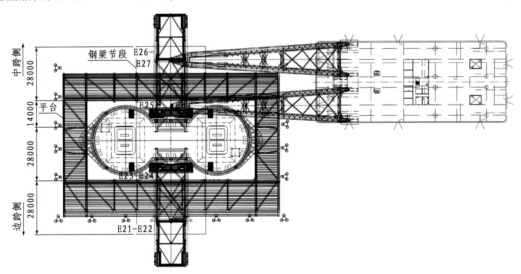

图 5-5-9-25　N04 号墩架梁吊机吊装占位(尺寸单位:mm)

③3600t 起重船移动位置将整机送到安装位,起吊时绑扎的麻绳安排人员拉住,整机开始下降。

④下降至桥面 100mm 后整机停止下降,再次调整架梁吊及纵移轨道的姿态。

⑤吊装完成后,架梁吊机前移走行至主跨侧设计位置。

对称挂设第 1、2 层斜拉索,拆除 E21、E22、E23、E25、E26 及 E27 节点下方钢桁梁垫块或滑块,完成架梁吊机试吊调试,如图 5-5-9-26 所示。

4)中跨和辅助跨双悬臂对称架设

采用架梁吊机双悬臂对称架设钢桁梁节段 SE15—SE20/SE28—SE33,共 6 个节段。每两个节间为一个吊装单元,每节段间桁架采用高强度螺栓连接,公路及铁路桥面板间采用坡口焊接连接。边跨侧钢桁梁预拱度采用设计预设结构线形的方法实现,辅助跨侧及主跨采用下弦长度不变,加长或缩短上弦节间长度方法实现,伸长或缩短的值通过调整上弦杆件拼接板的拼接缝间距实现。

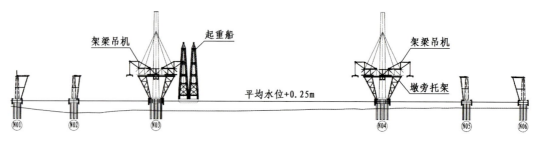

图 5-5-9-26　架梁吊机及第 1、2 层拉索安装示意图

架设时先对接副桁和上弦杆,待高强度螺栓施工完成后再对接斜杆,待斜杆高强度螺栓全部施拧完成后,吊机适当松钩配合下弦法向对拉合龙下弦,待钢桁梁节段对接高强度螺栓和焊缝施工完毕后方能松钩。每架设完一个吊装单元后对称挂设张拉 2 层斜拉索,然后架梁吊机前移两个节间,直至完成第 3~8 层斜拉索安装,如图 5-5-9-27 所示。

图 5-5-9-27　架梁吊机双悬臂对称架设实例

5)辅助墩墩顶节段架设

架设前将辅助墩(N02/N05)墩顶支座吊装至墩顶,在辅助墩墩顶及墩旁托架上落梁区域合理布置三向调整系统,采用"海鸥号"3600t 起重船将辅助墩顶 SE9—SE12(4 节间)大节段钢桁梁吊装放置于辅助墩顶墩旁托架上,通过三向调整装置往边跨侧预偏 0.7m。

架梁吊机悬臂架设 SE13—SE14/SE34—SE35 节段并对称挂设第 9 层、第 10 层斜拉索。辅助墩墩旁托架上落梁区合适位置布置三向调整系统,风浪较小时,起重船横桥向站位吊装辅助墩墩顶 E9—E12 大节段钢桁梁,起重船缓慢松钩,钢桁梁一端支撑于辅助墩顶,一端支撑于墩旁托架上,测量钢桁梁偏位情况,再根据偏位情况调整 E10 及 E11 节点处三向调整系统安装位置及方向;观测、辅助跨合龙口的竖向高程、平面位置及倾角偏差,利用索力调整以及 E10、E11 节点下方三向调整系统调整合龙口两端钢桁梁姿态,三向匹配后完成辅助墩顶 4 节间钢桁梁与悬臂端钢桁梁合龙。安装辅助墩(N02/N05)墩顶支座。辅助墩墩顶钢桁梁架设示意如图 5-5-9-28 所示。

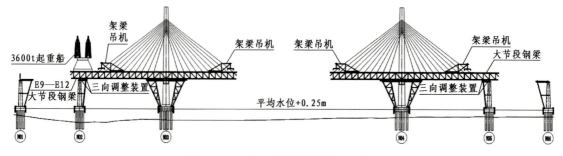

图 5-5-9-28　辅助墩墩顶钢桁梁架设示意图

6）压重段钢箱

在辅助墩 N02/N05 号墩墩顶两侧各 3 个节间及 E7—E13 节间范围内设压重段,压重荷载 264kN/m。压重结构采用钢板封闭桥面底板,形成封闭的箱室,箱室处的横梁腹板及底板设置纵向和横向加劲肋进行加强。压重物采用普通素混凝土灌注于箱室内。在桥面顶板开混凝土灌注孔,灌注完后焊接封闭施工用孔,使钢箱内部达到气密防腐的效果。

7）中跨侧悬臂架设

主跨侧架梁吊机架悬臂架设 2 个梁段 SE36—SE37、SE38—SE39,每架设一个梁段对称挂设 2 层斜拉索,架梁吊机前移 2 个节间,完成第 11~14 层斜拉索挂设。

8）边墩墩顶节段架设

架设前将边墩(N01/N06)墩顶支座吊装至墩顶,在边墩墩顶及墩旁托架上落梁区域合理布置三向调整系统,采用"海鸥号"3600t 起重船吊装边墩顶 SE0—SE2(2.5 节间)大节段钢桁梁,起重船缓慢松钩,钢桁梁一端落于墩顶,另一端落于墩旁托架上。通过三向调整装置调整钢桁梁横向位置、竖向高程,并将钢桁梁节段往边跨侧预偏适当距离,如图 5-5-9-29 所示。

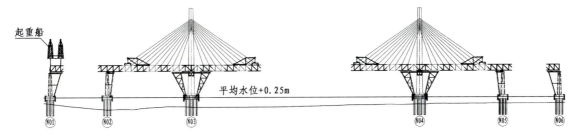

图 5-5-9-29 边墩墩顶钢桁梁架设示意图

9）中跨和边跨双悬臂对称架设

采用架梁吊机双悬臂对称架设钢桁梁节段,N03 号墩两侧对称架设 SE7—SE8/SE40—SE41 梁段,对称挂设第 15 层、第 16 层斜拉索。N04 号墩两侧对称架设 SE5—SE8/SE40—SE43 梁段,对称挂设第 15~17 层斜拉索,如图 5-5-9-30 所示。

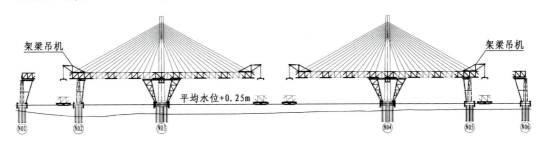

图 5-5-9-30 双悬臂钢桁梁架设示意图

10）中跨合龙段架设

(1)钢桁梁节段双悬臂架设

①在此工况下进行 72h 连续观测气温变化、合龙段间距变化及其变化规律,观测频率 1 次/h,根据测量状态确定 N04 桥塔侧钢桁梁沿桥轴线方向的顶推距离,保证合龙口架设空间较设计距离大 10cm。以 N03 侧钢桁梁悬臂端轴线偏位为基准,调整 N04 侧钢桁梁悬臂端轴线偏位(相对差值小于 1cm),纵桥向偏移采用桥塔处 400t 千斤顶顶推装置调整,并做好钢桁梁与主塔的监测。抗风牛腿处液压顶顶推实物如图 5-5-9-31 所示。

图 5-5-9-31　抗风牛腿处液压顶顶推实物示意图

②运梁船运输合龙段及边跨 SE5′—SE6′节段钢桁梁至桥位处，拖轮及抛锚船辅助在待吊位置抛锚定位。N04 桥塔边跨侧架梁吊机起吊 SE5′—SE6′节段，中跨侧架梁吊机起吊合龙段 SE42′，对称悬臂架设，如图 5-5-9-32、图 5-5-9-33 所示。

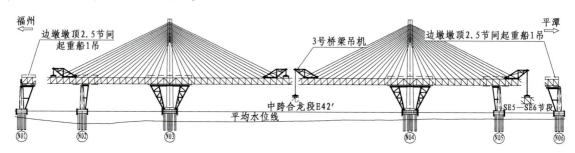

图 5-5-9-32　合龙节段 SE42′及 SE5′—SE6′节段吊装示意图

图 5-5-9-33　元洪航道桥合龙段吊装实景

③合龙段 SE42′与 N04 桥塔中跨侧钢桁梁悬臂端对接，各杆件接头仅插打 50％冲钉，SE5—SE6 节段与 N04 桥塔边跨侧钢桁梁悬臂端对接。N04 桥塔中跨侧架梁吊机后退至与 N03 桥塔中跨侧架梁吊机对称位置或根据监控计算和实际情况确定具体站位。

④测量合龙口状态，调整控制中线、纵向间距及高程。控制要求：保证主桁平面中线差小于 2mm；两悬臂端间隔距离与设计尺寸的差为（0，+100）mm；两悬臂端高程一致，转角匹配。

总体按先横向、再竖向、后纵向的顺序进行合龙口调整。中线（横向）调整方法：可通过斜拉索索力调整和对拉导链来实现。间距（纵向）通过 N04 桥塔抗风牛腿处 400t 千斤顶顶推和温度变化来实现，将合龙口间距误差调整至（0，+100）mm。高程调整方法：通过调整架梁吊机站位、梁面门式起重机等临时荷载和斜拉索共同调整,使两悬臂端高程一致。

⑤根据气温监测情况,选择气温稳定的时段,进行合龙。总体按先主桁下弦杆、再主桁上弦杆,其次副桁上弦杆,后斜杆的顺序依次合龙。

通过索力调整,移动桥面临时荷载,使合龙口两侧横向和竖向偏差变小接近合龙要求,再在合龙口利用倒链精调,消除横向和竖向偏差,安装长圆孔合龙销,通过反复精调完成主桁上下弦杆四处的长圆孔合龙销安装(此时悬臂端间隔距离与设计尺寸的间距误差为(0, +100)mm。

通过调整 N04 桥塔侧的顶推装置,进行纵移微调,当偏差在 0.5mm 以内时,安装主桁下弦杆圆孔合龙销,再精调主桁上弦杆间隙至当偏差在 0.5mm 以内时,安装主桁上弦杆圆孔合龙销,随机抽出长圆孔合龙销轴。

依次在主桁下弦杆、上弦杆及斜杆的合龙点打入螺栓孔眼 50% 的冲钉,副桁处采用尖头冲钉逐步打入,若存在偏差时,可利用架梁吊机、桥面门式起重机或斜拉索调整,使副桁精确合龙对位,并插打 50% 冲钉。最后对合龙段两侧环口的对接杆件进行高强度螺栓施工,同时退出圆孔内合龙销。

合龙口高强度螺栓施工完成后,进行铁路及公路桥面嵌补段施焊,挂设安装 N04 桥塔 17 号斜拉索,并按监控指令进行张拉。主桁下弦杆合龙施工销轴安装实例如图 5-5-9-34 所示。

图 5-5-9-34 主桁下弦杆合龙施工销轴安装实例

(2)中跨合龙计算

根据设计图纸,建立全桥空间模型,对中跨合龙口敏感性进行分析计算,然后确定中跨合龙调整措施及合龙顺序。

通过对钢桁梁合龙前结构状态、N04 号塔限位拆除前合龙口状态及不考虑摩擦力 N04 号塔拆除纵向限位后合龙口状态、索力调整、钢桁梁合龙口上下弦杆施加力以及环境温度的影响下合龙口位移变化量分析,最终得出合龙口敏感性分析重点考虑竖向位移及纵向位移的影响,敏感性分析见表 5-5-9-1。

敏感性分析汇总表　　表 5-5-9-1

影响因素		分析指标		
		竖向位移	纵向位移	横向位移
		mm	mm	mm
MS17 号索力增加	3 号塔索力增加 250kN	10.5	0.5	0
	4 号塔索力增加 250kN	15.6	-1	0
含龙口两侧压重	3 号塔侧压重 250kN	-33.9	1.2	0
	4 号塔侧压重 250kN	-39.5	2.6	0
4 号塔支座处顶推	4 号塔支座处顶推 2×1000kN	8.9	-77	0
合龙口下弦杆对拉	合龙口下弦杆对拉 2×1000kN	7.6/18.9	-81.4	0
合龙口横向对拉	合龙口横向对拉 100kN	0	0	41.6
合龙口竖向对拉	合龙口竖向对拉 2×100kN	6.2	0	0
环境升温	整体升温 10℃	-19.1/-4.3	-65.5	0
上弦合龙后,下弦杆对拉或增加索力	下弦对拉 2×1000kN	12.9	-5.5	0
	MS17 号索索力增加 600kN	25.8	-5.9	0

注:表中敏感性分析数据中,竖向位移以调整前位移上抬为正,若竖向位移变化量为两个值,则分别代表 N03 号塔侧/N04 号塔侧;纵向位移以合龙口张口为正。

(3) 钢桁梁合龙口敏感性分析结论

①钢桁梁主塔处顶推、合龙口处对拉对钢桁梁合龙口纵向位移调整效果基本相当,但合龙口处对拉对钢桁梁竖向位移有一定影响(影响梁端倾角),总体来说两种措施对合龙口纵向调整效果基本相当,现场根据施工便捷性考虑纵向位移方案。

②钢桁梁纵向调整敏感性较高,调整措施力需先克服支座处摩擦力影响,钢桁梁架设过程中可对边跨侧斜拉索适当超张拉,以减小边跨钢桁梁支座压力,方便纵向调整,但超张拉后需满足纵向限位拆除后钢桁梁仍处于静止状态。

③钢桁梁若上弦合龙后再调整下弦杆合龙口纵向位移,则难度稍大。建议弦杆对接前须通过斜拉索调整合龙口上下弦杆间张口,并保证上下弦杆张口一致。

④钢桁梁纵向合龙调节与竖向调节无明显相关性,施工中可独立考虑。

⑤钢桁梁若采用等温度升高来调整纵向位移则须在白天进行合龙。该计算中仅考虑的体系升降温对合龙影响,对白天日照产生的局部温差影响尚未计算,局部温差会引起竖向变位及转角变化,无法十分精确地进行测试与计算,仅在合龙纵向口位移基本匹配后再利用温度变化精确合龙。

(4) 合龙顺序结论

根据以上钢桁梁合龙口敏感性分析结论,钢桁梁合龙按如下顺序进行:

①斜拉索调索或压重,保证钢桁梁合龙口转角相匹配,上下弦杆纵向张口一致。

②通过主塔处顶推或合龙口处对拉调整钢桁梁纵向位移。

③通过接头间竖向对拉(或者斜拉于本侧上下弦杆节点处)、横向对拉调整合龙口两侧钢桁梁高差及横向偏差。

11) 边跨合龙段架设

(1) 整体方案

完成边墩墩顶大节段 SE0—SE2 钢桁梁与悬臂段 SE5—SE6 节段钢桁梁施工后,边跨侧架梁吊机前移 28m,吊装边跨合龙段 SE3—SE4,并与悬臂端钢桁梁连成整体。观测边跨合龙口的高程、平面偏位及倾角偏差,利用索力调整以及 SE0—SE2 节段 E0、E2 节点下方的三向调整系统调整合龙口两端钢桁梁姿态,三向匹配后完成边跨合龙,合龙架设示意图如图 5-5-9-35 所示。

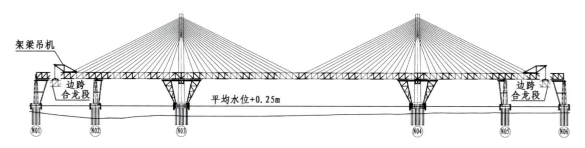

图 5-5-9-35 元洪航道桥边跨合龙吊装架设示意图

(2) 施工步骤

①测量 SE3—SE4 合龙段吊装前合龙口的状态,采用三向千斤顶将边墩墩顶段钢桁梁尽可能向边跨侧偏移,保证合龙口吊装间距较设计理论距离不小于 10cm。

②运梁船运输合龙段钢桁梁至桥址待装位置下方,垂直桥轴线方向站位,通过拖轮及抛锚艇辅助抛锚定位。

③边跨侧架梁吊机起吊 SE3—SE4 及 SE3′—SE4′节段,并与钢桁梁悬臂端连接,拼接顺序按先主桁下弦杆,再上弦杆,其次副桁上弦杆,后斜杆的顺序连接。

④观测调整合龙口姿态,通过三向千斤顶调整墩顶节段,斜拉索索力调整及临时荷载配重辅助调整

悬臂端,使合龙口三向匹配,然后插打冲钉,安装高强度螺栓,并施拧,再进行公路及铁路桥面嵌补段施工。最后安装边墩支座,位能法灌浆。

(3)边跨合龙计算

根据设计图纸,建立全桥空间模型,计算钢桁梁边跨合龙时合龙口两侧钢桁梁姿态,并确定合龙调整措施及合龙顺序。

悬臂端钢桁梁架设至边跨合龙口时,悬臂段钢桁梁下弦节点位移为 –140mm,支架上钢桁梁 A0 节点落梁 55mm 后合龙口两端钢桁梁倾角匹配,托架上钢桁梁再整体落梁 153mm 后合龙口上下弦杆竖向高程匹配,此时上弦杆水平位移差为 38mm,下弦水平位移差为 27mm,托架上钢桁梁反向顶推,先合龙下弦,适当顶梁后合龙上弦,再合龙斜杆。边跨合龙竖向位移计算如图 5-5-9-36 所示。

图 5-5-9-36　边跨合龙竖向位移计算(单位:mm)

5.9.2　鼓屿门水道桥钢桁梁架设

1)整体架设方案

根据整体架设方案将鼓屿门水道桥钢桁梁节段划分为 1.5 节间、2 节间、3 节间、7 节间,工厂焊接完成后再通过驳船运输至桥址水域,主塔墩顶 SE21—SE22 和 SE19—SE20 节段由起重船吊装至中跨侧墩旁托架上,然后将落梁垫块转换成移梁滑块,通过 200t 连续千斤顶滑移至设计位置。SE23—SE24 节段、辅助跨、边跨墩顶节间、辅助跨和边跨大节段由起重船直接吊装至墩旁托架上,由三向千斤顶调整至设计位置与相邻节段连接。

架梁吊机悬臂架设其余节段钢桁梁,每悬臂架设一个梁段须安装 2 层斜拉索,钢桁梁架设总体布置如图 5-5-2-6 所示。

施工步骤如下:

(1)步骤一

①基础及主塔、墩身施工。

②主塔下横梁施工完毕后,利用起重船安装墩旁托架。起重船安装墩旁托架如图 5-5-9-37 所示。

(2)步骤二

①如图 5-5-9-38 所示,在边墩托架上安装钢桁梁纵横移装置及竖向起顶装置。

②3600t 起重船吊装边墩顶 SE0—SE1 钢桁梁节段(1.5 节间,质量约 663t)至墩旁托架上。

③起重船松钩,通过纵横移装置及竖向千斤顶调整钢桁梁的纵横向位置、竖向高程,并将钢桁梁往边跨侧预偏 0.5m。

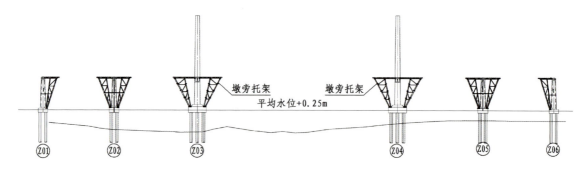

图 5-5-9-37　起重船安装墩旁托架

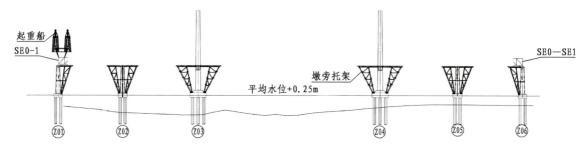

图 5-5-9-38　边跨墩顶钢桁梁起重船吊装架设

(3) 步骤三

①如图 5-5-9-39 所示在边墩托架及辅助墩托架上安装钢桁梁纵横移装置及竖向起顶装置。

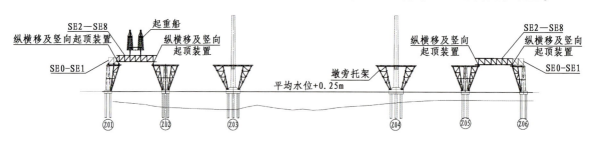

图 5-5-9-39　边跨大节段钢桁梁起重船吊装架设

②3600t 起重船吊装边跨 SE2—SE8 大节段钢桁梁(共 7 节间,质量 2953t),钢桁梁两端支撑于托架上。

③起重船松钩,通过纵横移装置及竖向千斤顶调整钢桁梁的纵横向位置、竖向高程,并使 SE2—SE8 节段与 SE0—SE1 节段接头处纵向预留约 10cm 间隙。

(4) 步骤四

①如图 5-5-9-40 所示辅助墩托架上安装钢桁梁纵横移装置及竖向起顶装置。

②3600t 起重船吊装辅助墩顶 SE9—SE11 大节段钢桁梁(3 节间,质量 1692t)至辅助墩顶。

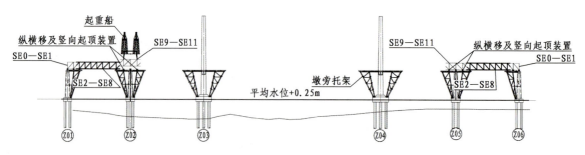

图 5-5-9-40　辅助墩墩顶钢桁梁起重船吊装架设

③起重船松钩,通过纵横移装置及竖向千斤顶调整钢桁梁的纵横向位置、竖向高程,并使 SE9—SE11 节段与 SE2—SE8 节段接头处纵向预留约 10cm 间隙。

(5)步骤五

①如图 5-5-9-41 所示辅助墩托架及主塔墩旁托架上安装钢桁梁纵横移装置及竖向起顶装置。

②3600t 起重船吊装辅助跨 SE12—SE18 大节段钢桁梁(7 节间,质量 3147t),钢桁梁两端支撑于托架上。

③起重船松钩,通过纵横移装置及竖向千斤顶调整钢桁梁的纵横向位置、竖向高程,并使 SE12—SE18 节段与 SE9—SE11 节段接头处纵向预留约 10cm 间隙。

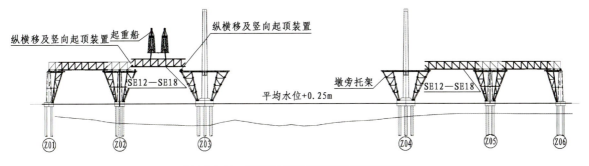

图 5-5-9-41　辅助跨大节段钢桁梁起重船吊装架设

(6)步骤六

①3600t 起重船站位于主跨侧,吊装主塔墩顶 SE19—SE20 节段钢桁梁至主塔墩旁托架上,起重船松钩,通过纵横移装置及竖向千斤顶调整钢桁梁的纵横向位置、竖向高程,并将钢桁梁往边跨侧滑移 4 个节间到达设计位置。

②3600t 起重船站位于主跨侧,吊装主塔墩顶 SE21—SE22 节段钢桁梁至主塔墩旁托架上,起重船松钩,通过纵横移装置及竖向千斤顶调整钢桁梁的纵横向位置、竖向高程,并将钢桁梁往边跨侧滑移 2 个节间,精确调整 SE21—SE22 节段钢桁梁平面位置及高程,安装主塔正式支座及塔梁纵向锁定装置。如图 5-5-9-42 所示。

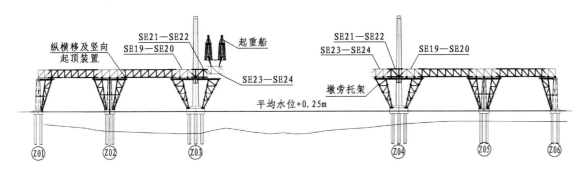

图 5-5-9-42　主塔墩顶钢桁梁起重船吊装架设

③3600t 起重船站位于主跨侧,吊装主塔墩顶 SE23—SE24 节段钢桁梁至主塔墩旁托架上,起重船松钩,通过纵横移装置及竖向千斤顶调整钢桁梁的纵横向位置、竖向高程,并与 SE21—SE22 节段钢桁梁连成整体。

(7)步骤七

①利用 E19 及 E20 节点下方的纵横移及竖向起顶装置调整钢桁梁 SE20、SE21 节点间合龙口钢桁梁姿态,三向匹配将 SE19—SE20 节段钢桁梁与 SE21—SE22 节段钢桁梁连成整体。

②利用 E12 及 E18 节点下方的纵横移及竖向起顶装置调整钢桁梁 SE18—SE19 节点间合龙口钢桁梁姿态,三向匹配将 SE12—SE18 节段钢桁梁与 SE19—SE20 节段钢桁梁连成整体。

③利用 E9 及 E11 节点下方的纵横移及竖向起顶装置调整钢桁梁 SE11、SE12 节点间合龙口钢桁梁

姿态,三向匹配将 SE9—SE11 节段钢桁梁与 SE12—SE18 节段钢桁梁连成整体。

④利用 E2 及 E8 节点下方的纵横移及竖向起顶装置调整钢桁梁 SE8、SE9 节点间合龙口钢桁梁姿态,三向匹配将 SE2—SE8 节段钢桁梁与 SE9-SE11 节段钢桁梁连成整体。

⑤利用 E0 及 E1 节点下方的纵横移及竖向起顶装置调整钢桁梁 SE1、SE2 节点间合龙口钢桁梁姿态,三向匹配将 SE0—SE1 节段钢桁梁与 SE2—SE8 节段钢桁梁连成整体,如图 5-5-9-43 所示。

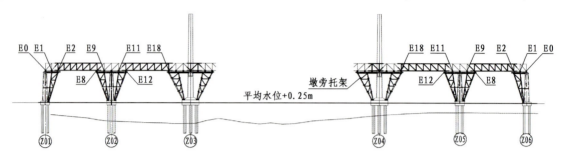

图 5-5-9-43　节段钢桁梁连成整体

（8）步骤八

①起重船整体吊装主跨侧两台架梁吊机,如图 5-5-9-44 所示。

②对称挂设第一、第二层斜拉索。

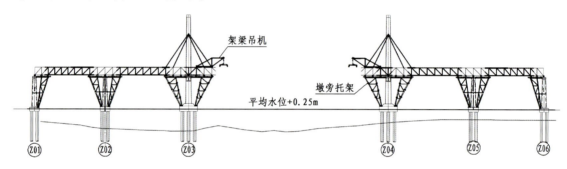

图 5-5-9-44　起重船整体吊装主跨侧两台架梁吊机

（9）步骤九

①架梁吊机悬臂架设主跨钢桁梁,每两个节间为一个吊装单元,每架设完一个吊装单元后挂设两层斜拉索,然后架梁吊机前移两个节间。

②重复步骤①,直至架设至跨中合龙段(Z03 号墩侧共架设 4 个节段钢桁梁,挂设 8 层斜拉索;Z04 号墩侧共架设 5 个节段钢桁梁,挂设 9 层斜拉索),如图 5-5-9-45 所示。

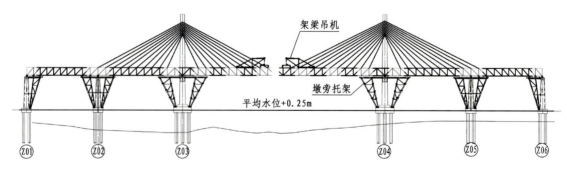

图 5-5-9-45　架梁吊机吊装架设钢桁梁至合龙段

（10）步骤十

①对两侧主梁进行调整,使合龙节间满足吊装要求。

②利用 Z03 号墩侧架梁吊机起吊合龙段钢桁梁,并与 Z03 号墩侧钢桁梁连接成整体,如图 5-5-9-46 所示。

③观测、调整合龙口的竖向高程、平面位置、倾角,三向匹配后完成中跨合龙,并按监控指令完成体系转换。

④拆除架梁吊机,挂设Z03号塔最后一层斜拉索。

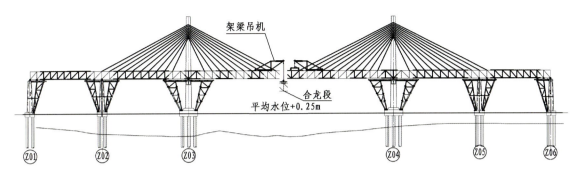

图5-5-9-46　架梁吊机吊装架设合龙段钢梁

(11)步骤十一

①利用全回转或半回转架板吊机吊装边跨无索区预制混凝土板,混凝土板湿接缝施工,如图5-5-9-47所示。

②拆除大型临时设施,完成桥面铺装及附属结构、过桥管线的安装。

③全桥索力调整,成桥荷载试验,交工验收。

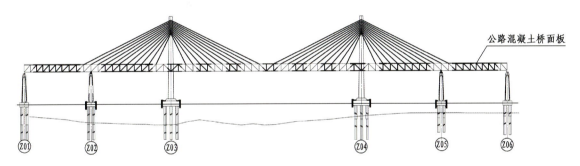

图5-5-9-47　架板吊机吊装边跨无索区预制混凝土板

2)主塔墩顶节段架设

主塔墩顶6节间钢桁梁均采用起重船分3节段整体吊装,整体吊装顺序为:SE19—SE20→SE21—SE22→SE23—SE24。受鼓屿门航道流速和浪涌影响,起重船站位于桥跨北侧吊装。主塔墩顶节段吊装流程如图5-5-9-48所示。

(1)吊装前在边跨侧滑道梁落梁区域合理布置三向千斤顶调整装置。在垫石旁倒用型钢或混凝土预制块设置支座横向滑道,将主塔处支座吊至垫石旁的滑道上,滑道布置如图5-5-9-49所示。

风浪较小时(风力不大于7级,浪高不大于2.0m,流速不大于1.5m/s),起重船主跨侧横桥向站位起吊SE19—SE20钢桁梁节段,起重船缓慢松钩,钢桁梁两端支撑于墩旁托架上,测量钢桁梁偏位情况,再通过偏位情况调整三向调整系统位置及方向。通过三向调整系统调整钢桁梁横向位置及竖向位置,将落梁垫块底口的缓冲橡胶块拆除更换为滑块。滑道梁顶安装200t连续拖拉千斤顶及拖拉钢绞线,滑道梁顶面清理并涂抹黄油。启动连续千斤顶将SE19—SE20梁段滑移至设计位置,如图5-5-9-50所示。

(2)在边跨侧落梁区域合理布置三向调整装置。同上吊装SE21—SE22节段钢桁梁。受支座处梁高影响,SE21—SE22节段钢桁梁落梁后高出设计230mm,在图示位置安装三向千斤顶精确调整SE21—SE22梁段至设计位置,如图5-5-9-51所示,拆除E22节点下方的滑块,将主塔正式支座横向滑移至设计位置,安装支座。

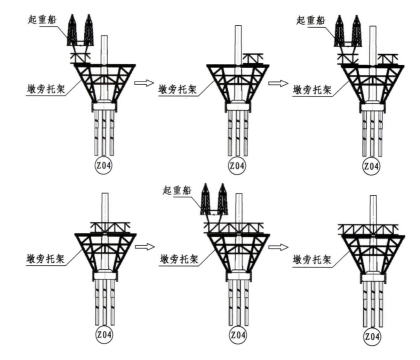

图 5-5-9-48　主塔墩顶节段吊装流程示意图

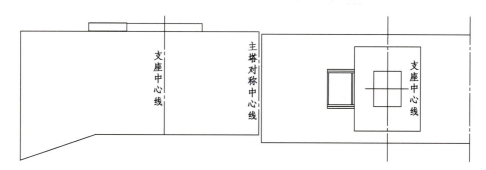

图 5-5-9-49　主塔支座滑道布置图

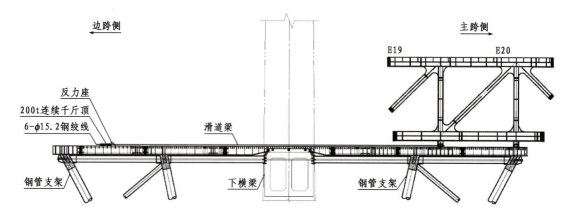

图 5-5-9-50　SE19—SE20 梁段安装示意图

（3）割除垫石上方部分滑道梁，如图 5-5-9-52 所示。在 E21、E22 节点下方设置三向调整系统，三向千斤顶安装时在纵桥向离 E21 节点中心两侧 3.5m 处均可以布置三向调整系统，精确调整 SE21—SE22 节段平面位置及高程。三向千斤顶布置断面如图 5-5-9-53 所示。拆除 E21 节点下方滑块，将主塔正式支座横向滑移至设计位置，安装支座，位能法灌浆。支座安装完成后，割除垫石上方剩余滑道梁。

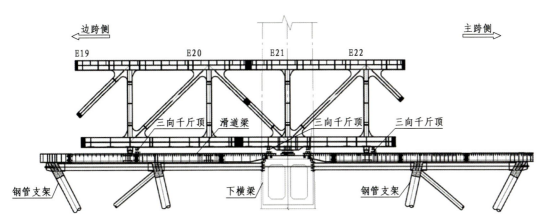

图 5-5-9-51　SE21-22 梁段三向千斤顶安装示意图

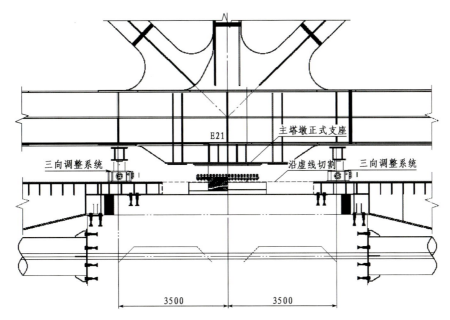

图 5-5-9-52　垫石顶滑道梁切割及支座安装(尺寸单位:mm)

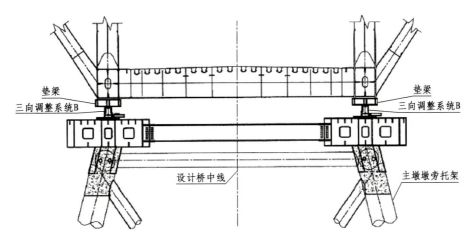

图 5-5-9-53　三向千斤顶布置断面图

（4）安装 Z04 阻尼器双耳座，利用阻尼器位置设置临时拉压杆作为主跨施工时的纵向限位，两侧分别设有 4 根阻尼器，单根阻尼器可承受 250t，如图 5-5-9-54 所示。Z03 采用永久固定支座纵向限位。

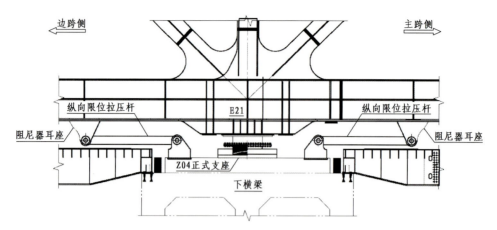

图 5-5-9-54　临时纵向限位拉杆杆安装示意图

(5)同上吊装 SE23—SE24 梁段,通过三向调整系统调整钢桁梁横向位置及竖向高程,并与 SE21—SE22 梁段连成整体,如图 5-5-9-55 所示。

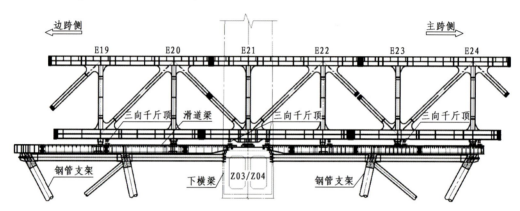

图 5-5-9-55　墩顶节段连成整体示意图

3)辅助跨和边跨大节段架设

辅助跨和边跨大节段在工厂组拼成 7 节间整节段,现场采用"海鸥"号起重船整孔架设。梁段详细信息见表 5-5-9-2。

钢桁梁统计表　　　　　　　　　　　表 5-5-9-2

节段	节间长度(m)	节间数	总长(m)	总质量(t)	吊耳纵向间距(m)	吊耳横向间距(m)	小里程吊点(t)	大里程吊点(t)	备注
SE2—SE8	12/14	6.5	89	3095	38	15.0	694	854	4 个吊钩大节段吊具
SE12—SE18	14	7	98	3356	28	15.0	859	819	4 个吊钩大节段吊具

(1)"海鸥"号起重船布置

以 Z05-Z06 号大节段钢桁梁架设为例,"海鸥"号起重船位于线路右侧海域抛锚,抛锚布置详见设计图纸,两个前侧锚和两个后锚均穿过栈桥抛"八字锚",2 个前进锚均穿过栈桥直接抛设,大节段钢桁梁架设前 15d 需报备福州海事局,大节段钢桁梁吊装当天对鼓屿门航道进行封航,同时航道上下游均采用抛锚船警戒。"海鸥"抛锚布置如图 5-5-9-56 所示。

(2)运梁船抛锚

拖轮将运梁船拖至桥位海域,开动 3 号锚机,使起重船 3 号锚处于松软不受力状态时,运梁船缓缓行驶至起重船右前方,运梁船在自身正前方抛设单个临时锚,然后拖轮退出,并利用抛锚艇依次挂设预先抛设的 4 个锚链,再通过绞锚使运梁船转向至船体与桥中心线平行,并调整各锚绳使运梁船位于起重船正前方下,细调整锚链完成运梁船的精确定位,运梁船抛锚布置如图 5-5-9-57 所示。

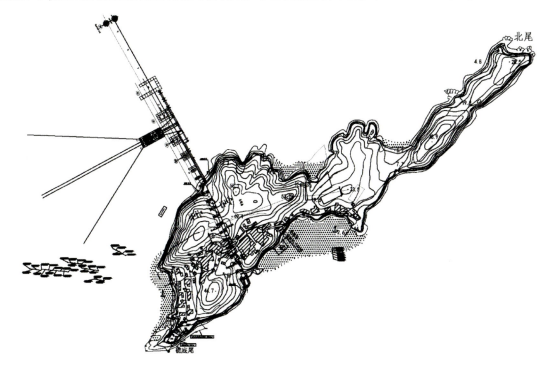

图 5-5-9-56　SE2—SE8 梁段"海鸥"号抛锚布置图

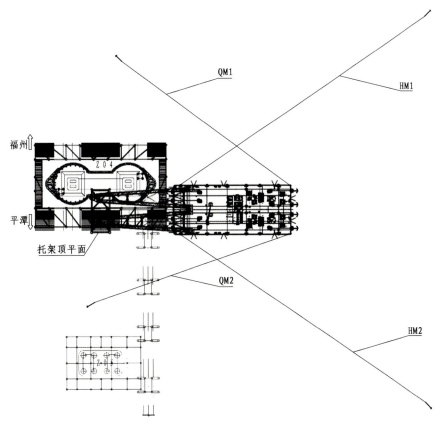

图 5-5-9-57　梁段架设时运梁船抛锚布置示意图

（3）解除限位及挂钩

钢桁梁整体吊装前，安排2名熟练的气割工将运梁船上钢桁梁单侧部分限位割除。其中大节段钢桁梁沿船长度方向单侧共设限位8个，墩顶节段钢桁梁沿船长度方向单侧共设限位3个，宽度方向船头和船尾各设两个限位。从船头到船尾按1~8的顺序依次编号，先割除靠近起重船侧偶数编号限位，船头、船尾和远离起重船侧的限位不割除。将起重船抛锚定位在待架桥址区附近，通过拖轮和抛锚艇辅助运梁船横水作业，抛锚定位在起重船正下方，在运梁船抛锚定位之时，割除钢桁梁靠近起重船侧奇数编号的限位以及横向船尾的限位，船头的限位不割除，防止钢桁梁脱离运梁船时摆动对船头产生冲击。

待运梁船抛锚定位好之后，通过绞动起重船的锚机，将吊具的4个吊点正对钢桁梁的4个吊耳，然后缓慢下落钢丝绳至钢桁梁吊耳滑轮底口。为了减少起重船和运梁船的摆动对挂钩造成的影响，先单边挂钩，每个吊点配备4名工人进行协助挂钩。挂钩前先将吊耳销轴上的限位卡板取下，当吊具的绳圈落入钢桁梁吊耳滑轮绳槽后，将限位钢丝绳跳槽的卡板装在销轴上，然后缓慢起钩拉紧钢丝绳后停止，用直径10mm的软尼龙绳将同一个吊点的两个绳圈箍成一个整体，防止因起重船的晃动引起因挂好钩的绳圈跳出绳槽。待挂钩完成后，起重船主钩缓慢用力，拉紧钢丝绳，割除靠起重船侧剩余限位和船头侧限位。

（4）静、动载检查

钢桁梁梁体与吊具连接完成后，主梁正式起吊前，需进行静载检查及动载检查，其目的主要有：检验吊耳连接质量；检验吊具性能及结构安全；检查起重船起重性能及制动性能。

①静载检查。起重船正式挂钩前，需由船舶工作人员进行质量安全检查，自检合格后方可进行静载检查。检查前，起重船预先装压舱水2149t调整船体倾斜角度；检查时，查看并记录驾控室载荷显示器显示的吊载质量、吊载位置及在此位置上所能起吊最大载荷。

吊具与主梁连接完成后，缓慢调整起重船各钩拉力，确保各钩不出现较大偏载。钢桁梁起吊应逐级加载，每次加载按100t控制，钢桁梁底部悬空后，检查钢桁梁处于悬空状态是否存在不安全因素，检查吊具水平度（测量观察）及各吊钩的受力情况与理论值的差别，根据测量情况对钢桁梁姿态进行调整。钢桁梁缓慢提升过程中，并在与运梁船完全脱离前，起重船并未完全承受主梁质量，在此过程中，运梁船吃水深度缓慢减小，船位随之增高，由起重船操作人员根据操作手册调整起重船姿态以满足受力要求。主梁与运梁船脱离时即静载检查开始时刻，匀速提升主梁直至梁底与运梁船上主梁限位顶高程间隔0.2~0.3m时，起重船卷扬机进行制动，检查主梁吊耳、吊具钢结构连接及整体姿态、起重船有关机构及各制动器有无损伤和不正常工作情况，并做好检查记录。

②动载检查。在静载检查完全合格后，方可进行动载检查；检查前，查看并记录驾控室载荷显示器显示的吊载质量、吊载位置及在此位置上所能起吊最大载荷。

在静载检查的基础上，匀速提升主梁0.5m后起重船卷扬机进行制动，待整体稳定后，再将主梁下放0.5m后制动，观测主梁整体姿态、检查起重船有关机构及各制动器有无损伤和不正常工作情况，并做好检查记录。驱动装置不存在不正常的发热和振动冲击现象，各机构焊缝无裂纹，紧固件和运动件无松动等不良现象；主梁各点高差处于允许范围，各主钩偏载不超过允许值，检查结果满足吊装要求，方可说明动载检查合格。

（5）吊装及下放

在静载、动载检查完全合格后，开始主梁的正式吊装。动载检查完成后，再次精确调整起重船姿态及各钩受力，测量主梁各点高程，最高点与最低点高差不允许超过0.2m。测量完成后，缓慢提升主梁，直至主梁梁底高程高于运梁船顶高程3.0m以上时，运梁船收锚绞离，并在拖轮辅助下离场，然后缓慢提升主梁直至设计高程，起重船通过绞锚缓慢前移至待架墩位处进行落梁、安装。主梁吊装需进行全过程动态观测，确保吊装安全，并以各点高差作为主控依据，各钩负载作为辅控依据。主梁起吊过程中，需监测、调整主梁的水平度及吊钩受力状况，分次将主梁提升到指定高度，主梁提升过程中需分次进行,并不断复核、调整主梁的水平高差及吊钩的受力状况,并利用预先在吊具上安置的连通管观测整体姿态。

在主梁开始正式吊装时,安排人员对吊装过程进行全过程监控监测,初始吊高20m范围内,分次起吊高度处于2.0~3.0m为宜,后续吊高范围内分次起吊高度在3.0~5.0m为宜,全过程观测主梁各点高差处于0.2m为宜,并以高差0.2m作为警戒线。吊装过程中还应控制各钩负载偏差不大于80t,起吊过程中若发现任何一项不满足控制要求,应立即停止起吊,进行纠偏,查明情况后方可继续起吊。现场以高程控制为主,吊点受力为辅。

提前在待架钢桁梁墩顶上垫梁上画好落梁垫块的落梁区域,并用油漆做好标记。起重船利用两前进锚进行绞锚前移,通过绞动锚绳使起重船垂直于两墩之间的连线,待钢桁梁位于桥墩正上方时停止移动,通过微调起重船锚绳或起重船姿态,使钢桁梁落梁垫块正好位于墩顶垫梁落梁区域的正上方,初步落梁时,落梁垫块的落梁位置不得偏移设计位置1.0m以外。

落梁时分次下落,待下落至墩顶20cm后进行最后一次姿态调整然后下落至墩顶,且主梁落梁就位选择在高平潮时进行。

主梁与落梁垫块接触后,起重船主钩受力减小,扒杆开始上扬,此时由船舶操作人员调整起重船姿态,并控制落梁速度,保证主钩缓慢卸载,卸载时应采用慢慢降低扒杆角度控制,严禁直接松钩,防止产生水平力拖动钢桁梁。起重船卸载需分级进行,一开始卸载按200t级别,起重船4个大钩同时卸载200t,静停15min,测量托架沉降和位移情况,合格后再进行下一级别卸载,最后200t时,分4次卸载,每次卸载50t,静停30min。待主钩完全卸载后,拆除吊具与主梁的连接,起重船退出作业区域。

钢桁梁架设时必须确保吊具,吊绳连接处牢固可靠,起吊的吊具与钢桁梁接触处应有胶皮垫好,起吊时必须有固定的信号指挥,信号员必须与船舶操作人员,起重船操作人员密切配合,指挥得当,操作准确;钢桁梁起吊时起吊范围内严禁站人。

(6)节段调整对接

大节段钢桁梁架设完成后临时支撑在墩旁托架上,利用三向调整系统与相邻节段对接。

①辅助跨大节段钢梁拼装计算如图5-5-9-58所示。

图5-5-9-58 辅助跨大节段钢梁拼装计算图

辅助跨钢梁吊装至墩旁托架上后,首先通过两端支点处布置的纵横移装置调整钢梁的轴线位置。然后E12节点顶梁100mm,合龙口两端钢梁上下弦杆倾角匹配,此时钢梁纵向位移差为上弦1mm、下弦2mm、斜杆15mm。合龙顺序为:上弦→落梁合龙斜杆→再落梁合龙下弦。

②边跨大节段钢梁节段拼装计算如图5-5-9-59所示。

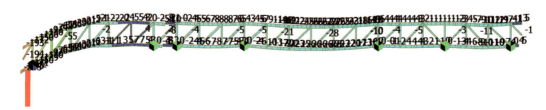

图5-5-9-59 边跨大节段钢梁节段拼装计算图

边跨钢梁吊装至墩旁托架上后,首先通过两端支点处布置的纵横移装置调整钢梁的轴线位置。然后E2节点落梁150mm,合龙口两端钢梁上下弦杆倾角匹配,此时钢梁纵向位移差为上弦4mm、下弦5mm、斜杆7mm。合龙顺序为:上弦→斜杆→下弦。

③杆件合龙时,严格以桥轴线为对称轴,左右对称进行。严格按照设计要求的栓焊顺序进行,需待一个对接环口高强度螺栓和焊接施工完成后,方能进行下一个对接合龙口的顶落梁调整及连接施工。

4)辅助墩和边墩墩顶节段架设

架设流程为:施工准备→起重船抛锚定位(安装吊具)→运输船就位→挂钩及解除限位→静载与动载试验→钢桁梁提升、吊装(过程监控)→分级卸载落梁就位→吊点解除。

架设前将辅助墩和边墩顶支座吊装至墩顶,在墩顶及墩旁托架上落梁区域合理布置三向调整系统,采用"海鸥号"3600t起重船将辅助墩顶SE0—SE1、SE09—SE11节段钢桁梁吊装放置于墩旁托架上,通过三向调整装置调整。安装辅助墩/边墩墩顶支座。

①辅助墩顶钢梁节段拼装计算如图5-5-9-60所示。

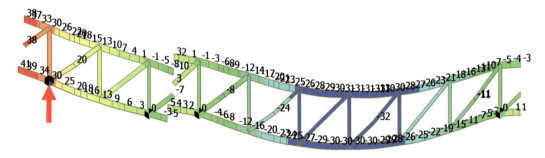

图5-5-9-60 辅助墩顶钢梁节段拼装计算图

辅助墩顶钢梁节段吊装至墩顶后,首先通过两端支点处布置的纵横移装置调整钢梁的轴线位置。然后E9节点顶梁30mm,合龙口两端钢梁上下弦杆倾角匹配,此时钢梁纵向位移差为上弦4mm、下弦2mm、斜杆3mm。合龙顺序为:整体起顶10mm合龙下弦→E9落梁合龙斜杆→再落梁合龙上弦。

②边墩顶钢梁节段拼装计算如图5-5-9-61所示。

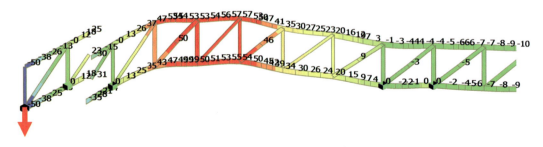

图5-5-9-61 边墩顶钢梁节段拼装计算图

边墩顶钢梁节段吊装至墩顶后,首先通过两端支点处布置的纵横移装置调整钢梁的轴线位置。然后E0节点落梁50mm,合龙口两端钢梁上下弦杆倾角匹配,此时钢梁纵向位移差为上弦49mm、下弦20mm、斜杆13mm。合龙顺序为:整体落梁50mm后合龙上弦→E0节点再落梁40mm后合龙下弦→合龙斜杆。

5)中跨悬臂架设

采用1100t架梁吊机悬臂对架设钢桁梁节段SE25—SE26、SE27—SE28、SE29—SE30、SE31—SE32、SE33—SE34共9个节段。每两个节间为一个吊装单元,每节段间桁架采用高强度螺栓连接,公路及铁路桥面板间采用坡口焊接连接。边跨侧钢桁梁预拱度采用设计预设结构线形的方法实现。

架设时先对接副桁和上弦杆,待高强度螺栓施工完成后再对接斜杆,待斜杆高强度螺栓全部施拧完成后,吊机适当松钩配合下弦法向对拉合龙下弦,待钢桁梁节段对接高强度螺栓和焊缝施工完毕后方能松钩。每架设完一个吊装单元后对称挂设张拉2层斜拉索,然后架梁吊机前移两个节间,Z03号墩侧共架设4个节段钢桁梁,挂设8层斜拉索;Z04号墩侧共架设5个节段钢桁梁,挂设9层斜拉索,如图5-5-9-62所示。

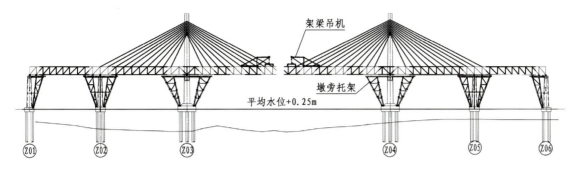

图5-5-9-62 架梁吊机双悬臂对称架设示意图

6）中跨合龙段架设

（1）钢桁梁节段悬臂架设

①运梁船运输合龙段（SE33节段）钢桁梁至桥位处,拖轮及抛锚船辅助在待吊位置抛锚定位。Z03桥塔边跨侧架梁吊机起吊合龙段,如图5-5-9-63所示。

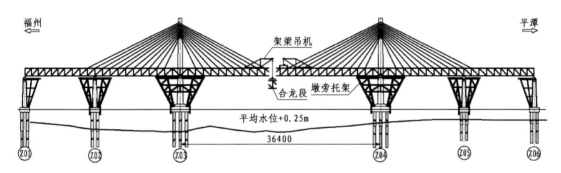

图5-5-9-63 合龙段SE33节段吊装示意图

②合龙段与Z04桥塔中跨侧钢桁梁悬臂端对接,各杆件接头仅插打50%冲钉,Z04桥塔中跨侧架梁吊机后退至与Z03桥塔中跨侧架梁吊机对称位置,或根据监控计算和实际情况确定具体站位。

③测量合龙口状态,调整控制中线、纵向间距及高程,控制要求:保证主桁平面中线差小于2mm;两悬臂端间隔距离与设计尺寸的误差为0~+100mm;两悬臂端高程一致,转角匹配。

④总体按先横向、再竖向、后纵向的顺序进行合龙口调整。中线（横向）调整方法:可通过斜拉索索力调整和对拉导链来实现。间距（纵向）通过Z04桥塔抗风牛腿处2台300t千斤顶顶推和温度变化来实现,将合龙口间距误差调整至0~+100mm。高程调整方法:通过调整架梁吊机站位、梁面门式起重机等临时荷载和斜拉索共同调整,使两悬臂端高程一致。

⑤根据气温监测情况,选择气温稳定的时段,进行合龙。总体按先主桁下弦杆、再主桁上弦杆,其次副桁上弦杆,后斜杆的顺序依次合龙。

⑥通过索力调整,移动桥面临时荷载,使合龙口两侧横向和竖向偏差变小接近合龙要求,再在合龙口利用倒链精调,消除横向和竖向偏差,安装长圆孔合龙销,通过反复精调完成主桁上下弦杆四处的长圆孔合龙销安装（此时悬臂端间隔距离与设计尺寸的间距误差为0~+100mm）。

⑦通过调整Z04桥塔侧的顶推装置,进行纵移微调,当偏差在0.5mm以内时,安装主桁下弦杆圆孔合龙销,再精调主桁上弦杆间隙至当偏差在0.5mm以内时,安装主桁上弦杆圆孔合龙销,随机抽出长圆孔合龙销轴。

⑧依次在主桁下弦杆、上弦杆及斜杆的合龙点打入螺栓孔眼50%的冲钉,副桁处采用尖头冲钉逐步打入,若存在偏差时,可利用架梁吊机、桥面门式起重机或斜拉索调整,使副桁精确合龙对位,并插打

50%冲钉。最后对合龙段两侧环口的对接杆件进行高强度螺栓施工,同时退出圆孔内合龙销。

⑨合龙口高强度螺栓施工完成后,进行铁路及公路桥面嵌补段施焊,挂设安装Z03桥塔11号斜拉索,并按监控指令进行张拉。具体安装实例如图5-5-9-64、图5-5-9-65所示。

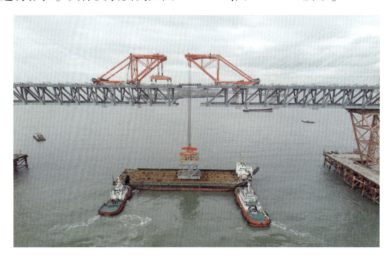

图5-5-9-64 鼓屿门水道桥钢桁梁合龙段吊装实例

图5-5-9-65 主桁下弦杆合龙施工销轴安装实例

（2）中跨合龙计算

鼓屿门水道桥主梁结构与元洪航道桥主梁结构较为类似,中跨合龙段均为单节间的全焊节段,架设合龙段时采用一台架梁吊机起吊合龙段钢梁先与其中一侧主塔钢梁相连接,然后再通过系列调整措施使另一侧合龙口的三向位移、倾角相匹配,完成钢梁中跨合龙。

鼓屿门水道桥中跨合龙调整措施及合龙顺序见本章5.9.2节元洪航道桥中跨合龙计算结果及总结。

5.9.3 大小练岛水道桥钢桁梁架设

1）整体架设方案

根据整体架设方案,将大小练岛水道桥钢桁梁节段划分为2节间、6.5节间、7节间,工厂焊接完成后再通过驳船运输至桥址水域,主塔墩顶SE14—SE15和SE16—SE17节段由起重船吊装至中跨侧墩旁托架上,然后将落梁垫块转换成移梁滑块,通过200t连续千斤顶滑移至设计位置。SE18—SE19节段、辅助跨和边跨大节段由起重船直接吊装至墩旁托架上,由三向千斤顶调整至设计位置与相邻节段连接。

架梁吊机悬臂架设其余节段钢桁梁,每悬臂架设一个梁段须安装2层斜拉索,钢梁架设总体布置如图5-5-2-8所示。

具体施工步骤如下：

（1）步骤一

①基础及主塔、墩身施工。

②主塔下横梁施工完毕后,利用起重船施工墩旁托架,如图5-5-9-66所示。

（2）步骤二

①在边墩顶及辅助墩顶安装钢梁纵横移及竖向起顶装置。

②3600t起重船吊装边跨SE0—SE6大节段钢梁（6.5节间,质量2809.4t）,钢梁两端支撑于边墩及辅助墩顶,如图5-5-9-67所示。

③起重船松钩,通过边墩和辅助墩顶顶纵横移装置及竖向千斤顶调整钢梁的纵横向位置、竖向高程。

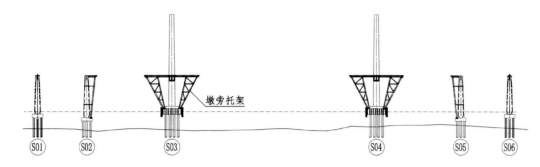

图 5-5-9-66　起重船吊装安装墩旁托架

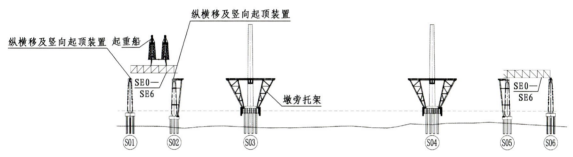

图 5-5-9-67　起重船吊装架设边跨大节段钢梁

（3）步骤三

①在辅助墩托架及主塔墩旁托架上安装钢梁纵横移装置及竖向起顶装置。

②3600t 起重船吊装辅助跨 SE7—SE13 大节段钢梁（共 7 节间,质量 3099.3t）,钢梁两端支撑于托架上,如图 5-5-9-68。

③起重船松钩,通过纵横移装置及竖向千斤顶调整钢梁的纵横向位置、竖向高程,并使 SE7—SE13 节段与 SE0—SE6 节段接头处纵向预留约 5cm 间隙。

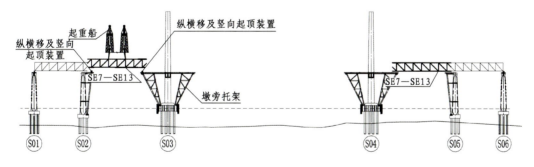

图 5-5-9-68　起重船吊装架设辅助跨大节段钢梁

（4）步骤四

①3600t 起重船站位于主跨侧,吊装主塔墩顶 SE14—SE15 节段钢梁至主塔墩旁托架上,起重船松钩,通过纵横移装置及竖向千斤顶调整钢梁的纵横向位置、竖向高程,并将钢梁往边跨侧滑移 4 个节间到达设计位置。

②3600t 起重船站位于主跨侧,吊装主塔墩顶 SE16—SE17 节段钢梁至主塔墩旁托架上,起重船松钩,通过纵横移装置及竖向千斤顶调整钢梁的纵横向位置、竖向高程,并将钢梁往边跨侧滑移 2 个节间与 SE14—SE15 节段钢梁连成整体,如图 5-5-9-69 所示。

③3600t 起重船占位于主跨侧，吊装主塔墩顶 SE18—SE19 节段钢梁至主塔墩旁托架上，起重船松钩，通过纵横移装置及竖向千斤顶调整钢梁的纵横向位置、竖向高程，并与 SE16—SE17 节段钢梁连成整体。

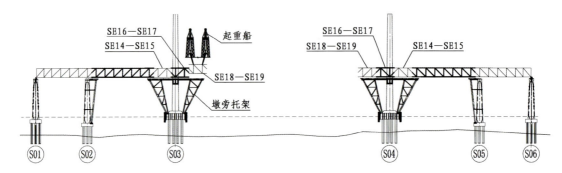

图 5-5-9-69　起重船吊装架设辅助跨大节段钢梁

（5）步骤五

①安装主塔横梁处钢梁临时锁定装置。

②利用 E7 及 E13 节点下方的纵横移及竖向起顶装置调整钢梁 E13、E14 节点间合龙口钢梁姿态，三向匹配将 SE7—SE13 节段钢梁与 SE14—SE15 节段钢梁连成整体。

③利用 E0 及 E6 节点下方的纵横移及竖向起顶装置调整钢梁 E6、E7 节点间合龙口钢梁姿态，三向匹配将 SE0—SE6 节段钢梁与 SE7—SE13 节段钢梁连成整体。

④起重船整体吊装主跨侧两台架梁吊机，如图 5-5-9-70 所示。

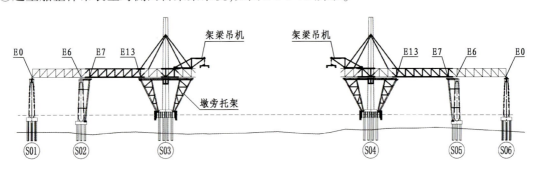

图 5-5-9-70　起重船整体吊装主跨侧两台架梁吊机

⑤对称挂设第一、第二对斜拉索。

（6）步骤六

①架梁吊机悬臂架设主跨钢梁，每两个节间为一个吊装单元，每架设完一个吊装单元后挂设两对斜拉索，然后架梁吊机前移两个节间，如图 5-5-9-71 所示。

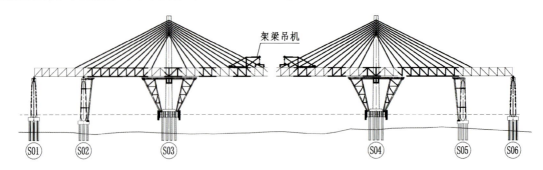

图 5-5-9-71　架梁吊机悬臂架设主跨钢梁

②重复本步骤第 1 条，直至架设至跨中合龙段（S03 号侧和 S04 号侧架梁吊机各架设 4 个钢梁节段，挂设 8 对斜拉索）。

(7) 步骤七

① 对两侧主梁进行调整,使合龙节间满足吊装要求。

② 利用 S03 号墩侧架梁吊机起吊合龙段钢梁,并与 S03 号墩侧钢梁连接成整体,如图 5-5-9-72 所示。

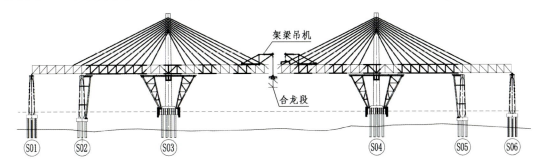

图 5-5-9-72　架梁吊机吊装架设合龙段钢梁

③ 观测、调整合龙口的竖向高程、平面位置、倾角,三向匹配后完成中跨合龙,并按监控指令完成体系转换。

(8) 步骤八

① 利用全回转或半回转架板吊机吊装边跨无索区预制混凝土板,如图 5-5-9-73 所示。

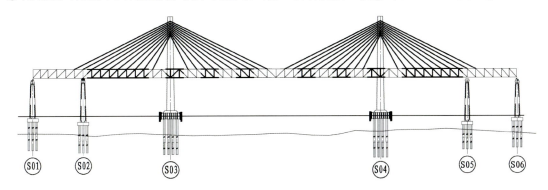

图 5-5-9-73　架板吊机吊装边跨无索区预制混凝土板

② 进行混凝土板湿接缝施工。

③ 拆除大型临时设施。

④ 完成桥面铺装及附属结构、过桥管线的安装。

⑤ 全桥索力调整。

⑥ 成桥荷载试验。

⑦ 交工验收。

2) 主塔墩顶节段架设

(1) 总体规则

根据大小练岛水道桥钢桁梁总体架设顺序,待边跨和辅助跨整节段钢桁梁架设完成后,依次按照节间顺序架设墩顶钢桁梁,S03 号、S04 号主塔墩顶节段钢桁梁继续采用 3600t 起重船架设于主墩墩旁托架主跨侧,经过滑移至设计位置。钢桁梁吊装参数见表 5-5-9-3。

墩顶钢桁梁吊装参数　　　　表 5-5-9-3

墩　位	节　段	质量(t)	节间长度(m)	节 段 数	吊点距离(m)	吊高(m)	吊幅(m)
S03 号墩顶/S04 号墩顶	E14—E15	942.594	14	2	12	82.721	65
	E16—E17	944.243	14	2	12	82.721	65
	E18—E19	855.833	14	2	12	82.721	65

使用3600t起重船吊装钢桁梁,起重船吊装墩顶节段时站位如图5-5-9-74、图5-5-9-75所示。

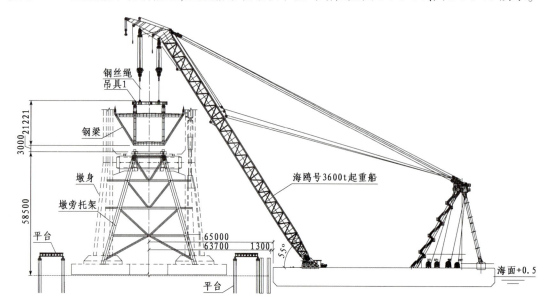

图5-5-9-74 墩顶钢桁梁吊装立面图(尺寸单位:mm)

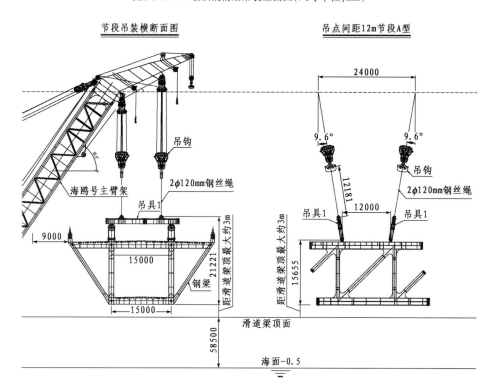

图5-5-9-75 墩顶钢桁梁吊装大样图(尺寸单位:mm,高程单位:m)

(2)具体施工步骤

步骤一:

①清理主塔托架滑道梁顶面杂物,准备进行主塔墩顶节段施工。

②在主跨侧落梁区合适位置布置三向调整系统,如图5-5-9-76所示。

③将主塔处支座吊放至垫石旁的支座滑道上。

步骤二:

①风浪较小时,3600t起重船主跨侧横桥向站位吊装A14—A15钢梁节段,如图5-5-9-77所示。其

中，A13—A14 节间公路桥面板嵌补段放置于公路桥面板上，E13—E14 铁路桥面板嵌补段放置于铁路桥面板上。

②起重船缓慢松钩，钢梁两端支撑于墩旁托架上，测量钢梁偏位情况，再根据偏位情况确定 E14、E15 节点处三向调整系统安装位置及方向。

③通过三向调整系统调整钢梁横向位置、竖向高程，再将 E13、E14 节点下方落梁垫块橡胶垫拆除作为滑块。

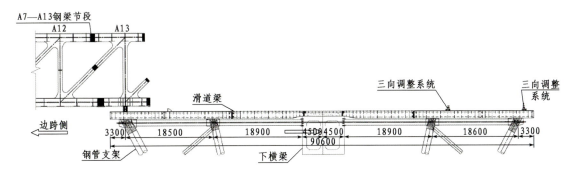

图 5-5-9-76　主跨侧落梁区合适位置布置三向调整系统(尺寸单位:mm)

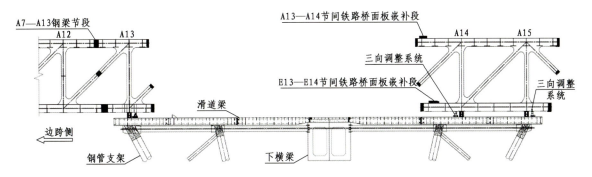

图 5-5-9-77　起重船主跨侧横桥向站位吊装 A14—A15 钢梁节段

步骤三：

①滑道梁顶安装 100t 连续拖拉千斤顶及钢绞线，如图 5-5-9-78 所示。钢绞线一端锚固于 E14 节点下方滑块上，准备 A14—A15 节段钢梁滑移施工。

②清理滑道面，滑道梁涂抹黄油。

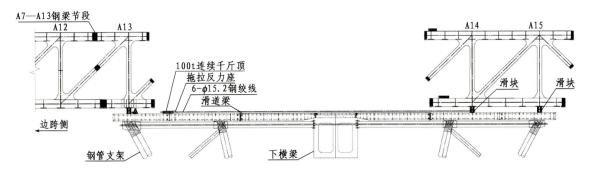

图 5-5-9-78　滑道梁顶安装 100t 连续拖拉千斤顶及钢绞线

步骤四：

①启动连续千斤顶，将 A14—A15 节段钢梁拖拉至设计位置，暂不与 A7—A13 节段连接。

②在主跨侧落梁区合适位置布置三向调整系统，如图 5-5-9-79 所示。

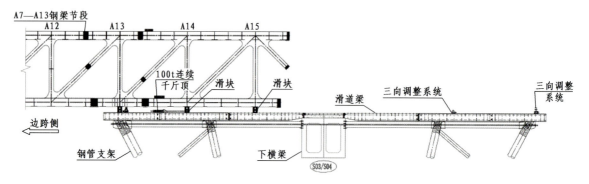

图 5-5-9-79　主跨侧落梁区合适位置布置三向调整系统

步骤五：

①风浪较小时，3600t 起重船主跨侧横桥向站位吊装 A16—A17 钢梁节段。

②起重船缓慢松钩，钢梁两端支撑于墩旁托架上，测量钢梁偏位情况，再根据偏位情况调整 E16、E17 节点处三向调整系统安装位置及方向，如图 5-5-9-80 所示。

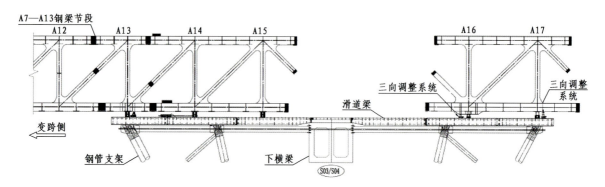

图 5-5-9-80　三向调整系统调整钢梁位置

③通过三向调整系统调整钢梁横向位置、竖向高程，再将 E16、E17 节点下方落梁垫块橡胶垫拆除作为滑块。

注：受钢梁支座处梁高影响，A16—A17 节段钢梁落梁后需高于设计高程 200mm，才能在 E16 节点处安装三向调整系统 B。钢梁横向调整到位后，再将 E16 节点处的三向调整系统 B 往边跨侧前移 2m，再将落梁垫块橡胶垫拆除作为滑块，钢梁此时位于设计高程。

步骤六：

①将拖拉钢绞线一端锚固于 E16 节点下方滑块上。

②启动连续千斤顶，将 A16—A17 节段钢梁拖拉至设计位置。

③拆除连续千斤顶及拖拉钢绞线。

步骤七：

①按图 5-5-9-81 所示割除垫石上方部分滑道梁。

②在图示 E16、E17 节点下方设置三向调整系统，精确调整 A16—A17 节段钢梁平面位置及高程。

③拆除 E16 节点下方滑块，将主塔正式支座横向滑移至设计位置。S03 号塔为纵向固定支座，后续主跨施工时，该塔支座作为纵向限位作用。

④安装支座，割除垫石上方剩余滑道梁，待边跨侧钢桁梁拼接完成之后进行支座灌浆施工。

步骤八：

①安装 S04 号塔阻尼器双耳铰座，如图 5-5-9-82 所示。

②利用阻尼器位置设置一根临时拉压杆作为 S04 号塔主跨施工时的纵向限位措施。S04 号塔为纵向活动支座，该塔两侧分别设有 4 根阻尼器，单根阻尼器可承受最大水平力 2500kN。

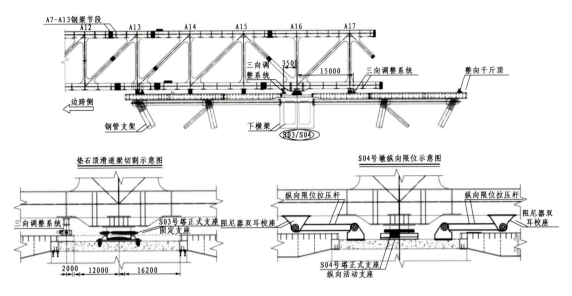

图 5-5-9-81　支座安装

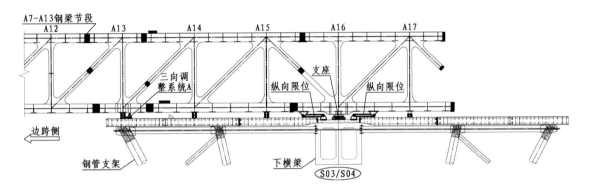

图 5-5-9-82　阻尼器双耳铰座安装

步骤九：

①风浪较小时，3600t 起重船主跨侧横桥向站位吊装 A18—A19 钢梁节段。

②起重船缓慢松钩，钢梁两端支撑于墩旁托架上，测量钢梁偏位情况，再根据偏位情况调整 E18、E19 节点处三向调整系统安装位置及方向。

③通过三向调整系统调整钢梁纵横向位置、竖向高程，再将 A18—A19 节段钢梁与 A16—A17 节段钢梁连成整体，如图 5-5-9-83 所示。

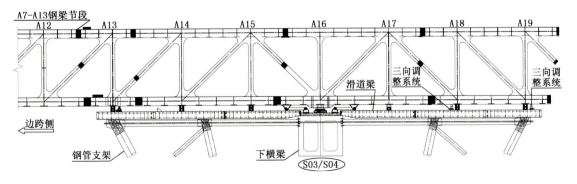

图 5-5-9-83　A18—A19 节段钢梁与 A16—A17 节段钢梁连成整体

步骤十：

①如图 5-5-9-84 所示,在 E14、E15 节点下方安装三向调整系统。

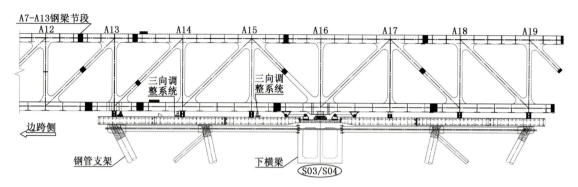

图 5-5-9-84　A14A15 节段钢梁与 A16—A17 节段钢梁连成整体

②通过三向调整系统调整钢梁纵横向位置、竖向高程,再将 A14—A15 节段钢梁与 A16—A17 节段钢梁连成整体。

(3)钢桁梁滑移

①滑移步骤

a.风浪较小时,3600t 起重船主跨侧横桥向站位吊装 A14—A15 钢梁节段,如图 5-5-9-85 所示。起重船缓慢松钩,钢梁两端支撑于墩旁托架上,测量钢梁偏位情况,再根据偏位情况确定 E14、E15 节点处三向调整系统安装位置及方向。通过三向调整系统调整钢梁横向位置、竖向高程,再将 E13、E14 节点下方落梁垫块的橡胶垫拆除作为滑块。

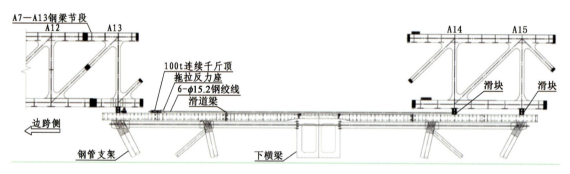

图 5-5-9-85　起重船吊装 A14—A15 钢梁节段

b.滑道梁顶安装 100t 连续拖拉千斤顶及钢绞线,钢绞线一端锚固于 E14 节点下方滑块上,准备 A14—A15 节段钢梁滑移施工。清理滑道面,滑道梁涂抹黄油。

c.启动连续千斤顶,将 A14—A15 节段钢梁拖拉至设计位置,暂不与 A7—A13 节段连接。

d.3600t 起重船主跨侧横桥向站位吊装 A16—A17 钢梁节段,钢梁两端支撑于墩旁托架上。通过三向调整系统调整钢梁横向位置、竖向高程,再将 E16、E17 节点下方落梁垫块的橡胶垫拆除作为滑块。安装拖拉钢绞线于 E16 节点下放滑块上,启动连续千斤顶,将 A16—A17 节段钢梁拖拉至设计位置。拆除连续千斤顶及拖拉钢绞线。

②滑移注意事项

a.保证滑移前,钢桁梁平面位置、高程调整到位。

b.滑移前检查滑移系统,反力座是否焊接牢固,锚固在滑块上的钢绞线是否锚固牢固,检查各滑块下限位件。

c.滑移时在滑道梁上涂抹黄油,钢梁拖拉时保证千斤顶同步进行。滑移时必须平稳缓缓利用千斤顶拖动钢梁滑移前进。

d.钢梁即将滑移到位时,注意控制操作千斤顶,保证钢梁滑移到设计位置误差范围内。

3）辅助跨和边跨大节段架设

S01—S02 节段、S02—S03 节段、S04—S05 节段、S05—S06 节段钢桁梁，单个节间长最大 14.0m，节段总长最大 88.0m，宽 36.8m，高 13.5m，总质最大约 2760t，统一采用大型 3600t 起重船"海鸥"号整体架设。公路桥面区域共设置 4 个吊点，由于钢桁梁质量分布不均匀，各点吊重略有差异，梁段详细信息见表 5-5-9-4。

大节段钢桁梁统计表　　　表 5-5-9-4

节 段	节间长度（m）	节间数	总长（m）	总质量（t）	吊耳纵向间距（m）	吊耳横向间距（m）	小里程吊点（t）	大里程吊点（t）
S01—S02	12/14	6.5	88	2761	42.0	14.0	733.56	646.98
S02—S03	14	7	96	2946	28.0	14.0	735.37	737.58
S04—S05	14	7	96	2946	28.0	14.0	737.58	735.37
S05—S06	12/14	6.5	88	2761	42.0	14.0	646.98	733.56

大小练岛水道桥大节段钢桁梁架设和对接方案与鼓屿门水道桥大节段钢桁梁施工类似，此处不再赘述。

4）中跨悬臂架设

采用 1100t 架梁吊机悬臂对称架设两侧钢桁梁节段 SE20—SE21、SE22—SE23、SE24—SE25、SE26—SE27 共 8 个节段。每两个节间为一个吊装单元，每节段间桁架采用高强度螺栓连接，公路及铁路桥面板间采用坡口焊接连接。边跨侧钢桁梁预拱度采用设计预设结构线型的方法实现。

架设时先对接副桁和上弦杆，待高强度螺栓施工完成后再对接斜杆，待斜杆高强度螺栓全部施拧完成后，吊机适当松钩配合下弦法向对拉合龙下弦，待钢桁梁节段对接高强度螺栓和焊缝施工完毕后方能松钩。每架设完一个吊装单元后对称挂设张拉 2 层斜拉索，然后架梁吊机前移两个节间，S03 号、S04 号墩侧各架设 4 个节段钢桁梁，挂设 10 层斜拉索（包含 SE18—SE19 节间 2 层斜拉索），如图 5-5-9-86 所示。

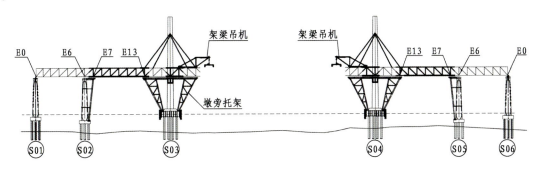

图 5-5-9-86　架梁吊机双悬臂对称架设示意图

5）中跨合龙段架设

（1）整体方案

S03、S04 侧钢梁分别悬臂架设完成至 E26—E27 节段，将 S04 侧钢梁向大里程顶推 10cm，以 S03 侧钢梁悬臂端轴线偏位为基准调整 S04 侧钢梁悬臂端梁轴线偏位（相对差值小于 1cm，以便从 S04 侧起吊 E28 合龙节），S04 侧架梁吊机向前走行至设计位置，起吊合龙段 E28 节段，先将合龙段与 S04 侧钢梁接口连接，打满 50% 冲钉，然后再通过系列调整措施使另一侧合龙口的三向位移、倾角相匹配。合龙点通过弦杆腹板上设长圆孔+圆孔连接来实现。长圆孔和圆孔均配锥形销栓，合龙按照下弦杆→上弦杆→副桁→斜杆的顺序进行。

施工工艺流程如图 5-5-9-87 所示。

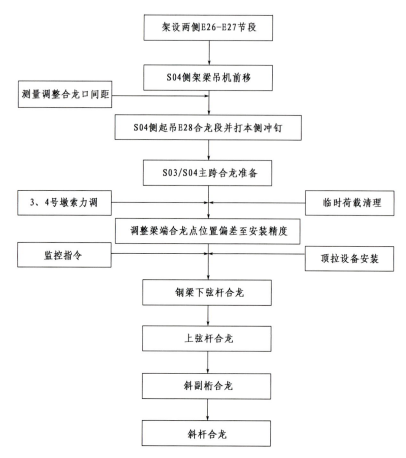

图 5-5-9-87　钢梁合龙施工流程图

(2) 施工准备

① 工厂内准备

a. 为确保钢梁合龙段匹配精度及钢梁架设整体线形，在工厂内将合龙段与两侧的 E24—E25 和 E26—E27 节段进行 5 段整体拼装，并设定测量控制点用于现场测量控制。

b. 为便于钢梁合龙段架设，合龙段厂内组拼时，两侧环口突出桥面板部分与其相应主桁、副桁杆件纵向接缝处需预留足够宽度，具体根据桥位架设情况现场进行焊接坡口的开设。

c. 厂内拼装时公路桥面板与主桁、副桁杆件连接焊缝从杆件端部向内预留 1m 长度范围不焊接，以便合龙段架设时杆件局部对位调整。

② 现场准备

合龙前应随温度测量合龙节点处的实际偏移值、合龙点坐标值及两侧合龙点距离，并对斜拉索作测试，作为合龙时调整的依据。调整架梁吊具的吊点间距至 4m。在主塔 4 号墩横梁顶塔梁之间设置 4 台水平千斤顶，纵向(里程方向)调整活动端钢梁来调整合龙口的尺寸。合龙使用的冲钉直径及长度应进行严格检查，保证冲钉尺寸误差在允许范围内。钢梁纵向调位装置如图 5-5-9-88 所示。

准备好合龙所需机具设备、销栓、连接螺栓、冲钉及所用扳手。

搭好合龙脚手架、挂设安全网(详见《大小练岛水道桥高强度螺栓施拧操作平台专项施工方案》)。装上挂顶设备。

及时整理好钢梁安装过程中测量监控数据，上报监控领导小组。

对参加合龙工作的有关人员进行详细的技术交底，做到人人心中有数。

根据监控指令,对合龙前的斜拉索索力进行调整,满足钢梁线形要求。

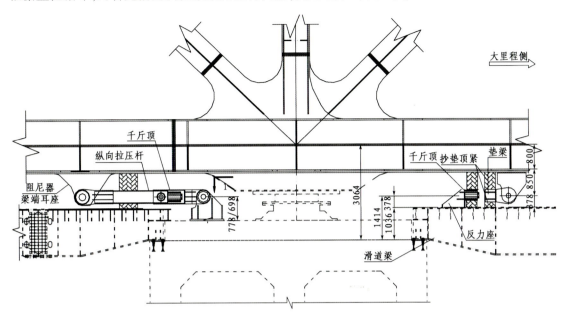

图 5-5-9-88　钢梁纵向调位装置(尺寸单位:mm)

(3)施工步骤

S03、S04 两侧 E26—E27 节段架设完毕,斜拉索张拉完成后,S04 侧架梁吊机前移做起吊合龙段准备,S03 侧架梁吊机不动。施工现场见图 5-5-9-89。

图 5-5-9-89　大小练岛水道桥主跨合龙段吊装实景图

①步骤一

测量合龙段吊装前合龙口的状态,根据测量状态确定 S04 侧钢梁沿桥轴线方向的顶推距离,经与监控单位沟通顶推距离保证合龙口较设计距离大 10cm,以 S03 侧钢梁悬臂端轴线偏位为基准调整 S04 侧钢梁悬臂端梁轴线偏位(相对差值小于 1cm),以便从 S04 侧起吊 E28 合龙节,由于 S05/S06 支座尚未安装纵向顶推时在墩顶支座安装位置安装三向千斤顶作为钢梁纵向移动的支撑,利用设置在 S04 边跨侧主桁下弦的两台 250t 千斤顶作为顶推动力。

②步骤二

运梁船运输合龙段钢梁至桥跨中点,顺桥轴线方向站位,上下游侧各抛八字锚,拖轮辅助定位。

③步骤三

S04侧架梁吊机起吊合龙段(所有拼接板均缩至梁段内侧不允许有突出梁体)与本侧钢梁对接,所有接口均上满50%冲钉,35%高强度螺栓,高强度螺栓做一般拧紧(根据监控计算此工况下合龙段S03侧梁端较已架设好的S03侧E27前端低10cm),S04侧架梁吊机后退,以使合龙口两侧高程一致为止。

④步骤四

测量靠S03侧合龙口状态,凡测量值与下列规定不符合者均应调整。

中线测量:保证主桁平面中线差小于2mm。

间距测量:两悬臂端间隔距离与设计尺寸的误差为0~+100mm。

高程测量:两悬臂端高程一致,上下弦杆张口一致。

调整工作包括间距(纵向)、中线(横向)、高程(竖向)三部分。先调整横向,再调整纵向,最后调整竖向。

中线(横向)调整方法:可通过手拉葫芦对拉来实现,手拉葫芦两端锚固在钢梁两侧的防撞护栏基座上,具体布置如图5-5-9-90所示,现场配备10t手拉葫芦4个。

图5-5-9-90 手拉葫芦布置

间距(纵向)通过4号塔柱横梁上4台250t千斤顶顶推来实现,将合龙口间距调整至(0,+100)mm。

高程调整方法:合龙口两端整体高程通过架梁吊机的前后移动进行调整,左右侧局部高差通过局部压重进行调整,最终使两悬臂端高程一致。

⑤步骤五

当合龙姿态调整好后开始合龙施工,具体步骤为:

a. 两侧钢梁采用手拉葫芦对拉,再度精调中线。

b. 打入下弦长圆孔钢销,此时悬臂端间隔距离与设计尺寸的间距差为0~+100mm。

c. 对钢梁进行纵移微调,当偏差在0.5mm以内时,打入下弦圆孔钢销和冲钉,安装工具螺栓。

d. 架梁吊机向跨中走行,使合龙口下挠,适时打入上弦圆孔钢销和冲钉,安装工具螺栓。

e. 待钢梁通过合龙销锁定后,依次在下弦、上弦及斜杆的合龙点上打入50%冲钉、上足35%高强度螺栓并做一般拧紧,副桁处采用尖头冲钉逐步打入,保证副桁可精确合龙对位,然后上30%冲钉,最后按照正常的顺序进行冲钉的替换、高强度螺栓初拧和终拧,同时退出钢销。

当上述步骤完成后,即表示钢梁合龙已完成,开始施焊桥面板及U形肋焊缝。

(4)钢梁合龙敏感性分析

合龙前的敏感性分析应重点考虑竖向位移及纵向位移的影响,敏感性分析见表5-5-9-5。

钢梁合龙敏感性分析　　　　　表 5-5-9-5

分析影响因素		变形量(mm)		
		竖向位移	纵向位移	横向位移
MS10 号索力增加	3 号塔索力增加 250kN	7.6	-0.5	0
	4 号塔索力增加 250kN	7.1	-2.3	0
合龙口两侧压重	3 号塔侧压重 250kN	-26.2	1.3	0
	4 号塔侧压重 250kN	-21.1	5.2	0
4 号塔支座处顶推	4 号塔支座处顶推 2×1000kN	16.3	-70.4	0
合龙口下弦杆对拉	合龙口下弦杆对拉 2×1000kN	7.1/22	-5.1/-71.6	0
合龙口横向对拉	合龙口横向对拉 100kN	0	0	16.5
合龙口竖向对拉	合龙口竖向对拉 2×100kN	24.6	0	0
环境升温	整体升温 10℃	8.1/5.4	-21/-20.5	0
环境降温	整体降温 10℃	-8.6/-5.5	20.9/20.6	—
下弦合龙后,上弦杆对拉或减小索力	上弦纵向对拉 2×1000kN	-9	-5.1	0
	MS10 号索索力减小 600×kN	-14.9	-3.8	0
	上弦杆竖向对拉 2×100kN	5.9	—	—
上、下弦合龙后,副桁对拉或减小索力	副桁纵向对拉 2×1000kN	-1.4	-2.9	0
	MS10 号索索力减小 600×kN	-7.4	-0.8	0
	副桁竖向对拉 2×100kN	5.7	—	—
下弦、斜杆合龙后,上弦杆对拉	主桁上弦纵向对拉 2×1000kN	-8.6	-4.9	—

①下弦合龙后再合龙上弦、副桁时,调整措施力较大,合龙对接前通过调整斜拉索使合龙口上下弦杆间张口一致,实现主桁上、下弦杆同时合龙。

②下弦合龙后,斜杆先后合龙对其余杆件合龙基本无影响,按先对接主桁上下弦杆,最后合龙斜杆。

③根据计算,由各杆件自重引起的合龙口两侧杆件局部竖向位移差均较小(不超过 10mm),所需调整措施力较小(不超过 200kN),现场可以通过纵向位移匹配后再逐步打入尖头冲钉的方式调整竖向位移差。

④合龙前,钢梁主塔处顶推、合龙口处对拉对钢梁合龙口纵向位移调整效果基本相当,现场可根据施工便捷性考虑主塔处顶推作为纵向位移方案。

⑤合龙前,钢梁纵向调整敏感性较高,调整措施力需先克服支座处摩擦力影响(按支座最大静摩擦因数 0.04 考虑,摩擦力约 560kN/桁)。

(5)钢梁合龙测量控制

钢梁合龙段施工测量控制分后场制作测量控制和现场拼装的测量控制。

①钢梁节段制作测量控制

钢结构节段制造时按钢结构施工相应的规范进行长度、宽度、高度控制,保证每段钢梁的设计尺寸。采用全站仪测量节段接口尺寸(主桁中心距、桁高、主桁垂直度、对角线偏差、主桁纵向偏差),用经纬仪进行复核,保证桥位栓孔通过率及连接质量;将全站仪所测的每个拼装环口测点三维坐标数据记录保存,通过各环口测点数据测量拼装全长的直线度,经纬仪复核;利用精密水准仪测量节段拱度值;与测量的接口尺寸共同组成一整套准确的拼装数据,保证桥梁及连接的顺利进行。

钢梁在制造过程中合龙段与两侧的 SE24-SE25 和 SE26-SE27 进行组拼,按要求检查梁段的匹配性,在每段钢梁顶面做出 6 个高程点、2 个平面点(图 5-5-9-91),其

图 5-5-9-91　节段钢梁顶面观测点布置图

中中轴线上的 2 个点为平面和高程共用点,并提供 6 个高程点和 2 个平面点的相对高差表。

②钢梁段拼装的测量控制

a. 钢梁合龙前悬臂架设时的测量控制。墩顶梁段安装并临时锚固后,在主梁中心按 C 级网加密 1 个高精度控制点,并按二等跨海水准测量要求传递高程,作为控制主梁线形及高程的控制点。拼装时主要需进行主梁线形控制,其内容包括高程线形测量、中线线形测量等,其中高程线形测量必须是监控单位在对主梁进行监控测量后,提供必要的理论主梁拼装线形,据此为依据才能对主梁拼装实施线形控制。

b. 中线线形测量。在钢梁进入施工现场后,在每一节段钢梁架设时,测量出钢梁中心控制点点位坐标与设计坐标偏差值并进行调整。测量选在气候稳定的时间内快速完成。为保证钢梁架设的顺直,避免两相邻节间拼装出现折线,两相邻节间的钢梁中线控制采用方向线顺延的办法进行检核。

c. 高程线形测量。良好的拼装线形,不仅其高程绝对值与设计值相差不大,而且应呈现一条顺滑曲线,而不应出现折线形的突变点。由于钢梁架设过程中高程线形是一种动态曲线,不同时间段不同工况节段两端的高程绝对值不同。为防止钢梁出现折线形的突变点,并使钢梁线形按设计状态延伸,高程线形测量应安排在气候稳定的时间内快速完成。采用"相对高差法 + 绝对高程法"进行观测,用水准仪观测节段上的 6 个高程点,并对高程偏差进行调整,调整到位后,在测量 2 个节段高差值,并根据情况进行调整。钢梁顶面测量点如图 5-5-9-92 所示。

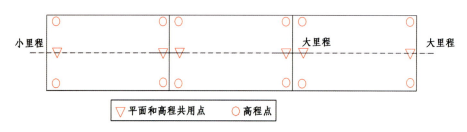

图 5-5-9-92　钢梁顶面测量点

随之钢梁架设的延伸,每节钢梁上的 6 个测点一起构成控制整个钢梁延伸的控制网。在每节段钢梁拼装前后、斜拉索张拉前后 4 个工况下对相邻 5 个节段箱梁进行高程测量。

③中跨合龙测量

a. 合龙段长度的观测。合龙段长度主要通过两根主纵梁来确定的,影响合龙段长度的因素主要有:当前主梁线形与合龙梁段线形的差异,主梁梁段由于拉索水平分力对其产生的压缩变形。主要是用检定钢尺进行主梁轴线及两边梁边线长度进行观测。

b. 主梁高程测量。观测合龙段两侧 5 个节段钢梁高程变化及其变化规律。测量精度满足高程中误差小于 3mm,且观测用的水准仪、塔尺必须进行鉴定,确保准确性及一致性。

c. 轴线测量。在 S03、S04 主塔横梁中线处设置测量控制点对整个桥梁中线做贯通测量,钢梁架设后利用全站仪测量中线偏位情况进行钢梁轴线的调整。

(6)钢梁合龙监控检测

大小练岛水道桥钢梁施工由铁科院作为施工监控单位对施工过程进行监控。

为保证钢梁施工过程中的结构安全及为监控计算提供实测结构参数和校核,在施工现场设立实时测量体系,对施工过程中结构的内力、线形、索力和温度进行现场实时跟踪监控监测。在主梁悬臂拼装的过程中,确保主梁线形的和顺、正确是第一位的,即施工中以高程控制为主,通过施工中索力的适当调整使主梁线形接近设计要求,直至最终合龙。二期恒载施工阶段,为保证结构内力及线形的理想状态,再次张拉斜拉索以索力控制为主。索力张拉吨位不应超出容许范围,以确保安全。

5.10 整节段钢桁梁拼装对接

5.10.1 厂内匹配制造

工厂内钢桁梁的加工制造精度是保证现场能够实现整节段拼装对接的前提条件,加工制造精度直接影响钢桁梁拼装对接时的调整难度、钢桁梁架设后的主梁线型和结构内力。

为保证钢桁梁桁段的制造精度,工厂加工时首先按图纸加工主桁杆件,然后在地面卧拼成桁片,最后再立体拼装焊接成单个桁段(一个节间或两个节间)。

初始首轮桁片拼装时,先将不少于 6 个节间的桁片上、下弦杆按设计线形置于拼装胎架上,并临时锁定限位,然后焊接腹杆,该轮次桁片拼装完成后留一个桁片作为下一轮次的母桁片,且每轮次拼装的桁片均不少于 6 个节间。

桁段立体拼装时采用"2 + 1"多节段连续匹配拼装与焊接的总体方案,即每次均有 2 个桁段作为下一桁段匹配拼装的母桁段。立体拼装时,首段按照"下层桥面板块就位→两侧桁片拼装→中部上层桥面板块拼装→副桁拼装→两侧上层副桁桥面板块拼装顺序进行,后续匹配节段按照两侧桁片就位→下层桥面板块拼装→中部上层桥面板块拼装→撑杆拼装→两侧上层副桁桥面板块"顺序依次拼装推进,并在节段拼装过程中设置 3 次质量控制点,实现对拼装全方位的监控。

5.10.2 架梁吊机整桁段悬拼分析计算

桁段整体悬臂拼装不同于常规单杆件散拼,其结构刚度大、拼装对位点多,需提前模拟计算安装过程,并得出合适对接顺序、安装时杆件的变形及相应的调整措施力大小,并据此考虑工装方案,为现场悬拼施工提供理论参考。

利用架梁吊机悬臂架设的桁段,则通过架梁吊机提升待架梁段与已架设梁段进行拼装对位,对接时可先通过架梁吊机调整待架梁段姿态,首先对接上弦、副桁或下弦其中一个接头,然后在利用增加或减少吊机施力并辅以适当的对拉调整力依次分步完成其他杆件对接。

由于采用架梁吊机悬拼钢桁梁节段的具有相似规律,以架设大小练主跨 SE26—SE27 节段钢桁梁为例进行计算分析,节段吊装前,边跨斜拉索已挂设至 BS08,中跨斜拉索挂设至 MS08,架梁吊机前支点站位于 A25 节点正上方,前支点自重反力为 246t/桁,后锚点拉力为 32t/桁。已架设钢桁梁计算模型如图 5-5-10-1 所示,XZ 向变形如图 5-5-10-2 所示。计算模型中钢桁杆件、主塔均按梁单元模拟;索采用只受拉索单元模拟;相邻两拼装节段桥面板采用板单元模拟,其余桥面板按纵横向梁格模拟。

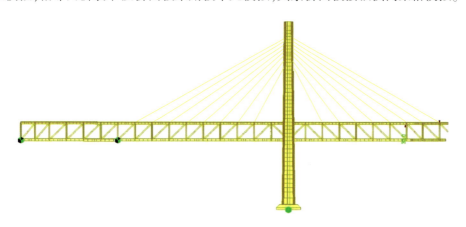

图 5-5-10-1　已架设钢桁梁计算模型图

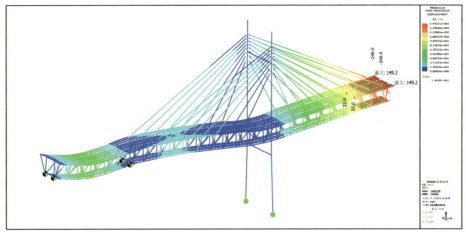

图 5-5-10-2　已架设钢桁梁 XZ 向变形图（质量单位：t；位移单位：mm）

SE26—SE27 节段未吊装前，考虑索力、钢桁梁自重、架梁吊机自重，悬臂端拼接点处，位移见表 5-5-10-1。SE26—SE27 节段吊装后，位移见表 5-5-10-2。

钢桁梁吊装前拼接点位移（单位：mm）　　　　　表 5-5-10-1

点　位	竖向 Z	纵向 X	点　位	竖向 Z	纵向 X
主桁上弦	139.4	-20.1	主桁上弦	139.4	-20.1
副桁上弦	147.5	-22.3	主桁下弦	139.6	-1.3
位移差（副-主）	8.1	-2.2	位移差（下-上）	0.2	18.8

注：表中纵向位移以远离主塔为正；竖向位移以向上为正（后同）。

钢桁梁吊装后拼接点位移（单位：mm）　　　　　表 5-5-10-2

点　位	竖向 Z	纵向 X	点　位	竖向 Z	纵向 X
主桁上弦	-210.2	7.7	主桁上弦	-210.2	7.7
副桁上弦	-195.7	3.5	主桁下弦	-200.0	-17.7
位移差（副-主）	14.5	-4.2	位移差（下-上）	10.2	25.4

从表 5-5-10-2 可知，SE26—SE27 节段吊装后，钢桁梁发生了较大的弯剪变形，水平位移方面，副桁比主桁纵向压缩多 4.2mm，相对于吊装前，主副桁纵向位移差增加 2mm，主桁上下弦位移差 25.4mm，较吊装前增加 6.6mm。竖向位移方面，副桁比主桁高 14.5mm，较吊装前位移差增加 6.4mm，主桁上下弦位移差 10.2mm。

待拼装梁段起吊后，钢桁梁的 Z 向变形如图 5-5-10-3 所示。钢桁梁起吊后，拼接点处主桁上弦和副桁竖向位移均为 4.0mm、主桁下弦竖向位移为 5.4mm，主桁上下弦位移差为 1.4mm。主桁竖杆上端竖向位移 0.7mm、下端竖向位移 1.4mm，竖杆伸长 0.7mm。

1）主桁下弦对接计算

由于斜拉索位于副桁，桁架顶较桁架底压缩量大（远大于钢桁梁上弦预拱度的伸长值，预拱度伸长值最大为 8mm），待架设桁段与已架设钢桁梁拼装对接时应先对接下弦杆，待架桁段起吊后，调整钢桁梁下弦杆倾角，使其与已架设端钢桁梁下弦杆倾角相同，此时合龙口两侧位移姿态见表 5-5-10-3。

待架钢桁梁倾角调整后合龙口姿态（待架段整体落梁 230.8mm）（单位：mm）　　表 5-5-10-3

点　位	主桁上弦			主桁下弦			斜副桁上弦		
	纵向 X	竖向 Z	倾角	纵向 X	竖向 Z	倾角	纵向 X	竖向 Z	倾角
已架设侧	7.7	-210.2	1/325	-17.7	-200.0	1/299	3.5	-195.7	1/332
待架设侧	2.8	-205.6	1/298	-52.0	-200.0	1/296	2.1	-205.5	1/283
位移差	-4.9	-4.6	1/3597	-34.3	0	极小	-1.4	9.8	1/1919

注：表中纵向位移差以合龙口开口为正；竖向位移差取待架端高于已架设端为正。

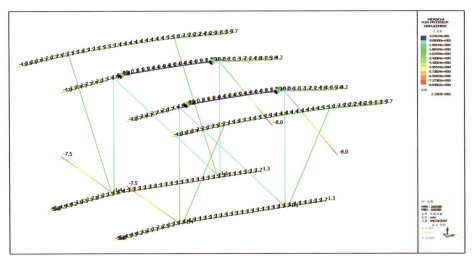

图 5-5-10-3　待拼装钢桁梁起吊后 Z 向变形图（未显示桥面板）

由表 5-5-10-3 可知，待架钢桁梁倾角调整后，整体落梁 232mm，钢桁梁前移 34.3mm，下弦合龙口纵向位移匹配，主桁上弦开口 29.4mm，副桁开口 32.9mm，上弦、下弦及副桁倾角均基本匹配，主桁下弦 XZ 向位移及倾角匹配，完成下弦杆对接，完成高强度螺栓施拧及杆件顶面焊缝焊接。钢桁梁下弦对接完成后 ZX 向变形如图 5-5-10-4 所示。

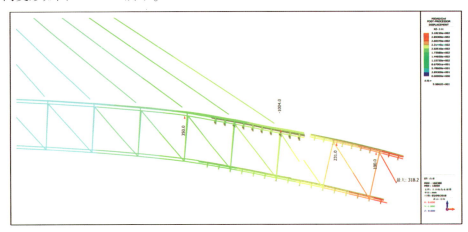

图 5-5-10-4　钢桁梁下弦对接完成后 XZ 向变形图

2）按"主桁下弦→主桁上弦→副桁→斜杆"对接

主桁下弦对接完成后，暂不焊接铁路桥面板横向焊缝，由于主桁上弦及副桁纵向均为合龙口张开状态，则需通过增加吊机施力或拼接点处纵向对拉的方式使主桁上弦或副桁合龙口纵向位移匹配，再配合适当的竖向对拉调整完成竖向位移匹配。

通过分析计算，按"主桁下弦→主桁上弦→副桁→斜杆"的顺序拼装对接钢桁梁节段时，主桁下弦对接后对接主桁上弦，无论采用增加吊机施力或者纵向对拉来匹配纵向位移的调整措施力均较小，实现均较容易，现场可根据操作方便任意选择调整措施。但主桁上弦打入部分冲钉实现铰接后，不能继续通过增加吊机施力在实现副桁纵向位移匹配，此时副桁需纵向对拉为 1000kN，竖向对拉力 1800kN 才能实现副桁 XZ 向位移匹配。纵向调整措施力较大，需提前考虑设备及结构（可在副桁顶面焊接纵向对拉耳板，主桁上弦、副桁的纵向对位均靠该对拉耳板调整，对于主桁上弦和副桁的竖向高差调整措施力较小，建议采用初步打入尖头冲钉的方式调整）。

3）按"主桁下弦→副桁→主桁上弦→斜杆"对接

按"主桁下弦→副桁→主桁上弦→斜杆"的顺序拼装对接钢桁梁节段时，主桁下弦对接后对接副桁，无论采用增加吊机施力或者纵向对拉来匹配纵向位移的调整措施力均较小，实现均较容易，现场可根据操作方便任意选择调整措施。副桁打入部分冲钉实现铰接后，主桁上弦纵向位移有3mm冲突，竖向有一定高差。

当采用减小吊机施力+主桁上弦竖向对拉的措施调整合龙口位移，则吊机施力需减少500t，约占节段质量的60%（钢桁梁应力满足要求），竖向对拉力100t。吊机减小施力过程中副桁内力逐步增加，但其折角也越来越小，则在此过程中需要逐步增加副桁冲钉数量。该措施竖向调整措施力较大，需提前考虑设备及结构。

当采用主桁上弦纵向对顶+竖向对拉的措施调整合龙口位移，则需纵向对顶力约2000kN，竖向对拉力18.50kN。该措施纵向调整措施力达到2000kN/桁，需提前考虑设备及结构。

采用该顺序对接钢桁梁时，主桁上弦对接调整措施力较大，不建议采用该顺序拼装钢桁梁。

4）按"主桁下弦→斜杆→主桁上弦→副桁"拼装

根据上述计算，主桁下弦对接后，再对接其中任意一根杆件均较为容易，按"主桁下弦→斜杆→主桁上弦→副桁"的顺序拼装对接钢桁梁节段时，主桁下弦对接后对接斜杆和主桁上弦均较容易实现，调整措施力均较小。

最后对接副桁时，拼接点有纵向开口及竖向高差，其中纵向开口不能采用增加吊机施力的方式调整，XZ向位移差仅能通过副桁纵向对拉+竖向对拉调整，其中纵向对拉力约100t，竖向对拉力18t。需提前考虑设备及结构。

采用该顺序对接钢桁梁时，与按"主桁下弦→主桁上弦→副桁→斜杆"顺序调整措施基本相当。

5）按"主桁下弦→斜杆→副桁→主桁上弦"拼装

按"主桁下弦→斜杆→副桁→主桁上弦"的顺序拼装对接钢桁梁节段时，主桁下弦对接后对接斜杆和主桁上弦，无论采用增加吊机施力或者纵向对拉来匹配纵向位移的调整措施力均较小，实现均较容易，现场可根据操作方便任意选择调整措施。副桁打入部分冲钉实现铰接后，主桁上弦纵向位移有3.1mm冲突，竖向有一定高差。

当采用减小吊机施力+主桁上弦竖向对拉的措施调整合龙口位移，即使吊机完全松钩，主桁上弦纵向也还有1mm冲突，若需纵向匹配还需对顶力约650kN，则不建议采用该方案匹配合龙口纵向位移。

当采用主桁上弦纵向对顶+竖向对拉的措施调整合龙口位移，则需纵向对顶力约2150kN，竖向对拉力250kN。该措施纵向调整措施力达到2000kN/桁，需提前考虑设备及结构。采用该顺序对接钢桁梁时，主桁上弦对接调整措施力较大，不建议使用该顺序对接钢桁梁。

6）架梁吊机悬拼节段拼装小结

（1）按前文计算的各种拼装顺序，拼装对接过程中钢桁梁最大应力约183MPa，均满足要求，主塔最大偏位约9cm，全截面处于受压状态。

（2）即使考虑钢桁梁主桁上弦及副桁预拱度的最大伸长量（架梁吊机悬拼节段，最大伸长值为8mm），钢桁梁主桁上弦及副桁压缩量也大于主桁下弦，建议拼装对位时先调整待架节段钢桁梁姿态，直接对接主桁下弦，完成主桁下弦高强度螺栓施拧及主桁下弦顶板对接焊缝（为降低后续节段对位时的调整措施力，建议此时不焊接铁路桥面板横向焊缝）。

（3）主桁下弦对接后，无论是再对接斜杆、主桁上弦或者副桁均较容易，调整措施力较小，但对接时杆件均存在一定折角，此时仅能在螺栓群中间位置打入一定数量冲钉，实现杆件铰接状态。

（4）主桁上弦和副桁无论是纵向还是竖向均存在高差，不能同时对位，后对位者调整措施力均较大，但是先主桁上弦再副桁的对接顺序调整措施力相对较小，建议对位时先对接主桁上弦然后再对接副桁。

（5）根据前述计算分析，斜杆最后对接或下弦对接后就对接（斜杆仅需在栓群中部打入几个冲钉）

对主桁上弦及副桁的对接影响较小,但是考虑架梁吊机架设的节段预拱度均为主桁上弦伸长(最长为8mm),考虑预拱度后斜杆实际制造长度小于理论所需长度(斜杆有拉力),最后对接时需要拉力较大,所以建议下弦对接后先对接斜杆(栓群中部打入几个冲钉),使斜杆铰接状态,然后再对接其他杆件。

(6)综上所述,建议钢桁梁对接顺序为:主桁下弦→斜杆→主桁上弦→副桁,对接副桁时纵向对拉力较大,需提前考虑对拉措施。考虑增加吊机施力操作不够方便,再加之副桁对接时必须纵向对拉,建议拼接点XZ向对位均采用纵向+竖向对拉的方式实现,可在副桁顶面焊接纵向对拉耳板,主桁上弦、副桁的纵向对位均靠该对拉耳板调整,对于主桁上弦和副桁的竖向高差调整,其调整措施力较小,建议纵向调整到位后采用逐步打入尖头冲钉的方式来调整竖向高差。

(7)斜杆、主桁上弦、副桁对位完成后,其杆件间均有一定折角,此时吊机可逐步分级减小吊机施力,杆件折角随之逐步减小,此时及时补充冲钉数量,然后施拧高强度螺栓,焊接杆件顶板对接焊缝,再焊接桥面板横向焊缝,焊接完成后挂设斜拉索,吊机前移。

5.10.3 架梁吊机整桁段悬拼工艺流程

对于采用散拼或桁片架设的钢桁梁,杆件或桁片对位后,上足一定数量的高强度螺栓和冲钉后(对于散拼,一般需上30%高强度螺栓,50%冲钉;对于桁片,一般上50%高强度螺栓,50%冲钉),架梁吊机即可松钩。当桥面系采用正交异性钢桥面板时,一般主桁架设完成后再吊装桥面板,桥面板自身质量荷载由主桁承受,后续恒载及荷载由桥面板和主桁共同承受力。

该桥钢桁梁采用全焊桁段设计和架设,为达到设计意图,从节段架设时就板桁共同受力并保证结构安全,该桥采用架梁吊机悬拼的钢桁梁节段其施工流程如下:钢桁梁运输至桥位,抛锚定位→架梁吊机起吊,拼装对位→高强度螺栓施拧→桥面板横缝焊接(此时可挂设、牵引斜拉索,但不可张拉)→桥面板横缝焊接→架梁吊机松钩→按监控指令挂设、张拉斜拉索→架梁吊机前移,准备下一节段作业。

采用架梁吊机整桁段悬拼其工期优势明显,架设1个节段(2节间)约12d(一般散拼架设一个节间约10d),具体安排如下:吊机起吊对位,并上足冲钉需2d,高强度螺栓施拧需2~3d,主桁顶板及桥面板横缝焊接需5d,斜拉索挂设可在横缝焊接时进行,不占用主线工期,仅拉索张拉占用2d时间,架梁吊机前移时间较短,一般为几个小时,可利用晚上完成。

5.10.4 支架上大节段钢桁梁拼装对接技术

支撑于支架上的大节段钢桁梁在支架上的对接合龙,其实质是一种简支变连续的体系转换,大节段钢桁梁吊装至支架上后,跨中变形和梁段转角均较大,且主桁上下弦和副桁弦杆的转角均不相同(以鼓屿门水道桥辅助跨大节段为例,跨中最大竖向位移约38mm,主桁下弦梁端转角约1/730,主桁上弦梁端转角约1/1366,副桁梁端转角约1/932,如图5-5-10-5所示),其拼装对接与悬臂架设的节段又有所不同,仍需提前分析计算确定杆件对接顺、桥面板焊接时机及其对施工和钢桁梁受力的影响、顶落梁位置等,以保证钢桁梁能顺利合龙、合龙后结构内力分部与原设计基本吻合、临时支撑结构受力满足要求。

根据总体施工方案,鼓屿门水道桥和大小练岛水道桥边跨钢桁梁均采用起重船吊装至墩顶后再拼接成整体,为避免钢桁梁拼接完成后还整体起顶调节钢桁梁位置,钢桁梁拼接以主塔支座节段为起始分别往两边逐段对接的顺序进行。3号塔为纵向固定支座,此处钢桁梁节段调整到位后即安装正式支座;4号塔为纵向活动支座,钢桁梁中心线对齐塔中线,此处钢桁梁节段调整到位也安装正式支座,但支座下摆需要设计值进行预偏。以鼓屿门水道桥为例,钢桁梁全部吊装完成后其钢桁梁节段总体拼装顺序为:调整A21—A22至设计位置→拼装对接A19—A20,拼装对接A23—A24→拼装对接A12—A18→拼装对接A10—A9→拼装对接A2—A8→拼装对接A0—A1,如图5-5-10-6所示。

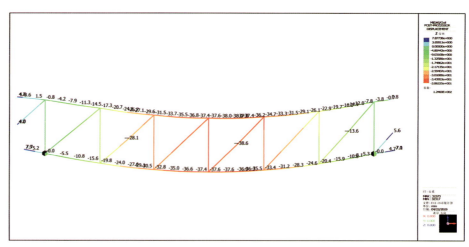

图 5-5-10-5　鼓屿门辅助跨大节段钢桁梁吊装至托架后变形示意图

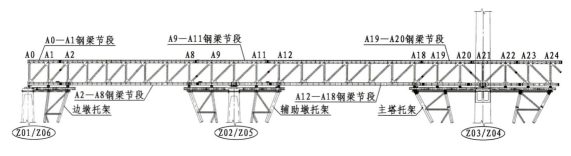

图 5-5-10-6　鼓屿门边跨钢桁梁节段示意图

支架上大节段钢桁梁拼装对接时,各杆件对接顺序分析与采用架梁吊机悬拼的节段类似,此处不再详细介绍。经分析计算,支架上大节段钢桁梁拼装,各杆件对接宜采用如下顺序:主桁下弦→斜杆→副桁→主桁上弦。斜杆对接时,最大调整力为 210kN;副桁对接时,纵向位移通过对待拼装节段顶落梁实现,竖向位移匹配最大对拉力为 370kN;主桁上弦对接时,纵向位移通过对待拼装节段顶落梁实现,竖向位移匹配最大对拉力为 600kN。竖向对拉力均较小,可以通过逐步打入尖头冲钉的方式实现,无需设置额外对拉结构。

以 A2—A8 节段与 A9—A24 节段拼装对接为例,计算如下。

E2 节点落梁 36mm、E8 节点落梁 17mm 后(相对于设计高程 + 厂设预拱度),E8—E9 节间合龙下弦三向位移及倾角基本匹配,此时合龙口 Z 向位移如图 5-5-10-7 所示。

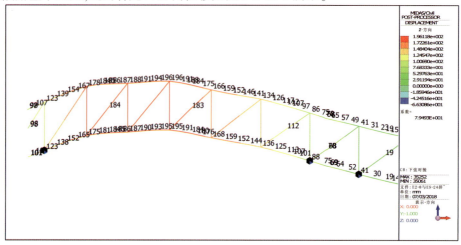

图 5-5-10-7　合龙口 Z 向位移图(1)

下弦合龙后即可进行斜杆拼装对接调整,经计算,E2 节点顶梁 35mm、E8 节点顶梁 1mm 后(相对于设计高程+厂设预拱度,相对于上一步骤,则 E2 节点顶梁 71mm、E8 节点顶梁 18mm),再配合斜杆间法向对拉 21t 后,E8—E9 节间斜杆合龙口三向位移及倾角基本匹配,此时合龙口 Z 向位移如图 5-5-10-8 所示。

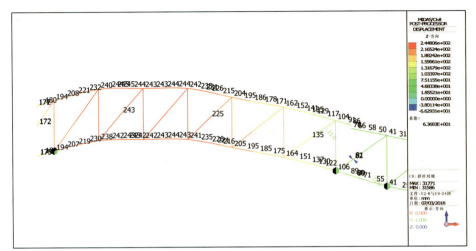

图 5-5-10-8　合龙口 Z 向位移图(2)

斜杆合龙后,将 E8 节点下弦高程调整至设计高程加厂设预拱度,准备进行副桁合龙口的拼装对位调整,经计算,E2 节点顶梁 30mm(相对于设计高程+厂设预拱度,相对于上一步骤则 E2 节点落梁 5mm),再配合副桁法向对拉 37t 后,E8—E9 节间副桁合龙口三向位移基本匹配,此时合龙口 Z 向位移如图 5-5-10-9 所示。

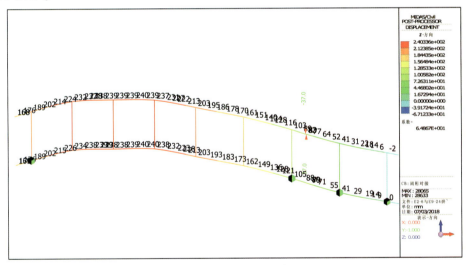

图 5-5-10-9　合龙口 Z 向位移图(3)

副桁铰接后,准备进行主桁上弦合龙口的拼装对位调整,经计算,E2 节点顶梁 38mm(相对于设计高程+厂设预拱度,相对于上一步骤则 E2 节点顶梁 8mm),再配合主桁上弦法向对拉力 500kN 后,E8—E9 节间主桁上弦合龙口三向位移基本匹配,此时合龙口 Z 向位移如图 5-5-10-10 所示。

主桁上弦三向匹配后,在栓群中部打入冲钉,实现主桁上弦铰接,然后再在副桁和主桁上弦逐步增加冲钉数量,实现杆件合龙口间倾角匹配。

由于钢桁梁对接前均支撑于墩旁托架上,钢桁梁节段间拼装对接实质简支变连续的体系转换过程,各杆件合龙过程中,支架上需利用千斤顶顶落梁,顶落梁位置、行程、顶落梁后抄垫高程均影响托架受力安全。拼装过程中,各杆件拼接时对各支点进行顶落梁敏感性分析,在确保钢桁梁和支架受力安全,并方便现场操作的前提下,得出支架上大节段钢桁梁拼装总体原则如下:

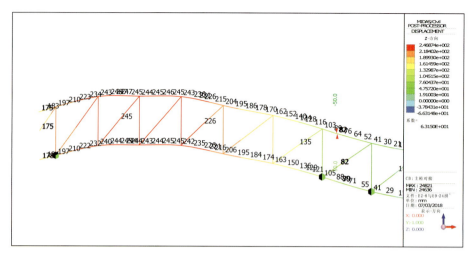

图 5-5-10-10　合龙口 Z 向位移图(4)

(1)千斤顶布置位置:三向千斤顶仅布置于待拼装节段的 4 个支撑节点处,并尽量靠近落梁垫块(其中 E21、E10、E0 节点处千斤顶需布置于设计起顶垫板正下方)。

(2)合龙口三向位移及倾角匹配措施:首先利用待拼装段钢桁梁支撑节点处的三向千斤顶调整待合龙杆件间的纵向及横向位移差,然后再逐步打入尖头冲钉、标准冲钉的方式调整竖向位移差及倾角。

(3)顶落梁总体原则:下弦对接时,通过在待拼装对接节段的 4 处千斤顶直接顶落梁实现三向位移及倾角匹配。斜杆对接时,合龙口近端千斤顶定落梁不可超过 20mm(相对于设计高程+厂设预拱度),主要通过远端千斤顶顶落梁及斜杆间法向对拉+逐步打入冲钉的方式实现三向匹配。副桁及主桁上弦对接时,合龙口近端支撑节点需调整至位于设计高程+厂设预拱度,即近端不可顶落梁,副桁及主桁上弦合龙口间的三向匹配主要通过远端千斤顶顶落梁及杆件间法向对拉+逐步打入冲钉的方式实现。

(4)上弦和副桁顶落梁对位后,需对起顶处落梁垫块下方进行抄垫,以保证远端起顶点处的高程不变,高强度螺栓施拧完毕后焊接桥面板横缝及杆件顶板焊缝,然后再通过"顶落梁抄垫至设计高程+厂设预拱度",然后再进入下一节段对接合龙调整。

如果上弦对接完成后就落梁至设计位置,然后开始下一节段钢桁梁对接,桥面板横缝焊接后续进行,则可以加快现场拼装速度,但按此步骤施工完成后将导致钢桁梁受力与设计不一致,正交异性钢桥面板未参与自身恒载受力(设计从恒载开始,桥面板参与主桁共同受力),经计算分析,按此步骤,钢桁梁应力将增加约 30MPa,影响主体结构安全。

(5)为保证抄垫高程准确,待拼装节段对位前建议先拆除橡胶垫,并提前准备抄垫钢板。抄垫面积应与原垫块底面相当。

5.11　钢桁梁大悬臂抗风技术

结合气象资料,桥区大风天气频繁,8 级及以上大风天气全年超过 120d,百年重现期十分钟平均最大风速 44.8m/s,且台风频繁,每年均有 6 次左右的台风正面袭击,钢桁梁整体吊装支撑至临时结构上后及钢桁梁悬臂拼装过程中均有可能遭遇台风袭击,钢桁梁架设期间的自身抗风研究必不可少。

5.11.1　常规抗风技术

一般而言,对于风速较大的峡谷口、沿海区域,均需对斜拉桥大悬臂施工过程中的抗风稳定性进行专门设计研究,同济大学项海帆院士的"公路桥梁抗风设计规范概要及大跨桥梁的抗风对策"中指出:"在最大双悬臂状态,主梁会发生围绕桥塔的桥平面外的水平摆动以及平面内的竖向跷跷板"振动,在桥塔中产生较大的内力,设置辅助墩或采用临时墩来减小悬臂长度是常用的方法。"

设置抗风临时墩虽然效果较好,但成本较高,如果在类似该桥这样水深、浪高、覆盖层浅薄的条件下,临时墩自身设计与施工将十分困难,经济性差。

2014年建成的黄冈公铁两用长江大桥,在施工过程中采用了抗风牛腿来增加大悬臂状态下的抗风稳定性,抗风牛腿焊接于主塔两侧的钢桁梁上弦杆上,大风来临前将牛腿与主塔间抄垫顶紧以抵抗横风作用下的平面扭转。抗风牛腿结构小巧,安装也较为简便,具有良好的经济性和可操作性。

5.11.2 实施方案

该桥钢桁梁架设期间的抗风主要分为两类:一是采用起重船吊装至支架上的钢桁梁抗风;二是钢桁梁大悬臂拼装过程中的抗风。对于支架上的钢桁梁,经计算分析,钢桁梁自身与支架间的抗滑移和自身抗倾覆稳定性均满足规范要求,仅支架设计时需考虑承受支架能钢桁梁和自身的台风荷载。为进一步加大支架和钢桁梁的抗风安全,台风来临前,钢桁梁需横向调整到设计位置,钢桁梁落梁垫块与滑道梁之间卡死或临时焊接固定。

对于悬臂架设过程中的钢桁梁,参考黄冈长江大桥的成功经验,3座航道桥均在主塔处设置了大型抗风牛腿,以平衡钢桁梁在横向风作用下的扭矩。以元洪航道桥为例,抗风牛腿设在 YH-SE23—SE24 节段和 YH-SE25 节段间、抗风牛腿在工厂整体加工运至现场,主塔墩顶节段架设后整体焊接至设计位置。钢桁梁抗风牛腿平面布置如图 5-5-11-1 所示。

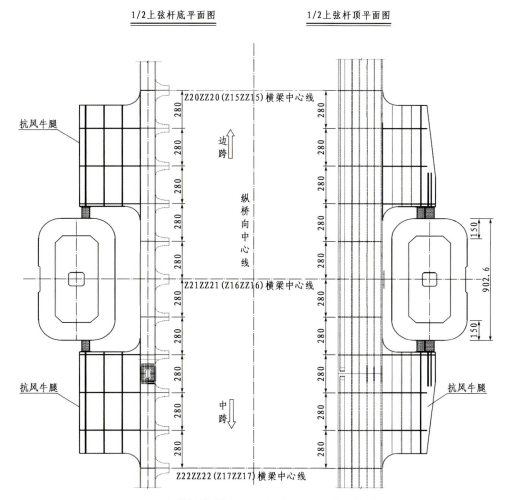

图 5-5-11-1　钢桁梁临时抗风牛腿平面布置图(尺寸尺寸单位:cm)

结合该桥钢桁梁架设的总体施工方案,元洪航道桥采用架梁吊机双悬臂架设,采用设置抗风牛腿的方案较常规的设置抗风临时墩更具有经济性,施工也更为简便,则元洪航道桥大悬臂抗风宜采用原设计方案。

对于鼓屿门水道桥和大小练岛水道桥,根据总体施工方案,其边跨钢桁梁架设完成后才开始架设主跨钢桁梁,钢桁梁最不利抗风为最大单悬臂状态,再加之跨度小,那么是否可以连抗风牛腿都无需设置,仅依靠钢桁梁自身承载力和边墩、辅助墩、主塔墩支座的横向承载力抵抗台风荷载。

参考《公路桥梁抗风设计规范》,采用有限元分析软件对鼓屿门水道桥和大小练岛水道桥进行抗风分析计算。风荷载按百年重现期风速考虑,即海平面以上10m高度处的设计基准风速为44.8m/s,钢桁梁自身风荷载采用线荷载形式加载于上下弦杆上,架梁吊机风荷载采用节点荷载作用于前后站位支点处。因风向的不确定性,分别考虑以下3种工况。

工况一:横桥向同一方向加载,加载模型如图5-5-11-2所示。

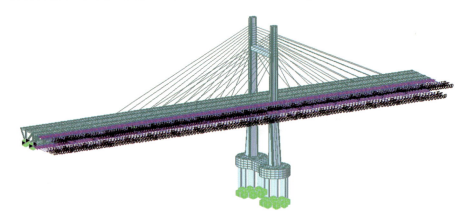

图5-5-11-2 工况一加载示意图

工况二:边、辅助跨加载向右侧的风荷载,主跨加载向左侧的风荷载,如图5-5-11-3所示。

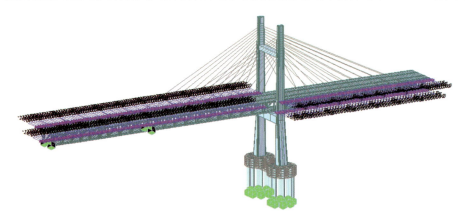

图5-5-11-3 工况二加载示意图

工况三:边、辅助跨加载向左侧的风荷载,主跨加载向右侧的风荷载,如图5-5-11-4所示。

根据计算结果,钢桁梁最大组合应力为173MPa,最大横桥向位移为309mm。边墩支座处横桥向反力$F_{边}=1790$kN<7000kN(边墩球形支座横桥向承载力);辅助墩支座处横桥向反力$F_{辅}=8990$kN<11000kN(辅助墩球形支座横桥向承载力);主墩支座处横桥向反力$F_{主}=4880$kN<17500kN(主墩球形支座横桥向承载力)。钢桁梁应力、变形及支座的横向承载力均满足规范要求。

结合前述分析研究,该桥钢桁梁大悬臂架设期间抗风总体方案如下:元洪航道桥双悬臂抗风安全依靠主塔处设置抗风牛腿实现。鼓屿门水道桥和大小练岛水道桥则取消抗风牛腿,钢桁梁单悬臂架设期间的抗风安全依靠钢桁梁自身和边墩、辅助墩、主塔墩支座实现。

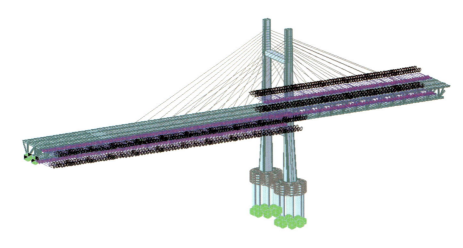

图 5-5-11-4　工况三加载示意图

5.12　环口焊接及嵌补段施工

钢桁梁采用正交异性板整体结构,由纵肋、横梁及其加劲的钢桥面面板组成,桥面板块纵向分块,横向整体制造并与主桁节段在工厂焊接成整体,现场安装桥面嵌补段,钢梁架设完成后将嵌补段吊放在桥面板待安装位置上存放。

钢桁梁环口对接高强度螺栓施工完成并检验合格后开始环口焊接及嵌补段施工,利用高强度螺栓施工步梯和脚手架搭设焊缝焊接平台,先焊接铁路桥面,再焊接公路桥面,具体顺序为:铁路(公路)桥面水平板→铁路(公路)纵梁→铁路(公路)U肋;焊接完成后焊缝需进行超声波/X射线/磁粉检测。

5.12.1　焊接方法、设备和材料

根据焊缝位置不同,将焊接方法、设备和焊接材料见表 5-5-12-1。

焊接方法、设备和材料　　　　　　　表 5-5-12-1

序号	适用范围	焊接方法	焊接材料
1	定位焊	气体保护焊	ER50-6(ϕ1.2)
		焊条电弧焊	J507(ϕ4/3.2)
2	弦杆、桥面板对接焊缝	气体保护焊或气体保护焊+埋弧焊	ER50-6(ϕ1.2) Ho8Mn2E(ϕ5)+SJ101q
3	U肋嵌补段对接焊缝及角焊缝	气体保护焊	E501T-1(ϕ1.2)
4	板肋嵌补段对接及角焊缝	气体保护焊	平位:ER50-6(ϕ1.2) 立位:E501T-1(ϕ1.2)
5	铁路纵梁间对接焊缝	气体保护焊	平位:ER50-6(ϕ1.2) 立位:E501T-1(ϕ1.2)
6	其他焊缝	优先采用气体保护焊	平位:ER50-6(ϕ1.2) 立位、仰位:E501T-1(ϕ1.2)
		个别处也可采用焊条电弧焊	J507(ϕ4/3.2)

5.12.2　焊接平台搭设

操作平台和脚手架随高强度螺栓施工一起搭设。

钢桁梁高强度螺栓施拧操作平台，由扣件式钢管脚手架和星式爬梯组合而成。钢管脚手架作为高强度螺栓施拧的主要操作平台，星式爬梯作为施工人员上下的安全通道。高强度螺栓施拧位置有主桁上弦、主桁下弦、主桁斜杆、副桁上弦。为此在主桁上弦、副桁上弦均设置了高强度螺栓施拧吊平台，主桁上弦杆吊平台为在主桁上弦杆接头两侧倒挂两个门式脚手架作为施拧平台，倒置的门式脚手架通过撑杆挂于钢梁横梁翼缘板上，撑杆采用 $\phi48×3.5mm$ 镀锌钢管，两个门架之间铺设脚手板联通。斜副桁上弦杆施拧平台有两种搭设形式：一是有公路桥面嵌补段的，其搭设方式和主桁上弦相同；二是无公路桥面嵌补段，内侧倒扣的门式脚手通过夹具固定在钢梁横梁翼缘板上，外侧倒扣门式脚手通过横杆吊挂于悬挑的工钢上，工钢的另一端与钢板焊接，然后通过 M24 的螺栓与公路防撞护栏立柱底座固定，内外侧的平台通过满铺脚手板相连。高强度螺栓施工时，按照下弦、斜杆、主桁上弦、斜杆的先后顺序进行施工。

钢桁梁高强度螺栓施拧、环口焊接操作平台整体布置如图 5-5-12-1 所示，环口焊接操作平台如图 5-5-12-2 所示。

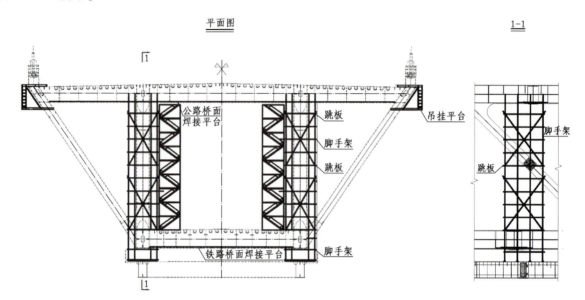

图 5-5-12-1　钢桁梁高强度螺栓施拧、环口焊接操作平台示意图

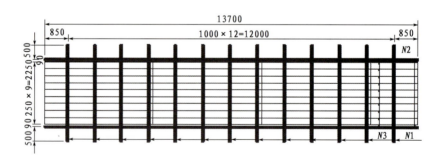

图 5-5-12-2　环口焊接操作平台详图（尺寸单位：mm）

1）脚手架施工

脚手架作为钢梁高强度螺栓施拧和环口焊缝焊接的主要操作平台，结构由镀锌钢管、十字扣件、脚手板、夹具等组成。钢梁高强度螺栓施工按照先主桁下弦、斜杆、主桁上弦、副桁的先后顺序进行施工，因此，脚手架搭设也按此顺序进行搭设。

主桁下弦：以墩旁托架滑道梁为基础，在下弦节点的正下方的滑道梁顶面上横向焊接三条工字钢，两边各悬挑出滑道梁大约 50cm，脚手架立杆坐落于工字钢上翼缘上并焊接固定。下弦杆内外侧各搭设两根立杆，内外立杆沿高度方向通过横杆连接固定，单侧立杆通过纵向横杆连接固定，每个面布设一道斜杆作为支撑,防止其使稳,各脚手之间满铺脚手板,作为下弦高强度螺栓施拧的平台,其形式如图 5-5-12-3 所示。

图 5-5-12-3　主桁下弦操作平台布置

斜杆:斜杆高强度螺栓施拧脚手架,内侧以安全爬梯为基础,利用安全爬梯的立柱作为立杆将竖向荷载传递至钢梁顶面,外侧单独搭设两根立杆,每个面纵横向都通过横杆和斜杆连接固定,其中斜杆上下两个面的横杆将爬梯和钢梁斜杆连接为一个整体,可以有效地防止爬梯的晃动,同时也使斜杆脚手平台更加牢固,其形式如图 5-5-12-4 所示。

图 5-5-12-4　爬梯及脚手架

主桁上弦:主桁上弦采用倒扣的门式脚手作为高强度螺栓施拧的操作平台。在上弦杆接头两侧倒挂两个门式脚手架,倒置的门式脚手架通过夹具固定在钢梁横梁翼缘板上,两侧门式脚手架支架满铺脚手板作为施工平台,为防止脚手板滑落,在脚手板的端头各布置一道横杆作为压杆将脚手板固定。操作平台如图 5-5-12-5 所示。

副桁:副桁高强度螺栓施拧平台有两种搭设形式:一是有公路桥面嵌补段,其搭设形式同主桁上弦相同;二是无公路桥面嵌补段,内侧为倒扣的门式脚手,通过夹具固定在钢梁横梁翼缘板上,外侧的倒扣门式脚手通过横杆吊挂于悬挑的工钢上,工钢的另一端与钢板焊接,然后通过 M24 的螺栓与公路防撞护栏立柱底座固定,内外侧掉平台通过满铺脚手板相连。平台布置形式如图 5-5-12-6 所示。

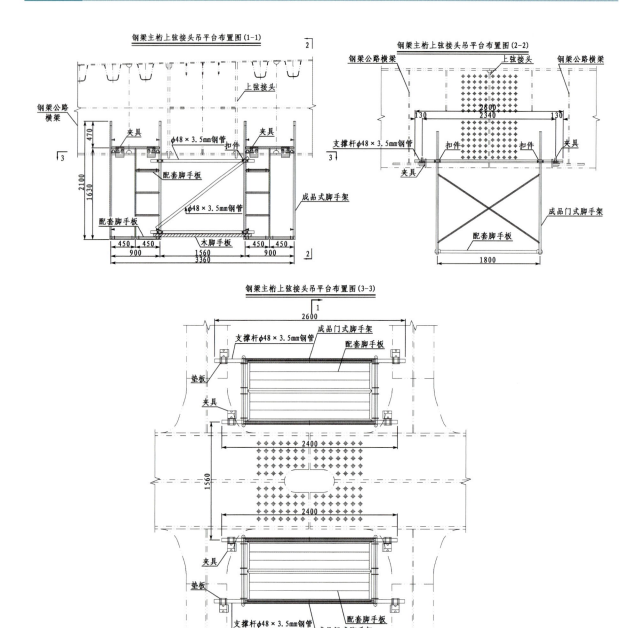

图 5-5-12-5　主桁上弦高强度螺栓施拧平台布置(尺寸单位:mm)

2)爬梯施工

(1)爬梯组成

安全爬梯由可调底座、立杆、横杆、横撑、楼梯、扶手、斜拉杆等基本构件组合而成,并采用附着件与建筑施工结构结构相连附着的一种供施工人员上下行走的步行爬梯。

可调底座:用于调解爬梯的整体的水平度,连接立杆和地基的构件,其作用是将人形爬梯荷载和行人荷载传递到钢梁上。

横杆:连接立杆的受力杆件,安全爬梯架体的主要杆件之一。

楼梯:由踏步、侧梁、上、下平台组合焊接而成,全钢板冲压成型,供行人上下行走的构件。

立杆:安全爬梯的主要受力构件,是门式脚手架爬梯的主要架体杆件。

扶手:通过螺栓、螺母与楼梯连接,分为内扶手和外扶手。

横撑:两端连接在立杆上,用于支撑和放置楼梯的平台。
斜拉杆:在安全爬梯外侧设置的与立杆斜交的拉杆,用于增强爬梯的稳定性。
连墙件:将安全爬梯与墩柱等主体结构可靠连接,并能传递拉、压力的附着用构件。

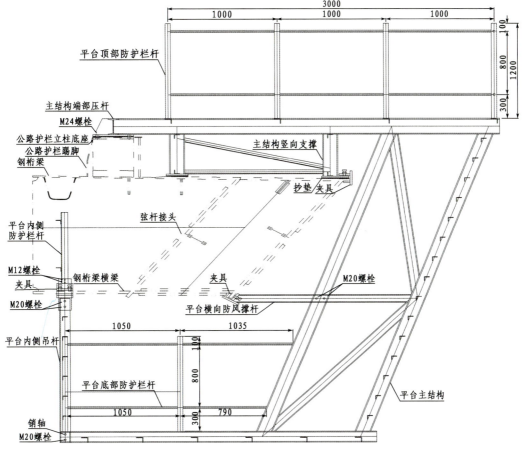

图 5-5-12-6　副桁高强度螺栓施拧平台布置(尺寸单位:mm)

(2)爬梯制造要求

①安全爬梯配件。安全爬梯各部分配件的选材和荷载要求见表 5-5-12-2。

安全爬梯配件　　　　表 5-5-12-2

配件名称	规格(mm)	结构作用	荷载要求
立杆	$\phi48 \times 3.25 \times 3000$	垂直荷载	立杆荷载 50kN 销库荷载 30kN
顶杆	$\phi48 \times 3.25 \times 1300$	顶端护栏	—
横杆	$\phi48 \times 3.25 \times 2038$	纵向连接	均布荷载 10kN
横杆	$\phi48 \times 3.25 \times 1248$	横向连接	
横撑	$\angle 50 \times 4 \times 1268$	横向连接、承托楼梯	均布荷载 15kN
正面斜拉杆	$\phi48 \times 2.2 \times 3141$	纵向斜支撑连接上下层	—
侧面斜拉杆	$\phi48 \times 2.2 \times 2351$	横向斜支撑连接上下层	—
楼梯	$2420 \times 1485 \times 580$	人行通道转弯平台	均布荷载 4kN 单步荷载 1kN
内扶手	2420×1485	楼梯护栏	
可调底座	$T37 \times 600 \times 150 \times 8$	底座支撑水平调节	单支荷载 60kN
安全爬梯组装	$2038 \times 1248 \times 3000$	—	整体荷载 180kN

②焊接质量要求。应使用《二氧化碳气体保护焊》焊接工艺对产品需要焊接部分进行焊接加工；所有焊接坡口均必须采用双面满焊；焊接焊口应平整光滑，不得有穿焊、漏焊、咬焊、裂纹和夹渣等缺陷；焊接焊缝产生气孔每条焊缝不得超过2个，气孔直径不应大于1.0mm；焊接主体金属咬肉深度不得超过0.5mm，长度总和不应超过焊缝长度1/10。

③钢管要求。安全爬梯杆件应采用现行国家标准《直缝电焊钢管》(GB/T 13793—2016)或《低压流体输送用焊接钢管》(GB/T 3091—2015)中规定的Q235号普通钢管，其材质应符合现行国家标准《碳素结构钢》(GB/T 700—2006)中Q235-A级钢的规定。

④表面处理。安全爬梯所有配件表面应进行浸漆防锈处理，应使用标准红丹防锈漆对产品表面进行浸泡或者喷涂，油漆表面应光滑、均匀、色泽鲜艳，无漏涂、滴瘤等缺陷。

(3)爬梯拼装

①安装工艺流程

a. 在墩柱旁边安装爬梯的位置，地基必须夯实，做3m×1.7m厚度0.1m的C20混凝土地坪或在地基上铺设2m×3m的整块钢板。

b. 在混凝土地坪或钢板上，4个底座按同一水平放置。

c. 4根3135mm立杆(也就是3m长的立杆)分别插到4个底座，长度方向用2000mm的横杆插到上下两层的上层销库。宽度方向用1210mm的横杆插到上下两层的下层销库。注意宽度方向最下面一层不装横杆，安装角钢焊接成的1210mm横撑(横撑上放置楼梯)。

d. 横撑以上3道不安装横杆，作为通道进口。其余部分横杆按100mm一层顺序向上安装。

e. 楼梯构件的垂直高度为2.23m，放置楼梯的横撑安装以进口最低一层横撑为基准，最低一层横撑对面向上2.23m处安装一道横撑；之后向上每隔2.23m交错安装一道横撑(同一垂直面间隔3m一道横撑)。

f. 为保证楼梯结构的整体稳定性，楼梯结构外侧安装斜拉杆。长度方向安装长3141mm拉杆；宽度方向安装长1953mm拉杆。注意：斜拉杆安装在两层楼梯踏步结构之间，使其与楼梯踏步结构共同增加结构稳定性。

g. 楼梯安装随横撑安装同步进行，按照转角平台大的在下、转角平台小的在上的方式将楼梯放置在横撑上。

h. 楼梯扶手安装：使用配套的螺栓、螺母将扶手固定在楼梯内面。

i. 按照以上顺序，以此类推往上安装。每升高3m设置一道连墙杆件。利用墩身拉杆孔通过ϕ25mm钢筋与爬梯立杆连接；无法利用拉杆孔的，在墩身埋设预埋件(如角钢、工字钢等)通过钢管与立杆进行连接。注意：连墙杆件没做好不得继续往上安装，并且在每层(3m)之间用配套螺栓、螺母将上、下层的立杆锁紧。

j. 安装防护栏杆：爬梯结构安装到墩顶高程后，安装长1650mm的立杆作为护栏使用，并用横杆连接、锁紧；出口方向不安装横杆，以便施工人员进出。

②组装结构要求

a. 安全爬梯组装好长度为2038mm，宽度为1248mm，每节高度为3000mm。节与节之间应用螺栓锁紧。

b. 楼梯宽为540mm，长度为2420mm，垂直高度1485mm，每节包括两个楼梯。

c. 入口处应该减少安装中间两条横杆，便于行人通过。

d. 爬梯架体各层相同型号杆件用在不同层次中，均应保证连接方便、可靠，具有良好的互换性。

e. 上下层拉杆应在同一轴线位置上，爬梯架体立杆轴线对接偏差不大于2mm。

f. 斜拉杆应在两层架体之间，两侧斜拉杆应交错布置。

g. 爬梯顶端必须设置护栏，护栏高度应高出工作平台不少于1m。

h. 附着件的设置应靠近梯段平台处，距离楼梯平台一般不大于600mm。

i. 附着件的设置在同一面上平行设置2条,分别锁住两侧立杆。

j. 附着件宜水平设置,当不能水平设置时,连接爬梯架体一端应低于与建筑主体结构相连的一端,附着件的坡度宜小于1:3。

③拆除要点

a. 拆除爬梯结构时,周围设警戒标志,并设专人看管,禁止无关人员入内。拆除顺序是由上而下,一步一清,禁止上下同时作业。

b. 所有杆件,登高措施必须随支架步层拆除同步进行下降,不准先行拆除。

c. 所有杆件与扣件,在拆除时应分离,不允许杆件上附着扣件输送地面,或两杆同时拆下输送地面。

d. 拆除过程中,凡已松开连接的杆、配件应及时拆除运走,避免误扶、误靠。

e. 拆下的杆件应采用安全方式吊走或运出,严禁向下抛掷。

f. 拆卸下来的配件应不得混乱堆放,应按品种规格分类堆放,并及时整修与保养。

5.12.3 基层处理

组拼前用打磨机将待焊区域及两侧20~30mm范围内的铁锈、油污、氧化皮、底漆等影响焊接的杂物全部打磨干净,露出金属光泽。

5.12.4 桥面板定位

无嵌补段桥面板现场直接采用焊接码板定位,码板与钢梁桥面板之间采用气体保护焊接,若桥面板之间有错台,可用千斤顶配合调整,从底部贴上陶瓷衬垫后,用电焊进一步点焊固定。有嵌补段区域利用桥面门式起重机将嵌补段起吊至连接位置,与两节段钢梁之间焊接码板定位。码板焊接实例如图5-5-12-7所示。

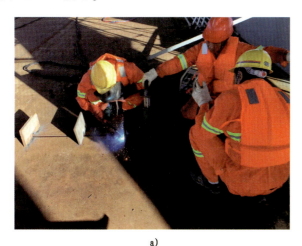
a)

b)

图5-5-12-7 码板焊接实例

5.12.5 环口焊接

1)桥面水平板焊接

桥面板焊接采用气体保护焊焊接2~3道,再用埋弧自动焊焊接一道,如图5-5-12-8所示。

2)纵腹板焊接

纵向腹板之间对接采用对接焊缝连接,采用气体保护焊焊接。

图 5-5-12-8　埋弧自动焊实例

3）U 肋焊接

U 肋嵌补段之间焊接采用角焊缝连接,采用气体保护焊焊接。

4）焊接注意事项

(1) 焊接环境温度不得低于5℃,环境湿度不高于80%。当环境温度低于5℃,环境湿度高于80%时,应采取必要的预热措施后进行焊接。

(2) 焊接前应除去定位焊缝表面熔渣,并检查待焊接区的清理状况。

(3) 焊接时严禁在母材的非焊接部位引弧,焊后应将焊缝表面的熔渣及两侧飞溅清理干净。

(4) 埋弧自动焊必须在距设计焊缝端部80mm外的引(熄)弧板上起、熄弧。焊后必须将焊缝两端的引(熄)弧板用氧割割除,并磨平切口,不得损伤母材。当不能加引(熄)弧板时,对起、熄弧处打磨后采用手工电弧焊补焊,焊后将焊缝修磨平整。

(5) 埋弧自动焊焊接过程中不应断弧,如有断弧必须将停弧处刨成1:5斜坡,并搭接50mm再引弧焊接,焊后将搭接处修磨平整。

(6) 埋弧自动焊回收焊剂距离应不小于1m,焊后待焊缝稍冷却后再敲击熔渣。

(7) 对于埋弧自动焊,为了防止焊缝焊偏,焊前应认真检查轨道再焊缝的位置和焊丝对准情况,焊接过程中及时调整。

(8) 为了防止棱角焊缝烧穿,当组装间隙局部超出规定或钝边较小时,采用气体保护焊打底后再进行埋弧焊。

(9) 在焊接进行中或焊缝冷却过程中不得冲击或振动。

(10) 要求熔透的焊缝,为了保证熔透,当背面采用碳弧气刨清根时,需用砂轮打磨光滑平整再进行焊接。

(11) 多层多道焊时,应将前道焊缝的熔渣清除干净,并检查无裂纹等焊接缺陷后再继续焊接。

(12) 为了防止气体保护焊的焊缝缺陷,并随时清除喷嘴上的飞溅物。

(13) 经外观检查合格的焊缝方能进行无损检验,无损检验应在焊缝24h后进行。

5.12.6　焊缝打磨及返修

(1) 重要缺陷的修补(如裂纹等),必须先查明原因,经质检人员、主管技术人员及监理工程师确认后进行,并记入产品质量文件。

(2) 焊脚尺寸、焊波或余高超出《制造规则》规定的上限值的焊缝必须修磨匀顺;焊缝咬边超出《制造规则》规定和焊脚尺寸不足时,可采用手弧焊进行补焊。补焊后修磨匀顺。环口现场打磨如图5-5-12-9所示。

(3) 返修焊时,应采用碳弧气刨或其他机械方法清除焊接缺陷,在清除缺陷时应刨出利于返修焊的坡口,并用砂轮磨掉坡口表面的氧化皮,露出金属光泽。

(4) 焊接裂纹的清除长度,应由裂纹两端各外延50mm。

(5) 返修焊预热温度应按焊接工艺评定的要求再提高50℃。

(6) 用埋弧焊返修焊缝时,必须将返修部位两端刨

图 5-5-12-9　环口现场打磨

成 1∶5 的斜坡,焊后将接头处修磨匀顺。

(7)返修焊可采用原焊接方法,对于短段局部缺陷可采用气体保护焊或焊条电弧焊,焊条电弧焊采用 J507 焊条。

(8)返修焊后的焊缝应修磨匀顺,并按原质量要求重新复检。

(9)同一部位的焊缝返修不宜超过 2 次。

5.12.7　焊缝检测

焊缝检测采用超声波探伤仪、磁粉探伤仪、射线探伤仪检测,自检合格后报第三方检测单位检测。不同焊缝部位的检测方法和验收等级见表 5-5-12-3,焊缝检测实例如图 5-5-12-10 所示。

焊缝检测方法及验收等级　　　　　　　　　表 5-5-12-3

序号	焊缝部位	质量等级	探伤方法	探伤比例	探伤部位	检验等级	验收等级	执行标准
1	铁路板块桥面板、压重区底板间纵横向对接焊缝	Ⅰ级	超声波	100%	焊缝全长	B	Ⅰ	Q/CR 9211—2015
			X 射线	桥面板 100%底板 30%	横向对接焊缝应以十字接头为中心检测其两侧 250～300mm	B	Ⅱ	
	压重区纵腹板间横向对接焊缝	Ⅰ级	超声波	100%	焊缝全长	B	Ⅰ	
2	铁路 T 形纵梁对接焊缝	Ⅰ级	超声波	100%	焊缝全长	B	Ⅰ	
3	U 肋嵌补段对接焊缝	Ⅰ级	超声波	100%	焊缝全长	—	2X	
4	U 肋嵌补段角焊缝	Ⅱ级	超声波	100%	焊缝全长	—	2X	
5	板肋嵌补段对接焊缝	Ⅱ级	超声波	100%	焊缝全长	B	Ⅱ	

图 5-5-12-10　焊缝检测实例

5.12.8　焊接区域涂装

焊缝检测合格后用砂轮打磨机将焊接区域打磨干净,按照涂装工艺现场涂装底漆、中间漆和氟碳面漆。

5.13　支座、阻尼器安装

5.13.1　支座布置

通航孔桥在边墩(1 号、6 号)、辅助墩(2 号、5 号)、桥塔(3 号、4 号)处均设置有竖向支承和横向支承,在 3 号桥塔处还设有纵向支承,在 4 号桥塔位置设置纵向阻尼器。

通航孔桥钢桁梁的竖向支座及横向抗风支座采用耐海洋环境腐蚀的球形铸钢支座。元洪航道桥和鼓屿门水道桥在边墩各设置一个 TQZ-35000ZX 支座和一个 TQZ-35000DX 支座,在辅助墩各设置一个 TQZ-50000ZX 支座和一个 TQZ-50000DX 支座;大小练岛水道桥在边墩设置一个 TQZ-25000ZX 支座和一个 TQZ-25000DX 支座,在辅助墩设置一个 TQZ-40000ZX 支座和一个 TQZ-40000DX 支座;3 座通航孔桥在 3 号桥塔各设置一个 TQZ-40000GD 支座、一个 TQZ-40000HX 支座和两个 KFQZ-17500DX 横向抗风支座,在 4 号桥塔各设置一个 TQZ-40000ZX 支座、一个 TQZ-40000DX 支座和两个 KFQZ-17500DX 横向抗风支座。

每个通航孔桥均设置 8 个纵向阻尼器。阻尼器布置在 4 号主塔下横梁。

抗风支座布置在塔柱内则(钢桁梁侧),中心高程为 +74.564m 处,如图 5-5-13-1 所示。

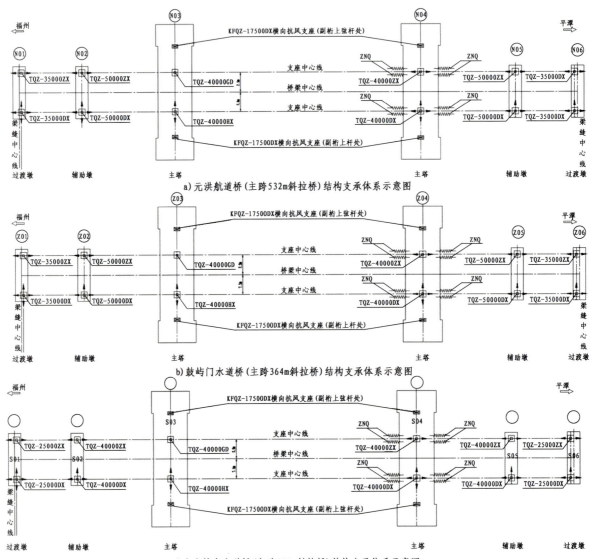

图 5-5-13-1　航道桥支承体系布置图

5.13.2 支座安装

支座安装时,钢桁梁架设前先将支座吊放至垫石旁的支座滑道上,钢桁梁调至设计平面位置时,再进行横向滑移安装支座。

支座安装时,可先将支座地脚螺栓的锚栓放入支座垫石预留孔内(采用临时卡板卡住锚栓防止掉落),再安装传力钢垫块和钢支座,前一道工序螺栓施拧到位后再安装下一部件,最后安装支座地脚螺栓。支座安装过程中,可采用4个千斤顶同步顶升一定高度,以满足支座安装的需求空间,如图5-5-13-2所示。

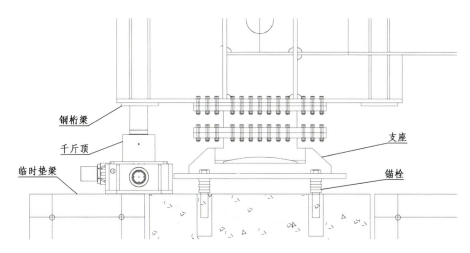

图 5-5-13-2　支座安装示意图

抗风支座安装在塔柱内侧竖面上,先将抗风支座吊放在钢桁梁公路桥面上,待安装时利用导链将抗风支座从塔柱处放下与提前预埋在塔柱上的地脚螺栓连接。抗风支座灌浆在钢桁梁合拢后进行,灌浆时需将支座下钢板与塔柱面间的底边和两个侧边的用模板围好,保证模板与塔柱、模板与支座下钢板封严(不漏浆),支座灌浆料从支座下钢板与塔柱面的顶边空隙灌入。

抗风支座上下板间设置间隙,预先将上下板间插入5mm厚的不锈钢板,将支座下板用螺栓连接成整体,连接支座与钢梁间的连接螺栓使支座相对于钢梁固定,复测钢梁状态准确后,进行支座灌浆作业。

因抗风支座地脚螺栓长度大于梁与塔柱之间的空隙,在主塔墩顶节段钢梁滑移到塔柱范围前,需将地脚螺栓放入锚栓孔内。

5.13.3 支座灌浆

安装支座前,需提前将垫石表面及支座预埋孔凿毛处理,再将垫石表面及预埋孔充分湿润。测量人员事先在垫石顶标记出中轴线。

在支座底面与支撑垫石之间提前预留30mm空隙,安装灌浆用模板。调整好高程和平面位置后灌浆。

严格控制支座平整度,每块支座都必须用铁水平尺测其对角线,误差超标应及时予以调整。

仔细检查支座位置及高程后,用无收缩高强度灌注材料灌浆,灌浆材料抗压强度要求不低于50MPa,支座上的纵横轴线与垫石纵横轴线要对应。

采用重力灌浆方式。灌注支座下部及锚栓孔间隙处,灌浆过程应从支座中心部位向四周注浆,直至从钢模与支座底板周边间隙观察到灌浆材料全部灌满为止,如图5-5-13-3所示。

灌浆前,应初步计算所需浆体体积,灌注时所用浆体数量不应与计算值产生过大误差,应防止中间缺浆。

灌浆材料终凝后,拆除模板及四角混凝土楔块,检查是否有漏浆处,必要时对漏浆处进行补浆,并用砂浆填堵楔块抽出后的空隙,拧紧下座板地脚螺栓。

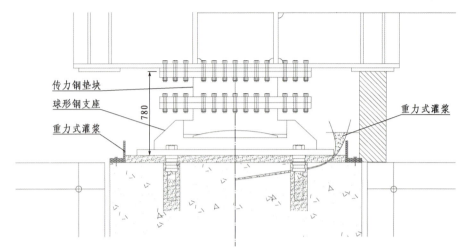

图 5-5-13-3　支座灌浆示意图(尺寸单位:mm)

待支座灌浆浆体达到设计强度后,适当地松开支座钢垫块与钢桁梁连接螺栓,再利用梁底三向千斤顶同步顶升(顶升高度不得超过松开螺栓的长度),以便拆除临时落梁垫座,临时落梁垫座超出后,再利用三向千斤顶同步下落至设计位置并按设计要求拧紧螺栓。

支座安装偏差应符合表 5-5-13-1 的规定。

支座安装允许误差　　　　　　　表 5-5-13-1

序号	名　称	项　目	允许偏差(mm)
1	支座板	每一端两块支座板的高差	2
		每一支座板四角高差	1
		每一支座板的十字线或相交边缘的扭转	1
		支座板中心偏离设计位置	3
2	螺栓	螺栓外露长度	+10,0
		支座螺栓中心位置	2

抗风支座安装在塔柱内侧竖面上,灌浆时需将支座下钢板与塔柱面间的底边和两个侧边的用模板围好,保证模板与塔柱、模板与支座下钢板封严(不漏浆),支座灌浆料从支座下钢板与塔柱面的顶边空隙灌入。

5.14　钢桁梁架设监控测量

5.14.1　吊装过程中水平、扭转监测

1)水平测量方法

钢桁梁吊装前,在钢桁梁四角安装监测棱镜,棱镜朝向应在一台全站仪观测视线范围内,4 个棱镜在同一高度,静载试验时,快速监测 4 个棱镜高差,并及时反馈给吊装指挥人员,如果高差偏差超过 200mm,应及时调整高差至 200mm 范围内。在起吊过程,每起升 5m 静停测量一次,并及时调整四角高差在 200mm 内,起升至预定高度后再静停观测。起重船绞锚前进过程中持续观测,直至落梁成功。

2）扭转测量方法

除在钢桁梁上安装 4 个监测棱镜外,还需要在起重船船头两侧安装 2 个监测棱镜,起吊前监测 6 个棱镜相对关系,在垂直起重船方向,6 个棱镜水平投影始终保持两两平行关系,在起重船起钩和绞锚前进、落梁过程中实时监测钢桁梁是否有扭转现象,及时将数据反馈给吊装指挥人员,如果出现较大偏差,及时纠偏。

5.14.2　墩旁托架监测内容

墩旁托架安装、张拉、钢桁梁架设、顶推、架梁吊机安装等工况下需对进行监测,监测内容：
（1）监测墩旁托架沉降及位移。
（2）监测墩旁托架荷载变化前后墩身位移。

5.14.3　监测点布设及编号

为了准确掌握墩旁托架荷载变化前后变形值及墩身位移值,需合理布设监测点,并对监测点进行统一编号。

1）监测点位置

墩旁托架安装完成后,在墩旁托架顶口四角埋设观测点,观测点采用反射片或者棱镜,反射片或者棱镜应安装牢固,避免在风力作用下脱落,测点上方应安装挡板防止物体掉落破坏。

在需安装墩旁托架的主墩下横梁、辅助墩及边墩墩顶左右两侧各埋设一个墩身位移观测点,监测点采用不锈钢圆头,圆头露出混凝土面20mm 左右,如图 5-5-14-1、图 5-5-14-2 所示。

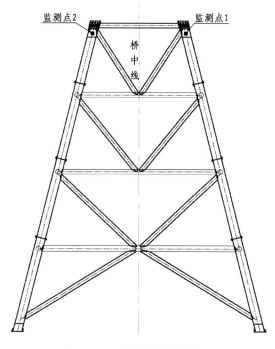

图 5-5-14-1　墩旁托架监测点布置

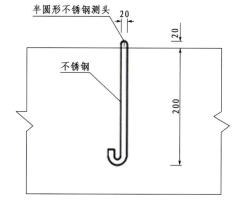

图 5-5-14-2　墩身位移观测标埋设(尺寸单位:mm)

2）监测点编号

墩旁托架监测点编号:墩号 D(X)-1(2),D 表示大里程侧墩旁托架,X 表示小里程侧墩旁托架,1 表示监测点顺序,从小里程往大里程,左到右顺时针编号。

墩身监测点编号:墩号-1(2),1 表示墩身左侧监测点,2 表示墩身右侧监测点。

5.14.4　墩旁托架监测

1)监测方法

墩旁托架沉降监测采用全站仪三角高程差分法进行测量,在下横梁或者墩顶控制点上架设全站仪,差分墩子上高程控制点,测量 2 测回均值为最终测量结果;墩旁托架位移监测采用全站仪极坐标法进行测量,取 2 测回均值为最终结果。

墩身位移监测采用全站仪极坐标法进行测量,取 2 测回均值为最终结果。

2)监测频率

墩旁托架安装到位后,监测频率应根据施工工况及变形大小综合考虑,具体监测频率见表 5-5-14-1。如遇大风天气,监测数据有明显突变,应增加测回数,当监测值相对稳定时,可适当降低监测频率。

墩旁托架及墩身监测频率　　　　表 5-5-14-1

施工阶段	观测频率	备注
墩旁托架安装完成	1 次	初始值
墩旁托架张拉前后	各 1 次	
钢桁梁架设前,荷载变化前后	各 1 次	
钢桁梁顶推前后	各 1 次	
每节段钢桁梁架设前后	各 1 次	
钢桁梁架设后,荷载变化前后	各 1 次	含架梁吊机等荷载

注:钢桁梁架设完成后停止墩旁托架及墩身监测。

3)监测数据分析

监测数据由监测负责人进行计算与分析,并将监测数据分析成果提交工程部进行复核。

(1)墩旁托架监测点沉降—荷载曲线,当墩旁托架沉降—荷载曲线出现反常急剧变化时,表明墩旁托架呈不稳定状态,需及时通知项目部对墩旁托架安全性进行分析,必要时停止施工,采取必要的安全措施。

(2)墩旁托架监测点位移—荷载曲线,当墩旁托架位移—荷载曲线出现反常急剧变化时,表明墩旁托架呈不稳定状态,需及时通知项目部对墩旁托架安全性进行分析,必要时停止施工,采取必要的安全措施。

(3)墩身监测点位移—荷载曲线,当墩身位移—荷载曲线出现反常急剧变化时,需及时通知项目部分析原因,必要时停止施工。

(4)定期编写墩旁托架监测分析报告,为钢桁梁架设阶段提供全面有效的依据。

5.14.5　钢桁梁施工监控

1)结构线形控制

桥梁结构线形的控制是施工控制的基本要求。由于结构在施工过程中均要产生变形,加之施工过程中各种误差的累积,因此任何一个结构不可能达到与设计线形准确地吻合,只能尽量减少结构线形与设计线形的偏差,并将其降低到允许的程度。斜拉桥主梁的线形直接与索力联系。

将主梁线形调整到理想状态是实现结构安全与正常使用的基本要求,为此需要完成两个方面的预备工作:一是根据二期恒载的施工顺序确定预抛高;二是确定索力的分布状态。通过钢桁梁结构控制节点在施工过程中的位形监控,及时掌控钢桁梁控制截面节点的空间位形状态、控制截面的杆件变形状况。通过实测与理论计算结果的对比分析,及时掌握施工过程中各关键截面控制杆件的刚度状况及各控制节点的空间位形偏差,以便指导施工。

2）结构内力控制

施工阶段影响结构内力的主要因素有索力、施工临时荷载和自然的因素(如风载、温度荷载)。其中索力的控制是最关键的,通常索力偏差的容许范围以5%为限。结构内力控制的好坏,将直接影响成桥的质量。由于结构内力在外观检查时不易发现,只能通过在结构的某些关键断面预埋应力传感器来进行监测。

3）钢桁梁合龙控制

斜拉桥的合龙施工过程中影响因素较多,且合龙的精度要求较高,合龙前后结构受力状态变化或体系转换明显。因此要求施工监控考虑各种影响因素,严格控制合龙高差及转角,使钢桁梁达到顺接合龙的要求,合龙后结构线形及受力状态满足设计的要求。

5.14.6　跨中合龙监控检测

为保证钢梁施工过程中的结构安全及为监控计算提供实测结构参数和校核,在施工现场设立实时测量体系,对施工过程中结构的内力、线形、索力和温度进行现场实时跟踪监控监测。在主梁悬臂拼装的过程中,确保主梁线形的和顺、正确是第一位的,即施工中以高程控制为主,通过施工中索力的适当调整使主梁线形接近设计要求,直至最终合龙。二期恒载施工阶段,为保证结构内力及线形的理想状态,再次张拉斜拉索以索力控制为主。索力张拉吨位不应超出容许范围,以确保安全。

5.15　主要关键技术与创新点

5.15.1　钢桁梁整节段海上架设关键技术

研究采用大节段架设技术,最大节段尺寸为99.75m×36.8m×15.4m,最大起重量超过3000t,对架设设备、吊装方案进行研究:

1）研制大吊高、大起重海上起重船

由于桥址海域风大、浪高,海况十分恶劣,为确保吊装过程安全可靠,针对平潭海峡公铁两用大桥的特殊海况及钢桁梁架设需要,研制了最大起重量达3600t,主钩最大起升高度110m,副钩最大起升高度达130m的双扒杆大型起重船。

2）研制柔性索+刚性撑杆可调节多用途轻型吊具

由于吊装节段质量大、种类多,吊点间距不一,为此设计了柔性索+刚性桁架撑杆结构的专用吊具,额定吊重大(3200t),自重轻(235t)。结构轻便、受力明确,安装简单,可同时满足全桥7种间距吊装要求。

3）研制1100t架梁吊机

为满足两节间全焊钢桁梁最大吊装需求,研制自重小于400t,最大吊重达1100t的菱形架梁吊机。

4）大节段钢桁梁整孔架设技术

通过对桥址风浪条件的分析,吊装作业时选择2~3d内风力≤7级,浪高≤2.0m的时段进行。选

择在低平潮或高平潮前后2h内完成主要船舶定位,将水阻力对船舶定位时操纵的不良影响降到最低,起重船及运输船舶抛锚定位。定位后进行挂钩、试吊等工作后,采用死狗联动同步起升,过程中不断复核、调整钢桁梁的水平高差及吊钩的受力状况,通过起重船绞锚前移,完成钢桁梁对位下放作业。由起重船架设的钢桁梁拼接由主塔墩顶节段向边跨大节段进行,拼接顺序遵循原则为:先进行主桁下弦杆对接连接,然后进行主桁斜杆对接连接,再进行副桁弦杆对接连接,最后进行主桁上弦杆对接连接。

5) 钢桁梁整节段全断面合龙技术

为提高桥址处跨中合龙施工工效,降低海上施工风险,首次采用了整体节段全断面多点合龙技术,整个合龙段为整体全焊整节段,合龙时以整个合龙节段为一个吊装单元进行安装合龙。由于整节段合龙段自身刚度大,全断面合龙对接点多,必须保证全断面内主桁上下弦杆、副桁弦杆、斜腹杆共计8个杆件合龙口都精确匹配,才能进行拼接施工。为确保钢桁梁合龙段匹配精度及钢桁梁架设整体线形,在工厂内将合龙段与两侧的共计5个节段整体匹配拼装,进行整体测量控制。合龙时,通过弦杆腹板上设长圆孔+圆孔连接来实现,长圆孔和圆孔均配锥形销栓,合龙按照下弦杆→上弦杆→副桁→斜杆的顺序进行,现场合龙精度满足设计要求。

5.15.2 创新点

本书主要研究并总结了恶劣海洋环境下钢桁梁整节段架设技术,取得的主要创新性成果及与同类技术对比见表5-5-15-1。

创新点与同类技术对比 表5-5-15-1

编号	创新点	国内外同类技术	本书研究成果先进性
1	研发一种带副桁钢桁梁整节段全焊制造技术	传统方法通常采用工厂制造成杆件或桁片	首次将一种带副桁钢桁梁整节段全焊制造技术应用于钢桁梁施工中,将原来大量的海上作业转化为工厂制造,减少了水上吊装作业,提高施工工效,降低了施工难度和海上施工风险,节约了造价
2	制订一整套船位大节段总拼及复杂海域大节段整体运输方案	传统施工主要进行杆件或桁片运输,且运输环境基本处于风浪条件较好的内河区域	该项目预拼、试验及线形分析,研究制订了一整套船位大节段总拼方案,同时针对运输环境制定完整的大节段运输方案,解决了大节段在岸上总拼完成后难以转运出海及复杂海域大型结构运输安全风险高的问题,既保证了钢桁梁总拼的质量和精度,又确保了海上运输安全,同时减少现场吊装次数,加快了工程整体施工进度
3	研究形成一整套复杂海域大节段带副桁钢桁梁整体架设技术	目前国内外尚无进行大节段带副桁钢桁梁整体架设的技术	通过研制吊重3600t、吊高达110m的大型起重船及设计柔性索+刚性撑杆可调节多用途轻型吊具,同时针对桥址特殊的海洋环境,通过对水流、风浪及地质等因素分析,研究制订了在风力≤7级,浪高≤2.0m的环境下进行抛锚定位及钢桁梁架设安装施工技术
4	制订了钢桁梁整节段全断面合龙方案	传统钢桁梁桥合龙方案主要为杆件或桁片散拼合龙	针对整节段制造、架设的特点,首次采用整体节段全断面多点合龙技术,有效减少现场吊装作业次数,提高恶劣海况下施工作业工效,实现了钢桁梁整节段精准合龙

5.16 展望

"恶劣海洋环境下钢桁梁整节段制造及架设技术"针对风大、浪高、水深、流急、潮汐明显等恶劣海况条件,从钢桁梁整节段制造工艺、大节段长距离运输、整体架设、整节段全断面合龙等方面进行了系统的研究。最终形成了一整套从钢桁梁整节段制造到架设施工关键技术的方法体系,成功运用于平潭海峡公铁两用大桥的钢桁梁施工,该桥施工环境之恶劣在国内及国际建桥史上均属罕见。实践证明,该技术各项关键技术实施效果良好,为大桥的顺利实施奠定了良好的技术基础。实际实施效果良好,登上了央视等国内多家大型媒体,在业内引起了强烈的反响。

近年来,为跨越海湾或连接岛屿,国内陆续建设了一批跨海桥梁,目前国内和国际即将迎来新一轮的跨海桥梁建设高潮,在国内,跨海桥梁由跨越海湾向跨域海峡、外海发展,由单纯的公路跨海桥梁向铁路或公铁两用跨海桥梁发展,如琼州海峡、渤海海峡、台湾海峡等跨海通道工程;在国外,东南亚经济不断发展,一大批跨越外海的连岛工程亦不再遥远。由于跨海桥梁规模宏大、长联、多孔,依据海洋地势布设,海上施工极易受大风、巨浪等不良天气及海况的影响,有效作业时间较短,且施工安全风险较高,为此,采用"工厂化、标准化、大型化和装配化"的结构形式和施工模式将是必然趋势,通过该项目"恶劣海洋环境下钢桁梁整节段制造及架设技术"的研究成果及成功运用经验,必将对未来同类桥梁的建设起到积极的借鉴作用和推动作用。

松下岸 | 人屿岛 | 元洪航道桥 | 鼓屿门水道桥 | 长屿岛

平潭海峡公铁大桥
建造关键技术

05

第6章

高强度螺栓施工

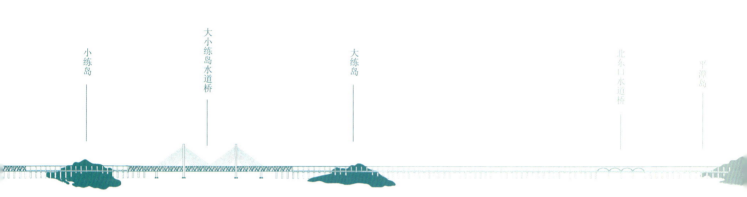

6.1 概述

6.1.1 桥梁用高强度螺栓发展概况

高强度螺栓连接因较铆接具有受力性能好、节省钢材、现场施工方便等优点，于20世纪50年代开始逐步取代了传统钢桥的铆接连接。1951年美国旧金山金门桥横撑加固时，首次正式使用高强度螺栓。英国自1952年、西德与日本自1954年起，也相继在铁路上使用。

我国1958年研究试制成功40硼钢高强度螺栓，并分别于1961年和1964年于雒容桥和浪江桥两座试验桥，对桥梁高强度螺栓连接进行了实桥技术验证，前者采用45钢生产的8.8级高强度螺栓，后者采用10.9级的40硼高强度螺栓。随后，成昆铁路修建了大量的栓焊钢桥，高强度螺栓得以应用推广，全线43座栓焊钢桥共计使用高强度螺栓超过200万套。当时所用高强度螺栓为10.9级M22，螺栓材质为40硼钢，螺母和垫圈材质为45钢，高强度螺栓制造时采用热镦工艺，施工时采用扭角法施拧和松扣复位法进行检验，详见图5-6-1-1、图5-6-1-2。

20世纪70年代末，20MnTiB钢冷镦高强度螺栓被研制成功，20MnTiB钢被用于M22和M24高强度螺栓生产，因采用冷镦工艺，提高了高强度螺栓制造加工精度和生产效率。同时，随着钢桥技术的发展，钢桥跨度不断增大，所用钢板板厚也快速加大，原有的M22和M24高强度螺栓已无法适应厚板钢桥连接的需要，从而催生了更大直径高强度螺栓的产生。九江长江大桥首次采用了材质为35VB的M27高强度螺栓，并首次采用扭矩法施拧、紧扣法检查，成为我国铁路钢桥高强度螺栓施工技术成熟的标志。芜湖长江大桥则采用了螺栓材质为35VB的M30高强度螺栓，此后，材质为35VB的M30高强度螺栓成为大跨度钢桥高强度螺栓连接的主要用栓。

图 5-6-1-1　湘桂铁路浪江桥

图 5-6-1-2　成昆铁路迎水河桥

6.1.2　关于施拧方法

国内外已经采用过的高强度螺栓拧紧方法很多,归纳起来,可以分为扭矩法、转角法、张拉法和扭角法。

扭矩法是根据拧紧扭矩与螺栓轴力的对应关系,通过控制施拧螺栓的扭矩值,使螺栓达到一定的预拉力,其优点是施工简便、易于掌握,但对扭矩系数的大小和离散性要求较高。

转角法是根据不同的螺栓长度,使螺母与螺栓之间产生一个相对的转角,控制不同长度螺栓的伸长量,使螺栓达到预定拉力,适用于有明显屈服台阶强度较低的高强度螺栓。由于板层密贴程度对转角有影响,而板层的密贴程度在施工过程中难以控制和明确,故而易造成螺栓轴力出现较大误差。

张拉法是利用张拉工具直接张拉螺栓使其达到预拉力,然后拧紧螺母固定。该方法虽能准确控制预拉力,但施工速度较慢,且因张拉设备需加长螺栓,材料浪费较多。

扭角法是扭矩法和转角法的结合,其初拧采用扭矩法使板束达到密贴,然后利用转角法进行终拧,控制螺母终拧转角使螺栓达到预定拉力。该方法通过施工过程中的严格控制,可以获得较好的效果,但施工步骤比较烦琐。

目前,我国高强度螺栓施工相关规范推荐的施拧方法为扭矩法和扭角法。在九江长江大桥以前,我国因高强度螺栓制造技术较为落后,无法确保扭矩法对高强度螺栓扭矩系数较小、离散性小的要求,故而较长一段时期内只能采用扭角法施工。

到修建九江长江大桥时,我国高强度螺栓制造生产技术已有了较大的突破,高强度螺栓表面处理由发黑发展到了磷化,从而使得高强度螺栓扭矩系数减小,且其离散性趋于稳定,才具备了扭矩法施工的条件。结合国内实际情况,同时为简化现场高强度螺栓施工,提高施工工效,九江长江大桥首次采用了扭矩法进行高强度螺栓施拧,扭矩法在全桥 145.9 万套高强度螺栓施拧过程中取得了良好的效果。自此以后,扭矩法在我国得以大面积推广应用,并成为我国大型铁路钢桥高强度螺栓施工的主要施拧方法,平潭海峡公铁大桥高强度螺栓施工亦采用此法。

6.1.3　关于扭矩系数

扭矩系数反映了螺栓轴向预拉力与拧紧扭矩之间的关系,是扭矩法施工的关键控制参数。扭矩系数虽同摩擦因数有一定关联,但其不等同于摩擦因数,而是一个包含摩擦因数在内的多种影响因素的综合性能参数,其除与螺纹加工精度、润滑情况、螺母与垫圈支承面间的平整情况等有关外,还与环境温度、湿度及其他一些不可预测因素相关。

扭矩法施拧高强度螺栓,既要求扭矩系数低,以减少安装高强度螺栓所需的工具能力,同时又要求同一批高强度螺栓的扭矩系数偏差值小,以便准确控制螺栓轴向预拉力。《钢结构用高强度大六角头螺栓、大六角螺母、垫圈技术条件》(GB/T 1231—2006)规定,高强度螺栓连接副应按保证扭矩系数供货,同批连接副的扭矩系数平均值为0.11~0.15,扭矩系数标准差应小于或等于0.01。

对于大跨度铁路钢桥而言,高强度螺栓数量多,施工工点分散,若按照规范规定的0.11~0.15的扭矩系数平均值带宽执行,要达到设计预拉力,则不同批螺栓的终拧扭矩范围将出现很大波动,需要制定多个施拧扭矩,不利于现场管控。因此,在规范规定的扭矩系数基础上,适当缩小扭矩系数平均值分布带宽,降低扭矩系数标准差,对于现场施拧扭矩制定和施工控制是有利的,从九江长江大桥开始,以芜湖长江大桥、天兴洲长江大桥、大胜关长江大桥、铜陵长江公铁大桥、黄冈长江公铁大桥等为代表的多座大型铁路钢桥均对扭矩系数平均值和标准差做了内控规定,要求扭矩系数平均值为0.12~0.14,扭矩系数标准差小于或等于0.01。平潭海峡公铁大桥高强度螺栓供货要求也沿袭了这一内控规定。

但需要注意的是,目前采用的高强度螺栓主要采用磷化和磷皂化表面处理来保证扭矩系数,其受温度、湿度变化影响扭矩系数将发生改变,所以在进行高强度螺栓扭矩系数进场复验时,其环境温度、湿度应尽量与出厂时标准试验条件一致,或对温度、湿度影响进行相应修正,以确保扭矩系数的准确复验。

6.1.4　关于高强度螺栓表面处理

最初对高强度螺栓进行表面处理,是为了防止出现锈蚀。我国在九江长江大桥以前高强度螺栓表面处理采用的是发黑工艺,即高强度螺栓经酸洗后,放入主要成分为氢氧化钠、亚硝酸钠及磷酸钠的发黑溶液,从而在高强度螺栓表面形成一层黑色的氧化薄膜,并通过皂化使发黑薄膜固化。但采用发黑处理的高强度螺栓,其扭矩系数较大,且十分离散,无法适应扭矩法施工。

建设九江长江大桥时,研制了高强度螺栓的磷化表面处理工艺,高强度螺栓的扭矩系数得以降低和稳定,满足了扭矩法对高强度螺栓扭矩系数大小和离散性的要求。自此以后,磷化高强度螺栓在铁路钢桥中得以广泛应用。高强度螺栓磷化后,再进行皂化,则形成磷皂化高强度螺栓。

高强度螺栓表面处理发展至今,除了发黑、磷化浸油、磷皂化表面处理外,还有镀锌和达克罗等涂层处理。镀锌和达克罗表面涂层具有较好的防腐效果,但其也使得高强度螺栓扭矩系数增大,且更为离散。以采用达克罗处理的高强度螺栓为例,为降低扭矩系数,通常需在高强度螺栓安装时在其表面涂覆一层MoS_2来保证扭矩系数,这无疑使现场施工工序复杂化,且现场涂覆MoS_2,其均匀性亦难以保证,扭矩系数离散性将难以控制。

目前我国铁路钢桥用高强度螺栓的主要表面处理仍主要采用磷化浸油和磷皂化。在长期的使用过程中发现,磷皂化高强度螺栓较磷化高强度螺栓扭矩系数受湿度影响更大,故而前者多适用于北方干燥的地区,而南方潮湿地区则多以磷化高强度螺栓为主。

平潭海峡公铁大桥位于福建沿海,属典型的南方潮湿地区,为减小湿度对扭矩系数的影响,全桥高强度螺栓采用磷化浸油表面处理。

6.1.5　关于设计预拉力和施工预拉力

高强度螺栓设计预拉力,即为满足桥梁结构受力,设计要求高强度螺栓所要达到的正常工作预拉力,其按《铁路桥梁钢结构设计规范》(TB 10091—2017)根据高强度螺栓等级、直径进行选取。

拧紧的高强度螺栓,由于应力松弛及接头受拉钢板产生横向收缩等原因,其预拉力将不可避免地出现损失。相关研究表明,高强度螺栓预拉力损失基本在螺栓拧紧1h后完成,损失量约为10%。因此,为确保高强度螺栓拧紧后螺栓预拉力满足设计预拉力要求,必须相应在设计预拉力的基础上考虑损失量适当提高施工预拉力。我国《铁路钢桥高强度螺栓连接施工规定》(TB/J 214—1992)规定,高强度螺栓连接副的施工预拉力为设计预拉力的1.1倍。

关于高强度螺栓延迟断裂，国内外都不乏相关案例的报道，高强度螺栓延迟断裂脱落后，不仅对结构受力产生影响，若断裂位置位于线路上方，还将对列车运行安全产生严重威胁。导致高强度螺栓延迟断裂因素有很多，相关研究表明，施工过程中的超拧是重要因素之一。为降低高强度螺栓延迟断裂概率，平潭海峡公铁大桥钢梁高强度螺栓设计预拉力取值时，在《铁路桥梁钢结构设计规范》(TB 10002.5—2005)规定设计预拉力的基础上下调了5%，即实际设计预拉力为规范规定设计预拉力的95%，施工预拉力按降低后的实际设计预拉力的1.1倍执行。

6.1.6 关于摩擦面处理

铁路钢桥的高强度螺栓连接通常为摩擦型连接，即通过螺栓强大的预拉力挤压板束，在板束间产生摩擦力进行传力。可靠的摩擦传力，一方面需要确保足够的预拉力，另一方面则需确保摩擦面具有可靠的摩擦因数（因高强度螺栓连接的失效判定是板束间产生滑移，故该摩擦因数常被称为抗滑移系数），二者缺一不可。前者可以通过施拧扭矩进行控制，后者则需通过对摩擦面的处理来实现。

毫无疑问，摩擦面处理首要要确保的就是板束间接触面的摩擦因数，增大板束间接触面粗糙度是增大摩擦因数的有效方法。我国在1964年进行试验栓焊钢桥浪江桥时，是在架梁前在工地对摩擦面采用直接喷砂处理，摩擦因数可达到0.6。

到成昆铁路正式大范围进行栓焊钢桥推广应用时，由于工程量大，在工地直接进行杆件摩擦面喷砂处理再安装已不现实，故而将杆件摩擦面喷砂处理转移到了工厂内进行。由于从杆件制造完成，到运输至桥位，再到杆件现场安装，过程将经历较长一段时间，若不对喷砂后的摩擦面采取防腐措施，摩擦面将不可避免地出现锈蚀，从而就产生了摩擦面处理的第二目标——防锈。成昆铁路栓焊钢桥采用的即是工厂喷砂+火焰喷锌摩擦面处理工艺，火焰喷锌是将锌丝通过喷枪被氧乙炔火焰熔化后，在压缩空气作用下形成雾状锌粒并喷射到钢板表面，迅速冷却后在钢板表面形成一层阴极保护的喷锌层。

由于火焰喷锌工艺对环境污染较大，对喷锌工人身体存在伤害，20世纪70年代中国铁道科学研究院组织研制了无机富锌漆摩擦面处理工艺，其初始抗滑移系数一般为0.5左右，后通过改进于1978年研制成功了"78-2型无机富锌漆"，为水性二次固化的无机富锌漆。该型无机富锌漆涂刷时需要现配现用，并在其干膜后还需用氯化镁溶液进行二次固化，施工烦琐。另一方面，在使用过程中，该型无机富锌漆易老化的问题也逐渐暴露出来。

20世纪80年代，我国铁路钢桥高强度螺栓连接摩擦面处理引入了电弧喷铝工艺，在一定工艺试验数据基础上，先后在广东肇庆马房北江公铁大桥、安康汉江斜腿刚构桥及长东黄河桥上进行了试用，并于1988年底在九江长江大桥中使用。由于该工艺较喷锌与涂刷无机富锌漆所获得的摩擦因数高，防锈性能较好，设备轻便，既可进行工厂施工，也能满足工地现场施工，随即在我国铁路钢桥得以推广应用，至今仍为我国《铁路钢桥保护涂料及涂料供货技术条件》(TB/T 1527—2011)规范规定的两种摩擦面处理方法之一。

电弧喷铝摩擦面处理工艺虽有多种优点，但其对工艺控制要求较高，工艺操作难度较大，生产效率仍然较低，铝粒间存在细微孔隙，需配合使用封孔剂，在南方多雨潮湿地区使用过程中，易在表面出现锈点，影响外观质量。鉴于电弧喷铝的存在的不足，1996年中国铁道科学研究院等单位联合成功研制了新型无机富锌防锈防滑涂料，与"78-2型无机富锌漆"不同，该涂料无需二次固化，具有良好的施工操作性能。2004年该表面处理工艺被纳入了铁路钢桥保护涂装体系与电弧喷铝并用，作为高强度螺栓连接摩擦面的两种涂装工艺。

平潭海峡公铁大桥海域环境湿度大，海洋腐蚀性较强，现场通过对电弧喷铝和无机富锌防锈防滑涂料两种摩擦面处理工艺进行挂板试验详见图5-6-1-3，并综合考虑施工因素，最终选用无机富锌防锈防滑涂料进行高强度螺栓连接摩擦面处理。根据《铁路钢桥保护涂料及涂料供货技术条件》(TB/T 1527—2011)规定，摩擦面涂层的抗滑移系数出厂时不小于0.55，架梁时不小于0.45。

图 5-6-1-3 电弧喷铝和无机富锌防锈防滑涂料摩擦面挂板试验

6.1.7 平潭海峡公铁大桥高强度螺栓施工参数及流程

本桥三座通航孔桥均采用钢桁混合梁斜拉桥结构,钢桁梁采用整节段全焊设计和制造,标准节段为两节间。由于现场施工环境恶劣,现场进行节段安装时,节段间各杆件若全采用焊接连接,则施工工效较低,箱型杆件的立焊、仰焊部位的焊接质量也难以控制。因此,节段间除钢桥面板采用焊接连接外,其余弦杆腹板、底板及斜腹杆连接均采用高强度螺栓摩擦性连接。

由于钢桁梁采用了整节段全焊设计,高强度螺栓用量得以大幅减少,全桥斜拉桥钢桁梁设计共计 9.28 万 t,而高强度螺栓共计仅约 14 万套。全桥包括 M24、M30 两种规格的高强度螺栓连接副,其中 M24 高强度螺栓用于节段间主桁上弦顶板加劲肋及副桁上弦顶板加劲肋的对接连接,节段间其余高强度螺栓摩擦栓连接均采用 M30 高强度螺栓。M24、M30 高强度螺栓螺杆材质均为 35VB,螺母和垫圈采用 45 钢,设计有效预拉力分别为 228kN(M24)、342kN(M30),所有高强度螺栓连接副均经表面磷化处理。高强度螺栓拼接板面采用表面喷砂后无机富锌防锈防滑涂料防腐处理,架设时栓接板面抗滑移系数不得小于 0.45。

高强度螺栓、螺母和垫圈的外形尺寸和技术资料应符合国家标准《钢结构用高强度大六角头螺栓》(GB/T 1228—2006)、《钢结构用高强度大六角头螺母》(GB/T 1229—2006)、《钢结构用高强度垫圈》(GB/T 1230—2006)、《钢结构用高强度大六角头螺栓、大六角头螺母、垫圈的技术条件》(GB/T 1231—2006)的规定外,应满足设计文件要求,还应满足各自供货协议书关于扭矩系数平均值为 0.120~0.140,标准偏差应小于或等于 0.0100 的要求。高强度螺栓施拧按相关规范要求执行,主要技术参数见表 5-6-1-1。

高强度螺栓主要技术参数 表 5-6-1-1

项　　目		规　　格	
		M24	M30
螺栓	材质	35VB	35VB
	性能等级	10.9S	10.9S
螺母	材质	45 钢	45 钢
	性能等级	10H	10H
垫圈	材质	45 钢	45 钢
	性能等级	HRC35~45	HRC35~45
设计预拉力 kN		228	342

续上表

项目	规格	
	M24	M30
施工预拉力 kN	250.8	376.2
扭矩系数平均值	0.120~0.140	0.120~0.140
执行标准	GB/T 1228~1231—2006	GB/T 1228~1231—2006

全桥斜拉桥钢桁梁虽因整节段全焊设计而高强度螺栓数量大幅减少,但高强度螺栓作为整节段之间连接构造,其施工质量至关重要,需严格从高强度螺栓进场检验、高强度螺栓存放、施拧工艺试验、班前施拧工具标定、冲钉定位、高强度螺栓安装、初拧、初拧检查、终拧、终拧检查、班后施拧工具标定等工序进行过程控制。平潭海峡公铁大桥高强度螺栓施工总体工艺流程如图 5-6-1-4 所示。

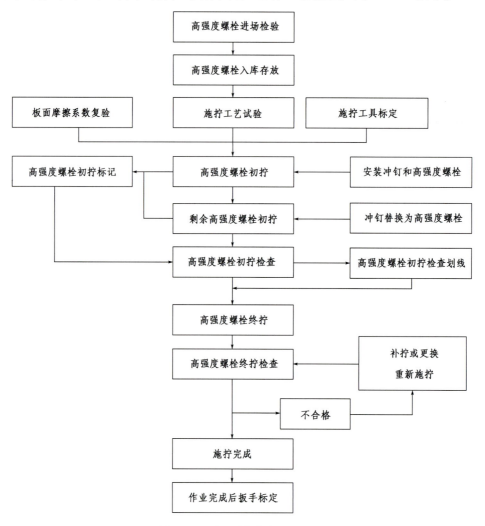

图 5-6-1-4 高强度螺栓施工工艺流程

6.2 高强度螺栓的验收与储存管理

6.2.1 高强度螺栓的验收

(1)高强度螺栓连接副由一个 10.9s 高强度大六角头螺栓、一个 10H 高强度大六角螺母和两个

HRC35～45 高强度垫圈组成。

(2)高强度螺栓验收采用出厂检验和工地复验的双重检验形式。工地复验需要监理工程师旁站确认,且工地复验的结果应符合国标《钢结构用高强度大六角头螺栓、大六角螺母、垫圈技术条件》(GB/T 1231—2006)的有关规定。复验后,如对产品质量有异议,应在产品质量保证期内向生产厂家提出,进行仲裁试验。

(3)高强度螺栓产品质量检验:生产厂应以批为单位配套供应(每批不得大于3000套),并必须按批提供产品质量检验报告及产品质量保证书。

同批:同一性能等级、材料、炉号、螺纹规格、长度(当螺栓长度≤100mm时,长度相差≤15mm;螺栓长度>100mm时,长度相差≤20mm,可视为同一长度)、机械加工、热处理工艺、表面处理工艺的螺栓为同批;同一性能等级、材料、炉号、螺纹规格、机械加工、热处理工艺、表面处理工艺的螺母为同批;同一性能等级、材料、炉号、规格、机械加工、热处理工艺、表面处理工艺的垫圈为同批。分别由同批螺栓、螺母、垫圈组成的连接副为同批连接副。同批高强度螺栓最大数量为3000套。

产品质量检验报告应含以下内容:
①材料的炉号、制作批号、化学性能及机械性能证明或试验;
②螺栓的楔负载试验;
③螺母的保证荷载试验;
④螺杆、螺母及垫圈的硬度试验;
⑤扭矩系数试验(注明试验温度,含扭矩系数平均值及标准偏差);
⑥螺栓屈服轴力和破坏轴力试验。

另外,出厂时每批次均应附产品规格、数量、出厂日期、装箱单等资料(有条件时应附该厂家所采用磷化工艺处理的高强度螺栓扭矩系数受不同环境温度影响的资料)。

(4)施工现场应根据国家标准(GB/T 1228～1231—2006)规定对高强度螺栓连接副进行外形尺寸、形位公差、表面缺陷、机械性能、扭矩系数、标记与包装等检查和复验,并做好记录,不合格产品不得使用。检查复验内容如下:
①外观检查:检查螺杆、螺母、垫圈表面有无裂纹、锈蚀脱碳。
②型式尺寸、形位公差检查:检查项目有螺杆螺纹的精度,螺杆垂直度;螺母的精度及支承面的垂直度;垫圈的平整度及表度;螺杆、螺母、垫圈的各部位尺寸以及螺杆、螺母能否自由配套等。
③机械性能试验:

a. 螺栓的楔负载试验:主要是检验螺杆轴线与螺母支承面不垂直(夹角10°)情况下螺栓的承载能力。拉力荷载规定要求范围:367～438kN(M24),583～696kN(M30)。

b. 螺母保证荷载试验:主要是检验在规定荷载作用下螺母是否脱扣或断裂,以及卸载后,能否用手将螺母自由旋出(检验变形情况)。

c. 螺栓的屈服轴力和破坏轴力试验:检验高强度螺栓的强度是否满足规范要求。

d. 螺杆(当$l/d \leqslant 3$时)、螺母、垫圈的硬度试验。

(5)高强度螺栓连接副应按出厂批号复验扭矩系数,每批抽取8套,其平均值应在0.120～0.140之间,标准偏差应≤0.0100。不同批号的螺栓、螺母、垫圈分类造册。

(6)制造厂应按国家标准《钢结构用高强度大六角头螺栓、大六角螺母、垫圈技术条件》(GB/T 1231—2006)第6.3条规定包装,在包装箱醒目的位置注明规格、批号、数量、生产日期,以便施工单位储存保管。包装箱应牢固、防潮。箱内应按连接副的组合包装,不同批号的连接副不得混装。每箱质量不得超过40kg。不得出现生锈和沾染脏物现象,螺纹不应损伤。检查数量按包装箱数抽查5%,且不应小于3箱。

6.2.2 高强度螺栓的储存管理

(1)高强度螺栓应根据施工进度制定物资采购计划,分批次采购,采购计划应及时根据现场施工进度进行调整。保证高强度螺栓采购入库后的库存时间不超过6个月。

（2）高强度螺栓在运输、保管过程中应防雨、防潮,并应轻装、轻卸,防止损伤螺纹。

（3）高强度螺栓入库时应清点检查,入库后要建立明细库存表和发放登记表。应按包装箱上注明的规格、批号分类保管。要做好防潮、防尘工作,室内架空存放,底层应以木板垫高通风,垫高高度至少30cm,离墙应大于50cm,堆放不宜超过5层,防止高强度螺栓表面状况改变和锈蚀。入库后要建立库存明细表及发放数量表,加强螺栓管理。

（4）螺栓、螺母、垫圈应尽可能保持其原有表面处理状况。为不使高强度螺栓的扭矩系数发生变化,保管期内不得任意开箱,防止生锈和沾染脏物。

（5）如确需在螺栓头部写明长度,应在干燥空气条件下进行。开箱后仅在螺栓头部写明长度,不必穿入垫圈拧上螺母配套（此项工作宜在桥上使用螺栓前进行）。每处理完一盒立即封闭一盒,处理完一箱立即封闭一箱。

（6）每个施拧工班应派专人领取高强度螺栓,领料单由值班技术人员签字生效。搬运过程中要轻拿轻放,防止螺纹碰伤。

（7）高强度螺栓不得在箱外长时间裸露（防止扭矩系数发生变化）。应根据当天施拧实际需用规格领取足够数量的高强度螺栓;在桥上使用前按拟定用量开箱。没有用完的高强度螺栓立即放入箱中封闭,不允许高强度螺栓在桥上裸露过夜。

（8）领用高强度螺栓必须严格按预拼图上实际需用规格、数量领取,不得以短代长或以长代短(控制外露螺栓1~4个螺距)。

（9）施工人员必须用规定的工具袋（或原包装箱整箱）将螺栓运到施工现场,在搬运过程中要轻拿轻放,防止碰损螺牙及沾染泥沙。

6.3 高强度螺栓工艺性试验

本桥高强度螺栓采用扭矩法施工,紧扣法检查、验收。为检验产品整体状况和一致性,科学制定终拧扭矩、检查扭矩,保证设计预拉力,从而为钢桥施工质量提供科学依据和技术保障,施工前试验室应做好高强度螺栓工艺性试验。

6.3.1 高强度螺栓的扭矩系数试验

为验证高强度螺栓供货厂家产品质量状况,检验施拧工具、施拧人员,得出终拧扭矩和紧扣检查扭矩依据,随机从一批高强度螺栓中抽取125套,分为25组,每组5套,进行高强度螺栓扭矩系数试验,如图5-6-3-1。根据测试数据,求出样本扭矩系数平均值,结合数理统计方法,推断得出一定保证率下整批扭矩系数平均值所在范围。高强度螺栓的扭矩系数试验在扭矩系数试验仪上进行,每一连接副只能试验一次,不得重复使用。

扭矩系数计算公式如下：

$$K = \frac{T}{P \times d} \tag{5-6-3-1}$$

式中：K——扭矩系数；

T——施拧扭矩(峰值)(N·m)；

P——螺栓预拉力(峰值)(kN)；

d——螺栓的螺纹公称直径(mm)。

（1）施拧扭矩T是施加于螺母上的扭矩,其误差不得大于测试扭矩的2%。使用的扭矩扳手准确度级别应不低于《扭矩扳子检定规程》(JJG 707—2014)中规定的2级。

(2) 螺栓预拉力 P 用轴力计测定,其误差不得大于测定螺栓设计预拉力的2%。轴力计的最小示值应在1kN以下。

(3) 组装连接副时,螺母下的垫圈有倒角的一侧应朝向螺母支承面。试验时,垫圈不得发生转动,否则试验无效。

(4) 进行连接副扭矩系数试验时,应同时记录环境温度。试验所用的机具、仪表及连接副均应放置在该环境内至少2h以上。

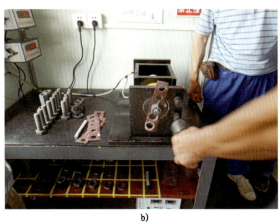

图 5-6-3-1　高强度螺栓扭矩系数试验

此外,施工前需严格对高强度螺栓连接副按出厂批号复验扭矩系数,每批号抽验不少于8套,扭矩系数平均值须在0.120~0.140范围内,标准偏差应≤0.0100。

6.3.2　紧扣检查扭矩试验

本桥采用紧扣法检查,用检查扭矩扳手拧紧螺母,测得螺母与螺栓刚发生微小相对转角时的扭矩,应在紧扣检查扭矩范围内 0.9~1.1。紧扣检查扭矩由试验确定,并在测定紧扣检查扭矩值时,应确认高强度螺栓的预拉力的误差在设计预拉力的 ±2% 范围内。该试验在轴力——扭矩仪上进行,即在模拟现场高强度螺栓施拧的情况下,对高强度螺栓的终拧扭矩值按照有关规定进行测试,测得该批螺栓的紧扣检查扭矩值 T_{ch},为判定现场施工质量的标准。

6.3.3　连接板面抗滑移系数试验

架梁前在工地对连接板面进行抗滑移系数试验(图5-6-3-2),试验方法按《铁路钢桥栓接板面抗滑移系数试验方法》(TB 2137—1990)执行。抗滑移系数试件由钢梁制造厂制作并随梁发送,试件制作应符合《铁路钢桥栓接板面抗滑移系数试验方法》(TB 2137—1990)等的相关规定。抗滑移系数检测的最小值应大于0.45,否则构件摩擦面应重新处理。处理后的摩擦面应按规定重新检验。

6.3.4　高强度螺栓预拉力实桥监测

为验证实际施工时高强度螺栓轴向预拉力水平,并对施工工艺进行检验,选取现场实际拼接栓群,利用压力环进行实桥预拉力监测试验,如图5-6-3-3所示。

图 5-6-3-2　万能试验机摩擦试板抗滑移试验

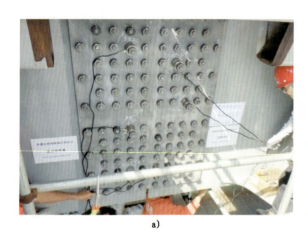
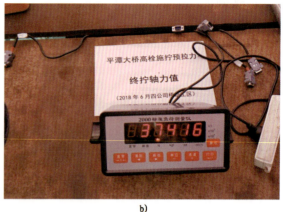

a)   b)

图 5-6-3-3 压力环实桥预拉力损失监测试验

6.3.5 其他工艺性试验

（1）湿度与温度对扭矩系数的影响试验。
（2）施拧时屈服轴力、破坏轴力试验。
（3）施拧工具标定方法试验。

6.4 高强度螺栓施工

6.4.1 施拧工具

高强度螺栓的初拧、终拧均使用定扭矩电动扳手，为便于现场操作管理和施工质量控制，全桥使用同一生产厂家、同一型号规格的电动扳手及终拧质量检查扳手，初拧、终拧扳手严格分开。不能使用电动扳手的部位采用表盘扳手施拧。终拧扭矩检查主要采用便携式扭矩测试仪。其他辅助工具包括冲钉、手锤、套筒扳手、工具螺栓等。

6.4.2 施拧工具的校验与保管

（1）施拧高强度螺栓的所有扳手均须建立台账，详细登记，并设专人检查校正。
（2）高强度螺栓施拧扳手采用扭矩系数试验仪标定。
（3）手动表盘扳手应编号使用；每台电动扳手和控制器，应固定配套编号，不得混杂，使用过程中不得随意调节控制器的旋钮，并指定专人使用。
（4）紧扣检查用数显扳手，使用前必须标定，其扭矩误差不得大于所使用扭矩的 ±3%。
（5）施拧扳手的标定次数为每班上班前和下班后各一次。标定误差规定为上班前标定不得大于规定值的 ±3%；下班后标定不得大于规定值的 ±5%。若上班前标定误差大于 ±3%，应调整至 ±3% 以内；若下班后标定误差大于 ±5%，应立即检查并有校正记录，同时对该扳手当班施拧的全部螺栓进行紧扣检查。
（6）考虑到工地试验室的温度、湿度与施工现场有所差别，因此工地试验室应尽量建在与施工现场较近的地方，且房间不能采取任何降温或升温、除湿或增湿措施，尽可能使标定环境与施工现场一致。
（7）使用扭矩系数试验仪用当天上桥螺栓对施拧电动扳手进行标定，可同时测出当天上桥高强度螺栓的扭矩系数，坚持对每天测出的扭矩系数进行统计，即使温度、湿度发生较大变化，也可正确选用施拧扭矩,消除因扭矩系数发生变化而对高强度螺栓终拧预拉力的影响。标定试验用的高强度螺栓,应提前 2h 拿出库房,放置于大气环境中,消除温度、湿度的影响。电动扳手用 5 套当天上桥用的高强度螺栓进行标定,取其扭矩平均值。数显扳手分级标定 3 次,取其扭矩平均值。

(8)施拧扳手要指定专人进行维修与保养,如图 5-6-4-1 所示。

6.4.3 施工前准备

(1)本桥高强度螺栓采用扭矩法施拧,施工前应做好施拧工艺试验和摩擦面抗滑移系数试验。

(2)摩擦试板的存放条件应与钢梁构件在现场的存放条件相同。在吊装、运输、存放过程中,应防止栓接板面磨损、沾染脏物和油污。

(3)连接板面的清理:拼装前应清除油迹、污垢,以及孔边、板边的飞边、毛刺和其他附着物。摩擦面必须无任何油漆。可用细铜丝刷、干净棉丝除去栓接板面和栓孔内的脏物。对沾有油污处,应用油漆稀释剂或丙酮擦净。栓接板面必须干燥,不应在雨中作业。对翘曲板面应予以冷作整平。若摩擦面在大气中暴露时间超过 6 个月,必须重新检查摩擦面,对已经变质的摩擦面,必须根据设计要求重新处理。

(4)在拼装部位用白色油漆标示出不同规格的高强度螺栓使用区域线,并分别注明螺栓的规格和数量,标示线不得侵入高强度螺栓垫圈的范围,此步工作在节点板预装时完成。

(5)在拼装现场,首先用公称直径比钢梁设计孔径小 0.2mm 的冲钉将板束准确对孔,再用部分工具螺栓将板层充分压紧,之后方可安装高强度螺栓,如图 5-6-4-2 所示。穿入冲钉数量应符合《客货共线铁路桥涵工程施工技术规程》(TZ 203—2017)的相关规定。

图 5-6-4-1 扭矩试验仪进行施拧扳手标定

图 5-6-4-2 穿入冲钉及工具螺栓

(6)电动扳手电源应设专用电源线,使其与大型用电机具的电源分开,避免起动时电压波动影响电扳输出扭矩,导致螺栓预紧力误差增大;并应配稳压器,使用电压应控制在 200～220V 之间,稳压器输出电源线长度一般不超过 15m,防止太长的线路引起电扳电压的降低。

6.4.4 高强度螺栓施拧

1)施拧扭矩值确定

(1)高强度螺栓初拧扭矩值取终拧扭矩值的 50%,初拧后对每个螺栓用敲击法进行检查。

(2)终拧采用扭矩法,用电动扳手将初拧后的高强度螺栓拧紧到终拧值,考虑到螺栓预拉力的损失及误差,实际使用扭矩按设计预拉力提高 10% 确定。终拧扭矩值按下式计算:

$$T = K \cdot P \cdot d \tag{5-6-4-1}$$

式中:T——扭矩值(N·m);

K——每批高强度螺栓扭矩系数平均值(按工地复验数据取值);

P——高强度螺栓的施工预拉力(kN)(设计预拉力的1.1倍);

d——高强度螺栓的公称直径(mm)。

上式扭矩系数值,随各种自然及人为因素而变化,需跟踪取得试验资料作相应修正,即做好各规格高强度螺栓在不同温度、湿度情况下的扭矩系数试验。

2)安装及施拧

(1)高强度螺栓的安装

①高强度螺栓连接副的安装应在结构构件位置调整准确后进行。本桥采用扭矩法施拧,高强度螺栓、螺母、垫圈必须按生产厂家提供的批号配套使用,并不得改变其出厂状态。

②构件拼装时为保证梁体预拱度,首先用公称直径比钢梁设计孔径小0.2mm的冲钉将板束准确对孔,根据每个接头的受力要求梅花形打入冲钉、安装工具螺栓并作一般拧紧,待板层充分压紧后方可松钩。

③穿放螺栓前,需将栓孔的尘土、浮锈清除干净。安装时,严禁强行穿入螺栓。对于螺栓不能自由穿入的栓孔,应用与栓孔直径相同的铰刀或钻头进行休整或扩孔钻。严禁气割扩孔。为防止钢屑落入板层缝隙中,铰孔或扩钻前应将孔四周螺栓全部拧紧。对于经铰孔或扩钻的构件及孔眼位置,应有施工记录备案。

④螺栓插入方向应便于施拧,并考虑全桥螺母方向的一致性,须在架梁工艺中作具体规定。

⑤高强度螺栓安装时应注意垫圈的正反向,螺栓头一侧及螺母一侧应各置一个垫圈,垫圈有内倒角的一面应分别朝向螺栓头和螺母支承面。螺母、垫圈正确安装方向如图5-6-4-3所示。

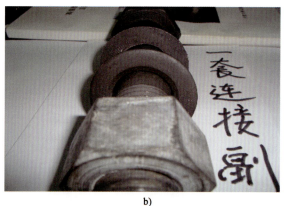

a)　　　　　　　　　　　　　　　b)

图 5-6-4-3　高强度螺栓垫圈安装方向

(2)高强度螺栓的施拧原则与顺序

高强度螺栓的拧紧顺序,应从节点刚度大的部位向不受约束的边缘方向进行,对大节点则应从节点中央沿杆件向四周进行。施拧原则:自中间向两边、自中排向边排上下层对称施拧,逐步将板束压密压平,避免中间出现空鼓现象。

(3)高强度螺栓的初拧和终拧

高强度螺栓施拧一般分两步走,先初拧后终拧。初拧、终拧施工应符合以下规定:

①初拧前应检查拼装部位的冲钉和高强度螺栓是否符合规定,检查螺栓规格有无用错;螺母、垫圈有无装反;螺栓朝向是否符合要求,检查无误后方可施拧。

②高强度螺栓初拧值,取终拧值的50%。

③50%未穿入冲钉的孔眼,分两个批次安装高强度螺栓。先将接头的全部空孔穿入高强度螺栓,用套筒扳手逐个将高强度螺栓作一般拧紧。再将接头的工具螺栓置换成高强度螺栓后作一般拧紧。最后针对该接头高强度螺栓规格、批号选用相应的初拧电动扳手,自中间向两边、自中排向边排上下层对称

初拧,施拧的同时需用套筒扳手对螺栓头进行卡位防止出现卡游(图5-6-4-4),避免螺栓随螺母转动,确保施拧质量,每初拧一个螺栓及时做好标识(标识为一个白点,如图5-6-4-5)。初拧完毕后,进行初拧检查,检查合格后,用白色油漆笔对该接头已初拧高强度螺栓做初拧检查标识线(图5-6-4-6),标识线应经拼接板→垫圈→螺母→螺栓外露螺纹一笔画成,划线应连续并成一直线,一般宜在螺母棱角处划线,以便终拧完成后检查有无漏拧以及垫圈或螺栓是否随螺母转动。

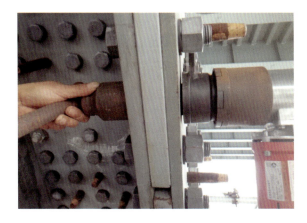

图5-6-4-4 高强度螺栓施拧卡位

图5-6-4-5 初拧标记

a)

b)

图5-6-4-6 初拧检查后划线

④50%冲钉分两次退除,先退除30%冲钉,穿入高强度螺栓并用套筒扳手作一般拧紧后,用初拧扳手进行初拧,并做标识;再退除剩余20%冲钉,穿入高强度螺栓进行初拧,并做标识。初拧时同样按照规定的施拧原则进行初拧,同时跟踪卡游。初拧完成并检查合格后用白色油漆笔做初拧检查后划线标记。

⑤一个拼接接头所有高强度螺栓初拧完成后再进行终拧,终拧的方法及施拧顺序与初拧基本相同。终拧后,逐一观察螺母转角是否满足要求,并用红色油漆笔在螺栓端部做好终拧标记(图5-6-4-7),个别转角偏差过大的可用手动数显扳手检查其终拧扭矩值,扭矩不够的补拧至规定扭矩,扭矩超出的更换高强度螺栓。整个栓群终拧完成后及时做好终拧日期、终拧扭矩、扳手编号、天气情况和施拧人员等相关记录备查。

⑥初拧、终拧一般使用电动扳手,不能使用电动扳手的部位,可用数显扳手或表盘扳手直接施拧至终拧扭矩。使用数显扳手或表盘扳手施拧时,要注意施力均匀,不得冲击施拧。

6.4.5 高强度螺栓施拧注意事项

(1)高强度螺栓箱外裸露,尤其施拧前在桥上长时间裸露,必将导致扭矩系数发生变化。因此,应根据当天施拧实际需用规格领取足够规格及数量的高强度螺栓；桥上使用时应按用多少开多少箱螺栓的原则进行施工。且现场也需要有螺栓临时存放仓库，以保证当天部分无法使用完成的螺栓不会在桥上裸露过夜，且仓库需做好防潮、通风的工作。

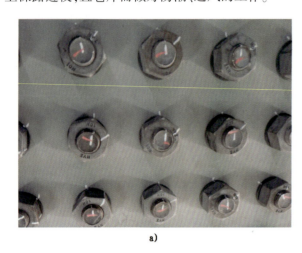
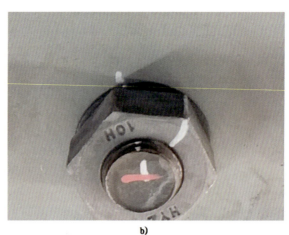

a)　　　　　　　　　　　　　　　　　　　　b)

图 5-6-4-7　终拧后转角情况及红色标记

（2）现场未使用完的高强度螺栓及其组件应按连接副的组合包装入箱，装箱时不同批号的连接副不得混装。并在入箱后醒目位置注明规格批号、数量、生产日期，以便保管。其未使用完的螺栓当天回收的宗旨是"从哪箱中来回哪箱中去"。

（3）领用高强度螺栓不得以短代长或以长代短，在施工中控制外露螺纹的露出长度为 2～3 个完整螺距。现场螺栓在高空中使用时必须使用规定的工具袋进行装载，不得使用金属器皿，防止对高强度螺栓造成损伤。

（4）组装使用时，螺栓头一侧及螺母一侧应各置一个垫圈，垫圈有内倒角的一面应分别朝向螺栓头和螺母支承面。

（5）不得使用生锈、螺纹损坏、表面潮湿或有灰尘、砂土和表面状况发生变化的高强度螺栓。凡表面状况发生变化的高强度螺栓，应送回原生产厂家重新进行表面处理。重新处理后，按原供货要求进行复验，合格后方可使用。

（6）温度与湿度对扭矩系数影响很大，当温度与湿度变化较大时，可根据利用当天上桥的高强度螺栓，在扭矩系数试验仪上标定电动扳手时所得的扭矩系数平均值，调整终拧扭矩。

（7）桥上当天穿入节点板中的高强度螺栓必须当天初拧或终拧完毕。终拧扭矩检查应在终拧 4h 以后、24h 之内进行。雨天不得进行高强度螺栓施拧。

（8）杆件拼装对孔时，应用冲钉和拼装撬棍的尖端探孔，严禁用手指伸进孔眼内检查，严禁用大锤猛击单个冲钉过孔，造成孔眼变形。

（9）施工人员在施工期间应及时关注当地天气温度变化，并提前做好天气变化对施工影响的准备工作。

（10）为防止螺栓在施拧时出现卡游现象，施拧时必须用套筒扳手卡位螺栓头（卡游现象指拧紧螺母时，螺栓跟着转动）。

（11）在每班作业后应对扳手进行复核检查。当发现偏差超过 ±5% 时，应复查该扳手已拧螺栓的合格率。

（12）电动扳手的发放应该特别注意，尽量不要提前，最好做到在使用前半小时再开始标定。尤其是夏季施工，由于现场施工环境温度不能超过 35℃，因此必须尽量选择在清晨或晚间施工。

（13）电动扳手除应注意使用前预热 3～5min，在使用过程中应随时注意电动扳手的电机部分有无过热或异样的声响外，在使用施拧了 500 套螺栓后，必须进行再次标定，以避免因时间过长引起输出扭矩变化。

(14) 高强度螺栓经终拧检查合格后,其螺栓、螺母、垫圈的外露部分应立即涂装(雨天和严寒天气除外),板层尤其是朝上的缝隙应用腻子腻缝,然后按照钢梁涂装的规定,对外露的高强度螺栓和无机富锌防锈防滑涂料板面进行涂装。待至少涂装一道面漆后,才允许拆除螺栓的脚手架。

6.5 高强度螺栓施拧质量检查

6.5.1 关于检查数量

关于高强度螺栓初拧检查数量,各相关规范均要求进行100%检查。但关于高强度螺栓终拧检查数量,相关规范表述则不尽相同。表5-6-5-1列举了历年相关规范对于高强度螺栓终拧检查数量的相关条文规定。

历年相关规范关于终拧检查数量规定对比　　　　表5-6-5-1

序号	规范及条文	终拧检查数量规定
1	《钢结构高强度螺栓连接的设计、施工及验收规程》(JGJ 82—1991)第3.5.1条	对每个节点螺栓的10%,但不少于一个进行扭矩检查
2	《铁路钢桥高强度螺栓连接施工规定》(TB/J 214—1992)第5.0.4条	1. 观察全部终拧后的高强度螺栓连接副,检查复拧后用油漆标记的螺栓与螺母相对位置是否发生转动,以检查终拧有否漏拧。 2. 对主桁(板梁主梁)及纵、横梁连接处,每栓群高强度螺栓连接副综述的5%,但不少于2套,其余每个节点不少于1套进行终拧扭矩检查。 3. 每个栓群或节点检查的螺栓,其不合格者不得超过抽查总数20%,超过者则应继续抽查直至累计总数的80%的合格率为止,然后对欠拧者补拧,超拧者更换后重新拧紧
3	《铁路桥涵施工规范》(TBJ 203—2002)	主桁节点及纵横梁连接处,每一个螺栓群检查的数量为其总数的5%,每个主桁节点不得少于5个,每个栓群或节点检查的螺栓,其不合格者不得超过抽查总数20%,超过者则应继续抽查直至累计综述的80%的合格率为止,然后对欠拧者补拧,超拧者更换后重新拧紧
4	《铁路桥涵工程施工质量验收标准》(TB 10415—2003)第12.2.5条 《高速铁路桥涵工程施工质量验收标准》(TB 10752—2010)第12.2.4条 《高速铁路桥涵工程施工质量验收标准》(TB 10752—2018)第12.2.5条 《铁路桥涵工程施工质量验收标准》(TB 10415—2018)第12.2.5条	高强度螺栓连接副施拧,必须符合相关标准规定和施工工艺设计要求。 检验数量:施工单位全部检查;监理单位每个栓群或节点板随机抽查10%,但主桁及纵横梁连接处不少于2副,其余节点不少于1副。 检验方法:施工单位使用扭矩扳手或量角器检查;监理单位见证检查
5	《铁路桥涵工程施工质量验收标准》(TB 10415—2003)第12.3.5条 《高速铁路桥涵工程施工质量验收标准》(TB 10752—2010)第12.3.7条 《高速铁路桥涵工程施工质量验收标准》(TB 10752—2018)第12.3.7条 《铁路桥涵工程施工质量验收标准》(TB 10415—2018)第12.2.5条	扭矩法终拧检查扭矩,欠拧和超拧值均不得大于规定值的10%,每个栓群或节点检查的螺栓合格率不得小于80%,并应对欠拧者补拧至规定扭矩,超拧者更换连接副后重新拧紧。 检验数量:施工单位全部检查;监理单位每个栓群或节点板随机抽查10%,但主桁及纵横梁连接处不少于2副,其余节点不少于1副。 检验方法:施工单位使用扭矩扳手或量角器检查;监理单位见证检查

续上表

序号	规范及条文	终拧检查数量规定
6	《钢结构高强度螺栓连接技术规程》(JGJ 82—2011)	终拧扭矩应按节点数抽查10%,且不应少于10个节点;每个被抽查节点应按螺栓数抽查10%,且不应少于2个螺栓
7	《公路桥涵施工技术规范》(JTG/T F50—2011)	对主桁节点、板梁主体及纵、横梁连接处,每栓群应以高强度螺栓连接副总数的5%抽检,但不得少于2套,其余每个节点不少于1套进行终拧扭矩检查。 每个栓群或节点检查的螺距,其不合格者不宜超过抽验总数的20%;如超过此值,则应继续抽验,直至累计总数80%的合格率为止。对欠拧者应补拧,不符合扭矩要求的螺栓应更换后重新补拧

从表5-6-5-1不难看出,公路桥梁、建筑工程结构以及2003年以前的铁路桥梁相关规范中,高强度螺栓终拧扭矩检查数量均未要求全部检查,而是仅要求按一定比例进行抽检。其中《公路桥涵施工技术规范》(JTG/T F50—2011)和2003年以前的铁路桥梁相关规范,关于高强度螺栓终拧扭矩抽检的数量规定,基本沿用了《铁路钢桥高强度螺栓连接施工规定》(TB/J 214—1992)规定的内容。

但自《铁路桥涵工程施工质量验收标准》(TB 10415—2003)开始,则发生了重大变化,要求对栓群中高强度螺栓终拧扭矩进行全部检查,后续颁布的铁路桥梁相关规范则沿袭了这一规定。但(TB 10415—2003)、(TB 10752—2010)在相应条文说明中仍规定"高强度螺栓连接副施拧操作顺序、拧紧顺序、方法和质量检查方法等,均应符合《铁路钢桥高强度螺栓连接施工规定》(TB/J 214—1992)"。而最新颁布的(TB 10415—2018)和(TB 10752—2018)则没有了相应条文说明。

2017年,《铁路钢桥高强度螺栓连接施工规定》(TB/J 214—1992)被废止,而新的铁路钢桥高强度螺栓施工规范又尚未颁布,这就导致铁路钢桥高强度螺栓终拧检查只能按2003年以后的相关规范执行,对每个栓群的高强度螺栓全部进行终拧扭矩检查。

对全部高强度螺栓进行100%的终拧扭矩检查,首先从概率论的角度看其科学性是值得商榷的。其次,保证高强度螺栓施工质量的重点在于加强扭矩系数测定、扳手标定、施拧操作等施工步骤的过程控制,而对终拧扭矩进行检查只是辅助手段。更为要紧的是,全部检查在实际施工操作层面亦存在两方面的问题:一是,目前终拧扭矩检查方法为"紧扣法"和"松扣复位法",前者是在终拧后继续拧紧螺母发生微小转动测得扭矩,无疑会增大螺栓预拉力,后者在松扣复位过程中将对扭矩系数产生干扰,在达到检测扭矩时其螺栓预拉力实际也有所增大,若全部检查,极易造成大面积的超拧,从而产生隐患;二是,栓焊钢桥现场高强度螺栓施拧数量巨大,全部检查将额外增加现场工作量,不具备实际操作性。

那么如何合理选取终拧检查数量比例呢,这就需要追本溯源,回到《铁路钢桥高强度螺栓连接施工规定》(TB/J 214—1992)。从该规范的第5.0.4条可以看出,该规范关于终拧检查数量包括了三个方面的含义:首先是通过观察油漆标记检查螺栓与螺母转动情况,其数量要求为全部检查,即该规范亦对高强度螺栓终拧进行全部检查的要求,但此"全部检查"只针对终拧后螺母和螺栓转动情况的观察检查;而对于终拧扭矩检查,则并非要求全部检查,而是按一定比例进行抽查;同时,为了进一步确保终拧扭矩抽查的可靠性,其对抽检的合格率做了明确规定,并要求不满足合格率的情况下需加大抽检比例,直至累计总数的80%的合格率为止。这无疑很好地对高强度螺栓终拧检查进行了科学合理的规定。

此外,自九江长江大桥以来,我国修建的大量栓焊钢桥均按《铁路钢桥高强度螺栓连接施工规定》(TB/J 214—1992)规定的终拧检查要求执行,其高强度螺栓施工质量均表现良好。

综上所述,结合平潭海峡公铁大桥现场施工环境恶劣的实际特点,考虑施工过程控制的多个方面,最终通过建设单位、设计单位、监理单位和施工单位四方会议确认,全桥高强度螺栓终拧检查时,需对每个栓群全部高强度螺栓检查螺母和螺栓油漆标记的转动情况进行检查,并对相应栓群内不小于螺栓总数的20%高强度螺栓采用紧扣法进行终拧扭矩检查。

6.5.2 检查人员及设备

高强度螺栓连接副施工质量的检查严格按照报检程序进行,首先是自检,自检合格后报分部质监部检查,分部质监部检查合格后报监理检查。当天施拧的螺栓于 24h 内检查完毕,并做好检查记录。

终拧扭矩检查采用便携式扭矩仪器。检查扭矩扳手,使用前必须标定,其扭矩误差不得大于计算施工扭矩值的 ±3%。

6.5.3 初拧检查

传统初拧检查采用敲击法检查,即用重约 0.3kg 的小锤敲击螺母一侧,用手按住相对的另一侧,如颤动较大者即认为不合格,应予复拧,复拧扭矩等于初拧扭矩(由施拧工班自行检查)。该方法受人为因素影响较大,需要检查人员具有丰富的检查经验,并且在实际敲击检查的过程中,对敲击的颤动感觉亦难以判定。

平潭海峡公铁大桥采用标记法进行初拧检查,即规定每一个高强度螺栓初拧后及时用白色油漆笔进行初拧标记(图 5-6-4-5),最后根据标记情况检查是否存在漏拧,未做标记的即为漏拧,检查快捷有效。

初拧检查合格后用白色油漆在螺栓、螺母、垫圈及构件上做划线标记,如图 5-6-4-6 所示。

6.5.4 终拧检查

(1)首先观察全部终拧后的高强度螺栓连接副,查看初拧检查后用白色油漆标记的螺栓、螺母、垫圈相对位置是否发生转动,以检查是否漏拧或转角是否满足要求(检查判定方法:螺栓、螺母、垫圈之划线均未错动者为漏拧;螺栓、螺母的划线未错动者为螺栓随螺母转动;螺母、垫圈的划线未错动者为垫圈随螺母转动),每个高强度螺栓一经目视检查合格,需及时在螺栓断面用红色油漆笔进行标记,以免出现漏检。

(2)终拧转角情况目视检查合格并标记后,利用便携式扭矩仪以紧扣法进行终拧扭矩检查(图 5-6-5-1),螺栓的检验数目:每个栓群抽查数量为其总数的 20%。

图 5-6-5-1　终拧扭矩检查

(3)终拧检查在螺栓终拧 4h 之后、24h 以内完成。超拧值及欠拧值均不得大于规定值的 10% 为合格。

(4)每个节点或栓群抽查的螺栓,其不合格者不得超过抽查总数的 20%,对不合格的螺栓群应继续抽查,直到累计总数有 80% 的合格率为止,然后对欠拧者(含漏拧者)要补拧,对超拧者(含垫圈转动者)要更换重新施拧。

(5)检查合格后,在螺栓末端点以绿色油漆标记,以便巡查。

(6)高强度螺栓经终拧检查合格后,应检查板层密贴情况,须满足 0.3mm 插片插入板层缝隙深度不大于 20mm。

6.6　小结及展望

(1)高强度螺栓作为钢梁的关键受力连接构造,其施工质量直接关系到栓焊钢梁的结构安全和使用功能。自九江长江大桥以来,我国铁路钢桥高强度螺栓施工主要采用扭矩法施拧、紧扣法检查,平潭海峡公铁大桥亦采用此法。扭矩法施拧、紧扣法检查,其核心是要通过控制扭矩进而控制螺栓轴向预拉力,而将扭矩和轴力联系起来的关键又是扭矩系数,鉴于目前国内高强度螺栓制造生产水平以及施拧扭矩扳手和检查扳手扭矩精度控制水平,要确保高强度螺栓施工质量,重点在于加强高强度螺栓进场验收、储存、扭矩系数试验、扳手标定、高强度螺栓安装、施拧、检查等各个环节的过程控制。

(2)我国目前高强度螺栓施工所采用的扭矩法,虽较扭角法施工过程有所简化,但仍包含初拧、终拧甚至是复拧等多个步骤,施工工序仍较为烦琐,人为因素的影响依然较大,并且施工过程中为防止对扭矩系数的干扰,其施工环境条件仍比较苛刻,有必要进一步探索研究更为简便、可靠的施工方法。

(3)目前铁路钢桥用高强度螺栓表面处理主要为磷化和磷皂化,虽在一定程度上使得高强度螺栓扭矩系数减小和趋于稳定,满足了扭矩法施工的条件,但无论是磷化还是磷皂化,都不可避免地受环境温度和湿度的影响,从而对高强度螺栓施工控制带来一定难度,有必要进一步探索研究即能保证可靠的扭矩系数、又能防止螺栓生锈,并且受环境温度和湿度影响较小的高强度螺栓。从材料发展的角度看,耐候钢高强度螺栓将是未来发展的重要方向之一。

平潭海峡公铁大桥
建造关键技术

KEY TECHNOLOGY FOR
THE CONSTRUCTION
OF PINGTAN STRAIT HIGHWAY AND RAILWAY BRIDGE

平潭海峡公铁大桥
建造关键技术
05

松下岸 — 人屿岛 — 元洪航道桥 — 鼓屿门水道桥 — 长屿岛

第 7 章

斜拉索施工

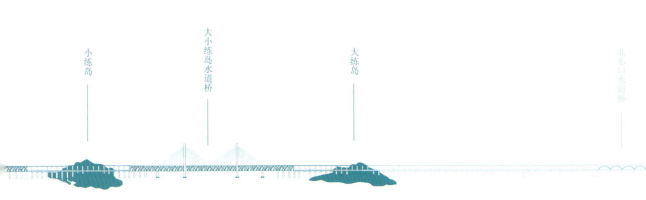

7.1 斜拉索结构设计

平潭海峡公铁大桥斜拉桥采用双索面扇形布置,元洪航道桥立面上单塔两侧共 17 对索,总计 136 根斜拉索;鼓屿门水道桥立面上单塔两侧共 11 对索,总计 88 根斜拉索;大小练岛水道桥立面上单塔两侧共 10 对索,总计 80 根斜拉索。三座斜拉桥斜拉索布置图如图 5-7-1-1 ~ 图 5-7-1-3 所示。

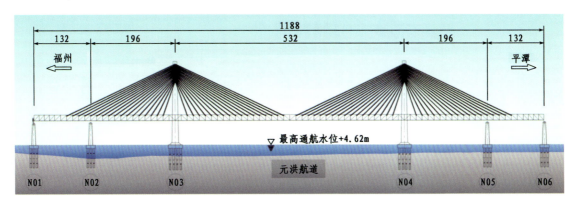

图 5-7-1-1　元洪航道桥斜拉索布置图(尺寸单位:m)

斜拉索采用 LPES7-287、LPES7-301、LPES7-337、LPES7-367、LPES7-409、LPES7-439、LPES7-475 七种规格。斜拉索采用热挤聚乙烯 ϕ7mm 锌铝合金镀层钢丝拉索,钢丝标准强度为 1860MPa,外包双层 PE 护套,PE 保护套为双层共挤工艺。锚具为冷铸锚。斜拉索表面采用双螺旋线措施,以减少发生风雨振可能。本桥斜拉索除在预埋管内设置减振器外,还参照了抗风研究结果设置体外液压减振装置。斜拉索装配如图 5-7-1-4 所示。

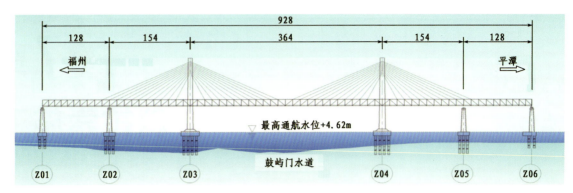

图 5-7-1-2 鼓屿门水道桥斜拉索布置图(尺寸单位:m)

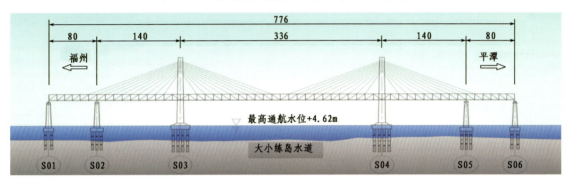

图 5-7-1-3 大小练岛水道桥斜拉索布置图(尺寸单位:m)

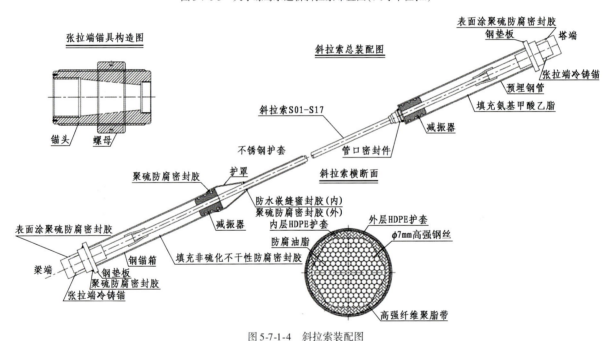

图 5-7-1-4 斜拉索装配图

7.2 斜拉索制造

7.2.1 斜拉索制造主要原材料

1）锌铝合金镀层钢丝

斜拉索用钢丝为抗拉强度 1860MPa、直径 7mm 的低松弛锌铝合金镀层钢丝,钢丝进场检验主要依据标准为:《福平铁路FPZQ-3标鼓屿门水道桥用1860MPa级平行钢丝拉索技术条件》《锌铝合金镀层缆索》(GB/T 32963—2016)、《钢丝验收、包装、标志及质量证明书的一般规定》(GB/T 2103—2008)的要求外,钢丝不允许有电接头或其他任何形式的接头。钢丝供应商要提交完整的钢丝质量证明文件。钢丝主要技术指标还应满足表5-7-2-1技术要求。

锌铝合金镀层钢丝技术要求 表 5-7-2-1

序号	项 目	技 术 指 标 要 求	
1	公称直径	$\phi 7.00(\pm 0.07)$mm	
2	不圆度	≤0.07mm	
3	公称截面积	38.5mm^2	
4	理论质量	301g/m	
5	抗拉强度	≥1860MPa,详见施工设计图纸	
6	屈服强度	≥1660MPa	
7	伸长率	≥4%(标距L_0 =250mm)	
8	反复弯曲	≥5次(R=20mm,180°),不断裂	
9	缠绕	3d×8圈不断裂(d为钢丝直径)	
10	扭转性能(≥8次)	不断裂	
11	松弛率	≤2.5%(0.7G.U.T.S,1000h,20℃±2℃)	
12	疲劳应力幅	410MPa(上限应力0.45G.U.T.S,N=2.5×10^{6}次反复荷载,不断裂)	
13	抗脉动拉伸疲劳	承受250万次$0.45F_m \sim (0.45F_m - 2\Delta F_n)$载荷后不断裂	
14	弹性模量	$(2.0\pm 0.1)\times 10^5$MPa	
15	镀层单位质量	≥300g/m^2	
16	镀层附着性	5d×8圈,镀层不起层,不剥离(d为钢丝直径)	
17	硫酸铜试验	≥4次(每次1min)	
18	冷镦性能	符合ASTM A421要求	
19	伸直性能	1m弦长,弦与弧的最大自然矢高≤15mm	
		5m长钢丝自由翘头高度≤150mm	
20	盘重	95%盘卷数应大于800kg,最低盘重不小于400kg	
21	其他要求	成品钢丝交货时无锈斑,且不得有任何形式的接头;镀锌层表面连续,无局部脱锌、露铁等缺陷	
22	化学成分含量(%)	S、P	Cu
		≤0.025	≤0.2

2)高密度聚乙烯护套

斜拉索采用内为黑色PE、外为信号白PE(色卡RAL9003)双护层,护套所采用的高密度聚乙烯材料应符合《桥梁缆索用高密度聚乙烯护套料》(CJ/T 297—2016)的要求执行。聚乙烯材料保证在斜拉索设计使用寿命周期内的耐久性要求,提供相关证明材料。高密度聚乙烯材料技术要求见表5-7-2-2。

高密度聚乙烯材料技术要求 表 5-7-2-2

序号	项 目	单 位	指 标	
			黑色	信号白
1	密度	g/cm^3	0.942~0.978	0.942~0.978
2	熔体流动速率	g/10min	≤0.45	≤0.45
3	拉伸强度	MPa	≥20	≥20
4	拉伸屈服强度	MPa	≥10	≥10

续上表

序号	项目		单位	指标	
				黑色	信号白
5	断裂伸长率		%	≥600	≥600
6	硬度		Shore D	≥60	≥60
7	拉伸弹性模量		MPa	≥150	≥150
8	软化温度		℃	≥115	≥110
9	脆化温度		℃	<-76	<-76
10	冲击强度		kJ/m²	≥25	≥25
11	耐环境应力裂性		F_0/h	≥5000	≥5000
12	炭黑分散性	分散度	min	≥6	—
		吸收系数		≥400	—
13	耐热老化（100℃ 168h）	拉伸强度变化率	%	±20	±20
		断裂伸长率变化率	%	±20	±20
14	耐臭氧老化(温度24℃±8℃,臭氧浓度0.01~0.15mg/m³,暴露1h)			无异常变化	
15	人工气候老化	老化时间:0~1008h 拉伸强度变化率	%	±25	±25
		老化时间:0~1008h 断裂伸长率变化率	%	±25	±25
		老化时间:504~1008h 拉伸强度变化率	%	±15	±15
		老化时间:504~1008h 断裂伸长率变化率	%	±15	±15
16	耐光色牢度		级	—	≥7

3）冷铸锚具

锚具由锚杯、锚板、锚固螺母、连接筒、后盖、密封盖及冷铸填料等部分组合而成。锚具及组件严格按照文件及设计图纸制作要求。锚杯材质为42CrMo,锚圈材质为35CrMo,材质性能的质量标准符合《合金结构钢》（GB/T 3077—2015）的规定。锚杯、锚圈的坯件为锻钢件,锚具须进行调质热处理,硬度要求：锚杯HB229~269,锚圈HB229~269。锚具外表面应进行渗锌处理,渗镀层厚度应不小于85μm,技术要求符合《钢铁制件粉末渗锌》（JB/T 5067—1999）要求。锚杯、锚圈按照图纸要求100%进行超声波和磁粉探伤。超声波探伤《钢锻件超声检测方法》（GB/T 6402—2008）规定的3级要求,磁粉探伤,符合《承压设备无损检测 第4部分:磁粉检测》（NB/T 47013.4—2015）中的Ⅱ极要求。冷铸填料包括环氧树脂、固化剂、增塑剂、稀释剂、填充剂（岩粉）、钢丸等。每个冷铸锚的填料应同时制作一组三个直径25mm,高30mm的试件同炉固化,试件强度由质检科负责检测抗压强度（标准抗压强度≥147MPa）。

4）绕包带

缠绕用纤维增强聚酯带采用二层聚酯带内夹纤维丝的增强复合带,带宽50mm,厚度不小于0.10mm,抗拉≥30.0(kN/m),延伸率不低于8%,180°剥离强度≥250(N/m)。采取双层右旋缠包,钢丝集束紧密排列及扭绞的外形得以保持,同时对索体的退扭起限制约束作用,缠带要求紧密、均匀,从而形成一根扭绞钢丝束。缠包层整齐致密无破损,钢丝无裸露现象。高强聚酯纤维技术要求见表5-7-2-3。

高强聚酯纤维技术要求 表5-7-2-3

宽度 （mm）	厚度 （mm）	拉伸强度 （kN/m）	断裂延伸率 （%）	180°剥离强度 （N/m）	其他
50±0.1	0.2±0.1	≥30.0	≥8	≥250	胶带黏结剂对钢丝没有腐蚀性

7.2.2 制造工艺

斜拉索生产的主要流程由编索成型、热挤 HDPE 塑套、抗风雨震得表面处理、精确下料、锚具组装、成品检验、卷盘包装等部分组成。

1）编索成型

（1）放丝、下料系统

将检验合格钢丝用行车逐盘吊入放丝盘，吊装时实行三点均衡起吊，且每次只吊一盘钢丝，确保钢丝置于放丝盘中心。根据本项目设计的斜拉索无应力下料长度计算出钢丝初下料长度，并在排丝架适当位置做好初下料标记点，一般为无应力钢丝下料长度＋扭绞缩短长度＋（500～600）mm，并在放丝下料系统中有效标记该长度，如图 5-7-2-1 所示。

图 5-7-2-1　斜拉索放丝盘

（2）拉丝、排丝系统

将已初下料的高强镀锌铝钢丝置于拉丝排丝系统的排丝架上，排丝架上加有硫化垫层以保护镀层，在 PLC 控制系统设置相关参数，如拉丝速度、拉丝长度等。拉丝长度根据设计索长进行设置。设置好相关参数后将已初下料的高强镀锌铝钢丝拉丝至指定位置。按《斜拉索热挤聚乙烯高强钢丝拉索技术条件》（GB/T 18365—2001）以及《大跨度斜拉桥平行钢丝斜拉索》（JT/T 775—2016）的斜拉索断面排列图，将钢丝逐一穿入分丝板排丝成正六边形或缺角正六边形的断面。斜拉索排丝成型如图 5-7-2-2 所示。

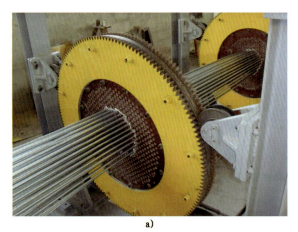

a)　　　　　　　　　　b)

图 5-7-2-2　斜拉索排丝成型

（3）全自动同轴同步扭绞系统

排丝成型后，切平前端头，焊接牵引块并与牵引工具索连接。设置斜拉索扭绞角度、牵引速度、缠带速度等参数，利用全自动同步扭绞缠带系统对钢丝进行同步扭绞和缠带，并利用液压履带牵引机和卷扬机将索股牵引至挤塑线槽形辊道上准备挤塑。扭绞节距参数见表 5-7-2-4。

扭绞节距参数表　　表 5-7-2-4

序号	规　格	裸索外径	扭绞角度	扭绞节距
1	PESC7-283	131	3°	7.4
2	PESC7-301	135	3°	7.6
3	PESC7-337	142	3°	8.1
4	PESC7-367	149	3°	8.5

续上表

序号	规　格	裸索外径	扭绞角度	扭绞节距
5	PESC7-409	156	3°	8.9
6	PESC7-439	163	3°	9.3
7	PESC7-475	168	3°	9.6

扭绞成型过程中钢丝作同心左向扭绞合股成型,自始至终钢丝保持排列整齐,扭绞密实,斜拉索扭绞角为3°。扭绞角以斜拉索最外层钢丝的扭绞角为准,其计算公式如下:

$$\alpha = \arctan \frac{\pi(D-d)}{L} \tag{5-7-2-1}$$

式中:α——钢丝束扭绞角(°);

　　d——单根钢丝直径(mm);

　　D——钢丝束最大外接圆直径(mm);

　　L——最外层钢丝扭绞节距(mm)。

采取双层右旋缠包,钢丝集束紧密排列及扭绞的外形得以保持,同时对索体的退扭起限制约束作用,缠带要求紧密、均匀,从而形成一根扭绞钢丝束。缠包层整齐致密无破损,钢丝无裸露现象。

2)热挤HDPE塑套

严格设定和控制双层挤塑系统11个温区内各温区要求的温度,设置双层挤塑系统的挤出速度、挤出量和索体质量,使HDPE塑料均匀塑覆在扭绞成型钢丝束上,形成严密的HDPE护套。双层挤塑系统挤出速度可达1.6m/s,挤出效率高。挤出过程中严格冷却的参数控制,保证HDPE护套质量,消除因冷却方式不当造成的内应力。HDPE护套误差控制在-0.5~+1.0mm范围内。满足《大跨度斜拉桥平行钢丝斜拉索》(JT/T 775—2016)和本项目招标文件技术规范的要求。本项目双层挤塑系统11温区温度设置基准见表5-7-2-5、表5-7-2-6,斜拉索挤出图及挤出温度控制系统如图5-7-2-3、图5-7-2-4所示。斜拉索挤塑参数见表5-7-2-7。

机筒加热各温区温度设置基准　　表5-7-2-5

设备名称温度(℃)	1区	2区	3区	4区	5区	6区
SJ~150×25C	135	165	185	195	220	225
SJ~120×25A	135	165	185	195	220	225

机头加热各温区温度设置基准　　表5-7-2-6

区位	机头1区	机头2区	机头3区	机头4区	机头5区
温度(℃)	225	225	225	225	225

图5-7-2-3　斜拉索挤出图

图5-7-2-4　挤出温度控制系统

斜拉索挤塑参数表　　　　　　　　　　　　表 5-7-2-7

斜拉索规格	裸索外径（mm）	黑色外径（mm）	彩色外径（mm）
PESC7-283	131	147	155
PESC7-301	135	151	159
PESC7-337	142	158	168
PESC7-367	149	167	177
PESC7-409	156	176	186
PESC7-439	163	185	195
PESC7-475	168	190	200

3）精确下料

根据本项目斜拉索设计无应力下料长度（监控单位提供），考虑温度等修正值，计算出斜拉索在制造环境条件下的斜拉索无应力下料长度。在下料基线上用测量仪器量出斜拉索的精下料长度，并做好下料标记，然后采用锯床或砂轮切割机精确切割，切割端面整齐并保持与斜拉索长度方向垂直，斜拉索切割长度偏差 ΔL 应符合设计规定。索长 $L_{C0} \leqslant 200\mathrm{m}$ 时，$\Delta L \leqslant 0.020\mathrm{m}$；索长 $L_{C0} > 200\mathrm{m}$ 时，$\Delta L \leqslant L_{C0}/20000 + 0.010\mathrm{m}$。

4）锚具组装

根据灌锚设计要求的锚固钢丝长度及工艺要求，去除索体两端部一定长度的高密度聚乙烯塑料，依次将锚具组件安装在即将埋入锚具内的钢丝上。将端头裸露的钢丝进行清洗，去除杂质及油污并穿入分丝板。钢丝端头采用液压冷镦，镦头直径 $\geqslant 1.4d$，镦头高度 $\geqslant d$（d 为钢丝直径），头形正规，允许有 0.1mm 的纵向裂缝，不允许有横裂缝；镦头以下不得有削弱断面。镦头机随时注意调整，每操作一批镦头，例行检查镦头机一次，确保镦头质量。钢丝镦头整齐，镦头过后再用专用密封工装对冷铸锚具进行灌注前密封。

将密封完成后的斜拉索起吊到灌锚架上进行垂直固定，先将锚具预热，再将按规定配方并经检验合格的冷铸填料灌注入锚具中，同时振动密实，把灌注后的锚具放入固化炉中，固化温度根据固化时间从 120℃→150℃→180℃ 逐步升温，保证固化均匀，冷铸填料在浇铸时须同时制作一组三个直径 25mm、高 30mm 的圆柱体试件同炉固化，经处理后作抗压试验，冷铸体的试件强度在常温下不小于 147Mpa，试验结果的取值满足《斜拉桥热挤聚乙烯高强钢丝拉索技术条件》（GB/T 18365—2001）的规定，如图 5-7-2-5、图 5-7-2-6 所示。

图 5-7-2-5　锚具墩头图

图 5-7-2-6　灌注

5）成品检验

每根成品索在出厂之前先进行预拉,以消除其非弹性延伸值和斜拉索受力后延伸不一致的影响,而后进行超张拉检验,合格后方能出厂。

张拉前,千斤顶、油泵、油压表等进行标定,并按三点均布原则选取测量点,测量分丝板初始值,即在锚具尾部选三个钢丝镦头做测量点,三个测量点至锚具中心的距离应大致相等,并互成120°,以锚杯外端面为基准,用深度卡尺测出测量点至基准面的垂直距离。

超张拉力按《斜拉桥热挤聚乙烯高强钢丝拉索技术条件》(GB/T 18365—2001)执行,并分为五级加载,卸荷至20%的超张拉力时测量斜拉索长度,然后换算成零应力时的斜拉索长度。

斜拉索基准温度下的无应力长度计算公式如下:

$$L_{C_0} = \frac{L_{CP}}{1 + \frac{P_{20}}{EA} + \alpha(t - t_0)} \quad (5\text{-}7\text{-}2\text{-}2)$$

式中：L_{C_0}——斜拉索设计基准温度下的无应力长度(m)；

L_{CP}——斜拉索承受拉力 P_{20} 时的长度(m)；

P_{20}——20% 预张拉力(N)；

A——索体钢丝束内钢丝的公称截面积之和(mm^2)；

E——弹性模量(MPa)；

α——斜拉索线膨胀系数,取 $1.2 \times 10^{-5}/℃$；

t——斜拉索长度测量时的稳定均匀温度(℃)；

t_0——斜拉桥设计基准温度,取 20℃。

索长 $L_{C_0} \leq 200m$ 时,$\Delta L \leq 0.020m$；索长 $L_{C_0} \leq 200m$ 时,$\Delta L < L_{C_0}/20000 + 0.010m$。

卸荷后测量分丝板相应测点的终值,取三个测点张拉前后差值的平均值作为分丝板内缩值,计算内缩平均值不大于6mm。

检查超张拉后螺母和锚杯的旋合情况。斜拉索超张拉参数见表5-7-2-8。

斜拉索超张拉参数表　　　　　　表5-7-2-8

斜拉索规格	破断荷载(kN)	设计索力(kN)	超张拉荷载(kN)	备 注
PESC7-283	20257	8103	9700	按(JT/T 775—2016)执行
PESC7-301	21546	8618	10350	
PESC7-337	24123	9649	11550	
PESC7-367	26270	10508	12600	
PESC7-409	29277	11710	14050	
PESC7-439	31424	12569	15100	
PESC7-475	34001	13600	16300	

6）卷盘包装

采用软盘卷绕方式,用专用打盘机将包装好的斜拉索进行盘卷,其盘绕内径大于20倍斜拉索外径,最小内径不小于1.8m,斜拉索盘卷应紧密,排列整齐。

成品索外包装采用多层包装,即塑料牛皮纸及编织带 + 薄膜 + 棉布。索体采用牛皮纸及编织带进行保护以防止受损,锚具部位用塑料薄膜包裹不少于两层,然后包装棉布,防止存放时雨水浸蚀和锚具损伤。盘卷后的成品斜拉索,要用钢带在索盘上均匀捆扎6个位置,捆扎位置用棉布或橡胶片垫上足够厚度,以防损伤索体。最后用棉布条将整个圆周紧密包裹。在有锚具的位置应该单独捆扎加固,使锚具紧贴在索盘边。斜拉索盘卷尺寸见表5-7-2-9。

斜拉索盘卷尺寸 表 5-7-2-9

斜拉索规格	斜拉索直径(mm)	最长斜拉索长度(m)	盘卷内径(m)	盘卷外径(m)	盘卷高度(m)
PESC7-283	155	108.899	3.1	3.9	1.1
PESC7-301	159	79.430	3.2	4.0	0.7
PESC7-337	168	144.164	3.4	4.3	1.4
PESC7-367	177	169.474	3.6	4.5	1.5
PESC7-409	186	221.893	3.8	4.8	1.8
PESC7-439	195	262.283	4.0	5.0	2.1
PESC7-475	200	276.213	4.0	5.0	2.4

7.3 斜拉索安装

斜拉索安装包括施工准备、吊装上桥、塔端挂设、桥面展索、梁端卷扬机牵引+钢绞线软牵引、塔端硬性牵引、张拉、索力检测、索力调整及附属设施安装等工序。总体顺序为：先塔端后梁端，最终在塔端进行张拉。同一索号4根斜拉索同步硬性牵引、张拉及索力调整。

7.3.1 施工准备

施工前根据设计提供的索力及斜拉索相关技术参数，对每对索不同工况下的牵引力进行计算，来确定牵引方式及具体牵引系统的配置。斜拉索一端锚头按照设计位置锚固好后，另一端锚头与锚垫板距离和牵引索力之间存在关系见图5-7-3-1。假设斜拉索钢丝精下料长度为 L，塔、梁两端索孔锚板中心的几何距离 L_0，梁端锚杯分丝板墩头到锚垫板距离为 ΔL，塔端锚杯分丝板墩头到锚垫板距离为 L_1，在牵引力 T 作用下，其弹性伸长量为 TL/EA，垂度影响的伸长量近似为 $-w^2 L_x^2 L_0/(24T^2)$，因此可得：

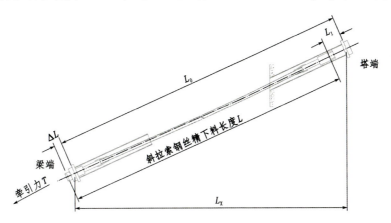

图 5-7-3-1 计算示意图

ΔL = 已经安装好一端锚固点外索长 − 两锚点间距离 − 垂度产生的索收缩量 + 索变形产生的伸长量

即

$$\Delta L = L_0 - L + L_1 + \frac{\omega^2 L_x^2 L_0}{24 T^2} - \frac{TL}{AE} \qquad (5\text{-}7\text{-}3\text{-}1)$$

式中：ΔL——梁端分丝板墩头到锚垫板距离（拉出时为负值）；

L_1——塔端分丝板墩头到锚垫板距离，拉出时为正值(m)；

L——斜拉索钢丝精下料长度(m)；

L_0——塔、梁两端索孔锚板中心的几何距离(m)；

ω——斜拉索单位长度重量(kN/m)；

L_x——L 的水平投影长度(m)；

T——牵引力(kN);

A——钢丝截面面积(m^2);

E——弹性模量(MPa)。

1)元洪航道桥斜拉索牵引方案确定

(1)各工况下斜拉索牵引力计算如表5-7-3-1~表5-7-3-3。

元洪航道桥斜拉索牵引力计算表(工况一) 表5-7-3-1

部位	索号	ΔL(m)	L_1(m)	T(kN)	部位	索号	ΔL(m)	L_1(m)	T(kN)
边跨	BS01	-0.398	0.025	98	中跨	MS01	-0.398	0.025	96
	BS02	-0.368	0.005	155		MS02	-0.368	0.005	157
	BS03	-0.368	0.005	258		MS03	-0.368	0.005	248
	BS04	-0.388	0.005	370		MS04	-0.388	0.005	372
	BS05	-0.400	-0.020	482		MS05	-0.400	-0.020	482
	BS06	-0.400	-0.020	664		MS06	-0.400	-0.020	658
	BS07	-0.400	-0.020	928		MS07	-0.400	-0.020	917
	BS08	-0.429	0.005	1198		MS08	-0.429	0.005	1189
	BS09	-0.429	0.005	1616		MS09	-0.429	0.005	1595
	BS10	-0.499	0.025	1597		MS10	-0.499	0.025	1582
	BS11	-0.499	0.025	2018		MS11	-0.499	0.025	1974
	BS12	-0.499	0.025	2517		MS12	-0.499	0.025	2421
	BS13	-0.532	0.050	2819		MS13	-0.499	0.025	2899
	BS14	-0.532	0.050	3282		MS14	-0.532	0.050	3371
	BS15	-0.545	0.050	3481		MS15	-0.532	0.050	3862
	BS16	-0.545	0.050	3937		MS16	-0.532	0.050	4269
	BS17	-0.545	0.050	4411		MS17	-0.545	0.050	4498

注:工况一为塔端锚杯螺母旋至平扣,梁端锚杯牵引至设计位置时牵引力。

元洪航道桥斜拉索牵引力计算表(工况二) 表5-7-3-2

部位	索号	ΔL(m)	L_1(m)	T(kN)	部位	索号	ΔL(m)	L_1(m)	T(kN)
边跨	BS01	—	—	—	中跨	MS01	—	—	—
	BS02	—	—	—		MS02	—	—	—
	BS03	—	—	—		MS03	—	—	—
	BS04	-0.388	-0.100	274		MS04	-0.388	-0.100	275
	BS05	-0.400	-0.300	296		MS05	-0.400	-0.300	296
	BS06	-0.400	-0.600	289		MS06	-0.400	-0.600	288
	BS07	-0.400	-0.900	297		MS07	-0.400	-0.900	297
	BS08	-0.429	-1.300	318		MS08	-0.429	-1.300	318
	BS09	-0.429	-1.300	376		MS09	-0.429	-1.300	375
	BS10	-0.499	-1.300	466		MS10	-0.499	-1.300	465
	BS11	-0.499	-1.300	537		MS11	-0.499	-1.300	535
	BS12	-0.499	-1.300	614		MS12	-0.499	-1.300	611
	BS13	-0.532	-1.300	728		MS13	-0.499	-1.300	692
	BS14	-0.532	-1.300	818		MS14	-0.532	-1.300	821
	BS15	-0.545	-1.300	963		MS15	-0.532	-1.300	918
	BS16	-0.545	-1.300	1069		MS16	-0.532	-1.300	1018
	BS17	-0.545	-1.300	1183		MS17	-0.545	-1.300	1188

注:工况二为通过张拉杆将塔端锚杯分丝板下放一定距离,梁端锚杯牵引至设计位置时牵引力。

元洪航道桥斜拉索牵引力计算表（工况三） 表 5-7-3-3

部位	索号	ΔL(m)	L_1(m)	T(kN)	部位	索号	ΔL(m)	L_1(m)	T(kN)
边跨	BS01	—	—	—	中跨	MS01	—	—	—
	BS02	—	—	—		MS02	—	—	—
	BS03	—	—	—		MS03	—	—	—
	BS04	—	—	—		MS04	—	—	—
	BS05	—	—	—		MS05	—	—	—
	BS06	—	—	—		MS06	—	—	—
	BS07	—	—	—		MS07	—	—	—
	BS08	-0.200	-1.300	294		MS08	-0.200	-1.300	294
	BS09	0.400	-1.300	294		MS09	0.400	-1.300	294
	BS10	1.500	-1.300	298		MS10	1.500	-1.300	298
	BS11	2.500	-1.300	298		MS11	2.500	-1.300	298
	BS12	3.800	-1.300	294		MS12	3.800	-1.300	294
	BS13	6.000	-1.300	297		MS13	6.000	-1.300	278
	BS14	8.000	-1.300	293		MS14	8.000	-1.300	294
	BS15	12.000	-1.300	293		MS15	12.000	-1.300	272
	BS16	14.000	-1.300	300		MS16	14.000	-1.300	278
	BS17	17.000	-1.300	299		MS17	17.000	-1.300	299

注：工况三为通过张拉杆将塔端锚杯分丝板下放一定距离，梁端锚杯分丝板牵引到距离锚垫板一定距离时的牵引力，控制在300kN以内。

（2）根据以上各表，综合安全、功效等方面因数采用对应的牵引方案。B（M）S01～B（M）S03塔式起重机提升索体完成塔端挂设，锚杯螺母旋至平扣，梁端采用300kN卷扬机牵引系统将梁端锚杯牵引到设计位置并旋紧锚杯螺母；B（M）S04—B（M）S07在塔端锚杯后端分别安装连接套、张拉杆，塔式起重机提升索体完成塔端挂设，张拉杆副螺母锁紧并旋至一定位置，梁端采用300kN卷扬机牵引系统将梁端锚杯牵引到设计位置并旋紧锚杯螺母；塔端张拉杆后端安装副张拉杆，组装塔内张拉机具，通过张拉杆硬性牵引将塔端锚杯牵引出锚垫板，并将锚杯螺母旋至平扣；在塔端锚杯后端分别安装连接套、张拉杆，塔式起重机提升索体完成塔端挂设，张拉杆副螺母旋至平扣，梁端采用300kN卷扬机牵引系统和2500kN钢绞线软牵引系统将梁端锚杯牵引到设计位置并旋紧锚杯螺母；塔端张拉杆后端安装副张拉杆，组装塔内张拉机具，通过张拉杆硬性牵引将塔端锚杯牵引出锚垫板，并将锚杯螺母旋至平扣。

2）鼓屿门斜拉索牵引方案确定

（1）各工况下斜拉索牵引力计算见表5-7-3-4。

鼓屿门水道桥斜拉索牵引力计算（单位：kN） 表 5-7-3-4

编号	塔端下放长度梁端按设计要求锚固						
	螺母带平锚具	距离0.5m	距离1m	距离1.5m	距离2m	距离3m	距离5m
BS01	118						
BS02	240	90					
BS03	410	138	100				
BS04	510	200	146				
BS05	1310	300	210	170			
BS06	1810	420	290	240	20.50		
BS07	2630	530	360	290	250	200	

续上表

编号	塔端下放长度梁端按设计要求锚固						
	螺母带平锚具	距离0.5m	距离1m	距离1.5m	距离2m	距离3m	距离5m
BS08	2960	670	460	370	320	260	200
BS09	3310	850	570	460	400	320	250
BS10	3850	1000	670	540	460	370	280
BS11	4350	1180	770	610	520	420	320
MS01	124						
MS02	280	104					
MS03	450	150	108				
MS04	555	210	150				
MS05	1338	307	215	175			
MS06	1680	414	290	236	204		
MS07	2368	514	353	285	246	200	
MS08	2945	636	425	340	290	236	180
MS09	3300	788	526	420	360	290	224
MS10	3830	950	620	492	420	338	260
MS11	4324	1050	724	584	500	407	313

（2）根据表5-7-3-4，综合安全、功效等方面因数采用对应的牵引方案。B(M)S01—B(M)S07采用张拉杆将塔端锚具下放至指定位置，梁端采用30t卷扬机牵引系统牵引到梁端锚固点；B(M)S08—B(M)S11采用张拉杆将塔端锚具下放至指定位置，梁端先利用300kN卷扬机牵引系统牵引，当锚杯牵引到距对应索道管口一定距离时停止牵引(卷扬机牵引系统牵引力控制在300kN以内)，在锚具端头安装钢绞线软牵引体系，软牵引采取12根钢绞线将斜拉索梁端锚头牵引至设计位置并旋紧螺母。

3）大小练岛水道桥斜拉索牵引确定

（1）各工况下斜拉索牵引力计算见表5-7-3-5。

大小练岛水道桥斜拉索牵引力计算（单位：kN） 表5-7-3-5

编号	塔端下放长度梁端按设计要求锚固								
	螺母带平锚具	距离0.1m	距离0.2m	距离0.4m	距离1m	距离1.5m	距离2m	距离2.5m	距离3m	距离5m
BS01	56									
BS02	82									
BS03	137									
BS04	187									
BS05	259	238	222	198						
BS06	339	315	295	266	211	185				
BS07	409	380	357	321	256	224	201			
BS08	513	478	450	406	325	284	256	235	218	175
BS09	635	593	558	506	405	356	321	295	274	221
BS10	725	678	639	578	465	408	369	338	314	253
MS01	56									
MS02	82									

续上表

编号	塔端下放长度梁端按设计要求锚固									
	螺母带平锚具	距离0.1m	距离0.2m	距离0.4m	距离1m	距离1.5m	距离2m	距离2.5m	距离3m	距离5m
MS03	137									
MS04	187									
MS05	259	238	223	198						
MS06	339	315	295	265	211	185				
MS07	409	380	357	321	256	224	201			
MS08	513	477	449	405	324	284	256	235	218	175
MS09	595	555	523	472	377	331	298	273	254	204
MS10	726	678	640	579	465	409	369	338	325	253

（2）根据表5-7-3-5综合安全、功效等方面因数采用对应的牵引方案。梁端采用卷扬机牵引，牵引力控制在300kN以内，塔端斜拉索牵引方式可按如下考虑。B(M)S01—B(M)S05塔端直接采用斜拉索锚具平螺母锚固，梁端通过300kN卷扬机牵引系统牵引到梁端锚固点；B(M)S06—B(M)S08塔端采用张拉杆下放至相应位置，梁端通过300kN卷扬机牵引系统牵引到梁端锚固点；B(M)S09—B(M)S010塔端采用软钢绞线下放至相应位置，梁端通过300kN卷扬机牵引系统牵引到梁端锚固点。

4）塔顶布置

（1）塔顶平台与卷扬机共同构成塔端挂索的主要提升机具，塔端挂索时塔式起重机与塔顶吊架配合作业。塔式起重机主要起提升斜拉索作用，塔顶吊架通过塔内钢丝绳起牵引作用。通过计算斜拉索挂设时的最大荷载设计安装塔顶吊架。塔顶吊架如图5-7-3-2。

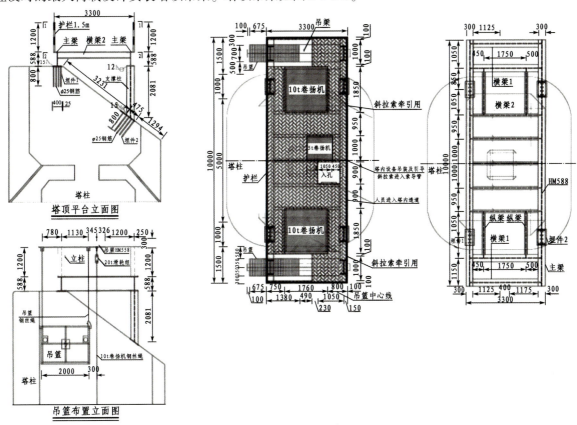

图5-7-3-2 塔顶吊架（尺寸单位：mm）

（2）塔内操作平台。

上塔柱为直塔肢，箱室内的所有附属结构都是垂直布置，利用塔内钢锚梁、混凝土齿块搭设塔内操作平台。整个操作平台设两层,每完成一道斜拉索后再拆除重新搭设,搭设的平台应牢固安全。

7.3.2 斜拉索吊装上梁

斜拉索通过运输驳船或者汽车倒运至施工平台支栈桥上,通过塔式起重机倒运至公路梁桥面,元洪航道桥 B(M)S16、B(M)S017 采用起重船倒运至公路桥面,如图 5-7-3-3、图 5-7-3-4 所示。

a)

b)

图 5-7-3-3 斜拉索倒运至支栈桥

a)

b)

图 5-7-3-4 斜拉索倒运至公路桥面

7.3.3 斜拉索挂设

1)塔端挂设

斜拉索塔端挂设时塔式起重机与塔顶吊架配合作业。元洪航道桥、鼓屿门水道桥斜拉索挂设时仅余一台塔式起重机,根据塔式起重机起重曲线图和塔式起重机布置图,余下的一台塔式起重机在远离塔式起重机侧的塔肢处只能吊重 13.3t,在塔式起重机近端侧可以吊重 23t。元洪航道桥已拆除塔式起重机侧B(M)S01~8号斜拉索脱空展索最大吊重为13.1t,利用塔式起重机提升放索盘上剩余索体;已拆除塔式起重机侧B(M)S09~17号斜拉索脱空展索最大吊重为33.8t,利用40t塔顶吊架配合塔式起重机提升放索盘上剩余索体。鼓屿门水道桥桥面至主塔端最上面一根索导管出口的高度为96m,最大索号的斜拉索单位米重为150kg,挂索时的最大起重量约为16t,因此近塔式起重机侧的塔肢上的索采用塔式起重机提升,塔顶吊架通过塔内钢丝绳起牵引作用;远离塔式起重机侧的塔肢上的索根据塔式起重机的起重能力,9~11号索采用塔顶吊架作为主吊重,塔式起重机辅助挂设。大小练岛水道桥两侧塔式起重机均在,主要采用塔式起重机提升,塔顶吊架牵引入洞。塔端挂索准备、起吊点安装如图5-7-3-5所示。

a)　　　　　　　　　　　　　　　　　b)

图5-7-3-5　塔端挂索准备、起吊点安装

(1)挂索前,对塔肢内及已安梁段的索道管和锚垫板上的焊渣、毛刺及杂物进行检查、清理;检查锚垫板是否平整,位置是否正确,用特制探孔器检查索道管本身是否变形,如变形必须进行处理后才能挂索施工。

(2)在索道管中心轴线延长方向的钢锚梁上使用钢丝绳捆绑或栓接导向滑轮,保证转向后的牵引钢丝绳在索导管内对中。塔顶安置50kN卷扬机,采用φ21.5mm钢丝绳。钢绳通过固定点的导向滑轮,将挂索提吊头和钢丝绳用卡环连接上,穿过斜拉索塔端锚固螺母通过索导管。

(3)对自身成盘捆扎运输的斜拉索,在打开索捆前先将其吊放入水平放索转盘车,用型钢卡锁住索端,将冷铸锚头的盖板打开,旋上起吊钢丝绳提吊头(张拉杆、牵引板或软牵引钢绞线),起吊至钢丝绳收紧再拆开冷铸锚头夹板,打开捆扎,使斜拉索慢慢弹开,松开索端钢卡,此时由专人指挥塔式起重机或卷扬机提升斜拉索。

(4)利用塔式起重机升降调整锚头高度,卷扬机导向,相互配合,缓慢地将索牵引进索导管,并保证进入索道管内的索体及锚头居中,防止与索导管剐蹭,损伤锚具或PE套。将锚头拉出锚垫板,带上螺母,此时螺母带平扣即可,取下提吊头,装上变径接头和张拉杆。塔外通过塔式起重机钩的自重进行脱落。塔端牵引示意图如图5-7-3-6所示,斜拉索塔端挂设图如图5-7-3-7所示。

(5)锚具进洞后,根据相应的牵引方式进行牵引。塔端软牵引采用YCW250B快速千斤顶,配合双撑脚和钢绞线组合牵引装置进行,如图5-7-3-8、图5-7-3-9所示。

2)梁端挂设

塔端挂设完成后,用梁端卷扬机牵引放索盘,边牵引边放索,每隔0.5m左右摆放一个托轮保证索在滚轮上前行,然后根据斜拉索的重量和长度及水平角及牵引索力,选择对应的牵引方式。斜拉索桥面展索如图5-7-3-10所示。

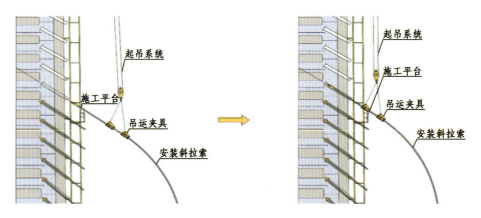

图 5-7-3-6 塔端牵引示意图

图 5-7-3-7 斜拉索塔端挂设图

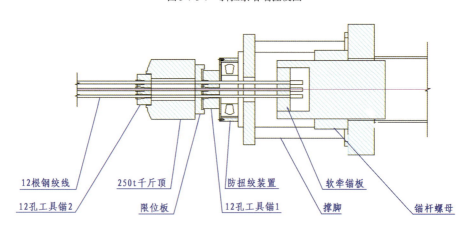

图 5-7-3-8 软牵引示意图

(1) 当牵引力在 300kN 以内时,斜拉索的梁端牵引主要采用桥面卷扬机牵引,配以汽车式起重机提升锚头完成梁端斜拉索锚固。斜拉索梁端挂设如图 5-7-3-11 所示。

(2) 当牵引力大于 300kN 时采用软牵引系统,如图 5-7-3-12 所示。单套软牵引系统包括:YCW250B 千斤顶、250t 撑脚、软牵引锚板、防扭绞装置、12 孔工具锚 1、限位板、12 孔工具锚 2、油泵等。

a)
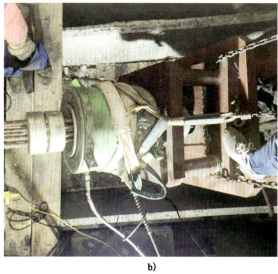
b)

图 5-7-3-9　斜拉索塔端软牵引

a)

b)

图 5-7-3-10　斜拉索桥面展索

a)

b)

图 5-7-3-11　斜拉索梁端挂设

图 5-7-3-12　斜拉索梁端软牵引

7.3.4　斜拉索张拉

本桥采用塔端张拉,根据斜拉索张拉力及塔内张拉空间,1~5 号斜拉索采用 YWC800-100 千斤顶进行张拉,6~17 号斜拉索采用 YWC1500-100 和 1400t 组合千斤顶进行张拉,设置与塔顶的 50kN 卷扬机用于千斤顶的垂直运输和倒用。

1）斜拉索张拉工艺流程

塔端挂索后螺母锚固→安装内衬套(连接头)、张拉杆、撑脚、千斤顶→待主梁安装完成后进行索的第一次张拉→设计监控索力与高程→桥面吊机前移→拆除千斤顶、张拉杆、撑脚→提升操作平台→进行下一循环施工,如图 5-7-3-13~图 5-7-3-16 所示。

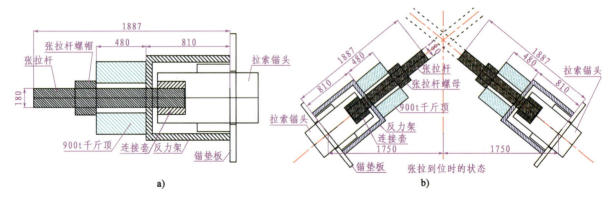

图 5-7-3-13　张拉示意图(尺寸单位:mm)

图 5-7-3-14　1~5 号斜拉索张拉

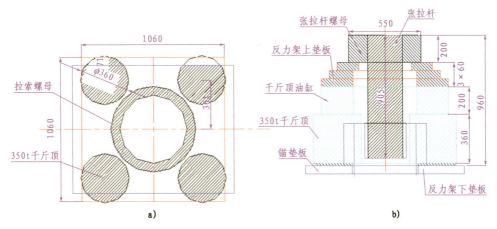

图 5-7-3-15 张拉千斤顶布置图(尺寸单位:mm)

图 5-7-3-16 6号—17号斜拉索张拉

2)张拉原则

(1)每次张拉前,根据设计监控的张拉力的大小,通过千斤顶和配套压力表在标定时给出的力与压力表读数之间的线性方程,求出对应的油压表读数,并根据力的大小将油压表读数分成 2~5 级(分级张拉程序为:$0 \to 0.2\sigma \to 0.4\sigma \to 0.6\sigma \to 0.8\sigma \to 1.0\sigma$),同时标出对应级数,算出斜拉索的对应设计伸长值。斜拉索在张拉过程中,每墩 4 台千斤顶必须同步进行,严格控制 4 台千斤顶张拉力的差值,一般以油表读数相差在 2.0MPa 以内为标准。拉索张拉均匀、对称施工,纵向对称防止塔柱偏移,横向对称防止主梁扭转。

(2)由于索塔材料的构成及结构的特殊性,分别对温度变化的敏感程度不同,变形也不同,在常温下(20℃左右)变化差异较小。结构的吸热、传导与变形各不相同,会使理论索力和线形与实测产生差异。因此,高温季节选择在 0:00 以后,日出之前进行张拉;常温下(5~25℃)选择在 20:00 以后,日出之前或无日照的阴天、零星小雨天气进行张拉。

(3)施工过程施工荷载的分布应均匀、固定,绘制荷载分布图,及时与监控单位进行沟通。

7.3.5 索力调整

桥面附属完成后,根据设计和监控的指令进行全桥索力调整。

7.3.6 斜拉索防护

(1) 斜拉索安装调试完成后,对斜拉索外观进行检查,对外露锚具设置不锈钢锚具防护罩。

(2) 锚头防护。

由于海洋环境下环境潮湿,为防止潮湿环境对上锚头的腐蚀,对斜拉索内部空间采用环氧树脂进行填充密封罩、密封材料具有良好的贴合和耐久性能。为防止内置式阻尼器从塔端落下,对上锚头内置式阻尼器采用防松脱措施进行可靠的固定。

(3) 梁端索非硫化不干性防腐密封胶填充。

全桥调索完成后,在梁端减振器和防水罩安装之前,需要在梁端预埋管里灌注非硫化不干性防腐密封胶填充料,如图 5-7-3-17 所示。非硫化不干性防腐密封胶灌注施工方法:

①施工前把索导管清洁干净,并保持干燥。

②用铲子将防腐密封胶铲入或用注胶枪挤出倒入索道管底部,并分层压实。

③多余的密封胶,可用金属铲刀除去,并用丙酮、汽油清洗干净。

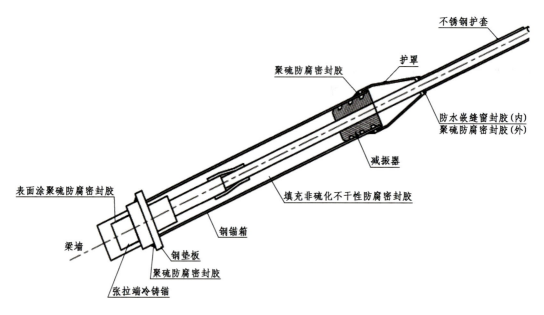

图 5-7-3-17 梁端索导管非硫化不干性防腐密封胶填充示意图

(4) 涂抹防腐油脂及锚头保护罩安装。

经过镀锌表面处理的拉索两端锚具,不能满足拉索长期使用的防护要求。为防止外露锚具长期受雨水及空气中湿气的影响发生锈蚀,影响锚具的使用和将来的索力调整及换索工作,在张拉施工完成后,要做进一步的防护。斜拉索张拉调索完成后,在锚具外露部分的表面涂刷一层锚具专用防护油脂。锚头保护罩安装时,在保护罩与锚垫板之间配 2mm 橡胶垫圈,锚头保护罩与锚垫板采用螺栓连接。

7.3.7 斜拉索附件安装

1) 斜拉索减振器安装

在主梁施工中由于受风载与雨载的影响,斜拉索将产生振动而导致主梁振动,斜拉索根部产生疲劳破坏、主梁上测量施工的不准确性等,需采取临时措施减振,如图 5-7-3-18 所示。由于本桥所处位置为复杂海洋环境下,典型的海洋性季风气候,风大且刮风时间长,斜拉索临时减振是采用可调节花篮螺栓、索夹(内包胶皮)及钢丝绳将索和主梁连在一起。当斜拉索检测索力时松开花篮螺栓即可。

待斜拉索安装完成以后，开始减振索安装。在斜拉索竖直平面内，在距离前面沿斜拉索方向上2~3m（索夹及耳板的位置根据监控要求布置）的位置安装荷载传递环，该传递环的内环面与斜拉索的截面相当。

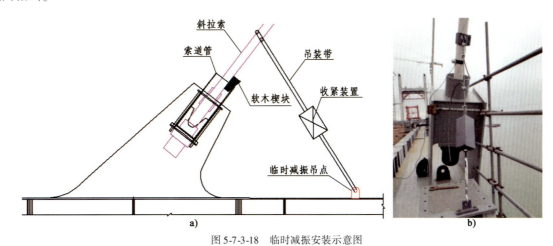

图 5-7-3-18　临时减振安装示意图

2）内置阻尼器安装

全桥合龙，斜拉索索力及主梁高程调整完毕后，安装内置减振。在安装内置阻尼器前，测量拉索在其导管口的偏心值，偏心值过大者，对内置阻尼器须预先做特殊处理。偏心值较小时，采用手拉葫芦和软吊带进行纠偏，使拉索处于索导管中心位置时再进行阻尼器安装。

内置阻尼器为两半圆形单件对拼而成，减振器采用全阻尼橡胶形式，每套减振器分为两个半圆。梁端阻尼器安装时，先将对应型号的内置阻尼器平推入预埋管，用扳手拧紧螺栓，通过对内置阻尼器顶压使减振橡胶沿径向膨胀，从而将斜拉索楔紧，同时减振器也达到固定效果。安装前，用安全绳将阻尼器捆牢防止安装过程中发生意外坠落。安装完毕后，焊接防脱钢筋网，防止阻尼器在桥梁运行过程中发生意外坠落。

本桥内置式减振器为高弹绝缘橡胶与铸铁的组合体。每套平均一分为二体，高弹绝缘橡胶在内壁，外围是铸铁构件。整套成45℃的锥形，内孔的直径尺寸与相对应的斜拉索的直径尺寸相同。在减振器的外围铸铁构件的外壁上由上而下设有2个楔块槽，共4道。在楔块的中部钻有M10的螺纹通孔，用M10的螺钉固定，使其与索导管的内壁与斜拉索紧密结合而固定，防止斜拉索的振动。内置式减振器按要求安装在塔上或梁上索导管内，减振器安装的位置距索导管口5~10cm，为防止减振器在使用过程中脱落，塔上的减振器装好后，在索导管口安装一套挡圈。

3）外置减振器安装

全桥内置减振器安装完后，每拆一个临时减振，立即安装该索上对应的外置减振器。

把连接杆穿过支撑柱上的孔，用锁紧螺母锁紧固定；再把扣环2与阻尼器用轴肩螺钉连接固定；然后将连接杆与阻尼器用轴肩螺钉连接固定。外置阻尼器安装如图5-7-3-19所示。

把橡胶垫片放入扣环的凹槽内，再将扣环扣上并包紧拉索，调整好阻尼器与支撑柱的角度，摆放好延长管后将延长管的底板与预埋钢板连接牢固，最后进行补油漆进行防腐。

4）防水罩的安装

在外置阻尼器和内置减振器安装后，进行防雨罩安装。如果是螺栓连接的，将两块防雨罩用螺栓连接上盖住索道管口即可，如果是不锈钢，采用焊接方式将两块焊接成型即可，焊接后要将焊缝打磨光滑以保证外观质量。注意密封胶垫要放置到位，最后在防雨罩上口抹上密封胶即可，如图5-7-3-20所示。

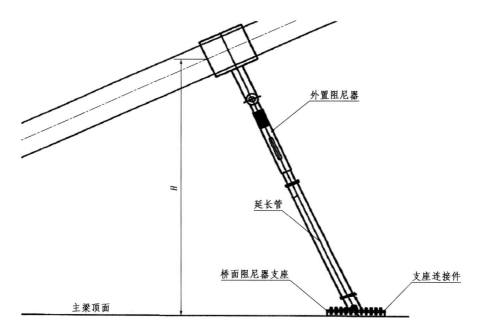

图 5-7-3-19　外置阻尼器安装示意图

图 5-7-3-20　斜拉索防水罩安装示意图

本篇参考文献

[1] 中铁大桥勘测设计院集团有限公司.平潭海峡公铁两用大桥施工图设计[Z].武汉:2013.
[2] 王东辉.平潭海峡公铁两用大桥航道桥基础设计与施工创新技术[J].铁道标准设计,2017,61(09):68-75.
[3] 马晓东.平潭海峡公铁两用大桥总体施工方案[J].桥梁建设,2017,47(2):1-6.
[4] 孙英杰,梅新咏.平潭海峡公铁两用大桥鼓屿门航道桥主墩基础设计[J].世界桥梁,2016,44(01):15-19.
[5] 房忱,李永乐,秦顺全,等.中、美、英规范关于跨海桥梁桩基波浪力的对比[J].桥梁建设,2016,46(06):94-99.
[6] 孙英杰,梅新咏.平潭海峡公铁两用大桥鼓屿门航道桥主墩基础设计[J].世界桥梁,2016,44(01):15-19.
[7] 杨碧波.平潭海峡公铁两用大桥超大直径钻孔桩施工技术[J].卷宗,2016,006(001):657-658,659.
[8] 陈建新.复杂海洋环境无覆盖层大直径钢护筒施工技术[J].科研,2015(8):00142-00142.
[9] 袁封钦.$\phi 4.0 \sim 4.5m$大直径钻孔桩混凝土质量控制[J].城市建筑,2016,000(005):122-123.
[10] 福建省气候中心.平潭海峡公铁两用大桥气象环境专题分析报告[R].福州:福建省气候中心,2012.
[11] 国家海洋局第三海洋研究所.平潭上岛铁路海坛海峡大桥工程可行性研究水文分析计算专题报告[R].厦门:国家海洋局第三海洋研究所,2013.
[12] 徐启利,王东辉.平潭海峡公铁两用大桥Z03号墩导管架施工关键技术[J].桥梁建设2016(4):1-5.
[13] 小本·C·格威克.海洋工程设计手册——海上施工分册[M].金毅,译.3版.上海:上海交通大学出版社,2013.
[14] 张立超.平潭海峡公铁两用大桥通航孔桥桥塔墩承台施工技术[J].桥梁建设,2017,47(06):1-6.
[15] 陈翔,梅新咏.平潭海峡公铁两用大桥主航道斜拉桥深水基础设计[J].桥梁建设,2016,46(03):86-91.
[16] 刘传志.平潭海峡公铁两用大桥墩承台大体积混凝土温控研究[J].中国高新科技,2019(08):125-128.
[17] 朱伯芳.论混凝土坝的水管冷却[J].水利学报,2010,41(5):505-513.
[18] 刘杏红,马刚,常晓林,等.基于热—流耦合精细算法的大体积混凝土水管冷却数值模拟[J].工程力学,2012,29(8):159-164.
[19] 张超,常晓林,刘杏红.大体积混凝土施工期冷却水管埋设形式的优化[J].天津大学学报,2014,47(3):276-282.
[20] 陈仲先,汤雷.大型桥梁中大体积混凝土的温度控制[J].桥梁建设,2001(1):14-20.
[21] 肖飞,倪寅,龙海永,等.特大桥承台混凝土施工温度场及温度应力场仿真分析[J].建筑施工,2018,40(8):1474-1477.
[22] 杨慧,刘军来.某斜拉桥承台大体积混凝土水化热温度场研究与关键施工技术应用[J].公路工程,2018,43(5):152-156.
[23] 徐启利.哑铃形承台无辅助桩分区施工技术[J].世界桥梁,2018,46(05):36-40.
[24] 国家海洋局第三海洋研究所.平潭上岛铁路海坛海峡大桥工程可行性研究水文分析计算专题报告[R].厦门,2013.
[25] 王东辉,韩冰.平潭海峡公铁两用大桥通航孔桥桥塔施工关键技术[J].桥梁建设,2019,49(03):1-5.
[26] 蒋本俊.国内现代桥梁高塔施工液压爬模系统应用现状及研究[J].施工技术,2015(14):66-71.
[27] 王杰,徐启利.平潭海峡公铁两用大桥元洪航道桥桥塔桁架式临时横撑设计[J].世界桥梁,2018,46(4):22-26.
[28] 王东辉,韩冰,沈大才.平潭海峡公铁大桥大小练岛水道桥钢桁梁施工关键技术[J].桥梁建设,2019,49(06):102-107.
[29] 孙英杰,徐伟.平潭海峡公铁两用大桥双层结合全焊钢桁梁设计[J].桥梁建设,2016,46(1):1-5.
[30] 康晋,段雪炜,徐伟.平潭海峡公铁两用大桥主桥整节段全焊钢桁梁设计[J].桥梁建设,2015,45(5):1-6.
[31] 沈大才,马晓东.平潭海峡公铁两用大桥钢梁架设关键技术[J].桥梁建设,2018,48(4):6-11.
[32] 王东辉.铜陵公铁两用长江大桥南岸边跨钢梁施工技术[J].世界桥梁,2015,43(6):1-5.
[33] 周外男.铜陵公铁两用长江大桥主桥钢梁架设方案研究[J].桥梁建设,2014,44(5):1-8.
[34] 潘际炎.栓焊钢桥的研究[M].北京:中国铁道出版社,1983.

[35] 铁道部西南交通大学铁路桥梁专业《铁路钢桥》编写组.铁路钢桥[M].北京:中国铁道出版社,1978.
[36] 铁道部大桥工程局.九江长江大桥技术总结[M].武汉:武汉测绘科技大学出版社,1996.
[37] 周孟波,秦顺全.芜湖长江大桥大跨度低塔斜拉桥板桁组合结构建造技术[M].北京:中国铁道出版社,2004.
[38] 钱冬生,夏建国.铁路钢桥设计和制造[M].成都:西南交通大学出版社,1994.
[39] 中华人民共和国铁道部.铁路钢桥高强度螺栓连接施工规定:TBJ 214—1992[S].北京:中国铁道出版社,1992.
[40] 陶晓燕,沈家华,史志强.我国钢桥高强度螺栓连接的发展历程及展望[J].铁道建筑,2017,57(09):1-4.
[41] 孙欣华,张先鸣.高强度螺栓连接副扭矩系数的影响因素[J].电气制造,2011(05):60-62.
[42] 沈家骅,刘宪成.我国高强度螺栓连接的现状与发展方向[J].钢结构,1999(03):53-54.
[43] 魏军.高强度螺栓失效研究与扭矩系数测定[D].华北电力大学,2014.
[44] 成昆铁路技术总结委员会.成昆铁路 第四册 桥梁[M].人民铁道出版社,1980.
[45] 戴润达.高强度螺栓连接摩擦面的涂装[C].中国钢结构协会桥梁钢结构分会,中国铁道学会桥梁工程委员会学术年会论文集:2010年卷,武汉,2010.
[46] 刘宏刚,张洪玉,彭月燊.铁路钢桥高强度螺栓连接施工若干问题探讨[J].铁道标准设计,2005.
[47] 张召,刘满意.超千米级公铁两用斜拉桥斜拉索安装关键技术[J].世界桥梁,2020,48(03):43-47.
[48] 赵干明,李海民.双塔钢箱桁梁斜拉桥斜拉索安装施工技术[J].工程建设与设计,2020(03):239-240+243.
[49] 刘庆宽,王晓江,卢照亮,等.螺旋线对斜拉桥斜拉索横风向气动力和稳定性的影响[J].振动与冲击,2019,38(06):108-113.
[50] 项海帆,陈艾荣.《公路桥梁抗风设计规范》概要及大跨桥梁的抗风对策[C]//中国土木工程学会桥梁及结构工程学会第十四届年会.中国土木工程学会,2000.
[51] Yu-Liang Zhao,Zhao-Dong Xu,Cheng Wang. Wind vibration control of stay cables using magnetorheological dampers under optimal equivalent control algorithm[J]. Elsevier Ltd. ,2019,443.
[52] 于磊.借助便捷牵引吊带及转向定位的斜拉索快速挂设施工技术[J].交通科技,2018(06):64-66+71.
[53] 晏国泰,胡先朋,郑波.平行钢丝斜拉索施工牵引方法研究[J].交通科技,2018(05):82-84+93.
[54] 刘中东.牵引张拉空间受限条件下长重斜拉索的挂设安装应对措施研究[J].广东科技,2019,28(5):67-72.
[55] 郝超,裴岷山,强士中.大跨度斜拉桥拉索无应力长度的计算方法比较[J].重庆交通学院学报,2001(3):1-3.

平潭海峡公铁大桥
建造关键技术

KEY TECHNOLOGY FOR
THE CONSTRUCTION
OF PINGTAN STRAIT HIGHWAY AND RAILWAY BRIDGE

平潭海峡公铁大桥
建造关键技术

KEY TECHNOLOGY FOR
THE CONSTRUCTION
OF PINGTAN STRAIT HIGHWAY AND RAILWAY BRIDGE